KASSANDRA

Visionen des Unheils
1914 – 1945

VII/9

EINE AUSSTELLUNG
DES DEUTSCHEN HISTORISCHEN MUSEUMS, BERLIN

KASSANDRA

Visionen des Unheils 1914 – 1945

HERAUSGEGEBEN
VON STEFANIE HECKMANN UND HANS OTTOMEYER

SANDSTEIN VERLAG DRESDEN

Impressum

**Kassandra. Visionen des Unheils
1914–1945**

Ausstellungshalle von I. M. Pei
19. November 2008 bis 22. Februar 2009
Deutsches Historisches Museum, Berlin

Ausstellung

Grundidee
Hans Ottomeyer

Konzept und Projektleitung
Stefanie Heckmann

Wissenschaftliche Mitarbeit
Marvin Altner, Judith Prokasky

Studentische Hilfskräfte
Katrin Jordan, Pia Bockius

Praktikanten
Matthew Feminella, Elene Göttler,
Susanne Schwohl, Johanna Ullrich

Ausstellungsgestaltung
Werner Schulte mit Peggy Laws
und Julia Koppetsch

Ausstellungsgrafik
envision design, Chris Dormer, Berlin

Ausstellungslektorat
Annette Vogler

Chronologie in der Ausstellung
Judith Prokasky, Katrin Jordan

Ausstellungsproduktion
DHM-Werkstätten

Konservatorische Betreuung
Restaurierungswerkstätten des DHM

Abteilungsleiterin Ausstellungen
Ulrike Kretzschmar

Leihverkehr
Nicole Schmidt

Controlling
Manuela Itzigehl

Presse- und Öffentlichkeitsarbeit
Rudolf B. Trabold, Pressereferent
Nicola Schnell, Sonja Trautmann

Museumspädagogik
Brigitte Vogel und Stefan Bresky
Hörführung:
Marion Tulka, Ljiljana Heise
Tonstudio:
K13 Berlin, Michael Kaczmarek
Referenten:
Anna Grosskopf, Ljiljana Heise, Anne Hesse,
Steffen Neupert, Marion Tulka

Besucherservice
Gudrun Knöppel

Medientechnik und Filmstation
Wolf-Dieter Pelikan

Internetpräsentation
Jan-Dirk Kluge

Plakat und Grafik
Dorén und Köster, Berlin

Übersetzungen
Stephen Locke

Katalog

Museumsausgabe
Deutsches Historisches Museum, Berlin
ISBN 978-3-86102-153-7

Buchhandelsausgabe
Sandstein Verlag, Dresden
www.sandstein.de
ISBN 978-3-940319-54-8

© 2008,
Deutsches Historisches Museum, Berlin,
sowie die Autorinnen und Autoren,
Sandstein Verlag, Dresden

Titelabbildung
Rudolf Schlichter, Blinde Macht · 1932/37
Kat.-Nr. V/31

Herausgeber
Stefanie Heckmann und Hans Ottomeyer

Redaktion
Stefanie Heckmann, Marvin Altner, Judith Prokasky

Mitarbeit
Katrin Jordan, Pia Bockius

Lektorat
Essays: Nike Bätzner
Katalogteil und Anhang: Annette Vogler

Bildredaktion
Nicole Schmidt unterstützt von Pia Bockius

Fotoarbeiten DHM
Sebastian Ahlers, Angelika Anweiler-Sommer,
Indra Desnica, Arne Psille

Koordination Herstellung
Gabriele Kronenberg

Verlagskorrektorat
Dana Hildebrand
Sandstein Kommunikation GmbH
Jana Koucourek

Satz und Reprografie
Wolf Hoffmann, Jana Neumann
Sandstein Kommunikation GmbH

Gestaltung
Norbert du Vinage
Sandstein Kommunikation GmbH

Herstellung
Sandstein Kommunikation GmbH

Druck und Verarbeitung
Grafisches Centrum Cuno
GmbH & Co. KG, Calbe

Die Deutsche Bibliothek verzeichnet diese Publikation in der Deutschen Nationalbibliografie; detaillierte bibliografische Daten sind im Internet über http://dnb.ddb.de abrufbar.

Dieses Werk einschließlich seiner Teile ist urheberrechtlich geschützt. Jede Verwertung außerhalb der engen Grenzen des Urheberrechtsgesetzes ist ohne Zustimmung des Verlages unzulässig und strafbar. Das gilt insbesondere für die Vervielfältigung, Übersetzungen, Mikroverfilmungen und die Einspeicherung und Verarbeitung in elektronischen Systemen.

Leihgeber

Das Deutsche Historische Museum dankt ausdrücklich allen Museen und privaten Sammlern, die Leihgaben für die Ausstellung zur Verfügung gestellt haben.

Deutschland

Albstadt
- Galerie Albstadt, Städtische Kunstsammlungen

Berlin
- Akademie der Künste
- Berlinische Galerie – Landesmuseum für Moderne Kunst, Fotografie und Architektur
- Jüdisches Museum Berlin
- Käthe-Kollwitz-Museum Berlin
- Ladengalerie Berlin
- Landesbank Berlin AG
- Sammlung Karsch/Nierendorf
- Staatliche Museen zu Berlin, Kupferstichkabinett
- Staatliche Museen zu Berlin, Nationalgalerie
- Stiftung Stadtmuseum Berlin
- Universitätsbibliothek der Freien Universität Berlin

Böblingen
- Städtische Galerie Böblingen

Bochum
- Kunstmuseum Bochum

Bremen
- Gerhard-Marcks-Haus
- Kunsthalle Bremen – Der Kunstverein in Bremen
- Freie Hansestadt Bremen, Senatskanzlei

Caputh
- Helga Helm

Dresden
- Galerie Neue Meister, Staatliche Kunstsammlungen
- Städtische Galerien Dresden, Kunstsammlung

Düren
- Leopold-Hoesch-Museum

Frankfurt
- Sammlung Deutsche Bank
- Ludwig Meidner-Archiv, Jüdisches Museum Frankfurt

Freiburg
- Städtische Museen Freiburg/ Museum für Neue Kunst

Fulda
- Vonderau Museum Fulda

Gera
- Kunstsammlungen Gera

Halle
- Stiftung Moritzburg, Kunstmuseum des Landes Sachsen-Anhalt

Hamburg
- Galerie Brockstedt
- Hamburger Kunsthalle
- Sammlung Hegewisch in der Hamburger Kunsthalle

Heilbronn
- Städtische Museen Heilbronn

Herzogenrath
- Sammlung Axel Hinrich Murken

Hilchenbach
- Privatsammlung Karl Vollpracht

Hünxe-Drevenack
- Eva Pankok/Otto Pankok Museum

Karlsruhe
- Städtische Galerie Karlsruhe

Kassel
- mhk, Neue Galerie

Leipzig
- Museum der Bildenden Künste

Lutherstadt Wittenberg
- Sammlung Gerd Gruber

Marburg
- Universitätsmuseum für Kunst und Kulturgeschichte

Marl
- Skulpturenmuseum Glaskasten Marl

München
- Bayerische Staatsgemäldesammlungen – Pinakothek der Moderne
- Bayerische Staatsgemäldesammlungen – Pinakothek der Moderne, Theo Wormland Stiftung
- Galerie Alvensleben München
- Galerie Michael Hasenclever
- Münchner Stadtmuseum
- Niederreuther Stiftung
- Sammlung Hartwig Garnerus
- Staatliche Graphische Sammlung München

Offenbach
- Klingspor-Museum

Osnabrück
- Felix-Nussbaum-Haus Osnabrück mit der Sammlung der Niedersächsischen Sparkassenstiftung

Ratzeburg
- A. Paul Weber-Museum Ratzeburg

Regensburg
- Kunstforum Ostdeutsche Galerie

Rottweil
- Kunstsammlung der Oberschwäbischen Elektrizitätswerke/ Galerie Schloss Glatt

Saarbrücken
- Stiftung Saarländischer Kulturbesitz, Saarlandmuseum Saarbrücken

Sigmaringen
- Kunstsammlung des Landkreises Sigmaringen

Stuttgart
- Haus der Geschichte Baden-Württemberg
- Kunstmuseum Stuttgart
- Sammlung Landesbank Baden-Württemberg
- Staatsgalerie Stuttgart

Wiesbaden
- Sammlung Frank Brabant

Wolfsburg
- Städtische Galerie Wolfsburg

Wuppertal
- Von der Heydt-Museum Wuppertal

Frankreich

Antibes
- Fondation Hans Hartung et Anna-Eva Bergmann

Paris
- Centre Pompidou, Musée national d'art moderne
- Collection Natalie et Léon Seroussi
- Musée d'Art moderne de la Ville de Paris

Großbritannien

Cambridge
- Yorick and Helaine Blumenfeld

Kingston upon Hull
- Ferens Art Gallery: Hull Museums

London
- Tate Britain

Newcastle
- Laing Art Gallery, Tyne & Wear Museums

Italien

Genua
- Wolfsoniana

Rom
- George Grosz Estate, Courtesy Ralph Jentsch

Venedig
- Fondazione Emilio e Annabianca Vedova

Israel

Jerusalem
- The Israel Museum

Tel-Aviv
- Adam Eyal

Kanada

Ottawa
- National Gallery of Canada

Niederlande

Arnhem
- Museum voor Moderne Kunst Arnhem

Norwegen

Oslo
- The National Museum of Art, Architecture and Design

Österreich

Linz
- Oberösterreichische Landesmuseen

Wien
- Albertina

Schweiz

- Privatsammlung, Schweiz, Depositum im Zentrum Paul Klee in Bern

Bern
- Zentrum Paul Klee

Zürich
- Kunsthaus Zürich
- Privatsammlung Schweiz, Courtesy Galerie Pels-Leusden AG

Spanien

Madrid
- Museo Thyssen-Bornemisza

Vereinigte Staaten von Amerika

Chicago
- The David and Alfred Smart Museum of Art, The University of Chicago

Hempstead
- Hofstra University Museum Collection

Miami Beach
- The Wolfsonian – Florida International University, The Mitchell Wolfson, Jr. Collection

und weiteren privaten Leihgebern, die ungenannt bleiben möchten.

Außerdem danken wir

- Dr. Marion Ackermann, Stuttgart
- Catherine Amé, Berlin
- Dr. Burkhard Asmuss, Berlin
- Dr. Helmut G. Asper, Bielefeld
- Mayen Beckmann, Berlin
- Sylvia Bieber, Karlsruhe
- Dr. Ralf Burmeister, Berlin
- Dr. Hans-Jörg Czech, Wiesbaden
- Axel Eichhorst, Berlin
- Helmut Eichhorst, Unna
- Matteo Fochessati, Genua
- Stefan Frey, Bern
- Dr. Hartwig Garnerus, München
- Klaus und Erika Hegewisch, Hamburg
- Dr. Marianne Heinz, Kassel
- Daniel Hohrath, Berlin
- Inge Jaehner, Osnabrück
- Prof. Dr. Annegret Jürgens-Kirchhoff, Berlin
- Michael Krejsa, Berlin
- Prof. Dr. Karlheinz Lüdeking, Berlin
- Dr. Sven Lüken, Berlin
- Dr. Andrea Lukas, München
- Prof. Jörn Merkert, Berlin
- Jutta Osterhof, Berlin
- Maja Peers, Berlin
- Sabine Puppe, Berlin
- Dr. Ewald Rathke, Frankfurt
- Erik Riedel, Frankfurt
- Heinz Röthinger, Berlin
- Dr. Rudolf Sagmeister, Bregenz
- Galerie Schlichtenmaier, Grafenau-Dätzingen und Stuttgart
- Frauke Schlitz, Stuttgart
- Dr. Arnulf Scriba, Berlin
- Prof. Dr. Dr. h.c. Werner Spies, Paris
- Annette Vogler, Berlin
- Tanja Wessolowski, Paris
- Dr. Fidelis Wichmann, Berlin
- Katja Widmann, Berlin
- Franz Wörndle, Garmisch-Partenkirchen
- Johannes Zechner, Berlin
- Peter Zimmermann, Berlin

und den Mitarbeitern der Sammlungen des Deutschen Historischen Museums, Berlin

Inhalt

Essays

6   Impressum
8   Leihgeber und Dank

13 **Vorwort**
    HANS OTTOMEYER

19 **Einleitung**
    STEFANIE HECKMANN

33 **Am Ende einer Epoche**
    Apokalyptische Fantasien in der Kunst
    vor dem Ersten Weltkrieg
    ANNEGRET JÜRGENS-KIRCHHOFF

43 **Götterdämmerung**
    Zur Philosophie des Untergangs
    KONRAD PAUL LIESSMANN

55 **Himmelhoch jauchzend,
    zu Tode betrübt**
    Anmerkungen zu den Paradoxien
    des Kulturpessimismus in Deutschland
    PETER ULRICH HEIN

65 **»Die Kunst eine Waffe«**
    Künstler gegen Krieg und Faschismus
    1918–1933
    JUDITH PROKASKY

77 **Propheten des Unheils**
    Allegorische und symbolische Kunst
    in Deutschland zwischen 1930 und 1939
    MAIKE STEINKAMP

89 **Auf tönernen Füßen**
    Max Beckmann und Rudolf Schlichter
    zwischen den Weltkriegen
    OLAF PETERS

101 **»Accomplir jusqu'au bout ta
    propre prophétie«**
    Visionäre Aspekte des Surrealismus
    JULIA DROST

113 **Bilder des Riesen**
    Von Satan bis Stalin
    JEAN CLAIR

Katalog

127 **I. Prolog**
Apokalyptische Visionen
zum Ersten Weltkrieg

145 **II. Propheten des Unheils**
1. Propheten, Mahner und Rufer
2. Der Künstler als Visionär

169 **III. 1918–1929
Zwischen Revolution und
Resignation**
1. Visionen
2. Kunst als Waffe
3. Nie wieder Krieg!

201 **IV. 1930–1933
Der Weg in die Barbarei**
1. Visionen
2. Kunst als Waffe

233 **V. 1933–1939
Unter dem Regime –
Schaffen im Verborgenen**

259 **VI. Themen der Zeit**
1. Angst
2. Masken und Larven
3. Trommler
4. Höllenfürst

311 **VII. Schatten über Europa –
Deutsche Künstler im Exil
und europäische Avantgarde**

355 **VIII. Epilog**
Das Ende des Zweiten Weltkrieges

Anhang

382 Chronologie 1914–1945
385 Künstlerbiografien
422 Autorinnen und Autoren
423 Literaturverzeichnis
445 Personenregister
449 Bildnachweis

Vorwort

HANS OTTOMEYER

Das Deutsche Historische Museum hat seit seinen Anfängen die Auseinandersetzung mit dem dunkelsten Abschnitt der deutschen Geschichte, der NS-Zeit, als eine seiner vordringlichsten Aufgaben betrachtet und diesem Thema eine Reihe von Wechselausstellungen gewidmet. Die Ausstellung *Kassandra. Visionen des Unheils 1914–1945* schließt an die Ausstellung *Kunst und Propaganda* an, die im Januar 2007 am gleichen Ort im Untergeschoss des Pei-Baus eröffnet wurde. *Kunst und Propaganda* leistete seinerzeit einen Beitrag zur Aufarbeitung der Verflechtung von Kunst und Politik sowie zur Analyse der politischen Ikonografie in den 1930er und 1940er Jahren, was große internationale Beachtung fand. In einem gezielten Ländervergleich konzentrierte sich *Kunst und Propaganda* auf die Frage, in welcher Form die Bildkünste in Italien, Deutschland, der Sowjetunion und den Vereinigten Staaten von Amerika durch die Politik vereinnahmt wurden.

Die Idee zu der aktuellen Ausstellung *Kassandra. Visionen des Unheils 1914–1945* entstand während der weitgespannten Recherchen zu *Kunst und Propaganda*. Es zeichnete sich damals ab, dass sich vor dem Ersten Weltkrieg wie auch in den 1920er und 1930er Jahren, als sich in Europa totalitäre Regime etablierten, sowie unmittelbar vor dem Zweiten Weltkrieg eine Vielzahl an Angst- und Untergangsvisionen in der bildenden Kunst nachweisen lassen. Vorläufer um 1910 miteinbezogen, haben die Künstler des 20. Jahrhunderts mit besonderer Sensibilität auf die Krisen der Zeit reagiert und ihren Zeitgenossen deutlich und ausdrucksstark Mahnbilder vor Augen gestellt, die an Klarheit und Eindringlichkeit nichts zu wünschen übrig lassen. Was ursprünglich als ein Unterkapitel zu *Kunst und Propaganda* geplant war, erwies sich als so materialreich und wenig erforscht, dass der Gedanke bald Form annahm, dem Thema des Visionären in der bildenden Kunst der Zwischenkriegszeit ein eigenes Ausstellungsprojekt zu widmen. Aspekte der Propaganda-Kunst bleiben hier nun mit Verweis auf die vorhergehende Ausstellung ausgespart.

Entwicklungslinien

Mit explizitem Bezug auf die mythische Gestalt der Seherin Kassandra thematisiert und problematisiert die Ausstellung *Kassandra. Visionen des Unheils 1914–1945* am Beispiel von etwa 350 Exponaten aus den Bereichen Malerei, Grafik und Skulptur Motive von Ahnung und Mahnung als selbsterteilte Aufträge von Künstlern. Der Akzent unserer Ausstellung liegt auf der Kunst aus Deutschland, die vielfach unter dem Vorzeichen der Vorahnung der kommenden Katastrophe des Zweiten Weltkrieges rezipiert worden ist. Diese Werke werden durch Beispiele der politisch-agitatorischen Kunst sowie gleichzeitig entstandener Kunst aus den europäischen Nachbarländern kontrastiert und ergänzt. Ein wichtiges Anliegen der Ausstellung ist es, die unterschiedlichen Ausprägungen des Visionären nicht nur aufzuzeigen oder seiner Faszination nachzuspüren, sondern historisch-kritisch als ein signifikantes Merkmal der Zeit zu hinterfragen.

Für die Zeit vor dem Ersten Weltkrieg ist das Phänomen des Visionären verhältnismäßig gut erforscht. Daher liegt der Schwerpunkt dieser Ausstellung auf der Zeit zwischen den beiden Weltkriegen. Jüngere Darstellungen und Diskussionen in der Geschichtswissenschaft zeigen auch in Deutschland zunehmend die Tendenz, sich nicht mehr nur auf einen der beiden Weltkriege zu konzentrieren, sondern beide Weltkriege und die Zeit zwischen den Kriegen als kausale Einheit aufzufassen. Dass diese Betrachtungsweise sinnvoll ist und auch im Bereich der Kunst Erkenntnisse befördert, lässt sich in der Ausstellung nachvollziehen. Der Prolog zeigt Visionen von Krieg und Untergang aus der Zeit vor dem Ersten Weltkrieg und ermöglicht so einen direkten Vergleich mit der Kunst der Zwischenkriegszeit. Er vereint Hauptwerke, die sich tief in unser kollektives Bildgedächtnis eingeprägt haben und die Vorstellung von Krieg und Untergang bis heute beeinflussen.

Im Gegensatz zur sonstigen Ausstellungspraxis des DHM ist *Kassandra. Visionen des Unheils 1914–1945* eine kunsthistorisch orientierte Ausstellung über ein politisches Thema. Aber es stehen weder die stilistische Entwicklung der einzelnen Künstler und der kunstimmanente Austausch noch die künstlerische Qualität der einzelnen Werke im Mittelpunkt. Angestrebt ist, wie dies auch sonst für das Haus gilt, eine zwischen chronologischer Abfolge und Themen verschränkte Erzählung. Es gibt, und das führt die Ausstellung unmittelbar vor Augen, eine eigene Ikonografie der existentiellen Bedrohung, die sich durch die Zeiten fortgeschrieben hat.

Eine wichtige Motivkonstante ist die Offenbarung des Johannes, die Apokalypse, die in Albrecht Dürer ihren bildmächtigsten und einflussreichsten Vertreter gefunden hat. Auf ihn haben sich Generationen von Künstlern im Rückgriff bezogen, im 19. Jahrhundert etwa Alfred Rethel und Arnold Böcklin. Ein anderer Künstler, der eine Tradition des Unheimlich-Visionären begründet hat, die auf dem Traum oder dem »Schlaf der Vernunft« gründet, ist Francisco de Goya mit seinen düsteren Radierzyklen. Goyas Visionen waren für viele Künstler des 20. Jahrhunderts bewusst oder unbewusst Anregung und Quelle.

Für die visionären Kunstwerke aus der Zeit vor dem Ersten Weltkrieg wie auch aus der Zeit zwischen den Kriegen gilt, dass sie keine metaphysischen Voraussagen treffen. Vielmehr zeigen diese Bilder in verdichteter Form, was sich anbahnte oder bereits abzeichnete, was man voraussehen konnte, aber auch, was man in Konsequenz des Geschehens als notwendige Folge absah.

Kunstwerke sind – und das gilt nicht nur für Werke aus dieser Zeit – eine besondere Form der historischen Quelle. Sie sind weder neutral noch objektiv. Sie werden von verdeckten Ansprüchen, Hoffnungen, propagandistischen Zielen, Ängsten, Träumen und Idealen motiviert, die – soweit dies aus der zeitlichen Distanz heraus noch möglich ist – entschlüsselt werden müssen. Wichtig ist daher, genau hinzuschauen, was die Bilder zeigen und wie sie es zeigen, unter welchen Bedingungen, zu welchem Zeitpunkt, mit welcher Absicht, mit welchem Ergebnis sie entstanden sind und wie sie dann in der Folge rezipiert wurden. In diesem Zusammenhang war es für uns eine wichtige methodische Entscheidung, nicht nur anhand der Schlüsselwerke dieser Zeit, sondern vor allem auch am Beispiel von weniger bekannten Künstlern und Werken zu belegen, dass das Thema für die Zeitgenossen eine große Dringlichkeit besaß.

Den historischen Bezugsrahmen für die auf Kunstwerken basierende Ausstellung *Kassandra. Visionen des Unheils 1914–1945* stellt der Ausstellungsparcours der Ständigen Ausstellung im Zeughaus zum NS-Staat dar. Dieser bietet in seiner Ausführlichkeit den derzeit einzigen Gesamtüberblick in einem deutschen Museum über die politische und militärische Geschichte sowie die Funktionsmechanismen und Verbrechen des NS-Staates. Die aktuelle historisch-kritische Auseinandersetzung mit dem Visionären in der Kunst kann in der Ständigen Ausstellung in den Raumfolgen zum Ersten Weltkrieg, zur Weimarer Republik, der NS-Zeit und zum Zweiten Weltkrieg vertieft und fortgesetzt werden.

Warum Kassandra?
Die Vision Kassandras ist eine auf Krieg und Untergang gerichtete europäische Zerstörungsvision ohne Heilsversprechen. Im Gegensatz dazu ist die Vision der Apokalypse des Johannes, die Teil des jüdisch-christlichen Jenseitsglaubens ist, als Offenbarung eines »neuen Jerusalems« gemeint. Die Kassandra Homers sieht aus den Trümmern ihrer Stadt kein neues Troja aufsteigen. Am Ende liegt ihre Stadt in Asche; sie selbst wird verleumdet, vergewaltigt, versklavt, schließlich ermordet. Diese hoffnungslose Auffassung vom Krieg trifft sich vielfach mit jenen Vorstellungen, die im 20. Jahrhundert der Gedanke an einen Zweiten Weltkrieg ausgelöst hat. Die Imagination vom Krieg als einem schrecklich-schönen Ereignis, einer Zeitenwende und eines Neubeginns, wie sie viele der künstlerischen Visionen vor und im Ersten Weltkrieg noch nahelegen, findet sich vor dem Zweiten Weltkrieg nicht mehr.

In den Ersten Weltkrieg waren die Soldaten noch so heldenmütig wie unvorbereitet mit bunten Uniformen, Lanzen und Pferden gezogen. Sie kehrten, sofern sie das Ende des Krieges überhaupt erlebten, grau, physisch und psychisch gezeichnet durch den realen Schrecken des maschinisierten und mechanisierten Tötens nach Hause zurück.

Wo er heute in Politik und Alltag verwendet wird, hat der Begriff »Kassandra-Ruf« einen negativen Beigeschmack im Sinn von Schwarzseherei. Die Tatsache, dass die Seherin Recht behalten hat, haben wir verdrängt. Für die Zeit vor dem Zweiten Weltkrieg war Kassandra hingegen als tragische Identifikationsfigur noch in anderer Weise präsent. So schreibt Stefan Zweig *clairvoyant* in der 1942 erschienenen *Welt von gestern*: »Immer war es dieselbe Rotte, dieselbe, die Kassandra verhöhnt in Troja, Jeremias in Jerusalem, und nie hatte ich Tragik und Größe dieser Gestalten so verstanden wie in diesen allzu ähnlichen Stunden. Von Anfang an glaubte ich nicht an den ›Sieg‹ und wußte nur eines gewiß: daß selbst wenn er unter maßlosen Opfern errungen werden könnte, er diese Opfer nicht rechtfertige.«[1]

Ein weiteres Beispiel ist der Diplomat und Schriftsteller Albrecht Haushofer, der mit konservativen Widerstandskreisen in Verbindung stand und 1944 verhaftet wurde. Während seiner Haft im Gefängnis in Moabit verfasste er achtzig Sonette, die nach seiner Ermordung im April 1945 auf dem Gelände des Lehrter Bahnhofs gefunden wurden (Abb. 2). Eines davon trägt den Titel *Kassandro* –

1 Karl Hofer, Kassandra · 1936 · Kat.-Nr. II 1/10

als dieser wurde Haushofer von seinen Kollegen im Auswärtigen Amt in Berlin charakterisiert.

»Kassandro hat man mich im Amt genannt,
Weil ich, der Seherin von Troja gleich,
Die ganze Todesnot von Volk und Reich
Durch bittre Jahre schon vorausgekannt.

So sehr man sonst mein hohes Wissen pries,
Von meinem Warnen wollte keiner hören,
Sie zürnten, weil ich wagte, sie zu stören,
Wenn ich beschwörend in die Zukunft wies.«[2]

Für unsere westliche Kultur ist der große mythische Krieg der Griechen gegen Troja noch immer der Anfang der Geschichte und das Urbild aller Kriege. Es war ein Krieg mit allen Mitteln, in dem selbst die Götter korrumpiert waren. Das Schicksal Kassandras war es, den Untergang ihrer Stadt Troja vorausgesehen und verkündet zu haben, ohne ihn durch Einsicht der Fürsten und die Umstimmung des Volkes verhindern zu können. Doch weder die Sehergabe, mit der Apoll Kassandra zunächst vor anderen ausgezeichnet hatte, noch sein Fluch, niemand solle ihren Prophezeiungen je Glauben schenken, waren letztlich ausschlaggebend für den Untergang der Stadt.

Der Trojanische Krieg markierte die Schwelle eines neuen Zeitalters. Während sich die Trojaner angesichts der bevorstehenden Zeitenwende blind an Tradition und Konvention klammerten, zog Odysseus skrupellos die Konsequenzen. Insofern betont schon der Mythos auf sehr moderne Weise die Verantwortung der Menschen für den eigenen sich anbahnenden Untergang. So interpretiert, lassen sich im Kassandra-Mythos bereits Elemente einer säkularisierten Geschichtskritik ausmachen, die in diesem angelegt ist. Während in den stark vereinfachenden Erzählungen des Mythos in der Regel die gesellschaftlichen und politischen Krisen hinter mystifizierenden und mythifizierenden Vorstellungen verschwinden, weist die Quintessenz bei Kassandra in eine andere Richtung. Sie macht deutlich, dass Kriege und Katastrophen nicht über die Menschen hereinbrechen, sondern historische Ursachen haben, die sich erkennen und analysieren lassen. Ein solches Geschichtsverständnis liegt auch der Ausstellung *Kassandra. Visionen des Unheils 1914–1945* zugrunde.

Kassandra kann, wie es Herfried Münkler formuliert hat, als Prototyp der Intellektuellen betrachtet werden, vergleichbar den Künstlern. Die Ausstellung gibt Antworten auf die zentrale Frage, wie sich Künstler zu den wirtschaftlichen, politischen und gesellschaftlichen Krisen, dem Herausbilden totalitärer Herrschaft, Revolution und dem Aufkommen von Krieg verhalten haben.

2 Albrecht Haushofer, Kassandro, aus den Moabiter Sonetten, LX · 1944/45
Papier, Kopierstift, handgeschrieben, Berlin, Dauerleihgabe von Renate Haushofer an das Deutsche Historische Museum

Dank

Zum Glück gelang es, Frau Dr. Stefanie Heckmann als Kuratorin für das Ausstellungsprojekt zu gewinnen. Sie war imstande, die lose geknüpften Konjekturen durch ihre tiefe Kenntnis der Kunst des 20. Jahrhunderts zu einem schlüssigen Konzept zu verbinden und das Thema in seinen vielfältigen Aspekten auszuloten. Sie hat sich das Ausstellungsthema ganz zu eigen gemacht und in seiner Gestalt entwickelt. Ihr gilt mein besonderer Dank. Ebenfalls danken möchte ich dem Ausstellungsteam *Kassandra*, das mit großem Einsatz und größter Sorgfalt die Ausstellung und den Katalog in dieser Form miterarbeitet hat.

Ermöglicht wurden Ausstellung und Katalog durch die engagierte Unterstützung einer Vielzahl von Personen und Institutionen, denen wir für die sehr gute Zusammenarbeit zutiefst zu Dank verpflichtet sind. Unser Dank gilt zuerst allen nationalen und internationalen Leihgebern, welche die Ausstellung in der vorliegenden Form realisierbar gemacht haben und die bereit waren, sich für die Zeit der Ausstellung oftmals schweren Herzens von ihren Werken zu trennen. Herzlich danken möchten wir unseren Kolleginnen und Kollegen, die uns während der Vorbereitung mit Rat und Tat zur Seite standen und das Projekt unterstützt haben, insbesondere Dr. Hartwig Garnerus, Theo Wormland Stiftung, München; Prof. Jörn Merkert, Berlinische Galerie, Berlin; Cathy Leff und Marianne Lamonaca, The Wolfsonian-Florida, Miami Beach; Anne-Marie und Alexander Klee-Coll, Klee-Nachlassverwaltung, Bern, sowie Stefan Frey; Ralph Jentsch, George Grosz Estate, Rom; dem Sammlerehepaar Klaus und Erika Hegewisch, Hamburg; Dr. Marion Ackermann, Kunstmuseum Stuttgart; Prof. Dr. Carla Schulz-Hoffmann, Pinakothek der Moderne, München, und Prof. Dr. Angela Schneider, Neue Nationalgalerie, Berlin.

Ein solches Thema brachte es aber auch mit sich, dass einige für unsere Argumentation wichtige Werke für die Ausstellung nicht zur Verfügung standen. Schmerzliche Lücken bestehen bei Schlüsselwerken von Max Beckmann, Hans Grundig, Salvador Dalí oder Pablo Picasso, die wir in den Museen der Welt angefragt hatten. Sie waren oft zu kostbar und empfindlich und konnten dem Risiko einer Reise nicht ausgesetzt werden. Hinzu kommt, dass manche Museen verständlicherweise auf die aussagekräftigsten Bilder ihrer eigenen Präsentationen nicht verzichten konnten oder wollten. In vielen Fällen haben wir uns bemüht, wenigstens über die Entwürfe und erste Vorzeichnungen Hauptwerke des Visionären in die Ausstellung miteinzubeziehen und die Werke im Katalog abzubilden.

Wie immer bei großen Ausstellungen in unserem Haus wird auch diese Ausstellung von einem umfangreichen Katalog begleitet. Für ihn konnten namhafte Fachwissenschaftler gewonnen werden, denen ebenfalls unser ausdrücklicher Dank gilt. Sie nähern sich im Essayteil dem Thema des Visionären aus den unterschiedlichen Perspektiven der Kunstgeschichte und Geschichte, der Kunstsoziologie sowie der Philosophie. Gemeinsam mit der sorgfältigen Erschließung der einzelnen Exponate in Text und Bild sowie einem ausführlichen biografischen Anhang ermöglicht der Katalog einen breitgefächerten Überblick über das Thema des Künstlers als Ahner und Mahner in seiner Zeit.

Anmerkungen

1 Zweig 1942, S. 154 f.
2 Haushofer 2005, Nr. LX, S. 64.
3 Zu den folgenden Ausführungen vgl. Münkler 1990, S. 78–89.

Einleitung

STEFANIE HECKMANN

»Der Künstler«, schrieb der Kunsthistoriker Wilhelm Hausenstein 1914 kurz vor Ausbruch des Ersten Weltkrieges, »ist der Mensch, der die dem Menschen möglichen Gesichte am stärksten, am visionärsten erlebt. Eine Vision ist an sich selber schon ein Martyrium [...]. Aber für diese Vision wird der Künstler [...] obendrein noch gestraft: denn das Publikum lacht ihn dafür aus.«[1] Etwa dreißig Jahre später, kurz nach dem Ende des Zweiten Weltkrieges, konstatierte der Künstler Karl Hofer in einem Brief vom 14. November 1947: »Sie wundern sich, daß in meinem Werk viel Vorahnung des Kommenden sich findet. Der Künstler ist eben ein geistiger Seismograph, der das Unheil vorausregistriert. Nicht nur bei mir findet sich diese Erscheinung.«[2] Beide Zitate von 1914 und 1947, die ungefähr die Eckdaten unserer Ausstellung markieren, sind deutliche Hinweise darauf, dass sich in der Zeit von der Jahrhundertwende bis nach 1945 viele Künstler mit der Rolle des Visionärs oder Propheten identifiziert haben. Sie haben die visionäre Kraft ihrer Werke beschworen oder wurden von ihren Zeitgenossen, sei es spöttisch oder ernsthaft, in dieser Rolle bestätigt. Der Gedanke, dem Künstler seherische Eigenschaften zuzuschreiben, ist nicht neu, sondern lässt sich bis in die Antike zurückverfolgen. Dort war es die Ansammlung schwarzer Galle,[3] bei den Romantikern waren es der Traum oder die Flügel der Fantasie, in der Moderne die Konzentration auf »Geist« und »Seele«, welche Visionen, Inspirationen, intuitive Erkenntnisse jenseits des Rationalen erklärten.

Zeiten des Umbruches haben in der Kunst seit jeher eine Fülle an Untergangsfantasien hervorgebracht, in denen die Krisenstimmung verdichtet und kommuniziert wurde. Die Kunst von der Jahrhundertwende bis zum Beginn des Zweiten Weltkrieges in Deutschland ist reich an Werken, die uns heute aus der historischen Distanz als Ankündigung und Vorahnung düsterer Zeiten erscheinen. Dies gilt insbesondere für die Jahre unmittelbar vor den beiden großen Kriegen. Bevor in vielen, nach dem Ersten Weltkrieg zunächst demokratischen Staaten Europas totalitäre Regime die Macht übernahmen, lassen sich eine Vielzahl von Angst- und Untergangsvisionen nachweisen.

Stark vereinfacht können in der Kunst zwischen den Kriegen zwei Grundhaltungen unterschieden werden, die in der Ausstellung thematisiert und auf die Figur der trojanischen Seherin Kassandra bezogen werden: eine eher ahnungsvoll-visionäre und eine eher mahnend-appellative, die sich schlagwortartig mit den Begriffen der Ahnung und der Mahnung umschreiben lassen, wobei die Ahnung natürlich immer auch der Mahnung vorausgeht und alle Mischphänomene denkbar sind. Auf der einen Seite führt die Ahnung des Kommenden die Künstler bereits zu Beginn der Weimarer Republik dazu, politisch aktiv zu werden, um die Zeitgenossen aufzurütteln, sie vor dem Entstehen totalitärer Herrschaftsformen und einem neuen Krieg zu warnen. Hier steht der mahnende Charakter der Kunst im Vordergrund. Auf der anderen Seite weisen die ab 1930 entstandenen Werke mit dem Beginn der nationalsozialistischen Kunstpolitik verstärkt eine Wendung ins Subjektive, Ahnungsvoll-Visionäre, Mythische und Katastrophische auf.

In der Ausstellung liegt der Akzent auf den eher nach innen gerichteten, visionären Werken aus Deutschland. Sie werden durch Beispiele der appellativen, politisch motivierten Kunst sowie eine kleine Auswahl der zeitgleichen visionären Kunst aus Europa und den Vereinigten Staaten ergänzt. Um die Besonderheiten der ahnungsvoll-visionären und der mahnend-appellativen Kunst zwischen den Kriegen herausarbeiten zu können, haben wir die Ausstellung um einen Prolog und einen Epilog erweitert. Der Prolog versammelt Beispiele visionärer Kunst aus der Zeit vor dem Ersten Weltkrieg. Der Epilog wirft ein Schlaglicht auf die Kunst um 1945, die das Ende des Krieges begleitet.

Grundsätzlich geht die Ausstellung von der Prämisse aus, dass Künstler keine Seher oder Propheten sind, auch wenn sie dies für sich selbst in Anspruch nehmen. Wenn Künstler »Unheil voraussehen«, dann, weil sie sehr genau die gesellschaftlichen und politi-

1 Otto Dix, Selbstbildnis mit Kristallkugel · 1931
Mischtechnik auf Holz · 100,5 x 80,5 cm · Köln, Museum Ludwig

schen Ereignisse verfolgen, den individuellen und kollektiven Ängsten Raum geben und ihrer Intuition vertrauen. In den meisten Fällen wird sich zeigen, dass die vermeintlichen Unheilsprophetien der visionären Kunst eher das Symptom ihrer geistigen Vorgeschichte, Ausdruck realer Ängste oder Ausdruck einer individuellen oder kollektiven Krisenstimmung sind. Seltener greifen sie ihrer Zeit voraus oder antizipieren sie gar.[4] Anliegen der Ausstellung ist es, die Rolle des Künstlers als Seher und Mahner historisch zu fassen und zu hinterfragen.

Grundlegend im Umgang mit pessimistischer visionärer Kunst ist die Unterscheidung zwischen Intention und Rezeption.[5] Denn die Macht des unheilvoll Visionären im Sinn einer Prophezeiung oder Warnung kann sich nur retrospektiv vor dem Hintergrund der Geschichte erweisen. Es ist kein Zufall, dass Karl Hofer sich erst zwei Jahre nach Ende des Zweiten Weltkrieges zum geistigen Seismografen erklärte, der das Unheil vorausgesehen hatte. Vor dem Hintergrund der geschichtlichen Erfahrung von Nationalsozialismus, Zweitem Weltkrieg und Völkermord erhalten die zwischen den beiden Weltkriegen entstandenen Visionen rückwirkend eine hohe Plausibilität und Wahrheit. Die große Versuchung, die in dem Thema liegt, besteht darin, das Phänomen des Visionären historisch von seinem Ende her aufzurollen. Die Metapher der Seherin Kassandra beinhaltet, immer schon gewusst und gesagt zu haben, was die Gewalt der Geschichte dann erweist. Die daraus resultierende Faszination, aber auch der Fatalismus sind unauflöslich an die spätere Rezeption geknüpft. Diese muss bei einem solchen Thema mitreflektiert werden. Während wir heute mit dem Wissen der Geschichte auf die Zeit vor den Kriegen blicken, war die Zukunft für die Zeitgenossen trotz der zahlreichen Krisen und Konflikte nicht unbedingt vorhersehbar, und sie war in ihrer tatsächlichen Entwicklung auch nicht unvermeidlich.

Noch zwei weitere Einschränkungen sind zu machen: Werke dieser Zeit spiegeln nicht zwangsläufig die zeitlichen Umstände wider. Und mit einer möglichen Spiegelung politischer oder gesellschaftlicher Zustände ist nicht automatisch eine kritische Haltung verbunden.[6] Das Verhältnis vieler Künstler zu Faschismus und Krieg in Deutschland und Europa war zwiespältig, vielschichtig und widersprüchlich. Es gilt, dies nicht zu verkennen. So war zum Beispiel Franz Radziwill Mitglied der NSDAP, aber auch Wassily Kandinsky, Emil Nolde, Ernst Ludwig Kirchner oder Rudolf Schlichter hofften nach der Machtübernahme 1933 noch auf eine Chance, mit ihrer Kunst den jungen Staat zu vertreten. Von erklärten Anhängern, Mitläufern, Angepassten, Unpolitischen bis zu verdeckten und offenen Widerständlern sind alle Haltungen nachweisbar.[7] Häufig schwankte die politische Einstellung. In einigen Fällen kommt erschwerend hinzu, dass Künstler wie Magnus Zeller oder auch Franz Radziwill ihre Werke nach dem Krieg überarbeitet haben – Zeller, um seine Botschaften zu präzisieren,[8] Radziwill, der ein erklärter Anhänger

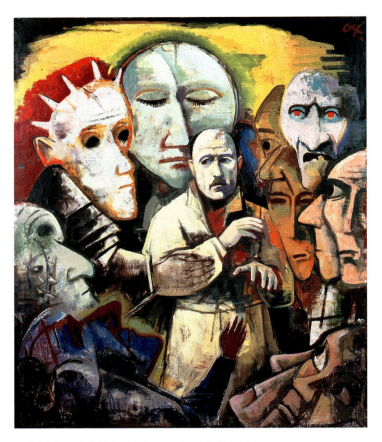

2 Karl Hofer, Selbstbildnis mit Dämonen · 1922 · Kat.-Nr. II 2/23

der NS-Bewegung gewesen war, um die eigene Gesinnung nach dem Krieg als oppositionelle Haltung erscheinen zu lassen.[9]

Es liegt auf der Hand, dass eine Ausstellung, die ihren Schwerpunkt auf die ereignisreichen Jahre von 1918 bis 1939 in Deutschland legt, viel wagt. Das Thema kann selbst bei einer strikten inhaltlichen Beschränkung nur mithilfe von Zuspitzungen und an vielen Stellen lediglich exemplarisch dargestellt werden. Auch machen die vielfach unüberwindlichen Schwierigkeiten, Schlüsselwerke aus den Museen der Welt auszuleihen, einen Mut zur Lücke erforderlich. Erstaunlich ist, dass das Thema des Künstlers als Visionär, auf die Zeit zwischen den beiden Weltkriegen bezogen, bislang nicht als zusammenhängendes Phänomen erforscht wurde. Lediglich für die Zeit vor dem Ersten Weltkrieg oder unter dem Aspekt apokalyptischer Untergangsvisionen liegen umfangreichere Studien aus den Bereichen der Kunst- und Literaturwissenschaft vor.[10] Umso dringlicher scheint es geboten, eine erste Bestandsaufnahme dieses bislang wenig beachteten Phänomens vorzulegen und seine Grundstrukturen aufzuzeigen. Allein die erstaunliche Fülle an Material, das in dieser Zusammenstellung so noch nicht gezeigt worden ist, bestätigt das Vorhaben.[11]

Schwerpunkt: Kunst aus Deutschland

Die Ausstellung legt den Akzent auf die Kunst in Deutschland, wobei die Rolle der Kunst im Dienst der Propaganda mit Hinweis auf die frühere Ausstellung *Kunst und Propaganda* im Deutschen Historischen Museum ausgespart bleibt.[12] Ausgewählt wurden in erster Linie Kunstwerke, die in der Zeit zwischen den Kriegen von 1918 bis 1939 entstanden sind und die als ahnungsvoll-visionär oder mahnend-appellativ rezipiert werden können. Es handelt sich hierbei nur um einen kleinen Ausschnitt aus der zeitgenössischen Kunst, deren drei wichtigste Ausdrucksformen Abstraktion, Realismus und Surrealismus waren.[13] Politische Werke, die ausdrücklich als Mahnung gemeint und auf Wirkung berechnet waren, orientieren sich stilistisch an Realismus oder Verismus und zeichnen sich durch klare Inhalte und einfach zu deutende historische und gesellschaftliche Bezüge aus. Aber auch die unter den Repressionen des NS-Regimes ab den 1930er Jahren zunehmende Neigung der Künstler zum ahnungsvoll Visionären, zum Mythischen und Mystischen bleibt vielfach Ausdrucksformen verhaftet, die den Bezug auf das Gegenständliche suchen. Beispiele gegenstandsloser Kunst, etwa von Hans Hartung, haben wir lediglich exemplarisch in die Ausstellung miteinbezogen und nur dort, wo sich Aspekte des Visionären auch über Selbstzeugnisse dieser Künstler sicher nachweisen lassen.

Die besondere Situation der Kunst in Deutschland bietet sich als Beispiel für eine Untersuchung an. Die schweren Anfänge der Republik nach dem Ersten Weltkrieg und die revolutionären Wirren veranlassten zunächst viele Künstler, sich den Sozialisten und Kommunisten anzuschließen, oder sie verstanden sich allgemeiner als Anarchisten, Antifaschisten und Pazifisten. Künstler, die im Krieg zu engagierten Kriegsgegnern geworden waren, sahen in ihrer Kunst vor allem zu Beginn der Weimarer Republik ein Mittel, sich für ihre gesellschaftlichen und politischen Ziele einzusetzen. In der kurzen Stabilisierungsphase 1924 bis 1929 verzeichnete die avantgardistische Kunst große Erfolge. Gleichzeitig war die künstlerische Avantgarde in Deutschland so stark wie in keinem anderen Land Europas Anfeindungen ausgesetzt. Die Polarisierungen der sozialen und politischen Gruppierungen fanden auch bezogen auf die Kunst ihr Echo. Moderne Kunst erlebte zwar auf der einen Seite einen Höhepunkt, wurde aber auf der anderen Seite von konservativen, nationalen und von bürgerlichen Strömungen »als Menetekel der gesellschaftlichen und politischen Auflösung und der kulturellen Enteignung«[14] gedeutet, die ihr zerstörerisches anarchistisches Potential für die traditionsorientierte Kunst und Kultur beschworen.

Die Phase von 1930 bis 1933 war charakterisiert durch die antidemokratische Radikalisierung und die Konsolidierung der NSDAP als Massenbewegung. Ab 1930 mehrten sich mit dem Aufstieg der Nationalsozialisten die Angriffe gegen die moderne Kunst, die zunehmend als »dekadent«, »entartet«, »undeutsch«, »jüdisch-bolschewistisch« oder »kulturbolschewistisch« diffamiert wurde, eine Haltung, die sich bereits ab Mitte der 1920er Jahre abgezeichnet hatte.[15] Die Ernennung Adolf Hitlers zum Reichskanzler am 30. Januar 1933 leitete das Ende der Weimarer Republik ein. Nach der Machtübernahme errichteten die Nationalsozialisten innerhalb weniger Wochen die Diktatur. Bereits im Sommer 1933 war Deutschland »gleichgeschaltet«, bis auf die NSDAP waren alle Parteien verboten oder aufgelöst und die freien Gewerkschaften zerschlagen. Kommunisten und Sozialdemokraten galten als »Staatsfeinde«. Die jüdische Bevölkerung sowie andere Bevölkerungsgruppen wurden aus der Gesellschaft ausgegrenzt, verfolgt und terrorisiert. 1933 begannen die Nationalsozialisten bereits Pläne für den Ausbau der Wehrmacht für einen Angriffskrieg zu entwickeln. Mit der Wiedereinführung der Wehrpflicht 1935, der beständigen Steigerung der Rüstungsausgaben und schließlich dem militärischen Eingreifen der Deutschen Wehrmacht im Spanischen Bürgerkrieg auf Seiten des rechtsnationalistischen Generals Francisco Franco rückte die Wahrscheinlichkeit eines Krieges näher.

Die Repressionen der Nationalsozialisten gegen die kulturelle Avantgarde zwangen viele Künstler dazu, sich früh mit den sich ankündigenden Bedrohungen auseinanderzusetzen. Weder im italienischen Faschismus unter Mussolini noch in Spanien unter Franco hat es vergleichbare staatlich initiierte Repressionen gegen die Vertreter der modernen Kunst oder Vernichtungsaktionen gegen ihre Werke gegeben. Der Fall Italien ist ein Beispiel dafür, wie in anderen europäischen Ländern versucht wurde, die Avantgarde für die ästhetische Selbstinszenierung des Regimes in Dienst zu nehmen.[16] Selbst in der Sowjetunion unter Stalin waren trotz der Gleichschaltung der Künstlerorganisationen sowie der 1934 verabschiedeten Doktrin des sozialistischen Realismus noch Bezüge auf abstrakte oder konkret-konstruktivistische Kunst möglich. Allerdings war die Situation der Kunst in der Sowjetunion und Italien in der Zeit zwischen den Kriegen so spezifisch und in sich so komplex, dass sie hier mit Verweis auf die frühere Ausstellung *Kunst und Propaganda* ausgeklammert werden muss.[17]

Es gab jedoch auch eine große Zahl Intellektueller und Künstler, die das Ende der Weimarer Republik und damit das Ende der Demokratie zunächst ohne Bedauern hinnahmen oder es sogar begrüßten. Ihnen erschien die Machtübernahme der Nationalsozialisten als notwendiger politischer Akt, der einer Erneuerung Deutschlands vorausgehen müsste. Unmittelbar nach 1933 war zum Beispiel nicht klar, inwieweit das neue Regime offen war für die Ästhetik der Moderne, sofern die Künstler weder jüdischer Herkunft noch oppositionell eingestellt waren. Viele Vertreter der Moderne hofften, die zukünftige deutsche Kunst zu repräsentieren. Oder sie erwarteten, dass das italienische Beispiel Schule machen könnte und das NS-Regime ein Bündnis mit der ästhetischen Avantgarde eingehen würde.[18]

3   Richard Oelze, Kassandra · 1934
    Weiße und farbige Kreide auf dunklem Tonpapier auf Karton montiert · 35 x 27 cm
    Berlin, Staatliche Museen zu Berlin, Sammlung Scharf-Gerstenberg in der Nationalgalerie

Ab 1933 verschärften sich die Repressionen gegen die moderne Kunst und, was für diese Ausstellung wichtig ist, gegen jede Art von oppositioneller Kunst. Viele Künstler wurden ihrer Ämter enthoben, erhielten Lehr-, Ausstellungs- und Malverbot. Künstler wurden verfolgt, verhaftet, sahen sich gezwungen, das Land zu verlassen oder im Verborgenen weiterzuarbeiten. Die kulturpolitische Radikalisierung, die sich ab 1936 gegen alle Modernisierungsbestrebungen in der Kunst richtete, erreichte 1937 mit der Femeausstellung *Entartete Kunst* in München ihren Höhepunkt.[19] In der sich daran anschließenden Aktion »Entartete Kunst« wurden mehr als 19 000 Werke moderner Kunst beschlagnahmt, in diffamierenden Ausstellungen gezeigt, außer Landes verkauft und zum Teil vernichtet.[20]

Kassandra versus Johannes

Als Bezugsfigur der Ausstellung haben wir die trojanische Seherin Kassandra gewählt, obwohl mit dem Apokalyptiker Johannes die Wahl auf eine ungleich prominentere Seherfigur aus dem jüdisch-christlichen Kulturkreis hätte fallen können (vgl. Abb. 3).[21] Die Figur der Kassandra, die vergeblich vor der Zerstörung Trojas warnte, setzt einen bewussten Gegenakzent zum Leitbild des Apokalyptischen, unter dem die Kunst des 20. Jahrhunderts bislang allgemein betrachtet wurde. Auch wenn im alltäglichen Sprach-gebrauch der Begriff »Apokalypse« eher negativ im Sinn von Untergang und Katastrophe belegt ist, bedeutet er dem Wortsinn nach »Offenbarung« und bezieht sich auf eine Wende der Zeiten. Im Gegensatz zur Apokalypse des Johannes, die ursprünglich eine Erlösungsvision ist, ist die Vision der Kassandra eine reine Untergangs- und Zerstörungsvision.[22]

Die bildmächtige Kunst vor dem Ersten Weltkrieg, die den Auftakt der Ausstellung bildet, ist mit dem Schlagwort des Apokalyptischen zutreffend charakterisiert. Vor dem Ersten Weltkrieg brachte im wilhelminisch geprägten Deutschland eine stark national ausgerichtete Strömung in Kunst und Literatur eine Fülle apokalyptischer Visionen hervor, die sich auf einen kommenden Krieg beziehen lassen.[23] Diese Werke sollen einen direkten Vergleich mit der Kunst zwischen den Kriegen ermöglichen. Apokalyptisches Denken verbindet die unausweichliche Schicksalhaftigkeit des Weltunterganges mit der Hoffnung auf Erlösung. Die Zerstörung der alten Welt wird lediglich als Übergangsstadium betrachtet, um auf den Trümmern der alten eine neue Welt zu erbauen.[24]

Die Bilder von Krieg, Revolution und Apokalypse, die in der bildenden Kunst kurz vor dem Ersten Weltkrieg entstanden, sind daher vielfach keine reinen Visionen des Unheils oder Untergangs. Sie beziehen sich oft metaphorisch auf den Untergang einer überlebten Epoche, auf den neue, bessere Zeiten folgen sollten. So schrieb Thomas Mann im September 1914 stellvertretend für eine ganze Generation: »Wie hätte der Künstler, der Soldat im Künstler nicht Gott loben sollen für den Zusammenbruch einer Friedenswelt, die er so satt, so überaus satt hatte! Krieg! Es war Reinigung, Befreiung, was wir empfanden, und eine ungeheure Hoffnung.«[25] Diese schwärmerische Verklärung des Krieges als reinigende Macht und Neubeginn spricht auch noch aus dem Brief Max Beckmanns, der sich zu Beginn des Ersten Weltkrieges freiwillig als Sanitätshelfer meldete. Beckmann richtete den Brief vom 11. Oktober 1914 an seine Frau Minna Beckmann-Tube, etwa ein Jahr bevor er aufgrund seiner Kriegserlebnisse körperlich und seelisch zusammenbrach und aus dem Frontdienst entlassen wurde: »Draußen das wunderbar großartige Geräusch der Schlacht. Ich ging hinaus durch Scharen verwundeter und maroder Soldaten, die vom Schlachtfeld kamen, und hörte diese eigenartige schaurig großartige Musik. Wie wenn die Tore zur Ewigkeit aufgerissen werden ist es, wenn so eine große

4 Max Beckmann, Selbstbildnis mit Krankenpflegeruniform und Autobrille · April 1915
Kat.-Nr. III 3/26

Salve herüberklingt. Alles suggeriert einem den Raum, die Ferne, die Unendlichkeit. Ich möchte, ich könnte dieses Geräusch malen. Ah, diese Weite und unheimlich schöne Tiefe! Scharen von Menschen ›Soldaten‹ zogen fortwährend nach dem Zentrum dieser Melodie, der Entscheidung ihres Lebens entgegen.«²⁶

Hinter den apokalyptischen Visionen vor dem Ersten Weltkrieg verbirgt sich in vielen Fällen ein eher unpolitisches Kriegsverständnis der Künstler. Man kann sie nicht als Vorahnung eines konkreten Krieges oder gar als politischen Protest oder Warnung vor einem kommenden Krieg lesen. Der Deutsch-Französische Krieg 1870/71 lag zu lange zurück, als dass die Schrecken eines realen Krieges durch Spuren der Zerstörungen von Städten und Landschaft oder den Anblick von Kriegsversehrten präsent gewesen wären, wie später nach dem Ersten Weltkrieg. Viele visionär anmutende Werke aus dieser frühen Zeit, wie zum Beispiel die Werke Alfred Kubins oder Ludwig Meidners, verdanken sich auch weniger einem politischen Interesse oder einem geschärften Blick für die Zeichen der Zeit als vielmehr dem Interesse an der eigenen Psyche. Sie spiegeln eher innere Zustände, die aber durch die gesteigerte oder auch überreizte Sensibilität der Künstler für die erregte Erwartungshaltung dieser Zeit quasi durch die Künstler hindurch einen Blick auf die krisenhafte Stimmungslage vor dem Ersten Weltkrieg erlauben.

Ein wichtiger Aspekt, der die visionäre Kunst vor dem Ersten Weltkrieg von jener zwischen den Kriegen unterscheidet, ist, dass die visionäre Kunst vor dem Ersten Weltkrieg primär öffentliche Kunst war. Sie wurde vielfach ausgestellt, fand – wie beispielsweise Kubins *Der Krieg* (1903) – über Reproduktionstechniken Verbreitung und wurde öffentlich diskutiert. Der Künstler wurde vor dem Krieg als Visionär verstanden, und zwar durchaus positiv und nicht im Sinne eines Unheilspropheten. Auch hatte er, das ist einer der wesentlichen Unterschiede zur visionären Kunst vor dem Zweiten Weltkrieg, zugleich die Funktion eines Künders, der seine Ahnungen an ein Publikum weitergab.²⁷

Die Konfrontation mit der Realität des Ersten Weltkrieges führte bei vielen Künstlern nicht nur dazu, ihre schwärmerischen Vorstellungen vom Krieg als Zeitenwende fallen zu lassen. Sie sahen sich auch in der ihnen traditionsgemäß zugeschriebenen Rolle eines positiven Visionärs oder Künders in einem Ausmaß gescheitert wie noch nie zuvor. Max Beckmann, Franz Marc, August Macke, Otto Dix, George Grosz, Rudolf Wacker, die begeistert in den Krieg gezogen waren, kehrten entweder gar nicht oder, wie Beckmann und Grosz, krank oder seelisch gebrochen nach Hause zurück. Für fast alle diese Künstler bedeutete der Krieg einen formalen und inhaltlichen Bruch mit ihrem Werk vor dem Krieg.

Das zog eine künstlerische Neuerfindung und Neudefinition der Rolle als Künstler nach sich. Viele Künstler lehnten die expressionistische Formensprache der Vorkriegszeit ab, da sie sich nicht eignete, die realen Schrecken des Krieges darzustellen. Viele wandten sich der Neuen Sachlichkeit, dem Verismus oder Dadaismus zu.²⁸ Für die meisten Überlebenden war die erschreckende Realität des Krieges nun für lange Jahre das beherrschende Thema ihrer Kunst mit dem Ziel, den Krieg für sich aufzuarbeiten, aufzuklären und vor den Schrecken eines neuen Krieges zu warnen. Die Rolle eines positiven Künders, das ist eines der Ergebnisse dieser Ausstellung, war durch die Erfahrungen des Ersten Weltkrieges für viele Künstler zwischen den Kriegen nicht mehr denkbar.

Interessant ist, dass während des Ersten Weltkrieges kaum Bilder vom Krieg öffentlich zu sehen waren. Annegret Jürgens-Kirchhoff zitiert in ihrer Studie den expressionistischen Künstler Franz M. Jansen, der ein erklärter Kriegsgegner war. Er fragte noch 1920, wie es möglich war, »daß dies alles geschah und kein Bild, buchstäblich kein Bild […] entstand über den Krieg«.²⁹ Wie wir heute wissen, entstand im und unmittelbar nach dem Krieg eine Anzahl an Arbeiten, die sich mit dem Krieg und mit seinen Schrecken befassten. Damals jedoch waren sie einer breiten Öffentlichkeit offensichtlich nicht zugänglich. Die offiziellen, den Krieg billigenden Zeitschriften publizierten keine Bilder vom Krieg, sofern sie als kritische Darstellungen aufgefasst werden konnten, und viele Künstler waren unsicher und hielten die Werke erst einmal zurück. Erst als der Krieg vorbei war und vollends im Antikriegsjahr 1924, als es vor allem in Berlin zahlreiche Aktionen und Kundgebungen pazifistischer Bewegungen gab, denen sich auch viele Künstler anschlossen, waren die Bilder vom Krieg stärker präsent.[30] Aus der Perspektive der desillusionierten Nachkriegszeit wurden nun auch die fatalistischen Kriegsvisionen der Jahre vor 1914 neu interpretiert. Man las sie vor dem Hintergrund der erlebten Schrecken nicht mehr nur als individuelle oder kollektive Psychogramme, als Visionen oder als Vorwegnahme eines ersehnten Umbruches, sondern als Protest und Warnung vor einem Krieg und erklärte die Künstler, wie beispielsweise Kubin oder Meidner, zu Unheilspropheten.[31]

Bislang wurde die gesamte Kunst der ersten Hälfte des 20. Jahrhunderts – sowohl die Kunst vor dem Ersten Weltkrieg als auch die Kunst vor dem Zweiten Weltkrieg – allgemein unter dem Aspekt des Apokalyptischen betrachtet. Um die veränderte Haltung der Künstler zu Krieg und Gewalt nach dem Ersten Weltkrieg zu erfassen, konstruierten die Literatur- und Kunstwissenschaftler das Bild einer um das Heilsversprechen beschnittenen Apokalypse.[32] Mit dem Bezug auf den Kassandra-Mythos setzt diese Ausstellung einen neuen Akzent. Kassandra steht als Ahnerin und Mahnerin im Kontext des großen mythischen Krieges der Griechen gegen Troja, der eine Zeitenwende markiert. Wie Herfried Münkler schreibt, hat Kassandra bereits erkannt, dass »nach diesem Krieg nichts mehr so sein würde wie früher, dass dieser Krieg, wenn man ihn geführt hatte, um nach seinem Ende dort weitermachen zu können, wo man an seinem Beginn aufgehört hatte, auch für den Sieger verlorengegangen war.«[33] Eine vergleichbar desillusionierte Haltung, wie Münkler sie in der Figur der Kassandra angelegt sieht, vertraten in der Zwischenkriegszeit viele Künstler, die den Ersten Weltkrieg selbst erlebt hatten.

Der Künstler als vergeblicher Mahner
Unter den Begriff der Mahnung, der natürlich eine Vorahnung der zukünftigen politischen und sozialen Entwicklungen voraussetzt, fasst die Ausstellung die politisch-agitatorische Kunst, die vor allem in den ersten Jahren der Weimarer Republik bestimmend war. Viele Künstler, die in ihren Werken bis zum Ersten Weltkrieg eine eher idealistisch-ästhetische Ausrichtung verfolgt hatten, änderten nach dem Krieg ihre Haltung und nicht selten auch ihren Stil radikal. Käthe Kollwitz hat dieser Haltung 1922 mit dem Ausspruch »Ich will wirken« sinnfällig Ausdruck verliehen.[34] Fragen der Kunst blieben dem Anspruch aufzuklären und eine möglichst breite Öffentlichkeit zu erreichen, untergeordnet. Gefordert waren klare, verständliche Botschaften mit eindeutigen sozialen, politischen und historischen Referenzen, die über Reproduktionsmedien möglichst weite Verbreitung finden sollten.[35] Abstrakte wie bürgerliche Kunstrichtungen wurden wegen ihres vermeintlichen Idealismus und elitären Anspruches bekämpft. Ironisch konstatierten George Grosz und Wieland Herzfelde, die beide zusammen mit John Heartfield, dem Bruder von Herzfelde, und Erwin Piscator 1918 der kommunistischen Partei beigetreten waren, 1925 in einem gemeinsamen Aufsatz, der im Malik-Verlag erschien: »Ja, die Kunst ist in Gefahr: Der heutige Künstler, wenn er nicht ein Leerläufer, ein antiquierter Blindgänger sein will, kann nur zwischen Technik und Klassenkampfpropaganda wählen. In beiden Fällen muss er ›die reine Kunst‹ aufgeben.«[36]

Die meist antibürgerlich motivierte Agitationskunst hatte unterschiedliche politische Färbungen von sozialistisch, kommunistisch, pazifistisch bis anarchistisch. Viele Künstler sympathisierten zu Beginn der Weimarer Republik mit der kommunistischen Partei und versuchten die Gefahren, die der noch jungen Republik von rechts drohten, politisch und gesellschaftlich im Sinne eines idealisierten Kommunismus zu analysieren. Zahlreiche Künstlergruppen wurden nach sowjetischem Vorbild gegründet, wie zum Beispiel die Rote Gruppe oder die Assoziation Revolutionärer Bildender Künstler Deutschlands (kurz ASSO oder ARBKD). Erklärtes politisches Ziel war es, eine Revolution nach dem sowjetischen Vorbild der Oktoberrevolution sowie den Zusammenbruch des Kapitalismus herbeizuführen. Die tatsächlichen Folgen der Revolution in der Sowjetunion waren im Westen in Künstlerkreisen nur unzureichend bekannt. Die meisten Sympathisanten der westlichen kommunistischen Parteien bezogen ihre Informationen aus Gerüchten und stalinistischer Propaganda. Ihre Vorstellung von den sozialen und kulturellen Errungenschaften in Russland entsprach in keiner Weise der Wirklichkeit.[37] Bezeichnend für das geschönte Russland-Bild, das viele Künstler hatten, ist, dass George Grosz nach einer sechsmonatigen Reise in die Sowjetunion im Jahr 1922/23 unverzüglich aus der kommunistischen Partei austrat.

Bei der politischen Kunst der Weimarer Republik der 1920er Jahre handelt es sich um die frühesten Versuche in Deutschland, totalitäre Herrschaftsformen zu reflektieren und die Öffentlichkeit vor einem neuen Krieg zu warnen.[38] Einige der Künstler, die sich zunächst politisch engagiert hatten, wie Grosz oder Schlichter, zogen sich in der Phase der Stabilisierung der Weimarer Republik 1924 bis 1929 wieder aus der Politik zurück. Andere, die weiter politisch tätig blieben, wie etwa John Heartfield, flohen 1933 nach der Machtübernahme vor dem NS-Regime ins Exil, da jede Form der Opposition verfolgt und hart bestraft wurde. Viele blieben jedoch in Deutschland und gingen in den Widerstand. Ihnen drohte, wie Hans und Lea Grundig, Leo Haas und anderen, bei ihrer Entdeckung Verhaftung und Konzentrationslager oder, wie Alfred Frank und anderen, die

5 George Grosz, Selbstbildnis als Warner · 1927 · Kat.-Nr. II 2/24

Ermordung. Viele Künstler, die ihre Kunst früh als Instrument des Klassenkampfes begriffen, waren sich ihrer Rolle als Mahner bewusst. George Grosz stellte sich 1926, als er sich längst wieder von der Politik distanziert hatte, in seinem berühmten Selbstbildnis noch einmal als Mahner dar (Abb. 5, S. 25; Kat.-Nr. II 2/24). »Ich war einer der allerersten Künstler, die ihre Stimme gegen die dunklen Kräfte, gegen Krieg und Faschismus erhoben«, betonte er 1936 aus dem Exil in den Vereinigten Staaten.[39] Um dann in einem späteren Interview aus den 1950er Jahren resigniert festzustellen: »Ich merkte, daß auf meine Zeichnungen einfach nicht gehört wurde. Meine Warnung war sozusagen eine Warnung in den Wind gewesen.«[40]

Der Künstler als Visionär

Die andere Haltung, die für die Ausstellung mit Bezug auf Kassandra relevant ist, ist die Wendung ins Ahnungsvolle, Mythische und Katastrophische. Sie wurde zu Anfang als ahnungsvoll-visionär beschrieben. Es ist kein Zufall, dass die Kunst der Jahrhundertwende bis zum Zweiten Weltkrieg eine große Fülle an solchen Werken hervorgebracht hat. Das Phänomen des subjektiv Visionären spielte im Diskurs der Zeit wie auch im Alltagsleben als Gegentendenz zur radikalen »Entzauberung der Welt«[41], mit den ihr eigenen Rationalisierungs-, Intellektualisierungs- und Modernisierungsprozessen, eine große Rolle.[42] Markierungspunkte dieser Entzauberung waren die rasch voranschreitende Industrialisierung, die bahnbrechenden Entdeckungen der Naturwissenschaften, die Verneinung aller Werte durch Denker wie Friedrich Nietzsche. Hinzu kam Sigmund Freuds Infragestellung des Ich durch die Entdeckung des Unbewussten, woraus die Erkenntnis resultierte, »daß das Ich nicht Herr sei in seinem eigenen Haus«.[43]

Ein kurzer Blick zurück zeigt, dass bereits im Deutschland der Jahrhundertwende mit der Kritik an Materialismus und Positivismus auch die Mächte des Irrationalen und Romantischen – der (deutsche) Geist, das Gefühl und die Seele – Auftrieb erhielten. Dem naturwissenschaftlich geprägten und als »oberflächlich« herabgewürdigten französischen Impressionismus setzte man die Innerlichkeit der symbolistischen Bildwelt Max Klingers oder Arnold Böcklins entgegen. Sie wurden in der zweiten Hälfte des 19. Jahrhunderts vor allem in völkischen Kreisen als typisch deutsch deklariert.[44] Künstlern wie Böcklin wurden, wenn auch nicht selten nur ironisch, seherische Kräfte zugeschrieben.[45] Mit dem Aufkommen der Moderne zu Beginn des 20. Jahrhunderts inszenierten sich viele Künstler selbst in der Rolle des Sehers oder geistigen Führers oder sie wurden von der Gesellschaft in diese Rolle gedrängt.[46] Zu nennen sind hier etwa Wassily Kandinsky, Maurice Maeterlinck oder Stefan George.[47] Man erwartete von der Kunst Pathos und rauschhaften Mystizismus, und ihre Vertreter avancierten zu Hohepriestern des Geistigen. Begriffe wie »Geist«, »Seele« und Phänomene wie Visionen und Vorahnungen lassen sich in dieser Zeit nicht nur in der Kunst nachweisen. Neue religiöse und parareligiöse Bewegungen lebten auf und mit ihnen das Interesse am Mystischen, Spiritistischen und Okkulten.[48] »Freilich gibt es im Bereich dieser schrecklichen Parapsychologie ein Phänomen, das noch schrecklicher als die anderen ist: die Vorahnung«, heißt es in einem erstmals 1923 erschienenen *Grundriss der Parapsychologie und Parapsychophysik*. Die Vorahnung sei durch sichere Belege erwiesen und trotzdem sei es uns unmöglich, sie zu verstehen. Es sei die psychische Beschaffenheit des Menschen, die ihn daran hindert, »zu begreifen, daß die zukünftigen Begebenheiten ebenso bestimmt sind, wie die vergangenen, und daß ein unerbittliches Schicksal die menschlichen und nicht menschlichen Verhältnisse bis in ihre kleinsten Einzelheiten regiert«.[49] Einen anderen Bezugspunkt für das Visionäre bot die noch junge Wissenschaft der Psychoanalyse. Sigmund Freuds Veröffentlichung seiner *Traumdeutung* im Jahre 1900 bildete das Fundament, das bislang diffuse Bild vom Unbewussten, das seit der Romantik die Auseinandersetzung mit der menschlichen Seele, dem Traum und dem Wahn begleitete, zu systematisieren und wissenschaftlich zu untermauern. Auf seine Erkenntnisse baute die von Carl Gustav Jung gegründete psychologische Schule auf, die als erste das Phänomen der Visionen ernsthaft wissenschaftlich untersuchte.[50]

Auch das Alltagsleben stand zu Beginn der Weimarer Republik unter dem Eindruck von Visionen, Prophetien und Heilslehren aller Art.[51] Eine große Zahl von Volksrednern und Predigern unterschiedlichster politischer, religiöser und kultureller Richtungen trat auf Marktplätzen und in Zirkuszelten auf und lockte die Menschen mit apokalyptischen Untergangsszenarien und Heilsversprechungen.[52] Oswald Spenglers *Der Untergang des Abendlandes* erschien 1923 und verkaufte sich innerhalb kurzer Zeit 600 000 Mal.[53] Das Buch entfaltete eine große Breitenwirkung, die eher auf der suggestiven Macht des Titels und einiger schlagwortartig zugespitzten Thesen als auf der Auseinandersetzung mit seinen Inhalten beruhte.[54] Untergangsszenarien im Spengler'schen Sinne wurden in völkisch-nationalen Kreisen beschworen sowie von den Nationalsozialisten für ihre Argumentationen radikalisiert.[55] Sie wurden aber auch für viele Künstler wie Beckmann, Schlichter oder Hofer zu einer wichtigen Inspirationsquelle für ihre kulturpessimistischen Endzeitvisionen. Diese standen im Einklang mit einer breiten Schicht der Bildungsbürger, die ein reaktionäres Bildungs- und Kulturideal vertrat. Hinter Kunstwerken, wie beispielsweise der ersten Fassung von Schlichters *Blinde Macht*, 1932 (Kat.-Nr. V/31), aber auch anderen düstervisionär anmutenden Werken von Beckmann und Hofer aus den frühen 1930er Jahren, die für uns heute eine kritische Haltung gegen das NS-Regime zu repräsentieren scheinen, verbirgt sich daher nicht selten eine sozial reaktionäre, anti-demokratische Haltung.[56]

6 Hans Grundig, Das tausendjährige Reich (Triptychon) · 1935–1938
Vision einer brennenden Stadt (Mittelteil) · 1936
Öl auf Holz · 130 x 152 cm · Dresden, Galerie Neue Meister, Staatliche Kunstsammlungen

Bereits in der zweiten Hälfte der 1920er Jahre zeichnete sich mit der kurzen Stabilisierungsphase der Weimarer Republik von 1924 bis zur Weltwirtschaftskrise 1929 unter den politisch engagierten Künstlern eine Phase der Desillusionierung ab, da sich die politischen Utopien nach dem Vorbild der Oktoberrevolution nicht hatten verwirklichen lassen. Viele Künstler zogen sich aus der Öffentlichkeit zurück. Spätestens 1933 mit der Machtübernahme der Nationalsozialisten und den darauffolgenden Repressionen sahen sich Künstler wie Max Beckmann, Otto Dix oder Karl Hofer zum Rückzug aus dem öffentlichen Leben in die »innere Emigration« oder ins Exil gezwungen.[57] Der Rückzug der Künstler in die »innere Emigration« unter dem Druck des NS-Regimes wurde später sowohl positiv als auch negativ bewertet.[58] Lea Grundig, die als Jüdin und Kommunistin vielfachen Repressionen ausgesetzt war, merkte kritisch in ihren Lebenserinnerungen an: »Dieses ferne, unerreichbare Land ›Innere Emigration‹ war ein bequemes Zauberland. Es teilte den Menschen sogleich in zwei Teile: in den irdischen, der Essen und Trinken und noch vieles, vieles andre brauchte, und die ›Seele‹, die rein blieb und nicht teilhatte an den Greueln.«[59] Der deutsche Schriftsteller Frank Thieß hob 1945 in der bedeutenden Debatte über Exil und »innere Emigration« mit Thomas Mann hervor, dass die »Welt, auf die wir innerdeutschen Emigranten uns stützten […] ein innerer Raum [war], dessen Eroberung Hitler trotz aller Bemühungen nicht gelungen ist«.[60] Der Rückzug in die »innere Emigration« ging bei vielen Künstlern mit einer Betonung des Seelischen einher und wurde als Rückzug in einen geistigen »inneren Raum« gewertet, der nicht zufällig an Hegels Betonung der Innerlichkeit in der Kunst der Romantik erinnert.[61] Das Sehen mit dem inneren Auge, das Ausloten des inneren Raumes, der eigenen Psyche bot vielen Künstlern, wie zum Beispiel Max Beckmann, Karl Hofer oder Richard Oelze, Anknüpfungspunkte, die Macht der Intuition oder des Unbewussten im Sinn eines geheimnisvollen, vielfach auch romantischen Visionären zu betonen.[62]

Neben der Emigration aus politischen Gründen oder dem Rückzug aus der Politik in die »innere Emigration« gab es aber auch Künstler, die nach 1933 in Deutschland blieben und sich weiter politisch engagierten. Auch wenn sie zuvor eine eher mahnende Haltung eingenommen hatten, sahen sie sich nun gezwungen, Botschaften, die sich kritisch gegen das Regime richteten, zu verschlüsseln. Denn sie mussten sich, die Familie, Freunde und Bekannte vor den Repressionen des Regimes und vor Denunziationen schützen.

Ein Beispiel sind Hans und Lea Grundig. Trotz Lea Grundigs jüdischer Herkunft und ihrer beider Sympathien für die kommunistische Partei blieben sie auch nach der Machtübernahme in Deutschland. Sie besaßen eine kleine Handpresse und druckten ihre Radierungen in sehr kleiner Auflage, um sie ohne alle Beschriftungen an Freunde, Bekannte oder Genossen zu verschicken.[63] Lea Grundig umriss die gemeinsamen Ziele rückblickend 1958: »Arbeiten können, das Furchtbare, Bedrückende in Form bannen, es aussprechen und dadurch freier werden […]. Es richtig benennen, so daß andre es erkannten, sein Mördergesicht zeichnen, so daß es andren klar wurde; den Abscheu bestätigen und den Haß bejahen, die Liebe verstärken und gegen die grauenhafte, tausendgesichtige Angst die Faust heben – das war unsre Arbeit in diesen Jahren.«[64] Die meisten ihrer Werke, die ab 1933 in Deutschland entstanden sind, lassen sich daher eher der ahnungsvoll-visionären Kunst zuordnen. Dass die Grundigs die beiden eingangs umrissenen Grundhaltungen miteinander verbanden und sich als mahnende Visionäre verstanden, lässt sich bereits an dem Titel ablesen, den Lea Grundig ihren Lebenserinnerungen gab, *Gesichte und Geschichte*, der explizit den Bezug zum Visionären herstellt. Auch Hans Grundig nannte die Mitteltafel seines großen Triptychons *Das tausendjährige Reich: Vision einer brennenden Stadt* (Abb. 6, S. 27).[65] Sie entstand 1936, drei Jahre vor Beginn des Zweiten Weltkrieges. Hans Grundig schreibt zu dieser Tafel: Ich »wollte damit allen Menschen eine Warnung vor dem unausbleiblichen Krieg geben, den die Menschheitsmörder vorbereiteten. […] ›Vision‹ nannte ich es und es war eine; wenn ich auch kein Prophet und Sterngucker war, so war ich doch Marxist und wusste, wohin die Menschheitsmörder ihre Stiefel setzen wollten.«[66]

Die visionäre Kunst zwischen den Kriegen entwickelte sich ab 1930 und vollends ab 1933 von primär öffentlichen Werken, die breite Zustimmung erfuhren, hin zu individuellen, oftmals verschlüsselten Werken. Sie entstanden im Verborgenen und konnten von niemandem, oder nur einem sehr kleinen Kreis, nicht selten unter großer Gefahr für Künstler und Betrachter, gesehen werden. Zahlreiche Werke, die *Kassandra. Visionen des Unheils 1914–1945* versammelt und die aus der zeitlichen Distanz heute so ahnungsvoll visionär oder auch mahnend erscheinen, waren in ihrer Zeit nicht zu sehen. Viele wurden erst lange nach 1945 zum ersten Mal öffentlich gezeigt. Aufgrund des Mangels an Öffentlichkeit in ihrer Entstehungszeit zersplitterte die nicht »gleichgeschaltete« Kunst in Deutschland zwischen 1933 und 1945 immer weiter in individuelle Positionen, die Befindlichkeiten und Ängste des Einzelnen widerspiegelten. Bei vielen Künstlern nahm der politische Anspruch in den Werken aufgrund des äußeren Druckes ab. Die Funktion des Künstlers als öffentlicher Künder, die vor dem Ersten Weltkrieg eng mit der Rolle des Künstlers als Visionär verbunden gewesen war, verkümmerte in dieser Zeit. Die Künstler in der Rolle der Seher und Propheten, die ihre Unheilsweissagungen und Orakel ihrer Hörerschaft vornehmlich ungebeten verkündet hatten, wurden vom NS-Regime zum Verstummen gebracht, noch bevor sie ihre Warnungen öffentlich machen konnten. Das ist der große Unterschied zur visionären Kunst vor dem Ersten Weltkrieg und eines der Ergebnisse dieser Ausstellung.

7 Richard Oelze, Erwartung · 1935/36
Öl auf Leinwand · 81,5 x 100 cm · New York, The Museum of Modern Art

Das Faktische der Geschichte und die Möglichkeitsform der Kunst

Der Bezug der Künstler auf Mythen, ihre Neigung zu ahistorischen, archetypischen Bildformen und der Vieldeutigkeit einer metaphorischen, allegorischen und symbolischen Bildsprache lassen sich jedoch nicht allein mit der Unterdrückung oppositioneller Kunst durch das NS-Regime erklären. Es ist sicherlich richtig, dass die Strategien der Verrätselung und Verfremdung in vielen Fällen dazu dienten, das Urteil über die geschichtliche Welt, über politische und gesellschaftliche Verhältnisse, wie bei den Grundigs, zu verschlüsseln. Das geschah aus Angst vor Repressionen oder auch weil die Künstler, wie es beispielsweise für die Surrealisten gilt, sich nicht in den politischen Kampf einspannen lassen wollten.[67] Auch waren sie bestrebt, die allumfassende Bedeutung ihrer Haltung zu unterstreichen.[68] Ein weiterer Grund liegt darin, dass die Künstler, wie bereits im Symbolismus, eine realistische Darstellungsweise als oberflächlich ablehnten. Diese Polarität zwischen verschlüsseltem Idealismus und unmissverständlich appellativem Realismus prägte bereits die

Debatte über die Geschichtsdarstellung in der Historienmalerei des gesamten 19. Jahrhunderts. Weiterhin ist eine Flucht in den Mythos zu beobachten, weil die Künstler die Zeitumstände nicht analysieren konnten oder wollten und nach unverfänglichen Themen und Darstellungsformen suchten. Sie wollten schlicht weiterarbeiten oder gar eine führende Rolle in dem noch jungen NS-Staat übernehmen, der zu seiner Legitimation den Bezug zu klassischen oder archaischen Mythen suchte.[69] In vielen Fällen sind zudem neben äußeren Umständen auch die individuellen Dispositionen der Künstler zu berücksichtigen, wie melancholische oder depressive Neigungen, eine pessimistische Weltsicht, Krankheiten oder persönliches Unglück. Auch das Interesse an metaphysischen oder psychologischen Fragestellungen konnte über kulturkritische Impulse oder die allgemeine Empfänglichkeit der Künstler für das Bedrohliche oder Krisenhafte hinaus ein Anlass für die Bilder sein. Nicht selten handelte es sich um eine Mischung dieser Aspekte, die aus der zeitlichen Distanz nur schwer, in manchen Fällen auch gar nicht mehr, voneinander geschieden werden können. Während der Vorbereitung der Ausstellung hat sich gezeigt, dass von der Nachwelt oft gerade solche Bilder als besonders visionär oder prophetisch empfunden werden, die sich vor allem aus dem eigenen Erleben und den individuellen Erfahrungen der Künstler speisen (Abb. 7, S. 29).

Man kann den Anteil des Visionären in den Bildern nicht quantifizieren oder festschreiben. Begreift man das Visionäre aber als eine bewusst angestrebte Vieldeutigkeit und gezielt offene Struktur, so relativiert sich die Frage nach dem Wahrheitsgehalt von Visionen oder die Frage, ob die bedrohlichen Fantasien tatsächlich den Rang von Vorahnungen oder Prophezeiungen beanspruchen können.[70] Kunstwerke sind generell mit Begriffen wie »wahr« oder »falsch« nicht zu erfassen. Sie liefern kein objektives Bild der Zeit oder Zukunft, weil es nicht Aufgabe des Künstlers ist, konkrete politische Prognosen zu leisten, die sich begründen oder verifizieren lassen. Kunstwerke können der Versuch sein, Stimmungen des Unheimlichen und Bedrohlichen Ausdruck und Form zu verleihen, um sie der eigenen oder der Vorstellungswelt der Zeit anzuverwandeln oder auch in das Kunstwerk auszulagern, um sich davon distanzieren zu können.[71] Der Unterschied zwischen dem Historiker und dem Künstler, das wusste schon Aristoteles, liegt in dem grundsätzlich anderen Verhältnis zur Wirklichkeit. Während der Historiker erzählt, was geschehen ist, erzählt der Künstler davon, was geschehen könnte, was möglich ist.[72] Und gerade darin liegt der Wert der Kunst. In den mystifizierenden und mythifizierenden Bildern verschwinden vielfach die historischen, sozialen und politischen Ursachen der Krisen. Zugleich liegt im Ahistorischen der Bilder aber auch ihre Stärke. In ihnen verdichten sich individuelle und kollektive Erfahrungen und Ängste zu archetypischen, symbolkräftigen Bildern, die bis heute ihre allgemeine und überzeitliche Gültigkeit bewahrt haben.

Anmerkungen

1. Hausenstein, Wilhelm: Vierter Vortrag. Das ekstatische Formerlebnis, in: Hausenstein 1914, S. 88.
2. Hofer, Karl: Brief an Hans Carsten Hager, in: Hofer 1991, S. 275.
3. Demont, Paul: Der antike Melancholiebegriff: von der Krankheit zum Temperament, in: Ausst.-Kat. Paris/Berlin 2005/06, S. 34 – 37.
4. Vgl. Holsten 1976, S. 57 f., der diesen Gedanken auf Kubin bezogen ausführt.
5. Hier folge ich Jürgens-Kirchhoff 1993, S. 314, die sich ihrerseits auf Werckmeister 1988 bezieht, S. 81 – 96, hier: S. 81.
6. Darauf weist z. B. Alexander Dückers am Beispiel von Paul Klee hin. Ausst.-Kat. Berlin 1997 (2), S. 9.
7. Vgl. zum Verhältnis von Kunst und Politik bei Beckmann und Schlichter den Essay von Olaf Peters: Auf tönernen Füßen. Max Beckmann und Rudolf Schlichter zwischen den Weltkriegen, im vorliegenden Katalog, S. 88 – 99, sowie Peters 1998; Blume/Scholz (Hg.) 1999; Fleckner (Hg.) 2007.
8. Vgl. Kat.-Nrn. VIII/6, V/33.
9. Vgl. hierzu Peters 1998, S. 144 – 164. Die jüngere Forschung hat bereits zahlreiche Einzeluntersuchungen vorgelegt. Über künstlerische und stilistische Probleme im engeren Sinn hinausgehend, betont sie zunehmend den Austausch zwischen den bildenden Künsten und anderen kulturellen, intellektuellen und politischen Handlungsfeldern für die Kunst dieser Zeit, worauf diese Ausstellung dankbar aufbaut. Entsprechende Nachweise finden sich im vorliegenden Katalog an den gegebenen Stellen.
10. Vgl. Vondung 1988; Ausst.-Kat. Ludwigshafen 1985; Ausst.-Kat. Zürich 1999; Jürgens-Kirchhoff 1993; Maass 1965.
11. Viele Werke wurden unter anderen Vorzeichen bereits ausgestellt und wissenschaftlich bearbeitet: z. B. unter dem Begriff »Kunst und Widerstand«, »Verfemte Kunst« (vgl. hierzu die zahlreichen Titel im Literaturverzeichnis). Wichtige Anstöße für das VII. Kapitel *Themen der Zeit* im vorliegenden Katalog gab der Ausst.-Kat. Osnabrück 2004/05.
12. Vgl. Ausst.-Kat. Berlin 2007, dort weitere Literaturverweise.
13. Vgl. Harrison/Wood (Hg.) 1998, Bd. 1, S. 423 – 427.
14. Detailliert dazu Bollenbeck 2000, S. 467 – 504, hier: S. 476.
15. Bollenbeck 2000, S. 484 – 491. Bollenbeck weist u. a. nach, wann und wo der Begriff »kulturbolschewistisch« aufkam. Er wurde nicht etwa durch das NS-Regime geprägt, sondern fand bereits ab 1927 im bürgerlichen Feuilleton Verwendung.
16. Zur Situation in Italien: Falkenhausen 1979; Ehrlicher 2001, S. 87 – 149; Hinz, Manfred: Futurismus und Faschismus, in: Asholt/Fähnders (Hg.) 2000, S. 449 – 464.
17. Vgl. Ausst.-Kat. Berlin 2007, dort weitere Literaturverweise.
18. Ehrlicher 2001, S. 76.
19. Ausst.-Kat. München 1987/88; Ausst.-Kat. Los Angeles/Chicago/Washington D.C./Berlin 1992; Zuschlag 1995; Engelhardt, Katrin: Die Ausstellung »Entartete Kunst« in Berlin 1938. Rekonstruktion und Analyse, in: Fleckner (Hg.) 2007, S. 89 – 187.
20. Die neue Zahl von über 19 000 geht auf neuere Forschungen von Andreas Hüneke, Berlin, zurück. Engelhardt, Katrin: Die Ausstellung »Entartete Kunst« in Berlin 1938. Rekonstruktion und Analyse, in: Fleckner (Hg.) 2007, S. 92.
21. Zu den unterschiedlichen Quellen des Kassandra-Mythos vgl. Münkler 1990, S. 78 – 89; Falke (Hg.) 1998. Zum Themenkreis der Apokalypse und der Figur des Johannes vgl. Ausst.-Kat. Zürich 1999; Ausst.-Kat. Ludwigshafen 1985; Vondung 1988.
22. Vgl. das Vorwort von Hans Ottomeyer im vorliegenden Katalog, S. 13 – 17.
23. Eine Auflistung der Literatur von ca. 140 Titeln, die sich zwischen 1871 und 1999 auf den Themenkreis der Apokalypse beziehen, findet sich in: Ausst.-Kat. Zürich 1999, S. 71 – 73.
24. Vondung 1988, S. 11. Zur Begrifflichkeit z. B. Ausst.-Kat. Zürich 1999, S. 277.
25. Mann, Thomas: Gedanken im Kriege, in: Mann 1915, S. 7 – 31, hier: S. 14.
26. Max Beckmann in einem Brief an Minna Beckmann-Tube, 11. Oktober 1914, in: Beckmann 1993, S. 98 – 100, hier: S. 100.
27. Für den Apokalyptiker der jüdisch-christlichen Tradition führt dies aus: Vondung 1988, S. 319.
28. Vgl. z. B. Peters 1998, S. 22.
29. Jansen, Franz M.: Aktivistische Malerei [1920], in: ders.: Von damals bis heute. Lebenserinnerungen, bearb. v. Magdalena Moeller, Köln 1981, S. 153 f., zit. n. Jürgens-Kirchhoff 1993, S. 229.
30. Jürgens-Kirchhoff 1993, S. 233 ff.
31. Vgl. Jürgens-Kirchhoff 1993, S. 235 f.; vgl. den Wandel der Rezeption am Beispiel von Kubins *Der Krieg*, Kat.-Nr. I/3.

32 Vgl. Vondung 1988, S. 12.
33 Münkler 1990, S. 78–89, hier: S. 83.
34 Kollwitz, Käthe: Tagebuch, November 1922: »Ich bin einverstanden damit, daß meine Kunst Zwecke hat. *Ich will wirken* in dieser Zeit, in der die Menschen so ratlos und hilfsbedürftig sind.« Zit. n. Schmidt 1968, S. 209.
35 Vgl. den Essay von Judith Prokasky: »Die Kunst eine Waffe«. Künstler gegen Krieg und Faschismus 1918–1933, im vorliegenden Katalog, S. 64–75; Mülhaupt 1977, S. 160–173; Adkins 1995, S. 233–237.
36 Grosz, George/Herzfelde, Wieland: Die Kunst ist in Gefahr (1925), zit. n. Harrison/Wood (Hg.) 1998, Bd. 1, S. 561–564, hier: S. 564.
37 Harrison/Wood (Hg.) 1998, Bd. 1, S. 423–427.
38 So gehörte beispielsweise die italienische Entwicklung hin zum Faschismus unter Mussolini in den 1920er Jahren in kommunistischen Kreisen zu einem der meistdiskutierten politischen Themen. Kadritze, Niels: Arbeiterbewegung und Faschismus. Warum die faschistische Einheitsfront nicht zustande kam, in: Ausst.-Kat. Berlin 1977, S. 25–34, hier: S. 26.
39 Grosz in einem Brief an Rudolf Wittenberg, Ende Mai 1936, zit. n. Hess 1982 [1974], S. 204 f.
40 Grosz zit. n. Fischer 1993 [1976], S. 113.
41 Weber, Max: Beruf zur Wissenschaft, Münchner Vorträge (1919), in: Weber 1964, S. 338.
42 Vgl. die detaillierte Studie von Peter Ulrich Hein, Hein 1992, sowie den Essay von Peter Ulrich Hein: Himmelhoch jauchzend, zu Tode betrübt. Anmerkungen zu den Paradoxien des Kulturpessimismus in Deutschland, im vorliegenden Katalog, S. 54–63.
43 Schmidt 1985, Bd. 2, S. 129–164; Hein 1992, S. 34 f.; Freud, Sigmund: Eine Schwierigkeit der Psychoanalyse, in: Freud 1966, Bd. XII, S. 11.
44 Hein 1992, S. 39 f.
45 Vgl. Julius Meier-Graefe über Arnold Böcklin: »Die Allegorie wird Wirklichkeit, ein Seher aus dem Künstler, das Publikum zur Gemeinde.« Meier-Graefe: Der Fall Böcklin und die Lehre von den Einheiten, Stuttgart 1905, S. 100, zit. n. Hein 1992, S. 45, Anm. 106.
46 Eine Frontstellung gegen den positivistischen Materialismus und den damit einhergehenden sensualistischen Realismus und Impressionismus sowie die Hinwendung zu Traum und Vision gab es bereits im französischen Symbolismus. Zu nennen sind hier etwa Victor Hugo, Gustave Moreau oder Odilon Redon. Vgl. z. B. Heraeus 1998.
47 Zu Kandinsky und dem Interesse der Epoche am Irrationalen, Unbewussten und der Intuition vgl. Hahl-Koch 1980, S. 185–189; Zelinsky, Hartmut: Der »Weg« der »Blauen Reiter«, in: Hahl-Koch 1980, S. 223–270; Ringbom 1970.
48 Einen guten Eindruck vermittelt: Bächtold-Stäubli (Hg.) 2000 [1927–1942], Bd. 7, Stichwort »Prophet, Prophetie«, S. 338–366; Hein 1992, S. 151; Riedl 1983, S. 49 f.
49 Hier zit. n. der 2. Aufl.: Richet 1924, S. 462 f.
50 Jung 1982; Benz 1969, S. 11.
51 Vgl. den Essay von Peter Ulrich Hein: Himmelhoch jauchzend, zu Tode betrübt. Anmerkungen zu den Paradoxien des Kulturpessimismus in Deutschland, im vorliegenden Katalog, S. 57 f.
52 Safranski 2007, S. 332; Haffner 2000, S. 65 f. Eine detaillierte Studie über die Frage der Verteilung von Optimismus und Pessimismus in der Weimarer Republik legte zuletzt vor: Graf 2007, S. 115–140.
53 Safranski 2007, S. 331.
54 Vgl. zur Rezeption Spenglers den Essay von Konrad Paul Liessmann: Götterdämmerung. Zur Philosophie des Untergangs, im vorliegenden Katalog, S. 42–53, sowie z. B. Graf 2007, S. 129–132.
55 Brenner 1963, S. 7.
56 Beckmann greift im Brief an seine Verlobte Quappi (Mathilde Kaulbach) vom 5. August 1925 die auf Spengler zurückgehende Vorstellung einer starken »cäsarischen« Persönlichkeit auf, mit der er sich identifiziert, und bedient sich einer Sprache, die an die Ideologie des Faschismus erinnert: »– Aber Quappi – bedenke – ich will das alleräußerste. – Neue Gesetze schaffen der absoluten Form. – Die Welt soll nach meinem Rythmus [sic] marschiren [sic], wie sie nach dem Rythmus von Napoléon, Cäsar oder Lenin marschirt. Man kann auch mit Kunst die Welt beherrschen, [...] lebensschaffend od. lebenszerstörend.« Beckmann 1993, S. 361. Vgl. Copeland-Buenger, Barbara: Max Beckmann »Der Künstler im Staat«, in: Blume/Scholz (Hg.) 1999, S. 191–200, hier: S. 194. Zum »Cäsarismus« bei Spengler vgl. Peters 1998, S. 259.
57 Vgl. hierzu auch den Essay von Maike Steinkamp: Propheten des Unheils. Allegorische und symbolische Kunst in Deutschland zwischen 1930 und 1939, im vorliegenden Katalog, S. 76–87.

58 Vgl. hierzu auch die in der Forschung geführte polemische Debatte zur Frage Exil oder »innere Emigration«: Grosser (Hg.) 1963; Haarmann (Hg.) 1995; Krohn u. a. (Hg.) 1998; Maas 1976ff.; Ausst.-Kat. Berlin/Bonn/Leipzig 2006.
59 Grundig 1984 [1958], S. 131 f., vgl. auch Grundig 1978, S. 44.
60 Thieß, Frank: Die innere Emigration, in: Münchener Zeitung, 18. August 1945, wiederabgedruckt in: Grosser (Hg.) 1963, S. 22–26, hier: S. 23.
61 Hegel schreibt, der Künstler ergreife »seinen Gegenstand mit tiefer Innerlichkeit des Gemüts [...]. Dies Innere aber bleibt so sehr verschlossen und konzentriert, daß es sich nicht zur bewußten Klarheit hervorringen und zur wahren Entfaltung kommen kann.« Hegel, Georg Wilhelm Friedrich: Vorlesungen über die Ästhetik, Werke in 20 Bd. auf der Grundlage d. Werke von 1832–1845, neu ed. Ausg., Frankfurt am Main 1986 [1970], Bd. 13, S. 374. Vgl. Simson 1986, S. 13. Vgl. zu dem Thema allgemein auch: Brunotte 1990, S. 62–71.
62 Totalitäre Strömungen in Deutschland im 20. Jahrhundert werden in der Forschung schon lange mit Irrationalismus und Romantik verbunden. Vgl. Klemperer 1993 [1957], S. 150, 153–157; 224–227, 279. Ein wichtiger Vertreter dieser Auffassung ist Georg Lukács. Eine Zusammenfassung und Analyse bietet Hein 1992. Zum Künstler als Visionär vgl. Werckmeister, Otto Karl: Von der Avantgarde zur Elite, in: Asholt/Fähnders (Hg.) 2000, S. 505–523; Hoffmann, Dieter: Künstler als Zeitzeugen, in: Ausst.-Kat. Berlin 1997, S. 37; Gillen, Eckhart: Tabula rasa und Innerlichkeit, in: Ausst.-Kat. Berlin 1997, S. 48–54; auf die Literatur bezogen Schäfer 1983 [1981], S. 7–54.
63 Brüne, Gerd: Von Dresden nach Tel Aviv, in: Ausst.-Kat. Berlin/New York 1996/97, S. 20–24. Hier stütze ich mich auf eine mündliche Information von Karoline Müller, Ladengalerie Berlin, 13. März 2008.
64 Grundig 1984 [1958], S. 137.
65 Gärtner 1989, S. 165–177; Eberhard Roters, hier als Beispiel für viele Kunsthistoriker, hat Hans Grundigs Triptychon als »eine divinatorische Leistung in Vorausschau der Katastrophe« bezeichnet. Zit. n. Boogie Woogie und Eastern. Berlin nach 1945. Ein Gespräch zwischen Eberhard Roters und Gudrun Schmidt, moderiert und bearb. v. Helen Adkins, in: Ausst.-Kat. Berlin/Moskau 1996, S. 503.
66 Grundig 1960 [1957], S. 235 f.
67 Vgl. den Essay von Julia Drost: »Accomplir jusqu'au bout ta propre prophétie«. Visionäre Aspekte des Surrealismus, im vorliegenden Katalog, S. 100–111, sowie Ausst.-Kat. Berkeley 1990; Held 2005, S. 17–52; 109–169; Spies, Werner: Einführung, in: Ausst.-Kat. Düsseldorf 2002, S. 15–40.
68 Vondung 1988, S. 267.
69 Bartetzko 1985; Klemperer 1993 [1957], S. 105–110, 151–157; Fest 1995 [1973], S. 989; Kracauer 1984 [1947], S. 273.
70 Wahmhoff-Rasche 1994, S. 8.
71 Konrad Paul Liessmann formuliert in seinem Essay *Götterdämmerung. Zur Philosophie des Untergangs* im vorliegenden Katalog auf S. 52 die interessante These, »dass gerade die Vorformulierung des Untergangs als ästhetisches Programm ein Raster lieferte, der es erlaubte, das reale Grauen immer schon – frei nach Nietzsche – als ästhetisches Phänomen wenn nicht zu rechtfertigen, so doch wahrzunehmen«.
72 Aristoteles bezieht sich hier auf die Dichtkunst. Aristoteles: Poetik, Übers. u. Einl. v. Olof Gigon, Stuttgart 1961, 9. Kapitel, S. 36: »Es ergibt sich auch aus dem Gesagten, daß es nicht die Aufgabe des Dichters ist, zu berichten, was geschehen ist, sondern vielmehr, was geschehen könnte. [...] Darum ist die Dichtung auch philosophischer und bedeutender als die Geschichtsschreibung.«

Am Ende einer Epoche

Apokalyptische Fantasien in der Kunst vor dem Ersten Weltkrieg

ANNEGRET JÜRGENS-KIRCHHOFF

Die Angst, sagt man, ist ein schlechter Ratgeber. Sie schränke die Aufmerksamkeit ein, hindere am Denken, mache handlungsunfähig. Aber für viele Künstler war und ist sie immer wieder ein stimulierender und motivierender Beweggrund. Sie hat der künstlerischen Fantasie zu Vorstellungen und Bildern verholfen, die Einsichten in kommendes Unheil ermöglichen und geeignet waren, vor diesem zu warnen. Sie hat für Eingebungen gesorgt, mit denen ein noch unvollständiges Wissen und noch unzulängliche Kenntnisse formulierbar wurden – als Visionen, deren Wirklichkeitsgehalt nicht selten erst im Nachhinein gesehen und begriffen wurde.

Im Fundus der aus Angst und Schrecken hervorgegangenen Bilder haben die Motive der Apokalypse eine lange Tradition. Dass Künstler bis in die Moderne hinein auf sie zurückgreifen, hat vor allem mit der Anschaulichkeit und symbolischen Kraft der apokalyptischen Metaphorik zu tun und mit der Möglichkeit, die tradierten Motive abzuwandeln, mit neuen Bedeutungen zu versehen und dafür eine neue Formensprache zu entwickeln. Die historischen Anlässe von Angst und Leid, von vorgestellten Katastrophen und Weltuntergang werden dabei allerdings, wie Klaus Vondung dargelegt hat, nicht sehr deutlich. Die apokalyptische Vision übersteigt ihre Anlässe.[1] »Die Apokalypse fällt ein Urteil über die geschichtliche Welt, gerade auch über aktuelle politische und gesellschaftliche Verhältnisse, sie fasst dieses Urteil jedoch in ahistorische, mythische, naturhafte Bilder, um die unbedingte, allumfassende Bedeutung des Urteils zum Ausdruck zu bringen. Diese Ambivalenz bleibt ein Charakteristikum apokalyptischer Erfahrungsauslegungen, ebenso wie der Synkretismus der Bilderwelt.«[2]

Die Visionen des Untergangs beziehen sich häufig auf Naturkatastrophen und kosmische Umwälzungen oder sie zeigen das Unheil in mythischer Gestalt. Tiergestalten gehören zu den ältesten Symbolen bedrohlicher Kräfte. Der Rückgriff auf alte, bekannte Motive, zum Beispiel auf das Bild der apokalyptischen Reiter, ist eine wichtige Bedingung ihrer Verständlichkeit, wichtig vor allem in Zeiten, in denen mit Vorsicht gemalt und zwischen den Zeilen gelesen werden musste. Der verschlüsselte, metaphorische Charakter der Werke stellt die Betrachter vor die schwierige Frage nach den historischen und gesellschaftlichen Anlässen wie auch den persönlichen Erfahrungen, die in den apokalyptischen Bildern verborgen liegen. Als Bilder, die keinen Zweifel daran lassen, dass Schreckliches geschieht oder geschehen wird, sind solche Visionen des Unheils auch dann von großer Wirkung, wenn der Schlüssel zu den Bedingungen ihres Zustandekommens (noch) nicht auffindbar ist.

Weltuntergangsfantasien am Fin de Siècle

Arnold Böcklins 1896/97 entstandenes Gemälde *Der Krieg*[3] (Abb. 1) gilt in Deutschland als eine der großen Visionen der Schrecken des Krieges im letzten Jahrzehnt des 19. Jahrhunderts.[4] Entstanden in einer Zeit, in der der Krieg von 1870/71 schon lange zurücklag und der Erste Weltkrieg noch nicht absehbar war, kann man davon ausgehen, dass dieses Bild auf keinen aktuellen Krieg Bezug nimmt. Vielmehr stellt es eine Reaktion auf politische, gesellschaftliche und kulturelle Verhältnisse dar, die von den Künstlern wie Böcklin als »kriegerisch« erlebt und empfunden wurden. Anlässe gab es zur Genüge in einer Zeit des Umbruches, die von Widersprüchen, Konflikten und Krisen geprägt war: die fortschreitende Industrialisierung mit ihren massiven Auswirkungen auf die sozialen Verhältnisse, tiefgreifende Zweifel an der Haltbarkeit der traditionellen gesellschaftlichen Ordnung, die Konkurrenz der Großmächte, koloniale Konflikte, der Aufstand der Moderne gegen die überkommenen Institutionen und deren Werte. Das daraus resultierende »Zeitgefühl«, in einer als katastrophal empfundenen Situation zu leben, fand seinen Ausdruck in apokalyptischen Visionen der Vernichtung und des Untergangs, in denen die allegorische Figur des Krieges als Verkörperung der drohenden Gefahr eine zentrale Rolle spielt.

Viele der Bilder vom Krieg, die am Ende des 19. Jahrhunderts entstanden, zu denen auch Henri Rousseaus Gemälde *Der Krieg* von

1 Arnold Böcklin, Der Krieg (zweite Fassung) · 1896/97 · Öl auf Holz · 222 x 170 cm
Zürich, Kunsthaus Zürich, Leihgabe der Gottfried Keller-Stiftung

2 Henri Rousseau, La guerre (Der Krieg) · 1894
Öl auf Leinwand · 112,5 x 191,9 cm · Paris, Musée d'Orsay

1894 (Abb. 2) und Franz von Stucks *Der Krieg* aus dem gleichen Jahr (Abb. 3) zählen, lösen in der Wahrnehmung einander widersprechender Aspekte Entsetzen und Bewunderung aus. Bei Rousseau erscheint in der mitleidlosen kindlichen Kriegsfurie die Figur eines Engels, bei Stuck ist der schöne, heldenhafte Jüngling zugleich ein gefühlloser, über Leichen gehender Krieger. Solche Ambivalenz des Dargestellten gilt als ein Merkmal der literarischen und künstlerischen Décadence um 1900. Deren Untergangsvisionen tragen, worauf wiederholt hingewiesen wurde, ein Janusgesicht. Sie zeugen einerseits von Faszination und Abscheu, andererseits von der Eigentümlichkeit, dass Vorstellungen des Niederganges Angst und Hilflosigkeit auslösen und in Gewaltfantasien umschlagen können.[5] Die Ambivalenz des Dargestellten ist jedoch nicht nur ein Merkmal der Décadence. Sie findet sich auch – das zeigt die Unheilsvision des Franzosen Henri Rousseau ebenso wie die des Schweizers Arnold Böcklin – in den vielfältigen und komplexen Bewegungen der Moderne, die sich am Ende des 19. Jahrhunderts mit den Mitteln des Impressionismus und Nachimpressionismus, des Symbolismus, der Décadence und des Jugendstils von ihrer Epoche abzugrenzen versuchten.

Arnold Böcklin griff in der 1896/97 entstandenen zweiten Fassung seines Gemäldes *Der Krieg*, das in der Ausstellung durch eine vorbereitende Farbskizze repräsentiert wird (Kat.-Nr. I/2), das traditionelle Motiv der apokalyptischen Reiter auf. Statt der biblischen vier Reiter als Verkörperungen menschheitsbedrohender Katastrophen (Krieg, Pest, Feuersnot und Tod) zeigt er drei Reiter in einer dramatischen Aktion. Den Krieg stellt Böcklin als vierschrötige bärtige Männerfigur auf einem sich kraftvoll aufbäumenden weißen Schlachtross dar, den Hammer in der hocherhobenen Rechten. Neben ihm wirft auf einem panisch voranstürmenden Pferd eine bleiche, schreiende Furie mit nacktem Oberkörper und wehenden Haaren die Arme in die Luft. Im Vordergrund des Bildes beugt sich der Tod im Sternenhemd über seine Sense. Sein Rappe reckt mit angstvoll gestrecktem Hals den Kopf in die Höhe und bleckt die Zähne. Die außerordentliche Dramatik der Szene rührt nicht allein von den heftigen Gesten der Figuren und den angespannten Haltungen der unterschiedlichen Pferdekörper her. Sie ist auch das Resultat einer den Rahmen des Gemäldes sprengenden Komposition. Böcklin hat seine drei allegorischen Figuren in einen extrem engen

3 Franz von Stuck, Der Krieg · 1894 · Öl auf Leinwand · 244 x 273 cm
München, Bayerische Staatsgemäldesammlungen – Pinakothek der Moderne

Bildausschnitt gefasst, der die kaum zu bändigenden apokalyptischen Reiter wie in einer Momentaufnahme festhält. Die Fläche des dunklen Hintergrundes drückt zudem das Geschehen im Bild nach vorn und verdichtet damit nicht nur zusätzlich den figürlichen Zusammenhang, sondern rückt diesen auch so nahe wie möglich an den Betrachter heran. Aus dieser Perspektive wird der wilde Ritt durch die Lüfte als Bedrohung der Welt deutlich: In der linken unteren Ecke des Bildes öffnet sich – erst auf den zweiten Blick sichtbar – der Raum, und der Blick fällt auf eine tief unter den Reitern liegende, noch unversehrte Stadt, in der ausgestellten Farbskizze auf das Tor der Stadt.[6] Zusätzliche Spannung entsteht durch die Tatsache, dass die Gruppe der Reiter von rechts nach links prescht, sich also der gewohnten Leserichtung gleichsam entgegenwirft. In dieser Gruppe erscheinen die Furie und der Tod kaum noch als weitere mit dem Krieg einhergehende Katastrophen; sie scheinen vielmehr Teil *einer* großen Katastrophe zu sein, auf die auch der Titel des Bildes Bezug nimmt. Er spricht nicht von den apokalyptischen Reitern, sondern vom *Krieg*. Hat Böcklin ihn noch als apokalyptische Trias dargestellt, so konzentrieren sich Rousseau und von Stuck in ihren Darstellungen des Krieges bereits auf eine einzelne allegorische Figur. Die bei Böcklin zu beobachtenden Mittel der Dramatisierung steigern, verstärkt durch einen dynamischen Pinselduktus und eine intensive Farbigkeit, die Wirkung des Dargestellten, sowohl die Schreckensbotschaft der apokalyptischen Reiter als auch die von ihnen ausgehende Faszination. Diese Ambivalenz der Darstellung, die sich Böcklins besonderer Bildsprache verdankt, verzichtet darauf, die Folgen des apokalyptischen Unheils im Bild zu thematisieren. Das Schlachtfeld selbst oder die Toten des Krieges kommen bei Böcklin nicht vor. Die bedrohte Stadt ist im unteren Teil des Bildes derart an den Rand beziehungsweise in die Ecke gerückt, dass alle Aufmerksamkeit auf die apokalyptischen Reiter konzentriert bleibt. Alles spricht dafür, dass Böcklin daran gelegen war, die drohende apokalyptische Katastrophe, nicht aber die Katastrophe selbst in ihren verheerenden Auswirkungen zu zeigen. Gleichwohl hat Böcklin seine apokalyptischen Reiter mit einer solchen Vehemenz des Angriffes und einer durch nichts aufzuhaltenden Vernichtungswut ausgestattet, dass sein Gemälde auch ohne Darstellung der Folgen als eine Weltuntergangsfantasie lesbar wird.

Siegmar Holsten hat in seiner Arbeit über allegorische Kriegsdarstellungen beobachtet, dass es um die Jahrhundertwende neben den verschiedenen apokalyptischen Reitern eine auffällige Häufung eines bestimmten Bildtypus gibt: In dessen Zentrum steht, oft aus der Untersicht gegeben, eine große, alles überragende Einzelfigur, die mit weiten Schritten und ausgreifenden Bewegungen niedertritt, was ihr entgegensteht.[7] Man könnte meinen, der apokalyptische Reiter sei vom Pferd gestiegen, um am Boden kämpfend über sich hinauszuwachsen. Zu den bekanntesten und vermutlich einflussreichsten Beispielen gehört *Der Krieg* von Alfred Kubin, eine um 1900 entstandene, heute verlorene, getönte Federzeichnung, die 1903 als Faksimiledruck erstmals veröffentlicht wurde. Sie wurde von den Zeitgenossen stark beachtet und blieb noch während des Ersten Weltkrieges und darüber hinaus aktuell (Abb. 4; Kat.-Nr. I/3).[8]

Die den Krieg verkörpernde monströse Figur eines nackten, auf mit Hufeisen beschlagenen, gigantischen Füßen dahinstampfenden muskulösen Mannes füllt das Querformat des Blattes in seiner ganzen Höhe und fast auch Breite. Den animalischen Charakter dieser Gestalt unterstützt zudem ein mit Rosshaar gekrönter korinthischer Helm, der wie eine Maske das Gesicht verdeckt. Der Krieger ist mit einem archaischen Schlachtbeil und einem gewaltigen Schutzschild bewaffnet und hat den martialischen Huf bereits zum vernichtenden Schritt erhoben. Die Horizontlinie verläuft sehr niedrig, so dass die Figur sich riesenhaft aufragend von der Weite eines nicht näher bezeichneten Raumes abhebt. Durch diese monumentalisierende Untersicht und die geringe Distanz zum Dargestellten wird die Bedrohung noch gesteigert. Auf dem schmalen Bodenstreifen ist rechts unten in der Ecke, sichtbar nur durch die parallele Ordnung angreifender Speere und wehender Fahnen, winzig klein ein Menschenheer zu erkennen. Dieses stürmt, flankiert von einer kaum sichtbaren Reihe ebenfalls speerbewaffneter Krieger im Hintergrund, blindlings der personifizierten Übermacht des Krieges entgegen. Kubins Zeichnung lässt keinen Zweifel daran, was von diesem Monstrum zu erwarten ist. Auch ohne die Darstellung der Opfer auf dem Schlachtfeld ist klar, dass der Krieg in der Lage ist, die Welt zu vernichten. Das Bedrohliche und zugleich Faszinierende solcher Allgewalt ist nach Siegmar Holsten mit einem »zwischen Furcht und Lust am Schrecklich-Großen schwankenden Gefühl« verbunden.[9]

Kubins apokalyptische Fantasien sind geprägt von persönlichen Erfahrungen. Nachdem er sich freiwillig zum Militärdienst gemeldet hatte, diesen jedoch als Zwanzigjähriger 1897 wegen eines Nervenzusammenbruches vorzeitig abbrechen musste, blieb sein Verhältnis zu Militär und Krieg zwiespältig. Auf den Kriegsbeginn 1914 reagierte er, anders als zum Beispiel Ernst Barlach oder seine jüngeren Malerkollegen Max Beckmann, Franz Marc und Otto Dix, deprimiert und resigniert: »Wie Aasgeruch umwehte es mich in meiner einsamen Lage, und eine entsetzliche, lang währende Trauer und Nieder-

4 Alfred Kubin, Der Krieg · 1930 (erste Fassung 1901/02) · Kat.-Nr. I/3

geschlagenheit ließen mich die ersten vier, fünf Monate des Krieges nicht mehr los. Die gigantische Organisation der Kriegsmaschine, die furchtbaren Taten der Zerstörung, der Heldenmut der Einzelnen, imponierten mir und erschütterten mich gewiss; die elementare Begeisterung, die so viele empfunden haben, habe ich aber nie gespürt; ich stand beiseite.«[10] Kubin war mit dieser Haltung keine Ausnahme. Auch andere Künstler und Schriftsteller seiner Generation reagierten auf den Kriegsausbruch 1914 reserviert und eher ablehnend.[11]

Dies widerspricht der Annahme, die Künstler und Schriftsteller des Fin de Siècle hätten im Janusgesicht ihrer Untergangsfantasien den Ersten Weltkrieg vorhergesehen – angstvoll auf der einen Seite, nicht ohne Lust an der Vorstellung zerstörerischer Gewalt auf der anderen. Die Faszination von Verfall und Untergang, die sich in Werken der bildenden Kunst und mehr noch in der Literatur dieser Zeit beobachten lässt, sollte nicht dazu verleiten, in den apokalyptischen Fantasien am Ende des 19. Jahrhunderts und um die Jahrhundertwende eine Bereitschaft zum Krieg oder gar den Wunsch nach einem Krieg zu sehen. Schon gar nicht handelt es sich um »gezielte Prophezeiungen eines kommenden Krieges«[12], zumal man sich fragen muss, ob Visionen überhaupt »gezielt« sein können. Denn ist es nicht vielmehr ihrer spezifischen Unschärfe zu verdanken, dass in ihnen kommendes Unheil vorhergesehen scheint sowie vergangene und gegenwärtige Katastrophen erinnert werden? Dass die Möglichkeit eines Krieges allerdings im Zeitalter des Imperialismus zum Vorstellungskreis vieler Menschen gehörte und in besonderer Weise die Fantasien der Künstler beschäftigte, lässt sich nicht nur den Bildern entnehmen. Zu untersuchen wäre, was geschehen musste, damit eine jüngere Künstlergeneration, die den Ersten Weltkrieg emphatisch begrüßte – darunter vor allem viele Expressionisten –, nun mit anderen Augen und anderen Interessen auf die Visionen am Ende des 19. Jahrhunderts blickte und sie sich in modifizierter Form zu eigen machte.

Wie unterschiedlich sich die Weltuntergangsfantasien am Fin de Siècle auch darstellen, gemeinsam ist ihnen, dass sie den Krieg als ein übermenschliches Schicksal auffassen, als eine Macht, die über die Menschen kommt und jeden trifft. Als schreckliches Kind (Rousseau), als schöner, mitleidloser Held (von Stuck), als vernichtende Gewalt (Böcklin), als Tier-Mensch-Monstrum (Kubin) vermitteln Kriegsallegorien am Ende des 19. Jahrhunderts eine Ahnung von den Katastrophen und Ängsten einer Epoche. Auffällig ist, dass in kaum einer dieser Unheilsvisionen die zur Johannes-Apokalypse gehörende Vorstellung eines »neuen Jerusalem« auftaucht, also die Überzeugung, dass die Katastrophe relativ und nur eine Durchgangsphase zu einer besseren, erlösten Welt sei. Damit stehen sie schon modernen Apokalypse-Vorstellungen nahe, in denen an die Stelle der Erlösungsvision zunehmend die Überzeugung von der Irreversibilität der drohenden Vernichtung tritt.[13]

Im Gegensatz dazu ist die Erlösungsvision eines »neuen Menschen« in einer »neuen Zeit« in der Kunst der Jahre vor dem Ersten Weltkrieg wieder virulent und Teil der sogenannten Augustbegeisterung. In der Hoffnung auf Erlösung und Erneuerung marschierte eine jüngere Künstlergeneration mit Begeisterung in den Ersten Weltkrieg in der fatalen Annahme, der Krieg sei die Überwindung der alten Epoche, obwohl er doch deren Produkt war.

Visionen des Ersten Weltkrieges

»Alle Berichte über den 1. August 1914 bezeugen, dass der Ausbruch des Ersten Weltkrieges von den Menschen als Erlösung aus der dumpfen Schwüle eines langen geschichtlichen Sommers begrüßt worden ist. Die Epoche des Imperialismus war reif zum Schnitt, aber niemand erwartete die Ernte, sondern alle sehnten den Hagel herbei, der sie vernichten würde. […] Der Affekt-Sturm entzündete sich natürlich am politischen Vordergrund: an der Einkreisung Deutschlands oder dem Einmarsch in Belgien. Aber tief darunter lag doch das Gefühl, welches die Welt, die der Imperialismus geschaffen hatte, als Gomorrha empfand.«[14] Die machtpolitische Aufspaltung Europas, das durch politische und ökonomische Rivalitäten bedrohte Gleichgewicht der imperialistischen Mächte, ihr Kampf um die Neuaufteilung der Kolonialbeute, die Verschärfung der systeminternen Widersprüche durch außenpolitische Konflikte hatten eine Krisensituation herbeigeführt, die politisch immer weniger lösbar erschien. Eine latente Kriegsbereitschaft und schließlich eine allseitige Aufrüstung waren die Folge. »Von 1905 ab war bis 1914 die Ahnung eines drohenden Krieges das vorherrschende Zeitgefühl (Höhepunkt 1912).«[15] In der Niederschlagung des Herero-Aufstandes von 1904 bis

5 Ernst Barlach, Der Rächer · 1914/1950 · Kat.-Nr. I/9

1907 in der Kolonie Deutsch-Südwestafrika zeichnete sich bereits die Form eines zukünftigen Krieges ab.[16]

Für viele Künstler war das Leben, mit dem sie vor 1914 konfrontiert waren, keines, an das sich noch irgendwelche Hoffnungen knüpfen ließen. Es wurde empfunden als »schwüle[r] Enge unterragbaren schicksalslosen Lebens«[17], als »Friedenswelt, die er [der Soldat im Künstler] so satt, so überaus satt hatte«[18], als »Ende eines Welttages«, als »Abend, der so stickig ist, dass man den Dunst seiner Fäulnis kaum noch ertragen kann«[19] oder als »Stall des Augias«[20]. Mit diesen Empfindungen sehnten oppositionelle Schriftsteller, Künstler und Intellektuelle das Ende der wilhelminischen Ära und schließlich den Krieg herbei.[21] Ihr »Ekel vor dem langen Frieden«[22], der Hass auf die autoritären, hierarchischen Strukturen der wilhelminischen Gesellschaft und nicht zuletzt die Schwierigkeit, sich im Kampf der Moderne um eine neue Kunst und Kultur zu positionieren, ließen sie schließlich in einem »Schicksalskrieg« die Lösung aller Probleme sehen. Max Beckmann hatte schon am 9. Januar 1909 in sein Tagebuch geschrieben: »Martin meint es gibt Krieg. Russland England Frankreich gegen Deutschland. Wir wurden einig, dass es für unsere heutige ziemlich demoralisierte Kultur gar nicht schlecht wäre, wenn die Instinkte und Triebe alle wieder mal an ein Interesse gefesselt würden.«[23] Mit patriotischem Eifer, dem des verhassten Gegners nicht unähnlich, begrüßten die meisten Künstler den Ersten Weltkrieg als Erlöser und Befreier, als reinigendes Bad und erfrischendes Gewitter. »Es schien, als könne Deutschland ein baldiger Krieg nur gut tun, moralisch wie politisch. Bot er sich doch offenbar als erhabenes, wenn auch schreckliches Bewährungsverfahren an, als Purgatorium mit Rückbesinnungseffekt auf die deutschen Werte, als Ereignis schier biblischer Dimension.«[24]

6   Ludwig Meidner, Apokalyptische Landschaft (Spreehafen Berlin) · 1913 · Kat.-Nr. I/7

Zu den Künstlern, die den Ersten Weltkrieg herbeisehnten, gehörte auch Ernst Barlach. Mit seinen allegorischen Figuren eines *Berserkers* und *Heiligen Krieges* von 1914 orientierte er sich möglicherweise an Kubins Federzeichnung *Der Krieg*.[25] Dabei sah er allerdings – und das ist charakteristisch für Barlach – von dem Animalisch-Bedrohlichen und den grotesken Zügen der Kubin'schen Figur ab. Die Figur des Kämpfenden beschäftigte ihn schon seit längerem. »Ich war an meinem stürmenden Berserker, und er fängt an, mir wichtig zu werden«, schrieb er am 5. September 1914 in sein Tagebuch. »Der Berserker ist mir der kristallisierte Krieg, Sturm über alles Hindernis«.[26] Später erhielt die Skulptur den Titel *Der Rächer* (Abb. 5, S. 37; Kat.-Nr. I/9).[27] Gekleidet in ein einfaches weites Gewand, das nichts von einer Uniform hat, den Oberkörper weit vorgebeugt, das rechte Bein in einer kraftvollen Schrittbewegung fest am Boden, das linke noch im Lauf nach hinten weggesteckt, das Schwert mit beiden Händen gefasst, holt dieser Berserker in einer weitausgreifenden Bewegung zum Schlag aus.

Während Barlach ungeduldig auf seine Einberufung wartete, schrieb er in expressionistisch hohem Ton: »Man sah und erfasste die grimmige Freude, die innerlich durchbebte Seligkeit der kämpfenden Deutschen, die von nichts wissen will als Tun aus dem vollsten Seelendrang, Bahnlassen übermächtiger Sehnsucht und es nicht erwarten kann, mit der Gewalt des Rechts in Händen die andere des Unrechts zu zertrümmern.«[28] Als Personifikation des Krieges ist sein *Rächer* eine ebenso positive wie eindeutige Figur – ein »Heiliger« in zeitlosem Gewand. Seine Waffe soll der Gerechtigkeit dienen, einer neuen höheren Ordnung und der Erfüllung eines gottgewollten Schicksals. Das Janusgesicht, das sich noch in Kubins Kriegsallegorie findet, ist der eher einfältigen Physiognomie einer vorbehaltlosen Kriegsbegeisterung gewichen.

7 Ludwig Meidner, Schrecken des Krieges · 1911 · Kat.-Nr. I/4

Zu den wenigen Künstlern, denen in den Vorkriegsjahren die apokalyptische Vorstellung eines »neuen Jerusalem« nicht zu einer Erlösungsvision wurde, gehört Ludwig Meidner.[29] In den Jahren 1912 und 1913 malte er die meisten seiner sogenannten *Apokalyptischen Landschaften* (Abb. 6), in denen er, von Ängsten gepeinigt, die Ahnung eines drohenden Weltunterganges zu formulieren suchte.[30] In Erinnerung an diese Zeit schrieb er 1919: »Ich malte Tag und Nacht meine Bedrängnisse mir vom Leibe, Jüngste Gerichte, Weltuntergänge und Totenschädelgesänge, denn in jenen Tagen warf zähnefletschend das große Weltengewitter schon einen grellgelben Schatten auf meine winselnde Pinselhand.«[31] Die Gemälde, die unter dem Eindruck dieses »Weltengewitters« entstanden, handeln von gewaltigen Naturkatastrophen, von Feuersbrünsten, Erdbeben, Vulkanausbrüchen, von brechenden Deichen, auf die Erde stürzenden Kometen und aus ihrer Bahn geratenen Gestirnen. In Angst und Schrecken versetzte Menschen hetzen in Panik durch Straßenschluchten mit stürzenden Häuserfronten (Abb. 4, S. 48). Sie flüchten vor den über sie hereinbrechenden Naturkatastrophen oder lassen sie in apathischer Verzweiflung über sich ergehen. Wie kaum ein anderer Künstler hat Meidner das unter den Expressionisten verbreitete großstädtisch-endzeitliche Lebensgefühl mit der Vorstellung, dass ein göttliches Strafgericht die alte sündhafte Zeit wie Sodom und Gomorrha untergehen lassen werde, in Visionen einer drohenden, aber noch unfassbaren Katastrophe umgesetzt.

Zeichnungen aus diesen Jahren, zum Beispiel das 1911 entstandene Blatt *Schrecken des Krieges* (Abb. 7), lassen erkennen, dass das Thema Krieg durchaus in Meidners Vorstellungsbereich lag. Warum, so könnte man fragen, hat er sich nicht in seinen Gemälden damit auseinandergesetzt? In seinen *Apokalyptischen Landschaften* ging es Meidner offensichtlich um etwas, das sich mit der Darstellung von

8 Franz Marc, Tierschicksale · 1913
   Öl auf Leinwand · 191,8 x 259,3 cm · Basel, Kunstmuseum Basel

Geschützen, Explosionen und verwundeten Soldaten nicht erfassen ließ. Das vorausgeahnte »Weltengewitter« ließ sich selbst in allegorischen Darstellungen des Krieges nicht veranschaulichen.[32] Dargestellt sind die sündige Stadt (in Meidners Bildern ist es die moderne Großstadt) und die großen Naturkatastrophen, die damals wie heute den Menschen bedrohen und vernichten. Die noch unbekannte drohende Katastrophe des Krieges fand in den symbolisch verschlüsselten Landschaften eher ihren Ausdruck als in den scheinbar wirklichkeitsgetreuen Kriegsszenen der Zeichnungen; sie war in Bildern, nicht aber in Abbildern vorstellbar. So gesehen wirken Meidners gemalte Visionen »realistischer« als seine Zeichnungen, auch wenn sich einwenden ließe, dass es »unrealistisch« ist, sich einen drohenden Krieg als Naturkatastrophe vorzustellen. Wo der Krieg aber wie in Meidners apokalyptischen Fantasien als Untergang der Welt imaginiert wird und nicht nur als eine Naturkatastrophe, mag einleuchten, dass ein Künstler diesen Untergang als eine Mensch und Natur vernichtende kosmische Katastrophe darstellt. Vorstellbar ist, dass es sich bei Meidners *Apokalyptischen Landschaften* um die ersten Visionen eines »totalen Krieges« handelt.

In der Verallgemeinerung und Vereinfachung sowie der Beschränkung der Darstellung auf apokalyptische Landschaften, die in ihrer expressiven Form den Eindruck äußerster Erregung und Betroffenheit vermitteln, mag der Grund dafür liegen, dass Meidners Visionen so zeitnah erscheinen und mehr noch als andere Werke des Expressionismus als Vorahnungen des Ersten Weltkrieges verstanden wurden. Diese Interpretation wurde insbesondere durch Retrospektiven gefördert. So ist zum Beispiel der Titel *Vision eines Schützengrabens*, der sich in Thomas Grochowiaks Meidner-Monografie unter einem

1912 entstandenen Gemälde findet, offenbar erst später hinzugefügt worden.³³ In Lothar Briegers Meidner-Monografie von 1919 trägt das Gemälde noch den Titel *In Erwartung des Gerichts*, der sowohl dem Dargestellten als auch den Titeln anderer Gemälde dieser Zeit viel eher entspricht.³⁴ So verständlich das Interesse erscheinen mag, rückblickend die Weltuntergangsvisionen als Antizipation des Ersten Weltkrieges zu bestimmen, widerspricht doch solch eine nachträgliche Konkretisierung des Dargestellten dem Charakter expressionistischer Visionen, die eben nicht Schützengräben, sondern »Weltengewitter« und »Weltbrand« voraussahen. Selbst wenn Meidner schon davon ausging, dass ein Krieg bevorstand, konnte und wollte er sich von ihm nur ein Bild in Form einer Vision machen. Er brauchte offenbar die symbolische Verallgemeinerung und die fantastische Zuspitzung, um seinen Vorahnungen jene emotionale Wucht und überwältigende Anschaulichkeit zu geben, die den Betrachtern seiner Bilder eine Vorstellung von den noch nicht absehbaren Schrecken eines künftigen Krieges vermitteln konnten.

Dass es in ihren Visionen um Krieg ging, entdeckten die Künstler zuweilen erst im Nachhinein. Als Franz Marc am 17. März 1915 – er war als Offizier an der Westfront – eine Postkarte mit seinen 1913 gemalten *Tierschicksalen* (Abb. 8) bekam, schrieb er noch am selben Tag an seine Frau: »Köhler schrieb mir heute auf einer Sturm-Postkarte meiner *Tierschicksale*. Bei ihrem Anblick war ich ganz betroffen und erregt. Es ist wie eine Vorahnung dieses Krieges, schauerlich und ergreifend; ich kann mir kaum vorstellen, dass ich das gemalt habe!«³⁵ Erst der Krieg, die bereits eingetretene Katastrophe, brachte Marc zu Bewusstsein, dass er Vorahnungen gemalt hatte. Aber diese erhellten ihm nicht den Krieg. Vielmehr erschien der Krieg selbst »noch von einer grauenvollen Stummheit, chiffriert«³⁶, für Marc ein »immer rätselvolleres Rätsel«³⁷. Anderen »Sehern« unter den Künstlern ging es ähnlich – das Neue, nach dem sie sich so sehr gesehnt hatten, blieb in den Schrecken des Ersten Weltkrieges verborgen. Und als es sich zeigte, widersprach es in der Regel allen Erwartungen. Ihre Kriegserfahrungen und der »verlorene Frieden«³⁸ nach 1918 motivierten viele Künstler erneut, in apokalyptischen Fantasien von ihren Ängsten zu sprechen und ihre Leinwände mit Visionen kommenden Unheils zu bedecken.

Anmerkungen

1 Vondung 1988, S. 265.
2 Vondung 1988, S. 267.
3 Die Rede ist von der 1896 begonnenen zweiten Fassung des Gemäldes.
4 Vgl. Schmied, Wieland: Henri Rousseau. Der Krieg (Der Ritt der Zwietracht), in: Schmied (Hg.) 1999, S. 646.
5 Vgl. Vondung 1988, S. 353 ff.
6 Die erste Fassung des Gemäldes zeigt im unteren Teil des Bildes eine brennende Stadt, aus der schwarze Rauchwolken aufsteigen (vgl. Abb. 3, S. 46).
7 Holsten 1976, S. 56.
8 Vgl. Ausst.-Kat. München/Hamburg 1990/91, S. 275; Ausst.-Kat. Baden-Baden 1977, S. 240.
9 Holsten 1976, S. 58; Kubins Blick auf den Krieg stellt, wie Holsten an dieser Stelle betont, keinen Sonderfall dar, sondern entspricht einer breiten Zeitströmung.
10 Kubin, Alfred: Selbstbiographie, zit. n. Raabe 1957, S. 41.
11 Vgl. Vondung 1988, S. 358 f.
12 Vgl. Vondung 1988, S. 357.
13 Vgl. Grimm/Faulstich/Kuon (Hg.) 1986, S. 10: »Die Kategorie der *Irreversibilität* ist dagegen eher neueren Datums, ist eine traurige Besonderheit der gegenwärtigen Weltsituation.«
14 Andersch, Alfred: Ekel vor dem langen Frieden, in: Keckeis (Hg.) 1983, S. 67–73, hier: S. 67 f.
15 Stollmann, Rainer: Schwarzer Krieg, endlos. Erfahrung und Selbsterhaltung in Alexander Kluges »Lernprozessen mit tödlichem Ausgang« (1973), in: Grimm/Faulstich/Kuon (Hg.) 1986, S. 148–167, hier: S. 148.
16 Hans-Ulrich Wehler hat darauf hingewiesen, dass die Absicht der Vernichtung des Gegners (also nicht wie bisher die Absicht, ihn zu besiegen), d.h. der Gedanke des »totalen Krieges«, bereits in diesem Kolonialkrieg, dem ersten Krieg des wilhelminischen Deutschland, praktiziert worden sei. Vgl. Wehler 1983 [1973], S. 157 f.
17 Becher, Johannes R., zit. n. Soergel/Hohoff 1963, S. 125.
18 Mann, Thomas: Gedanken im Kriege, in: Die neue Rundschau, 25. Jg. (1914), Bd. 2, S. 1475.
19 Heym, Georg: Die Fratze, in: Heym 1971, S. 229.
20 Franz Marc in einem Brief an Wassily Kandinsky vom 26. September 1914, zit. n. Golleck, Rosel: Franz Marc. Daten und Dokumente zur Biographie, in: Ausst.-Kat. München 1980, S. 44. Genau heißt es an dieser Stelle: »Der Stall des Augias, das alte Europa, konnte nur so gereinigt werden, oder gibt es einen einzigen Menschen, der diesen Krieg ungeschehen wünscht?«
21 Vgl. das Kapitel »Vorkriegszeit und Kriegsausbruchsvisionen«, in: Jürgens-Kirchhoff 1993, S. 27–64.
22 Andersch, Alfred: Ekel vor dem langen Frieden, in: Keckeis (Hg.) 1983, S. 67–73.
23 Beckmann 1966, S. 22.
24 Lettau, Annette: Taumel und Ernüchterung. Deutsche Künstler und Schriftsteller im 1. Weltkrieg, in: Ausst.-Kat. München 1982, S. 5–11, hier: S. 5.
25 Das Blatt wurde häufig nachgedruckt und auch kopiert. Es ist denkbar, dass Barlach es kannte.
26 Barlach 1959, S. 43.
27 Vgl. Barlachs Tagebuchnotizen vom 16. September 1914 und 5. Oktober 1914 in: Barlach 1959, S. 59, 75. Eine ebenfalls 1914 entstandene Lithografie zeigt eine ganz ähnliche Figur. Als Alfred Gold, Mitherausgeber der *Kriegszeit*, Barlach im November 1914 aufforderte, Lithografien für die patriotischen Künstlerflugblätter zur Verfügung zu stellen, fiel Barlachs Wahl auf dieses Blatt. Der Verlag veröffentlichte es im Dezember 1914 unter dem von Barlach akzeptierten Titel *Der heilige Krieg*.
28 Barlach 1959, S. 21.
29 Diese Feststellung gilt Meidners Gemälden. In seinen Texten findet sich wiederholt auch die Hoffnung, dass die Katastrophe der Übergang zu einer neuen, besseren Welt sei.
30 Die erste *Apokalyptische Landschaft* entstand 1912, die letzte mit dem Titel *Der Jüngste Tag* 1916 in dem Jahr, in dem Meidner zum Wehrdienst eingezogen wurde. Die (von Meidner autorisierte) Bezeichnung *Apokalyptische Landschaft* ist erst in den 1960er Jahren aufgekommen, als Meidner wiederentdeckt wurde. Angelika Schmid kann in ihrer Rekonstruktion der Originaltitel nachweisen, dass es sich in den meisten Fällen um spätere Umbenennungen anderslautender Titel handelt. Vgl. Schmid, Angelika: Die sogenannten »Apokalyptischen Landschaften« (1912–1916). »Mahnende Rufer« des Künstlers Ludwig Meidner, in: Ausst.-Kat. Darmstadt 1991, Bd. 1, S. 84–95, hier: S. 92–95. Die frühen Ausstellungskataloge (Cassirer, Berlin 1918; Kestner-Gesellschaft, Hannover 1918) verzeichnen Titel wie *Weltuntergang, Pathetische Landschaft mit Fluß, Kosmische Landschaft mit Komet, Nächtliche Feuersbrunst, Eruption*. Vgl. Ausst.-Kat. Darmstadt 1991, Bd. 1, S. 93 f.; Ausst.-Kat. Los Angeles/Berlin 1989/90, S. 61.
31 Meidner, Ludwig: Mein Leben, in: Brieger 1919, S. 11–13, hier: S. 12.
32 Nach dem Ersten Weltkrieg machten die Künstler von der Möglichkeit der allegorischen Darstellung des Krieges nur noch selten Gebrauch. Vgl. Holsten 1976, S. 118.
33 Grochowiak 1966, Abb. 33, S. 66, 76, 243.
34 Brieger 1919, S. 20. Im Ausst.-Kat. Los Angeles/Berlin 1989/90, Abb. 33, S. 32, erscheint das Gemälde unter dem Titel *Apokalyptische Vision*.
35 Marc 1982, S. 50.
36 Marc 1982, S. 11.
37 Marc 1982, S. 148.
38 Vgl. Dülffer/Krumeich (Hg.) 2002.

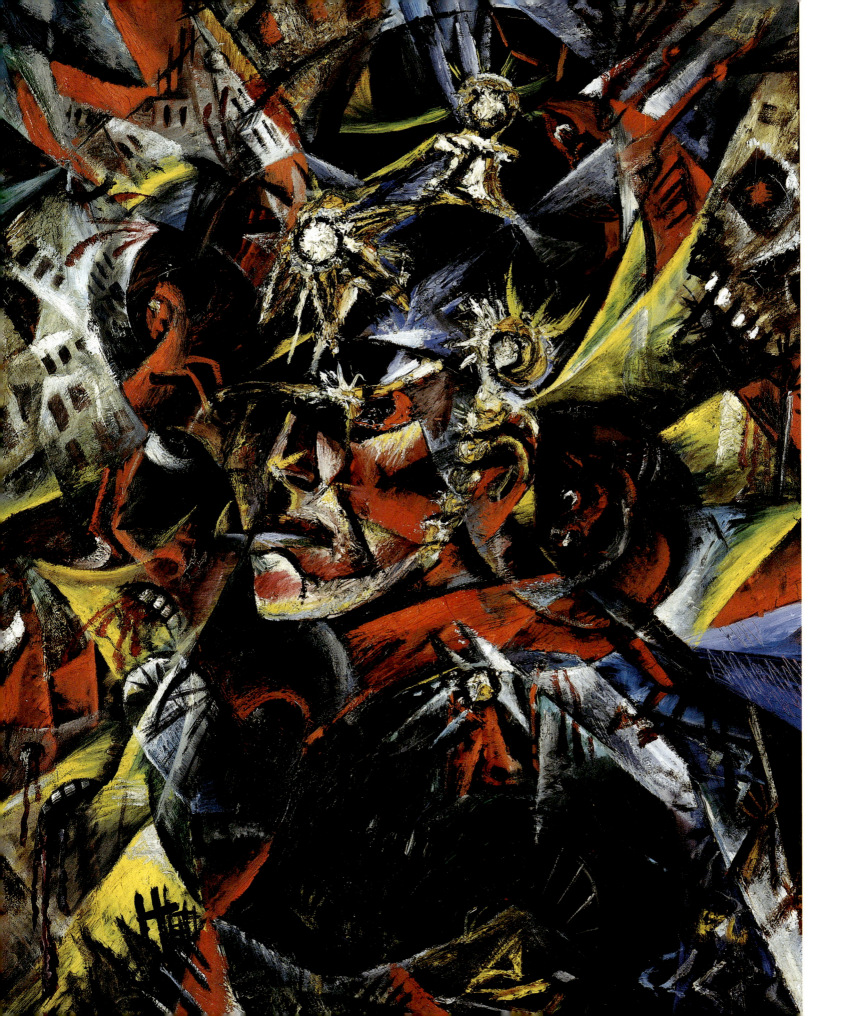

Götterdämmerung

Zur Philosophie des Untergangs

KONRAD PAUL LIESSMANN

Abstieg, Ende, Untergang. Doch kein Untergang ohne Warnung. Zu den Szenarien des Schreckens, die die Geschichtserzählungen durchziehen, gehört auch die Figur des Propheten, des Sehers und Warners, der die Zeichen der Zeit erkennt, auch wenn niemand sonst sie sehen will. So warnte auch Kassandra, die Königstochter, die Trojaner vor dem Untergang ihrer Stadt, und es gehörte auch bei ihr zu dem Fluch, der auf ihr lastete, dass niemand ihren Warnungen Gehör schenkte. Kassandra aber, und dies unterscheidet sie von einer pessimistischen Moderne, prophezeite nicht das Ende der Geschichte. Ihr seherisches Auge war wohl auf große Katastrophen gerichtet, aber sie kämpfte gegen die Hybris der Menschen, ihre Blindheit, die es ihnen nicht erlaubte, ein Verhängnis abzuwehren, das abzuwehren durchaus in ihrer Macht gelegen hätte. Kassandra steht so ein für das Unheil, für verhängnisvolle Ereignisse, die letztlich Resultat der Überheblichkeit, Dummheit, Unbelehrbarkeit und Gewalttätigkeit der Menschen sind.

Die Warnung vor einer Katastrophe ist aber weder das entscheidende Motiv einer modernen »Metaphysik des Untergangs«[1] noch die Abwehr der Katastrophe ihr Ziel. Den Geschichtspessimisten des 19. und 20. Jahrhunderts geht es um das Ganze und sein Ende, das unausweichlich ist, weil sich in ihm eine Gesetzmäßigkeit vollzieht, die das Handeln der einzelnen Menschen selbst zur Bedeutungslosigkeit verurteilt. Dieses Denken der »Dithyrambiker des Untergangs« speist sich auch nicht unbedingt aus dem Geist der griechischen Mythologie, sondern hat seine Wurzeln in christlichen und gnostischen Motiven[2] und nimmt Anleihen an der germanischen Sagenwelt. Zentral sollen für das Denken des Untergangs die wirklichen und vermeintlichen Erkenntnisse der modernen Wissenschaften werden. Dieses Denken hat allerdings selbst seine bewegte Geschichte mit durchaus ambivalenten Facetten.

Christliche und säkulare Gedankenfiguren einer Philosophie des Untergangs

Es ist ein originär christlicher Gedanke, dass nicht nur einzelne Städte oder Reiche, sondern die Geschichte der Menschen schlechthin ein womöglich nahes Ende haben werde. Die Apokalypse des Johannes konnte und wurde auch immer als eine Prophezeiung interpretiert, die auf ein Ende der bisherigen Geschichte verwies, das als Voraussetzung für das große und letzte Gericht gedacht war: Auf den Untergang folgt das Tausendjährige Reich. Im Chiliasmus des mittelalterlichen Abtes Joachim von Fiore, der das moderne Geschichtsdenken bis hin zu Oswald Spengler nachhaltig beeinflusste, wird nach dem alttestamentarischen Reich des Vaters und dem neutestamentarischen Reich des Sohnes zuerst in einem Katastrophenszenario der Antichrist besiegt, um dann im Dritten Reich eines ewigen Evangeliums zu enden.[3] In mannigfacher Form hat sich diese Doppelbedeutung apokalyptischen Denkens auch in seinen säkularisierten Varianten gehalten. Der Untergang firmiert dabei als Bedingung der Möglichkeit des Neuen. Vor allem Revolutionäre, denen man bis heute gerne ein utopisches Denken und den Mut zur Zukunft nachsagt, mussten deshalb auch immer veritable Propagandisten des Untergangs sein. Das Alte muss verschwinden, damit sich endlich die bessere Welt etablieren kann. Der radikale Bruch in der Geschichte, die Zäsur, die eine Epoche zum Verschwinden bringt, Armageddon, die letzte Schlacht, die es zu schlagen gilt, um etwas radikal Anderes daraus zu entbinden, sind Gedankenfiguren, die eine Philosophie des Untergangs implizit enthalten muss. In seinen säkularisierten Varianten ist dieser Untergang ideologisch auf jene Welt und ihre Formationen bezogen, die für die soziale, politische oder ökonomische Ungerechtigkeit verantwortlich gemacht werden. Es ist ein Untergang, der nicht nur mit der Hoffnung gepaart ist, son-

1 Otto Dix, Selbstbildnis als Mars · 1914
Öl auf Leinwand, 81 x 66 cm, Freital, Städtische Sammlungen Freital

dern gerade mit dem Verweis auf die dadurch erst möglich gewordene Zukunft überhaupt legitimiert wird. Die destruktiven Potentiale revolutionärer Energien, die noch vor keiner Greueltat zurückgeschreckt sind, wurden daher gerne als Preis beschrieben, der für eine bessere Welt zu zahlen sei.

Ein Denken, das den Untergang der Welt als Voraussetzung für deren Erlösung konzipiert, enthält so nicht nur christlich-apokalyptische Spuren, sondern ist meist verwurzelt in der Überzeugung, dass die Geschichte die Wende zum Besseren in ihrem Programm hat. Ob dies nun hegelianisch ausbuchstabiert, marxistisch gewendet oder als technische Utopie formuliert wird: Der Untergang der einen Welt wird erträglich durch das, was man dabei gewinnt. In solchen Konzeptionen wird, buchstäblich, der Untergang in Kauf genommen, ohne dass er eine eigene philosophische Faszinationskraft zu gewinnen vermöchte – sieht man von der Lust ab, die Weltenbrände als ästhetische Ereignisse zu bereiten vermögen. Eine authentische Philosophie des Untergangs versucht hingegen, den Untergang zu denken, ohne über ihn hinauskommen zu müssen. Diese historisch als »pessimistisch« gekennzeichnete Philosophie,[4] verdankt sich allerdings vorrangig der Einsicht einer naturwissenschaftlich geprägten Moderne. Sie geht davon aus, dass nicht nur der einzelne Mensch, sondern Leben schlechthin den Bedingungen der Endlichkeit und Kontingenz unterliegt. Die Vorstellung, dass menschliches Leben und damit Geschichte aus kosmischer Perspektive eine vollkommen unbedeutende und höchst flüchtige Episode darstellt, deren Ende unausweichlich ist, speist sich nicht mehr aus der Lust an einem Jüngsten Gericht, sondern entspringt dem neuen, durch das wissenschaftliche Weltbild möglich gewordenen nihilistischen Heroismus, der diesem Befund ins Auge blicken will.

Arthur Schopenhauer
Erste und höchst folgenreiche Bilder für diese Konstellation hat Arthur Schopenhauer entworfen, dessen grundierender Einfluss auf alle weiteren Denker des Untergangs unübersehbar ist. Im zweiten Band von *Die Welt als Wille und Vorstellung* findet sich ein Kapitel, überschrieben *Von der Nichtigkeit und von dem Leiden*, das, wie wenige Texte, der Endlichkeit und dem Leiden des menschlichen Daseins demonstrativ standhalten wollte: »Aus der Nacht der Bewußtlosigkeit zum Leben erwacht, findet der Wille sich als Individuum in einer end- und grenzenlosen Welt, unter zahllosen Individuen, alle strebend, leidend, irrend; und wie durch einen bangen Traum eilt er zurück zur alten Bewußtlosigkeit.«[5] Deutlicher kann die Flüchtigkeit des Daseins nicht formuliert werden. Die kurze Spanne des bewussten Lebens ist von einer fundamentalen Spannung gekennzeichnet. Den grenzenlosen Wünschen und unerschöpflichen Ansprüchen an das Leben steht die Einsicht entgegen, dass alles im Leben kund gibt, dass »das irdische Glück bestimmt ist, vereitelt oder als eine Illusion erkannt zu werden [...] Das Leben stellt sich dar als ein fortgesetzter Betrug, im Kleinen wie im Großen. Hat es versprochen, so hält es nicht; es sei denn, um zu zeigen, wie wenig wünschenswert das Gewünschte war.«[6] Schopenhauer, mit deutlicher Spitze gegen G. W. Leibniz und das optimistische Denken, postuliert diese Welt als die schlechteste aller möglichen Welten. Dies ist in der Tat ein konsequenter Pessimismus im Wortsinn, der dann auch nur im Erlöschen des Lebens die Erlösung sehen kann.

So sehr Schopenhauer also das Dasein in seiner metaphysischen Dimension als Leid bestimmt, so sehr betont er, dass »die Hauptquelle der ernstlichsten Übel, die den Menschen treffen, der Mensch selber [ist] – homo homini lupus [der Mensch ist des Menschen Wolf]«.[7] Schopenhauer weist diesen Satz richtig als Zitat des Plautus aus, er versteht ihn aber ganz im Sinne des ungenannten Thomas Hobbes. Der Krieg ist der Urzustand des Menschen, wo er kann und darf, ist er gegen seinesgleichen hart und grausam, und die Notwendigkeit des Staates ergibt sich allein aus der Notwendigkeit, diesem Treiben wenn nicht ein Ende, dann wenigstens Grenzen zu setzen. Schopenhauers Darstellung des Krieges als intensivster Ausdruck einer Welt der Grausamkeit und des Leidens steht nicht nur im Gegensatz zu der auch im 19. Jahrhundert gern zitierten herakliteischen Formel, nach der der Krieg der Vater aller Dinge sei, sondern bereitet hellsichtig auch den Boden für eine Kritik des Krieges, die erst nach den Vernichtungen und Verwüstungen der beiden Weltkriege den Krieg als paradigmatische Figur des Unheils erkannte. Von den Friedensutopien, die sich von Immanuel Kants in ihrer milden Ironie oft verkannten Schrift *Zum ewigen Frieden* bis zu den Gründungsakten der Europäischen Union ziehen, ist Schopenhauer allerdings weit entfernt. Auch die Eindämmung und Zähmung des Krieges ändern wenig an der prinzipiellen Grausamkeit und Nichtigkeit des Lebens.

Die entscheidende und erste Erscheinungsform dieser Nichtigkeit des Daseins ist für Schopenhauer die Zeit. Sie wird dabei nicht als Veränderung oder als Bewegung aufgefasst, auch nicht, wie im modernen Sinn, als Beschleunigung, sondern primär als Vergänglichkeit: »Denn zuletzt verkündet die Zeit den Urteilsspruch der Natur über den Wert aller in ihr erscheinenden Wesen, indem sie sie vernichtet.«[8] In diesem Zusammenhang zitiert Schopenhauer die berühmten Sätze Mephistos aus Goethes *Faust*: »denn alles, was entsteht/Ist wert, dass es zugrunde geht./Drum besser wär's, daß nichts entstünde«.[9] Er fasst dabei das »ist wert« nahezu substantivisch auf: Das Zugrundegehen ist der einzige Wert des Lebens, der gleichzeitig den Willen zum Leben immer schon konterkariert. Das, was ist, kann nicht bleiben. Jedes Sein, jedes Leben ist schon mit dem Hauch der Vernichtung, des Todes behaftet, ohne Aussicht auf Erlösung im Leben: »Die Wahrheit ist: wir sollen elend sein und sind's.«[10]

Götterdämmerung

2 Max Klinger, Der Krieg · um 1888 · Kat.-Nr. I/1

Richard Wagner

Wie sehr Schopenhauers Denken der Nichtigkeit des Daseins das kulturelle Klima einer Epoche zu färben verstand, lässt sich am besten an seinem späten Verehrer Richard Wagner demonstrieren, dessen *Götterdämmerung* Oswald Spengler das Stichwort für den *Untergang des Abendlandes* geben wird. An Wagners *Ring des Nibelungen* lässt sich einiges über den sublimen Zusammenhang eines revolutionären Überwindungspathos und eines radikalen geschichtsphilosophischen Pessimismus *in nuce* erfahren. Die Lektüre von Schopenhauers Hauptwerk *Die Welt als Wille und Vorstellung*, zu der ihm übrigens der ehemalige Revolutionsdichter Georg Herwegh, mit dem Wagner in den Züricher Jahren befreundet war, geraten hatte, wurde im Rückblick von Wagner selbst geradezu zu einem Erweckungserlebnis stilisiert: »Ich blickte auf mein Nibelungen-Gedicht und erkannte zu meinem Erstaunen, daß das, was mich jetzt in der Theorie so befangen machte, in meiner eigenen poetischen Konzeption mir längst vertraut geworden war. So verstand ich erst selbst meinen Wotan.«[11] Schopenhauers Wort vom Leben als fortgesetztem Betrug könnte tatsächlich als ein Leitmotiv der Ring-Dichtung aufgefasst werden. Nur ein Medium, und dies muss Richard Wagner in besonderem Maße affiziert haben, erlaubt es nach Schopenhauer, diesem Elend wenigstens für Momente standzuhalten: die Kunst, namentlich die Musik. Nur die Kunst hat die Macht, den Menschen wenigstens für einen begrenzten Zeitraum so gefangen zu nehmen, dass er die Bedingtheiten seines Daseins, die Regungen seines Willens und Leibes, seine Endlichkeit und sein Leid vergessen kann. Die Kunst erlaubt so eine erste Erfahrung jenes buddhistisch inspirierten Nirwana, das Schopenhauer in die deutsche Philosophie getragen hatte und dem sich auch Wagner nicht entziehen konnte. Die Kunst selbst antizipiert als Gestalt und Erfahrungsraum jenen Untergang, dem letztlich alles Dasein unterliegen wird.

Ursprünglich war auch Wagner davon überzeugt, dass aus dem Untergang der alten Welt die Möglichkeit einer neuen, freieren Gesellschaftsordnung entstehen sollte. Im *Ring des Nibelungen* war es ursprünglich Siegfried zugedacht, die Götter aus ihren Verstrickungen und die Welt aus dem Kreislauf von Herrschaftswahn und Geldgier zu befreien. Dieses Konzept verdankte sich ohne Zweifel den radikalen philosophisch-politischen Impulsen der Revolutionstage von 1848. Die *Götterdämmerung* sollte – Wagner hatte begeistert Ludwig Feuerbach gelesen – das Abdanken der alten Götter signalisieren und den Weg frei machen für einen neuen Anfang. Dazu gehört auch, dass Wagner bei der Gestalt des Siegfried unter anderem an August Röckel, den engen Freund aus der Dresdner Zeit, gedacht haben soll. Röckel war damals Musikdirektor am Dresdner Hoftheater und Redakteur der rebellischen *Volksblätter* gewesen, in denen Wagner seinen Aufruf *Die Revolution* veröffentlicht hatte. Zudem ist

3 Arnold Böcklin, Der Krieg (erste Fassung) · 1896
Öl auf Holz · 100 x 69,5 cm · Dresden, Galerie Neue Meister, Staatliche Kunstsammlungen

wahrscheinlich, dass auch der in Wien hingerichtete Revolutionär Robert Blum Wagners Siegfriedfigur beeinflusst hat.[12]

Unter dem Eindruck der Lektüre Schopenhauers wird allerdings die gesamte Konzeption verändert und den unerbittlichen Gesetzen eines Untergangsmythos unterworfen. Das Siegfried zugedachte Erlösungswerk muss scheitern, der auskomponierte Schluss der Götterdämmerung lässt alle Welt zusammenkrachen. Alles sinkt zurück in Natur. Die Wahrheit lag nicht bei Siegfried, sondern bei dem düsteren Hagen, der diese Logik des Untergangs erkennt, bejaht und vollstreckt. Die Transformation der Götterdämmerung in eine unausweichliche, schicksalhaft sich vollziehende Menschen-, ja Menschheitsdämmerung: Damit ist vielleicht das entscheidende Motiv im geschichtspessimistischen Denken im späten 19. Jahrhundert benannt.

Entspringt das Ende dann einem Naturgesetz? Am Anfang des zweiten Bandes von *Die Welt als Wille und Vorstellung* hat Schopenhauer ein faszinierendes Bild gefunden, das seinen metaphysischen Pessimismus mit den Befunden der modernen Kosmologie paart: »Im unendlichen Raum zahllose leuchtende Kugeln, um jede, von welchen etwa ein Dutzend kleinerer, beleuchteter sich wälzt, die, inwendig heiß, mit erstarrter, kalter Rinde überzogen sind, auf der ein Schimmelüberzug lebende und erkennende Wesen erzeugt hat: – dies ist die empirische Wahrheit, das Reale, die Welt. Jedoch ist es für ein denkendes Wesen eine mißliche Lage, auf einer jener zahllosen im grenzenlosen Raum frei schwebenden Kugeln zu stehn, ohne zu wissen woher noch wohin, und nur *eines* zu sein von unzählbaren ähnlichen Wesen, die sich drängen, treiben, quälen, rastlos und schnell entstehend und vergehend in anfangs- und endloser Zeit.«[13]

Friedrich Nietzsche

In seiner zu Lebzeiten nie veröffentlichten frühen Schrift *Über Wahrheit und Lüge im außermoralischen Sinn* hat Friedrich Nietzsche dieses einprägsame Bild aufgegriffen, aber dabei einen entscheidenden Akzent gesetzt: »In irgend einem abgelegenen Winkel des in zahllosen Sonnensystemen flimmernd ausgegossenen Weltalls gab es einmal ein Gestirn, auf dem kluge Thiere das Erkennen erfanden. Es war die hochmüthigste und verlogenste Minute der ›Weltgeschichte‹: aber doch nur eine Minute. Nach wenigen Athemzügen der Natur erstarrte das Gestirn, und die klugen Thiere mußten sterben. – So könnte Jemand eine Fabel erfinden und würde doch nicht genügend illustrirt haben, wie kläglich, wie schattenhaft und flüchtig, wie zwecklos und beliebig sich der menschliche Intellekt innerhalb der Natur auswirkt; es gab Ewigkeiten, in denen er nicht war; wenn es wieder mit ihm vorbei ist, wird sich nichts begeben haben.«[14] Später hat es Nietzsche nüchterner formuliert, dabei aber die Sache auf den Punkt gebracht: »Unsre Naturwissenschaft geht auf den Untergang, im Ziele der Erkenntniß, hin. Unsre historische Bildung auf den Tod jeder Kultur.«[15]

Aber auch der junge Nietzsche hatte noch auf einen Ausweg gehofft, auf dem ihm viele folgen sollten. In der ersten der Cosima Wagner zum Jahreswechsel 1872/73 zugeeigneten *Fünf Vorreden zu fünf ungeschriebenen Büchern* hat Nietzsche eine Formel festgehalten: »Die Kunst ist mächtiger als die Erkenntniß, denn sie will das Leben, und jene erreicht als letztes Ziel nur – die Vernichtung.«[16] Die lebensdienlichen Illusionen der Kunst sollen den Menschen vor jenem Zusammenbruch schützen, den ein nüchterner, naturwissenschaftlich grundierter Blick auf den notwendigen Untergang planetarischen Lebens nach sich ziehen würde. In *Die Geburt der Tragödie aus dem Geiste der Musik*, die Nietzsche Richard Wagner gewidmet hat, gab er diesem Gedanken eine Wendung, die sich direkt auf Wagners Untergangsmusik zu beziehen scheint. Die Musik, so heißt es dort, verleiht dem tragischen Mythos »eine so eindringliche und überzeugende metaphysische Bedeutsamkeit, wie sie Wort und Bild, ohne jene einzige Hülfe, nie zu erreichen vermögen; und insbesondere überkommt durch sie den tragischen Zuschauer gerade jenes sichere Vorgefühl einer höchsten Lust, zu der der Weg durch Untergang und Verneinung führt, so dass er zu hören meint, als ob der innerste Abgrund der Dinge zu ihm vernehmlich spräche.«[17]

Die Kunst in ihrer tragisch-dionysischen Gestalt bekommt also eine doppelte Funktion: Sie erlaubt die Antizipation des Untergangs und stellt selbst dessen Überwindung dar. »Denn nur als ästhetisches Phänomen«, so hatte Nietzsche mit Seitenblick auf Wagner geschrieben, »ist das Dasein und die Welt ewig gerechtfertigt«,[18] einschließlich ihres Untergangs. Es ist diese Apotheose der Kunst, die Nietzsche in einem bevorzugten Maße zu einem Philosophen der Künstler machte. Der Einfluss Nietzsches auf die Kunst des frühen 20. Jahrhunderts ist unübersehbar. Von der Musik – man denke an Gustav Mahler und Richard Strauss – über die Literatur – von Stefan George bis Rainer Maria Rilke – bis hin zur Malerei – von Alfred Kubin bis Otto Dix – ziehen sich Nietzsches Spuren. Der Denker des Dionysischen, sein »hymnisches Pathos« gab den Künstlern vermeintlich die Möglichkeit »zur kosmischen Entgrenzung der empirischen Realität und damit zur Erfassung der Totalität des Lebens«.[19]

Als Inspirationsquelle für eine Metaphysik des Untergangs fungierten allerdings nicht die frühen, zum Teil lange unveröffentlichten Texte von Nietzsche, sondern jene Gedanken aus seinen Hauptwerken, in denen dem Menschen eine Absage erteilt wird, jedoch immer im Namen großer Zukunftsvisionen. Es sind hauptsächlich Sätze aus *Also sprach Zarathustra* und aus jener fragwürdigen Kompilation aus Nietzsches nachgelassenen Fragmenten, die seine Schwester Elisabeth Förster unter dem von Nietzsche selbst wieder verworfenen Titel *Der Wille zur Macht* herausgegeben hat, die Nietzsche auch als einen Denker des Untergangs erscheinen lassen: »Der Mensch ist ein Seil, geknüpft zwischen Thier und Übermensch, – ein Seil über einem Abgrunde. Ein gefährliches Hinüber, ein gefährliches Auf-dem-Wege, ein gefährliches Zurückblicken, ein gefährliches Schaudern und Stehenbleiben. Was gross ist am Menschen, das ist, dass er eine Brücke und kein Zweck ist: was geliebt werden kann am Menschen, das ist, dass er ein Übergang und ein Untergang ist.«[20] Nietzsches Zarathustra will bekanntlich über diesen Menschen hinaus.

Die Konzeption des Übermenschen, wie immer sie gedacht gewesen sein mag, hat zur Voraussetzung, dass der Mensch, wie er ist, verschwinden muss. In seiner Charakterisierung des »letzten Menschen« hat Nietzsche diesem all jene Züge verliehen, die nicht nur die Kulturkritik bis heute animieren, sondern auch diese Variante

4 Ludwig Meidner, Apokalyptische Stadt · 1913
Öl auf Leinwand · 81,3 x 115,5 cm
Münster, LWL, Landesmuseum für Kunst und Kulturgeschichte

einer Untergangsvision legitimieren sollten: Der »letzte Mensch« stellt für Nietzsche jenen Typus dar, der die Segnungen der modernen Zivilisation auf hohem Niveau genießt, ohne dass sich daraus noch irgendwelche Ambitionen ergäben, die über die raffinierte Befriedigung der einfachsten Bedürfnisse hinausgingen: »›Wir haben das Glück erfunden‹ – sagen die letzten Menschen und blinzeln. Sie haben die Gegenden verlassen, wo es hart war zu leben: denn man braucht Wärme. Man liebt noch den Nachbar und reibt sich an ihm: denn man braucht Wärme. Krankwerden und Misstrauen-haben gilt ihnen sündhaft: man geht achtsam einher. Ein Thor, der noch über Steine oder Menschen stolpert! Ein wenig Gift ab und zu: das macht angenehme Träume. Und viel Gift zuletzt, zu einem angenehmen Sterben. […] Jeder will das Gleiche, Jeder ist gleich: wer anders fühlt, geht freiwillig in's Irrenhaus. […] Man zankt sich noch, aber man versöhnt sich bald – sonst verdirbt es den Magen. Man hat sein Lüstchen für den Tag und sein Lüstchen für die Nacht: aber man ehrt die Gesundheit. ›Wir haben das Glück erfunden‹ – sagen die letzten Menschen und blinzeln.«[21] Kultur, so ließe sich mit Nietzsche sagen, ist nichts als dieses Blinzeln. In *Zur Genealogie der Moral* kann Nietzsche dann auch schreiben: »Wir sehen heute Nichts, das grösser werden will, wir ahnen, dass es immer noch abwärts, abwärts geht, in's Dünnere, Guthmütigere, Klügere, Behaglichere, Mittelmäßigere, Gleichgültigere […] Der Anblick des Menschen macht nunmehr müde – was ist heute Nihilismus, wenn er nicht das ist? … Wir sind des Menschen müde…«[22]

Nihilismus: Damit ist das Stichwort gefallen, das untrennbar mit Nietzsches Konzept des dekadenten, des tatsächlich »letzten« Menschen verbunden ist. Nihilismus: Das ist der Zustand einer Kultur, die an nichts mehr glaubt, das ist auch die blasierte Müdigkeit, die diesen Zustand ausspricht, und das ist die Konsequenz aus jener wissenschaftlichen Neugier in die tatsächliche Verfasstheit des Menschen, die Nietzsche, ausgerechnet in der *Fröhlichen Wissenschaft*, selbst pointiert formuliert hat: »Gott ist todt! Gott bleibt todt! Und wir haben ihn getötet!«[23] So wird der Nihilismus, dieser »unheimlichste aller Gäste« zur Signatur einer Haltung, die die Aufklärung des Menschen über sich selbst bis zur äußersten Grenze vorangetrieben hat: »Seit Kopernikus rollt der Mensch aus dem Zentrum ins x.«[24] Nietzsches Nihilismus aber ist zweideutig. Ausdruck des Niedergangs in seiner Erscheinungsform als Décadence, als »müder Nihilismus« und Ausdruck eines Pessimismus der Stärke, einer Zerstörungskraft, die vernichtet, um den eigenen Willen, jenseits von Gut und Böse, durchzusetzen. Die letzte Periode des europäischen Nihilismus hat Nietzsche dann auch so charakterisiert: »Die Heraufkunft einer Lehre, welche die Menschen aussiebt [...] welche die Schwachen zu Entschlüssen treibt und ebenso die Starken.«[25]

Es sind diese Reflexionen Nietzsches, die nicht nur das politische Denken infiltrierten, sondern als Motivkomplex »Krieg, Nihilismus, Kunst« vor allem bei vielen Expressionisten im Ersten Weltkrieg auch ihren bildhaften Ausdruck fanden: Otto Dix und Max Beckmann sollen im Krieg neben der Bibel – wie so viele andere auch – Nietzsches *Zarathustra* mit sich geführt haben.[26] Der Untergang ist bei Nietzsche allerdings gepaart mit dem Gedanken an die großen Entscheidungen der Zukunft: »[E]s wird Kriege geben, wie es noch keine auf Erden gegeben hat. Erst von mir an giebt es auf Erden grosse Politik.«[27] Und gekoppelt ist dieses Pathos der Entscheidung an die Lehre von der ewigen Wiederkehr. Die neuen »Herren der Erde«, von denen Nietzsche fantasiert, sollen jene Zustände wiederherstellen, die in seiner Antike dominierten: eine Ordnung von Herren und Sklaven, Vornehmen und Gemeinen, Führern und Geführten. Wenn etwas folgenreich war an Nietzsches Denken, dann diese Konzeption: »Alle, die im 20. Jahrhundert Führer sein und heißen wollten, beriefen sich auf Nietzsche, weil er als erster von dieser Idee ein Bild entworfen hatte.«[28] Es war nicht zuletzt dieser Führer-Gedanke, an dem sich der Nietzsche-Enthusiasmus von Künstlern, Dichtern und Intellektuellen entzündete. Denn was Nietzsche zu künden schien, war: die Kunst als Tat und die Herausbildung einer Geistes-Aristokratie, ein Konzept, dem sich die gar nicht so egalitäre Avantgarde des frühen 20. Jahrhunderts kaum verschließen konnte.[29] Allerdings gilt auch: »Aus Nietzsches Vorarbeiten zu dem geplanten Buch *Der Wille zur Macht* läßt sich kein klares politisches Programm herauslesen [...] gerade weil dieser Entwurf eines (oder mehrerer?) Machthaber zwischen ästhetischen, philosophischen und politischen Aspekten schwankte und wie ein Mythos vieldeutig blieb, konnten die Ideologen verschiedenster Richtungen davon ihren ›Anspruch auf Führerschaft im Leben oder Lehre‹ herleiten.«[30]

Dass unter diesen Ideologen auch einige Nationalsozialisten waren, ist bekannt, obgleich Adolf Hitler selbst und Alfred Rosenberg von Nietzsche wohl nicht mehr kannten als einige markige Überschriften. In *Mein Kampf* erwähnt Hitler Nietzsche überhaupt nicht, und in Rosenbergs *Der Mythus des 20. Jahrhunderts* spielt Nietzsche eine denkbar periphere Rolle – ganz im Gegensatz etwa zu Arthur Schopenhauer, der von Rosenberg geradezu »aufgenordet« wird.[31]

Die Philosophen des »Dritten Reiches« konnten zwar immer nur einen fragmentierten und verzerrten Nietzsche in Dienst nehmen, sie mussten den Deutschenhasser, Antinationalisten und Anti-Antisemiten ebenso ausblenden wie den Artisten und Ästheten, den Décadent und Geisteskranken. Aber Nietzsche hatte, wie missverständlich und vieldeutig auch immer, mit Stichworten zum Übermenschen, zum Züchtungsgedanken, zur großen Politik, zur Herrenmoral doch einiges Material für seine Aneignung durch die NS-Ideologen geliefert. Inwiefern er allerdings mit Fug und Recht als geistiger Wegbereiter des Faschismus bezeichnet werden kann – diese Frage harrt bis heute einer bündigen Antwort.[32] Immerhin gab es bei den Philosophen des NS-Regimes auch Stimmen, die dezidiert vor Nietzsche warnten, da dieser ein »Gegner des Sozialismus«, ein »Gegner des Nationalismus« und ein »Gegner des Rassegedankens« gewesen sei.[33]

Oswald Spengler

Ähnliches gilt, wenn auch in ganz anderer Form, für Oswald Spengler. Anders als Nietzsche aber war er Zeitgenosse der »Machtergreifung« Hitlers, und sein *Untergang des Abendlandes*, 1917 beendet und ein Jahr später erschienen, war eines der erfolgreichsten und meistdiskutierten Bücher der Zwischenkriegszeit und schien durchaus geeignet, die geistige Atmosphäre des besiegten und demoralisierten Deutschland zu spiegeln. Diese einfache These hält einer genaueren Überprüfung nicht stand. Die Erfolgsgeschichte dieses Buches ist bis heute ein Rätsel. Wohl ist der plakative Titel zu einem Schlagwort geworden, aber dieses stellt nicht einfach verkürzt die Grundidee Spenglers dar, sondern verkehrt sie geradezu in ihr Gegenteil.[34] Spengler, der bis zuletzt an einen Sieg des Deutschen Kaiserreiches geglaubt hatte, wollte weniger einer diffusen Untergangsstimmung Raum geben; auch fasste er – machtpolitischer Denker, der er war – den Ersten Weltkrieg nicht als den jeder Idee der Humanität spottenden Zivilisationsbruch auf, als den ihn etwa Karl Kraus in seiner Tragödie *Die letzten Tage der Menschheit* exzessiv beschworen hatte. Spengler war es vielmehr um die ausufernde Explikation einer geschichtsphilosophischen These gegangen: dass alle Kulturen, ähnlich dem Geschehen in der organischen Natur, dem Gesetz des Entstehens, Reifens, Niedergangs und Vergehens unterworfen sind. Es ging ihm um eine »Morphologie der Weltgeschichte«,[35] um den Nachweis, dass der Weg aus einer »Vorzeit« über die Blüte der »Kul-

5 Rudolf Schlichter, Untergang von Atlantis · 1931 · Kat.-Nr. IV 1/7

tur« bis zu den Erstarrungs- und Verfallszeiten der »Zivilisation« ein universelles Gesetz der Geschichte ist, das alle großen Regionen menschlicher Gemeinschaften bestimmt. Wohl vollzieht sich dieses Gesetz mit Notwendigkeit – es vollzieht sich aber nicht in der »Welt als Natur«, sondern in der »Welt als Geschichte«[36], die sich als eine Art zweiter Kosmos über die Natur wölbt.

Interessant an Spengler war also vorerst weniger ein apokalyptischer Ton, als vielmehr, dass er versuchte, mit zwei Paradigmen europäischer, letztlich hegelianischer Geschichtsphilosophie zu brechen: damit, dass die Weltgeschichte insgesamt durch eine Bewegung des Fortschritts gekennzeichnet sei und dass die europäische Kultur die Spitze dieser Bewegung darstelle. Spengler versuchte als einer der ersten eine Globalgeschichtsschreibung, indem er der ägyptischen, chinesischen, indischen und islamisch-arabischen Kultur dieselben Formen und Gestalten, Höhepunkte und Verlaufsformen zuschrieb wie der europäischen. Zum anderen bestimmte Spengler das Verhältnis von Kultur und Zivilisation neu: Während in der Phase der Kultur das Geistig-Seelische eines Volkes, seine Religionen und Philosophien, Wissenschaften und Künste sich entfalten, stellt die Zivilisation einen Erstarrungsprozess dar, in dem die schöpferische Kraft ermattet, die Herrschaft des Geldes beginnt und in der Politik gegenüber den Formen von Polis und Reich der Imperialismus dominiert. Spenglers Diagnose war, dass Europa nun, am Beginn des 20. Jahrhunderts, in diese zivilisatorische Petrifaktion eingetreten sei, was gleichzeitig aber auch als Prozess der Vollendung dieser Kultur zu deuten war. Der »Untergang des Abendlandes« entpuppt sich unter dieser Voraussetzung als sein »natürliches« Ende, ein Ende, das sich über Jahrhunderte erstrecken mochte, in denen Spengler gerade Deutschland noch eine entscheidende Rolle zugedacht hatte. So wie das imperiale Rom die Kultur der Griechen nach den Punischen Kriegen zu einem triumphalen Ende geführt hatte, sollte Deutschland nun diese Rolle in der verglimmenden abendländischen Kultur übernehmen. Das ändert nichts daran, dass Spengler – und dies mag seine ambivalente Faszination bis heute erklären – tatsächlich den Gedanken, dass es für die Formationen menschlichen Zusammenlebens ein natürliches Ende gäbe, konsequent durchgehalten hat, ohne Aussicht auf eine bessere Welt. Dies markiert aber auch eine entscheidende Differenz zu Nietzsche.

Wohl bekannte Spengler, die Fragen seiner Geschichtsmorphologie von Nietzsche gestellt bekommen zu haben[37] – was immer dies auch bedeuten mag.[38] In der Tat mischt sich bei Spengler ähnlich wie bei Nietzsche der diagnostisch-ästhetische Blick auf die Décadence mit einem verbalen Heroismus angesichts großer, zu erwartender Entscheidungen. Doch während Nietzsche letztlich an seinem dionysischen Prinzip der ewigen Einheit des Entstehens und Vergehens, des Vernichtens und Werdens festgehalten hat, kennt Spengler das unwiderrufliche Ende einer Kultur. Im Gegensatz zu Nietzsche negiert Spengler alle »regenerativen Aspekte« in der Entwicklungsgeschichte von Kulturen.[39] Die Gesetze kultureller Entwicklungen, die es Spengler in spektakulärer Weise erlaubten, Reiche, Figuren, Epochen, Kunst- und Denkstile unterschiedlicher Kulturen zu parallelisieren und als wechselseitige Wiedergänger ihrer selbst zu dechiffrieren, erinnern deshalb nur von Ferne an Nietzsches Lehre von der ewigen Wiederkunft des Gleichen, über die sich Spengler auch mokiert hatte.[40]

Hinter diesen Gesetzen der Kulturen wirken bei Spengler unterschiedliche »Seelen«, differente Grundprinzipien, die zu je unterschiedlichen Ausprägungen von Aufstieg und Verfall führen. Spengler, hier tatsächlich inspiriert von Nietzsche, unterscheidet die apollinische, die faustische und die magische Seele. Ist die erste bestimmend für die griechische Kultur, die letztere für die arabisch-islamische, so prägt die faustische Seele die abendländische Kultur. Diese selbst aber hat, einzigartig, eine besondere Affinität zu ihrem eigenen Untergang: der Idee der Götterdämmerung! Der Mythos von Ragnarök, dem Weltende, der Götterdämmerung, eine Vorstellung, die sich in der *Völuspa* und in christlicher Fassung im *Muspilli* findet, ist für

6 Rudolf Schlichter, Untergang (Atlantis) · 1947 · Kat.-Nr. VIII/36

Spengler ein einzigartiger »Ausdruck und Symbol der faustischen und keiner andren Seele«. Und Spengler erläutert: »Die olympische Götterwelt ist geschichtslos. Sie kennt kein Werden, keine Epoche, kein Ziel. Faustisch aber ist der leidenschaftliche Zug in die Ferne [...] Der Faust des zweiten Teils der Tragödie stirbt, weil er sein Ziel *erreicht* hat. *Das Weltende als Vollendung einer innerlich notwendigen Entwicklung* – das ist die Götterdämmerung; das bedeutet also, als letzte, als irreligiöse Fassung des Mythos, die Lehre von der Entropie.«[41] Damit ist ein entscheidender Zug des modernen Geschichtspessimismus überhaupt benannt: die Verschränkung mythologischer Untergangsszenarien mit vermeintlich physikalischen Gewissheiten.

Bei aller Beschwörung von Naturgesetzlichkeiten, bei aller rhetorischen Betonung des mathematischen Denkens durch Spengler, wobei schon Robert Musil Spengler dessen Unverständnis für die Mathematik höhnisch vorgerechnet hatte,[42] bei aller Bewunderung Spenglers für die Heroen der neuen Zeit, für Techniker, Ingenieure wie Wirtschaftskapitäne, bei aller Faszination, die der Typus der Gewaltherrschaft, des Cäsarentums auf ihn ausübte: Letztlich blieben seine Geschichtsmetaphysik und seine Diagnostik von ästhetischen Gesichtspunkten dominiert. Auch dies verband ihn mit Nietzsche und öffnete ihn für die ästhetischen Diskurse und Praktiken seiner Zeit. Der Eintritt in das Stadium der Zivilisation hat sein Pendant im Erschlaffen der Kunst. Wohl ist bei Spengler die Dekadenz ein notwendiges Zerfallsprodukt jeder Kultur,[43] aber sie äußert sich in erster Linie im Ermatten der Künste. Und auch hier ist Richard Wagner das entscheidende Indiz. Spengler sieht in der frühesten Fassung von Wagners Ring-Dichtung noch eine sozialrevolutionäre Idee am Werk, dann aber wird Wagner, wohl ohne es zu wissen, Darwinist, und Spengler interpretiert den dritten Akt des *Siegfried* und den *Tristan* ziemlich gehässig als »Musik zur geschlechtlichen Zuchtwahl«.[44] Insgesamt aber gilt: »Im *Tristan* stirbt die letzte der faustischen Künste. Dies Werk ist der riesenhafte Schlußstein der abendländischen Musik. [...] Eine künstliche Kunst ist keiner organischen Fortentwicklung fähig. Sie bezeichnet das Ende [...] Die faustische Kunst stirbt, wie die apollinische, die ägyptische, wie jede andere an Altersschwäche, nachdem sie ihre inneren Möglichkeiten verwirklicht, nachdem sie im Lebenslauf ihrer Kultur ihre Bestimmungen erfüllt hat. Was heute als Kunst betrieben wird, ist Ohnmacht und Lüge.«[45] Wagners *Götterdämmerung*, die der faustischen Seele ihr Stichwort gab, markiert auch deren Vollendung und Ende.

Letztlich durchzieht den Untergang des Abendlandes ein »heroischer Ästhetizismus«[46], der weniger seinen faktischen Befunden nach, auch nicht in seinen machtpolitischen Ambitionen, sondern vor allem als eine kulturelle Gestimmtheit, die sich am Ende wähnte, nicht nur die Zeitgenossen, sondern auch die Künstler zu affizieren vermochte: »Weltgeschichte [...] wird zur Stilgeschichte: die histori-

schen Schicksale der Menschheit sind so sehr das Produkt ihrer Innerlichkeit wie die Kunstwerke«, erkannte schon Theodor W. Adorno.[47] Es ist auch dieser Ästhetizismus, der Spengler zu keinem Parteigänger der Nationalsozialisten werden ließ. Seine offenkundige Antipathie gegen Hitler war hauptsächlich »ästhetisch motiviert«[48], weniger politisch, auch wenn Spenglers an der Pflanzenwelt orientierte Geschichtsmorphologie sich mit dem Rassegedanken der Nationalsozialisten prinzipiell nicht vertrug.

Von der geschichtsphilosophischen Spekulation zur Historiografie

Die Philosophie des Untergangs erweist sich so, obgleich in Nachfolge von Schopenhauer zu sehen, in einem entscheidenden Punkt als eine Abkehr von diesem: Sie wird, seit Wagner und Nietzsche, zu einem Hauptstück der Ästhetik. Der Trauermarsch aus der *Götterdämmerung* gab den Takt vor, in dem man den Gang der Weltgeschichte zu hören glaubte. Möglich, dass die Kunst des frühen 20. Jahrhunderts deshalb mit einem besonderen Sensorium für das kommende Unheil ausgestattet war, möglich aber auch, dass gerade die Vorformulierung des Untergangs als ästhetisches Programm ein Raster lieferte, das es erlaubte, das reale Grauen immer schon – frei nach Nietzsche – als ästhetisches Phänomen wenn nicht zu rechtfertigen, so doch wahrzunehmen. Und dies gilt auch für den Rückblick auf die deutsche Katastrophe. Es ist alles andere als ein Zufall, wenn Manfred Schröter seine immer noch lesenswerte Spengler-Studie mit dem Schlussbild der Nibelungen-Tragödie ausklingen lässt und dabei die Figur Hagens ins Zentrum rückt: »Kein andres Volk hat je ein tieferes, verräterischeres Sinnbild seines Wesens und des eigenen Loses sich geschaffen als diese dämonische Gestalt sinnloser Überkraft und finsterer Gewalt, für andere und für sich selbst zerstörend, fluchbeladen und verhaßt. In Trümmern, Blut und Todesschweigen des Vernichtungsbrandes endet das Lied der Sage.« Und Schröter setzt, zwei Jahre nach der Kapitulation des nationalsozialistischen Deutschland, hinzu: »Wir haben es auch in der Wirklichkeit erlebt.«[49]

Mit dem Doppelbild des Untergangs aus *Der Nibelungen Not* und Wagners *Götterdämmerung* hat Schröter allerdings die Einbettung der deutschen Geschichte in einen Mythos fortgeschrieben, den die Historiografie unserer Tage gerne auch dem Selbstverständnis der Eliten des »Dritten Reiches« zuschreiben möchte. Schon Joachim Fest hat es sich nicht entgehen lassen, in seiner Hitler-Biografie das Kapitel über die letzten Tage des Diktators »Götterdämmerung« zu nennen.[50] Der auf Basis dieses Kapitels entstandene umstrittene Spielfilm von Bernd Eichinger und Oliver Hirschbiegel trägt dann auch den Titel *Der Untergang*. Aber auch Ian Kershaw schreibt über Hitlers geistige Verfassung in seinen letzten Tagen: »[Hitlers] Denken ließ als Alternative zur Durchsetzung seines Willens nur die Drohung mit der Selbstzerstörung zu. Auf diese Weise kündigte sich indirekt ein Ende im Stil von Richard Wagner an. Um keinen Preis würde es eine Kapitulation geben, sogar wenn das bedeutete, Walhalla zu vernichten.«[51]

Nirgendwo zeigt sich die Wirkmächtigkeit der Bilder des Untergangs stärker als in solchen Kontinuitäten. Die Visionen des Unheils sind von dieser Mächtigkeit in einem ähnlichen Maße affiziert wie der nachträgliche Blick auf den Untergang selbst. Nach diesem aber ging es weiter. Der gleichsam aus dem Naturgeschehen selbst abgeleitete Untergang der Kultur ließ ebenso auf sich warten wie die große Entscheidungsschlacht, nach der alles anders werden sollte. In einem Geleitwort zu Oswald Spenglers *Untergang des Abendlandes* hat Rolf Hochhuth darauf hingewiesen, dass Spengler eine einzige Kultur kannte, der ein natürlicher Zyklus verwehrt geblieben war, weil sie von einer Handvoll spanischer Banditen vernichtet wurde: die altamerikanische. Und Hochhuth schloss mit folgender Frage: »Was hätte [Spengler] dem [...] europäischen Kulturkreis für ein Ende vorausgesagt, wäre er nicht 1936 gestorben, sondern erst neun Jahre später, nach der Erfindung der Atombombe?«[52] Die Entwicklung der atomaren Waffenarsenale hat den Untergang – nicht des Abendlandes, sondern der Menschheit – plötzlich zu einer jederzeit realisierbaren Option politisch-militärischen Handelns gemacht. Der Untergang war damit aber auch von einer geschichtsphilosophischen Spekulation zu einer Frage der Tagespolitik geworden. Der Philosoph, der wie kein anderer vor diesem Untergang und der ihm zugrunde liegenden Hybris gewarnt hat, Günther Anders, wurde auch gerne »Kassandra« genannt. Es war dies, wie immer, ein Schimpfwort gewesen.

Anmerkungen

1 Vgl. Schröter 1949.
2 Vgl. Pauen 1994.
3 Osmančević 2007, S. 60 ff.
4 Vgl. Pauen 1997.
5 Schopenhauer 1986 [1844], S. 733.
6 Schopenhauer 1986 [1844], S. 733.
7 Schopenhauer 1986 [1844], S. 739 f.
8 Schopenhauer 1986 [1844], S. 734.
9 Goethe, Johann Wolfgang von: Faust. Der Tragödie erster Teil, Tübingen 1808, Vers 1338 ff. (Studierzimmer).
10 Schopenhauer 1986 [1844], S. 739.
11 Wagner 1983 [1911], S. 523.
12 Hintz 2007, S. 295 f.
13 Schopenhauer 1986 [1844], S. 11.
14 Nietzsche KSA 1, 1980, S. 875.
15 Nietzsche KSA 7, 1980, S. 480.
16 Nietzsche KSA 1, 1980, S. 760.
17 Nietzsche KSA 1, 1980, S. 134 f.
18 Nietzsche KSA 1, 1980, S. 47.
19 Meyer 1999, S. 287.
20 Nietzsche KSA 4, 1980, S. 16 f.
21 Nietzsche KSA 4, 1980, S. 19 f.
22 Nietzsche KSA 5, 1980, S. 278.
23 Nietzsche KSA 3, 1980, S. 481.
24 Nietzsche 1980 [1906], S. 8. Aufgrund der Bedeutung, die diese von Peter Gast (Heinrich Köselitz) und Elisabeth Förster-Nietzsche nach Nietzsches Tod erstmals 1906 herausgegebene fragwürdige Kompilation von Nietzsches nachgelassenen Fragmenten für die Nietzsche-Rezeption im 20. Jahrhundert hatte, zitieren wir hier nach dieser Ausgabe.
25 Nietzsche 1980 [1906], S. 49.
26 Meyer 1999, S. 296.
27 Nietzsche KSA 6, 1980, S. 366.
28 Schlaffer 2008, S. 142.
29 Schlaffer 2008, S. 172 ff.
30 Schlaffer 2008, S. 143.
31 Rosenberg 1942 [1930], S. 342.
32 Die These, dass Nietzsches Denken tatsächlich protofaschistisch genannt werden kann, vertritt etwa Bernhard H. F. Taureck: Nietzsche und der Faschismus, Hamburg 1989; vorsichtiger verfahren z. B. Giorgo Penzo: Der Mythos vom Übermenschen. Nietzsche und der Nationalsozialismus, Frankfurt am Main 1992, sowie Martha Zapata Galindo: Triumph des Willens zur Macht. Zur Nietzsche-Rezeption im NS-Staat. Hamburg 1995; vorsichtig auch Safranski 2000, S. 349 ff. Klassische Verteidiger Nietzsches gegen seine Vereinnahmung durch NS-Ideologen wären etwa Walter Kaufmann: Nietzsche. Philosoph, Psychologe, Antichrist, Darmstadt 1988, und Meyer 1999. Die Frage wird übrigens nicht einfacher dadurch, dass es auch eine beachtliche jüdische Rezeption Nietzsches gibt, vgl. Golomb, Jacob (Hg.): Nietzsche und die jüdische Kultur, Wien 1998.
33 So Ernst Krieck, zit. n. Safranski 2000, S. 355.
34 Kittsteiner, Heinz Dieter: Oswald Spengler zwischen »Untergang des Abendlandes« und »Preußischer Sozialismus«, in: Hardtwig/Schütz (Hg.) 2005, S. 313.
35 Spengler 1981 [1918/1922], S. 7.
36 Conte 2004, S. 29.
37 Spengler 1981 [1918/1922], S. IX.
38 Janensch 2006, S. 44 ff.
39 Janensch 2006, S. 173.
40 Spengler 1981 [1918/1922], S. 466.
41 Spengler 1981 [1918/1922], S. 547.
42 Musil, Robert: Geist und Erfahrung. Anmerkungen für Leser, welche dem Untergang des Abendlandes entronnen sind, in: Musil 1978, Bd. 8, S. 1042 ff.
43 Janensch 2006, S. 250 f.
44 Spengler 1981 [1918/1922], S. 478.
45 Spengler 1981 [1918/1922], S. 374 ff.
46 Pauen 1997, S. 205.
47 Adorno, Theodor W.: Spengler nach dem Untergang, in: Adorno 1976, S. 74.
48 Pauen 1997, S. 209.
49 Schröter 1949, S. 256.
50 Fest 1995 [1973], S. 1187 ff.
51 Kershaw 2000, S. 978.
52 Hochhuth 1984, S. 248.

Himmelhoch jauchzend, zu Tode betrübt

Anmerkungen zu den Paradoxien des Kulturpessimismus in Deutschland

PETER ULRICH HEIN

I.

»Einst kommen wird der Tag! Die himmlischen Legionen,
Sie wimmeln aus der Wolken Ritze mit Geschmetter.
Es schlagen zu mit Knall der Häuser Särgebretter.
Zerschmeißen euch. Es hallelujen Explosionen.«[1]

In diesen Versen von Johannes R. Becher, des späteren Dichters der DDR-Nationalhymne, verheißt der Untergang am Jüngsten Tag zugleich die Vision eines neuen Reiches. In diesem literarischen Topos ist die Aporie des faustischen Menschen enthalten, der weiß, dass »alles was entsteht«, wert ist, »daß es zugrunde geht«. Auch Friedrich Nietzsche beschreibt das Dilemma, in dem sich die Menschen seit der Jahrhundertwende zunehmend befinden und kommentiert mit nachfolgenden Worten zugleich die Wirkungsgeschichte des Dilemmas: Nachdem man zu der Einsicht gelangt sei, »dass unter allem Werden keine große Einheit waltet«, bleibe »als Ausflucht übrig, diese ganze Welt des Werdens als Täuschung zu verurteilen und eine Welt zu erfinden, welche jenseits derselben liegt, als wahre Welt«. Sobald der Mensch nun aber merke, dass diese wahre, metaphysisch konstituierte Welt sich nur einem psychologischen Bedürfnis verdanke, entstünde eine »letzte Form des Nihilismus, welche den Unglauben an eine metaphysische Welt in sich schließt, – welche sich den Glauben an eine wahre Welt verbietet. Auf diesem Standpunkt gibt man die Realität des Werdens als einzige Realität zu, verbietet sich jede Art Schleichweg zu Hinterwelten und falschen Göttlichkeiten – aber erträgt diese Welt nicht, die man schon nicht leugnen will.«[2] Nietzsches eher aphoristischer Satz verweist auf die Unvereinbarkeit darwinistischer Wissensbestände mit metaphysischen Welterklärungsmodellen und zeigt damit das widersprüchliche mentale Erbe auf, welches in den Jahrzehnten um die Jahrhundertwende die Gebildeten in Deutschland beherrscht: Von enthusiastischer Aufbruchsstimmung geraten sie in apokalyptische Depression und umgekehrt von Untergangsvisionen steigern sie sich in omnipotente Selbstüberschätzung. Die dem Begriff des »Werdens« inhärenten optimistischen Zukunftserwartungen brechen sich immer wieder in einer pessimistischen Stimmung. Will man verstehen, warum, so sollte man zunächst bedenken, dass die Revision des idealistischen Erbes durch die Automatismen der Evolutionstheorie eine Mystifizierung geradezu heraufbeschwört. Das gilt sowohl für die Naturwissenschaften als auch für die alten metaphysischen Schulen. »Man erträgt diese Welt nicht«, mit diesen Worten illustriert Nietzsche eine Haltung, die nicht auf kulturpessimistisch eingestellte Eliten, Neoromantiker und Völkische beschränkt bleibt. Sie ist auch Vertretern des Darwinismus nicht fremd. Die Entzauberung der »Welträthsel« geht ebenfalls mit Versuchen einher, in den Gesetzen der Natur neue Sinnstiftung und Trost zu finden.[3]

Vom »Werdenden« als einem Amalgam aus positivistischem Wissen und allerlei Ahnungen über schicksalhafte Verstrickung ist in der die Kunst begleitenden Literatur und Publizistik der Jahrhundertwende in vielfältigen Umschreibungen die Rede. Dahinter steht das Bemühen, populäre darwinistische Positionen, lebensphilosophische Ansätze und kulturpolitische Visionen von einer neuen deutschen Kunst miteinander in Einklang zu bringen.[4] Die emphatische Stimmung schöpft aus den Verheißungen der Moderne, welche zugleich als Bedrohung empfunden werden. Deren Dynamik stellt alles bewährte Wissen ebenso wie bislang unangefochtene Wertvorstellungen in Frage. So schlägt die in impressionistischen Metaphern vom »vollen Lebensstrom«[5] eingefangene optimistische Stimmung nicht erst nach der Erfahrung des Ersten Weltkrieges in tiefen Pessimismus um. Zahlreiche Porträts der Deutschen als einem Volk der »immer Werdenden«, wie man sie zum Beispiel aus den Schriften von August Julius Langbehn und Paul Anton de Lagarde kennt, sind

1 Ernst Ludwig Kirchner, Nollendorfplatz · 1912
Öl auf Leinwand · 69 x 59 cm · Berlin, Stiftung Stadtmuseum

von vornherein janusköpfig. Bei nahezu allen Protagonisten einer kulturellen Erneuerung – bis hin zu Thomas Mann – scheint keineswegs entschieden, ob anstelle einer ersehnten und längst überfälligen Selbstverwirklichung des deutschen Volkes nicht auch dessen Untergang stehen könnte. Die Protagonisten des Kulturpessimismus, Lagarde, Langbehn und Houston Stewart Chamberlain, Max Nordau und auch Thomas Mann lassen am Ende offen, ob die Deutschen dazu bestimmt sind, die Pathologien der Zivilisation zu überwinden, oder ob sie an deren vermeintlicher Übermacht zugrunde gehen werden.[6] Ein solcher durchaus mit dem Untergang liebäugelnder Fundamentalismus kann sich konsequenterweise nicht auf die Kritik des politisch-kulturellen Status quo beschränken. Vielmehr wird die Realität als empirisch-historische Gegebenheit insgesamt in Frage gestellt und entweder als Bühne pragmatischen Handelns herabgewürdigt oder zu einem uninspirierten Zustand erklärt, von dem eine latente Bedrohung ausgehe. Umgekehrt erscheint damit das utopische Potential gleichsam von allen empirischen Fesseln »befreit«. Es verlagert sich ins Prozessuale, Zukünftige und Unbestimmte. Siegfried Kracauer wird in den 1920er Jahren über den sogenannten Tat-Kreis – einen um die gleichnamige, von Eugen Diederichs gegründete Zeitschrift gruppierten rechtsintellektuellen Zirkel der deutschen Kulturbewegung – sagen, hier werde etwas gefordert, was nicht zu fordern sei.[7] Kracauer dekuvriert damit den Enthusiasmus der zahlreichen Lebensreform-Gemeinschaften, denn deren Fixierung auf unerfüllbare Ziele lässt sich ebenso als ein im Scheitern sich erfüllendes Heldentum interpretieren. Die wenigen Erleuchteten – so könnte man das Konzept des George-Kreises verallgemeinern – gewinnen umso mehr an Status, als sie samt ihrer mittelmäßigen Umgebung vom Verfall gezeichnet sind.[8]

Wenn auch »Schleichwege zu Hinterwelten und falschen Göttlichkeiten« – so Nietzsche – sich verbieten, so bleibt dem »Werdenden« doch keine andere Perspektive als die eines kommenden Reiches. Und den Menschen bleibt die Hoffnung auf einen kommenden, säkularisierten Gott als einen jener »Schleichwege«, die sie sich eigentlich verboten hatten. Unzählige Varianten von einem kommenden, neuen Reich beherrschen nicht nur die Vorstellungen der Lebensreform- und Jugendbewegung. Auch der großbürgerlich distinguierte Wassily Kandinsky sieht – nach eigenen Worten umgeben von deutlichen Zeichen des kulturellen Niedergangs – eine kommende »Epoche des großen Geistigen«, eine kosmische Inversion, welche der Erwartung an einen »kommenden Gott« an Intensität nicht nachsteht.[9] Im Deutschland der Jahrhundertwende führt die vergebliche Suche nach dem heiligen Gral dazu, das unvermeidliche diskursive und praktische Handeln statt an seinen Wirkungen an höheren Zielen auszurichten und zugleich zu rechtfertigen. Denn eine von Normen, Moral und falschen Rücksichten befreite Welt, in der das reine Werden und damit die immer wiederkehrende Macht des Stärkeren sich durchsetzen, ist nicht nur »unerträglich«, sondern im soziologischen Sinne dysfunktional. Das deutsche Bildungsbürgertum produziert daher künstlerische Abdrücke seiner erhabenen Weltanschauungskonstruktionen[10], welche es als mentale Selektionsvorteile umdeutet und gegen die Pathologien der westlichen Zivilisation ins Feld führt. Inspiriert durch relationistische Positionen des Neukantianismus und der Lebensphilosophie erhält die als »deutsch« empfundene »faustische« Unrast wissenschaftliche Nobilität. In Schriften wie Thomas Manns *Betrachtungen eines Unpolitischen* wandelt sie sich zur politischen Expertise. Auch Mann propagiert bekanntlich eine Reihe von Eigenschaften, welche die Deutschen über ihre Nachbarn zu erheben scheinen: Individualismus, Geistesadel, Untauglichkeit für demokratischen Kleinkram und mehr.[11] Die Kunst ist hiervon nicht bloß betroffen, sondern bildet gewissermaßen den Aggregatzustand eines außergewöhnlichen Kollektiv-Charakters. So gilt die »zisalpine« Kunst als formalistisch (Georg Simmel, Wilhelm Worringer); dem französischen, an Émile Zola geschulten Realismus mangele es dagegen an seelischer Tiefe (Julius Langbehn); das Prinzip der Fairness im angelsächsischen Sport und die militärische Überlegenheit der Briten deutet man als evolutionistische Fehlentwicklung (Robert Werner Schulte, Max Verworn); den Abstraktionsdrang dagegen als maximale Begegnung mit dem »Ding an sich« und als Privileg eines nordisch-germanischen »Rassencharakters«.[12] Bereits Nietzsche äußerte die Bedenken, dass die Existenz in einem von Metaphysik befreiten Raum als unerträglich empfunden würde. In der Suche nach einer neuen Normativität bestätigten sich seine Bedenken. Im europäischen Faschismus sollte sich dann das Göttliche vollends in die Unbarmherzigkeit technischer Präzision verlagern.

Jenes proklamierte kommende Reich ist dabei so unwahrscheinlich, dass sein Ende beklagt wird, bevor es überhaupt eingetroffen ist. Die Szenarien des Untergangs werden zunehmend kompatibel mit den Visionen vom Kommenden, noch nicht Gewordenen. Beide konstituieren sich als ästhetische Gebilde, deren formaler Expansion kaum Grenzen gesetzt sind. Die Anreicherung des kommenden Reiches mit gesunden, positiven Eigenschaften erzeugt auf demselben Wege auch eine Welt der Pathologien. Diese sind reichhaltig verzweigt und ästhetisch ergiebig. Daher häufen sich mit der Erwartung einer »Epoche des großen Geistigen« zugleich die Bilder von Entartung, Verfall und Untergang. Diese Angleichung von Apokalypse und Paradies hat den Blick auf die politischen Realitäten vielfach verstellt und dazu beigetragen, dass der absehbare und dann in gewisser Weise auch eingetretene Untergang in schöne Worte gekleidet und als Neubeginn herbeigesehnt werden konnte.

II.

»O, meine Brüder! Ich will untergehn!«[13]

Zwischen übersteigerten Zukunftserwartungen und apokalyptischen Visionen, die wir in ihrem ambivalenten Verhältnis skizziert haben, breitet sich ein unübersichtliches Spektrum programmatisch-prophetischer Attitüden aus. Sie schöpfen aus unterschiedlichen »Weltanschauungen« und sind dabei einmal seriösen Ansätzen näher, ein anderes Mal gleiten sie in reine Scharlatanerie ab. Wenn von »Propheten des Untergangs« die Rede ist, geraten neben dem geschichtsphilosophischen Versuch *Der Untergang des Abendlandes*[14] von Oswald Spengler immer wieder die sogenannten »Kohlrabi-Apostel« oder »Inflationsheiligen« in den Blick. Es handelt sich dabei um sektenähnlich auftretende Gemeinschaften, die sich um charismatische Führungspersönlichkeiten wie Gusto Gräser oder Ludwig Christian Haeusser scharen.[15] Ihr gemeinsamer Ausgangspunkt ist die Überzeugung, dass die technische Zivilisation ihren Untergang bereits einprogrammiert habe und es eine Zukunft nur auf der Grundlage einer lebensreformerisch geläuterten Lebensweise geben könne. Wie in der deutschen Kulturbewegung insgesamt offenbart sich diese Auffassung als ein Wechselspiel darwinistischer und mythischer Überzeugung. Über seine heterogenen Grundlagen vermag nur eine forcierte Symbolproduktion hinwegzutäuschen. Die Mittel, die angewendet werden sollen, um den Untergang der Menschheit zu verhindern, reichen von der gesunden Ernährung über naturnahe Bekleidungsformen bis hin zu Formen archaischer Sexualität. Dabei sind nicht etwa die Verlockungen promiskuitiven Paarungsverhaltens oder andere hedonistische Aspekte maßgebend. Vielmehr steht im Hintergrund vegetarisch-lebensreformerischer Prophetie immer die Drohung, dass die Menschheit unweigerlich dem Untergang geweiht sei, wenn man ihrem Ruf nicht folge. Durch den subkulturellen und politisch zunächst harmlos erscheinenden Charakter solcher Gruppen bleibt es bei einer – wie man heute sagen würde – eher spielerischen Performativität. Und gewiss darf man die künstlerisch-literarische Experimentierfreude rund um den »Monte Verità«[16], von welcher der eine oder andere der späteren »Inflationsheiligen« inspiriert worden war, nicht auf das Phänomen politischer Sektenbildung reduzieren. Aber oft sind es nur wenige Schritte von der Bohème zur politischen Bewegung. Die aus diesem Potential hervorgegangenen Metamorphosen sind bekanntlich unterschätzt worden.

Die »Kohlrabi-Apostel« oder »Inflationsheiligen« haben den Untergang des Abendlandes oder die letzten Tage der Menschheit im exotischen Kostüm beschworen. Sie lenken in ihrer Skurrilität davon ab, dass Untergangsvisionen sich an durchaus seriöse Denktraditionen knüpfen konnten und so für konsensorientierte politische Konzepte abrufbereit waren. Diese Betrachtungsweise setzt wiederum voraus, dass man die Vorstellung von ideologischer Zerrissenheit im Deutschland der Jahrhundertwende relativiert und nach Motivlinien sucht, die dem bürgerlichen wie dem linken, dem subkulturellen und künstlerischen, dem völkischen wie dem liberalen Diskurs gleichermaßen unterlegt sind. Letztendlich stellt sich die Frage, in wieweit der nun »wirklich« eingetretene Untergang des Deutschen Reiches im Ersten Weltkrieg mit den Kassandrarufen der Jahrzehnte davor korrespondiert. Die vielen Beschwörungen des kommenden Gottes, der sündigen Stadt oder des nahen Krieges werden in der expressionistischen Lyrik eines Georg Heym oder Georg Trakl zu Topoi eines explizit erwünschten Untergangs.

Eine meines Erachtens unterschätzte Rolle bei der Ausbildung von Untergangsfantasien spielt die gewiss schwer zu beschreibende Vorstellung von einem »strafenden Gott«, der sich mit seinen Sanktionen nicht mehr bis zum Jüngsten Tag zurückhält. Vielmehr webt er die Strafe gleichsam kausal in das Wohl und Wehe der irdischen Welt ein. Wenn die Welt zugrunde geht, liegt dies dem protestantischen Paradigma zufolge in der Verantwortung ihrer Bewohner. Nicht zuletzt aus diesem Grund müssen sie rationale Methoden der Weltbeherrschung entwickeln. Am Jüngsten Tag kann der sündige Mensch nicht mehr ohne weiteres mit einem barmherzigen Gott rechnen. Eher droht ihm – überspitzt formuliert – die Bekanntgabe seiner Evaluierungsergebnisse, die freilich nur so gut ausfallen können, wie die implementierten Methoden es zulassen. Diese »protestantische Ethik«[17] produziert neben ihren großen religiösen Gemeinschaftsbildungen und Leistungen auf wirtschaftlichem sowie wissenschaftlich-technischem Gebiet bekanntermaßen immer wieder Sekten. Diese sind nicht imstande, die entzauberte Welt mit ihrer säkularisierten religiösen Haltung zu ertragen, und heizen sie daher erneut mit religiöser Dramatik auf. Das im rational organisierten System befangene Handeln erhält damit wieder einen höheren Sinn, welcher sich jedoch nicht mehr über die traditionelle Form des Glaubens vermittelt, sondern aus Mystifizierungen säkularer Phänomene schöpft.[18] Der Prophet befreit die Sünde gewissermaßen von der Nüchternheit des Kontors und der Zahlenwerke. Im Unterschied zu der universell ritualisierten Gewalt des Katholizismus fehlt der protestantisch geprägten Gesellschaft symbolische Evidenz. Bis auf wenige Ausnahmen liegen daher die Zentren der Jugendbewegung mit ihrem nicht selten ins Sakrale übergehenden symbolischen Regelwerk im protestantischen Norden Deutschlands.[19] Der neue Verhaltenskanon basiert dabei weniger auf einem in religiöse Traditionen eingebundenen mythischen Erbe; vielmehr fusioniert das mythische Bewusstsein mit den neuen Beständen an positivistischem Wissen. Bei fast allen Ansätzen der Lebensreform – seien es der Vegetarismus, die Freikörperkultur oder die Jugendbewegung – wird man ein triftiges rationales Motiv erkennen können, eingehüllt in die Zeremonien eines sektenhaft-bekennerischen Gestus. Nichtbeachtung führt in den Untergang, nicht nur des Individuums, sondern der ganzen Gesellschaft. Neu zur Geltung kommt damit ein bereits überwunden geglaubter inquisitorischer Geist. Er schließt diejenigen aus, die sich gegen die neue Verheißung sperren. Auch der spezifisch deutsche, nämlich tödlich-konsequente Antisemitismus im 20. Jahrhundert erhält hier eine seiner Antriebskräfte. Jenseits dumpfer Ressentiments bei den Massen gefährden die Juden vor allem in den Augen vieler Gebildeter jene überfällige Rückbesinnung auf die ureigene deutsche Kultur. Man kennt den seinerzeit angeschlagenen Ton: Die Juden sind an allem schuld und treiben Deutschland und die Welt in den Untergang. Die aus der Normalität des Alltags herausgehobene und symbolisch überhöhte Demonstration einer innerweltlichen Askese findet im Judentum auf zweierlei Weise eine geeignete Angriffsfläche. Einmal handelt es sich um eine ebenfalls asketischen Prinzipien verpflichtete Kultur. Sie funktioniert auch ohne ein spektakuläres Gratifikationsversprechen und konkurriert mit einer aus der protestantischen Ethik entwickelten Legitimationsgrundlage. Zum anderen trifft das Ressentiment gleichsam auf eine reale Verkörperung seines diffusen ideologischen Gegenstandes. Die naheliegende Frage, wie die deutsche Arbeiterbewegung weniger vom Antisemitismus beeinflusste Untergangs- und Rettungsszenarien entwickeln konnte, würde den Rahmen dieser Zeilen sprengen.

Dass das kommende Reich nicht von dieser Welt sein kann, gehört zu den Fundamenten des Christentums. Den sektenförmigen Ablegern der protestantischen Ethik fehlt die transzendierende Kraft. Von daher erklärt sich eine Tendenz zur Mystifizierung des Gegenwärtigen. So ist das sektenhafte Denken bemüht, die Komplexität der christlichen Heilserwartung zu reduzieren, indem es sich auf Initiationen konzentriert. Das Heil und mit ihm das kommende Reich hängen davon ab, ob bestimmte, eng definierte Voraussetzungen erfüllt sind. Die Doppelfunktion christlicher Moralvorstellungen, ein »vorläufiges« gedeihliches Miteinander zu organisieren, um vor den Augen einer höheren Instanz irgendwann Gnade zu finden, wird unterlaufen von der Vorstellung, dass Wohlverhalten sich möglichst bald auszahlen sollte. Die Einhaltung von Geboten, die sich auf eine säkularisierte Lebensführung wie etwa Ernährungsgewohnheiten, Sexualverhalten, Kleidung konzentrieren, scheint zu trivial, um erst in fernen Zeiten belohnt zu werden. Die neue Epoche oder das kommende Reich müssen sich also schon im Hier und Jetzt ankündigen. Dabei fällt es schwerer, dahingehende Erfolge festzustellen, als vielmehr Gründe dafür zu finden, dass das neue Reich immer noch nicht gekommen ist. Das »Gewordene« fordert jenseits aller Beschwörungen doch so etwas wie empirische Belege. Die Ankündigung des Untergangs hingegen kann mit den Urängsten der Menschen rechnen und so eine größere Wahrscheinlichkeit für sich reklamieren. Anders gesagt: Das ins sektenhafte transformierte religiöse Bewusstsein erhält in apokalyptischen Visionen ungleich mehr Bestätigung als in der Ausmalung des Himmelreiches.

III.

»Die Dichtung unserer Zeit ist Ende und zugleich Beginn.«[20]

In seiner Anthologie expressionistischer Lyrik mit dem vieldeutigen Titel *Menschheitsdämmerung* preist der Herausgeber Kurt Pinthus weniger die dichterische Meisterschaft als die moralische Haltung der Autoren: »Diese Dichter fühlten zeitig, wie der Mensch in die Dämmerung versank …, sank in die Nacht des Unterganges …, um wieder aufzutauchen in die sich klärende Dämmerung neuen Tags. In diesem Buch wendet sich bewusst der Mensch aus der Dämmerung der ihm aufgedrängten, ihn umschlingenden, verschlingenden Vergangenheit und Gegenwart in die erlösende Dämmerung einer Zukunft, die er selbst sich schafft.«[21]

Die symbolische Reduktion und Säkularisierung der Heilserwartung wie auch ihr apokalyptisches Gegenbild sind die beiden Seiten einer Medaille. Seit der Jahrhundertwende tragen sie einen künstlerisch-ästhetischen Stempel. Wo sonst als in der Kunst könnten sich solche den rationalen Diskurs sprengenden Vorstellungen offenbaren? In Deutschland besteht eine ausgeprägte Neigung, die politisch-wissenschaftliche Agenda in künstlerische Positionen zu transformieren, oder mehr noch, Wege und Ziele politisch-gesellschaftlichen Handelns als im eigentlichen Sinne künstlerische Vorgänge zu begreifen. Diese Neigung wurzelt tiefer als der grenzüberschreitende intellektuelle Diskurs des Fin de Siècle, welcher in philosophischen Postulaten die Geschichte zur Kunst erklärt. Die Wurzeln einer Ästhetisierung von Politik und Wissenschaft liegen bereits vor der Romantik. Sie konstituieren Philosophie, Geschichte und Staat tendenziell als einen Schöpfungsakt. Folgt man der geschichtsphilosophischen Tour d'Horizon Ernst Cassirers handelt es sich um einen in »Freiheit« zur »Form« gewordenen Artefakt.[22] Die problematische Kehrseite dieses bis in die Sprachphilosophie sich produktiv auswirkenden Denkens formuliert Cassirer übrigens selbst in seinem letzten Buch *The Myth of State* (1946; *Vom Mythus des Staates*): In modernen, ständig um die Legitimation ihres praktischen Handelns bemühten Gesellschaften lässt sich die Arbeit an der »symbolischen Form«, oder anders: die »Arbeit am Mythos« nicht länger akademisch begrenzen.[23] Sie verlangt vielmehr nach praktischen Analogien. Es gibt ausreichend Beispiele dafür, wie philosophische, sozialphilosophische und politische Postulate auf die Kunst übertragen worden sind. Die grobschlächtigste Variante findet sich in der zunächst Nietzsche zugeschriebenen Schrift von August Julius Langbehn, *Rembrandt als Erzieher*. In dieser wird ein Sammelsurium von positiven Merkmalen deutscher Wesensart, philosophischen Traditionen und Ähnlichem auf die Person und das Werk Rembrandts bezogen.[24] Naturgemäß kann es dabei nicht um Begriffe gehen, sondern nur um den »Geist«, der höchst widersprüchlich ebenso individuell wie kollektiv, mythisch wie intellektuell, melancholisch wie

2 Wassily Kandinsky, Jüngstes Gericht, Studie zu Komposition VII · 1913
Öl auf Leinwand · 78 x 99,5 cm · München · Gabriele Münter- und Johannes Eichner-Stiftung

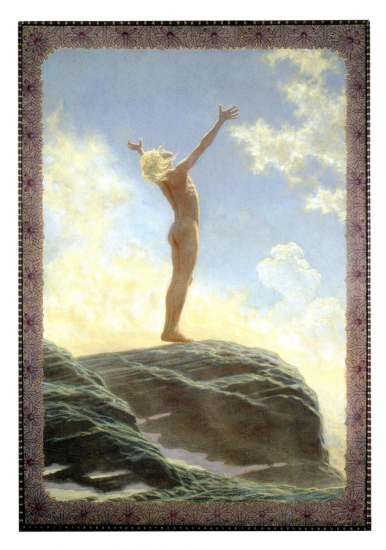

3 Hugo Höppener, gen. Fidus, Lichtgebet · 1924
Öl auf Leinwand · 150 x 100 cm · Berlin, Deutsches Historisches Museum

humorvoll beschaffen sein soll. Er wird einen diffusen Maßstab für eine »neue deutsche Kunst« abgeben. Prägnantere Beispiele, mehr oder weniger philosophische Positionen in Kunst zu transformieren, sind die Vertreter einer absoluten Malerei, insbesondere Kandinsky. Die hier postulierte radikale Abkehr vom Historismus, von erdrückender Materialität und den kulturfeindlichen »Ismen« mündet in ein Amalgam, welches alle diese Elemente auf einem voluntaristischen Niveau wiederholt. Allerdings nobilitiert durch einen künstlerischen Anspruch und weniger angreifbar. Von der »zweckmäßigen Berührung der Seele« (Platon) über die »kommende Epoche des großen Geistigen« (Georg Wilhelm Friedrich Hegel) bis zur »inneren Notwendigkeit« (Richard Wagner) ist alles vertreten.[25] Die Befreiung von allen empirischen Mächten, »die uns niedrig halten«[26], mag zwar im Werk selber vollzogen sein; im Kunstdiskurs hingegen waltet von nun an ein von den Fesseln der Mimesis befreiter Wahrheitsanspruch. Dieser ersetzt Prophetie durch Evolutionslehre und Geschichtsphilosophie, Gott durch den politischen und künstlerischen Demiurgen, die universalistische Community durch eine sektenhafte Gemeinschaft oder den Mythos eines unbesiegbaren Kollektivs. Wie Kurt Pinthus enthusiastisch bilanzierte: »Der wirkliche Kampf gegen die Wirklichkeit hatte begonnen mit jenen furchtbaren Ausbrüchen, die zugleich die Welt vernichten und eine neue Welt aus dem Menschen heraus schaffen sollten.«[27]

Welches Legitimationspotential die neue Kunst mit sich führt, wird durch einen Blick auf die seinerzeit maßgebliche psychologische Ästhetik offenbar, der die expressionistische Bewegung ihre Gefolgschaft aufkündigt. Für Denker wie Konrad Lange erfüllte sich der Kunstgenuss noch in einer Art »bewusster Selbsttäuschung«, das heißt, durch die Illusion eines dreidimensionalen Raumes vor dem zweidimensionalen Tafelbild. Auch die zum »objektivierten Selbstgenuss« führende »positive Einfühlung« ist für den Hauptvertreter der Einfühlungslehre, Theodor Lipps, noch an die Bewältigung des Gegenstandes gekoppelt.[28] Eine solche Genuss- oder Rezeptionsästhetik wird nun dadurch unterwandert, dass das Gegenständliche und das Evidente auseinanderfallen und sich das Gegenständliche schließlich in Gesten oder Zeichen reiner Potentialität zurückzieht. Nicht das Werk und der vom Künstler interpretierte Gegenstand oder Sachverhalt stehen im Mittelpunkt, sondern das aus dem Bild ablesbare Vermögen, eine eigene beziehungsweise neue Wirklichkeit konstituieren zu können. Darin eingeschlossen sind sowohl der in der Abstraktion repräsentierte demiurgische Akt als auch die gesammelten Aggregatzustände, die hierzu führen. »Alle transzendentale Kunst«, so schreibt Wilhelm Worringer, liefe »also auf eine Entorganisierung des Organischen hinaus, d.h. auf eine Übersetzung des Wechselnden und Bedingten in unbedingte Notwendigkeitswerte.«[29] Allen voran hatten – wiederum nach Kurt Pinthus – die expressionistischen Dichter die Notwendigkeit der »Entorganisierung« am Beispiel unerträglicher Zustände illustriert: »Aus der strotzenden Blüte der Zivilisation stank ihnen der Hauch des Verfalls entgegen, und ihre ahnenden Augen sahen bereits als Ruinen eine wesenlos aufgedunsene Kultur und eine ganz aus dem Mechanischen und Konventionellen aufgetürmte Menschheitsordnung.«[30]

Hippolyte Taine hatte bereits das Modell eingeführt, das den künstlerischen Schöpfungsakt mit den Determinanten Rasse, Milieu und Zeitpunkt verbindet. Im Kontext der deutschen Kulturbewegung verliert es seinen positivistischen Nimbus, um in etwas aufzugehen, was man seit der Jahrhundertwende »Weltanschauung« nennt. Eben jene Weltanschauung bildet nunmehr das Zentrum der Kunst. Sie dokumentiert sich in unterschiedlichen Formen der künstlerischen Wahrnehmung. Deren Antriebskräfte werden nicht mehr von einer Genie-Ästhetik erklärt, wohl aber in einem Unbedingten, metaphysisch Angelegten und daher schwer Beschreibbaren gesucht. Den daraus resultierenden Normierungsproblemen begegnet Wassily Kandinsky mit Verweisen auf kosmische Gesetze und Ewigkeitswerte, die darauf warten, mit Pathos vorgetragen zu werden. Ein solches Pathos beherrscht die Prosa des Herausgebers expressionistischer Lyrik, der sich in dem bekennenden Ton der »richtigen« Weltanschauung seiner Lieblingsdichter ergeht. »Alle Gedichte dieses Buches entquellen der Klage um die Menschheit, der Sehnsucht nach der Menschheit«, schreibt Kurt Pinthus in dem bereits zitierten Vorwort zur *Menschheitsdämmerung*.[31]

So kehren die im Zuge der Historismuskritik aus dem Bild verdrängten, durch Abbilder repräsentierten politischen Bekenntnisse als erhabene Begriffe in den künstlerischen Diskurs zurück. Das Postulat etwa, dass sich im Abstraktionsdrang das größte Erlösungsbedürfnis manifestiere, wirkt über die ungegenständliche Malerei hinaus und nobilitiert in seinem Absolutheitsanspruch auch das, was neben ihr existiert oder nach ihr kommt. Ob es sich um die später als Mestizenkultur gebrandmarkten, von Huren bevölkerten Großstadtszenen, um Badende im Freien oder um archaische Maskentänze handelt – all diese Sujets des nordischen Expressionismus atmen im Verständnis der Akteure und ihrer Kommentatoren den ambivalent zu verstehenden »Geist der Gotik«.[32] Einerseits erhebt er die Menschen über das gegenwärtig Irdische, welches sich – wie Worringer es konsequenterweise postuliert hatte – im Ornamentalen oder in magischen Formeln aufzulösen und in reine Spiritualität überzugehen scheint.[33] Andererseits verlangt das sich selbst feiernde Ausdrucksvermögen passende Metaphern. Diese müssen sich auf einen Zustand beziehen, der sich deutlich von den ästhetisierenden und raffinierten Arrangements etwa noch des Jugendstils unterscheidet. Ebenso müssen sie sich vom Gleichgewicht einer »denaturierten Natur«[34] abheben – wie etwa in Alfred Lichtensteins Gedicht *Sommerfrische* aus dem Jahr 1913.

> »Wär doch ein Wind... zerriss mit Eisenklauen
> Die sanfte Welt. Das würde mich ergetzen.
> Wär doch ein Sturm... der müsst den schönen blauen
> Ewigen Himmel tausendfach zerfetzen.«[35]

Zu den Vorstellungen einer im Geist des Gotischen wurzelnden Spiritualität gesellt sich eine vielfach als »barbarisch« gekennzeichnete, antizivilisatorische Attitüde. Sie reicht in ihrer Funktion weit über die gängigen Korrelationen von Primitivismus und künstlerischer Moderne hinaus. Das in zahlreichen einschlägigen Schriften beschworene sogenannte »Barbarische«[36] liefert in seinen diversen Varianten die passende Metapher für ursprüngliche, von zivilisatorischen Verfeinerungen noch unberührte Ausdruckskraft. Anders als die Fauves scheinen die deutschen expressionistischen Maler je-

4 Franz von Stuck, Feinde ringsum · 1916
Kat.-Nr. I/13

doch konkretere Beispiele von Barbarei illustrieren zu wollen. Das »Barbarische« äußert sich für Henri Matisse, André Derain und schließlich auch für Pablo Picasso darin, dass sie als Maler auf gefällige Formen verzichten. Im deutschen Expressionismus hingegen werden die Werke narrativ. Die Künstler greifen die von der Zivilisationskritik bereits vorbereiteten Verfallsszenarien auf, welche sich in den Kriegserfahrungen und Existenzkrisen der Weimarer Republik dann zu bestätigen scheinen. Die innere Zerrissenheit des Individuums, das in die großstädtische Anonymität entlassen ist, seine Sprachlosigkeit und Flucht in erniedrigende Rauschzustände, seine Sehnsucht nach Erlösung, wie auch Hunger, soziale Ausbeutung und Krieg – all dies führt nicht primär zu Subtilitäten formaler »Dekonstruktion«. Mit dem Zutun der expressionistischen Kunst wird daraus vielmehr ein Horrorszenarium. Es dokumentiert die Wahrscheinlichkeit eines nahenden Untergangs ebenso wie die Hoffnung, es möge einer kommen, der dieses Schicksal noch abwenden kann.

Diese Ahnung mag auch der große Expressionisten-Förderer Kurt Pinthus gehabt haben, der hier ein letztes Mal zitiert sei: »So ist, nochmals sei es gesagt, dies Buch, mehr als ich beim Zusammenfügen ahnen konnte, ein abschließendes Werk geworden, und deshalb soll es bleiben, wie es damals war: ein Zeugnis von tiefstem Leid und tiefstem Glück einer Generation, die fanatisch glaubte und glauben machen wollte, dass aus den Trümmern durch den Willen aller sofort das Paradies erblühen müsse. […] Von der kleinen lyrischen Schar dieses Buches blieb nichts als der gemeinsame Ruf von Untergang und Zukunftsglück«.[37]

Während die Vorstellungen vom Untergang durch deutsche Expressionisten noch in Szene gesetzt werden, verwandeln sich die Visionen vom Werdenden und vom neuen Reich in den Künstlertheorien von Kandinsky, Piet Mondrian, Kasimir Malewitsch (und mit Einschränkungen auch von Paul Klee) zu einer Art System sich selbst steuernder Ordnungsprinzipien. In ihnen wird der Konflikt des Apollinischen mit dem Dionysischen gewissermaßen entschärft und in einem Gleichgewicht aufgehoben. Ohne Frage schwebte völkischen Utopisten und Anhängern der »Konservativen Revolution« eher die Programmatik Richard Wagners vor, wenn sie an das mythische Fundament eines kommenden Reiches dachten, und auch die Vertreter einer linken Avantgarde verbanden mit den Utopien eines Kandinsky und Mondrian keine nachhaltige Wirkung. Gleichwohl korrespondiert deren Absolutheitsanspruch mit den politischen Utopien in Deutschland. Wo es zur Tradition gehört, politisch-kulturelle Ziele künstlerischen Kategorien unterzuordnen, wirken erwartungsgemäß deren Ansprüche auch auf das politische Denken zurück. In den Lehren von Kandinsky und Mondrian spiegelt sich der ganze Rigorismus der deutschen »Meisterdenker«, wobei nur scheinbar das Ringen um Begriff und Form im Mittelpunkt steht. Die einst dem idealistischen Denken eigene Dynamik vom »Monotheismus der Vernunft und Polytheismus der Einbildungskraft«[38] gerinnt hier zu Prinzipienreiterei und Dogmatik. In der kommenden »große[n] Epoche des Geistigen« (Kandinsky) scheint alle Emotionalität getilgt, alle Abweichung überflüssig geworden zu sein. Die »Blumen des Bösen« sind gejätet, und die Kunst ist in jenem Weltgeist aufgegangen, der im perfekten Staat Realität geworden zu sein scheint. Dementsprechend werden in den Jahren nach 1923 die im ästhetischen Raum entwickelten Vorstellungen von Heilserwartungen verdrängt, die sich bei allen Unterschieden nunmehr in Erwartung des Sozialismus beziehungsweise der »faschistischen« Revolution zu konkretisieren scheinen. Die Kunst beansprucht, in eine »neue Sachlichkeit« überzugehen; die implizierte Dogmatik des »richtigen« Lebens in der »richtigen« Ordnung im »wahren« Reich hebt das nicht auf. Und nicht zufällig findet sich dieses Programm auch im Bauhaus wieder. Kein totalitärer Herrscher besaß ein solch ambivalentes Verhältnis zur Kunst wie Adolf Hitler; es endete schließlich im Verdikt gegen die Moderne. Diese Tatsache verdeckt trotz zahlreicher Forschungen immer noch, wie sehr der Nationalsozialismus sich ideologisch aus dem Reservoir des Expressionismus – sowohl was dessen narrative als auch spirituelle Variante betrifft – bedient hat.[39]

Wir stoßen hier rückblickend auf entscheidende Fragen. Ist die Moderne dadurch gekennzeichnet, dass sie sich die Lust am Untergang leistet? Oder zeichnet sie aus, dass sie den Todesmythos durch ihre Perfektibilität neutralisiert? Sicher ist, dass das Fin de Siècle sich an Untergangsszenarien – sowohl das Individuum als auch die Gesellschaft betreffend – berauscht hat. Die Schriften Cesare Lombrosos, Otto Weiningers und selbst der folgenreiche Titel *Entartung* des Zionisten Max Nordau schwelgen förmlich in der Darstellung pathologischer Phänomene. Sie illustrieren die treffende Formulierung vom »therapeutischen Nihilismus«.[40] Neben den spröden wie hygienisch einwandfreien Lichtgestalten des Hugo Höppner, genannt Fidus[41] (Abb. 3, S. 60) und Elisàr von Kuppfers existieren als Inkunabeln der Moderne abgründige Bilder von Anselm Feuerbach, Franz von Stuck (Abb. 4, S. 61), Egon Schiele und Gustav Klimt. Sie zelebrieren den Jugendkult der Zeit morbide, dekadent und lustvoll zugleich. Eine solche Unterordnung von Verfallssymbolik unter die Modalitäten des L'art pour l'art konnte nicht ohne Gegenreaktion bleiben. Sich am Verfall zu delektieren, erstarrte zur ästhetischen Attitüde. Dem NS-Regime lieferte es Argumente, seinen Feldzug gegen die künstlerische Moderne zu rechtfertigen. Auf eine fatale Weise zeigen sich hier Parallelen zu dem neuen Paradigma der aufziehenden Avantgarden, Kunst in Leben und Leben in Kunst zu überführen. Man will nicht länger mit dem Schrecken nur spielen, sondern die hedonistische Plänkelei mit Tod und Teufel aufgeben, um die Sache ernst zu nehmen. Die Dichotomie von Untergang und Auferstehung verlor fürs Erste an ästhetischem Reiz, um nach wie vor in den Gemütern der Postmoderne bis zur nächsten Erweckung zu schlummern.

Anmerkungen

1. Becher, Johannes R.: Berlin (1911), in: Pinthus 1922 [1919], S. 7.
2. Nietzsche, Friedrich: Werke in drei Bänden, hg. v. Karl Schlechta, München 1966, Bd. 3, S. 677f.
3. Vgl. Haeckel, Ernst: Die Welträthsel. Gemeinverständliche Studien über monistische Philosophie, Leipzig 1919 [1899].
4. Vgl. Hein, Peter Ulrich: Transformation der Kunst. Ziele und Wirkungen der deutschen Kultur- und Kunsterziehungsbewegung, Köln/Wien 1991.
5. Simmel, Georg: L'art pour l'art, in: ders.: Zur Philosophie der Kunst. Philosophische und kunstphilosophische Aufsätze, hg. v. Gertrud Simmel, Potsdam 1922, S. 85.
6. Vgl. Stern, Fritz: Kulturpessimismus als politische Gefahr. Eine Analyse nationaler Ideologie in Deutschland, Bern/Stuttgart/Wien 1963; Mann, Thomas: Betrachtungen eines Unpolitischen, Berlin 1919.
7. Kracauer, Siegfried: Das Ornament der Masse, Frankfurt am Main 1977, S. 93.
8. Vgl. Karlauf, Thomas: Stefan George. Die Entdeckung des Charisma, München 2007.
9. Kandinsky, Wassily: Über das Geistige in der Kunst, Bern 1963 [erstmalig erschienen im Dez. 1911, dat. 1912], S. 143.
10. Vgl. Mannheim, Karl: Beiträge zur Theorie der Weltanschauungsinterpretation, in: Jahrbuch für Kunstgeschichte, hg. v. Dagobert Frey u. Hans Tietze, Bd. I (XV), Wien 1923.
11. Vgl. Mann, Thomas: Betrachtungen eines Unpolitischen, Berlin 1919; dazu auch: Lepenies, Wolf: Kultur und Politik. Deutsche Geschichten, München 2006.
12. Vgl. Hein 1992; Bollenbeck, Georg: Tradition, Avantgarde, Reaktion. Deutsche Kontroversen um die kulturelle Moderne, Frankfurt am Main 1999; ders.: Geschichte der Kulturkritik, München 2007.
13. Heynicke, Kurt: Das Bild (1911), in: Pinthus 1922 [1919], S. 46.
14. Spengler 1981 [1918/1922].
15. Vgl. Linse, Ulrich (Hg): Zurück o Mensch zur Mutter Erde. Landkommunen in Deutschland 1890–1933. München 1983; ders.: Barfüßige Propheten. Erlöser der zwanziger Jahre, Berlin 1983.
16. Vgl. Monte Verità. Berg der Wahrheit. Lokale Anthropologie als Beitrag zur Wiederentdeckung einer neuzeitlichen sakralen Topografie, Ausst.-Kat. München 1980.
17. Weber, Max: Die protestantische Ethik und der Geist des Kapitalismus, hg. u. eingel. v. Dirk Kaesler, 2. Aufl., München 2006.
18. Weber, Max: Wirtschaft und Gesellschaft, Tübingen 1985, S. 721ff.
19. Vgl. Lütkens, Charlotte: Die deutsche Jugendbewegung. Ein soziologischer Versuch, hg. von Peter Ulrich Hein, 2. Aufl., Münster 1986 [Nachdruck der Ausgabe von 1925].
20. Pinthus, Kurt: Vorwort, in: Pinthus 1922 [1919], S. 16.
21. Pinthus, Kurt: Vorwort, in: Pinthus 1922 [1919], S. 9.
22. Vgl. Cassirer, Ernst: Freiheit und Form. Studien zur deutschen Geistesgeschichte, Darmstadt 1975 [1919].
23. Cassirer, Ernst: Vom Mythus des Staates, Zürich 1949, S. 360ff.
24. Vgl. Langbehn, August Julius: Rembrandt als Erzieher (1891), 51.–55. Aufl., Leipzig o.J. [zuerst anonym: Rembrandt als Erzieher. Von einem Deutschen].
25. Vgl. Hein, Peter Ulrich: Transformation der Kunst. Ziele und Wirkungen der deutschen Kultur- und Kunsterziehungsbewegung, Köln/Wien 1991, S. 155–162.
26. Simmel, Georg: Böcklins Landschaften, in: ders.: Zur Philosophie der Kunst. Philosophische und kunstphilosophische Aufsätze, hg. v. Gertrud Simmel, Potsdam 1922, S. 10.
27. Pinthus, Kurt: Vorwort, in: Pinthus 1922 [1919], S. 10.
28. Vgl. Drüe, Hermann: Die psychologische Ästhetik im deutschen Kaiserreich, in: Mai, Eckart u.a. (Hg.): Ideengeschichte und Kunstwissenschaft im Kaiserreich, Berlin 1983.
29. Worringer, Wilhelm: Abstraktion und Einfühlung, 14. Aufl., München 1987 [1908], S. 180.
30. Pinthus, Kurt: Vorwort, in: Pinthus 1922 [1919], S. 10.
31. Pinthus, Kurt: Vorwort, in: Pinthus 1922 [1919], S. 8f.
32. Vgl. Bushart, Magdalena: Der Geist der Gotik und die expressionistische Kunst, München 1990.
33. Vgl. Worringer, Wilhelm: Abstraktion und Einfühlung, 14. Aufl., München 1987 [1908], S. 163ff.
34. Vgl. Mondrian, Piet: Neue Gestaltung – Neoplastizismus = Nieuwe beelding. Faks.-Nachdruck der 1. Aufl. 1925, hg. v. Hans Maria Wingler, Berlin/Mainz 1974 [1925]; Hein 1992, S. 167ff.
35. Pinthus, Kurt: Vorwort, in: Pinthus 1922 [1919], S. 26.
36. Vgl. Hein 1992, S. 144.
37. Pinthus, Kurt: Nachklang (1922), in: Pinthus 1922 [1919], S. 95.
38. Vgl. Hegel, Georg Friedrich Wilhelm: Das älteste Systemprogramm des deutschen Idealismus, in: ders.: Werke in zwanzig Bänden, Frankfurt am Main 1970, Bd. 1, S. 235f.
39. Hierzu immer noch maßgebend: Brenner 1963.
40. Vgl. Johnsten, William M.: Österreichische Kultur- und Geistesgeschichte. Gesellschaft und Ideen im Donauraum 1848 bis 1938, Wien/Köln/Weimar 1992, S. 210ff., 230ff.
41. Vgl. Frecot, Janos/Geist, Johann/Kerbs, Diethart (Hg): Fidus 1868–1948. Zur ästhetischen Praxis bürgerlicher Fluchtbewegungen, München 1972.

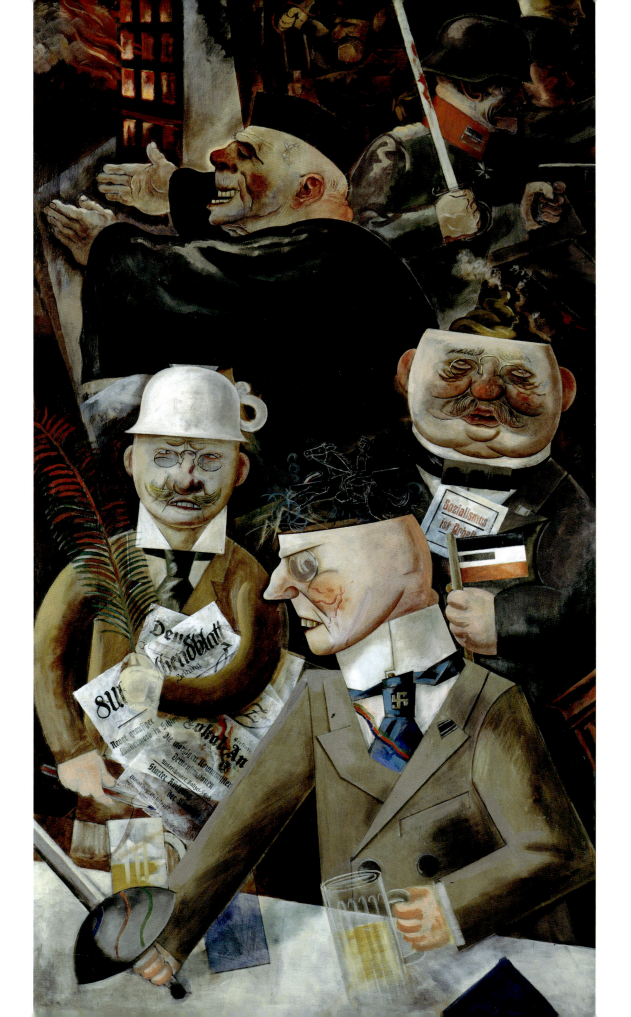

»Die Kunst eine Waffe«

Künstler gegen Krieg und Faschismus 1918 – 1933

JUDITH PROKASKY

Weltkrieg, Niederlage, revolutionäre Unruhen und Ausrufung der Republik hatten die deutsche Gesellschaft erschüttert – aber auch die Hoffnung auf einen positiven Wandel geweckt: auf die Entmachtung alter Eliten und die Begründung einer gerechteren Gesellschaftsordnung. Die Künstler schrieben sich in diesem Prozess eine wichtige Rolle zu, hatte doch das »Politisierungserlebnis« 1914 – 1918[1] ihre Selbstwahrnehmung verändert. In der Konfrontation mit einer neuen politischen und sozialen Wirklichkeit sahen sie sich in die Verantwortung genommen und suchten nun nach Wegen, mit ihrer Kunst öffentlich wirksam zu werden. Entsprechend erbittert waren in den 1920er Jahren die Auseinandersetzungen um Aufgabe und Gestalt der Kunst, die unter linksgerichteten Künstlern und Theoretikern[2] geführt wurden. Allein die wichtigsten dieser Positionen nachzuzeichnen, würde den Rahmen dieses Textes sprengen. So sei an dieser Stelle primär untersucht, ob und wie linksgerichtete Künstler die vom Nationalsozialismus ausgehende Gefahr vorhergesehen und dargestellt haben. Richard Hiepe kam 1980 zu der Überzeugung, es gehöre »zu den überraschendsten Phänomenen in der Geschichte der modernen Kunst, mit welcher Schärfe und in welche Tiefe bildende Künstler in Deutschland den aufkommenden Faschismus von seinen ersten Anfängen [...] bis zum Staatsstreich 1933 sezierten und brandmarkten«. Die Kunst habe sich damit »an die Spitze der gesellschaftlichen Erkenntnis und Wirklichkeitserfahrung« gestellt.[3] Die Vorstellung vom Künstler als Prophet wird jedoch, wie im Folgenden skizziert werden soll, der historischen Situation nicht gerecht: Zwar haben Künstler während der Weimarer Republik mit ihren Werken immer wieder Kritik an Politik und Gesellschaft geübt, aber ihre Kunst entsprang dabei weniger genialer Vision oder präziser Analyse als häufiger ideologisch begründeten Denkmustern und Überzeugungen, die es zu erkennen gilt.[4]

Der Streit der Linken um die Definition von Kunst

Ob gemäßigt oder extrem, ob mit oder ohne Parteibuch, ob Sozialdemokraten, Anarchisten, Kommunisten oder intellektuelle Außenseiter: Die linksgerichteten Künstler der Nachkriegszeit stimmten darin überein, dass Kunst gesellschaftlich und politisch wirken müsse. Die Lösung sahen sie in der Abkehr von der als bürgerlich diskreditierten, »reinen« Kunst und der Institution Museum sowie in der Hinwendung zu einer »Gebrauchskunst«[5] und neuen Formen der Öffentlichkeit. Damit grenzten sie sich sowohl von der akademischen »Hochkunst« als auch von den Avantgardisten ab, die eine mehrdeutige oder individuell verschlüsselte, auf ästhetische Autonomie zielende Kunst vertraten, wie beispielsweise Max Beckmann, Paul Klee oder die Surrealisten. Sie strebten nach leichter Verständlichkeit und breiter Rezeption, um tatsächlich Veränderungen zu bewirken. Vater dieses Gedankens war die Dada-Bewegung, 1916/17 in Zürich begründet, 1918 in Berlin manifestiert, deren Protagonisten sich unter dem Eindruck des Krieges zum Ziel gesetzt hatten, tradierte Normen und Konventionen mit einer die Alltagserfahrung integrierenden Anti-Kunst zu durchbrechen. Auch wenn den Dadaisten schon bald eine oberflächliche Bürgerschreck-Attitüde vorgeworfen wurde, viele Künstlergruppen griffen ihre Ideen auf und führten sie weiter.

Nach dem Vorbild der revolutionären Arbeiter- und Soldatenräte entstand 1918 in Berlin der Arbeitsrat für Kunst, der unter der Leitung von Walter Gropius, Cesar Klein und Adolf Behne bis 1921 existierte. Seine Mitglieder forderten die Befreiung der Kunst von staatlichen Institutionen sowie eine experimentelle, anti-elitäre Kunstproduktion: »Kunst und Volk müssen eine Einheit bilden. Die Kunst soll nicht mehr Genuß Weniger, sondern Glück und Leben der Masse sein.«[6] Die ebenfalls 1918 in Berlin gegründete und bis 1933 tätige

1 George Grosz, Stützen der Gesellschaft · 1926
Öl auf Leinwand · 200 x 108 cm · Berlin, Staatliche Museen zu Berlin, Nationalgalerie

Novembergruppe, deren Name programmatisch auf die Novemberrevolution verweist, verfolgte ähnliche Absichten: eine Liberalisierung des Kunstbetriebes und »engste Vermischung von Volk und Kunst« unter Einbezug aller »Revolutionäre des Geistes« ohne Vorgabe eines bestimmten künstlerischen Stils.[7] Doch die kommenden Ereignisse radikalisierten viele Künstler: Die blutige Niederschlagung des »Spartakusaufstandes« durch Regierungstruppen im Januar 1919 und das Versagen der SPD-Regierung angesichts des rechtsextremen »Kapp-Lüttwitz-Putsches« im März 1920 führten zu einer Entfremdung vieler Linker von der Republik und dem Ruf nach grundlegender Veränderung. Otto Dix, George Grosz, Rudolf Schlichter und andere Mitglieder traten aus der Novembergruppe aus, da diese – wie sie meinten – die Idee der »proletarischen Revolution« verrate, indem sie mit Bürgertum und Regierung kollaboriere. Die Kunst müsse dagegen »in Ablehnung dieser Ästhetik und Gesellschaft eine Überwindung der Individualität zu Gunsten eines neuen Menschtypus«[8] suchen. Aus dem Kreis dieser Novembergruppen-Oppositionellen ging die von 1924 bis circa 1927 bestehende Rote Gruppe hervor, deren Vorstand Grosz, Schlichter und John Heartfield bildeten. Sie vertrat die Überzeugung, dass Künstler allein dem Klassenkampf zu dienen hätten: durch Zeichenkurse für Arbeiter, die Gestaltung von Propaganda-Abenden, Wanderausstellungen und durch die Entwicklung von Bildmaterial für Betriebszeitungen und Demonstrationen.[9] Die meisten ihrer Mitglieder traten später der KPD-nahen Künstlervereinigung ASSO bei.

Nach den heftigen Auseinandersetzungen der Gründungszeit konnte sich die Weimarer Republik um 1924 ansatzweise etablieren. Es begann eine kurze Phase der Stabilisierung, in der die Hoffnung der Kommunisten auf eine baldige Revolution nach russischem Muster in die Ferne rückte. Die Kommunistische Partei realisierte daher, dass sie zunächst andere Wege würde gehen müssen. Mit Blick auf das Vorbild Sowjetunion wurde – unter anderem auf dem X. Parteitag 1925 – der verstärkte Einsatz künstlerischer Mittel diskutiert, der das »proletarische Bewusstsein der Arbeiterschaft« wecken sollten. Im Folgejahr gründete die Partei ein zentrales Atelier für Bildpropaganda im Rahmen ihrer Agitpropabteilung. Mitarbeiter dieses Ateliers initiierten wiederum Anfang 1928 die Assoziation Revolutionärer Bildender Künstler Deutschlands (ARBKD, genannt ASSO), zu deren Gründungsmitgliedern der Bildhauer Heinz Tichauer und der Grafiker Alex Keil (alias Sándor Ék) gehörten. Sie richtete ihre Zentrale ebenfalls im Haus der KPD ein und koordinierte bald deutschlandweit mehrere Ortsgruppen. Ihr Manifest verkündete: »Die Kunst eine Waffe, der Künstler ein Kämpfer im Befreiungskampf des Volkes gegen ein bankrottes System!«[10] In diesem Kampf sollten sich die Künstler der Vorgabe unterordnen, dass jegliche künstlerische Äußerung »stilistisch wie inhaltlich den Bedürfnissen der Arbeiterschaft angepasst« werden müsse.[11] Zwar waren keineswegs alle ASSO-Künstler KPD-Mitglieder und ihr Verhältnis zur Partei war auch nicht immer spannungsfrei. Doch überwiegend vertraten sie im Einklang mit der Parteilinie den Standpunkt, dass dem »proletarischen Kampf« am besten mit der realistischen Darstellung von Arbeiterelend und Unterdrückung gedient sei.

Wie dieser Überblick zeigt, übte einerseits die kommunistische Bewegung große Anziehungskraft auf politisch engagierte Künstler aus, während andererseits die KPD die Bildkünste immer geschickter für ihre Agitation nutzte. Sowohl die einflussreichsten Künstlervereinigungen als auch die auflagenstärksten Propagandaorgane dieser Zeit waren der KPD zumindest ideologisch, wenn nicht sogar direkt organisatorisch verbunden. Daneben gab es selbstverständlich Gegner der kommunistischen Kunstdoktrin, die jedoch weniger Gewicht besaßen, wie beispielsweise die 1918 begründete Kölner Gruppe progressiver Künstler um Franz W. Seiwert, Heinrich Hoerle und Gerd Arntz. Sie vertraten die aus Sicht der KPD bedenklich »anarchistische« Haltung, dass sich eine revolutionäre Kunst nicht primär durch Inhalte, sondern in einer progressiven Formensprache ausdrücke. Folglich kritisierte Augustin Tschinkel die konventionelle Bildsprache der parteinahen Kunstproduktion: »Verschiedene Faktoren trugen dazu bei, daß das ganze Problem allgemein sentimental und nur im Hinblick auf den literarisch deutbaren Inhalt betrachtet wurde: schwielige Fäuste, Freiheitsfackeln, Augenhöhlen, aus denen das Elend blickt, aufgehende Sonnen und was sonst noch Eindruck macht.«[12] Und Franz W. Seiwert urteilte: »Proletarische Tendenzkunst entsteht nicht, indem man bürgerliche Schlachten- und Historienmalerei [...] mit proletarischen Vorzeichen versieht.«[13] Auch die Künstler des Bauhauses, 1919 in Weimar als Staatliche Kunst- und Kunstgewerbeschule gegründet, propagierten mit ihrem Ideal des Schöpferischen einen abweichenden Kunstbegriff.

Zahlreiche Debatten über die richtige Definition von Kunst wurden in der zeitgenössischen Presse ausgetragen, wie beispielsweise 1920 der »Kunstlump«-Streit, ausgelöst durch die ironisch gefärbte Äußerung Oskar Kokoschkas, dass bei bürgerkriegsähnlichen Auseinandersetzungen Rücksicht auf historische Meisterwerke genommen werden sollte.[14] Die Kommunisten George Grosz und John Heartfield widersprachen, dass die Kunst der Vergangenheit, Produkt des bürgerlichen Kunstbetriebes, gänzlich überflüssig sei[15] – und wurden für diese extreme Position wiederum von der für die *Rote Fahne* tätigen Kritikerin Gertrud Alexander getadelt. Eine ähnliche Kontroverse entfaltete sich zwischen Heartfield und dem SPD-nahen Architekten und Kunstkritiker Adolf Behne, der 1926 im Gegensatz zum marxistisch fundierten Kunstbegriff monierte, es genüge nicht, »sein politisches Bekenntnis zu kolorieren«, denn Kunst müsse »zunächst Kunst sein«.[16]

Bei allen ideologischen Gegensätzen waren sich allerdings fast alle linken und linksextremen Künstler und Kunstkritiker einig, dass Kunst keine »geistige Schlagsahne«[17], kein musealer Kunstgenuss für das Bürgertum, sein dürfe, sondern, so der häufig verwendete Begriff, als »Waffe« dienen müsse. Doch wie sah diese Kunst letztlich aus und wer waren die Gegner in ihrem Kampf?

Medienvielfalt und -innovation im Dienst linker Ziele
Der Erste Weltkrieg markiert auch einen medienhistorischen Einschnitt: Die Kriegspropaganda hatte Bildmedien wie Plakat, illustrierte Presse, Film und Foto für sich entdeckt und popularisiert.[18] Die Künstler waren von den neuen Ausdrucksmöglichkeiten fasziniert und griffen sie für ihre Ziele auf. Im Laufe der 1920er Jahre erschlossen sie sich weitere moderne Medien, wie Werbung und Gestaltung, Radio und Tonfilm, entwickelten traditionelle Gattungen wie die Tafelmalerei und das Theater innovativ weiter und machten sich die genuin bürgerliche Kunstausstellung zu eigen, indem sie sie in Kaufhäuser, Läden und Lokale verlegten. Es ist für die Aufbruchstimmung dieser Zeit und die Offenheit des neuen Kunstbegriffes bezeichnend, dass viele ihrer Akteure nicht auf einen gradlinigen akademischen Lebenslauf zurückblickten: Sie stammten häufig aus kleinen Verhältnissen, hatten zunächst eine Lehre gemacht, an Kunstgewerbeschulen gelernt, als Gebrauchskünstler, Pressezeichner oder Illustratoren gearbeitet, wie beispielsweise Otto Dix, Conrad Felixmüller, Otto Griebel oder John Heartfield. Entsprechend gering waren ihre Berührungsängste vor massenhaft produzierten Auflagen. So publizierten sie ihre Bilder in Zeitungen und Illustrierten, als preiswerte Broschüren, auf Plakaten oder Postkarten. Auf vielfältige Weise durchdrangen sie mit ihren Bildern Öffentlichkeit und Alltag: auf Demonstrationen, in Aushängen, Schaufenstern und Verkaufsräumen, im Theater oder bei Partei- und Vereinstreffen.

Eine wichtige Rolle spielten dabei Bildmedien, die von der kommunistischen Partei unmittelbar oder mittelbar geleitet wurden oder ihr verbunden waren. Die KPD setzte seit Mitte der 1920er Jahre intensiv Bilder für ihre Propaganda ein, nachdem sich auch bei der Parteiführung – mit Blick auf das Vorbild Sowjetunion – die Erkenntnis durchgesetzt hatte: »Die Wirkung eines Bildes war besser als 100 gesprochene Worte.«[19] Damit war die KPD eine Ausnahmeerscheinung in der Weimarer Republik, deren politische Kultur sehr lange durch das Wort geprägt wurde.[20] Zu Recht hat daher Klaus Petersen in seiner Studie zur politischen Zensur der Weimarer Zeit konstatiert: »Unter den politischen Parteien haben zuerst die Kommunisten die Möglichkeiten im Modernisierungsprozeß der Öffentlichkeit in der Form einer breit gefächerten Agitationskultur zu nutzen gewußt.«[21] So publizierte die KPD im eigenen Verlag unter anderem die Parteizeitung *Die Rote Fahne* und die Satirezeitung *Der Knüppel* (1924–1927), beherbergte in ihrer Parteizentrale die Agitpropabteilung sowie die ASSO, bot Raum für Ausstellungen und Veranstaltungen. Der Partei nahe stand der 1917 gegründete Malik-Verlag von Wieland Herzfelde, einer der bedeutendsten Verlage für Kunst, Literatur und Politik in der Weimarer Republik. Dieser publizierte unter anderem die anspruchsvolle Satirezeitschrift *Die Pleite* und führte ab 1923 in seinen neuen Räumlichkeiten am Potsdamer Platz eine eigene Buchhandlung mit Kunstgalerie.[22] Die wichtigste Propagandaorganisation der Kommunisten war die Internationale Arbeiterhilfe, hervorgegangen aus einer Hilfsaktion anlässlich der Hungerkatastrophe 1921 in Sowjetrussland. Sie entwickelte sich unter ihrem Ersten Sekretär, Willi Münzenberg, zu einem regelrechten Medienkonzern. Dazu gehörten Filmproduktionen, eine Buchgemeinschaft, der Neue Deutsche Verlag mit seinen auflagenstarken Zeitschriftentiteln *Arbeiter-Illustrierte-Zeitung (A-I-Z)*, *Eulenspiegel* und *Roter Pfeffer*, sowie die sogenannte Künstlerhilfe, die Veranstaltungen organisierte und Publikationen herausgab.

Die zahlreichen Zeitschriftentitel verweisen bereits darauf, dass die Kommunisten besonderes Gewicht auf die illustrierte Presse legten – war sie doch vergleichsweise preiswert zu produzieren und zudem das ideale Medium, um das Zielpublikum Arbeiterschaft zu erreichen. Während die Abbildungen auch weniger gebildete Leser unmittelbar ansprachen, dienten beigefügte Titel, Bildunterschriften und kurze Texte der Erläuterung, erschlossen weitere Bedeutungsebenen, zeigten Gegensätze auf oder spitzten die propagandistische Botschaft wirkungsvoll zu.[23] Diese enge Einbindung der Bilder in einen textlichen Zusammenhang mag überdies Wünschen konservativer Parteigenossen entsprochen haben, die der Vieldeutigkeit und Eigendynamik von Bildern misstrauten. Bild wie Künstler hatten sich in den Dienst ihrer Aufgabe zu stellen. George Grosz, einer der wichtigsten Beiträger der kommunistischen Presse, sah denn auch im »journalistischen Tageszeichner mit Anschluß an die Rotationspresse«[24] – ganz im Sinne des linken Ideals vom alltagstauglichen »Gebrauchskünstler« – den zeitgemäßen und zukünftigen Künstlertyp in einer Reihe mit den Künstlern der Technik, Industrie, Reklame und Konstruktion. Hatten einst die Flaggschiffe der sozialdemokratischen Illustriertenkultur, wie der 1879 gegründete *Wahre Jakob*, der 1882 erstmals erschienene *Süddeutsche Postillon* und der ab 1896 publizierte *Simplicissimus*, die politische Ikonografie der Linken geprägt, so überholten nun neue Publikationsideen und Bildstrategien die altehrwürdigen Satireblätter.[25] Zwei kommunistische Blätter, die in unterschiedlicher Weise innovativ wirkten, *Die Pleite* und die *A-I-Z*, seien für diese Entwicklung beispielhaft vorgestellt.

Die Pleite, aus dem anarchischen Geist des Dada geboren, war sicherlich die intellektuell wie künstlerisch anspruchsvollste linksextreme Zeitschrift der Weimarer Republik. Sie erschien im Malik-

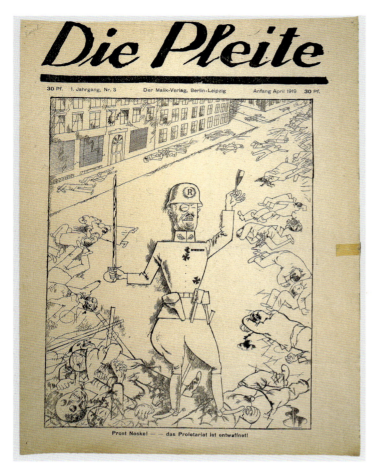

2 George Grosz, Prost Noske! – das Proletariat ist entwaffnet! · 1919 · Kat.-Nr. III 2/7

Verlag zuerst unter dem Titel *Jedermann sein eigener Fußball* und wurde in den folgenden Jahren so häufig verboten, dass zwischen 1919 und 1924 nur zehn Nummern erscheinen konnten. Zu ihren Mitarbeitern gehörten Künstler wie George Grosz (Abb. 2; Kat.-Nrn. III 2/7, III 2/10), John Heartfield (Abb. 3; Kat.-Nr. III 2/11), Rudolf Schlichter (Kat.-Nr. III 2/9), Conrad Felixmüller und Otto Dix. In *Die Pleite* erschienen kurze Texte, Satiren, Gedichte und Karikaturen in recht willkürlich erscheinender Aneinanderreihung ohne feste Rubriken oder erkennbares Layout. Für die Herausgeber wog offensichtlich das politische Wagnis mehr als ein professionelles Erscheinungsbild. Die Autoren strebten nicht nach differenzierter Analyse, sondern waren unmissverständlich polemisch; ihre Angriffe waren weitgestreut, trafen »Faschisten« wie »Kapitalisten«, kaiserzeitliche Eliten ebenso wie demokratische Politiker. Im direkten Straßenverkauf konnten von der *Pleite* pro Ausgabe einige tausend Exemplare abgesetzt werden. Gelesen wurde sie sicherlich überwiegend von einem intellektuell-gebildeten Publikum, nicht zuletzt der Berliner Bohème, das die doppelsinnigen Zeichnungen und Glossen zu schätzen wusste.

Im Gegensatz zur *Pleite*, die schließlich aus Zensurgründen nur begrenzte Verbreitung fand, erschien die außergewöhnlich erfolgreiche *A-I-Z* 1931 sogar in einer Auflagenhöhe von 500 000 Heften.[26] Damit war sie die zweitgrößte deutsche Illustrierte nach der politisch gemäßigten, bürgerlich-liberalen *Berliner Illustrirten* aus dem Ullstein Verlag, die etwa zur selben Zeit eine Auflage von knapp zwei Millionen erzielte. Die *A-I-Z* war weder Satirezeitschrift noch Parteizeitung, sondern sprach mit unideologischem Tonfall, breiter Themenwahl und über fünfzigprozentigem Fotoanteil vor allem Arbeiterhaushalte an. Ein Schwerpunkt lag auf der Sportberichterstattung; hinzu kamen Reportagen über politische Themen, fremde Länder, Ingenieursbauten und Sexualaufklärung, eine Schach- und Rätselecke, die Kulturseite »Kunst/Bühne/Film«, eine Seite mit Haushaltstipps, Fortsetzungsromane, Preisausschreiben und ab 1930 sogar eine Rubrik für Kinder. Gestaltung und Bildsprache waren klar und, wie bei den Illustrierten anderer Verlagshäuser, frei von künstlerischen Avantgardismen. Die Fotomontagen John Heartfields, mit denen die *A-I-Z* heute assoziiert wird, waren für den Stil der Zeitschrift nicht etwa typisch, sondern stachen als Solitäre heraus (Kat.-Nrn. IV 2/31–IV 2/34, VII/37–VII/39, VI 3/39).

Nachdem Fotomontagen bei der künstlerischen Avantgarde Ende der 1920er Jahre schon gang und gäbe waren, war es Heartfield, der diese Technik als spektakuläres Novum in den journalistischen Kontext einführte.[27] Mit wachsender Souveränität kombinierte er Ausschnitte aus Pressebildern, eigens inszenierte Fotos, Illustrationen und Texte, um wie mit dem Brennglas die vordringliche politische Botschaft in der Vielfalt der Berichte, Meldungen und Rubriken der *A-I-Z* auf den Punkt zu bringen. Dabei entwickelte er eine Bildsprache, die immer wieder auf bekannte Motive, Stereotype und Muster zurückgriff. Ein typisches Beispiel ist das Blatt *Krieg und Leichen – Die letzte Hoffnung der Reichen* (Abb. 4, S. 70; Kat.-Nr. IV 2/31), das am 24. April 1932 anlässlich des 15. Jahrestages der russischen Antikriegsdemonstrationen von 1917 erschien. Doch obwohl die Erinnerung an den Ersten Weltkrieg den Hintergrund der Darstellung bildet, geht ihre Stoßrichtung gegen die aktuelle nationale und internationale Politik. Heartfield zeigt eine Hyäne, Inbegriff des verschlagenen Aasfressers, auf einem mit Toten bedeckten Schlachtfeld. Die Hyäne, die den Betrachter mit aggressiv aufgerissenem Maul herausfordernd anzublicken scheint, ist durch Zylinder und Orden, dessen »Pour le Profit«-Inschrift ironisch auf den militärischen Orden »Pour le Mérite« anspielt, als Verkörperung des »Kapitalisten« gekennzeichnet. Die Bildunterschrift fasst die Bildaussage noch einmal in Worte: dass Kriege letztlich nur ein Mittel des »Kapitalismus« seien, Macht zu erhalten und Profit zu erzielen. Keine Rolle als Kriegsfaktoren spielen aus Heartfields Sicht übersteigerter Patriotismus und Nationalismus – schließlich verfolgten die Kommunisten die Vision einer alle Länder übergreifenden kommunistischen Internationalen.

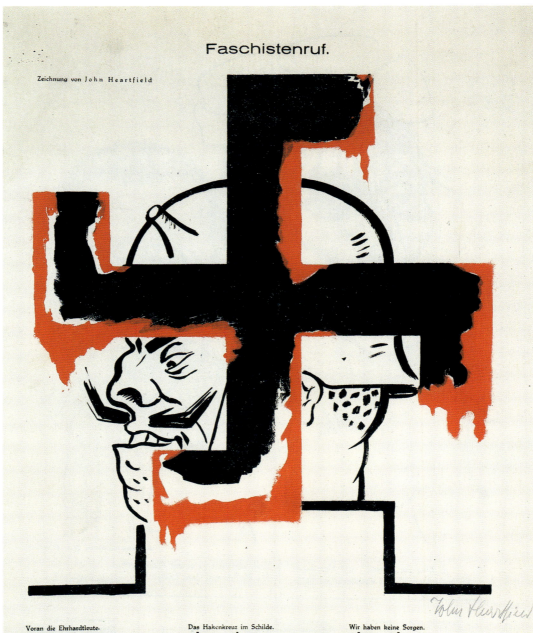

3 John Heartfield,
   Faschistenruf · 1923
   Kat.-Nr. III 2/11

KRIEG UND LEICHEN — DIE LETZTE HOFFNUNG DER REICHEN

4 John Heartfield, Krieg und Leichen – Die letzte Hoffnung der Reichen · 1932 · Kat.-Nr. IV 2/31

Natürlich gab es auch viele Künstler, die außerhalb der KPD-gelenkten Medien Bilder gegen Krieg und Faschismus entwarfen. Diese Bilder, die weniger von politischen Dogmen und stärker von individueller Expressivität geprägt waren, fanden jedoch meist nur geringe Verbreitung. So veröffentlichten Käthe Kollwitz (Kat.-Nrn. III 3/40 – III 3/46) und Otto Dix (Kat.-Nrn. III 3/51 – III 3/59) ihre großen Kriegszyklen als Grafikmappen in Galerie- oder Verlagseditionen. Beide Mappen erschienen im Jahr 1924, das von den pazifistischen Gruppierungen Deutschlands im Gedenken an den zehn Jahre zurückliegenden Kriegsbeginn als »Antikriegsjahr« ausgerufen worden war.[28] Auch wenn die Antikriegsbewegung unter dem Motto »Nie wieder Krieg!« vor der Gefahr neuer Kriege warnte, so stand die gegenwärtige politische Situation für die beiden Künstler nicht im Vordergrund: Kollwitz, deren Sohn Peter sich schon zu Kriegsbeginn als Freiwilliger gemeldet hatte und kurz darauf gefallen war, thematisierte das Verlusterlebnis der Mütter und die Trauer der Zurückgebliebenen; Dix, der sich nach eigener Aussage zu Kriegsbeginn »aus einer Mischung aus radikaler Neugier, Sensationslust und Massensuggestion«[29] freiwillig als Soldat gemeldet hatte, evozierte die Brutalität der Erlebnisse in alptraumhaften Visionen. Beide Künstler fragten weniger nach den Ursachen und Urhebern des Krieges, sondern visualisierten ihre persönlichen, sehr emotionalen Eindrücke und Erfahrungen.

Freund- und Feindbilder der kommunistischen Ikonografie

Angesichts der umfangreichen Forschung zur nationalsozialistischen Bildpropaganda ist das Fehlen einer grundlegenden Studie über die politische Ikonografie der Weimarer Republik auffällig und schmerzlich. Die bisherigen, meist ideologisch geprägten Publikationen haben allerdings schon viele Denkanstöße und reiches Bildmaterial

5 Otto Griebel, Marzipan-Kriegsgedenkblatt · 1922 · Kat.-Nr. III 3/49

geliefert.³⁰ Sie zeugen davon, dass sich die Bildproduktion der Linken und Linksextremen eines Repertoires sozialer Typen bediente, das allen ideologischen Abgrenzungen und politischen Umbrüchen zum Trotz von den unterschiedlichsten Künstlern verwendet wurde und über die Jahre relativ konstant blieb.³¹ Für diese Schematisierung sprachen unterschiedliche Gründe: Zunächst erleichterte die kopier- und variierbare Formelhaftigkeit der Bilder ihre Produktion und Verbreitung,³² zugleich unterstützten klare Identifikationsfiguren und Feindbilder – Bürgertum, Kapital, Kirche und Militär – ihre agitatorische Wirkungskraft, und schließlich bestand die Vorstellung, dass sich die Gesellschaft durch Einteilung in Typen besser verstehen und möglicherweise leichter verändern lasse.³³

Frauen treten in diesen Bildern in drei Stereotypen auf: die Arbeiterfrau mit Schwangerschaftsbauch und/oder Kind an der Hand, die reiche Frau als Kontrastfigur zur elenden Proletarierfrau und die Prostituierte als Attribut des bigotten Bürgers. Das Repertoire an Männerfiguren ist größer und differenzierter: Man findet einerseits den Typus des ausgemergelten Arbeiters, der häufig als Opfer von Militär und Justiz, resignierter Arbeitsloser oder verzweifelter Selbstmörder dargestellt wird, andererseits den Typus des starken und selbstbewussten Arbeiters, oft mit Fahne in der Hand oder im gemeinsamen Marschschritt mit Genossen. Das Spektrum der negativ konnotierten Männertypen umfasst den deutschnationalen Spießbürger mit Kneifer und Kaiser-Wilhelm-Bart, den brutalen Militär, den bigotten Kirchenmann, den erbarmungslosen Juristen, den blasierten Parlamentarier, den korrupten Journalisten, den dümmlichen Korpsstudenten, den Polizisten mit Knüppel, den elitären Monokelträger und nicht zuletzt den dickbäuchigen Kapitalisten mit Frack, Zylinder und Zigarre. Ein weiterer, häufig dargestellter Typus, der allerdings nicht dem Freund-Feind-Schema zuzuordnen ist, sondern ebenso wie die Prostituierte der Illustration der gesellschaftlichen Zustände dient, ist der des Kriegskrüppels.

Das sicherlich bekannteste Beispiel für dieses Typenvokabular ist George Grosz' Gemälde *Stützen der Gesellschaft* von 1926 (Abb. 1, S. 64). Eine ähnlich charakteristische Konstellation zeigt Otto Griebel 1922 in seinem *Marzipan-Kriegsgedenkblatt* (Abb. 5, S. 71; Kat.-Nr. III 3/49). Diese Darstellungen zeugen von der Distanz der Künstler gegenüber einer Republik, die in ihren Augen die Idee der Revolution verraten und die Machtstrukturen der Kaiserzeit nur um Geschäftemacher, Opportunisten und Zuträger bereichert hat. Aus dieser Perspektive wirken die Vertreter aller Parteien, ob nun SPD oder NSDAP, nahezu unterschiedslos wie »Hampelmänner« der Bourgeoisie. So treten Nationalsozialisten in den 1920er Jahren auch noch nicht als neuer, eigener Typus auf. Vielmehr erscheinen sie als eine Facette des international erstarkenden Faschismus, wie auf Rudolf Schlichters Karikatur *Der europäische Weihnachtsmann* (Kat.-Nr. III 2/10), die kurz nach Hitlers Münchener Putschversuch Ende 1923 in *Die Pleite* erschien und einen Weihnachtsmann mit Liktorenbündel, Swastiken und Ku-Klux-Klan-Kapuze zeigt. Oder sie werden unter Rückgriff auf das bereits bestehende Negativtypen-Repertoire allein durch Hinzufügung eines Hakenkreuzes als Nationalsozialisten gekennzeichnet. Ein Beispiel für diese Praxis ist wiederum das Gemälde *Stützen der Gesellschaft*, das Grosz bereits 1921 als Karikatur vorformuliert hatte.[34] Auf beiden Darstellungen wird der Mann im Vordergrund durch Attribute wie Monokel, Schmisse und Paragrafen als Jurist, ehemaliger Kavallerieoffizier und Mitglied einer schlagenden Verbindung charakterisiert; auf der Karikatur noch ohne Parteizugehörigkeit, ist er fünf Jahre später in der gemalten Fassung mit Hakenkreuz-Krawattennadel zu sehen.

Wo er nicht als Spießbürger oder Repräsentant der alten Eliten auftritt, da erscheint der Anhänger des Nationalsozialismus zunächst meist als Militär, so beispielsweise in den Karikaturen der *Pleite*: George Grosz kennzeichnet hier den ältlichen, monokeltragenden Offizier oder Freikorps-Mann, Georg Scholz den elitär-effeminierten Offizier und John Heartfield den primitiven Reichswehrsoldaten mit dem Hakenkreuz-Symbol. Ebenso häufig wird der Nationalsozialist als Geschäftemacher oder Kapitalist mit den typischen Insignien Frack, Zylinder und Bauch dargestellt.[35] So kombiniert Heartfield in seinen Fotocollagen für die *A-I-Z* das Hakenkreuz mit dem Industriellen-Zylinder oder stellt Nationalsozialisten und Demokraten als gemeinschaftliche Handlanger des »Kapitalismus« dar, wie in der Montage *Hurra, Hurra! Der Brüning-Weihnachtsmann ist da!*, die einen mit Hakenkreuzen geschmückten Weihnachtsbaum zeigt und im Begleittext verdeutlicht: »Es schließen Brüning, Hitler, Braun/[…] Burgfrieden unterm Weihnachtsbaum / auf daß die Dividenden steigen.«[36]

Attribute wie Zylinder, Monokel, Schmisse, Pickelhaube, Stahlhelm, Bierseidel, Verbindungsfarben und Hakenkreuz erschienen

6 Max Schwimmer, Maifeier 1928 · 1928
Druckgrafik · 14,8 x 10,4 cm · Berlin, Deutsches Historisches Museum

kommunistischen Künstlern offensichtlich bis zu einem gewissen Grade austauschbar und daher frei kombinierbar. In diesem Kontext wurde der Nationalsozialismus nur als ein Merkmal gesellschaftlicher Zerrüttung wahrgenommen, repräsentiert durch Beamtentum, Justiz, Militär und Industrie. Diese Beobachtung traf durchaus zu, denn tatsächlich rekrutierten sich Mitglieder und Wähler der NSDAP aus diesen überwiegend republikskeptischen oder -feindlichen Gruppierungen. Zugleich vernachlässigte dieses Bild allerdings, dass die NSDAP große Anziehungskraft gerade auf junge Menschen quer durch alle sozialen Schichten bis hin zur Arbeiterschaft ausübte.[37] So waren die Nationalsozialisten keineswegs die Tölpel, Spießbürger und kaiserzeitlichen Relikte, als die sie von linken und linksextremen Künstlern gerne gezeigt wurden, sondern bildeten zunehmend eine sozial dynamische und moderne, in ihren politischen Ideen eigenständige und immer besser organisierte Bewegung von gefährlicher Attraktivität.

Erst 1930 ist ein plötzlicher und deutlicher Bruch in der Darstellung zu verzeichnen:³⁸ Waren Nationalsozialisten bis dahin zumeist als hässlich-plumpe, fast lächerliche Gestalten aufgetreten, so erscheinen sie nun in eigener Physiognomie, nämlich als SA-Männer in Uniform, mit Kappen und Stiefeln. Sie wirken jetzt bedrohlicher und sind häufig mit Pistole, Dolch oder Schlagring bewaffnet. Dieser ikonografische Wandel mag mit dem Einzug der NSDAP in den Thüringischen Landtag im Januar 1930 und dem Beginn der Präsidialkabinette unter Heinrich Brüning zusammenhängen. Doch entscheidender für die veränderte Wahrnehmung der Nationalsozialisten war vermutlich, dass diese nun immer stärker und provozierender in der Öffentlichkeit auftraten und sich zunehmend blutige Straßen- und Saalschlachten mit Kommunisten lieferten. Zu dieser Zeit begann die A-I-Z regelmäßig vom »Hakenkreuz-Terror« sowie schweren und tödlichen Angriffen von SA- und Stahlhelm-Männern auf Arbeiter zu berichten. So wurde das Bild des Nationalsozialisten um eine neue, wichtige Facette reicher, die nun auch seine Aggressivität und Gewalttätigkeit wiedergab. Doch auch diese Darstellung verkannte, dass die Nationalsozialisten – ob nun Parteimitglieder oder Sympathisanten – längst ein Teil der Gesellschaft geworden waren: Die stereotype Uniformierung der NS-Figuren lenkte davon ab, dass fast jeder Mann auf der Straße – auch der »kleine Mann« und der Arbeiter – Nationalsozialist sein konnte.

Auf der anderen Seite veränderte sich um 1930 auch die Typisierung des Arbeiters: Die elenden, verhärmten Proletariergestalten wurden von starken, selbstbewussten Arbeitern verdrängt. Symptomatisch für diesen ikonografischen Wandel ist eine Äußerung des kommunistischen Schriftstellers Alexander Graf Stenbock-Fermor, der zu dieser Zeit einen Trauerzug für zwei Opfer von NS-Schlägern beschreibt: »Aber es sind nicht die Proletarier, die Käthe Kollwitz zeichnete, müde, verzweifelte und zu Boden gedrückte Menschen. Es sind leidenschaftliche Kämpfer, Soldaten der Revolution.«³⁹ Auch die Darstellung der Kleidung ändert sich: Arbeiter erscheinen nun häufiger in betont »proletarischer« Bekleidung mit Schirmmütze und offenem Kragen oder – parallel zum zunehmend uniformierten Auftreten der Nationalsozialisten – in der Uniform des Rotfrontkämpferbundes. Richard Hiepe hat einige Beispiele für diese neue Bildsprache unter dem Stichwort »Rote Riesen und faschistische Zwerge«⁴⁰ zusammengefasst und damit die Tendenz, die sich mit vielen weiteren Bildern illustrieren ließe, auf den Punkt gebracht: Ein typisches Motiv – beispielsweise in Karikaturen oder auf Wahlplakaten – ist nun der überdimensionierte »Proletarier«, der miniaturisierte Vertreter der anderen Parteien und alten Eliten verlacht, vertreibt oder zerschmettert. Das dargestellte Kräfteverhältnis suggeriert einen baldigen Sieg der Arbeiterklasse, ein Moment, das häufig auch mit einem Faust- oder Hammerschlag oder einer dynamisch flatternden Fahne versinnbildlicht wird. So karikiert beispielsweise

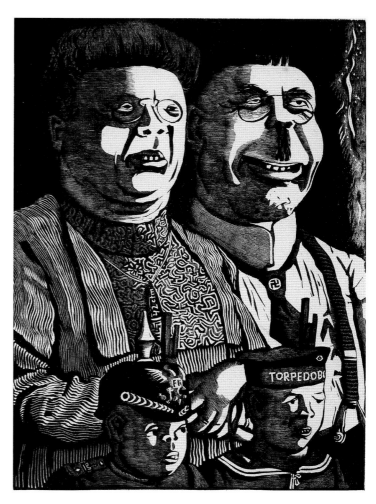

7 Karl Rössing, Der Stahlhelm zieht vorüber · 1932 · Kat.-Nr. IV 2/25

Karl Holtz für die kommunistische Satirezeitschrift *Eulenspiegel* unter der Überschrift *Wer wird Deutschlands Diktator werden?* verschiedene potentielle Machthaber: »Wird es ein siegreicher Feldherr sein, etwa Ludendorff? [...] Oder ein schöner Mann und Inhaber einer 9-Zimmer-Wohnung, wie Adolf Hitler?« Die Folge lächerlicher Kandidaten schließt mit dem Bild einer roten Fahne und dem Fazit: »Nein! Am Ende wird das Proletariat die Diktatur ausüben!«⁴¹

Vision oder Agitation?

Zahllose Studien haben mittlerweile differenziert, welche Faktoren zum Scheitern der Weimarer Republik beigetragen haben: vor allem das Fehlen einer demokratischen Tradition, die Last des Versailler Vertrages, das Ausbleiben einer Industrie- und Agrarreform, das autoritäre Denken von Beamtentum, Justiz und Militär, die Folgen der Weltwirtschaftskrise, der weitverbreitete Kulturpessimismus, der beherrschende Nationalismus und die generelle Wahrnehmung der Republik als ungeliebter Kompromiss. Gegen diese Kräfte ließ sich mit den Mitteln der Kunst kaum ankommen, und so ist der anti-nationalsozialistischen Bildpropaganda schwerlich ein Versagen vorzuwerfen. Auch wenn sich ihr Einfluss aufgrund der spärlichen Quellen schwer beurteilen lässt,[42] so haben kommunistische Bildmedien zwischen 1918 und 1933 bemerkenswert klare und scharfe Kritik an Gesellschaft und Politik ihrer Zeit geübt. Andererseits verstellte die Überzeugung, dass die Ursache für das Versagen der Weimarer Republik im »bürgerlich-kapitalistischen« System begründet sei, zugleich den Blick auf die nationalsozialistische Gefahr. Der Untergang der Republik war nach marxistischer Logik zwangsläufig, der »Faschismus« nur ein Versuch der »Bourgeoisie«, den Untergang hinauszuzögern.

In der Fixierung auf einen Faschismusbegriff, der nicht nur alle faschistischen Bewegungen, sondern auch die SPD und andere demokratische Parteien, den Völkerbund in Genf und letztlich alle nicht-sozialistischen Länder einbezog, übersah man die Eigentümlichkeit des Nationalsozialismus.[43] Die Ergebnisse der Reichstagswahl vom Juli 1932, aus der die KPD als drittstärkste Partei hervorging, beförderten zudem eine verhängnisvolle Siegesgewissheit, die im Bild vom »Riesen Proletariat« ihren Ausdruck fand. Diese für die kommunistische Agitation so charakteristische Typisierung behinderte eine differenzierte Analyse. So waren es eher parteiferne Künstler mit offenerem Blick, die die Zeichen der Zeit klarer erkannten – wie beispielsweise Karl Hubbuch, der 1930 in seinem Gemälde *Hakenkreuzfahne im Hinterhof* darstellte, wie der Nationalsozialismus schon lange vor der Machtübernahme den proletarisch-kleinbürgerlichen Alltag durchdrang, und Karl Rössing, der in seinem 1927 bis 1931 entstandenen Holzstichzyklus *Mein Vorurteil gegen diese Zeit* die schleichende Vergiftung der Gesellschaft durch den Nationalsozialismus festhielt (Abb. 7, S. 73; Kat.-Nrn. IV 2/25 – IV 2/30). Es ist bezeichnend, dass die meisten der berühmten anti-nationalsozialistischen Collagen von John Heartfield, die von ihren Interpreten häufig zu hellsichtigen Visionen stilisiert werden, erst ab 1933 in der Emigration entstanden, als das »Dritte Reich« längst Realität war.

Mit der Machtübernahme Hitlers wurde die kritische Kunst in Deutschland aus der Öffentlichkeit verbannt. Die meisten oppositionellen Künstler gingen ins Exil, zogen sich in die »innere Emigration« und eine individuell-symbolisch verschlüsselte Bildsprache zurück oder verstummten nahezu ganz. Andere wiederum passten sich den Vorgaben der neuen Herrscher an. Wer in Deutschland blieb und anti-nationalsozialistische Bilder schuf oder gar illegal veröffentlichte, riskierte KZ, Folter und Tod, wie der Grafiker und überzeugte Kommunist Alfred Frank, der 1945 wegen seiner Widerstandstätigkeit hingerichtet wurde.

Es ist eine bittere Ironie, dass die Nationalsozialisten, die schon zu Weimarer Zeiten geschickt Ideen und Losungen der Kommunisten aufgegriffen hatten, um die Arbeiterschaft auf ihre Seite zu ziehen, sich für ihre Propaganda viele Innovationen der linken Avantgarde zu Nutze machten.[44] Zwar verkündeten sie das Ideal einer scheinbar politikfreien, neo-klassizistischen »reinen« Kunst. Aber beim Einsatz moderner Medien und massenwirksamer Bilder kopierten sie unverkennbar Modelle und Vorbilder der linksextremen Agitation.[45] Die stereotype Ikonografie, mit der kommunistische Künstler so lange gearbeitet hatten, wurde von der nationalsozialistischen Propaganda ohne große Brüche fortgeführt.

Anmerkungen

1 Vgl. Jürgens-Kirchhoff, Annegret: Kunst gegen den Krieg im Antikriegsjahr 1924, in: Dülffer/Krumeich (Hg.) 2002, S. 287–310.

2 Der Terminus »links« bezeichnet im Kontext dieses Beitrages eine allgemein gesellschafts- und kapitalismuskritische, anti-militaristische und anti-nationalistische Position unterschiedlicher ideologischer Ausprägung. Auch bei der Erörterung dezidiert kommunistischer Positionen steht außer Frage, dass nicht jedes Parteimitglied mit der Kunstdoktrin der KPD konform ging und nicht jeder Künstler, der sich als Kommunist empfand, unbedingt der Partei angehörte.

3 Hiepe, Richard: Zu den antifaschistischen Positionen in der deutschen Kunst bis 1933, in: Ausst.-Kat. Karlsruhe/Frankfurt am Main/München 1980, S. 8–32, hier: S. 9.

4 Siehe v.a. die beiden Quellensammlungen Schmidt (Hg.) 1965; Schneede (Hg.) 1986.

5 Auch im Bereich der Literatur wurden nun »Gebrauchslyrik« und »Gebrauchsprosa« propagiert: Gedichte, Lieder, Glossen, Erzählungen, Reportagen und Satiren mit dem Vorteil »rascher Produzier- und vor allem Rezipierbarkeit«. Vgl. Fähnders 1998, S. 258; Kaes (Hg.) 1983.

6 Manifest des Arbeitsrats für Kunst, Flugblatt, Mai 1919, zit. n. Schneede (Hg.) 1986, S. 72.

7 Rundschreiben des Arbeitsausschusses der Novembergruppe vom 13. Dezember 1918, zit. n. Schneede (Hg.) 1986, S. 100f.

8 Offener Brief an die Novembergruppe, unterzeichnet von Otto Dix, George Grosz, Hannah Höch u.a., veröffentlicht in: Der Gegner, Nr. 8–9, 1920/21, zit. n. Schneede (Hg.) 1986, S. 108.

9 Manifest der Roten Gruppe, veröffentlicht in: Die Rote Fahne, Nr. 57, 1924, vgl. Schneede (Hg.) 1986, S. 114f.

10 Zit. n. Schmidt (Hg.) 1965, S. 385.

11 Zit. n. Schmidt (Hg.) 1965, S. 388.

12 Tschinkel, Augustin: Tendenz und Form, veröffentlicht in: a bis z, Heft 12, 1930, zit. n. Schneede (Hg.) 1986, S. 188. Möglicherweise schwingt in Tschinkels Äußerung noch die Kritik an der sozialistischen Ikonografie der Kaiserzeit und ihren Erlösungsutopien mit. Zum Wandel der proletarischen Symbolik vgl. Korff, Gottfried: Rote Fahnen und geballte Faust. Zur Symbolik der Arbeiterbewegung der Weimarer Republik, in: Petzina (Hg.) 1986, S. 27–60, 131–134.

13 Seiwert, Franz W.: Es ist noch nicht aller Tage Abend, veröffentlicht in: a bis z, Heft 1, 1929, zit. n. Schneede (Hg.) 1986, S. 184.

14 Am 15. März 1920 hatte bei Kämpfen zwischen streikenden Arbeitern und Reichswehrsoldaten eine verirrte Kugel ein Gemälde von Peter Paul Rubens in der Dresdner Gemäldegalerie beschädigt.

15 Heartfield, John/Grosz, George: Der Kunstlump, veröffentlicht in: Der Gegner, Nr. 10–12, 1919/20, vgl. Schneede (Hg.) 1986, S. 50–58.

16 Anlass war eine der von Otto Nagel organisierten »volkstümlichen« Kunstausstellungen in einem Kaufhaus im Wedding. Siehe Olbrich, Harald: »Grün oder – Rot?«. Streit unter Avantgardisten, in: Ausst.-Kat. Berlin/Bonn/Tübingen/Hannover 1991/92, S. 348–356, hier: S. 350f. Siehe auch Mülhaupt, Freya: Verelendung, Revolution und Kunst, in: Ausst.-Kat. Berlin 1977, S. 160–173.

17 Jürgens, Grethe: Rezepte zum ersprießlichen Besuch einer Kunstausstellung, veröffentlicht in: Der Wachsbogen, Nr. 5/6, 1932, zit. n. Schneede (Hg.) 1986, S. 172.

18 Vgl. Ausst.-Kat. Berlin 2004.

19 So hatte *Die Rote Fahne* schon 1921 anlässlich einer Veranstaltung mit Grosz-Lichtbildern begeistert resümiert, zit. n. Bavaj 2005, S. 286.

20 So hat Thomas Mergel resümiert, die politische Kultur der Weimarer Republik sei eine »Kultur der sprachlastigen, häufig pädagogischen politischen Kommunikation, die rational sein wollte und dies absichtlich gegen die schnelle, visuelle und damit allzu oberflächliche, außerpolitische Kommunikation tat«. Vgl. Mergel, Thomas: Propaganda in der Kultur des Schauens. Visuelle Politik in der Weimarer Republik, in: Hardtwig (Hg.) 2007, S. 531–559, hier: S. 550. Diese Feststellung trifft allerdings für die KPD ab Mitte der 1920er Jahre sowie SPD und NSDAP in den späten Jahren der Weimarer Republik nicht zu.

21 Die »ideologische Geschlossenheit, kulturelle Breite und organisatorische Stetigkeit« ihrer Propagandatätigkeit habe die aller anderen Parteien, bis 1933 auch die der Nationalsozialisten, weit übertroffen. Petersen 1995, S. 95.

22 Vgl. Faure 1992; Stucki-Volz 1993.

23 Zu diesem Aspekt siehe auch die These Olbrichs zur »emblematischen« Verfahrensweise von John Heartfield. Olbrich 1986, S. 251 f.

24 »Ein neuer Naturalismus?« Eine Rundfrage, veröffentlicht in: Das Kunstblatt, Heft 9, 1922, zit. n. Schneede (Hg.) 1986, S. 144 f.

25 Vgl. Simmons, Sherwin: Picture as Weapon in the German Mass Media, 1914–1930, in: Hagelstein Marquardt (Hg.) 1997, S. 142–182. Bei allen Unterschieden gab es auch Gemeinsamkeiten und Überschneidungen, beispielsweise zeichneten Künstler wie Hans Baluschek, Albert Birkle, Karl Holtz, Erich Weinert oder Heinrich Zille sowohl für kommunistische wie auch für SPD-nahe Illustrierte.

26 Friedrich Pfäfflin gibt die Auflagenhöhe für das Jahr 1927 mit 220 000 und für 1931 mit 500 000 Exemplaren an (Pfäfflin 1982, S. 108). Doch Sondernummern erschienen durchaus mit 850 000 Exemplaren. Die Zeitschrift war 1921 unter dem Titel *Sowjetrussland im Bild. Die illustrierte Zeitung* gegründet worden, wurde seit 1922 unter dem Titel *Sichel und Hammer* fortgeführt, 1925 in *Arbeiter-Illustrierte-Zeitung* und 1927 in *A-I-Z* umbenannt. Sie erschien zunächst im Verlag der Internationalen Arbeiterhilfe und ab 1923 im Neuen Deutschen Verlag. Ausführlicher zur Geschichte der *A-I-Z* sowie der kommunistischen Satirepublikationen *Der Knüppel, Der Eulenspiegel* und *Roter Pfeffer* vgl. Surmann 1983.

27 Nach ersten, noch stark typografisch geprägten Experimenten für Publikationen des Malik-Verlages, erschienen seine ersten komplexeren Fotomontagen 1926/27 in der Zeitschrift *Der Knüppel*. Ab 1930 war Heartfield Mitarbeiter der *A-I-Z*, für die er auch noch im Prager Exil und nach deren Umbenennung in *AIZ* sowie später in *Die Volks-Illustrierte* arbeitete.

28 Eine weitere wichtige pazifistische Publikation in diesem Jahr war Ernst Friedrichs wirkungsmächtiges Fotobuch *Krieg dem Kriege!*, das teilweise auf dieselben Bildquellen wie Dix zurückgriff. Friedrich 1924.

29 Zit. n. Ausst.-Kat. Berlin 1989 (3), S. 55.

30 Vgl. v. a. Ausst.-Kat. Berlin 1977, Ausst.-Kat. Berlin 1977 (3), Ausst.-Kat. Karlsruhe/Frankfurt am Main/München 1980 sowie Olbrich 1986. Weitere wichtige Quellen für die nachfolgenden Überlegungen waren Flacke (Hg.) 2007 sowie die erwähnten zeitgenössischen Zeitschriften.

31 Die folgenden Ausführungen beziehen sich primär auf Publikationen von KPD und KPD-nahen Organen. Die Ikonografie der SPD – beispielsweise im *Wahren Jakob* – weist allerdings ganz ähnliche Typen auf, allein dass hier der Typus des Sozialdemokraten bis etwa 1932 vom Typus des mit den Nationalsozialisten paktierenden Kommunisten eingenommen wird.

32 So konstatiert Olbrich 1986, S. 265: »Gerade bei den Vorlagezeichnungen für die Betriebszeitungen [...] und bei den Transparent-Ensembles ist an ihre bewegliche Weiterverwendung, an die Möglichkeit der Vervielfältigung, Abwandlung und Kombination gedacht«.

33 Die Vorstellung, die Gesellschaft in ihren Grundtypen erkennen zu können, war in Künstler- und Intellektuellenkreisen dieser Zeit weitverbreitet. Sie spricht beispielsweise aus dem Fotoporträt-Projekt *Menschen des 20. Jahrhunderts* von August Sander und den piktogrammartigen gesellschaftskritischen Holzschnitten des Grafikers Gerd Arntz.

34 Die Karikatur erschien unter dem Titel *Wir treten zum Beten vor Gott den Gerechten!* in dem vom Malik-Verlag publizierten Band *Das Gesicht der herrschenden Klasse. 55 politische Zeichnungen* von George Grosz. Vgl. Dückers, Alexander: Der Zeichner George Grosz, in: Ausst.-Kat. Berlin/Düsseldorf/Stuttgart 1994/95, S. 157–165, hier: S. 164 f.

35 Wo der Nationalsozialist als Kapitalist gezeichnet wird, ist gelegentlich auch das Klischee vom jüdisch-kapitalistischen Ausbeuter nicht weit. So zeigt beispielsweise eine Karikatur, wie ein Kirchenmann und ein dicklicher Jude in trauter Zweisamkeit das eiserne Pflänzchen des Nationalsozialismus mit ihrem Geld begießen. Griffel, L.: Zwei Rassen und ein Interesse, in: Die Pleite, Heft 10/11, Juni 1924, o. S. Zur antisemitisch gefärbten Propaganda der Kommunisten vgl. a. Fischer 1991, S. 58–69.

36 A-I-Z, Nr. 51, 1930, S. 1003.

37 Das durchschnittliche Alter der NSDAP-Mitglieder zwischen 1925 und 1932 betrug knapp 29 Jahre, 1932 um die 30 Jahre. Siehe: Falter, Jürgen W.: Die Jungmitglieder der NSDAP zwischen 1925 und 1933. Ein demographisches und soziales Profil, in: Krabbe (Hg.) 1993, S. 202–221, hier: S. 205.

38 Dieses Phänomen betrifft nicht nur die kommunistische Bildpropaganda. Die deutliche Veränderung der Wahrnehmung und Darstellung von Nationalsozialisten ist 1930 in vielen Medien spürbar, als Beispiele seien Erich Kästners Roman *Fabian* von 1931 und die Karikaturen in der SPD-nahen Satirezeitschrift *Der Wahre Jakob* – vor allem von Willi Steinert und Willibald Krain – genannt.

39 Stenbock-Fermor 1931, S. 160.

40 Hiepe, Richard: Zu den antifaschistischen Positionen in der deutschen Kunst bis 1933, in: Ausst.-Kat. Karlsruhe/Frankfurt am Main/München 1980, S. 8–32, hier: S. 22 f. Zu diesem Aspekt siehe auch Olbrich 1986, S. 165.

41 Eulenspiegel, Heft 8, 1930, S. 93.

42 Einen Hinweis auf die Rezeption geben die Auflagenzahlen der erfolgreichsten kommunistischen Publikationen. Andererseits spielten womöglich andere Mittel der Kommunikation und Meinungsbildung, wie sie in den zeitgenössischen Studien *Das Freizeitleben der Großstadtjugend* und *Proletarische Jugend* genannt werden, eine weitaus wichtigere Rolle: Sport, Vereine, Tanz und Rummel, Kino, Freunde und Familie. Vgl. Dehn 1929; Dinse (Hg.) 1932.

43 So ist auch für den Bereich der politischen Ikonografie Peukerts Urteil zuzustimmen, dass die KPD »eine inflationäre Anwendung des Faschismusbegriffes [vertrat], die den wirklichen Feind, die NSDAP, zeitweilig in den Hintergrund treten ließ«. Peukert 1987, S. 263. Hermann Weber hat gegen diesen Vorwurf eingewandt, dass die KPD unter Führung der von Josef Stalin beeinflussten Komintern keine Alternative gehabt habe: »[S]ie mußte an der Strategie des ›Hauptstoßes‹ gegen die Sozialdemokratie ebenso festhalten wie an der Unterschätzung der NSDAP«. Weber, Hermann: John Heartfields politische Fotomontagen und die Auseinandersetzungen von SPD und KPD in der Weimarer Republik, in: Ausst.-Kat. Berlin/Bonn/Tübingen/Hannover 1991/92, S. 357–365, hier: S. 365; vgl. Kadritzke, Nils: Arbeiterbewegung und Faschismus. Warum die faschistische Einheitsfront nicht zustande kam, in: Ausst.-Kat. Berlin 1977, S. 25–34.

44 Peter Reichel hat ausführlich dargelegt, wie die Nationalsozialisten antimodernistische Ressentiments mobilisierten und sich zugleich die neuen Medien, Kommunikations- und Ausdrucksformen der Moderne ästhetisch aneigneten und nutzten. Reichel 1992.

45 Wie das Beispiel der Zeitschrift *Arbeit in Bild und Zeit* zeigt. Sie versuchte in Titel, Aufmachung und Bildduktus den Stil der *A-I-Z* fortzuführen und die Montagen Heartfields, der gleich nach der Machtübernahme Hitlers ins Prager Exil geflohen war, zu kopieren. Siehe Krejsa, Michael: NS-Reaktionen auf Heartfields Arbeit 1933–1939, in: Ausst.-Kat. Berlin/Bonn/Tübingen/Hannover 1991/92, S. 368–378, hier: S. 369 f.

Propheten des Unheils

Allegorische und symbolische Kunst in Deutschland zwischen 1930 und 1939

MAIKE STEINKAMP

Diese Kassandra verkündet nichts Gutes. In ein weites, wallendes Gewand gehüllt, blickt die Seherin mit unbeweglicher Miene den Betrachter an. 1936 von Karl Hofer gemalt (Kat.-Nr. II 1/10), wirkt sie wie eine Vorbotin nahenden Unheils. Mit der Wahl des Motives der Kassandra verweist Hofer in seiner archaisch-klassizistischen Formensprache auf den Mythos um die Tochter des trojanischen Königspaares Hekabe und Priamos. Kassandra hatte die Trojaner einst vor der List des Odysseus und einem drohenden Krieg zu bewahren gesucht. Doch fanden ihre Warnungen kein Gehör, sondern ernteten nur Unglauben, Spott und Hohn.[1] Ähnlich empfand auch Hofer seine Situation in der Gesellschaft Mitte der 1930er Jahre. Nur zu leicht lässt sich der trojanische Mythos auf die politische Lage der Zeit übertragen, scheinen die vergeblichen Bemühungen der Seherin doch denen der Künstler und Intellektuellen zu entsprechen, die im Erfolg des Nationalsozialismus Anfang der 1930er Jahre schon früh eine Gefahr erkannten und ihren Befürchtungen in der Kunst Ausdruck verliehen.

Weltwirtschaftskrise und Massenarbeitslosigkeit hatten Ende der 1920er Jahre zu einem Erstarken radikaler politischer Kräfte geführt. Sowohl von rechts als auch von links entfesselten Gegner der Republik eine beispiellose Agitation gegen die demokratische Ordnung. Die Etablierung eines Präsidialsystems und der schnelle Aufstieg der NSDAP zur Massenpartei nach ihrem Erfolg bei den Reichstagswahlen im September 1930 läuteten den Untergang der Weimarer Republik ein, der mit der Machtübernahme Adolf Hitlers am 30. Januar 1933 Realität werden sollte. Mit der Aushebelung des Rechtsstaates durch das Ermächtigungsgesetz vom 23. März 1933, der aggressiven Judenpolitik, die bereits im Frühjahr 1933 in einer ersten Welle staatlichen Terrors Gestalt annahm, sowie mit der Ausgrenzung, Unterdrückung und Verfolgung Andersdenkender vollzog die NSDAP in kürzester Zeit die »Gleichschaltung« von Staat und Gesellschaft und die Etablierung eines totalitären Staates.[2]

Auch im Bereich der Kultur forderte das NS-Regime Gestaltungshoheit. Propagiert wurde eine »völkische« Kunst auf der Grundlage der NS-Ideologie, was gleichsam eine Ablehnung aller künstlerischen Tendenzen implizierte, die diesen Kriterien nicht entsprachen. Die Verbrennung von Büchern missliebiger Autoren am 10. Mai 1933 gab einen ersten bitteren Vorgeschmack auf die restriktive Kulturpolitik der Nationalsozialisten. Mit der Gründung der Reichskulturkammer im September 1933, der Gleichschaltung von Künstlerverbänden, dem Ausschluss unerwünschter Studenten und Dozenten aus den Akademien und Kunsthochschulen, der Verhängung von Berufsverboten und der Entlassung von Museumsdirektoren und Kuratoren wurde die gesamte künstlerische Moderne sukzessive aus dem offiziellen deutschen Kulturleben herausgedrängt.[3] Es waren Maler wie Karl Hofer, Willi Baumeister, Max Beckmann, Otto Dix, Paul Klee oder Max Pechstein, die aus dem Hochschuldienst unfreiwillig beurlaubt, pensioniert oder entlassen wurden. Auch die Preußische Akademie der Künste in Berlin schloss Künstler wie Ernst Barlach, Oskar Kokoschka oder Max Liebermann aus.[4] Angesichts der schnell fortschreitenden politischen Entwicklungen verließen bereits 1933 eine ganze Anzahl kritischer Künstler, Autoren, Wissenschaftler ebenso wie politisch und rassisch Verfolgte Deutschland und gingen ins Exil.[5] Andere, wie beispielsweise Otto Dix, Karl Hofer, Käthe Kollwitz oder Oskar Schlemmer, blieben in Deutschland und versuchten, zurückgezogen und ohne öffentliche Anerkennung, ihre künstlerische Existenz aufrechtzuerhalten. Neben den Amtsenthebungen und ersten Diffamierungen in der Presse fanden schon 1933 in verschiedenen deutschen Städten erste »Schandausstellungen« statt, in denen ein Großteil der modernen Kunst des ersten Jahrhundertdrittels als »entartet« verurteilt wurde.[6]

Bereits seit Mitte der 1920er Jahre waren die Nationalsozialisten Sturm gegen alle Kunstrichtungen gelaufen, die ihrem national-konservativen Schönheitsideal widersprachen, und hatten kleinbürgerliche Vorbehalte gegenüber der künstlerischen Moderne angefacht. In Thüringen hatte der nationalsozialistische Innen- und Volksbildungsminister Wilhelm Frick schon 1930 einen Bildersturm inszeniert, dem abstrakte, kubistische, expressionistische und andere moderne Kunstwerke zum Opfer fielen.[7]

1 Otto Dix, Selbst mit Palette vor rotem Vorhang · 1942
Öl auf Holz · 114 x 94 cm · Stuttgart, Kunstmuseum Stuttgart

2 Edgar Ende, Die Gefahr (Die Posaunen) · 1931 · Kat.-Nr. II 1/6

Doch erst um 1936, als Karl Hofer sein Gemälde der *Kassandra* schuf, erreichte die Ablehnung der modernen Kunst einen Höhepunkt. Zu diesem Zeitpunkt hatten sich die Fronten um die Ausrichtung der Kulturpolitik endgültig geklärt. Die innerparteilichen Richtungskämpfe zwischen Alfred Rosenberg, seinem völkisch-konservativen Kampfbund für deutsche Kultur (KfdK) und Propagandaminister Joseph Goebbels sowie der Versuch des Nationalsozialistischen Deutschen Studentenbundes, die moderne Kunst und insbesondere den »nordischen« Expressionismus eines Emil Nolde, Karl Schmidt-Rottluff oder Ernst Barlach als neue »Staatskunst« im nationalsozialistischen Deutschland zu etablieren, hatten Künstlern um 1933/34 noch einigen Spielraum ermöglicht.⁸ Doch spätestens mit Adolf Hitlers Kulturrede auf dem 6. Parteitag in Nürnberg im September 1934 war die Verurteilung der modernen Kunst endgültig. Zwar verwies Hitler auch Alfred Rosenberg in seine Schranken, verwarf jedoch insbesondere »das ganze Kunst- und Kulturgestotter von Kubisten, Futuristen, Dadaisten usw.« als »weder rassisch begründet noch völkisch erträglich«.⁹ Die Zunahme von Beschlagnahmungen, verschärfte Berufsverbote und eine Kampagne diffamierender Ausstellungen im ganzen Land waren Teil dieser Entwicklung. Sie fand ihren Höhepunkt im Sommer 1937 in der staatlich koordinierten Femeschau *Entartete Kunst* in München und der im Anschluss daran vollzogenen Aktion »Entartete Kunst«, im Zuge derer über 19 000 Werke moderner Kunst aus öffentlichem Besitz beschlagnahmt und dem Blick der Öffentlichkeit entzogen wurden.¹⁰

Zugleich warfen erste Anzeichen eines kommenden Krieges ihre Schatten voraus. Die Einführung der allgemeinen Wehrpflicht im März 1935, die Besetzung des entmilitarisierten Rheinlandes im darauffolgenden Jahr sowie der Beginn des Spanischen Bürgerkrieges im Sommer 1936 und die Unterstützung des aufständischen Generals Francisco Franco durch die deutsche Wehrmacht bei der Bombardierung baskischer Städte ließen einen europäischen Konflikt immer wahrscheinlicher werden. Insbesondere der Luftangriff auf Guernica durch die deutsche Legion Condor am 26. April 1937 wurde für viele Künstler und Intellektuelle aus ganz Europa zum Fanal kriegerischen Zerstörungswillens und mobilisierte diese zu propagandistischen und künstlerischen Protesten, zu deren eindrücklichstem Sinnbild wohl Pablo Picassos *Guernica* (1937) geworden ist.[11]

Ein solch offener künstlerischer Protest war in Deutschland durch den Ausschluss und die Diffamierung der modernen und systemkritischen Kunst Mitte der 1930er Jahre nicht mehr denkbar. Hatten viele Künstler und Intellektuelle während des Ersten Weltkrieges und in den 1920er Jahren ihren traumatischen Erfahrungen an der Front und den fatalen sozialen und ökonomischen Bedingungen während der Weimarer Republik in einer realistischen, rigoros anklagenden politischen Kunst Ausdruck verliehen, richteten viele Künstler in den 1930er Jahren ihren Blick nach innen und suchten in einer verschlüsselten Formensprache eine Auseinandersetzung mit den politischen Begebenheiten.[12] Sie griffen Elemente des Surrealismus und der italienischen Pittura Metafisica auf, machten sich Fabeln ebenso wie christliche und mythologische Themen dienstbar und entwickelten einen reichen Fundus an neuen beziehungsweise anverwandelten ikonografischen Motiven, um der Erfahrung der nationalsozialistischen Schreckensherrschaft und den Befürchtungen eines neuen Krieges Ausdruck zu verleihen.[13] Nur selten übten sie offene Kritik und riefen zum Widerstand gegen das NS-Regime auf, was durch die herrschende Kunstdoktrin ohne persönliches Risiko auch gar nicht mehr möglich gewesen wäre. Selbst diejenigen Künstler, die in die Emigration gegangen waren, engagierten sich nur selten in kritischer Weise. Entweder fanden sie im Ausland kein Gehör oder sie hatten, wie George Grosz, der noch vor der Machtübernahme im Januar 1933 in die USA ausgewandert war, ihr Vertrauen in die Wirkung politisch-agitatorischer Kunst als Mittel der Veränderung und Aufklärung verloren.[14] Eine eindeutig nach außen gewandte Kritik und ein explizites Aufbegehren gegen das »Dritte Reich«, wie es beispielsweise von John Heartfield in seinen Fotomontagen zunächst aus seinem Exil in Prag und später in Großbritannien betrieben wurde, verfolgten nach der Machtübernahme nur wenige.[15]

Mahnende und Warnende
Stattdessen reagierte eine Vielzahl von Künstlern auf die zunehmenden politischen und kulturellen Restriktionen und Repressionen mit einer allegorischen Bildsprache, durch die sie weniger direkt auf die aktuellen politischen Umstände verwiesen als vielmehr auf einer »überzeitlichen« Ebene vor den Gefahren der Politik und ihren Konsequenzen warnten. Ein frühes Zeugnis dieses codierten Umganges mit der Realität ist Edgar Endes surreales Gemälde *Die Gefahr (Die Posaunen)* von 1931 (Abb. 2; Kat.-Nr. II 1/6). In einem nicht näher bestimmbaren Raum schwebt eine Scholle. Auf ihr ist eine Gruppe von nackten Männern zu sehen. Mit ihren muskulösen Körpern, statuarischen Posen und der gräulich-weißen Färbung ihrer Körper wirken sie wie klassizistische Skulpturen. Drei riesige aus der Tiefe des Raumes kommende Posaunen schweben über ihren Köpfen und scheinen Unheil zu verkünden. Ihr Schall versetzt die dargestellten Personen augenscheinlich in Angst und Schrecken. Auch eine weitere Gruppe auf einer zweiten Scholle im Hintergrund rechts scheint von den Posaunen aufgeschreckt. Posaunen sind ein gängiges Motiv apokalyptischer Darstellungen, finden jedoch auch jenseits des religiösen Kontextes oft Verwendung im Sinne eines sich zwischen Verzweiflung und Hoffnung bewegenden Daseinsgefühls.[16] Auch in diesem Fall erzeugen sie, wie sich an den Reaktionen der Figuren ablesen lässt, eine unheilschwangere Stimmung, ohne dass der Betrachter jedoch über den Grund der Bedrohung aufgeklärt wird. Dies war auch gar nicht das Ziel Endes, der mit seiner fantastischen, rätselhaften Bilderwelt nicht explizit auf eine konkrete Situation verweisen wollte. Dennoch kann sein Gemälde zumindest implizit als Reaktion auf die aktuelle Politik interpretiert werden, die der Maler zu Beginn der 1930er Jahre in München, der späteren »Hauptstadt der Bewegung«, miterlebte und womöglich als Gefahr erkannte, auch wenn er als Maler zunächst nicht ausdrücklich von ihr betroffen war.[17]

Anders dagegen Karl Hofer, der schon Anfang der 1930er Jahre von Seiten der Nationalsozialisten angegriffen worden war. Hofer charakterisierte den Künstler allgemein und sich selbst im Nachhinein ganz bewusst als »geistige[n] Seismograph[en], der das Unheil vorausregistriert«.[18] So warnt sein nur leicht bekleideter *Rufer* (1935), der einsam in einer von kahlen Bäumen bestandenen Landschaft steht, vor einem namenlosen Unheil (Abb. 4, S. 82; Kat.-Nr. II 1/11). Wie das Gemälde von Ende ist Hofers Bild in dunklen, spröden Farben gehalten. Es zeichnet sich durch eine archaisch-tektonische Bildsprache aus, die bewusst jeden Zeitbezug vermeidet. Gerade diese Distanz und scheinbare Überzeitlichkeit sind es, die den Arbeiten auch heute noch eine solch mahnende Eindringlichkeit verleihen und der zunehmenden Angst und Isolation Ausdruck geben, welche die Künstler im Angesicht der repressiven NS-Kulturpolitik befiel. Diese Ängste spiegeln sich jedoch nicht nur in den zahlreichen Bildern von Posaunen, Trommeln und Rufenden wider. Ebenso zeugen die düster-melancholischen, in erdigen Farben gehaltenen Landschaftsbilder menschenleerer, trostloser Gegenden oder die engen, durch Mauern verstellten Straßenzüge von einem verstärkt als eingrenzend empfundenen Umfeld und der Furcht vor einer dunklen, bedrückenden Zukunft.

3 **Hans Grundig, Das tausendjährige Reich · 1935 – 1938**
Öl auf Holz · bestehend aus:
Karneval (linker Flügel) · 1935 · 150 x 78 cm
Vision einer brennenden Stadt (Mittelteil) · 1936 · 130 x 152 cm
Chaos (rechter Flügel) · 1938 · 152 x 170 cm
Zwei Schlafende (Predella) · 1938 · 67 x 146 cm
Dresden, Galerie Neue Meister, Staatliche Kunstsammlungen

»Welttheater«

Auf andere Weise begegnete Rudolf Schlichter dem als Gefahr empfundenen Erfolg der Nationalsozialisten in seinem Gemälde *Blinde Macht* (1932/37; Kat.-Nr. V/31). Es zeigt einen römischen Krieger mit Kurzschwert und Hammer. An seinem ungeschützten nackten Oberkörper haben sich groteske tierähnliche Wesen verbissen. Die Haut hängt bereits in Fetzen, und an vielen Stellen liegt das Fleisch bloß. Dennoch steht der Koloss, den Staat beziehungsweise die Nation repräsentierend, unbeirrt, mit geschlossenem Visier kampfbereit am Rand eines Plateaus. Ganz bewusst greift Schlichter mit dieser Personifikation die tradierte Ikonografie der Repräsentation des Staates durch ein Individuum auf.[19] Doch während beispielsweise *El Coloso* (*Der Koloss*, um 1808–1812) bei Francisco de Goya[20] für die Solidarität der spanischen Nation im Kampf gegen die französischen Aggressoren steht, verkörpert der durch groteske Geschöpfe geschwächte Gigant bei Schlichter nichts Positives mehr.[21] Hinter ihm zeigt sich ein Bild der Verwüstung: brennende Städte und verheerte Landstriche, die auf Anarchie und Gesetzlosigkeit hindeuten. Trotz der nach außen demonstrierten Stärke kann Schlichters Koloss das möglicherweise von ihm selbst verursachte Chaos nicht bezwingen. Blind und von Parasiten zerfressen, steht er an einem Abgrund, die Gesetzesbücher funktionslos auf den Rücken geschnallt. Es ist eine Allegorie der Gewalt und der Zerstörung einer aufgerüsteten und zugleich verrottenden Nation, hinter der sich jedoch gleichsam eine Mahnung und der Aufruf zum Widerstand verbergen. Richtete sich Schlichters Kritik in seiner 1932 vollendeten Version noch gegen die Politik der Weimarer Republik, versuchte er mit der Umarbeitung des Bildes um 1936 die lasterhafte Selbstzerstörung und machtstaatliche Aggression des NS-Regimes zu entlarven, die ihm vor 1933 noch nicht bewusst gewesen waren.[22]

Ähnlich wie Schlichter hatte auch Magnus Zeller den Untergang der Weimarer Republik zunächst nicht bedauert, jedoch schon bald die autokratischen Züge des Nationalsozialismus erkannt. In seinem 1938 entstandenen Gemälde *Der totale Staat (Der Hitlerstaat)* wird ein riesiger Götze, aus dessen Schädel in alle Himmelsrichtungen Geschütze ragen, unter den Peitschenhieben einiger SA-Schergen von einer unterjochten Menge durch eine apokalyptische Landschaft gerollt (Kat.-Nr. V/33). Der Götze repräsentiert den übermächtigen Staat. Auch wenn die roten Fahnen und die Hakenkreuze von Zeller erst 1945 dem Bild hinzugefügt wurden, ist das anklagende Moment gegenüber der wachsenden Militarisierung sowie der Über- und Verführungsmacht Hitlers evident. Die jegliches Maß negierende Dimension des Ungetüms sowie das lächerliche Pathos der flankierenden Fahnenträger und der paradierenden braunen Horden enthüllen die innere Leere des diktatorischen Massenspektakels.[23]

Der Dresdner Maler Hans Grundig und seine Frau Lea Grundig hatten als bekennende Kommunisten Mitte der 1930er Jahre das

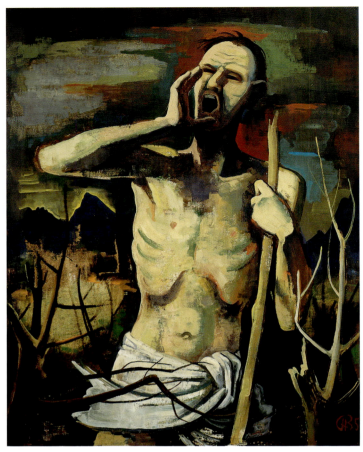

4 Karl Hofer, Der Rufer · 1935 · Kat.-Nr. II 1/11

mörderische Treiben der NS-Schergen bereits am eigenen Leib erfahren. Hans Grundig begegnete diesem mittels einer ausgefeilten Tiersymbolik. In seiner Grafikfolge *Tiere und Menschen* (1935–1938) verschlüsselt er Fragen nach dem Verhältnis von rassen- oder parteipolitischer Verfolgung und Widerstand, Leben und Tod, aber auch nach dem Alltag unter dem NS-Regime in Form von Fabeln (Kat.-Nrn. V/13–V/17).[24] Seine Blätter zeigen Wölfe, die ihre Zähne fletschen und ihr Terrain markieren, oder angriffslustige Hunde, die ein verängstigtes Pferd im Kreis hetzen. Einzig ein Bär, als Symbol Sowjetrusslands, scheint den Wölfen Widerstand zu leisten. Dieser unbarmherzige Kampf zwischen den angreifenden, nationalsozialistischen Bestien und dem triumphierenden Bären findet sich auch auf dem Gemälde *Kampf der Bären und Wölfe* (1938), in dem Grundig den bevorstehenden Krieg und einen russischen Sieg vorwegzunehmen scheint (Kat.-Nr. V/18). Nicht nur in diesem Fall übertrug Grundig seine in der Druckgrafik entwickelte Tiersymbolik in das Medium der Malerei. Triumphierend aufheulende Wölfe und fliehende Pferde finden sich auch auf der rechten Tafel von Grundigs wohl bekanntestem Werk *Das tausendjährige Reich* (1935–1938; Abb. 3, S. 80f.).

Das Triptychon charakterisiert nicht nur sinnbildhaft das Leben im nationalsozialistischen Deutschland, sondern scheint gleichsam in die Zukunft vorauszublicken.²⁵ Das monumentale Werk erzählt geradezu prophetisch von Untergang und Auferstehung aus dem Chaos nationalsozialistischer Herrschaft. Die zuerst entstandene linke Tafel, *Karneval* (1935), zeigt einen belebten Platz. Schwarze Fahnen schmücken die Straße, bunte Papierdrachen steigen in die Luft, Karnevalswagen, Tiere und skurril maskierte, ausgelassen feiernde Menschen dominieren die Szenerie, der – außer einem unheilvoll rot gefärbten Himmel – auf den ersten Blick nichts Bedrohliches anzuhaften scheint. Einzig eine kleine Gruppe unmaskierter Figuren am linken Bildrand, von Grundig selbst als Kommunisten bezeichnet, beobachtet das fröhliche Spektakel skeptisch und distanziert.²⁶ Schon nach dem Ersten Weltkrieg war das Motiv des Karnevals und die damit verbundene Maskierung über das komödiantische, schauspielerische Moment des Varietés und des Zirkus hinaus immer wieder als Metapher für das Außerkraftsetzen von gesellschaftlichen Normen und moralischen Wertvorstellungen eingesetzt worden.²⁷ Auch für Grundig versinnbildlichen Mummenschanz und Maskerade die Lügen und Illusionen, die das NS-System verbreitete und die von den Menschen nicht erkannt wurden oder nicht erkannt werden wollten.²⁸ Die Konsequenzen des orgiastischen Festes finden sich auf der rechten Tafel des Triptychons wieder, die den Titel *Chaos* (1938) trägt. Die Szene hat sich mittlerweile verändert: Die ausgelassen feiernde Menge ist verschwunden und die Stimmung ist gekippt. Noch flattern die Fahnen im Wind des dunklen, in Feuerschein getauchten Straßenzuges, doch haben nun die Wölfe die Macht übernommen. Heulend sitzen sie inmitten des um sie herum herrschenden Tumults, während sich aufbäumende, verängstigte Pferde der außer Kontrolle geratenen Feier zu entfliehen suchen. Im rechten Bildvordergrund hat Hans Grundig eine Frau platziert, die das Spektakel still von außen beobachtet. Bei der Figur handelt es sich um ein Porträt seiner Frau Lea, die stellvertretend für die Verfolgten des NS-Regimes steht.²⁹ Die Mitteltafel des Triptychons, *Vision einer brennenden Stadt* (1936) betitelt, zeigt die aus dem politischen Terror entstehende zerstörerische Kraft. Der Straßenzug liegt jetzt in Trümmern. Die Erde ist mit Bombentrichtern übersät. Nahezu kein Stein steht mehr auf dem anderen. Die Menschen sind im unteren Teil des Bildes in ihrer dunklen, grünlichen Farbigkeit nur schwer auszumachen. Sie wirken ausgemergelt, viele tragen Gasmasken. Sie haben sich vor den Flugzeuggeschwadern, die von Scheinwerferkegeln ins Visier genommen werden, in den Untergrund zurückgezogen. Im Nachhinein sahen viele Interpreten in *Vision einer brennenden Stadt* die Bombenangriffe auf Dresden im Februar 1945 vorweggenommen, die Grundig in Anbetracht eines immer wahrscheinlicher werdenden Krieges bereits 1938 zu erahnen schien. Doch ging es Grundig weniger darum, ein konkretes mögliches Ereignis vorherzusagen, als vielmehr mit einer symbolisch-expressiven Malerei ein sinnbildhaftes Szenario von Vergangenheit, Gegenwart und Zukunft des NS-Regimes zu entwerfen und vor den Konsequenzen zu warnen.

Die von Grundig und anderen Künstlern verwendeten Metaphern, Allegorien und Symbole finden sich in vielen Darstellungen der 1930er Jahre. Viele Bilder werden von grotesken, vogel- und reptilienartigen Mischwesen und Tieren bevölkert, die an die mittelalterlichen Schreckensvisionen und Fantasiewelten eines Hieronymus Bosch, Matthias Grünewald oder Pieter Brueghel d. Ä. denken lassen. Schon in deren Gemälden wurden der Wirklichkeits- und Wahrheitsgehalt symbolisch oder allegorisch verschlüsselt und ins Unheimliche und Abgründige überführt. In der Mischung aus Realem und Irrealem, Menschlichem und Tierischem verliehen sie der Furcht vor dem Verlust von Identität und dem erfahrenen Schwanken der Grundfesten der Welt Ausdruck.³⁰ An dieses Lebensgefühl einer aus den Fugen geratenen, »verkehrten« Welt schlossen die Künstler der 1930er Jahre mit ihren Bildwelten an, die ihre Zeit ebenfalls von gesellschaftlichen und politischen Krisen bedroht sahen.³¹ Doch während die mittelalterlichen Schreckensvisionen immer auch das Versprechen einer himmlischen *civitas dei* enthalten, bieten die Grotesken der 1930er Jahre, aus ihrem sakralen Kontext befreit, meist keine Aussicht auf Erlösung mehr. Hans Grundigs Triptychon bildet hier eine Ausnahme. Zumindest lässt dies die friedlich schlafende Frau vermuten, die auf der Predella unterhalb der Mitteltafel dargestellt ist. Die Predella ist in der christlichen Bildtradition normalerweise dem Leichnam Christi vorbehalten. Sie ist ein Hinweis darauf, dass für Hans Grundig eine Auferstehung aus dem politischen Chaos nicht völlig ausgeschlossen war.

Krieg als Passion

Wenige Jahre vor der Fertigstellung von Hans Grundigs *Das tausendjährige Reich* hatte sich bereits Otto Dix in seinem monumentalen Gemälde *Der Krieg* (1929–1932) der Form des Triptychons bedient (Abb. 5, S. 84).³² Der Rückgriff auf religiöse Motive und Bildformeln zur Verarbeitung der Schrecken des Krieges war nicht neu. Bereits während und nach dem Ersten Weltkrieg hatten christliche Formen und Themen erneut Bedeutung erlangt, um die Grausamkeiten und das Sterben an der Front zu verarbeiten. Vor allem der Passionsgeschichte sowie Martyriumsszenen kam dabei eine besondere Relevanz zu.³³ Auch in Anbetracht eines nahenden Zweiten Weltkrieges und einer immer restriktiveren, zunehmend menschenverachtenden Politik griffen Künstler auf christliche Bildtraditionen zurück. Während viele Motive säkularisiert wurden und nunmehr als Folie für die aktuelle politische Situation dienten, behielten andere ihren religiösen Charakter durchaus bei. Dennoch sind sie als direkter Kommentar zu den politischen Ereignissen zu verstehen.

5   Otto Dix, Der Krieg · 1929–1932
    Mischtechnik auf Holz · 204 x 408 cm
    Dresden, Galerie Neue Meister, Staatliche Kunstsammlungen

Auch Otto Dix legte im Rückgriff auf die narrative christliche Bildform des Triptychons in *Der Krieg* eine religiöse Lesart nahe. Das Gemälde erzählt die Geschichte von dem Beginn, dem Ende und den Folgen des Krieges. Anders als in früheren Arbeiten, in denen er seine traumatischen Erfahrungen an der Front mit veristischen Stilmitteln verarbeitete, bediente er sich hier einer allegorisch zu nennenden Bildsprache. Sie lässt sowohl in der Nutzung altmeisterlicher Lasurtechniken als auch in der Vielfalt der Darstellung körperlicher und seelischer Zustände an Maler wie Matthias Grünewald denken.[34] Auf dem linken Flügel des Triptychons ziehen einige Landser in den Krieg. Ein weiterer Zug von Soldaten löst sich schemenhaft aus dem morgendlichen Nebel, um sich den Kameraden anzuschließen. Unheilvoll kündet die von Nebelschwaden durchzogene, unwirklich erscheinende Landschaft von einem nicht näher bestimmbaren Verderben. Dieses erfährt auf der rechten Tafel seine Konkretisierung. Dort ist das Kriegsgeschehen in vollem Gange. Ein vom Licht überstrahlter Mann schleppt verbissen und mit letzter Kraft einen Schwerverletzten über Leichen und Trümmerfelder hinweg. Dix zeigt sich als Soldat, der versucht, einen seiner Kameraden und sich selbst in Sicherheit zu bringen. Die Mitteltafel, die bei einem Flügelaltar häufig der Kreuzigungsszene vorbehalten ist, zeigt das Resultat der Kampfhandlungen: Zerfetzte Menschenleiber liegen übereinander auf dem blutdurchtränkten Boden. Im Hintergrund sind verkohlte Bäume und Ruinen zu sehen. Der Krieg scheint vorüber. Nur eine einsame Figur, das Gesicht durch eine Gasmaske verfremdet, inspiziert das zurückgelassene Trümmerfeld. Ein auf einen Stahlträger aufgespießtes Skelett weist mit einem Zeigegestus anklagend auf die toten, durchlöcherten und blutdurchtränkten Leiber unter ihm. Auf der Predella sind auf engstem Raum schlafende oder tote Soldaten dargestellt. Sie lassen ahnen, dass bei ihrem Erwachen der Krieg seine Fortsetzung finden wird. Die Bezüge zur Passion Christi sind offenkundig, doch ist es eine Passion, die den Gedanken an Auferstehung und damit den christlichen Erlösungsgedanken von vornherein ausschließt. Für Dix ist das Schlachtfeld zu einer Stätte ewiger Vernichtung und zeitlosen Martyriums geworden. Aus dieser Situation gibt es keinen Ausweg mehr. Diese pessimistische und kritische Haltung, die Dix Anfang der 1930er Jahre zum Krieg einnahm, schien sich nicht zuletzt durch die Anzeichen eines neuen drohenden Krieges zu bestätigen.

Als eine Antizipation der heraufziehenden Ereignisse kann auch der zwischen 1935 und 1937 entstandene Radierzyklus *Krieg droht!* von Lea Grundig verstanden werden, die als Kommunistin und als Jüdin von den nationalsozialistischen Repressionen und Verfolgungen betroffen war. (Abb. 6; Kat.-Nr. V/21) In ihrem noch vor ihrer Emigration nach Palästina 1939 entstandenen Zyklus thematisiert die Künstlerin eindringlich den Einsatz von Panzern und Giftgas, den Gebrauch von Gasmasken, die Bedrohung durch Luftangriffe und die Wehrlosigkeit der Zivilbevölkerung. Ihre Blätter erinnern wie viele andere Grafikzyklen der Zeit an Francisco de Goyas *Los Desastres de la Guerra (Die Schrecken des Krieges,* 1810–1820) und seine drastisch-düsteren Darstellungen der Greueltaten während der napoleonischen Herrschaft und des spanischen Unabhängigkeitskrieges.[35] Wie bereits Goya in seinen Radierungen vom Krieg geht auch Lea Grundig in ihren Blättern über einen anklagenden Bericht hinaus. Indem sie symbolische und realistische Motive kombiniert, verarbeitet sie persönliche Ängste und die von ihr empfundene Hilflosigkeit angesichts der politischen Situation in Deutschland, weist aber zugleich über ihr individuelles Schicksal hinaus (vgl. Kat.-Nr. VI 1/5).[36] Eine solche, gleichermaßen nach außen wie nach innen gerichtete Bildaussage charakterisiert viele Arbeiten der 1930er Jahre und zeugt von dem Wunsch, in der sinnbildhaften Reflexion die beispiellosen politischen Entwicklungen, die persönlichen Ängste und die einschränkenden Lebensumstände für sich und andere greifbar zu machen.

Befragung des Selbst

Einen Versuch, sich selbst zu positionieren und zugleich zu befragen, unternimmt auch George Grosz in seinem 1937 entstandenen Selbstporträt *Remembering (Erinnerung;* Kat.-Nr. VII/47). Der Maler stellt sich sitzend und in einen Mantel gehüllt inmitten der Trümmer eines Gebäudes dar. Sein Blick ist nach innen gerichtet. Im Hinter-

6 Lea Grundig, Hitler bedeutet Krieg! · 1936 · Kat.-Nr. V/21

grund sieht man zwei weitere Figuren das brennende Gebäude verlassen. Obwohl Grosz sich selbst und seine Familie ins Exil retten konnte, ließen ihn auch dort Visionen von Krieg und Zerstörung nicht los. Grosz bleibt ein aufmerksamer, kritischer Beobachter und Seismograf kommender Ereignisse. Persönliche Erinnerungen, Ahnungen und Reflexionen über sein Exildasein in Amerika durchdringen sich auf vielen seiner Bilder nach 1933.[37] Als Visionär oder Seher verstanden sich auch Otto Dix und Max Beckmann. So öffnet sich im Hintergrund von Dix' *Selbst mit Palette vor rotem Vorhang* (1942; Abb. 1, S. 76) eine verwüstete Landschaft, und auch Beckmann stellt sich in seinem *Selbstbildnis mit Kristallkugel* (1936) als Visionär dar (Abb. 7, S. 98). In seiner Skulptur *Mann im Dunkeln* (1934; Abb. 7, S. 86; Kat.-Nr. II 1/9) erfasst der Künstler dagegen die Verunsicherung, in die ihn seine Entlassung aus seinem Lehramt am Städelschen Kunstinstitut in Frankfurt 1933 gestürzt hatte. Auch wenn es sich bei der Plastik nicht um ein dezidiertes Selbstporträt handelt, drücken die geschlossenen Augen und die tastend nach vorne gestreckten Hände der Figur jene Orientierungslosigkeit aus, die Beckmann und andere nicht-systemkonforme Künstler empfanden. Arbeiten wie der *Mann im Dunkeln,* aber mehr noch die zahlreichen Selbstbildnisse aus dieser Zeit, vermitteln ein Gefühl für die Unsicherheit, welche die Künstler in Anbetracht der politischen Umstände und des von ihnen selbst gewählten oder von außen auferlegten »inneren Emigration« oder dem Exils empfanden. In ihnen manifestieren sich die Erfahrungen der zunehmenden politischen Unfreiheit, der rassistischen Verfolgung und künstlerischen Verfemung. Viele Selbstbildnisse weisen enge Bildausschnitte, bedrängende Räumlichkeiten, vergitterte Fenster und dunkle, zurückgenommene Farben auf. Es sind Zeugnisse der Selbstbefragung und

7 Max Beckmann, Mann im Dunkeln · 1934 · Kat.-Nr. II 1/9

der Standortbestimmung, die angesichts der zunehmenden gesellschaftlichen Isolation und der damit einhergehenden Vereinsamung und Angst nahelagen. Auch das Motiv der Maske taucht in vielen Arbeiten dieser Periode auf, verleiht sie doch dem Träger vorübergehend eine andere Identität, ohne dass die Rückkehr zum eigenen Ich völlig ausgeschlossen wird.[38] Die Maske ist Ausdruck einer für viele zur Notwendigkeit gewordenen Verstellung, was auch für das von Felix Nussbaum geschaffene Gemälde *Mummenschanz* (um 1939; Kat.-Nr. VI 2/28) gilt, in dem sich der seit 1935 im belgischen Exil lebende jüdische Künstler gleich sechs Mal seiner Identität versichert. In einer karnevalesk anmutenden Situation zeigt sich der Maler, frühere Selbstbildnisse zitierend, in verschiedenen Gemütszuständen und Masken vor einer Kulisse, die sich aus einer trostlosen Landschaft und einer abweisenden Stadtansicht zusammensetzt.[39]

Propheten der Zeit

Verstellung und Maskerade, Angst, Bedrohung, Krieg und Einsamkeit sind die zentralen Themen der »inoffiziellen« Kunst der 1930er Jahre. Viele Maler und Bildhauer setzten sich in ihren Werken mit den Restriktionen, der politischen und rassischen Verfolgung, den immer offensichtlicheren totalitären Zügen des nationalsozialistischen Regimes ebenso wie mit der Furcht vor einem neuen Krieg auseinander, der im September 1939 mit dem Einmarsch der deutschen Truppen in Polen Realität werden sollte. Sie fanden Halt in einer oftmals klassizistisch-figurativen, expressiven und gleichsam symbolischen Formensprache. Groteske Tierwelten, surreale, apokalyptische Landschaften oder der Rückgriff auf tradierte religiöse oder mythologische Themen und Symbole zeugen von der Angst vor dem Untergang der Zivilisation. Es ist eine verhüllende, oftmals indirekte und sehr individuelle Zeichensprache, bei der sich Rätsel an Rätsel reiht, wobei diese jedoch in ihrem Grundcharakter immer entschlüsselbar bleiben. Die Bilder stellen keine Verdrängung der Wirklichkeit dar. Im Gegenteil: Die Künstler waren sich der politischen Realität sehr wohl bewusst. Doch sind ihre Werke mehr als ein Gleichnis. Sie sind der Versuch, »das Dämonische in der Welt zu bannen, es zu beschwören«[40] und hinter die Fassade der NS-Schreckensherrschaft zu blicken, was vielen Künstlern mit der Formensprache des Realismus angesichts der schier unfassbaren Greueltaten, aber auch durch die Vereinnahmung konservativ-realistischer Kunst zu propagandistischen Zwecken von Seiten der Nationalsozialisten nicht mehr möglich erschien. Die Überführung der historischen Ereignisse auf eine »überzeitliche«, mythisierende Ebene war für viele das einzig mögliche Ventil, ihr Entsetzen über das nationalsozialistische Regime, ihre Angst vor Diffamierung, Verfolgung, Terror und Krieg zu verarbeiten. Den Künstlern ging es nicht primär darum, mit ihrer Kunst politisch wirksam zu sein und einer breiten Öffentlichkeit die terroristischen Züge des NS-Systems vor Augen zu führen – solch offene Kritik wäre unter der Diktatur kaum möglich gewesen. Aber auch dort, wo offener Protest möglich war, wie bei den im Exil entstandenen Arbeiten, herrschte ein individueller, symbolischer Zugriff auf die politischen Ereignisse in Deutschland und die eigene schwierige Situation vor. Gerade diese persönliche Durchdringung erlaubt es dem heutigen Betrachter, die Ausweglosigkeit, die der Einzelne angesichts der Weltpolitik damals empfinden musste, zumindest ansatzweise nachzuvollziehen. Die Bilder werden zu einem Spiegel der zeitgenössischen Erfahrungen und Ängste und damit zu einem allgemeingültigen Dokument dieser Zeit. Eindrucksvoll belegt dies ein Auszug aus einem Brief von George Grosz vom März 1945, in dem er über sein 1944 vollendetes Werk *Cain or Hitler in Hell (Kain oder Hitler in der Hölle*; Kat.-Nr. VI 4/54) schreibt: »Dies ist kein ›realistisches‹ Bild, und doch ist es historisch. Es ist eine Dokumentation unserer Zeit für künftige Generationen – vielleicht ein Alptraum. Und trotzdem: wie wahr. Und später einmal, vielleicht viel später als wir jetzt annehmen, wird dieses Bild sich als Dokument unserer Innenwelt abheben – als Abbild dieser qualvollen ›apokalyptischen‹ Jahre.«[41]

Anmerkungen

1. Vgl. Münkler 1990, S. 78–89.
2. Vgl. Benz 2000, S. 19 ff.
3. Begünstigt wurde dieser Prozess durch das am 7. April 1933 in Kraft getretene Gesetz zur Wiederherstellung des Berufsbeamtentums, durch das die NSDAP die Voraussetzung geschaffen hatte, jüdische, sozialdemokratische, kommunistische und liberale Beamte und Angestellte des öffentlichen Dienstes zu entlassen.
4. Vgl. Barron, Stephanie: 1937. Moderne Kunst und Politik im Vorkriegsdeutschland, in: Ausst.-Kat. Los Angeles/Chicago/Washington D.C./Berlin 1992, S. 9.
5. Unter den Künstlern befanden sich Jankel Adler, Hans Feibusch, John Heartfield, Heinrich Campendonk, Paul Klee sowie etwas später Felix Nussbaum, Lea Grundig, Rudolf Belling und Max Beckmann, um nur einige zu nennen. Vgl. Ausst.-Kat. Berlin 1997/98.
6. Vgl. Zuschlag 1995, S. 58 ff.
7. Vgl. Brenner 1963, S. 32 ff.
8. Vgl. Brenner 1963, S. 63 ff. sowie Hüneke, Andreas: Der Versuch der Ehrenrettung des Expressionismus als »deutsche Kunst« 1933, in: Ausst.-Kat. Berlin 1978, S. 51–53.
9. Vgl. Hitler, Adolf: Kunst verpflichtet zur Wahrhaftigkeit, Rede auf der Kulturtagung der NSDAP auf dem Reichsparteitag in Nürnberg, 5. September 1934, in: Völkischer Beobachter, 7. September 1934, S. 4.
10. Vgl. u. a. Ausst.-Kat. Los Angeles/Chicago/Washington D.C./Berlin 1992 sowie Andreas Hüneke: Bilanzen der »Verwertung« der »Entarteten Kunst«, in: Blume/Scholz (Hg.) 1999, S. 267.
11. Vgl. Held (Hg.) 1989.
12. Zur künstlerischen Auseinandersetzung mit dem Ersten Weltkrieg vgl. Jürgens-Kirchhoff 1993.
13. Vgl. Schmidt, Diether: Vorwort, in: Schmidt (Hg.) 1964, S. 5–26, hier: S. 21.
14. In einem Interview von 1954 sagte Grosz rückblickend: »Ich hatte die erste Runde verloren, boxerisch gesprochen. Ich merkte, daß auf meine Zeichnungen einfach nicht gehört wurde. Meine Warnung war sozusagen eine Warnung in den Wind gewesen.« George Grosz, 1954, zit. n. Fischer 1976, S. 107. Trotzdem schuf Grosz 1936 noch die Grafikfolge *Interregnum*, die jedoch ein Misserfolg wurde. Zu Grosz in Amerika vgl. u. a. Möckel, Birgit: »A Little Yes and a Big No«. George Grosz in Amerika, in: Ausst.-Kat. Berlin/Düsseldorf/Stuttgart 1994/95, S. 283–297, hier: S. 289.
15. Vgl. Krejsa, Michael: NS-Reaktionen auf Heartfields Arbeit 1933–1939, in: Ausst.-Kat. Berlin/Bonn/Tübingen/Hannover 1991, S. 368–378.
16. Jurkat 1993, S. 9.
17. Zu Edgar Ende vgl. u. a. Ausst.-Kat. Paderborn 1998. Erst Mitte der 1930er Jahre kam Ende in Konflikt mit der NS-Kunstdoktrin.
18. Brief von Karl Hofer an Hans Carsten Hager vom 14. Februar 1947, in: Hofer 1991, S. 275.
19. Vgl. Warnke 1992, S. 109.
20. Die Zuschreibung des Gemäldes *El Coloso (Der Koloss)* an Goya ist umstritten. Das Museo Nacional Del Prado in Madrid geht in jüngster Zeit von der Annahme aus, dass das Gemälde Asensio Juli zugeschrieben werden muss, einem Schüler und Mitarbeiter Goyas.
21. Parallelen lassen sich auch zu Thomas Hobbes *Leviathan or the Matter, Form and Power of a Commonwealth Ecclesiastical and Civil* (1651) ziehen. Auf dem Frontispiz von dessen staatstheoretischer Schrift ist eine Weltenlandschaft zu sehen, die vom Oberkörper eines bekrönten, mit Schwert und Bischofsstab ausgestatteten Riesen überragt wird. Der Körper des Giganten setzt sich aus einer Vielzahl von Menschen zusammen, deren anarchische Natur durch den Souverän gebündelt und beherrscht wird (vgl. Abb. 5, S. 119). Diese Stärke hat die Nation bei Schlichter eingebüßt. Zu Hobbes' *Leviathan* vgl. Bredekamp 2006.
22. Zu einer ausführlichen Interpretation und Genese des Bildes vgl. Peters 1998, S. 233 ff.
23. Vgl. Bartmann, Dominik: Der Hitlerstaat – Zeller im Nationalsozialismus, in: Ausst.-Kat. Berlin 2002/03, S. 111–119, hier: S. 116, 119.
24. Vgl. Weber, Stephan: Eine Annäherung an Hans Grundig anlässlich seines 100. Geburtstages, in: Weber 2001, S. 9–76, hier: S. 53.
25. Vgl. zum Triptychon u. a. Gärtner, Hannelore: »Das tausendjährige Reich« von Hans Grundig, in: Held (Hg.) 1989, S. 165–177; Ausst.-Kat. Dresden 2001.
26. Vgl. Grundig 1978 [1958], S. 171.
27. Vgl. Olschanski 2001, S. 100.
28. Vgl. Hoffmann, Karl Ludwig: Antifaschistische Kunst in Deutschland. Bilder, Dokumente, Kommentare, in: Ausst.-Kat. Karlsruhe 1980, S. 34–77, hier: S. 57 f.
29. Vgl. Grundig, Lea: Über die schöpferische Phantasie, in: Dezennium 2. 20 Jahre VEB Verlag der Kunst, Dresden 1972, S. 52, zit. n. Ausst.-Kat. Karlsruhe 1980, S. 34–77, hier: S. 58.
30. Vgl. Kayser 1960, S. 137.
31. Vgl. Schulze 1991, S. 181 ff.
32. Interessant ist, dass sich die NS-Kunst ebenfalls der Form des Triptychons wie auch anderer religiöser und mythischer Themen bediente.
33. Vgl. Schulze 1991, S. 37 ff.
34. Zu den Kriegsdarstellungen von Dix vgl. Conzelmann 1983.
35. Vgl. Ausst.-Kat. Hamburg 1992/93.
36. Vgl. Ausst.-Kat. Berlin/New York 1996/97.
37. Vgl. Möckel, Birgit: »A Little Yes and a Big No«, in: Ausst.-Kat. Berlin/Düsseldorf/Stuttgart 1994/95, S. 119, 283–297; Eckmann, Sabine: George Grosz in New York, 1933–45, in: Ausst.-Kat. Berlin 1997/98, S. 286–295, hier: S. 290.
38. Vgl. Olschanski 2001, S. 40, 76 f.
39. Vgl. Eckmann, Sabine: Felix Nussbaums ästhetische Strategien im Exil. Hybride Erinnerungen und radikaler Illusionismus, in: Ausst.-Kat. Osnabrück 2004, S. 123–131, hier: S. 128 f.
40. Kayser beschreibt mit diesem Ausdruck die Nutzung der Groteske, vgl. Kayser 1960, S. 139.
41. Brief von George Grosz an Estelle Mandel vom 15. März 1945, in: Knust (Hg.) 1979, S. 346.

Auf tönernen Füßen

Max Beckmann und Rudolf Schlichter zwischen den Weltkriegen

OLAF PETERS

Die Maler Max Beckmann und Rudolf Schlichter reflektierten bildnerisch auf sehr unterschiedliche und doch mitunter überraschend vergleichbare Weise die zeitgeschichtlichen Umbrüche in den ersten Jahrzehnten des 20. Jahrhunderts. Drei markante Abschnitte der deutschen Zeitgeschichte wurden von den Künstlern durchlebt und in den Blick genommen, Spielräume der ästhetischen Reflexion des jeweiligen zeitgeschichtlichen Kontextes dabei auf exemplarische Weise ausgelotet. Sie verarbeiteten die Weltkriegsniederlage und revolutionäre Gründung der Weimarer Republik sowie die politische Krise eines erstarkenden paramilitärisch organisierten Extremismus zum Ende der Goldenen Zwanziger. Die Entwicklung kulminierte in der die Demokratie zerstörenden Machtübergabe an die Nationalsozialisten und der Entfesselung des Zweiten Weltkrieges, die Beckmann und Schlichter unter völlig anderen Bedingungen erlebten.

Auftakt: Der Schock der Niederlage
Aufgefordert, eine »schöpferische Konfession« zu formulieren, legte Max Beckmann in der Endphase des Ersten Weltkrieges sein *Bekenntnis* ab, das bittere Züge trägt.[1] Der Beitrag, der erst 1920 veröffentlicht werden konnte, wurde von einem Maler verfasst, der sich freiwillig als Sanitätssoldat gemeldet und wenig später einen Zusammenbruch erlebt hatte, in dessen Folge er nicht mehr zu seiner jungen Familie, sondern zu Freunden nach Frankfurt zurückkehrte. Hier wandelte sich seine Bildsprache radikal. Er ließ eine Art »monumentalen Spätimpressionismus« hinter sich, um zu einer anfänglich expressionistisch und veristisch gefärbten Neuen Sachlichkeit vorzustoßen, als deren zentraler Vertreter er 1925 in der gleichnamigen und namengebenden Mannheimer Ausstellung von Gustav Friedrich Hartlaub figurierte.[2]

Der gravierende Stil- und Bewusstseinswandel Beckmanns drückte sich auch sprachlich aus: »Ich glaube, dass ich gerade die Malerei so liebe, weil sie einen zwingt sachlich zu sein. Nichts hasse ich so wie Sentimentalität. Je stärker und intensiver mein Wille wird, die unsagbaren Dinge des Lebens festzuhalten, je schwerer und tiefer die Erschütterung über unser Dasein in mir brennt, um so verschlossener wird mein Mund, dieses schaurig zuckende Monstrum von Vitalität zu packen und in glasklare scharfe Linien und Flächen einzusperren, niederzudrücken, zu erwürgen. Ich weine nicht, Tränen sind mir verhasst und Zeichen der Sklaverei. Ich denke immer nur an die Sache.«[3] Diese Position, für die er selbst den Begriff »transzendente Sachlichkeit« prägte, ist gleichermaßen Verabschiedung einer mit dem Weltkrieg untergegangenen, aus seiner Sicht zuvor bereits materialistisch »angekränkelten« Epoche wie künstlerisches Programm.

Beckmann wollte den aus seiner Sicht sentimentalisch-dekorativen mystisch-abstrakten Expressionismus überwinden und den Menschen ein schonungslos sachliches »Bild ihres Schicksals« geben. Wie drastisch dieses ausfiel, verdeutlicht das frühe Hauptwerk *Die Nacht* von 1918/19 (Abb. 2, S. 90), das die gewalttätige Realität in das klaustrophobische Ensemble einer überfüllten nächtlichen Dachkammer projiziert.[4] Ein Mann wird von Eindringlingen gelyncht, während seine offensichtlich geschändete Frau gefesselt ist und wie ihr Sohn das schaurige Spektakel in passiver Hilflosigkeit mit ansehen muss. Persönliches Schicksal – es ist Beckmanns eigene Familie, die hier auseinandergerissen wird – und Zeitgeschichte – es sind ein eher bürgerlich und ein eher »proletarisch« charakterisierter Täter als Kombattanten der bürgerkriegsähnlichen Wirren auszumachen – werden vom Maler in der dichten, sperrigen Komposition miteinander verschränkt.[5] Stilistisch bemüht sich der Künstler um eine zeitgemäße Kombination von spätmittelalterlichem Detailfanatismus und kubistischer Raumerfahrung. Dabei wird das Betrachten dieses und anderer Bilder der Zeit aufgrund von abrupten Brüchen des Raumkontinuums, spitzwinkligen Torsionen und einer mitunter wie entzündet wirkenden Farbigkeit selbst zu einer schmerzhaften anschaulichen Erfahrung.

1 Max Beckmann, Die Büchse der Pandora · 1936 und 1947/48
Kohle, Aquarell und Gouache auf Aquarellpapier auf Karton · 48,5 x 61,1 cm
Washington D.C., National Gallery of Art

2 Max Beckmann, Die Nacht, 1918/19
Öl auf Leinwand · 133 x 154 cm · Düsseldorf, Kunstsammlung Nordrhein-Westfalen

Paradigmatisch kommt dies in dem eindringlichen *Selbstbildnis vor rotem Vorhang* aus dem Jahre 1923 zum Ausdruck.[6] Beckmann steht durchaus selbstbewusst, wenn auch etwas steif in Abendgarderobe vor einem roten Vorhang, während ein Stuhl nah an ihn herangerückt ist und ihn Vorhang, Kordeln und Bilderrahmen bedrängen. In der rechten, expressiv gespreizten Hand hält er einen Zigarrenstummel, und seine Fingernägel glühen vor dem weißen Hemd regelrecht auf. Der nach hinten geworfene, fein gemusterte Schal verbindet sich hinter dem Genick des Künstlers mit einer Kordel des Vorhanges und legt sich wie ein Strick um seinen Hals, wodurch die ungesicherte Existenz des Künstlers pointiert wird.

Beckmann zielte mit diesen neuen Arbeiten auf eine breite Öffentlichkeit und wollte zur Präsentation seiner Werke einen speziellen Ausstellungsraum schaffen. Die Idee beschäftigte ihn bereits 1917 im Zusammenhang mit der nicht vollendeten zweiten *Auferstehung*: »Ich will noch vier so große Bilder malen, dazu moderne Andachtshallen bauen.«[7] Und im bereits zitierten *Bekenntnis* von 1918 heißt es: »Das ist ja meine verrückte Hoffnung, die ich nicht aufgeben kann und will. Einmal Gebäude zu machen zusammen mit meinen Bildern. Einen Turm zu bauen, in dem die Menschen all ihre Wut und Verzweiflung, all ihre arme Hoffnung, Freude und wilde Sehnsucht ausschreien können. Eine neue Kirche.«[8]

Während Beckmann vor dem Hintergrund seines Konzeptes einer »transzendenten Sachlichkeit« eine »neue Kirche« vorschwebte, mit der die Erfahrung des Weltkrieges und der Verlust tradierter Werte kompensiert werden könnten, verhöhnten die Berliner Dadaisten die überlieferten Institutionen wie Staat und Kirche. Künstlerisch schlossen sie sich teilweise der revolutionären Kunst in Russland an und propagierten Tatlins »Maschinenkunst«. In ihr wurde das traditionelle Rollenverständnis des Künstlers zugunsten seines neuen Status als montierendem Ingenieur aufgekündigt. Auf der *Ersten Internationalen Dada-Messe* 1920 in Berlin wurde dies offen propagiert und in Form großformatiger Collagen vorgeführt, etwa von Hannah Höch, die eine pointierte zeitgeschichtliche Zuspitzung lieferte.[9]

Die politische Stoßrichtung der Berliner Dadaisten erklärt auch die Teilnahme mehrerer späterer Veristen an der Ausstellung: Otto Dix taucht hier ausnahmsweise auf und ist mit seinem Hauptwerk, den heute verlorenen *Kriegskrüppeln* (auch *45 % erwerbsfähig* genannt) vertreten; George Grosz lieferte Gemälde, Collagen, Zeichnungen und Plakate, während Georg Scholz und Rudolf Schlichter in der Metropole mit karikaturartig grotesken, überscharf gezeichneten Arbeiten reüssierten.[10] Carl Einstein hielt in einem frühen *Kunstblatt*-Artikel fest: »Man ist der alten Mittel müde, sie erscheinen zu schwach; und dann Zweifel gegen das was man Malerei nennt. Das Ende der Malerei und ihrer Mittel wird erkannt. Eines stelle ich vor

3 Otto Dix, Der Schützengraben, 1920–1923
Öl auf Leinwand · 227 x 250 cm · Standort unbekannt

allem fest: Leute wie Schlichter sind endgültig der Palauakademie des antiquierten Expressionism entronnen. Ein Mann wie Schlichter interessiert sich nicht mehr für schöne Nuditäten um ihrer selbstwillen; dies ist ein veralteter Schwindel, der von vielen Expressionisten ohne Rücksicht auf selbst bescheidenen Intellekt aufgeakelt wurde.«[11] Das nicht-malerische, zeichnerische Talent Schlichters wurde hier ebenso prägnant und bissig herausgestellt wie die generelle Tendenz der Abwendung vom Expressionismus.

Ein skandalöses Werk der Dada-Ausstellung ist Schlichters Zusammenarbeit mit John Heartfield zu verdanken: *Der preußische Erzengel* schwebte als schmerzhaft verdrehte Effigie des verhöhnten Drückebergers – nicht des »Frontschweins« wie in dem zeitgleich von Dix konzipierten *Schützengraben* von 1920 bis 1923[12] (Abb. 3) – mit Offiziersuniform und Schweinsmaske aus Pappmaché unter der Decke, wie man auf den gut dokumentierten Ansichten des zentralen Ausstellungsraumes erkennen kann. Auf der Bauchbinde der Figur stand: »Vom Himmel hoch, da komm' ich her« und auf einem angebrachten Schild: »Um dieses Kunstwerk vollkommen zu begreifen, exerziere man täglich zwölf Stunden mit vollgepacktem Affen und feldmarschmäßig ausgerüstet auf dem Tempelhofer Feld.« Die vor allem gegen das Bürgertum gerichtete Anti-Kunst, die sich bei Schlichter auch in der ironischen »Verbesserung antiker Meisterwerke« manifestierte, war in dem von bürgerkriegsähnlichen innenpolitischen Zuständen gezeichneten Berlin eindeutig politisch ausgerichtet, sei es in Form der gezielten Provokation, wie bei Schlichter und seinem Mitstreiter Heartfield, sei es in Form der Collage *Schnitt mit dem Küchenmesser Dada durch die letzte Weimarer Bierbauchkulturepoche Deutschlands* von Hannah Höch. Umso erstaunlicher war die politische Richtung, die Einzelne in den nächsten Jahren einschlugen.

Abwendung von Weimar:
Kunst und »Konservative Revolution«

»Wo hat Kunst ihre stärksten Wurzeln, ihre stärkste Verbundenheit! Ich möchte antworten: Im Religiösen und Nationalen, den beiden elementarsten Lebensmächten und nicht, wie vielfach geglaubt wird, im Sozialen, das für künstlerisches Gestalten zweitrangig ist.«[13] Mit dieser Ansicht, die Rudolf Schlichter 1930 in Paul Westheims renommiertem *Kunstblatt* mitteilte, wurde einer größeren Öffentlichkeit klar, dass sich der ehemalige Dadaist und Verist in ein anderes Fahrwasser begeben hatte. In Schlichters 1931 veröffentlichtem Text *Zwischenwelt* fiel die Ablehnung des Früheren noch vehementer aus. Hier sprach der Maler und Schriftsteller von den »ätzenden Säuren eines zerebralen, sachliche Lebensbewältigung vorschwindelnden Intellektualismus« und den »zersetzenden Fiktion[en]« der Berliner Nachkriegszeit.[14] Damit waren Dadaismus und Kommunismus als künstlerische und politische Formen ad acta gelegt und Katholizismus und Nationalismus die Optionen der Gegenwart, die Schlichter auch vehement ergriff. Sein Freund George Grosz schrieb 1930 etwas verwundert an Mark Neven DuMont: »Dann waren jetzt die neuen Reichstagswahlen, wo die Nationalsozialisten enorm zugenommen haben. Was allgemein erwartet wurde. Diktaturgerede geht immer mehr um. Wenn, kommts bei uns auf sogenanntem kaltem Wege. Diese Leute ziehen augenblicklich viele in ihren Bann. Mein alter Freund Schlichterrudi ist auch umgeschwenkt, und sein bester Freund ist derzeit jener Ernst v. Salomon, der beim Rathenaumord mithalf. Tolle Welt, kann man da nur sagen. Die Jungs, die sich in die Hose schissen wenn nur eine Flinte knallte, werden auf einemmale heroisch und beten das mytisch=nationale Blutopfer an. Rätselhaftes Deutschland…«[15]

Auch wenn Grosz hier glaubt Schlichters religiöse und politische Konversion ironisch geißeln zu müssen: Er selbst wandelte in diesen Jahren seine Kunst und verpflichtete sie auf eine deutsche, zeichnerische Tradition.[16] So kann man auch bei Grosz eine Akzentverschiebung, eine zeitweilige politische Mäßigung und die Aufgabe radikaler ästhetischer Errungenschaften der Avantgarde feststellen. Allerdings sollte er nach 1933 – wie Dix, Hubbuch und auch Schlichter – in der Lage sein, den propagierten Traditionalismus kritisch gegen die neuen Machthaber zu wenden. Der Hinweis auf den Lagerwechsel seines alten und zukünftigen Freundes »Schlichterrudi« traf allemal zu.

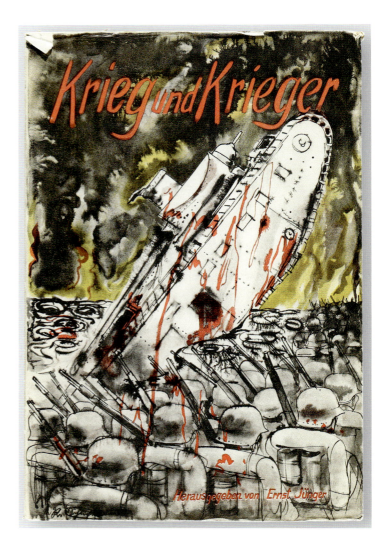

4 Rudolf Schlichter, Krieg und Krieger, 1930 · Kat.-Nr. IV 1/6

Bereits um 1929 hatte Schlichter ein Porträt des Schriftstellers und radikalnationalistischen Publizisten Ernst Jünger gemalt, das diesen im Anzug mit Fliege vor einem symbolträchtigen blutroten Hintergrund[17] sowie mit nachdenklichem, in sich gekehrtem Blick und verschränkten Armen zeigt. 1930 erschien der von Ernst Jünger herausgegebene Sammelband *Krieg und Krieger,* dessen bemerkenswerten Umschlag ebenfalls Rudolf Schlichter aquarelliert hatte (Abb. 4; Kat.-Nr. IV 1/6). Ein blutiges Rot und ein schwefeliges Gelb beherrschen farblich die unwirkliche Szene. Eine endlose Reihe deutscher Soldaten strebt diagonal durch die apokalyptische Landschaft an einem zerschossenen britischen *Tank* vorbei, der sich wie ein urzeitliches Ungeheuer aufbäumt und als archaisches Denkmal drohend in den Boden gerammt ist. Der Band enthält wichtige Texte, etwa Jüngers *Die totale Mobilmachung* oder Werner Bests *Der Krieg und das Recht,* der einem ungehemmten, auf bloße Macht gestützten Dezisionismus das Wort redet.[18] Der Sieger entscheidet, erschafft das Recht, das für Best die zeitweilige »Abmarkung des Ergebnisses des gerade voraufgegangenen Kampfes« ist.[19]

In dieser Zeit entstehen weitere Porträts, etwa von Arnolt Bronnen und Ernst von Salomon, die zusammen mit dem intensiven Bertolt-Brecht-Porträt von 1926 und dem verlorenen Alfred-Döblin-Bildnis von 1927 eine heute durchaus kurios anmutende Reihe politisch gegensätzlich orientierter literarischer Schlüsselfiguren ergeben. Aber die ideologischen Grenzen waren selbst in der letzten Phase der Weimarer Republik, zumindest in diesen künstlerisch-intellektuellen Zirkeln, fließend und durchlässig; man schlug sich nicht gegenseitig tot, wie das auf der Straße vom Fußvolk der Parteien mit immer größerem Erfolg praktiziert wurde. Zusammen mit Bronnen und von Salomon stieß Rudolf Schlichter in der Silvesternacht 1932 in der Wohnung Brechts »auf einen glücklichen unblutigen Rechtsputsch« an.[20] Gleichzeitig mischten sich in Schlichters Bildwelt zunehmend apokalyptische Züge. Er zeichnete und malte den *Untergang von Atlantis* (vgl. Kat.-Nr. IV 1/7) und erging sich in blutigen Zerstücklungsfantasien, die an Alfred Kubin erinnern, und die man auch als Reflexe der sich zuspitzenden innenpolitischen Konfrontation lesen möchte. Der *Mord an der chinesischen Mauer* von 1932 deutet die zeitgleiche innenpolitische Gewalt, die Schlichters Freund Grosz mit der »Abendröte« eines »überalterten Liberalismus« und dem »Endkampf um die Macht« in Verbindung brachte,[21] metaphorisch als asiatisches Massaker, und das großformatige Aquarell *Zerstörung des Fleisches* von 1930 verschränkt Lustmord, Kannibalismus und Massaker zu einem zarten Menschenbrei unter einer ins Fahle changierenden blutroten Abendsonne.[22]

Bei Schlichter gingen provozierend geäußerte, revolutionäre politische Tagesüberzeugung, Lebenskrisen überwindende Verortung in einem traditionellen religiösen Weltbild und blutige künstlerische Vision in der Endphase Weimars eine eigentümliche Mischung ein. Die Suche nach festen tradierten oder neu zu errichtenden Werten jenseits des in den Untergang ziehenden Blutrausches – in dem Blatt *Ertrinkender sieht Schönheit* ersteht denn auch das zu Dada-Zeiten verlachte antike Ideal wieder auf – war dabei das entscheidende Motiv vielleicht eines überwiegenden Teils dieser »Generation der Sachlichkeit«.[23]

Max Beckmann hielt im August 1925 in einem kurzen Gespräch mit seiner zweiten Frau Quappi, in dem es um religiöse Fragen ging, abschließend fest: »die Hauptsache ist, daß du glaubst«.[24] Man könnte diese Episode für belanglos halten, doch ist sie es nicht, vielmehr zeigt sich hier früh ein unbedingter Wille Beckmanns, glauben zu wollen. Zwei Jahre später identifizierte der Maler die Menschheit angesichts der Tatsache, dass an der Nichtexistenz Gottes nicht mehr zu zweifeln sei, selbst mit Gott: »Zerschlagen liegen die alten Götter, unwahr und dunkel führen die alten Kirchen im Dämmerlicht ein trügerisches Scheindasein. Ernüchtert und glaubenslos starrt die zum Mann herangereifte Menschheit in öde Leeren und ist sich ihrer Kraft noch nicht bewusst.«[25] Für Beckmann lag die Lösung des von ihm als existentiell wahrgenommenen Problems des Werte- und Glaubensverlustes in einer voluntaristischen Überwindung der Krisensituation. Dabei sollte zunächst eine kleine Gruppe herausragender Individuen das Heft in die Hand nehmen, die Menschheit zur Einheit zusammenzwingen, die zwischenstaatlichen Konflikte überwinden, neue Werte im Sinne transzendenter Ideen setzen und die Menschen schließlich zur »Selbstverantwortung« erziehen.[26]

Beckmann stilisierte sich selbst ostentativ in dieser Rolle, und das besaß politische Brisanz. Er ersetzte kurzerhand den 1925 verstorbenen Reichspräsidenten Friedrich Ebert durch seine eigene Person, wenn er in seinem berühmten *Selbstbildnis im Smoking* von 1927 ein bekanntes, annähernd formatgleiches und kompositorisch identisches Ebert-Porträt von Lovis Corinth aus dem Jahre 1924 paraphrasierte.[27] Seine Ideen von der Rolle des Künstlers im Staat wurden in der Zeitschrift *Europäische Revue* veröffentlicht, die von Karl Anton Prinz von Rohan herausgegeben wurde. Rohan, der sich von Beckmanns überzogen wirkenden Äußerungen in Form einer Vorbemerkung distanzierte, sympathisierte mit dem italienischen Faschismus und dem Nationalsozialismus, den er als »antimarxistische Gegenrevolution« begrüßte. Er hing zeitweilig der Idee eines unter deutsch-österreichischer Hegemonie stehenden, aber geeinten Europas an und gehörte zum informellen antidemokratischen Netzwerk der »Konservativen Revolution«.[28] Beckmann unterhielt zu diesen Kreisen Kontakte und vertrat in den späten 1920er Jahren Ansichten, die einen massendemokratischen Affekt verraten. Man kann sagen: In der zweiten Hälfte der Weimarer Republik ging Beckmann, aufgrund nationalistischer Dispositionen und eines emphatisch-elitären Künstlerselbstverständnisses, eine zeitweilige, mit Blick auf die eigene Karriere mitunter taktisch motivierte Allianz mit antidemokratisch gesinnten Kreisen ein, denen er immer wieder auch spitz und selbstbewusst gegenübertrat. Schließlich zeigte er sich vom Kreis um Rohan und der Nationalsozialistin Lilly von Schnitzler angewidert, ohne in der NS-Zeit auf den Verkauf von Bildern an die einflussreiche Sammlerin zu verzichten. Beckmanns inzwischen als »entartet« geltende Gemälde hingen auch noch während der ersten Hälfte des Zweiten Weltkrieges in dem von hochrangigen NS-Funktionären regelmäßig frequentierten Berliner Salon der Schnitzlers.[29]

Optionen angesichts des »Kunstterrors«:
»Innere Emigration« und Exil

»Lieber Herr Franke, [...] – Außerdem bitte ich Sie die Ausstellung am 12. möglichst zu unterlassen oder nur ein paar *sehr* diskret ausgewählte Sachen auszustellen. – Es hat *keinen* Zweck die ganze Geschichte schon zur Discussion zu bringen damit müssen wir noch *ein* Jahr warten. Es könnte sonst verschiedenes *sehr* Günstiges (von dem ich Ihnen gelegentlich erzählen werde) was aber noch in der Entwicklung ist wieder abbrechen und das wäre *sehr* schade. – *Ich übersehe eben den Stand der Dinge genauer* und bin *sehr* guten Mutes und *sehr* informiert!! Aber wie gesagt. *Keine* Ausstellung machen die unnötigen Lärm verursacht. Es sind eben Dinge u. Kräfte am Werk die uns *sehr* nützen werden, die aber mit Sicherheit verhindert werden, wenn wir eben unnötigen Lärm schlagen.«[30]

Mit diesen Sätzen versuchte Max Beckmann 1934 seinen Münchner Kunsthändler davon abzubringen, den anstehenden fünfzigsten Geburtstag des Malers mit einer Präsentation seiner Werke in München zu feiern und so die Augen der Machthaber auf den Künstler zu lenken: »Ich persönlich glaube, daß das Loslassen von Programmen und Manifesten noch verfrüht ist. – Ich halte ein langsames stilles Hineinwachsen in die Zeit für richtiger – ohne dabei irgend etwas von seinem persönlichen Glauben aufzugeben.«[31] Zu diesem Zeitpunkt tobte innerhalb der nationalsozialistischen Führung ein Richtungskampf um die zukünftige Kulturpolitik, der noch nicht entschieden und dessen Ausgang zu diesem Zeitpunkt noch offen war oder erscheinen musste. Beckmann, der bereits auf der Biennale in Venedig 1930 mit seinem großformatigen, heute verlorenen Gemälde *Der Strand* (1927) die Kritik der italienischen Faschisten auf sich gezogen hatte,[32] übersiedelte bereits in der Endphase der Weimarer Republik und mit der nationalsozialistischen Machtübernahme in die Großstadt Berlin und in das oberbayerische Albstadt. Er verlor am 15. April 1933 seine Malereiprofessur an der Städelschule in Frankfurt und verstummte angesichts der Entwicklungen weitgehend. Vereinzelt kann man Beckmanns Äußerungen als notorische Selbstüberschätzung eines Malers werten, der sich über die Entwicklungen der Zeit im Unterschied zu seinen Briefpartnern im Klaren wähnte, wie dies auch in dem Brief an seinen Händler Franke deutlich wird. Die Kontakte zu vermeintlich gut informierten Parteigängern wie Lilly von Schnitzler mögen bei Beckmann Illusionen genährt haben, dass er eines Tages in Deutschland reüssieren könne. Doch bis auf Carl Linferts umfangreichen Aufsatz des Jahres 1935 *Beckmann oder das Schicksal der Malerei,* der in der *Neuen Rundschau* bereits mit dem Ziel veröffentlicht wurde, an Künstler zu erinnern, die in Vergessenheit zu fallen drohten,[33] boten sich Beckmann kaum noch Spielräume und er reagierte mitunter sarkastisch: »Heute ist wieder strahlender Frühlingstag zu Ehren des Führers mit vielen Hakenkreuzflaggen. Es ist doch eine herrliche Zeit zu leben, wie Tante Kity schreibt.«[34] Mit der Ausstellung *Entartete Kunst* in München, in der der Maler umfangreich vertreten war,[35] war sein Schicksal in Deutschland besiegelt, und das Ehepaar nutzte die Gelegenheit der Übersiedlung nach Amsterdam.[36] Hier schuf Beckmann in zehn Jahren ein umfangreiches Werk, bevor er 1947 in die USA übersiedelte. Nach Deutschland kehrte er trotz Aufforderungen nicht mehr zurück.

Aus mehreren Quellen geht hervor, dass Rudolf Schlichter sich 1933 kunstpolitisch zu positionieren versuchte und am »Dritten Reich« teilhaben wollte. Seinem Bekannten, dem mit den Nationalsozialisten sympathisierenden Maler Franz Radziwill, schrieb er eine Karte mit der bezeichnenden Bitte: »Ich gab Dir seinerzeit das Kunstblatt mit dem Artikel von mir über Künstler u. Kritik, wo ich zum Entsetzen der Linksspießer meine Bejahung der religiösen u. nationalen Wurzeln der Kunst verkündete. Kannst Du mir das Heft schicken? Ich könnte es sehr gut brauchen, zur Legitimation gewissen Leuten gegenüber.«[37] Offensichtlich bemühte sich Schlichter darum, den neuen Machthabern seine künstlerische Position zu vermitteln und dabei deutlich zu machen, dass er einen fundamentalen Bruch mit dem revolutionären dadaistischen und veristischen Frühwerk der Weimarer »Systemzeit« vollzogen hatte. Gegenüber Radziwill meinte Schlichter zudem die antisemitische Karte spielen zu müssen und ließ sein Schreiben mit den Sätzen beginnen: »Heil u. Sieg. Endlich ist so geräumt worden, wie wir es schon lange wünschten. Nunmehr werden sich die frechen Schmutzer in ihre Löcher verkriechen u. die Zugehörigkeit zu irgend einem alljüdischen Kunsttrödelladen ist Gott sei Dank nicht mehr als Legitimation für Begabung notwendig.«[38]

Legitimatorische Funktion sollte auch eine Denkschrift besitzen, die Schlichter gemeinsam mit dem Maler Wilhelm Wenger unter dem bezeichnenden Titel *Grundsätzliches zur deutschen Kunst* formulierte.[39] Typisch für Schlichter ist der Ansatz, die zeitgenössische Situation in eine umfassende historische Perspektive zu rücken. Schon mit dem ersten Satz wird der revolutionäre Bruch von 1789 als Ursache für den Verlust einer einheitlichen europäischen Kultur benannt. Zwar sei der politische Geist durch die Machtübernahme vorerst ausgetrieben, aber der schädliche Einfluss der liberalen Ideen der Französischen Revolution noch lange nicht beseitigt. Aufgabe auch der Kunst sei es deshalb, einen neuen Menschen zu schaffen, »der Träger einer neuen totalen Kultur werden muss, wenn er seinen rassischen Führeranspruch durchhalten will«.[40] Künstlerische Basis dieses Unternehmens habe dabei die kritische, lineare Form eines an der altdeutschen Malerei geschulten Realismus zu sein, der sich namentlich an Altdorfer, Dürer oder Grünewald zu orientieren habe und eine »deutsche Formung« verwirkliche. Diese wiederum werde einen neuen deutschen Menschen auf der »Grundlage einer neuen, deutschen und weltgeltenden Volkskultur schaffen«.[41] Über die ästhetische Form sollte eine geschlossene Gesellschaft formiert werden.

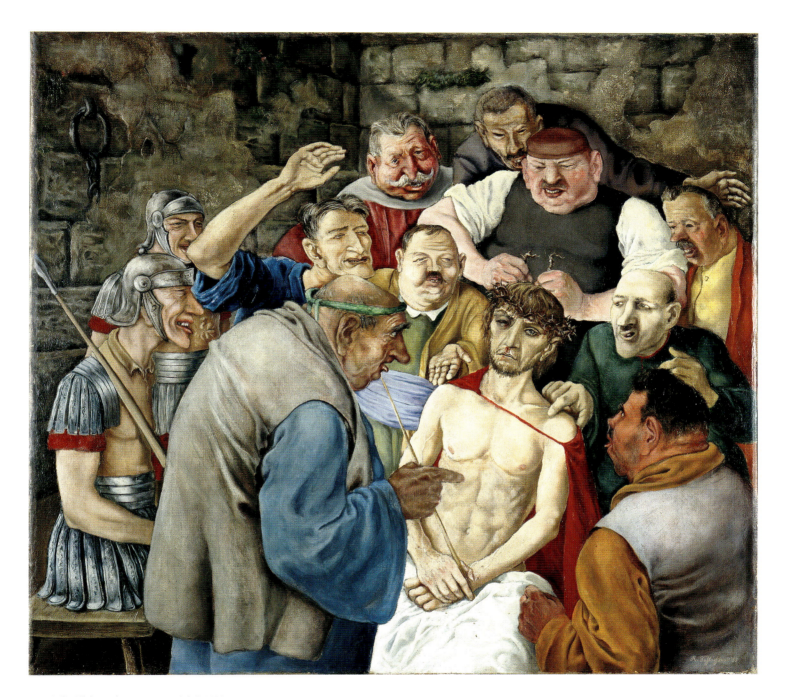

5 Rudolf Schlichter, Die Verspottung Christi, 1933
Öl auf Leinwand · 70,5 x 78 cm · Stuttgart, Kunstmuseum Stuttgart

1933 bemühte sich Schlichter, wenn auch vergeblich, Zugang zu der sich neu formierenden deutschen kulturellen Landschaft zu erhalten. Für einen ehemaligen Dadaisten und kritischen neusachlichen Künstler war das in der Tat eine drängende Frage der weiteren Existenz, denn alle wichtigen Vertreter der linken Neuen Sachlichkeit verloren ihre Professuren – sofern sie, anders als Schlichter, welche innehatten – sowie ihre Ausstellungsmöglichkeiten und zogen sich in der Konsequenz erst einmal zurück. Der auf der eigenen Existenz lastende Druck mag die extreme Form der Anbiederung in Form einer, freilich wohl nie abgeschickten, Denkschrift und die selbst als massiv empfundene Notwendigkeit der Legitimation erklären. Doch die Ernüchterung trat schnell ein. Schlichter zog sich in die »innere Emigration« zurück, stellte kaum mehr aus, und seine Kunst wandelte sich zu einem deutsch konnotierten, durchaus kritischen Traditionalismus. Exemplarisch verdeutlichen mag dies das Bild *Die Verspottung Christi* von 1933 (Abb. 5, S. 95), das in thematischer Annäherung an Grünewalds berühmte Münchner Tafel von 1504/05 das Thema trotz flankierender römischer Soldaten insofern aktualisiert, als es sich bei den Schergen um identifizierbare Zeitgenossen handelt, die dem Ehepaar Schlichter das Leben in der Kleinstadt Rottenburg am Neckar unmöglich zu machen versuchten. Ernst Jünger sah auf diesem Bild das »ganze Untermenschentum [...] beisammen«[42], und Schlichter sollte auf das hier zugrundeliegende dialektische Bildschema der scharfen Kontrastierung von Gut und Böse, Hässlich und Schön, Edel und Gemein immer wieder zurückgreifen. *Sie starb daran* von 1945 (Abb. 6; Kat.-Nr. VIII/9) zeigt einen betrauerten Frauenleichnam auf einem Rasenstück, hinterfangen von der schweigenden Wand monströser Henkersknechte. In *Der Mord an Gott* (1945) lässt Schlichter den SS-Führer Heinrich Himmler auf den gebundenen Jesus Christus einreden. Beide sind von den teilweise ins Fantastische verzerrten Menschheitsverbrechern umringt, welche die Exzesse des Nationalsozialismus zu verantworten haben.

Rudolf Schlichter war einer der wenigen deutschen Künstler nach 1945, die den Holocaust unter Rückgriff auf etablierte Bildformulierungen direkt thematisierten und sich mit dem Verschweigen der Schuld oder auch Mitschuld nicht abfinden konnten.[43]

Während des Krieges sind es vor allem die Zeichnungen zur Messingstadt aus *1001 Nacht*, in denen Schlichter den Weltkrieg und die Greueltaten mit feinen, scharfen Strichen und sezierender Präzision metaphorisch erfasst. »Dieses geheimnisvolle Märchen handelt von der Vergänglichkeit aller Macht, von der Hinfälligkeit menschlicher Größe, von der Eitelkeit menschlichen Strebens und von der furchtbaren Majestät des Todes.«[44] Mit diesen Worten hat Schlichter selbst den Inhalt der Erzählung gedeutet, und angesichts der zeitgeschichtlichen Realität stellte dies für die nationalsozialistischen Machthaber ein Menetekel dar.

Auch Max Beckmann beschäftigte sich mit dem Thema und schuf 1944 das große Ölbild *Messingstadt*.[45] Doch vor allem die Illustrationen zu Johann Wolfgang von Goethes *Faust II* zeigen als zeichnerisches Hauptwerk der frühen 1940er Jahre einen ähnlich starken zeitgeschichtlichen Bezug wie Schlichters Illustrationen.[46] Das Medium der Zeichnung für die Illustration historischer Texte, die für die Gegenwart kritisch aktualisiert wurden, erwies sich für Schlichter und Beckmann mitten im Zweiten Weltkrieg als probates Mittel, sich dem Grauen der Wirklichkeit kritisch zu stellen. Dabei erwiesen sich die verdichtete Schilderung und die Reflexion von Zeitgeschichte im Rückgriff auf die künstlerische und geistesgeschichtliche Tradition einmal mehr als mögliches und adäquates Mittel der Krisenbewältigung und der verarbeitenden Erfahrung.

Nach dem Ersten Weltkrieg hatten Beckmann und Schlichter zunächst unterschiedliche Wege eingeschlagen. Beckmann versuchte der sich bereits vor dem Weltkrieg abzeichnenden Krise seiner Kunst durch die Doppelstrategie des Traditionsbezuges einerseits und der Auseinandersetzung mit der Moderne anderseits zu begegnen; der Krieg fungierte bei ihm als Katalysator. Schlichter radikalisierte sich nach der Akademiezeit dagegen politisch und künstlerisch, indem er zum Kommunisten und Dadaisten wurde. Im Verlauf der 1920er Jahre wurden beide Künstler zu Protagonisten der Neuen Sachlichkeit, verfolgten jedoch unterschiedliche künstlerische Konzepte. Gemeinsam waren ihnen eine verstärkte politische Ausrichtung nach rechts, Kritik an der Weimarer Republik und Kontakte zur »Konservativen Revolution«. Mit der Machtübernahme der NSDAP verloren beide Künstler die Möglichkeit der Teilhabe an der sich neu formierenden Kunstlandschaft. Zwar verhielten sie sich zunächst abwartend und schlossen eine Beteiligung am neuen Staat nicht aus, doch erhielten beide dazu keine Gelegenheit, sondern wurden als »entartet« diffamiert. Aufgrund seiner internationalen Orientierung gelang Beckmann 1937 der Weg ins Exil und ab 1947 die erfolgreiche Fortsetzung seiner Karriere in den USA. Schlichter blieb aufgrund seines betont nationalen Stilidioms an Deutschland gebunden, ging in die »innere Emigration« und reüssierte nach 1945 mit einer abendländisch fundierten Kulturkritik.

Epilog: Pandora

Max Beckmann malte 1936 ein großformatiges Aquarell in hellen Tönen mit einem Harlekin am rechten Bildrand. Nach dem Zweiten Weltkrieg nahm er das Blatt angesichts der Möglichkeit des Verkaufs erneut in die Hand und wollte die Farben etwas auffrischen. Daraus wurde nichts, denn heraus kam ein völlig verändertes, düsteres Bild, auf dem die Clownsfigur fast gänzlich übermalt war. Der sinnliche Eindruck war in sein Gegenteil verkehrt.[47] Man muss davon ausgehen, dass diese massive, den ursprünglichen Bildsinn entscheidend verändernde Überarbeitung dem Thema des Blattes

Auf tönernen Füßen 97

6 Rudolf Schlichter, Sie starb daran, 1945 · Kat.-Nr. VIII/9

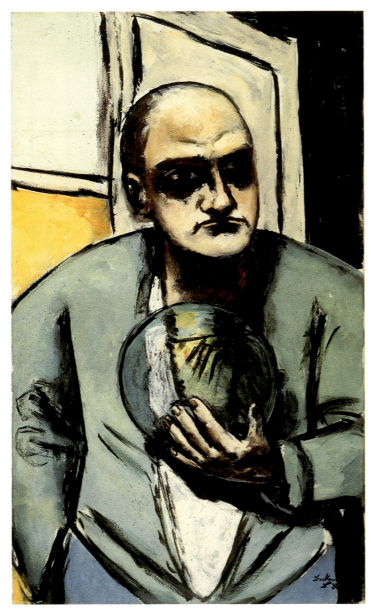

7 Max Beckmann, Selbstbildnis mit Glaskugel, 1936
Öl auf Leinwand · 110 x 65 cm · Besitzer unbekannt

geschuldet war: *Die Büchse der Pandora.* (Abb. 1, S. 88) Nicht Kassandra, sondern Pandora ist das Thema – die von Göttern aus dem Element Erde geformte schöne Frau, die durch das Öffnen einer Büchse das Übel über die Welt ausbreitet. Nur die Hoffnung bleibt zurück. Das Thema der von Pandora geöffneten Büchse war bereits 1936 – dem Jahr, in dem Beckmann sich als »sehender Künstler« *(Artifex vates)* mit Glaskugel verbildlichte (Abb. 7) – durchaus kritisch impliziert. Denn man konnte die Herrschaft der Nationalsozialisten in der Tat metaphorisch als Folge des Öffnens einer Unheil enthaltenden Schachtel interpretieren: Der Röhm-Putsch, die Nürnberger Gesetze und die wieder massiv anlaufende Aufrüstung waren dabei nur die Vorboten weit grauenhafterer Verbrechen.

Nach 1945 muss Beckmann das Thema unheimlich erschienen sein. Jetzt hatte der Maler Exil, Okkupation, Weltkrieg, Holocaust und die Atombombe als die über den Erdball versprengten Widrigkeiten und Grauen erfahren, die offensichtlich eine Neuinterpretation des antiken Mythos verlangten. Auf dem neuerfundenen Bild schlagen Flammen aus der blauen Schachtel oder lodern hinter ihr in fahlem Weiß verzehrend auf. Dunkle, schlangenartige Formen winden sich daneben in einer kerkerartigen Höhle. Es scheint unmöglich, das Bild zu entziffern und den genauen Bildsinn zu entschlüsseln. Der antike Mythos der geöffneten, das Böse freisetzenden Büchse könnte von Beckmann mit der Ikonografie des christlichen Sündenfalls – der die Sünde bringenden Schlange als teuflischem Tier – amalgamiert worden sein. Das Resultat ist bedrückend, und nicht einmal die Hoffnung ist hier mehr anwesend. Dora und Erwin Panofsky hielten, mit Blick auf ein Aquarell Paul Klees von 1920 und Beckmanns Blatt, das ihnen als Ausdruck der zeitgenössischen atomaren Bedrohung erschien, in ihrer berühmten Studie zum Bildmotiv fest: »Mit diesen zeitgenössischen Hervorbringungen hat sich der Kreis möglicher Darstellungen geschlossen. Begann er mit Emblembüchern, in denen, wie wir uns erinnern, Pandoras Faß, und ihr Faß allein, als Attribut der Hoffnung auftaucht, so endet er mit zwei Wiedergaben, auf denen die Büchse der Pandora, und ihre Büchse allein, als Symbol des Elends und der Zerstörung erscheint.«[48]

Anmerkungen

1. Beckmann, Max: Bekenntnis, in: Beckmann 1990, S. 20–23.
2. Vgl. Ausst.-Kat. Mannheim 1925; Hille 1994.
3. Beckmann 1990, S. 21.
4. Vgl. zum Bild: Eberle 1984; Ausst.-Kat. Düsseldorf 1997.
5. Vgl. zur stilistischen Charakterisierung Beckmanns in der Zeit die brillante Studie: Fraenger, Wilhelm: Max Beckmann. Der Traum. Ein Beitrag zur Physiognomik des Grotesken, in: Glaser/Meier-Graefe/Fraenger/Hausenstein 1924, S. 35–58.
6. Max Beckmann, *Selbstbildnis vor rotem Vorhang*, 1923, Öl auf Leinwand, 122,9 × 59,2 cm, Privatbesitz, New York. Vgl. Ausst.-Kat. New York 2001/02, S. 304.
7. So Beckmann nach der Erinnerung seines Verlegers Reinhard Piper im Jahre 1917. Hier zit. n. Beckmann 1990, S. 19.
8. Beckmann 1990, S. 23. Vgl. zu Beckmanns Wunsch der Präsentation öffentlicher Bilder, des Verhältnisses von Malerei und Architektur in den 1920er Jahren und der Genese des Triptychons *Abfahrt* (1932–1935) meinen Aufsatz: Peters, Olaf: Der Künstler im Staat. Malerei und Öffentlichkeit in der Weimarer Republik, in: Köln progressiv 1920–1933 (Symposiumsband), Köln 2008, S. 55–65.
9. Vgl. zur Ausstellung den Beitrag von Adkins, Helen: Erste Internationale Dada-Messe. Berlin 1920, in: Ausst.-Kat. Berlin 1988/89, S. 156–183; Adkins, Helen: »Erste Internationale Dada-Messe«. Berlin 1920, in: Klüser/Hegewisch (Hg.) 1991, S. 70–75; Bergius 1989, S. 359–365; Altshuler 1994, S. 98–115. Vgl. zum Blatt selbst Dech 1989; Lavin 1993.
10. Vgl. Kühne, Andreas: Von der DaDa-Revolte zur Neuen Sachlichkeit, in: Ausst.-Kat. Tübingen/Wuppertal/München 1997/98, S. 37–44.
11. Einstein, Carl: Rudolph Schlichter, in: Das Kunstblatt, Jg. 4, 1920, H. 3, S. 105–108, hier: S. 108.
12. Vgl. zum »Skandalbild« Conzelmann 1983, S. 134–144; Schröck-Schmidt, Wolfgang: Der Schicksalsweg des »Schützengraben«, in: Ausst.-Kat. Berlin/Stuttgart 1991/92, S. 161–164.
13. Künstler über Kunstkritik, in: Das Kunstblatt, Jg. 14, 1930, H. 6, S. 170 f.
14. Schlichter 1994 [1931], S. 21 f.
15. Brief von George Grosz vom 16. September 1930 an Mark Neven DuMont, in: Grosz 1992, S. 162–165, hier: S. 164.
16. Vgl. Grosz, George: Unter anderem ein Wort für deutsche Tradition, in: Das Kunstblatt, Jg. 15, 1931, H. 3, S. 79–84.
17. Vgl. zum Symbolwert der roten Farbe die einschlägigen Passagen in Jünger 1938; Jünger, Ernst: Das Lob der Vokale, in: Jünger 1934.
18. Vgl. Herbert 1996.
19. Best, Werner: Der Krieg und das Recht, in: Jünger (Hg.) 1930, S. 135–162, hier: S. 153.
20. Sternberg 1963, S. 37.
21. Vgl. Grosz: Brief an Mark Neven DuMont (1931), in: Grosz 1992, S. 79.
22. Vgl. zu diesen Blättern Ausst.-Kat. Tübingen/Wuppertal/München 1997/98, S. 235–241.
23. Vgl. Herbert, Ulrich: »Generation der Sachlichkeit«. Die völkische Studentenbewegung der frühen 1920er Jahre in Deutschland, in: Bajohr/Johe/Lohalm 1991, S. 115–144.
24. Zit. n. Beckmann 1990, S. 34.
25. Beckmann, Max: Der Künstler im Staat (1927), in: Beckmann 1990, S. 37–41, hier: S. 39. Vgl. zum Kontext Buenger, Barbara C.: Max Beckmann: »Der Künstler im Staat«, in: Blume/Scholz 1999, S. 191–200.
26. Vgl. die Notizen Beckmanns aus den Jahren 1925 bis 1930, in: Beckmann 1990, S. 45. Zur Interpretation und zum Kontext von Beckmanns Position vgl. Peters 2005, S. 76–112.
27. Vgl. Peters 2005, S. 95–100.
28. Vgl. Breuer 1993. Vgl. zu Beckmann in diesem Kontext Buenger, Barbara C.: Max Beckmann: »Der Künstler im Staat«, in: Blume/Scholz 1999; Buenger, Barbara C.: Das Italien Max Beckmanns und Wilhelm Worringers, in: Böhringer/Söntgen (Hg.) 2002, S. 141–179, hier: S. 147 ff.; Peters 2005, S. 95–112, 181 f.
29. Vgl. den zu verständnisvollen Beitrag Gallwitz, Klaus: Max Beckmann in der Sammlung Lilly von Schnitzler-Mallinckrodt, in: Ausst.-Kat. Köln 1996, S. 250–254, hier: S. 250.
30. Brief von Max Beckmann vom 30. Januar 1934 an Günther Franke, in: Beckmann 1994, S. 239, Hervorhebungen von Beckmann.
31. Brief von Max Beckmann vom 4. Februar 1934 an Günther Franke, in: Beckmann 1994, S. 240.
32. Vgl. Becker/Lagler 1995, S. 25 ff.
33. Linfert, Carl: Beckmann oder Das Schicksal der Malerei, in: Die Neue Rundschau, Jg. 46, 1935, S. 26–57; wiederabgedruckt in: Erffa/Göpel (Hg.) 1962, S. 57–82.
34. Brief von Max Beckmann vom 20. April 1936 an Mathilde Beckmann, in: Beckmann 1994, S. 256 f.
35. Vgl. Ausst.-Kat. Los Angeles/Chicago/Washington D.C./Berlin 1992; Zuschlag 1995.
36. Vgl. Ausst.-Kat. München/Amsterdam 2007/08.
37. Postkarte von Rudolf Schlichter an Franz Radziwill vom 24. April 1933, Franz Radziwill Archiv, Dangast.
38. Vgl. den Brief von Rudolf Schlichter vom 18. Juni 1935 an Ernst Jünger, in: Jünger/Schlichter 1997, S. 13 ff.
39. Schlichter 1995, S. 213–216.
40. Schlichter 1995, S. 213.
41. Schlichter 1995, S. 216.
42. Brief von Ernst Niekisch vom 14. Januar 1936 an Rudolf Schlichter, in: Jünger/Schlichter 1997, S. 43 ff., hier: S. 44.
43. Vgl. Brief von Rudolf Schlichter an Ernst Jünger vom 3. August 1946, in: Jünger/Schlichter 1997, S. 218–221.
44. Vgl. Schlichter 1993.
45. Vgl. Schubert, Dietrich: Max Beckmanns Liebespaar in der »Messingstadt«. Ein Traum von 1944, in: Zeitschrift für Kunstgeschichte, Bd. 66, 2003, S. 83–106.
46. Vgl. Peters 2005, S. 337–358.
47. Vgl. Ausst.-Kat. Frankfurt am Main 2006, S. 304.
48. Panofsky 1992 [1956], S. 124. Die Autoren halten hier zur inhaltlichen Dimension fest: »Max Beckmanns Gouache, 1936 begonnen, doch 1947 gänzlich neu gemalt, nahm zunächst die Schrecken der Atombombe vorweg und verzeichnete hernach deren Schrecken: seine *Büchse der Pandora* ist ein kleiner, rechteckiger Gegenstand, der mit einem unwägbaren Energiequantum geladen ist und in ein Chaos berstender Formen und Farbe explodiert.« Bemerkenswert ist die eindimensionale Sicht der Ikonografen, die die mögliche komplexe Verschränkung mehrerer Ikonografien – und das wäre für Beckmann in der Tat typisch – nicht in Erwägung ziehen.

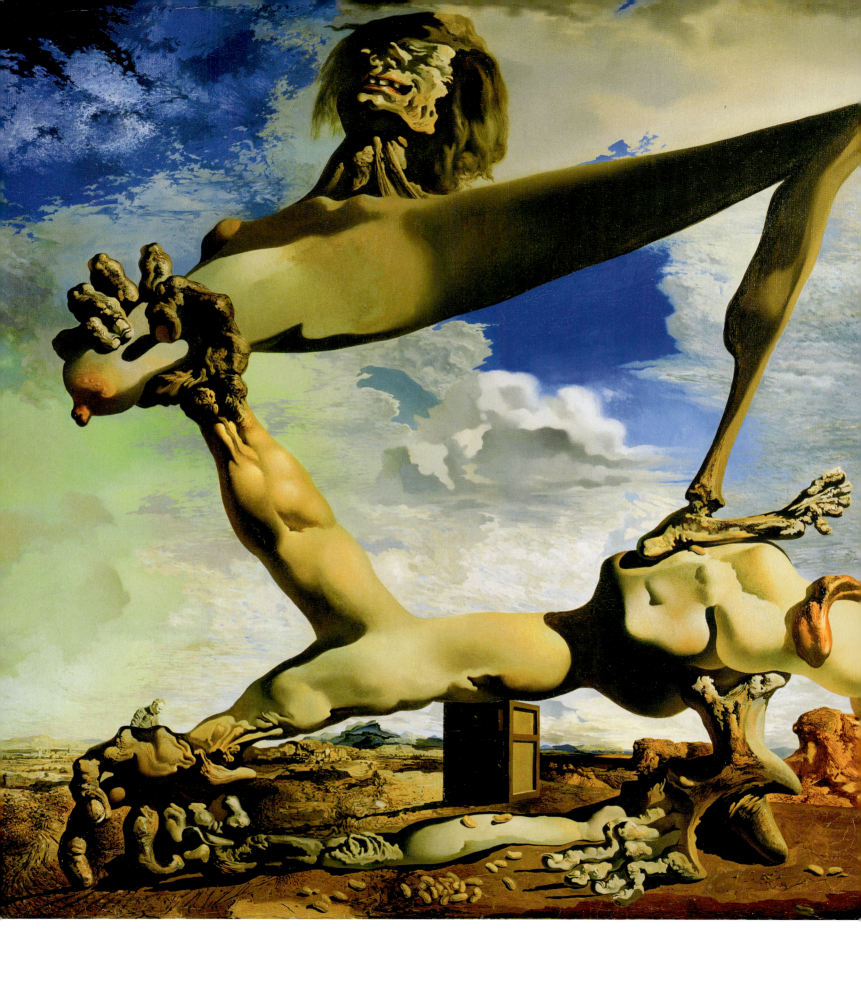

»Accomplir jusqu'au bout ta propre prophétie«
Visionäre Aspekte des Surrealismus

JULIA DROST

Weiche Konstruktion mit gekochten Bohnen – Die Vorahnung des Bürgerkrieges ist ein Gemälde Salvador Dalís aus dem Jahr 1936, das eine abschreckende Inszenierung von Gewalt zeigt. In einer offenen, spröden Landschaft kämpft ein großes Wesen mit verstümmelten Gliedmaßen gegen Teile seines eigenen Körpers. 1962 schrieb der Künstler im Rückblick über das Bild: »Die Vorahnung des Bürgerkriegs ließ mir keine Ruhe. Als Maler von Höhepunkten in der Krankheit der Eingeweide beendete ich sechs Monate vor dem Spanischen Bürgerkrieg *Construction molle avec haricots bouillis – prémonition de la guerre civile*, auf dem ein großer menschlicher Körper zu sehen ist, mit übergroßen Armen und Beinen, die sich gegenseitig im Wahn würgen.« Dalí betonte anschließend den zukunftsvisionären Charakter des Bildes: »dieser Titel paßt genau in die Dalíschen Voraussagen«.[1]

1937 malte der belgische Surrealist René Magritte das Gemälde *Le Drapeau noir* (*Die schwarze Flagge*; Abb. 2, S. 102), das eine bedrohliche Versammlung düsterer Flugobjekte zeigt. Über dieses schrieb im Jahr 1946 der mit ihm befreundete belgische Künstler, Verleger und Schriftsteller Édouard Léon Théodore Mesens, Magritte habe prophetische Bilder gemalt und führt *Le Drapeau noir* als Beweis für eine »prophétie vérifiée« an.[2]

Künstler und ihre Selbstdarstellung als Visionäre

Auch in der surrealistischen Literatur geben uns die Dichter Hinweise darauf, dass sie vom Kriegsereignis von 1939 gewusst hätten. Zu ihnen zählt André Breton, der sich in seinem *Lettre aux voyantes (Brief an die Seherinnen)* bereits 1925 sicher ist: »Es gibt Leute, die behaupten, im Krieg etwas gelernt zu haben, sie sind auf jeden Fall nicht so weit vorgedrungen wie ich, der weiß, was mich im Jahr 1939 erwartet.«[3] Diesen Satz sollte er später im amerikanischen Exil während des Zweiten Weltkrieges als Beweis für die besondere Sensibilität und visionäre Kraft des Surrealismus anführen.[4] Louis Aragon schließlich verfasste in den 1950er Jahren eine Hommage an seinen Dichterfreund Robert Desnos.[5] Im Refrain des Gedichtes betonte er, Desnos habe sein eigenes Schicksal – nämlich seine Deportation ins Konzentrationslager Theresienstadt, in dem er 1943 an Typhus verstarb – vorhergesehen.

> Je pense à Desnos qui partit de Compiègne
> Comme un soir en dormant tu nous en fis récit
> Accomplir jusqu'au bout ta propre prophétie
> Là-bas où le destin de notre siècle saigne.[6]

> Ich denke an Dich, Desnos, der Compiègne verließ
> wie Du es uns eines Abends im Schlaf verhießt,
> um die eigene Prophezeiung zu vollenden,
> dort, wo das Schicksal unseres Jahrhunderts blutet.[7]

Louis Aragon erinnerte mit diesem Gedicht auch an eine surrealistische Traumséance, die am 25. September 1922 im Beisein von André Breton, Paul Éluard und Benjamin Péret stattgefunden hatte und die in der Zeitschrift *Littérature*, dem Organ der Surrealisten, am 1. November 1922 veröffentlicht worden war.[8] In dieser Séance hatte Desnos im Zustand des Traumes den Tod und eine sehr weite Reise zu einem nicht näher präzisierten Ort oder Ziel namens »Nazimova« gesehen.[9] Desnos hatte in dieser Séance des weiteren vorausgesagt, der Dichter Péret würde in einem »wagon plein de gens« (mit Menschen angefüllten Eisenbahnwaggon) sterben, und er hätte auf einen Zettel einen aus der Waggontür stürzenden Mann gezeichnet. Die Übereinstimmungen dieser Traumniederschrift des später Deportierten mit den Beschreibungen der Todeszüge, die in die Konzentrationslager fuhren, sind verblüffend.

1 Salvador Dalí, Construction molle avec haricots bouillis – prémonition de la guerre civile (Weiche Konstruktion mit gekochten Bohnen – Die Vorahnung des Bürgerkrieges) · 1936
Öl auf Leinwand · 100 × 99,9 cm
Philadelphia Museum of Art: The Louise and Walter Arensberg Collection

2 René Magritte, Le Drapeau noir (Die schwarze Flagge) · 1937
Öl auf Leinwand · 54,2 x 73,7 cm · Edinburgh, The Scottish National Gallery of Modern Art

Diesen Beispielen und Zitaten surrealistischer Maler und Dichter können und *sollen* wir sogar entnehmen, dass sie über Ahnungen zukünftiger Geschehnisse verfügten. Daraus aber zu schließen, dass sie wirklich in der Lage waren, Zukünftiges vorherzusehen, kann indessen nur zu Fehlschlüssen verleiten. So soll im Folgenden gezeigt werden, wie sehr solche Visionen vielmehr Bestandteil surrealistischer Ideologie sind.

Faszination für das Irrationale

Nach dem Ersten Weltkrieg wollten die Künstler mit der surrealistischen Revolution den gesellschaftlichen Umbruch herbeiführen. André Breton richtete sich mit Louis Aragon, Philippe Soupault, Paul Éluard, Benjamin Péret und anderen radikal gegen die Grundlagen der modernen europäischen, rationalistisch orientierten Zivilisation, die sie für die Kriegsschrecken verantwortlich machten. Alles wurde von den Künstlern in Zweifel gezogen: die Autorität des Staates, die Moral des Bürgertums, die Unabhängigkeit der Wissenschaft, die Geltung der Religion, der Glaube an den Fortschritt, die Wirtschaft und sogar die Glaubwürdigkeit eines beträchtlichen Teiles der Intellektuellen.

Eine Veränderung und Bereicherung der menschlichen Existenz schien ihnen nur durch die Integration der psychischen Kräfte des Irrationalen und Unbewussten möglich. Ihr Ziel war eine Aufhebung des Gegensatzes zwischen Kunst und Leben sowie zwischen Wirklichkeit und Imagination, die sie auf mannigfache Weise und im Kollektiv zu erreichen suchten.

Im Surrealismus, wie er von André Breton im *Manifeste du Surréalisme (Erstes Manifest des Surrealismus)* 1924 definiert wird, besitzt die Kunst Erkenntnisfunktion: Sie eröffnet eine jenseits der geheimnislosen, durch den Intellekt geprägten Welt liegende Wirklichkeit des Unbewussten, Magischen, ja Okkulten. Paranormale Phänomene faszinierten die Surrealisten ebenso wie das Studium Geisteskranker, denn von beiden erhofften sie sich Erfahrungen, die sie über die Grenzen des Rationalen hinausführen würden. Entscheidende Anregungen erhielt André Breton, der im Ersten Weltkrieg als medizinischer Assistent in einem psychiatrischen Zentrum der Armee tätig gewesen war, durch Pierre Janets und Sigmund Freuds Deutungen des Unbewussten und der Träume. Über diese Zeit sagte er später, er habe »eine lebhafte Neugier und einen großen Respekt für das beibehalten, was man landläufig Verirrungen des Geistes nennt«.[10] In der bildenden Kunst formulierten die Künstler ein verwandtes Anliegen. Max Ernst sah im Ersten Weltkrieg das Schlüsselereignis für seine zukünftige künstlerische Entwicklung: »Max Ernst starb am 1. August 1914. Er kehrte zum Leben zurück am 11. November 1918 als junger Mann, der ein Magier werden und den Mythos seiner Zeit finden wollte.«[11] In ähnlicher Weise drückte es auch René Magritte aus: »Für mich hatte die Malerei damals etwas Magisches und der Künstler schien ungewöhnliche Kräfte zu besitzen.«[12]

Der Traum diente den Surrealisten als Medium zur Durchdringung dieser Bereiche. Desnos' eingangs zitierter Traum entstammt der »époque des sommeils« (Zeit der Schlafzustände), mit welcher die ersten Jahre surrealistischer Experimente mit automatisch niedergeschriebenen Texten benannt werden. Gemeint ist die Erfindung der sogenannten *écriture automatique*, der unkontrollierten Niederschrift von Assoziationen, als deren frühestes Beispiel die 1919 von Soupault und Breton gemeinsam verfassten, kollektiv inspirierten *Champs magnétiques (Die magnetischen Felder)*, eine Mischung aus Lyrik, Prosatexten und Aphorismen, zu nennen sind. Neben Robert Desnos versetzten sich auch Benjamin Péret und René Crevel wenig später in hypnotische Traumzustände, die sie die Regionen des Irrationalen und des Unbewussten betreten ließen. »Von prophetischer Raserei getrieben« redeten, zeichneten und schrieben die jungen Künstler im Traum und begannen früh mit der Niederschrift und Archivierung dieser Séancen.[13]

Robert Desnos wurde eine besondere Meisterschaft in diesen Sitzungen zugeschrieben, da er scheinbar mühelos jederzeit in den gewünschten Ausnahmezustand verfallen konnte, wie es Louis Aragon beschrieb: »Im Café, im Lärm der Stimmen, bei hellem Lichte, im Gedränge braucht Robert Desnos bloß die Augen zuzumachen, und schon spricht er, und mitten zwischen den Bockbieren und Untersetzern stürzt mit prophetischem Getöse, mit Dampfsäulen, die mit langen Oriflammen geschmückt sind, der ganze Ozean zusammen. Die, welche den wundersamen Schläfer befragen wollen, brauchen ihn kaum anzutippen, und schon sprudeln die Weissagungen, der Klang der Magie, der Enthüllungen, der Revolution, der Ton des Fanatikers und des Apostels hervor.«[14]

Die von Maurice Nadeau, dem ersten Biografen der surrealistischen Bewegung, im Jahr 1945 beschriebene Praxis ist in doppelter Hinsicht aufschlussreich. Sie zeigt zum einen, dass diese Traumniederschriften keineswegs Wahnbilder des Unbewussten zu Tage förderten, sondern durch die Vernunft bearbeitet und gesteuert wurden. Zum anderen wird der kollektive Charakter des Arbeitens im Surrealismus herausgestellt, wie er sich auch in dem Zeichenspiel *cadavre exquis*, einem visuellen Gegenstück zur *écriture automatique*, manifestierte. Die Praxis kann mit dem Ausspruch eines der Ahnherren des Surrealismus, des Comte de Lautréamont umschrieben werden: »Die Poesie muss von allen, nicht von einem gemacht werden.«

Den surrealistischen Dichtern dienten die Traumzustände und die *écriture automatique* vor allem dazu, poetische *Bilder* hervorzubringen, wie Philippe Soupault betont: »Bei unseren Studien haben wir festgestellt, dass der Geist, wenn er sich vom Druck der Kritik und der schulischen Gewohnheiten befreit hat, keine logischen Sätze hervorbringt, sondern Bilder.«[15]

Der Surrealismus war zwar eine genuin literarische Bewegung, doch schon bald machten sich auch die Künstler auf die Suche nach einem Äquivalent zur *écriture automatique* in der bildenden Kunst und entwickelten, allen voran Max Ernst, eigene, halbautomatische Verfahren und indirekte Techniken. Und auch sie beriefen sich auf den Comte de Lautréamont, der in *Les Chants de Maldoror (Gesänge des Maldoror*, 1868/69) die Metapher von der Schönheit als »Begegnung eines Regenschirms und einer Nähmaschine auf einem Seziertisch« geprägt hatte.

Dichter wie Künstler des Surrealismus ließen sich auf der Suche nach dem Jenseitigen von literarischen Vorbildern inspirieren. Sie bevorzugten Strömungen, die sich dem Marginalen, dem Bizarren, dem Besonderen und Absonderlichen verschrieben. Dazu gehörten volkstümliche Dichtungen des Mittelalters, die Literatur der Romantik ebenso wie der *roman noir* des 18. Jahrhunderts. Dichter wie Horace Walpole mit seinem Werk *The Castle of Otranto (Die Burg von Otranto*, 1764), Ann Radcliffe, Achim von Arnim, Charles Robert Maturin und Matthew Lewis erlangten Kultstatus. Der französische Zweig der Romantik war mit Pétrus Borel, Gérard de Nerval und Louis Bertrand vertreten. Darüber hinaus verdankten sie Lautréa-

3 Yves Tanguys, Mort guettant sa famille (Toter, seine Familie belauernd) · 1927
Kat.-Nr. VII/1

monts *Gesängen des Maldoror,* dem Marquis de Sade und schließlich Arthur Rimbaud Inspirationen von größter Bedeutung. All diese so verschiedenen Schriftsteller charakterisiert ihre Suche nach der Überschreitung der Grenzen der Wirklichkeit. So bezeugte Tristan Tzara, der sich in den 1930er Jahren dem Surrealismus näherte, den Vertretern dieser Bewegung in seinem *Essai sur la situation de la poésie (Versuch über die Lage der Poesie)* eine »Vorliebe für Geister, Spuk, Gespenster, Wahngebilde, Hexerei, Geheimlehren, Magie, Laster, Traum, Verrücktheiten«.[16]

Unter den im Rahmen der Ausstellung *Kassandra. Visionen des Unheils 1914–1945* präsentierten Bildern veranschaulicht Yves Tanguys Gemälde *Mort guettant sa famille* (Toter, seine Familie belauernd; Abb. 3; Kat.-Nr. VII/1), wohl aus dem Jahr 1927, eindrücklich die sur-realistische Bildsprache und ihr mit den Effekten des Rätselhaften und Vieldeutigen operierendes Formenvokabular. In Tanguys bizarrer Landschaft ist die Zivilisation ausgelöscht. Am Horizont links kauert eine amorphe Figur. Rechts erhebt sich ein breiter Turm in den Himmel, eine Prozession von tierähnlichen Wesen zieht an ihm vorbei. Diese Wesen erinnern an Kaulquappen, Würmer oder Fische und werden von einer feenhaften Frau mit weißer Schleppe angeführt. Im Bildmittelgrund schwebt am Himmel ein organisches quallenartiges Gebilde. Es scheint durchlöchert zu sein und Samen abzusondern. Die trübe, verhangene Atmosphäre mit den bleichen, geisterhaften Figuren verstärkt das Irreale der Szenerie und erzeugt zugleich ein Gefühl des Unbehagens und der Unsicherheit.

Das Gemälde wurde daher vor dem Hintergrund der allgemeinen Kriegserfahrung und der zerstörten Landschaften Frankreichs gedeutet, als tausende von Bauern verarmt waren und viele Städte, vor allem im Norden des Landes, in Trümmern lagen.[17] Doch lässt sich das Werk, das auf der ersten Pariser Einzelausstellung Tanguys 1927 gezeigt wurde, auch als Protokoll mediumistischer Erscheinungen lesen, mit denen der Künstler sich beschäftigt hat.[18] So verdankt das Bild seinen Titel einer Fallstudie aus Charles Richets 1922 erschienenem Standardwerk *Traité de métapsychique* (*Grundriss der Parapsychologie und Parapsychophysik,* 1923). Sein Autor, ein Pionier der Parapsychologie, legte eine Fülle von Untersuchungen über unterschiedliche paranormale Phänomene wie Telepathie, Hellseherei, Vorahnungen, Levitationen und Materialisationen vor. Der Autor, der Bretons *Manifeste du Surréalisme (Erstes Manifest des Surrealismus)* beeinflusst haben dürfte, hat sich zwar nicht zum Spiritismus bekannt. Dennoch schloss er die Existenz noch ungeklärter, dem Unbewussten entspringender Kräfte nicht aus.[19] Tanguys Bildtitel stammt offensichtlich aus dem Schlusskapitel des Buches, in dem Richet noch einmal auf die unerklärliche Koinzidenz von Prophezeiung und Todesfall, Telepathie und Hellsehen eingeht: »Wir verstehen kaum, wie es möglich ist, dass BANCA auf eine Entfernung von dreitausend Kilometern in derselben Minute, in der ihre Familie zugrunde geht, die Worte ›Mort guettant sa famille‹ ausstößt.«[20] Als Bretone war Tanguy seit seiner Jugend mit dem Glauben an die Existenz von immateriellen Wesen wie Feen, Göttern, Korriganen und Geistern von Toten vertraut.[21] Liest man darüber hinaus Richets Ausführungen zu den »matérialisations éctoplasmiques«, die meist aus Körperhöhlen des Mediums ausgesondert werden, eröffnen sich weiterführende Parallelen zu Tanguys Bildsprache: »Anfangs zeigen sich immer weiße Schleier, milchige Flecken; im Innern dieser gelatineartigen Masse, einer Art von feuchtem, klebrigen Musselin, entstehen nach und nach Zeichnungen, Finger, Gesichter.«[22]

»Accomplir jusqu'au bout ta propre prophétie«

4 André Masson, Le voyant (Der Seher), 1940
Tinte auf Papier · 37 x 26 cm · Paris, Privatsammlung

Die Sehenden – politische Anmerkungen

Tanguys Gemälde *Mort guettant sa famille (Toter, seine Familie belauernd)* illustriert exemplarisch die Offenheit des surrealistischen Kunstwerkes. Die Interpretationen des Gemäldes reichen von der Visualisierung der surrealistischen konfrontativen Bildsprache über die Beschäftigung mit paranormalen Phänomenen bis zur Verarbeitung des Schockerlebnisses des Ersten Weltkrieges. Zwar geht die gesamte surrealistische Bewegung auf den Weltkrieg und damit auf ein politisches Ereignis zurück. Die Auseinandersetzung mit dem politischen Zeitgeschehen sollte sich jedoch erst in den 1930er Jahren stärker in der Bildwelt des Surrealismus wiederfinden. Die Zivilisationskritik des Surrealismus, die ja eine genuine Tendenz der Bewegung darstellte, verdichtete sich zunehmend.

Von der Forschung ist angesichts der »Aura surrealistischer Vieldeutigkeit« immer wieder »das Rätselhafte unbestimmter Ahnungen in ihren Visionen« betont worden.[23] Dieses Unbestimmte soll hier an Beispielen näher beschrieben und präzisiert werden. Die Werke surrealistischer Künstler können in vielfältiger Weise als Anmerkungen zu ihren eigenen Erfahrungen und ihren jeweiligen politischen Positionen verstanden werden.[24] Die allgemeine Verunsicherung, das Gefühl einer Bedrohung, aber auch die Angst vor den neuen politischen Konstellationen kamen insbesondere seit der Regierungsübernahme durch die Nationalsozialisten in Deutschland 1933 verstärkt zum Ausdruck. Die universelle Zeichensprache des Surrealismus erhielt eine neue inhaltliche Dimension und wurde für weitere Deutungen und Diskurse verfügbar gemacht.

Als ein Beispiel für eine solche inhaltliche Neubesetzung kann der Topos des Sehers herangezogen werden. Die Prophezeiung von Untergang und Unglück ist ein Sujet, das die Surrealisten bereits in den 1920er Jahren faszinierte. Der Figur des mit visionären Fähigkeiten begabten Sehers begegnen wir sowohl in Bretons *Nadja* (1928) als auch in Pérets *Boulevard Saint-Germain Nr. 125*.[25] Auch Walter Benjamin erwähnt die Zeichendeuter in Bretons *Nadja* und Aragons *Passage de l'Opéra*.[26] Doch werden das Unheil und der Schrecken niemals klar gekennzeichnet: Wie Karl-Heinz Bohrer herausstellte, nehmen »ein Vorkommnis des Alltags oder eine menschliche Erscheinung Zeichencharakter« an, aber das Bezeichnete wird nicht eigentlich benannt, sondern bleibt ebenso offen wie das surrealistische Kunstwerk.[27]

Die Figur des Sehers rekurriert im Surrealismus auf Arthur Rimbauds 1871 entstandene *Lettres du voyant (Seher-Briefe)*, in denen er die Seher mit den Dichtern gleichsetzt.[28] Der eingangs zitierte, von Breton verfasste *Lettre aux voyantes (Brief an die Seherinnen)* steht in dieser Tradition, die darüber hinaus bereits in der deutschen Romantik bei Novalis verwurzelt ist. Im Surrealismus haben die Künstler die romantische Vorstellung vom Dichter als eines poetischen Genius mit seherischen Fähigkeiten auf den Künstler übertragen.

Max Ernsts verschlüsseltes Selbstbildnis, ein kleinformatiges Ölbild aus dem Jahr 1935, trägt den Titel *Le voyant*, auch *Harlekin*. Es zeigt einen mit einem Messer bewaffneten Vogelmenschen in der Pose des *Penseur (Denkers)* von Rodin, den Max Ernst in einem Kommentar auf sich selbst bezog. Während er sich vom Bildhauer jedoch ironisch distanziert, ist der Verweis auf Rimbaud im Titel ganz offensichtlich. Max Ernst deutet seine eigenen außerordentlichen visionären Fähigkeiten als Künstler an, mit denen er, gleich dem Harlekin, außerhalb der Gesellschaft steht.[29]

Bei André Masson erfährt das Seher-Motiv schließlich eine politische Wendung. Seine Zeichnung *Le voyant* (*Der Seher*; Abb. 4, S. 105) aus dem Jahr 1940 zeigt einen männlichen Kopf im Halbprofil. Seine Augen sind geschlossen, der Mund leicht geöffnet. Die Zeichnung ist von großer Dynamik und in feinen Strichen ausgeführt, die an pflanzliche Formen erinnern. Dem Betrachter wird sogar offenbart, was der Seher vor seinem inneren Auge imaginiert, denn hinter seinen Augenhöhlen sind zwei sich bekämpfende Gestalten gezeichnet, die aufeinander einstechen. Im Haar vereinen sich Liebende. Vor seinem Mund sitzt ein Vogel in Flammen auf einem brennenden Schwert. Das brennende Schwert mit dem flammenden Vogel kündet von Untergang und Wiederauferstehung. Wir dürfen davon ausgehen, dass der überaus belesene und gebildete Künstler die Symbolik dieser Motive gezielt verwendet hat, veranschaulicht doch im Bildgrund die im Sonnenschein liegende, von Totenschädeln bevölkerte Landschaft die Auswirkungen seiner Visionen.

André Masson war ein Künstler mit einem ausgeprägten geschichtlichen Bewusstsein, der die zeitgeschichtliche Ebene stets in seine künstlerische Reflexion einbezogen hat: »Der Künstler von heute muss den authentischen Ausdruck seines Lebens in der Gewissheit um die Vergänglichkeit der Existenz und in der ständigen Begegnung mit der Leere finden«, schrieb er im Jahr 1950 in *Le plaisir de peindre (Die Lust zu malen)*. Im Anschluss daran formulierte er seine Verwunderung darüber, dass die meisten Künstler seiner Zeit sich nur mit Fragen der Linien- oder Farbgebung beschäftigten, obwohl sie doch in der verheerendsten Epoche der Menschheitsgeschichte lebten.[30] In Massons Werk geht es um Leben und Tod. Die Dualität von Trieb und Zerstörung, und damit eng verbunden Mord, Massaker und Vergewaltigung, sind die Themen, die Masson zeit seines Lebens beschäftigten. In einer Welt ohne Heilsgewissheit faszinierten den Künstler Zerstörung und Katastrophe ganz allgemein als ein Ausdruck menschlicher Erfahrung, aber auch im Hinblick auf seine eigenen Erlebnisse im Ersten Weltkrieg. Masson wurde als Soldat lebensgefährlich verletzt und wartete im Bombenhagel, zwischen seinen toten Kameraden liegend, auf seinen Tod.[31] Die verstümmelten, ausgeweideten Körper seiner automatischen Gemälde und Zeichnungen aus der Mitte der 1920er Jahre scheinen diese Erinnerungen aufzugreifen. Spä-

5 André Masson, Chevaux attaqués par des poissons (Pferde von Fischen angegriffen) · 1932
Öl auf Leinwand · 81 x 116 cm · Paris, Centre Pompidou, Musée national d'art moderne

ter werden sie durch Tier- und Vogelmotive ersetzt und es entstehen Gemälde wie *Chevaux attaqués par des poissons* (*Pferde von Fischen angegriffen*, 1927; Abb. 5). Schon früh hat Carl Einstein in seinem Essay *André Masson. Étude ethnologique* (*André Masson. Eine ethnologische Untersuchung*) aus dem Jahr 1929 auf den Fetischcharakter dieser Werke hingewiesen und herausgestellt, wie das im Prozess des automatischen Zeichnens »ausgelöschte Ich« (moi éclipsé) des Künstlers in ein anderes Objekt, eine Pflanze oder ein Tier übertritt. Laut Einstein ist diese Metamorphose das klassische Motiv des Totemismus. Nimmt der primitive Mensch im totemistischen Akt die Gestalt eines Tieres an, so verleiht diese Metamorphose ihm magische Kräfte. Andererseits kann der Opfertod des Tieres stellvertretend für den Menschen vollzogen werden: »Und in diesem Sinne möchte ich die Fischmenschen, die sterbenden Vögel und Laubtiere in der Malerei Massons interpretieren.

Seine Tiere sind Identifikationen, in die man das Erlebnis des Todes projiziert, um nicht selbst getötet zu werden.«[32] Masson malte mit diesen Bildern also gegen den Tod an.

Zu Beginn der 1930er Jahre entsteht die Serie der *Massacre*, der sogenannten *Massakerbilder* (Kat.-Nr. VII/6). Es handelt sich um wiederholte und vervielfachte Mord- und Vergewaltigungsszenen, die sich auf die Darstellung reiner Gewalt beschränken, ohne jeden zeitlichen oder historischen Bezug. Aus der Darstellung der sich verzehrenden Körper gewinnt der Betrachter lediglich einen Eindruck von »stark« und »schwach«, von Überlegenen und Unterlegenen.[33] Die Forschung hat in dieser Serie sowohl in Bezug auf ihren Inhalt als auch hinsichtlich ihrer repetitiven Struktur die traumatische Wiederkehr des Kriegserlebnisses gesehen, das damals schon etwa 15 Jahre zurücklag.[34] Hinzu kam Massons Gefühl der Bedrohung durch den Faschismus in Italien und den Aufstieg der NSDAP zur

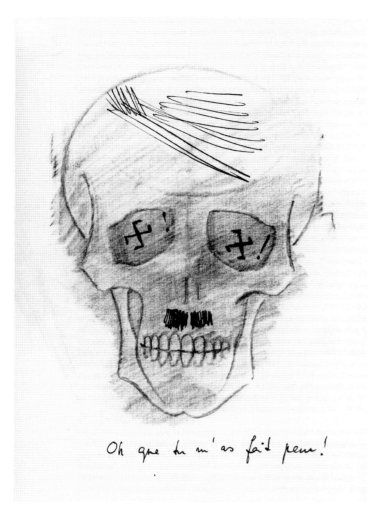

6 Max Ernst, Karikatur von Adolf Hitler, Zeichnung auf der Rückseite eines Briefes an Carola Giedion-Welcker · 30. April 1935 · Zürich, Nachlass Giedion

Massenbewegung in Deutschland. Massons Serie entstand darüber hinaus zu einem Zeitpunkt, als sich der Künstler resigniert über die Möglichkeiten sozialer und politischer Aktion äußerte.[35] So zeugen seine Massakerszenen von seiner zutiefst pessimistischen Auffassung der abendländischen Zivilisation – hier sind auch die Gewinner keine Helden mehr.

Wie im Werk von André Masson stellen die Zerstörungswut des Menschen, seine Aggressionen wie auch seine undurchdringliche Innenwelt zentrale Themen bei Max Ernst dar, der seit 1922 in Paris lebte und Teil der surrealistischen Bewegung war. Monströse Gestalten, organisch deformierte Wesen, gleichermaßen aus der Tier-, der Pflanzen- und der Menschenwelt, beherrschten sein Bilduniversum bereits seit den späten 1920er Jahren, gewannen jedoch in den 1930er Jahren bedeutend an Präsenz. Verschlungene Vögel gleichen Dämonen, die *Horden* bestehen aus furchteinflößenden, vorwärtsstürmenden Ungeheuern; die rasenden Pferde der *Windsbraut*-Bilder scheinen sich gegenseitig zu zerfleischen; in Urwaldbildern bewohnen *Nymphen* und *Chimären* scheinbar paradiesische Gefilde, *Wälder* und *Städte* gleichen todbringenden Versteinerungen. In den *Flugzeugfallen* übernehmen Monstren die Herrschaft. Mit der Häufung der Ungeheuer geht eine semantische Verlagerung der Aussage einher. Waren die *Horden*-Bilder Max Ernsts Ende der 1920er Jahre noch durchaus positiv konnotiert in dem Sinne, dass sie Zivilisationsbruch und modernes Barbarentum für den Kampf um die (surrealistische) Freiheit verkörperten, so erfuhren sie in den folgenden Jahren eine zeitbezogene Wendung, die sie zu düsteren Stellungnahmen zum Zeitgeschehen machte.[36]

Im Unterschied zu Masson hat Max Ernst seinen Bildern, zumindest im Nachhinein, ausdrücklich eine politische Dimension verliehen. 1934 erschien sein dritter Collageroman *Une semaine de bonté*, was Max Ernst selbst mit *Die weiße Woche. Ein Bilderbuch von Güte, Liebe und Menschlichkeit* ins Deutsche übersetzte. Die Gliederung in sieben Wochentage verweist ironisch auf die sieben Tage der biblischen Schöpfungsgeschichte, und das Bilderbuch zeigt eine unaufhaltsame Welle von Gewalt und Tod. Der Titel dürfte auf die 1927 in Paris eingerichtete karitative Organisation für sozial Bedürftige »Une semaine de la bonté« zurückgehen und steht im bewussten, eklatanten Widerspruch zu der Welt skurriler und brutaler Szenen, die von wilden Tieren, Verbrechen und Grausamkeit beherrscht werden und eine beklemmende Atmosphäre banger Unsicherheit erzeugen. Uwe M. Schneede hat die Bildserie als »eine Abrechnung mit der Welt und dem Geist und der Moral der Väter« bezeichnet.[37] Darüber hinaus hat der Künstler selbst sein Werk gar als »Antwort auf die Machtübernahme durch die Nationalsozialisten« charakterisiert.[38]

Eine politische, zukunftsvisionäre Deutung verlieh der Künstler – erneut im Nachhinein – auch seinem Werk *L'Europe après la pluie I (Europa nach dem Regen I)* aus dem Jahr 1933.[39] Auf einer Holzplatte gestaltete Max Ernst in Form eines bemalten Gipsreliefs eine Landkarte, die den alten Kontinent in völlig veränderter Form zeigt. Ganze Teile, so suggeriert der auf eine Katastrophe verweisende Titel, wurden einfach weggeschwemmt. Viele Interpretationen sind dem Künstler gefolgt und haben das Werk als Mahnung bezeichnet.[40] Dennoch lässt es sich ebenso als surrealistisches Programm lesen: Das Bild zeigt dann das zukünftige Europa nach der surrealistischen Revolution, welche die Zerstörung der alten Zivilisation notwendig einbezieht.[41]

Beide Lesarten werden durch die Tatsache gestützt, dass Max Ernst in den 1930er Jahren wiederholt zum politischen Weltgeschehen Stellung bezogen hat. So unterstützte er unter anderem den Protestaufruf der Association des écrivains et des artistes révolutionnaires (AEAR, Vereinigung revolutionärer Künstler und Schriftsteller) im März 1933 anlässlich des Berliner Reichstagsbrandes und der an-

7 Max Ernst, L'ange du foyer (Der Hausengel) (zweite Fassung) · 1937
   Öl auf Leinwand · 114 x 146 cm · Privatbesitz

schließend einsetzenden Verfolgung deutscher Künstler und Intellektueller.[42] Deutliche Worte gegenüber Hitler-Deutschland fand er in einem Brief vom Februar 1935 an seine Freundin Lotte Lenya: »Die Katze kam zum Mittagessen u. kotzte eine ganze Maus aus. Das war sehr appetitanregend u. ich musste an Deutschland denken.«[43] Ebenso deutlich ist sein karikierendes Porträt Adolf Hitlers (Abb. 6) mit dem Kommentar »Oh, que tu m'as fait peur!«, das er auf die Rückseite eines Briefes an Carola Giedion-Welcker gezeichnet hatte.[44] Bereits 1935 spielte er mit dem Gedanken, in die Vereinigten Staaten zu emigrieren. Die Entwicklungen in Deutschland unter dem nationalsozialistischen Regime bereiteten ihm zunehmend Sorgen. Mit Beginn des Zweiten Weltkrieges wurde er in Paris selbst Opfer der geschichtlichen Entwicklung und zweimal interniert; 1940 emigrierte er.[45]

1937, im Jahr der Entstehung der beiden Fassungen des Gemäldes L'ange du foyer (Der Hausengel, Abb. 7; Frontispiz, Kat.-Nr. VII/9), wurde Max Ernsts Werk in der Ausstellung Entartete Kunst diffamiert.[46] Beide Arbeiten zeigen ein großes, unheimliches Fabelwesen, das gerade zum Sprung ansetzt. Die verzerrte Fratze des Ungeheuers, seine leuchtend bunten, flatternden Gewänder, seine raumgreifenden Gesten, die zu magischer Zeichensprache erhobene linke Hand und das wütende Aufstampfen vor dem tiefliegenden Horizont zeugen von seiner Gewaltbereitschaft. Von diesem Wesen geht eine übermächtige Bedrohung aus.

Max Ernst erklärte das Bild 1967 vor dem Hintergrund des Spanischen Bürgerkrieges: »Ein Bild, das ich nach der Niederlage der Republikaner in Spanien gemalt habe, ist der *Hausengel*. Das ist natürlich ein ironischer Titel für eine Art Trampeltier, das alles, was ihm in den Weg kommt, zerstört und vernichtet. Das war mein damaliger Eindruck von dem, was in der Welt wohl vor sich gehen würde, und ich habe damit recht gehabt.«[47] Viele Interpretationen des *Hausengels* beziehen sich auf dieses Zitat. Sie deuten das Werk als defätistisches Sinnbild eines ausweglosen Kampfes und sehen es in einer Reihe mit Kriegsallegorien von Francisco de Goya, Arnold Böcklin oder Alfred Kubin. Die große Fassung des *Hausengels* unterscheidet sich durch ihre veristische, der Malerei von Dalí und Tanguy verwandten Malweise vom übrigen Werk Max Ernsts, der üblicherweise, wie in den *Horden* und *Barbaren*, die indirekten Techniken der Décalcomanie (ein Abklatschverfahren) oder der Grattage (frz. für »das Abkratzen«) verwendete. Der größere Realismus wurde als deutlichere Zeitkritik verstanden.[48] Im Jahr 1938 bezeichnete Max Ernst die große Fassung des *Hausengels* vorübergehend auch mit dem Titel *Le triomphe du surréalisme (Der Triumph des Surrealismus),* in dem man wohl die ironische Anspielung des Künstlers auf die Tatsache verstehen darf, dass auch die kommunistisch orientierten Surrealisten nichts gegen den »Faschismus« haben ausrichten können.[49]

Werner Spies zufolge entstand das große *Hausengel*-Bild unter dem Eindruck von Pablo Picassos *Guernica*, dem großformatigen Wandbild, das der Künstler für den Pavillon der Spanischen Republik auf der Pariser Weltausstellung 1937 gestaltet hatte.[50] Vorarbeiten dazu waren im Rahmen des 18-teiligen Radierungszyklus *Sueño y Mentira de Franco* (*Traum und Lüge Francos;* vgl. Kat.-Nrn. VII/16, VII/17) seit Januar 1937 entstanden.[51] Die satirische Bilderserie auf zwei Bögen, die ursprünglich in Form von Einzelmotiven publiziert werden sollte, lässt sich wie ein Bilderbogen betrachten. General Francisco Franco wird absichtsvoll verhöhnt. Die letzten vier Szenen des Zyklus sind in *Guernica* eingegangen.[52]

Picasso hat stets betont, dass das Gemälde eine eigenständige, symbolische Bildsprache besitze und nicht direkt auf eine politische Realität zurückzuführen sei: Wie der *Hausengel* enthält auch *Guernica* keine konkreten Verweise auf das politische Geschehen. Picassos Hauptaugenmerk galt ganz bewusst nicht der bombardierten Stadt – die Zerstörungen waren bereits in Zeitungen dokumentiert worden. Auch verweigerte er sich der Deutung, die Tiersymbolik im Gemälde sei ausschließlich auf Franco, seine Verbündeten und den Luftangriff auf Guernica zu beziehen.[53] Durch die Zerstörung von Guernica stellte sich für ihn über die zeitgeschichtliche Dimension hinaus die Frage nach der menschlichen Natur und dem animalischen Charakter des Kampfes. Sein Ansatz stand der mythologisierenden Bildsprache des *Hausengels* von Max Ernst und der Surrealisten nahe, die ja genau diese Frage nach einer anthropologisch und psychoanalytisch fundierten Politik beschäftigte.[54]

Die angeführten Beispiele zeigen, wie die Künstler der 1930er Jahre ihre künstlerischen Spielräume ausgelotet haben, die ihnen zur Verfügung standen, um das politische Geschehen der Zeit zu kommentieren.[55] Dabei scheinen aus der historischen Perspektive vor dem Hintergrund unserer heutigen Kenntnisse viele dieser Werke visionär und apokalyptisch zu sein, und sie werden von der Forschung bisweilen auch immer noch so wahrgenommen.[56] Es charakterisiert diese Kunstwerke jedoch weit zutreffender, wenn man sie als Ausdruck der Zeitstimmung und als Auseinandersetzung mit dem politischen Zeitgeschehen deutet, das Masson, Ernst, Tanguy oder auch Picasso seismografisch verfolgt haben: »Dahinter stecken kollektive Erfahrungen. Es sind Bilder, die unübersehbar das vertreten, was eine auf Signale der Angst und der Zerstörung verdichtete Historienmalerei des zwanzigsten Jahrhunderts bieten kann.«[57]

Wie klein der Schritt von der gefühlten Angst zur erklärten Hilflosigkeit ist, zeigt indessen Dalís *Construction molle avec haricots bouillis – prémonition de la guerre civile* (*Weiche Konstruktion mit gekochten Bohnen – Vorahnung des Bürgerkrieges*). Der Maler warnte nicht etwa vor dem »Faschismus«, wie er später nahelegte, sondern feierte ihn in seiner Kunst der 1930er Jahre als Inkarnation der – im Sinne Marquis de Sades – »bösen« Natur des Menschen. Dalís Faszination für Hitler und Franco musste von den übrigen Surrealisten, die erklärte Antifaschisten waren, abgelehnt werden. Doch konnten sie dem auch nichts entgegensetzen. Hier offenbart sich gewissermaßen die Kehrseite der surrealistischen Revolution, deren offene Bildsprache sich auch gegen die ursprünglichen Ziele der Bewegung einsetzen ließ.

Anmerkungen

1 Salvador Dalí, zit. n. Descharnes 1984, S. 189.
2 Mesens, E. L. T.: Magritte prophétique, April 1946, wiederabgedr. in: Ausst.-Kat. Lausanne 1987, S. 27–31, hier: S. 30.
3 Breton, André: Lettre aux voyantes, La Révolution surréaliste, Nr. 5, 15. Oktober 1925, S. 20 ff., Reprint, Collection complète, Paris 1975, zit. n. Ausst.-Kat. Düsseldorf 2002, S. 37.
4 VVV, Nr. 2/3, März 1943, S. 49, zit. n. Ausst.-Kat. Düsseldorf 2002, S. 37. Die surrealistische Bewegung nach dem Ersten Weltkrieg entwickelte in der Auseinandersetzung mit Faschismus und Stalinismus »Visionen des Politischen«, die Karlheinz Barck untersucht hat. Barck, Karlheinz: Surrealistische Visionen des Politischen, in: Asholt, Wolfgang/ Fähnders, Walter (Hg.): Der Blick vom Wolkenkratzer, Amsterdam/Atlanta 2000, S. 525–544.
5 Aragon, Louis: Complainte de Robert le Diable, in: Aragon. Les Poètes, Paris 1969.
6 Sebbag (Hg.) 2004, S. 28 f.
7 Übers. v. Dunja Houelleu.
8 Die Verfasserin dankt Karim Haouadeg für diesen Hinweis.
9 Die Verfasserin dankt Annette Vogler für die folgende Information: Alla Nazimova (1879–1945, auch: Alia Nasimoff) war eine Stummfilmschauspielerin und Produzentin spanisch-jüdischer Abstammung. In den Credits erschien sie meist nur als »Nazimova«. 1921 spielte sie mit Rudolph Valentino in der Dumas-Verfilmung *Camille*. Hier träumt sie bei der gemeinsamen Lektüre von *Manon Lescaut* mit ihrem Geliebten einen Tagtraum, der mit dem Abtransport auf Pferdewagen in eine amerikanische Strafkolonie beginnt. Desnos dürfte sich in seinem Traum auf die Schauspielerin beziehen, die er sehr bewunderte.

Vgl. Desnos, Robert: Les rayons et les ombres: cinéma, hg. v. Marie-Claire Dumas, Paris 1992, S. 179 f.
10 Breton 1996, S. 37.
11 Ernst, Max: Some data on the youth of Max Ernst, as told by himself, in: View, 1942, S. 28–30, hier: S. 30, zit. n. Ausst.-Kat. Stuttgart 1970, S. 61.
12 Zit. n. Magritte, René: Texte, in: Ausst.-Kat. Zürich 1969, S. 50.
13 Nadeau 1965, S. 55.
14 Aragon, Louis: Eine Traumwoge, 1924, wiederabgedr. in: Barck (Hg.) 1990, S. 72. André Breton bekundet im *Ersten Manifest des Surrealismus*: »Desnos *redet surrealistisch* heute, nach Belieben«, zit. n. Metken (Hg.) 1976, S. 38.
15 Übers. n. Soupault, Philippe: Profils perdus, Paris 1963, S. 141.
16 Übers. n. Tzara, Tristan: Essai sur la situation de la poésie, in: Le Surréalisme au service de la Révolution, Nr. 4, Dezember 1931, S. 16, zit. n. Nadeau 1965, S. 41.
17 Vgl. Ausst.-Kat. Berkeley 1990, S. 87.
18 Vgl. Maur, Karin von: Yves Tanguy oder »Die Gewissheit des nie Gesehenen«. Wandlungen des malerischen Œuvres, in: Ausst.-Kat. Stuttgart 2000/01, S. 11–124. Allgemein zu Tanguy: Ausst.-Kat. Paris 2002 (2).
19 Zur Bedeutung der Parapsychologie im Werk von Breton vgl. Hilke 2002; Starobinski, Jean: Freud, Breton, Myers, in: Breton 1970, S. 153–171. Diesen Autoren und Klaus Herding zufolge hat Breton insbesondere Frederic William Henry Myers' Publikation *Human Personality and Its Survival of Bodily Death*, London 1903, vieles entnommen. Vgl. Herding, Klaus: Zwei »Medizinbücher« für die Surrealisten, in: Kritische Berichte N.F. 10, 1982, H. 2, S. 85.
20 Übers. n. Richet 1923, S. 812. Dass Tanguy den Titel erst nach Fertigstellung des Bildes in einer Sitzung mit Breton gefunden haben soll, wirkt angesichts der Entsprechungen geradezu übernatürlich. Vgl. Maur, Karin von: Yves Tanguy oder »Die Gewissheit des nie Gesehenen«. Wandlungen des malerischen Œuvres, in: Ausst.-Kat. Stuttgart 2000/01, S. 29.
21 Vgl. Nessen, Susan: Yves Tanguy's Otherworld: Reflections on a Celtic Past and a Surrealist Sensibility, in: Arts Magazine, 62, 5, Januar 1988, S. 27.
22 Richet 1924, S. 406. Vgl. a. Maur, Karin von: Yves Tanguy oder »Die Gewissheit des Niegesehenen«. Wandlung des malerischen Œuvres, in: Ausst.-Kat. Stuttgart 2000/01, S. 34.
23 März, Roland: Künstlerische Vorahnung und Realität des Weltkrieges. Apokalyptische Visionen in der Kunst des 20. Jahrhunderts, in: Bildende Kunst, 1983, S. 404.
24 Dabei ist neben dem zeithistorischen Kontext auch der innere Kontext der surrealistischen Bewegung zu berücksichtigen. Ihre programmatische Nähe zur Politik und ihre revolutionäre Forderung nach der radikalen Freiheit des Geistes veranlassten die Künstler immer wieder zu politischen Stellungnahmen. Die Gruppe um Breton war in den 1930er Jahren ebenso von heftigen wie leidenschaftlichen Auseinandersetzungen und Diskussionen gekennzeichnet, die sich im Spannungsfeld zwischen linker und rechter Ideologie bewegten. Vgl. Harris 2004; Ehrlicher 2001; Reynaud Paligot 1995; Spiteri/LaCoss 2003.
25 Breton 2008 [1928]; Péret, Benjamin: Boulevard Saint-Germain Nr. 125, in: Metken (Hg.) 1976, S. 193.
26 Benjamin, Walter: Der Sürrealismus. Die letzte Momentaufnahme der europäischen Intelligenz, in: Benjamin 1977, S. 295–310, hier: S. 299.
27 Bohrer, Karl-Heinz: Wer war Nadja?, in: Breton 2008 [1928], S. 143.
28 Rimbaud 1975 [1871].
29 Vgl. Lindau 1997, S. 61; Zuch, Rainer: Wald, Vögel und Gestirn. 40 Jahre Max Ernst in ›Un peu de calme‹, in: Marburger Jahrb. f. Kunstwissenschaft 26 (1999), S. 243–262, hier: S. 255.
30 Übers. n. Masson 1950, S. 67.
31 Ades, Dawn: André Masson. Der Maler und sein künstlerischer Weg, in: Ausst.-Kat. Darmstadt 2003, S. 15.
32 Carl Einstein (1929) zit. n. Fleckner 2006, S. 376.
33 Jutta Held verweist auf die Thematik des Geschlechterkampfes; vgl. Held 2005, S. 42.
34 Vgl. Ades, Dawn: André Masson. Der Maler und sein künstlerischer Weg, in: Ausst.-Kat. Darmstadt 2003, S. 15–49.
35 Zum Zerwürfnis mit Breton vgl. Monahan, Laurie J.: Massacre à »Massacres«. André Masson et la politique de la violence, in: Ausst.-Kat. Metz 1998, S. 49–54, hier: S. 50 f.
36 Steinhauser, Monika: Konvulsivische Schönheit und subversive Gewalt. Zum Surrealismus der 1930er Jahre, in: Keazor (Hg.) 2002, S. 138–184, hier: S. 172; Held, Jutta: Horden und Barbaren, in: Held 2005, S. 146–169.
37 Schneede 2006, S. 105.
38 Spies, Werner: Nur das Intervall einer hellen Nacht. Rede zur Eröffnung des Max-Ernst-Museums in Brühl, in: FAZ, 5. September 2005, S. 37. Die Collagen wurden erstmals im Jahr 1936 in Madrid ausgestellt. Spies verweist auf die Brisanz des Collagenromans vor dem Hintergrund der politischen Situation in Spanien, anders als Manuel Abril, der für die Madrider Ausstellung den Katalogessay verfasste. Siehe die deutsche Übersetzung in: Ausst.-Kat. Wien/Brühl/Hamburg 2008/09, S. 11, 66 f.
39 »Unheil und Gewalt lagen in der Luft. Nur dem Vogel Strauß und anderen Blinden konnte die Drohung entgehen.« Max Ernst, zit. n. Russell 1966, S. 18.
40 Giedion-Welcker, Carola: »Max Ernst«, in: Ausst.-Kat. Köln/Zürich 1962/63, S. 15; Haftmann 1986, S. 313 f.; in jüngerer Zeit: Spies, Werner: Max Ernst. Une semaine de bonté, in: Ausst.-Kat. Wien/Brühl/Hamburg 2008/09, S. 11.
41 Ubl, Ralph: Die Zukunft des Surrealismus. »Europa nach dem Regen I« neu interpretiert, in: Kulturstiftung der Länder – Patrimonia 327, 2008, S. 14.
42 Derenthal, Ludger: Max Ernst and Politics, in: Ausst.-Kat. New York 2005, S. 23.
43 Brief von Max Ernst an Lotte Lenya, 16. Februar 1935 (Poststempel), Kurt Weill Foundation for Music, New York.
44 »Oh, que tu m'as fait peur« (»Du hast mir Angst gemacht«), Zeichnung auf der Rückseite eines Briefes an Carola Giedion-Welcker, 30. April 1935, Nachlass Giedion, Zürich.
45 Brief von Max Ernst an Carola Giedion-Welcker, 19. Juni 1935, Nachlass Giedion, Zürich.
46 Die kleinere Version des *Hausengels* wurde erstmals im Rahmen der Weltausstellung 1937 auf der Ausstellung *Exposition 1937 et les artistes à Paris* gezeigt. Die große Fassung des Gemäldes war ab Januar 1938 in der *Exposition internationale du Surréalisme* in der Galerie des Beaux-Arts in Paris zu sehen.
47 Max Ernst im Gespräch mit Werner Spies, wiedergegeben in: Reinhardt 1967, S. 6.
48 Spies, Werner: Max Ernst: L'ange du foyer, in: Ausst.-Kat. Paris/Berlin, 2005/06, S. 60–63; Steinhauser, Monika: Konvulsivische Schönheit und subversive Gewalt. Zum Surrealismus der 1930er Jahre, in: Psychische Energien bildender Kunst, Festschrift für Klaus Herding, Köln 2002, S. 138–184, hier: S. 176.
49 Vgl. Ausst.-Kat. München/Berlin 1979, S. 309; Derenthal, Ludger: Max Ernst and Politics, in: Ausst.-Kat. New York 2005, S. 28; Steinhauser, Monika: Konvulsivische Schönheit und subversive Gewalt. Zum Surrealismus der 1930er Jahre, in: Keazor (Hg.) 2002, S. 138 bis 184, S. 177.
50 Vgl. Spies, Werner: Max Ernst. »L'ange du foyer«, in: Ausst.-Kat. Paris/Berlin 2005/06, S. 61.
51 Die Entstehung ist bestens und im Detail dokumentiert in: Baer 1985, S. 106 f.
52 Siehe das Schlusskapitel in Shikes 1969, S. 98 f., 387–430.
53 Die Frage, ob der Stier in *Guernica* den Faschismus repräsentiere, verneinte Picasso und erklärte, dass er sehr viel allgemeiner »Dunkelheit und Brutalität« bedeute. »Bei dem Wandbild geht es um den definitiven Ausdruck und die definitive Lösung eines Problems, deshalb habe ich Symbole benutzt.« Übers. n. Barr 1946, S. 202.
54 Andererseits hat Picasso sein Bild entschieden dem politischen Kampf für die Spanische Republik zur Verfügung gestellt, für den er es gemalt hat und dem das Bild seine Entstehung verdankt. Er ließ es 1938 in London und 1939 in den Vereinigten Staaten an verschiedenen Orten außerhalb von Museen zeigen mit dem Zweck, spanische Emigranten mit dem Erlös der Ausstellungen zu unterstützen. Eindeutig war Picasso auch bei seiner Entscheidung über die endgültige Bestimmung des Bildes, das von 1939 bis 1981 im New Yorker Museum of Modern Art gezeigt wurde. Testamentarisch verfügte er, dass *Guernica* nicht vor dem Ende der Franco-Herrschaft nach Spanien rückgeführt werden dürfe.
55 Vgl. Helds Überlegungen zu einer »politischen Kunstgeschichte«, in: Held 2005, S. 10.
56 Siehe den Aufsatz von März, Roland: Künstlerische Vorahnung und Realität des Weltkrieges. Apokalyptische Visionen in der Kunst des 20. Jahrhunderts, in: Bildende Kunst, 1983, S. 401. So ist beispielsweise in unkritischer Weise Max Ernsts Gemälde *Couple se tient enlacé devant un mur de feu (Eng umschlungenes Paar vor einer Feuerwand)* aus dem Jahr 1927 mit dem Hinweis als »zukunftsvisionär« beschrieben worden, dass sich die »faktische Bedeutung [des Bildes] erst aus der Zukunftsperspektive der brennenden Städte des Zweiten Weltkrieges enthülle«. Vgl. Krüger, Walther: Die visionäre Antizipation des 2. Weltkrieges, in: Krüger 1972, S. 53. Auch in jüngerer Zeit wird zuweilen die Auffassung vertreten, die deutschen Künstler hätten »in ihren apokalyptischen Visionen kein vages Zeitgefühl«, sondern »klare Erkenntnis« besessen und »sowohl den Krieg als auch die massenhaften Ermordungen von Zivilisten vorhergesehen«. Vgl. Kellein, Thomas: Todesstoß für die moderne Kunst, in: Ausst.-Kat. Bielefeld 2007/08, S. 24.
57 Was Werner Spies über den *Hausengel* sagte, kann für die hier behandelten Künstler insgesamt gelten. Spies, Werner: Nur das Intervall einer hellen Nacht. Rede zur Eröffnung des Max Ernst-Museums in Brühl, in: FAZ, 5. September 2005, S. 37.

Bilder des Riesen
Von Satan bis Stalin

JEAN CLAIR

»Sanfter träumet und schläft in Armen der Erde der Titan,
Selbst der neidische, selbst Cerberus trinket und schläft.«[1]

Die aus der Antike und der volkstümlichen Überlieferung bekannte Figur des Riesen wurde im Laufe des 18. Jahrhunderts zu einer der zentralen Gestalten der Aufklärung. In der Literatur sind es Gulliver oder Micromégas, in der Malerei zählt das Francisco de Goya zugeschriebene Gemälde *El Coloso* (*Der Koloss*, um 1808–1810)[2] zu den ergreifendsten Darstellungen: Ein gewaltiger Körper überragt das kleine Volk der Erdenbürger (Abb. 1). Für die Allgemeinheit ist der Riese ein Bild des Schreckens, für das Individuum ein Bild, das den Verlust des spirituellen oder geistigen Gleichgewichts evoziert. Denn in Goyas *Koloss* kehrt zugleich sein *Saturn* wieder, der die eigenen Kinder verschlingt, ein fürchterliches Ungeheuer, einsam und moralisch teilnahmslos wie Satan, sein mittelalterlicher Vorläufer.

Die Figur des Riesen erlebte im 20. Jahrhundert eine erstaunliche Konjunktur. Die Führer und Diktatoren nahmen nur allzu gerne eine monumentale Gestalt an. Anfangs scheinen diese Riesen die Menschen zum Licht zu führen, später in den Untergang, indem sie ihre Untertanen gleichsam unter ihrer riesenhaften Statur zermalmen. Benito Mussolini, Josef Stalin und Adolf Hitler – das 20. Jahrhundert kannte eine ganze Galerie solcher Ungeheuer. Dargestellt wurden sie von Max Klinger oder George Grosz, von Alfred Kubin oder Mario Sironi.

Die Riesen werden aus der Erde geboren, wie schon die griechische Etymologie des Begriffes »Gigant« deutlich macht: *Gegeneis*, von *Gê, Gaïa* (»Erde«) stammend. Sie sind aber zugleich Söhne des Himmels, der in der griechischen Mythologie von Uranos dargestellt wird. Als urtümliche, mächtige Wesen haben sie von ihren Ahnen manchmal primitive animalische Züge übernommen: den behaarten Leib, die Einäugigkeit, mehrere Arme, schlangenförmig auslaufende Beine. Zu den Giganten gehören die Titanen, die Zyklopen und die Hundertarmigen. Was sie eint, ist ihr Hass auf die Götter, denen sie im Kampf, der Gigantomachie, entgegentreten. Schließlich werden sie von Zeus bezwungen, der sie in die Unterwelt des Tartaros sperrt. Man stellte sich vor, die Giganten lebten unter den Bergen, insbesondere den Vulkanen. Eine der bemerkenswertesten Episoden in diesem Kampf der primitiven Kräfte gegen die Götter ist die Entmannung des Uranos durch Kronos, den jüngsten der sechs Titanen, der in der römischen Mythologie unter dem Namen Saturn firmiert.

Während die Olympier meist Maß und Vernunft verkörpern und damit den Menschen nahestehen, sind die Giganten der Inbegriff von Gewalt und Unmäßigkeit, verkörpern *deînos* und *hybris*. Sie sind urtümliche, fürchterliche, schreckenerregende Gestalten der Urkraft, die immer wieder in Erscheinung zu treten droht, wenn die Giganten aus ihrer Gefangenschaft im Tartaros ausbrechen, als Gewalten, über welche die Götter keine Macht mehr haben.

In der nachantiken Kulturgeschichte tauchen wiederholt Riesen auf, die jedoch meist gutartiger, eher häuslicher Natur sind, wie die Figur des Gargantua bei François Rabelais.[3]

Die christliche Kultur scheint den Riesen weitgehend als ein beschützendes Wesen zu kennen. Im hohen Mittelalter entstand die Vorstellung, in jeder kommenden Epoche seien die Zeitgenossen als Zwerge zu verstehen, die, um voranzukommen, auf die Schultern der Riesen der vorausgehenden Generationen gestiegen seien. Dieses ergreifende Bild geht auf Bernhard von Chartres (12. Jahrhundert) zurück, für den Aristoteles der Riese war. Die *nani gigantum humeris insidentes* finden sich in den Bildfenstern der Kathedrale von Chartres wieder. Es sind die vier Evangelisten, die auf den Schultern der alttestamentlichen Propheten sitzen. Wenn die Alten die Giganten und die Modernen die Zwerge sind, kommt damit das Verhältnis zur – profanen wie religiösen – Vergangenheit zum Ausdruck, das die westliche Kultur für Jahrhunderte prägen sollte. Das vollkommene, goldene Zeitalter mit all seinen Vorbildern liegt gemäß dieser Vorstellung hinter uns, und die Menschheitsgeschichte erscheint als ein langsamer Prozess der Zersetzung der ursprünglichen Wahrheit.

1 Francisco de Goya?/Asensio Juli?, El coloso (Der Koloss) · 1808–1810
Öl auf Leinwand · 116 × 105 cm · Madrid, Museo Nacional del Prado (vgl. Anm. 2)

Wann nun kehrt sich dieses Verhältnis um? Seit wann wird der Fortschritt als Antrieb des menschlichen Handelns verstanden, so dass die Zukunft zum Modell wird, die Vergangenheit zu einer zu überwindenden Erinnerung? Tatsächlich ist in den unzähligen revolutionären Ideologien der Riese nicht mehr eine Figur, die wie Christophorus dem Kind den sicheren Übergang vom einen Ufer zum anderen ermöglicht. Er ist kein Prophet, der uns als nachgeborenen Zwergen einen höheren Standpunkt verschafft, sondern ein kannibalischer Oger, der als Vater seine Völker nur mästet, um sie nachher verschlingen zu können. Der Riese steht nun nicht mehr für die überragende Größe der Tradition, sondern er verkörpert die brutale Kraft, die mit der Vergangenheit aufräumt und die zu einer Masse von winzigen Zwergen gewordenen Menschen mit in den katastrophalen Untergang reißt.

Isidor von Sevilla hob in seiner fantasievollen Etymologie des Wortes *anthropos* noch auf die Fähigkeit des Menschen ab, in die Sonne schauen zu können. In der Renaissance und im Barock war der Mensch als Herr und Meister der Natur zugleich ihr Maßstab und bewegendes Prinzip. Von Polyklet bis Michelangelo, von Vitruv bis zum *L'Écorché (Muskelmann)* von Jean-Antoine Houdon erscheint der Mensch als das Maß aller Dinge, und er wird zugleich an der Welt gemessen. Als Mikrokosmos ist er der Maßstab des Kosmos und ist selbst nach kosmischen Maß geschaffen, was an den Proportionen seines Körpers abzulesen ist.

Doch der aufrechte Gang wird in der Neuzeit auch als Zeichen eines Herrschaftsanspruches verstanden, als Ausdruck für das Vermögen, den Rest der Schöpfung von oben zu betrachten.[4] Diese Auffassung findet sich bei Johann Wolfgang von Goethe[5], Johann Gottfried Herder[6] und Karl Marx: Der Mensch in der Welt ist »der wirkliche, leibliche, auf der festen wohlgerundeten Erde stehende, alle Naturkräfte aus- und einatmende Mensch«.[7]

Wie kam es zu diesem Wandel? Vielleicht vollzog er sich genau in dem Moment, in dem sich zu dem kosmologischen Blick nach oben ein historizistischer, fortschrittsorientierter Blick nach vorne gesellte. Von nun an war es die Geschichte, der man einen Sinn zuschrieb und die der Menschheit die Marschrichtung vorgab. Dieser Marsch, der schon bald zu einem Gewaltmarsch werden sollte, widersprach dem Blick des Menschen nach oben und machte diesen schließlich unmöglich.

In den 1930er Jahren erwartete man von der Jugend die Schaffung eines neuen Menschen. Das gilt für die Hitlerjugend, für die sowjetischen Pioniere oder die italienische faschistische Jugendorganisation Balilla. In ihren Marschliedern taucht immer wieder ein Motiv auf, das sich bereits in einer Ballade der Wandervögel findet: »Bruder, lass den Kopf nicht hängen, kannst ja nicht die Sterne sehn,/aufwärtsblicken, vorwärts drängen«.

Die heroischen und überdimensionierten Aktfiguren Arno Brekers aus den 1930er Jahren haben nichts vom Maß und von der Fülle bewahrt, die zwei Jahrhunderte zuvor die Darstellung des Menschen – selbst die des seiner Haut beraubten *Écorché* – noch auszeichneten. Denn wenn diese Figur eines Gehäuteten beeindruckend präsent wirkt, dann wohl auch deshalb, weil sie doch harmonisch und regelkonform ist wie die Gestalt des heiligen Bartholomäus, der die eigene Haut empor hält, man denke an Michelangelo Buonarottis Vergegenwärtigung der Figur im *Jüngsten Gericht* der Sixtinischen Kapelle (vollendet 1541). Der gigantische Akt Brekers, der den »Neuen Menschen« verkörpern soll, ist kein Gehäuteter, er ist umgekehrt ganz geglättete Oberfläche, gleichsam eine Haut ohne Inhalt, eine leere Hülle. Letztlich illustriert diese Hülle, diese martialische Variante des *Homo bulla* als Mahnung an die Vergänglichkeit des menschlichen Daseins, geradezu idealtypisch die beunruhigende Ästhetik der totalitären Regime.

Die Figur, die in dieser Hinsicht den Beginn des modernen Zeitalters markiert und die uns vom Maßvollen in die Unmäßigkeit stürzt, ist die des Gulliver in Jonathan Swifts *Gullivers Reisen* (1726, Abb. 2). Der Illustrator Grandville stellte in der Ausgabe von 1838 Gulliver als einen Riesen dar, der wie der mythische Antaios die Welt trägt. Gulliver ist ein Gigant, doch birgt seine Existenz noch kein Geheimnis. Der von Swift ersonnene Riese wirft keine metaphysischen Probleme auf, als fiktionale Gestalt dient er vielmehr dazu, ein moralisches und politisches Problem zu erörtern. Die körperliche Größe ist hier kaum mehr als eine optische Täuschung, die auftritt, wenn man durch die falsche Seite eines Fernglases schaut. Nach Swift ist die Größe eines Wesens abhängig von dem Bezugssystem, in dem es sich befindet. »Die Philosophen haben ohne Zweifel recht, wenn sie uns sagen, groß oder klein werde etwas doch erst durch den Vergleich.«[8]

Bei der Betrachtung von Riesen und Zwergen muss man, wie Jay Gould schreibt,[9] berücksichtigen, »dass der Struktur der Organismen Grenzen gesetzt sind. Sie nehmen unter dem Einfluss der Elementarkräfte die bestmögliche Form an, etwa nach der auf sie einwirkenden Schwerkraft.«[10] Aus den Grundsätzen der Geometrie ergibt sich eine Korrelation zwischen Größe und Form. Denn das Volumen resultiert aus dem Kubik der Länge, während die Oberfläche nur im Quadrat der Länge zunimmt. Das Volumen nimmt somit viel schneller zu als die Oberfläche. Daraus folgt, dass die Knochen der großen Tiere überproportional stark ausgebildet sind, um die gleiche relative Widerstandsfähigkeit zu erreichen wie die zarten Knochen der kleinen Lebewesen. Mit anderen Worten: Ein Riese wie Gulliver würde in Wirklichkeit unter der Last seines eigenen Gewichts zusammenbrechen. Umgekehrt hätten die Liliputaner eine körperliche Konstitution, die weniger verkleinerten Menschen als vielmehr der

2 Grandville · Illustration von 1726
zu Jonathan Swift: Gulliver's Reisen in unbekannte Länder, zweite Ausgabe mit 450 Bildern und Vignetten von Grandville, Stuttgart 1843, Adolph Krabber Verlag, S. 47. Staatsbibliothek zu Berlin – Preußischer Kulturbesitz, Abteilung Historische Drucke, 19ZZ12246

von Insekten entspräche, die auf ihren Fliegen- oder Spinnenbeinen eher krabbeln oder hüpfen als laufen würden.

Diese Überlegungen zu den physikalischen Kräften, die auf eine gegebene Körpermasse einwirken, stammen aus der Festkörperphysik und wurden auf die Physik der lebenden Körper übertragen. Zu nennen sind hier etwa die Untersuchungen zur Statik von Metallkonstruktionen in Abhängigkeit vom Querschnitt der verwendeten Träger sowie mechanische Experimente aus den Ingenieurwissenschaften, die von Herbert Spencer 1847 auf die Biologie übertragen wurden.[11] Spencer wollte vor allem zeigen, dass Gestalt und Größe eines Menschen unbedingt von den physikalischen Kräften bestimmt werden, von Gewicht, Oberflächenspannung oder der Viskosität der Membranen.

Diese Metapher, die den Menschen als ein der Physik des Lebendigen unterworfenes Wesen erscheinen lässt, ist entscheidend. Denn damit kippt die Vorstellung, das Lebewesen sei als ein bloßer Mechanismus zu betrachten – von René Descartes Hund, der wie ein Uhrwerk funktioniert, bis zum *l'homme machine* von Julien Offray de La Mettrie (1748). So gelangen wir in das Universum der Maschine, die wie ein menschlicher Organismus funktioniert.

Aus dieser veränderten Perspektive, die nicht mehr vom Belebten zum Unbelebten übergeht, sondern vom Unbelebten zum Belebten, erwächst das Bedürfnis, die Maschinen als an sich unbelebte Geschöpfe mit Lebewesen, vor allem mit Menschen zu vergleichen, also gewissermaßen die Maschine selbst zu vermenschlichen. Diese Vorstellung entstand in der Industriellen Revolution und wuchs in den Fantasmagorien der Romantik zu neuer Größe heran. Anfang des 20. Jahrhunderts lud sie sich mit den »Junggesellenmaschinen« etwa von Man Ray, Francis Picabia und Marcel Duchamp weiter auf.[12]

In Grandvilles Illustrationen erscheint Swifts Gulliver als ein Geschöpf, das, obgleich aus biologischer Sicht so nicht möglich, in seinen Gliedern und seinem Knochenbau eine Kraft ausstrahlt, die mit den stählernen Organismen vergleichbar ist, die damals begannen, die industrielle Welt zu besiedeln: Er ist ein Zeitgenosse der auf gewaltigen Füßen stehenden Dampfhämmer, wie sie beispielsweise in den Eisenwerken von Creusot zu sehen waren. Diese sind ihrerseits Zeitgenossen der Riesen Fafner und Fasold, die in Richard Wagners *Rheingold* (1869) die Burg Walhall errichten. In der zeitgenössischen Literatur werden diese Maschinen wie lebende Organismen als »kolossal« oder »zyklopisch« beschrieben.[13]

Nun rächt sich die Biologie an der Philosophie: Nicht nur Swifts Riese wäre durch das eigene Gewicht gelähmt, auch die unglückseligen Zwerge, die unter der Knute Alberichs arbeiten, hätten auf Grund ihrer Größe nicht die geringste Chance, mit ihren Spitzhacken das von ihrem Meister geforderte Edelmetall zu gewinnen. Tatsächlich beträgt die Schlagkraft eines Kindes nur ein Zweiunddreißigstel der Schlagkraft eines Erwachsenen normaler Größe.[14]

Der berühmte Biologe John Burdon Sanderson Haldane, der Entdecker der »Ursuppe«, aus der sich erste primitive Organismen entwickelt haben sollen, versuchte seinerseits, die Gesetze der Biologie zu ergründen, die offensichtlich mehr sein mussten als einfache Arithmetik. Er stellte die Behauptung auf, für jede Form eines Organismus gebe es eine optimale Größe, jenseits derer die Vitalfunktionen nicht aufrechterhalten werden könnten. 1928 versuchte er, diesen Gedanken auf menschliche Gesellschaften und ihre Organisationsweise zu übertragen, die er damit als Organismen betrachtete. Am Ende kam er zu dem hübschen Ergebnis, dass aus biologischer Sicht der Sozialismus weitgehend ein Größenproblem sei. Ein kleiner Staat wie Andorra oder Luxemburg könnte ohne weiteres durch ein sozialistisches System mit verstaatlichten Produktionsmitteln regiert werden. Dagegen könne man sich für das britische Empire oder die Vereinigten Staaten von Amerika ein vollständig sozialisiertes Gemeinwesen so wenig vorstellen wie einen Elefanten, der Kapriolen tanzt, oder ein Nilpferd beim Hürdenlauf.[15] Damit ist das Problem des Gigantismus totalitärer Staaten angesprochen.

Denis Diderot war einer der ersten, der aus einem solchen Wissenschaftskonzept der sich unablässig entwickelnden Lebewesen Konsequenzen zog. Er bezieht sich auf die Hypothese, es gebe so etwas wie einen porösen oder plastischen Zustand der Lebewesen, der es unmöglich mache, ihnen feste Begrenzungen zuzuordnen, und äußert den gewagten Gedanken eines Transformismus: »Alle Wesen kreisen ineinander, folgerichtig auch alle Spezies [...] Jedes Tier ist mehr oder minder Mensch; jedes Gestein ist mehr oder minder Pflanze; jede Pflanze mehr oder minder Tier. Es gibt nichts Festbestimmtes in der Natur.«[16] Diese Vorstellung lässt sich ohne weiteres dem alten Gedanken zuordnen, es gebe eine große, allumfassende Stufenleiter der Wesen. Alles gehöre zur Natur und es gebe »unmöglich eine Leerstelle in der Kette«, sagt Jean le Rond d'Alembert. Dieser Aussage geht die folgende wichtige Unterscheidung voraus: »[A]lso besitzt nichts die Wesenheit eines besonderen Wesens, [...] gibt es doch keine Eigenschaft, deren ein Wesen nicht teilhaftig wäre [...]. Jedes Ding ist mehr oder minder irgend etwas, mehr oder minder Erde, Wasser, Luft, Feuer.« Da beginnt sich eine wahrhaft revolutionäre Idee durchzusetzen – es verschwindet die Bedeutung des Individuellen. Die einzelnen Individuen werden unwichtig: »Es gibt keine, nein, es gibt keine«, bekräftigt d'Alembert. »Es gibt nur ein einziges großes Individuum, und das ist das Ganze.«[17] Wer an diesen unaufhörlichen Übergang von einem Zustand in den anderen glaubt, wer sich diese kontinuierlichen Metamorphosen der verschiedenen Seinszustände vorstellt, der fürchtet oder negiert auf der anderen Seite das Erscheinen des Erstaunlichen, des Schrecklichen oder Fürchterlichen nicht mehr. Im Gegenteil, der erwartet, ja erhofft geradezu das Erscheinen eines Ungeheuers, das nicht einzigartig, sondern das Auftreten einer Möglichkeit ist: »Der Mensch ist nur ein ganz allgemeines, das Ungeheuer nur ein seltenes Wirkungsergebnis; alle beide gleichermaßen natürlich, notwendig, gleichermaßen in der Ordnung des Alls und der Allgemeinheit.«[18]

Einerseits steht die Biologie, die Wissenschaft von den Lebewesen, nach Diderots Auffassung in einer philosophischen Tradition, die Thomas Hobbes mit seinem *Leviathan* begründet hatte. Andererseits kündigt sich hier bereits die Romantik an, die von einer allumfassenden Empfindsamkeit ausgeht und Verbindungen, Übergänge und Metamorphosen zwischen den Bereichen des Belebten und Unbelebten herstellt. In der deutschen Romantik findet sich bei Novalis die Vorstellung einer den Pflanzen zuzusprechenden Seele in Verbindung mit Begriffen wie »Weltseele«, »Umwelt« und »Innenwelt«.

In der Romantik wird die zugleich schreckliche und faszinierende Figur des Ungeheuers zu einem wesentlichen Bestandteil von Modernität. Das Ungeheuer und der Kannibale ersetzen den friedfertigen Gulliver und den acht Meilen messenden Bewohner des Sirius der Voltaire'schen *Micromégas* (1738–1768). Der Historiker und Begründer der »History of Ideas« Arthur O. Lovejoy bezieht sich in *The Great Chain of Being (Die große Kette der Wesen)* auf Friedrich Schleiermacher, der mit seinen Reden *Über die Religion* (1799) und den *Monologen* (1800) die ersten Manifeste der Vorromantik verfasste. Demnach wollten die Romantiker sich in ihrer »wilden Entschlossenheit« in die Tiefen des Unbekannten stürzen, um dort Neues und Mannigfaches zu finden und »dieses gewaltige Universum sich einzuverleiben«.[19] Dieses romantische Begehren machte sich leicht selbst zum Oger, zog gerne die Siebenmeilenstiefel an, um zu jeder Zeit an jedem Ort sein zu können und alles zu verschlingen, dessen es habhaft werden konnte.

Ab da entwickelte sich eine unersättliche Empfindsamkeit, die sich in einem Streben nach Drogen und künstlichen Paradiesen auslebte, aber auch in einer unendlichen Jagd nach Wissen. Das führte hin zu der burlesken Form, die dieser Wissensdurst in Gustave Flauberts Roman *Bouvard et Pécuchet* (postum 1881) annahm. Gleichzeitig wandte man sich vom Universellen ab, um das Besondere zu kultivieren: die individuellen Eigenheiten, die Unterschiede zwischen den Nationen und die Hierarchie der Rassen. Gulliver konnte insofern als ein amüsantes physikalisches Experiment betrachtet werden, vergleichbar den Zerrspiegeln oder Anamorphosen, die der Verstand letztlich durchschaut. Bei den Romantikern wurde daraus ein existentielles und entscheidendes Experiment.

Wie haben nun diese aus romantischer Hybris geborenen Riesengestalten die Fähigkeit erlangt, die politischen Revolutionen unserer Zeit zu veranschaulichen?

Schon in Voltaires *Micromégas* begibt sich der Bewohner von Sirius auf den Planeten Saturn. Doch in Goyas *Saturn* geht es nicht mehr um eine Reise im All, sondern um eine Reise durch die Zeit: Es handelt sich um Saturn/Kronos, den Gott der Ernte und der Zeit, die archaische, menschenfressende Vatergestalt, die, wie man auch von den Revolutionen sagt, ihre eigenen Kinder frisst (Abb. 3). Goyas Riese ist eine Verkörperung des »wilden Menschen«, doch ist er keiner der Riesen, die durch ihre schiere Größe beunruhigen. Auch sind für ihn weder Klugheit noch Bildung oder seine Gutmütigkeit kennzeichnend, wie bei den Riesen, denen Swift oder Voltaire auf ihren imaginären Reisen begegneten. Und er ist nicht der von Natur aus gute Mensch, den wiederzufinden sich Jean-Jacques Rousseau erträumte. Er ist vielmehr einsam, vereinzelt, ganz saturnisch – eine Gestalt der Romantik.

»Hier beginnt die moderne Malerei«, konstatiert André Malraux in seiner Goya-Monografie. Mit Goya taucht ein Bild auf, das unsere Epoche einläutet und sie in Schrecken versetzt, ein Bild zwischen Romantik und Revolution. Es ist zunächst das Bild des *Kolosses*, dann

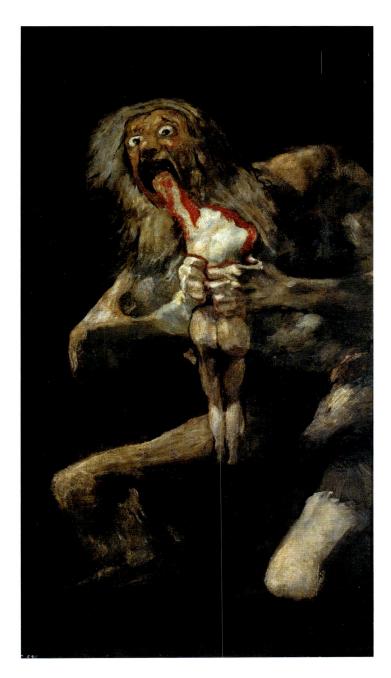

3 Francisco de Goya, Saturn · 1820–1823
Öl auf Putz auf Leinwand · 146 x 83 cm · Madrid, Museo Nacional del Prado

das des *Saturn*; auf beide Bilder habe ich bereits anfangs verwiesen. Die Größe seiner Gestalt gibt nicht mehr wie beim *Koloss* Anlass zu einer ironischen Reflexion über die unglaubliche Dummheit des so winzig kleinen Menschen. Hier tritt mit schrecklicher Brutalität der Ausbruch grenzenloser Gewalt am Ursprung des Lebens selbst in Erscheinung: ein Menschen verschlingender Gott der Kriege und Revolutionen.

So ist dieses Gemälde selbst eine Verkörperung des Entsetzens, welches das gesamte 19. Jahrhundert durchziehen sollte, und es fällt schwer, in ihm nicht den Schrecken, den die napoleonischen Truppen auslösten, zu erkennen, deren Greuel Goya so oft dargestellt hat. Jedenfalls ist dies der erste Riese der modernen Welt, der mit der Vorstellung verbunden ist, dass im Namen der Menschenrechte unternommene Revolutionen Zerstörung und Grauen mit sich bringen. In der Grafikfolge *Los Disparates* (*Torheiten*, 1816–1824) sind es umgekehrt die französischen Soldaten, die angesichts der Erscheinung eines riesenhaften Fantoms entsetzt die Flucht ergreifen. Schreckgespenster, Werwölfe, Geister aller Art durchziehen eine Welt, in der die Vernunft schläft und in der es vor Ungeheuern nur so wimmelt. Der Riese ist nicht mehr Beleg für Vernunft, Weisheit und Maß, er wird zu einer Verkörperung von Gewalt, Wahnsinn und Einsamkeit, von Existenzen am Rande der Gesellschaft.

In der Kunst des späten Symbolismus tauchen immer wieder diese riesenhaften Figuren auf. Dazu zählt die Figur eines jungen nackten Mannes, die Max Klinger in seinem Stich *Integer vitae* (1888–1900) darstellt.[20] Wir erblicken einen Mann, dessen Leben – wie der Titel angibt – ohne jeden Fehl ist. Er scheint vor den Anziehungskräften gefeit, die von einem Abgrund ausgehen, in den bereits eine Reihe von Menschen gestürzt sind. Am Horizont sieht man die Ruinen einer Stadt. Ein regungslos sitzender Koloss überragt die Szene. Seine Linke ruht auf einem Stundenglas, die Rechte auf einem Vulkan. Es handelt sich somit um einen saturnischen Titan, einen Kronos im Sinne des Mythos, der die Giganten mit dem unterirdischen Feuer in Verbindung bringt.

Max Klinger zeigte ferner in seinem Stich *Der Krieg* (um 1888; Kat.-Nr. I/1), die Gestalt des Krieges als riesenhafte Personifikation im oberen Bereich des Blattes und winzige Menschen darunter. Klinger ließ sich vermutlich unmittelbar von Goyas *Koloss* anregen. Bei Klinger ist im Vordergrund Napoleon Bonaparte zu erkennen, der durch eine zerstörte Landschaft mit geschlagenen Soldaten und geschundenen Zivilisten hindurchschreitet. Klingers Blatt wurde seinerseits beispielgebend für eine Gruppe von Kriegsdarstellungen, die teilweise erst im 20. Jahrhundert entstanden und eine fatalistische Sicht auf den Krieg vermitteln.

Einer der Künstler, die sich von Goya und von Klingers *Der Krieg* inspirieren ließen, war Alfred Kubin. Auch bei ihm ist die Erinnerung an die Schrecken der napoleonischen Kriege lebendig. In *Die Parade*[21] (Abb. 4, S. 118) von 1897 taucht der riesenhafte Grenadier mit seinem hohen Helm wie eine Erscheinung des Schreckens über den Bergen auf und befehligt eine Schar kleiner Soldaten, die wie Zinnfiguren wirken – eine direkte Reminiszenz an Goyas *Koloss*. Eines seiner ergreifendsten Werke ist aber sicherlich *Der Krieg* von 1901/02 (Abb. 4, S. 36): Ein gigantischer, mit einer Axt bewaffneter Krieger trampelt alles nieder, was ihm unter die Füße kommt, eine

4 Alfred Kubin, Parade · 1897
Feder · laviert auf Katasterpapier · 38,7 x 31,8 cm · Linz, Oberösterreichische Landesmuseen

von Goya inspirierte Darstellung, die ihrerseits Schlichter anregen wird. Sehr viel direkter an der tagespolitischen Aktualität orientiert ist Kubins Federzeichnung *Stalin* von 1935. Sie zeigt Stalin als Riesen, der die Moskauer Massen überragt, die unter den Mauern des Kreml vorbeimarschieren.[22] Eine derartige Symbolik wird in den 1930er Jahren die Revolutionen der Kommunisten, Faschisten und Nationalsozialisten begleiten. Boris Kustodijew malte 1920 seinen *Bolschewik*[23] in Gestalt eines fahneschwingenden Riesen, der die »Proletarier« wie die Häuser von Moskau überragt. Ist er als ein Volkskommissar zu verstehen, der den ameisengleichen Menschen den Weg in eine strahlende Zukunft weist? Oder ist er eher ein unerwarteter Wiedergänger von Goyas *Saturn*, der sich daran macht, die Kinder der Roten Revolution zu verschlingen?

Mario Sironi zeichnete 1935 mit seinem *Duce* ein weniger zweideutiges Bild: Die kolossale Gestalt zu Pferde überragt die Menschenmenge. Der Reiter gehört zu den unvermeidlichen Bestandteilen der faschistischen Bildrhetorik. Er erinnert zugleich an das ruhmreiche Römische Imperium und an den *Colleone* der Renaissance. Ungewöhnlich ist hier lediglich die überdimensionierte Größe von Pferd und Reiter.

Ein in diesem Zusammenhang bemerkenswertes Bild ist *Blinde Macht* (1932/37) von Rudolf Schlichter (Kat.-Nr. V/31). Als Mitglied der deutschen Kommunistischen Partei war Schlichter in den 1920er Jahren in der Weimarer Republik einer der führenden Vertreter des linken Flügels der Neuen Sachlichkeit gewesen. Ende der 1920er Jahre schwenkte er politisch um und orientierte sich fortan an radikalen rechten, antidemokratischen Kreisen um den Schriftsteller Ernst Jünger. Nach 1933 versuchte Schlichter mit seiner Kunst an die offizielle Kunst des NS-Regimes anzuknüpfen, distanzierte sich dann aber bald wieder politisch und künstlerisch von diesem und zog sich in die »innere Emigration« zurück. Das Gemälde *Blinde Macht* ist Schlichters kritische Auseinandersetzung mit dem NS-Regime.[24] Der Protagonist des Gemäldes schreitet, ein Schwert in der Linken und den Hammer Thors, des germanischen Kriegsgottes, in der Rechten auf einen Abgrund zu. Sein antikischer Helm entspricht den pseudomittelalterlichen Ritterkostümen, wie sie die offizielle Malerei des NS-Regimes damals in Serie produzierte. Das Gemälde erinnert aber auch an Kubins halluzinatorische Figur des *Krieges* von 1901/02: Auch sie ist von riesenhafter Größe und mit einer gigantischen Axt bewaffnet und marschiert auf eine Armee von Liliputanern zu, deren spitze Waffen wie Nadeln wirken (vgl. Abb. 4, S. 36).

Wollte man nach den Ursprüngen der Gestalt des die Revolutionen unserer Zeit anführenden Riesen suchen, müsste man in die Zeit vor der Aufklärung zurückgehen, als Thomas Hobbes 1651 die Figur des *Leviathan* ersann (Abb. 5). Nach der Auffassung des Philosophen sind die Menschen von Natur aus aggressiv, sie befinden sich stets im latenten »Kriegszustand«, in einem *bellum omnium con-*

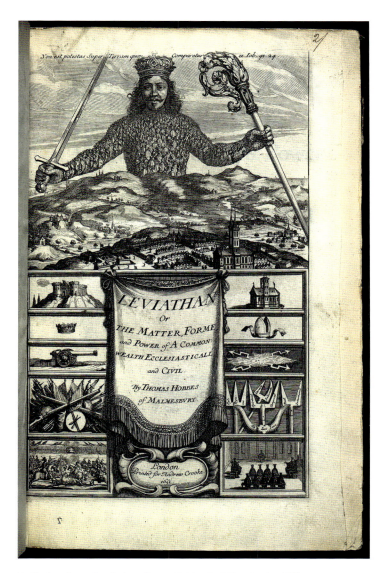

5   Abraham Bosse, Frontispiz zu Thomas Hobbes: Leviathan, London 1651
Ausgabe: The British Library, DEUHIS01

tra omnes. Einzig eine absolute politische Macht, der sich die Individuen durch einen Gesellschaftsvertrag unterwerfen, wäre demnach in der Lage, den Menschen Frieden und Sicherheit sowie den damit verbundenen Wohlstand zu bringen. Den diesem totalitären Zustand vorstehenden Herrscher nennt Hobbes nach einer dem Buch Hiob (40, 25 – 41) entlehnten biblischen Gestalt den Leviathan und schreibt ihm absolute Rechte und Machtmittel zu. Der Souverän kann nicht um seine Herrschaft gebracht werden und genießt vollständige juristische Immunität.

Das von Abraham Bosse gestochene Frontispiz zu Hobbes' Publikation zeigt einen Riesen, der am Horizont erscheint und mit seinem Oberkörper eine weite Landschaft überragt. In der Rechten hält er das Schwert als Symbol der weltlichen, in der Linken den Krummstab als Symbol der kirchlichen Gewalt. Sein Körper besteht aus den unzähligen Häuptern seiner Untertanen. Der riesenhafte Leviathan scheint bereits auf Goyas *Koloss* und seine zerstörerische Kraft vorauszuweisen. Doch er kündigt zugleich einen weiteren Zug des modernen Totalitarismus an: die Auflösung des Individuums in der organischen Masse des Staates, in der »Volksgemeinschaft«, um einen Ausdruck der nationalsozialistischen Ideologie zu verwenden, verstanden als Einheit der deutschen Volksgenossen mit dem Organismus des absoluten Staates.

Wie ein Seeungeheuer, das aus den Tiefen des Meeres aufsteigt, verkörpert der Leviathan ein primitives Wesen: Der absolute Staat entspricht einem polypenartigen Organismus, der nicht mehr ist als ein Aggregat aus unterschiedslosen Bestandteilen, bei dem jedes abgeschlagene Teil jederzeit nachwachsen kann. Dieses Schema sollte regelmäßig in der Bildpropaganda der totalitären Regime Verwendung finden – in Italien im Zusammenhang mit dem im November 1934 durchgeführten Referendum, das letztlich einen neuen Gesellschaftsvertrag zwischen dem Staatschef und der »Volksgemeinschaft« begründen sollte: Benito Mussolini wurde demgemäß auf Propagandaplakaten oft als ein Riese dargestellt, dessen Körper sich aus den unzähligen Köpfen seiner Untertanen zusammensetzt. In der Sowjetunion wagte El Lissitzky, der sich damals bereits als produktivistischer Künstler verstand, 1930 eine Fotomontage von Wladimir Iljitsch Uljanow Lenin, bei der das Gesicht des Diktators aus tausenden von kleinen, untereinander identischen Gesichtern des *hominus sovieticus* besteht.

Ich habe bereits die zoologische Metapher des Polypen bemüht, dem – wie einer Hydra – abgeschnittene Gliedmaßen nachwachsen. Tatsächlich trifft man in der Bildlichkeit der 1930er Jahre überall auf Darstellungen, die auf der massenhaften Vervielfältigung einer gemeinsamen Vorlage gründen. Diese Darstellungen von Menschenmassen, die aus gleichartigen Teilen bestehen, die wachsen, sich entwickeln, sich bewegen, marschieren, erinnern an Schnitte durch pflanzliches oder tierisches Gewebe. Diese wurden genau zu dieser Zeit mithilfe der Mikrofotografie der interessierten Öffentlichkeit erstmals bereitgestellt, etwa als Aufnahme der einzelnen Zelle einer Kieselalge durch den Deutschen Carl Strüwe oder in der Fotografie eines Schnittes durch eine Gerstenwurzel von Laure Albin Guillot (1931).

Wenn in den Laboren der 1930er Jahre der »Neue Mensch« kultiviert wurde, geschah dies wie die Anlage einer Zellkultur, wie die Aussaat von Getreide in der Landwirtschaft. Von dem deutschen Zoologen Ernst Haeckel (1834–1919), der mit seinen darwinistischen Theorien als Wegbereiter für die nationalsozialistische »Rassenhygiene« und Eugenik herangezogen wurde, bis zu dem sowjetischen Biologen Trofim Denissowitsch Lyssenko (1898–1976) kommen die gleichen Fantasmagorien zum Tragen: Das Gewebe (im physiologischen Sinne des Begriffes) der Gesellschaft bildet sich nach Maßgabe der Politik aus einer homogenen Masse, hierin der Struktur einer Zellkultur von Individuen vergleichbar. Auf der einen Seite stehen die Massen der Arbeiter und Soldaten, auf der anderen die einzelnen, in ihrer Einsamkeit befangenen Wesen, die außerstande sind, sich an Werte zu binden, die nicht vom Staat dekretiert werden.

In Regimen, die sich auf eine Rassenpolitik stützen, gelten der Held, der Arbeiter und der Kämpfer, der Bürger-Soldat, der »Neue Mensch« als Ergebnisse einer biologischen Technik, der Vererbungslehre. So gibt sich der totalitäre Staat dem Traum hin, er könne die Zellen eines »reinen« oder erneuerten Menschen fabrizieren – Vorstellungen, die im Namen der Eugenik systematisch umgesetzt wurden. Nach der kommunistischen Lehre stirbt im Zuge der als unabdingbar vorausgesetzten historischen Entwicklung der »Alte Mensch« ab. Der »Neue Mensch« entsteht hier – unabhängig von geografischer und sozialer Herkunft oder Rasse – als Produkt einer Sozialtechnik oder eines epigenetischen Prozesses. Daraus resultiert letztlich die klassenlose Gesellschaft, die aus nicht mehr »entfremdeten« Mitgliedern besteht.

Die beiden scheinbar gegensätzlichen Systeme weisen also durchaus Gemeinsamkeiten auf, indem beide Ideologien die Erzeugung des »Neuen Menschen« propagieren. Das Fantasma eines neuen Wesens findet sich versteckt und besser getarnt, deshalb aber nicht weniger tödlich, auch im Zentrum der marxistischen Lehre. »Der sozialistische Mensch hat den Ehrgeiz, mit Hilfe von Maschinen die gesamte Natur, auch seine Fasane und Störe, zu beherrschen, und er wird dieses Ziel auch erreichen [...]. Der Mensch wird sich bemühen, seine eigenen Gefühle zu beherrschen, seine Instinkte auf die Ebene seines Bewusstseins zu heben, sie durchschaubar zu machen, den eigenen Willen auf die dunklen Regionen des Unbewussten zu lenken. Von da aus wird er sich auf eine höhere Ebene bewegen *und einen biologischen und gesellschaftlich überlegenen Typus schaffen, einen Übermenschen, wenn Sie so wollen.*« Diese Zeilen stammen nicht etwa von Joseph Goebbels, auch nicht von einem SS-Arzt wie Josef Mengele – sie stammen von Leo Trotzki, dem Oberbefehlshaber der Roten Armee, von dem Trotzki, den André Breton verehrte.

Das Bildwerk aus jenen Jahren, das einen vielleicht am meisten erschaudern lässt, ist die riesenhafte Leninstatue mit der erhobenen Rechten auf dem 1933 von Boris Iofan entworfenen Palast der Sowjets. In der autorisierten Version sollte sie achtzig Meter hoch sein, also fast fünfzig Mal so groß wie einer der Durchschnittsmenschen, die in der Entwurfszeichnung auf dem Vorplatz umherirrten. Die Gesamthöhe des Gebäudes hätte nach dem Entwurf 415 Meter betragen. 1936 schuf Boris Klinsch, wie Lissitzky ein produktivistischer Fotograf, die Fotomontage eines riesenhaften Stalin, der zum Ruhme des Fünfjahresplanes in der Rüstungswirtschaft am 1. Mai eine Parade marschierender Arbeiter abnimmt.

6 George Grosz, Cain or Hitler in Hell (Kain oder Hitler in der Hölle) · 1944
Kat.-Nr. VI 4/54

Adolf Hitler hingegen wollte anscheinend bewusst keine gigantomanischen Darstellungen seiner Person hinterlassen. Er sah sich zumindest zu Beginn seiner politischen Laufbahn gerne als der kleine Gefreite aus den Schützengräben des Ersten Weltkrieges im Kreis seiner Kameraden. Als Verkörperung und Inspirator der »Volksgemeinschaft« bildete er gleichsam das Herz im Zentrum des großen nationalsozialistischen Körpers, von dem er sich damit nicht unterscheiden wollte. Seinen Größenwahn lebte er in der Architektur aus, einer Kunst, in der er sich selbst gerne hervorgetan hätte. Hitlers Gigantismus bemaß sich an den überzogenen, zyklopischen Dimensionen der Bauten für Germania, das neue Berlin, das der »Generalbauinspektor für die Reichshauptstadt« Albert Speer erschaffen sollte. Sie sind durchaus den Monumentalbauten vergleichbar, die in den 1930er Jahren in der Sowjetunion errichtet wurden, wie zum Beispiel die Moskauer Metrostationen mit ihren riesigen Türen, die wie gewaltige Tore zur Hölle wirken, größer noch als Dantes Höllenpforten.

Der in die USA geflüchtete George Grosz hinterließ ein Porträt von *Cain or Hitler in Hell* (Kain oder Hitler in der Hölle, 1944; Abb. 6, Kat.-Nr. VI 4/54). Der Diktator erscheint hier in Gestalt des Kain, der seinen Bruder erschlagen hat. Im Hintergrund des Bildes brennen die Städte, und aus dem Abgrund zieht, als wollten die Liliputaner

7 A. Paul Weber, Das Verhängnis (Deutsches Verhängnis) · 1931 · Kat.-Nr. IV 1/10

nun Rache nehmen, dem auf den Trümmern Hockenden eine Armee von Skeletten entgegen – eine Auferstehung der Toten.

Das Bild könnte von mindestens einer der Zeichnungen inspiriert sein, die der deutsche Künstler A. Paul Weber 1931 für die Broschüre *Hitler – ein deutsches Verhängnis* von Ernst Niekisch, dem Theoretiker des »Nationalbolschewismus«, geschaffen hat. Eine der Illustrationen zeigt einen endlosen Zug kleiner Menschen, die sich wie Ameisen allesamt in einen großen, mit einem Hakenkreuz gekennzeichneten Sarg stürzen, der auf dem Grund eines Grabens steht. Auch andere Illustrationen aus dieser Broschüre greifen auf eine Ikonografie zurück, die eine riesenhafte schauerliche Figur einer entsetzten Menschenmasse gegenüberstellt (Abb. 7, Kat.-Nr. IV 1/10).

Diese Bilder von Riesen sind Bilder von Titanen. In seinem prophetischen, 1932 erschienenen Buch *Der Arbeiter*[25] entwirft Ernst Jünger die mythische Gestalt eines »Neuen Menschen«, der an die neue Wirklichkeit einer von der Technik beherrschten Welt angepasst ist. Dieser Arbeiter ist gleichsam die aus dem Untergrund erwachte Figur des Titanen und keineswegs nur die Verkörperung des »Proletariates«, auf das sich der rechte wie der linke Totalitarismus stützen sollte. Die Zeit der Götter sei vorbei, argumentiert Jünger, die

Götter haben sich, um mit Friedrich Hölderlin zu sprechen, vom Menschen entfernt, und so treten wir wieder ein in das Zeitalter der Titanen. Die Moderne hat nach Jünger im Jahre 1912 begonnen, als die Titanic unterging, das größte je von Menschenhand gebaute Schiff, ein Wunderwerk der neuen technischen Möglichkeiten. Dieser Schiffbruch ist ein grandioses Symbol, das sich den Anfängen unserer Zeit eingeprägt hat.

Der Leib des Titanen, der sich aus all den menschlichen Einzelwesen zusammensetzt, verleiht dem Raum eine einheitliche Gestalt. Sie gehört »zu den Kennzeichen jedes Imperiums, jeder unbestreitbaren und unbezweifelbaren Herrschaft, die die Grenzen der bekannten Welt umfaßt«.[26] Das 1938 entstandene Gemälde *Der Hitlerstaat* (*Der totale Staat*, vgl. Kat.-Nr. V/33) von Magnus Zeller erscheint als eine zugleich naive und erschreckende Illustration dieser Behauptung.

Die Freisetzung dieser Kräfte wird die Tat des Arbeiters sein. Sie wird die Werte vernichten, aber auch alle Symbole, Sinnbilder und Werke der alten Welt der Götter: »Die Technik, das heißt die Mobilisierung der Welt durch die Gestalt des Arbeiters, ist, wie die Zerstörerin jedes Glaubens überhaupt, so auch die entschiedenste antichristliche Macht, die bisher in Erscheinung getreten ist. Sie ist es in einem Maße, das das Antichristliche an ihr als eine ihrer untergeordneten Eigenschaften erscheinen läßt, – sie verneint durch ihre bloße Existenz. Es besteht ein großer Unterschied zwischen den alten Bilderstürmern und Kirchenverbrennern und dem hohen Maße an Abstraktion, aus dem heraus von einem Artilleristen des Weltkrieges eine gotische Kathedrale als reiner Richtpunkt im Gefechtsgelände betrachtet werden kann.«[27]

In der Renaissance verglichen die Humanisten Saturn häufig mit Satan. Sie taten dies aus Gründen des Gleichklanges, in einer Zeit, als man im Aufeinandertreffen von Wörtern (lange vor dem »objektiven« Zufall Bretons) nach okkulten Zeichen eines verborgenen Wissens suchte. Die Gestalt des menschenfressenden Gottes, der als der am weitesten von der Erde entfernte Planet die finstersten und die höchsten Stimmungen des Menschen beeinflusst, brachte auch eine mittelalterliche Vorstellung hervor, die aus Italien wohlvertraut ist: das Bild eines melancholischen, riesenhaften Teufels, eines im Höllengrund sitzenden Kolosses, wie er etwa im 14. Jahrhundert in den Fresken von Buonamico Buffalmacco des Friedhofes Campo Santo von Pisa dargestellt wurde, oder auch in Giottos *Jüngstem Gericht* in der Arena-Kapelle in Padua. Es ist die Gestalt eines Riesen, der wie nebenbei die Verdammten in seiner Nähe einen nach dem anderen verschlingt.

Übersetzung aus dem Französischen von Michael Müller

Anmerkungen

1 Hölderlin 1946–1985, S. 90.
2 Die Zuschreibung des Gemäldes *El Coloso (Der Koloss)* an Goya ist seit einigen Jahren umstritten. Manuela Mano vom Museo Nacional Del Prado in Madrid weist die Zuschreibung aus stilistischen Gründen zurück. Vielmehr wird, auch aufgrund der Initialen AJ, das Gemälde Asensio Juli zugeschrieben, einem Schüler und Mitarbeiter Goyas.
3 Hingegen tragen sie in den Märchen der Gebrüder Grimm meist beunruhigende Züge. Es dürfte sich um Verkörperungen der kindlichen Triebe handeln, von unbändigen Allmachtsfantasien, grenzenlosen, perversen und polymorphen Wunschvorstellungen. Wir treffen auf den Riesen mit den Siebenmeilenstiefeln oder den kinderfressenden Oger.
4 Diese Analyse wird aufgegriffen in: Brague 1999, S. 310 f.
5 Goethe 1825 [1780], 3. Strophe.
6 Herder 1877–1887 [1784–1791], Bd. XIII, S. 201.
7 Marx 1844.
8 Swift 2006 [1726], II. Buch, 1. Kapitel.
9 Gould 1977, S. 44.
10 Übers. n. Gould 1977, S. 183.
11 Spencer, Herbert: The Form of the Earth no proof of Original Fluidity, Philosophical Magazine, 3. Jg., H. 20, 1847, S. 194 ff.
12 Ausst.-Kat. Bern 1975.
13 Metken, Günter: Anthropomorphie de la machine au XIXème siècle, in: Ausst.-Kat. Bern 1975, S. 56.
14 Gould 1977, S. 187.
15 Haldane 1928. Laura Bossi sei an dieser Stelle dafür gedankt, dass sie mich auf diesen sonderbaren Text aufmerksam gemacht hat, der seiner Zeit voraus war und die nationalen und sozialistischen Revolutionen und was sie mit sich brachten gleichsam vorwegnahm.
16 Diderot 1923 [1769], S. 49–105, hier: S. 64 f.
17 Diderot 1923 [1769], S. 65.
18 Diderot 1923 [1769], S. 64.
19 Lovejoy 1985 [1936], S. 369–373, hier: S. 371.
20 Erster Stich aus der Folge *Vom Tode*, zweiter Teil, Opus XIII. Eine vorbereitende Zeichnung befindet sich im Museum der Bildenden Künste Leipzig.
21 Oberösterreichisches Landesmuseum/Landesgalerie Linz.
22 Oberösterreichisches Landesmuseum/Landesgalerie Linz.
23 Tretjakow-Galerie, Moskau.
24 Zur Genese des Motives vgl. den Text von Olaf Peters zu Kat.-Nr. V/31; zur politischen Haltung von Schlichter den Essay von Olaf Peters im vorliegenden Katalog: Auf tönernen Füßen. Max Beckmann und Rudolf Schlichter zwischen den Weltkriegen, S. 88–99.
25 Jünger 1932.
26 Jünger 1932, Kap. 64, S. 218.
27 Jünger 1932, Kap. 46, S. 154.

Katalog

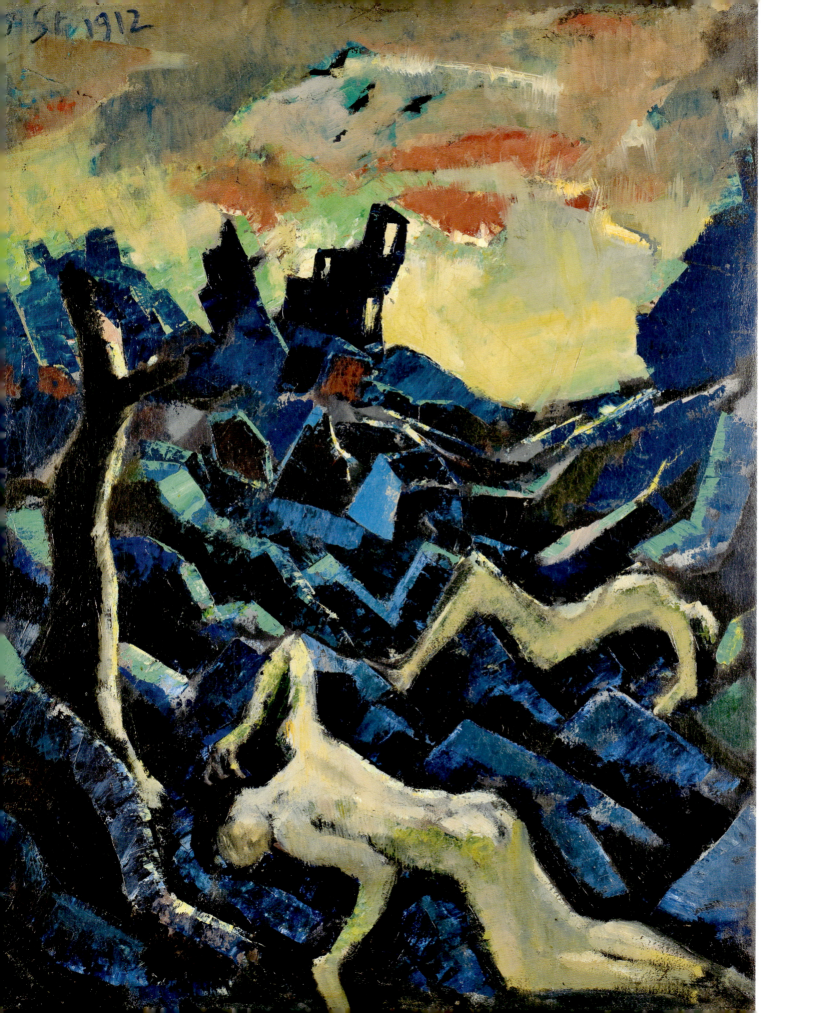

I.
Prolog

Apokalyptische Visionen zum Ersten Weltkrieg

Von der Jahrhundertwende bis zum Ersten Weltkrieg entstanden in der bildenden Kunst wie auch in der Literatur des wilhelminisch geprägten Deutschlands viele Arbeiten, die sich motivisch auf die Untergangsvisionen der biblischen Apokalypse bezogen. Charakteristisch für die Apokalypse ist der endzeitliche Charakter der Visionen des Johannes. Er verbindet die Schicksalhaftigkeit des Weltuntergangs mit der Hoffnung auf eine Zeitenwende. Die Werke der Kunst waren vielfach ausgestellt und wurden von vielen gesehen. Aus der historischen Distanz erscheinen sie uns als Ankündigung düsterer Zeiten.

Bereits um 1900 wuchsen die Spannungen zwischen den europäischen Mächten. Unter der Regierung Kaiser Wilhelms II. verbreitete sich in weiten Teilen der Bevölkerung die Überzeugung, dass dem Deutschen Reich aufgrund seines raschen Aufstieges zur Industrie- und Militärmacht eine führende politische Rolle in der Welt zukomme. Dieses Streben nach Weltmachtstellung und Prestige insbesondere im Kampf um die Kolonien setzte ein internationales Wettrüsten in Gang. Politische Ereignisse wie die zweite Marokko-Krise 1911, auf welche 1912 und 1913 die Balkankriege folgten, trugen dazu bei, dass in diesen Jahren Vorahnungen eines Krieges in Europa aufkamen. Unglücke wie der Untergang der Titanic 1912 erschütterten zudem den Glauben an einen unaufhaltsamen technischen Fortschritt.

Die apokalyptischen Visionen vor dem Ersten Weltkrieg waren mit der Vorstellung von einer Welt verbunden, die untergehen muss, damit aus den Trümmern eine neue Welt entstehen kann. Krieg, Revolution und Apokalypse galten vielen Künstlern als Metaphern für den Niedergang einer überlebten Epoche, auf die bessere Zeiten folgen würden. Die Werke bezeugen ein eher unpolitisches Kriegsverständnis jener Künstler, die in ihrer Phantasie das Erleben des Krieges antizipierten und verklärten. Sie setzten mit ihren Darstellungen die wirkmächtige Ikonografie des Untergangs fort und fügten ihr neue Deutungen hinzu. Diese Visionen des Untergangs, die zwischen Lust und Schrecken schwankten und nicht selten aus persönlichen Krisensituationen der Künstler hervorgingen, beeinflussten ihrerseits viele der nachfolgenden Künstler.

Erst aus der Perspektive einer desillusionierten Nachkriegsgesellschaft wurden die Kriegsvisionen vor und während des Ersten Weltkrieges nicht mehr als individuelle oder kollektive Psychogramme oder Vorahnungen eines durchaus positiv gewerteten Schicksalskrieges wahrgenommen. Man interpretierte sie nun als Warnung vor dem Krieg oder als Protest gegen ihn und erklärte die Künstler zu Unheilspropheten. SH

I/1
Max Klinger
(Leipzig 1857 – 1920 Großjena bei Naumburg)
Der Krieg, um 1888
Aus dem Zyklus *Vom Tode. Zweiter Teil.*
Opus XIII
Radierung, Grabstichel und Aquatinta,
51 x 33,6 cm (Platte), 61,4 x 45,3 cm (Blatt)
Leipzig, Museum der bildenden Künste
I.8283/5, (Abb. 2, S. 44)
Lit. Singer 1991 [1909], Nr. 235; Holsten 1976,
S. 52–56; Ausst.-Kat. München 1982, Nr. 64;
Ausst.-Kat. Frankfurt am Main/Wuppertal
1992, Nr. 73; Ausst.-Kat. Karlsruhe 2007, S. 138.

Das Kriegsblatt ist Teil des insgesamt zwölf Grafiken umfassenden und erst 1910 komplettierten Zyklus *Vom Tode. Zweiter Teil. Opus XIII.* In ihm verarbeitete Max Klinger Anregungen Arthur Schopenhauers und Friedrich Nietzsches. Das Kriegsblatt gehört innerhalb der Serie zu einer Trias von Darstellungen, in denen Klinger nach eigenem Bekunden die »Hauptfeinde« der »armen Massen der Menschheit« wiedergibt, nämlich »1. Krieg, 2. Pest, 3. Elend«.[1]

Klinger unterscheidet beim Bildaufbau zwei Ebenen. In der oberen liegt die monumentale Personifikation des Krieges in einem Flammenmeer der Verwüstung. Trotz antikisierender Details ist die Figur dem 19. Jahrhundert verbunden, wie der Säbel belegt. Man wollte in dem Gesicht sogar die Züge des preußischen Generalfeldmarschalls Blücher erkennen. Obwohl durch die zartere Ätzung als visionäre Erscheinung ausgewiesen, lastet diese Personifikation gleichsam auf der unteren Bildebene. Sie ist auf diese Weise mit Napoleon Bonaparte in der unteren Ebene verbunden, der hier in einer zerstörten Landschaft durch geschlagene Soldaten und geschundene Zivilisten hindurchreitet.

Klinger begriff den Krieg als ein schicksalhaftes Verhängnis, dem die Menschen wehrlos preisgegeben sind, Soldaten ebenso wie Zivilisten. Wiederholt wurde darauf aufmerksam gemacht, dass Francisco de Goyas Bild *El Coloso (Der Koloss)* (Abb. 1, S. 112) inspirierend auf Klinger gewirkt haben dürfte.[2] Der Kontrast zwischen einer übergroßen Personifikation in einem oberen Bildbereich und geradezu winzigen Menschen darunter ist hier vorgeprägt. Klingers Blatt wurde seinerseits beispielgebend für eine Gruppe von Kriegsdarstellungen, die teils erst im 20. Jahrhundert entstanden und die eine fatalistische Sicht auf den Krieg vermitteln. Charakteristisch für diese Werke ist die Überdimensionalität des personifizierten Krieges und seine immer bedrohlich wirkende Unteransicht. Eine Bezugnahme auf diese bei Klinger angelegten Kompositionsprinzipien findet sich etwa in prominenten Zeichnungen Alfred Kubins.
FCS

1 Max Klinger an H. H. Meier jr., zit. n. Singer 1991 [1909], S. 89.
2 Gassier/Wilson/Lachenal 1971, S. 946; Harris 1964, S. 29.

> »Und endlich ist kein andrer Krieg für Preußen-Deutschland mehr möglich als ein Weltkrieg, und zwar ein Weltkrieg von einer bisher nie geahnten Ausdehnung und Heftigkeit. Acht bis zehn Millionen Soldaten werden sich untereinander abwürgen und dabei ganz Europa so kahlfressen, wie noch nie ein Heuschreckenschwarm.«
>
> Friedrich Engels, London, 15. Dezember 1887
> Marx/Engels 1975 [1962], S. 350 f.

I/2
Arnold Böcklin
(Basel 1827 – 1901 San Domenico bei Fiesole)
**Farbskizze zu *Der Krieg (zweite Fassung)*,
San Domenico bei Fiesole 1896**
Öl auf Holz, 40 x 33 cm
Zürich, Kunsthaus Zürich,
Leihgabe der Gottfried Keller-Stiftung, 777
Lit. Holsten 1976, S. 69–72; Vondung 1988,
S. 340–360; Hein 1992, S. 39–45; Ausst.-Kat.
Basel/Paris/München 2001/02, Nr. 88, S. 320.

Arnold Böcklin griff für seine beiden Gemälde *Der Krieg* – hier die vorbereitende Farbskizze der zweiten Fassung (Abb. 1, S. 32) – auf das traditionelle Motiv der apokalyptischen Reiter zurück, die Krieg, Feuersnot, Krankheit und Tod unter die Menschen tragen. Im Gegensatz etwa zu Albrecht Dürers vier Reitern zeigen Böcklins Farbskizze und die zweite Fassung seines Gemäldes nur drei Reiter: eine grobschlächtige bärtige Männerfigur als Verkörperung des Krieges auf einem sich kraftvoll aufbäumenden weißen Schlachtross, eine bleiche, halbnackte Furie auf einem panisch voranstürmenden Pferd und den Tod als Skelett mit Sense auf einem Rappen, der die Zähne bleckt. Die außerordentliche Dramatik der Szene rührt nicht allein von den raumgreifenden Gesten der Figuren und der Dynamik der unterschiedlichen Pferdekörper her. Sie ist auch das Resultat einer den Rahmen des Gemäldes sprengenden Komposition. Der dunkle Hintergrund scheint das Geschehen zusätzlich nach vorn, dicht an den Betrachter heranzurücken. Aus dieser Perspektive zeigt sich der wilde Ritt durch die Lüfte als Bedrohung der Welt, in der Farbskizze symbolisiert durch die Mauern und Tore einer Stadt, die unter den Reitern liegt. Zusätzliche Spannung entsteht dadurch, dass die Reitergruppe von rechts nach links, gleichsam entgegen der gewohnten Leserichtung, heranprescht.

Die kompositorische Dramatisierung, der dynamische Pinselduktus und die intensive Farbigkeit nutzte Böcklin, um die Wirkung des Dargestellten, die Schreckensbotschaft der apokalyptischen Reiter, aber auch die von ihnen ausgehende Faszination zu steigern. Zugunsten dieser Ambivalenz verzichtete Böcklin darauf, die Folgen des apokalyptischen Unheils zu thematisieren. Das Schlachtfeld selbst oder die Toten des Krieges kommen bei ihm nicht vor. Alles spricht dafür, dass Böcklin die Gefahr einer drohenden apokalyptischen Katastrophe, nicht aber ihre verheerenden Auswirkungen zeigen wollte. Gleichwohl hat Böcklin seine apokalyptischen Reiter mit einer solchen Vehemenz des Angriffes und einer so unaufhaltsamen Vernichtungswut ausgestattet, dass sein Gemälde auch so als Weltuntergangsfantasie lesbar ist.

Böcklin spielt in seinen beiden Fassungen zu *Der Krieg* sowie der vorbereitenden Farbskizze auf keinen bestimmten Krieg an. Den po-

1/2

litischen Hintergrund der Darstellungen bilden eher allgemein die zahlreichen Kolonial- und Imperialkriege dieser Zeit, welche die Gefahr einer weltweiten Ausdehnung in sich trugen. Klaus Vondung plädiert dafür, die »Untergangsvisionen des Fin de siècle auf keinen Fall als gezielte Prophezeiungen eines kommenden Krieges« aufzufassen. Sie projizierten weder einen künftigen Zustand der Erlösung, noch ließe sich die Faszination von Verfall und Untergang ohne weiteres auf eine Todessehnsucht zurückführen, aus der sich die Bereitschaft zum Krieg oder gar der Wunsch nach einem Krieg ableiten lassen. Maler wie Böcklin oder Kubin »bewältigten« ihre Untergangsängste durch Ästhetisierung, durch Flucht in die Ästhetik«.[1] AJK

1 Vondung 1988, S. 357.

> »Unsere ganze europäische Cultur bewegt sich seit langem schon mit einer Tortur der Spannung, die von Jahrzehnt zu Jahrzehnt wächst, wie auf eine Katastrophe los: unruhig, gewaltsam, überstürzt: wie ein Strom, der ans Ende will, der sich nicht mehr besinnt, der Furcht davor hat, sich zu besinnen.«
>
> Friedrich Nietzsche, 1901
> Nietzsche KSA 13 1980, Bd. 13, S. 189

I/3

Alfred Kubin
(Leitmeritz in Nordböhmen 1877–1959
Zwickledt bei Wernstein am Inn)
Der Krieg, 1930 (erste Fassung 1901/02)
Federlithografie, gespritzt, 30,3 × 34,7 cm (Darstellung), 39,4 × 52,5 cm (Blatt)
Linz, Oberösterreichische Landesmuseen
KS II 369, (Abb. 4, S. 36)

Lit. Eßwein 1911; Bredt 1922; Wolf, Georg Jacob: Zu Zeichnungen Kubins, in: Die Kunst, 67. Bd., 34. Jg., erster Teil, August 1933; Holsten 1976, S. 56 f.; Ausst.-Kat. Baden-Baden/München/Wien 1977, S. 238–242; Ausst.-Kat. Göttingen/Wolfsburg/Hamm 1980, S. 37 f., Nr. 1.9; Ausst.-Kat. Hamburg/München/Moskau/Leningrad 1987/88, Nr. 51, S. 141 f.; Ausst.-Kat. München/Hamburg 1990/91; Ausst.-Kat. Linz/München 1999, Nr. 117, S. 186 f.

Der Krieg ist Alfred Kubins bekanntestes Werk und eine der einflussreichsten Kriegsallegorien im 20. Jahrhundert. Die Darstellung fand über den Lichtdruck der Hans-von-Weber-Mappe nach einer heute verschollenen Zeichnung weite Verbreitung; mehrere Varianten folgten, die letzte 1930. Möglicherweise hat Kubin Anregungen von Arnold Böcklin, Max Klinger (vgl. Kat.-Nr. I/1) oder Franz von Stuck aufgenommen. Doch sticht Kubins *Der Krieg* durch die Kühnheit der expressiven Komposition hervor.

Fast alle frühen Reaktionen heben auf die visionären Qualitäten des Blattes ab. In der Einleitung zur Mappe schrieb der Schriftsteller Hanns Holzschuher, Kubin stelle uns in diesem Bilderzyklus »das Nichtige, Irdische, Brutale und Gewaltsame des Lebens vor Augen« und zeige uns hier »in erbarmungslosem Todesschritt [den] ›Krieg‹, der ungelenkt von den Gedanken alles niederstampft, was sich entgegenstellt, Heere und Völker.« Es seien »[g]ewaltige Gedanken, die wir nur wie eilende Traumgebilde, als Hallucinationen in flüchtigen Stunden, als nebelhafte Bilder, irrlichtergleich vorüberhuschen sehen«. Auch die *Wiener Abendpost* vom 3. Januar 1903 stellte den visionären Charakter der Blätter Kubins heraus und versuchte zudem einen ersten kunsthistorischen Vergleich unter dem Titel *Ein österreichischer Goya*. Hermann Eßwein betonte 1911, in der ersten Kubin-Monografie, es handele sich um »echte und kräftige Visionen«. Weiter beschrieb er den *Krieg* als schicksalhaft-überhistorische und »ganz visionäre Gestalt, die das stampfende Riesentier uralter Erdepochen, die dumpfe Naturkraft des homerischen Kriegers, die flackernde, boshafte Wildheit des Negers« verkörpere und uns die »statuarische Wucht der Antike und abstruse Dämonik der mittelalterlichen Hexenküche als einen einzigen, völlig neuartigen und hinreißenden Eindruck aufsuggeriert«.[1] Erst nach dem Ersten Weltkrieg war die Rede von Kubins Fähigkeit eines »Hellsehers«.[2] Dieser Gedanke, den *Krieg* als Unheil-Prophezeiung zu verstehen, wurde 1933 erneut von Georg Jacob Wolf aufgegriffen, nachdem 1930 die letzte Variante zu dieser Zeichnung erschienen war. Wolf bezog ihn jedoch nicht auf einen möglichen kommenden Krieg, sondern noch einmal zurück auf den Ersten Weltkrieg: Erst durch »die Hölle von Verdun […] erkannte man, daß um die Visionen Kubins, denen er in seiner Kunst Ausdruck gab, etwas Prophetisches gewesen war«.[3]

Kubin selbst äußerte sich kaum zum Thema Krieg und zu diesem Blatt, das ihn früh berühmt machte. In seiner Autobiografie von 1917 ist zu lesen: »Da kam im August 1914 das Schreckliche. Welcher Künstler, ja überhaupt welcher Mensch hätte zu prophezeien gewagt, daß eine solche Flut von Haß, Wut und Starrsinn, wie sie nun hereinbrach, noch möglich wäre? […] Die gigantische Organisation der Kriegsmaschine, die furchtbaren Taten der Zerstörung, der Heldenmut des Einzelnen imponierten mir und erschütterten mich gewiß; die elementare Begeisterung, die so viele empfunden haben, habe ich aber nie gespürt; ich stand beiseite.«[4] Am 25. März 1943 schrieb Kubin an Ernst Jünger: »[W]ie mir vor achtundzwanzig Jahren [1915] ein Freund sagte: ›Alfred! Sie haben mit Ihrem Blatt ›der Krieg‹ – den Weltkrieg ›gemacht‹.‹«[5] KN

1 Eßwein 1911, S. 22, 25.
2 Bredt 1922, S. 6.
3 Wolf, Georg Jacob: Zu Zeichnungen Kubins, in: Die Kunst, 67. Bd., 34. Jg., erster Teil, August 1933, S. 334.
4 Kubin 1974, S. 50 f.
5 Jünger/Kubin 1975, S. 72.

> »Aufgestanden ist er,
>   welcher lange schlief,
> Aufgestanden unten
>   aus Gewölben tief.
> In der Dämmrung steht er,
>   groß und unbekannt,
> Und den Mond zerdrückt er
>   in der schwarzen Hand.«
>
> Georg Heym: Krieg, 1911
> Heym 1962 [1912], S. 3 f.

I/4
Ludwig Meidner
(Bernstadt in Schlesien 1884 – 1966 Darmstadt)
Schrecken des Krieges, Berlin 1911
Feder und Pinsel auf braunem Papier,
41,5 × 52 cm
Marl, Skulpturenmuseum Glaskasten Marl
487, (Abb. 7, S. 39)
Lit. Grochowiak 1966, S. 65 f., Nr. 32, S. 75;
Kunz (Hg.) 1973; Ausst.-Kat. Hamburg/
München/Moskau/Leningrad 1987/88;
Ausst.-Kat. Darmstadt 1991, S. 160.

In dieser Zeichnung beschäftigt sich der Maler und Literat Ludwig Meidner in eindringlicher, aber noch deutlich naturalistischer Bildsprache mit dem Thema Krieg. Später hat Meidner das Thema dann mit expressionistischen Gestaltungsmitteln in Arbeiten für die pazifistische Wochenzeitschrift *Die Aktion* von Franz Pfemfert und schließlich in der Mappe *Krieg* (1914) erneut aufgegriffen.[1]

Drei körperlich stark versehrte Männer, denen Arme oder Beine fehlen und deren Wunden mit Bandagen verbunden sind, sitzen in freier Landschaft auf dem Erdboden. Die Dargestellten, die in ein Gespräch vertieft scheinen, wirken erschöpft und ausgezehrt. Zwei der Männer lehnen sich an die Überreste eines Zaunes an. Die mittlere Person bringt durch ihre Körperhaltung und Mimik am deutlichsten die Hoffnungs- und Ausweglosigkeit der Figurengruppe zum Ausdruck.[2] Das Motiv des Ausgeliefertseins wird noch dadurch gesteigert, dass die dargestellten Männer nackt sind: Das Einzige, was ihnen geblieben zu sein scheint, ist ihre bloße Existenz.

In ihrer schonungslosen Darstellung erinnert diese Zeichnung an die grafische Folge *Los Desastres de la Guerra* (*Die Schrecken des Krieges*, 1810–1820) von Francisco de Goya. Die Isolation der im Krieg Gestrandeten lässt eine motivische Nähe zur pessimistischen Weltsicht einiger expressionistischer Dichter erkennen, zu denen Meidner enge Kontakte pflegte.[3]

Neben den Verstümmelungen der drei Männer verweisen auch die beiden schräg in den Himmel steigenden Rauchsäulen auf vorangegangene Kampfhandlungen oder kriegsbedingte Zerstörungen. Die Ödnis der flachen Landschaft und die aufgeworfene Erde im Vordergrund erinnert an die ab 1912 in Öl geschaffenen *Apokalyptischen Landschaften* (vgl. Abb. 6, Kat.-Nr. I/7) auf, die rückblickend als Vorahnungen des Ersten Weltkrieges gelesen werden können. AS

1   Die Mappe *Krieg* umfasste sieben Blätter und ein Titelblatt. Vgl. dazu Susanne Thesing: »Krieg«. Ein graphischer Zyklus von Ludwig Meidner, in: Ausst.-Kat. Darmstadt 1991, S. 96–105.
2   Das Motiv heimatloser Menschen hat Meidner ein Jahr später nochmals in dem Ölbild *Die Abgebrannten* thematisiert. Vgl. hierzu Grochowiak 1966, S. 65 f., sowie Ausst.-Kat. Hamburg/München/Moskau/Leningrad 1987/88, S. 142 f.
3   Vor dem Ersten Weltkrieg kam die Berliner Dichterbohème regelmäßig in Meidners Atelier zu literarischen Gesprächen zusammen. Vgl. dazu Ludwig Meidner: Dichter, Maler und Cafés, in: Kunz (Hg.) 1973, S. 11–22.

»Im Sommer 1912 hatte ich wieder Ölfarben und Mittagessen. Ich malte Tag und Nacht meine Bedrängnisse mir vom Leibe, Jüngste Gerichte, Weltuntergänge und Totenschädelgehänge, denn in jenen Tagen warf zähnefletschend das große Weltengewitter schon einen grellgelben Schatten auf meine winselnde Pinselhand.«

Ludwig Meidner, 1919
Brieger 1919, S. 12

I/5
Jakob Steinhardt
(Zerkow bei Posen 1887 –
1968 Nahariya/Israel)
Apokalyptische Landschaft, Berlin 1912
Öl auf Leinwand, 81 × 58 cm
Jerusalem, The Israel Museum, Dauerleihgabe von Yosepha und Eli Baron, Nahariya
L-B82.097, (Abb. S. 126)
Lit. Ausst.-Kat. Berlin 1995 (3), S. 59.

Im Herbst 1912 gründeten die Maler Jakob Steinhardt, Ludwig Meidner und Richard Janthur die Künstlergruppe Die Pathetiker, deren erste und einzige Ausstellung im November 1912 in Herwarth Waldens Galerie Der Sturm stattfand. Der Name der Gruppe war Programm: »Was wollten die Pathetiker? Sie wollten den Bildern Inhalte geben – grosse erregende Inhalte.«[1]

Während Janthur bald wieder aus dem Zirkel verschwand, verband Steinhardt und Meidner eine enge, wenn auch nicht immer konfliktfreie jahrelange Künstlerfreundschaft. Obwohl sie sich bereits aus dem Atelier von Hermann Struck kannten, wo beide um 1907 Radierunterricht genommen hatten, war der künstlerische Austausch 1912 am intensivsten: »Ich war zum Zerspringen voll geladen mit Arbeitsdrang und unklaren Theorien. Mit meinem Freunde Meidner debattierte ich oft nächtelang über die neuen Wege, die die Kunst nun einschlagen müsste.« Diese Kunst sollte mit ihren dramatischen Bildthemen »Volk und Menschheit packen«.[2] Zudem zeichnete sie sich durch eine neue, dynamische Formensprache aus, die sich sichtlich an die Futuristen anlehnte – Walden hatte Werke der Futuristen im selben Frühjahr in seiner Galerie ausgestellt. Meidner bevorzugte Katastrophenszenarien (*Barrikade*, *Cholera* und andere), während sich bei Steinhardt bereits hier eine Hinwendung zu religiösen Sujets (*Lots Flucht*, *Kain* und andere) herauskristallisierte. Das Thema der Apokalypse bildete gleichsam ihre gemeinsame Schnittmenge.

Im Gegensatz zu Meidners tumultuarischen Landschaftspanoramen mit stürzenden Kometen und berstenden Straßenzügen (Abb. 4, S. 48) erscheint Steinhardts *Apokalyptische Landschaft* als eine reduzierte Szenerie. Mit zwei nackten Körpern, einem kahlen Baum und einer klaffenden Hausruine wird hier der Weltuntergang inszeniert. Ursache und Verlauf der Katastrophe bleiben unklar. Die Dramatik entsteht durch das grelle Licht, das die Gegenstände konturiert, vor allem aber durch die Dynamisierung des Erdbodens, der in kantigen Wellen von blaugrünen Schollen oder Felsblöcken etwa zwei Drittel des Bildes füllt. Angesichts der Urgewalt der berstenden, sich aufbäumenden Erde werden Menschen und Gebäude zum bloßen Spielball der Elemente. Die

Faszination, die solche Endzeitszenarien auf die Pathetiker ausübte, entsprach der damals verbreiteten, an Friedrich Nietzsche orientierten Zivilisationskritik. Diese verkündete den Untergang der bürgerlichen Welt und sehnte ihn gleichzeitig herbei. Zugleich war sie allerdings auch ein Widerhall der dramatischen Ereignisse des Jahres 1912. Der erdrutschartige Sieg der Sozialdemokraten bei den Reichstagswahlen und Katastrophen wie der Untergang der Titanic oder der Balkankrieg schienen direkte Vorboten dieser Umwälzungen zu sein. ER

1 Jakob Steinhardt, Erinnerungen, (o. D. [nach 1933 in Palästina entstanden], 4 S., handschriftlich, Jüdisches Museum Berlin, Dok 95/30, 76), S. 3.
2 Jakob Steinhardt, Erinnerungen, (o. D. [nach 1933 in Palästina entstanden], 4 S., handschriftlich, Jüdisches Museum Berlin, Dok 95/30, 76), S. 3.

I/6
Jakob Steinhardt
(Zerkow bei Posen 1887–
1968 Nahariya/Israel)
Höllensturz, Berlin 1913
Kaltnadelradierung, 13,3 × 8,7 cm (Platte),
29,3 × 21,1 cm (Blatt)
Berlin, Jüdisches Museum Berlin
GDR 93/6/53
Lit. Amishai-Maisels 1981, S. 73; Ausst.-Kat. Berlin 1987 (3), S. 73; Ausst.-Kat. Berlin 1995 (3), Nr. 73.

I/6

Jakob Steinhardts Kaltnadelradierung *Höllensturz* zeigt auf Postkartengröße ein pandämonisches Szenario: ein Gewimmel bizarrer Figuren mit Vogelschnäbeln, Hundsleibern, Löwenköpfen und Eidechsenschwänzen. Zunächst hat man Mühe, in der wogenden Masse einzelne Gestalten auszumachen, da die Konturen ineinander übergehen. Doch dann sieht man die Gepeinigten: fünf nackte Frauenfiguren. Unten in der Mitte ist eine Halbfigur zu erkennen, die einen Arm wie schützend über den Kopf legt, rechts daneben, leicht zurückversetzt, eine vollständig dargestellte Figur, deren Mund zum Schrei geöffnet ist. Direkt darüber in Seitenansicht sieht man eine weitere schwebende Figur, deren nach oben flatterndes Haar Steinhardt aus einzelnen Strichen gebildet hat. Darüber sind eine kopfüber stürzende sowie eine weitausschreitende Figur dargestellt, die das Gesäß nach hinten gereckt hat. Wir sehen große dramatische Gesten, Michelangelos *Jüngstes Gericht* en miniature, was allerdings nicht ganz zu den grotesken Dämonen passt, die wohl eher Teufelchen als Teufel sind. Dem gehörnten Wildschweindämon entfahren gleichzeitig ein Nieser und ein Darmwind, was Bündel strahlenförmiger Linien wohl andeuten sollen.

Die Stimmung der Szenerie kippt vom Tragischen ins Komische, dann wieder bleibt einem das Lachen im Halse stecken. Auch die Figuren sind merkwürdig uneindeutig. Wie die Gestalten im Raum zu verorten sind, ist ebenso unklar wie ihre Abgrenzungen voneinander. In vielen Teilen ist das Blatt ein Vexierbild, dessen Linien der Betrachter zu Figuren zusammenfügen muss. Dieses Unterfangen wird von Steinhardt noch dadurch erschwert, dass alles in Bewegung gedacht ist. Die Linien entspringen eher dem Handgelenk, als dass sie im Voraus überlegt wären, es sind zuckende Ausschläge eines Gefühlsseismografen, die der Künstler direkt mit dem Stichel in die Platte gegraben hat. Obwohl Steinhardt erst viel später eine Technik des unbewussten Zeichnens kultivierte, in der er Formen aus spontan hingeworfenen Kritzeleien ableitete,[1] scheint dieser impulsive Gestus des Halbbewussten bereits im vorliegenden Blatt zu dominieren. ER

1 Vgl. etwa Ausst.-Kat. Berlin/Regensburg 2000/01, Nr. 290 (verso und recto), 314.

I/7
Ludwig Meidner
(Bernstadt in Schlesien 1884–1966 Darmstadt)
**Apokalyptische Landschaft
(Am Hafenplatz), Berlin 1913**
Öl auf Leinwand, 81 x 116 cm
Saarbrücken, Stiftung Saarländischer Kulturbesitz, Saarlandmuseum
NI 2273, (Abb. 6, S. 38)

Lit. Simmel, Georg: Die Großstädte und das Geistesleben, in: ders.: Das Individuum und die Freiheit, Berlin 1984, S. 192–204; Vietta/Kemper 1985; Eliel, Carol S.: The Apocalyptic Landscapes of Ludwig Meidner, in: Ausst.-Kat. Los Angeles/Berlin 1989/90, S. 11–63; Meidner, Ludwig: Anleitung zum Malen von Großstadtbildern (Das neue Programm, in: Kunst und Künstler 12, 1914), in: Ausst.-Kat. Darmstadt 1991, Bd. II, S. 290 ff.; Schmid, Angelika: Die sogenannten »Apokalyptischen Landschaften« (1912–1916), in: Ausst.-Kat. Darmstadt 1991, S. 84–95; Jürgens-Kirchhoff 1993, S. 44–49; Güse 1999, S. 88.

Das Gemälde *Apokalyptische Landschaft* von 1913 entstammt einer der produktivsten Schaffensphasen Ludwig Meidners. Es gehört zu einer Gruppe von Werken, die unter der Bezeichnung *Apokalyptische Landschaften* subsumiert werden.[1] Zwischen 1912 und 1916 beschäftigte sich der Künstler in annähernd zwei Dutzend Ölbildern mit dem Themenkomplex Stadt, Landschaft, Untergang. Das Ölbild zeigt ein Hafenareal mit einem Schwenkkran.[2] Die hochdynamische Darstellung wirkt, als sei gerade eine Katastrophe ausgebrochen: Häuser scheinen einzustürzen, im Vordergrund fliehen schemenhafte Figuren wie in Panik.

Um den Eindruck zu erwecken, die Welt sei aus den Fugen geraten, arbeitete Meidner mit der Simultanperspektive, einem Gestaltungsmittel, das er aus Bildern der italienischen Futuristen und Robert Delaunays entlehnte.[3] Wie ein Kommentar zu dieser Malweise liest sich Meidners kunsttheoretisches Manifest *Anleitung zum Malen von Großstadtbildern* von 1914: »Sind nicht unsre Großstadtlandschaften alle Schlachten von Mathematik! Was für Dreiecke, Vierecke, Vielecke und Kreise stürmen auf den Straßen auf uns ein. Lineale sausen nach allen Seiten. Viel Spitzes sticht uns. Selbst die herumtrabenden Menschen und Viecher scheinen geometrische Konstruktionen zu sein.«[4] Hektik und Reizüberflutung der Großstadt werden zudem durch die Reihung heterogener Elemente und einen breiten, dynamischen Pinselduktus sinnfällig. Markant ist auch die eingeschränkte Farbpalette: Meidner wählte gebrochenes Weiß, viel Ultramarin und Schwarz und setzte mit Gelb, Grün und Rosa sparsam Akzente.[5]

Meidner thematisierte in dem Gemälde ein Lebensgefühl, das seine Dichterfreunde zur selben Zeit in ihrer Lyrik ausdrückten.[6] Dabei stellt das Saarbrücker Bild nur eine Facette des umfangreichen Spektrums der *Apokalyptischen Landschaften* dar. Ausgehend vom unmittelbaren Erlebnis der Großstadt[7] transformierte Meidner seine nervösen Großstadtansichten in Weltuntergangsszenarien. Ideengeschichtliche Anregungen lieferten ihm hierbei die philosophischen Schriften Friedrich Nietzsches sowie die alttestamentarischen Prophetenbücher des Jesaja und des Jeremia.

Die wichtigsten Beispiele für Endzeitvisionen sind die *Apokalyptischen Landschaften* aus den Jahren 1912/13[8] sowie die *Apokalyptische Stadt* von 1913 (Abb. 4, S. 48). Einmal rührt die Zerstörung und Verwüstung der Stadt von Explosionen oder Kometeneinschlägen her, ein anderes Mal werden Vulkanausbruch oder Feuersbrunst als Ursache oder Begleiterscheinung des Weltunterganges vorgeführt. Diese Katastrophen vollziehen sich ausnahmslos vor dunklem Himmel und zeichnen sich bisweilen durch eine intensive Farbgebung aus. Der Dichter Theodor Däubler, der mit Meidner befreundet war, meinte: »Meidner malt mit der Lunte.«[9] Der Kritiker Herbert Ihering sprach von Meidner als dem »Röntgenmaler der Zeit«.[10] AS

1 Schmid, Angelika: Die sogenannten »Apokalyptischen Landschaften« (1912–1916): Ausst.-Kat. Darmstadt 1991, S. 84–95.
2 Meidner hat diesen Schwenkkran 1910 in naturalistischem Malstil schon einmal dargestellt; siehe Ausst.-Kat. Darmstadt 1991, Bd. II, Abb. S. 82.
3 Meidner, Ludwig: Anleitung zum Malen von Großstadtbildern (1914), zit. n. Ausst.-Kat. Darmstadt 1991, Bd. II, S. 290 ff., hier: S. 292.
4 Meidner, Ludwig: Anleitung zum Malen von Großstadtbildern (1914), zit. n. Ausst.-Kat. Darmstadt 1991, Bd. II, S. 290 ff., hier: S. 292.
5 Meidner, Ludwig: Anleitung zum Malen von Großstadtbildern (1914), zit. n. Ausst.-Kat. Darmstadt 1991, Bd. II, S. 290 ff., hier: S. 292.
6 Vgl. Pinthus, Kurt: Menschheitsdämmerung, Berlin 1920 (Neuauflage Hamburg 1959). Diese Anthologie expressionistischer Lyrik vermittelt das Lebensgefühl einer Dichtergeneration, der sich Meidner eng verbunden fühlte. In Kapiteln wie *Sturz und Schrei* wird die Großstadt in eschatologischen Bildern geschildert.
7 Zur Großstadtwahrnehmung und Ichdissoziation im Expressionismus vgl. Vietta/Kemper 1983 sowie Simmel, Georg: Die Großstädte und das Geistesleben, in: ders.: Das Individuum und die Freiheit, Berlin 1984, S. 192–204.
8 So beispielsweise *Apokalyptische Landschaft*, 1912/13, Öl auf Leinwand, 67 x 78,5 cm, Staatsgalerie Stuttgart; *Barrikade* (verso: *Apokalyptische Landschaft*), 1912, Öl auf Leinwand, 80 x 116 cm, Nationalgalerie Berlin, SMPK.
9 Däubler, Theodor: Ludwig Meidner, in: Kunz (Hg.) 1973, S. 104.
10 Ihering, Herbert: Röntgenmaler der Zeit. Der Achtzigjährige Ludwig Meidner, in: Kunz (Hg.) 1973, S. 108.

I/8
Magnus Zeller
(Biesenrode im Harz 1888–1972 Ost-Berlin)
Apokalyptische Reiter, Berlin 1914
Öl auf Leinwand, 121 x 101 cm
Hilchenbach, Privatsammlung Karl Vollpracht
Lit. Ludwig 1992, S. 89 ff., Werkverzeichnis [unpubliziert] Nr. G 39; Ausst.-Kat. Berlin 2002/03, Nr. 13.

In Vorahnung des Ersten Weltkrieges, im Februar 1914, malte Magnus Zeller eine Allegorie auf die Kräfte, die durch den Völkerkampf entfesselt werden: Tod, Elend und Umsturz – eine Paraphrase auf Albrecht Dürers Holzschnitt *Apokalyptische Reiter* von 1498 wie auch auf Arnold Böcklins Gemälde *Der Krieg* von 1896 (Abb. 1, S. 32). In Zellers Skepsis gegenüber einer auch unter deutschen Künstlern weitverbreiteten Kriegsstimmung kommt eine pazifistische Grundhaltung zum Ausdruck, die zu diesem Zeitpunkt – ungefähr ein halbes Jahr vor der Kriegserklärung Deutschlands an Russland am 1. August 1914 – bemerkenswert erscheint. Obgleich durchaus patriotisch gesinnt, lehnte Zeller jedes Säbelrasseln ab und warnte vor einer Eskalation, an deren Ende es nur Verlierer geben würde.

Hingegen meinten die führenden Köpfe der Berliner Sezession, jener progressiven Ausstellungsgemeinschaft, in die Zeller erst im Vorjahr aufgenommen worden war, einem uneingeschränkten Nationalismus das Wort reden zu müssen. Am 4. Oktober 1914 veröffentlichten 93 Persönlichkeiten aus Wissenschaft und Kunst ein Manifest *An die Kulturwelt!*, in dem sie um Verständnis für die deutsche Position warben: Der Krieg sei dem Reich von seinen »Feinden« aufgezwungen worden, wobei es sich nicht um einen Kampf gegen den deutschen Militarismus, sondern wider die deutsche Kultur handele. Die Unterzeichnenden verstiegen sich zu der Behauptung, ohne den deutschen Militarismus wäre die deutsche Kultur längst vom Erdboden getilgt, und schworen, den Krieg als Angehörige eines »Kulturvolkes« zu führen.

I/8

Zeller stand dem Kriegsausbruch nach eigenem Bekunden hilflos gegenüber. Im Frühjahr 1915 wurde er als Armierungssoldat nach Küstrin einberufen. Im Jahr darauf erfolgte seine Versetzung zum Oberkommando Ost nach Kowno in Litauen und zeitweise nach Białystok, damals Russland. »In schmutzigen Erdlöchern hockend, bei Frost und Hitze, ewig auf Nahrung bedacht, erkannte man das menschliche Leben in seiner Urform. […] Die eigentümlichen Gefühlskreuzungen beim Erleben des Grausigen, den vielfältigen Erscheinungen des Todes und Sterbens rings um uns, oder der Hungersnot in Wilna, ließen mich eine geheimnisvolle Macht fühlen, die hinter allem stand.«[1] DB

1 Zeller, Magnus: Ein Maler zwischen 30 und 40, in: Deutsche Allgemeine Zeitung, 1.1.1926, zit. n. Ausst.-Kat. Berlin 2002/03, S. 47 f.

I/9
Ernst Barlach
(Wedel bei Hamburg 1870–1938 Rostock)
Der Rächer, Güstrow in Mecklenburg 1914
(Modell), 1950 (Guss)
Bronze, 42 × 60 × 18,5 cm
Berlin, Deutsches Historisches Museum
1988/606, (Abb. 5, S. 37)
Lit. Holsten 1976, S. 49 f.; Jürgens-Kirchhoff 1993, S. 38 ff.; Ausst.-Kat. Brüssel/Güstrow 1999, S. 20 f., 34, 128; Laur 2006, Nr. 229.

Ernst Barlach beschäftigte sich ab 1914 mit der Skulptur *Der Rächer*. Die zunächst ausgeführte Gipsversion diente als Werkmodell für die 1922 entstandene Holzfigur und die ab 1930 angefertigten Bronzegüsse. Erst durch diese erlangte die Figur in der Zwischenkriegszeit einen breiteren Bekanntheitsgrad.

Die Plastik nannte Barlach zu Beginn *Der Berserker*, ehe sie später den gültigen Titel *Der Rächer* erhielt. Im *Güstrower Tagebuch* notierte er am 5. September 1914: »Ich war an meinem stürmenden Berserker und er fängt an, mir wichtig zu werden [...] Der Berserker ist mir der christallisirte Krieg, der Sturm über Alles Hindernis, so daß mans glaubt.«[1] Barlach schuf eine visionäre, über Land und Menschen dahinfegende Personifikation des Krieges. Das Motiv der Figur griff er ebenfalls 1914 in einer Lithografie auf, die in Paul Cassirers Zeitschrift *Kriegszeit* unter dem vom Verlag gewählten und von Barlach akzeptierten Titel *Der heilige Krieg* erschien.[2] In der Plastik verschmelzen Barlachs Vorstellungen von Krieg und Rache miteinander. Seiner zeitweilig positiven Einstellung zum Krieg als Überwinder aller Hindernisse, als Beginn einer neuen Epoche, entspricht die stilistisch avancierte, kubisch-zergliederte Gestaltung der Figur. Er selbst nannte dies »christallisirt«, womit er sich auf die zeitgenössische Diskussion über das Kristalline in der Kunst bezog.

Während der Stil avantgardistisch ist, wählte Barlach eine Gesamtform, die auf traditionelle Vorstellungen von Racheengeln zurückgeht. An Engel erinnert nicht zuletzt das Schwebemotiv, das dem *Rächer* eingeschrieben ist, wenngleich er mit einem Fuß auf dem Boden steht. Das anklingende Schwebemotiv verbindet die Figur zugleich mit dem Schwebenden von Barlachs 1927 eingeweihten Gefallenendenkmal im Güstrower Dom. Retrospektiv gesehen, weist die den Krieg positiv interpretierende Figur des Dahinstürmenden auf das Monument voraus, in dem Barlach 13 Jahre später seine gewandelte Auffassung vom Krieg und seine Ablehnung aller Gewalt in dem Gestus stiller Versunkenheit ausdrückte. FCS

1 Barlach 2007, S. 54.
2 Laur 2001, Nr. 16.

I/10
Guido Balsamo Stella
(Turin 1882–1941 Asolo in Venetien)
Kriegsjahr 1914, 1914
Radierung, 50,4 × 38,7 cm (Platte),
61,7 × 47,2 cm (Blatt)
Dat. u. l.: 1914.
Bez. u. sign. u. r.: Fünfte Zustand./Probedruck No 5. GB Stella
Berlin, Deutsches Historisches Museum
Gr 2007/186
Lit. Baldacci/Daverio 1977.

Guido Balsamo Stellas überlebensgroße Personifikation des Krieges kauert auf einem Berg über einem romantischen Flusstal. Die Figur weist den Unterleib eines geflügelten Raubtieres, dazu Oberkörper und Kopf einer Frau auf. Ikonografisch steht sie damit in der Tradition der Sphinx, die nach der griechischen Mythologie als Dämon der Zerstörung und des Unheils galt. Ihr starrer Blick und das helle züngelnde Haar erinnern zugleich an das todbringende Haupt der Medusa. Mit beiden Händen sät sie Krieg in Form von Rauch und Feuer. Im Vordergrund sprengt bereits ein Reiterheer mit erhobenen Lanzen in die Schlacht.

Balsamo Stella interpretiert den Krieg als überzeitliches Ereignis. Trotz des aktuellen Bezuges auf das Kriegsjahr 1914 – tatsächlich ritt die deutsche Kavallerie unter Kaiser Wilhelm II. noch mit Lanzen in die Schlacht – wirkt die Szenerie mit Burgen, Dorfkirchen und Reiterfiguren eher mittelalterlich und dadurch dem aktuellen Zeit- und Kriegsgeschehen entrückt. Ein kleiner skizzenhafter Fries unter der Bildinschrift, der Szenen eines modernen Krieges mit Gewehren, Kanonen und einem Flugzeug zeigt, scheint gleichsam erst nachträglich hinzugefügt worden zu sein. Die jüngsten Ereignisse, suggeriert diese Komposition, fügen der ewigen Geschichte des Krieges nur neue Episoden hinzu, ohne das Wesen des Krieges grundsätzlich zu verändern.

In seinem fatalistischen Blick auf den Krieg ähnelt Balsamo Stella seinem bewunderten Vorbild Max Klinger (vgl. Kat.-Nr. I/1). Diese Haltung, Krieg als ahistorische übermächtige Schicksalsgewalt zu verstehen, die Balsamo Stella in der Zeit vor dem Krieg mit Klinger, Alfred Kubin und anderen teilte, hat Siegmar Holsten in seiner grundlegenden Studie zur Allegorie des Krieges so charakterisiert: »Sie äußert sich in dem Versuch, die eigene leibliche Existenz geringzuachten und das Ich als winziges Glied eines sozialen oder metaphysischen Ganzen zu verstehen, dessen unbezweifelter Fortbestand ein ideelles Weiterleben des einzelnen impliziere.«[1] Anders als viele gleichgesinnte Künstler musste Balsamo Stella die Realität des Krieges nicht am eigenen Leib erfahren. Der Künstler, der von 1905 bis 1914 in München studiert und gearbeitet hatte, wurde nach der Rückkehr in sein Heimatland Italien ausgemustert. JP

1 Holsten 1976, S. 52.

»Wie hätte der Künstler, der Soldat im Künstler nicht Gott loben sollen für den Zusammenbruch einer Friedenswelt, die er so satt, so überaus satt hatte! Krieg! Es war Reinigung, Befreiung, was wir empfanden, und eine ungeheuere Hoffnung.«

Thomas Mann, September 1914
Mann 1915, S. 14

I/10

I/11
Alfred Frank
(Lahr in Baden 1884 – 1945 Dresden)
Der Krieg, Leipzig 1914/18
Radierung, 18,6 x 29,7 cm (Platte),
33,5 x 44,8 cm (Blatt)
Bez. u. l.: Org. Rad. »Der Krieg«
Sign. u. r.: A. Frank
Berlin, Deutsches Historisches Museum
Gr 62/272
Lit. Ausst.-Kat. Leipzig 1974;
Ausst.-Kat. Leipzig 1984.

Alfred Franks Radierung symbolisiert den Krieg als riesenhaftes, lorbeerbekränztes Skelett und Schnitter Tod. Mit weit ausholender Geste schwingt die Figur eine schartige, blutbefleckte Sense und durcheilt im Laufschritt eine verfinsterte menschenleere Landschaft. Im Hintergrund sieht man Gebäude in Flammen aufgehen. Ihr Widerschein sowie kometenartige Leuchtgranaten erhellen den schwarzen Himmel.

In seiner allegorischen Kriegsdarstellung deutet Frank die realen Greuel des Krieges durch die brennenden Gebäude und leuchtenden Granaten lediglich an. Im Gegensatz zu vielen anderen Künstlern, die den Tod als einzelne übergroße Schnitterfigur dargestellt haben, zeigt Frank nicht die Opfer. Vielmehr suggeriert er durch die ausgreifende Geste und den Blick des Sensenmannes aus dem Bild heraus, dass der Betrachter selbst vom Tod bedroht sein könnte. Frank interessierte sich offensichtlich weniger für den Krieg als aktuelles Ereignis, sondern eher für seine fatalistische Interpretation, indem er sich auf das überzeitliche Moment des Todes, auf das Unheimliche und Übermächtige konzentrierte, wie es schon mittelalterliche und frühneuzeitliche Künstler fasziniert hatte.

Stilistisch und thematisch sticht das Blatt aus Franks Œuvre dieser Zeit heraus: Das Werkverzeichnis erfasst für die Jahre 1914 bis 1918 ausschließlich naturalistische Porträts und Aktstudien sowie altmeisterlich wirkende Landschafts-, Dorf- und Stadtansichten. Dass Frank von 1915 bis 1918 Soldat an der Westfront war, lässt sich allein daran ablesen, dass die Kirchen,

Apokalyptische Visionen zum Ersten Weltkrieg 137

I/11

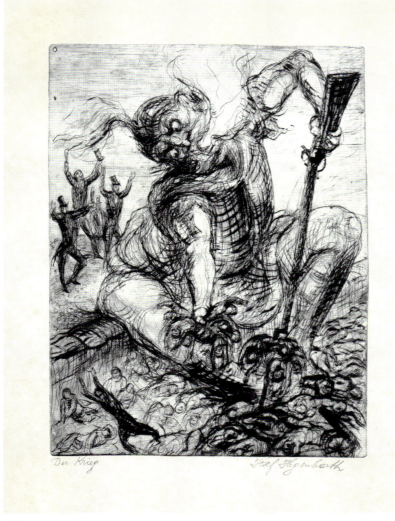

I/12

Bauernhäuser und Waldstücke seiner idyllischen Ansichten zunehmend durch Kriegsspuren gezeichnet sind. Menschen, gar Verwundete oder Tote stellt er nicht dar. Keine dieser Arbeiten lässt vermuten, wie stark das Kriegserlebnis Frank auch politisch bewegt hat: Vormals SPD-Mitglied, wandte er sich unter dem Eindruck des Krieges schon 1915 dem Kommunismus zu und begann, sich intensiv politisch zu engagieren. JP

I/12
Josef Hegenbarth
(Böhmisch-Kamnitz/Österreich-Ungarn 1884 – 1962 Dresden)
Der Krieg, Dresden 1915/20
Radierung, 31,5 x 23,8 cm (Platte),
48,5 x 32,4 cm (Blatt)
Sign. u. r.: Josef Hegenbarth
Bez. u. l.: Der Krieg
Berlin, Deutsches Historisches Museum
Gr 67/71
Lit. Ausst.-Kat. Weimar 1980, Nr. 55, dort datiert 1916/19.

Josef Hegenbarth personifiziert den Tod als riesenhafte Gestalt, die am Rande eines Grabens sitzt. Mit der rechten Hand rafft der Tod die kleinen Menschen zusammen, in der linken Hand hält er ein Gewehr, auf dessen Bajonett er ein ganzes Knäuel von ihnen aufgespießt hat. Im Graben blickt man auf Massen von Lebenden und Toten, die ein Geflecht von Leibern bilden. Der Tod – traditionell in Form eines Skelettes oder einer Leiche dargestellt – drangsaliert hier als archaisch gerüsteter Krieger voller Lust und Wut die Menschen: Seine riesigen Augen sind weit aufgerissen, das wirre, lange Haar flattert. Es ist eine unheimliche Figur, die an Francisco de Goyas *Saturn* (1819–1823) erinnert (Abb. 3, S. 117). Auch andere Einzelblätter von Hegenbarth zeigen deutlich, dass er die Kunst Goyas, insbesondere *Los Desastres de la Guerra (Die Schrecken des Krieges)* kannte.[1]

Hegenbarth musste nie Kriegsdienst leisten. Er hat aber in dieser Szene die Schrecken des

Grabenkrieges des Ersten Weltkrieges erstaunlich genau erfasst und ihnen mythische Dimension verliehen. Seine Radierung verknüpft mit der Szene massenhaften Sterbens eine drastische Anklage: Im Hintergrund sind jubelnde Bürger zu sehen, Kriegsgewinnler in Gesellschaftskleidung mit Zylinder.

In seinen grafischen Folgen kam Hegenbarth nicht mehr auf das Thema Krieg zurück. In seinen Illustrationen hingegen, besonders in jenen aus den frühen 1920er Jahren, widmete er sich der literarischen Gestaltung des Krieges wie dem Alexanderroman oder dem Nibelungenlied. CO

1 Vgl. Ausst.-Kat. Weimar 1980, Abb. 76, 77.

I/13
Franz von Stuck
(Tettenweis in Niederbayern 1863–
1928 München)
Feinde ringsum, München 1916
Bronze, 73 x 40 x 29,5 cm
Berlin, Deutsches Historisches Museum
Pl 2005/12, (Abb. 4, S. 61)
Lit. Voss 1973; Holsten 1976, S. 50 f.;
Heilmann 1985; Danzker (Hg.) 1997.

Der athletisch gebaute Jüngling holt mit beiden Händen zum Schlag mit dem Schwert aus. Sein fester Blick lässt keinen Zweifel zu: Dieser Rächer wird die Bedrohung abwehren. »Feinde ringsum« lautete die Parole, die Kaiser Wilhelm II. im August 1914 in seiner Mobilmachung ausgegeben hatte. Durch die Bezeichnung auf der Plinthe stellte Franz von Stuck seine Skulptur – für den Symbolismus untypisch – in einen konkreten zeitgeschichtlichen Zusammenhang.[1]

Im wilhelminischen Deutschland war der Schwertträger als siegfriedgleicher Universalheld schon lange etabliert. Kulturelle Erneuerung galt als national-kollektive Aufgabe, und der kühne Krieger zählte zu den beliebtesten Symbolfiguren der offiziellen Kunst. Auf ikonografischer Ebene hatte man den geistigen Kampf also bereits häufig in eine Kampfhandlung umgemünzt.

In einer Zeit, in der die reale Bedrohung propagiert und schließlich auch Wirklichkeit wurde, bot es sich nun also erst recht an, das Motiv aufzugreifen. Als ein individuelles politisches Bekenntnis ist Stucks Bronze aber kaum zu werten. Der »Malerfürst«, der mit seinen fantastischen Themen vor allem den Geschmack des Münchener Geldadels bediente, erfüllte hier seine vermeintliche patriotische Pflicht.[2]

Nach 1900 waren Künstler und Intellektuelle angetreten, um eine neue Gesellschaft aus der Taufe zu heben. In diesem Klima wurde der Eintritt in den Ersten Weltkrieg euphorisch gefeiert: Das konservative bürgerliche Lager pries die Verteidigung von Vaterland und Kultur, die Vertreter der Avantgarde beschönigten den Krieg als elementare Reinigung, die nicht weniger als die geistige Wiedergeburt versprach.

Viele bildende Künstler beteiligten sich am Feldzug – realiter als Soldaten oder im übertragenen Sinn im Atelier. Die Schrecken des Krieges waren dabei zunächst nicht in ihrem Blickfeld. Während Maler wie Otto Dix die erhoffte Läuterung in futuristisch anmutenden Bildern beschworen[3] oder Ernst Barlach seinen expressionistischen Rächer wie einen Sturm daherfegen ließ (vgl. Kat.-Nr. I/9), bemühte Stuck eine altbekannte Pathosformel. Sein kraftstrotzender Kämpfer ist versiert modelliert und verharrt doch in der Pose.[4]

Dabei hatte Stuck sich lange mit der Figur auseinandergesetzt: Die Haltung des Jünglings wurde von ihm bereits 1914 in einem Gemälde mit demselben Titel vorformuliert – ein unverblümtes Propagandabild, das nicht sehr inspiriert erscheint.[5] Die Feinde sind dort als eine Horde von Barbaren charakterisiert, die der blonde Recke souverän bezwingt. Im Jahr darauf begab Stuck sich wieder auf vertrautes mythologisches Terrain und malte den Schwertschwinger künstlerisch überzeugender als *Herkules und die Hydra*.[6] Dass er das Motiv dann noch einmal isoliert in der Bronzeplastik behandelt hat, scheint dem Bedürfnis entsprungen zu sein, in dieser Phase des Krieges, in der bereits hohe Verluste zu beklagen waren, eine weitere Durchhalteparole zu liefern. BV

1 Die Plastik wird daher vielfach auf 1914 datiert. Stuck zeigte allerdings erst 1916 in der Ausstellung der Münchner Sezession ein Gipsmodell (Nr. 650). Vgl. Danzker (Hg.) 1997, Nr. 59. Einige Jahre später hat Stuck die Statue offenbar auch mit dem Titel *Siegfried* bezeichnet. Vgl. Heilmann 1985, S. 297 ff., 399.
2 Als Stuck kurz nach Kriegsbeginn eine Spende für bedürftige Familien von Eingezogenen tätigte, war ihm die Veröffentlichung in der Zeitung offenbar sehr wichtig. Vgl. Danzker (Hg.) 1997, S. 179.
3 Vgl. Otto Dix, *Selbstbildnis als Mars*, 1914 (Staatliche Kunstsammlungen Dresden, Gemäldegalerie) (vgl. Abb. 1, S. 42).
4 Zu den Aktstudien vgl. Danzker (Hg.) 1997, Nr. 59.
5 Voss 1973, Nr. 454/93. Das Gemälde wurde 1915 in der Ausstellung der Münchner Sezession gezeigt (Nr. 244).
6 Voss 1973, Nr. 455/94.

I/14, I/15
Lovis Corinth
(Tapiau in der Provinz Preußen 1858–
1925 Zandvoort/Niederlande)
Zyklus *Die Offenbarung Johannis*,
Berlin: Fritz Gurlitt, 1916
6 Lithografien
Wuppertal, Von der Heydt-Museum

I/14
2. Blatt: Kapitel IV, Vers 2–8
42,7 x 52,5 cm (Darstellung),
47,5 x 53,6 cm (Blatt)
KK 2003/122

I/15
5. Blatt: Kapitel XVII, Vers 3 und 4,
und Kapitel XVIII, Vers 1 und 2 –
Das Große Weib Babylon und der Drache
Umdruck, 42,2 x 43,5 cm (Darstellung),
56,4 x 71,1 cm (Blatt)
KK 1999/13

Lit. Schwarz 1985 [1917; 1922], Nr. L 296 V;
Ausst.-Kat. Barmen 2004, Nr. 94.

Die sechs Lithografien umfassende Mappe mit Darstellungen zur *Offenbarung Johannis* erschien bei Fritz Gurlitt in Berlin. Während die kunsthistorische Literatur die Publikation der Serie für das Jahr 1916 annimmt,[1] lassen Briefe Lovis Corinths eher auf eine Datierung in das

Apokalyptische Visionen zum Ersten Weltkrieg

I/14

I/15

Jahr 1917 schließen. So schrieb er an den Maler und Grafiker Hermann Struck am 29. Juni 1917: »Ich komponiere jetzt eine [...] Serie aus der *Offenbarung Johannis*; echt christlich, aber stark in assyrischem Sinne.« An den gleichen Adressaten vermerkte er am 10. Juli 1917: »Ich will mal sehen, ob ich Ihnen die Entwürfe zur *Offenbarung* zuschicken kann; denn wie gesagt, ist es christlich, aber ein ganz gehöriger Schuß Alt-Testamentarisches. Siebenarmiger Leuchter, Cherubens [?], stark assyrisch angehaucht.« In einem Brief vom 16. August 1917 schließlich bat er Struck hinsichtlich der *Offenbarung* um etwas Geduld.[2] Aus diesen Selbstzeugnissen geht hervor, dass Corinth in die Illustrationen des christlichen Textes zusätzliche Motive des Alten Orients einfließen lassen wollte, um den Bildern einen fremden Reiz zu geben, was bei den beiden vorliegenden Grafiken freilich nicht in erster Linie auffällt.

Das zweite Blatt der Folge zeigt Gottvater zwischen den geflügelten apokalyptischen Wesen als Illustration zu Kapitel IV, 2–8, während das fünfte Blatt von nicht zusammenhängenden Versen aus den Kapiteln XVII, 3–4, und XVIII, 1–2, inspiriert ist. Beherrschend sind die Hure Babylon, die entgegen der biblischen Vorlage als liegender Akt erscheint, ein Drache und ein Posaunenengel, aus dessen Instrument in Spiegelschrift die Worte erschallen: »Sie ist gefallen! Babylon, die große, und eine Behausung des Teufels geworden.«

Corinths Auseinandersetzung mit der Apokalypse war durch den Ersten Weltkrieg motiviert. In seinem grafischen Schaffen fallen viele Arbeiten auf, die um das Kriegsthema kreisen, etwa die Darstellungen von Kriegern, schutzbedürftigen Frauen, kämpferischen Heiligen wie St. Georg[3] oder jene der Jungfrau von Orleans[4]. Die Texte der Heiligen Schrift boten ihm ebenfalls die Möglichkeit, Gewalt und Leid psychologisch auszuloten, so zeigte er Christus in Gethsemane[5], die Kreuztragung[6] oder die Kreuzigung selbst[7]. Die größte Freiheit bot jedoch die Offenbarung mit ihren Prophezeiungen und wirkungsmächtigen Bildern, die in jegliche Richtung interpretierbar waren. Da der Text von Künstlern durch die Jahrhunderte hindurch immer wieder illustriert worden war, es sei etwa auf Albrecht Dürer hingewiesen, war es eine Herausforderung, sich diesem Stoff zu stellen. Der Wettstreit- oder Paragone-Gedanke war sicherlich ein motivierender Antrieb, um zu eigenständigen Leistungen zu kommen, daher Corinths Hinweis auf ungewöhnliche assyrische und jüdische Kompositionselemente. Der endzeitliche Charakter der Visionen des Johannes entsprach insbesondere der Kriegszeit, diente aber auch nach Kriegsende der inneren Aufarbeitung der erlebten Schrecken. Ein Grund dafür ist, dass der biblische Text über die geschilderten Katastrophen hinaus eine heilsgeschichtliche Aussage bietet, was zu einer Nachfrage nach Bildern zur Offenbarung führte. Es überrascht deswegen nicht, dass 1922 der Avalun-Verlag sich bei Corinth erkundigte, ob er nicht die Apokalypse oder die Klagelieder des Jeremias »originalgraphisch« illustrieren wolle. Corinth lehnte den Vorschlag im Falle der Offenbarung mit dem Verweis auf seine zuvor bei Gurlitt erschienene Serie allerdings ab.[8] FCS

1   Schwarz 1985 [1917; 1922], Nr. L 296; Ausst.-Kat. Barmen 2004, Nr. 93f.
2   Corinth 1979, S. 223f., 226.
3   Schwarz 1985 [1917; 1922], Nr. 187.
4   Schwarz 1985 [1917; 1922], Nr. 188.
5   Schwarz 1985 [1917; 1922], Nr. 213f.
6   Schwarz 1985 [1917; 1922], Nr. L 245 und Nr. L 246.
7   Schwarz 1985 [1917; 1922], Nr. L 285.
8   Corinth 1979, S. 299.

I/16 – I/24
Karl Reisenbichler
(Attersee/Österreich-Ungarn 1885 – 1962 Salzburg)
Zyklus *Totentanz-Zyklus Der Krieg,* um 1917
Neun Radierungen
Bez. u.l.: Orig. Rad.
Sign. u.r.: Karl Reisenbichler
Bez. u.l.: Totentanz-Zyklus, Blattnummer (in römischen Ziffern) und -titel
Berlin, Deutsches Historisches Museum

I/16
1. Blatt: Erwachen des Todes
8,5 x 13,9 cm (Platte), 28 x 22,6 cm (Blatt)
Gr 2001/30

I/17
2. Blatt: Er reckt sich und streckt sich
14,1 x 12,4 cm (Platte), 28 x 22,6 cm (Blatt)
Gr 2001/31

I/18
3. Blatt: Heerschau über die Massen
15,3 x 13,2 cm (Platte), 28 x 22,6 cm (Blatt)
Gr 2001/32

I/19
4. Blatt: Er geht an die Arbeit
13,7 x 18,6 cm (Platte), 28 x 22,6 cm (Blatt)
Gr 2001/33

I/20
5. Blatt: Auszug eines Regimentes
17,4 x 15,5 cm (Platte), 28 x 22,6 cm (Blatt)
Gr 2001/34

I/21
6. Blatt: Der weiße Tod
14,5 x 19,1 cm (Platte), 28 x 22,6 cm (Blatt)
Gr 2001/35

I/22
7. Blatt: Der Flieger
15,5 x 19 cm (Platte), 28 x 22,6 cm (Blatt)
Gr 2001/36

I/23
8. Blatt: Der Tod in den Bergen
12,8 x 15,6 cm (Platte), 28 x 22,6 cm (Blatt)
Gr 2001/37

I/24
9. Blatt: Tanz über der Schlacht
17,4 x 15,6 cm (Platte), 28 x 22,6 cm (Blatt)
Gr 2001/38

Apokalyptische Visionen zum Ersten Weltkrieg

I/16

I/19

I/22

I/17

I/20

I/23

I/18

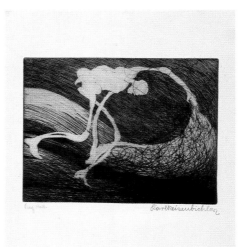
I/21

I/24

Der österreichische Maler und Grafiker Karl Reisenbichler schuf gegen Ende des Ersten Weltkrieges eine neunteilige Folge von Radierungen mit dem Titel *Der Krieg*. Die nummerierten Szenen ergeben zusammen eine große Bild-Erzählung, deren Verlauf durch die Titel der Einzelblätter kommentiert wird. Die Hauptfigur ist der Tod als menschliches Skelett, dessen Größe und Dominanz die Menschen winzig erscheinen lässt. Die Monumentalisierung des dunklen Knochenmannes wird durch eine meist niedrig gesetzte Horizontlinie der weiten, offenen und befremdlich leeren Landschaften verstärkt.

Der Tod ist in diesen Bildern der eigentliche Akteur des Krieges. Sein Handwerk beginnt er mit der Selbstverständlichkeit eines normalen Tagesablaufes, den die Einzeltitel gliedern: Der Tod erwacht, reckt und streckt sich, überschaut die Massen und geht an die Arbeit, indem er den Auszug eines Regiments anführt. Seine Attribute sind aus der Ikonografie der Totentänze bekannt, er tritt mit Flöte und Trommel auf oder als Sensenmann. Reisenbichler arbeitete bei diesen detailliert ausgeführten Radierungen mit langen geschwungenen Linien, die noch ihre Herkunft aus dem Jugendstil verraten. Die Schönlinigkeit der Darstellungen kontrastiert mit der düsteren Thematik und verursacht einen makabren Effekt, der an die Décadence des zurückliegenden Fin de Siècle denken lässt.

Die späteren Blätter des Zyklus folgen nicht mehr der Bildtradition. Wie auf einer Bühne wirbelt der als Silhouette dargestellte Knochenmann umher. Die Dynamik der dichten Kurvenlinien evoziert eine Vorstellung von seinen ekstatischen Bewegungen. Die Titel dieser Szenen lauten *Der weiße Tod* und *Tanz über der Schlacht*. Aus heutiger Perspektive mutet die Radierung *Der Flieger* geradezu modern an: Ein Pferd mit Reiter, beide skelettiert, galoppieren über eine leere Ebene, so dass aufgrund der Undeutlichkeit der Raumbezüge der Eindruck entsteht, sie bewegten sich durch die Luft. In der linken oberen Ecke ist ein Doppeldecker-Flugzeug zu sehen – ein Hinweis auf die modernisierte Kriegsführung. CO

I / 25
Karl Völker
(Giebichenstein bei Halle an der Saale 1889 – 1962 Weimar)
Der Krieg, Halle an der Saale 1918/19
Pinsel in Schwarz, 55,6 × 79,4 cm
Halle, Stiftung Moritzburg, Kunstmuseum des Landes Sachsen-Anhalt, H 2014 b

I / 26
Karl Völker
(Giebichenstein bei Halle an der Saale 1889 – 1962 Weimar)
Der Rufer, Halle an der Saale 1918/19
Pinsel in Schwarz, 54,6 × 79,6 cm
Halle, Stiftung Moritzburg, Kunstmuseum des Landes Sachsen-Anhalt, H 2014 a

Lit. Ausst.-Kat. Halle 2007, Nr. 68, 69, 72.

Die beiden dunklen Tuschezeichnungen *Der Krieg* und *Der Rufer* sind ähnlich konzipiert. Einer übergroßen Figur oder Formation steht eine kleinteilige Menschenmenge gegenüber: Während *Der Krieg* die Menschen zu Boden stürzen lässt, versammelt *Der Rufer* eine Masse von Begeisterten und Fahnenträgern um sich, die ihre eigene Dynamik entfaltet. Auch die formale Ähnlichkeit der Szenen fällt auf. Karl Völker hatte sich damals bereits von den Gestaltungsweisen der Dekorationsmalerei gelöst, die er erlernt hatte, und arbeitete mit den Bildmitteln der Vorkriegsavantgarde, insbesondere mit den spitzen Winkeln und scharfen Kontrasten des Kubismus und Futurismus. Völkers Freund Richard Horn erinnerte sich voller Bewunderung »an die ersten Prophetengestalten der künstlerisch glanzvollen Jahre nach dem Ersten Weltkrieg«.[1]

Die beiden genannten Bilder ergeben gemeinsam mit drei weiteren Blättern, *Die Not*, *Beweinung Christi* und *Dem Morgenrot entgegen*, die fünfteilige Werkgruppe *Schicksale*.[2] Die auf den ersten Blick heterogene Zusammenstellung der Folge ist nicht untypisch für den damaligen Expressionismus. Einerseits wurde mit der Rückbindung an biblische Themen – etwa im Bild der Pietà – die aktuelle Notlage des Krieges religiös überhöht, und andererseits – im Bild des Rufers – eine revolutionäre Zukunftsvision entfaltet, die den Weg aus der Krise weisen sollte, »dem Morgenrot entgegen«. In Vergangenheits- und Zukunftsemphase wird das Aufbruchspathos der Novembergruppe spürbar, die sich selbst als radikal und revolutionär bezeichnete und die soziale Revolution in Deutschland unterstützte. Ihre ersten Ausstellungen waren noch stark vom Expressionismus geprägt. Völker schloss sich der Novembergruppe ab 1918 an. CO

1 Horn, Richard: Grabrede für Karl Völker, in: Ausst.-Kat. Halle 2007, S. 210 f., hier: S. 211.
2 Ausst.-Kat. Halle 2007, S. 110 f.

»Die vereinsamten Hungerer und Seher werden verspottet oder für geistig anormal gehalten. Die seltenen Seelen aber, die nicht in den Schlaf gehüllt werden können und dunkles Verlangen nach geistigem Leben, Wissen und Vorschreiten fühlen, klingen im groben materiellen Chorus, trostlos und klagend.«

Wassily Kandinsky, 1911 / 12
Kandinsky 1952 [1912], S. 32

Apokalyptische Visionen zum Ersten Weltkrieg

I/25

I/26

II.
Propheten des Unheils

In der ersten Hälfte des 20. Jahrhunderts gewann ein breites Spektrum religiöser und parareligiöser Bewegungen an Einfluss. Das Interesse am Mystischen, Spiritistischen und Okkulten in dieser Zeit kann als Gegenbewegung zur radikalen »Entzauberung der Welt« mit den ihr eigenen Modernisierungsprozessen betrachtet werden. Viele dieser Bewegungen weckten übersteigerte Zukunftserwartungen oder prophezeiten den baldigen Untergang der Welt. Auch der Topos vom Künstler als Seher oder Visionär erfuhr eine erneute Ausdeutung. Vision von lateinisch *videre*, sehen, meint eine optische Sinnestäuschung ohne äußeren Reiz oder empirisch fassbaren Gegenstand. Visionäre spielen in der abendländischen Geschichte in den beiden wichtigsten mythischen Bezugssystemen eine zentrale Rolle: als Seherinnen und Seher in der Antike und als Propheten im jüdisch-christlichen Bereich. Zu Beginn des 20. Jahrhunderts, als die Kunst immer mehr Funktionen der Religion und Metaphysik übernahm, bezogen sich viele Künstler in ihren Werken auf Seher-Figuren der antiken Mythologie und des Alten Testamentes. Sie identifizierten sich selbst mit der Rolle des modernen Sehers oder Künders oder sie wurden von ihren Zeitgenossen, sei es spöttisch oder ernsthaft, in dieser Rolle bestätigt.

Viele der Kunstwerke, die zwischen 1918 und 1939 entstanden sind, scheinen uns heute visionär auf Krieg und Unheil hinzudeuten oder sogar davor zu warnen. Als sich ab 1930 mit dem Aufstieg der Nationalsozialisten die Angriffe gegen die moderne Kunst mehrten, sahen sich viele Künstler gezwungen, symbolische oder allegorische Bildsprachen zu entwickeln, um sich mit der politischen Situation der Zeit auseinanderzusetzen. Im Rückgriff auf mythologische Themen verwandelten sie sich die Ikonografie des Untergangs an, um ihren Erfahrungen unter der NS-Diktatur und der Furcht vor einem neuen Krieg verschlüsselt Ausdruck zu verleihen.

Betrachtet man die Werke genauer, wird deutlich, dass die Künstler in ihren Werken seismografisch auf gesellschaftliche und politische Ereignisse reagiert haben. Viele der Werke lassen sich als Versuche begreifen, einem als unheimlich und bedrohlich empfundenen Zeitgeschehen Form zu geben, es der eigenen Vorstellungswelt anzuverwandeln und beherrschbar zu machen. Sie greifen ihrer Zeit nicht voraus oder sehen sie gar vorher. Viele dieser heute so ahnungsvoll-visionär oder mahnend erscheinenden Werke sind im Verborgenen entstanden und in ihrer Zeit nur von wenigen gesehen worden. Sah der Künstler in der wilhelminischen Gesellschaft vor dem Ersten Weltkrieg seine Rolle noch als die eines Visionärs und Künders, wurde er nach 1933 vom NS-Regime zum Verstummen gebracht. »Stets aber schwebt Leben und Ehre der Propheten in Gefahr und lauert die Gegenpartei darauf, sie durch Gewalt, List und Spott, Gegenzauber und Gegenprophetie zu vernichten«, schrieb Max Weber über die Unheilpropheten des Alten Testamentes – eine Beobachtung, die sich auf die Rolle der Künstler unter dem NS-Regime übertragen lässt. SH

1. Propheten, Mahner und Rufer

II 1/1

II 1/2

II 1/1
Ludwig Meidner
(Bernstadt in Schlesien 1884 – 1966 Darmstadt)
Horcher in die Zeit, 1920
14. Illustration zu Ludwig Meidner
Septemberschrei, Berlin: Verlag Paul Cassirer
Lithografie, 21 x 15 cm (Darstellung),
29,5 x 21,5 cm (Blatt)
Frankfurt, Ludwig Meidner-Archiv,
Jüdisches Museum Frankfurt
JMF 94/7 III/584 n

II 1/2
Ludwig Meidner
(Bernstadt in Schlesien 1884 – 1966 Darmstadt)
Ohne Titel, 1920
13. Illustration zu Ludwig Meidner
Septemberschrei, Berlin: Verlag Paul Cassirer
Lithografie, 21 x 15 cm (Darstellung),
29,4 x 21,6 cm (Blatt)
Frankfurt, Ludwig Meidner-Archiv,
Jüdisches Museum Frankfurt
JMF 94/7 III/584 m

Lit. Slg.-Kat. Altenburg 2000, Nr. 3085, 3086.

Ludwig Meidner hat neben seinem malerischen und grafischen Œuvre auch ein literarisches Werk geschaffen. Es umfasst drei Bücher sowie eine Vielzahl an Aufsätzen, Feuilletonartikeln und humoristischen Glossen. Der größte Teil der hymnischen Prosadichtungen *Im Nacken das Sternemeer* und *Septemberschrei* entstand im Kriegsgefangenenlager Merzdorf bei Cottbus.[1] Meidner war 1916 zum Militärdienst einberufen worden und als Dolmetscher in das Lager gekommen, wo er die Briefe französischer Kriegsgefangener zensieren musste. Beide Bände enthalten überwiegend autobiografische Texte, aber auch programmatische Äußerungen zur Kunst, Appelle für eine universelle Menschheitsverbrüderung und Beschreibungen seiner religiösen Erfahrungen.

Obwohl die Zeichnungen im *Septemberschrei* den Text nicht illustrieren, besteht doch ein enger inhaltlicher Zusammenhang zwischen Text und Bild. Neben den tiefen Erschütterungen, die der Erste Weltkrieg bei Meidner auslöste, zeugen sie von einer Intensität des Erlebens, die für den Künstler charakteristisch war. In den Zeichnungen zum *Septemberschrei* stehen Figuren im Zentrum, deren expressiv übersteigerte Körperlichkeit die innere Dramatik des religiösen Erlebens widerspiegelt. Diese Propheten, Mahner, Eiferer und Verzweifelten, die sich unter dem Eindruck des Geschauten krümmen und winden, sind Identifikationsfiguren für Meidner, der seine religiösen Erfahrungen ähnlich intensiv durchlebte: »[S]o packten mich jetzt mit Allgewalt die besänftigenden Verse der Psalmen oder die schrecklichen Reden des Jesaja; weckten mich wie einen Schlafenden, wirbelten mich wie Staub gen Himmelshöhen«.[2]

Bereits in den Jahren vor dem Ersten Weltkrieg hatte Meidner wiederholt von ekstatischen Erlebnissen berichtet, die er – allerdings erst rückblickend – als religiöse Erweckung, als Heimsuchungen des »Heiligen Geistes« oder der »Schechina« (Gegenwart Gottes) beschrieb.[3] Seit 1915 gewann die Auseinandersetzung mit religiösen Themen auch in seinem bildnerischen Schaffen an Intensität. Später kehrte er zum Judentum zurück und richtete sein Leben an den Religionsgesetzen aus. Die religiöse Thematik nahm fortan einen breiten Raum in seiner Kunst ein. ER

1 Meidner, Ludwig: Im Nacken das Sternemeer, erschien 1918 bei Kurt Wolff in Leipzig; ders.: Septemberschrei, erschien 1920 bei Paul Cassirer in Berlin.
2 Meidner, Ludwig: Aschaffenburger Tagebuch, in: ders.: Septemberschrei. Hymnen, Gebete, Lästerungen, Berlin 1920.

3 »Es war der 4. Dezember 1912, da mich der heilige Geist, die Schechina, besuchte und bekehrte. Dann war ich religiös. Vorher war ich ein Gotteshasser. Die Bekehrung erfolgte momentan, es war eine Erleuchtung, die Schechina bekehrt den Menschen sofort.« Zit. n. Hodin 1973, S. 116 f.

II 1/3
Jakob Steinhardt
(Zerkow bei Posen 1887–
1968 Nahariya/Israel)
Jona unter dem verdorrten Rizinus, Berlin 1927
Feder und Pinsel in Schwarz über Bleistift, mit Wasserfarben koloriert, 24 x 18,2 cm
Berlin, Stiftung Stadtmuseum Berlin
GR 99/74, 257 HZ
Lit. Ausst.-Kat. Berlin/Regensburg 2000/01, Nr. 257.

II 1/3

II 1/4
Jakob Steinhardt
(Zerkow bei Posen 1887–
1968 Nahariya/Israel)
Job (Hiob), Berlin 1927
Schwarze und farbige Kreiden, Feder und Pinsel in Schwarz und Weiß, aquarelliert, 22,8 x 31,9 cm
Berlin, Stiftung Stadtmuseum Berlin
GR 99/74, 251 HZ
Lit. Ausst.-Kat. Berlin/Regensburg 2000/01, Nr. 251.

Jona ist einer der sogenannten kleinen Propheten der Bibel. Das Buch Jona umfasst lediglich vier Kapitel, und die parabelartige Geschichte des Propheten ist schnell erzählt: Jona flieht vor dem göttlichen Auftrag, in der sündigen Stadt Ninive zu predigen. Auf dem Schiff holt ihn der Zorn Gottes in Form eines Sturmes ein. Die Schiffsbesatzung wirft ihn schließlich über Bord. Ein großer Fisch nimmt Jona auf, speit ihn aber wieder an Land, als er gelobt, Gott zu dienen. Nun folgt Jona seiner Berufung und kündigt der Stadt Ninive den bevorstehenden Untergang an. Daraufhin werden die Bewohner der Stadt von tiefer Reue ergriffen, sie tun Buße und fasten, so dass Gott von der angekündigten Zerstörung der Stadt absieht. Dieser Akt der Gnade erzürnt Jona. Er verlässt Ninive und rastet unweit der Stadt. Gott lässt eine Rizinusstaude wachsen, die dem Propheten Schatten spendet. Als Gott den Strauch am nächsten Tag verdorren lässt, beklagt sich Jona verzweifelt. Gott entgegnet ihm: »Dir ist es leid um den Rizinusstrauch, für den du nicht gearbeitet und den du nicht großgezogen hast. Über Nacht war er da, über Nacht ist er eingegangen. Mir aber sollte es nicht leid sein um Ninive, die große Stadt, in der mehr als hundertzwanzigtausend Menschen leben?« (Jona 4, 10–11).

Jakob Steinhardt hat die Geschichte Jonas immer wieder dargestellt,[1] was durchaus als Identifikation des Künstlers mit dem Propheten, »der zu prophezeien sich weigerte«, interpretiert werden kann.[2] Tatsächlich ist die anfängliche Weigerung, die Prophetenrolle anzunehmen, gar nicht so ungewöhnlich, auch Jeremia und Mose äußern zunächst Bedenken gegen ihre Berufung. Bemerkenswert ist allerdings die Vehemenz, mit der Jona versucht, sich seinem Auftrag zu entziehen. In seiner rebellischen Grundhaltung gegenüber Gott und dem paradoxen Umstand, dass ihm sogar als erwähltem Verkünder des göttlichen Willens sein Tun sinnlos erscheint, liegt vielleicht die Faszination der Figur des Jona für Steinhardt. Dabei könnte Jona als Antitypus zu Kassandra gelten: Während ihre Vorhersagen eintreffen, man ihnen aber keinen Glauben schenkt, ist Jona der Prophet, auf den alle hören, dessen Prophezeiung aber letztlich nicht in Erfüllung geht. ER

1 Vgl. Ausst.-Kat. Berlin/Regensburg 2000/01, S. 84–88.
2 Amisha-Maisels, Ziva: Steinhardts Ruf nach Frieden, in: Ausst.-Kat. Berlin 1995 (3), S. 115–130, hier: S. 115.

Hiob ist eine Gestalt aus dem Alten Testament, der ein eigenes Buch gewidmet ist. Dem wohlhabenden und gottesfürchtigen Mann wird nach einer Intervention Satans von Gott alles genommen: sein Besitz, seine Kinder, seine Gesundheit. Daraufhin hadert Hiob mit Gott und klagt: »Man hat mich in den Dreck geworfen, dass ich gleich bin dem Staub und der Asche. Ich schreie zu dir, aber du antwortest mir nicht; ich stehe da, aber du achtest nicht auf mich. Du hast dich mir verwandelt in einen Grausamen und streitest gegen mich mit der Stärke deiner Hand.« (Hiob 30, 19–21) Am Ende des Buches wendet sich Gott selbst an Hiob, der seine Anklagen widerruft und sich demütig Gottes Willen beugt. Daraufhin kommt er wieder zu Reichtum und Kindern und erreicht ein hohes Alter. Hiob verkörpert für das Judentum die existenzielle Frage, wie Gott es zulassen kann, dass dem Gerechten Böses widerfährt. Diese Frage hat angesichts der langen Verfolgungsgeschichte des jüdischen Volkes von der ägyptischen Gefangenschaft über die Zerstörung des Jerusalemer Tempels, über die mittelalterlichen Verfolgungswellen bis hin zu den Pogromen der Neuzeit auch eine spezifisch jüdische Dimension: Wie ist es möglich, dass das Volk des Bundes – das Volk Gottes – Verfolgung und Vertreibung erleidet?

Die Figur des Hiob als Inbegriff des unschuldig Leidenden wurde von Steinhardt mehrfach dargestellt, wobei seine späten Blätter deutlich durch Filme und Fotografien beeinflusst sind, die nach der Befreiung der Konzentrationslager um die Welt gingen.[1] Die vorliegende Zeichnung entstand aber bereits 1927. Sollte auch sie auf das kollektive Schicksal der Juden anspielen, könnten hier allenfalls die Pogrome in Russland 1903 und 1906 und während des Russischen Bürgerkrieges gemeint sein. Diese allerdings waren Jakob Steinhardt und seinen Zeitgenossen noch in lebendiger Erinnerung.

In den 1920er Jahren schuf Steinhardt zahlreiche Werke mit religiösem Inhalt. Insbesondere durch seine Buchillustrationen – wie etwa die Holzschnitte zur *Pessach Haggadah*, dem Buch mit Erzählungen und Liedern für den Sederabend am jüdischen Pessachfest, oder zu *Jesus Sirach*, einem Weisheitsbuch – wurde er zu einem der profiliertesten Protagonisten der »jüdischen Renaissance« vor 1933. In dieser Auseinandersetzung mit der eigenen Tradition, die das Ziel hatte, die jüdische Überlieferung als Quelle und Bezugspunkt für eine zeitgenössische und zeitgemäße jüdische Kultur fruchtbar zu machen, kommt exemplarischen Figuren wie Hiob eine besondere Bedeutung zu. Sie treten aus dem engeren Kontext der innerjüdischen Tradition heraus und werden zu Archetypen: Hiob personifiziert das Leiden und die Sinnsuche als Conditio humana. ER

1 Vgl. Bartmann, Dominik: Jakob Steinhardt als Zeichner. Beobachtungen anhand ausgewählter Blätter der Schenkung Josefa Bar-On Steinhardt, in: Ausst.-Kat. Berlin/Regensburg 2000/01, S. 28–115, hier: S. 88.

II 1/5
Heinrich Altherr
(Basel 1878–1947 Zürich)
Alarm, Stuttgart und Zürich 1928–43
Öl auf Leinwand, 103,5 x 123 cm
Stuttgart, Staatsgalerie Stuttgart, Leihgabe der Freunde der Staatsgalerie, GVL 93
Lit. Ausst.-Kat. Zürich 1948, S. 21;
Ausst.-Kat. Stuttgart 1949, Nr. 11;
Ausst.-Kat. Stuttgart 1998, S. 31.

Heinrich Altherrs Gemälde *Alarm* ähnelt kompositorisch und thematisch seiner Darstellung der *Kriegsfurien* (Kat.-Nr. II 1/16). Auch hier schwebt ein Bote des Unheils hoch über den

II 1/5

II 1/4

Dächern einer Stadt. Altherr hat die engelverwandte Gestalt, die fast das ganze Bildformat füllt, von rechts nach links ausgerichtet. Sie setzt mit der Linken das leuchtend rote Horn zum Blasen an, um die Menschen mit dem Signal aufzuschrecken oder aber einen Fluch über die Stadt zu verhängen. Das helle, im Flugwind flatternde Gewand bringt Dynamik und Unruhe ins Bild und überstrahlt die in Brauntönen gehaltene Stadtlandschaft.

Altherr hatte das Gemälde bereits 1928 begonnen und vollendete es erst 1943, nach mehreren Überarbeitungsphasen und Korrekturen.[1] In der Regel war der Entwicklungsvorgang bei Altherrs größeren Formaten langwierig. Besonders intensiv widmete er sich der Wahl der bildnerischen Mittel wie Komposition und Farbe, aber auch der Gestik der Figuren. Die Neigung zu symbolisch aufgeladenen und visionär überhöhten Themen teilte Altherr mit vielen anderen Künstlern in Deutschland. In seinen Bildern setzte er sich mit den Ängsten seiner Zeit, später mit den Ereignissen und Folgen des Krieges auseinander. Eines seiner frühen visionär anmutenden Gemälde, *Fluch*, aus dem Jahr 1928 wurde aus der damaligen Württembergischen Staatsgalerie im Rahmen der Aktion »Entartete Kunst« entfernt und zerstört. Mit dem Gemälde *Alarm* konnte es von der Staatsgalerie ersetzt werden. HS

1 Vorzeichnungen zu dem Gemälde befinden sich im Nachlass Altherr, Galerie Schlichtenmaier, Grafenau.

II 1/6
Edgar Ende
(Altona bei Hamburg 1901 –
1965 Netterndorf in Oberbayern)
**Die Gefahr (Die Posaunen),
Pasing bei München 1931**
Öl auf Leinwand, 90 x 120 cm
München, Niederreuther Stiftung
(Abb. 2, S. 78)

Lit. Krichbaum (Hg.) 1987; Zehnder, Frank Günter: Welt und Überwelt. Ein künstlerischer Dialog mit der Wirklichkeit im Schaffen von Edgar Ende, in: Ausst.-Kat. Osnabrück 1995/96; Schmied, Wieland: Symbolist ohne Symbole, Klassizist ohne Klassik, Surrealist wider Willen. Edgar Ende ist noch zu entdecken, in: Ausst.-Kat. Paderborn 1998, S. 9–13; Ausst.-Kat. Zürich 1999, S. 130; Murken 2001, S. 55, 356, Nr. 47.

Unmittelbar nach seinem Umzug von Garmisch nach München 1931 veränderte sich Edgar Endes bisher vom Magischen Realismus geprägter Stil. Er setzte erzählerische Elemente nun konzentrierter und die Farben gedämpfter ein, um seine immer bedrohlicheren endzeitlichen Alpträume zu versinnbildlichen. Die dargestellten Menschen sind meistens körperlich und seelisch metaphysischen Gewalten ausgeliefert. Ihr Überlebenskampf scheint von vornherein zum Scheitern verurteilt zu sein.

Das Gemälde *Die Gefahr (Die Posaunen)*[1] gehört ebenso wie die im gleichen Jahr entstandenen Bilder *Gruppe mit Fahne (Auf der Scholle), Die aus der Erde kommenden, Die Flucht auf dem Adler* oder *Die Problematiker (La fin – Das Ende)* zu einer Reihe apokalyptischer Welt- und Menschheitsvisionen, die der Künstler zu Beginn der 1930er Jahre schuf. Um seine Motive zu finden, versetzte Ende sich abgeschirmt vom Licht und von den Reizen der Außenwelt in den halb unbewussten Zustand eines Tagtraumes. Im Zentrum der so gefundenen und mit sparsamen farblichen Mitteln gemalten Bilder stehen bis auf die Haut entblößte und erschöpfte, von unheimlichen Mächten beherrschte Menschen.

Gleiches gilt für *Die Gefahr*. Auf zwei schwebenden, kreisrunden Schollen über verkarstetem Boden ducken und drängen sich Vertriebene unter bedrohlichen, kanonenähnlichen Rohren. In dieser existenziellen Situation sind den Flüchtenden nur noch wenige zivilisatorische Attribute geblieben: Die linke Randfigur trägt einen togaähnlichen blauen Mantel, die zwei athletischen Männer führen bunte Gefäße und ein sich mit letzter Kraft aufbäumendes Pferd mit sich.

Ende greift hier das Thema des hoffnungslosen Schiffbruches auf, das Théodore Géricault schon in seinem epochalen Gemälde *Das Floß der Medusa* (1819) dargestellt hatte. Die drei riesigen Rohre, die Ende als symbolische Urgewalten hinzugefügt hat, könnte man als biblische Trompeten deuten, den israelitischen Hörnern beim Fall Jerichos vergleichbar.

Ende offenbart ein schreckensreiches Szenario, das sich vermutlich auf die bedrohlichen Zeitereignisse in Deutschland Anfang der 1930er Jahre bezieht: die stete politische Agitation der NS-Propaganda sowie die blutigen Straßenschlachten zwischen Kommunisten und Nationalsozialisten mit zahlreichen Toten und Verletzten. Doch reicht seine Darstellung weit über einen Zeitkommentar hinaus. Mit *Die Gefahr* hat er ein modernes Klage- und Warnbild geschaffen, das im alttestamentarischen Sinne für die atavistische Furcht des Menschen vor göttlichen Strafen und deren Folgen steht. AHM

1 Das Gemälde *Die Gefahr (Die Posaunen)* wurde in der Fuldaer Ausstellung *Edgar Ende. Retrospektive*, 1961, unter dem Titel *Die Posaunen* gezeigt. In der von Michael Ende kuratierten Ausstellung in der Münchener Galerie Wolfgang Ketterer, 1972, trug es den Titel *Die Gefahr*, vgl. Ausst.-Kat. München 1972. Beide Bezeichnungen wurden zum ersten Mal 1998 von Volker Kinnius verwandt, Ausst.-Kat. Paderborn 1998, Abb. 56.

»Wenn die Unheilsprophetie in starkem Maße aus der eigenen durch Veranlagung und aktuelle Eindrücke bedingten psychischen Disposition der Propheten abzuleiten ist, so steht doch nicht weniger fest, daß es ganz und gar die geschichtlichen Schicksale Israels waren, welche dieser Verkündigung ihre Stellung in der Religionsentwicklung verschafften. Nicht nur in dem Sinne, daß uns die Tradition naturgemäß gerade Orakel solcher Propheten aufbewahrt hat, welche eingetroffen waren oder eingetroffen zu sein schienen oder deren Eintreffen noch erwartet werden konnte. Sondern das zunehmend unerschütterliche Prestige der Prophetie überhaupt beruhte auf jenen wenigen aber für die Zeitgenossen ungeheuer eindrucksvollen Fällen, in denen sie durch den Erfolg unerwartet Recht behielten.«

Max Weber, 1921
Weber 1988 [1947], S. 322

II 1/7

II 1/7
Ernst Barlach
(Wedel bei Hamburg 1870 – 1938 Rostock)
Der neue Tag, Güstrow in Mecklenburg 1932
Lithografie, 31 × 43,3 cm (Darstellung),
38,5 × 52,8 cm (Blatt)
Sign. u. r.: E Barlach
Berlin, Deutsches Historisches Museum
Gr 91/66
Lit. Doppelstein 1997, S. 24, 94 – 97;
Ausst.-Kat. Brüssel/Güstrow 1999, S. 42 f., 115 f.;
Laur 2001, Nr. 101.

Die Lithografie erschien im Goethejahr 1932 zum hundertsten Todestag des Dichters als Jahresgabe des Deutschen Kunstvereins. Ihre Gesamtkomposition basiert auf einer Zeichnung von 1912, für die Ernst Barlach frühere Einzelstudien verwendete.[1] Nunmehr illustrierte er mit den beiden Horn- und Posaunenbläsern auf einer Bergeskuppe im Gegenlicht des neuen Tages Goethes Verse 4667–4669 aus *Faust II*: »Horchet! horcht dem Sturm der Horen! / Tönend wird für Geistesohren / Schon der neue Tag geboren.«

Die Grafik lässt sich unterschiedlich interpretieren. Mit Goethes Horen-Göttinnen scheinen die Bläser jedoch keine Gemeinsamkeiten zu haben. Die kraftvollen Gestalten erinnern eher an Passagen des Alten Testaments, etwa an jene, in denen von Bläsern gesprochen wird, deren Posaunentöne die Mauern Jerichos zum Einsturz brachten (Josua 6, 4). Posaunenbläser finden sich auch im Kontext des Jüngsten Tages, hier kündigen sie mit ihren Instrumenten den endgültigen Umbruch des Bestehenden an.

Aus der Rückschau liegt es nahe, die vor dem Ersten Weltkrieg geschaffene Zeichnung als Ausdruck einer Ahnung des kommenden Krieges zu deuten oder die Lithografie als Warnung vor der im Januar 1933 Realität werdenden nationalsozialistischen Herrschaft zu betrachten.

Angesichts des Goethe-Kontextes der Druckgrafik würden derartige Interpretationen jedoch zu weit greifen. Barlach hatte die Figur des aufrecht stehenden Bläsers 1912 als Hintergrund der Initiale »T« konzipiert. Er wollte sie der Buchausgabe seines eigenen Dramas *Der tote Tag* einfügen, was er dann aber verwarf.[2]

Zwanzig Jahre später griff er auf das Motiv zurück, weil er es als Entsprechung zu Goethes Versen empfand, zumal hier wie im Titel seines Dramas unterschiedliche Erscheinungsformen des Tages benannt werden. Dass die Lithografie eine positive Grundstimmung hat, dafür mag eine Notiz stehen, die Barlach am Rande einer der früheren Studien notiert hatte: »Der Bläser setzt an! aus der Verzweifl[ungs]tiefe reißt ihn d[er] nächste Moment.«[3] FCS

1   Schult 1971, Nr. 892.
2   Vgl. die Angaben bei Laur 2001, Nr. 9.38.
3   Zit. n. Schult 1971, Nr. 792.

II 1/8
Paul Klee
(Münchenbuchsee bei Bern 1879 – 1940 Muralto bei Locarno)
wird ein Prophet!, 1933, 153 (S 13)
Bleistift auf Papier auf Karton,
17,6 × 7,3 cm
Bern, Zentrum Paul Klee, PKS Z 1035
Lit. Glaesemer 1984, Nr. 582; Kort 2003, S. 96;
Catalogue raisonné Paul Klee 1998 – 2004,
Bd. 6: 1931 – 1933, WV-Nr. 6199.

Paul Klee montierte die Bleistiftzeichnung einer »ganz kleinen Figurine«, wie er sie in seinem Werkkatalog genannt hat,[1] in das obere Feld eines langformatigen Kartons. Das Körpervolumen der Figur wird von einem Bündel schwungvoller Linien definiert. Es scheint, als schwebe sie über der entstandenen Leerfläche und überblicke von ihrem erhöhten Standpunkt aus die Lage. Klee verleiht der Figur zwei gegenläufige Richtungsimpulse: Zum einen blickt sie über die Schulter zurück, zum anderen deutet sie mit der Hand nach vorn. Ihr Blick zurück könnte einen Bezug zur Geschichte herstellen, der dann die Deutung der Zukunft erlaubt. Es könnte aber auch sein, dass die Figur sich von der Gegenwart abwendet, um ihrem »inneren Auge« zu vertrauen. Auf vergleichbare Weise hat Max Beckmann seinen *Mann im Dunkeln* aus dem Jahr 1934 konzipiert (Kat.-Nr. II 1/9). Klee verleiht der Figur des Propheten in spe

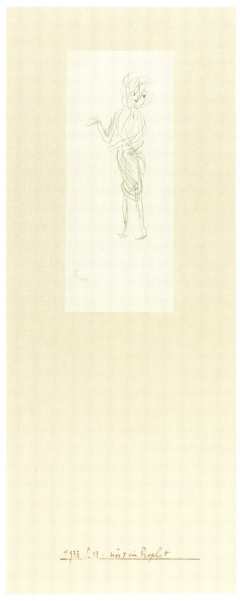

II 1/8

durch den Titel, die Art der Gestaltung und der Montage einen feinsinnigen Witz.

Die Zeichnung auf Detailpapier gehört zu einem Konvolut von Zeichnungen zur »nationalsozialistischen Revolution« (vgl. Kat.-Nrn. II 1/8, VI 2/20, VI 2/21). Die Werkgruppe galt lange Jahre als verloren. Der Bildhauer Alexander Zschokke, der wie Klee eine Professur an der Düsseldorfer Akademie innegehabt hatte, berichtete, dass ihm die Mappe mit den Zeichnungen im Beisein des 1933 entlassenen Akademiedirektors Walter Kaesbach von Klee bei einem Besuch in Düsseldorf im Sommer 1933 vorgelegt wurde.[2] Auch Klee war zu diesem Zeitpunkt bereits offiziell vom Dienst »beurlaubt«. Zschokke beschrieb die Situation 1948 folgendermaßen: »Klee erschien mit einer großen Mappe und eröffnete uns, daß er die nationalsozialistische Revolution gezeichnet habe. Wenn ich nicht irre, sind es an die 200 Blätter.«[3]

Die lose Werkgruppe konnte erst 1984 von Jürgen Glaesemer, dem Konservator der Paul-Klee-Stiftung, identifiziert werden.[4] Zuletzt wurde die Gruppe auf 246 Arbeiten eingegrenzt.[5] Sie kann zwischen Januar 1933 und Spätsommer 1933 datiert werden. Kort schreibt zu den Zeichnungen insgesamt, dass Klee mit ihnen »das Hitlersche Weltbild« paraphrasierte und »die nationalsozialistische Ideologie mit den Mitteln des lakonisch-komischen Zitates« einer subtilen Kritik unterzog.[6]

Das Jahr 1933 war für Klee besonders produktiv. Angesichts des großen Umfanges an Werken könnte man meinen, Klee habe sich 1933 von den gravierenden gesellschaftlichen und politischen Veränderungen nicht beirren lassen. Tatsächlich hatte er anfangs noch gehofft, die Herrschaft des Nationalsozialismus sowie seine Beurlaubung vom Hochschuldienst wären nur von kurzer Dauer. Eine Hausdurchsuchung von Polizei und SA am 17. März 1933 – sie war vermutlich durch den Magistrat der Stadt Dessau veranlasst worden, wo Klee immer noch den Wohnsitz hatte – und zunehmende persönliche Diffamierungen ließen bald keinen Zweifel mehr daran, dass Klee sich in seiner Einschätzung getäuscht hatte. Ende des Jahres 1933 emigrierte der Künstler in die Schweiz.[7]

SH/AB

1 Ausst.-Kat. München/Bern/Frankfurt am Main/Hamburg 2003/04, S. 315.
2 Vgl. zur Chronologie der lange Zeit verschollen geglaubten Zeichnungen zur »nationalsozialistischen Revolution«: Kort 2003, S. 183–187; Frey, Stefan/Hüneke, Andreas: Paul Klee, Kunst und Politik in Deutschland 1933. Eine Chronologie, in: Ausst.-Kat. München/Bern/Frankfurt am Main/Hamburg 2003/04, S. 291.
3 Zit. nach Kort 2003, S. 183.
4 Glaesemer 1984.
5 Kort 2003, S. 189.
6 Kort 2003, S. 191.
7 Vgl. Frey, Stefan/Hüneke, Andreas: Paul Klee, Kunst und Politik in Deutschland 1933. Eine Chronologie, in: Ausst.-Kat. München/Bern/Frankfurt am Main/Hamburg 2003/04, S. 268–306, 315.

»Der Künstler ist der Mensch, der die dem Menschen möglichen Gesichte am stärksten, am visionärsten erlebt. Eine Vision ist an sich selber schon ein Martyrium: es ist nicht leicht, das Antlitz des Erdgeistes zu ertragen. Aber für diese Vision wird der Künstler, der pathetische Künstler, dieser Heros der Menschheit, obendrein noch gestraft: denn das Publikum lacht ihn dafür aus – es hat mit den Ekstasen des künstlerischen Visionärs nichts zu tun und dafür lässt es ihn büssen.«

Wilhelm Hausenstein, 1914
Hausenstein 1914, S. 88

II 1/9
Max Beckmann
(Leipzig 1884–1950 New York)
Mann im Dunkeln, 1934
Bronze, braun und goldfarben patiniert,
56,7 x 26 x 18 cm (Objektmaße)
Bremen, Kunsthalle Bremen –
Der Kunstverein in Bremen
408-1960/4, (Abb. 7, S. 86)
Lit. Fischer 1972, S. 116 f.; Franzke, Andreas: Max Beckmanns Skulpturen, in: Ausst.-Kat. Köln 1984, S. 93–109; Stabenow, Cornelia: Metaphern der Ohnmacht. Zu den Plastiken Max Beckmanns, in: Ausst.-Kat. München/Berlin/Saint Louis 1984/85, S. 139–146; Franzke 1987, S. 26–29; Noll 2002; Ausst.-Kat. Paris/London/New York 2002/03.

Erst spät hat sich Max Beckmann mit der Gattung der Skulptur beschäftigt. *Mann im Dunkeln* ist die erste von insgesamt acht plastischen Arbeiten des Malers und entstand 1934. Ihr folgte unter anderen *Kriechende Frau*, die möglicherweise das Gegenstück zu *Mann im Dunkeln* bildet und sich scheinbar blind über den Boden schiebt. Auch den *Mann im Dunkeln* hat

Beckmann so gedacht, dass er in seinem Gesichtssinn eingeschränkt ist. Seine Augen sind geschlossen. Er tastet sich langsam mit abwehrend ausgestreckten Armen vorwärts.

Aufgrund der Entstehungszeit im Jahr nach der nationalsozialistischen Machtübernahme ist man versucht, das Werk als unmittelbaren Ausdruck der Verunsicherung und Ungewissheit zu interpretieren. Beckmann hatte zwischenzeitlich seine Malereiprofessur in Frankfurt verloren und sich nach Berlin und Oberbayern zurückgezogen. Er wartete erst einmal ab und war bemüht, sich nicht mit Ausstellungen zu exponieren, solange die zukünftige nationalsozialistische Kulturpolitik intern umkämpft und noch nicht endgültig konturiert war. Gleichwohl besaß er Bekannte und Sammler, die mit dem Nationalsozialismus sympathisierten und gesellschaftlich etabliert waren. Eine vehemente Ablehnung des neuen Regimes lässt sich zu diesem Zeitpunkt bei ihm nicht feststellen, vielmehr war eine Mitarbeit am neuen Staat noch nicht gänzlich ausgeschlossen und die Entscheidung zur Emigration reifte erst allmählich heran.

Die Formerfindung der Figur ist selbst ambivalent und wurde von der Forschung durchaus unterschiedlich beschrieben. Es spricht viel dafür, den *Mann im Dunkeln* als sinnbildliche Gestalt zu interpretieren, wie dies zuletzt Thomas Noll ausführlich getan hat. Darüber hinaus geht es auch um metaphysische und ästhetische, an den Zentralbegriff des Raumes geknüpfte Fragestellungen, die in dieser Figur anschaulich gebündelt sind.

»Das Unsichtbare sichtbar machen durch die Realität. – Das mag vielleicht paradox klingen, – es ist aber wirklich die Realität – die das eigentliche Mysterium des Daseins bildet! Entscheidend hilft mir dabei die Durchtastung des Raumes. – Höhe, – Breite und Tiefe in die Fläche zu übertragen, sodaß aus diesen drei Raumgegebenheiten sich die abstrakte Bildfläche des Raums gestaltet, die mir Sicherheit gibt gegen die *Unendlichkeit* des Raumes. – Meine Figuren kommen und gehen wie sie mir Glück und Unglück bieten. – Ich aber suche sie festzuhalten in der Entkleidung ihrer scheinbaren Zufällig-keit. Das einmalige und unsterbliche Ego zu finden – in Tieren und Menschen – in Himmel und Hölle, die zusammen die Welt ergeben in der wir leben. Raum – *Raum* – und nochmals *Raum* – die unendliche Gottheit, die uns umgibt und in der wir selber sind.«[1]

So hat Beckmann vier Jahre nach der Entstehung des Werkes in seiner berühmten Londoner Rede vom 21. Juli 1938 gesprochen. Und die Skulptur führt gerade in der seitlichen Ansicht vor, wie sich der Mensch durch den ihn umgebenden »göttlichen« Raum tastet. Er scheint mehr in die Ferne zu horchen (vgl. auch *Selbstbildnis mit Horn*, 1938) und ist durchaus ängstlich-abwehrend – wie insbesondere die frontale Ansicht zeigt. Zugleich öffnet er sich doch auch dem Unbekannten, mit dem Ziel der Selbsterkenntnis. Diese Rolle wird von Beckmann dem Mann zugestanden, während die Frau im Staube kriecht. Insofern sind *Mann im Dunkeln* und *Kriechende Frau* auch geschlechtsmetaphysisch komplementär konzipierte Figuren und finden ihre Vorläufer in dem singulären, von Gedanken Otto Weiningers beeinflussten Gemälde *Mann und Frau/Adam und Eva* von 1932, dessen Thema Beckmann 1936 in seiner fünften Plastik variieren sollte. OP

1 Beckmann, Max: Über meine Malerei, in: Beckmann 1990, S. 48–55, hier: S. 48 f.

II 1/10
Karl Hofer
(Karlsruhe 1878 – 1955 West-Berlin)
Kassandra, 1936
Öl auf Leinwand, 113 × 90 cm
Halle, Stiftung Moritzburg, Kunstmuseum des Landes Sachsen-Anhalt
1/2070, (Abb. 1, S. 15)

Lit. Feist 1977, S. 14, 34, 35; Ausst.-Kat. Berlin/Karlsruhe 1978, S. 105, 173, Nr. 119; Ausst.-Kat. Berlin 1987, S. 357 f., Nr. 200; Brodersen, Waltraud, in: Ausst.-Kat. Hamburg/München/Moskau/Leningrad 1987/88, S. 186; Hentschel, Barbara: Karl Hofers »Ringen um die Form«, in: Ausst.-Kat. Leipzig 2004/05, S. 100 (Abb. seitenverkehrt), 204; Wohlert 2008, Nr. 1222.

Die trojanische Seherin Kassandra ist die Titelfigur der Ausstellung. Im großen mythischen Krieg der Griechen gegen Troja, den Homer in der *Ilias* (8. Jh. v. Chr.) literarisch gestaltet hat, warnt sie die Trojaner vor dem drohenden Untergang der Stadt, ohne dass man ihren Worten Glauben schenkt. Am Ende liegt Troja in Asche; sie selbst wird das Opfer von Verleumdung, Vergewaltigung, Versklavung und wird schließlich ermordet. Diese pessimistische Auffassung von Krieg und Untergang traf sich mit den Vorstellungen und Ängsten, die viele Künstler in Deutschland ab 1933 unter der NS-Herrschaft und angesichts des drohenden Krieges entwickelten.

Der griechische Dichter Aischylos beschreibt Kassandra in seiner *Orestie* (458 v. Chr.) als ekstatische Seherin: »Weissagend schon den Bürgern all ihr Jammerlos: / Es glaubte niemand nichts mir, seit ich dies verbrach. / O weh! O weh! Unglück, o weh! / Schon wieder treibt mich wahrer Zukunftsdeutungen / Wut stachelnd um, vortönend unheilvollen Laut.«[1] Nichts davon ist mehr bei Karl Hofers *Kassandra* zu spüren. Die Augen der Figur blicken ins Leere, ihre Rechte hat sie abwehrend und zugleich die Wahrheit beschwörend an die Stirn geführt, ihre Linke hält in der Luft inne. Dieses Stillstehen der Zeit, das Verharren im Augenblick ist Merkmal beinahe aller Figurenbilder Karl Hofers aus den 1930er Jahren. Die Figuren »sind nur isoliertes, arrangiertes Sein, schildern kaum Handlung, keinen Mythos, keine Legende, grenzen also Welt und Betrachter erst einmal aus. Sie agieren selbstbezogen wie für sich oder andere, die wir nicht kennen, weder einladend noch abweisend.«[2] Einen Hinweis auf das Unheil, das Kassandra voraussieht, gibt die Lichtstimmung des Bildes. Die flackernden Reflexe in Orangegelb und Rot, die über Kassandras zartblaues Gewand spielen, kündigen einen großen Brand an.

Karl Hofer malte *Kassandra* 1936, im selben Jahr also wie das ebenfalls hier gezeigte Gemälde *Die Wächter* (Kat.-Nr. II 1/12). Beide Bilder gehören zu den Propheten, Mahnern und Rufern, die Hofer nach der Machtübernahme durch die Nationalsozialisten am 30. Januar

1933 immer wieder gestaltet hat. Sie sind nicht nur im Zusammenhang mit seinem allgemeinen Kulturpessimismus zu sehen,[3] sondern können als unmittelbarer Ausdruck seiner als bedroht empfundenen Existenz gelten. Er gehörte zu denjenigen Künstlern, die sich bereits 1930 den Angriffen der Nationalsozialisten ausgesetzt sahen. Am 1. April 1933 fand sich in der Hochschule für die bildenden Künste sein Name auf einem diffamierenden Plakat, das ihn und andere Lehrende als »destruktive, marxistisch-jüdische Elemente« verunglimpfte und forderte: »Meidet diese Lehrer!«[4] Kurze Zeit später wurde Hofer vom Dienst suspendiert. Er sah sich, seinen Figuren aus dieser Zeit vergleichbar, in die »innere Emigration« gezwungen.

Bei Aischylos weissagt Kassandra zukünftiges Unheil dank göttlicher Eingebung. Hofers *Kassandra* und mit ihr all die anderen stummen Mahner und Rufer aus dieser Zeit entstanden aus der eigenen bitteren Erfahrung des Künstlers. Indem er die Erinnerung an die antike Kassandra und ihr Schicksal wachrief, beschrieb er seine eigenen Befürchtungen und Ängste. Sie wurden durch die politische Entwicklung auf fürchterliche Weise bestätigt. 1944 schuf Hofer in dem Gemälde *Schwarzmondnacht* erneut eine kassandraähnliche Gestalt als Hauptfigur (Kat.-Nr. VIII/5). KN/SH

1 Aischylos: Agamemnon (das erste Stück der Orestie), deutsch von Wilhelm von Humboldt, in: Aischylos, Die Tragödien, Frankfurt am Main/Hamburg 1961, S. 154, hier: Verse 1210, 1212, 1214–1215.
2 Garnerus, Hartwig, Die verteidigte Mitte. Karl Hofers Menschenbild als Schönheit des bei sich verbleibenden und über sich hinausweisenden Lebens, in: Ausst.-Kat. München/Schwerin/Kassel 1998–2000, S. 11.
3 Vgl. den Text zu Kat.-Nr. VI 3/44.
4 Ausst.-Kat. Ettlingen 1983, S. 48.

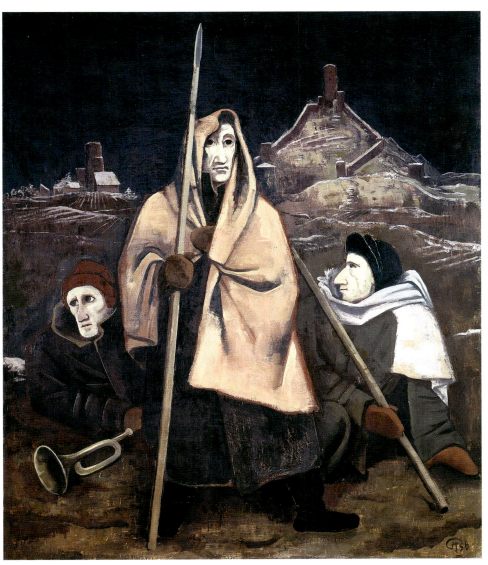

II 1/12

II 1/11
Karl Hofer
(Karlsruhe 1878 – 1955 West-Berlin)
Der Rufer, 1935
Öl auf Leinwand, 113 × 88 cm
Wuppertal, Von der Heydt-Museum
G 993, (Abb. 4, S. 82)
Lit. Müller-Hauck, Janni: Karl Hofer – Versuch einer Interpretation, in: Ausst.-Kat. Berlin 1978, S. 27, 108 f. (Abb. der Fassung aus der Zeit nach 1940), 110 (Abb. der Fassung von 1938); Gillen, Eckhart: Nacht über Deutschland, in: Ausst.-Kat. Berlin 1997, S. 100; Ausst.-Kat. Osnabrück 2004/05, S. 77, Nr. 36; Wohlert 2008, Nr. 1138.

II 1/12
Karl Hofer
(Karlsruhe 1878 – 1955 West-Berlin)
Die Wächter, 1936
Öl auf Leinwand, 152 × 127 cm
Berlin, Staatliche Museen zu Berlin,
Nationalgalerie, A IV 411
Lit. Paul, F.: Karl Hofer in der Galerie Nierendorf in Berlin, in: Kunst der Nation, Nr. 22, 2. Jg., 2. Novemberheft 1934; Maass 1965, S. 111;
Ausst.-Kat. Wuppertal 2003, S. 34, Nr. 74; Wohlert 2008, Nr. 1244.

Karl Hofer malte den *Rufer* 1935, *Die Wächter* entstanden 1936, im selben Jahr wie *Kassandra* (Kat.-Nr. II 1/10). Alle drei Figuren gehören zu den Visionären und Mahnern, die Hofer nach der Machtübernahme der Nationalsozialisten am 30. Januar 1933 immer wieder beschäftigten.[1] Das Bild des Rufers variierte Hofer 1938 und nach 1940.[2] Diese Gemälde wurden nach dem Krieg als »Aufrufe Hofers zur Einheitsfront der Arbeiterparteien und zum Widerstand gegen den Faschismus« gedeutet.[3] Tatsächlich jedoch lassen sich seine Visionäre und Mahner kaum auf derart konkrete politische Botschaften festlegen. Vielmehr spiegeln sie in allgemeiner Weise Hofers Gefühl der Bedrohung, seine Desorientierung, Vereinsamung und Angst angesichts der Repressionen, denen er unter dem NS-Regime ausgesetzt war und die ihn in die »innere Emigration« zwangen. Auch können sie als Ausdruck seines Kulturpessimismus gesehen werden.

Was die Wächter bewachen oder verteidigen, ist auf den ersten Blick nicht ersichtlich. Verstreute burgartige Gebäude, Türme oder einfache Häuser erscheinen hinter den Feldern, weit in den Hintergrund versetzt. Architektur und Ausstattung sind von Hofer ganz bewusst in einer fernen Vergangenheit angesiedelt. Waffen und Kleider der Wächter sind altmodisch und armselig. Trotz der winterlichen Kälte harren sie in der Dunkelheit auf dem freien Feld aus und nicht auf dem Turm. Ein Signalhorn liegt bereit.

Der Rufer trägt nur einen Lendenschurz und scheint in einer nächtlichen dornigen Landschaft unterwegs zu sein. Ruft er um Hilfe? Will er aufwecken, mahnen, prophezeien? Ist er eine Projektion des Künstlers, der sich selbst als vergeblichen Rufer in der Wüste oder als Wächter auf verlorenem Posten sieht, oder ist eine solche Lesart allein der Projektion des Betrachters geschuldet?[4] Alle diese Deutungsmöglichkeiten hält Hofer bewusst in der Schwebe.

»Hofers Menschen sind einsam, selbstbeschieden oder selbstbewußt wie schweigende Akteure auf einer Bühne, auf vorderster Bildebene zum Greifen nah und gleichzeitig entrückt«, schreibt Hartwig Garnerus.[5] Wenn es Hofers Anliegen war, den repressiven Geist seiner Zeit anschaulich zu machen, dann suchte er nach überzeitlichen Ausdrucksformen gemäß seines Ausspruchs von 1949: »Der Künstler hat Ausdruck seiner Zeit zu sein in überzeitlicher Gestaltung.«[6] KN/SH

1 Vgl. auch die Texte zu den Kat.-Nrn. II 1/10, II 2/25, VI 3/44.
2 Karl Hofer: *Der Rufer*, 1938, Abb. in: Ausst.-Kat. Berlin 1978, S. 110; Karl Hofer: *Der Rufer*, um 1940, Abb. in: Ausst.-Kat. Berlin 1978, S. 109.
3 Ausst.-Kat. Hamburg/München/Moskau/Leningrad 1987/88, S. 186 f.
4 Neubert, S.: Er war ein Wächter und Rufer, in: Thüringer Tageblatt (Weimar), Nr. 53, 3. 3. 1979, S. 3.
5 Garnerus, Hartwig: Die verteidigte Mitte. Karl Hofers Menschenbild als Schönheit des bei sich verbleibenden und über sich hinausweisenden Lebens, in: Ausst.-Kat. München/Schwerin/Kassel 1998–2000, S. 11.
6 Zit. n. Garnerus, Hartwig: Die verteidigte Mitte. Karl Hofers Menschenbild als Schönheit des bei sich verbleibenden und über sich hinausweisenden Lebens, in: Ausst.-Kat. München/Schwerin/Kassel 1998–2000, S. 11.

II 1/13
Ludwig Meidner
(Bernstadt in Schlesien 1884–1966 Darmstadt)
Ohne Titel, Köln, um 1938
Kohle, schwarze Kreide, 69,8 × 60,9 cm
Frankfurt, Ludwig Meidner-Archiv, Jüdisches Museum Frankfurt, JMF 94/7 II/0863
Lit. Ausst.-Kat. Ludwigshafen 1985, Nr. 92, S. 200 f.; Ausst.-Kat. Wien/Berlin 1986, S. 31; Ausst.-Kat. Hamburg/München/Moskau/Leningrad 1987/88, S. 142; Ausst.-Kat. Los Angeles/Berlin 1989/90; Ausst.-Kat. Darmstadt 1991, Bd. 1, S. 87 ff., 180; Jürgens-Kirchhoff 1993, S. 44 ff.

Die Posaunen des Jüngsten Gerichtes sind vielleicht das bekannteste Bildmotiv in Darstellungen der Endzeit. Dass es sich bei dieser Kohlezeichnung jedoch nicht um eine traditionelle Darstellung des Weltgerichtes handelt, verrät bereits ein flüchtiger Blick auf die sieben »Posaunenengel«. Seltsam deformierte und groteske Gestalten kündigen hier das Ende der Zeiten an: Rechts unten sieht man ein Schwein, und die Figur rechts oben in der Ecke erweist sich bei näherem Hinsehen als Hindenburg-Büste.

Die Kohlezeichnung gehört zu einem Werkkomplex, mit dem Ludwig Meidner ab Mitte der 1930er Jahre an seine apokalyptischen Szenarien aus den 1910er Jahren anknüpfte. Doch nun waren seine Bilder deutlich komplexer und kryptischer, was wohl einerseits auf Meidners intensive Beschäftigung mit jüdischer Mystik und andererseits auf seine Erfahrungen unter dem NS-Regime zurückzuführen ist.

Um den zunehmenden Repressionen zu entgehen, denen er als prominenter jüdischer Maler in Berlin ausgesetzt war, und auch um seinen Lebensunterhalt zu bestreiten, war Meidner 1935 nach Köln als Zeichenlehrer an eine jüdische Schule gegangen. Seinem Selbstverständnis als jüdischer Künstler entsprechend signierte er seine Bilder nun mit dem hebräischen Buchstaben »Mem« für Meidner (oben in der Bildmitte mit einem stilisierten Fähnchen). In Köln entstanden zahlreiche großformatige Kohlezeichnungen mit religiöser Thematik – Idealporträts frommer Juden sowie biblische Szenen –, aber auch die später unter dem Gruppentitel *Visionen* zusammengefassten mysteriösen Darstellungen, zu denen das vorliegende Blatt gehört. Viele dieser Zeichnungen lassen sich als zeitkritische Kommentare interpretieren, eine offensichtliche Kritik am NS-Regime, wie sie sich später im Exil in einigen seiner karikaturhaften Blätter findet, hat Meidner hier jedoch noch vermieden.

In der Kohlezeichnung verweisen einige der Bildmotive auf eine geistig-mystische Bedeutungsebene, etwa das Buch oder die Wolken, die sich bei näherem Hinsehen als dunkle und helle anthropomorphe Himmelswesen entpuppen. Rätselhaft bleiben hingegen etwa die acht kleinen Schiffchen im Hintergrund oder die bei den Posaunenbläsern liegende kopflose Figur mit den gekreuzten Stäben, die an den ägyptischen Gott Heka mit seinen vor der Brust gekreuzten Schlangen erinnert. Mehrdeutig ist auch der Sitzende mit dem verhüllten Kopf im Vordergrund. Es könnte sich um eine Selbstdarstellung des Visionärs handeln, die auf die antike Vorstellung des blinden Sehers anspielt. Das Verhüllen des Kopfes könnte aber auch die

1. Propheten, Mahner und Rufer   155

II 1/13

Weigerung versinnbildlichen, der Wahrheit ins Auge zu blicken, wie dies in anderen Blättern Meidners der Fall ist – so in *Der Gottesleugner* (1937) oder in *Die Nazis* (1940–1942).[1] Letzteres erscheint plausibler. Denn dass die Endzeit, die hier angekündigt wird, wohl keine friedliche sein wird, verraten die Büste des ehemaligen Generalfeldmarschalls Paul von Hindenburg und die eigentümliche Form von zwei der Posaunen, die auffällig an die Geschützrohre von Panzern erinnern.

Diese Interpretation des Blattes als Warnung vor einem bevorstehenden Krieg von biblischen oder gar kosmischen Ausmaßen korrespondiert mit seiner Entstehungszeit. Obwohl das Blatt nicht datiert ist, lässt es sich stilistisch in eine Reihe vergleichbarer Zeichnungen aus der Zeit um 1938 einordnen. Wahrscheinlich entstand es unter dem Eindruck der sogenannten Sudetenkrise, die erst durch das Münchner Abkommen beigelegt wurde, mit dem die unmittelbare Kriegsgefahr abgewendet schien. Eine andere Kohlezeichnung, in der sich das Motiv der Posaunen wiederholt, versah Meidner mit folgendem Titel: »In Memoriam ›München‹ Septemb. 1938, als ein Krieg auszubrechen drohte.«[2] ER

1 Im künstlerischen Nachlass Meidners, Ludwig Meidner-Archiv, Jüdisches Museum Frankfurt am Main, Inv.-Nrn. JMF 94/7 II/0729, JMF 94/7 II/1010.
2 Im künstlerischen Nachlass Meidners, Ludwig Meidner-Archiv, Jüdisches Museum Frankfurt am Main, Inv.-Nr. JMF 94/7 II/0868.

»Immer war es dieselbe Rotte, dieselbe, die Kassandra verhöhnt in Troja, Jeremias in Jerusalem, und nie hatte ich Tragik und Größe dieser Gestalten so verstanden wie in diesen allzu ähnlichen Stunden. Von Anfang an glaubte ich nicht an den ›Sieg‹ und wußte nur eines gewiß: daß selbst wenn er unter maßlosen Opfern errungen werden könnte, er diese Opfer nicht rechtfertigte.«

Stefan Zweig, 1942
Zweig 1942, S. 154 f.

II 1/14, II 1/15
Reinhard Schmidhagen
(Schalksmühle bei Hagen 1914 –
1945 Marburg an der Lahn)
Zyklus Genius, Marburg an der Lahn 1941
Titelholzschnitt und 16 Holzschnitte
Bochum, Kunstmuseum Bochum

II 1/14
Titelblatt: Ruferin
50 × 39,5 cm (Platte), 58 × 40 cm (Blatt)

II 1/15
14. Blatt: Versinkender
85 × 26,5 cm (Platte), 90 × 29 cm (Blatt)

Lit. Ausst.-Kat. Rostock 1979;
Ausst.-Kat. Hagen 1985;
Ausst.-Kat. Bochum 1990, H 31, H 45.

Der Maler und Grafiker Reinhard Schmidhagen begann 1940 mit der Arbeit an einem Zyklus, den er zunächst als »Totentanz« konzipierte. Er war gerade von einem längeren Kuraufenthalt in der Schweiz (März 1936 – Juni 1938) nach Deutschland zurückgekehrt. In der Schweiz hatte er sich einem Kreis politischer Exilanten und Intellektueller angeschlossen. Erschüttert von den Meldungen über die Bombardierung der baskischen Stadt Guernica am 26. April 1937 durch Einheiten der deutschen Wehrmacht hatte er in kurzer Zeit seinen ersten Zyklus mit Holzschnitten konzipiert, der die Opfer des

Luftangriffes zeigt. Aus der Idee eines Bildzyklus zum Thema »Totentanz« entwickelte sich in den folgenden Jahren die vielteilige Bildfolge *Genius*. Trotz der Realisierung zahlreicher Holzschnitte konnte Schmidhagen die Folge bis zu seinem frühen Tod im Juni 1945 nicht abschließen (vgl. Kat.-Nr. VI 3/46).

Der Titelholzschnitt *Ruferin* zeigt in weit ausgreifenden, an- und abschwellenden kurvigen Linien Kopf und Hände einer Frau. Sie legt ihre Hände an den geöffneten Mund und scheint laut zu rufen. Links neben ihr ist eine zweite Figur angedeutet. Sie hält ihre Hand wie schützend über die rufende Frau. Mit der zweiten Figur ist vermutlich der »Genius« gemeint, der zugleich der ganzen geplanten Serie den Titel gegeben hat. »Genius« wird hier vom Künstler im Sinne des lateinischen Ursprunges als »Schutzgeist« verstanden, der den Menschen zur Seite steht und sie bis in den Tod begleitet.

Zum zweiten Teil der Folge gehört das Blatt *Versinkender*. Es zeigt eine aufrecht stehende Figur, deren rechte Hand wie haltsuchend in die Luft greift, während die linke zur Stirn geführt ist. Die Füße scheinen unter ihr wegzuknicken. Der Künstler hat die Anmutung des Versinkens durch eine betonte Untersicht und kräftige Hell-Dunkel-Kontraste gesteigert. Barbara Bessel interpretierte Schmidhagens dramatische Abfolge vom Aufstieg und Untergang des Menschen »als Parabel auf den Mißbrauch der Macht. Der Verweis auf den Siegesrausch der Nationalsozialisten, die – scheinbar unaufhaltsam – die Welt mit Krieg überzogen, war deutlich.«[1] CO

1 Bessel, Barbara: Leben und Werk Reinhard Schmidhagens, in: Ausst.-Kat. Bochum 1990, o. S.

II 1/14

II 1/15

II 1/16
Heinrich Altherr
(Basel 1878 – 1947 Zürich)
Kriegsfurien, Zürich 1942
Öl auf Leinwand, 120 x 158 cm
Böblingen, Städtische Galerie Böblingen, 440
Lit. Ausst.-Kat. Zürich 1948, S. 17, Nr. 84;
Ausst.-Kat. Schaffhausen 1978, Nr. 9;
Ausst.-Kat. Grafenau 1984, Nr. 53;
Ausst.-Kat. Böblingen 1994, S. 57, 69, Nr. 46.

Das 1942 entstandene Gemälde *Kriegsfurien* von Heinrich Altherr zeigt drei mit Lendentüchern verhüllte Figuren, die in keilförmiger Formation dynamisch von links nach rechts schweben. Sie haben mit angewinkelten Armen Hörner zum Blasen angesetzt, die rot aus dem braunen Grund des Himmels herausleuchten. Den anderen Arm halten die beiden vorderen Figuren nach vorn ausgestreckt. Die Körpersprache der Figuren, die betonten Diagonalen sowie die Akzentuierung durch Hell- und Dunkeleffekte unterstreichen die dramatische Wirkung des Bildes. In der rechten unteren Bildecke sind die Ruinen einer Stadt angedeutet. Rechts oben hat Altherr, wohl auch als kompositorisches Gegengewicht zu den Figuren, eine helle Wolke eingefügt. Sie erscheint wie Rauch, der nach der Zerstörung abzieht.

Die archaischen Blasinstrumente, mit denen die schwebenden Figuren Unheil verkünden, sind Hinweise darauf, daß Altherr mit diesem Motiv an apokalyptische Prophezeiungen anknüpfte. Die traditionellen Posaunenengel sind bei Altherr in Kriegsfurien umgedeutet. Altherr schuf ab 1928 immer wieder visionär anmutende Allegorien des Krieges (vgl. Kat.-Nr. II 1/5). Sein beharrlicher künstlerischer Weg sowie sein ethisches Weltbild führten nach 1933 unweigerlich zu ideologischen Konflikten mit den Vertretern der offiziellen Kunstpolitik des NS-Regimes. 1937 wurden einige seiner Werke für »entartet« erklärt. Schließlich führte der Konflikt 1939 zu seinem Ausscheiden aus dem Lehramt an der Akademie für Bildende Künste in Stuttgart, das er seit 1913 innegehabt hatte.

1. Propheten, Mahner und Rufer 157

II 1/16

Noch vor Beginn des Zweiten Weltkrieges kehrte der in Basel gebürtige Künstler in die Schweiz zurück und verfolgte und kommentierte in seiner selbstgewählten Rolle als »Chronist« (vgl. Kat.-Nr. II 2/27) in seinen Werken intensiv das Kriegsgeschehen. Als Warnung vor einem Krieg von apokalyptischen Ausmaßen konnten diese Bilder jedoch nicht mehr verstanden werden. Die Wirklichkeit hatte Altherr eingeholt. HS

II 1/17
Jankel Adler
(Tuszyn bei Łódź 1895 –
1949 Aldbourne bei London)
The Seer (Der Seher), Schottland 1942
Öl und Sand auf Papier auf Sperrholz,
75 x 56 cm
Tel Aviv, Adam Eyal
(Abb. S. 144)

Lit. Ausst.-Kat. Düsseldorf/Tel Aviv/Łódź 1985/86, Nr. 97; Ausst.-Kat. Osnabrück 2004/05, Nr. 142, S. 224 (dort: *Der Seher*, 1943, 76 x 56 cm).

Der polnisch-jüdische Maler Jankel Adler wurde 1941 in Glasgow aus gesundheitlichen Gründen aus den Polnischen Streitkräften im Westen entlassen. Von der Exilregierung gebildet, waren diese 1940 aus Frankreich nach Großbritannien evakuiert worden und kamen dort zum Einsatz. 1942, im Entstehungsjahr seines Gemäldes *The Seer (Der Seher)*, verbrachte er mehrere Monate in einer Künstlerkolonie im schottischen Kirkcudbright. Adler hatte, unterbrochen von vielen Reisen innerhalb Europas, in den Jahren 1933 bis 1938 in Paris gelebt. Dort traf er 1938 seinen Freund Gerd Arntz, der rückblickend seine Verwunderung über Adlers Zuversicht ausdrückte: »Wir hatten alle inzwischen weite Reisen gemacht. Er, oft in der Stimmung eines Verfolgten, war merkwürdig optimistisch. ›Krieg? – Unsinn.‹ Der kam ein Jahr später.«[1]

Dieser Optimismus ist dem Seher nicht mehr anzumerken. Eingefasst in eine geschlossene Kontur erscheint ein fragmentarischer Kopf mit knabenhaftem Gesicht. Seine Merkmale sind auf geometrische Grundformen reduziert. Adler, dessen Œuvre die Auseinandersetzung mit den Werken Paul Klees und Pablo Picassos bezeugt, zeigt die Figur des Sehers stark vereinfacht, doch zugleich voller Widersprüche: Vor dem angedeuteten Landschaftshorizont wirkt der Kopf so monumental wie fragil und kindlich. Die kraftvolle Umrisslinie lässt eine vollplastische Form erwarten, aber das Gesicht ist ausgeschnitten und tritt als Maske hervor. Ein Schlagschatten am Boden endet abrupt und suggeriert eine Bruchkante, die den unsicheren Stand der skulpturalen Figur noch gefährdeter erscheinen lässt. Bezieht der Betrachter diese Ambivalenzen in die Deutung der Figur als Seher im Kriegsjahr 1942 ein, wird er einer Umkehrung gewahr. Der Mensch ist nicht zum Propheten bestimmt, sein Blick durchdringt nicht die Welt. MA/CO

1   Zit. n. Arntz, Gerd: Persönliche Erinnerungen an Jankel Adler, in: Ausst.-Kat. Düsseldorf/Tel Aviv/Łódź 1985/86, S. 45–49, hier: S. 48.

II 1/18
Karl Hofer
(Karlsruhe 1878 – 1955 West-Berlin)
Joseph und seine Brüder, Berlin 1943
Öl auf Leinwand, 70 × 61 cm
München, Sammlung Hartwig Garnerus
Lit. Ausst.-Kat. München/Schwerin/Kassel 1998–2000, Nr. 17; Wohlert 2008, Nr. 1714 (hier: *Auf dem Hügel / Vier Jünglingsakte*).

II 1/18

Im Alten Testament ist Joseph die Hauptgestalt der im 1. Buch Mose, 37 – 50, erzählten Josephsgeschichte, nach der er von seinen neidischen Brüdern in eine Zisterne geworfen und dann nach Ägypten verkauft wurde. Dort stieg er zum höchsten Beamten des Pharaos auf, dem er die Träume auslegte – und zwar als Prophezeiungen künftiger Ereignisse. Joseph sagte sieben fruchtbare Jahre und sieben Jahre der Dürre voraus.

Durch diesen Bezug rückt das Bild in die Nähe der anderen Seher und Mahner in Hofers Œuvre.[1] Joseph, der gehasst und verfolgt wurde, war Visionär und Traumdeuter. Hofer deutet das in der klassisch anmutenden Komposition an: »Vier männliche Akte, der Knabe Joseph rechts als Auserwählter von heller Aura hinterfangen, seine Unschuld mit einem weißen Tuch betonend, von der Gruppe der neidenden Brüder (dunkle Aura) abgerückt, soll bekanntlich in den Tod (eine Grube) gestürzt werden, sind in einem Szenario von antikischer Ausweglosigkeit postiert.«[2] Hofers Interesse galt wohl dem Thema des Verrats durch die eigenen Brüder, aber auch Josephs Status eines Auserwählten, der zum Retter eines Volkes wird, und dies zu einem Zeitpunkt, als er selbst in Deutschland geschmäht wurde und sich in die »innere Emigration« gezwungen sah. Im Entstehungsjahr von Hofers Bild vollendete Thomas Mann im amerikanischen Exil seine Arbeit an der Roman-Tetralogie *Joseph und seine Brüder,* deren erster Band bereits 1933 erschienen war. KN/SH

1   Den Bezug zur Josephsgeschichte belegt überzeugend: Garnerus, Hartwig: Joseph und seine Brüder. Eiszeit des Geistes, in: Ausst.-Kat. München/Schwerin/Kassel 1998–2000, S. 57 f.
2   Garnerus, Hartwig: Joseph und seine Brüder. Eiszeit des Geistes, in: Ausst.-Kat. München/Schwerin/Kassel 1998–2000, S. 58.

II 1/19
Willi Müller-Hufschmid
(Karlsruhe 1890–1966 Karlsruhe)
Der Rufer, Konstanz, um 1943/45
Feder und Pinsel in Schwarz, gekratzt, geschabt, über Bleistift auf Karton, 34 × 44,1 cm
Karlsruhe, Städtische Galerie Karlsruhe 2007/107 (NL 449)

Die innere Anspannung ist dem Dargestellten ins Gesicht geschrieben. Er hat die Stirn in tiefe Falten gelegt, die Augen sind starr geradeaus gerichtet, und der Mund ist zum Warnschrei geöffnet. Willi Müller-Hufschmids Zeichnung *Der Rufer* zeigt den Kopf eines Mannes im Profil, der wie bei einer Nahaufnahme zum dominierenden, nahezu formatfüllenden Bildgegenstand wird. Mit heftigen, bisweilen grob wirkenden Strichen der Rohrfeder arbeitete der Künstler die Physiognomie und Mimik des Mannes heraus. Das psychische Moment eines starken Erregungszustandes findet im expressiven Zeichenstil seine Entsprechung.

Willi Müller-Hufschmid war seit Herbst 1944 bei der Reichsbahn als Schrankenwärter dienstverpflichtet und lebte zurückgezogen in einem Bahnwärterhaus in Konstanz. Seit 1933 hatte der Künstler kaum noch Arbeits-, Ausstellungs- und Verkaufsmöglichkeiten gefunden. Neben eindringlichen, tagebuchartigen Selbstbeobachtungen entstand aus seiner Isolation heraus

II 1/19

II 1/20

auch eine große Zahl von Werken, die sich kritisch mit der Situation in Deutschland auseinandersetzt. Dabei »agitiert[e] er nicht offen gegen die Person oder Politik Hitlers; nirgends finden sich Embleme des Nationalsozialismus [...] auch keine Soldaten, Bomben, Leichen oder zerstörte Städte. Vielmehr thematisiert Müller-Hufschmid die Mechanismen der Propaganda und führt die Dummheit, Verführbarkeit und Gewalttätigkeit der Menschen vor Augen.«[1] Im Rückgriff auf existentielle, traumatische Erfahrungen aus der Zeit des Ersten Weltkrieges fand er für seine bedrückenden Visionen von Krieg, Verfolgung und Untergang eine eindringliche und symbolreiche Bildsprache. Seine Darstellung des Rufers ohne Gegenüber lässt erahnen, dass er sich als Künstler in der Rolle des unbeachteten Mahners sah, der vergeblich vor Unheil warnte. SB

1   Riedel 1995, S. 43.

II 1/20
Willi Müller-Hufschmid
(Karlsruhe 1890 – 1966 Karlsruhe)
Ein Blinder, Konstanz, um 1943/45
Feder und Pinsel in Schwarz über Bleistift,
21 x 29,7 cm
Karlsruhe, Städtische Galerie Karlsruhe
2007/122 (NL 98)

Die Darstellung zeigt – groß ins Bild gesetzt – Kopf, Arme und Hände eines kahlköpfigen, zerfurchten, blinden Mannes. Ungeschützt und hilflos bewegt er sich auf den Betrachter zu. Er scheint auf der Flucht zu sein vor einem nicht näher definierten Ereignis, das in direkter Nähe stattfindet und von dem er sich bedroht fühlt. Er hat die Hände tastend oder abwehrend nach vorne und nach hinten erhoben. Die als dunkle Flecken dargestellten blicklosen Augen, der geöffnete Mund und die expressive Gestik lassen das Ausmaß der Angst, Verzweiflung und Erschöpfung der Figur erahnen.

Figuren, die sich blind durch Zeit und Raum tasten, waren ab 1933 ein oft gewähltes Motiv. Die Künstler nutzten es, um der Verunsicherung und Ungewissheit Ausdruck zu verleihen, denen sie sich in der »inneren Emigration« oder im Exil durch das NS-Regime ausgesetzt sahen (vgl. Kat.-Nrn. II 1/9, V/34).

Willi Müller-Hufschmid lebte seit Herbst 1944 zurückgezogen in einem Bahnwärterhaus in Konstanz. In Darstellungen wie *Der Rufer* oder *Ein Blinder* lotete er über die Physiognomie und Gestik seiner Figuren Seelenzustände der Trauer, Furcht, Verzweiflung, Hoffnungslosigkeit und Wut aus. Der Künstler nimmt hier die Rolle des Mahners ein, in seinen Arbeiten zeigt er »den Wahnsinn der Zeit«.[1] Wie auch bereits in seiner Zeichnung *Der Rufer* (Kat.-Nr. II 1/19) findet die seelische Verfassung des Dargestellten in der emotional aufgeladenen, expressiven Bildsprache ihre Entsprechung. In dieser Zeit war die Tuschezeichnung das bevorzugte Medium des Künstlers. In hunderten von Blättern, die erst nach Kriegsende bekannt wurden, hielt der Künstler in ausdrucksstarken, symbolkräftigen Bildfindungen seine Kritik und Ängste angesichts der bedrohlichen Zeitsituation fest. SB

1   Riedel 1995, S. 43.

II 1/21
Franz Frank
(Kirchheim unter Teck 1897 –
1986 Marburg an der Lahn)
Wer hört Kassandra?,
Goßfelden bei Marburg 1947
1. Blatt aus der Folge *Träume und Wirklichkeiten* (zehn Blätter)
Lithografie, 45 x 34 cm (Darstellung),
49 x 38 cm (Blatt)
Marburg, Universitätsmuseum für Kunst und Kulturgeschichte, 22 832
Lit. Zimmermann 1980; Zimmermann 1985; Zimmermann 1994, L 249; Zimmermann 1994 (2).

Der Maler Franz Frank beschäftigte sich erstmals 1930 intensiv mit den Sagen des Altertums. Anlass war ein Wettbewerb für die Gestaltung eines Wandbildes, das für die Aula eines Leipziger Gymnasiums gedacht war. Den Auftrag erhielt der Künstler nicht. Die Auseinandersetzung mit dem Sagenstoff der homerischen Epen inspirierte ihn aber in den folgenden Jahren zu mehreren Werken. Das früheste ist ein großformatiges Triptychon mit dem Titel *Die Sonne Homers*. Eine erste Fassung entstand noch im Herbst 1930.

Im Herbst 1938 griff der Künstler erneut auf Themen der antiken Sagenwelt zurück und schuf eine Mappe mit Lithografien zur *Ilias* von Homer, davon allein drei Blätter zum Thema des Trojanischen Krieges und zur Figur des Hektor. In einer Szene, die den Transport des Toten im Sarg auf einem Katafalk zeigt, ist im Mittelgrund eine trauernde Frauengestalt zu sehen. Klagend erhebt sie beide Arme, ihr Oberkörper ist entblößt, um die Hüften hat sie ein dunkles Tuch geschlungen. Franz Frank übernahm die Haltung der klagenden Frauenfigur für die Lithografie *Wer hört Kassandra?*, als er sich nach dem Ende des Krieges erneut mit dem Sagenstoff beschäftigte. Das Blatt, das die trojanische Seherin vor den Toren eines Palastes zeigt, führt die Bildfolge *Träume und Wirklichkeiten* an. Im Jahr 1947 schrieb Frank in einem Brief noch unter dem Eindruck des Krieges über die erwähnte Folge: »Es ist aber ein Totentanz, auch wenn der Knochenmann selbst nur auf zweien in Person zu sehen [ist].«[1]

Frank hatte sich bereits vor Beginn des Krieges mit dem Thema »Krieg« auseinandergesetzt. Dies lässt sich an einem lithografischen Neujahrsgruß des Jahres 1939 ablesen – dem Jahr, in dem das Deutsche Reich am 1. September mit dem Überfall auf Polen den Zweiten Weltkrieg begann. Der Neujahrsgruß zeigt die Figur eines Malers, der mit einer übermächtigen griechischen Kriegergestalt konfrontiert ist. Der Schild trägt die Jahreszahl 1939 – ein deutlicher Hinweis darauf, wie groß der Maler zum Jahreswechsel die Gefahr eines Krieges einschätzte.

II 1/21

In seiner Ausgestaltung der Kassandra-Figur und der Szene, in der sie den Krieg heraufbeschwört, scheint sich Franz Frank eng an die Beschreibung der damals populären literarischen Interpretation Gustav Schwabs gehalten zu haben: »Nie sprach sie ein Wort aus, das nicht erfüllt worden wäre. Aber sie hatte das Unglück, niemals Glauben zu finden. So hatte sie auch jetzt unheilvolle Zeichen am Himmel und in der Natur beobachtet und stürzte mit flatternden Haaren, vom Geiste der Weissagung getrieben, aus dem Königspalast hervor: ihre Augen starrten in fieberhafter Glut, ihr Nacken wiegte sich hin und her wie ein Zweig im Windhauche, sie holte einen tiefen Seufzer aus der Brust herauf und rief durch die Gassen der Stadt: ›Ihr Elenden, sehet ihr nicht, daß wir die Straße zum Hades hinunterwandern, daß wir am Rande des Verderbens stehen? Ich schaue die Stadt mit Feuer und Blut erfüllt, ich sehe es aus dem Bauch des Rosses hervorwallen, das ihr mit Jauchzen auf unsere Burg hinaufgeführt habt. Doch ihr glaubt mir nicht, und wenn ich unzählige Worte spräche.‹«[2] CO

1 Zimmermann 1985, S. 205.
2 Schwab, Gustav: Die schönsten Sagen des klassischen Altertums nach seinen Dichtern und Erzählern. Zweiter Teil: Die Sagen Troias von seiner Erbauung bis zu seinem Untergang, Stuttgart 1986, S. 327 f. [1. Aufl. Bde. 1–3, 1838–1840].

2. Der Künstler als Visionär

II 2/22
Ludwig Meidner
(Bernstadt in Schlesien 1884–1966 Darmstadt)
Aus Rotte Korach, Berlin 1920
Fettkreide in Schwarz, 67 × 51 cm
München, Sammlung Hartwig Garnerus

Lit. Thomas Grochowiak über Ludwig Meidner, in: Ausst.-Kat. Recklinghausen/Berlin/Darmstadt 1963/64, o.S.; Grochowiak 1966, S. 127; Däubler, Theodor: Ludwig Meidner, in: Kunz (Hg.) 1973, S. 101–104; Marquart, Claudia: Die frühen Selbstbildnisse 1905–1925, in: Ausst.-Kat. Darmstadt 1991, S. 28–39; Ulmer, Renate: »Bin voller heiliger Stimmungen und trage mit mir heroische, bewegte Bibelgestalten herum ...«. Religiöse Kompositionen im Werk Ludwig Meidners, in: Ausst.-Kat. Darmstadt 1991, S. 106–117; Leistner, Gerhard: Ludwig Meidners Bildnisverständnis. Romantisches Lebensgefühl zwischen bürgerlicher Konkretion und künstlerischer Expression, in: Ausst.-Kat. Bielefeld 1992/93, S. 60–75; Berankova, Ljuba: Porträt und Selbstporträt als religiöses Bekenntnis, in: Berankova/Riedel 1996, S. 37–50.

II 2/22

Die Kreidezeichnung aus dem Jahr 1920 zeigt einen Mann mit kapuzenartig verhülltem Kopf. Sie gehört zu einer Werkgruppe von Prophetenfiguren, die ab 1916 entstand. Diese ist Ausdruck einer zunehmenden Hinwendung Ludwig Meidners zur jüdischen Religion, ausgelöst durch die Erfahrung des Ersten Weltkrieges. Im Lauf der 1920er Jahre sollte sich diese religiöse Neigung noch verstärken.[1]

Das Brustbild trägt den Titel *Aus Rotte Korach*. Bei der Rotte Korach handelt es sich um die biblische Gemeinschaft der Leviten unter Führung von Korach, die sich während der Wüstenwanderung der Israeliten gegen die Vorherrschaft von Moses und Aaron auflehnten. Korach, »Sinnbild eines widerspenstigen und polemischen Menschen«[2], wird mit zwei weiteren Aufrührern, Datan und Abiram, ihren Sippen und 250 Anhängern durch ein Gottesgericht vernichtet (4. Mose 16, 1–35).

Meidner verleiht dem Propheten, den er mit großer Eindringlichkeit darstellt, Züge seiner eigenen Physiognomie. Unter der kapuzenartigen Verhüllung ist nur die obere Gesichtshälfte zu sehen. Die hervorstechenden Augen charakterisieren die Figur als Seher. In ihrer Zielgerichtetheit lässt sich die in starker Verkürzung wiedergegebene Hand als mahnender Fingerzeig interpretieren. Der spontan-kraftvolle Zeichenduktus macht dabei deutlich, weshalb der expressionistische Dichter Theodor Däubler Meidner als »modernsten Ausdruckskünstler« charakterisierte: »Jedes seiner stark erlebten Porträte [sic!] kann man darum am besten als einen Ausbruch des Seelischen bezeichnen.«[3]

Die offenkundige Stilisierung zum Propheten steht in einem ambivalenten Spannungsverhältnis zum selbstbildnishaften Charakter des Werkes. Als Thomas Grochowiak zu Beginn der 1960er Jahre Meidner fragte, ob er sich in den ekstatisch aufgeladenen Selbstporträts der Zeit von 1920 bis 1925 als Prophet gesehen habe, antwortete dieser: »Nein, ich habe nur meinen inneren Zustand gemalt, aber kein Thema!«[4]

Die gestalterische Erkundung des eigenen seelischen Zustandes hat sich in Meidners Œuvre auch quantitativ manifestiert: Neben den Porträts stellen Selbstbildnisse die zahlenmäßig größte Werkgruppe dar.[5] Spätere Interpreten hoben hervor, dass Meidner in diesen Zeichnungen danach strebte, »seinen inneren Zustand künstlerisch umzusetzen«.[6] Vielfach wurde diese intensive Beschäftigung mit der eigenen Psyche als existentielles Bedürfnis des an sich selbst zweifelnden Künstlers gedeutet.
AS

1 Zu Meidners religiösem Werk vgl. Ulmer, Renate: »Bin voller heiliger Stimmungen und trage mit mir heroische, bewegte Bibelgestalten herum...«. Religiöse Kompositionen im Werk Ludwig Meidners, in: Ausst.-Kat. Darmstadt 1991, S. 106–117.
2 Berankova, Ljuba: Porträt und Selbstporträt als religiöses Bekenntnis, in: Berankova/Riedel 1996, S. 44.
3 Däubler, Theodor: Ludwig Meidner, in: Kunz (Hg.) 1973, S. 101.
4 Thomas Grochowiak über Ludwig Meidner, in: Ausst.-Kat. Recklinghausen/Berlin/Darmstadt 1963/64, o. S.
5 Marquart, Claudia: Die frühen Selbstbildnisse 1905–1925, in: Ausst.-Kat. Darmstadt 1991, S. 28–39, hier: S. 28. Zu den Meidner'schen Selbstporträts vgl. auch Leistner, Gerhard: Ludwig Meidners Bildnisverständnis. Romantisches Lebensgefühl zwischen bürgerlicher Konkretion und künstlerischer Expression, in: Ausst.-Kat. Bielefeld 1992/93, S. 60–75.
6 Berankova, Ljuba: Porträt und Selbstporträt als religiöses Bekenntnis, in: Berankova/Riedel 1996, S. 46.

»[D]er Prophet, nach dem sich so viele unserer jüngsten Generation sehnen, ist eben *nicht* da [...] Es kann, glaube ich, gerade dem inneren Interesse eines wirklich religiös ›musikalischen‹ Menschen nun und nimmermehr gedient sein, wenn ihm und anderen diese Grundtatsache, dass er in einer gottfremden, prophetenlosen Zeit zu leben das Schicksal hat, durch ein Surrogat, wie es alle diese Kathederprophetien sind, verhüllt wird.«

Max Weber, 1919
Weber 1964, S. 335

II 2/23
Karl Hofer
(Karlsruhe 1878–1955 West-Berlin)
Selbstbildnis mit Dämonen, Berlin 1922
Öl auf Leinwand, 140,5 × 120 cm
Zürich, Galerie Pels-Leusden GmbH
(Abb. 2, S. 20)

Lit. Osborn, Max: Die verjüngte Berliner Akademie, in: Deutsche Kunst und Dekoration, 52, 1923, S. 247–263, hier: S. 258; Hildebrandt, Hans: Die Kunst des 19. und 20. Jahrhunderts, (Handbuch der Kunstwissenschaft) Potsdam-Wildpark 1924, S. 374; Martin, Kurt: Mannheimer Kunsthalle – Karl Hofer, in: Kunst und Künstler, 27, 1929, S. 76; Paul, F.: Karl Hofer in der Galerie Nierendorf in Berlin, in: Kunst der Nation, 2, 1934, Nr. 22, 2. Novemberheft, S. 1; Hoffmann, Dieter: Selbstbildnis mit Dämonen, in: Furler 1978, S. 86 f.; Peters, Ursula: Karl Hofer. Selbstbildnis mit Dämonen, in: Anzeiger des Germanischen Nationalmuseums, Nürnberg 1993, S. 374 ff.; Presler, Gerd: Karl Hofer, in: art, 5, 1997, S. 60 ff., 100 f., hier: S. 100; Wohlert 2008, Nr. 469 (B).

Im Malerkittel, aber ohne Pinsel und Palette – also als Maler kenntlich, aber sozusagen unbewaffnet – stellt Karl Hofer sich umringt und bedrängt von großen Masken und Fratzen dar. Die Figuren bestehen nur aus Köpfen. Zwei Hände erheben sich gegen den Maler oder greifen nach ihm. Hofers Blick gleitet zur Seite, seine eigenen Hände deuten Erschrecken und die Abwehr dieser spukhaften Vision an.

Zum Zeitpunkt der Entstehung des Gemäldes 1922 war Hofer 44 Jahre alt. Seine künstlerische Position in der Weimarer Republik war gefestigt, seine Werke bereits von bedeutenden Sammlungen angekauft. Die Kunstkritik rühmte ihn, und soeben hatte er einen Ruf an die Berliner Hochschule für die bildenden Künste erhalten. Es stellt sich die Frage, welchem Schrecken Hofer sich ausgesetzt sah. Eine Möglichkeit wäre, dass er in dem Gemälde abrechnete mit den Vertretern der Kunstkritik und des Kunstmarktes, die seine Werke zunächst abgelehnt hatten: »Ich habe mit meiner Ausstellung bis jetzt nur Ärger, Sauereien, Gleichgültigkeit und Hohn erfahren«, so schrieb er am 1. Dezember 1905 aus Rom an seinen Freund Leopold Ziegler. Und: »Es wäre mir ein Hochgenuß, Dir all die dreckigen, schnoddrigen Briefe zu zeigen, die ich von den Vertretern des ›Kunstmarktes‹ erhalten habe.«[1]

Die andere Möglichkeit ist jedoch, dass das Bild keine Abrechnung mit Vergangenem ist, sondern Hofer sich als Visionär darstellt, der eine beunruhigende Zukunft voraussieht. Das Bild wäre dann ein Beleg dafür, dass er sich schon früh mit dieser Rolle identifizierte. In späteren Erzählungen sollte er für sich beanspruchen, bereits als Kind Vorahnungen gehabt zu haben: »Als kleiner Junge hatte ich die seltsame Gabe, ausbrechendes Feuer durch eine merkwürdige bildliche Vorstellung vorzuwissen. [...] Diese Fähigkeit verlor sich gegen das zehnte Jahr.«[2] Noch im Alter schrieb er in einem zurückblickenden Brief: »Sie wundern sich, daß in meinem Werk viel Vorahnung des Kommenden sich findet. Der Künstler ist eben ein geistiger Seismograph, der das Unheil vorausregistriert. Nicht nur bei mir findet sich diese Erscheinung.«[3]

Hinweise auf diese Lesart gibt die präzise Darstellung von Hofers eigener markanter Physiognomie, die einen Gegensatz bildet zu dem Ungefähren der ihn umringenden Köpfe und Masken. Hinzu kommt, dass Hofer ganz bewusst eine Atmosphäre der Beunruhigung durch kalkulierte Irrealität erzeugt, etwa durch die Abwesenheit von Raum und plastischer Körperlichkeit, durch sickerndes Licht und eine leuchtende flackernde Farbigkeit. Gleichzeitig schwingt in dieser frühen Selbstdarstellung als Visionär aber auch Humor mit, der die unheimliche Vision zwar nicht aufhebt, aber in den Bereich der Kunst verschiebt. Das *Selbstbildnis mit Dämonen* zitiert nicht zufällig Darstellungsweisen des Expressionismus. Es ist bekannt, dass Hofer eine besondere Abneigung gegen den Expressionismus und insbesondere gegen die Kunst Emil Noldes hatte.[4] Er selbst verfolgte bis zum Lebensende das Ideal klassizistischer Strenge und Harmonie. Möglicherweise lässt sich die Schreckensvision daher auf Hofers kulturpessimistische Haltung zurückführen; er sah sich und sein Ideal der Kunst von den »Fratzen« des Expressionismus bedroht. KN

1 Hofer 1991, S. 81.
2 Hofer 1953, S. 13.
3 Karl Hofer in einem Brief vom 14. Februar 1947 an Hans Carsten Hager, in: Hofer 1991, S. 275.
4 Kupper (Hg.) 1995, S. 11.

II 2/24
George Grosz
(Berlin 1893 – 1959 West-Berlin)
Selbstbildnis als Warner, Berlin 1927
Öl auf Leinwand, 90 x 70 cm
Berlin, Berlinische Galerie – Landesmuseum für Moderne Kunst, Fotografie und Architektur
BG-M 8592/97, (Abb. 5, S. 25)
Lit. Kessler 1971; Schneede 1975.

In Übereinstimmung mit den Überzeugungen anderer linksgerichteter deutscher Künstler empfand es George Grosz, der sich auch als Moralist bezeichnete, als seine Aufgabe, auf gesellschaftliche Missstände aufmerksam zu machen. Prozesse wegen angeblicher Beleidigung der Reichswehr (1921), wegen Verletzung der öffentlichen Moral (1924) sowie wegen Gotteslästerung (1928) zwangen ihn wiederholt dazu, sich vor Gericht zu erklären: »Ich habe als Künstler doch eine gewisse Aufgabe. Ich gehöre ja sozusagen auch dem deutschen Volke an, und ich habe da eine bestimmte Mission, die ich ganz deutlich in mir empfinde.«[1]

Mitte der 1920er Jahre malte Grosz mehrere großformatige Porträts im Stil der Neuen Sachlichkeit. Es handelt sich neben zwei Selbstbildnissen, die ihn als ernsten, besorgten Mann zeigen, vor allem um Porträts seiner Freunde. Stilistisch orientierte sich Grosz mit diesen Gemälden ganz bewusst nicht mehr an Futurismus, Dadaismus oder karikaturistischen Darstellungen. Vielmehr ist seine Malerei als Versuch zu begreifen, durch einen überhöhten Realismus dem kritischen Blick auf seine Zeit mehr Gewicht zu verleihen und der tiefempfundenen Machtlosigkeit der Kunst entgegenzuwirken.

In traditioneller Rednerpose blickt ein moralisierender und ernster Grosz den Betrachter an. Er zeigt sich – für seine Selbstdarstellungen ungewöhnlich – als seriöser Bürger mit Brille, der unter dem Kittel des Malers mit Hemd und Krawatte bekleidet ist. Die mahnend-dozierende Geste zeigt, dass der 27-Jährige seine Rolle in der Gesellschaft als die eines Predigenden versteht. Es ist der Versuch, die innere Not – ohne jegliche allegorische Anspielung – kundzutun. »Ich war einer der allerersten Künstler, die ihre Stimme gegen die dunklen Kräfte, gegen Krieg und Faschismus erhoben«, formulierte Grosz seine Rolle als Mahner noch 1936 aus dem Exil in den USA.[2] In einem späteren Interview aus den 1950er Jahren stellte er dann resigniert fest: »Ich merke, daß auf meine Zeichnungen einfach nicht gehört wurde. Meine Warnung war sozusagen eine Warnung in den Wind gewesen.«[3] HA

1 Grosz, George: Das Tagebuch, Nr. 9, 22.12.1928, zit. n. Schneede 1975, S. 108.
2 George Grosz in einem Brief an Rudolf Wittenberg, Ende Mai 1936, zit. n. Hess 1982 [1974], S. 204 f.
3 Grosz zit. n. Fischer 1993 [1976], S. 113.

> »Ich merkte, daß auf meine Zeichnungen einfach nicht gehört wurde. Meine Warnung war sozusagen eine Warnung in den Wind gewesen.«
>
> George Grosz, 1954
> Fischer 1993 [1976], S. 113

II 2/25
Karl Hofer
(Karlsruhe 1878 – 1955 West-Berlin)
Mann in Ruinen, 1937
Öl auf Leinwand, 106 x 103 cm
Kassel, mhk, Neue Galerie
AZ 1995/3, 1996/3
Lit. Frommhold (Hg.) 1968, S. 80, 545; Feist 1977, S. 10, 34, 35; Müller-Hauck, Janni: Karl Hofer, Versuch einer Interpretation, in: Ausst.-Kat. Berlin 1978 (2), S. 27, 105; Furler 1978, S. 96, 97; Junk/Zimmer 1982, S. 179 f.; Ausst.-Kat. Berlin 1987, S. 357, Nr. 200; Gillen, Eckhart: Nacht über Deutschland, in: Ausst.-Kat. Berlin 1997, S. 100; Hentschel, Barbara: Karl Hofers »Ringen um die Form«, in: Ausst.-Kat. Leipzig 2004/05, S. 204, 106; Ausst.-Kat. Bielefeld 2007/08, S. 80 f.; Wohlert 2008, Nr. 1284.

Im Sommer 1945 schrieb Karl Hofer in seinem Lebenslauf für die Einstellung als Direktor der Berliner Hochschule für bildende Künste lakonisch: »1918 nach Berlin. 1921 Übernahme einer Professur an den Vereinigten Staatsschulen, Mitglied der Preußischen Akademie der Künste, später Senator. Öffentliche Stellungnahme gegen die Nazipest, darum 1933 von den vereinigten Staatsschulen entfernt, 1935 von Herrn Professor Schumann in seiner Eigenschaft als Präsident der Akademie aus dieser entfernt. Arbeits-, Ausstellungs- und Verkaufsverbot.«[1]

Bereits im April 1933 wurden Bilder von Hofer in der Feme-Ausstellung *Regierungskunst 1918 – 1933* in der Badischen Kunsthalle in Karlsruhe gezeigt. Dabei handelte es sich um eine Zusammenstellung von Werken, die ab 1918 von der Badischen Kunsthalle angekauft worden waren und vom nationalsozialistischen Regime als »kulturbolschewistisch« und »krankhaft« geschmäht wurden.[2] Darunter befanden sich neben Werken von Hofer auch Bilder von Lovis Corinth, Max Liebermann, Edvard Munch, Rudolf Schlichter und Max Slevogt. Für die Ausstellung verantwortlich war unter anderem Hans Adolf Bühler (1877 – 1951), Maler und Direktor der Kunstakademie Karlsruhe, der am

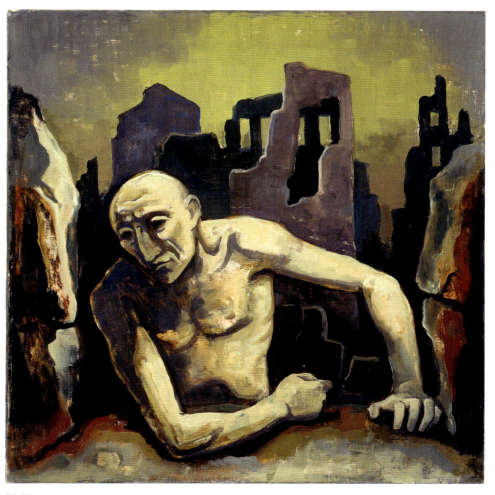

II 2/25

lichste meines Werkes vernichtet. [...] Rings um uns tobte ein Flammenmeer, in dem auch mein Atelier stand. Man hörte es brausen, knistern und brechen. Übrig sind die Schlüssel.«[4] Und am 3. September desselben Jahres schrieb er wiederum an Leiner: »Die Zerstörung Berlins hat nun begonnen. [...] Da auf keinerlei Vernunft oder Einsicht zu rechnen ist, wird Berlin wohl bis Jahresende ein Trümmerhaufen sein.«[5] Im November fiel auch seine Wohnung einem Bombenangriff zum Opfer. Edgar Wedepohl, Architekt und Kollege Hofers an der Berliner Hochschule für bildende Künste, erklärte das Bild in seiner Rede zur Trauerfeier für Karl Hofer am 7. April 1955 zur »prophetische[n] Vision«.[6] KN/SH

1 Hofer zit. n.: Fischer-Defoy (Hg.) 1995, S. 49. Fischer-Defoy stellt den Zeitpunkt des Ausschlusses aus der Akademie richtig: Es war der 1. Juli 1938. Hofers Stellungnahmen gegen die Nazis: Die Blutsprobe, in: Das Tagebuch (12), 17. 1. 1931; Faschismus, die dunkle Reaktion, in: Die Welt am Abend, 1931. Beide Texte abgedruckt in: Hofer 1991, S. 180 f., 189 f.
2 Vgl. Zuschlag 1995, S. 78–86.
3 Hofer 1991, S. 195 f.
4 Brief an Bruno Leiner, in: Hofer 1991, S. 232.
5 Brief an Bruno Leiner, in: Hofer 1991, S. 237.
6 Zit. n. Fischer-Defoy (Hg.) 1995, S. 248.

9. März 1933 vom NS-Regime zum neuen kommissarischen Leiter der Badischen Kunsthalle ernannt worden war. Hofer empörte sich in einem Brief an seinen Jugendfreund Leopold Ziegler vom 24. August 1933: »Bilder eines Marées (auch die meinen) in eine Schreckenskammer zu hängen, in die nur er [Bühler] hineingehörte!«[3] Im Jahr der Entstehung von Mann in Ruinen verschärften sich die Repressionen des NS-Regimes gegen moderne Künstler. 1937 eröffneten die Nationalsozialisten in den Hofgartenarkaden in München die großangelegte, später auch in anderen Städten gezeigte Ausstellung Entartete Kunst. In demütigender Weise wurden zahlreiche Beispiele avantgardistischer Kunst präsentiert, darunter auch acht Bilder von Karl Hofer. Viele seiner Werke waren schon vorher aus den öffentlichen Kunstsammlungen entfernt worden, insgesamt über 300. Sie wurden später verbrannt, gingen verloren oder wurden im Ausland versteigert.

Aus solcher Perspektive wäre der Mann in Ruinen, hinter dem ein Selbstbildnis Hofers vermutet wird, eine metaphorische Zustandsbeschreibung: Die Welt, seine Welt, liegt in Trümmern. Zugleich findet sich die Bildidee zu dem Werk bereits in einer früheren Lithografie Hofers von 1923/24 vorbereitet.

Was zuvor noch Metapher gewesen sein mochte, wurde 1943 schreckliche Wirklichkeit. Ein Bombentreffer zerstörte das Atelier von Hofer, rund 150 seiner Gemälde und mehr als 1 000 Zeichnungen verbrannten. Im März 1943 schrieb er an den Apotheker, Sammler und Mäzen Bruno Leiner in Konstanz: »Ja, der totale Krieg hat mich total vernichtet, das Hauptsäch-

»Sie wundern sich, daß in meinem Werk viel Vorahnung des Kommenden sich findet. Der Künstler ist eben ein geistiger Seismograph, der das Unheil vorausregistriert. Nicht nur bei mir findet sich diese Erscheinung.«

Karl Hofer, 1947
Hofer 1991, S. 275

II 2/26

II 2/26
Felix Nussbaum
(Osnabrück 1904–1944 Auschwitz)
**Selbstbildnis im Totenhemd
(Gruppenbildnis), Brüssel 1942**
Öl auf Leinwand, 50,5 x 80 cm
Berlin, Berlinische Galerie – Landesmuseum
für Moderne Kunst, Fotografie und Architektur
BG-M 6684/93
Lit. Ausst.-Kat. Osnabrück 1995; Ausst.-Kat.
Berlin 2002; Ausst.-Kat. Osnabrück 2004/05;
Felix Nussbaum, Werkverzeichnis, URL:
http://www.felix-nussbaum.de/werkverzeichnis, WV-Nr. 422.

Felix Nussbaum hat sich und drei weitere Personen in seinem Gruppenbildnis von 1942 in eine Raumecke gedrängt dargestellt. Der Raum wirkt beengt und klein, eine Tür verweist auf ein Außen. Sie ist jedoch fest verschlossen. In der Mitte der Gruppe ist eine Figur zu sehen, die einen über ihre Schulter geworfenen Strick in der Hand hält. Nur die untere markante Gesichtspartie ist zu sehen. Die Augenpartie befindet sich außerhalb des Bildes, wodurch es wie beschnitten wirkt. Zugleich bleibt so die Anonymität des mutmaßlichen Henkers gewahrt, vor dem sich der Künstler selbst in Form eines Brustbildes porträtiert. In einer Hand hält er einen Akazienzweig: Zeichen des Lebens und der für ihn noch nicht ganz erloschenen Hoffnung. Rechts und links hinter der Figur mit dem Strick blicken zwei weitere Figuren mit ernsten Gesichtern hervor. Der Titel *Selbstbildnis im Totenhemd* wurde dem Bild erst im Nachhinein verliehen.

Mit dem Beginn des Zweiten Weltkrieges am 1. September 1939 und dem Einmarsch der deutschen Truppen in Belgien am 10. Mai 1940 änderte sich Nussbaums Lebenssituation. Nussbaum, der von Italien aus nach Belgien ins Exil geflohen war, fand sich plötzlich wieder unter deutscher Besatzung. Zuvor hatten der Künstler und seine Lebensgefährtin in ihrem Brüsseler Exil ein relativ unbehelligtes Leben führen können. Nun verschärften sich in Belgien die Maßnahmen gegenüber der jüdischen Bevölkerung dramatisch. Im Juni 1942 war die mit der Wannsee-Konferenz vom 20. Januar 1942 systematisierte und verwaltungsmäßig organisierte »Endlösung der Judenfrage« – also die Deportation und Ermordung aller europäischen Juden – auch auf die besetzten Gebiete im Westen ausgedehnt worden. Bereits einen Monat später ergingen in Belgien »Arbeitseinsatzbefehle« an 10 000 Juden, die sich in dem Polizei- und Durchgangslager in Malines (Mechelen) zusammenfinden mussten. Am 4. August 1942 verließ der erste Transport das Land Richtung Auschwitz – 27 weitere Züge sollten folgen. Nussbaum und seine Frau wurden mit dem letzten Zug nach Auschwitz deportiert und dort ermordet.

Spätestens ab 1941/42 versteckten sich Nussbaum und seine Frau in ständig wechselnden Unterkünften. Sowohl ihr gesellschaftlich-sozialer als auch ihr künstlerischer Handlungsspielraum verringerte sich in diesen Jahren immer mehr. Felix Nussbaum legt in seinem *Selbstbildnis im Totenhemd* ein eindrückliches Zeugnis ab von seinem Leben zwischen Hoffnung und Verzweiflung und der ständigen Angst, entdeckt zu werden. Es scheint, als hätte er das Ende, das ihn und seine Frau erwartete, in diesem Bild vorausgeahnt. MS

II 2/27
Heinrich Altherr
(Basel 1878 – 1947 Zürich)
**Geschichtsschreiber unserer Tage,
Zürich 1944**
Öl auf Leinwand, 93 × 86 cm
Stuttgart, Privatbesitz
Lit. Ueberwasser/Braun (Hg.) 1938;
Nigg 1961; Ausst.-Kat. Schaffhausen 1978, Nr. 8;
Ausst.-Kat. Grafenau 1984, Nr. 65; Ausst.-Kat.
Böblingen 1994, S. 18, 61, 69, Nr. 50.

Über einen Zeitraum von fast 25 Jahren setzte sich Heinrich Altherr mit dem Thema des »Chronisten« auseinander. Als er es 1920 erstmals aufgriff, stand er noch ganz unter dem Eindruck der Schrecken des Ersten Weltkrieges. Altherr kannte vermutlich Ferdinand Hodlers 1886 entstandenes Selbstbildnis in der Rolle

II 2/27

des »Geschichtsschreibers«. Auch Altherr gab seiner ersten Fassung von *Chronist unserer Tage* (Kunstmuseum Stuttgart) den Charakter eines Selbstbildnisses. Der Chronist hält die Schreibtafel mit der linken Hand wie ein Schutzschild vor seinen Oberkörper. Seine Augen sind weit aufgerissen. Er hat den Griffel wie zur Verteidigung in der rechten Hand erhoben und scheint bestürzt auf die Geschehnisse in der Welt zu reagieren. In der zweiten Fassung von *Chronist unserer Tage* aus dem Jahr 1925 (Privatbesitz, Stuttgart) scheinen die Emotionen der Figur stärker gebändigt. Der Altherr-Schüler Wilhelm Braun schrieb zu dieser Fassung: »Die leidenschaftliche-teilnehmende Erregung, die den Beschauer ansprang und bedrückte, ist abgeklungen. An ihre Stelle tritt die kraftvolle Ausstrahlung einer verantwortungsbewussten Persönlichkeit.«[1]

In der 1944 entstandenen dritten und letzten Fassung hat Altherr die Komposition nochmals verändert und erweitert. Der Geschichtsschreiber fixiert nun den Betrachter mit ernstem Blick. Seine Stirn und seine linke Gesichtshälfte werden durch das Licht hervorgehoben. Die Spitze seiner Feder, die eher wie ein Pinsel aussieht, leuchtet blutrot aus der braunen Tonigkeit des Bildes heraus.

Walter Nigg hat die Eindringlichkeit und Wirkung des Chronisten aus der Perspektive der Nachkriegszeit 1961 suggestiv beschrieben: »Seine Seheraugen nehmen wahr, was im europäischen Untergrund vor sich geht, welch düstere Ereignisse sich dort zusammenballen. Was die seherische Gestalt Unheimliches sieht, spiegelt sich im Schrecken ihrer Augen wider und veranlasst sie, warnend und beschwörend die Hände zu erheben. Grauenhafte, gespenstische Dinge sah er kommen. Dunkle, entsetzliche Ereignisse enthüllen sich seinem Seherblick, Dinge, die beinahe seinen Geist zerstörten, seiner Malerei aber die dramatische, erregende Note verliehen. Altherrs Kunst ist zu einem großen Teil Sehertum, ist Hinweis auf die kommenden Dinge, ist Mahnung und Warnung, wie sie es nicht eindringlicher, nicht beredter und nicht drohender sein könnte.«[2] HS

1 Ueberwasser/Braun (Hg.) 1938, S. 14.
2 Nigg 1961, S. 298.

III.
1918–1929
Zwischen Revolution und Resignation

Der Erste Weltkrieg endete für das Deutsche Reich im November 1918 mit einer Niederlage. Deutschland war militärisch geschlagen, wirtschaftlich ruiniert und politisch zerrüttet. Nach den revolutionären Erschütterungen der unmittelbaren Nachkriegszeit bekämpften rechte und linke Gegner der Weimarer Republik die noch junge Demokratie. Politische und wirtschaftliche Krisen verursachten weiterhin instabile Verhältnisse. Not und Elend der Bevölkerung schufen ein Klima, in dem Unheilsprophezeiungen aller Art gediehen. Radikale Parteien, extreme Gruppierungen und sektenartige Vereinigungen schürten Ängste und Unsicherheit in der Bevölkerung. Viele dieser »Propheten des Untergangs« beschworen keinen endgültigen Zusammenbruch. Die Kommunisten etwa sahen in dem prognostizierten Niedergang der Weimarer Republik die Chance für eine revolutionäre Erneuerung nach sowjetischem Vorbild; rechtsgerichtete Gruppierungen weckten vermittels der Untergangsszenarien die Sehnsucht nach einem Retter oder Erlöser sowie nach einer »nationalen Wiedergeburt«.

Nach den Erfahrungen des Krieges 1914–1918 und den revolutionären Wirren der frühen 1920er Jahre schlossen sich viele Künstler politisch links stehenden Gruppierungen an. Nicht selten änderten sie ihren Stil radikal. Die abstrakte und die expressionistische Formensprache wurden als idealistisch oder elitär abgelehnt und durch einen veristisch-realistischen Stil ersetzt. Dieser schien ihnen geeigneter, die Kriegserfahrungen bildnerisch zu erfassen, um vor einem neuen Krieg zu warnen oder Kritik an den Missständen der Zeit zu üben.

Mit der Währungsreform im November 1923 normalisierte sich die politische und wirtschaftliche Lage in der Weimarer Republik bis zur Weltwirtschaftskrise 1929, und auch in der Außenpolitik entspannte sich das Verhältnis zu den Siegermächten des Ersten Weltkrieges. Hatte die NS-Bewegung in den frühen Jahren der Republik durch Propaganda-Kampagnen und politische Agitation überregionale Aufmerksamkeit auf sich gezogen, fand sie zwischen 1925 und 1928 außer in den eigenen Parteiorganen in der Presse kaum noch Erwähnung. Es waren dies aber auch die Jahre, in denen sich die Partei neu organisierte und über das ganze Reichsgebiet ausdehnte.

In der kurzen Stabilisierungsphase der Weimarer Republik erlebte die moderne Kunst einen Höhepunkt. Wie in keinem anderen Land Europas sah sie sich aber zugleich Anfeindungen ausgesetzt. Bürgerliche, konservative, völkische und nationale Parteien und Gruppierungen beschworen das zerstörerische, anarchistische Potential moderner Kunst. Das politische Engagement vieler Künstler ließ in der Phase der Stabilisierung nach. Ab Mitte der 1920er Jahre erhielten Strömungen innerhalb der Malerei der Neuen Sachlichkeit Auftrieb, welche die Wirklichkeit verrätselten und Stimmungen des Unheimlichen beschworen. SH

1. Visionen

III 1/1
Max Beckmann
(Leipzig 1884 – 1950 New York)
Studie D zu *Der Traum*, 1920
Bleistift, 28,9 x 18,1 cm
München, Staatliche Graphische Sammlung
München, 1981:23 Z (W 445)
Lit. Fraenger, Wilhelm: Max Beckmann. Der Traum. Ein Beitrag zur Physiognomik des Grotesken, in: Glaser/Meier-Graefe/Fraenger/Hausenstein 1924, S. 35–58; Fischer 1972, S. 26 f.; Wiese 1978, S. 217 f., WV-Nr. 445; Ausst.-Kat. Düsseldorf 1997; Peters 2005, S. 21–43.

Max Beckmanns Gemälde *Der Traum* aus dem Jahre 1921 zählt zu den Schlüsselwerken des Malers in der frühen Weimarer Republik. In einer engen Dachkammer hat er ein heterogenes Figurenpersonal versammelt. Im Zentrum befindet sich eine mädchenhafte Figur mit Kasperlepuppe. Sie ist umringt von blinden Krüppeln und clownesken Figuren, die ein somnambules Dasein führen. Kunstvoll verschränkt Beckmann in diesem Hauptwerk aktuelle Nachkriegsproblematik (Armut, Kriegskrüppeldasein) und christliche Ikonografie (*Sacra conversazione*, Kreuzabnahme). Stilistisch bildet das Gemälde eine Synthese aus kubistisch zergliederter Raumauffassung und spätmittelalterlichem Detailfanatismus, wie sie Beckmanns spezifische Modernität charakterisiert.

Die hier vorliegende Studie D aus dem Vorjahr zeigt einige wichtige Elemente der endgültigen Komposition, die Beckmann immer direkt auf der Leinwand entwickelte. Es lassen sich aber auch signifikante Abweichungen ausmachen. Im Zentrum sitzt bereits eine kleinere Figur, zu deren Füßen eine Person liegt. Links von ihr hängt eine Figur kopfüber von der Decke – dort, wo schließlich ein blinder Leier-

Max Beckmann, Der Traum · 1921
Öl auf Leinwand · 184,5 x 87,5 cm · St. Louis, Saint Louis Art Museum

kastenmann trötet –, und über ihr thront ein Papagei. Das Tier, auf Studie A handelt es sich um einen Hund wie in *Die Nacht* von 1918/19 (Abb. 2, S. 90), ist schließlich durch einen Fisch ersetzt worden, den der blinde, verstümmelte Mann auf der Leiter mit Mühe an den Körper presst. Hier zeigt sich, dass Beckmann bei der Entwicklung des Bildthemas keiner festgeschriebenen Ikonografie folgte, sondern bis zum letzten Moment unterschiedliche Stränge und Motive frei miteinander verschaltete. Die Leiter befindet sich in der Studie noch auf der rechten Seite, und ein blinder Spiegel auf der Gemäldefassung ist hier ein nächtlicher Fensterausblick mit scharf gezeichneter Mondsichel.

Bereits die Studien zu dem Gemälde heben das Trauma des Krieges und der Niederlage sinnfällig ins Bewusstsein. Klaustrophobische Enge und brutale Formverspannung hat der Kunstkritiker Wilhelm Fraenger mit Blick auf Beckmanns künstlerisches Programm der Zeit auf einen unübertroffenen Begriff gebracht: »Die Bändigung des Albzwangs der Chimäre durch eine tageswache Formbewusstheit.«[1] Kritische Wirklichkeitsdeutung und autonome, wenngleich traditionsgebundene Formgebung verschränken sich zu einem Programm, für das Beckmann 1918 den Begriff der »transzendenten Sachlichkeit« fand: »Wir müssen teilnehmen an dem ganzen Elend, das kommen wird. Unser Herz und unsere Nerven müssen wir preisgeben dem schaurigen Schmerzensgeschrei der armen getäuschten Menschen. Gerade jetzt müssen wir uns den Menschen so nah wie möglich stellen. […] Das ist ja meine verrückte Hoffnung, die ich nicht aufgeben kann und die trotz allem stärker ist in mir denn je. Einmal Gebäude zu machen zusammen mit meinen Bildern. Einen Turm zu bauen, in dem die Menschen all ihre Wut und Verzweiflung, all ihre arme Hoffnung, Freude und wilde Sehnsucht ausschreien können. Eine neue Kirche. Vielleicht hilft mir die Zeit.«[2] OP

1 Glaser/Meier-Graefe/Fraenger/Haussenstein 1924, S. 56.
2 Beckmann, Max: Ein Bekenntnis, in: Beckmann 1990, S. 20–23, hier: S. 21 f., 23.

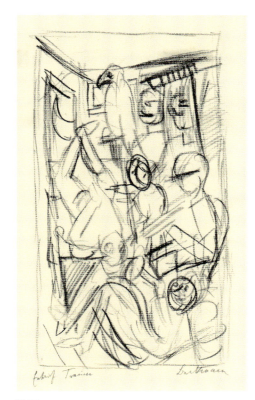

III 1/1

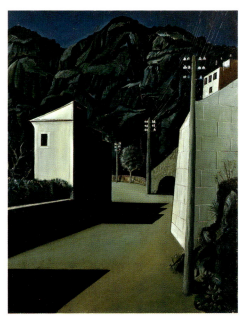

III 1/2

»– Aber Quappi – bedenke – ich will das alleräußerste. – Neue Gesetze schaffen der absoluten Form. – Die Welt soll nach meinem Rythmus marschiren, wie sie nach dem Rythmus von Napoléon, Cäsar oder Lenin marschirt. Man kann auch mit Kunst die Welt beherrschen, […] lebenschaffend od. lebenszerstörend.«

Max Beckmann, 1925
Beckmann 1993, S. 361

III 1/2

Karl Zerbe
(Berlin 1903 – 1972 Tallahassee in Florida)
Ohne Titel (Mondlandschaft), 1924
Öl auf Leinwand, 80 × 61 cm
Düren, Leopold-Hoesch-Museum
Josef Zilcken Stiftung
Lit. Mayer 1929; Lauterbach 1999.

Karl Zerbe gehört zu einer jüngeren Generation von Künstlern, die den Ersten Weltkrieg nicht in den Schützengräben erlebt hatte. Nach seinem Studium lebte er von 1924 bis 1926 in Italien und entwickelte dort eine Malerei ländlicher Idyllen.[1] Die *Mondlandschaft* geht den idyllischen Landschaften voraus und bezeugt Zerbes anfängliche Orientierung an der italienischen *pittura metafisica* Giorgio de Chiricos. Die Charakteristika der in den 1910er Jahren entstandenen Werke de Chiricos, »das Bildskelett, die lineare Bauweise und der architektonische Sinn der Bilder, ihre Perspektive und ihre Geometrie und das dadurch erzeugte Gefühl von Geheimnis, Isolierung, Einsamkeit und Beklemmung«[2], lassen sich in Zerbes *Mondlandschaft* wiederfinden.

Ebenso nachdrücklich zeigt der Vergleich, worin Zerbe von de Chirico abweicht: Er übernimmt nicht dessen irrationale Perspektiven, sondern stellt eine durchaus realistische Straßensituation dar. Auch die demonstrativ eingesetzten Schatten in de Chiricos Gemälden erhalten bei Zerbe ihre naturalistische Begründung in einem kalten Mondlicht, das die Helldunkelkontraste intensiviert. Sogar de Chiricos Versatzstücke einer industrialisierten Welt werden bei Zerbe zurückgeführt auf die perspektivische Abfolge der Strommasten. So bestätigt die *Mondlandschaft* Wieland Schmieds Diagnose, die »historische Leistung« der Maler der Neuen Sachlichkeit sei es gewesen, »die Welt eines de Chirico oder Carrà aus ihrer Zeitlosigkeit hinüber[zu]führen in die Realität unserer Tage«.[3]

Von dieser »Realität« bildet Zerbe allerdings nur die opaken Oberflächen ab. Undurchdringliche Schatten, hieratische Gebäudekuben, abweisende Mauern und die sich bis knapp unter den oberen Bildrand auftürmenden Gebirgsformationen verschließen den Bildraum. Das Bäumchen in der Bildmitte steht am Fluchtpunkt zentralperspektivisch ausgerichteter Gebäude. Umstellt von steinernen Kulissen erscheint es als Symbol vereinzelten, eingeschlossenen Lebens. Die festgefügte Welt verschanzt sich hinter ihren Mauern und wird im Bild der Erstarrung und Leere zum Zeichen einer ungewissen Zukunft. MA

1 Mayer 1929, S. 105–108. Der Beitrag erschien anlässlich einer Ausstellung mit Werken Karl Zerbes im Kunstsalon Caspari in München.
2 Schmied, Wieland: De Chirico und sein Schatten. Metaphysische und surrealistische Tendenzen in der Kunst des 20. Jahrhunderts, München 1989, S. 91.
3 Schmied, Wieland: De Chirico und sein Schatten. Metaphysische und surrealistische Tendenzen in der Kunst des 20. Jahrhunderts, München 1989, S. 93.

III 1/3
Hannah Höch
(Gotha 1889–1978 West-Berlin)
Die Treppe, 1926
Öl auf Leinwand, 77 × 106 cm
Berlin, Staatliche Museen zu Berlin,
Nationalgalerie, NG 37/78
Lit. Roters 1990, S. 175–191;
Maurer 1995, S. 233.

III 1/3

Es sind ihre Collagen, für die Hannah Höch berühmt ist. 1918 entwickelte sie als einzige Frau im Kreis der Berliner Dadaisten gemeinsam mit Raoul Hausmann das künstlerische Prinzip der Collage respektive Fotomontage und damit eine bildnerische Ausdrucksform von hoher zivilisationskritischer Potenz. Dieser Ausdrucksform sollte die Künstlerin zeitlebens treu bleiben. Mit der Schere sezierte Höch erbarmungslos das Abbild der *Weimarer Bierbauchkulturepoche Deutschlands*[1], um dann im geklebten Bild das Polit-Chaos und die gesellschaftlich-kulturellen Verwerfungen der Zeit als eben solche aufzuzeigen. Mit der dadaistischen Collage ließ sich die Wirklichkeit ironisch-grotesk bis zur Kenntlichkeit verzerren – ein ästhetisches Verfahren, das die Kraft besitzt, Verdrängtes der Gesellschaft wie auch des Einzelnen bloßzulegen.

Doch auch in Hannah Höchs malerischem Werk von Mitte der 1920er bis Anfang der 1930er Jahre ist das Montageverfahren häufig bestimmend für den Bildaufbau. In dem Gemälde *Die Treppe* wird, ganz so wie in ihren Collagen, das Unzusammenhängende und Disparate zueinander in Bezug gesetzt. Die ironische Doppelbödigkeit, die ihre frühen Collagen kennzeichnet, gewinnt in dieser Arbeit den Charakter des Unheimlichen und Traumgeborenen.

Auf dem Podest am Fuße einer sich im Unendlichen verlierenden Treppe liegt eine Gestalt im Lendenschurz, schwarz, männlich, die Füße verschränkt wie bei dem Gekreuzigten. Eine übergroße gespaltene Maske, deren mimisch gegensätzliche Hälften Komödie und Tragödie irdischer Existenz ausdrücken, ersetzt ihr Antlitz. Bedrohlich ragt eine Blüte mit tentakelgleichen Staubgefäßen auf, rotglühend in ihrem Inneren. Errungenschaften der Zivilisation sind in Gläsern gefangen: ein Motorflugzeug unter der Käseglocke, Wolkenkratzer im Weinglas. Auf den oberen Stufen der Treppe sitzt ein nacktes, rotwangiges Kleinkind – den Fall ins Nichts vor Augen. Der Globus auf einem separaten Sockel steht still. Isolation allenthalben.

Die Assoziationen, die sich beim Betrachten dieser Bildmotive einstellen, lassen sich zu einer symbolischen Deutung verdichten: Die menschliche Urangst der Vereinzelung findet in der künstlerischen Übersetzung Höchs ihren Ausdruck und wird dabei aus der persönlichen in die allgemeine Sphäre übertragen. RB

1 So der Titel von Höchs *opus magnum*, der Collage *Schnitt mit dem Küchenmesser Dada durch die letzte Weimarer Bierbauchkulturepoche Deutschlands* (1919/20), die sich im Besitz der Nationalgalerie, Staatliche Museen zu Berlin, befindet.

III 1/4
Franz Radziwill
(Strohausen bei Rodenkirchen 1895 –
1983 Wilhelmshaven)
Dorfeingang/Ende eines Arbeitstages, 1928
Öl auf Leinwand auf Hartfaser, 95 x 116 cm
Regensburg, Kunstforum Ostdeutsche Galerie
16939, (Abb. S. 168)
Lit. Ausst.-Kat. Berlin/Oldenburg/Hannover
1982, S. 230; Ausst.-Kat. Varel-Dangast 1987,
S. 126; Ausst.-Kat. Emden/Halle 1995, S. 144 ff.,
353 ff., WV-Nr. 293.

Viele der Werke Franz Radziwills aus den späten 1920er Jahren weisen eine unwirkliche und beunruhigende Atmosphäre auf. Sie ist unter anderem das Ergebnis einer übersteigerten Bildschärfe und Detailgenauigkeit, mit der die Bildgegenstände vor einem sich verdunkelnden Himmel dargestellt sind. Auch sein Gemälde *Dorfeingang* aus dem Jahr 1928 ist alles andere als eine Idylle. Ein geschlossenes Tor, Mauern, Zäune und ein Gatter verschließen kompositorisch die linke Bildhälfte. Auch die statuarisch wirkenden Landarbeiter mit ihren erstarrten Gesichtern lassen keine Annäherung zu. Zugleich entsteht der Eindruck, sie beobachteten und erwarteten etwas, das außerhalb des Bildfeldes liegt, für den Betrachter unzugänglich bleibt und daher beunruhigend wirkt.

Das bäuerliche Leben scheint bei Radziwill im Maschinenzeitalter angekommen zu sein, seine »Unschuld« verloren zu haben. Im Hof steht eine mobile Dampfmaschine, und über dem Dorf verlieren sich zwei Flugzeuge in dunklen Wolken. Vor allem das unerklärliche Farbenspiel am Himmel verleiht dem Bild seine unheimliche Wirkung.

Auffällig ist, dass die hell leuchtenden, roten Gebilde von den Dorfbewohnern ebenso wenig beachtet werden wie die Flugzeuge, die Radziwill auch als »Werkzeuge des Verderbens« empfand.[1] Als Junge hatte er einen Flugzeugabsturz beobachtet, der ihn 1928 zu seinem bekanntesten Gemälde *Todessturz Karl Buchstätters* anregte. Roland März merkte zu diesem Themenkreis an: »Der Störfaktor Flugzeug riß in Radziwills Kunst unbekannte apokalyptische Räume jenseits von Eden auf.«[2] Die Undurchdringlichkeit der Bildgegenstände, ihre opaken Oberflächen und die abweisende Mimik der Menschendarstellungen in Radziwills neusachlicher Malerei können jedoch nicht verbergen, dass die technischen Errungenschaften für Radziwill auch eine eigene Faszination entfalteten. Ihr Verschwinden würde im *Dorfeingang* eine Leerstelle hinterlassen, die kein Naturgegenstand füllen könnte. CO

1   Zit. n. Ausst.-Kat. Varel-Dangast 1987, S. 126.
2   März, Roland: Idylle und Katastrophe. Apokalyptischer Raum, in: Ausst.-Kat. Varel-Dangast 1987, S. 124 –129, hier: S. 126; vgl. a. S. 124: »Schritt für Schritt erfuhr dieser Alltag seine visionären Erschütterungen durch dunkle Vorahnungen.«

»Alle Kunst, die nicht einer proletarischen Weltanschauung entspringt, ist heute wertlos und überflüssig.«

Hans Grundig, 27. Januar 1927
Schmidt (Hg.) 1965, S. 373

III 1/5
Hans Grundig
(Dresden 1901 – 1958 Dresden)
Kalte Nacht/Das Gewitter/Gewitter über der Vorstadt, Dresden 1928
Öl auf Leinwand, 61 x 90 cm
Dresden, Galerie Neue Meister,
Staatliche Kunstsammlungen, Gal. Nr. 3769
Lit. Bernhardt 1966, Nr. 4, S. 471–476 (Bildteil S. 1–16), Nr. G 25 als: *Kalte Nacht (Gewitter über der Vorstadt)*; Grundig 1978, S. 41–44; Feist 1979, S. 81; Gemäldegalerie Dresden. Neue Meister 1987; Ausst.-Kat. Dresden 2001; Weber, Stephan: Eine Annäherung an Hans Grundig anläßlich seines 100. Geburtstages, in: Weber/Frommhold 2001, S. 35 f.

Hans Grundig orientierte sich in seinem frühen Werk stilistisch an der Neuen Sachlichkeit. Mit seinem Eintritt in die KPD 1926 und dem zunehmenden Engagement für die Belange der Partei wandte er sich stärker sozialkritischen Themen zu. Daneben entstanden aber auch Landschafts- und Stadtbilder wie die Gemälde *Am Stadtrand*, 1924, *Kalte Nacht/Das Gewitter/Gewitter über der Vorstadt*[1], 1928, und *Abend an der Marienbrücke*, 1929. Gemeinsam ist ihnen allen, dass sich ein Unwetter ankündigt. In der menschenleeren und wie eingefroren wirkenden Stadtlandschaft von *Kalte Nacht/Das Gewitter/Gewitter über der Vorstadt* klingt stilistisch noch die Neue Sachlichkeit nach. Eine Stimmung der Bedrohung wird spürbar, deren Ursache sich aus dem Bild jedoch nicht erschließen lässt.

In der Weimarer Republik verbanden sich ab 1925 mit vergleichbar bedrohlich wirkenden Werken der Neuen Sachlichkeit vielfach antidemokratische Tendenzen. Hans Grundig, der mit dem Gedankengut des Kommunismus sympathisierte, sah eher das »kapitalistische System« oder deutsch-nationale Kräfte als Verursacher der Bedrohung, die sich gegen die Arbeiterschaft richtete.[2] Lea Grundig betont in ihrer Interpretation des Bildes von 1978 vor allem die prophetische Qualität des Gemäldes, vor Unheil und Krieg zu warnen: »Im gleichen Jahr, 1928, malte Hans ein außergewöhnliches Bild, das ›Gewitter‹, als einen Vorgriff auf eine viel spätere Entwicklung. Das unterschwellig farbige Schwarz im krassen Riss zwischen Hell und Dunkel, die leeren Straßen, schwarze Fensterhöhlen der Häuser wie weit geöffnete angstvolle Augen, die Stille des Atemanhaltens vor der großen Entladung und die Leere der Stadt, weil die Menschen sich in Angst vor dem Kommenden verkriechen. Welch eine Verdichtung, Hell gegen Dunkel und die schauerliche Leere der Straßen mit Häusern, die Menschen verbergen. Gewitter bedeutet bei Hans immer gesellschaftliche Spannung. Beinahe jede Landschaft der Weimarer Zeit hat das Gewittrige der herannahenden Katastrophe [...] Damals sprachen wir viel vom Krieg. ›Hitler bedeutet Krieg‹ lehrte uns eindringlich die Partei.«[3]

Eine zeitgenössische Kritik des Gemäldes *Kalte Nacht/Das Gewitter/Gewitter über der Vorstadt* wählte einen anderen Interpretationsansatz als Lea Grundig. 1929 hatte man Hans Grundig im Rahmen einer vom Sächsischen

III. 1918–1929 Zwischen Revolution und Resignation

III 1/5

Kunstverein organisierten Ausstellung eine Einzelschau gewidmet. Die *Arbeiterstimme*, die Tageszeitung der KPD für Ostsachsen mit dem Redaktionsort Dresden, schrieb am 29. Januar 1929 zu Hans Grundig: »Seine Arbeiten fallen aus dem Rahmen des Kunstvereins heraus. Die dargestellten Naturdinge sind stilisiert, gebändigt, obwohl sein Stil auf die leisesten Außenschwankungen, die geistig unmeßbarsten Phänomene der Natur reagiert. Bilder wie *Kammer* und *Gewitter* sind völlig unbürgerlich: Grundigs Farben und Formen sind hart. Seine Kunst zeigt deutlich die Ueberschattung, die das kapitalistische System im Ausbeutungsprozeß auf Menschen und Dinge wirft. Hans Grundig wird weiterschreiten und die pessimistischen Tendenzen seiner Malerei überwinden lernen.«[4] SH

1 In der Literatur wird das Bild alternativ unter den drei Titeln geführt (*Kalte Nacht* auch als *Die kalte Nacht*). Lea Grundig sprach sich gegen den Titel *Die kalte Nacht* aus. Grundig 1973, S. 8.
2 Vgl. zur Neuen Sachlichkeit: Peters 1998, S. 33.
3 Grundig 1978, S. 42 f.
4 Arbeiterstimme, 29. 1. 1929, zit. n. Weber, Stephan: Eine Annäherung an Hans Grundig anläßlich seines 100. Geburtstages, in: Weber/Frommhold 2001, S. 36.

III 1/6
Heinrich Altherr
(Basel 1878 – 1947 Zürich)
Schiffbrüchige (zweite Fassung), Stuttgart
1929
Öl auf Leinwand, 200 x 150,5 cm
Rottweil, Kunstsammlung der Oberschwäbischen Elektrizitätswerke/Galerie Schloss Glatt

Lit. Ausst.-Kat. Basel 1930, S. 8, Nr. 42; Ueberwasser/Braun (Hg.) 1938, S. 7; Ausst.-Kat. Zürich 1948, S. 13, Nr. 31; Ausst.-Kat. Stuttgart 1949, Nr. 12; Ausst.-Kat. Schaffhausen 1978, Nr. 5; Ausst.-Kat. Grafenau 1984, Nr. 28; Ausst.-Kat. Böblingen/Grafenau 1987; Schlichtenmaier, Bert: Heinrich Altherr. Leben und Werk, in: Ausst.-Kat. Grafenau 1990, S. 69; Ausst.-Kat. Böblingen 1994, S. 15, 68, Nr. 20.

Viele der Bilder Heinrich Altherrs tragen Titel, welche die Einsamkeit der Menschen in einer von Kälte und Bedrohung geprägten Welt thematisieren, wie *Ruheloser Wanderer*, *Die Heimatlosen*, *Schiffbrüchige*, *Menschen in Ruinen*, *Einsamkeit* oder *Resignation*. Andere hingegen, wie *Der Unentwegte*, weisen auf die Standhaftigkeit des Menschen in derartigen Situationen hin. Man findet in Deutschland nur wenige Künstler, die sich bereits in den 1920er Jahren derart intensiv in einer allegorischen Bildsprache mit den Krisen der Zeit auseinandersetzten. Die Vermittlung einer ihm eigenen visionären Kraft erreicht Altherr mit eigenständigen künstlerischen Mitteln. Dazu gehören seine expressive malerische Ausdruckskraft, seine besondere Konzentration auf die kompositorische Bildtektonik sowie die Wirkung seiner von Hell-Dunkel-Effekten geprägten, in gedämpften Tönen gehaltenen Malerei.

Dargestellt sind vier Figuren in einem kleinen Boot, das auf dem offenen Meer treibt. Im Bildzentrum dominiert eine aufrecht kniende Figur, die mit ihrer erhobenen Rechten ein Tuch schwenkt. Die Komposition unterstreicht durch ihre formale Spannkraft die inhaltliche Aussage, selbst in einer ausweglosen Situation nicht aufzugeben. Die diagonal nach rechts gerichtete Körperhaltung der zentralen Figur wird durch ihren nach links gewendeten Blick spannungsvoll kontrastiert. Der Eindruck des Hoch-Aufragens wird noch durch das in Aufsicht dargestellte Boot mit drei weiteren liegenden und kauernden Schiffbrüchigen gesteigert. In Gestik und Haltung schwingt bei der zentralen Figur der Eindruck des »Standhaften« und »Unentwegten« mit, auf dessen Weg es kein Abweichen gibt. Alle Hoffnung ist auf das in der Ferne am Horizont auftauchende Schiff gerichtet, während die drei Gefährten resigniert und sich dem Schicksal ergeben haben.

Die hier vorliegende, von Altherr selbst als »2. Fassung« betitelte Version von *Schiffbrüchige* ist identisch mit der bei Walter Ueberwasser und Wilhelm Braun in ihrer Altherr-Monografie veröffentlichten Version, die dort allerdings auf 1928 datiert wird.[1] 1930 wurde dieses zentrale Werk in Altherrs Schaffen auf der XVII. Biennale in Venedig ausgestellt sowie 1929 in der Stuttgarter Sezession, deren engagiertes Gründungsmitglied und Vorsitzender Altherr war.

Seine Rede zur Eröffnung der ersten Ausstellung der Stuttgarter Sezession 1923 offenbart Altherrs Persönlichkeit und seine künstle-

III 1/6

rische Intention als »Chronist« seiner Zeit: »Mag sich der Künstler in Zukunft wenden und krümmen, wie er will – er wird sich bekennen müssen! Die Zeit ist nicht fern, da er wieder darauf geprüft werden wird, ob er die Welt mit seinem Blute erlebte, oder ob er mitleidlos an den Schmerzen seiner Mitmenschen vorübergeht.«[2] Der Bildinhalt legt als Metapher unmissverständlich darüber Zeugnis ab, welche Positionen die »Standhaften« und »Unentwegten« beziehungsweise die »Resignierenden« in einer Zeit der gesellschaftlichen und politischen Verunsicherung bei Altherr einnehmen. HS

1 Ueberwasser/Braun (Hg.) 1938, S. 29.
2 Altherr, Heinrich: Rede zur Eröffnung der 1. Ausstellung der »Stuttgarter Sezession« am 23. September 1923, in: Ausst.-Kat. Böblingen/Grafenau 1987, Bd. 1, S. 33.

2. Kunst als Waffe

III 2/7
George Grosz
(Berlin 1893 – 1959 West-Berlin)
**Prost Noske! –
das Proletariat ist entwaffnet!, 1919**
Titelblatt der Zeitschrift *Die Pleite*, 1. Jg., Nr. 3,
Anfang April 1919, Berlin/Leipzig: Malik-Verlag
Buchdruck, 40,7 x 29 cm
Berlin, Deutsches Historisches Museum
1990/795.2, (Abb. 2, S. 68)
Lit. Grosz 1955; Mehring 1959; Lewis 1971.

III 2/8

Die satirische Zeitschrift *Die Pleite* agitierte gegen das kapitalistische Wirtschaftssystem, das Militär und die Sozialdemokraten. Sie wurde von Wieland Herzfelde im Malik-Verlag herausgegeben. Ihren Namen hatte sie von dem Schriftsteller Carl Einstein erhalten, der auch für die Zeitschrift schrieb und als Mitglied der KPD bald schon aktiv am »Januaraufstand« teilnahm. Er wusste seinem Titelvorschlag Überzeugungskraft zu geben: »Verbieten werden sie ja Euch auf jeden Fall. Und dann sollen sie bekannt geben: Verboten – die Pleite.«[1] In seinem Tagebuch schrieb Harry Graf Kessler, dass die Straßenhändler es aus Angst nicht wagten, *Die Pleite* zu verkaufen. Dennoch wurden von der Ausgabe Nr. 3, in der diese Zeichnung erschien, bis zu 5 000 Exemplare verbreitet.

Zwischen März 1919 und Januar 1920 wurden sechs Nummern der Zeitschrift in vierseitiger Ausgabe publiziert. Nach dem Verbot der sechsten Ausgabe erschien *Die Pleite* als satirische Beilage der ebenfalls vom Malik-Verlag herausgegebenen Zeitschrift *Der Gegner*. Vier weitere illegale Ausgaben erschienen von Juli 1923 bis Juni 1924. Die Zeitschrift entwickelte sich mit der Radikalisierung kommunistischer Kreise mehr und mehr zu einem Sprachrohr linksextremer Propaganda. Ziel dieser Kreise war es, eine Revolution nach sowjetischem Vorbild herbeizuführen.

George Grosz zeichnete die meisten Illustrationen der *Pleite*, so auch das Titelblatt der April-Ausgabe 1919. Es trägt die Bildunterschrift *Prost Noske! – das Proletariat ist entwaffnet!* und steht im Kontext der revolutionären Aufstände im Zuge der Umwandlung des Deutschen Reiches von einer konstitutionellen Monarchie in eine parlamentarisch-demokratische Republik. Das Titelblatt zeigt einen Offizier eines republikfeindlichen Freikorps. Das »R« auf seinem Helm soll ihn als Mitglied des Freiwilligenregimentes von Wilhelm Reinhard ausweisen, dem auf Seite 3 der *Pleite* auch das *Kasinolied der Reinhard-Garde* gilt. Mit Hilfe von Freikorps schlug Gustav Noske, Volksbeauftragter für Heer und Marine, den linksgerichteten »Januaraufstand« 1919 blutig nieder. Auf dem Höhepunkt des mehrtägigen Aufstandes hatten Freikorps im Auftrag Noskes die von bewaffneten Befürwortern einer Räterepublik besetzten Gebäude im Berliner Zeitungsviertel mit äußerster Brutalität geräumt. Opfer dieses Vorgehens waren auch unbewaffnete Demonstranten. In Grosz' Darstellung prostet der Offizier Noske süffisant lächelnd mit Champagner und erhobenem Degen zu. Einem Hampelmann vergleichbar, steht er zwischen unbewaffneten, niedergemetzelten Zivilisten. In der Vorzeichnung hatte der Offizier zudem ein nacktes Baby auf seinen Degen gespießt. HA

1 Mehring 1959, S. 65.

III 2/8
Conrad Felixmüller
(Dresden 1897–1977 West-Berlin)
Noske schlägt die Revolution nieder, Dresden 1919
Pinsel und Feder in Schwarz,
21,8 × 21 cm, Monogr. u. r.: FM.
Berlin, Deutsches Historisches Museum
Kh 64/9
Lit. Felixmüller 1975; Gleisberg 1982; Ausst.-Kat. Schleswig/Halle 1990/91.

Der SPD-Politiker Gustav Noske hatte den Oberbefehl über die Regierungstruppen und Freikorps, die 1919 den »Januaraufstand« blutig niederschlugen. Ausgelöst wurde der Aufstand von den Revolutionären Obleuten, die bei der USPD und KPD Unterstützung fanden. Dieses Ereignis gilt als ein entscheidender Moment für das Verhältnis der Linken zur jungen Republik und zur SPD, die nun für viele als »Verräter an der Arbeiterbewegung« diskreditiert galt. Noske, ab Februar Reichswehrminister, wurde aufgrund des brutalen Vorgehens zu einem zentralen Feindbild linker Politiker, Intellektueller und Künstler (vgl. Kat.-Nr. III 2/7).

Conrad Felixmüller hat seine Zeichnung, die 1919 in Heft 25 der Zeitschrift *Die Aktion* unter der Überschrift *Im Schutze der Justiz* erschien, ursprünglich auf der Blattrückseite *Noske schlägt die Revolution nieder* betitelt. Und tatsächlich stellt er den Politiker als brutalen Schläger dar. Zwar sind Noske einige charakteristische Merkmale geblieben: die ovalen Brillengläser, der hochgezwirbelte Schnurrbart, der steife Kragen mit Krawatte und die Weste mit Uhrkette. Doch die bürgerlichen Insignien werden von dem eckigen Schädel, dem Stiernacken, dem breiten Oberkörper und den muskulös-behaarten Unterarmen kontrastiert, die Felixmüller ihm verleiht. Dazu passt, dass Noske das Gewehr wie einen Knüppel hält. Das Leichenfeld hinter ihm weist darauf hin, dass er die Revolution im wahrsten Sinne des Wortes »niedergeschlagen« hat. Felixmüller charakterisiert auf diese Weise den »Schreibtischtäter« im weißen Hemd als Mörder.

Felixmüller, der sich zu dieser Zeit als Pazifist und Sozialist verstand, hoffte mit seinen kritisch-expressiven Zeitschriftenillustrationen ein größeres Publikum ansprechen und mobilisieren zu können, als es mit klassischer Tafelmalerei möglich zu sein schien. Schließlich konnte die moderne Presse dank hoher Auflagen und niedriger Verkaufspreise mittlerweile ein Massenpublikum erreichen. Progressiv-literarische Zeitschriften wie *Der Sturm* oder *Die Aktion* wurden allerdings nur in relativ kleiner Auflage gedruckt und waren vergleichsweise teuer. Allen politischen Ambitionen zum Trotz, einen breiteren Rezipientenkreis aufzubauen, blieb die Leserschaft eher auf bürgerliche Intellektuelle beschränkt. JP

»Ja, die Kunst ist in Gefahr:
Der heutige Künstler, wenn er nicht ein Leerläufer, ein antiquierter Blindgänger sein will, kann nur zwischen Technik und Klassenkampfpropaganda wählen. In beiden Fällen muss er ›die reine Kunst‹ aufgeben.«

George Grosz und Wieland Herzfelde, 1925
Harrison/Wood (Hg.) 1998, S. 564

III 2/9
George Grosz
(Berlin 1893–1959 West-Berlin)
Der Weihnachtsbaum fürs deutsche Volk, 1923
Titelblatt der Zeitschrift *Die Pleite*, Nr. 9, Jg. 1923, hg. in Zürich von E. Küng, Auslieferung für Deutschland: Berlin: Malik-Verlag, o. S., Berlin 1923
Buchdruck, 41,5 × 29,5 cm
Berlin, Akademie der Künste, JH 5424

III 2/10
Rudolf Schlichter (?)
(Calw 1890–1955 München)
Der europäische Weihnachtsmann, 1923
Aus der Zeitschrift *Die Pleite*, Nr. 9, Jg. 1923, hg. in Zürich von E. Küng, Auslieferung für Deutschland: Berlin: Malik-Verlag, o. S., Berlin 1923
Buchdruck, 41,5 × 29,5 cm
Berlin, Akademie der Künste, JH 5424

Lit. Herzfelde 1976; Ausst.-Kat. Karlsruhe/ Frankfur am Main/München 1980, S. 12 f.; Die Pleite 1986 [1919–1924]; Rabe 1987.

Die satirische Zeitschrift *Die Pleite* wurde im Januar 1920 endgültig verboten, erschien aber noch bis September 1922 als Beilage der Zeitschrift *Der Gegner*. Zwischen Juli 1923 und Juni 1924 konnten zudem vier weitere Nummern illegal herausgegeben werden. Diese späten Ausgaben der *Pleite* wurden im Zuge der Radikalisierung der kommunistischen Kreise zunehmend für die politische Agitation funktionalisiert. Im Gegensatz zu den ersten Nummern beschränkten sie sich im Wesentlichen auf Illustrationen, so auch die vorliegende Ausgabe, die zu »Hungerweihnachten« 1923 erschien. Unter den Künstlern, die Zeichnungen für die späteren Nummern der *Pleite* lieferten, waren auch George Grosz und Rudolf Schlichter. Beide waren 1919 der KPD beigetreten.

Das Titelblatt der achtseitigen Dezemberausgabe 1923 zeigt den *Weihnachtsbaum fürs*

III 2/9

III 2/10

deutsche Volk von George Grosz. Der Baum steht in einem Paar Soldatenstiefel und ist mit Emblemen des Militarismus, Stielhandgranaten und Stahlhelm, geschmückt. Die Tannenspitze ziert ein Stern mit Hakenkreuz, das 1923 nicht nur von der NSDAP, sondern auch noch von anderen völkischen Gruppierungen verwendet wurde; ein zweites hängt in den Zweigen. Weitere schmückende Elemente, die Grosz als politisch reaktionär empfand, sind Maulkorb, Schlagstock und Kette sowie ein mit »Schutzhaft« beschriebenes Schwert, das »Ausnahmegesetz« und das »Verbot der K.P.D.«. Links unten ist ein Gefängnis, rechts unten ein Fahrzeug mit dem Schriftzug »Totila« zu erkennen.

Im Herbst 1923 hatte die KPD versucht, das politische Chaos für einen bewaffneten Umsturz zu nutzen. Mit der Bildung einer Koalitionsregierung gemeinsam mit der SPD hatte sie am 10. und 16. Oktober in Sachsen und Thüringen bereits eine staatliche Machtposition erlangt. Von hier aus wollte sie im »deutschen Oktober« die Reichsregierung nach dem Vorbild der russischen Revolution von 1917 stürzen. Diese verhängte den Ausnahmezustand und ließ die Reichswehrtruppen ausrücken, um die Aufstandsversuche zu vereiteln. Am 23. November wurde die KPD zusammen mit der NSDAP und der DVFP (Deutschvölkische Freiheitspartei) verboten.

Grosz' Zeichnung greift, wie es der linksgerichteten Propaganda dieser Zeit entsprach, die Regierung der Weimarer Republik an. Er sieht sie im Bunde mit den rechten Kräften, welche die Arbeiterbewegung bedrohen. Persönliche Erfahrungen wie politische Verfolgung, Inhaftierung und Zensur, die auch Grosz erlebt hatte, bestärkten die linken Künstler in ihrer Ablehnung der Republik.[1]

Politische Gefangenschaft und das brutale Vorgehen der Reichswehr und der Polizei gegen demonstrierende Arbeiter sind die vorherrschenden Themen aller Illustrationen dieser Ausgabe der *Pleite*. Deutlich wird dies noch einmal auf der letzten Seite mit der Zeichnung *Der europäische Weihnachtsmann*. Sie stellt die Ankunft des »Fascismus« als Folge dieser Politik dar. Das Blatt stammt vermutlich von Rudolf Schlichter.[2] Es zeigt eine vermummte Gestalt, die mit einem Sack voll Waffen durch den Schnee stapft. Sie trägt einen Mantel, auf dem Hakenkreuze, die Symbole der NSDAP und völkischer Gruppierungen, und Liktorenbündel, die Symbole des italienischen Faschismus, gezeichnet sind. Ein Liktorenbündel ist am Bund befestigt. Um die Hüfte hat die Figur einen Gurt mit Stielhandgranaten gebunden, eine weitere hält sie in der linken Hand. Eine Kapuze mit Hakenkreuz verbirgt das Gesicht. *Der europäische Weihnachtsmann* lässt sich auf die Gefahr eines sich europaweit ausbreitenden »Faschismus« und seiner Kriegspolitik beziehen und könnte eine unmittelbare Reaktion auf den Hitler-Putsch im November 1923 sein. Der Putsch führte der politischen Linken, trotz seines Scheiterns, das Erstarken der rechtsextremen Kreise vor Augen. Liktorenbündel und Hakenkreuz finden in der Zeichnung kombiniert Verwendung und legen die Deutung nahe, die völkischen Gruppierungen in Deutschland als Teil einer europäischen rechtsnationalistischen Bewegung zu sehen. Vor dem Hintergrund des Titelblattes ist die Mahnung vor den Folgen der Weimarer Politik jedoch vor allem auch als Anklage gegen die Sozialdemokratie gemeint. Diese war der erklärte Feind der Kommunisten: eine fatale Fehleinschätzung, da die Spaltung der Arbeiterbewegung die Bildung einer »Roten Einheitsfront« gegen die aufstrebende NSDAP letztlich verhinderte. KJ

1 So wurde Wieland Herzfelde, Gründer des Malik-Verlages, 1919 in »Schutzhaft« genommen, das heißt ohne Verurteilung oder dringenden Tatverdacht inhaftiert – ein Mittel, das in den Jahren 1923/24 gegen die kommunistische Linke vielfach angewendet wurde.
2 Nach Auskunft von Peter Zimmermann, Akademie der Künste, Berlin, handelt es sich aus stilistischen Gründen bei dem nicht signierten Blatt mit großer Wahrscheinlichkeit um eine Zeichnung Schlichters.

III 2/11

John Heartfield

(Schmargendorf bei Berlin 1891 –
1968 Ost-Berlin)

Faschistenruf, 1923

Aus der Zeitschrift *Die Pleite*, Berlin, Nr. 7,
Juli 1923, Vorzugsausgabe
Buchdruck, mehrfarbig auf Kunstdruckpapier,
46 x 29,5 cm
Berlin, Akademie der Künste
663, (Abb. 3, S. 69)
Lit. Siepmann 1977, S. 110.

1923, im Jahr der Publikation von *Faschistenruf*, machte in Deutschland die aufstrebende NSDAP von sich reden. Ihre Aktionen wurden von den Mitgliedern der KPD, zu denen seit Ende Dezember 1918 auch John Heartfield gehörte, genau verfolgt. Bereits im Oktober 1922 hatte Benito Mussolini mit dem »Marsch auf Rom« in Italien die Macht übernommen. Zusammen mit dem Aufstieg der NSDAP war dies ein deutliches Signal, dass rechtsautoritäre Bewegungen in Europa an Einfluss gewannen. Im Januar 1923 hatte die NSDAP in München ihren ersten Parteitag abgehalten. Die »Sturmabteilung« (SA) versuchte die politischen Gegner durch gewalttätige Aktionen unter Druck zu setzen. Im Juli, als Heartfield die Zeichnung in der satirischen Zeitschrift *Die Pleite* veröffentlichte, hatte die NSDAP das Deutsche Turnfest in München für eine Großkundgebung genutzt.

Mit seiner Zeichnung *Faschistenruf* stellt John Heartfield die Dumpfheit der NS-Schlägertrupps heraus. Die Zeitschrift *Die Pleite*, in der Heartfield die Karikatur publizierte, gab er zusammen mit seinem Bruder Wieland Herzfelde und mit George Grosz heraus (vgl. Kat.-Nrn. III 2/9, III 2/10). Sie war bereits im Januar 1920 verboten worden und erschien im Juli 1923 illegal. Hinter einem bluttriefenden Hakenkreuz stellt Heartfield den Schädel eines Soldaten dar. Er trägt einen Helm mit Bolzen oberhalb der Stirn zum Einhängen eines schützenden Schildes. Der Text zu der Zeichnung stammt von Oskar Kanehl (1888 – 1929), einem heute nahezu vergessenen Autor von Anti-Kriegsgedichten und Theaterregisseur, der zeitweilig KPD-Mitglied war.

Die Kombination eines Marschliedes mit »Negertrommeln« und »Tanz der Wilden« lässt an die dadaistischen Aktionen von Hugo Ball (1886 – 1927), unter anderem 1916 im Züricher Cabaret Voltaire, denken. Doch Balls Dichtungen, die rhythmische Urlaute und eine Fantasiesprache kombinierten, zielten auf die Erneuerung des Kunstverständnisses. Bei Heartfield und Kahnel ist die Politik der Bezugsrahmen. Hier trägt die Verbindung von primitivem Marschgesang und »Negertrommeln«, indem sie das Auftreten der Schlägertrupps mit einer karikierenden Nachahmung von afrikanischen Stammesritualen gleichsetzt, durchaus rassistische Untertöne. Heartfield wandte sich damit auch von der eigenen dadaistischen Vergangenheit ab, die den Kommunisten als bourgeoise Kunst ohne gesellschaftliche Relevanz verdächtig war. NB

III 2/12

George Grosz

(Berlin 1893 – 1959 West-Berlin)

Hitler, der Retter, Berlin 1923/30

57. Blatt aus dem Zyklus *Das neue Gesicht der herrschenden Klasse,* Berlin: Malik-Verlag,
1930 (sechzig Tafeln)
Buchdruck, 27,4 x 19,5 cm
Berlin, Deutsches Historisches Museum
Gr 69/63
Lit. *Die Pleite*, Malik-Verlag, Nr. 8, November 1923; Grosz 1930; Lewis 1971; Herzfelde 1976; Dückers 1979; Grosz 1992.

Der Berliner Malik-Verlag hatte bereits 1921 eine *Das Gesicht der herrschenden Klasse* betitelte Sammelmappe mit 55 politischen Zeichnungen von George Grosz herausgegeben. Die dritte, um zwei Zeichnungen erweiterte Auflage aus demselben Jahr erschien in 25 000 Exemplaren. *Das neue Gesicht der herrschenden Klasse. 60 neue Zeichnungen* aus dem Jahr 1930 enthielt unter anderem Motive, die Grosz bereits früher entwickelt hatte. Die Zeichnung *Hit-*

III 2/12

ler, der Retter wurde erstmals im November 1923 als Titelblatt der achten Ausgabe der 1919 gegründeten Zeitschrift *Die Pleite* veröffentlicht. Nachdem *Die Pleite* 1920 verboten worden war, erschien sie zwischen Juli 1923 und Juni 1924 illegal als »satirischer Teil« der Zeitschrift *Der Gegner*.

Die achtseitige Ausgabe enthält hauptsächlich großformatige Zeichnungen. Als Verlagsort ist Zürich angegeben, allerdings ohne Signaturen oder Namensnennung von Autoren. Der Malik-Verlag fungierte lediglich als Auslieferer für Deutschland. Die Bildunterschrift auf der Titelseite von 1923 lautete: »Siegfried Hitler: ›Ich schlage vor, daß die Leitung der Politik der deutschen Regierung *ich* übernehme.‹ ›Der morgige Tag findet entweder in Deutschland eine nationale Regierung oder uns tot. Es gibt nur eins von beiden.‹« Grosz paraphrasierte Hitlers bekannten Ausspruch am Vorabend des gescheiterten Putsches in München am 8. November 1923: »Der Morgen findet entweder in Deutschland eine deutsche nationale Revolution oder uns tot.«[1]

Grosz war, was diese Zeichnung belegt, einer der ersten Künstler, der in Hitlers Person eine Gefahr erkannte. In dem düster wirkenden

Porträt zeigt er ihn mit Hakenkreuz-Tätowierung am muskulösen Oberarm, in ein Bärenfell gekleidet, um den Hals eine Kette aus den Zähnen erlegter Wildtiere.

Sowohl George Grosz als auch John Heartfield und Erwin Blumenfeld verwendeten bestimmte Bildgegenstände in ihrem Kampf gegen Nationalsozialismus und Krieg immer wieder. Damit appellierten sie an das kollektive Gedächtnis der Menschen ihrer Generation, die die Grausamkeiten des Ersten Weltkrieges erlebt hatten. Ihr Ziel war es, unter allen Umständen eine erneute Eskalation der Gewalt zu verhindern. HA

1 Adolf Hitler, zit. n. Kershaw, Ian: Hitler 1889–1936, aus dem Engl. von Jürgen Peter Krause und Jörg W. Rademacher, Stuttgart 1998, S. 261.

III 2/13 – III 2/24
George Grosz
(Berlin 1893–1959 West-Berlin)
Zyklus *Hintergrund* – 17 Zeichnungen zur Aufführung des *Schwejk* in der Piscator-Bühne, Berlin: Malik-Verlag, 1928
Manultiefdruck
Berlin, Deutsches Historisches Museum

III 2/13
1. Blatt: Schwejk:
»melde gehorsamst, daß ich blöd bin«
25,8 x 17 cm, Kd 55/263.3

III 2/14
2. Blatt: seid untertan der Obrigkeit
17 x 25,8 cm, Kd 55/263.4

III 2/15
3. Blatt: Volkes Stimme
17 x 25,8 cm, Kd 55/263.5

III 2/16
4. Blatt: Der Lebensbaum
17 x 25,8 cm, Kd 55/263.6

III 2/17
6. Blatt: Das ganze Volk ist eine Simulantenbande
17 x 25,8 cm, Kd 55/263.8

III 2/18
8. Blatt: ein bischen gut zureden
17 x 25,8 cm, Kd 55/263.10

III 2/19
9. Blatt: die Ausschüttung des heiligen Geistes
25,8 x 17 cm, Kd 55/263.11

III 2/20
10. Blatt: Maul halten und weiter dienen
17 x 25,8 cm, Kd 55/263.12

III 2/21
11. Blatt: Bitte recht freundlich
17 x 25,8 cm, Kd 55/263.13

III 2/22
12. Blatt: Mir ist der Krieg wie eine Badekur bekommen
25,8 x 17 cm, Kd 55/263.14

III 2/23
14. Blatt: Bald wieder:
»je grausamer, je humaner«
17 x 25,8 cm, Kd 55/263.16

III 2/24
16. Blatt: Wofür?
17 x 25,8 cm, Kd 55/263.18

Lit. Lang (Hg.) 1966; Herzfelde 1976; Piscator 1979; Dückers 1979; Hütt (Hg.) 1990; Grosz 1992; Fischer 1993 [1976]; Goergen, Jeanpaul: »Filmisch sei der Strich, klar, einfach«. George Grosz und der Film, in: Ausst.-Kat. Berlin/Düsseldorf/Stuttgart 1994/95, S. 211–218; Conrad, Andreas: »Maul halten und weiterdienen«, in: *Der Tagesspiegel*, 2.7.2001; Ausst.-Kat. Rom 2007.

Für seine Adaption von Jaroslav Hašeks satirischem Antikriegsroman *Die Abenteuer des braven Soldaten Schwejk* (um 1920) beauftragte der Theaterregisseur Erwin Piscator seinen Freund George Grosz mit dem Bühnenbild. Herzfelde erinnerte sich: »Nicht zu vergessen der Bühnenhintergrund für Piscators Aufführungen des *Schwejk*. Es waren Hunderte von Kreidezeichnungen, die [...] auf den Hintergrund der Bühne projiziert wurden. Siebzehn dieser Zeichnungen wurden zum Preis von 1,70 Mark in der kleinen Mappe *Hintergrund* verbreitet. Sie machten noch viel von sich reden. Dafür sorgten zwischen 1928 und 1932 der Staatsanwalt, einige Richter und das Reichsgericht«.[1] Die Uraufführung fand am 28. Januar 1928 statt. Das technisch avantgardistische Trickfilm-Bühnenbild von Grosz, bei dem die Zeichnungen sich Strich für Strich auf der rückseitigen Leinwand aufbauten, war Ergebnis der intensiven Zusammenarbeit mit Piscator.

Zwischen 1917 und 1928 erschienen acht Mappen mit Grosz-Zeichnungen zum Teil in sehr hohen Auflagen im Malik-Verlag. Die intensive Unterstützung des Verlegers Wieland Herzfelde ermöglichte es George Grosz wie keinem anderen Künstler, unmittelbar auf politische Ereignisse zu reagieren und seine Warnungen vor einer verhängnisvollen Entwicklung hin zu einem weiteren Krieg wiederholt öffentlich zu äußern. Die handschriftlichen Titel der Blätter sind Zitate aus dem Theaterstück. Der Theaterfilm gilt als verloren.

Die Blätter *seid untertan der Obrigkeit, Die Ausschüttung des heiligen Geistes* sowie *Maul halten und weiter dienen* waren der Anlass, den Künstler und seinen Verleger wegen Gotteslästerung zu verklagen. Vor allem die Darstellung von Christus mit der Gasmaske in *Maul halten und weiter dienen* erregte die Gemüter. Drei Jahre dauerte das Verfahren insgesamt. Es handelte sich um einen der aufsehenerregendsten Prozesse der Weimarer Republik mit mehreren Berufungen und Revisionen. Im November 1931 wurde der Freispruch vom Dezember 1930 schließlich in der fünften Instanz bestätigt. Das Reichsgericht ordnete lediglich an, Zeichnungen

Schwejk „melde gehorsamst, daß ich blöd bin"

III 2/13

Der Lebensbaum

III 2/16

seid untertan der Obrigkeit

III 2/14

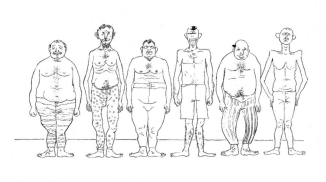

Das ganze Volk ist eine Simulantenbande

III 2/17

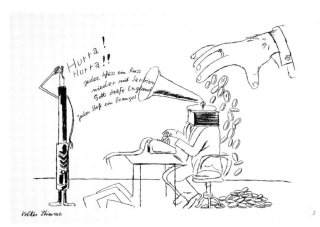

Volkes Stimme

III 2/15

ein bischen gut zureden

III 2/18

III. 1918–1929 Zwischen Revolution und Resignation

III 2/19

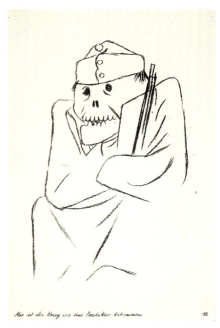

III 2/22

III 2/20

III 2/23

III 2/21

III 2/24

und Druckstöcke zu zerstören. Die Originalzeichnungen fanden sich dennoch 1948 in den Sammlungen von Wieland Herzfelde und Erich Cohn.[2] Die Reaktionen der Presse beschrieb Grosz wie folgt: »Die rechten Blätter tobten ... die völkischen Zeitungen verleumdeten mich masslos ... ich wurde ›einer der widerlichsten Asphaltkünstler der Novemberdemokratie‹ ein ›Beschimpfer der Frontsoldaten‹ [...] genannt«.[3] 1933, nach der Machtübernahme durch die Nationalsozialisten, verlor der Richter Julius Siegert nicht zuletzt wegen seines damaligen, unerwartet liberalen Urteils sein Amt. In seiner Urteilsbegründung hatte es geheißen: »Der Künstler hat zeigen wollen: so wenig Gasmaske und Soldatenstiefel zum Christusbild passen, genauso wenig passt die Lehre der kriegshetzenden Vertreter der Kirche zur eigentlichen christlichen Lehre. Er will zeigen: das habt Ihr, die Ihr den Krieg predigt aus Christus gemacht [...]. Gewiss würden viele die Bilder als geschmacklos bezeichnen, mit einer Verletzung religiöser Gefühle habe dies aber nichts zu tun«.[4] HA

1 Herzfelde 1976, S. 463.
2 George Grosz an Hans Albrecht, 10. Januar 1948, in: Knust (Hg.) 1979, S. 404 f.
3 George Grosz an Mark Neven DuMont, 17. Dezember 1930, in: Grosz 1992, S. 166.
4 Die Justiz, Bd. VI, Berlin 1931, S. 552, 554.

»Dem Arbeiter helfen, seine Unterdrückung und sein Leiden zu verstehen, ihn zwingen, sein Elend und seine Versklavung offen sich einzugestehen, Selbstbewußtsein in ihm zu wecken und zum Klassenkampf anzufeuern, das ist die Aufgabe der Kunst und ich diene dieser Aufgabe.«

George Grosz, 1928
Ausst.-Kat. Berlin 1977, S. 254

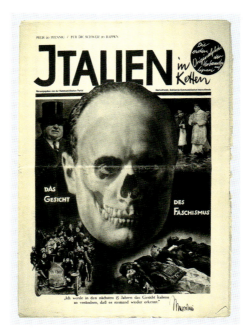

III 2/25

III 2/25
John Heartfield
(Schmargendorf bei Berlin 1891 –
1968 Ost-Berlin)
Das Gesicht des Faschismus, 1928
Titelblatt der Publikation *Italien in Ketten*,
Berlin: Vereinigung Internationaler Verlagsanstalten, 1928
Kupfertiefdruck, 38,6 x 27,7 cm
Berlin, Deutsches Historisches Museum
Do 57/1666 (MfdG)
Lit. Herzfelde 1971 [1962].

Die Titelseite der von der KPD herausgegebenen Schrift *Italien in Ketten* bezieht sich auf das Wirken des italienischen »Duce« Benito Mussolini. Ein Zitat Mussolinis liefert das Motto der Fotomontage: »Ich werde in den nächsten 15 Jahren das Gesicht Italiens so verändern, daß es niemand wieder erkennt.« Im Zentrum der Bildkomposition steht ein solches Gesicht: Es ist das von Mussolini, wie es auf frühen Propagandaplakaten zu sehen war, erkennbar am hohen Haaransatz und dem markanten Kinn. Durch die Überblendung mit einem Totenschädel zeigt Heartfield das »wahre Gesicht« des italienischen Faschismus.

Grundsätzlich verspricht eine Fotografie dokumentarische Authentizität, in diesem Sinne wird sie – ungeachtet aller Manipulationsmöglichkeiten – bis heute im Reportagejournalismus eingesetzt. Heartfield machte sich die der Fotografie innewohnende Überzeugungskraft zunutze. Mit der Kombination heterogener Bildelemente lässt er die hinter der Oberfläche der äußeren Erscheinung liegende Wahrheit erkennbar werden. Erste Experimente mit Fotomontagen aus zusammengesetzten Bild- und Textelementen hatten Heartfield und George Grosz bereits 1916 unternommen. Sie basierten auf dem Prinzip der dadaistischen Collage und den simultanistischen Klebebildern der italienischen Futuristen. 1924 entstanden erste Montagen, welche die verschiedenartigen Bildelemente in eine illusionistische Raumsynthese einbinden, das heißt die Schnittkanten wurden kaschiert und die Größenunterschiede der Bildzitate in einen logisch erscheinenden Zusammenhang gebracht.

Der Bildaufbau von *Gesicht des Faschismus* erinnert an die christliche Bildtradition, man denke an das Motiv von Christus mit den vier Evangelisten. In drei Bildecken werden, den Evangelisten vergleichbar, »Nebenakteure« des Faschismus sichtbar: ein profitgieriger, feister Bourgeois, bigotte kirchliche Würdenträger und johlende »Schwarzhemden«. Die untere rechte Bildecke ist den Opfern gewidmet. Das didaktische Hauptargument der Montage ist das Bild. Doch liefert erst der ergänzende Text den Zusammenhang – eine Verfahrensweise, die Heartfield sich in seinen Bild-Text-Montagen zunutze gemacht hat. Walter Benjamin fundierte die Rolle der Beschriftung für das Bild wenig später theoretisch, als er 1934 im Pariser Exil – die Wirkungsmacht der Propagandamaschinerie totalitärer Staaten vor Augen – schrieb: »Was wir vom Photographen zu verlangen haben, das ist die Fähigkeit, seiner Aufnahme diejenige Beschriftung zu geben, die sie dem modischen Verschleiß entreißt und ihr den revolutionären Gebrauchswert verleiht.«[1] NB

1 Benjamin, Walter: Der Autor als Produzent (1934), in: Benjamin, Walter: Lesezeichen. Schriften zur deutschsprachigen Literatur, Leipzig 1970, S. 362 f.

3.
Nie wieder Krieg!

III 3/26
Max Beckmann
(Leipzig 1884 – 1950 New York)
Selbstbildnis mit Krankenpflegeruniform und Autobrille, Lille, April 1915
Feder in Dunkelbraun auf Skizzenbuchseite,
14,8 × 12,1 cm
Hamburg, Sammlung Hegewisch in der Hamburger Kunsthalle
(Abb. 4, S. 23)
Lit. Wiese 1978, S. 201, 203, WV-Nr. 258; Ausst.-Kat. München/Berlin/Saint Louis 1984/85, Nr. 228, S. 391; Erpel 1985, Nr. 47; Beckmann 1993, S. 113 f.; Jürgens-Kirchhoff 1993, S. 151–175; Lenz, Christian: »Sachlichkeit den inneren Gesichtern«. Max Beckmanns Selbstbildnisse der Jahre 1900–1924, in: Ausst.-Kat. München/Braunschweig 2000/01, S. 9–42, 127, Nr. 23; Soiné 2002, S. 95–116.

»Eben blicke ich auf und sehe mich in meiner trübseligen Krankenpflegeruniform mit der wilden Autobrille in einer Umgebung, die lebhaft an das Interieur erinnert, was ich noch letzthin radiert habe, bei dem ermordeten Manne. Es ist kalt. Am Tage hat es noch viel geregnet und Lille ist sehr ramponiert. Gerade ins Herz der Stadt hat man mit wüster Gewalt gestochen, und die Straßenreihen klaffen weit auseinander wie am Jüngsten Tage. [...] Eben habe ich, rechts und links gröhlende und schimpfende Soldaten, bei dem scharfen Schein des elektrischen Lichts noch ein Selbstporträt gezeichnet.« So schrieb Max Beckmann als Krankenpfleger aus dem Felde am 3. April 1915 an seine Frau Minna Tube.[1]

Beckmann zeigt sich in dieser intensiven Zeichnung, die sich ehemals in der Sammlung von Beckmanns Verleger Reinhard Piper befand, selbst aus der Aufsicht. Er blickt angespannt von unten nach oben, während die Mütze mit besagter Autobrille schief auf dem Kopf sitzt und die übrige Uniform nur angedeutet ist. Die Konzentration auf Kopf und Gesicht des Künstlers findet ein Gegengewicht in der skizzenhaften Erfassung der Arme und der den Stift haltenden Hand. Anders als das im selben Jahr entstandene feinnervige *Selbstbildnis beim Zeichnen* (Wiese 1978, WV-Nr. 280), in dem Beckmann die umgekehrte, eher analysierende Position einnimmt und auf den Betrachter hinunterschaut, gibt Beckmann sich hier, als hätte er seine Fahrt soeben unterbrochen: energisch, angespannt und wachsam, weniger als Schilderer der erlebten Schrecken, die im Brief angedeutet werden, denn als Handelnder und Überlebender. Die von der christlichen Ikonografie beeinflussten Aufarbeitungen des Weltkrieges deuten sich im zitierten Brief bereits an, nicht aber im flüchtigen zeichnerischen Duktus des Blattes. OP

1   Beckmann 1993, S. 113 f.

III 3/27
Max Beckmann
(Leipzig 1884 – 1950 New York)
Die Granate, 1915
Kaltnadelradierung, 38,6 × 28,9 cm (Platte),
64 × 47,8 cm (Blatt)
Hamburg, Sammlung Hegewisch in der Hamburger Kunsthalle
Lit. Wiese 1978, S. 96–99; Schubert 1985, S. 58–62; Eberle 1989, S. 81–110; Hofmaier 1990, WV-Nr. 80; Ausst.-Kat. München 1993, Nr. 18, S. 53; Jürgens-Kirchhoff 1993, S. 151–175; Lenz, Christian: Kirchner – Meidner – Beckmann. Drei deutsche Künstler im Ersten Weltkrieg, in: Mommsen (Hg.) 1996, S. 171–178; Spieler 2002 [1994], S. 25–31.

Wie ein zerberstender Himmelskörper explodiert die Granate inmitten einer Gruppe von Soldaten, die fliehen, schreien oder sich der Wucht der Explosion entgegenstemmen. Das fein geritzte grafische Blatt liefert dabei die Synthese mehrerer Wirklichkeitsausschnitte und Zeitebenen. Panik und ruhiger Bericht, bewaffneter Kampf und verstümmeltes Dahinsiechen werden ineinandergeblendet und simultan wiedergegeben. Der erste Zustandsdruck zeigte am linken Bildrand zusätzlich eine Figur, die das Geschehen erläuterte und kontrastierte. Später hat Beckmann sie getilgt. Stephan von Wiese charakterisierte die Darstellungsform folgendermaßen: »Es ist also nicht mehr eine momentane, einheitliche Szene gegeben, sondern verschiedene Wirklichkeitsmomente des Krieges sind montageartig zusammengefügt. Das Darstellungsschema eines rationalen perspektivischen Raumkontinuums erschien nicht mehr in der Lage, ein adäquates Bild der Kriegswirklichkeit zu geben, denn der Krieg war nicht in einer einzelnen momentanen impressionistischen Szene erfahrbar, sondern in einer Vielzahl von Realitätsfetzen, die sich erst nach und nach in der künstlerischen Vorstellung zu einem verdichteten Bild zusammenschlossen. Das Motiv der explodierenden Granate gibt dabei dem Zerreißen der impressionistischen Wirklichkeitserfahrung schon vom Bildthema her sinnfällig Ausdruck.«[1]

In diesem Zusammenhang erscheint die formale Entdramatisierung des Geschehens bemerkenswert, denn Beckmann nimmt den scharfen Hell-Dunkel-Kontrast von schwarz schraffierten Flächen einerseits und lichtem Liniengespinst andererseits in den späteren Zustandsdrucken deutlich zurück. Das bengalische Licht der Explosion weicht einem gleichmäßigeren Grau, bei dem die unterschiedlichen Darstellungsebenen stärker miteinander verschliffen werden. Die Diskontinuität der schockhaften Seh-Erfahrung des Zersprengens wird dabei von Beckmann stärker in den chaotischen Zustand eines unübersichtlichen Gewirrs aus Körpern und Gliedern zurückgeführt, wobei der kritische Bildinhalt trotz der formalen Veränderung bestehen bleibt. Auf diesem Blatt stirbt niemand den Heldentod, wenn er in den Mahlstrom der Explosion gerät: Er wird zerrissen und versinkt im Schlamm, so sehr er sich auch an das Leben klammern möchte. OP

1   Wiese 1978, S. 97.

III 3/27

III 3/28

III 3/28
Max Beckmann
(Leipzig 1884 – 1950 New York)
Sturmangriff, 1916
Kaltnadelradierung, 17,7 x 25,9 cm (Platte),
28,5 x 45,6 cm (Blatt)
Hamburg, Sammlung Hegewisch in der
Hamburger Kunsthalle
Lit. Haxthausen, Charles Werner: Der Erste
Weltkrieg – Katalysator eines Neubeginns?,
in: Ausst.-Kat. München/Berlin/Saint Louis
1984/85, S. 71–81; Eberle 1989, S. 81–110;
Hofmaier 1990, WV-Nr. 92; Ausst.-Kat. München 1993, Nr. 16, S. 55; Jürgens-Kirchhoff
1993, S. 151–175.

Auf diesem weniger bekannten Blatt stürmt ein mit Karabinern bewaffneter Trupp von rechts nach links durch das Bild, wobei Beckmann die Dynamik der Bewegung jäh unterbricht, indem er die getroffenen Soldaten gegenläufig zu Boden fallen lässt. Der hintere Stürmende hält den Kopf gesenkt, so dass er den Getroffenen vor sich nicht sehen kann und buchstäblich mit ihm zusammenzuprallen scheint. Der vordere Soldat dagegen verdreht sein Auge nach hinten. Er lenkt den Blick des Betrachters auf die beiden Soldaten hinter ihm: Der in der Mitte reißt getroffen die Arme nach oben, der andere liegt bereits leblos am Boden. Beide Figuren lassen sich als zwei Sequenzen im zeitlichen Ablauf des Fallens lesen.

Dieser Grafik Max Beckmanns kommt ein besonderer Status zu. Es handelt sich um ein Blatt, das nach dem Nervenzusammenbruch des Künstlers und seiner anschließenden Beurlaubung aus dem Kriegsdienst entstand. Es reflektiert den Krieg aus der Rückschau. Überdies ist es das einzige Blatt des Jahres 1916, das sich – parallel zum Bildentwurf der riesigen, unvollendet gebliebenen *Auferstehung II* (1916–1918) – mit der Kriegsthematik auseinandersetzt.

Die *Auferstehung II* zieht die Summe aus Beckmanns Kriegserfahrung. Er inszeniert Auferstehung und Erscheinung der Toten als Schauspiel für eine bürgerliche Klasse, der der Künstler mit seiner Familie und seinen Freunden selbst angehörte. Dabei wird das heilsgeschichtliche Geschehen unter einer erloschenen Sonne der sinnhaften Deutung entzogen und gerät zum grotesken Spektakel, mit dem Beckmann auch kompositorisch scheiterte.

Der *Sturmangriff* greift die kreuzförmige Komposition von *Auferstehung II* erneut auf, so dass er im Zusammenhang mit der monumentalen Bilderfindung stehen könnte. Auch in *Auferstehung II* befindet sich im Zentrum eine schwebende, sich aufrichtende Figur, die der Figurenfolge ein zeitliches Moment einschreibt. Freilich ist der Zeitmodus ein gänzlich anderer: Bei der Radierung handelt es sich um die Momentaufnahme des mörderischen Krieges aus der Perspektive der Teilnehmenden, dort um die lähmende Sequenz eines Geschehens am Ende der Tage, dem kein transzendentaler Sinn mehr zu entnehmen ist. OP

III 3/29 – III 3/38
Frans Masereel
(Blankenberghe/Belgien 1889–1972 Avignon)
Zyklus *Debouts les Morts! – Résurrection infernale (Steht auf ihr Toten! – Höllische Auferstehung)*, Genf: Albert Kundig, 1917
Ein Titelholzschnitt und neun Holzschnitte,
je 20,2 x 17,5 cm (Platte), je 32 x 25 cm (Blatt)
Offenbach am Main, Klingspor-Museum
2002/840
Lit. Vorms 1967; Pinkus 1981; Ritter 1983;
Ausst.-Kat. Berlin 1989 (3); Masereel 1989;
Ritter (Hg.) 1992.

III 3/29

3. Nie wieder Krieg!

III 3/30

III 3/33

III 3/36

III 3/31

III 3/34

III 3/37

III 3/32

III 3/35

III 3/38

Der Flame Frans Masereel erlebte den Ersten Weltkrieg nicht als unmittelbarer Augenzeuge. Zwar meldete sich der zu Kriegsbeginn in Paris lebende Künstler bei der belgischen Bürgerwehr, erfuhr jedoch erleichtert, dass er dort nicht mehr als Bürger gemeldet sei. »[Ich] empfand das Bedürfnis, mich herauszuhalten, in keiner Weise an diesem Blutbad teilzunehmen und den Krieg zu bekämpfen«, kommentierte er seine Haltung später.[1] 1916 übersiedelte er mit seiner Familie nach Genf, das zu diesem Zeitpunkt Sammelbecken europäischer und russischer Kriegsgegner und Aktivisten unterschiedlichster Couleur war. Dort führten ihn der anarchistische Publizist Henri Guilbeaux und der pazifistische Schriftsteller Romain Rolland in die Kreise linkspolitischer Intellektueller ein. In diesem Umfeld erhielt Masereel schon bald Aufträge für Illustrationen, unter anderem für die Zeitschrift *Demain*, die von ihm mitbegründete pazifistische Zeitschrift *Les Tablettes* sowie die Tageszeitung *La Feuille*.

In der neutralen Schweiz war Masereel nicht mit dem Anblick von Soldaten, Verwundeten und Kriegskrüppeln konfrontiert. Er schuf seine Bilder allein auf der Grundlage von Berichten Dritter: So beispielsweise zeichnete er für *La Feuille* während des Krieges fast täglich die Titelillustration auf der Grundlage aktueller Pressemeldungen. Dies mag ein Grund sein, warum Masereels Bilder trotz realistischer Details nicht dokumentarisch wirken, sondern eher abstrahierend zugespitzt und allegorisch überhöht.

In seinem Holzschnitt-Album *Steht auf ihr Toten!* verzichtete Masereel erstmals auf Bildunterschriften – eine Loslösung vom journalistischen Kontext, die er als künstlerische Befreiung empfand.[2] Mit diesem Zyklus zielte er nicht auf Tagesaktualität und Realismus. Vielmehr strebte er eine fast piktogrammartige Verdichtung des Themas »Krieg« an und bezog sich dabei auf mittelalterlich-christliche Symbole (Totentanz, Golgatha, das Fegefeuer) sowie auf Elemente der politischen Karikatur, wie etwa in der Darstellung des deutschen und des französischen Soldaten, die gemeinsam ihre abgerissenen Köpfe auf einer Bahre davontragen.

Diese Bilder von den lebendigen Toten sind – im wahrsten Sinne des Wortes – holzschnittartige, plakative Propagandabilder gegen die Barbarei des Krieges. Sie bezeugen Masereels humanistisch-idealistische Haltung, die aufgrund seiner Distanz zum Krieg auch frei ist von der detailverliebten Faszination des Augenzeugen für die brutalen Deformationen des menschlichen Körpers durch den Krieg, wie sie die Blätter von Otto Dix bezeugen. In seiner frühen und kategorischen Ablehnung des Krieges war Masereel im kriegsbegeisterten Europa eine Ausnahmeerscheinung. Die meisten seiner Zeitgenossen setzten sich, wenn überhaupt, erst viele Jahre später kritisch mit dem Thema auseinander. JP

1 Vorms 1967, S. 24.
2 Vorms 1967, S. 42.

»Eine Generation, die noch mit der Pferdebahn zur Schule gefahren war, stand unter freiem Himmel in einer Landschaft, in der nichts unverändert geblieben war als die Wolken, und in der Mitte, in einem Kraftfeld zerstörender Ströme und Explosionen, der winzige gebrechliche Menschenkörper.«

Walter Benjamin, 1933
Benjamin 1977, S. 214

III 3/39
Gert Heinrich Wollheim
(Loschwitz bei Dresden 1894 – 1974 New York)
Der Verwundete, Remels in Ostfriesland 1919
Öl auf Holz, 156 x 178 cm
Berlin, Privatsammlung
Lit. Ausst.-Kat. Berlin 1926; Ausst.-Kat. Düsseldorf 1961; Ausst.-Kat. Berlin 1971; Wollheim 1977; Ausst.-Kat. Los Angeles/Fort Worth/Düsseldorf/Halle 1988/89; Ausst.-Kat. Düsseldorf 1989; Ausst.-Kat. Düsseldorf/Berlin 1993; Ausst.-Kat. Bonn 2000.

Als Gert Wollheim 1919 in der ländlichen Abgeschiedenheit des ostfriesischen Remels sein großformatiges Kriegstriptychon malte, gelang ihm mit der Mitteltafel, *Der Verwundete*, ein Programmbild des Nachkriegsexpressionismus.[1] Mit Lendentuch, Wundmal an der linken Hand und gekreuzten Baumstämmen an die Ikonografie von Kreuzigungsdarstellungen anschließend, verbildlicht Wollheim in seiner Selbstdarstellung die eigene, 1917 erlittene Kriegverletzung. Vor nachtschwarzem Himmel und verwüsteter, öder Landschaft zeigt Wollheim frontal eine verzerrte männliche Figur mit nacktem Oberkörper, die – von einer Kugel getroffen, die Arme erhoben – zu Boden geht. Die äußerste Verzerrung des Körpers lässt seine inneren Strukturen, Knochen und Sehnen, hervortreten.

Körper und Malerei entsprechen einander: Der Leib des Mannes wird zum Ausdruck einer Totalität des Schmerzes im dramatischen Staccato der Pinselstriche. Die apokalyptische Landschaft, die Konvulsion des Körpers und der Duktus des Farbauftrags werden eins. Wollheim scheute sich nicht, diese Einheit zur Groteske zu forcieren: Die Körperspannung setzt sich bis in die Haarspitzen fort. Das Trauma der Todesangst formt Wollheim zum Bild eines Gemarterten, dessen Qual gemäß christlicher Dialektik den Ruf nach der erlösenden Kraft einer Auferstehungsszene enthält – eine Erlösung, die das Gemälde verweigert, an der jedoch der Künstler im kathartischen Malakt partizipieren konnte.

Dem bürgerlichen Publikum war der Anblick unerträglich. Der Düsseldorfer Kunsthändler Alfred Flechtheim ließ das Bild in seine Galerie bringen, weigerte sich dann aber, es zu zeigen. Aus der Düsseldorfer *Ausstellung für kriegsgeschädigte Künstler* (1920) musste es nach Protesten entfernt werden. Schließlich sah sich Wollheim genötigt, das Werk zu verschenken.[2] Unter den Künstlern der Gruppen Aktivistenbund 1919, Das Ey und Das Junge Rheinland, in denen Wollheim aktiv war, zeitigte es jedoch eine nachhaltige Wirkung.[3] Einflüsse sind nicht zuletzt an den Kriegsdarstellungen von Otto Dix

III 3/39

(Kat.-Nrn. III 3/51 – III 3/59) nachweisbar, mit dem Wollheim 1920 in Düsseldorf zeitweilig das Atelier teilte.[4] MA

1 Von den Seitentafeln sind nur Rekonstruktionsskizzen erhalten, vgl. Ausst.-Kat. Düsseldorf/Berlin 1993, Abb. 212, 213, S. 85.
2 Heckmanns, Friedrich W.: »Das Junge Rheinland« in Düsseldorf 1919–1929. Gipfel des Berges »Expressionismus« – ein Anfang vor dem Ende, in: Ausst.-Kat. Los Angeles/Fort Worth/Düsseldorf/Halle 1988/89, S. 90ff.
3 Wiese, Stephan von: Die innere Bühne des Gert H. Wollheim. Kunst und Politik im Umkreis des »Jungen Rheinland«, Ausst.-Kat. Los Angeles/Fort Worth/Düsseldorf/Halle 1988/89, S. 15–19.
4 Ausst.-Kat. Düsseldorf 1989, S. 7.

»Wie war es möglich, daß kein kleinstes Bild enstand, wenigstens Notiz nehmend von all dem wahnsinnigen Geschehn [...] Wieviel hätte ein Bild wirken können (selbst auf die Gefahr hin, kein Kunstwerk zu sein – was bedeutet das hier –, hätte es gemalt werden müssen!), hätte ein Bild von dem Ausmaß des jüngsten Gerichts Michel Angelo's wirken können, eine Riesenfläche, oben in großen Lettern den Satz tragend: DU SOLLST NICHT TÖTEN, und darunter ein Gewimmel krepierender, verblutender Menschen, aufgerissener Leiber, abgeschmetterter Glieder, alles in grausigster Wahrhaftigkeit dargestellt? Ein solches Bild hätte wie ein Entsetzensschrei gewirkt; um wieviel hätte es die Metzelei abkürzen können, Leben rettend?«

Franz M. Jansen, 1920
Jansen 1981, S. 153 f.

III 3/40 – III 3/46
Käthe Kollwitz
(Königsberg 1867 –
1945 Moritzburg bei Dresden)
**Zyklus *Krieg*, Dresden:
Emil Richter, 1920 – 1922** (sieben Blätter)
Berlin, Käthe-Kollwitz-Museum Berlin

III 3/40
1. Blatt: Das Opfer, 1922
Holzschnitt, mit Pinsel in Deckweiß und schwarzer Tusche überarbeitet,
37,1 x 40,1 cm (Platte), 46 x 55,7 cm (Blatt)

III 3/41
2. Blatt: Die Freiwilligen, 1921/22
Holzschnitt, 35 x 49,6 cm (Platte),
37,7 x 50,9 cm (Blatt)

III 3/42
3. Blatt: Die Eltern, 1921/22
Holzschnitt, 35 x 42,2 cm (Platte),
37,2 x 56,5 cm (Blatt)

III 3/43
4. Blatt: Die Witwe I, 1921/22
Holzschnitt, 37 x 23 cm (Platte),
65,5 x 47 cm (Blatt)

III 3/44
5. Blatt: Die Witwe II, 1922
Holzschnitt, 31 x 53 cm (Platte),
47,5 x 65 cm (Blatt)

III 3/45
6. Blatt: Die Mütter, 1921/22
Holzschnitt, 34,2 x 39,8 cm (Platte),
42,5 x 54 cm (Blatt)

III 3/46
7. Blatt: Das Volk, 1922
Holzschnitt, 35,7 x 30 cm (Platte),
58,7 x 46,3 cm (Blatt)

Lit. Ausst.-Kat. Hamburg/München/Moskau/Leningrad 1987/88, S. 163 ff., Nr. 86–92; Ausst.-Kat. Berlin 1989 (3), S. 69–72; Jürgens-Kirchhoff 1993, S. 285 ff.; Ausst.-Kat. Berlin 1995 (4), S. 132–137; Slg.-Kat. Schwerin 1997; Ausst.-Kat. Bielefeld/Bedburg-Hau 1999; Schirmer, Gisela: Geschichte in der Verantwortung der Mütter. Von der Opferideologie zum Pazifismus, in: Ausst.-Kat. Bielefeld/Bedburg-Hau 1999, S. 111–121; Slg.-Kat. Berlin 1999, S. 230 f., Nrn. 103, 105, 106, 108, 109, 111, 112; Knesebeck 2002, Bd. II, Nrn. 173–176, 178, 179, 190; Kollwitz 2007.

Mit der aus sieben Blättern bestehenden Grafikfolge *Krieg* hat Käthe Kollwitz zwischen 1921 und 1922 ihre erste Folge in der Technik des Holzschnittes geschaffen. Der Zyklus ist zugleich ein bis heute in seiner Eindringlichkeit gültiges künstlerisches Zeugnis, das sich durch eine klare Haltung gegen den Krieg auszeichnet.[1] An den pazifistischen Schriftsteller und Literaturnobelpreisträger Romain Rolland schrieb die Künstlerin im Oktober 1922: »Ich habe immer versucht, den Krieg zu gestalten. Ich konnte es nie fassen. Jetzt endlich habe ich eine Folge von Holzschnitten fertiggebracht, die einigermaßen das sagen, was ich sagen wollte. [...] diese Blätter sollen allen Menschen sagen: So war es – das haben wir alle getragen durch diese unaussprechlich schweren Jahre.«[2]

Ihren männlichen Künstlerkollegen vergleichbar geht Käthe Kollwitz in der Folge *Krieg* von ihrem individuellen Erleben aus. Sie schildert den Krieg allerdings aus dem Blickwinkel der Frauen, die den Verlust ihrer Männer und Söhne erleiden. Am 22. Oktober 1914 war ihr jüngerer Sohn Peter (Jahrgang 1896) in Flandern gefallen. Kollwitz hatte seinen Wunsch, sich freiwillig zum Kriegsdienst zu melden, gegen die anfängliche Ablehnung ihres Mannes unterstützt.

3. Nie wieder Krieg!   191

III 3/40

III 3/43

III 3/41

III 3/44

III 3/42

III 3/45

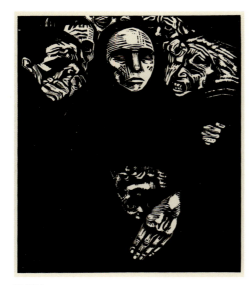

III 3/46

Die Opfer-Thematik bestimmt die gesamte Folge: Das erste Blatt mit dem Titel *Das Opfer* zeigt eine nackte junge Frau, die mit verschränkten Armen ein Neugeborenes in die Höhe hebt. Ein heller, wie eine Aureole erscheinender Streifen signalisiert die Annahme des Opfers durch eine höhere Macht.[3] Während das zweite Blatt *Die Freiwilligen*[4] die vorbehaltlose Bereitschaft junger Soldaten, in den Krieg zu ziehen, schildert (Kat.-Nrn. VI 3/33, VI 3/34), thematisiert Kollwitz mit *Die Eltern* die Trauer und Verzweiflung über den Tod des geliebten Kindes.[5] Wie intensiv der künstlerische Schaffensprozess war, veranschaulicht folgende Tagebuchnotiz: »Arbeite das Blatt *Eltern* um. Es kommt mir augenblicklich ganz schlecht vor. Viel zu hell und hart und deutlich. Schmerz ist ganz dunkel.«[6]

Schwarz als Metapher des Leides und des erlittenen Verlustes bestimmt gestalterisch auch die Blätter *Die Witwe I* und *II*. Die erste Variante zeigt eine Schwangere, die ihre Hand schützend auf ihren Bauch mit dem ungeborenen Kind legt. In der zweiten Version manifestiert sich in dem Körper einer toten Frau, die einen wohl toten Säugling in ihrem rechten Arm hält, die Endgültigkeit des Todes. Der unnatürlich in den Nacken gelegte Kopf und die nach oben ragende linke Hand könnten auf einen gewaltsamen Tod hinweisen.

Mit dem sechsten Blatt *Die Mütter* unterstreicht die Künstlerin ein weiteres Mal explizit die Rolle der Mütter als Beschützerinnen der Kinder. Dieses Thema hat Kollwitz mehr als 15 Jahre später nochmals in der Bronzeplastik *Turm der Mütter* gestaltet (Kat.-Nr. III 3/47). Im letzten Blatt mit dem Titel *Das Volk* steht wiederum eine Frau mit Kind im Mittelpunkt, die von männlichen Figuren flankiert wird, die verschiedene Stadien menschlichen Leides versinnbildlichen. Die Frau ist im Typus einer Schutzmantelmadonna gestaltet und scheint ein Kind vor der Menge zu verbergen und zu beschützen. In ihrem Zyklus spricht Kollwitz den Frauen eine entscheidende Verantwortung zu: An sie ergeht der Aufruf, durch ihr moralisches Handeln für Frieden und Gerechtigkeit einzutreten und die Kinder nicht preiszugeben. AS

1 Der Zyklus erschien 1924 als Mappe im Emil Richter Verlag, Dresden, mit einer Auflage von hundert Exemplaren in mehreren Ausgaben. Vgl. auch Slg.-Kat. Berlin 1999, S. 230f.
2 Aus einem Brief vom 25. Oktober 1922, zit. n. Slg.-Kat. Schwerin 1997, S. 88.
3 Zur Opferthematik vgl. Schirmer, Gisela: Geschichte in der Verantwortung der Mütter: Von der Opferideologie zum Pazifismus, in: Ausst.-Kat. Bielefeld/Bedburg-Hau 1999, S. 111–121.
4 Auch unter dem Titel *Dixmuiden* bekannt, dem Namen der belgischen Stadt, in deren Nähe Kollwitz' Sohn Peter 1914 gefallen war.
5 Vgl. auch die gleichnamigen Skulpturen für den belgischen Soldatenfriedhof Eessen bei Roggevelde nahe Duiksmuide (Dixmuiden), die dort im Juli 1932 aufgestellt und 1955 nach Vladslo überführt wurden.
6 Kollwitz 2007, S. 543, hier: Zitat v. 13. Dezember 1922.

> »Liebe Kinder [...] Heut nacht träumte ich, es wäre wieder Krieg, ein neuer drohte auszubrechen. Und im Traum bildete ich mir ein, wenn ich nur meine andere Arbeit ganz ließe und nur mit anderen zusammen alle Kraft aufs Reden dagegen legte, könnten wir es hindern.«
>
> Käthe Kollwitz, 11. Juni 1926
> Schmidt (Hg.) 1965, S. 368

III 3/47
Käthe Kollwitz
(Königsberg 1867 –
1945 Moritzburg bei Dresden)
Turm der Mütter, Berlin 1938
Bronze, 29 x 25 x 26 cm
Sign. hinten r.: K. Kollwitz
Berlin, Deutsches Historisches Museum
1989/1734
Lit. Prelinger, Elizabeth: Opfern und Schützen. Die zwei Seiten der Medaille im Leben und Werk von Käthe Kollwitz, in: Ausst.-Kat. Berlin 1995 (5), S. 75–83; Slg.-Kat. Berlin 1997; Slg.-Kat. Berlin 1999, S. 350f., Nr. 168; Kollwitz 2007.

Als Käthe Kollwitz 1937 begann, die Plastik zu modellieren, war sie bereits siebzig Jahre alt. Trotz aller Repressionen hatte sich die Künstlerin entschieden, in Deutschland zu bleiben. Sie war 1933 von den Nationalsozialisten gezwungen worden, aus der Akademie auszutreten, 1936 wurden Exponate der Künstlerin aus der Berliner Akademieausstellung entfernt. Ab 1937 wurden ihre Werke im Rahmen der Aktion »Entartete Kunst« beschlagnahmt. Zudem schürte seit dem Sommer 1936 der Spanische Bürgerkrieg die Kriegsangst in Europa – insbesondere, seit Italien und Deutschland die Putschisten unter General Francisco Franco unterstützten.

Der *Turm der Mütter* zeigt eine kompakte Gruppe von fünf Frauen in Vorder- und Rückenansicht, die ihre Kinder eng umschließen.[1] Es handelt sich hierbei um die bildhauerische Variante des grafischen Motives *Mütter*[2], das die Künstlerin um 1919 in verschiedenen Grafiken sowie in der 1924 veröffentlichten Mappe *Krieg* (Kat.-Nr. III 3/45) bearbeitet hatte. 1941, während des Zweiten Weltkrieges, gestaltete sie das Thema in der nach einem Goethe-Zitat benannten Lithografie *Saatfrüchte sollen nicht vermahlen werden* ein weiteres Mal. In der plastischen Version wird der Schutz, den die Frauen den Kindern gewähren, durch die Allansichtigkeit des Werkes für den Betrachter räumlich und körperlich erfahrbar. Am eindringlichsten ist

III 3/47

die Figur einer Frau, die dem Betrachter frontal gegenübertritt und die Arme waagerecht ausgebreitet hat. Sie kann als moderne Version der mittelalterlichen Schutzmantelmadonna gelten.[3] Die gestalterische wie inhaltliche Verdichtung verleiht der Plastik einen allgemeingültigen Aussagegehalt: Die Mütter schenken den Kindern nicht nur das Leben, sondern bewahren sie aktiv vor Bedrohungen, unter denen der Krieg nur eine unter vielen darstellt. AS

1 Im Oktober 1938 notierte Käthe Kollwitz in ihr Tagebuch: »Ich hatte die kleine Gruppe der zusammengedrängten Frauen, die ihre Kinder schützen, vom Gießer zurückbekommen. Zum ersten Mal mit einem Bronzeguß ganz zufrieden.« Kollwitz 2007, S. 693.
2 Die Idee zu einer plastischen Lösung hatte sie schon am 30. April 1922 beschäftigt: »Doch ist das noch ganz nebelhaft. Die im Kreis stehenden Mütter, die ihre Kinder verteidigen als Rundplastik.« Kollwitz 2007, S. 530 f.
3 Zum Opfer- und Schutz-Motiv vgl. Prelinger, Elizabeth: Opfern und Schützen. Die zwei Seiten der Medaille im Leben und Werk von Käthe Kollwitz, in: Ausst.-Kat. Berlin 1995 (5), S. 75–83, hier: S. 82.

III 3/48
Käthe Kollwitz
(Königsberg 1867 –
1945 Moritzburg bei Dresden)
Nie wieder Krieg, Berlin 1924
Lithografie, 94 x 70,5 cm (Darstellung),
95,4 x 73,2 cm (Blatt)
Berlin, Deutsches Historisches Museum
P 90/8691

Lit. Kollwitz 1986, S. 109; Ausst.-Kat. Hamburg/München/Moskau/Leningrad 1987/88, S. 167, Nr. 94; Ausst.-Kat. Hamburg/München/Moskau/Leningrad 1987/88, S. 167 f.; Ausst.-Kat. Berlin 1989 (3), S. 71; Ausst.-Kat. Berlin 1995 (4), S. 141 ff.; Knesebeck 2002, Bd. II, Nr. 205, S. 608; Kollwitz 2007.

Dieses Plakat gilt als eines der bekanntesten Werke der Künstlerin gegen den Krieg und hat seit seinem Erscheinen im internationalen »Antikriegsjahr« 1924 über seine eigene Zeit hinausgewirkt. So wurde es unter anderem »zu einem Symbol der späteren Friedensbewegung«.[1] Das Blatt erschien zum Mitteldeutschen Jugendtag der sozialistischen Arbeiterbewegung, der vom 2. bis 4. August 1924 in Leipzig stattfand. Die Zeichnung eines jungen Menschen, der seinen rechten Arm mahnend in die Höhe reckt, entstand bereits im August 1923.[2] Daumen, Zeige- und Mittelfinger sind gestreckt, ein Gestus, der zum klassischen Repertoire der Rednerdarstellung gehört. Die linke Hand liegt auf der Brust und signalisiert Wahrhaftigkeit. Die Dynamik des Appells wird darüber hinaus durch den weitgeöffneten Mund, den entschlossenen Blick und die wehenden Haare unterstrichen. Der erst nachträglich von der Künstlerin hinzugefügte Schriftzug »Nie wieder Krieg« stellt den politischen Kontext her und verleiht der Darstellung ihre Stoßkraft.

Käthe Kollwitz, die nie einer politischen Partei angehörte, schilderte in einem Brief vom 29. Dezember 1922 die Entstehungsumstände: »Vom Internationalen Gewerkschaftsbund habe ich den Auftrag bekommen, ein Plakat gegen den Krieg zu arbeiten. Das ist eine Aufgabe, die

III 3/48

mich freut.«³ Dass Kollwitz ihre Arbeit bewusst humanitären und pazifistischen Zielen unterstellte, verdeutlicht der folgende Tagebucheintrag: »In solchen Augenblicken, wenn ich mich mitarbeiten weiß in einer internationalen Gemeinschaft gegen den Krieg, hab ich ein warmes, durchströmendes und befriedigtes Gefühl. [...] Jeder arbeitet wie er kann. Ich bin einverstanden damit, daß meine Kunst Zwecke hat. Ich will wirken in dieser Zeit, in der die Menschen so ratlos und hilfsbedürftig sind.«⁴ AS

1 Ausst.-Kat. Berlin 1995 (4), S. 141.
2 Kollwitz 2007, S. 557.
3 Käthe Kollwitz an Erna Krüger, Brief vom 29. Dezember 1922, zit. n. Kollwitz 1986.
4 Kollwitz 1986, S. 542 (Brief vom 4. Dezember 1922).

»In solchen Augenblicken, wenn ich mich mitarbeiten weiß in einer internationalen Gemeinschaft gegen den Krieg, hab ich ein warmes, durchströmendes und befriedigtes Gefühl. [...] Jeder arbeitet wie er kann. Ich bin einverstanden damit, daß meine Kunst Zwecke hat. Ich will wirken in dieser Zeit, in der die Menschen so ratlos und hilfsbedürftig sind.«

Käthe Kollwitz, 1922
Kollwitz 1986, S. 542

III 3/49
Otto Griebel
(Meerane 1885 – 1972 Dresden)
Marzipan-Kriegsgedenkblatt, 1922
Bleistift, aquarelliert, 43,8 x 50,3 cm
Bez., sign. u. dat. u. l.: Marzipan-Kriegsgedenkblatt von Otto Griebel 1922
Berlin, Deutsches Historisches Museum
KH 61/31, (Abb. 5, S. 71)
Lit. Ausst.-Kat. Leipzig 1972; Griebel 1986.

Otto Griebel schrieb rückblickend in seinen Memoiren, dass er sich »wohl auch aus Erlebnishunger«¹ 1916 freiwillig an die Westfront gemeldet habe. Doch die Erlebnisse der folgenden Zeit – der Anblick von Verwundeten, Toten und Kriegsgefangenen sowie seine eigene längere Krankheit aufgrund einer Vergiftung und seine schwere Verwundung – bekehrten ihn bald zum Kriegsgegner. Vermutlich waren es die konkreten Kriegserfahrungen, die ihn der kommunistischen Bewegung näherbrachten. Zuvor eher der SPD zugewandt, trat er nach dem Krieg der KPD bei und engagierte sich in den folgenden Jahren als Mitglied und als Mitbegründer mehrerer kommunistischer Vereinigungen und Künstlergruppen.

Griebel hat in seinem Werk mehrfach den Krieg und seine Folgen thematisiert. Auch seine Lebenserinnerungen zeugen davon, dass er die zerstörerischen psychischen und physischen Auswirkungen der »Kriegsmaschinerie« aufmerksam beobachtete.² Für den langjährigen Dekorations- und Gewerbemaler mag die Wahl der Aquarelltechnik für die Auseinandersetzung mit diesem Thema nahegelegen haben, zumal sich mit dieser Technik rasch, präzise und ohne großen Aufwand arbeiten ließ. Vielleicht reizte ihn aber auch der Kontrast zwischen dem lasierten Farbauftag und den realistisch-brutalen Kriegsszenen.

Eine vergleichbare Ironie liegt in der Wahl des Titels *Marzipan-Kriegsgedenkblatt* für das Aquarell, das satirisch überspitzte Szenen zum Ersten Weltkrieg collagiert. Gottvater, der eine Pickelhaube trägt, beobachtet vom Himmel aus wohlwollend das Geschehen. Auf der Erde wird die Kriegstreiberei tatkräftig von Vertretern der Kirche, der Medizin und des »Spießbürgertums« unterstützt. Kronprinz Wilhelm von Preußen in einer Uniform der »Totenkopfhusaren« vergnügt sich unterdessen mit Dirnen, Tennis- und Glücksspiel. Gevatter Tod lädt Geschäftsleute zum »Hau den Lukas« ein, dessen Amboss in Gestalt eines Soldaten durch verschiedene Helme in einen Deutschen, Engländer oder Franzosen umgewandelt werden kann.

Griebels Botschaft ist deutlich: Das Schicksal der Soldaten, ob sie verkrüppelt, gefangengenommen oder tot sind, ist den Geschäftemachern egal welcher Nationalität gleichgültig. Für sie gilt nur die Devise »Geschäft ist Geschäft«, während die Soldaten manipuliert und missbraucht werden und noch mit Bein-, Arm- und Kopfprothese als »k. v.«, kriegsverwendungsfähig, ins Feld geschickt werden. Um diesem globalen Kapitalismus entgegenzutreten, so Griebels Überzeugung, bedurfte es einer international organisierten Arbeiterschaft, wie er sie einige Jahre später in seinem berühmten Gemälde *Die Internationale* darstellte. JP

1 Griebel 1986, S. 56.
2 Siehe beispielsweise seine Bemerkungen zu Kriegsinvaliden, in: Griebel 1986, S. 130.

III 3/50
Otto Griebel
(Meerane 1885 – 1972 Dresden)
Drei Frontsoldaten, 1923
Aquarell, 49 x 57,5 cm
Bez., sign. u. dat. u. l.: 3 Frontsoldaten Otto Griebel Nov. 1923
Dresden, Städtische Galerien, Kunstsammlung 1978/k12
Lit. Ausst.-Kat. Leipzig 1972; Griebel 1986.

Hatte Otto Griebel seine Kriegseindrücke im *Marzipan-Kriegsgedenkblatt* von 1922 (Kat.-Nr. III 3/49) zur Satire überzeichnet, so schuf er im folgenden Jahr mit *Drei Frontsoldaten* eine realistisch und auf den ersten Blick eher unpolitisch wirkende Momentaufnahme des Krieges.

III 3/50

Drei Frontsoldaten stehen nebeneinander vor einer zerschossenen Hausfassade und blicken den Betrachter an, als posierten sie für ein Erinnerungsfoto. Als Souvenir wäre das Bild jedoch kaum geeignet: Die drei Männer erscheinen keineswegs als strahlende Helden, sie wirken vielmehr abgekämpft und illusionslos; ihre Uniformen sind zerlumpt und nicht mit Kokarden oder Litzen verziert. Man könnte sie als »Arbeiter« des Krieges bezeichnen, erschöpften Bergarbeitern bei Schichtende vergleichbar. Ausgerüstet sind sie mit den Werkzeugen eines »modernen« Krieges wie Stahlhelm, Gasmaskenbehälter, Patronentasche, Stielgranate.

Den Soldaten in der Mitte hat Griebel nicht nur durch Position und Größe hervorgehoben, sondern auch durch die »intellektuell« anmutende Gasmaskenbrille, den Uniformmantel und die Pistole am Koppel, die typische Offizierswaffe. Auffällig ist, dass sich der ranghöhere Offizier ansonsten nicht von den beiden anderen Soldaten abhebt, was durch das Fehlen von Rangabzeichen und den egalisierenden Bildtitel *Drei Frontsoldaten* noch unterstrichen wird. Es scheint, als habe Griebel das Ideal der proletarischen Solidarität auf das Soldatenwesen übertragen wollen. Ähnlich wie in seinem *Marzipan-Kriegsgedenkblatt* zeigt er die Frontsoldaten nicht als Täter, sondern als Opfer von Kriegstreibern und Kriegsgewinnlern. JP

»Dieses Buch *[Im Westen nichts Neues]* soll weder eine Anklage noch ein Bekenntnis sein. Es soll nur den Versuch machen, über eine Generation zu berichten, die vom Krieg zerstört wurde – auch wenn sie seinen Granaten entkam.«

Erich Maria Remarque, 1929
Remarque 1989 [1929], S. 5

III 3/51 – III 3/59
Otto Dix
(Untermhaus bei Gera 1891 –
1969 Singen am Bodensee)
Zyklus *Der Krieg*, Berlin 1924:
Karl Nierendorf (fünfzig Blätter)
Hamburg, Sammlung Hegewisch in der
Hamburger Kunsthalle

III 3/51
5. Blatt: Pferdekadaver, Düsseldorf 1924
Radierung und Kaltnadel, 14,5 x 19,7 cm
(Platte)

III 3/52
**7. Blatt: Bei Langemark (Februar 1918),
Düsseldorf 1924**
Radierung und Kaltnadel, 24,7 x 29,3 cm
(Platte)

III 3/53
**12. Blatt: Sturmtruppe geht unter Gas vor,
Düsseldorf 1924**
Radierung, Aquatinta und Kaltnadel,
19,6 x 29,1 cm (Platte)

III 3/54
**13. Blatt: Mahlzeit in der Sappe
(Loretto Höhe), Düsseldorf 1924**
Radierung und Aquatinta, 19,6 x 29 cm (Platte)

III 3/55
31. Blatt: Schädel, Düsseldorf 1924
Radierung, 25,7 x 19,5 cm (Platte)

III 3/56
**33. Blatt: Lens wird mit Bomben belegt,
Düsseldorf 1924**
Radierung und Kaltnadel, 29,8 x 24,6 cm
(Platte)

III 3/57
**39. Blatt: Durch Fliegerbomben zerstörtes
Haus, Düsseldorf 1924**
Radierung, Aquatinta und Kaltnadel,
29,8 x 24,4 cm (Platte)

III 3/51

III 3/53

III 3/52

III 3/54

III 3/58
40. Blatt: Transplantationen, Düsseldorf 1924
Radierung, Aquatinta und Kaltnadel, 19,9 x 14,9 cm (Platte)

III 3/59
42. Blatt: Toter (Saint-Clément), Düsseldorf 1924
Radierung und Aquatinta, 29,9 x 25,9 cm (Platte)

Lit. Conzelmann 1983, S. 145–195; Eberle 1989, S. 31–62; Herzogenrath, Wulf: Die Mappe »Der Krieg« 1923/24, in: Ausst.-Kat. Stuttgart/Berlin 1991/92, S. 167–175; Jürgens-Kirchhoff 1993, S. 243–261; Schubert, Dietrich: Otto Dix zeichnet im Ersten Weltkrieg, in: Mommsen (Hg.) 1996, S. 179–193; Strobl 1996, S. 88–97; Merz, Jörg Martin: Otto Dix' Kriegsbilder. Motivationen – Intentionen – Rezeptionen, in: Marburger Jahrbuch für Kunstwissenschaft, Bd. 26, 1999, S. 189–226; Schubert, Dietrich: Otto Dix. Die Radierungen »Der Krieg« (Berlin 1924) oder: das »Yo lo vi«, in: Ausst.-Kat. Bonn 1999, S. 12–46, 49–113; Werner, Gabriele: Otto Dix – Der Krieg, in: Kriegsende 1918 1999, S. 315–339; McGreevy 2001, S. 273–326.

»Der Krieg war eine scheußliche Sache, aber trotzdem etwas Gewaltiges. Das durfte ich auf keinen Fall versäumen. Man muß den Menschen in diesem entfesselten Zustand gesehen

III 3/55

III 3/57

III 3/59

III 3/56

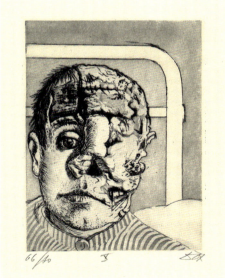

III 3/58

haben, um etwas über den Menschen zu wissen«, teilte Otto Dix 1965 mit, und nur wenige Jahre zuvor, 1961: »Ich musste auch erleben, wie neben mir Einer plötzlich umfällt und weg ist, und die Kugel trifft ihn mitten. Das musste ich alles ganz genau erleben. Das wollte ich. Also bin ich doch gar kein Pazifist – oder? Vielleicht bin ich ein neugieriger Mensch.«[1]

Es gibt kaum ein Kunstwerk, das die Erfahrung des Krieges so genau einfängt wie die fünfzig Blätter umfassende, 1924 von Karl Nierendorf verlegte Grafikmappe *Der Krieg* von Otto Dix. Der Künstler selbst hatte mehr als vier Jahre lang in den Schützengräben gekämpft und das furchtbare Geschehen aus nächster Nähe erlitten. Vor dem Hintergrund seiner Beschäftigung mit den Meistern grafischer Kunst – Urs Graf, Jacques Callot und Francisco de Goya – verdichtete er seine Erfahrungen in einer ästhetisch überaus differenzierten und reichen Folge, die zwischen unterschiedlichen Stillagen und verschiedenen inhaltlichen Ebenen changiert. Dix hat die Reihenfolge der in einer Auflage von siebzig Exemplaren erschienenen Folge selbst festgelegt. Diese wurde dabei in sieben, jeweils aus zehn Blättern bestehende Mappen unterteilt, die keiner erkennbaren Logik gehorchen. Sie zeigen alle Aspekte des Stellungskrieges und des soldatischen Frontalltages: zerstörte, von Granaten zerwühlte Landschaften und zerschossene, aufgerissene Soldatenkörper sowie Sturmangriffe, Bombardements, Bordellbesuche und Saufgelage.

Der alltägliche Irrsinn des Krieges, der den menschlichen Leichnam einem Tierkadaver oder einer geschändeten Landschaft anverwandelt, wird in diesen Blättern in ein überhelles, blendendes Licht getaucht. So versinkt das Geschehen entweder in tiefem Schwarz oder strahlt in schmerzender Deutlichkeit vor den Augen des Betrachters auf. Diese Effekte erzeugt Dix durch die virtuose Handhabung unterschiedlicher grafischer Verfahren und Techniken, die er in spannungsvollem Kontrast nebeneinander stellt. Tief in die Platte eindringende Ätzungen produzieren eine körnige Schwärze, während nervöse Ritzungen mit der Kaltnadel ein dürres Gespinst von Fäden auf die Platte bannen.

Was an der Folge insgesamt auffällt, ist neben dem akribisch geschilderten Horror der sardonische Humor des Künstlers: Dix deutet den Krieg ohne moralischen Zeigefinger als grotesk-brutales Schauspiel. Kann man bei Goyas Kriegsdarstellungen eine Art aufgeklärten, agnostischen Fatalismus wahrnehmen, weisen die Blätter von Dix einen zynischen, lebensphilosophischen Verismus auf: Skelette grinsen einen höhnisch an, während unheimliche, agile Würmer durch leere Augenhöhlen und Nasenöffnungen streben: die ironische Interpretation von Friedrich Nietzsches Diktum »Stirb und werde!«. Die Blätter der Folge stehen damit in scharfem Kontrast zu der in der Weimarer Zeit geläufigen Verherrlichung des »stählenden Fronterlebnisses«, das etwa von Ernst Jünger als Geburtsstunde eines neuen, kriegerischen Nationalismus propagiert wurde. Dix dementiert ein propagandistisches Bild des Krieges, dessen Realität bei ihm zu keiner Zeit ohne Leid und Tod zu denken ist. In diesem Sinne besitzen Goyas *Los Desastres de la Guerra (Die Schrecken des Krieges)* und Otto Dix' *Der Krieg* ungebrochene Aktualität. Als authentische, wenngleich ästhetisch transformierte Berichte vom Grauen des Krieges entfalten sie eine kritische Aussagekraft, die sich der Affirmation entgegenstellt, wo schonungslose Kritik angemessen und ethisch gefordert ist. OP

1 Beide Zitate nach Schubert 1996, S. 184.

III 3/60
Karl Völker
(Giebichenstein bei Halle an der Saale 1889 – 1962 Weimar)
Der Urlauber aus dem Massengrab, 1924
Titelholzschnitt für *Das Wort*, 2. Jg., Nr. 88/89, 2. 8. 1924, Halle an der Saale
Holzschnitt, 32,3 × 27,6 cm (Platte),
44,3 × 34,1 cm (Blatt)
Halle, Stiftung Moritzburg, Kunstmuseum des Landes Sachsen-Anhalt
G 4087

III 3/60

III 3/61
Karl Völker
(Giebichenstein bei Halle an der Saale 1889 – 1962 Weimar)
Der Bombenflieger, 1925
Holzschnitt für *Das Wort*, 3. Jg., Nr. 1, 3. 1. 1925, Halle an der Saale
Holzschnitt, 20 × 28,7 cm (Platte),
24,9 × 36,5 cm (Blatt)
Halle, Stiftung Moritzburg, Kunstmuseum des Landes Sachsen-Anhalt
G 6026

Lit. Ausst.-Kat. Halle 2007, Nrn. 210, 219.

Nach dem Ende des Ersten Weltkrieges wurde Karl Völker Mitglied der 1918 in Berlin gegründeten Novembergruppe, deren Name sich auf die »Novemberrevolution« 1918 bezog. Die Künstler arbeiteten in der Tradition des deutschen Expressionismus und thematisierten vor allem dessen soziale Anliegen. Zusammen mit den Bildhauern Paul Horn und Sohn Richard Horn, mit Karl Oesterling sowie dem Architekten Martin Knauthe gründete Völker 1919 die Hallische Künstlergruppe als eine regionale Gruppierung, die die Forderungen und Überzeugungen der Berliner Novembergruppe teilte. In den Jahren 1923 bis 1925 publizierte er Holzschnitte für die Zeitung *Klassenkampf* und das linksgerichtete Wochenblatt *Das Wort*. Es war die Zeit, in der sein Freund Richard Horn ihn »Feuerkopf Völker« nannte.[1] Seine Illustrationen für die Arbeiterpresse waren weitaus klarer in der Bildaussage als die an der expressionistischen Formensprache orientierten Werke der unmittelbaren Nachkriegszeit, wie zum Beispiel die großformatigen Tuschezeichnungen *Der Krieg* und *Der Rufer* (1918/19; Kat.-Nrn. I/25, I/26).

Der Holzschnitt *Der Urlauber aus dem Massengrab* zeigt eine groteske Szene: Zwei Kinder schmiegen sich an ein menschliches Skelett mit einer Soldatenmütze auf dem Schädel und einem Eisernen Kreuz vor der Brust. Es ist die Darstellung eines im Krieg getöteten Mannes, den Völker wie ein Gespenst für kurze Zeit zu seiner Familie zurückkehren lässt. Eine kleine Gestalt im Hintergrund rückt aufgrund des Größenunterschiedes die Figuren im Vordergrund noch näher an den Betrachter heran. Die Vereinfachung der bildnerischen Mittel ebenso wie der plakativ-satirische Titel verstärken die Botschaft des Holzschnittes: Völker erinnert daran, dass Kriege noch den nachfolgenden Generationen Leid zufügen.

Der Holzschnitt *Der Bombenflieger* entstand etwa ein halbes Jahr später und diente ebenfalls als Titelblatt der Zeitschrift *Das Wort*. Auch er beschwört die Schrecken des Krieges und mit ihnen die einer neuen Kriegsgefahr. Im Gegensatz zu der stummen Anklage der wehrlosen Opfer in *Der Urlauber aus dem Massengrab* sind die Figuren in *Der Bombenflieger* von Panik erfasst, die der Angriff des Flugzeuggeschwaders auslöst. Ihre aufgerissenen Augen sind zum Himmel gerichtet, der Mund der vorderen Gestalt ist zum Schrei geöffnet. In beiden Blättern wird die existentielle Ohnmacht des Menschen angesichts eines Krieges betont. CO

1 Ullmann, Helga: Erinnerungen an Karl Völker, in: Ausst.-Kat. Halle 2007, S. 215 ff., hier: S. 217.

III 3/61

IV.
1930–1933
Der Weg in die Barbarei

Zwischen 1930 und 1933 gewannen im Deutschen Reich radikale antidemokratische Parteien und Gruppierungen an Einfluss, unter anderem konsolidierte sich die NSDAP als Massenbewegung. Mit dem Schwarzen Freitag an der New Yorker Börse nahm am 25. Oktober 1929 die Weltwirtschaftskrise ihren Anfang. Massenarbeitslosigkeit und Verelendung waren die Folge. Eine allgemeine Untergangsstimmung beförderte das Erstarken radikaler politischer Kräfte. Die Reichstagswahl vom 14. September 1930 stand im Zeichen der wachsenden Wirtschaftskrise und der Krise des Staates. Auf die NSDAP entfielen über sechs Millionen Wählerstimmen, also 18,3 Prozent, so dass sich ihre Reichstagsmandate von zwölf auf 107 erhöhten. Damit war die NSDAP die zweitstärkste Partei im Reichstag. Die NS-Bewegung richtete ihre umfassenden Propagandakampagnen auf Adolf Hitler aus, der zum Retter des Deutschen Reiches aus der wirtschaftlichen oder politischen Krise stilisiert wurde. Die Kommunisten strebten eine Revolution nach sowjetischem Vorbild an. Liberale und gemäßigte Parteien konnten sich gegen die zunehmende politische Radikalisierung und die »Heilsversprechungen« der radikalen Bewegungen immer weniger durchsetzen. Aufmärsche der Nationalsozialisten und Kommunisten, die nicht selten zu blutigen Straßenschlachten mit zahlreichen Toten und Verletzten führten, prägten das Bild der Städte.

Ab 1930 mehrten sich mit dem Aufstieg der NSDAP die Angriffe gegen die moderne Kunst. Bürgerlich-konservative Kreise teilten die Auffassung einer allgemeinen »Kulturkrise der Gegenwart«. Moderne Kunst wurde zunehmend als »dekadent«, »entartet«, »undeutsch«, »jüdisch-bolschewistisch« oder »kulturbolschewistisch« diffamiert, eine Haltung, die über die bürgerliche Presse bereits ab Mitte der 1920er Jahre Verbreitung gefunden hatte. Mit dem Einzug der NSDAP in den Thüringischen Landtag im Januar 1930 und der Ernennung des Parteimitgliedes Wilhelm Frick zum Staatsminister für Inneres und Volksbildung begann in Thüringen die Durchsetzung einer nationalsozialistischen Kunst- und Kulturpolitik. 1930 wurden aus der Gemäldesammlung des Weimarer Schlosses etwa siebzig Werke moderner Kunst entfernt. 1932 wurde die staatliche Kunsthochschule Bauhaus durch den Dessauer Gemeinderat auf Initiative der NSDAP geschlossen. Diese Aktionen wiesen bereits auf die späteren rigiden Maßnahmen des NS-Regimes gegen die Vertreter der modernen Kunst voraus. SH

1. Visionen

IV 1/1
Albert Birkle
(Berlin 1900–1986 Salzburg)
Verspottung des Gekreuzigten, 1929
Öl auf Leinwand, 210 x 140 cm
Sigmaringen, Kunstsammlung des
Landkreises Sigmaringen, 648
Lit. Ausst.-Kat. Salzburg 1980, S. 13, Nr. 27;
Ausst.-Kat. Schweinfurt/München/Schramberg/Salzburg 1990, S. 13.

Albert Birkle schuf nach dem Ersten Weltkrieg mehrere Kreuzigungsdarstellungen, die er aktualisierte, indem er die Szenen in einem zeitgenössischen Umfeld situierte. Ein in den Ausmaßen monumentales Gemälde aus dieser Reihe trägt den Titel *Verspottung des Gekreuzigten*. Dargestellt ist die Figur eines Gekreuzigten inmitten einer aufgebrachten Menge. Die Figur kann durch die Seitenwunde als Christus identifiziert werden, zugleich hat der Künstler ihr seine eigenen Gesichtszüge verliehen. Im Vordergrund rückt er sich ein zweites Mal ins Bild. Zwei Soldaten der Reichswehr mit Stahlhelmen und Bajonetten haben ihn am Kragen gepackt. In der Bildmitte reibt sich die Figur eines aus der Masse herausgehobenen Bürgers in Gesellschaftskleidung die Hände, während die Menge die Figur am Kreuz verhöhnt.

In einem Interview wurde Albert Birkle im Jahr 1981 gefragt: »Wie machte sich das Aufkommen der Nazis vor 1933 bemerkbar?« Birkle erläuterte die Frage am Beispiel seines Bildes *Verspottung des Gekreuzigten*. »Damals, 1920, fand in Berlin der Kapp-Putsch statt. […] Soldaten der Marinebrigade Ehrhardt, die sich gegen den Befehl ihrer Auflösung auflehnte, hatten Berlin besetzt und kamen u. a. auch in die Aka-

IV 1/1

demie. Ich wollte in mein Atelier, was man mir verweigerte. Da bekam ich eine solche Wut, daß ich sie furchtbar beschimpfte, was wiederum zur Folge hatte, daß sie mich wahnsinnig verprügelten und herausschmissen. Das war der Anlaß für dieses Bild; denn einer der Soldaten hatte mich tatsächlich am Schlafittchen gepackt und weggestoßen. Das ganze Bild wandte sich im Grunde schon gegen das, was dann mit den Nazis kam. Es waren die Anfänge. Später wurde alles viel schlimmer.«[1] CO

1 Erinnerungen und Reflexionen. Ein Interview mit dem Künstler, zit. n. dem Abdruck in Ausst.-Kat. Schweinfurt/München/Schramberg/Salzburg 1990, S. 11–17, hier: S. 12.

IV 1/2

Otto Dix

(Untermhaus bei Gera 1891 – 1969 Singen am Bodensee)

Melancholie, 1930

Mischtechnik auf Holz, 137 x 98 cm
Stuttgart, Kunstmuseum Stuttgart, Leihgabe der Sammlung Landesbank Baden-Württemberg, LG-79

Lit. Löffler 1981, WV-Nr. 1930/1, S. 120; Ausst.-Kat. München 1985, S. 153, 194; Slg.-Kat. Stuttgart 1989, S. 125; Ausst.-Kat. Stuttgart/Berlin 1991, S. 288; Ausst.-Kat. London 1992, Nr. 96, S. 179; Karcher 1992, S. 163; Clair 1996, S. 113 f., 118; Reese 1998, S. 199 f., 317; Puppen Körper Automaten. Phantasmen der Moderne, hg. v. Pia Müller-Tamm/Katharina Sykora, Ausst.-Kat. Kunstsammlung NRW 1999, Köln 1999, S. 384.

Das Gemälde stellt die erste große Allegorie im Werk von Otto Dix dar und entstand 1930 zum Zeitpunkt der wirtschaftlichen und politischen Krise in Deutschland. Das dramatische Bildgeschehen ist in einem einfachen leeren Raum mit Holzboden situiert, wobei der Maler kunstvoll Innen und Außen miteinander verschränkt.

IV 1/2

IV. 1930–1933 Der Weg in die Barbarei

IV 1/3

Im Zimmer sieht man einen üppigen weiblichen Akt auf einem dunklen Stuhl, zu dessen Füßen ein Totenkopf liegt. Die weibliche Figur scheint in schwungvoller Bewegung begriffen, die Füße haben sich vom Boden gelöst. Sie fasst eine zweite Figur in einem braunen Umhang bei der Schulter. Diese wendet sich, so scheint es, in vergleichbar dramatischem Schwung von ihr ab und blickt durch ein großes Fenster auf einen Sonnenuntergang. Wie ein brennender Strudel droht er die Außenwelt zu verschlingen.

Die Bewegung der Wolken greift die kreisende Bewegung der Figuren im Zimmer auf. Allerdings handelt es sich bei der zweiten Figur nicht um einen realen Menschen, sondern um eine Puppe, die als Atelierrequisit zunächst in den Bereich der Kunst verweist.

Das einfach wirkende Bild ist komplex und anspielungsreich angelegt: Es greift zurück auf die Geschlechterproblematik von Mann und Frau, die Dix mitunter als ungleiches Liebespaar thematisiert hatte. Den dort implizierten Vanitas-Gedanken variiert Dix in der *Melancholie* durch den Kontrast, den Puppe und sinnliche Frau bilden. Dix greift hier erneut die Konstellation von Modell und lebloser Atelierpuppe auf, wie er sie bereits in *Stilleben im Atelier* von 1924 umgesetzt hatte, so dass man den Gedanken des Todes als ein zentrales Thema des Bildes ausmachen kann. Zudem entstand das Gemälde *Melancholie* zeitlich parallel zur Arbeit am Triptychon *Der Krieg* (1929–1932, Abb. 5, S. 84), das insgesamt unter dem Zeichen des

Todes steht und auf dem rechten Flügel einen an Albrecht Altdorfers *Alexanderschlacht* angelehnten strudelartigen und dramatisch brennenden Himmel zeigt. In äußerst komprimierter Form hat Dix auf dem Gemälde *Melancholie* die Thematik des Triptychons wiederholt: den Tod und seine ewige Wiederkehr, veranschaulicht in einer beständig kreisenden Bewegung.

Bei all dem bleibt der Bildtitel *Melancholie* rätselhaft und scheint sich nicht aus der ikonografischen Tradition ableiten zu lassen. Allerdings kann ein Blick auf das Kölner *Selbstbildnis mit Glaskugel* von 1931 (Abb. 1, S. 98) den Sachverhalt weiter klären. Hier hat sich Dix in Anlehnung an die Melancholietradition mit verschattetem Gesicht und stechendem Blick als *Artifex vates*, als Seher, wiedergegeben. Auch diesem Bild ist die Kreisfigur kompositorisch eingeschrieben.[1] Triptychon (als Warnung vor einer neuen Kriegsgefahr), Selbstbildnis (als Rollenfigur des seherisch begabten Künstlers) und *Melancholie* (als verdichtete Untergangsvision) sind auf das engste miteinander verbunden und stützen sich wechselseitig in ihrer Argumentation. Dix zeichnete überdies 1931 einen an die Hexendarstellungen Baldung Griens gemahnenden Akt auf einem Stuhl mit aufgestütztem Kopf, der deutlich auf die Darstellungstradition seit Albrecht Dürers Meisterstich *Melencolia I* (1514) anspielt, den er auch mit der Glaskugel im Selbstbildnis von 1931 zitierte. *Melancholie* ist in einem entscheidenden Punkt an Dürers Stich angelehnt, insofern im Kontrast zum figurenbesetzten Bildvordergrund der Bildhintergrund Zeichen der Katastrophe zeigt: Während bei Dürer die dämonische Fledermaus, die überflutete Landschaft und die Kometen auf den Untergang verweisen, ist es bei Dix der Fensterausblick auf die Feuersbrunst. Ab 1930 erneuerte Dix unter anderem mit dem Gemälde *Melancholie* im Rückgriff auf die kunsthistorische Tradition seinen Status als ein die Zeitgeschichte reflektierender Künstler. OP

1 Vgl. Peters 1998, S. 71–83.

IV 1/3
Hannah Höch
(Gotha 1889–1978 West-Berlin)
Symbolische Landschaft III, wohl Berlin 1930
Öl auf Leinwand, 70,5 × 83,5 cm
Berlin, Privatsammlung
Lit. Roters, Eberhard: Der mechanische Garten. In: Ausst.-Kat. Berlin 1989 (2), S. 107–115; Maurer 1995, S. 245 f.; Hille, Karoline: »Der Faden, der durch alle Wirrnisse das Leben hielt«. Hannah Höch und Max Ernst, in: Ausst.-Kat. Berlin/Basel 2007/08, S. 84–107.

Nur flüchtig hatten sich Max Ernst, der »Dadamax«, und die Grande Dame des Dadaismus zu Beginn ihrer künstlerischen Laufbahn kennengelernt; erst in den 1960er Jahren sollten sie sich wiederbegegnen.[1] Doch die im Künstlerischen sich manifestierende Geistesnähe ließ die Berliner Künstlerin in dem unter den Nationalsozialisten als »entartet« verfemten Surrealisten einen Bruder im Geiste erkennen.

»Poetisch«, ein magisches Wort von Ernst, ist denn auch das Gemälde *Symbolische Landschaft III* von Hannah Höch, das mit seinem Panorama Verse auf innere Traumwelten deklamiert.

Am Fuße einer in glutrotes Licht getauchten kristallinen Bergkette liegt ein Kratersee, an dessen vorderer Uferkante sich auf Postamenten urzeitlich wirkende Distelgewächse und Schlingpflanzen erheben. Neben der bizarren Flora sind auf zwei weiteren Sockeln eine Katze, Sinnbild der unzähmbaren, wilden Kreatur, und eine Frau platziert, die einem Zwillingspaar das Leben schenkt und in der man die Künstlerin zu erkennen meint. Die Isoliertheit und vermeintliche Zusammenhangslosigkeit der einzelnen Bildmotive entsprechen der irrationalen Sinnstruktur eines Traumes, dessen Erzählfaden, kaum dass der Träumende erwacht, von diesem nicht mehr zu fassen ist. Stattdessen wirkt ein Gefühl nach, das sich selbst in der tagesnüchternen Realität nicht unmittelbar abschütteln lässt. Im Spannungsfeld der von Warm-Kalt-Kontrasten bestimmten Komposition verleiht die Künstlerin dieser emotionalen Verfassung eine symbolische Form und einer verspürten Unbehaustheit, Erstarrung und Vereinzelung ihren bezwingenden Ausdruck. RB

1 Anlässlich des Besuches einer Max-Ernst-Ausstellung 1951 im Haus am Waldsee, Berlin, notierte Höch in ihren Kalender: »Max Ernst. Durch alle Entscheidungsphasen ist er immer noch mein nächster ›Verwandter‹. Mit Dada fing's an.« Hannah Höch 2001, Bd. 2, 51.57, S. 46.

IV 1/4
Felix Nussbaum
(Osnabrück 1904–1944 Auschwitz)
Galgenbild (Begräbnis), Berlin, um 1930
Öl auf Leinwand, 40,3 × 35,5 cm
Berlin, Berlinische Galerie – Landesmuseum für Moderne Kunst, Fotografie und Architektur
BG-M 0009/75
Lit. Ausst.-Kat. Osnabrück 1995; Ausst.-Kat. Osnabrück 2004; Felix Nussbaum, Werkverzeichnis, URL: http://www.felix-nussbaum.de/werkverzeichnis/, WV-Nr. 113.

Es ist eine makabere Szenerie, die sich auf Felix Nussbaums *Galgenbild* dem Betrachter darbietet. Der Tod ist allgegenwärtig. Mit Zylinder und Frack bekleidete Totengräber schultern einen braunen Holzsarg. Ihre skelettartigen Schädel sind zu einem grotesken Grinsen verzerrt. Hinter ihnen ragt eine hohe Gefängnismauer empor, vor der Gerippe liegen. Die mit einem Skelett-Graffito beschmierte Wand umschließt zahlreiche Galgenbäume, an denen Tote hängen.

Das Gemälde ist Teil einer ganzen Serie von Friedhofs- und Begräbnisbildern. Nussbaum, der zu diesem Zeitpunkt in Berlin lebte, schuf sie Ende der 1920er Jahre. Mit dem ihnen innewohnenden schwarzen Humor zeugen die in ihrer narrativen, realistischen Formensprache und spröden Farbigkeit an Karl Hofer erinnernden Bilder von der zutiefst pessimistischen Weltsicht des Künstlers. Seit Beginn seiner künstlerischen Laufbahn verfolgten Nussbaum diffuse Ängste von Krankheit und Tod, die er in seinen Gemälden verarbeitete. Die Machtübernahme der Nationalsozialisten im Januar 1933 schien Nussbaums Alpträume zu bestätigen. Dennoch kann das Bild nicht als visionäre Vorausahnung des »Dritten Reiches« gedeutet werden. Erst im Rückblick gewannen Nussbaums grotesk-makabre Begräbnisbilder ihre existentialistische, gesellschaftskritische Dimension. MS

IV 1/5
Hermann Rombach
(Böckingen bei Heilbronn 1890 –
1970 Bietigheim bei Ludwigsburg)
Totentanz, Bietigheim bei Ludwigsburg und/oder Stuttgart 1931
Bleistift, 20 x 24,8 cm
Heilbronn, Städtische Museen Heilbronn
B 5079/79
Lit. Ausst.-Kat. Heilbronn 1978, Nr. 57.

Der schwäbische Maler und Zeichner Hermann Rombach gehörte zum Kreis der weniger bekannten Vertreter der Neuen Sachlichkeit im deutschen Südwesten. In seiner Bleistiftzeichnung *Totentanz* griff er 1931 ein traditionelles Thema auf, »der Tod und das Mädchen«, das er neu interpretierte. Auf einer weiten Bühne tanzen bei nächtlicher Stimmung ein Skelett, das eine Pfauenfeder an seiner Kappe trägt, und eine Frau, nackt bis auf die modische Kopfbekleidung. Sie bilden das Zentrum eines Kreises abgründiger Figuren: musizierende Gerippe, ein grinsender Clown, der eine Kuh am Strick führt, oder etwa ein Mann in Gesellschaftskleidung mit Zylinder, der auf die Uhr sieht. Die Szene wirkt hochgradig inszeniert. Tatsächlich finden sich im Vordergrund rechts zwei Männer mit einer Filmkamera, welche die revueähnliche Darbietung filmen. Der Hintergrund zum *Totentanz* besteht aus einer fernen Großstadtkulisse und einem dramatisch beleuchteten Himmel. Fliegerstaffeln bilden dichte Formationen, ein Zeppelin durchdringt mit seinen Suchscheinwerfern das Dunkel, und im Hintergrund scheinen Kriegsschiffe anzulegen.

Die Zeichnung *Totentanz* ist in der Literatur unterschiedlich gedeutet worden, einerseits als »sehr späte Reminiszenz [...] an die Erfahrungen des [Ersten Welt-] Krieges«[1] und andererseits

IV 1/4

IV 1/5

als dezidierte Vorahnung kommenden Unheils, die Rombach publikumswirksam in eine fantastische Szenerie überführt habe: »Hermann Rombach waren die Zusammenhänge, die zur Katastrophe führen mußten, kurz vor Hitlers Machtergreifung ganz bewußt. Vor diesem Hintergrund sind seine Zeichnungen wohl als Ausdruck seines Versuchs zu verstehen, das Publikum noch zu erreichen und nicht durch die krasse Darstellung der Realität abzustoßen.«[2]
CO

1 Malsburg, Raban von der: Hermann Rombach – der Zeichner. Eine Entdeckung von Rang für den »Magischen Realismus«, in: Ausst.-Kat. Heilbronn 1978, S. 6–26, hier: S. 24.
2 Grimm, Ulrike: Zum besseren Verständnis einiger Zeichnungen von Hermann Rombach, in: Ausst.-Kat. Heilbronn 1978, S. 44–54, hier: S. 54.

»Wenn ich mir so gewisse Bilder der Zeit zwischen 33 u. 39 ansehe, so faßt mich der Ekel. Wie schwach war ich doch! Wie bin ich doch diesen[!] scheußlichen Spießergeist der Teufel entgegengekommen, u. wie habe ich meine wahre Natur verleugnet. Wie gut war mein Schaffen in jener Übergangszeit zwischen 28 u. 32. Wie fruchtbar die Ansatzpunkte, die ich leider nachher zu Gunsten einer dummen ideologisch unterbauten Schönfärberei verleugnete u. verließ. Wie geschah das? Nur darum geschah dies[,] weil auf Grund einer geistigen Trägheit die Entwicklung der intellektuellen Kräfte hinter dem Volumen der natürlichen Begabung zurückblieb. Ich wurde, leider durch eigene Schuld, ein Opfer der deutschen Dummheit.«

Rudolf Schlichter: Tagebuch, 4. Oktober 1943
Ausst.-Kat. Tübingen / Wuppertal / München 1997/98, S. 25

IV 1/6
Rudolf Schlichter
(Calw 1890–1955 München)
Krieg und Krieger, Berlin 1930
Buchumschlag, 24 x 16,5 cm
Berlin, Deutsches Historisches Museum
R 01/70, (Abb. 4, S. 92)
Lit. Jünger (Hg.) 1930; Granof 1995, S. 219–224; Jünger/Schlichter 1997, S. 551; Peters 1998, S. 187, 189, 239 f.

Die Verarbeitung der traumatischen Erlebnisse des Ersten Weltkrieges und der Niederlage gehörten nach 1918 zu den drängenden, häufig nicht adäquat bewältigten gesellschaftlichen Aufgaben der Weimarer Demokratie. Als der radikale nationalistische Schriftsteller Ernst Jünger, eine Zentralfigur der antidemokratischen, in kleinen Zirkeln organisierten Konservativen Revolution, 1930 den Sammelband *Krieg und Krieger* herausgab, wählte er Rudolf Schlichter für die Gestaltung des Umschlages aus. Schlichter war erst seit kurzem mit Jünger bekannt und bis dahin nicht mit aktuellen Darstellungen zum Thema Krieg hervorgetreten. Das Aquarell *Krieg und Krieger* sollte in seinem Gesamtwerk denn auch thematisch singulär bleiben, obwohl Schlichter um 1929/30 einige tagespolitische Zeichnungen wie *Zehnjahrestag* oder *Der unbekannte Soldat huldigt seinem Kriegsherrn* veröffentlichte. Letztere zeigt einen überlebensgroßen Landser mit Kurzspaten, Handgranate und weggeschossenem Gesicht, der Wilhelm II. huldigen will, aber am Betreten der Feierlichkeit gehindert wird.

Schlichter zeigt mit *Krieg und Krieger* eine aus der Aufsicht gegebene Kolonne anonymer deutscher Soldaten mit Stahlhelmen von hinten. Sie haben ihre Gewehre geschultert und streben in endloser Reihe diagonal durch eine sumpfig scheinende Kraterlandschaft. Als Symbol des Gegners rückte Schlichter einen riesigen britischen Panzer ebenfalls diagonal, aber steil in das Bildzentrum. Er ist zerstört und ragt in der öden Landschaft wie ein stählernes Monument gegen den technisierten Krieg auf. Zugleich überragt er wie ein Menetekel die deutschen Soldaten, deren Stellung er im nächsten Moment zu durchbrechen droht. Gleichwohl ist er besiegt, von der gebündelten Kraft der Menschenmasse überwunden.

Schlichter reaktivierte in seinem Blatt von 1930 gekonnt den Mythos vom Siegeswillen der deutschen Soldaten, der auch durch die technische Überlegenheit der Entente nicht gebrochen werden kann. Zugleich entstand das Bild nach der Niederlage und fängt damit aus der Rückschau die prekäre Lage der Infanterie ein, die de facto in den Untergang marschiert. Aus der historischen Kenntnis heraus gelang es Schlichter nicht mehr, ein einfaches, affirmatives Propagandabild zu zeichnen oder gar eine Zukunftsvision zu entwickeln, wie dies für die Textbeiträge zu Jüngers Sammelband gilt. Vielmehr wird der propagandistisch erfolgreiche und wenige Jahre später von den Nationalsozialisten in Dienst genommene Mythos als ein solcher transparent – gerade dies verleiht dem verdichteten ambivalenten Blatt seine visionäre, erschreckende Überzeugungskraft. OP

IV 1/7
Rudolf Schlichter
(Calw 1890–1955 München)
Untergang von Atlantis, Berlin 1931
Aquarell, 60,4 x 49,2 cm
München, Galerie Michael Hasenclever
(Abb. 5, S. 50)
Lit. Jünger/Schlichter 1997; Ausst.-Kat. Tübingen/Wuppertal/München 1997/98, S. 239.

Rudolf Schlichter imaginiert den Untergang des sagenumwobenen Atlantis als eine Implosion, ein In-sich-Zusammenfallen. Wasserfallartige Kaskaden und Wirbel verschlingen die moderne Metropole, die man mit Fritz Langs filmischer Vision von *Metropolis* aus dem Jahre 1926 in Zusammenhang gebracht hat, in der die von Arbeitern bevölkerte Unterstadt geflutet wird. Der Betrachter wohnt dem Ereignis aus der Vogelperspektive bei. Palmengärten und Idole stürzen in die Tiefe, während sich auf einem Platz bereits Leichen häufen. Die Aquarelltechnik, die das Thema mit feinen Strichen und sich ausbreitenden Farbflecken wiedergibt, wurde vom Künstler seit den späten 1920er Jahren virtuos eingesetzt, um hemmungsloses pflanzliches Wuchern oder einen unaufhaltsamen Prozess der Zerstörung einzufangen. Das Blatt steht im Zusammenhang mit mindestens zwei weiteren Darstellungen des Mythos in dieser Zeit, den Schlichter auch nach 1945 noch variierte (vgl. Kat.-Nr. VIII/36).

Ein großes Blatt zum Thema *Atlantis* aus demselben Jahr fungiert dabei als Gegenentwurf zu *Untergang von Atlantis* und zeigt die beiden gigantischen Götterfiguren Kleito und Poseidon, die gespensterhaft über der bereits größtenteils im Meer versunkenen Stadt thronen. Meerestiere wie Kraken und Haie nehmen die Metropole in Besitz; die Natur erobert die Kultur und nimmt sich ihren Lebensraum zurück. Auf der Stirn Poseidons erkennt man ein Kreuz. In dem dargestellten Moment der Apokalypse könnte man in ihm ein Symbol für Schlichters Hoffnung auf eine zukünftige christliche Erlösung sehen. Der Künstler war in den späten 1920er Jahren – auch unter dem Einfluss seiner Frau Speedy – zum Katholizismus konvertiert und ging mit seiner künstlerisch-avantgardistischen und politischen Vergangenheit scharf ins Gericht. Angesichts der politischen Krise der Weimarer Republik und Schlichters Hinwendung zu antidemokratischen Überzeugungen erhält das Blatt eine direkte zeitgeschichtliche Färbung, die der Künstler nach der Machtübernahme durch Adolf Hitler in anderer Form aktualisierte.

1934 zeichnete Schlichter *Atlantis vor dem Untergang*, eine großformatige Tusche, die der Schriftsteller und radikale Nationalist Ernst Jünger bereits 1935 erwarb und in seiner Wohnung prominent neben einer Zeichnung Alfred Kubins platzierte. Das Blatt, von dem Jünger selbst behauptete, es habe seine Widerstandsparabel *Auf den Marmorklippen* beeinflusst, zeigt eine Herrscherkaste, die von erhöhtem Punkte resigniert in die Landschaft schaut oder sich in böser Ahnung abwendet.[1] Dieses Blatt verweist bereits stilistisch auf die auch thematisch verwandten Illustrationen zu *1001 Nacht*, in denen Schlichter ab 1940 die Willkürherrschaft und den Weg in den Untergang des NS-Regimes reflektierte.[2] OP

1 Vgl. Heißerer, Dirk: Nachwort, in: Schlichter 1995, S. 384 ff.
2 Vgl. Schlichter 1993.

IV 1/8
Ernst Niekisch: *Hitler – ein deutsches Verhängnis*, Berlin: Widerstandsverlag, 1932
A. Paul Weber
(Arnstadt in Thüringen 1893 –
1980 Großschretstaken bei Mölln)
Titelillustration, 1931
Druck auf der Grundlage einer Federzeichnung, 23 x 15,4 cm
(Sechs Illustrationen)
Berlin, Deutsches Historisches Museum
Do2 89/2222
Lit. Schumacher 1984, S. 56; Dorsch 1991, WV-Nr. 1071 (Titelbild, Lithografie); Noll 1993, Bd. 1, S. 260 – 270; Dörr 2000, S. 29 – 35; Schumacher/Dorsch 2003, S. 101 ff., 120 – 123.

A. Paul Weber entwarf diese Illustration als Titelbild für die 1932 veröffentlichte Schrift von Ernst Niekisch (1889 – 1967): *Hitler – ein deutsches Verhängnis*. Ein riesenhaftes Skelett in SA-Uniform steht mit erhobenem rechten Arm über einer Menschenmenge, die ihm die Arme zum Hitlergruß entgegenstreckt. Aus dem Meer von Armen, die dem SA-Skelett nur bis an die Hüften reichen, ragen SA-Standarten heraus. Am Horizont ziehen dunkle Wolken auf, schwarze Vögel umkreisen die Szene. Die Hand des Skelettes überschneidet die Überschrift des Titelblattes.

Ernst Niekisch war ehemals Sozialdemokrat und 1919 Vorsitzender des Münchner Zentralrates der Arbeiter-, Bauern- und Soldatenräte Bayerns. Später wandte er sich zeitweise dem rechten Flügel der SPD zu. Er gab seit 1926 die Zeitschrift *Widerstand* heraus, das Organ des von ihm aufgebauten »Widerstandskreises«. Die Ziele seiner Ideologie umriss Niekisch im ersten Heft des *Widerstand:* »Deutsche Politik kann [...] kein anderes Ziel haben als die Wiedergewinnung deutscher Unabhängigkeit, die Befreiung von den auferlegten Fesseln, die Zurückeroberung einer großen einflussreichen Weltstellung«.[1] Dieser Widerstand richtete sich gegen alles, was ihm als »westlich« galt, gegen den »Demokratismus« der Weimarer Republik und das »Versailler Diktat«, dann zunehmend auch gegen Hitler und die nationalsozialistische Bewegung. In seiner betont antiwestlichen Haltung orientierte sich der »Nationalbolschewist« Niekisch an Russland und versuchte eine Synthese aus revolutionärem Kommunismus und radikalem Nationalismus zu erzielen. Die Broschüre *Hitler – ein deutsches Verhängnis* bildet dabei den publizistischen Höhepunkt innerhalb Niekischs polemischer Agitation gegen Hitler. Dabei darf nicht übersehen werden, dass diese Kritik »prinzipiell konstruktiv« war und politisch gesehen von rechts kam.[2] Der »Widerstandskreis« um Ernst Niekisch ist keinesfalls gleichzusetzen mit Widerstandsgruppen, die gegen die menschenverachtende Politik des NS-Regimes gekämpft haben.

IV 1/8

Die Schrift erschien im Januar 1932 und erreichte bereits im März eine zweite Auflage; bis zur fünften Auflage wurden insgesamt 40 000 Exemplare gedruckt.[3] Während Hitlers erster Kandidatur für das Amt des Reichspräsidenten und im Vorfeld der Reichstagswahlen im Juli 1932 nutzten auch andere politische Gruppierungen die Broschüre für den Wahlkampf; so wurde sie zum Beispiel vom »Hindenburg-Ausschuss« und der sozialdemokratischen Regierung Preußens während des Wahlkampfes kostenlos verteilt.

Weber arbeitete seit 1928 mit Niekisch zusammen, der ihn als Mitarbeiter für die Zeitschrift *Widerstand* und ab 1931 als dessen Mitherausgeber engagierte; bis 1932 war daraus eine Freundschaft geworden. Für *Hitler – ein deutsches Verhängnis* entwarf Weber insgesamt sechs Illustrationen, die im Einverständnis mit Ernst Niekisch entstanden sein dürften.[4] Da Weber in vier von sechs Bildern, so auch auf dem Titelbild, eine Verbindung zwischen der »Hitler-Bewegung« und dem Tod herstellt, wurden diese Zeichnungen nach dem Zweiten Weltkrieg als willkommene frühe Visionen vom Untergang des NS-Regimes interpretiert.[5] Tatsächlich aber stellte die Todessymbolik in Webers Bildern seinerzeit lediglich eine überspitzte Schilderung der von Niekisch in seinem Text konstatierten Erfolglosigkeit der nationalsozialistischen »Hitler-Bewegung« dar, die laut Niekisch keine »nationale Revolution« bewirken würde und damit den Fortbestand des Versailler Vertrages zu verschulden hätte. Diesen sah er als die eigentliche Katastrophe an: »An Versailles verblutet die deutsche Volkssubstanz, Versailles ist der deutsche Tod überhaupt.«[6] BB

1 Widerstand, H. 1, 1926, S. 1; zu Niekisch vgl. u. a. Schumacher/Dorsch 2003, S. 101 ff.; Pittwald 2002; Sauermann 1984; Noll 1993, Bd. 1, S. 258–270; Rätsch-Langejürgen 1997.
2 Pittwald 2002, S. 74.
3 Zur Auflagenhöhe vgl. Schumacher 1984, S. 56.
4 Vgl. hierzu Schumacher/Dorsch 2003, S. 108.
5 »Weber […] beschwört damit die drohende Katastrophe des Zweiten Weltkrieges noch vor der Machtergreifung Hitlers«, lautet das Urteil im Ausst.-Kat. Hannover 1993/94, S. 179.
6 Niekisch 1932, S. 16 f.

IV 1/9

IV 1/9
A. Paul Weber
(Arnstadt in Thüringen 1893 –
1980 Großschretstaken bei Mölln)
Auftakt, 1931
2. Illustration zu Ernst Niekisch:
Hitler – ein deutsches Verhängnis, Berlin:
Widerstandsverlag, 1932 (sechs Illustrationen)
Feder, 21 × 29 cm
Ratzeburg, A. Paul Weber-Museum, HZ 763
Lit. Schartel (Hg.) 1981; Dorsch 1991, WV-Nr. 1072; Schumacher/Dorsch 2003, S. 121 ff.

Ein riesenhaftes Skelett, das auf einer Kugelmine sitzt, stimmt sein einsaitiges Cello zum Auftakt für die in Reih und Glied aufgestellten uniformierten Nationalsozialisten mit ihren SA-Standarten. Auf das freie Feld vor ihnen hat der Tod lässig seinen Fuß ausgestreckt, als versperre er ihnen noch den Weg in den Abgrund, der auf der rechten Bildseite klafft. Das Motiv illustriert das erste Kapitel von Ernst Niekischs Broschüre. Es ist überschrieben mit: *Vom deutschen Protest zum Faschismus*. Niekisch beschreibt hier die aus seiner Sicht vielgestaltige Erscheinungsform der »nationalsozialistischen Bewegung«, die er keinesfalls nur negativ beurteilt. Positiv vermerkt er: »Hinreißend ist der Schwung echten nationalen Gefühls«, dann schon etwas skeptischer: »Die Flamme eines herrlichen Idealismus wird verdunkelt durch den Qualm widerwärtiger Korruption.« Abschließend konzentriert er sich auf das zerstörerische Potential: »Sie kann aufwühlende Pflugschar, sie kann Krampf schöpferischen Gebärens, sie kann das Gewitter sein, das die Erde tränkt und die Luft reinigt; sie kann aber auch wirbelnde Windhose sein, die über Fluren und Dörfer hinwegfegt und nur Zerstörung, Schutt und Trümmer hinterläßt.«[1] Webers Illustration konzentriert sich im Bild des Cello spielenden Skelettes ausschließlich auf einen negativen Ausgang. Wie die übrigen Illustrationen dieser Publikation trägt auch diese Federzeichnung keine Bildunterschrift. Der Titel *Auftakt* kam erst hinzu, als Weber die Motive 1963 in Lithografien umsetzte. BB

1 Niekisch 1932, S. 5 f.

IV 1/10

A. Paul Weber
(Arnstadt in Thüringen 1893 –
1980 Großschretstaken bei Mölln)
**Das Verhängnis (Deutsches Verhängnis),
1931**
3. Illustration zu Ernst Niekisch: *Hitler –
ein deutsches Verhängnis*, Berlin: Widerstandsverlag, 1932 (sechs Illustrationen)
Feder, 16,6 x 31 cm
Ratzeburg, A. Paul Weber-Museum
HZ 760, (Abb. 7. S. 122)

Lit. Widerstand, 2. Heft, 1932, S. 47; Schartel (Hg.) 1981, S. 7 (o. S.); Dorsch 1991, WV-Nr. 1073, 1074; Noll 1993, Bd. 1, S. 260–267; Ausst.-Kat. Hannover 1993/94, S. 178 f.; Dörr 2000, S. 29–35; Schumacher/Dorsch 2003, S. 121 ff.

Diese Illustration gehört wohl zu den bekanntesten Zeichnungen A. Paul Webers. Von rechts nach links strömt eine dichtgedrängte Menge mit zum Hitlergruß erhobenen Armen, Hakenkreuzflaggen und SA-Standarten eine Anhöhe hinauf, hinter der sie ein jäher Abgrund erwartet. Wie die Lemminge stürzen sich die Massen in eine Grube, in der ein riesenhafter Sarg steht, den ein Hakenkreuzemblem im Eichenlaubkranz ziert. Das Motiv ist in der Broschüre *Hitler – ein deutsches Verhängnis* ganzseitig abgebildet und illustriert das Unterkapitel *Das römische Gebot* des ersten Kapitels *Vom deutschen Protest zum Faschismus*. Die Illustration trägt keinen eigenen Bildtitel, so wenig wie alle anderen dieser Schrift. Als einziges Motiv dieser Broschüre erschien es 1932 außerdem im Februarheft des *Widerstand*, wo es mit dem Titel *Deutsches Verhängnis* zu Ernst Niekischs Text *Der großen Worte nackter Sinn* abgebildet ist, der zum Teil den Inhalt von *Hitler – ein deutsches Verhängnis* wiederholt.[1]

Niekisch hatte als Ideologe des »Nationalbolschewismus« viele Feindbilder: So lehnte er den Katholizismus ab – den er mit dem »Römischen« gleichsetzte –, war antiwestlich eingestellt und verachtete das Bürgertum. Nur in der Hinwendung zum Protestantismus und »Bolschewismus« sah er einen geeigneten Weg für Deutschland, gegen den Versailler Vertrag zu kämpfen und die nationale Souveränität wiederherzustellen. Adolf Hitler bezeichnete er als »Gendarm des Abendlandes«, dieser war für ihn »bloß ein abendländischer Querulant [...] – kein Revolutionär, der einen Weltzustand umwälzt«.[2] Liest man Niekischs Schriften genauer, wird deutlich, dass er den »Bolschewismus« im Gegensatz zur NS-Bewegung als die eigentlich revolutionäre Bewegung verstand, wenn er ihn als »Revolution gegen das Abendland als Dauerzustand« bezeichnete. In seinem Radikalismus strebte Niekisch ein kämpfendes und siegreiches Deutschland an: »Am Ende würde ›deutscher Bolschewismus‹ auf einen Machiavellismus hinauslaufen, mittels dessen Deutschland das Abendland wirksam zugrunde zu richten vermöchte.«[3] Hier klingt an, dass Niekisch sich selbst eher als Konkurrenten Hitlers, denn als Gegner sah.

Das *Deutsche Verhängnis* ist Webers eindrucksvolle Darstellung des von Niekisch scheinbar vorhergesehenen Scheiterns der nationalsozialistischen Revolution. Weber hat mit diesem Motiv darüber hinaus auch die symbolhaft drastische Abbildung eines Untergangs geschaffen; dies wurde im Januar 1937 auch von der Gestapo in Berlin so gesehen: »Die Broschüre enthält eine äußerst abfällige Kritik der Politik der NSDAP bis zum Jahre 1932. [...] Der Schrift waren einige Zeichnungen von A. Paul Weber beigegeben, die dartun sollten, wie das deutsche Volk unter Führung der Nat.Soz. mit fliegenden Hakenkreuzfahnen dem Untergang entgegengeht.«[4]

Gerade die Prägnanz dieses Motives hat dazu geführt, dass dem »Sargbild« in der Nachkriegszeit eine visionäre Aussagekraft historischer Dimension zugeschrieben wurde, die ihm zu seiner Entstehungszeit keinesfalls zukam. In zahlreichen Schulbüchern der 1960er und 1970er Jahre und auch in Ausstellungskatalogen wird dieses Bild immer wieder als von Weber bereits 1932 vorhergesehene Katastrophe des Untergangs des »Dritten Reiches« interpretiert. Hierzu trug auch Niekisch bei, der 1958 in seinen Lebenserinnerungen schrieb: »Seine [Webers] Zeichnungen zu meiner Hitler-Broschüre, insbesondere das Sargbild, waren von ungeheurer prophetischer Kraft und gehörten sicher zu dem Besten, was ihm je gelungen war.« Weber dagegen nahm eine solche Ausdeutung noch 1950 eher zurück: »[A]ber mein Ahnen – was ich zeichnete – war verächtlich unbedeutend gegen dieses Ausmaß an Leid und Vernichtung«.[5] Allerdings überarbeitete er in den 1950er Jahren die Federzeichnung von 1931 anlässlich einer Ausstellung und verdunkelte den Himmel sowie die Grube deutlich, womit er die nachträgliche Neuinterpretation seines Motives unterstützte. BB

1 Niekisch 1932 (2).
2 Niekisch 1932, S. 16, ebenso Niekisch 1932 (2), S. 44. Niekisch setzte »abendländisch« mit »westlich« gleich.
3 Niekisch 1932, S. 17.
4 Schreiben der Gestapo Berlin vom 16. Januar 1937 an das Presseamt der Gauleitung der NSDAP Berlin, zit. n. Schumacher/Dorsch 2003, S. 123. Der Brief wurde vermutlich im Zusammenhang mit den laufenden Ermittlungen gegen Niekisch und seinen Widerstandskreis geschrieben.
5 Niekisch 1974 [1958], S. 144, und Weber in einem Brief 1950, zit. n. Schumacher/Dorsch 2003, S. 124.

IV 1/11

A. Paul Weber
(Arnstadt in Thüringen 1893 –
1980 Großschretstaken bei Mölln)
Die feindlichen Brüder, 1963 (1931)
4. Illustration zu Ernst Niekisch: *Hitler – ein deutsches Verhängnis*, Berlin: Widerstandsverlag, 1932 (sechs Illustrationen)
Lithografie, 18,5 x 37 cm (Darstellung)
Ratzeburg, A. Paul Weber-Museum
Drexel 4

Lit. Schartel (Hg.) 1981; Dorsch 1991, WV-Nr. 1075; Schumacher/Dorsch 2003, S. 121 ff.

Der deutsche Adler hockt von Trauer gebeugt über den Leichen der deutschen Jugend. SA-Standarte und kommunistische Fahne mit Hammer und Sichel in einem Stern kennzeichnen die Toten als Opfer der blutigen Saal- und Straßenschlachten, die sich Mitglieder der Sturm-

1. Visionen

IV 1/11

IV 1/12

abteilung (SA) und der von der KPD 1924 gegründete Rote Frontkämpferbund (RFB) bis Ende 1932 immer wieder lieferten und die neben zahlreichen Verletzten auch viele Tote zur Folge hatten. Die hier ausgestellte Lithografie von 1963 fertigte A. Paul Weber nach einer Zeichnung von 1931 an. Dabei hat er zwar einige Details feiner durchgestaltet, aber den Gesamteindruck der Federzeichnung beibehalten. Ebenso wie *Das Verhängnis* ist die Illustration *Die feindlichen Brüder* ganzseitig in der Broschüre abgedruckt und dadurch herausgehoben. Die Federzeichnung illustriert das Unterkapitel *Die Tragödie deutscher Jugend* im Kapitel *Der Sturz in die Legalität*. Dort schreibt Ernst Niekisch über die deutsche Nachkriegsjugend: Diese hat »nichts mehr zu verlieren [...] als ihre Ketten. [...] Sie will Umsturz [...]. Sie geht zu den extremen Parteien, [...] um Ernst zu machen. Sie sagt ›Sozialismus‹ und meint damit [...] den entschlossenen Aufstand gegen die bürgerliche Welt.« In der »nationalsozialistischen Bewegung suchte diese Jugend ihre Erfüllung. [...] hier weihte sie sich dem Rebellentum gegen die Ordnung von Versailles«.[1] Diese kampfbereite Jugend hat Adolf Hitler nach Niekischs Meinung verraten, indem er sich in die »Legalität« des Parlamentarismus begeben habe. Denn, so Niekisch weiter: »Diese Jugend wurde, indes sie noch wähnte, kriegerisch und umstürzlerisch zu sein, bereits vom Gift des Pazifismus verseucht: Legalität ist schließlich [...] eine Ausdrucksform des Willens, sich mit seiner Umwelt auf den Fuß der Friedfertigkeit zu stellen.«[2] Die Trauer über die Jugend, die A. Paul Weber hier in Form des deutschen Adlers darstellt, ist zugleich die Trauer von Niekisch darüber, dass die Jugend gegeneinander antritt, statt gemeinsam für den »Nationalbolschewismus« zu kämpfen.
BB

1 Niekisch 1932, S. 23f.
2 Niekisch 1932, S. 27.

IV 1/12

A. Paul Weber
(Arnstadt in Thüringen 1893 –
1980 Großschretstaken bei Mölln)
Im Hofbräukeller, 1963 (1931)
5. Illustration zu Ernst Niekisch: *Hitler – ein deutsches Verhängnis,* Berlin: Widerstandsverlag, 1932 (sechs Illustrationen)
Lithografie, 27 x 36,5 cm (Darstellung)
Ratzeburg, A. Paul Weber-Museum
Drexel 5
Lit. Schartel (Hg.) 1981; Dorsch 1991, WV-Nr. 1076; Schumacher/Dorsch 2003, S. 121 ff.

Über einer Versammlung zum Teil gutbürgerlich gekleideter, zum Teil uniformierter Männer schwebt eine große Seifenblase, in welcher der Kopf Adolf Hitlers erscheint. Der Narr, der sie aufgeblasen hat, ist der Tod, das verraten Knochenhand und Schädel. Hitlers Kopf wirkt fast wie ein Götzenbild und ist zur Hälfte von einem hellen Nimbus umgeben. Seine geschlossenen Augenlider, die ihm den Ausdruck des Insichgekehrtseins verleihen, stehen im Gegensatz zu den aufgerissenen Augen der Menschen, die begeistert zu ihm aufblicken und ihre Zylinder und Bierkrüge schwenken. Auf einem dieser Bierkrüge ist das ligierte Monogramm HB zu lesen, das den Ort des Geschehens verrät – den Münchner Hofbräukeller. Hitler hielt seine Reden in der frühen Phase der NS-Bewegung meist in den Festhallen der Münchner Brauhäuser, häufig auch im Hofbräuhaus oder im heute nicht mehr existierenden Bürgerbräukeller.[1]

Die 1963 entstandene Lithografie wiederholt die Federzeichnung von 1931, die in Niekischs Broschüre zu dem Unterkapitel *Sein Erfolgssystem* im abschließenden Kapitel *Der Weg in die Ohnmacht* abgedruckt ist. Unter dem »Erfolgssystem« verstand Niekisch die Propaganda: »Hitler ist der Erfinder des besten propagandistischen Erfolgssystems, das seine Bewährungsprobe überraschend gut überstanden hat«[2], schrieb er und nannte hierfür die »Gläubigkeit« des deutschen Volkes als Voraussetzung. »Der Deutsche ist von Natur aus gläubig«, deshalb ist die »deutsche Glaubensgemeinschaft [...] die Konjunktur aller falschen Propheten«.[3] Dass Hitlers falsche Versprechungen bald zerplatzen würden wie eine Seifenblase, hat Weber in seiner Illustration eindringlich umgesetzt. Die Gefahren, die er mit Hitler als falschem Propheten verbunden sah, unterstrich er durch den todbringenden Narren, der die Seifenblase erzeugt. BB

1 Der Bürgerbräukeller war unter anderem Schauplatz des Hitler-Putsches im November 1923, der Neugründung der NSDAP im Februar 1925 sowie des Attentatversuches auf Hitler im November 1939.
2 Niekisch 1932, S. 33.
3 Niekisch 1932, S. 32.

IV 1/13

A. Paul Weber
(Arnstadt in Thüringen 1893 –
1980 Großschretstaken bei Mölln)
Das Ende, 1963 (1931)
6. Illustration zu Ernst Niekisch: *Hitler – ein deutsches Verhängnis,* Berlin: Widerstandsverlag, 1932 (sechs Illustrationen)
Lithografie, 23,5 x 36 cm (Darstellung)
Ratzeburg, A. Paul Weber-Museum
Drexel 34
Lit. Schartel (Hg.) 1981; Dorsch 1991, WV-Nr. 1077; Schumacher/Dorsch 2003, S. 123.

Das Schlussbild zu Ernst Niekischs Text zeigt einen jungen Mann mit Hakenkreuzbinde am linken Arm, wie sie zur SA-Uniform gehörte. Er sitzt gebeugt in einer menschenleeren, unwirtlichen, düsteren Landschaft auf einer Schubkarre und stützt den Kopf in einer Verzweiflungsgeste auf seine Hände. Er ist barfuß, an den Füßen und Händen halten ihn schwere Eisenketten gefangen. Auch diese Lithografie geht auf eine Federzeichnung zurück. Sie gehört zum abschließenden Unterkapitel *Verhängnis* des dritten und letzten Kapitels *Der Weg in die Ohnmacht.* Niekischs Synthese am Schluss seiner Broschüre *Hitler – ein deutsches Verhängnis* lautet: »Der Nationalsozialismus ist kein Beginn – er ist ein Ende. [...] Das Ergebnis des unerhörten Aufwandes ist am Schluß die Katastrophe. [...] Ein ermattetes, erschöpftes, enttäuschtes Volk bleibt dann zurück, das alle Hoffnung fahren lässt und müde am Sinn jeder ferneren deutschen Gegenwehr verzweifelt. Die Versailler Ordnung aber wird gefestigter sein, als sie es jemals war.«[1] Nochmals machte Niekisch deutlich, worin er die Katastrophe sah, nämlich in dem Bestand der »Versailler Ordnung« und nicht in einem weiteren Krieg, den die Nationalsozialisten womöglich würden auslösen können. Schließlich hatte Niekisch der NS-Bewegung in völliger Verkennung ihres Machtstrebens sogar Pazifismus vorgeworfen.[2]

Für A. Paul Weber ist festzuhalten, dass er den radikalen revolutionären Ansatz von Niekisch nicht vertreten hat. Seine Gegnerschaft zu Adolf Hitler und den Nationalsozialisten entstammte einer konservativen nationalen Grundhaltung. Den menschenverachtenden Aspekt der nationalsozialistischen Ideologie und die gezielte Vorbereitung des NS-Regimes zu einem Angriffskrieg hat Weber zu dieser Zeit nicht gesehen. Den »Anschluss« Österreichs 1938 und die Eingliederung Danzigs kommentierte er jedenfalls mit heroischen Motiven.[3]

Dennoch war die Publikation der Broschüre 1932 ein scharfer Angriff gegen Hitler und die NS-Bewegung. Die Brisanz der Schrift und ihrer Illustrationen war innerhalb des »Widerstandskreises« bereits im Vorfeld ein Thema. Niekisch legte Ernst Jünger, Carl Schmitt und Arnolt Bronnen Webers Entwürfe vor. Während Bronnen, der sich explizit zu Hitler bekannt hatte, sich durch die Angriffe auf die Nationalsozialisten verletzt sah und vor den Folgen einer Veröffentlichung warnte, urteilte Schmitt, »nie habe er etwas Eindrucksvolleres gesehen, das Titelbild erschlage förmlich«. Jünger »fand die Zeichnungen gut und wirksam, und wohl werde die Broschüre einen großen Eindruck machen«.[4] Zu einer Verhaftung von Niekisch und siebzig weiteren Mitgliedern des »Widerstandskreises« kam es erst 1937. 1939 wurde Niekisch zu lebenslänglichem Zuchthaus verurteilt. Weber wurde 1937 ebenfalls verhaftet, kam im Dezember des Jahres aber ohne Gerichtsverhandlung wieder frei. BB

1. Visionen 213

IV 1/13

1 Niekisch 1932, S. 35 f.
2 Niekisch 1932, S. 27. Vgl. auch den Text zu Kat.-Nr. IV 1/11.
3 Vgl. Noll 1993, Bd. 1, S. 269, Anm. 618, und Bd. 2, Abb. 92, 93.
4 Niekisch 1974 [1958], S. 188 f., zit. n. Schumacher/Dorsch 2003, S. 122.

»Die Erklärung des Phänomens aber ist in beiden Fällen die gleiche: Romantik, nicht nur verkitschte, sondern auch echte, beherrscht die Zeit, und aus ihrem Quell schöpfen beide, die Unschuldigen und die Giftmischer, die Opfer und die Henker.«

Victor Klemperer, 1957
Klemperer 1993 [1957], S. 227

IV 1/14

IV 1/14
Alfred Kubin
(Leitmeritz in Nordböhmen 1877 –
1959 Zwickledt bei Wernstein am Inn)
Frau Welt, 1932
Federlithografie, gespritzt, 33,6 x 27,5 cm (Darstellung), 50,0 x 37,5 cm (Blatt)
Linz, Oberösterreichische Landesmuseen
KS II 376
Lit. Raabe 1957, WV-Nr. 456, S. 146; Ausst.-Kat. Linz/München 1999, Nr. 126, S. 200, 289 (Abb. der Version von 1922).

»Frau Welt« ist eine dem Mittelalter geläufige allegorische Gestalt. Sie sollte den Widerspruch verdeutlichen zwischen Sein und Schein, zwischen der verführerisch schönen Ansicht der Welt und ihrer sündigen Kehrseite. So ist sie etwa in der Skulptur von 1289 am Südportal des Wormser Doms dargestellt: von vorn eine schöne Frau, ihr Rücken aber ist voll ekligen Ungeziefers. Alfred Kubin hat seine »Frau Welt« in ähnlicher Weise dargestellt – als eine durch die Welt wandernde, etwas unheimliche üppige Frau in schwarzem Schleier. Hinter ihrem Rücken geschieht ein Meuchelmord und, noch etwas weiter hinten, ist ein am Ast Erhängter zu sehen, daneben ein Sterngucker mit Fernrohr, weiter vorn eine sich windende Schlange, ein Speer und ein Sarg, dazu altertümlich getakelte Schiffe vor der Silhouette einer Stadt, darüber unheilvolles Vogelgeflatter.

Schaut man dieser Frau Welt ins Gesicht, so scheint sie eher ein Mann zu sein, und wenn man sich das Gestrichel zwischen Nase und Oberlippe als einen Schnurrbart denkt, dann meint man für einen kurzen Moment Adolf Hitler zu erkennen.

In dieser Lithografie von 1932 variierte Kubin ein zehn Jahre älteres, viel detailreicheres Blatt mit demselben Titel aus der *Traumland-Mappe II* von 1922. Frau Welt ist dort eher eine Randfigur und überblickt eine Szenerie voller Schrecken. Hier aber bewegt sie sich vorwärts durch eine Welt, in der sie Mord und Tod hinterlässt.

Max Peter Maass zählt dieses Werk unter Kubins »eindeutige Menetekelbilder der *Menschheitsdämmerung*« und hebt dazu das Entstehungsjahr hervor: 1932, »kurz bevor sich die Nacht über Deutschland senkt, zeigt er *Frau Welt*«.[1] Der Künstler selbst verhielt sich freilich indifferenter. Am 8. September 1933 schrieb er an den Maler und Grafiker Anton Steinhart (1889–1964): »Es ist immer von Unglück, wenn ein Künstler – oder einer, der es sein will – sich in politische Dinge mischt.«[2] KN

1 Maass 1965, S. 59.
2 Alfred Kubin an Anton Steinhart, Brief vom 8. September 1933, in: Kutschera (Hg.) 1964, S. 25.

IV 1/15
Edgar Ende
(Altona bei Hamburg 1901 –
1965 Netterndorf in Oberbayern)
Der gekreuzigte Adler,
Pasing bei München 1932
Öl auf Leinwand, 88,5 x 107 cm
Fulda, Vonderau Museum, II C 846
Lit. Ausst.-Kat. Augsburg 1946, Nr. 86; Krichbaum (Hg.) 1987, S. 74; Ausst.-Kat. Osnabrück 1995/96, S. 8; Ausst.-Kat. Paderborn/Selm 1997/98, Tafel 62; Ausst.-Kat. Paderborn 1998, Tafel 60, Murken 2001, Nr. 52.

IV 1/15

In seinen visionären Bildern der 1930er Jahre wie *Die Flucht auf dem Adler* (1931) oder *Der Kampf in der Luft II* (1936) hat Edgar Ende den Adler wiederholt als beschützenden, stolzen und kampfbereiten Greifvogel dargestellt. Auf dem Gemälde *Der gekreuzigte Adler* werden dem Adler diese Freiheit und Kraft jedoch gewaltsam genommen: Ein athletischer nackter Mann beginnt in der Abendsonne, den scheinbar opferwilligen Riesenvogel an ein Kreuz zu nageln, das unter der schweren Last ins Wasser zu sinken scheint. Am fernen Horizont erkennt man in den letzten Strahlen des Abendlichtes eine felsige Insel. Rechts steht ein Mann, der auf das Geschehen in kommentierender Haltung hinzeigt. Nicht von ungefähr spielt der Maler damit wohl auf den Isenheimer Altar von Matthias Grünewald an, dessen Kreuzigungsszene Johannes den Täufer in einer ähnlichen Geste zeigt.

Einer Anekdote zufolge soll der amerikanische Präsident Franklin Delano Roosevelt bei einem Rundgang durch die jährliche *International Exhibition of Paintings* im Carnegie Museum of Art in Pittsburgh 1934 dieses Gemälde als den »gekreuzigten Reichsadler« Deutschlands interpretiert haben.[1] Obwohl sich diese Episode nicht bestätigen lässt, deutet sie doch an, was man damals möglicherweise vor diesem Bild empfunden und diskutiert hat.

Als *Der Gekreuzigte Adler* 1932 entstand, waren die Wahlerfolge der Nationalsozialisten in ihrer bedrückenden Konsequenz kaum noch zu verdrängen. Deshalb kann man dieses Bild mit Recht als eine zeitbezogene allegorische Darstellung der Anklage und der Warnung sehen. Aber zugleich hat Ende mit diesem Bild ein allgemeingültiges religiös-philosophisches Sinnbild von Qual und Erlösung geschaffen.

Darüber hinaus kann man die Darstellung auch als Anklage gegen den Umgang des Menschen mit dem Tier deuten.[2] Bezieht man das Bild auf den antiken Ganymed-Mythos, so lässt sich die Szene zudem als blasphemische Kreuzigung des in einen Adler verwandelten Göttervaters Zeus lesen.

Diese vielfältigen Interpretationsmöglichkeiten führen vor Augen, wie unterschiedlich man die allegorischen und metaphorischen Darstellungen Endes auffassen kann. Sein Sohn Michael Ende hat dieses Verfahren einleuchtend kommentiert: »Das Bild, wie mein Vater es verstanden wissen wollte, ist also im geistigen Sinne etwas Lebendiges. Und da Lebendiges Lebendiges hervorbringt, kommt es auf den Prozeß an, den es im Beschauer anregt.«[3] AHM

1 Das Gemälde wurde 1961 von der Stadt Fulda angekauft. Die dazugehörige Dokumentation verweist darauf, dass es im Carnegie Museum of Art in Pittsburgh, USA, 1934 ausgestellt gewesen sei. Dort soll Präsident Franklin Roosevelt es gesehen haben. Ausgestellt wurde jedoch nachweisbar nur das Gemälde *Die Frau auf der Schildkröte* (1932). Murken 2001, S. 66 f.
2 Vgl. dazu auch Wandschneider, Andrea: Die Moderne. Der ironische Blick oder »Was sind wir einander«, in: Ausst.-Kat. Paderborn/Selm 1997/98, S. 91 f.: »Es ist der Akt der brutalen Schändung der Natur, durch die der vorgeschichtliche Mensch und der gegenwärtige verbunden sind.«
3 Edgar Ende. Maler und Mystiker, in: Ausst.-Kat. München 1972, S. 4.

»[D]ie Realität der Schilderung ist gleichsam durchleuchtet von einem eigentümlichen Schimmer, der aus der Sphäre des Traumhaften, Visionären stammt, in der sich der versteckte Kern der materiell greifbaren Welt gerade durch die Zauberei phantastischer Verschleierung erst enthüllt. Und hierin erblicken wir das Wesen deutscher Kunst.«

Max Osborn, 1932
Osborn 1932, S. 217

IV 1/16

IV 1/16
Josef Scharl
(München 1896 – 1954 New York)
Triumphzug, 1932
Öl auf Leinwand, 76 × 98,5 cm
München, Bayerische Staatsgemäldesammlungen – Pinakothek der Moderne, 14950
Lit. Ausst.-Kat. München 1982/83; Ausst.-Kat. Berlin 1983/84; Ausst.-Kat. Emden/Bad Homburg/Düren 1999.

Die Atmosphäre in München, wo Josef Scharl lebte und arbeitete, war konservativer als jene in Berlin. Nur wenige Künstler wagten den Blick auf politische und soziale Missstände. In dieser Hinsicht ist Scharl eine bemerkenswerte Ausnahme. Viele seiner Gemälde zeigen die Gesichter und Körper von Arbeitern, Bauern, Kriegsversehrten, Müttern und Kindern, die durch Not, Ausgrenzung und Überlebenskampf geprägt sind. Die Idee, dass das Äußere einer Person von ihrem Inneren zeugt, verfolgte der Maler aber auch in seinen Bildern des Bürgertums, so in seinem *Triumphzug*.

Der Titel lässt an den feierlichen Einzug eines siegreichen Imperators im Römischen Reich denken. Tatsächlich scheint in diesem Triumphzug ein römischer Kaiser mitzugehen, der aufgrund der grauen Farbe einer antiken Porträtbüste ähnelt. Mit dieser Figur spielte Scharl offensichtlich auf den faschistischen Diktator Benito Mussolini an, der seit 1922 in Italien regierte, sich selbst gern als »Cäsar« präsentierte und von vielen auch als solcher gesehen wurde – ob bewundernd wie beispielsweise von dem konservativen Geschichtsphilosophen Oswald Spengler oder ironisch wie von manchen linksgerichteten Karikaturisten. Kurz vor der Entstehung des Gemäldes hatte Scharl die Selbstdarstellung des »Duce« bei einem längeren Romaufenthalt aus eigener Anschauung erlebt. Sah er die Möglichkeit, dass ein solcher Imperator auch in Deutschland auftreten könnte? Im *Triumphzug* zeigt Scharl, wie sich die Cäsarenfigur in die deutsche Honoratiorenschaft einfügt, darunter ein hoher Offizier in anachronistisch-verfremdeter Paradeuniform, ein Korpsstudent mit Schmissen im Gesicht, ein deformierter

IV 1/17

»Spießbürger« mit Kaiser-Wilhelm-Bart sowie ein Gelehrter oder Poet mit Lorbeerkranz und rotem Talar.

Scharl macht unmissverständlich deutlich, wie wenig er von den Überzeugungen und Zielen dieser vermeintlichen Ehrenmänner hält, indem er ihnen einen Mann »mit Brett vorm Kopf« hinzugesellt. Das Theatralische ihres Umzuges unterstreicht er durch einen verschwenderischen Einsatz von Zeptern, Troddeln und Epauletten. Seine Würdenträger erscheinen – im Gegensatz zu den »Stützen der Gesellschaft«, wie George Grosz (vgl. Abb. 1, S. 64) und Otto Dix sie zeichneten – eher lächerlich denn bedrohlich-aggressiv. Es überwiegt, wie Armin Zweite treffend festgestellt hat, der »Mummenschanz, der [...] zur Aufklärung nichts beitragen kann. Die hinter den Repräsentanten der herrschenden Klassen auftauchenden hölzernen Masken sind ein Indiz dafür, daß weder Haß noch Verachtung den Pinsel führen, sondern eher Humor.«[1] Obwohl Scharl das Erstarken der NSDAP mit Misstrauen betrachtete, erkannte er offensichtlich nicht, welche Schrecken und welche Gewalt die nationalsozialistische Bewegung mit sich bringen würde. Erst 1938 emigrierte er in die Vereinigten Staaten, zu dieser Zeit war er längst als »entartet« diffamiert. JP

1 Zit. n. Zweite, Armin: »Das Volk ist nicht tümlich«. Beobachtungen zu Gemälden Josef Scharls, in: Ausst.-Kat. München 1982/83, S. 9–51, hier: S. 26.

IV 1/17
Franz Frank
(Kirchheim unter Teck 1897–
1986 Marburg an der Lahn)
Kreuzigung, Goßfelden bei Marburg an der Lahn 1933
Radierung, 29,5 x 36,5 cm (Platte),
46 x 37,5 cm (Blatt)
Marburg, Universitätsmuseum für Kunst und Kulturgeschichte, 22 501
Lit. Zimmermann 1980; Zimmermann 1985; Zimmermann 1994, R 62; Zimmermann 1994 (2).

Franz Franks Radierung *Kreuzigung* aus dem Jahr 1933 dokumentiert seine kritische Auseinandersetzung mit der zeitgeschichtlichen Situation in Deutschland unmittelbar nach der Machtübernahme durch die Nationalsozialisten. Die Radierung ist nur in einem einzigen Abzug bekannt und somit zugleich auch Indikator für Franks Vorsicht. Die Verbreitung des Blattes wäre wohl riskant gewesen, denn Frank aktualisiert das Thema auf eindeutige Weise. Die Kreuzigung Jesu ereignet sich in der Gegenwart inmitten einer deutschen Stadt. Uniformierte Schutzmänner sind neben Bürgern zu sehen, die gekleidet sind wie für einen Sonntagsspaziergang. Der eigentliche Skandal des Bildes in Zeiten zunehmender Repressionen gegen Menschen jüdischer Abstammung ist die Inschrift, die Jesus auf einem Schild vor der Brust trägt: »Jesus von Nazareth der Judenkönig«. Entgegen der ikonografischen Tradition ist das Schild bei Frank nicht am oberen Ende des Kreuzesstammes angebracht, sondern hängt Christus an einer Kordel um den Hals. Diese Art der Zurschaustellung entspricht Diffamierungen, wie sie vom nationalsozialistischen Regime und seinen Anhängern gegen Juden betrieben wurden.

Als Frank nach Ende des Zweiten Weltkrieges die Geschehnisse der Zeit verarbeitete und die Mappe *Träume und Wirklichkeiten* zusammenstellte, nahm er eine Neubearbeitung der radierten Szene als Lithografie vor. Ein Unterschied ist hier besonders prägnant: Im Hintergrund der Lithografie ist eine Kolonne von SA-Männern mit Hakenkreuzflagge ergänzt – ein deutlicher Hinweis darauf, dass der Künstler rückblickend die politische Aussage des Bildes verstärkte. In ihren Erinnerungen schrieb die Frau des Malers, dass ihr Mann und sie bereits 1933 »von den schlimmsten Befürchtungen erfüllt [waren], obwohl man noch nicht ahnte, bis zu welchen Folgerungen das neue Regime es treiben würde«.[1] CO

1 Frank, Erika: Unser gemeinsames Leben, in: Zimmermann 1985, S. 159–199, hier: S. 184.

1. Visionen

IV 1/18

IV 1/18
Otto Dix
(Untermhaus bei Gera 1891 –
1969 Singen am Bodensee)
**Studie zu *Die sieben Todsünden*,
Dresden 1933**
Kohle und Kreide auf Karton, 178,5 x 118,5 cm
Stuttgart, Kunstmuseum Stuttgart, Z-1386
Lit. Conzelmann 1983, S. 213 ff.; Schwarz 1986, S. 20 – 45; Ausst.-Kat. London 1992, Nr. 121; Karcher 1992, S. 170, 180; Ehrke-Rotermund 1994; Schwarz, Birgit: »Das zeitlose Grauen der Welt packen«. Methodenkritische Überlegungen zu den »Widerstandsbildern« der dreißiger Jahre, in: Ausst.-Kat. Albstadt 1995/96, S. 41 – 62; Peters 1998, S. 211 – 217; Jacob-Friesen 2007.

Die Studie für die große politische Allegorie *Die sieben Todsünden* aus dem Jahr der Machtübergabe an die Nationalsozialisten geht als Bildidee auf eine Kinderbuchillustration zurück, die Otto Dix unter dem Titel *Fastnacht* 1930 für seinen Sohn Ursus aquarelliert hatte. Wohl bereits in der Spätphase der Weimarer Republik 1932/1933 griff der Künstler die Illustration wieder auf und veränderte sie entscheidend, insofern nun nicht mehr der Tod als zentrale Figur im Bildvordergrund agiert, sondern die auffällige, wenn auch kleine Figur des Neides. Diese sitzt auf dem Rücken einer gebrechlichen alten Frau (Geiz) und wird von Tod (Trägheit des Herzens) und Jähzorn flankiert, während Hoffart, Wollust und Völlerei nachfolgen. Wie ein Keil schiebt sich die verdichtete Figurengruppe diagonal ins Bild; im Gemälde hinterfangen von einem Architekturfragment und einer aufgewühlten, öden Landschaft, die graues Meer oder Wüste (auch Kraterlandschaft) sein könnte. Auf der Mauer ist ein Zitat Friedrich Nietzsches aus dem *Zarathustra* (1883 – 1891) angebracht: »Die Wüste wächst: weh dem, der Wüsten birgt!«[1]

Der politische Gehalt von *Die sieben Todsünden* ist in der Forschung[2] aufgrund der Ableitung des Bildmotives aus der Fastnachtsszene nicht ohne weiteres akzeptiert, er ist angesichts der Identifikation des sich festkrallenden Neides mit der Maske Adolf Hitlers jedoch evident. Bereits die Studie zeigt das isolierte ovale Gesicht des zukünftigen Diktators mit irrem Blick, strähnigem Haar, heruntergezogenen Mundwinkeln und dem typischen Schnauzbart. Die politische Stoßrichtung und tagespolitische Aktualisierung der Allegorie der Todsünden wird zudem durch zwei wichtige Fakten erhärtet: Der linksgerichtete kritische Grafiker Bruno Beye ließ im Jahre 1932 einen Tod in SA-Uniform sich die Hitlermaske vom Gesicht nehmen, um so auf das »wahre« Gesicht des Nationalsozialismus aufmerksam zu machen. Dabei scheint sich Beye mit seiner eindrucksvollen Bilderfindung selbst wiederum auf das berühmte Hitler-Plakat nach einem Entwurf von Hans Herbert Schweitzer zur Reichspräsidentenwahl vom April 1932 zu beziehen, das Hitlers ikonenhaftes, ovales Konterfei vor einem schwarzen Hintergrund zeigt und nur mit der Parole »HITLER« als politischem Schlagwort versehen war. Otto Dix könnte auf diese beiden Abbildungen Bezug genommen haben, als er die Hitler-Maske im Zusammenhang mit einer Personifikation der Todsünden darstellte und zudem die NSDAP als politische Partei des Ressentiments charakterisierte, der die Verkommenheit und das Verderben unmittelbar folgen.

Die Studie ist auf das Jahr 1933 datiert und auch das Gemälde ist in diesem Jahr entstanden. Dix hat das Hitlerbärtchen auf dem Gemälde nach eigener Aussage erst nach 1945 angebracht. Selbst wenn dieser Sachverhalt auch für den Karton gelten sollte, ändert dies nichts an der politischen Stoßrichtung der Allegorie: Die leicht mit Hitler und dem Nationalsozialismus zu identifizierende Metapher der Maske war 1933 bereits eindeutig lesbar und wurde mit dieser Bedeutung auch von anderen kritischen Künstlern benutzt. OP

1 Nietzsche, Friedrich: Werke in drei Bänden. München 1954, Bd. 2, S. 1247.
2 Vgl. Schwarz 1986, S. 20 – 45; Schwarz, Birgit: »Das zeitlose Grauen der Welt packen«. Methodenkritische Überlegungen zu den »Widerstandsbildern« der dreißiger Jahre, in: Ausst.-Kat. Albstadt 1995/96, S. 41 – 62.

IV 1/19
Felix Nussbaum
(Osnabrück 1904 – 1944 Auschwitz)
Zerstörung (2), Rom? 1933
Öl auf Leinwand, 53 x 76 cm
Osnabrück, Felix-Nussbaum-Haus, Dauerleihgabe aus Privatbesitz
Lit. Ausst.-Kat. Osnabrück 1995; Ausst.-Kat. Osnabrück 2004/05; Felix Nussbaum, Werkverzeichnis, URL: http://www.felix-nussbaum.de/werkverzeichnis/, WV-Nr. 161.

Im Frühjahr 1932 war Felix Nussbaum mit dem Großen Staatspreis der Preußischen Akademie der Künste, einem Stipendium für die Villa Massimo in Rom, ausgezeichnet worden. Im gleichen Jahr brach er nach Italien auf. Aufgrund der Machtübernahme der Nationalsozialisten im Januar 1933 und der zunehmenden antisemitischen Repressionen sollte er nicht mehr nach Deutschland zurückkehren. Nur ein knappes Jahr verbrachte der Maler in Rom. Ob dies mit den politischen Veränderungen in Deutschland und Nussbaums jüdischer Religionszugehörigkeit zusammenhing, ist ungewiss. Eine handfeste Auseinandersetzung mit einem Mitstipendiaten hatte ihn dazu gezwungen, die Villa zu verlassen.

In seinem Gemälde *Zerstörung (2)* setzt Nussbaum sich mit seinem »Rausschmiss« auseinander. Zwischen einer dunkel verschatteten Gebäudeecke und einem Haus öffnet sich nach hinten ein geräumiger Platz, in dessen Mitte das Kolosseum steht. Links vor der dunklen Mauer, die ein wiederkehrendes Element in Nussbaums Bildern ist, steht ein einsames Paar: ein kahlköpfiger Sänger, der eine mit schwarzem Schleier verhüllte Frau in den Armen hält. Im Vordergrund liegen Fragmente von Gemälden, von denen eines als Überrest von *Der tolle Platz* zu identifizieren ist. Mit ihm hatte der Künstler 1931 in Berlin seinen künstlerischen Durchbruch erlebt. Doch seine einst hoffnungsvolle Karriere liegt nun in Trümmern. Offensichtlich hatte Nussbaum zu diesem Zeitpunkt eine Rückkehr in sein altes Leben in Berlin bereits ausgeschlossen. In einer allegorischen, sehr persönli-

IV 1/19

chen Bildsprache, die an die *pittura metafisica* eines Giorgio de Chirico denken lässt, setzt sich Nussbaum mit seiner aktuellen Lebenssituation auseinander. Sie bedeutete für ihn den Anfang eines langen Weges ins Exil, der ihn und seine Lebensgefährtin Felka Platek über Alassio, Rapallo und Paris 1935 nach Belgien führen sollte.

Während seiner Berliner Jahre wiesen Nussbaums Gemälde noch keine aktuellen sozial- und gesellschaftskritischen Bezüge auf. Erst über die zunehmende Beschäftigung mit seiner Exil-Situation begann er in einem moderaten, sachlich-realistischen Stil die aktuelle politische und gesellschaftliche Lage und deren Konsequenzen für die jüdische Bevölkerung zu reflektieren. MS

IV 1/20
Hannah Höch
(Gotha 1889 – 1978 West-Berlin)
Wilder Aufbruch, 1933
Öl auf Leinwand, 94 x 82 cm
Berlin, Landesbank Berlin AG
LBB 086564
Lit. Roters 1990, S. 190; Maurer 1995, S. 250.

Scharfgeschnitten das Profil, raubvogelgleich; weitaufgerissene Augen fixieren jenseits Beute; gelbe Flammen das Haar; die Gliedmaßen rudimentär, die Lippen aber sind voll: Ein Ungeheuer, jung noch, lässt Hannah Höch im *Wilden Aufbruch* sich erheben. Es löst sich aus dem Kopf einer zweiten, größeren Gestalt, die, verschlossen in der Körpersprache, eine Blume, Symbol für vieles – auch der Unschuld –, vor sich hält.

Im Gegensatz zu den männlichen Kollegen, etwa zu ihrem Freund Kurt Schwitters, hat sich Hannah Höch selten zu ihrer Kunst geäußert. So vielfältig ihr Werk ist, so wenig lag ihr daran, dessen Lesart zu bestimmen. Eine Entschlüsselung ihrer symbolischen Darstellungen gab sie nahezu nie. Die Ausnahme macht dieses in pastoser Spachteltechnik gestaltete Gemälde, das Höch im Jahr der nationalsozialistischen Machtübernahme malte, und für das sie später die Deutungshoheit reklamierte. Gegenüber dem Kunsthistoriker Will Grohmann beschrieb sie im Jahr 1964, nachdem das Bild in der Ausstel-

IV 1/20

lung *Kunstdiktatur – gestern und heute*[1] gezeigt worden war, die Hintergründe seiner Entstehung: »*Wilder Aufbruch* betreffend, möchte ich gerne noch etwas sagen. Es entstand 1933, als sich, unmissverständlich, herausgestellt hatte, dass die deutsche ›Männerwelt‹ diesen wilden Aufbruch in nationale Überheblichkeit, Rechtlosigkeit und Welteroberungswahn begonnen hatte. Die Frauen, vor allem die Mütter, nahmen zu dieser Zeit, noch, diesen Umsturz mit großer Sorge, mit Misstrauen, aber resignierend, hin. Dies wollte ich festhalten. Erst viel später, als bereits das ganze Weltbild in Deutschland unvorstellbar raffiniert umgemodelt war, gelang es dann ja diesen Hexenmeistern auch die Frauen in diesen Wahn einzubeziehen.«[2]

In der 1968 erschienenen ersten Monografie zu Höch, die der Autor Heinz Ohff in enger Abstimmung mit der Künstlerin verfasste, wird diese Deutung festgeschrieben: »Im *Wilden Aufbruch* (1933) ›reißt sich die brutale Männlichkeit von einem mütterlichen Wesen‹ (dies Hannah Höchs eigene Definition) – die Lemuren haben gesiegt.«[3]

Der von Hannah Höch bildnerisch gefasste *Aufbruch* antizipiert die Menschheitskatastrophe. Zwölf Jahre später griff sie das Doppelmotiv wieder auf und verbildlichte das Nicht-zu-Verarbeitende (vgl. Kat.-Nr. VIII/7). RB

1   Ausst.-Kat. Berlin 1963.
2   Höch 1995, S. 187.
3   Ohff 1968, S. 35.

IV 1/21
Hannah Höch
(Gotha 1889 – 1978 West-Berlin)
Requiem, 1933
Gouache, 35 x 40 cm
Tübingen, Privatsammlung

Bereits die Titel ihrer Werke – *Resignation*[1], *Angst* (Kat.-Nr. VI 1/4), *Flucht*[2] oder, hier, *Requiem* – kartografieren in den 1930er Jahren die sich verdüsternde Seelenlandschaft Hannah Höchs. Als Stilpluralistin, die sie war, nutzte Höch unterschiedlichste künstlerische Handschriften und Medien, um der zunehmend bedrückten, von innerer Zerrissenheit geprägten Stimmungslage adäquat Form geben zu können. Statt eines kompakten Farbauftrages setzt die Künstlerin in dieser Gouache, die ganz in lehmigen Erdfarben gehalten ist, eine diffuse Tupf- und Sprenkeltechnik ein, mit der die anthropomorphen Figuren eine sich verflüchtigende Körperhaftigkeit erhalten. Die Allgegenwart des Todes formuliert Hannah Höch denn auch in dieser Arbeit als düstere Prophezeiung. Trostlos der Ort, wandeln mit archaisch-stilisierten, entindividualisierten Körpern und Gesichtern zu Grabmalen erstarrte Menschen in einer endlosen Prozession: Trauernde und Betrauerte dieser Totenmesse sind bereits eins. RB

1   *Resignation*, um 1930, Collage, 26 x 21 cm, Staatliche Museen zu Berlin, Kupferstichkabinett.
2   *Flucht*, 1931, Collage, 23 x 18,1 cm, Institut für Auslandsbeziehungen e.V., Stuttgart.

IV 1/21

2. Kunst als Waffe

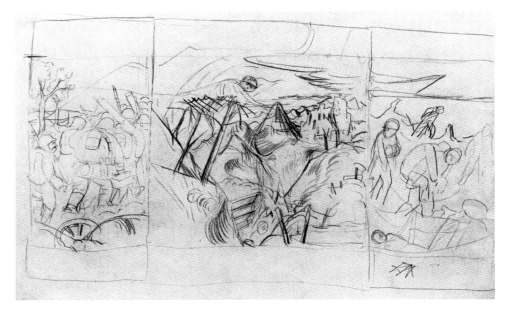

IV 2/22

IV 2/22
Otto Dix
(Untermhaus bei Gera 1891–
1969 Singen am Bodensee)
**Studie zu *Der Krieg* (Triptychon),
Dresden 1929**
Bleistift, 44,7 × 70 cm
Albstadt, Galerie Albstadt,
Städtische Kunstsammlungen
GS 78/88

Lit. Conzelmann 1983, S. 197–210; Eberle 1989, S. 31–62; Scholz, Dieter: Das Triptychon »Der Krieg« von Otto Dix, in: Ausst.-Kat. Stuttgart/Berlin 1991/92, S. 261–267; Ausst.-Kat. London 1992, S. 192 f.; Peters 1998, S. 194–227; Merz 1999, S. 208; Werner, Gabriele: Otto Dix. Der Krieg, in: Kriegsende 1918 1999, S. 315–339; McGreevy 2001, S. 347–363; Schubert 2004; Fox 2006.

In dem Triptychon *Der Krieg* versuchte Otto Dix eine Summe aus seinen bisherigen Kriegsdarstellungen zu ziehen (Abb. 5, S. 84). Das Werk ist von ihm mit dem Anspruch auf öffentliche Wirksamkeit geschaffen worden, indem er zum Beispiel die Form des spätmittelalterlichen mehrteiligen Altarbildes als Pathosformel zitiert und hier zur Darstellung des Martyriums von Frontsoldaten einsetzt. Dix stellte sich als idealen Aufstellungsort einen schwarz gestrichenen Bunker vor, der eine dramatische Inszenierung bedeutet hätte. Nach eigener – freilich späterer – Aussage verfolgte er mit dem zwischen 1929 und 1932 entstandenen großformatigen Werk das Ziel, dem in der Spätphase der Weimarer Republik erneut aufkommenden Nationalismus und Militarismus etwas entgegenzusetzen.

Das Gemälde zeigt auf dem linken Flügel, wie Soldaten im Morgengrauen in den Krieg ziehen. Auf der mittleren Tafel sieht man eine Hölle aus Tod und Verwesung und auf dem rechten Seitenbild wenige Überlebende, die dem Inferno entkommen sind –, hier hat sich der Maler auch selbst dargestellt. Eine Predella schließt die Komposition formal, nicht aber narrativ ab. Auf ihr sieht man Soldaten, die in einem Holzverschlag ruhen, um am nächsten Tag erneut in die Schlacht zu ziehen.

Die hier gezeigte Studie erfasst den Kerngedanken der Komposition, die Dix noch in Details variierte. Soldaten mit Tornistern und geschulterten Gewehren marschieren von links nach rechts ins Zentrum der Schlacht. In der Mitte hinten sieht man eine zerstörte Stadt und weiter vorne links einen aufgespießten Leichnam, der über einer zerfurchten Grabenlandschaft schwebt (auf dem Gemälde formen ein Skelett mit ausgestrecktem Finger und ein Stahlträger ein Sensenblatt, welches das Bild insgesamt mit der Signatur des Todes versieht). Rechts nun schleppen sich Soldaten davon. Die ganze Szene wird von einer Gebirgskette gerahmt, welche die drei Einzeldarstellungen hinterfängt und trotz der kompositorischen und szenischen Brüche ein Raumkontinuum schafft.

Die Predella ist noch nicht ausgeführt, aber Streifen unter den Darstellungen sind für weitere Szenen freigehalten. Entscheidend für die Bilderfindung ist ein zeitlicher Ablauf, den Dix später auf den vier Tafeln des Triptychons in Form unterschiedlicher Tageszeiten umsetzen sollte. Dort steht das Morgengrauen für den Zeitpunkt vor der Schlacht, der Mittag für das Kriegsgeschehen, Abend und Nacht signalisieren, dass die Schlacht vorüber ist. Auf der Zeichnung fehlt noch die kreisförmige Komposition des Gemäldes, die auch formal eine Rückführung des Geschehens zum Anfang verbildlicht. Das Rad auf der linken Tafel taucht auch auf der abschließenden Fassung wieder auf und liefert dem Betrachter einen Hinweis, dass er die Komposition als sich wiederholenden Kreislauf zu lesen hat.[1]

Doch Dix' Interpretation des Krieges als ewiger Kreislauf des Todes – angedeutet durch den Lauf der Zeit im Gemälde und die Darstellung des Rades in beiden Werken – widerspricht letztlich der Intention des Künstlers, vor einem neuen Krieg warnen. Die durch den Lauf der Zeit implizierte Möglichkeit der Wiederholung eines Krieges enthielt natürlich auch eine drastische Warnung an die Zeitgenossen. Zugleich aber signalisierte Dix damit die Unabänderlichkeit der Wiederkehr des Krieges, wenn er ihn gleichsam naturalisierte und Friedrich Nietzsches Diktum der »ewigen Wiederkehr« als Interpretament heranzog. Erst Mitte der 1930er Jahre, mit dem Bild *Flandern* (Nationalgalerie, Berlin) und der Darstellung des *Großen Mittags* als Möglichkeit des Innehaltens und der Selbstüberwindung, sollte Dix eine Bildformel schaffen, die einen Ausweg aufzeigte, wie ein weiterer Krieg zu verhindern wäre. Zu dieser Zeit, ab Mitte der 1930er Jahre, setzte das NS-Regime jedoch bereits gezielt seine Pläne zur Aufrüstung und zur Eroberung von »Lebensraum im Osten« in die Tat um. OP

1 Auf der großen Vorzeichnung in Triptychonform, die sich heute in Hamburg befindet, ist das Rad durch einen streunenden Hund ersetzt.

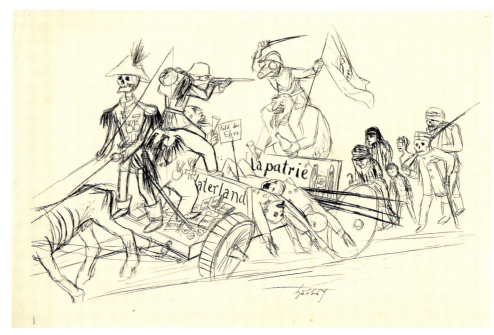

IV 2/23

IV 2/23

Karl Hubbuch
(Karlsruhe 1891 – 1979 Karlsruhe)
Der Karren des Krieges, um 1930/31
Feder in Schwarz über Spuren von Bleistift,
42,5 × 59,5 cm
Hamburg, Hamburger Kunsthalle
1981-27
Lit. Ausst.-Kat. Hamburg/München/Moskau/Leningrad 1987/88, Nr. 113, S. 178.

Ein klappriger offener Karren ist symbolischer Schauplatz für die kriegerischen Auseinandersetzungen der beiden »Erbfeinde« Deutschland und Frankreich. Er wird gezogen von einem mageren Gaul und gelenkt vom Tod, der mit einer ordensgeschmückten Generalsuniform und einem napoleonischen Zweispitz bekleidet ist. Hinter barriereglichen Aufbauten mit den Aufschriften »Vaterland« und »La patrie« stehen sich die beiden Nationen gegenüber, verkörpert durch zwei gutgenährte Männer in Anzügen, auf deren Schultern jeweils ein Soldat sitzt. Die Anzüge der beiden sind mit Orden geschmückt. Zusätzlich ist der in Rückenansicht gezeigte vordere Mann durch einen großen Adler auf dem Rücken als Vertreter des Deutschen Reiches ausgewiesen. Der ihm in Vorderansicht gegenüberstehende Mann vertritt die Französische Republik. Dies ist durch eine Flagge kenntlich gemacht, die der auf seinen Schultern sitzende Soldat in der Hand hält. Das »RF« auf der Flagge steht für »République française«. Beide Vertreter der Staaten prosten sich mit Champagnergläsern zu. Ihre augenscheinlich gute Laune scheint nicht zuletzt aus den üppigen Kriegsgewinnen zu resultieren, die in Form von Banknotenbündeln zu ihren Füßen liegen. Die beiden Soldaten auf den Schultern sind unterdessen in Kampfhandlungen verstrickt, bei denen unweigerlich einer oder beide umkommen werden. Die Freifläche auf dem Karren zwischen den beiden Barrieren ist durch ein Transparent als »Feld der Ehre« gekennzeichnet. Hier liegen übereinandergestapelt bereits tote Soldaten. Kriegskrüppel, ausgezehrte Frauen und Kinder folgen in geringem Abstand diesem Karren des Krieges.

Karl Hubbuch, der sich seit 1926 regelmäßig in Frankreich aufhielt und eine große Affinität zu diesem Land und seinen Bewohnern entwickelt hatte, hielt in unzähligen Zeichnungen sein Bild von den dort lebenden Menschen fest. Nicht zuletzt »durch Revanchedenken und neuen Chauvinismus alarmiert«[1], publizierte der Künstler 1931 unter dem Titel *La France* eine Folge von vierzig dieser Federzeichnungen in Buchform. Obwohl *Der Karren des Krieges* keine Aufnahme in *La France* gefunden hat, liest sich das programmatische Vorwort wie ein Kommentar zu diesem Blatt. Hubbuch hat hier sozusagen am Vorabend der nationalsozialistischen Machtübernahme den pazifistischen und »antifaschistischen« Anspruch der Publikation deutlich gemacht: »›Erbfeind‹ – ›Boche‹, zwei Worte die zwei Völker vergiften sollen! Worte die zwischen zwei Völkern einen ewigen Schützengraben aufwerfen! [...] Innerhalb eines jeden Volkes geht eine Trennungslinie und scheidet zwei Klassen: Die Klasse der Habgierigen, Herrschsüchtigen, Genusssüchtigen und Hetzer, von der großen Klasse der Arbeitenden, die den Frieden wollen! [...] Frieden für eine Menschheit, in der der Schaffende mehr wert ist, als nur hingeschlachtet und abgeknallt zu werden! ›Den Brüdern drüben die Bruderhand‹!«[2] SB

1 Metken, Günter: »Gesund realistisch, ohne abstoßend zu sein«. Der Beitrag Karlsruhes: zwei Generationen realistischer Zeichner, in: Ausst.-Kat. New York/Cambridge/Stuttgart 1986, S. 50.
2 Zit. n. Hartmann, Wolfgang: »La France«, in: Ausst.-Kat. Karlsruhe 1993/94, S. 85 f.

IV. 1930–1933 Der Weg in die Barbarei

»Es handelt sich nur darum, ob eine bestimmte maßvolle pazifistische Denkungsart, die über Millionen von Anhängern verfügt und in der Verfassung des Reiches selbst, in jener Mahnung, Erziehung im Geiste der Völkerversöhnung zu erstreben, eine legale Prägung gefunden hat, noch weiterhin erlaubt sein soll oder nicht. [...]
Die unverbindlichen Banalitäten, die jeder deutsche und überhaupt jeder Staatsmann der Welt bei jeder Gelegenheit gebraucht: daß der Krieg ein Übel ist und Frieden besser als Krieg, bekommen in Deutschland von nun an den Reiz des Verbotenen.«

Carl von Ossietzky, 1930
Ossietzky 1930, S. 889

IV 2/24

IV 2/24
George Grosz
(Berlin 1893 – 1959 West-Berlin)
Worldplayer, Berlin 1931
Feder und Pinsel, 66 × 46,1 cm
Rom, George Grosz Estate,
Courtesy Ralph Jentsch
Lit. Ausst.-Kat. Berlin 1987 (4);
Ausst.-Kat. Hamburg 2002/03.

Das Kartenspiel ist seit Otto Dix' Gemälde *Die Skatspieler*[1] von 1920 eine geläufige Metapher für politische Dekadenz in den 1920er Jahren. Dies gilt insbesondere für die Kunstwerke des Berliner Dadaismus. Indem George Grosz in *Worldplayer* das Kartenspiel als Metapher erneut aufgreift, charakterisiert er die politische Situation zu Beginn der 1930er Jahre in Europa als eine Form des Glücksspieles. Die Spieler sind die führenden Politiker der einflussreichsten europäischen Staaten. In der Bildmitte sitzen an einem Tisch von links nach rechts der britische Premierminister James Ramsay MacDonald, Frankreichs Ministerpräsident und Innenminister Pierre Laval und der französische Außenminister Aristide Briand. Hinter ihnen zieht der deutsche Reichskanzler Heinrich Brüning eine Art Rateau über die Weltkarte, das dem Croupier beim Roulette dazu dient, den Spieleinsatz auf dem Roulette-Tisch zu positionieren oder zu kassieren. Rechts im Vordergrund sitzt der sowjetische Partei- und Staatschef Josef Stalin. Er scheint vom eigentlichen Spiel ausgeschlossen zu sein und brütet, den Kopf in die Hände gestützt, über einem Blatt, auf dem er *Schiffe versenken* spielt.

Historischer Hintergrund des Spieles sind vermutlich die wirtschaftliche Verständigungspolitik zwischen Großbritannien, Frankreich und dem Deutschen Reich und die Bemühungen Brünings, die deutsche Reparationsschuld aus dem Ersten Weltkrieg aufzuheben.

Eine Verringerung dieser Reparationszahlungen war seit Unterzeichnung des Versailler Vertrages im Jahr 1919 immer wieder Gegenstand von europäischen und internationalen Verhandlungen in wechselnder Besetzung. So etwa fanden von Juli 1931 an mehrere persönliche Treffen Brünings mit Mitgliedern der britischen und französischen Regierung statt, unter anderem mit Ramsay MacDonald in London und Berlin und im September des Jahres mit den Vertretern der Französischen Republik, Laval und Briand, in Berlin. Ramsay MacDonald und Laval sahen in den Verhandlungen mit dem Deutschen Reich eine Chance, einen erneuten Krieg zu verhindern. Am 9. Juli 1932 – also im Jahr nach dem Entstehen der Zeichnung – unterzeichnete Brünings Nachfolger Franz von Papen schließlich das Abkommen von Lausanne. Nachdem das Deutsche Reich seine Rückzahlungen aufgrund der Weltwirtschaftskrise zuvor vorübergehend ausgesetzt hatte, verpflichtete es sich hierin zu einer Abschlusszahlung von drei Milliarden Reichsmark, die allerdings nicht gezahlt wurden.

Ein Treffen der Politiker in der Zusammensetzung, wie Grosz sie auf dem Blatt darstellt, hat nie stattgefunden. Vielmehr geht es Grosz um die Rollenverteilung der Staaten im europäischen Spiel der Kräfte: Während die Sowjetunion mit sich selbst beschäftigt ist, Großbritannien und Frankreich vom Kartenspiel abgelenkt sind, ordnet das Deutsche Reich kurzerhand die Welt neu.[2] HA

1   Später unter dem Titel *Kartenspielende Kriegskrüppel*, Neue Nationalgalerie, Staatliche Museen zu Berlin – Preußischer Kulturbesitz.
2   Das Bild wurde im Januar 1932 als Illustration zu Eddie Cantors Beitrag *Amerika, Du hast es auch nicht besser* abgebildet (Uhu, 1932, Heft 4, S. 57).

»Jene Unentwegten aber, die mir mit dem gedankenlosen Argument kommen, die Welt würde durch derartige Kritikerversuche nicht um Haaresbreite besser, sie wären also zwecklos und überflüssig, mögen einmal über den Kierkegaardschen Satz, den ich dieser Einleitung vorangestellt habe, nachdenken.
›Ein einzelner Mensch kann einer Zeit nicht helfen oder sie retten, er kann nur ausdrücken, dass sie untergeht.‹«

Karl Rössing, 1932
Rössing 1932, S. 412

2. Kunst als Waffe   225

IV 2/25 – IV 2/30
Karl Rössing
(Gmunden/Österreich-Ungarn 1897–
1987 Wels/Österreich)
**Zyklus *Mein Vorurteil gegen diese Zeit*,
Berlin: Büchergilde Gutenberg, 1932**
100 Holzstiche
Albstadt, Galerie Albstadt,
Städtische Kunstsammlungen

IV 2/25
Der Stahlhelm zieht vorüber
(MV[1], S. 17), Essen 1929
18,2 x 13 cm (Platte), GS 81/174
(Abb. 7, S. 73)

IV 2/26
Mit Volldampf zurück
(MV, S. 23), Essen 1930
18,3 x 13,2 cm (Platte)
GS 81/177

IV 2/27
Das Antlitz der Presse
(MV, S. 29), Essen 1927
19 x 13,4 cm (Platte), GS 81/180

IV 2/28
Zwischen Vergangenheit und Zukunft
(MV, S. 167), Essen 1931
18,1 x 13 cm (Platte), GS 81/236

IV 2/29
Ich habe es nicht gewollt
(MV, S. 169), Essen 1931
17 x 13 cm (Platte), GS 87/56

IV 2/30
Dort steht der Schuldige
(MV, S. 207), Essen 1931
13,1 x 18,1 cm (Platte), GS 81/241

Lit. Eichhorn/Mair 1991; Mair 1994; Ausst.-
Kat. Nürnberg 1997/98; Ausst.-Kat. Wien
1997/98.

IV 2/26

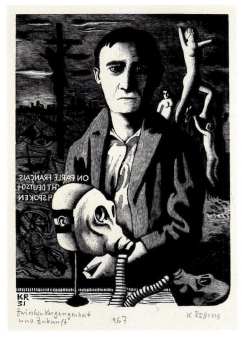

IV 2/28

IV 2/27

IV 2/29

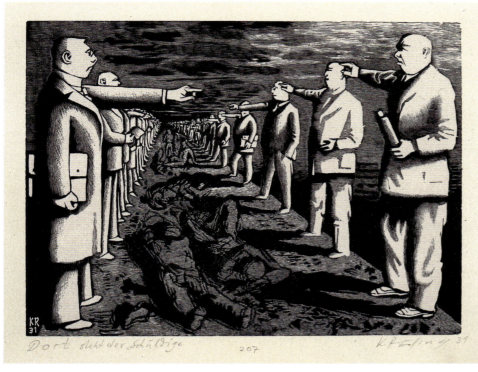

IV 2/30

Von 1927 bis 1931 lieferte Karl Rössing mit einer Serie von Holzstichen eine kritische Bestandsaufnahme der Weimarer Republik. In pointierten Bildern deckte der Grafiker und Illustrator auf, wie Kultur und Geist dem Profit geopfert wurden und mit welchen Machenschaften die Nationalsozialisten ihre Macht ausbauten. Eine Auswahl von hundert Blättern veröffentlichte er 1932 unter dem Titel *Mein Vorurteil gegen diese Zeit* als Buch (vgl. auch Kat.-Nr. VI 1/17).[2]

Die größten Vorbehalte hegte der Künstler gegenüber der Presse – und folgte darin seinem erklärten Lehrmeister Karl Kraus.[3] Das Gewerbe der Freudenmädchen sei sauberer als das der verantwortlichen Redakteure, schrieb Rössing im Vorwort. Die Manipulation von und durch Massenmedien führte er entsprechend drastisch vor.[4] So ist auch *Das Antlitz der Presse* (1927) zweigeteilt: Die eine Seite der Personifikation erscheint mit einschlägigen Attributen als unschuldige Jungfrau, die andere, grässlich zerfressene Hälfte bedroht ihr Gegenüber mit einer Pistole.

Nicht weniger scharf attackierte der Grafiker die reaktionäre Politik und jene, die sie mittragen und mitverantworten. Das Blatt *Der Stahlhelm zieht vorüber* (1929) präsentiert eine Familie, die dem Aufmarsch des antirepublikanischen Bundes der Frontsoldaten zuschaut. Der Vater trägt Hitlerbärtchen zum NSDAP-Abzeichen, und die Mutter schmückt sich mit einer Miniaturversion der »Dicken Berta«, der im Ersten Weltkrieg eingesetzten 42-cm-Mörsergranate. Selbstverständlich sind auch die halbwüchsigen Söhne militaristisch ausstaffiert.

Wohin es mit Deutschland geht, ist klar: *Mit Volldampf zurück* (1930). Das Meer, auf dem das Schiff von zwei das Deutschtum und den Polizeistaat verkörpernden Nationalsozialisten in die falsche Richtung gelenkt wird, ist allerdings nur ein gemaltes Seestück – als Ideenträger posieren die Männer vor austauschbarer Kulisse.

Immer wieder thematisierte Rössing die Kriegsgefahr. In *Zwischen Vergangenheit und Zukunft* (1931) steht der Mensch sprachlos vor den Versatzstücken abendländischer Kultur. Verständigung unter den Völkern – angedeutet durch die spiegelverkehrt auf einer Schaufensterscheibe lesbaren Hinweise »On parle français, [Man spric]ht deutsch, [Englis]h spoken« – wird auf den Schlachtfeldern hinfällig.

Das Blatt mit dem zynischen Titel *Ich habe es nicht gewollt* (1931) zeigt einen kahlrasierten Hünen in Breeches-Hose und Schaftstiefeln, der seine bluttriefenden Hände reinwäscht. Im Hintergrund liegen zahllose Tote vor einer Mauer mit dem Schriftzug »es lebe«. Rössing demonstrierte, wie das NS-Regime politische Gegner mithilfe seiner Kampftruppen gewaltsam ausschaltete, während es sich in der Öffentlichkeit den Anschein von Legalität gab.

Den Holzstich *Dort steht der Schuldige* (1931) wählte er für sein Buch als Abschlussbild: Beamte, Bonzen und Bürokraten weisen über Leichen hinweg jede Schuld von sich auf andere – eine eindringliche Mahnung Rössings vor einem Denunziantentum, das wesentlich zur Stabilisierung der NS-Herrschaft beitragen sollte. BV

1 Hier und öfters: MV = Rössing, Karl: Mein Vorurteil gegen diese Zeit. 100 Holzschnitte, Berlin 1932.
2 1932 erschien das Werk bei der Büchergilde Gutenberg, seinerzeit die größte Buchgemeinschaft der Arbeiterbewegung. Die einzelnen Blätter hat Rössing weder chronologisch noch thematisch geordnet, vielmehr sind Brüche bewusst einkalkuliert.
3 Vgl. Mair 1994, S. 77.
4 Rössing wollte einzelne Blätter ursprünglich mit Zeitungsausschnitten ergänzen. Vgl. Mair 1994, S. 99.

»In der Kunst manifestiert sich das Leben. [...] Angesichts der gigantischen gesellschaftlichen Konflikte, die wir durchleben, hat die ›Kunst als Privatvergnügen‹, hat die ›reine Kunst‹ ausgespielt. [...] John Heartfields Kunst [...] ist Waffe. Waffe im Kampf um eine neue, endlich menschenwürdige Ordnung, in der die Massen der Schaffenden nicht nur den Hunger nach Brot, sondern auch den nach Kultur werden stillen können.«

F. C. Weiskopf, 1929
Weiskopf 1929

IV 2/31
John Heartfield
(Schmargendorf bei Berlin 1891 –
1968 Ost-Berlin)
**Krieg und Leichen –
Die letzte Hoffnung der Reichen, 1932**
Aus der Zeitschrift *A-I-Z*[1], Nr. 18, 24.4.1932,
Berlin: Neuer Deutscher Verlag
Kupfertiefdruck, 38 × 54 cm
Berlin, Akademie der Künste, 106
(Abb. 4, S. 70)
Lit. Herzfelde 1971 [1962]; März 1981;
März 1993.

Grundlegend für die Bildidee war Heartfields antimilitaristische Haltung. Er reagierte damit auf die Illustrationen in nationalistischen Blättern, die ebenfalls mit der Kombination von Foto und Bildunterschrift den Hass auf die Siegermächte des Ersten Weltkrieges schüren wollten. Heartfield suchte im Gegensatz dazu den Aggressor innerhalb des eigenen Landes: Die aggressiv die Zähne bleckende, über ein mit Leichen übersätes Schlachtfeld laufende Hyäne ist mit Zylinder und Orden ausgestattet. Nach Heartfields Interpretation wären die Angehörigen der wirtschaftlichen Elite die Profiteure eines kommenden Krieges. Um dies zu verdeutlichen, ist auf dem Orden »Pour le Profit« zu lesen, in Abwandlung des Ordenstextes »Pour le Mérite«. Dieser Orden »Für das Verdienst« wurde bis 1918 als eine der höchsten militärischen Auszeichnungen Preußens verliehen. Im Sinne der Haltung der KPD verschränkte Heartfield Antimilitarismus mit »Klassenkampf« und verwies, geprägt von den Erfahrungen des Ersten Weltkrieges und bereits bevor die NSDAP die Regierung übernahm, immer wieder darauf, dass »Faschismus« unausweichlich Krieg zur Folge haben werde.

Heartfield hatte sich ab 1924 im Grafischen Atelier des Zentralkomitees der KPD und besonders 1928 für die Agitpropabteilung der Komintern in Moskau engagiert. Ab 1930 war er regelmäßiger Mitarbeiter der *A-I-Z*. Die optische Aufbereitung von Nachrichten, wie sie nicht nur den Bild-Text-Montagen Heartfields, sondern dem Konzept der Zeitschrift insgesamt entsprach, sowie ausführliche Bildreportagen stärkten die politische Wirksamkeit der *A-I-Z*. Ihre Auflagenhöhe betrug 1931 500 000 Exemplare. Das sich hier zeigende Verständnis von Kunst als einem massenwirksamen Agitationsmedium würdigte der Schriftsteller Franz Carl Weiskopf im Werk von John Heartfield so: »In der Kunst manifestiert sich das Leben. [...] Angesichts der gigantischen gesellschaftlichen Konflikte, die wir durchleben, hat die ›Kunst als Privatvergnügen‹, hat die ›reine Kunst‹ ausgespielt. [...] John Heartfields Kunst [...] ist Waffe. Waffe im Kampf um eine neue, endlich menschenwürdige Ordnung, in der die Massen der Schaffenden nicht nur den Hunger nach Brot, sondern auch den nach Kultur werden stillen können.«[2]

Zwei Episoden belegen die besondere Wirkungsmacht der Montage *Krieg und Leichen*: Die Behörden im Land Baden ließen die Mai-Ausgabe der *A-I-Z* wegen dieser Illustration beschlagnahmen. Gegen die Zensur protestierten zahlreiche Künstler und Intellektuelle.[3] In Spanien wurde die Montage im Frühjahr 1934, in dem mehrere Aufstände der Linken niedergeschlagen wurden, mit der Überschrift »Contra el fascismo sangriento!« (Gegen den blutrünstigen Faschismus!) als Plakat verwendet. Der Orden wurde hier durch ein Hakenkreuz ersetzt.
NB

1 Die *A-I-Z* ging 1925 aus der Zeitschrift *Sowjetrussland im Bild* hervor. Sie erschien im Neuen Deutschen Verlag unter Leitung von Willi Münzenberg, der auch Leiter der Internationalen Arbeiterhilfe (IAH) war. Die Zeitschrift trug zunächst den Titel *Arbeiter-Illustrierte-Zeitung*, ab 1927 dann *A-I-Z*. Die letzte Berliner Ausgabe der *A-I-Z* erschien unmittelbar nach der Machtübernahme am 5. März 1933, die erste Ausgabe im Prager Exil bereits am 25. März 1933 unter dem leicht geänderten Titel *AIZ*. 1936 dann erhielt sie den Titel *Die Volks-Illustrierte* bzw. *VI. Die Volks-Illustrierte*. Vgl. Pfäfflin 1982, hier: S. 108.
2 Weiskopf, Franz Carl: Benütze Foto als Waffe! Zur Ausstellung der Arbeiten von John Heartfield auf der Großen Berliner Kunstausstellung, 1929, in: *A-I-Z*, Nr. 37, 1929, wiederabgedruckt in: März 1981, S. 174.
3 Vgl. *Neue Montag-Zeitung*, Sportbeilage, 23. Mai 1932, wiederabgedruckt in: März 1981, S. 185.

IV 2/32
John Heartfield
(Schmargendorf bei Berlin 1891 –
1968 Ost-Berlin)
**Der Sinn von Genf. Wo das Kapital lebt,
kann der Friede nicht leben!, Berlin 1932**
Montage für das Titelblatt der Zeitschrift *A-I-Z*,
Nr. 48, 27.11.1932, Berlin: Neuer Deutscher Verlag
Fotomontage, auf kaschierter Holzpappe,
retuschiert, 49,1 × 35,6 cm
Berlin, Akademie der Künste
421, (Abb. S. 200)

IV 2/33
**Der Sinn von Genf. Wo das Kapital lebt,
kann der Friede nicht leben!, 1932**
Titelblatt der Zeitschrift *A-I-Z*, Nr. 48,
27.11.1932, Berlin: Neuer Deutscher Verlag
Kupfertiefdruck, 38 × 28 cm
Berlin, Deutsches Historisches Museum
Do2 96/43

Lit. Ausst.-Kat. Stuttgart 1969; März 1981.

John Heartfields Montage *Der Sinn von Genf. Wo das Kapital lebt, kann der Friede nicht leben!*, die am 27. November 1932 als Titelblatt der Zeitschrift *A-I-Z*[1] erschien, bezieht sich auf unmittelbar vorausgehende Ereignisse. Am 9. November 1932 kam es im Anschluss an eine Veranstaltung der rechtsextremen Union nationale in Genf zu Protesten von etwa 8 000 Anhängern verschiedener Linksparteien und zu Zusammenstößen mit Schweizer Ordnungskräften, die den Schießbefehl erhielten. Die Folge waren 13 Tote und zahlreiche Verletzte. Seit Februar 1932 war Genf Schauplatz der internationalen Abrüstungskonferenz des Völkerbundes, auf der am 11. Dezember 1932 England, Frankreich und Italien in Übereinstimmung mit den USA die Außerkraftsetzung der militärischen Bestimmungen des Versailler Vertrages und die volle militärische Gleichberechtigung Deutschlands beschließen sollten.

Die Bildidee ist inspiriert von den Abbildungen zweier Briefmarken, die in Heft 26 der *A-I-Z*

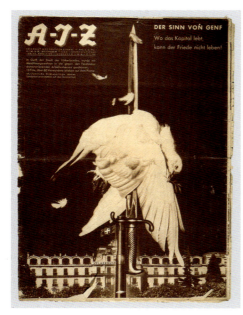

IV 2/33

erschienen waren. Die erste wurde anlässlich der Abrüstungskonferenz in der Schweiz herausgegeben: Eine Hand hält ein abgebrochenes Schwert, auf dem sich eine Taube mit einem Zweig im Schnabel niedergelassen hat. Dieser Briefmarke ist eine in der Moskauer *Prawda* veröffentlichte Karikatur zur Seite gestellt, welche die Motivaussage in ihr Gegenteil verkehrt: Die Hand hält nun ein scharfes Schwert, auf das rücklings eine Taube aufgespießt ist. Auf diese Bildidee bezieht sich Heartfield mit seiner Montage. Die weiße Taube als Friedenssymbol wird hier von einem Bajonett durchbohrt. Ein paar Federn schweben noch herab und legen nahe, dass die Tat soeben geschehen ist. Im Hintergrund ist die Fassade des Völkerbundpalastes in Genf zu erkennen, der zur Verdeutlichung beschriftet ist. Auf dem Dach weht die Schweizer Flagge, die Heartfield mit Deckweiß zu einem Hakenkreuz ergänzt hat. In einem ähnlichen Sinn heißt es in der Bildreportage im selben Heft: »Die blutigen Novembertage in Genf sind zugleich ein Ausdruck der gewaltigen Zuspitzung des Klassenkampfes in diesem Lande […]. Die Bourgeoisie sammelt sich unter dem Banner des Faschismus. Die Arbeitermassen schließen sich zusammen in der roten Einheitsfront und gehen immer entschlossener zum Kampf über.«

Die Originalmontage und das gedruckte Titelblatt veranschaulichen den Arbeitsprozess Heartfields. Eine Reproduktion des Palastes fand Heartfield in der Presse. Das Foto der aufgespießten Taube gab er bei dem Fotografen János Reismann in Auftrag. Heartfield schnitt die gewünschten Bildelemente aus, schliff die Kanten mit Sandpapier, arrangierte die Fototeile, klebte sie auf eine Unterlage und retuschierte die Übergänge mit gespritzter Farbe. An der hier gezeigten Reproduktionsvorlage sind diese Arbeitsspuren sowie die Markierungen des für den Druck zu verwendenden Bildausschnittes deutlich zu erkennen. Erst in ein seitenrichtiges und der Druckgröße entsprechendes Diapositiv dieser Montage, das nun als Druckvorlage zur beliebigen Vervielfältigung verwendet werden konnte, wurden die Titelei und sonstigen Beschriftungen des Titelblattes der Zeitung hineinkopiert. Heartfield verwendete das Hauptmotiv der Taube mehrfach wieder, so 1960 für ein in der DDR verbreitetes Friedensplakat mit dem Schriftzug »Niemals wieder!« sowie 1965 und 1967 für Ausstellungsplakate. NB

1 Vgl. Kat.-Nr. IV 2/31, Fußnote 1.

»Wenn ich Dokumente sammle, sie zusammenstelle und das geschickt mache, so wird die agitierend-propagandistische Wirkung auf die Massen gewaltig sein. […] Das ist das Fundament unserer Arbeit. Deshalb ist es unsere Aufgabe, so gut, so stark und so intensiv wie möglich auf die Massen einzuwirken.«

John Heartfield, 1931
März (Hg.) 1981, S. 274

IV 2/34
John Heartfield
(Schmargendorf bei Berlin 1891–
1968 Ost-Berlin)
Der Krieg, Prag 1933
Montage für das Titelblatt der Zeitschrift *AIZ*, Nr. 29, 27. 7. 1933, Prag, ohne Verlagsangabe
Fotomontage, retuschiert, 27 x 23,8 cm
Berlin, Akademie der Künste, 493
Lit. Voss 1973, Nr. 105/278; März 1993.

John Heartfield verwendete für diese Fotomontage eine Reproduktion des 1894 entstandenen Gemäldes *Der Krieg* des Münchener Malers Franz von Stuck (1863–1928; Abb. 3, S. 35). Der Abdruck in der *AIZ*[1] im Juli 1933 wurde daher mit dem Untertitel versehen: »Ein Gemälde von Franz v. Stuck. Zeitgemäß montiert von John Heartfield«. Bereits Stuck deutete das in der Kunstgeschichte etablierte Heroenporträt eines Feldherrn hoch zu Ross um zu einer düsteren Allegorie des Krieges, in der ein resignierter Held auf einem erschöpften Pferd über ein Leichenfeld reitet. Stuck lehnte sich bei der Gestaltung des Bildmotives an Albrecht Dürers Meisterstich *Ritter, Tod und Teufel* (1513) an, der sich wiederum auf die mittelalterliche Tradition des Totentanzes bezog.

Heartfield fügte nur wenige Elemente hinzu: Bekleidet mit einer Uniform der SA, Hakenkreuzarmbinde und einer kleinen Gerte in der Hand sitzt Adolf Hitler hinter einer unbekleideten männlichen Figur auf dem Pferd. Die Figur trägt einen Lorbeerkranz auf dem Haupt und ist antiken Heldendarstellungen nachempfunden. Über der Schulter hält sie ein riesiges Landsknechtschwert, das in Heartfields Bearbeitung wie ein stumpfer Stab wirkt. Am Himmel kündigt ein blitzendes Hakenkreuz unheilvolle Entladungen an.

Heartfield lebte zum Zeitpunkt der Entstehung der Montage bereits im Prager Exil. Hier erschien seit der Machtübernahme auch die *AIZ*. Mit seiner Montage versuchte er, der Leserschaft die Konsequenz der neuen Herrschaftsverhältnisse in Deutschland als ein sich in der Menschheitsgeschichte unablässig wie-

IV 2/34

derholendes Geschehen deutlich zu machen: Gewaltherrschaft führt unausweichlich zu Krieg, Krieg erbarmungslos zu Massen von Opfern. Dass die Methoden der Kriegsführung dem Fortschritt folgen, wird durch die von Heartfield ergänzte Gasmaske anschaulich, die der Tote in der rechten unteren Bildecke trägt.

Wie zutreffend Heartfields Montage den Geist der Zeit erfasste, zeigte sich nur wenige Monate später. Am 14. Oktober 1933 verließ das Deutsche Reich die Genfer Abrüstungskonferenz, fünf Tage später trat es aus dem Völkerbund aus. Auf diese Weise entzog es sich einer internationalen Kontrolle seiner Wiederaufrüstungsbestrebungen. NB

1 Vgl. Kat.-Nr. IV 2/31, Fußnote 1.

IV 2/35
Karl Hubbuch
(Karlsruhe 1891–1979 Karlsruhe)
Aufmarsch, Karlsruhe, um 1932/33
Rohrfeder und Pinsel in Schwarz, weiß gehöht, über Bleistift, 63,5 × 48,5 cm
Karlsruhe, Städtische Galerie Karlsruhe
76/32

Lit. Hiepe, Richard: Einleitung, in: Ausst.-Kat. Berlin 1964, S. 5–9; Hartmann, Wolfgang: Karl Hubbuch. Leben und Werk, in: Ausst.-Kat. Karlsruhe/Berlin/Hamburg 1981/82, S. 8–38; Blübaum, Dirk: »Bekam hier ihre Kunst zu fressen?« Beckmann, Dix und Hubbuch im Ersten Weltkrieg, in: Ausst.-Kat. Bayreuth/Friedrichshafen/Cheb 2006/07, S. 6–21.

Karl Hubbuch setzte sich zum Ende der Weimarer Republik kritisch mit den gesellschaftspolitischen Verhältnissen im Deutschen Reich auseinander. In seiner 1932/33 entstandenen Zeichnung lässt er auf drei sich überschneidenden Ebenen Repräsentanten verschiedener gesellschaftlicher Schichten aufmarschieren: Kirchliche Würdenträger führen eine Prozession aus Vertretern des gehobenen Bürgertums und der Industrie an. Sie befinden sich auf einer Art Brücke und bilden die oberste Ebene der Darstellung. Darunter, auf einer schräg auf den Betrachter zulaufenden Ebene, die auch inhaltlich gesehen im Zentrum der Komposition steht, sind Repräsentanten von Militarismus und Nationalismus[1] versammelt, ein gängiges Bild in dieser Zeit in deutschen Städten. Neben Flaggen schwenkenden, paramilitärischen nationalsozialistischen Formationen marschieren sowohl auf das Kaiserreich verweisende, ordensgeschmückte Weltkriegsoffiziere mit Pickelhauben wie auch einfache Soldaten mit. Die Straße bildet die unterste Ebene, die von der Arbeiterschaft eingenommen wird. Hier hat sich das einfache Volk zu einem Demonstrationszug formiert. Doch vom einstigen klassenkämpferischen Geist ist nichts mehr zu spüren. Vielmehr hat sich Resignation unter den Arbeitern und Arbeitslosen breitgemacht. Es ist das gängige Bild des »Oben« und »Unten« in der Gesellschaft, das Hubbuch wörtlich nimmt und kompositorisch umsetzt. Die Unvereinbarkeit, ja Gegenläufigkeit der politischen Ziele, welche die einzelnen Gesellschaftsschichten verfolgen, spiegelt sich anschaulich in den unterschiedlichen Marschrichtungen der dargestellten Gruppierungen.

Aufmarsch gehört zu einer Folge politischer Zeichnungen, die Hubbuch im Anschluss an seine 1931 erschienene Mappe *La France* unter dem Titel *Deutsche Belange* herauszugeben beabsichtigte. Doch nachdem der Künstler bereits im März 1933 als erster Lehrer der Karlsruher Kunstakademie aus »kunstpolitischen Gründen« vom Dienst suspendiert worden war, musste er den Gedanken an eine Veröffentlichung dieser Blätter aufgeben. *La France* war als ein leidenschaftliches humanistisches Bekenntnis zu Frankreich und den Franzosen konzipiert. Die *Deutschen Belange* hingegen sollten ein aktuelles Zustandsbild des deutschen Volkes wiedergeben. Im Rückgriff auf ältere, bereits Mitte der 1920er Jahre im neusachlichen Stil entstandene Zeichnungen schuf Hubbuch mit Rohrfeder, Pinsel und Tusche nun Arbeiten, die in der erneuten Bearbeitung oftmals eine nachdrückliche Zuspitzung in ihrer Aussage erhielten: Die Verdichtung des Bildmotives, der starke Schwarzweißkontrast und die ausgeprägt konturbetonte Strichführung verleihen den Werken der geplanten Mappe eine einprägsame, fast plakative Note. Diese entsprach durchaus der »lehrhaftmoralisierenden Absicht«[2], die der Künstler mit diesen Blättern verfolgte – der mahnende Unterton ist deutlich zu vernehmen. SB

1 Hartmann, Wolfgang: Karl Hubbuch. Leben und Werk, in: Ausst.-Kat. Karlsruhe/Berlin/Hamburg 1981/82, S. 21.
2 Hartmann, Wolfgang: Karl Hubbuch. Leben und Werk, in: Ausst.-Kat. Karlsruhe/Berlin/Hamburg 1981/82, S. 28.

IV 2/36
Karl Hubbuch
(Karlsruhe 1891 – 1979 Karlsruhe)
Aufmarsch II, Karlsruhe 1933/35, nach 1950 überarbeitet
Öl auf Hartfaser, 40 x 52 cm
Berlin, Deutsches Historisches Museum
1987/66
Lit. Hartmann, Wolfgang: Karl Hubbuch. Leben und Werk, in: Ausst.-Kat. Karlsruhe/Berlin/Hamburg 1981/82, S. 8–38, hier: S. 28 f.; Slg.-Kat. Berlin 1997, Bd. 2, S. 606.

IV 2/35

Karl Hubbuch hat das Motiv des Aufmarsches mehrfach gestaltet. Nach einer Zeichnung von 1932/33, die unter dem Eindruck des Erstarkens der nationalsozialistischen Bewegung am Ende der Weimarer Republik entstand (vgl. Kat.-Nr. IV 2/35), griff er um 1933/35 erneut auf das Bildsujet zurück.[1] In der früheren Bearbeitung war es dem Künstler vorrangig um eine kritische Zustandsbeschreibung der aktuellen politischen und gesellschaftlichen Verhältnisse gegangen. In den Gemälden, die nach Adolf Hitlers Ernennung zum Reichskanzler am 30. Januar 1933 entstanden, setzte Hubbuch neue Akzente, indem er die Versuche des NS-Regimes, ihre Herrschaft durch Bezüge auf die Geschichte des »deutschen Reiches« im Mittelalter zu legitimieren, persiflierte.

Entlang einer Stadtmauer, die das Bildformat diagonal in zwei Hälften teilt, marschiert eine Formation SA-Männer, die Arme zum »Deutschen Gruß« erhoben. Ihnen folgt ein Zug singender junger Frauen, »deren Anführerin wie eine sieghafte Ecclesia wirkt«.[2] Der Weg der prozessionsartigen Formation wird hinten gesäumt von mittelalterlichen Kathedralskulpturen. Nach Wolfgang Hartmann sind rechts von der Mauer die Darstellungen von Kaiser Heinrich II. sowie von Adam und Eva zu erkennen, wie sie die Pforten des Bamberger Domes zieren, links im Hintergrund vermutlich der Magdeburger Reiter. Die trutzige Architektur am Ende der Mauer erinnert zudem an das Castel del Monte, das Schloss Friedrichs II. im italienischen Apulien. Während sich links unterhalb der Stadtmauer eine farblose Menschenmasse versammelt hat und dem Aufmarsch teilnahms-

IV 2/36

los zusieht, gilt das Interesse der sich rechts innerhalb der Stadtbegrenzungen befindlichen Bewohner vorrangig einer kirchlichen Prozession. Lediglich einige Personen an den Fenstern des nahe der Stadtmauer stehenden Gebäudes blicken erschreckt auf das sich ihnen bietende theatralische Spektakel nationalsozialistischer Machtdemonstration.

In Hubbuchs Gemälde, das karikaturhafte Züge aufweist, reagiert die Bevölkerung passiv, ja geradezu lethargisch auf diese Machtbekundungen. Der Versuch der neuen Machthaber, die Legitimation ihres »Tausendjährigen Reiches« im Mittelalter zu verorten, wird vom Künstler »mit den bedrohlich-stummen Erscheinungen« der steinernen Zeugen kontrastiert und in seinem »verlogenen ideologischen Pathos entlarvt«.[3] Unmissverständlich gibt Hubbuch in dem Bild seiner Hoffnung Ausdruck, dass die politische Situation nur ein vorübergehender Spuk sei. Denn die Figur in Siegerpose wird vom unteren Bildrand abgeschnitten und der Triumphzug der Nationalsozialisten führt nach unten, ins Ungewisse. SB

1 Die genaue Datierung ist nicht bekannt. Hubbuch schuf zwei Fassungen des Gemäldes, die erste befindet sich im Besitz des Kunstmuseums Stuttgart und ist in der für die Zeit um 1933 bis 1935 typischen, auf eine reduzierte Palette beschränkten Farbigkeit gehalten. Die zweite, hier ausgestellte Fassung blieb sehr wahrscheinlich bis nach 1950 unvollendet. Die bunte, teils ins Schrille tendierende Farbigkeit sowie die augenscheinliche Ergänzung der SA-Mitglieder mit Hitlerbärtchen und -frisuren lässt auf eine Übermalung durch den Künstler in der zweiten Hälfte der 1950er Jahre schließen.
2 Hartmann, Wolfgang: Karl Hubbuch. Leben und Werk, in: Ausst.-Kat. Karlsruhe/Berlin/Hamburg 1981/82, S. 28.
3 Hartmann, Wolfgang: Karl Hubbuch. Leben und Werk, in: Ausst.-Kat. Karlsruhe/Berlin/Hamburg 1981/82, S. 28.

V.
1933–1939
Unter dem Regime – Schaffen im Verborgenen

Nach der Ernennung Adolf Hitlers zum Reichskanzler am 30. Januar 1933 errichtete das NS-Regime innerhalb weniger Monate eine Diktatur. Bereits im Sommer 1933 waren die Länder »gleichgeschaltet«, bis auf die NSDAP alle Parteien verboten oder aufgelöst. Kommunisten und Sozialdemokraten galten als »Staatsfeinde«. Bevölkerungsgruppen, die aufgrund ihrer Abstammung nicht der NS-Ideologie von einer »Volksgemeinschaft« entsprachen, wurden unterdrückt und verfolgt. In dieser Phase begann das NS-Regime bereits einen Angriffs- und Vernichtungskrieg zu planen.

Die Repressionen der Nationalsozialisten gegen die kulturelle Avantgarde führte dazu, dass viele Künstler sich und die Freiheit der Kunst bedroht sahen. Es gab jedoch auch eine große Zahl Intellektueller und Künstler, die das Ende der Weimarer Republik und damit der Demokratie zunächst ohne Bedauern hinnahmen oder es sogar begrüßten. Ihnen erschien die nationalsozialistische Machtübernahme als ein notwendiger politischer Akt, der einer Erneuerung Deutschlands vorausgehen müsse. Unter ihnen gab es auch solche, die sich Hoffnungen machten, die zukünftige »deutsche« Kunst repräsentieren zu können. Zunächst war nicht klar, inwieweit das neue Regime offen war für die Ästhetik der Moderne, sofern die Künstler weder jüdischer Herkunft noch politisch-oppositionell eingestellt waren.

Ab 1933 begann das Regime gegen Künstler jüdischer Herkunft sowie gegen jede Art der oppositionellen Kunst vorzugehen. Im Zuge der kulturpolitischen Repressionen wurden zahlreiche Künstler ihrer Ämter enthoben, erhielten Lehr-, Ausstellungs- und Malverbot. Künstler wurden verfolgt, verhaftet, sahen sich gezwungen, das Land zu verlassen oder im Verborgenen weiterzuarbeiten.

Nicht selten verbanden sich mit dem Rückzug von Künstlern in die »innere Emigration« eine demonstrativ apolitische Haltung sowie eine betonte Subjektivität. Sie fand Ausdruck in einer zunehmend allegorischen Bildsprache. Das Sehen mit dem »inneren Auge« und das Ausloten der eigenen Psyche konstituierten den visionären Charakter der Werke. Künstler wie Max Beckmann, Otto Dix oder Karl Hofer stilisierten sich selbst zu Sehern oder Propheten und wurden von Zeitgenossen oder späteren Rezipienten in dieser Rolle bestätigt. Es gab zudem Künstler, die trotz ihrer jüdischen Herkunft oder oppositionellen Einstellung nach 1933 in Deutschland blieben und sich weiterhin politisch engagierten. Der Druck des Regimes, das rigide gegen oppositionelle Künstler vorging, führte dazu, dass auch diese Künstler sich gezwungen sahen, ihre Werke allegorisch zu verschlüsseln. Oder sie arbeiteten im Verborgenen, so dass ihre Werke meist nur von einem sehr kleinen Kreis gesehen werden konnte, und dies oft unter Gefahr für alle Beteiligten. Die kulturpolitischen Repressionen erreichten 1937 mit der Aktion »Entartete Kunst« ihren Höhepunkt. Über 19 000 Werke moderner Kunst wurden beschlagnahmt, in diffamierenden Ausstellungen gezeigt, zum Teil vernichtet oder außer Landes verkauft.

Als im Sommer 1936 der Spanische Bürgerkrieg begann, wuchs in Deutschland und Europa die Furcht vor einem Krieg. Adolf Hitler und der italienische Diktator Benito Mussolini verliehen ihren gemeinsamen militärischen und politischen Interessen Ausdruck, indem deutsche und italienische Kampfverbände die Putschisten, angeführt von General Francisco Franco, im Spanischen Bürgerkrieg unterstützten. Eine Ausweitung des Krieges auf Europa schien durch das Achsen-Bündnis der beiden nach Großmachtstatus strebenden Staaten möglich. Viele der ab 1937 im Verborgenen entstandenen Werke spiegeln die Furcht vor einem Krieg. SH

V/18

V/1

V/1

Alfred Kubin
(Leitmeritz in Nordböhmen 1877 –
1959 Zwickledt bei Wernstein am Inn)

Braune Kolonnen, 1933

Feder in Schwarz, aquarelliert, 42,4 x 34 cm
Wien, Albertina, 33335
Lit. Schneditz 1956, S. 17; Maass 1965, S. 59;
Ausst.-Kat. München/Hamburg 1990/91,
S. 365.

Ein Trupp Uniformierter überquert unter flatternden Flaggen mit zum »Deutschen Gruß« gereckten Armen eine Brücke und marschiert durchs offene Tor in eine ummauerte Stadt ein. Der Himmel ist düster, der Fluss reißend und die von schiefen Stützen getragene Brücke hat kein Geländer. Die Stadtbefestigung mit ihren runden Türmen wirkt mittelalterlich. Der eher kleine Trupp führt drei große Flaggen mit sich. Auf ihrem hellen Grund scheinen die stilisierten Hakenkreuze zu rotieren wie Propeller. Sie erinnern so an die »Sonnenräder«, wie sie seit rund 6000 Jahren in vielen Kulturen rund um den Erdball verbreitet waren.

Bereits Ende des 19. Jahrhunderts fand das Hakenkreuz in Deutschland Verbreitung, da man es einer angeblichen frühen Hochkultur der »Arier« zuschrieb, eine schon damals umstrittene These. Seit Beginn des 20. Jahrhunderts wurde es in völkischen Kreisen zum Ausdruck einer aggressiven nationalistischen und antisemitischen Gesinnung. Alfred Kubin hatte zu solchen Kreisen Kontakt und sympathisierte lange mit den auch in der völkischen Bewegung verbreiteten ariosophisch-mystischen Ideen.[1] Ab 1920 diente das Hakenkreuz der NSDAP in der bekannten eckigen Form als offizielles Zeichen.[2] Im März 1933, kurz nach der Ernennung Adolf Hitlers zum Reichskanzler am 30. Januar 1933, fungierte die Hakenkreuzflagge neben der schwarz-weiß-roten Flagge der Kaiserzeit gleichberechtigt als Nationalflagge, ab September 1935 war sie das alleinige Hoheitszeichen des Deutschen Reiches.

Die Zeichnung, ihr Titel und vor allem das Symbol des Hakenkreuzes auf den Flaggen mögen heute leicht die Vorstellung erwecken, Kubin hätte hier hellsichtig vor der zunehmenden »braunen Gefahr« warnen wollen. Man könnte die Zeichnung aber auch anders verstehen: Ein Trupp Uniformierter trägt über den gefährlich reißenden Strom die Symbole einer anderen, einer dynamischen Zeit, trägt sie hinein ins alte Gemäuer, stößt dort allerdings weder auf Jubel noch auf Widerstand. Kubin hat das Blatt 1933 gezeichnet, im Jahr der Machtübernahme. Damals war er der NS-Bewegung gegenüber zwar skeptisch eingestellt, sich seiner Haltung jedoch nicht sicher: »Aber diese übertriebenen Maßnahmen mit ›Schutzhaft‹ etc. sind doch nur Übergangsmaßnahmen.«[3]

Kubin lebte in *Dämmerungswelten* – so der Titel eines seiner Bekenntnisse von 1933: »Seit je fühlte ich mich bei meinem Schaffen triebmäßig geführt, und bemerkenswerte Bewußtheit darf dabei selten vorausgesetzt werden. [...] Meine Gebilde tragen alle das Stigma dieses zwittrigen Dämmerbereiches, doch ich kann nicht sagen, wie tief sie ihre Wurzeln in das allgemeine Leben senken.«[4] Ein eindeutiges politisches Bekenntnis ist bei solchem Hang zur Träumerei nicht zu erwarten. Die Ernennung von Adolf Hitler zum Reichskanzler könnte daher zwar den Anstoß zur Entstehung dieser Zeichnung gegeben haben – doch lässt Kubin bewusst offen, wie er den Vormarsch der »Braunen Kolonnen« bewertete. KN

1   Kubin besaß mehrere Hefte der von Jörg Lanz von Liebenfels (1874 – 1954), einem der führenden Ariosophen dieser Zeit, von 1905 bis 1931 herausgegebenen Zeitschrift *Ostara. Bücherei der Blonden und Mannesrechtler*, die auch Adolf Hitler beeinflusste. Kubin empfahl seinem Freund, dem österreichischen Schriftsteller Fritz von Herzmanovsky-Orlando (1877 – 1954), bereits 1910 Lanz' Buch *Theozoologie oder die Kunde von den Sodoms-Äfflingen und dem Götter-Elektron. Eine Einführung in die älteste und neueste Weltanschauung und eine Rechtfertigung des Fürstentums und des Adels*. Vgl. Herzmanovsky-Orlando, Fritz von: Der Briefwechsel mit Alfred Kubin 1903 bis 1952, hg. und kommentiert von Michael Klein, Salzburg/Wien 1983, Brief vom 8. 2. 1910, S. 43 ff., und ausführlicher Kommentar S. 350 f.
2   Jäger, Lorenz: Das Hakenkreuz. Zeichen einer Weltbürgerbewegung. Eine Kulturgeschichte, Wien/Leipzig 2006, S. 141 – 152; Weeber, Elisabeth: Das Hakenkreuz. Geschichte und Bedeutungswandel eines Symbols, Frankfurt am Main u. a. 2007, S. 69 – 78.
3   Alfred Kubin an Reinhold und Hanne Koeppel, Brief vom 18. 3. 1933, in: Boll 1972, S. 128.
4   Kubin, Alfred: Aus meiner Werkstatt. Gesammelte Prosa, hg. von Ulrich Riemerschmidt, München 1973, S. 39 f.

»Ich prophezeie Ihnen feierlich, daß dieser unselige Mann unser Reich in den Abgrund stürzen und unsere Nation in unfaßbares Elend bringen wird. Kommende Geschlechter werden Sie wegen dieser Handlung in ihrem Grab verfluchen.«

Erich Ludendorff über Adolf Hitler, 1. Februar 1933
Ludendorff 1969 [1933], S. 91

V/2 – V/6

A. Paul Weber
(Arnstadt in Thüringen 1893 –
1980 Großschretstaken bei Mölln)

Fünf Blätter aus dem Zyklus
***Die Bomber*, 1934**

Ratzeburg, A. Paul Weber-Museum

V/2

Das gute Meißner, 1932

Feder auf Kreide, 30,2 x 25,7 cm
HZ 773

V/3

Die gute Suppe, 1963 (1934)

Lithografie, 34 x 24,5 cm (Darstellung)
Drexel 2

V/4

Nun wird es aber Zeit für die Pille, 1934

Feder auf Kreide, 33,8 x 24,9 cm
HZ 775

V/5

Die Sirene, 1963 (1934)

Lithografie, 29,5 x 20,5 cm (Darstellung)
Drexel 6

V/6

Die Mutter, 1963 (1934)

Lithografie, 33,2 x 24,2 cm (Darstellung)
Drexel 1

V/2

Lit. Fischer 1936; Schartel 1981; Dorsch 1991, WV-Nr. 377–381; Ausst.-Kat. Hannover 1993/94, S. 182 ff.; Schumacher/Dorsch 2003, S. 146 f., 149.

A. Paul Weber schuf in der Zeit zwischen 1932 und 1934 eine Folge von mehreren Federzeichnungen mit dem Titel *Die Bomber*, die hier zum Teil in den 1963 nach den Zeichnungen entstandenen Lithografien abgebildet sind.[1] Ein Bombenangriff oder die zerstörerische Wirkung eines Einschlages wird von Weber nie direkt gezeigt. Das Ereignis spiegelt sich vielmehr in dem Verhalten der dargestellten Personen wider.

Das früheste Blatt ist *Das gute Meißner* von 1932. In beinah grotesker Übersteigerung zeigt Weber die absurd anmutende Reaktion einer Frau, die am offenen Fenster steht und einen Stapel Porzellanteller an sich presst, während hinter ihr bereits Rauchschwaden aus dem Zimmer dringen. Im Kontrast dazu steht *Die gute Suppe*. Ein Mann sitzt ruhig am Esstisch und löffelt seine Suppe, während die Fensterscheiben schon zerborsten und am Horizont die Lichtkegel von Suchscheinwerfern zu sehen sind. In der Zeichnung *Nun wird es aber Zeit für die Pille* von 1934 schwebt ein Fallschirmspringer über feindlichem Gebiet und scheint gleich in einer belebten Straße zu landen. Nur die Todespille kann jetzt noch verhindern, dass er in Gefangenschaft gerät. *Die Sirene* zeigt die unterschiedlichen Reaktionen von Passanten bei Fliegeralarm. Während alle anderen von der Straße flüchten, bleibt eine Frau starr vor Schreck stehen. In *Die Mutter* eilt eine verängstigte Frau barfuß und im Nachthemd eine Treppe hinunter. Sie trägt eine Gasmaske und versucht vergeblich, ihrem schreienden Säugling ebenfalls eine Maske aufzusetzen.

1937 wurden Ernst Niekisch und siebzig weitere Mitglieder des »Widerstandskreises«, darunter auch A. Paul Weber, verhaftet. Nach der Verurteilung von Niekisch kam es im Februar 1940 zur Beschlagnahmung einiger Publikationen des Berliner Widerstandsverlages, einschließlich der Weber-Monografie von Hugo Fischer. Bei der folgenden Ermittlung wurden vor allem die Darstellungen *Die Mutter* und *Die gute Suppe* als »unzeitgemäß« empfunden und als »wehrkraftzersetzend« eingestuft. Das Verfahren endete mit dem Beschluss, dass mit der Publikation auf jeden Fall »propagandistische Ziele« im Sinne des »Widerstandskreises« verbreitet werden sollten. Das Buch kam auf die »Liste des schädlichen und unerwünschten Schrifttums«. Im April 1940 erfolgte die Beschlagnahmung des Buches und die konfiszierten Exemplare wurden vernichtet.[2]

Mit seinen Darstellungen der Luftangriffe scheint Weber den Bombenkrieg des Zweiten Weltkrieges vorweggenommen zu haben. In der Tat konnte man 1932, als das erste Blatt entstand, nur auf wenige derartige Ereignisse zurückgreifen. Während des Ersten Weltkrieges hatte es ab August 1914 einzelne Luftangriffe gegeben, von deutscher Seite zunächst mit Zeppelinen, ab 1917 mit speziell hierfür entwickelten Gotha-Langstreckenbombern. Französische und britische Flugzeuge bombardierten vereinzelt kriegswichtige Industrieanlagen im Ruhrgebiet und an der Küste, das Hinterland dagegen blieb verschont. Dennoch wurde seit 1916 im Deutschen Reich die Bevölkerung der gefährdeten Gebiete durch Plakate und Pressemitteilungen zu einem »luftschutzmäßigen Verhalten« aufgefordert, und es erfolgte die Anordnung von nächtlichen Verdunklungsmaßnahmen.

V/3

V/4

V/5

V/6

Erst 1937, mit der Bombardierung der Stadt Guernica durch die deutsche Legion Condor im Spanischen Bürgerkrieg, wurde der Bombenkrieg zum Inbegriff jenes Schreckens, für den er bis heute steht. Zu diesem Zeitpunkt war Webers Zyklus *Die Bomber* bereits abgeschlossen.[3] BB

1 Fünf Federzeichnungen aus dem Zyklus sind abgebildet bei Fischer 1936: Taf. 61, *Die Mutter*; Taf. 62, *Die gute Suppe*; Taf. 64, *Nun wird es aber Zeit für die Pille*; außerdem die Taf. 60, *Im Treppenhaus*, und Taf. 63, *»Was rennt das Volk…«*.
2 Vgl. Schumacher/Dorsch 2003, S. 146f., 149, zu Fischer: Anm. 401. – Zum Themenkomplex Weber/Niekisch und dem nationalbolschewistischen Selbstverständnis des »Widerstandskreises« siehe ausführlich Kat.-Nr. IV 1/8.
3 Zu diesem Thema: Kuropka, Joachim: Die britische Luftkriegskonzeption gegen Deutschland im Ersten Weltkrieg, in: Militärgeschichtliche Mitteilungen 27 (1980), H. 1, S. 7–24; Schmidt, Wolfgang: Artikel »Luftkrieg«, in: Enzyklopädie Erster Weltkrieg, hg. von Gerhard Hirschfeld/Gerd Krumeich/Irina Renz, Paderborn u.a. 2003, S. 687 ff.; Blank, Ralf: Strategischer Luftkrieg gegen Deutschland 1914–1918, in: www.clio-online.de (Themenportal Erster Weltkrieg, Artikel zum Luftkrieg), 2004 (pdf).

V/7

A. Paul Weber
(Arnstadt in Thüringen 1893 – 1980 Großschretstaken bei Mölln)

Die Glanznummer, 1933/35
Feder mit grauer Farbwalzung, 36 x 26,6 cm
Ratzeburg, A. Paul Weber-Museum
HZ 764

Lit. Fischer 1936, Taf. 59; Reinhardt (Hg.) 1980, S. 199; Sauermann 1985, S. 147f.; Dorsch 1991, WV-Nr. 862; Ausst.-Kat. Hannover 1993/1994, S. 181; Schumacher/Dorsch 2003, S. 149.

Der Tod als aufgeputzter Harlekin balanciert mit verbundenen Augen auf einer Art Schwebebalken. Unter ihm erstreckt sich eine bis zum Horizont reichende Zuschauermenge. Unmittelbar vor ihm steht eine riesige Granate, die er unweigerlich umstoßen und damit zünden wird. Die Augen der Zuschauer sind weit aufgerissen, manche lachen, als ob sie dem Wahnsinn nahe wären. Die übrigen Gesichter spiegeln verschiedene Gemütszustände von belustigt über skeptisch bis hin zur Panik. Eine Variante dieser Federzeichnung wurde 1936 in der ersten Monografie über A. Paul Weber von Hugo Fischer abgebildet.[1] Hier ist der Harlekin nicht eindeutig als Tod dargestellt und auch bei den Zuschauern ist neben Verwunderung und Neugier keine Angst oder Panik zu erkennen. In Fischers Buch wurde das Motiv dem Zyklus *Die Bomber* (Kat.-Nrn. V/2–V/6) vorangestellt, der gewissermaßen die Fortsetzung der gewagten *Glanznummer* thematisiert, nämlich den Bombenkrieg. Weber verstand es, Gefühle und komplexe Zusammenhänge auf eine prägnante Bildformel zu bringen. So wurde dieses Blatt nach 1945 häufig als Darstellung einer Kriegsbedrohung interpretiert, die Weber schon 1933/1935 wahrgenommen habe, als Adolf Hitler noch mit öffentlichen Friedensbeteuerungen eine außenpolitische Isolierung verhindern wollte.

Wie Weber damals die Gefahr eines Krieges eingeschätzt und bewertet haben könnte, ist unklar. Ernst Niekisch, der führende Kopf des »Widerstandskreises«, zu dem Weber in engem Kontakt stand[2], warf den Nationalsozialisten in Deutschland zu diesem Zeitpunkt jedenfalls eine antiimperialistische Haltung vor.[3] In dem Artikel *Die feindliche Einheitsfront*, der im Mai 1933 in der Zeitschrift *Widerstand* erschien, wurde die Meinung vertreten: »Hitler will keinen Krieg.«[4] Nach der Machtübernahme Hitlers konstatierte Niekisch, dass der »nationalen Revolution« eine »außenpolitische Machtprobe« nicht erspart bleiben werde, da es fraglich sei, ob Deutschland »die vernichtenden Folgen des verhängnisvollen Kriegsausgangs in den wesentlichen Punkten wieder aufheben kann, ohne sich zuvor mit Erfolg nochmals zum Krieg gestellt zu haben«.[5] Krieg wurde im »Widerstandskreis« demnach weniger als Bedrohung und auch nicht als Ziel von Hitlers Politik, sondern eher als notwendige Maßnahme zur Wiedererlangung der nationalen Souveränität Deutschlands gesehen.

Weber lag offenbar viel an diesem Motiv, denn er griff es nach 1933 mehrfach auf, so auch in den 1950er Jahren. 1963 setzte er es zusätzlich in eine Lithografie um.[6] *Die Glanznummer*

V/7

V/8

A. Paul Weber

(Arnstadt in Thüringen 1893 – 1980 Großschretstaken bei Mölln)

Das lachende Huhn, 1934

Feder auf Kreide, 33 x 25,5 cm

Ratzeburg, A. Paul Weber-Museum

HZ 768

Lit. Fischer 1936, Tafel 58; Noll 1993; Ausst.-Kat. Hannover 1993/94, S. 181.

ist ein Bild, das ganz allgemein eine Warnung vor dem leichtsinnigen Umgang mit gefährlichen Dingen darstellt, und bleibt damit stets aktuell. Dies macht auch sinnfällig, warum es nach 1945 als Mahnung vor einer drohenden Kriegsgefahr interpretiert werden konnte. Ob diese Interpretation aber bereits um 1933/35 in der Zeichnung angelegt war, ist aufgrund des persönlichen politischen Umfeldes von Weber in dieser Zeit eher unwahrscheinlich. BB

1 Vgl. Fischer 1936, Taf. 59.
2 Zum Themenkomplex Weber/Niekisch und dem nationalbolschewistischen Selbstverständnis des »Widerstandskreises« siehe ausführlich Kat.-Nr. IV 1/8.
3 Niekisch, Ernst: Die antiimperialistische Situation, in: Widerstand, H. 5, 1933, S. 129–136. Dort führte Niekisch aus, dass die »kleinbürgerliche Geisteshaltung« der Nationalsozialisten nicht die »Leidenschaft eines großausholenden Imperiumswillens« ähnlich des russischproletarischen kenne.
4 Zeitschau, o. Verf., Die feindliche Einheitsfront, in: Widerstand, H. 5, 1933, S. 156. Weber war seit 1931 Mitherausgeber dieser Zeitschrift.
5 Niekisch, Ernst: Atempause, in: Widerstand, H. 6, 1933, S. 168–180, hier: S. 168f., 174. Vgl. auch Noll 1993, Bd. 1, S. 258–270.
6 Ausst.-Kat. Hannover 1993/94, S. 181; Dorsch 1991, WV-Nr. 862.

Ein riesiges Huhn erhebt sich mit ausgebreiteten Flügeln und aufgerissenem Schnabel über einer winzig wirkenden Menschenmenge. Im Vordergrund sieht man kleine Figuren, die sich verängstigt aneinanderklammern. Dahinter, zwischen den Beinen des Huhnes, lassen sich an den hochaufragenden Kopfbedeckungen Vertreter der katholischen Kirche ausmachen. Weitere Figuren kämpfen gegen herannahende Panzer, Autos, Geschütze und Soldaten. Auf den ersten Blick entzieht sich das Motiv einer eindeutigen Interpretation. Die Nähe zu Francisco de Goyas Grafikserien *Los Desastres de la Guerra (Die Schrecken des Krieges,* um 1810–1820) und *Los Caprichos* (um 1796–1799) sowie zu dem Gemälde *El Coloso (Der Koloss,* 1808–1812, Prado, Madrid)[1] wurde in der Literatur schon früher bemerkt.[2] Das monströse Huhn könnte ebenso wie Goyas *El Coloso* den Krieg thematisieren. Eine überzeugendere Parallele ergibt sich im Vergleich mit dem Blatt *El Buitre Carnívoro (Der fleischfressende Geier)* aus *Los Desastres de la Guerra* (Nr. 76). Ein ebenfalls übergroßer Geier, der mehr an ein gerupftes Huhn erinnert, wird von den Spaniern attackiert. Traditionell wird dieses Blatt als Vertreibung der Franzosen durch das spanische Volk gedeutet.[3] Es ist eine Allegorie auf den Freiheitskampf des spanischen Volkes gegen die Truppen Napoleons 1808 bis 1814. Auch in der deutschen Bildpropaganda während des Ersten Weltkrieges stand der gallische Hahn, wie ihn August Gaul in der *Kriegszeit* und im *Bildermann* zeigte, ikonografisch für Frankreich.[4]

A. Paul Weber hatte seit 1928 Kontakt zum »Widerstandskreis« um den »Nationalbolschewisten« Ernst Niekisch, zu dem auch Ernst Jünger, dessen Bruder Friedrich Georg Jünger, Joseph Drexel und Wilhelm Stapel gehörten.[5] Dieser Kreis wandte sich gegen den Versailler Vertrag und sah in der Weimarer Republik lediglich ein »Erfüllungssystem«, das die Interessen der Siegermächte vertrat und die nationale Selbständigkeit Deutschlands nicht wieder herstellen konnte. Weber war ab 1928 Mitarbeiter und ab 1931 neben Niekisch Mitherausgeber der Zeitschrift *Widerstand*.

Vor diesem Hintergrund ist die Interpretation plausibel, dass die verängstigten Menschen in *Das lachende Huhn* das deutsche Volk repräsentieren, das aus der Sicht Webers auch 1934 noch unverändert unter der Last des Versailler Vertrages zu leiden hat. Das Huhn stünde dann für Frankreich. Es wird durch die katholische Kirche zu seinen Füßen gestärkt wie auch durch britische Panzer aus dem Ersten Weltkrieg sowie die übrigen Waffen und Soldaten, die für die weiteren Siegermächte stehen. BB

1   Die Zuschreibung des Gemäldes *El Coloso (Der Koloss)* an Goya ist umstritten. Das Museo Nacional del Prado in Madrid geht in jüngster Zeit von der Annahme aus, dass das Gemälde Asensio Juli zugeschrieben werden muss, einem Schüler und Mitarbeiter Goyas. Vgl. im vorliegenden Katalog Clair, Jean: Bilder des Riesen. Von Satan bis Stalin, S. 113–123, Fußn. 2.
2   Vgl. Ausst.-Kat. Hannover 1993/94, S. 181.
3   Zu dem Blatt Nr. 76 vgl. Ausst.-Kat. Oldenburg/Göttingen/Emmen 1990/91, S. 126, Nr. 166.
4   August Gaul, *Chantecler*, 1915, Titelillustration der *Kriegszeit*, Künstlerflugblätter, 2. Jg., Nr. 46, 1. Juli 1915, und August Gaul, *Europa*, 1916, Titelillustration des *Bildermann*, 1. Jg., Nr. 1, 5. April 1916. Weber hat mehrere karikierende Lithografien geschaffen, die Charles de Gaulle als gallischen Hahn oder mit dem gallischen Hahn zeigen (Dorsch 1991, WV-Nrn. 749, 750, 828, 829).
5   Zum Themenkomplex Weber/Niekisch und dem nationalbolschewistischen Selbstverständnis des »Widerstandskreises« siehe ausführlich Kat.-Nr. IV 1/8.

V/9
A. Paul Weber
(Arnstadt in Thüringen 1893 –
1980 Großschretstaken bei Mölln)
Das Gelächter, vor 1936
Feder auf Kreide, laviert, 24 x 15,5 cm
Ratzeburg, A. Paul Weber-Museum
HZ 778
Lit. Fischer 1936, Tafel 22; Dorsch 1991, WV-Nr. 817; Ausst.-Kat. Hannover 1993/94, S. 180.

Der Tod in der Uniform eines Soldaten des Ersten Weltkrieges steht vor einem geöffneten Vorhang und stützt sich auf die prunkvolle Brüstung einer Art Theaterloge. Vor seiner Brust hängt eine Gasmaske, und er lacht aus vollem Hals. Unter der Balustrade ist ein schmaler dunkler Streifen erkennbar, vor dem sich Stuhlbeine abheben, die vermutlich während einer Schlägerei als Schlagstöcke benutzt werden. Das Blatt trägt einen Blindstempel von A. Paul Webers Clan-Presse und die Beschriftung, die sich wohl auf die Platzierung des Motives in der ersten Weber-Monografie 1936 von Hugo Fischer bezieht: »›Das Gelächter‹ Schlussbild der Kriegsmotive neben ›Der Schieber‹ der Frontsoldat lacht über die ›Helden der Saalschlacht‹«.[1] Daraus ergibt sich eine Zuordnung dieses ungewöhnlichen Motives. Mit den Saalschlachten

V/9

sind die Kämpfe gemeint, die vor 1933 hauptsächlich zwischen der SA und ihren kommunistischen Kontrahenten stattfanden und nicht selten von den Nationalsozialisten bewusst provoziert wurden.

Da das Blatt nicht in der Zeitschrift *Widerstand* veröffentlicht wurde, kann eine Entstehungszeit nach dem Verbot der Zeitschrift im Dezember 1934 und vor der Veröffentlichung des Buches von Hugo Fischer angenommen werden.[2] 1963 hat Weber *Das Gelächter* in eine Lithografie umgesetzt und zur Verdeutlichung der Szene einen Bierkrug hinzugefügt, der durch die Luft fliegt.

Weber meldete sich im Ersten Weltkrieg freiwillig als Soldat. Seine Kriegserlebnisse im Osten und schließlich an der Westfront veränderten seine Überzeugung vom Heldentum der Frontsoldaten nicht. Eine Ernüchterung, wie sie etwa für die Arbeiten von Otto Dix nach Kriegsende charakteristisch ist, findet sich in Webers Werken nicht. In ihnen behält der Soldat auch noch während des Zweiten Weltkrieges unverändert den Nimbus des heroischen Kämpfers für das Vaterland.[3] Vor diesem Hintergrund und mit Bezug auf die Beschriftung des Blattes ist es wahrscheinlich, dass Weber hier nicht allgemein auf den Tod in Uniform anspielt. Vielmehr könnte der auf dem Schlachtfeld gefallene Frontsoldat gemeint sein, der die SA und ihre Saalschlachten belacht. Vielleicht kann man diese Zeichnung sogar zu jenen »geheimen Flugblättern« zählen, die Niekisch in seinen Lebenserinnerungen erwähnt: »Auch nach 1933 beharrte er [Weber] auf seiner ablehnenden Stellung gegen Hitler. Er wollte geheime Flugblätter mit vernichtenden Satiren gegen die Männer des Dritten Reiches herstellen.«[4] BB

1   Die bei Fischer vorangestellten Kriegsmotive aus dem Ersten Weltkrieg zeigen Frontbilder.
2   Vgl. Ausst.-Kat. Hannover 1993/94, S. 180.
3   Zu Webers Einschätzung des Soldaten vgl. Noll 1993, S. 215–222.
4   Niekisch 1958, S. 144.
    Zum Themenkomplex Weber/Niekisch und dem nationalbolschewistischen Selbstverständnis des »Widerstandskreises« siehe ausführlich Kat.-Nr. IV 1/8.

V/10
Ernesto de Fiori
(Rom 1884 – 1945 São Paulo)
Der Verzweifelte/Fliehender, Berlin 1934
Bronze, 104 x 30 x 52 cm
Berlin, Staatliche Museen zu Berlin,
Nationalgalerie, B I 656
Lit. Ausst.-Kat. Berlin 1992 (2), Nr. 78, S. 50.

Ernesto de Fiori gehörte in den 1920er und frühen 1930er Jahren zu den bekanntesten Bildhauern in Berlin. Zugleich schrieb er für die Feuilletons verschiedener Tageszeitungen und hatte Kontakte nach Italien zu der von Margherita Sarfatti geförderten Künstlergruppe Novecento. Die einflussreiche Kunstsammlerin und zeitweise Geliebte und Beraterin Benito Mussolinis setzte sich in den frühen 1920er Jahren dafür ein, die Werke von Novecento zur neuen Staatskunst aufzuwerten. Fiori war 1926 in Mailand an der von Mussolini persönlich eröffneten Ausstellung *Prima Mostra d'Arte del Novecento Italiano* beteiligt.

Fioris Bronze *Der Verzweifelte/Fliehender* entstand 1934. Die nur mit einem Tuch um die Lenden bekleidete männliche Figur ist unterlebensgroß. Sie ist im Moment des Schreitens erfasst und hat die Arme wie zum Schutz oder als Geste der Trauer um den Kopf gelegt. Ihr Gesicht bleibt dahinter für den Betrachter verborgen. Das Spiel des Lichtes auf der ungeglätteten Oberfläche der Plastik erzeugt zusätzlich den Eindruck von Bewegung. In ihrer Konzeption erinnert die Figur an Max Beckmanns *Mann im Dunkeln*, der im selben Jahr entstand (Kat.-Nr. II 1/9). In beiden Fällen handelt es sich um eine unbekleidete männliche Figur, die im Moment des Schreitens wiedergegeben ist. Beide Figuren haben die Arme über oder vor dem Kopf erhoben und sind in ihrem Gesichtssinn eingeschränkt. Doch während sich Beckmanns kleine Figur vorsichtig und langsam, mit abwehrend ausgestreckten Armen vorwärtstastet, scheint Fioris Figur im Affekt ins Ungewisse zu stürzen. Diese Leseweise wird durch beide Titel unterstützt.

Die politische Einstellung Fioris ist schwer zu fassen. Er schrieb noch im April 1933 einen Artikel für die *Deutsche Allgemeine Zeitung* mit dem Titel: »Wie können wir Künstler der Regierung helfen?«[1] Er bekannte sich darin zu »Qualität« als einzigem Maßstab der modernen Kunst. Zugleich wandte er sich gegen die »zweifelhaften Neuerscheinungen im Kunstleben«, die für ihn gleichbedeutend waren mit gegenstandsloser Kunst. In dem gleichen Text vertrat Fiori aber auch die Ansicht, dass Kunst Ausdruck einer freien Persönlichkeit sein müsse: »Denn der wahre Künstler ist frei.« Seine Hoffnung – vielleicht auch mit Hilfe einer solchen Annäherung an die Kunstpolitik des NS-Regimes –, öffentliche Aufträge für Denkmäler zu erhalten, erfüllte sich nicht. Die letzten Werke, die er in Deutschland ausführte, waren *Der Verzweifelte/Fliehender* und ein privates Grabmal.

1936 emigrierte er nach Brasilien, wo seine Mutter und sein Bruder lebten. Seine Überfahrt, von der er in einem Artikel vom 20. September 1936 in der *Deutschen Allgemeinen Sonntagszeitung* berichtete, beschrieb er nicht als Flucht

V/10

oder Emigration, sondern in Form eines Reiseberichtes.[2] Ab 1937 wurden seine Werke im Rahmen der Aktion »Entartete Kunst« aus den öffentlichen Sammlungen entfernt. Die Skulptur *Der Verzweifelte/Fliehender* wurde 1948 im Berliner Osthafen geborgen. CO

1 Deutsche Allgemeine Zeitung, 28. April 1933 (Wiederabdruck in Ausst.-Kat. Berlin 1992 (2), S. 164 f.).
2 Die lange Fahrt, Deutsche Allgemeine Sonntagszeitung, 20. September 1936 (Wiederabdruck in Ausst.-Kat. Berlin 1992 (2), S. 166–171).

»Wusste man irgendetwas? Man wusste nichts. Ein jeder Schritt war ein Schritt in das Dunkel hinein. Abstürzen konnte man in jeder Sekunde, und wenn man das Gute wollte, war man doch mehr in Gefahr, das Unrechte zu tun.«

Wolfgang Koeppen, 1935
Koeppen 1986 [1935], S. 186

V/11
Otto Dix
(Untermhaus bei Gera 1891 –
1969 Singen am Bodensee)
Triumph des Todes, Dresden 1934
Öl und Tempera auf Holz, 180 x 178 cm
Stuttgart, Kunstmuseum Stuttgart,
O-2733
Lit. Löffler 1987, S. 19 f.; Reinhardt, Brigitte: Dix – Maler der Tatsachen, in: Slg.-Kat. Stuttgart 1989, S. 24 f.; Schubert, Dietrich: »Ich habe Landschaften gemalt – das war doch Emigration«. Zur Lage von Otto Dix und zur politischen Metaphorik in seinem Schaffen 1933–1937, in: Ausst.-Kat. Berlin/Stuttgart 1991/92, S. 273–282; Karcher 1992, S. 170 ff.; Peters 1998, S. 194–227.

Der *Triumph des Todes* ist eines der malerischen Hauptwerke von Otto Dix zu Beginn der nationalsozialistischen Herrschaft. Im März 1934 schrieb der Maler an seinen Kunsthändler Karl Nierendorf nach Berlin: »Ich bin wieder in Randegg, wo ich den Sommer über bleibe. Es ist natürlich ausgeschlossen, daß ich das Bild fertig machen konnte (Triumph des Todes), da ich in Ch. einen Auftrag zu erledigen hatte. Ich denke, daß ich im September wieder nach Dresden fahre und dann das Bild fertig machen kann. Heut ist nichts mehr eilig. Wir müssen sowieso abwarten. Du scheinst es auch mit der Angst zu haben, da Du mich mit einmal nicht mehr geschlossen ausstellen kannst. Aber mir ist es egal, ganz egal.« In der Tat zerschlug sich der von Nierendorf noch im Januar 1934 ins Auge gefasste Plan, den *König Tod* zu zeigen. Stattdessen kam es 1935 zu der berühmten Gemeinschaftsausstellung von Landschaftsbildern mit dem Reichskulturkammerfunktionär Franz Lenk.

Angesiedelt zwischen der politischen Allegorie der *Sieben Todsünden* (Kat.-Nr. IV 1/18) und den Kriegsbildern stellt Dix auf dem Gemälde eine Allegorie der Lebensalter dar. Kindheit (der im Vordergrund krabbelnde Säugling), Jugend (Dix selbst als junger Soldat und das Liebespaar), fortgeschrittenes Alter (der blinde

V/11

Bettler) und Alter (die gebeugte Greisin) werden vom Tod mit seiner Sense und einem blutroten Umhang hinterfangen, der zwischen einer alten Eiche und einer Ruinenarchitektur in die Bildszene einbricht.

Eine Vorzeichnung (heute in Albstadt) erlaubt, die Genese der Szene zu verfolgen, die zunächst anders angelegt war. Dort klettert der Tod wie ein Schauspieler von unten durch die Luke eines Bühnenbodens in die Szenerie und bedroht die im Bildzentrum zentral postierte schwangere Frau, die einen Säugling über sich hält. Die alte Frau und ein weiterer gebückter Mann sind zu sehen sowie ein Soldat mit Standarte, der links im Hintergrund Gewehr bei Fuß steht, aber nicht einschreitet.

Bislang wurde die Tatsache übersehen, dass Dix in seiner Entwurfsskizze der quadratischen Komposition zwei Dreiecke eingeschrieben hat, die zusammen einen Davidstern ergeben. Angesichts der Tatsache, dass Dix bereits zu Beginn der 1920er Jahre sensibel auf den Antisemitismus reagierte und im Jahr der Nürnberger Gesetze 1935 mit dem *Judenfriedhof in Randegg* ein subversives Bild schuf, erscheint dies nicht als Zufall, auch wenn auf der endgültigen Gemäldefassung die ursprüngliche Bildkonzeption verlorengegangen ist.

Vor allem aber stellt die große Allegorie der Lebensalter konzeptionell ein Gegenbild zu den *Sieben Todsünden* von 1933 dar, deren diagonaler Zug durch das Bild 1934 dann im Triumph des nun gekrönten Todes kompositorisch kreisförmig festgestellt ist. Der Machteroberung folgt die gewalttätige Phase der Machtkonsolidierung; die brutale Dynamik der Bewegung gerinnt zur Herrschaft des vernichtenden Todes, unter dessen Zeichen alle Lebenden stehen. OP

V/12

V/12
Hannah Höch
(Gotha 1889 – 1978 West-Berlin)
Der Sturm, 1935
Gouache, 71 × 65 cm
Tübingen, Privatsammlung
Lit. Liška, Pavel: Der Weg in die innere Emigration, in: Ausst.-Kat. Berlin 1989 (2), S. 62–73, hier: S. 70; Maurer 1995, S. 177.

Mächtig fegt die Windböe in das Pflanzendickicht, entwurzelt Blumen, bricht deren Stengel, seien sie noch so elastisch, reißt alles mit sich fort. Auch jene anthropomorphen Geistwesen, die Schutz darin suchen, werden mit brutaler Kraft hinweggeblasen, geköpft bereits das eine – es gibt kein Halten mehr.

Das Jahr 1935, in dem Hannah Höch die Gouache *Der Sturm* malte, war für die Künstlerin ein Jahr existentieller Erschütterung. An Morbus Basedow erkrankt, befand sie sich nach einem operativen Eingriff auf dem langsamen Weg der Genesung. Und dieses Jahr brachte zugleich das Ende ihrer langjährigen Beziehung zur niederländischen Schriftstellerin Til Brugman, mit der sie seit 1929 in Berlin-Friedenau in lesbischer Lebensgemeinschaft gelebt hatte. Die erschwerten Lebensbedingungen homosexueller Paare mögen die Trennung befördert haben. Bereits drei Jahre zuvor hatte Hannah Höch die Einschränkung persönlicher und künstlerischer Entfaltungsfreiheit durch das NS-Regime ganz unmittelbar erfahren müssen: Ihre erste Einzelausstellung in Deutschland, die im Mai und Juni 1932 im Bauhaus Dessau gezeigt werden sollte und zu der bereits die Einladungskarten gedruckt waren, wurde in letzter Minute abgesagt. Der politische Druck der NSDAP auf den Dessauer Gemeinderat war so groß, dass das Bauhaus wenige Wochen später seinen Lehrbetrieb einstellen musste. Für die kommenden 13 Jahre sollte es für die Künstlerin keine Öffentlichkeit mehr in Deutschland geben, es sei denn durch die nationalsozialistische Schmähschrift *Säuberung des Kunsttempels,* in der Hannah Höchs Gemälde *Die Journalisten* (1925) abgebildet und sie als »Kulturbolschewistin« gebrandmarkt wurde.[1]

Beklemmung, Angst und Verzweiflung der Künstlerin verdichteten sich angesichts der politischen Verhältnisse in vielen Mitte der 1930er Jahre entstandenen Werken, die – wie *Der Sturm* – von einem expressiven Symbolismus gekennzeichnet sind. Hierbei kommt dem Motiv des Vegetativen eine besondere Rolle zu. Im Umgang mit Gewächsen vertraut – sie war eine begeisterte Gärtnerin –, hatte Hannah Höch im »Wesen der Pflanzen das Spiegelbild ihrer selbst gefunden«.[2] Der im Bild gebannte Alptraum orkanhafter Verwüstung entspricht mithin jenem des »braunen Sturms«, vor dem viele ihrer Freunde bereits ins Exil geflohen waren und der auch die Künstlerin bedrohte. RB

1 Willrich, Wolfgang: Säuberung des Kunsttempels. Eine kunstpolitische Kampfschrift zur Gesundung deutscher Kunst im Geiste nordischer Art, München/Berlin 1937, Abb. S. 54.
2 Roters 1990, S. 189.

V/13–V/17
Hans Grundig
(Dresden 1901–1958 Dresden)
Aus der Folge *Tiere und Menschen*
Kaltnadelradierungen

V/13
Kampf der Bären und Wölfe I, Dresden 1935
24,3 × 32,7 cm (Platte), 34,7 × 43,1 cm (Blatt)
Bez. u. l.: 1–10 Abzug.
Bez. u. dat. Mitte: Kampf 1936.
Sign. u. r.: Hans Grundig
Berlin, Deutsches Historisches Museum
Gr 63/1306

V/14
Abendlied (Lied der Wölfe), Dresden 1938
24,8 × 38,7 cm (Platte), 39,7 × 52,6 cm (Blatt)
Bez. u. l.: Tiere und Menschen
Bez. u. dat. u. Mitte: Lied der Wölfe 1938
Sign. u. r.: Hans Grundig
(Nachlassstempel Hans Grundig)
Berlin, Deutsches Historisches Museum
Gr 63/1355 (Nicht in der Ausstellung)

V/15
Räuber, Dresden 1936
25,3 × 32,9 cm (Platte), 38 × 48,7 cm (Blatt)
Bez. u. l.: Tiere und Menschen
Bez. u. Mitte: Räuber
Sign. u. dat. u. r.: Hans Grundig 1936
Berlin, Deutsches Historisches Museum
Gr 62/126

V/16
Bestien (Kampf), Dresden 1935
25,3 × 32,9 cm (Platte), 37,7 × 53,8 cm (Blatt)
Bez. u. l.: Tiere und Menschen
Bez. u. Mitte: Bestien
Sign. u. dat. u. r.: Hans Grundig 1936
(Nachlassstempel)
Berlin, Deutsches Historisches Museum
Gr 62/123 (Nicht in der Ausstellung)

V/17
In den Abgrund (Untergang), Dresden 1937
25 × 33 cm (Platte), 50 × 65 cm (Blatt)
Berlin, Ladengalerie Berlin

Lit. Grundig 1959 [1958], S. 159–162; Bernhardt 1966, Nr. 4, S. 471–476 (Bildteil S. 1–16), WV-Nr. D 27, 48, 30, 16, 46; Grundig 1966; Ausst.-Kat. Berlin 1978, S. 140–142; Hofmann, Karl-Ludwig: Antifaschistische Kunst in Deutschland. Bilder, Dokumente, Kommentare, in: Ausst.-Kat. Karlsruhe/Frankfurt am Main/München 1980, S. 54–57; Feist 1984 [1979], S. 102–108; Weber, Stephan: Eine Annäherung an Hans Grundig anläßlich seines 100. Geburtstages, in: Weber/Frommhold 2001, S. 9–80; Feist, Günter: Rede zur Ausstellung »Hans und Lea Grundig. Die Sammlung Kurt Junghanns«, Berlin, 13. 9. 2007, Ostdeutsche Kunstauktionen, Raik Hellwich, 10247 Berlin (unveröffentlichtes Typoskript).

Die Jahre zwischen 1933 und 1938 in Deutschland waren für Hans und Lea Grundig durch Überwachung, Hausdurchsuchungen und Verhaftungen bestimmt. Beide waren seit 1926 überzeugte Anhänger der KPD und hatten ihre Kunst in den Dienst der Partei gestellt. Zudem waren Lea Grundig als Jüdin und Hans Grundig als Ehemann einer Jüdin von den sich beständig verschärfenden Repressionen des NS-Regimes gegen Juden bedroht. Hans Grundig konnte bis 1935 noch ausstellen, wurde aber 1936 aus der Reichskulturkammer ausgeschlossen. Damit verlor er jede Möglichkeit, seine Werke öffentlich zu zeigen und zu verkaufen. Noch im selben Jahr erfolgte seine erste Verhaftung. 1937 wurden einige seiner Werke in der diffamierenden Ausstellung *Entartete Kunst* in München gezeigt. Von Mai bis Oktober 1938 war Hans Grundig erneut inhaftiert. Trotz ihrer schwierigen Lage hatten sich beide Grundigs dafür entschieden, in Deutschland zu bleiben. Lea Grundig emigrierte erst im November 1940 allein über Rumänien nach Palästina, wohin bereits jüdische Verwandte und Freunde geflohen waren.

Die lose Radierfolge *Tiere und Menschen,* die zwischen 1933 und 1938 entstand,[1] spiegelt neben dem malerischen Hauptwerk, dem Triptychon *Das tausendjährige Reich* (1935–1938; Abb. 3, S. 27), am besten die künstlerische Entwicklung und Intention Hans Grundigs. Insgesamt schuf Grundig in dieser Zeit etwa sechzig bis achtzig Kaltnadelradierungen, von denen Bernhardt im Werkverzeichnis 49 Radierungen zu *Tiere und Menschen* zählt.[2] Durch den Er-

244 V. 1933–1939 Unter dem Regime

V/13

V/14

V/15

V/16

V/17

werb einer kleinen Handpresse im Jahr 1933 oder 1934 konnten Hans und Lea Grundig ihre Radierungen, die nur in kleiner Auflage entstanden, selbst drucken.[3]

Die hier abgebildete Auswahl an Blättern aus *Tiere und Menschen* überträgt mit einer Ausnahme die Zeitereignisse in Deutschland in den Bereich der Tierfabel. Lea Grundig schrieb zu den Radierungen: »Hans kleidete seine Aussagen in Tiergestalt. [...] Seine Tiere waren Tiere und dabei noch mehr: Es gab Wesen mit der Prägnanz eines bestimmten Charakters. Es gab da die sklavischen Hunde, die in Rudeln auf den einzelnen stürzten und ihn zerrissen auf höheren Befehl, dem sie sich willenlos freudig fügten. Da waren die großen Bestien, die gefährlichen Tiger, die für ihre Gier nichts schonten. [...] Und dann waren da die Pferde, die Hans liebte, in ihrer Feinfühligkeit, ihrem Stolz. Sie, die Lebendes nicht zerreißen, nicht Blut vergießen und nicht bedrohen, sie waren die Verkörperung des Volkes, seiner wirklichen Menschen. Und sie wurden gejagt – aber sie schlugen auch zurück.«[4] Lea Grundig weist grundsätzlich darauf hin, dass das fantastische, visionäre Element in Hans Grundigs Kunst weniger dazu diente, Botschaften zu verschlüsseln, als vielmehr dazu, sie zuzuspitzen: »Was Hans zeichnete«, schrieb sie, »das waren keine Gespenster. Es war wache, scharfe Sicht auf die Wirklichkeit, realistisch ausgedrückt in einer reinen Bildersprache.«[5] SH/KM

1 Lea Grundig berichtet von achtzig Radierungen, das Werkverzeichnis von Bernhardt führt sechzig an. Vgl. Bernhardt 1966, Nr. 4, S. 471–476 (Bildteil S. 1–16). Der Titel der losen Folge ist von Hans Grundig vermutlich erst nach 1945 festgelegt worden. Wie auch bei Lea Grundig sind die Datierungen auf dem Blatt oft erst nachträglich hinzugefügt und entsprechen nicht der Genese der Radierungen. Vgl. hierzu Weber, Stephan: Eine Annäherung an Hans Grundig anläßlich seines 100. Geburtstages, in: Weber/Frommhold 2001, S. 48.
2 Grundig 1959 [1958], S. 159.
3 Weber, Stephan: Eine Annäherung an Hans Grundig anläßlich seines 100. Geburtstages, in: Weber/Frommhold 2001, S. 48.
4 Grundig 1959 [1958], S. 160 f.
5 Grundig 1959 [1958], S. 160 f.

V/18
Hans Grundig
(Dresden 1901–1958 Dresden)
Kampf der Bären und Wölfe, Dresden 1938
Öl auf Sperrholz, 90,5 × 102,5 cm
Berlin, Staatliche Museen zu Berlin, Nationalgalerie
A IV 52, (Abb. S. 232)
Lit. Grundig 1960 [1957]; Bernhardt 1966, Nr. 4, S. 471–476 (Bildteil S. 1–16), G 97; Ausst.-Kat. Berlin 1978, S. 140–142; Hofmann, Karl-Ludwig: Antifaschistische Kunst in Deutschland: Bilder, Dokumente, Kommentare, in: Ausst.-Kat. Karlsruhe/Frankfurt am Main/München 1980, S. 57; Feist 1984 [1979], S. 115 f.; Weber, Stephan: Eine Annäherung an Hans Grundig anläßlich seines 100. Geburtstages, in: Weber/Frommhold 2001, S. 54–58.

Neben dem Hauptwerk Hans Grundigs, dem Triptychon *Das tausendjährige Reich* (1935–1938; Abb. 3, S. 27)[1], entstanden von 1933 bis 1938 nur wenige Ölbilder. Der Akzent der künstlerischen Arbeit lag in dieser Zeit auf den Kaltnadelradierungen, von denen Hans Grundig den größten Teil im Nachhinein der losen Folge *Tiere und Menschen* zuordnete (vgl. Kat.-Nrn. V/13–V/17).[2] Einzelne Radierungen aus *Tiere und Menschen* lieferten die Vorlagen für Ölbilder. Auch dem Gemälde *Kampf der Bären und Wölfe* ging eine Radierung voraus (Kat.-Nr. V/13).

Dargestellt ist, wie ein Rudel Wölfe zwei Bären angreift, »die nun einen erbitterten Kampf um ihr Leben kämpfen und die Wölfe vernichten. Das sollte ein Gleichnis sein. Die nazistischen Wölfe greifen den russischen Bären an, der sie schlägt, wie die Wölfe nie geschlagen wurden. In mir war das Bild ganz klar, ganz deutlich«, schreibt Hans Grundig zu dem Bild in seiner Autobiografie.[3]

Durch das größere Format, die schillernde Farbigkeit und die Signalwirkung des leuchtend rot dargestellten Bären in der linken Bildhälfte gewinnt die in der Radierung bereits detailliert vorbereitete Komposition noch an Wirkungskraft. Die Zusammenballung der Tierleiber mit den hervorblitzenden spitzen Zähnen und Klauen vermittelt allerdings nicht unbedingt den Eindruck, der Kampf sei schon für die Bären entschieden, wie Grundig sein Werk retrospektiv deutete. Vielmehr zeigt die politische Allegorie der kämpfenden Tiere eine äußerste Zuspitzung des bestialischen Angriffes, der ebenso gut anders ausgehen könnte, so sehr haben die Wölfe die Bären in die Enge getrieben.

Kurt Junghanns (1908–2006), ein Architekt, der mit den Grundigs eng befreundet war, hob rückblickend die visionäre Kraft und den mahnenden Impetus des Künstlers hervor: Hans Grundig habe »den ganzen Reiz der Farbe« nutzen wollen, »um die Menschen anzurufen, ihr Interesse zu entfachen und sie von der ungeheuren Tragweite der kommenden Katastrophe zu überzeugen«.[4] SH/KM

1 Zum Triptychon Hans Grundigs vgl. beispielsweise: Gärtner, Hannelore: Das Tausendjährige Reich, in: Held (Hg.) 1989, S. 165–177; Ausst.-Kat. Dresden 2001, S. 15–37.
2 Vgl. Bernhardt 1966, Nr. 4, S. 471–476 (Bildteil S. 1–16); Weber, Stephan: Eine Annäherung an Hans Grundig anläßlich seines 100. Geburtstages, in: Weber/Frommhold 2001, S. 48.
3 Grundig 1960 [1957], S. 237 f.
4 Junghanns, Kurt: Über Hans Grundig. Rede zur Eröffnung der Ausstellung über Hans Grundig in der Nationalgalerie, in: Junge Kunst, 6. Jg., Heft 9, S. 37–48, hier: S. 43, zit. n. Weber, Stephan: Eine Annäherung an Hans Grundig anläßlich seines 100. Geburtstages, in: Weber/Frommhold 2001, S. 55 f.

»Es sollte der Mittelteil des dreiteiligen Bildes sein; ich wollte damit allen Menschen eine Warnung vor dem unausbleiblichen Krieg geben, den die Menschheitsmörder vorbereiteten. [...] ›Vision‹ nannte ich es, und es war eine; wenn ich auch kein Prophet und Sterngucker war, so war ich doch Marxist und wußte, wohin die Menschheitsmörder ihre Stiefel setzen wollten.«

Hans Grundig, 1957
Grundig 1960 [1957], S. 235 f.

246 V. 1933–1939 Unter dem Regime

V/19

V/20

V/19 – V/26
Lea Grundig
(Dresden 1906 –
1977 auf einer Mittelmeerreise)
Folge *Krieg droht!* (zwölf Blätter)
Kaltnadelradierungen

V/19
1. Blatt: Krieg droht!, Dresden 1937
24,3 x 26,6 cm (Platte), 30 x 39 cm (Blatt)
Bez. u. l.: Krieg droht!
Sign. u. dat. u. r.: Lea Grundig 1935
Berlin, Deutsches Historisches Museum
Gr 58/461

V/20
**3. Blatt: Gasmaskenaktion/
Kauft Gasmasken!, Dresden 1936**
25 x 32,8 cm (Platte), 42,5 x 53,8 cm (Blatt)
Bez. u. l.: 56/60 Krieg droht!
Bez. u. Mitte: Kauft Gasmasken!
Sign. u. dat. u. r.: Lea Grundig 1936
Berlin, Deutsches Historisches Museum
Gr 58/462

V/21
4. Blatt: Hitler bedeutet Krieg, Dresden 1936
24,8 x 32,4 cm (Platte), 38,2 x 52,3 cm (Blatt)
Berlin, Ladengalerie Berlin

V/22
7. Blatt: Der Tank, Dresden 1937
24,2 x 24,3 cm (Platte), 50,4 x 35,1 cm (Blatt)
Berlin, Ladengalerie Berlin

V/23
8. Blatt: Fliehende Mütter, Dresden 1937
29,7 x 24,5 cm (Platte), 42,7 x 34,9 cm (Blatt)
Berlin, Ladengalerie Berlin

V/24
10. Blatt: Untergang/Absturz, Dresden 1936
33,3 x 24,7 cm (Platte), 53,7 x 41,9 cm (Blatt)
Bez. u. l.: 22/60 Krieg droht!
Bez. u. Mitte: Absturz
Sign. u. dat. u. r.: Lea Grundig 1938
Berlin, Deutsches Historisches Museum
Gr 58/467

V/25
11. Blatt: So wird es sein I, Dresden 1937
25 x 33,2 cm (Platte), 37,6 x 50,2 cm (Blatt)
Berlin, Ladengalerie Berlin

V/26
12. Blatt: So wird es sein II, Dresden 1936
24,5 x 33 cm (Platte), 28,5 x 36 cm (Blatt)
Bez. u. l.: 4. Druck »Krieg droht!«
Bez. u. Mitte: So wird es sein.
Sign. u. dat. u. r.: Lea Langer März 1938
Berlin, Deutsches Historisches Museum
Gr 58/468.1

Lit. Grundig 1960 [1957]; Ausst.-Kat. Berlin 1969; Hütt 1969, S. 34–41; Slg.-Kat. Berlin 1973, Nrn. 74, 82, 79, 85, 91, 94, 80, 81; Ausst.-Kat. Berlin/Leipzig/Dresden 1975/76, S. 19, 21; Hofmann, Karl-Ludwig: Antifaschistische Kunst in Deutschland. Bilder, Dokumente, Kommentare, in: Ausst.-Kat. Karlsruhe/Frankfurt am Main/München 1980, S. 59; Grundig 1984 [1958]; Ausst.-Kat. Ludwigshafen 1983, S. 263–268; Ausst.-Kat. Ludwigshafen 1985, S. 184 f.; Brüne, Gerd: Von Dresden nach Tel Aviv, in: Ausst.-Kat. Berlin/New York 1996/97, S. 16–55; Ausst.-Kat.

V/21

V/22

Osnabrück 2001; Feist, Günter: Rede zur Ausstellung »Hans und Lea Grundig. Die Sammlung Kurt Junghanns«, Berlin, 13. 9. 2007, Ostdeutsche Kunstauktionen, Raik Hellwich, 10247 Berlin (unveröffentlichtes Typoskript).

»Das war 1935. Die Monate rollten ab mit Gasmaskenverkauf, Verdunklungsübungen, mit ›Winterhilfe‹ – mit furchtbaren Nachrichten, die blasse Lippen flüsterten. [...] ›Hitler bedeutet Krieg‹, das hatte die Partei gesagt, und sie hatte recht.«

Lea Grundig, 1958
Grundig 1984 [1958], S. 133

»Übungen mit den sogenannten Volksgasmasken waren an der Tagesordnung. Das alles machte auf uns einen furchtbaren Eindruck, glichen doch die Menschen nicht mehr Menschen, sondern irgendwelchen sonderbaren, entsetzlichen Vampiren. [...] Menschen in Gasmasken hatten kein Menschenantlitz mehr, sie waren Schemen ihrer selbst geworden.«

Hans Grundig, 1957
Grundig 1960 [1957], S. 237

Lea Grundig war als Jüdin und Kommunistin ab 1933 besonders gefährdet, zumal sie sich in ihren Radierungen, die in der Zeit des Nationalsozialismus entstanden, kritisch mit dem NS-Regime auseinandersetzte. Im Gegensatz zu vielen anderen Künstlern blieben Lea und Hans Grundig aber in Deutschland und arbeiteten im Verborgenen weiter. Im Frühjahr 1933 begannen sie in der Technik der Kaltnadelradierung zu experimentieren und erwarben im selben Jahr oder 1934 eine kleine Handpresse.[1] Bis Ende 1938 schuf Lea Grundig etwa 150 Radierungen, die alle die bedrückenden Zeitereignisse thematisierten.[2] Beide Grundigs stellten sich gemeinsam Themen, »und in Form von Wettbewerben führten wir sie durch«.[3] Ihre Radierungen wurden aus Angst vor Repressionen nur in kleiner Auflage im engsten Freundeskreis und ohne Titelnennung verbreitet.[4] Wie sich in ihnen bezeugt, erkannte Lea Grundig schon früh die Gefahr eines Krieges und die kommenden Bedrohungen. »Obwohl uns vorderhand nichts geschah, hatten wir immer und jederzeit mit Haussuchungen zu rechnen. Wie viele es waren bis zu unserer endgültigen Verhaftung, ich weiß es nicht mehr.«[5] Den aktuellen Hintergrund von *Krieg droht!* bilden die Ereignisse in Deutschland und der Bürgerkrieg in Spanien 1936 bis 1939. Er war durch einen Militärputsch unter General Francisco Franco gegen die republikanische Regierung ausgelöst worden. Unterstützung fanden die Putschisten durch Streitkräfte Italiens und des Deutschen Reiches, darunter die Legion Condor. Das NS-Regime nutzte den Einsatz nicht zuletzt als »militärische[s] Experimentierfeld«[6] für seine bereits geplanten europäischen Expansionsbestrebungen.

Die ersten vier Darstellungen von *Krieg droht!* kündigen das Unheil eines Krieges an, die folgenden sechs vergegenwärtigen dessen Schrecken. Die letzten beiden Blätter *So wird es sein* konzentrieren sich auf die Folgen eines Krieges. Hans Grundig schrieb zu der Radierfolge in seiner Autobiografie: »Mein Silbernes [Lea Grundig] hatte auch nicht auf der Bärenhaut gelegen und schilderte in einem Blatt nach dem anderen die schrecklich drohende Gefahr des Krieges. Für den, der sehen wollte, lag sie klar und unmißverständlich vor Augen.«[7]

Die Radierfolgen wurden von der Künstlerin erst 1949 nach ihrer Rückkehr aus Tel Aviv nach Dresden abschließend zusammengestellt, betitelt und bis zum Erscheinen des Werkverzeichnisses der Kaltnadelradierungen 1973 immer

V/23

V/25

V/24

V/26

wieder neu geordnet. Eine der ersten Zusammenstellungen von *Krieg droht!*, die nur neun Blätter umfasste, kaufte das Museum für Deutsche Geschichte, Berlin, 1958 bei Lea Grundig in Berlin an.[8]

Große Schwierigkeiten bereitet die Datierung der Radierungen, die vermutlich von 1936 bis 1937 entstanden sind.[9] Lea Grundig hat die in den 1930er Jahren entstandenen Blätter, die nach 1945 noch vorhanden waren, nachträglich und oft nachlässig datiert.[10] Das gilt auch für die nach 1945 von den Platten neu hergestellten Abzüge. Daher stimmen die nach aktuellem Forschungsstand richtigen Datierungen der Blätter, soweit sie zu ermitteln waren, in vielen Fällen nicht mit der eigenhändigen Aufschrift Lea Grundigs überein. Als der Nachlass des Architekten Kurt Junghanns im Jahre 2007 zur Versteigerung gelangte, konnten für einige weitere Blätter exakte Datierungen ermittelt werden. Junghanns verband seit 1932 eine enge Freundschaft mit den Grundigs,[11] und er hatte in den 1930er Jahren Radierungen von ihnen erhalten. KM/SH

1 Grundig 1984 [1958], S. 130.
2 Grundig 1984 [1958], S. 173. Von Lea Grundig sind nur noch 114 Radierungen aus dieser Zeit bekannt, vgl. Slg.-Kat. Berlin 1973. Von den meisten Platten Lea Grundigs entstanden nur jeweils bis zu fünf Abzüge, vgl. Brüne 1996, S. 23.
3 Grundig 1960 [1957], S. 231.
4 Teile des Werkes haben sich nur erhalten, weil ein großes Konvolut nach Dänemark und in die Schweiz geschmuggelt wurde. Vgl. Brüne 1996, S. 23. Teile sind 2007 im Nachlass Kurt Junghanns aufgetaucht. Vgl. Feist, Günter: Rede zur Ausstellung »Hans und Lea Grundig. Die Sammlung Kurt Junghanns«, Berlin, 13. 9. 2007, Ostdeutsche Kunstauktionen, Raik Hellwich, 10247 Berlin (unveröffentlichtes Typoskript).
5 Grundig 1960 [1957], S. 230.
6 Gutachten des Militärhistorischen Forschungsamtes zur Person von Oberst Werner Mölders, S. 15, URL: http://www.mgfa.de/html/put_file.php?table=artikel&col=datei&ident=4367397887577&dummy=file.pdf [Stand: 9. 7. 2008].
7 Grundig 1960 [1957], S. 235f.
8 Als 1990 das Museum für Deutsche Geschichte geschlossen wurde, übergab die Regierung der DDR sämtliche Sammlungsbestände und Liegenschaften des MfDG dem DHM zur weiteren Bewahrung und Nutzung. In der frühen Zusammenstellung findet sich ein Blatt, *Pietà* (Kat.-Nr. V/27), das Lea Grundig später nicht mehr in die Folge aufgenommen hat.

V/27

9 Auch die Signatur der Blätter wirft Probleme auf. Die frühen Blätter sind von Lea Grundig eigenhändig mit ihrem Mädchennamen »Lea Langer« signiert. Sie behielt diesen Namen für ihre Arbeiten auch während der Ehe mit Hans Grundig 1928 bis 1949 bei. Manche der Blätter sind mit »Lea Grundig« in der Handschrift von Hans Grundig signiert. Er signierte mit diesem Namen Blätter seiner Frau (die sich ab November 1940 im Exil befand), um ein Zeichen zu setzen gegen die durch das NS-Regime erzwungene Scheidung am 9. Juli 1940 vor dem Landgericht Dresden.
10 Das gilt auch für die Betitelung der Radierungen, die in vielen gleichwertigen Varianten exisitieren.
11 Grundig 1984 [1958], S. 128ff. 1938 war Kurt Junghanns mit beiden Grundigs in Dresden inhaftiert. Später kam er mit Hans Grundig zusammen in das Konzentrationslager Sachsenhausen.

»Es gab Leute, die ›emigrierten nach innen‹ und verdienten von außen. Dieses ferne, unerreichbare Land ›Innere Emigration‹ war ein bequemes Zauberland. Es teilte den Menschen sogleich in zwei Teile: in den irdischen, der Essen und Trinken und noch vieles, vieles andre brauchte, und die ›Seele‹, die rein blieb und nicht teilhatte an den Greueln.«

Lea Grundig, 1958
Grundig 1984 [1958], S. 131 f.

V/27
Lea Grundig
(Dresden 1906–
1977 auf einer Mittelmeerreise)
Pietà, Dresden 1937
Kaltnadelradierung, 33,1 x 24,4 cm (Platte),
49,9 x 35 cm (Blatt)
Bez. u. l.: Krieg droht! Bez. u. Mitte: Pietà
Sign. u. dat. u. r.: Lea Grundig 1936
Berlin, Deutsches Historisches Museum
Gr 58/469 (Nicht in der Ausstellung)
Lit. Hütt 1969, S. 34–41; Slg.-Kat. Berlin 1973, Nr. 105.

Die Kaltnadelradierung *Pietà* wurde von Lea Grundig bis 1958 noch der Folge *Krieg droht!* zugeordnet (Kat.-Nrn. V/19–V/26, VI 1/5), was die Aufschrift auf dem Blatt bezeugt.[1] Eine erste Zusammenstellung dieser Folge kaufte das Museum für Deutsche Geschichte, Berlin, 1958 direkt von Lea Grundig an. Sie befindet sich heute in der Sammlung des Deutschen Historischen Museums. Später hat Grundig die *Pietà* wieder aus der Folge herausgenommen.

Im Juli 1937 feierte Käthe Kollwitz ihren siebzigsten Geburtstag. Wie Lea und Hans Grundig hatte sich Käthe Kollwitz trotz aller Repressionen entschieden, in Deutschland zu bleiben. Sie war 1933 von den Nationalsozialisten gezwungen worden, aus der Akademie auszutreten. 1936 wurden Exponate der Künstlerin aus der Berliner Akademieausstellung entfernt, was einem inoffiziellen Ausstellungsverbot entsprach. Ab 1937 wurden ihre Werke im Rahmen der Aktion »Entartete Kunst« in den öffentlichen Sammlungen beschlagnahmt.

Beide Grundigs hatten die *Pietà* und weitere Radierungen der verehrten Künstlerin zum siebzigsten Geburtstag geschenkt, »um ihr zu zeigen, daß es in Deutschland noch immer Menschen gab, die ihr zur Seite standen und mit ihr den Kampf führten«.[2] Vermutlich bezog sich Lea Grundig mit dem Blatt auch auf die verschiedenen Darstellungen der Schmerzensmutter von Käthe Kollwitz, die 1937/38 in der Bronzeplastik *Pietà* ihren Höhepunkt fanden.

Grundigs Interpretation des Pietà-Themas weicht deutlich von Kollwitz' Interpretation ab. Während Kollwitz in der Plastik ihre Trauer um den im Ersten Weltkrieg gefallenen Sohn Peter verarbeitete, tritt die Pietà bei Grundig als Anklägerin auf, welche die Herrschenden für den geopferten Sohn zur Rechenschaft zieht. Käthe Kollwitz äußerte sich in einem Dankesbrief an Hans und Lea Grundig vom 16. August 1937 kritisch über die Radierung der jüngeren Künstlerin: »Aber die Pieta liebe ich schon nicht. Ich bin empfindlich gegen eine gewisse Saloppheit der Zeichnung, gegen das, was man gemeinhin als Fehler bezeichnet. [...] Das Gefühl in einer Arbeit rührt nur an einen an, wenn es gekonnt geformt ist.«³ KM/SH

1   Das bezeugt auch die Aufschrift auf dem Blatt. *Pietà* ist eines von vielen Beispielen, die im Nachhinein von Hans oder Lea Grundig falsch mit 1936 auf dem Blatt datiert wurden.
2   Zit. n. Hütt 1969, S. 38.
3   Käthe Kollwitz an Lea Langer und Hans Grundig, Brief vom 16. 8. 1937, Sammlung Maria Heiner, Dresden, abgedruckt in: Ausst.-Kat. Dresden/Berlin 1966, o. S.

> »[D]ie Welt, auf die wir innerdeutschen Emigranten uns stützten, war ein innerer Raum, dessen Eroberung Hitler trotz aller Bemühungen nicht gelungen ist.«
>
> Frank Thieß, 18. August 1945
> Thieß 1963 [1945], S. 23

V/28
Alfred Kubin
(Leitmeritz in Nordböhmen 1877 – 1959 Zwickledt bei Wernstein am Inn)
Saturn, um 1935/36
Feder in Schwarz, 40,2 × 22,2 cm
Linz, Oberösterreichische Landesmuseen
Ha II 7584
Lit. Raabe 1957, WV-Nr. 612, S. 164;
Ausst.-Kat. Linz/München 1990, Nr. 233, S. 367.

Das zentrale Thema Alfred Kubins, schreibt Ernst Jünger bereits 1931 in einem Zeitungsartikel, »das ist die Katastrophe, der Untergang einer Welt«, und er meint damit die gesicherte bürgerliche Welt. Seltsame »Typen dringen in die Städte ein, die gleichzeitig der Einbruch elementarer, urweltlicher und tierischer Mächte bedroht. Erdbeben, Brände, Überschwemmungen, vulkanische Ausbrüche, dumpfe, mörderische Gewalten, Fabelwesen, Schwärme von Insekten und Schlangen treten auf als Vollzugsorgane eines apokalyptischen Untergangs.«¹

Zu den von Kubin dargestellten Fabelwesen kann man seine Planeten-Darstellungen zählen, unter ihnen Saturn, Urvater der griechischen Götter, der aufgrund der Prophezeiung, sein Sohn werde ihn stürzen, seine Kinder verschlang. Diese Tat hat bedeutende Künstler zu Darstellungen inspiriert, etwa Peter Paul Rubens (1636) oder Francisco de Goya (1819, Abb. 3, S. 117). Doch Kubin, der diese Gemälde natürlich kannte, steigert seine Zeichnung noch ins Grobe, Grausame und Groteske. Riesenhaft wächst vor einem Gebirge die Gestalt des Saturn empor, über seinen weitaufgerissenen Schlund hält er eins der Opfer, die anderen presst er fest an seine Brust.

Wenn diese Zeichnung eine kassandrahafte Warnung enthält, dann bleibt sie verschwommen und entspricht Kubins erklärter Indifferenz in politischen Dingen: »ich verstehe nichts von moderner Politik«², er sei »doch mehr Zuschauer, vor allen Dingen aber Künstler, d.h. ein politischer Individualist«³, und als Künstler sei er »Visionär, Halluzinist, für Fiktion und Illusion eingenommen«⁴. In der Rolle des Visionärs glaubte er sich sogar noch unter der rigiden Kunstpolitik des nationalsozialistischen Regimes relativ sicher vor Repressionen: »Ich darf – darin liegt sogar ein gewisser Vorzug meiner Lage – *nur Zuschauer* sein. Darum kann man mein Werk [...] wohl einmal anschwärzen«, aber »man kann mir nicht *großes* Unrecht so tun – da ich öffentlich nichts ›angreife‹«.⁵

Und doch hat die *Saturn*-Zeichnung, ebenso wie die anderen Blätter der Planeten-Serie, Anstoß erregt, wie Kubin im Dezember 1937 in

V/28

einem Brief schreibt: »Dem Photographen Hoffmann gefiel sie nicht mehr, und er redete in die Jury hinein, so dass auch meine Planeten nicht mehr gezeigt wurden.«⁶ Gemeint ist Adolf Hitlers Leibfotograf Heinrich Hoffmann. Die interessante Frage, die sich mit Hoffmanns Eingreifen verknüpft, ist, ob Hoffmann in Kubins Blättern eine kritische Stellungnahme zum Nationalsozialismus erkannt hat. KN

1   Erstdruck in den Hamburger Nachrichten, Nr. 606 vom 30. Dezember 1931, zit. n. Jünger, Ernst: Blätter und Steine, Hamburg 1934, S. 99–106, dort unter dem Titel: Staubdämonen. Eine Studie zum Untergange der bürgerlichen Welt.
2   Alfred Kubin an Reinhold und Hanne Koeppel, Brief vom 18. März 1933, in: Boll 1972, S. 128.
3   Alfred Kubin an Reinhold und Hanne Koeppel, Brief vom 30. September 1933, in: Boll 1972, S. 134.
4   Alfred Kubin an Salomo Friedlaender, Brief vom 2. Mai 1933 in: Geerken/Hauff 1986, S. 180.
5   Alfred Kubin an Salomo Friedlaender, Brief vom 14. Juli 1937, in: Geerken/Hauff 1986, S. 218f.
6   Alfred Kubin an Reinhold und Hanne Koeppel, Brief vom 18. Dezember 1937, in: Boll 1972, S. 157. Heinrich Hoffmann (1885–1957) war 1937 auch zuständig für Auswahl und Arrangement der Kunstwerke für die Große Deutsche Kunstausstellung in München. Kubins Kommentar dazu: »Die off. neudeutsche Kunstauffassung ist ja fast das Einzige was noch herzhaft zu Humor Anlass giebt – für 4 Wochen.« Alfred Kubin an Salomo Friedlaender, Brief vom 4. August 1937, in: Geerken/Hauff 1986.

V/29

V/29
Edgar Ende
(Altona bei Hamburg 1901 –
1965 Netterndorf in Oberbayern)
Genius Loci, München 1936
Öl auf Leinwand, 89 x 119 cm
Berlin, Deutsches Historisches Museum
Gm 99/26
Lit. Ausst.-Kat. Augsburg 1946, Nr. 79;
Ausst.-Kat. München/Hamburg/Mannheim/
Wuppertal 1987/88, S. 82; Ausst.-Kat. Paderborn 1998, Tafel 79; Murken 2001, Nr. 90;
Murken 2002, S. 76, 288.

Als Edgar Ende die Gemälde *Genius Loci* und *Fragmente* malte, war ihm kurz zuvor von der Reichskammer der Künste der Bezugsschein für Farben verweigert worden, was einem Malverbot gleichkam. Ein Jahr zuvor hatte der *Völkische Beobachter* bereits einen Verriss der Ausstellung seiner neuen Bilder in der Münchener Neuen Pinakothek gebracht. In dieser existentiellen Krise unterstützten Ende einige wenige Freunde mit Bildkäufen und ermunterten ihn, trotz seines erzwungenen Rückzuges aus dem Münchener Kunstbetrieb weiterzumalen. Die ersten beiden Gemälde, die daraufhin entstanden, künden stärker als die früheren Bilder von Hölle, Tod und Genozid.

Genius Loci ist die zweite Fassung des Motives *Traube mit Köpfen*. Wie ein graues Wespennest hängen die Köpfe vom düsteren Himmel herab. Die Köpfe, die Blessuren und Verbände tragen oder zum Teil wirken, als ob sie bereits in den Zustand der Verwesung übergegangen wären, schweben eng zusammengeballt vor einem düsterblauen Himmel über einer öden Landschaft. Ein würfelförmiger Betonklotz im Vordergrund bildet in seiner statischen Festigkeit den Kontrapunkt zu der fragilen Traube der Köpfe. Bindeglieder zwischen der symbolhaft gegeneinandergestellten organischen und anorganischen Materie sind drei sich zum Horizont verlierende kahle Bäume, die letzten Reste der Vegetation.

Der Münchener Romanist Franz Rauhut, der Edgar Ende ab 1936 freundschaftlich beistand, berichtete später, dass Ende den Titel *Genius Loci* demonstrativ gewählt habe. Dieser aus der römischen Mythologie stammende Begriff bezeichnet einen heiligen Ort oder einen göttlich geweihten schützenden Tempelbezirk. Bei Ende erscheint er in sein Gegenteil verkehrt und spielt, wie es Ende nach dem Zweiten Weltkrieg bestätigt hat, auf das bereits mit Mord und Totschlag regierende Hitlerregime an.[1]

Über die zeitbezogenen Anspielungen hinaus kommt in diesem Bild von Ende, wie überhaupt in seinem künstlerischen Werk, seine Belesenheit in Literatur und Philosophie zum Tragen: Wie in griechischen Dramen spiegelt es Entsetzen und Triumph zugleich. Auch erinnern Endes Köpfe an jene des preußischen Bildhauers und Baumeisters Andreas Schlüter (1659–1714), die den barocken Innenhof des ehemaligen Berliner Zeughauses schmücken, das heute das Deutsche Historische Museum beherbergt. Sie präsentieren 22 *Sterbende Krieger* mit schmerzverzerrten Gesichtern und sind Teil des bauplastischen Programms als einer Siegesallegorie im absolutistischen Verständnis. Heinz Ladendorf charakterisierte die *Krieger* folgendermaßen: »[K]ein Ehrenmal für Gefangene, im Gegenteil ein Denkmal des Triumphes über die das Deutsche Reich, die Kultur des Abendlandes bedrohenden Unchristen, die einmal vor Wien starben«.[2] Bei Edgar Ende ist das abgewandelte Trophäenmotiv der abgeschlagenen Häupter zugleich auch eine anklägerische Vision eines massenhaften Mordens. AHM

1 Rauhut, Franz: Freundschaft mit dem Maler Edgar Ende (1975), in: Ausst.-Kat. München/Hamburg/Mannheim/Wuppertal 1987/1988, S. 243f.
2 Ladendorf, Heinz: Andreas Schlüter, Berlin 1937, S. 14f. Im Frühling 1927 verband Edgar Ende einen längeren Berlin-Aufenthalt mit einem Besuch der Edvard-Munch-Ausstellung im Prinzregentenpalais auf der Straße Unter den Linden. Man darf spekulieren, dass er bei dieser Gelegenheit auch das Staatliche Zeughaus auf der gegenüberliegenden Straßenseite aufsuchte. Vgl. Murken 2001, S. 278.

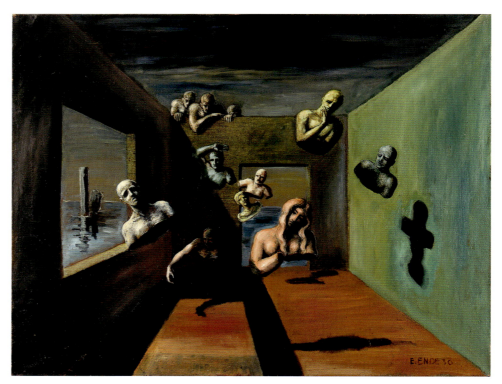

V/30

V/30
Edgar Ende
(Altona bei Hamburg 1901 –
1965 Nettendorf in Oberbayern)
Fragmente, München 1936
Öl auf Leinwand, 70 x 90 cm
Herzogenrath, Sammlung Axel Hinrich Murken
Lit. Krichbaum (Hg.) 1987, S. 89; Murken 2001, S. 76ff., Nr. 88; Murken 2002; Murken, Axel Hinrich: Edgar Ende. Ein zu wenig bekannter deutscher Surrealist, in: Weltkunst 72 (2002), 6, S. 922f.

Das Gemälde *Fragmente* ist zeitlich und thematisch eng mit dem Bild *Genius Loci* verbunden. Auch *Fragmente* kann man direkt als Anklage eines politischen Systems deuten, das Mord und Totschlag gesetzlich sanktionierte. Beide Gemälde entstanden, als sich Edgar Ende als »verfemter« Künstler in sein bescheidenes Münchener Dachatelier in Schwabing zurückgezogen hatte. *Fragmente* zeigt einen zu den Seiten und nach oben hin offenen Raum, der von Wasser umgeben ist. In ihm schweben Fragmente männlicher und weiblicher Körper, antiken Torsi vergleichbar, Büsten, denen zum Teil die Arme fehlen. Die Gesichtszüge der Verstümmelten scheinen starr vor Schmerz und Trauer. Wie von einem magischen Sturmwind erfasst, werden sie dem Betrachter entgegengetragen. Drei Männer beobachten die makabere Szene von außen über die Mauerkante hinweg.

Die Gemälde *Fragmente* und *Genius Loci* haben wie alle Bilder Edgar Endes mehrere Bedeutungsebenen. Sie erinnern vor allem malerisch und ikonografisch an die fantastische Malerei am Übergang vom Mittelalter zur Neuzeit, als Maler wie Hieronymus Bosch das Jüngste Gericht und die Sinnlosigkeit des irdischen Lebens darstellten. Hieran anknüpfend, suchte Ende in den 1930er Jahren nach allgemeingültigen Bildern für die Bedrohung und Heimatlosigkeit des Menschen. Aber die dunkle Metaphorik und morbide Thematik dieser beiden für ihre Zeit einzigartigen Bilder sind ohne Einflüsse der zeitgenössischen politischen Situation kaum denkbar. Ende gelingt es mit dem bühnenhaft konstruierten Gemälde *Fragmente*, in dem Licht und Schatten, Bewegung und Versteinerung einander kontrastieren, das aktuelle Zeitgeschehen in eine zeitlose Parabel zu überführen. AHM

V/31
Rudolf Schlichter
(Calw 1890 – 1955 München)
Blinde Macht, Rottenburg am Neckar/ Stuttgart 1932/37
Öl auf Leinwand, 179 × 100 cm
Berlin, Berlinische Galerie – Landesmuseum für Moderne Kunst, Fotografie und Architektur
B/M 242, (Titelabbildung)
Lit. Metken, Günter: Blinde Macht – Eine Allegorie der Selbstzerstörung, in: Ausst.-Kat. Berlin/Stuttgart 1984, S. 77a – 80a, 133; Metken 1990; Jünger/Schlichter 1997; Ausst.-Kat. Tübingen/Wuppertal/München 1997/98, S. 254 ff.; Peters 1998, S. 229 – 262, 311.

»Schwer schreitend / naht / dem finstern / Abgrund / mit / starrend / furchteinflößend / unbeweglichen / Visier / vorm gramdurchfurchten / blut'gen Antlitz / die weiße / glühende / Gestalt / des Kriegers / Es fraß / ein bös Gezücht / asiatisch / infizierter / infernalisch / böser / Kreaturen / am männlich keuschen Herz / Dem Verhängnis / entnervend / nicht'ger / Koboldartiger / Intellektkrapülen / und / dem Verhängnis / fremder / unbekannter Lüste / preisgegeben. […]«

Unbekannt
Gedicht, beidseitig auf dem losen Blatt eines Notizheftes im Schriftennachlass Rudolf Schlichters, zit. n. Ausst.-Kat. Tübingen/Wuppertal/München 1997/98, S. 256

»Der Bildende Künstler hat heute die Aufgabe, uns zu zeigen, daß der Spaß einmal aufhören wird; die Zeit für Stilleben ist vorbei. Ob das durch die Schilderung des Schönen, des Häßlichen oder auf sonst eine Weise geschieht, ist einerlei. Ich erinnere Sie an Ihren geblendeten Mars, der auch nicht von Pappe ist. Ich vermute, daß es eine Art zu malen und zu zeichnen gibt, auf die der Tyrannenmord unmittelbar folgen muß.«[1] Am 14. Januar 1936 schrieb Ernst Jünger diese Zeilen an seinen Bekannten Rudolf Schlichter, den er wohl um 1930 im Umkreis des Verlegers Rowohlt in Berlin kennengelernt haben dürfte. Jünger gibt in seinem Brief einen nicht näher spezifizierten, aber äußerst wichtigen Hinweis: Das Bild ist ein Widerstandsbild und im Kontext des Dritten Reiches eines, auf das »der Tyrannenmord unmittelbar folgen muß«. Doch was ist damit gemeint?

Auf seinem hochformatigen Gemälde zeigt Schlichter einen lebensgroßen Krieger in römischer Uniform mit heruntergelassenem Visier, durch das er wohl kaum etwas erkennen kann. Jünger deutete die Figur als Kriegsgott Mars, der geblendet sei. Als *Blinde Macht* ist das Bild heute berühmt und gilt zu Recht als Hauptwerk der deutschen Malerei zwischen den Kriegen. Die Figur steht an einem felsigen Abgrund, in den sie selbst im nächsten Moment stürzen könnte. Sie hat eine weite Landschaft der Zerstörung hinter sich, in der moderne, neusachliche Gebäudekomplexe ausbrennen. Auch die kräftige, muskulös gezeichnete Figur, die Hammer und Kurzschwert, Dreiecke und Gesetzesbücher mit sich führt, ist nicht mehr unverletzt. Eine Brut von Zwitterwesen wühlt sich in den kräftigen Leib und legt die Gedärme des Kriegers frei. Sie treten ans scharfe Oberflächenlicht, das die Figur anstrahlt und einen deutlichen Schatten werfen lässt.

Rudolf Schlichter hat auf seinem Bild einen bestimmten Zeitmodus festgehalten: den der existentiellen Gefährdung und des gleichzeitigen Innehaltens, das zur besonnenen Einkehr, aber auch in den Untergang führen kann. Der Krieger steht fest, aber er hat den rechten Fuß angehoben, so dass ein weiterer folgenschwerer Schritt in den Abgrund nicht ausgeschlossen ist. Die Figur spielt in Körpermodulation und Schrittstellung auf ein zentrales ikonografisches Vorbild an, das Ernst Jünger hellsichtig zu erahnen schien: die in Neapel aufbewahrte römische Kopie der Tyrannentöter Aristogeiton und Harmodios. *Blinde Macht* ist ikonografisch in der Tat ein Bild des Widerstandes, allerdings nicht eines gegen das »Dritte Reich« – als das es bislang immer gedeutet wurde und zu dem es mit seiner Ausstellung 1936 im Kontext des Nationalsozialismus schließlich auch wurde –, sondern zuerst einmal eines gegen die Weimarer Republik.

Schlichter setzte die Bildidee bereits im Jahr 1932 um, als er sich an radikalen rechten, antidemokratischen Kreisen orientierte, und malte damit ein Programmbild der Konservativen Revolution. Damals erschien der Krieger auf dem Umschlag seiner autobiografischen Schrift *Auf tönernen Füßen*. Auf einem Hochplateau mit den Umrissen des Deutschen Reiches stehend, ist er als nationale Allegorie des Krieges zu lesen, wie ihn etwa Ernst Jünger in der Zeit heroisierte. An ihm zerren wollüstige Akte und eine fette männliche Figur, die das *Bonnet rouge* als Symbol der liberalen Ideale der Französischen Revolution auf dem Kopf trägt. Schlichter kritisierte somit 1932 einen den Nationalstaat zersetzenden politischen Liberalismus, der die Stärke des Reiches unterminiere.

Die zeitgenössische Kunstkritik sprach 1932 von einem »großen Gemälde«. Damit war also nicht etwa das Aquarell des Buchumschlages gemeint. Vielmehr ist dies ein Hinweis, dass bereits 1932 eine frühe, großformatige Gemäldefassung existierte, allerdings unter einem anderen Titel: *Größe und Untergang*. In der *Berliner Börsen-Zeitung* hieß es am 23. Januar des Jahres: »Eine Verbindung von beiden Elementen ist *Größe und Untergang* ein Bild, auf dem ein geharnischter Krieger von einem Geschmeiß kleiner Vampire angefallen und zerfressen wird, während er noch gerüstet dasteht. Das ist wie ein mahnendes Sinnbild des deutschen Volkes von heute.« Sehr klar wurde die zeitkritische, nationalistische Absicht Schlichters von seinen

Zeitgenossen erkannt, auch wenn die Gemäldefassung im Vergleich zum Aquarell vermutlich weniger offensichtlich argumentierte.

Der Rezeption nach 1945 erschien es indes unmöglich, dass der ehemalige Dadaist und Kommunist zum katholischen Antidemokraten konvertiert war. So wurde das Gemälde noch in den 1980er Jahren einseitig als Widerstandsbild gegen den Nationalsozialismus rezipiert,[2] ohne dass man sich über die näheren Umstände der Bildgenese Rechenschaft ablegte und es im Kontext der Konservativen Revolution situierte. OP

1 Jünger/Schlichter 1997, S. 45 f., hier: S. 47.
2 Vgl. Ausst.-Kat. Paris/Berlin 1980/81, Abb. S. 147.

V/32
Magnus Zeller
(Biesenrode im Harz 1888–1972 Ost-Berlin)
Fünfzig Jahre später, Caputh bei Potsdam 1937
Aquarell, 49,7 × 36,1 cm
Berlin, Staatliche Museen zu Berlin, Kupferstichkabinett, Zeller SZ 15
Lit. Ausst.-Kat. Halle 1988, Nr. 53; Ludwig 1992, S. 89 ff., Werkverzeichnis [unpubliziert] Nr. A 373; Ausst.-Kat. Berlin 2002/03, Nr. 125.

Das hier prognostizierte Aussterben der menschlichen Spezies und der Untergang ihrer technischen Errungenschaften diente Magnus Zeller als Camouflage für eine frühe Abrechnung mit dem Nationalsozialismus. Die erste Idee hierzu legte er bereits 1933 in einer Federzeichnung[1] fest, 1937 entwickelte er daraus das vorliegende Aquarell, 1938/40 ein Gemälde[2]. Aquarell und Gemälde stehen in zeitlicher Nähe zum *Einzug in den Hades* (Kat.-Nr. VI 4/49), so dass auch ein inhaltlicher Bezug unterstellt werden darf. Nur scheinbar beschränkt sich die Bildaussage mit ihrem Arrangement aus verrosteter Lokomotive, Autowrack, Totenschädeln und alles überwuchernder Natur auf ein Memento mori. Denn hier wird kommendes politisches Unheil heraufbeschworen, wenn auch mit ironischem

V/32

Unterton. Zeller beschreibt die Komposition in einem Brief vom 21. August 1939 an seinen Mentor Karl Vollpracht als »Untergang der Civilisation«, dem folgt unmittelbar eine Passage über die drohende Einverleibung Polens: »Ich fürchte aber, dass sie nicht schmerzlos sein wird, falls sie versucht werden sollte.«[3] Das macht deutlich, dass der sich abzeichnende Zweite Weltkrieg für Zeller in der Katastrophe enden wird.

In einem Spätwerk griff Zeller das Motiv des Verfalls, nun bezogen auf die Natur, nochmals auf. Diesmal richtete es sich jedoch nicht gegen ein bestimmtes ideologisches System. Das Gemälde *Creatio in periculo* von 1970/71[4] zeigt die durch den ungebändigten industriellen Raubbau gefährdete Schöpfung; ein nur allzu realistisches Szenario, dem zu diesem Zeitpunkt gleichwohl – zumal in der DDR – kaum Gehör geschenkt wurde. DB

1 Privatbesitz, Abb. in: Ausst.-Kat. Berlin 2002/03, S. 256.
2 Privatbesitz, Abb. in: Ausst.-Kat. Berlin 2002/03, S. 256.
3 Brief in Privatbesitz, zit. n. Ausst.-Kat. Berlin 2002/03, S. 118.
4 Privatbesitz.

V/33
Magnus Zeller
(Biesenrode im Harz 1888–1972 Ost-Berlin)
Der Hitlerstaat (Der totale Staat), Caputh bei Potsdam 1938
Öl auf Leinwand, 80,5 × 105 cm
Berlin, Stiftung Stadtmuseum Berlin
VII 60/114 x
Lit. Hütt, Wolfgang: Der kritische Realismus und die Anfänge der proletarischen Kunst in Deutschland, in: Wissenschaftliche Zeitschrift der Martin-Luther-Universität Halle-Wittenberg, Gesellschafts- und sprachwissenschaftliche Reihe 8 (1958/59), S. 183–212; Lang 1960, S. 13; Ausst.-Kat. Berlin 1964, S. 106; Ausst.-Kat. Bologna/Turin 1965, Nr. 1; Frommhold (Hg.) 1968; Ausst.-Kat. Karlsruhe/Frankfurt am Main/München 1980, S. 62; Hütt 1986; Ausst.-Kat. Berlin 1987 (2), Nr. K 23; Ausst.-Kat. Halle 1988, Nr. 17; Ludwig 1992, S. 89 ff., Werkverzeichnis [unpubliziert] Nr. G 241; Ausst.-Kat. Genua 1995/96, Nr. 111; Ausst.-Kat. Berlin 2002/03, Nr. 127; Gemälde II 2004, S. 241 f., Nr. 601.

Was für Magnus Zeller, den Christen und Humanisten, das nationalsozialistische Herrschaftssystem ausmachte, kommt in keinem anderen Werk besser zum Ausdruck als in seinem Gemälde *Der Hitlerstaat* (ursprünglich: *Der totale Staat*): Verführung und Versklavung. Ein riesiger Götze, aus dessen Schädel in alle Himmelsrichtungen Geschütze ragen, wird unter den Peitschenhieben einiger SA-Männer von einer unterjochten Menge durch eine apokalyptische Landschaft gerollt. Die jegliches menschliche Maß negierende Dimension des Ungetüms sowie das lächerliche Pathos der flankierenden Flaggenträger und der paradierenden »braunen Horde« entlarven den nihilistischen Kern diktatorischer Massenspektakel: Nicht von ungefähr erinnert der Abgott in seiner Hypertrophie an Personifikationen des Faschismus wie etwa die Kolossalköpfe Benito Mussolinis und gemahnt die Szene an die prozessionsartigen Einzüge bei Reichsparteitagen der NSDAP.

Schaffen im Verborgenen

V/33

Die Darstellung bildet mit dem Gemälde *Das Staatsbegräbnis* von 1944/45 (Kat.-Nr. VIII/6) sowie dem seit 1947 verschollenen Gemälde *Christus in der Welt* (Abb. S. 362) von 1942/43 in formaler, aber auch inhaltlicher Hinsicht einen Zyklus.

Die Ausführung des *Hitlerstaates* erfolgte im Verlauf des Jahres 1938 in Zellers mit einem Atelier ausgestatteten Wohnhaus in Caputh bei Potsdam, in das er sich im Jahr zuvor aus der Großstadt Berlin zurückgezogen hatte. Später reihte Zeller das Bild unter der Orts- und Jahresangabe »Caputh 1938« in ein fotografisches Inventarverzeichnis[1] ein, wobei er verschwieg, dass der eingeklebte Abzug nicht den Zustand von 1938 wiedergibt. Nur so konnte eine Fama[2] ihre Wirksamkeit entfalten, der zufolge der Künstler den *Hitlerstaat* zu seinem eigenen Schutz vor der Gestapo mit einer harmlosen Landschaft übermalt habe, die später abgenommen worden sei. In Wahrheit ging die Aussage des Gemäldes bis Kriegsende nicht über den – als gefährlich genug einzustufenden – Zustand einer Vorzeichnung von 1938 in Zellers Skizzenbuch[3] hinaus. Erst 1945 malte er in die roten Flaggen Hakenkreuze, erst jetzt wurde aus einem totalen Staat, wie das Bild im Hause Zeller bis dahin ausschließlich tituliert wurde, eindeutig der »Hitlerstaat«. Unter der Malschicht verbirgt sich Zellers Gemälde *Estnischer Laden* aus dem Jahre 1923, das während seines Aufenthaltes in Dorpat entstanden war.[4] *Der Hitlerstaat* wurde nicht übermalt, sondern stellt seinerseits die Übermalung eines früheren Bildes dar, die der Künstler aus Materialknappheit vornahm. Die kleinen, die Bildaussage aber klärenden Elemente können ihrerseits kaum als Übermalungen, sondern eher als Präzisierungen bezeichnet werden. DB

1   Nachlass Zeller (Privatbesitz).
2   Siehe Butzmann, Manfred: Zwei Bildergeschichten. »Der totale Staat (Hitlerstaat)«, in: Ausst.-Kat. Halle 1988, S. 34.
3   Privatbesitz.
4   Timm, Ingo: Zur röntgenologischen Untersuchung von zwei Gemälden Magnus Zellers. Ergebnisse und Entdeckungen, in: Jahrbuch Stiftung Stadtmuseum Berlin I (1995), S. 359, Abb. 52.

> »Gänzlich zurückgezogen, gab ich meinem Zorn und Erbitterung gegen die Unmenschlichkeit der Naziherrschaft Ausdruck und malte vier Ölbilder, die das wahre Gesicht und ihre Schande für die Nachwelt aufbewahren sollten. Wenn diese Bilder bei mir entdeckt worden wären, wäre ich zweifellos hingerichtet worden. Ich will nun damit nicht sagen, daß das Malen dieser Bilder eine Heldentat gewesen ist, denn ich wagte sie kaum, da man damals niemandem trauen konnte, einem Bekannten zu zeigen.«
>
> Magnus Zeller, 1960
> Zeller 2002 [1960], S. 52

V/34
Alfred Kubin
(Leitmeritz in Nordböhmen 1877–
1959 Zwickledt bei Wernstein am Inn)
Götzendämmerung, 1939
Feder in Schwarz, 31,4 x 39,3 cm
Wien, Albertina, 33302

Von Blattrand zu Blattrand und bis zum hochliegenden Horizont steht wie eine Mauer eine Masse von Soldaten. Sie tragen keine Waffen, bewegen sich verhalten, ihre Gesichter bleiben anonym. Kragen und Koppel mit Schulterriemen erinnern an die Uniformen der SA, weichen aber auch in vielen Details ab, so dass sie eher allgemein eine uniforme Gesellschaft andeuten. Alfred Kubin beschreibt diese Männer mit einem lichten Tuschfeder-Gekritzel, während die beiden aus ihrer Mitte bedrohlich emporquellenden riesigen Gestalten dank der geballten Strichlagen geradezu plastisch modelliert erscheinen. Ein gezeichneter Rand samt Zackenband umgrenzt die Szene.

Was ist dargestellt? Soldaten, die auf ihren Einsatz warten und über deren Köpfen wie ein Spuk ihre »Kampfgeister« erscheinen? Oder ist eine Masse von Gleichgeschalteten gemeint, deren Traum Ungeheuer gebiert – in Anspielung auf Titel und Sinn von Francisco de Goyas berühmter Radierung *El Sueño de la Razón Produce Monstruos* (*Der Traum/Schlaf der Vernunft gebiert Ungeheuer*, 1797/98)? Die *Götzendämmerung* enthielte dann eine ebenso allgemeine wie eindringliche Warnung vor bevorstehendem Unheil – eine im Jahr 1939, dem Jahr des Kriegsbeginns, überfällige Mahnung.

Der Bildtitel zitiert die gleichnamige Streitschrift von Friedrich Nietzsche, *Götzen-Dämmerung oder Wie man mit dem Hammer philosophirt*[1], doch dürfte die Zeichnung kaum als Illustration des Buchtitels gemeint sein. Auch Nietzsches Erläuterung »*Götzen-Dämmerung* – auf deutsch: es geht zu Ende mit der alten Wahrheit …«[2] ist in diesem Zusammenhang rätselhaft. Nicht ausgeschlossen jedoch, dass sich Kubin, der Nietzsches Schriften kannte und bewunderte, mit Bildmotiv und -titel auf einen der einleitenden »Sprüche und Pfeile« des Buches bezog: »Was? du suchst? du möchtest dich verzehnfachen, verhundertfachen? du suchst Anhänger? – *Suche Nullen*«.[3] Kubins Zeichnung zeigt solche »Nullen« als gleichgeschaltete Männer in Uniform, und eine derartige Gleichheit war ihm ein Graus, wie er im April 1933 mit Blick auf die Machenschaften der Nationalsozialisten an seine Freunde schrieb: »mir wird übel wenn es auch nur noch ›Gleichschaltung‹ geben soll – wo doch das Leben ›Verschiedenheit‹ verlangt.«[4] Dieser Gedanke steht auch in Nietzsches *Götzen-Dämmerung*: »Ungleiches niemals gleich machen.«[5]

Die beiden aus der Schar der Uniformierten gefährlich hervorquellenden Wesen sind damit jedoch nicht erklärt. Aber an solchen Undeutlichkeiten war Kubin sehr interessiert: »Ich bin Liebhaber einer gewissen Verworrenheit wie auch des total Unvorhersehbaren in der Kunst.«[6]
KN

1   Nietzsche, Friedrich: Götzen-Dämmerung oder Wie man mit dem Hammer philosophirt (1888), in: Nietzsche KSA 6 1980, S. 55–161.
2   Nietzsche, Friedrich: Ecce homo. Wie man wird, was man ist (1908), in: Nietzsche KSA 6 1980, S. 255–374, hier: S. 354.
3   Nietzsche KSA 6 1980, S. 61.
4   Alfred Kubin an Hanne und Reinhold Koeppel, Brief vom 29. April 1933, in: Boll 1972, S. 130.
5   Nietzsche KSA 6 1980, S. 150; die Stelle im Zusammenhang: »die sogenannten ›Wahrheiten‹ der Revolution, mit denen sie immer noch wirkt und alles Flache und Mittelmässige zu sich überredet. Die Lehre von der Gleichheit! … Aber es giebt gar kein giftigeres Gift: denn sie *scheint* von der Gerechtigkeit selbst gepredigt, während sie das *Ende* der Gerechtigkeit ist … ›Den Gleichen Gleiches, den Ungleichen Ungleiches – *das* wäre die wahre Rede der Gerechtigkeit: und was daraus folgt, Ungleiches niemals gleich machen.«
6   Alfred Kubin an den Maler Anton Steinhart (1889–1964), Brief vom 26. November 1936, in: Kutschera (Hg.) 1964, S. 41.

Schaffen im Verborgenen 257

V/34

VI.
Themen der Zeit

Vier Themenfelder sind charakteristisch für die Kunst aus Deutschland zwischen den Weltkriegen. Sie wurden mit unterschiedlichen Intentionen von den Künstlern bearbeitet, zum Teil sogar bis zum Ende des Krieges.

Angst war ein Grundgefühl vieler Menschen in der krisengeschüttelten Weimarer Republik. Sie verstärkte sich unter der NS-Diktatur und ab Mitte der 1930er Jahre, als ein Krieg immer wahrscheinlicher wurde. Mit Bezug insbesondere auf das künstlerische Vorbild Francisco de Goya, der sich am Ende des 18. Jahrhunderts von der Darstellung äußerer Schrecken ab- und der Psyche des Menschen als Ursprung des Unheimlichen zugewandt hatte, wurden Angst oder Furcht nun zentrale Themen in der Kunst.

Das Motiv der *Maske* steht in der Kunst traditionell für Verstellung, List und Heuchelei. Als realer Gegenstand verbirgt die Maske das Gesicht oder sogar die Identität des Trägers. Unmittelbar nach dem Ersten Weltkrieg waren Masken und Maskierungen aber auch Hinweise auf ein neues Lebensgefühl. In Darstellungen von Karneval, Zirkus oder Varieté spielten Künstler darauf an, dass gesellschaftliche Normen oder moralische Wertvorstellungen außer Kraft gesetzt waren. Mit dem Aufstieg der NSDAP, aber vor allem nach 1933 unter der NS-Diktatur, wurde das Bild der Maske zunehmend zu einem Symbol des Betrugs, der Lügen und der Propaganda. Masken und Maskierungen standen aber auch für die Notwendigkeit, regimekritische Botschaften zu verschlüsseln oder sich zum eigenen Schutz und dem anderer zu verstellen.

Das Motiv des *Trommlers* lässt sich insbesondere in der Tradition des Totentanzes nachweisen. Der Trommler oder Tambour, der das Heer anführt, tritt bis zum Beginn des 20. Jahrhunderts als Personifikation des Krieges oder als Kriegstreiber auf, meist nicht im Sinn einer Kritik, sondern eher einer Verklärung des Krieges. Zwischen den Kriegen wurde die Gestalt des Tambours etwa bei Käthe Kollwitz zum Inbegriff der Verführungsmacht des Krieges, die vor allem die Jugend ins Verderben reißt. Mit dem Aufkommen und Erstarken der NS-Bewegung vollzog sich ein Bedeutungswandel. Trommel oder Pauke standen in den Darstellungen der Künstler jetzt oft symbolisch für die NSDAP und deren Propagandamaschinerie. Ab den frühen 1920er Jahren wurde Adolf Hitler, später auch Joseph Goebbels (der ab 1930 die Reichspropagandaleitung der NSDAP innehatte) mit der Figur des Trommlers identifiziert. Darüber hinaus wurde die Trommel ab Mitte der 1930er Jahre für viele Künstler erneut zum Symbol eines kommenden Krieges.

Der Motivkomplex *Höllenfürst* bezieht sich auf die Dämonisierung des NS-Regimes und seiner Führungsriege, insbesondere kurz vor Kriegsbeginn und während des Zweiten Weltkrieges. Der Größenwahn, die Machtgier und die brutale Konsequenz, mit der das Regime auch im eigenen Land agierte, ließen sich, so scheint es, künstlerisch kaum mehr anders fassen. Die Dämonisierung Adolf Hitlers war auch eine Reaktion auf den Personenkult um ihn und die (Selbst-)Vergottung des Regimes. Letztlich jedoch entrückte die Dämonisierung die historische Realität in den Bereich des Mythos und trug zur Entpolitisierung des Zeitgeschehens bei. SH

1. Angst

VI 1/1

Magnus Zeller
(Biesenrode im Harz 1888 – 1972 Ost-Berlin)
Angst, Berlin 1925
Aquarell, 38,8 × 28,3 cm
Caputh, Helga Helm
Lit. Ludwig 1992, S. 89 ff., Werkverzeichnis [unpubliziert] Nr. A 182; Ausst.-Kat. Berlin 2002/03, Nr. 87.

VI 1/1

»Wir sehen also, wie Gedanken und Empfindungen, die in der Luft liegen, vom Künstler wie von einer Antenne aufgefangen werden. Da ist z. B. die viel verbreitete Lebensangst, die in so vielen modernen Bildern zum Ausdruck kommt (diese Angst ist nicht neu) – bei vielen Naturvölkern herrscht der Glaube, dass man die Dämonen verscheucht, indem man ihnen Spiegel vorhält, da die dann bei ihrem eigenen scheußlichen Anblick erschrecken und fliehen.«

Magnus Zeller, 1947/49
Ausst.-Kat. Berlin 2002/03, S. 50

Im Gegensatz zu anderen Bildern Magnus Zellers, die, wenn auch verschlüsselt, konkrete politische Zustände kritisieren oder vor ihnen warnen, drückt sich in dem Bild *Angst* Entsetzen vor etwas Undefinierbarem aus. Die Blicke der beiden Dargestellten sind nach oben gerichtet, so, als erwarteten sie ein göttliches Strafgericht.

Die Weimarer Republik hatte sich nach den ersten Krisenjahren politisch stabilisiert. Die Zeit zwischen 1924 und 1929 war durch außen- und reparationspolitische Fortschritte, wirtschaftlichen Aufschwung und eine Konsolidierung der innenpolitischen Lage gekennzeichnet. Auch aus der persönlichen Biografie des Künstlers sind für das Entstehungsjahr 1925 keine Vorkommnisse bekannt, die ein solches Gefühl der Angst, wie es das Aquarell ausdrückt, nachvollziehbar erscheinen ließen. Die Komposition wirkt eher wie eine Ahnung kommenden privaten Unheils, das Zeller im Folgejahr mit dem unerwarteten Tod seiner ersten Frau Marie tatsächlich treffen sollte.

»So harmlos und friedlich, wie es sich stellte, war das Leben nicht«, nimmt Zeller in seinen autobiografischen Erzählungen den Eindruck relativer Stabilität zurück. Und weiter: »Hinter dem Alltäglichen lauerte der Schrecken. Das Böse, Gefährliche war außen, wo es meist versteckt auf eine Gelegenheit lauerte, plötzlich hervorzubrechen. Es lauerte in dunklen Ecken unter den Betten in selten betretenen Räumen.«[1] Für den sensiblen Künstler war Angst – nicht im Sinne von Bangigkeit oder gar Feigheit, sondern von Bedrohtsein und Besorgnis – stets gegenwärtig. Zum einen als irrationales Gefühl, zum anderen als eine auf scharfsinniger Analyse der gesellschaftlichen und politischen Verhältnisse beruhende pessimistische Sicht auf die Zukunft, die seine Themenwahl entscheidend beeinflusste. DB

[1] Zeller, Magnus: Autobiographische Erzählungen, zit. n. Ausst.-Kat. Berlin 2002/03, S. 29.

VI 1/2

Paul Klee
(Münchenbuchsee bei Bern 1879 – 1940 Muralto bei Locarno)
Angst, 1934, 202 (U 2)
Gouache und Wachs auf Rupfen, 49,9 × 60 cm
Ottawa, National Gallery of Canada
23227 (Erworben 1979)
Lit. Giedion-Welcker 1952, S. 118, 123; Grohmann 1954, S. 90, 312; Ponente 1960, S. 97; Grohmann 1966, S. 132, 152; Huggler 1969, S. 147 f.; Glaesemer 1976, S. 335; Mösser, Andeheinz: Pfeile bei Paul Klee, in: Wallraf-Richartz-Jahrbuch, Bd. 39, 1977, S. 234, Anm. 28; Müller 1978, S. 99 ff.; Slg.-Kat. New York 1981, S. 118; Catalogue raisonné Paul Klee 1998 – 2004, Bd. 7: 1934 – 1938, WV-Nr. 6740; Ausst.-Kat. Osnabrück 2004/05, S. 254, Nr. 161.

In Paul Klees Gemälde *Angst* wird ein Auge zur Metapher für das Grundgefühl menschlicher Existenz. Das Bild ähnelt der anatomischen Darstellung eines Auges im Querschnitt. Geschwungene Umrisslinien definieren die Einzelformen. In den Ausstülpungen am rechten Bildrand sind von oben nach unten horizontale Pfeile angeordnet; sie scheinen die Sehrichtung zu markieren. Linse und Iris liegen bloß, so dass das Auge wirkt wie vor Schreck geweitet. Ein kleiner senkrechter roter Strich hebt sich wie ein Warnsignal innerhalb der bläulich-grünlichen Pupille ab. Eine andere, bei Klee oft mitintendierte humorvolle Sichtweise legt nahe, dass es sich bei den Kreisformen um ein eigenständiges amöbenartiges Augenwesen handelt. Es scheint eher zurück- als vorauszublicken und wird von den Pfeilen und Fingerformen bedrängt.

1. Angst

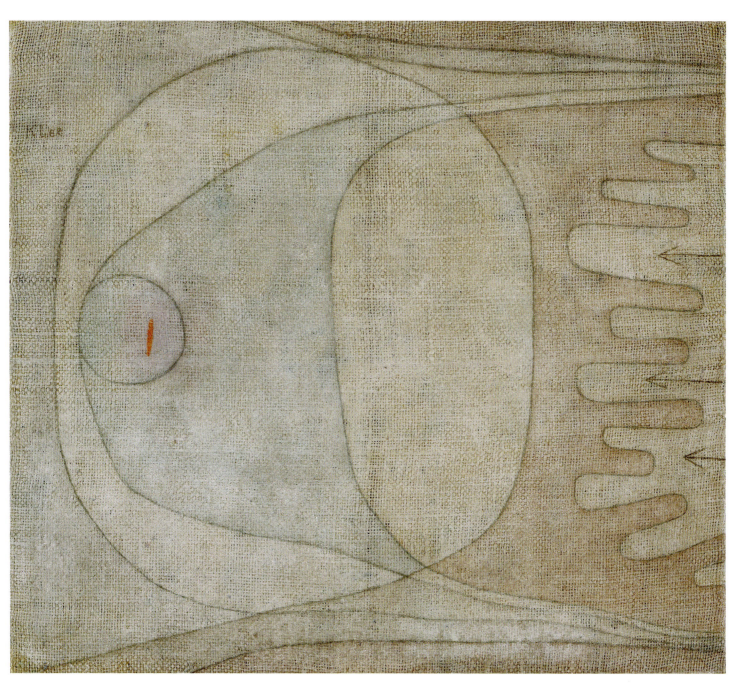

VI 1/2

Klee war ehemaliger Meister der Webereiwerkstatt am Bauhaus. Er verfügte über einen reichen Erfahrungsschatz im Umgang mit Textilien und nutzte ihn auch für die Malerei. Grundlagen der formalen Gestaltung von *Angst* sind der grobe Rupfen und die gemalten langgezogenen Linien, die an Wollfäden erinnern. Im Lauf des Jahres 1933 trat in Klees Œuvre zwischen geometrischen Farbbildern, Landschaften und Stillleben das Motiv des Auges immer wieder hervor. Klee betrachtete Sehvorgänge als konstitutiv für das Verhältnis des Subjektes resp. des Künstlers zur Welt, und er lotete die Ambivalenzen von Wahrnehmung und Empfindung aus.[1] Bereits in seinem Aquarell *mit dem Adler* (1918, 85) ist ein Auge das Hauptmotiv.[2]

Die Ruhe, die von den graduell abgestuften blassen Farben und der ausgewogenen Komposition von *Angst* ausgeht, steht im Gegensatz zum Titel des Bildes und den unterschiedlichen möglichen Lesarten, nach denen hier ein einzelnes schreckgeweitetes Auge mit rotem Reflex oder ein verfolgtes Augenwesen dargestellt wird.

Das vorangegangene Jahr 1933 hatte für Klee einschneidende Ereignisse mit sich gebracht. Mit der Ernennung Adolf Hitlers zum Reichskanzler am 30. Januar verschärften sich die Repressionen gegen Vertreter der modernen Kunst. Für Klee bedeutete dies eine Hausdurchsuchung in Dessau durch Polizei und SA, seine »fristlose Beurlaubung« am 21. April vom Lehramt an der Kunstakademie in Düsseldorf sowie Diffamierungen in der Presse, woraufhin er sich entschloss, zum Jahresende in die Schweiz zu emigrieren. Erst in der zweiten Februarhälfte 1934 begann Klee in der Schweiz erneut intensiv künstlerisch zu arbeiten.

Trotz der angespannten politischen und persönlichen Lage lassen sich in Klees Werk insgesamt nur wenige konkrete Bezüge auf das Zeitgeschehen oder auf seine Lebensumstände nachweisen.[3] Auffällig bleibt indes, wie oft er das Thema Angst ab 1933 bis zu seinem Tod 1940 gestaltete.[4] SH/AB

1 In einem frühen Tagebucheintrag von Klee aus dem Jahr 1914 heißt es: »Ein Auge, welches sieht, das andere, welches fühlt.« Klee 1988, S. 937.

VI 1/3

2 Paul Klee: *mit dem Adler*, 1918, 85, Aquarell auf Grundierung auf Papier auf Karton, 17,3 x 25,6 cm, Zentrum Paul Klee, Bern.
3 Eine Ausnahme stellen zum Beispiel die Zeichnungen zur »nationalsozialistischen Revolution« dar, vgl. die Kat.-Nrn. II/8, VI 2/20, VI 2/21, VI 3/38.
4 Vgl. *Tänze vor Angst*, 1938, 90 (G 10), Aquarell auf Papier auf Karton, 48 x 31 cm, Zentrum Paul Klee, Bern; *Angstausbruch III*, 1939, 124 (M 4), Aquarell auf Grundierung auf Papier auf Karton, 63,5 x 48,1 cm, Zentrum Paul Klee, Bern.

VI 1/3
A. Paul Weber
(Arnstadt in Thüringen 1893 – 1980 Großschretstaken bei Mölln)
Unkenfraß (Die Panik), 1935
Feder auf Kreide, 30,5 x 21 cm
Ratzeburg, A. Paul Weber-Museum
HZ 757
Lit. Fischer 1936, Taf. 57; Dorsch 1991, WV-Nr. 2501; Ausst.-Kat. Hannover 1993/94.

Eine riesenhafte Unke kriecht über eine große Menge flüchtender Menschen hinweg, die auf dem Boden einer Höhle oder eines Tunnels vergeblich dem Untier zu entkommen suchen. Einige unter ihnen wirken mit ihren runden, manchmal kahlen Köpfen, ihren riesigen dunklen Augen und den überlangen spitzen Ohren nicht mehr wie menschliche Wesen. Die Unke ist im Begriff, eine Frau zu verschlingen, diese sucht vergeblich mit einer Hand das Maul des Untiers offen zu halten. An ein Entkommen ist nicht zu denken. A. Paul Weber hat das Blatt 1935 gezeichnet und selbst mit dem Titel *Unkenfraß* versehen, als Ergänzung fügte er noch *Die Panik* hinzu. Die Zeichnung wurde 1936 in der Monografie von Hugo Fischer nur unter dem Titel *Unkenfraß* abgedruckt und hier der Zeichnung *Das lachende Huhn* (Kat.-Nr. V/8) zugeordnet. Diese zeigt ebenfalls die Bedrohung durch ein übergroßes Tier.

Im Gegensatz zu Webers *Das lachende Huhn* ist der *Unkenfraß* weniger konkret und eher als eine allgemeine Metapher der Bedrohung zu verstehen. Die Tiergestalt gibt nahezu realistisch eine Gelbbauch-Unke wieder, die erst durch ihre monströse Größe und die Frau in ihrem Maul deutliche Züge des Bedrohlichen entfaltet.

Unken gelten im Volksmund als Unglücksboten, der Unkenruf ist sprichwörtlich. Auch in der Kunst sind Unken Allegorien eines heraufziehenden Unheils. Der Titel *Unkenfraß* nimmt eventuell Bezug auf den bei Fröschen häufig vorkommenden Kannibalismus, da die Larven die Eier oder ausgewachsene Tiere die Larven fressen. Hier wiederum ergeben sich Parallelen zur mythologischen Figur des Saturn, der seine eigenen Kinder frisst, wie ihn zum Beispiel Goya malte.[1] Goyas Gemälde wird unter anderem auch als Darstellung der Revolution, die schließlich ihre eigenen Kinder frisst, gedeutet.[2] Ob Weber in seiner Zeichnung eine Parallele zur nationalsozialistischen Revolution zieht, die ebenfalls ihre Kinder fressen wird, wäre zu untersuchen. Der zweite Titel, *Die Panik*, bezeichnet die Reaktion der Flüchtenden und deutet auf eine diffuse, aber allgegenwärtige Angst hin. Das Motiv wurde 1963 von Weber in eine Lithografie übertragen, die – von einigen Details in der Ausführung abgesehen – in ihrer Bildgestaltung weitgehend unverändert blieb. BB

1 *Saturn*, 1820–1823, Museo Nacional del Prado, Madrid.
2 Zur Interpretation dieses Bildes vgl. Hughes, Robert: Goya, München 2004, S. 401.

VI 1/4
Hannah Höch
(Gotha 1889 – 1978 West-Berlin)
Angst, Berlin 1936
Öl auf Leinwand, 100 × 70,5 cm
Tübingen, Privatsammlung

Lit. Liška, Pavel: Der Weg in die innere Emigration, in: Ausst.-Kat. Berlin 1989 (2), S. 62 –73, hier: S. 70; Maurer 1995, S. 255.

Die weitaufgerissenen dunklen Augen fixieren die nahende Gefahr. Sind die Hände zum Schutz beschwörend erhoben, oder haben sie sich zum Trichter geformt, den Ruf um Hilfe zu unterstützen, der ungehört verklingt? Oder ist der Schrei stumm, können sich die Wörter von den fest zusammengepressten Lippen nicht mehr lösen, wissend, dass es keine Antwort geben wird? Der verängstigten Frau bleibt nur die Flucht in die sich im Ungewissen verlierende Allee. Mit ihrem herabhängenden Geäst und dem Licht, das von links wie die sichelförmigen Zähne eines Sägeblattes durch die Bäume hindurch auf die Straße fällt, ist der Weg allerdings weniger Schutz- denn Bedrohungskulisse.

Liest man die Korrespondenz und Tagebucheintragungen der Künstlerin von 1936 und aus den folgenden Jahren, so sind die Notate und Mitteilungen von auffälliger Belanglosigkeit. Es war nicht mehr die Zeit, seinen Seelennöten schriftlich Ausdruck zu verleihen, und auch das frei gesprochene Wort versiegte zunehmend. »Gegen 1937«, so schrieb Hannah Höch rückblickend, »hatte die radikale Vereinsamung für mich eingesetzt. Auch die allerletzten Freunde gingen nun noch weg und waren auch brieflich nicht mehr zu erreichen. Ausstellungen hatte ich schon längst nicht mehr beschickt. Jeder misstraute jedem. Man sprach also mit niemandem mehr. Man verlernte die Sprache.«[1]

Die »innere Emigration«, die so viele Ausprägungen haben konnte, führte bei Hannah Höch nicht zu einer Blockade der bildnerischen Produktion. Vielmehr bot die Leinwand Raum, eigenen Ängsten künstlerisch Ausdruck zu geben und damit zur Teilbewältigung derselben beizutragen. Dass diese Arbeiten ungezeigt blieben,

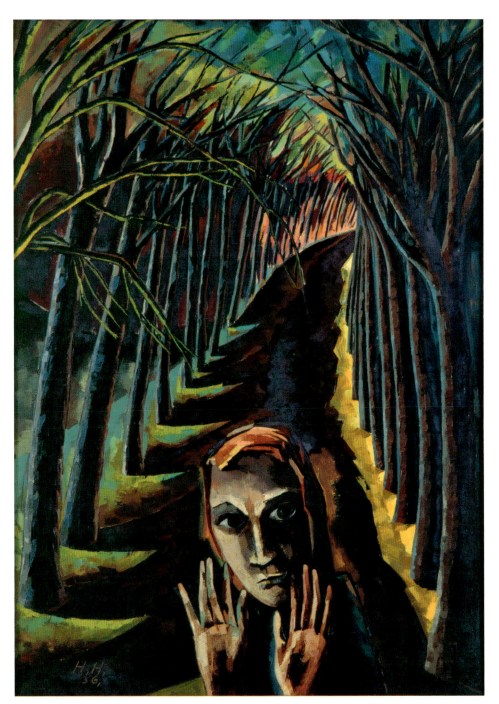

VI 1/4

versteht sich. Das Gemälde *Angst*, bis heute im Besitz der Familie Höchs, wurde erstmals 1974 bei der großen Retrospektive der Künstlerin im Nationalmuseum für Moderne Kunst in Kyoto einer breiten Öffentlichkeit präsentiert. RB

1 Höch, Hannah: Lebensüberblick 1958, in: Ausst.-Kat. Berlin 1989 (2), S. 199.

> »Es richtig benennen, so daß andere es erkannten, sein Mördergesicht zeichnen, so daß es anderen klar wurde; den Abscheu bestätigen und den Haß bejahen, die Liebe verstärken und gegen die grauenhafte, tausendgesichtige Angst die Faust heben – das war unsere Arbeit in jenen Jahren.«
>
> Lea Grundig, 1958
> Grundig 1984 [1958], S. 137

VI 1/5

VI 1/5

Lea Grundig
(Dresden 1906 –
1977 auf einer Mittelmeerreise)
Angst, Dresden 1936
2. Blatt aus der Folge *Krieg droht!*
(zwölf Blätter)
Kaltnadelradierung, 24,7 x 18,5 cm (Platte),
45,4 x 34 cm (Blatt)
Berlin, Ladengalerie Berlin
Lit. Hütt 1969, S. 34–41; Slg.-Kat. Berlin 1973, Nr. 78; Ausst.-Kat. Berlin/Leipzig/Dresden 1975/76, S. 19, 21; Grundig 1984 [1958]; Ausst.-Kat. Ludwigshafen 1983, S. 263–268; Ausst.-Kat. Ludwigshafen 1985, S. 184 f.; Brüne 1996, S. 36 f.; Ausst.-Kat. Osnabrück 2001.

Lea Grundig kannte die Angst vor Denunziationen und Repressionen als Jüdin, Kommunistin und kritische Künstlerin spätestens ab 1933 aus eigener Erfahrung. Zudem hatte sie – wie auch ihr Mann Hans Grundig – früh erkannt, dass das nationalsozialistische Regime auf einen Krieg zusteuerte. Beide Künstler verarbeiteten ihre Ängste und Ahnungen eines kommenden Krieges in ihren Werken, die sie aus Angst vor Repressionen verstecken mussten und nur einem kleinen Kreis von Eingeweihten zeigen konnten.

Ein Blatt von Lea Grundigs Radierfolge *Krieg droht!* (vgl. Kat.-Nr. V/19 – V/26) ist dem Thema »Angst« gewidmet. Den Mittelpunkt der Komposition bildet eine Figur unter einem großen weißen Tuch, die sich vor einem Jagdgeschwader zu verbergen scheint. Solche Gefechtsformationen, die dem besseren Angriff wie auch dem Schutz der eigenen Einheiten dienten, entsprachen der Luftkampftaktik der Zeit. 1936, im Jahr des Entstehens der Radierung, hatte sich das NS-Regime zur militärischen Unterstützung der Putschisten unter General Francisco Franco im Spanischen Bürgerkrieg entschlossen. Luftwaffenkommandos des Deutschen Reiches erprobten in Spanien Material und Taktik für eine spätere Kriegsführung.

Vorbilder für eine verhüllte Figur wie in *Krieg droht!* finden sich vielfach in Francisco de Goyas Radierfolgen *Los Caprichos*, *Los Desastres de la Guerra (Die Schrecken des Krieges)* oder *Los Disparates (Die Torheiten)*.[1] Setzte Goya sich mit der abergläubischen Furcht vor Gespenstern auseinander, so ist die Verhüllung bei Lea Grundig vor allem eine Metapher für den Versuch vieler Zeitgenossen, sich der Realität des drohenden Krieges zu verschließen.

Angst beherrschte viele Menschen. In ihrer Autobiografie brachte die Künstlerin dies zur Sprache: »Ich wollte die tausend Ängste, die Ahnung des Furchtbaren, die Unfreiheit der Belauschten, Verfolgten darstellen. [...] Und ich zeigte die Angst, die das Klingeln an der Tür hervorruft und den Einsamen, der auf sich die Angst spürt und weiß, daß die Wände ihn nicht schirmen, und den, der weiß, daß statt der Vogelschwärme morgen schon Pulke von Flugzeugen am Himmel sein werden, und der es doch nicht wahrhaben will.«[2] SH/KM

1 Vgl. z. B. in: *Goya. Das Zeitalter der Revolutionen. 1789–1830*, hg. v. Werner Hofmann, Hamburger Kunsthalle, München 1980, die Radierung aus *Los Caprichos: Da kommt der Kinderschreck (Que viene el Coco)*, Cap. 3, 1797–98, S. 96, oder die Zeichnung *Was will dieses Gespenst (Que quiere este fantasmon?)*, (Album C 123), 1820–24, S. 105, oder die Radierung aus *Los Disparates: Torheit der Furcht (Disparate de miedo)*, Disp. 2, 1815–24, S. 197.
2 Grundig 1984 [1958], S. 136.

VI 1/6 – VI 1/9
Emilio Vedova
(Venedig 1919–2006 Venedig)

Ciclo della Paura (Zyklus der Angst), Italien 1937
Venedig, Fondazione Emilio e Annabianca Vedova

VI 1/6
Studie 1 (studio n. 1)
Kohle, 21,1 x 24,9 cm

VI 1/7
Studie 2 (studio n. 2)
Kohle auf Seidenpapier, 24 x 31,5 cm

VI 1/6

VI 1/7

VI 1/8

VI 1/9

VI 1/8
Studie 3 (Erschießung)
(studio n. 3, Fucilazione)
Kohle auf Seidenpapier, 24 × 32 cm

VI 1/9
Studie 4 (studio n. 4)
Kohle, 24 × 31,5 cm

Lit. Vedova 1960; Ausst.-Kat. Innsbruck/Bregenz/Wien 1979/80; Ausst.-Kat. Wien/Frankfurt am Main/Ludwigsburg/Berlin 1989/90; Ausst.-Kat. Rivoli 1998/99; Masi 2007; Ausst.-Kat. Rom/Berlin 2007/08.

Die vier Kohlezeichnungen des *Ciclo della Paura (Zyklus der Angst)* sowie die Federzeichnung *Massacro I (Massaker I)* (Kat.-Nr. VII/42) des 18-jährigen Emilio Vedova vergegenwärtigen eindrucksvoll das frühvollendete Handwerk eines Autodidakten, der – an historischen Vorbildern orientiert – in Venedig und Rom den Weg zum abstrakten Expressionismus mit vorbereitete. Die Figurenstudien aus dem *Ciclo della Paura (Zyklus der Angst)* bezeugen die ebenso einfühlsame wie intensive Auseinandersetzung mit den Radierungen Francisco de Goyas,[1] dessen Radierfolge *Los Desastres de la Guerra (Die Schrecken des Krieges)* von 1810 bis 1820 als Reaktion auf die französische Besatzung Spaniens durch Napoleon entstanden war. Goya hat in seinen Radierungen der Darstellung der Angst zahlreiche Blätter gewidmet. Der Vergleich von Vedovas *Studie 1* aus *Ciclo della Paura (Zyklus der Angst)* mit Goyas Radierung *Al Cementerio (Zum Friedhof,* ca. 1812–1815) zeigt, wie Vedova die Vordergrundszene bei Goya – zwei Männer, die einen Toten tragen – isoliert und gleichermaßen präzise wie abstrahierend in eine Skizze übertragen hat.[2]

Der Künstler betont in seinen Studien Körperbewegungen und -haltungen der Figuren Goyas, indem er die stützende oder entgrenzende Funktion der Konturen sowie den Bewegungszusammenhang der Figuren verstärkt. Die Steigerung dieser Merkmale ist zu beobachten, wenn die Blätter in der Abfolge *Studie 2*,

1 und *4* gesehen werden. Es zeigen sich jeweils zwei Figurengruppen, von denen die rechte etwas erhöht dargestellt ist. Lebt die Komposition in *Studie 3* vor allem von der Expressivität der erhobenen Arme einer einzelnen Figur, so werden in *Studie 1* die beiden Figurengruppen verdichtet und mit einzelnen kraftvollen Strichen charakterisiert. In *Studie 4* verlieren sich die Konturen zugunsten fasriger Bewegungslinien, und ihre Erkennbarkeit ist nurmehr aufgrund der Kopfformen gegeben.

Form und Inhalt entsprechen einander in diesen frühen Zeichnungen Vedovas: Die Aggressivität, mit der die Dargestellten einander attackieren, entspricht der Dramatik, mit der zeichnerisch die Formen der Figuren zugunsten spannungsvoller Liniengespinste aufgelöst werden. Die Hinwendung des 18-jährigen Vedova zur Angstempfindung als Thema eines Werkzyklus mag durch die Faszination bewirkt worden sein, die Goyas Radierungen in ihm ausgelöst hatten. Entscheidender als diese Inspirationsquelle war jedoch die Entstehung seines revolutionären Bewusstseins als Auflehnung gegen eine traditionalistische Auffassung von Kunst im faschistischen Italien. Hinzu kam Vedovas wachsende Überzeugung von einer gesellschaftsverändernden Kraft künstlerischer Gestaltung, eine Überzeugung, die in den frühen Jahren noch von dem Gefühl der Ungewissheit bestimmt war, wie diese Kraft freigesetzt werden könne. MA

1 Masi 2007, S. 49.
2 *Al Cementerio (Zum Friedhof)*, Abb. 146, in: Ausst.-Kat. Wien 2004; *Ciclo della Paura, studio 1 (Zyklus der Angst, Studie 1)*: vgl. Goya, *El Tres de Mayo (Die Erschießung der Aufständischen am 3. Mai)* 1808 (1814), abgebildet in: Ausst.-Kat. Berlin/Wien 2005/06, S. 54.

VI 1/10

»[D]iese Menschen haben Angst. Fragt nicht, wovor sie Angst hatten; natürlich vor der Gestapo und der heimlich grassierenden Denunziation; überall, beschämend überall war sie zu Hause. Freunde, seht, da klingelt jemand zur ungewöhnlichen Stunde an der Haustür. Und die Angst ist da; überall öffnen sich verstohlen die Türen, und die Verängstigten sehen hinaus, wen es wohl treffen möge? Freunde, das ist alles. Sogar manche von den Alten verstehen das heute nicht mehr, denn sie haben jene Angst vergessen.«

Hans Grundig, 1957
Grundig 1960 [1957], S. 231

VI 1/10
Lea Grundig
(Dresden 1906 –
1977 auf einer Mittelmeerreise)
Der Schrei, 1937
7. Blatt aus der Folge *Der Jude ist schuld*
(sieben Blätter)
Kaltnadelradierung, 24,5 x 25 cm (Platte),
37,2 x 34,9 cm (Blatt)
Berlin, Ladengalerie Berlin
Lit. Hütt 1969, S. 40; Slg.-Kat. Berlin 1973, Nr. 45; Hofmann, Karl-Ludwig: Antifaschistische Kunst in Deutschland. Bilder, Dokumente, Kommentare, in: Ausst.-Kat. Karlsruhe/Frankfurt am Main/München 1980, S. 59 f.; Grundig 1984 [1958]; Amishai-Maisels 1993, S. 147; Brüne 1996, S. 43; Ausst.-Kat. Osnabrück 2001.

Das Bildnis mit seinen individuellen und emotionalen Ausdrucksmöglichkeiten spielt eine zentrale Rolle im Werk Lea Grundigs. Auch nach 1933, als sie an ihren Radierfolgen zu arbeiten begann, entstanden parallel zahlreiche Porträts. Zudem bildeten Gesichter immer wieder Kulminationspunkte ihrer Darstellungen auch in den Radierfolgen: »Ich war nicht phantastisch wie Hans, aber auch meine Vorstellungskraft war groß. Ich konnte mich in alle Situationen und Menschen hineindenken, oft bis zur Qual. Aber ich blieb beim Menschen, dessen Gesicht mir immer das unendliche Widerspiel aller Wesenheit war. Ich wollte die tausend Ängste, die Ahnung des Furchtbaren, die Unfreiheit der Belauschten, Verfolgten darstellen. Ich wollte die Entmenschlichung zeigen und den Kampf der Besten dagegen. Und ich wollte warnen, vor dem Krieg, der herankam.«[1]

Der Schrei ist das letzte Blatt der sieben Radierungen umfassenden Folge *Der Jude ist Schuld* (vgl. Kat.-Nr. VI 2/23), in der sich die Angst vor Diffamierungen und Pogromen sowie die körperlichen und seelischen Qualen bis zum Schrei steigern. Das Blatt zeigt einen männlichen Kopf, der porträthafte Züge trägt, vor dunklem Hintergrund. Die Figur hat den Kopf in den Nacken gelegt, der Mund ist weit zum Schrei geöffnet. In seiner expressiven Kraft erinnert der Kopf an Emotionsstudien, die traditionell in der Kunst zur Vorbereitung von Kreuzigungsszenen oder Marientod-Darstellungen dienten. Das Thema des Schreis wurde im Kontext der Radierfolge als Aussage »über die Pogrome der Faschisten«[2] gedeutet. Ziva Amishai-Maisels erhebt den *Schrei* allgemein zum »Sinnbild des Holocaust« und schreibt zu Grundigs Radierung, dass sie den letzten Schrei eines sterbenden Mannes darstelle, der starr vor Schrecken auf das blickt, was ihn bedroht.[3] Gerd Brüne bekräftigt den Bezug zum Thema »Pogrom« durch den Verweis auf ein Vorbild, auf das sich Grundig möglicherweise bezog. Es handelt sich um das Titelblatt der Mappe *Der Aufschrei* (1923/24), von Miron Sima, der mit Lea und Hans Grundig befreundet war. Bereits bei Sima, der das Motiv in Erinnerung an seine persönliche Erfahrung eines Pogroms geschaffen hatte, wird der Aufschrei zum Sinnbild des verfolgten, körperlich und seelisch misshandelten Menschen.[4] SH/KM

1 Grundig 1984 [1958], S. 136.
2 Hütt 1969, S. 40.
3 Amishai-Maisels 1993, S. 147.
4 Brüne 1996, S. 43.

VI 1/11
Alfred Kubin
(Leitmeritz in Nordböhmen 1877 –
1959 Zwickledt bei Wernstein am Inn)
Der große Notschrei, Zwickledt bei Wernstein am Inn, um 1940
Feder in Schwarz, 32 x 25,8 cm
Linz, Oberösterreichische Landesmuseen
Ha II 3891
Lit. Raabe 1957, Nr. 652, S. 169; Seipel 1988, S. 209; Rombold, Günter: Angst im Werk von Kubin, in: Ausst.-Kat. Linz 1995, S. 96 ff.

»Notschrei« – das Wort ist mit Expressivität aufgeladen und wird auf dieser Tuschezeichnung, die um 1940 entstand, durch die große Gestalt im Vordergrund mit Tonsur und wehendem Umhang entsprechend illustriert. Seit einem Jahr war Krieg in Europa, und Alfred Kubin, der noch im September 1938 geschrieben hatte: »An einen großen Krieg glaube ich eigentlich nicht«,[1] korrigierte sich schon im Dezember: »wo so riesig auf der ganzen Linie gerüstet wird, wird die Gefahr eines Kriegs nie ganz von der Hand zu weisen sein«.[2] Im Mai 1940 dann: »ich sah alles herankommen; nur ist's noch ärger, als ich dachte, denn an einen Krieg habe ich nicht geglaubt.«[3] Und im August schließlich: »Bei dem Krieg kennt man sich nicht aus, er müßt doch eigentlich schon zu Ende sein – Was soll man da Prophete noch sein?«[4]

VI 1/11

VI 1/12

Der große Notschrei oszilliert zwischen Schreckensruf und Warnschrei und kommt aus einem Gesicht mit weitaufgerissenem Mund und verzweifeltem Blick. »Der Zugang zu meiner Seele«, schrieb Kubin 1933, »geht durch die Augen – und was dann durch die Hände wieder herauskommt ist meine Gabe, mein Dienst am Volk (der Gegenwart und vielleicht mehr noch der Zukunft).«[5] Aber hinter dieser Gestalt in ihrer Aufgewühltheit geht es seltsam zu: zwei Rehe, der breite Strom, die Stadt, am Himmel zwei nackte Arme, die nach der dicht über dem Horizont stehenden Sonne greifen – das sind Versatzstücke aus einem Prosastück von Georg Trakl (1887–1914), das 1914 unter dem Titel *Offenbarung und Untergang*[6] erschienen war und von Kubin mit 13 Zeichnungen illustriert worden war.[7] Jedoch ist nichts zu sehen, was den Ausbruch der Gestalt bewirkt. Es ist das auf dem Theater seit der Antike geläufige Mittel der Teichoskopie (griechisch, Mauerschau), auf der Bühne nicht darstellbare Ereignisse dadurch zu vermitteln, dass ein Schauspieler sie so schildert, als erblickte er sie außerhalb der Bühne. Ähnlich vermittelt Kubins Figur etwas, das sich außerhalb der Zeichnung ereignet, und beschreibt durch Geste, Miene und die aufgerissenen Augen die Ahnung von etwas Fürchterlichem, ohne es eigentlich zu zeigen. KN

1 Brief vom 15. September 1938 an Anton Steinhart, in: Kutschera (Hg.) 1964, S. 52.
2 Brief vom 24. Dezember 1938, in: Kutschera (Hg.) 1964, S. 56.
3 Brief vom 7. Mai 1940, in: Kutschera (Hg.) 1964, S. 67.
4 Brief vom 16. August 1940, in: Kutschera (Hg.) 1964, S. 69.
5 Brief vom 23. Juli 1933 an Reinhold und Hanne Koeppel, in: Boll (Hg.) 1972, S. 132.
6 Trakl, Georg: Offenbarung und Untergang, in: ders.: Die Dichtungen. Gesamtausgabe, hg. v. Kurt Horwitz, Zürich 1946, S. 189 f.
7 Gedruckte Ausgabe, Salzburg 1947.

VI 1/12
Willi Müller-Hufschmid
(Karlsruhe 1890–1966 Karlsruhe)
Panik, Konstanz, um 1943/45
Feder in Schwarz, Pinsel in Schwarz und Grau, geschabt, 21 x 29,6 cm
Karlsruhe, Städtische Galerie Karlsruhe 2007/120 (NL 441)
Lit. Riedel 1995, S. 49.

Angetrieben von einem peitscheschwingenden Reiter, flüchtet eine Menschenmenge einen Hügel hinab. In ihren Gesichtern spiegeln sich Angst und Entsetzen. Einige haben die Arme nach oben gerissen. Einem Schreckgespenst gleich, bäumt sich im Vordergrund eine riesenhafte Schattenfigur auf. Sie hat beide Arme erhoben, und auch die Haare scheinen sich zu sträuben. Ihr antwortet kompositorisch eine Lichtgestalt, die sich im Hintergrund auf der anderen Seite der Menschenmenge befindet. Beide Figuren, die helle und die dunkle, lassen sich ambivalent lesen. Die erhobenen Arme der dunklen Rückenfigur im Vordergrund können Ausdruck von Bedrohung sein und wirken ihrerseits bedrohlich. Auch ihr lichtes Pendant im Hintergrund changiert zwischen der Anmutung eines freundlichen Geistes und einer abschreckenden Gestalt, die im Begriff ist, einen der Fliehenden aus der Menge herauszugreifen.[1] Die Dramatik der Szene wird vom nächtlich-schwarzen Himmel, den Müller-Hufschmid mit bewegtem Pinselstrich darstellt, unterstrichen.

Panik und Flucht sind wiederkehrende Themen im Werk Müller-Hufschmids. Er transformiert sie, »anknüpfend an die Geschichte des Alten Testaments, in eine allgemeingültige Metapher der ewigen Wiederholung von Vertreibung und Hilflosigkeit der Menschen, die zum Spielball unsichtbarer Mächte werden«.[2] Das Interesse des Künstlers in den Jahren, die er in Konstanz in der »inneren Emigration« verbrachte, galt nicht der Wiedergabe der unmittelbaren Kriegsgreuel.[3] Er richtete seine Aufmerksamkeit vielmehr auf die Folgen für die Menschen, die unter dem Krieg und der NS-Herrschaft in Deutschland litten. Not, existentielle Ängste sowie der tägliche Kampf ums bloße Überleben waren Erfahrungen, die Willi Müller-Hufschmid bereits während des Ersten Weltkrieges gemacht hatte. Künstlerisch orientierte sich Müller-Hufschmid wie viele andere Künstler dieser Zeit an Francisco de Goyas Radierfolge der *Los Desastres de la Guerra* (*Die Schrecken des Krieges*, 1810–1820). SB

1 Anders die Lesart von Christiane Riedel. Nach ihrer Interpretation befindet sich die helle Figur im Hintergrund ebenfalls auf der Flucht.
2 Riedel, S. 13.
3 Vgl. hierzu auch den Text zu Kat.-Nr. II 1/19.

2. Masken und Larven

VI 2/13

VI 2/13
Alexander Kanoldt
(Karlsruhe 1881–1939 Berlin)
Stillleben IV (Masken), Deutschland 1920
Öl auf Leinwand, 43 × 33 cm
Freiburg, Städtische Museen Freiburg/
Museum für Neue Kunst, M 64/11
Lit. Ausst.-Kat. Freiburg/Wuppertal 1987,
Nr. 29.

Nach seinem Kriegsdienst und dem Ende des Ersten Weltkrieges nach München zurückgekehrt, widmete sich Alexander Kanoldt vorwiegend dem Thema des Stilllebens. Sein *Stillleben IV (Masken)* aus dem Jahr 1920 zeigt drei Masken neben einem offenen Fächer und einem zusammengeklappten Schirm. Auffällig ist das zurückhaltende, kreidig wirkende Kolorit, das Kanoldt mit Rot akzentuierte. Wichtiger als die Farbigkeit war dem Künstler offensichtlich die Tektonik des Bildes – insbesondere bei der Darstellung der Faltungen von Fächer und Schirm, die seine Beschäftigung mit dem Kubismus bezeugt.

Das Gemälde wurde bereits im Jahr seiner Entstehung in der Ausstellung *Deutscher Expressionismus* der Mathildenhöhe in Darmstadt sowie in der Münchener Neuen Sezession gezeigt. Als die Neue Staatsgalerie in München 1920 ein Kanoldt-Gemälde erwarb, entschied man sich für das Maskenbild und nicht für eines der Stillleben mit Zimmerpflanzen und Krügen, mit denen Kanoldt als ein Hauptvertreter der Neuen Sachlichkeit bekannt geworden war.

Die neusachliche Verlebendigung der Ding-Welt erfährt in *Stillleben IV (Masken)* ihre Umkehrung. Das menschliche Gesicht wird als Masken-Objekt gestaltet. Schirm, Fächer und Maske werden zu Bildzeichen des Verbergens, ohne dass es bei den Masken noch die Suggestion eines Dahinter gäbe. Diese Absenz, die seit jeher Teil der Ikonografie der Maske ist, erhält hier eine bedrohliche Note, weil im Gegenzug die Masken nun selbst belebt erscheinen. Nach Kanoldts Auffassung steckte vermutlich hinter jeder Maske doch nur ein »banaler Kerl«, wie er selbst in einem Brief von 1921 andeutete, und gewiss gibt das Gemälde wenig Anhaltspunkte für eine politische Lesart.[1] Doch auch die Offenheit der Bildaussage erscheint mit Blick auf die Wechselfälle der Kanoldt'schen Biografie in der Zwischenkriegszeit symptomatisch. Kanoldt, der politisch zuvor nicht aktiv gewesen war, trat 1932 in die NSDAP ein. Und obwohl er in kunstpolitischer Hinsicht ein Gegner der völkischen Kunst war und blieb, bezeichnete er sich in einem Brief des Jahres 1933 als »fanatischen Nationalsozialisten«.[2] Sein *Stillleben IV (Masken)* wurde dennoch am 25. August 1937 als sogenannte Verfallskunst beschlagnahmt und gelangte anschließend in den Schweizer Kunsthandel.[3] CO

[1] In einem anderen Zusammenhang schrieb Alexander Kanoldt von »Maske« und »banalem Kerl« in einem Brief vom 1. April 1921 an Walter Dexel, siehe den gekürzten Abdruck des Briefes in Ausst.-Kat. Freiburg/Wuppertal 1987, S. 200.
[2] Alexander Kanoldt an Hanna Kronberger-Frentzen, Brief vom 19. Juni 1933 (Archiv der Staatlichen Kunsthalle Karlsruhe), zit. n. Koch, Michael: Der »entartete« Parteigenosse Alexander Kanoldt im Dritten Reich, in: Ausst.-Kat. Freiburg/Wuppertal 1987, S. 47–72, hier: S. 57.
[3] Dokumentation 1988, S. 198.

VI 2/14
Max Beckmann
(Leipzig 1884–1950 New York)
Pierrot und Maske, Frankfurt am Main 1920
Lithografie, 31,5 × 20 cm
Berlin, Staatliche Museen zu Berlin,
Kupferstichkabinett
Hofmair 173 II B b; AM 99.23-1985
Lit. O'Brien Twohig 1984, S. 23; Erpel 1985, Nr. 90; Hofmaier 1990, WV-Nr. 173; Lenz, Christian: »Sachlichkeit den inneren Gesichten«. Max Beckmanns Selbstbildnisse der Jahre 1900–1924, in: Ausst.-Kat. München/Braunschweig 2000/01, S. 9–42, 205, 207, Nr. 59, 60.

Das Blatt spiegelt Max Beckmanns Interesse an Karneval, Jahrmarkt, Theater und Zirkus wider und wird später in wichtigen Gemälden wie der *Fastnacht* von 1920, dem *Selbstbildnis als Clown* und *Varieté* (beide 1921) teilweise wieder aufgegriffen. In dem enggefassten Ausschnitt erkennt man einen Pierrot. Auf seinem Schoß hockt eine kleine Figur mit grotesker Maske, die der Kindlichkeit etwas Böses verleiht. Mit der kleinen Figur scheint der Pierrot ein Zwiegespräch zu führen, oder diese redet wild gesti-

VI 2/14

kulierend auf ihn ein. Auch auf dem etwas späteren *Selbstbildnis als Clown* von 1921 hat Beckmann eine böse grimassierende, zornesrot angelaufene Maske hinzugefügt, die auf seinem Schoß liegt. Mit Blick auf dieses Selbstbildnis kann man in der Hauptfigur des Pierrots ein Rollenporträt des Künstlers erkennen, der das elende und teilweise groteske Leben der Nachkriegszeit als tragisch eingefärbte Komödie und Welttheater interpretiert. Die kleine Figur auf seinem Schoß könnte bei dieser Lesart seinem Sohn Peter entsprechen. Allerdings ist auch die Vermutung geäußert worden, dass Beckmann sich in dieser Figur selbst darstellt, zusammen mit einem bedrohlichen, überlebensgroßen Pierrot. Diese Interpretation dürfte auf den Vergleich mit Beckmanns Londoner *Fastnacht* zurückgehen, in der eine ganz ähnliche kleine maskierte Figur auf dem Boden liegt, die als Selbstbildnis Beckmanns gedeutet wurde. Beide Interpretationen lassen sich durch Argumente stützen und machen deutlich, dass Beckmann Themen und Bilderfindungen miteinander kombinierte, ohne eine eindeutige Interpretation vorzugeben.

Die zentrale Figur des Pierrots lehnt ihr maskenhaft grinsendes Gesicht leicht gegen die rechte Hand, in der sie eine Klapper hält. Der Ellenbogen stößt an die Umgrenzungslinie der Darstellung und wirkt dadurch wie aufgestützt. Durch diesen Gestus erhält die Figur einen melancholischen Zug, der im *Selbstbildnis als Clown* im Sinne einer Leidensmeditation auf einer anderen Ebene ins Spiel gebracht wird. Verbunden ist die Figurenkonstellation auch mit dem linkisch wirkenden Mädchen in der Mitte des Gemäldes *Der Traum* von 1921 (vgl. Abb. S. 170), das eine Kasperlefigur auf dem Schoß hält und mit dem Gestus seiner Hand auf die Kreuzigung und mit seinen starren Beinen auf eine Grablegung anspielt. Auch hier führt die kleine Figur ein unheimliches Eigenleben, wenn sie das Umherirren der Blinden mit einem hämischen Grinsen kommentiert. In diesen Werken der frühen Weimarer Zeit entwickelte der Maler ästhetische Strategien der anspielungsreichen Verrätselung, die er in den frühen 1930er Jahren und später im Exil erneut aufgriff. OP

VI 2/15
George Grosz
(Berlin 1893 – 1959 West-Berlin)
Zauberer und Masken, Berlin, um 1921
Feder in Schwarz, 36,5 × 23,5 cm
Hamburg, Sammlung Hegewisch in der Hamburger Kunsthalle
Lit. Schneede 1975; Ausst.-Kat. Berlin/Düsseldorf/Stuttgart 1994/95.

George Grosz entwickelte sehr früh eine Fülle an Allegorien und Metaphern für die Passivität der Beherrschten und die Grausamkeit der Herrschenden. In dieser reduzierten, kryptischen Strichzeichnung bildet das Stereotyp eines Bürgers in angedeuteter Gesellschaftskleidung mit Zylinderhut den Mittelpunkt der Komposition. Die Figur, die zugleich dem Klischee eines Zauberers entspricht, ist durch das Attribut einer Spielkarte als Spieler charakterisiert. Es gilt die Welt des Scheins und der Manipulation. Die übergroße und transparente

VI 2/15

Herz-As-Karte ist so platziert, dass das Motiv der Karte sich mit dem Herz des Spielers deckt. Wird die Karte weggenommen, hat er kein Herz mehr. Die Figur ist von vier schematisch dargestellten Masken umgeben, die als solche deutlich zu erkennen sind, weil sie jeweils von einer Hand gehalten werden. Das genaue Thema der Zeichnung ist bislang nicht zu entschlüsseln. Grosz spielt mit Maskierung und Demaskierung. Die Maske oben rechts verbirgt das Gesicht des Trägers vollständig. Bei der Maske darunter lugt bereits ein Auge des Trägers hinter der Maske hervor. Die beiden unteren Masken werden so ins Bild gehalten, dass der Betrachter ihre Innenseiten vor Augen hat und auch er sich als maskiert und demaskiert zugleich erlebt. HA

VI 2/16

Karl Völker

(Giebichenstein bei Halle an der Saale 1889 – 1962 Weimar)

Maskenstillleben mit Zunge, wohl Celle 1928

Öl und Tempera auf Leinwand und Pappe,
104 x 59,5 cm
Berlin, Staatliche Museen zu Berlin,
Nationalgalerie, A IV 58
Lit. Ausst.-Kat. Halle 2007, S. 164, Nr. 242.

Das Thema »Masken« bearbeitete Karl Völker seit Ende der 1920er Jahre immer wieder. In *Maskenstillleben mit Zunge* hängen vier unterschiedliche Masken an Fäden vor einem orangeroten Stück Stoff. Drei der Masken weisen statt der üblichen Augenöffnungen aufgemalte Augen auf. Sie scheinen den Betrachter zu fixieren. Die weiße Fratze oben links erweckt zusätzlich den Eindruck, ihn zu verhöhnen, indem sie die Zuge herausstreckt. Die unheimliche Wirkung der Masken wird durch die Assoziation gesteigert, man hätte es mit Erhängten zu tun, worauf die Stricke, die aufgerissenen Augen und die heraushängende Zunge verweisen.

Völker gab sich hinsichtlich des Zeitgeschehens keiner Illusion hin. Das Thema »Masken«, das von vielen Künstlern dieser Zeit aufgegriffen wurde, bot ihm eine Möglichkeit, »seinem Zorn und seinem Aufbegehren gegen die schlimmen Jahre in Stillleben und Szenen mit Masken Ausdruck zu geben, die an James Ensor erinnern, doch vor allem in der antifaschistischen Ikonographie dieser Zeit stehen«, wie es ein Zeitgenosse Völkers rückblickend formulierte.[1] Völker selbst bemerkte in einem Brief vermutlich von 1931 ironisch, dass »in Deutschland so ein fabelhaft klar umnebelter Horizont ist mit den herrlichsten Aussichten auf baldigen großen Krach. Dazu werde ich inzwischen mich vorbereiten um tapfer wie ich nun einmal bin, bei Krupp Kanonen anzustreichen. Ja. Herrliche Aussichten ... in Ihrem schönen Deutschland siehts sehr mies aus, mieser als wir alle denken.«[2] Der Freund Richard Horn erinnerte sich später: »Wie oft haben wir zusammengesessen und voll Sorge in die Zukunft geblickt und ge-

VI 2/16

hofft und gehofft, dass das Schlimmste verhindert werden möge.«[3] Auch in späteren Jahren hat Völker dieser Themenkreis nicht losgelassen: »Schatten, Vertreibungen, Fliehende, KZ-Szenen, Totentänze, Vernichtung; aber auch Mütter, Liebespaare, Karneval – und immer aufs neue: Maskenspiele.«[4] CO

1. Schönemann, Heinz: Erinnerungen an Karl Völker, in: Ausst.-Kat. Halle 2007, S. 217 ff., hier: S. 219.
2. Karl Völker in einem Brief (vermutlich vom 15. August 1931) an Elise Scheibe, zit. n. Ausst.-Kat. Halle 2007, S. 139 f.
3. Horn, Richard: Grabrede für Karl Völker, in: Ausst.-Kat. Halle 2007, S. 210 f., hier: S. 211.
4. Schönemann, Heinz: Erinnerungen an Karl Völker, in: Ausst.-Kat. Halle 2007, S. 217 ff., hier: S. 219.

VI 2/17

Karl Rössing

(Gmunden/Österreich-Ungarn 1897 – 1987 Wels/Österreich)

Entlarvung dieser Zeit, Essen 1930

Seite 115 aus dem Zyklus
Mein Vorurteil gegen diese Zeit, Berlin:
Büchergilde Gutenberg, 1932 (100 Holzstiche)
Holzstich, 18,2 x 13,1 cm (Platte),
27,2 x 20,4 cm (Blatt)
Albstadt, Galerie Albstadt,
Städtische Kunstsammlungen, GS 81/216
Lit. Eichhorn/Mair 1991; Mair 1994;
Ausst.-Kat. Wien 1997/98; Ausst.-Kat. Nürnberg 1997/98.

In seinem Grafikzyklus *Mein Vorurteil gegen diese Zeit* analysierte Karl Rössing die Gesellschaft der Weimarer Republik in all ihren Facetten. Er konfrontierte die mondäne Welt der Snobs mit dem Elend der Arbeiter, er zeigte Schieber, skrupellose Spekulanten und selbstgerechte Spießbürger, er stellte korrupte Beamte bloß und bespöttelte profitgierige Künstler. Vor allem aber warnte er vor den möglichen Auswirkungen einer NS-Herrschaft und der Kriegsgefahr (vgl. Kat.-Nrn. IV 2/25 – IV 2/30).

Wie eine Synthese der insgesamt hundert Holzstiche des Zyklus mutet das 1930 entstandene Blatt *Entlarvung dieser Zeit* an. Es zeigt zwei Hände, die an einer Maske ziehen. Hinter dem ebenmäßigen Gesicht einer Frau mit geschlossenen Lidern kommt ein skelettierter Tierschädel mit Reißzähnen zum Vorschein, dessen Profil über dem Pelzkragen einen furchterregenden Schatten wirft. Schädel und Natur dienen als archaische Chiffren: Der Mensch ist von Zivilisation und Kultur abgefallen, zum Vorschein kommt das todbringende Untier. Rössing veranschaulicht die Metapher der »Entlarvung«, indem er den Blick hinter die schöne Oberfläche preisgibt. Der Bildaufbau suggeriert dem Betrachter darüber hinaus, selbst der Entlarvende zu sein und seine Zeit zu erkennen: als hässlich, gefährlich und vom Untergang bedroht.

2. Masken und Larven 273

VI 2/17

VI 2/18

Der Grafiker ließ die althergebrachte Technik des Holzstiches, mit der eine sehr viel plastischere Wirkung zu erzielen ist als mit dem Holzschnitt, wieder aufleben und kombinierte sie mit modernen Kompositionsschemata. Bezeichnend für seine Zyklen ist die Montagetechnik: Die Bilder zeigen keine naturalistischen Räume und Abfolgen, vielmehr agieren die Figuren auf Bühnen, vor Kulissen und neben Artefakten. Ähnlich wie Bertolt Brecht mit seinem Verfremdungseffekt im epischen Theater wollte auch Rössing auf diese Weise ein kritisches Bewusstsein wecken und sein Publikum aufrütteln. Er ersann surreale Szenen, um die Wahrheit zu offenbaren. Der Titel der Folge macht dies ebenfalls deutlich: Der Künstler verkündet kein Urteil, sondern stellt sein Vorurteil zur Diskussion. Er maßt sich nicht an, die Welt ändern zu können, aber er will ein waches Auge auf sie werfen. BV

VI 2/18
Josef Scharl
(München 1896 – 1954 New York)
Masken, 1931
Öl auf Leinwand, 63 x 84 cm
Berlin, Sammlung Karsch/Nierendorf
WV Lukas 210
Lit. Ausst.-Kat. München 1982/83;
Ausst.-Kat. Berlin 1983/84; Ausst.-Kat.
Emden/Bad Homburg/Düren 1999.

Josef Scharl stellte in seinen Gemälden häufig Masken, Verkleidungen und militärische Kostüme dar, wobei er reale Gegebenheiten etwa beim Fastnachtstreiben oder bei Zirkusdarbietungen karikierend verfremdete (vgl. Kat.-Nr. IV 1/16). *Masken* zeigt vier Männer vor tribünenartigen Aufbauten, zwischen ihnen ragen Zelt- oder Fahnenstangen auf. Nach ihren Attributen zu schließen – steifer Kragen, Brille, gepflegter Bart und militärisch anmutende Mützenquaste –, könnte es sich bei den Männern um achtbare Bürger handeln. Aber ihre Gesichter und Kopfbedeckungen wirken zugleich befremdlich, als seien sie aus disparaten Einzelteilen zusammengesetzt. Senkrecht abstehende oder trichterförmige Ohren, fehlende Nasen, Wulstlippen, Knopfaugen und bindenartige Konstrukte erinnern weniger an Karnevalsmasken denn an die Kriegsversehrten des Ersten Weltkrieges, wie sie Ernst Friedrich in seinem 1924 erstmals erschienenen und vielbeachteten Antikriegsbuch *Krieg dem Kriege!* abgebildet hatte.

Mit seinen Zwitterwesen aus absurder Maskerade und physiognomischer Deformierung karikierte Scharl jedoch nicht die Kriegskrüppel – schließlich war er selbst durch schwere Kriegsverwundungen beinahe zum Krüppel geworden. Vielmehr verspottet er in *Masken* die selbstzufriedenen »Spießbürger« und unbelehrbaren Militaristen. Ihre offensichtliche Beziehungs- und Orientierungslosigkeit lässt die dargestellten Männer allerdings wenig bedrohlich erscheinen, vielleicht weil Scharl der menschlichen Natur mit einer grundsätzlichen Skepsis begegnete. In der Emigration resümierte er später einmal, dass er in den Gesichtern seiner Mitmenschen meist moralische Deformation, Dummheit und Gefühllosigkeit wahrnehme – wenige herausragende Künstler, Denker, Staatsmänner und Arbeiter ausgenommen: »Wirklichen Gesichtern begegne ich sehr wenig, diese Menschen zeigen in ihren Gesichtszügen sehr deutlich, daß sie an allen wahrnehmbaren Dingen in der Welt teilgenommen haben, wie Leid, Freude, Wissen und bewusste Vernunft. [...] Der Rest sind verzerrte Masken.«[1] JP

1 Zit. n. Zweite, Armin: »Das Volk ist nicht tümlich«. Beobachtungen zu Gemälden Josef Scharls, in: Ausst.-Kat. München 1982/83, S. 9–51, hier: S. 49.

VI 2/19
Rudolf Wacker
(Bregenz 1893–1939 Bregenz)
Stillleben mit Larve (und verwelktem Aronstab), Bregenz 1933
Mischtechnik auf Holz, 62,5 × 47,5 cm
Österreich, Privatsammlung
Lit. Ausst.-Kat. Bregenz 1993, Nr. 265.

VI 2/19

»Die Maske ist ein eindeutig realer Gegenstand, korrekt, starr, herrisch; die Maske trägt aber zugleich die unheimliche Anarchie des Inkommensurablen in sich. Sie ist transparent (mehr im Künstlerischen), sie ist mystizistisch, über und unterweltlich, gespannt in feurigstes Intensitätsgefühl eines aufgeregten Menschentums. Einmal Abbild, einmal Symbol. Diese psychische Komplizierung wird zur Hauptquelle, zum Charakter ihrer ungeheuren Wichtigkeit in der Verbreitung, die an den Grenzpfählen der Rassen und äußeren Zivilisationen vorüberschreitet.«

Rudolf Utzinger, 1932
Utzinger 1932, S. 7

Rudolf Wacker beschäftigte sich in den Jahren um 1930 intensiv mit den Möglichkeiten der Stilllebenmalerei und studierte auch historische Vorbilder des niederländischen Barock. In seinen eigenen Stillleben kombinierte er meist nur wenige Gegenstände in einem entleerten Bildraum. In *Stillleben mit Larve* aus dem Jahr 1933 stehen vier verwelkte Aronstabblüten in einem Sektglas, das zusammen mit einem Spielzeugvogel und einer weißen Maske mit weiblichen Gesichtszügen auf einer ockerfarbigen Fläche arrangiert ist. Die Schnittblumen als Metapher der Vergänglichkeit ebenso wie die Abbilder von Mensch und Vogel erscheinen als Zeichen einer stillgestellten, ausgehöhlten Welt. Das Gemälde verweist auf den Illusionismus traditioneller Ölmalerei wie auch auf die gesellschaftlichen Entwicklungen der Zeit, welche die Menschen »larvenhaft« erscheinen lassen. Wacker hatte hierzu 1921 in sein Tagebuch eingetragen: »Marternd die Masken von Menschengesichtern. Wie wenige Augen dieser Vorübergehenden sind Türen – in die Seele!«[1]

Der Künstler reflektierte kritisch einen spürbaren Wandel des politischen Klimas, in dem die Jugend »von neuem zum Krieg erzogen werden soll[te]«,[2] sowie seine künstlerischen Möglichkeiten, Position zu beziehen. Seine Stillleben, so schrieb er 1931, würden »auf ihren Gehalt hin noch gar nicht gesehen, sie reichen noch ein Stück voraus«.[3] »Ihrer geistigen Haltung nach« seien sie »weniger aggressiv als die tendenziösen, gesellschaftskritischen oder lehrhaften Bilder (Dix-Kreis), aber aufrührerischer als die nach der Idylle abgleitenden (Schrimpf-Kreis).«[4] Er sah seine Werke also im Spektrum der Neuen Sachlichkeit in einer mittleren Position, bestand aber darauf, mit seiner Kunst »aufrührerisch« zu sein. 1933 trat er in Österreich der von Engelbert Dollfuß nach dem »Führerprinzip« neugegründeten autoritär-ständestaatlichen Sammelbewegung Vaterländische Front bei und glaubte, das »Spiel« der Nationalsozialisten sei in diesem Land »wohl sicher verloren«.[5] Hier freilich irrte der Künstler. CO

1 Rudolf Wacker in seinem Tagebuch vom 16. April 1931, zit. n. Ausst.-Kat. Bregenz 1993, S. 261.
2 Rudolf Wacker in seinem Tagebuch vom 18. Januar 1931, zit. n. Ausst.-Kat. Bregenz 1993, S. 38.
3 Rudolf Wacker in seinem Tagebuch vom 5. Februar 1931, zit. n. Ausst.-Kat. Bregenz 1993, S. 38.
4 Rudolf Wacker in seinem Tagebuch vom März 1932, zit. n. Ausst.-Kat. Bregenz 1993, S. 40.
5 Rudolf Wacker in seinem Tagebuch vom 24. August 1933, zit. n. Ausst.-Kat. Bregenz 1993, S. 41.

VI 2/20
Paul Klee
(Münchenbuchsee bei Bern 1879–1940 Muralto bei Locarno)
närrisches Fest, 1933, 134 (R 14),
Fettkreide auf Papier auf Karton, 20,9 × 32,9 cm
Bern, Zentrum Paul Klee
PKS Z 1022
Lit. Glaesemer 1984, S. 347; Franciscono 1991, S. 275; Rümelin, Christian: Klees Umgang mit seinem eigenen Œuvre, in: Ausst.-Kat. Balingen 2001, S. 57, 190 f.; Kort 2003, S. 190; Ausst.-Kat. München/Bern/Frankfurt am Main/Hamburg 2003/04, S. 57, 314; Catalogue raisonné Paul Klee 1998–2004, Bd. 6: 1931–1933, WV-Nr. 6179.

VI 2/21
Paul Klee
(Münchenbuchsee bei Bern 1879–1940 Muralto bei Locarno)
Maskengruppe, 1933, 133 (R 13)
Bleistift auf Papier auf Karton,
23,4 × 32,1 cm
Bern, Zentrum Paul Klee
PKS Z 1021

2. Masken und Larven | 275

VI 2/20

VI 2/21

Lit. Glaesemer 1984, S. 336–349; Rümelin, Christian: Klees Umgang mit seinem eigenen Œuvre, in: Ausst.-Kat. Balingen 2001, S. 217; Ausst.-Kat. München/Bern/Frankfurt am Main/Hamburg 2003/04, S. 38, 314; Catalogue raisonné Paul Klee 1998–2004, Bd. 6: 1931–1933, WV-Nr. 6178.

In der Zeichnung *närrisches Fest* steht eine Figur erhöht auf einem Podest und hat den Arm zum Hitler-Gruß erhoben. Um sie herum hat sich eine Menschengruppe versammelt, darunter auch mehrere Kinder. Die Figuren wirken zum Teil wie maskiert, was den Titel *närrisches Fest* zu bestätigen scheint. Die Zeichnung *Maskengruppe* ist unmittelbar davor entstanden. Darauf verweisen die von Klee verliehenen Werknummern. Das Blatt zeigt eine auf den ersten Blick vergleichbare Szene. Auch hier wird eine Figur von anderen umdrängt. Auch hier sind Kinder dargestellt und einige der Figuren scheinen Masken zu tragen. Allerdings wirkt diese Szene, als ob die große Figur in der Mitte von den anderen verhöhnt wird.

Beide Zeichnungen gehören zur Werkgruppe der Zeichnungen zur »nationalsozialistischen Revolution«. Paul Klee schuf die Mappe mit mehr als 200 Blättern im Jahr 1933 als kritische Reaktion auf die Machtübernahme der Nationalsozialisten.[1] Klee beschränkte sich in diesem Konvolut fast ausschließlich auf anekdotische Szenen und parodierte die Volksverhetzung, die aggressive Politik gegen die Juden, den staatlichen Terror und den Militarismus unter dem NS-Regime. Pamela Kort schreibt hierzu: »Verschwunden sind die Schläger in Braunhemden, die Hitlerjugend, die feierlichen Paraden. Sie haben einer Palette barbarischer Männerfiguren, kriegslustiger Kinder, dressierter Tiere, mahnender Erwachsener und fliehender Gestalten Platz gemacht.«[2] Das Sujet der Maske und Maskerade findet sich auch sonst in seinem Werk, um seelische oder gesellschaftliche Zustände symbolisch zu verschlüsseln.

Klee war sich der Gefahren bewusst, die mit dem kritischen Impetus dieser Zeichnung einhergingen. Davon zeugen insbesondere die vieldeutigen Werktitel, die auf den ersten Blick keine Verbindungen zum Zeitgeschehen nahelegen. Seine Briefe aus dem Jahr 1933 an seine Frau Lily zeigen auf der sprachlichen Ebene vergleichbare parodistische oder ironische Züge: »Mit diesen Bemerkungen schließe ich [...], nur für Dich das die Öffentlichkeit nicht berührende Ereignis beifügend, dass ich letzte Tage einem gelinden Zeichenrappel unterlag. Aber das ist so privat in der heutigen Welt, und wird, wenn es so weitergeht mit Sport und Misssport, lang brauchen, bis es einmal als Culturgeschichte und Kunstgeschichte beachtet wird, und bis dann vielleicht niemand mehr, ohne im Lexikon nachzuschlagen, sagen kann, wer eigentlich der große Hitler war. Dieser letztere Gedankengang gehört in das Gebiet der scheinbaren Reaction, welche Künstler manchmal pflegen, um dann in posthumen Sprüngen dereinst schon allhier zu sein.«[3] SH/AB

1 Vgl. hierzu auch den Text zu Kat.-Nr. II 1/8.
2 Kort 2003, S. 191.
3 Vgl. Paul Klee aus Dessau an Lily Klee, Brief vom 30. Januar 1933, in: Klee 1979, Bd. 2, S. 1226.

VI 2/22
Karl Hofer
(Karlsruhe 1878–1955 West-Berlin)
Böse Masken, 1934
Öl auf Leinwand, 132 × 90 cm
Stuttgart, Staatsgalerie Stuttgart, Leihgabe der Freunde der Staatsgalerie, L524

Lit. Maass 1965, S. 111 (dort unter dem Titel *Böse Menschen auf dem Balkon*); Maur/Inboden 1982, S. 158 f.; Ebeling, Ingelore: Masken und Maskierung, Köln 1984, S. 216; Muhle 2000, S. 152 ff., 309; Ausst.-Kat. Osnabrück 2004/05, S. 196; Wohlert 2008, Nr. 1078.

Wie viele Künstler in Deutschland hat auch Karl Hofer unter der nationalsozialistischen Diktatur das Maskenthema wiederholt aufgegriffen. Bereits 1922 hatte er sich im *Selbstbildnis mit Dämonen* umringt von nach ihm greifenden bedrohlichen Masken und Fratzen dargestellt (Kat.-Nr. II 2/23). 1930 wurde Hofer zum ersten

VI 2/22

Mal von der NS-Presse diffamiert.[1] In *Böse Masken* erscheinen drei Figuren vor grünem Vorhang hinter einer Brüstung. Aber nur eine der Figuren scheint maskiert und trägt neben einer Narrenkappe eine Art Zepter. Allerdings entspricht die Färbung des maskenhaften Gesichtes mit den leeren Augenhöhlen exakt der Färbung der Arme – ein Hinweis darauf, dass auch diese Figur keine Maske trägt und die Fratze ihr wahres Gesicht ist. Bei den beiden anderen Gestalten handelt es sich um einen biblisch anmutenden dunkelhäutigen Orientalen und einen glatzköpfigen Mann mit riesiger Nase und hämischem Grinsen. Alle drei blicken wie aus einer Loge heraus gespannt in eine Richtung, erregt von einem Geschehen dort.

Auch bei *Böse Masken* handelt es sich wohl um einen verschlüsselten Kommentar zu Hofers Situation in dieser Zeit. Ein Jahr bevor das Gemälde entstand, am 1. April 1933, hatten nationalsozialistische Kunststudenten zum Boykott von Hofers Klasse an der Berliner Hochschule für die bildenden Künste aufgerufen; im August 1933 wurde er beurlaubt. In einem Brief an seinen Freund Leopold Ziegler vom 24. August

1933 brachte Hofer sein Unverständnis für die Ablehnung durch das Regime zum Ausdruck: »Es ist meine feste Überzeugung, daß ich der deutscheste Künstler bin, in seinen Vorzügen und Fehlern. Es ist ein großes Geschrei um wirkliche deutsche Kunst, und mir gibt man am ersten den Tritt. Man muß es eine tragische Komödie nennen.«[2] Anders als Felix Nussbaum, der sich in seinen Bilder mit Masken vorwiegend selbst maskiert, verselbständigen sich bei Hofer ab den 1930er Jahren Masken und Puppen zu eigenständigen bedrohlichen Wesen voll Tücke und Hinterlist. Es liegt daher nahe, diese mit den Angriffen, denen sich der Künstler in den 1930er Jahren ausgesetzt sah, in Verbindung zu bringen. In einem Brief an Ziegler vom 18. Februar 1934 schrieb er: »Ich fühle eine unbändige Energie zum Schaffen in mir, habe nie so viel und so gut gearbeitet. Wäre das nicht, so hätte ich meinem Leben ein Ende machen müssen, denn ich bin nicht nur von der Reaktion, sondern auch von den Andern verfolgt und bespien.«[3] KN/SH

1 Der Angriff. Das Deutsche Montagsblatt in Berlin, 19.12.1930, anlässlich der Staatspreisvergabe an den Hofer-Schüler Hans Feibusch. Hofer distanzierte sich von der dort erhobenen Anschuldigung, die ganze Akademie tanze »nach der Melodie, die Hofer pfeift«. Hofer reagierte auf den Schmähartikel mit seinem polemischen Text: Die Blutsprobe, in: Das Tagebuch (12), 17.1.1931, S. 110 f., zit. n. Kupper (Hg.) 1995, S. 211.
2 Hofer 1991, S. 197.
3 Hofer 1991, S. 200.

»Niemand wende sich ab! Hier handelt es sich nicht um sanfte Stilleben oder unverbindliche Landschaften, um den ›Blut und Boden‹-Kitsch der vergangenen Aera. Jeder von uns aber wird mit Grauen und Haß die Larven und Lemuren wieder erkennen, die uns 12 Jahre lang bedrängt haben und die ein großer Künstler vor uns hinstellt, damit wir nicht vergessen.«

Stefan Hermlin, 1945
Ausst.-Kat. Tübingen/Wuppertal/München 1997/98, S. 25

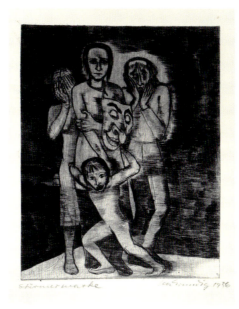

VI 2/23

VI 2/23
Lea Grundig
(Dresden 1906 –
1977 auf einer Mittelmeerreise)
Stürmermaske/Der »Stürmer«, 1935
4. Blatt aus der Folge
Der Jude ist schuld (sieben Blätter)
Kaltnadelradierung, 24,2 x 19,8 cm (Platte), 29,5 x 23,7 cm (Blatt)
Bez. u. l.: Stürmermaske
Sign. u. dat. u. r.: Lea Grundig 1936
Berlin, Deutsches Historisches Museum
Gr 62/108
Lit. Slg.-Kat. Berlin 1973, Nr. 102; Hofmann, Karl-Ludwig: Antifaschistische Kunst in Deutschland. Bilder, Dokumente, Kommentare, in: Ausst.-Kat. Karlsruhe/Frankfurt am Main/München 1980, S. 59 f.; Grundig 1984 [1958]; Brüne 1996, S. 42 f.

Die Radierung *Stürmermaske/Der »Stürmer«* (1935) gehört zu der Radierfolge *Der Jude ist schuld*. Sie umfasst insgesamt sieben Radierungen. Wie bei der Radierfolge *Krieg droht!* (Kat.-Nrn. V/19 – V/26, VI 1/5) legte Lea Grundig Auswahl und Reihenfolge der Blätter erst lange nach ihrer Entstehung fest, hier 1967. In den Jahren zuvor hatte sie einige Blätter aus der Folge *Der Jude ist schuld* noch der Folge *Unterm Hakenkreuz* zugeordnet.[1]

In der Darstellung *Stürmermaske* gruppieren sich drei Personen eng um die Künstlerin im Selbstporträt: Ein Kind klammert sich an sie, links neben ihr steht ein Mann, der sein Gesicht sorgenvoll in seine Hände legt und von hellem Licht oder einem Scheinwerfer hinterfangen wird. Links hinter ihr steht eine Frau, die ihre Hände vor das Gesicht geschlagen hat. Lea Grundig stellt sich selbst mit einer übergroßen Maske um den Hals dar.

Die Maske entspricht dem Zerrbild »des Juden« mit langer gebogener Nase und hervorstehenden Augen, das unter anderem von der einflussreichen Wochenzeitung *Der Stürmer* verbreitet wurde. 1923 von dem NS-Politiker Julius Streicher in Nürnberg gegründet, steigerte die Zeitung nach der Machtübernahme ihre Auflage, die 1938 etwa 500 000 Exemplare betrug. Neben aggressiv-diffamierenden Artikeln veröffentlichte das Blatt eingängige Karikaturen und schürte auf diese Weise einen radikalen Antisemitismus. Das Stereotyp des sogenannten »Stürmer-Juden« beschrieb Lea Grundig in ihrer Autobiografie: »Da war mit großem Raffinement mit der krummen, hängenden Nase, den Wulstlippen, der kurzen Stirn und dem Kraushaar das widerwärtige Gesicht des Kapitalisten vereint: seine kaltschnäuzige Berechnung, seine herzlose Schläue, seine betrügerische Gemeinheit. So wurde geschickt der allgemeine gefühlsmäßige Antikapitalismus abgelenkt und abgeleitet auf den ›Juden‹, den es als einheitlichen Typ gar nicht gab.«[2] Der Gegensatz zwischen der Maske und dem Gesicht der Künstlerin entlarvt das »Bild des Juden« als antisemitisches Klischee. Grundig stellt nur die Gruppe der Diffamierten und Bedrohten dar, nicht aber die Aggressoren. Dem Betrachter wird auf diese Weise die Identifikation mit den Angreifern oder Zuschauern nahegelegt, und er wird implizit aufgefordert, Partei zu ergreifen. KM/SH

1 Brüne 1996, S. 42 f.
2 Grundig 1984 [1958], S. 137.

VI 2/24
Hans Grundig
(Dresden 1901–1958 Dresden)
Gesichte (Masken), Dresden 1937
Aus der Folge *Tiere und Menschen*
Kaltnadelradierung, 24,5 x 24,3 cm (Platte),
52,5 x 39,2 cm (Blatt)
Berlin, Ladengalerie Berlin
Lit. Grundig 1959 [1958]; Bernhardt 1966,
S. 471–476 (Bildteil S. 1–16), D 44; Hofmann,
Karl-Ludwig: Antifaschistische Kunst in
Deutschland. Bilder, Dokumente, Kommentare,
in: Ausst.-Kat. Karlsruhe/Frankfurt am
Main/München 1980, S. 54–57; Feist 1984
[1979], S. 117; Schätzke 1999, S. 76–87;
Ausst.-Kat. Dresden 2001, S. 15–36; Weber,
Stephan: Eine Annäherung an Hans Grundig
anläßlich seines 100. Geburtstages, in: Weber/
Frommhold 2001, S. 60.

VI 2/25
Lea Grundig
(Dresden 1906–
1977 auf einer Mittelmeerreise)
Masken/Lachen und Weinen, Dresden 1937
Kaltnadelradierung, 24,6 x 24,5 cm (Platte)
Berlin, Ladengalerie Berlin
Lit. Grundig 1960 [1957]; Slg.-Kat. Berlin 1973,
Nr. 21; Brüne 1996, S. 116.

VI 2/24

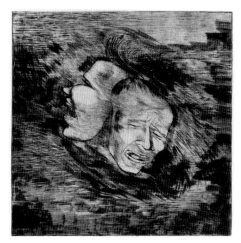

VI 2/25

Die beiden Radierungen von Hans und Lea Grundig sind ein anschauliches Beispiel dafür, dass beide Künstler sich ähnlichen Themen stellten und im konstruktiven Wettstreit nach individuellen Lösungen suchten.[1] Beide Radierungen befassen sich mit einem Schlüsselthema der Zeit: Masken. In beiden Radierungen werden Gesichter und/oder Masken losgelöst von einem Körper vor einem dunklen Hintergrund dargestellt.

Das Einzelblatt von Lea Grundig zeigt zwei in der Luft schwebende Masken, die janusköpfig zwei unterschiedliche Gemütsäußerungen, Lachen und Weinen, thematisieren. Der Akzent liegt auf dem weinenden Gesicht, das dem Betrachter zugewandt ist und sich leicht nach unten neigt. Das lachende Gesicht ist im Profil zu sehen und nach oben gewandt. Beide Gesichter wirken so lebensnah, dass Mensch oder Maske nicht mehr zu unterscheiden sind.

Auch bei Hans Grundig verschwimmen bei dem leidvoll oder wütend verzerrten Gesicht die Grenzen zwischen Mensch und Maske. Die lachende Maske ist allerdings deutlich als solche zu erkennen. Sie liegt am Boden und scheint, selbst nachdem sie gefallen ist, das verzerrte Gesicht noch immer zu verhöhnen.

Das Thema der Maske oder Maskerade spielte für Hans und Lea Grundig in ihren Werken zwischen 1933 und 1938 eine wichtige Rolle. Für Hans Grundig standen Mummenschanz und Maskerade insbesondere in seinem malerischen Hauptwerk, dem Triptychon *Das tausendjährige Reich* (1935–38; Abb. 3, S. 27)[2], für Verstellung, Betrug und Propaganda des NS-Regimes. Auch in seiner Radierung *Gesichte* geht es in erster Linie um Maskierung und Demaskierung. Die *Masken* bei Lea Grundig scheinen sich, den Masken- oder Grimassenbildern von Felix Nussbaum vergleichbar, eher auf die eigene Befindlichkeit zu beziehen, obwohl sie keine Züge eines Selbstporträts tragen. Sie verweisen auf eine emotionale Verunsicherung und den Zwang, die Trauer angesichts des Zeitgeschehens sowie die eigenen Ängste zu verbergen, um sich und andere zu schützen. SH

1 Grundig 1960 [1957], S. 231.
2 Zum Triptychon Hans Grundigs vgl. beispielsweise: Gärtner, Hannelore: Das Tausendjährige Reich, in: Held (Hg.) 1989, S. 165–177; Ausst.-Kat. Dresden 2001, S. 15–37.

VI 2/26
Hans Grundig
(Dresden 1901–1958 Dresden)
Sterben – Zeit des Faschismus (Buchenwald), Dresden 1937
Aus der Folge *Tiere und Menschen*
Kaltnadelradierung, 24,8 x 33,4 cm (Platte),
43,3 x 53,5 cm (Blatt)
Berlin, Ladengalerie Berlin
Lit. Grundig 1959 [1958]; Bernhardt 1966,
Nr. 4, S. 471–476 (Bildteil S. 1–16), D 45;
Schätzke 1999, S. 76–87; Hofmann, Karl-Ludwig: Antifaschistische Kunst in Deutschland.
Bilder, Dokumente, Kommentare, in: Ausst.-Kat. Karlsruhe/Frankfurt am Main/München
1980, S. 60; Feist 1984 [1979], S. 117; Weber,
Stephan: Eine Annäherung an Hans Grundig
anläßlich seines 100. Geburtstages, in: Weber/
Frommhold 2001, S. 60.

Hans Grundigs Radierung *Sterben – Zeit des Faschismus (Buchenwald)* greift noch einmal das Thema Masken und Maskierung auf (vgl. Kat.-Nr. VI 2/24). Dargestellt sind zwei einander gegenüberliegende oder schwebende nackte, ausgemergelte Männerkörper in höchster An-

VI 2/26

»Ich malte außerdem an einer großen Trilogie. Das erste Bild stand nun fertig vor uns. ›Karneval‹ nannte ich es. Es zeigte die Straßenzüge einer riesigen Stadt, die in blutrotem Himmel zu verbrennen schien. Irrsinnig gewordene Menschen und Masken durchzogen die Straßen, mit ihrem Geschwätz sich selbst und andere belügend. Nur im linken Bildwinkel standen noch die Kommunisten, nicht wankend und unerschütterlich. Ein Abbild der Wirklichkeit war es für alle, die zu lesen verstanden.«

Hans Grundig, 1957
Grundig 1960 [1957], S. 232

spannung. Ob die Figuren bereits tot sind oder ihr Todeskampf dargestellt ist, hat Grundig offengelassen. Die Darstellung der ausgezehrten, nackten Leiber erinnert auf erschreckende Weise an die Leichen, mit denen sich die Alliierten bei der Befreiung der Konzentrations- und Vernichtungslager konfrontiert sahen und über die sie die weltweite Öffentlichkeit in Fotoreportagen unterrichteten. Hans Grundig war selbst von 1940 bis 1944 im Konzentrationslager Sachsenhausen bei Berlin interniert gewesen. Kenntnisse von der Existenz von Konzentrationslagern hatten beide Grundigs bereits ab Mitte der 1930er Jahre durch die Verhaftung von Freunden, Bekannten und Parteigenossen.

Wie oft bei Hans und Lea Grundig ist der Hintergrund der Radierung eher flächig und ohne konkreten Gegenstandsbezug gestaltet, so dass es dem Betrachter überlassen bleibt, eine Landschaft zu imaginieren oder das Hell-Dunkel der Bildfläche als abstrakten Hintergrund zu sehen. Durch die Anmutung des Schwebens im Raum wird die Vereinzelung der entblößten Körper betont. Sie verweist metaphorisch auf die Einsamkeit, die der Erfahrung des Todes inhärent ist. Zugleich ist die Haltung der Körper, ihre horizontale Ausrichtung sowie ihr chiastisches Kompositionsverhältnis Ausdruck einer Erstarrung. Leblos scheinen die Leiber mit unbestimmtem Ziel durch den leeren Raum zu treiben.

Eine Maske liegt auf der Brust der unteren Figur und kontrastiert das Grauen der Szene. Im Gegensatz zu den zahlreichen anderen Maskendarstellungen im Werk Hans Grundigs scheint das Blatt nicht nur auf die Lügen und die Propaganda zu zielen, mit denen das NS-Regime nach Ansicht Grundigs seine wahren Absichten maskierte, die es zu demaskieren galt.[1] Ergänzend zu dieser Lesart könnte hier auch auf die Notwendigkeit angespielt sein, sich in dieser Zeit selbst zu verstellen – eine Notwendigkeit, die erst mit dem Tod endete.

Ursprünglich lautete der Titel der Radierung vermutlich nur *Sterben*. Die Titelzusätze, die Bezüge zu »Faschismus« und Buchenwald nahelegen, sind wahrscheinlich erst nach 1945 ergänzt worden. Radierungen von Hans und Lea Grundig, die in den 1930er Jahren gedruckt wurden, tragen keine Titelbezeichnungen. Diese wurden erst nach 1945 hinzugefügt. Es hat sich zudem ein Brief von Käthe Kollwitz vom 16. August 1937 erhalten, in dem sie diese Radierung erwähnt. Hans und Lea Grundig hatten der Künstlerin 1937 zum siebzigsten Geburtstag ein Konvolut ihrer Radierungen geschenkt, für das sich Kollwitz in dem Brief bedankte, das sie aber zurückwies mit dem Hinweis, nur einzelne Blätter annehmen zu können: »und zwar erbitte ich mir von Ihnen, Hans Grundig, das Sterben«, heißt es dort.[2] SH/KM

1 Grundig 1960 [1957], vgl. z. B. S. 236.
2 Käthe Kollwitz an Lea Langer und Hans Grundig, Brief vom 16. August 1937, Sammlung Maria Heiner, Dresden, abgedruckt in: Ausst.-Kat. Dresden/Berlin 1966, o. S.

VI 2/27

VI 2/27

Felix Nussbaum
(Osnabrück 1904 – 1944 Auschwitz)
Selbstbildnis mit närrischem Lachen, Belgien 1936
Gouache, 65,2 x 50 cm
Osnabrück, Felix-Nussbaum-Haus Osnabrück mit der Sammlung der Niedersächsischen Sparkassenstiftung
Lit. Ausst.-Kat. Osnabrück 1995; Ausst.-Kat. Osnabrück 2004/05; Felix Nussbaum, Werkverzeichnis, URL: http://www.felix-nussbaum.de/werkverzeichnis/, WV-Nr. 294.

Das gesamte Œuvre von Felix Nussbaum ist geprägt von der künstlerischen Auseinandersetzung mit seiner eigenen Person und seiner seelischen Befindlichkeit. Vor allem nach der Machtübernahme der Nationalsozialisten im Januar 1933, die sogleich gezielte Übergriffe auf die jüdische Bevölkerung nach sich zog, nahmen solche Selbstbeobachtungen einen immer größeren Stellenwert ein. Zurückgeworfen auf sich selbst, war Nussbaum damit befasst, seine Situation als verfolgter Jude im belgischen Exil und all die damit verbundenen Ängste immer wieder neu künstlerisch zu bearbeiten, um dem von ihm empfundenen Identitätsverlust entgegenzuwirken.

In seinem 1936 entstandenen *Selbstbildnis mit närrischem Lachen* stellt sich der Künstler mit Narrenkappe und irrem Lachen dar. Das ganze Gesicht, das im Gegensatz zur restlichen Figur und zum Hintergrund klar ausgearbeitet ist, ist zur Grimasse verzerrt. Das Gemälde ist Teil einer Reihe von Darstellungen, in denen der Künstler verschiedene emotionale Regungen, Posen und Maskierungen erprobte und malerisch fixierte. Generell nahm das Motiv der Maske bei Nussbaum, ähnlich wie bei seinen Zeitgenossen Max Beckmann, Karl Hofer, Paul Klee oder Pablo Picasso, spätestens seit Mitte der 1930er Jahre einen besonderen Stellenwert ein. Das Hineinschlüpfen in andere Zustände und Figuren zeugt von Nussbaums bedrückender Exilsituation, die ihn immer wieder zwang, sich zu tarnen und zu verstellen, aber auch sich selbst zu erforschen und zu bestätigen. MS

VI 2/28

VI 2/28
Felix Nussbaum
(Osnabrück 1904–1944 Auschwitz)
Mummenschanz, Brüssel, um 1939
Tempera und Öl auf Leinwand, 72,4 × 97,8 cm
Chicago, The David and Alfred Smart Museum of Art, The University of Chicago; Purchase, Gift of Mr. and Mrs. Eugene Davidson, Mr. and Mrs. Edwin DeCosta, Mr. and Mrs. Gaylord Donnelly, and the Eloise W. Martin Acquisitions Fund, 1982.10

Lit. Ausst.-Kat. Osnabrück 1995; Ausst.-Kat. Osnabrück 2004/05; Felix Nussbaum, Werkverzeichnis, URL: http://www.felix-nussbaum.de/werkverzeichnis/, WV-Nr. 349.

Gleich sechs Mal versichert sich der jüdische Künstler Felix Nussbaum in seinem 1939 entstandenen Gemälde *Mummenschanz* seiner eigenen Identität. In der karnevalesken Szene stellt sich der Maler in verschiedenen Masken und Gemütszuständen dar. Im Mittelpunkt des Bildes steht ein bereits mehrfach zitiertes Selbstporträt, welches ihn in nachdenklicher Pose zeigt. Als Maskierung dienen ihm eine Kette und ein blauer Ohrring, wie die blaue Kappe und Kleidung verleihen sie ihm weibliche Züge. Dieses Selbstbildnis ist von fünf weiteren kostümierten Figuren umgeben. Links im Vordergrund erkennt man Nussbaums *Selbstbildnis als Grimasse*. Auch die rechte Figur im Vordergrund mit Augenmaske, Papierhut und Schalltrichter bezieht sich auf ein früheres Selbstporträt. Ebenso kann man in den drei hinteren Figuren, die sich ernsten Blickes hinter der auffälligen Gruppe zu verbergen scheinen, frühere Selbststudien ausmachen.

Trotz der auf den ersten Blick lustigen Gesellschaft ist es eine bedrückende Szene, die sich dem Betrachter darbietet. Sie erzählt von der Notwendigkeit der Verstellung als Mittel des täglichen Überlebens. Die trostlose Gegend im Hintergrund, die links einen mondbeschienenen kahlen Baum und rechts eine unwirtliche Stadtlandschaft zeigt, unterstützt diesen Eindruck.

Nussbaum fasst in diesem Bild die persönlichen Erfahrungen und Stimmungen seiner bisherigen Exilzeit zusammen. Es zeugt von dem täglichen Kampf des Überlebens und der Angst, die Masken niemals mehr ablegen zu können.
MS

VI 2/29
Ludwig Meidner
(Bernstadt in Schlesien 1884 – 1966 Darmstadt)
Ohne Titel, England 1940/41
Bleistift, aquarelliert, 38 x 25,4 cm
Frankfurt am Main, Ludwig Meidner-Archiv, Jüdisches Museum Frankfurt
JMF 94-7 II/1936
Lit. Neugebauer 2003, S. 290 ff., Ausst.-Kat. Osnabrück 2004/05, Kat. Nr. 123.

Das Blatt stammt aus einem Skizzenbuch von 1940/41, das Zeichnungen und Aquarelle enthält, die während Ludwig Meidners Internierung als »enemy alien«, als »feindlicher Ausländer« in Mooragh Camp in Ramsey auf der Isle of Man entstanden. Das Blatt zeigt sieben groteske Figuren, die sich offenbar auf den Betrachter zubewegen. Die dämonischen Gestalten sind Mischwesen, die anthropomorphe, animalische und technische Elemente in sich vereinen. So befindet sich etwa vorn in der Mitte eine kubische Figur, die an die geometrischen Figuren des italienischen Manieristen Luca Cambiaso erinnert, während im Bildhintergrund der Kopf der Zentralfigur aus Holz geformt zu sein scheint. Eine der Gestalten hat sechs Augen und zwei Münder, bei einer anderen zerfällt das Gesicht in zwei Teile, bei einer weiteren klafft im Kopf ein Loch, aus dem Flammen züngeln. Die Bedrohlichkeit ergibt sich einerseits aus der grausigen Bewaffnung der Kreaturen, die Beil, Säge, Hackmesser und Ähnliches schwenken,

VI 2/29

von denen rötlich-braunes Blut tropft. Andererseits entsteht durch die dichtgedrängte und vertikal gestaffelte Figurenkomposition der Eindruck einer unaufhaltsamen Vorwärtsbewegung, die den Betrachter zu überrollen droht.

Die makabere Szenerie spiegelt sicherlich Meidners Ängste, möglicherweise auch Visionen und Geistererscheinungen wider, von denen er wiederholt berichtete.[1] Das Aquarell lässt sich jedoch auch anders, nämlich als politische Karikatur lesen: Auf der Flagge im Hintergrund befindet sich – von einem Blutfleck fast verdeckt – ein Hakenkreuzemblem. Den würfelförmigen Kopf im Vordergrund ziert ein nur allzu vertrautes Schnurrbärtchen. Dargestellt ist also eine Horde, die die Nationalsozialisten personifiziert und zugleich als blutgierig und barbarisch charakterisiert.

Darauf basierend können auch einzelne Bildmotive – beinahe im Stile der Sprichwortbilder Pieter Brueghels d. Ä. – als direkte bildliche Umsetzungen von Redewendungen interpretiert werden: Der Holzkopf und die zwei Gesichter wurden bereits erwähnt. Die Handfessel mit der zerbrochenen Kette, wie sie die mittlere Figur links trägt, besagt, dass hier etwas entfesselt, »von der Kette gelassen« wurde. Die vieläugige Gestalt erweist sich als Personifikation von Denunziantentum und Spitzelwesen. Die Rauchfahnen und Flammen, die von einigen der Köpfe aufsteigen, kennzeichnen die Gestalten als hirnverbrannte Hitzköpfe oder als Dampfredner, die nur heiße Luft absondern. Die maschinenhaften Körperteile charakterisieren sie als unmenschlich und seelenlos.

Warum ist dieses Blatt erst auf den zweiten Blick als politische Karikatur erkennbar? Die Schlüsselsymbole sind zwar etwas versteckt, aber dennoch deutlich sichtbar. Man übersieht sie leicht, weil das vordergründig Groteske und Karnevaleske die eigentliche Bedeutung übertönt. Die Fratzen kann man erst entlarven, wenn man sie als Masken sieht, mit denen das eigentliche Wesen der Maskierten zum Ausdruck gelangt. ER

1 Vgl. Neugebauer 2003, S. 291; Hodin 1973, S. 96, 101 f.

VI 2/30

VI 2/30
Horst Strempel
(Beuthen in Schlesien 1904 – 1975 West-Berlin)
Die Masken, Berlin, um 1946
Grafit und Feder in Braun und Schwarz,
20 x 32,5 cm
Berlin, Deutsches Historisches Museum
Gr 96/47
Lit. Ausst.-Kat. Karlsruhe/Frankfurt am Main/München 1980; Saure 1992; Ausst.-Kat. Berlin 1993/94; Ausst.-Kat. Olpe/Solingen-Gräfrath 1999.

Horst Strempels Werke aus der Zeit um 1946 spiegeln die Atmosphäre der »Stunde Null« und zugleich die persönliche Zerrissenheit des Künstlers angesichts der deutschen Niederlage. Strempel, einst Mitglied der KPD und verschiedener kommunistischer Künstlervereinigungen, war vor dem NS-Regime zunächst nach Fankreich emigriert. Nach der deutschen Besetzung Frankreichs und seiner zeitweisen Internierung kehrte der Künstler jedoch 1941 resigniert nach Deutschland zurück – und wurde als Soldat im Kampf gegen jugoslawische und griechische Partisanen eingesetzt. Nach Kriegsende entschied Strempel sich bewusst, in der SBZ zu bleiben. Dort sah er sich mit vielen ehemaligen Genossen konfrontiert, die das NS-Regime im Widerstand oder aus der Emigration heraus bekämpft hatten, verfolgt worden waren oder im Konzentrationslager gewesen waren. Viele andere waren ermordet worden.

In dieser Zeit schuf Strempel eines seiner Hauptwerke, das Triptychon *Nacht über Deutschland*, das in seiner formalen Kargheit und farblichen Reduktion an Gemälde von Otto Mueller und Karl Hofer, seine einstigen akademischen Lehrer, erinnert. Strempel versuchte mit diesem Werk, »den Standort des deutschen Durchschnittsbürgers nach der ›Katastrophe‹ zu bestimmen« und die »Erfahrung von Abhängigkeit und fehlenden Selbstbestimmungsmöglichkeiten oder das Ausgeliefertsein an nicht durchschau- und kontrollierbare Prozesse«, wie er es während der NS-Herrschaft erlebt hatte, zu thematisieren.[1]

In ähnlicher Weise kann man Strempels Zeichnung *Die Masken* interpretieren. Das kleinformatige Blatt zeigt eine bühnenartige Landschaft mit niedrigem Horizont. Im Hintergrund stehen zwei einsame Gestalten, im Vordergrund liegen zahlreiche Masken, in ihrer Mitte ein Totenschädel, links und rechts zum Teil beschrif-

tete Papierbögen. Strempel zeigt, dass die Masken gefallen sind, was zwei Lesarten zulässt: Zum einen Schrecken, Ratlosigkeit und Trauer, denn hinter den Masken hat offenbar der Tod gelauert. Zum anderen lässt sich Strempel aber auch so interpretieren, dass er Tod und Verstellung auf dem Schutthaufen der Geschichte liegen sieht, von denen die Menschen nun befreit sind.

Das Blatt changiert zwischen beiden Aussagen und ist damit symptomatisch für die Empfindungen, die damals viele Deutsche teilten: das Gefühl, manipuliert und missbraucht worden zu sein – eine Sichtweise, die sich auch aus Strempels widersprüchlicher Biografie zwischen NS-Gegnerschaft und -Anpassung erklären lässt. JP

1   Saure, Gabriele: Facetten einer Zeit im Umbruch, in: Ausst.-Kat. Berlin 1993/94, S. 9–33, hier: S. 18.

VI 2/31
Otto Dix
(Untermhaus bei Gera 1891 –
1969 Singen am Bodensee)
Masken in Trümmern, Hemmenhofen am Bodensee 1946
Öl auf Holz, 120 × 81 cm
Kunstsammlung Gera
D/GM 15
Lit. Löffler 1981, S. 64, WV-Nr. 1946/11; Ausst.-Kat. München 1985, S. 56; Ausst.-Kat. Stuttgart/Berlin 1991/92, S. 301; Ausst.-Kat. London 1992, Nr. 123, S. 214; Karcher 1992, S. 196 f.; Slg.-Kat. Gera 1997, S. 247, 344.

Otto Dix' Malerei hatte in der Weimarer Republik einen kometenhaften Aufstieg erlebt. Unter dem NS-Regime fand seine Karriere ein jähes Ende. Die folgende »innere Emigration«, seine späte Teilnahme am Zweiten Weltkrieg als Soldat des sogenannten Volkssturmes sowie die anschließende französische Kriegsgefangenschaft konnten dem Maler 1946 das Gefühl vermitteln, wieder am Nullpunkt angelangt zu sein. Das heute weniger beachtete Spätwerk von Otto Dix umfasst immerhin 25 Jahre und ist partiell womöglich komplexer als vielfach gedacht. Freilich fällt es aus der allgemeinen künstlerischen Entwicklung der Zeit (Abstrakter Expressionismus, Aktionskunst, Pop und Minimal Art) heraus. Mit seinen religiösen Bildern nach 1945 knüpfte Dix stilistisch zum Teil unmittelbar an sein expressives, pastos gemaltes Frühwerk aus der Zeit vor dem Ersten Weltkrieg an (vgl. *Pietà*, 1912) und gab das zum Teil subversive altmeisterliche Stilidiom der 1920er und 1930er Jahre vollständig auf.

Das Kriegsende konnte Dix hier auch als Befreiung aus einer schließlich als zwanghaft empfundenen Anpassung an den von der NS-Ideologie geprägten Zeitgeschmack empfinden: Als selbstgewählte künstlerische Strategie war die Adaption der Altmeister für ihn in den letzten Jahren des NS-Regimes ins Leere gelaufen. Zugleich hatte diese Anpassung an eine metaphorische, allegorische und historische Bildsprache und ihre Doppeldeutigkeit die künstlerische Kritik an den Zuständen unter der NS-Herrschaft überhaupt erst möglich gemacht.

Masken in Trümmern stellt einen Reflex auf die Zerstörungen des Weltkrieges dar. Dix greift in dieser Fastnachtsdarstellung auf die gegen den Nationalsozialismus gerichteten *Sieben Todsünden* (Kat.-Nr. IV 1/18) von 1933 zurück, die ursprünglich selbst aus einer Kinderbuchzeichnung zum Thema Fastnacht entwickelt worden waren. Vor einer brüchigen, stark verflachten Architekturfolie agieren vier zum Teil schemenhafte Figuren, von denen zwei unmittelbar zum Personal der *Todsünden* gehören: links eine entblößte Frau als eine Art apathische Wollust, die nun die scharfgeschnittene gelbe Maske des Neides trägt, und oben die mit dunklen Steinen oder Kohlestücken jonglierende Verkörperung des Todes. Ein kleiner Harlekin mit Schellenkappe stapft unten munter durch das Bild. Rechts erkennt man noch eine weitere, fast aufgelöste Figur, die sich in die Kulisse schiebt und die Szene mit großem Ohr zu belauschen scheint.

Das Bild stellte den Auftakt einer Reihe unheimlicher Fastnachtsdarstellungen des Jahres 1946 dar, mit denen Dix das versehrte und wieder aufflackernde Leben im zerstörten Nachkriegsdeutschland als groteskes Theater inszenierte. Wenig später, in *Und neues Leben blüht aus den Ruinen* (Löffler 1981, WV-Nr. 1946/13), zeigt Dix eine Schwarzmarktszene und sich prostituierende Frauen, während larvenhafte, schwarzweiße Gespenster über Skeletten in Erdlöchern hausen. Bemerkenswert am Nachkriegswerk ist die Verschränkung von Figuration und Abstraktion, wenn der Maler die Figuren aus dem extrem verflachten, mitunter ornamental-dekorativ wirkenden Bildgrund herauswachsen oder darin versinken lässt. Ohne modisch zu werden und den Anspruch auf Deutung der Gegenwart aufzugeben, schloss Dix damit an die künstlerische Gegenwart an, die die Abstraktion kurz darauf zur Weltsprache erklärte. OP

3. Trommler

VI 3/32
Josef Hegenbarth
(Böhmisch-Kamnitz/Österreich-Ungarn 1884 – 1962 Dresden)
Nächtliche Heerschau, Dresden 1915/20
Radierung, 34,5 x 23 cm (Platte),
44,4 x 32,2 cm (Blatt)
Bez. u.l.: Illustr. z. »Nächtliche Heerschau«
Sign. u.r.: Josef Hegenbarth
Berlin, Deutsches Historisches Museum
Gr 69/13
Lit. Ausst.-Kat. Weimar 1980.

In der Radierung *Nächtliche Heerschau* von Josef Hegenbarth schlägt ein Skelett auf einem Friedhof hoch erhobenen Hauptes die Marschtrommel. Es ist bekleidet mit einer Mütze, die einer Husarenpelzmütze ähnelt. Kragen und Epauletten der Jacke erinnern hingegen an Uniformen aus der napoleonischen Zeit.[1] Der Klang der Trommel lockt die toten Soldaten aus den Gräbern. Ausgestattet mit stilisierten antiken Helmen und Schwertern scharen sie sich grinsend um den Tambour.

Die Radierung ist eine Illustration zum gleichnamigen Gedicht des österreichischen Offiziers und Dichters Joseph Christian Freiherr von Zedlitz (1790–1862). Zieht man den Text heran, lässt sich die Szene leicht entschlüsseln: »Nachts um die zwölfte Stunde/ Verläßt der Tambour sein Grab, / Macht mit der Trommel die Runde, / Geht emsig auf und ab./ [...] / Die Trommel klinget seltsam, / hat gar einen starken Ton, / Die alten todten Soldaten / Erwachen im Grabe davon.«[2] Zedlitz bezieht die schlafenden Soldaten auf die »große Armee« Napoleons, die wiederaufersteht.

VI 3/32

Hegenbarths Darstellung ist darüber hinaus vermutlich auch von der Erfahrung des Ersten Weltkrieges beeinflusst. Formal knüpfte der Künstler an die Tradition des Symbolismus an. Noch bis zum Ersten Weltkrieg wurde das Motiv des Tambours vielfach in der Grafik bearbeitet. Er tritt als Personifikation des Krieges oder als Kriegstreiber auf. Hegenbarths Interpretation unterscheidet sich von den vielfach positiv gemeinten symbolistischen Darstellungen, indem er den auferstehenden Soldaten grausige Züge verleiht. Das Thema der toten oder schlafenden Soldaten, die aus ihren Gräbern auferstehen, sobald die Kriegstrommel ruft, hat Otto Dix später in der Predella seines großen Triptychons zum Krieg eindeutig kritisch eingesetzt (vgl. Abb. 5, S. 84). SH/CO

1 Wir danken Daniel Hohrath, DHM, für vielfache Hilfen bei der Identifizierung von Militaria.
2 Zedlitz, Joseph Christian Freiherr von: Gedichte, Stuttgart/Tübingen 1832, S. 16 ff.

VI 3/33
Käthe Kollwitz
(Königsberg 1867 –
1945 Moritzburg bei Dresden)
Studie zu *Die Freiwilligen*, Berlin 1920
Für Blatt 2 des Zyklus *Krieg*
Bleistift, 46,7 × 67 cm
Berlin, Käthe-Kollwitz-Museum Berlin

VI 3/34
Käthe Kollwitz
(Königsberg 1867 –
1945 Moritzburg bei Dresden)
Studie zu *Die Freiwilligen*, Berlin 1920
Für Blatt 2 des Zyklus *Krieg*
Kohle und braune Kreide, 42,5 × 60 cm
Berlin, Privatsammlung

VI 3/33

VI 3/34

Lit. Jürgens-Kirchhoff 1993, S. 280 ff.; Slg.-Kat. Berlin 1999, Nr. 99, S. 224 f., und Nr. 100, S. 226 f.; Ausst.-Kat. Berlin 1995 (5), S. 156; Kollwitz 2007.

Ein Jahr vor dem Holzschnitt *Die Freiwilligen* – Blatt 2 der Folge *Krieg* (1921/22; Kat.-Nr. III 3/41) – bereitete Käthe Kollwitz das Motiv in zwei Zeichnungen vor. Mit der Darstellung junger Männer, die freiwillig in den Krieg ziehen, verarbeitete die Künstlerin den Tod ihres 1896 geborenen jüngeren Sohnes Peter, der kurz nach Ausbruch des Ersten Weltkrieges als Freiwilliger in Belgien gefallen war. Sie hatte bei ihrem Mann Karl interveniert, damit dieser die Papiere unterschrieb, die der noch minderjährige Peter von beiden Elternteilen benötigte, um sich freiwillig zum Kriegsdienst zu melden. Aus Kollwitz' umfangreichen Tagebuchaufzeichnungen geht hervor, dass sie sich bei Peters freiwilliger Meldung hin- und hergerissen gefühlt hatte zwischen Vaterlandspflicht und Mutterliebe.[1] Zwei Jahre nach seinem Tod schrieb sie: »Nie wird mir das alles klar werden. Wahr ist nur, daß die Jungen, unser Peter, vor zwei Jahren mit Frömmigkeit in den Krieg gingen. Und daß sie es wahrmachten, für Deutschland sterben zu wollen. Sie starben – fast alle.«[2] Nach dem Tod ihres Sohnes vertrat sie fortan eine pazifistische Haltung.

Mit dem Motiv *Die Freiwilligen* gestaltete Kollwitz eine überzeitliche Variation des mittelalterlichen Totentanz-Motivs des trommelnden Todes. Die Bleistiftzeichnung zeigt eine Reihe von drei jungen Männern, die einander die Arme um die Schultern legen. Sie werden links von einer Gestalt mit angedeuteter Trommel und einem zum Schlag erhobenen Arm angeführt, deren Kopf einem Totenschädel gleicht. Während die Burschen durch die in den Nacken geworfenen Köpfe und die geschlossenen Augen wie in Trance erscheinen, blickt die trommelnde Figur in aufrechter Haltung zu ihnen herüber: Es scheint, als nähme der Tod seine Opfer ins Visier.

Die ebenfalls 1920 entstandene Kohle- und Kreidestudie zu *Die Freiwilligen* ist im Vergleich zu der zarteren Bleistiftzeichnung stärker durch Hell-Dunkel-Effekte dramatisiert und kann als Vorstufe für den Holzschnitt gelten. Die Wiedererkennbarkeit im Detail tritt zurück. Dafür hebt die Künstlerin in dieser Studie den mittleren und einen weiteren Jüngling hervor. Letzterer hat den Kopf in den Nacken geworfen. Das Leid dieser Gestalt wird durch den wie zum Schrei geöffneten Mund betont.

Es scheint, als habe Kollwitz in der Bleistiftzeichnung die Entschlossenheit der Jugend, in den Krieg zu ziehen, wesentlich klarer herausgearbeitet als in der Kohlezeichnung, die dem Krieg eine schicksalhaft unausweichliche Dimension verleiht. Beide Aspekte fließen in die Holzschnittversion ein. In ihm wird die Funktion des trommelnden Todes, der schon einen Jungen zu sich gezogen hat, ebenso deutlich wie der bedingungslose Hurra-Patriotismus der Jungen. Im Rhythmus der Trommelschläge des Todes streben sie vorwärts und damit in ihr Verderben. AS

1 Vgl. Kollwitz 2007, S. 152, Eintrag vom 11. August 1914.
2 Kollwitz 2007, S. 279.

> »Und der Wandrer zieht auf der Schlachtenbahn
> Mit ihr den streitenden Heeren voran,
> Und die Werbetrommel im Land er rührt
> Und zum blutigen Tanze er die Männer führt.«
>
> Ludwig Bechstein, Der Todtentanz, 1831
> Bechstein 1831, S. 165

VI 3/35

VI 3/35
A. Paul Weber
(Arnstadt in Thüringen 1893 – 1980 Großschretstaken bei Mölln)
Der Balanceakt, 1932/34
Feder mit grauer Farbwalzung, 44 × 30,5 cm
Ratzeburg, A. Paul Weber-Museum
HZ 770
Lit. Simplicissimus, Jg. 1956, Nr. 8, hg. v. Olaf Iversen, München 1956, S. 118; Ausst.-Kat. Karlsruhe/Frankfurt am Main/München 1980, S. 29; Schartel (Hg.) 1981, S. 15; Dorsch 1991, WV-Nr. 294; Ausst.-Kat. Hannover 1993/94, S. 179 f.; Schumacher/Dorsch 2003.

Ein wohlgenährter Kapitalist balanciert auf einem Drahtseil hoch über einer staunenden Menschenmenge. Aus seinen Hosentaschen quellen Bündel mit Geldscheinen hervor. Auf seinem Kinn balanciert er ein Gewehr und auf dessen Kolben wiederum eine große Landsknechttrommel. Die nach eigenen Angaben zwischen 1932 und 1934 entstandene Federzeichnung hat Weber 1962 in eine Lithografie umgesetzt. Er beschreibt das Motiv in den Aufzeichnungen für ein geplantes Verzeichnis seiner Arbeiten folgendermaßen: »Balanceakt. Industrieller (Finanz) als Seilkünstler balanciert mit der Wehrmacht (das Gewehr) die Partei (große Trommel = Partei) hinten rauchen die Schornsteine – Rüstungsaufträge – Kriegsgewinn«.[1] Die Partei, auf die Weber anspielt, ist die NSDAP, die Trommel steht außerdem für die von ihr gezielt eingesetzte Propagandamaschinerie.[2]

Weber arbeitete ab 1928 als Illustrator für die Zeitschrift *Widerstand*, die von dem »Nationalbolschewisten« Ernst Niekisch herausgegeben wurde.[3] Niekisch kritisierte darin vor allem den Weg der NS-Bewegung in die parlamentarische »Legalität«. Die Präsenz im Weimarer Parlament und die Verbindungen zur Industrie bedeuteten aus seiner Sicht das Ende der revolutionären Orientierung der NSDAP.[4] Obwohl Webers Zeichnung nicht in der Zeitschrift *Widerstand* veröffentlicht wurde, ist sie durchaus im Sinne von Niekischs Äußerungen zu interpretieren. Nach dem Zweiten Weltkrieg wurde das Motiv vor allem als symbolhafte Umsetzung des gefährlichen Spiels des Großkapitals, vor allem der Rüstungsindustrie, mit der NS-Bewegung gedeutet. Das Blatt wurde am 25. Februar 1956 im *Simplicissimus* mit dem Titel *Das deutsche Wunder* abgedruckt, der eine Assoziation zum Wirtschaftswunder der Nachkriegszeit nahelegt. BB

1 Zit. n. Ausst.-Kat. Hannover 1993/94, S. 180.
2 Trommeln als Symbol für Partei und Propaganda verwendet Weber auch in den Blättern Kat.-Nrn. VI 3/36, VI 3/37.
3 Ausführlicher zu diesem Themenkomplex siehe Kat.-Nr. IV 1/8.
4 Niekisch schreibt als Kommentar zur Orientierung der Nationalsozialisten am italienischen Faschismus und zu ihrem Einzug in das Weimarer Parlament im Widerstand, H. 5, 1929, S. 135: »Wer müsste nicht an Deutschlands Zukunft verzweifeln, wenn er sich einzugestehen hätte, daß sogar die nationalsozialistische Freiheitsbewegung in antideutschen Romanismus und internationalen Kapitalismus ausläuft.« – Zu Niekischs Position zum Nationalsozialismus ausführlich: Noll 1993, S. 255–270.

»Ich bin nichts als ein Trommler und ein Sammler.«

Adolf Hitler, 1922
zit. n. Pechel 1947, S. 280

VI 3/36

VI 3/36
A. Paul Weber
(Arnstadt in Thüringen 1893 – 1980 Großschretstaken bei Mölln)
Der Optimist, 1933
Geplant als Illustration für die Zeitschrift *Widerstand*, nicht veröffentlicht
Feder, 40 × 27 cm
Ratzeburg, A. Paul Weber-Museum
HZ 1047

Lit. Ausst.-Kat. Regensburg 1983/84, Nr. 111, S. 109; Dorsch 1991, WV-Nr. 1872; Schumacher/Dorsch 2003, S. 114.

Zu diesem Bild notierte A. Paul Weber 1965: »Der Optimist wurde als Bild für den Widerstand […] kurz nach der Machtergreifung bestimmt. Es hockt ein Narr auf einem Eichenstamm umflutet vom Hochwasser. Triumphierend schlägt er auf die Pauke – An den Aststümpfen hängen die Wappenzeichen von Luther, von Preußen und von Bismarck. Unter dem Bild stand noch ein kurzes Spottgedicht ›Tschingtarrabumm wir sitzen oben…‹.«[1] Die Zeichnung entstand somit nach einer späteren Aussage des Künstlers als Kommentar zu Adolf Hitlers Ernennung zum Reichskanzler am 30. Januar 1933. Sie sollte im Februarheft des *Widerstand* abgedruckt werden. Dazu kam es nicht, da die Leipziger Druckerei Brandstetter ihre Schließung befürchtete und sich deshalb weigerte, das Bild zu drucken. »Es hing also vom *Drucker* ab – was wir publizieren durften! – konnten«, kommentierte Weber.[2]

Der Narr, könnte man deuten, steht hier für einen Vertreter des NS-Regimes, wenn nicht gar für Hitler selbst. Endlich an die Macht gelangt, schlägt er umso kräftiger die Propagandatrommel. Der Eichenstamm stellt das Deutsche Reich dar, dem sprichwörtlich das Wasser bis zum Hals steht. Die Baumkrone der geborstenen Deutschen Eiche bestand einst aus drei Ästen. Auf Luther, Preußen und Bismarck gründete sich im Verständnis des »Widerstandskreises« die deutsche Nation.[3] Luther kann symbolhaft für den protestantischen Glauben überhaupt gesehen werden; folglich wird hier die »Romhörigkeit« Hitlers angeprangert.[4]

In seiner Zeichnung verspottete Weber dieser Lesart zufolge die nach Meinung des »Widerstandskreises« unbegründeten Erwartungen an das NS-Regime, das Deutsche Reich könne unter seiner Herrschaft die einstige Souveränität wiedererlangen.[5] Der Pauke schlagende Narr macht also viel Lärm um nichts. Weber wiederholte das Motiv 1952 in einer Lithografie. BB

1 Dorsch 1991, WV-Nr. 1872.
2 Dorsch 1991, WV-Nr. 1872.
3 Ernst Niekisch, Herausgeber der Zeitschrift *Widerstand*, schrieb 1930: »Preußen war der Versuch einer Staatsschöpfung aus dem germanisch-slavischen Nordosten; der Heilige dieser schöpferischen Tat war Luther […] Bismarck vollendete die preußische Leistung […] indem er die stärksten machtpolitischen Stützpunkte des europäischen Romanismus schwächte und niederwarf.« Ernst Niekisch: Das Dritte Reich, in: Widerstand, H. 5, 1930, S. 135 f., zit. n. Schumacher/Dorsch 2003, S. 114.
4 Das »Römische« setzte Niekisch immer auch mit dem Katholischen gleich. Die »Romhörigkeit« steht hier für die guten Beziehungen zwischen der NSDAP und den italienischen Faschisten. Vgl. dazu Sauermann 1984, S. 136. Zum Verhältnis des *Widerstand* zum Protestantismus nach 1933 siehe Sauermann 1984, S. 133 ff.
5 Zum Themenkomplex Weber/Niekisch und dem nationalbolschewistischen Selbstverständnis des »Widerstandskreises« siehe ausführlich Kat.-Nr. IV 1/8.

VI 3/37

A. Paul Weber
(Arnstadt in Thüringen 1893 –
1980 Großschretstaken bei Mölln)
»... und kommen nach kurzer Pause wieder«, 1955 (1934)
Nach einer Illustration für die Zeitschrift
Widerstand, Heft 6,
Berlin: Widerstandsverlag, 1934
Lithografie, 49 × 40,5 cm (Darstellung)
Ratzeburg, A. Paul Weber-Museum, Drexel 7
Lit. Widerstand, H. 6, 1934, nach S. 196; Simplicissimus, Jg. 1956, Nr. 25, hg. v. Olaf Iversen, München 1956, S. 387; Frommhold (Hg.) 1968, S. 578; Schartel (Hg.) 1981; Schumacher 1984, S. 210; Dorsch 1991, WV-Nr. 2478; Schumacher/Dorsch 2003, S. 113.

Ein Skelett sitzt auf einer großen Trommel. Es holt mit dem Schlegel zum Schlag aus und spricht in ein vor ihm aufgestelltes Mikrofon. Diese 1955 von A. Paul Weber geschaffene Lithografie wurde 1956 im *Simplicissimus* seitenverkehrt abgebildet und trägt den Titel »*... und kommen nach kurzer Pause wieder*«. In den 1960er Jahren kommentierte Weber dieses Motiv folgendermaßen: »Entgegen den Friedensbeteuerungen des Führers steuert die ganze Situation unweigerlich auf den Krieg hin. Der Tod hockt auf der Pauke (die Partei) und kündigt das Verhängnis an mit den damals üblichen Worten des Ansagers«.[1] Mit diesem Kommentar stilisierte Weber das Motiv, dem eine Zeichnung von 1934 zugrundeliegt, zu einer visionären Vorausschau des durch die Nationalsozialisten herbeigeführten Zweiten Weltkrieges. Zusammen mit dem im *Simplicissimus* 1955 abgedruckten Titel schließt das Blatt zudem eine aktuelle Warnung vor erneuten nationalsozialistischen Aktivitäten mit ein.

Die Zeichnung war erstmals 1934 in der Zeitschrift *Widerstand* zu dem Text *Frankreich in der Offensive* abgedruckt worden. Hinter dem Pseudonym »Spektator«, mit dem der Text unterzeichnet ist, verbirgt sich der Herausgeber Ernst Niekisch.[2] Der vollständige Titel dieser Illustration lautete: *Genf: »... und kommen nach kurzer Pause wieder«*. Der Verweis auf »Genf« stellt den Zusammenhang her zu den von 1932 bis 1935 erfolglos geführten Abrüstungsverhandlungen innerhalb des Völkerbundes. Bereits 1933 hatte Niekisch einen Artikel mit dem Titel *Atempause* geschrieben, in dem er sich ebenfalls mit der Genfer Abrüstungskonferenz auseinandersetzte. Darin warf er dem Reichskanzler Adolf Hitler vor, die deutsche Position nicht ausreichend gegenüber den Siegermächten des Ersten Weltkrieges zu vertreten: »Die französische Politik ist zäh; sie will keine Auflockerung des Versailler Vertrags; sie will die ›Achtung der Verträge‹, und sie würde nicht erschrecken, wenn Deutschland daran zugrunde ginge. Deutschland hat einen Rückzug vorgenommen; Frankreich will, daß er fortgesetzt werde.« Durch seinen Rückzug habe Deutschland, so Niekisch, zwar eine Atempause erreicht, aber eine »Atempause ist kein Sieg«.[3]

Mit dem Artikel *Frankreich in der Offensive* griff Niekisch das Thema im Jahr 1934 erneut auf. Das nationalsozialistische Deutschland war inzwischen aus dem Völkerbund ausgetreten und an den Genfer Verhandlungen nicht mehr beteiligt. Niekisch bemerkte zu den vermeintlichen neuerlichen Angriffen Frankreichs gegenüber dem Deutschen Reich: »Die französische Offensive gegen Deutschland begann auf der Sitzung des Völkerbundrates, die Mitte Mai in Genf stattfand.« Da Frankreich durch die bloße Tatsache der Nachbarschaft Deutschlands beunruhigt sei, erblicke es in einem erholten, handlungsfähigen Deutschland die nächstliegende Gefahr. Deshalb mobilisiere »Frankreich die ganze Welt, um Deutschland aus der Reihe der unabhängigen Mächte auszutilgen«.[4]

Betrachtet man Webers Zeichnung in diesem Zusammenhang, stellt sich die berechtigte Frage, ob hier ursprünglich nicht eher der »Feind« Frankreich gemeint ist, der »nach kurzer Pause« wiederkehrt, um Deutschland »auszutilgen«, als dass Weber hier vor dem NS-Regime und seiner Angriffspolitik warnt. Weber hat mit dieser Zeichnung jedoch eine allgemeingültige Bildaussage gefunden, die, losgelöst vom Kontext ihrer Entstehungszeit nach dem Krieg als Kritik an dem NS-Regime interpretiert wurde. BB

1 Dorsch 1991, WV-Nr. 2478.
2 Vgl. Rätsch-Langejürgen 1997, S. 210, Anm. 47. Zum Themenkomplex Weber/Niekisch und dem nationalbolschewistischen Selbstverständnis des »Widerstandskreises« siehe ausführlich Kat.-Nr. IV 1/8.
3 Niekisch, Ernst: Atempause, in: Widerstand, H. 6, 1933, S. 168–180, hier: S. 180.
4 Spektator [d. i. Ernst Niekisch]: Frankreich in der Offensive, in: Widerstand, H. 6, 1934, S. 192–203, hier: S. 197, 199, 200.

VI 3/38

Paul Klee
(Münchenbuchsee bei Bern 1879 –
1940 Muralto bei Locarno)
militarismus der Hexen, 1933, 329 (B 9)
Bleistift auf Papier auf Karton, 23,3 × 27,3 cm
Bern, Zentrum Paul Klee
PKS Z 1100
Lit. Glaesemer 1984, S. 346 f.; Franciscono 1991, S. 273; Ausst.-Kat. Berlin 1996 (2), S. 228; Kort 2003, S. 119; Catalogue raisonné Paul Klee 1998–2004, Bd. 6: 1931–1933, WV-Nr. 6375.

VI 3/38

Dargestellt ist ein Trommler in Aktion. Er holt weit aus mit dem Schlegel, um auf eine Art Trommel oder Tamburin zu schlagen, das er in der anderen Hand hält. Mit den Füßen stampft er den Takt dazu. Vor ihm liegt der Länge nach auf dem Bauch und mit heraushängender Zunge eine Figur, die Arme und Beine von sich streckt. Links im Hintergrund beobachtet in Reih und Glied aufgestellt eine Gruppe gleichartiger Figuren das Geschehen. Ihnen allen hat Klee übergroße Nasen verliehen, so dass die Szene an seine Maskengruppen erinnert und wie diese in die Nähe des »Possenhaften oder Burlesken« rückt.[1]

Die Zeichnung auf Detailpapier gehört zu dem Konvolut der Zeichnungen zur »nationalsozialistischen Revolution«, das Paul Klee 1933 als Reaktion auf die Machtübernahme der Nationalsozialisten geschaffen hat (vgl. Kat.-Nrn. II 1/8, VI 2/20, VI 2/21).[2] Klee verzichtet in diesen Zeichnungen auf klare Inhalte und einfach zu deutende historische und gesellschaftliche Bezüge und begegnet dem Zeitgeschehen mit den Mitteln der Parodie oder Ironie. Inhaltliche und formale Offenheit, Ironie sowie eine melancholische Grundhaltung sind, wie Alexander Dückers gezeigt hat, an sich bereits Eigenschaften, »die dem Wesen eines totalitär verfaßten Staates diametral zuwiderlaufen«.[3] Zeichnungen wie diese sind subtile Äußerungen des Protestes oder inneren Widerstandes. Es liegt nahe, im Trommler eine Anspielung auf Adolf Hitler oder Joseph Goebbels zu sehen. Klee hält eine solche Vermutung jedoch ganz bewusst in der Schwebe und gibt keine eindeutigen Hinweise.
SH/AB

1 Kort 2003, S. 191.
2 Vgl. den Text zu Kat.-Nr. II 1/8.
3 Dückers, Alexander: Zu Paul Klees späten Werkfolgen, in: Ausst.-Kat. Berlin 1997 (2), S. 9–23, hier: S. 10.

VI 3/39
John Heartfield
(Schmargendorf bei Berlin 1891 – 1968 Ost-Berlin)
Das tausendjährige Reich, 1934
Aus der Zeitschrift *AIZ*, Nr. 38, 20. 9. 1934, Prag (ohne Verlagsangabe)
Kupfertiefdruck, 38 x 27 cm
Berlin, Akademie der Künste, 783
Lit. März 1993.

In den fünf Jahren seines Exils in Prag setzte John Heartfield die Arbeit für die ab Ende März 1933 dort erscheinende, in Deutschland verbotene *AIZ*[1] fort. Doch das Aktionsfeld der Zeitschrift schränkte sich durch die geringere internationale Verbreitungsmöglichkeit, die sich verstärkende Vorzensur und eine sich verändernde Leserstruktur mehr und mehr ein. Denn große Teile der deutschsprachigen Leserschaft und einer sich bewusst als proletarisch verstehenden Arbeiterschaft waren nicht mehr erreichbar.

Die Allegorie des instabilen Kartenhauses ist überdeutlich: Das von Adolf Hitler propagierte »Tausendjährige Reich«, das dieser kurz zuvor in seiner Rede auf dem Nürnberger Reichsparteitag im September 1934 beschworen hatte, wird von Heartfield als ein Gebilde von kurzer Dauer vorgeführt. Jede einzelne Spielkarte ist eine Montage, die Heartfield herstellte, bevor der Aufbau entstand und für die hintere Umschlagseite der *AIZ* fotografiert wurde. Die einzelnen Karten sind beschriftet: Oben, wo auch die Nationalflagge des Deutschen Reiches mit Hakenkreuz weht, thront Fritz Thyssen, Großindustrieller und Reichstagsabgeordneter. Thyssen, der für das Kapital steht, wird getragen von Reichswehr, SS, SA, Schwarzer Reichswehr und den Feldjägern, die die mittlere »Säule« des Kartenhauses bilden. Links unter Thyssen liegt quer eine Karte mit dem »blutigen Hermann« Göring. In seiner Funktion als preußischer Innenminister hatte er im April 1933 die Geheime Staatspolizei (Gestapo) gegründet und schon bald eine entscheidende Rolle bei der Errichtung des flächendeckenden Systems der Kon-

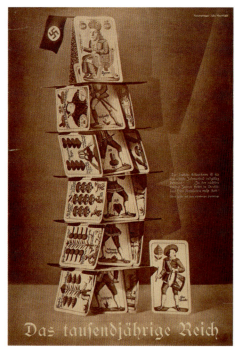

VI 3/39

zentrationslager gespielt. Die Ermordung von mehr als 191 politischen Gegnern im Zuge der als »Röhm-Putsch« bezeichneten Aktion vom 30. Juni 1934 hatte Göring von Berlin aus geleitet. Im Juli 1934 war er zum Reichsforstmeister, Reichsjägermeister und Obersten Beauftragten für den Naturschutz ernannt worden. Heartfield porträtiert Göring mit großen »Lauschern«, die signalisieren, dass er jegliche Kritik als »Verrat« registriert. Am Fuße des Kartenhauses steht »Der Trommler«, der Hitlers Züge trägt. Sein Blick richtet sich weg von dem Kartengebilde, das für Deutschland steht. Darin könnte ein Hinweis auf die gezielten Kriegsvorbereitungen und Expansionsbestrebungen des Deutschen Reiches liegen, denn vielleicht trommelt er eine Gefolgschaft für neue Aufgaben zusammen. Heartfield charakterisiert Hitler durch die Trommel als Kriegstreiber, der die Soldaten anführt. Zugleich veranschaulicht er mit dem einsturzgefährdeten Bau, dass das Deutsche Reich nicht »für das nächste Jahrtausend endgültig bestimmt« ist und konterkariert auf diese Weise das rechts eingerückte Hitler-Zitat. NB

1 Vgl. Kat.-Nr. IV 2/31, Fußnote 1.

VI 3/40

Hans Feibusch
(Frankfurt am Main 1898–1998 London)
Der Trommler, London 1934
Öl auf Leinwand, 105 × 71,5 cm
Berlin, Privatsammlung
(Abb. S. 258)
Lit. Ausst.-Kat. Berlin 1979/80; Ausst.-Kat. Frankfurt am Main 1986; Ausst.-Kat. Chichester u. a. 1995/96; Henzel 1996.

Hans Feibuschs Biografie und sein Œuvre in den späten Frankfurter Jahren 1930 bis 1933 und im englischen Exil 1933 bis 1936 zeigen, welchen Repressionen jüdische Künstler seitens der Nationalsozialisten ausgesetzt waren und wie sie auf diesen Druck in ihren Werken reagierten. Im Dezember 1930 wurde Feibusch mit dem Großen Staatspreis für Maler geehrt, doch schon im März 1933 erhielt er aufgrund seiner jüdischen Herkunft von der Preußischen Akademie der Künste eine Aufforderung, auf die Einsendung von Werken für die Frühjahrsausstellung der Akademie zu verzichten.[1] Die Gemälde *Erschrocken* (1933) und *Die Opferung Isaaks* (1933) sind direkte Reaktionen des Künstlers, die seiner Ohnmacht gegenüber dem NS-Regime Ausdruck verleihen.[2]

In *Der Trommler* stellt Feibusch das Grauen eines unaufgelösten existentiellen Konflikts in einer eindringlichen Bildmetapher dar: Die Figur hat die Faust mit Trommelstab erhoben, und die ruhende Hand erstickt den Nachklang des letzten Tons. Die Spannung von unheilvoller Stille und Erwartung des nächsten Schlages charakterisiert die Zerrissenheit Feibuschs zwischen dem Trauma des Exils und der Angst vor zukünftigen Schicksalsschlägen. Gesteigerte Licht-Schatten-Kontraste, das Erstarren der Komposition in spitzwinkligen Dreiecksformen, der perspektivlose, verdüsterte Bildraum, die Untersicht auf Kopf und ausholenden Arm sowie die militärisch anmutende Kostümierung[3] verstärken die Bedrohlichkeit des *Trommlers*. Als Mensch wird er nicht fassbar. Die blicklose Gesichtsmaske und Feibuschs flächiger Farbauftrag reduzieren die Bildfigur auf eine theatralische Pose, die keine Hoffnung zulässt, der finale Schlag aufs Instrument sei noch abzuwenden. MA

1 Henzel 1996, S. 36, 38.
2 Henzel 1996. S. 46f., 242.
3 Zur Inspiration Feibuschs durch den Anblick einer Militärkapelle siehe Henzel 1996, S. 244.

VI 3/41

Renate Geisberg-Wichmann
(Berlin 1898–1972 West-Berlin)
Der Trommler, Berlin 1935/36
14. Blatt aus dem Zyklus *Totentanz*, Berlin: Ferdinand Möller, 1937 (16 Blätter)
Holzschnitt, 62 × 44,5 cm (Platte),
75 × 53,7 cm (Blatt)
Bez. u. l.: »Der Trommler«
Sign. u. dat. u. r.: R. Geisberg 1937
Berlin, Deutsches Historisches Museum
Gr 96/137
Lit. Kasten, Friedrich W.: Gründerzeit, Kaiserreich und Weimarer Republik – Totentanzdarstellungen zwischen 1871 und 1933, in: Ausst.-Kat. Mannheim 1986, S. 229.

Renate Geisberg-Wichmann war als Enkelin eines wohlhabenden Dresdener Schokoladenfabrikanten in gutbürgerlichen Verhältnissen aufgewachsen, hatte Sprachen studiert und ab 1924 an der Fremdsprachenhochschule in Berlin unterrichtet.[1] Erst ihr Mann, der spätexpressionistische Maler Julius Wichmann, entdeckte ihr künstlerisches Talent. Durch ihn motiviert und vermutlich auch durch die Bewunderung für Käthe Kollwitz eignete sich Geisberg-Wichmann die Technik des Holzschnittes an, in der sie dann ausschließlich arbeitete.

Die Verwendung dieser traditionellen Technik mag ein Grund sein, warum sich die Künstlerin überwiegend mit historisch-religiösen Bildformen und Themen beschäftigte. Zugleich eröffnete diese Bildsprache aber auch einen Weg, in verklausulierter Form aktuelle politische Ereignisse zu thematisieren. So sind ihre beiden großen Holzschnittzyklen *Totentanz* (1935/36) und *Die Wiedertäufer in Münster* (1938–1941), als düster-pessimistische Kommentare zum nationalsozialistischen Regime zu lesen.

Das Blatt *Der Trommler* aus dem *Totentanz* greift die mittelalterliche Vorstellung vom »Spielmann Tod« auf, dessen Trommeln die Menschen mit in den Krieg reißt. Ein bodenlanges, kuttenartiges Gewand bedeckt den Körper, nur Knochenfüße und -hände sowie das fratzenartige Gesicht geben seine wahre Identität preis. Mit ausholender Geste und im Laufschritt strebt er eilends auf sein Ziel zu, von dem flammenartige Strahlen bereits unheilvoll künden.

Auch in den anderen Blättern des Zyklus zeichnet Geisberg-Wichmann den Tod als Verführer und Peiniger, der sein böses Spiel mit den als hilflos-naiv gezeichneten Menschen treibt. Mit dem Schlussblatt, *Diener Gottes*, weist sie jedoch darauf hin, dass der Tod nicht sein eigener Herr ist, sondern immer im Dienst höherer Mächte steht, die ihn für ihre Zwecke einsetzen und missbrauchen – eine zu dieser Zeit durchaus gewagte Anspielung.

Der Totentanz-Zyklus, eine Folge von insgesamt 16 Blättern, wurde 1937 von dem renommierten Berliner Galeristen Ferdinand Möller in einer Auflage von vierzig Exemplaren verlegt. Möller, der als Förderer expressionistischer Künstler wie Emil Nolde und Oskar Schlemmer bekannt geworden war, konnte noch eine der Mappen verkaufen.[2] Doch musste er seinen regulären Galeriebetrieb 1937/38 unter dem wachsenden Druck der Nationalsozialisten aufgeben. Für Renate Geisberg-Wichmann und ihren Mann entfiel damit der wichtigste Vermittler ihrer Kunst. Ihre Werke entsprachen nicht der offiziellen Kunstdoktrin der Nationalsozialisten, für sie fanden sich deshalb keine Ausstellungs- und Verkaufsmöglichkeiten mehr. JP

1 Angaben zu Biografie und Werk auf Grundlage eines Gesprächs mit dem Sohn der Künstlerin, Dr. Fidelis Wichmann (Berlin), am 15. Februar 2008.
2 Siehe Eintrag 1938 im Wareneingangsbuch der Galerie Ferdinand Möller, Ferdinand-Möller-Archiv in der Berlinischen Galerie.

VI 3/41

»Am 8. Juni 1932 sahen wir den […] Tonfilm ›Der Blaue Engel‹. […] Trotzdem war ich nur in wenigen Augenblicken wirklich von dem Geschehen auf der Leinwand festgehalten oder gar mitgerissen; immer wieder tauchte eine Szene der vorangegangenen Wochenschau in mir auf […] Die Szene spielte nach dem Antritt der Regierung Papen; sie hieß: ›Tag der Skagerrakschlacht, Marinewache für das Präsidentenpalais zieht durch das Brandenburger Tor‹. […] Aber nie zuvor, und was mehr sagt, auch niemals hinterher, trotz aller Paraden vor dem Führer und aller Nürnberger Vorbeimärsche, habe ich etwas Ähnliches gesehen wie an diesem Abend. […] Der Tambour war meine erste erschütternde Begegnung mit dem Nationalsozialismus, der mir bis dahin trotz seines Umsichgreifens für eine nichtige und vorübergehende Verirrung unmündiger Unzufriedener gegolten hatte. Hier sah ich zum erstenmal Fanatismus in seiner spezifisch nationalsozialistischen Form; aus dieser stummen Gestalt schlug mir zum erstenmal die Sprache des Dritten Reichs entgegen.«

Victor Klemperer, 1957
Klemperer 1993 [1957], S. 24

VI 3/42
Hans Grundig
(Dresden 1901–1958 Dresden)
Trommler (Der Krieg!)/Die Trommel, Dresden 1936
Aus der Folge *Tiere und Menschen*
Kaltnadelradierung, 24,9 x 24,5 cm (Platte), 26,9 x 37,5 cm (Blatt)
Dat. u. bez. u. l.: 1937 Der Krieg!
Bez. u. l.: 1. Abzug
Sign. u. r.: Hans Grundig
Berlin, Deutsches Historisches Museum
Gr 63/1309
Lit. Bernhardt 1966, Nr. 4, S. 471–476 (Bildteil S. 1–16), D 31; Grundig 1959 [1958]; Hofmann, Karl-Ludwig: Antifaschistische Kunst in Deutschland. Bilder, Dokumente, Kommentare, in: Ausst.-Kat. Karlsruhe/Frankfurt am Main/München 1980, S. 56; Feist 1984 [1979], S. 104; Schätzke 1999, S. 76–87; Weber, Stephan: Eine Annäherung an Hans Grundig anlässlich seines 100. Geburtstages, in: Weber/Frommhold 2001, S. 58 f.

Hans Grundigs Radierfolge *Tiere und Menschen* enthält neben Darstellungen, die man dem Bereich der reinen Tierfabel zuordnen kann (vgl. Kat.-Nrn. V/13–V/17), sowie Darstellungen von Tieren und Menschen auch Elemente des Satirischen und Grotesken, so in dem Blatt *Trommler (Der Krieg!)*. Es zeigt eine große Trommel mit Gesicht, Armen und Beinen. Von ferne her eilt sie auf einem Weg durch eine flache menschenleere Landschaft mit großen Schritten auf den Betrachter zu und schlägt sich mit beiden Armen selbst den Takt dazu.

Das Motiv vom Tod als Trommler, der das Heer anführt und in den Krieg treibt, fand insbesondere zu Beginn des 20. Jahrhunderts und im Zusammenhang mit dem Ersten Weltkrieg Verwendung in Grafiken. In ihnen wurde der Krieg als schicksalhaftes Getriebensein in den Tod symbolisiert. Diese frühen Darstellungen waren »nicht als pazifistischer Protest gemeint, sondern eng verknüpft mit einer nationalistischen Stellungnahme, die bedingt, daß das Sterben von Millionen als notwendiges Opfer ver-

VI 3/42

standen wird«.¹ Anders in der Zeit zwischen den Kriegen. Ab 1923 wurde die Figur des Trommlers mit Adolf Hitler,² ab 1933 dann auch mit Joseph Goebbels assoziiert und stand zudem allgemein für die nationalsozialistische Propaganda. Zusätzlich wuchs ihr eine weitere Bedeutungsebene zu. Denn mit der Machtübernahme wurde sie ab 1933 für viele Künstler erneut zum Symbol eines kommenden Krieges.

Grundigs *Trommler* spielt mit beiden Bedeutungsebenen. Als das Blatt 1936 entstand, zeichnete sich bereits deutlich ab, dass das Deutsche Reich Vorbereitungen für einen Krieg traf. 1935 war die Wehrpflicht wieder eingeführt worden und die Rüstungsausgaben stiegen erheblich an. Im September 1936 hatte Hitler auf dem Reichsparteitag in Nürnberg seinen Vierjahresplan angekündigt. Aufrüstung und wirtschaftliche Entwicklung mit dem erklärten Ziel, in vier Jahren »kriegsfähig« zu sein, waren die wesentlichen Punkte. Auch die Unterstützung der deutschen Wehrmacht für die Putschisten unter General Francisco Franco im Spanischen Bürgerkrieg ließ die Möglichkeit eines Weltkrieges näherrücken.

Günter Feist weist darauf hin, dass eine Darstellung wie Grundigs *Trommler* kaum noch als verschlüsselte Botschaft bezeichnet werden kann, zumal die Radierung ohnehin nur einem sehr kleinen Kreis bekannt gewesen sein dürfte: »War die große Kesselpauke nicht das wohlbekannte Hauptstück aller Militärkapellen? Solche Travestierung zum weltdurchquerenden Propaganda-Gespenst konnte damals unmöglich anders, denn als Verhöhnung und gleichzeitige Warnung aufgenommen werden.«³ SH

1 Holsten 1976, S. 82.
2 Kershaw, Ian: Der Hitler-Mythos. Führerkult und Volksmeinung, aus dem Engl. v. Klaus Kochmann u. Boike Rehbein, 2. Aufl., München 2003 [1987], S. 39ff.; Adolf Hitler zu Arthur Moeller van den Bruck, Motzstr. 22/Berlin-Schöneberg, 1922: »Sie haben alles das, was mir fehlt. Sie erarbeiten das geistige Rüstzeug zu einer Erneuerung Deutschlands. Ich bin nichts als ein Trommler und ein Sammler. Lassen Sie uns zusammen arbeiten!«, zit. n. Pechel, Rudolf: Deutscher Widerstand, Erlenbach/Zürich 1947, S. 280.
3 Feist 1984 [1979], S. 104.

VI 3/43
Paul Klee
(Münchenbuchsee bei Bern 1879 – 1940 Muralto bei Locarno)
Ungeheuer in Bereitschaft, 1939, 75 (J 15)
Feder über Aquarell auf Papier auf Karton, 20,8 x 29,4 cm
Schweiz, Privatsammlung,
Depositum im Zentrum Paul Klee in Bern
Lit. Ausst.-Kat. Düsseldorf 1948; Ausst.-Kat. Mannheim/Freiburg i. B. 1949; Haftmann 1950; Ausst.-Kat. Grenoble 1960; Ausst.-Kat. Berlin 1960/61; Ausst.-Kat. Wiesbaden/Baden-Baden 1962; Ausst.-Kat. Amsterdam 1963; Ausst.-Kat. Stuttgart/Emden 1990/91; Osterwold, Tilman: Paul Klee. Aquarelle aus der Berner Zeit 1933–1940, in: Ausst.-Kat. Ravensburg 1995, S. 9–24; Catalogue raisonné Paul Klee 1998–2004, Bd. 8: 1939, WV-Nr. 7779.

In Paul Klees Aquarell *Ungeheuer in Bereitschaft* führt ein Trommler am rechten Bildrand eine kleine Figurengruppe an, die sich von links nach rechts friesartig über das Blatt bewegt. Sie besteht aus einer zentralen Gestalt mit bohnenförmigem Rumpf und einem zweiten Bein, das sich selbständig gemacht hat, einem Vierbeiner, der an einen Hund erinnert und die Gruppe begleitet, sowie einer doppelköpfigen Gestalt am linken Bildrand. Alle Figuren außer dem Trommler, der ihnen vorangeht, teilen sich eine Plattform. Von den stumpfen und flächigen Körperformen der Figuren mit ihren Punktaugen und Bürstenhaarschnitten geht eine bedrohliche Spannung aus. Sie wird durch die farbliche Hervorhebung der Füße, Hände, Augen und Haare

in Blau sowie die blassgelbe Musterung der Leiber etwas zurückgenommen. Der von Klee hinzugefügte zweite Titel *Ungeheuer vor dem Auftritt* weckt Assoziationen an eine Bühnensituation im Rampenlicht, zumal der Hintergrund in verschiedenen Graustufungen gestaltet ist.

Die Anordnung und Auffassung der Figuren erinnert an Pablo Picassos großformatiges Wandbild *Guernica*, das der Künstler für den Pavillon der Spanischen Republik auf der Pariser Weltausstellung 1937 geschaffen hatte.[1] Klee schätzte an den Werken Picassos, der ihn 1937 in Bern besucht hatte,[2] die Unmittelbarkeit und Mehrdeutigkeit linearer Darstellung, die auch für viele seiner eigenen Werke kennzeichnend sind.[3] Wie Picassos Wandbild enthält auch Klees Darstellung keine direkten Hinweise auf das politische Geschehen.

Klees Figurenwelt bleibt so allgemein, das man hinter der Darstellung zwar Anspielungen auf die Massenaufmärsche der Nationalsozialisten vermuten kann, das Aquarell sich aber einer konkreten Deutung verweigert. So bleiben die *Ungeheuer* mit ihren Streichholzhälsen und Leibern wie aus Kartoffelstücken ambivalent. Ungeheuerlich ist ihre groteske Physiognomie, aber vielleicht ist ihr bedrohlicher *Auftritt* und ihr Mitläufertum auch ihrer beschränkten Auffassungsgabe geschuldet, die sich als »Blauäugigkeit« charakterisieren ließe. Klees grundsätzliches Prinzip der Ambivalenz lässt sich an der Metapher des Trommlers verfolgen, die er auch auf sich selbst bezog. So berichtet er, dass er »in Erregung des Zeichnens das Gefühl gehabt [habe], dass er die Pauke schlage«.[4] MA/AB

---

1 Pablo Picasso: *Guernica*, 1937, Öl auf Leinwand, 782 x 351 cm, Museo Nacional Centro de Arte Reina Sofía, Madrid.
2 Vgl. Geiser, Bernhard: Picasso besucht Paul Klee in Bern 1937, in: Du, 248, Oktober 1961, S. 53, 88–92.
3 Vgl. hierzu z. B. Klees Kunstkritiken, die er in der Zeitschrift *Die Alpen* veröffentlichte, Wiederabgedr. in: Geelhaar (Hg.) 1976, S. 107 f.
4 Paul Klee zit. n. Grohmann 1954, S. 347.

»Man sagt mir so oft: ›Sie sind nur der Trommler des nationalen Deutschlands!‹ Und wenn ich nur der Trommler wäre?! Es würde heute eine größere staatsmännische Tat sein, in dieses deutsche Volk wieder einen neuen Glauben hineinzutrommeln, als den vorhandenen langsam zu verwirtschaften.«

Adolf Hitler, 27. Januar 1932
Domarus 1973, S. 89

VI 3/44
Karl Hofer
(Karlsruhe 1878 – 1955 West-Berlin)
Die Schwarzen Zimmer (zweite Fassung), Potsdam 1943
Öl auf Leinwand, 149 x 110 cm
Berlin, Staatliche Museen zu Berlin, Nationalgalerie, B 2

Lit. Paul, F.: Karl Hofer in der Galerie Nierendorf in Berlin, in: Kunst der Nation, Nr. 22, 2. Jg., 2. Novemberheft 1934 (dort unter dem Titel *Trommler*); Maass 1965, S. 89, 194 f.; Feist 1977, S. 10, 30 f.; Müller-Hauck, Janni: Karl Hofer – Versuch einer Interpretation, in: Ausst.-Kat. Berlin/Karlsruhe 1978, Nr. 152, S. 99 (Abb. der verbrannten Fassung von 1928); Feist, Ursula: Die Schwarzen Zimmer, in: Furler 1978, S. 106, 107; Gillen, Eckhart: Nacht über Deutschland, in: Ausst.-Kat. Berlin 1997, S. 100; Muhle 2000, S. 175–179; Hentschel, Barbara: Karl Hofers »Ringen um die Form«, in: Ausst.-Kat. Leipzig 2004/05, S. 122, 204; Wohlert 2008, Nr. 1716 (B).

Das Bild gehört zu Karl Hofers bekanntesten Werken und ist »wie nur wenige andere zu einer Inkunabel seiner Zeit geworden«.[1] Die erste Fassung entstand 1928 zusammen mit ähnlichen Gemälden, die Nachtgestalten, Masken, Harlekine oder Stillleben mit Totenschädeln zeigen. In ihnen tritt die spröde Sinnlichkeit seiner früheren Figurenbilder und Landschaften zurück für eine Deutung der Welt »ohne eigentliche Anklage, aber unwilliger und unfreudiger Natur«.[2] Nach einem Bombenangriff im März 1943 verbrannte die erste Version des Bildes aus dem Jahr 1928 zusammen mit etwa 150 weiteren Gemälden und mehr als 1000 Zeichnungen. Hofer malte noch im selben Jahr eine neue Fassung, die er nach Fotos rekonstruierte und durchaus als »Neugestaltung« ansah.[3]

Das Gemälde *Die Schwarzen Zimmer* erinnert an einen Albtraum und ist schwer zu deuten. Fünf überwiegend nackte männliche Figuren sind in einer bühnenhaft wirkenden Durchgangssituation erfasst: Türen klaffen, die Wände sind geschwärzt, und die Fenster sind ohne Ausblick. Die Figuren treten auf, halten inne, treten wieder ab, während im Zentrum hell, frontal, breitbeinig, mit »unfreudiger« Miene der Trommler steht: »ein nackter junger Mensch mit Stirnfalten und schiefer Nase trommelt, trommelt, zusammentrommelt willenlose, richtungslose Gestalten: eine kassandrahafte Symbolisierung des Geschehens von 1933«, wie ein Interpret in den 1960er Jahren schrieb.[4]

Ursprünglich trug das Bild den Titel *Trommler*, weshalb die spätere Forschung hier eine Anspielung auf den »Trommler« Adolf Hitler vermutete. Für konservative Kreise sei Hitler »›nur der Trommler‹ […] für die ›nationale Sache‹« gewesen, der am Ende in den Hintergrund treten werde, weil er unfähig sei zu regieren.[5] Man hat über das Bild auch geschrieben, es sei »Warnung vor dem heraufziehenden Terror, Angst, Flucht und Ausweglosigkeit in einem«, es seien »die künftigen Opfer des Faschismus, die aktiv und passiv Widerstehenden, die sich hier im Labyrinth der Zeit verirren und gerade deshalb zu Opfern werden müssen«.[6]

Daniel Kupper hat jedoch darauf hingewiesen, dass sich Hofers »apokalyptische Visionen einer untergegangenen Kultur-Epoche« nicht allein auf seine Erfahrungen mit dem Nationalsozialismus beziehen lassen. Vor allem die Werke aus den 1920er Jahren stünden in der langen Tradition des deutschen Kulturpessimismus, der in Oswald Spenglers *Untergang des Abendlandes. Umrisse einer Morphologie der Weltgeschichte* (1. Bd. 1918, 2. Bd. 1922) eine Zuspit-

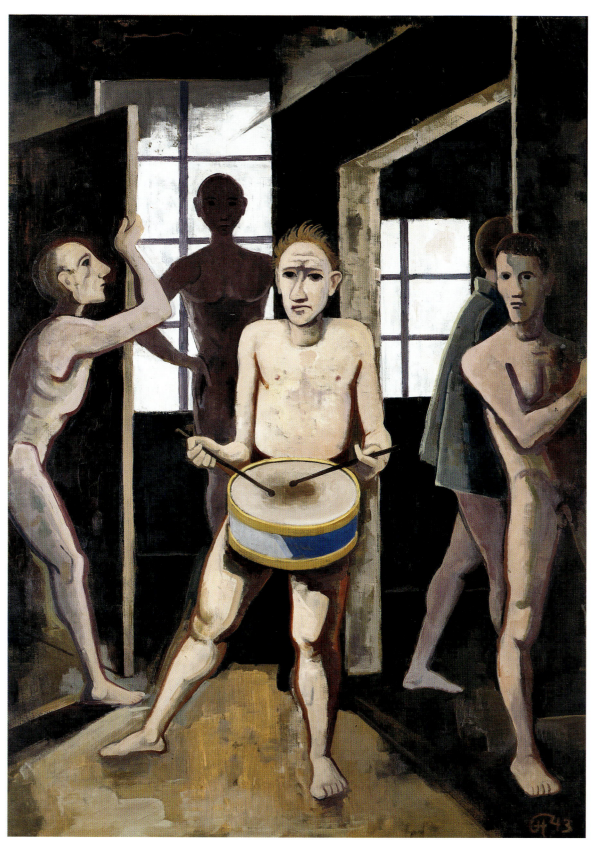

zung erfahren hätte. Dieses Buch stieß in Künstlerkreisen auf großes Interesse, auch Hofer zitierte es mehrfach.[7] Ursache des Gefühls der Bedrohung, das in seinen Bildern der 1920er Jahre spürbar wird, muss daher nicht der Nationalsozialismus gewesen sein. Gegen den Nationalsozialismus bezog Hofer Anfang der 1930er Jahre mehrfach öffentlich Position, nicht ohne dabei seinen Kampf »um die Existenz der Deutschen Kunst« zu betonen und »ein für alle Mal« festzustellen, »daß nächst dem Militär kein menschlicher Tätigkeitsbereich so judenfrei ist wie die bildende Kunst«.[8]

Die Bilder sollten daher allgemeiner als Ausdruck von Skepsis gegenüber zeitgenössischen Zeitströmungen gedeutet werden. Hofer zählte zu ihnen den Expressionismus wie auch die Forderungen der Nationalsozialisten nach einer Volkskunst für die Massen, beides Ziele, denen Hofer sein Streben nach klassischer Schönheit und Harmonie entgegensetzte. KN/SH

1   Muhle 2000, S. 175.
2   Haftmann 1965 [1954], S. 277.
3   Karl Hofer an Leopold Ziegler, Brief vom 19. Juli 1943, zit. n. Hofer 1991, S. 235.
4   Ahlers-Hestermann, Friedrich, in: Ausst.-Kat. Berlin/Winterthur 1965/66, S. 19.
5   Maass 1965, S. 109.
6   Frommhold 1968, S. 102.
7   Kupper, Daniel: Einleitung, in: Kupper (Hg.) 1995, S. 9.
8   Hofer, Karl: Der Kampf um die Kunst (1933), Deutsche Allgemeine Zeitung, Das Unterhaltungsblatt, Beilage vom 13. Juli 1933, o. S., wiederabgedruckt in: Kupper (Hg.) 1995, S. 217 f.

> »Nicht aus Bescheidenheit wollte ich damals Trommler sein, sondern das ist das Höchste. Das andere ist eine Kleinigkeit.«
>
> Adolf Hitler, 1924
> Jäckel 1980, S. 1210

VI 3/45

VI 3/45
Willi Müller-Hufschmid
(Karlsruhe 1890 – 1966 Karlsruhe)
Trommler, Konstanz, um 1943/45
Feder und Pinsel in Schwarz, 41,9 × 29,6 cm
Karlsruhe, Städtische Galerie Karlsruhe
77/82

Willi Müller-Hufschmid, der während der letzten Kriegsjahre zurückgezogen in Konstanz lebte, wo er als Schrankenwärter arbeitete, reagierte in seinen Zeichnungen mit besonderer Sensibilität auf die politische Lage der Zeit und auf die Katastrophe des Zweiten Weltkrieges. In einem Teil seines Werkes antwortete er auf das ihn umgebende Grauen, das für ihn auch Züge der Lächerlichkeit hatte, indem er »Ausdrucksmittel und Motive aus der Tradition der grotesk-satirischen Graphik« aufgriff und »daraus eine Bildsprache [entwickelte], die es ihm ermöglichte, in der Brechung distanzierter Verfremdung kritisch kommentierend seine Lebensbedingung und die aktuellen Zustände der Gesellschaft, in der er leben musste, anschaulich zu machen«.[1]

Angeregt durch Motive der alemannischen Fastnacht, für die sich der Künstler schon in früheren Jahren begeistert hatte, schuf er die Darstellung von zwei Trommlern. Mit offensichtlicher Freude sind die beiden damit beschäftigt, mit ihren Stöcken auf ihr Instrument zu schlagen. Sie tragen beide einen spitzen Hut, scheinen ansonsten aber unbekleidet zu sein. Durch die raumgreifenden Bewegungen ihrer Arme und Beine entsteht der Eindruck großer Dynamik, einem optischen Trommelwirbel vergleichbar. Es sind grotesk überzeichnete Figuren ohne anatomische Richtigkeit – so bleibt unklar, welche Arme zu dem Trommler im Vordergrund gehören, auch ist die männliche Gestalt mit weiblichen Brüsten ausgestattet – und mit auffallend karikierten Gesichtszügen. Indem sich Müller-Hufschmid bewusst gegen den offiziell geforderten Malstil wie auch gegen das überhöhte Menschenbild der Nationalsozialisten abgrenzte, schuf er gerade auch mit solchen Zeichnungen Zeugnisse seines »inneren Widerstandes«. Vermutlich konterkarierte er im vorliegenden Blatt ganz bewusst die politische Ikonografie der Trommel-Darstellungen dieser Zeit. Diese Annahme wird zumindest durch eine Zeichnung von 1940/47 nahegelegt. Sie trägt den aussagekräftigen Titel *Der Todestrommler*.[2] SB

1   Hofmann, Karl-Ludwig: Von der satirischen Groteske zum Mythos. Anmerkungen zu einigen Zeichnungen Müller-Hufschmids aus der Konstanzer Zeit, in: Ausst.-Kat. Karlsruhe/Schwäbisch Hall 1999/2000, S. 103 f.
2   Die Zeichnung befindet sich in Privatbesitz. Sie ist abgebildet in: Ausst.-Kat. Karlsruhe 1981, Nr. 10, Abb. 20 b.

VI 3/46
Reinhard Schmidhagen
(Schalksmühle bei Hagen 1914 –
1945 Marburg an der Lahn)
Die Trommel, 1944
Aus dem Zyklus *Genius*, 3. Teil *Apokalypse*,
Marburg an der Lahn 1944 (zwei Blätter)
Holzschnitt, 65 × 91 cm (Platte), 79 × 104 cm (Blatt)
Bochum, Kunstmuseum Bochum
Lit. Ausst.-Kat. Rostock 1979; Ausst.-Kat. Hagen 1985; Ausst.-Kat. Bochum 1990, dort: 3. Teil, Blatt 4.

VI 3/46

Der großformatige Holzschnitt *Die Trommel* ist eine der letzten vollständig ausgeführten Grafiken des unvollendet gebliebenen Zyklus *Genius* von Reinhard Schmidhagen (Kat.-Nrn. II 1/14, II 1/15). Der zum Zeitpunkt der Entstehung noch junge, idealistische Künstler orientierte sich an Vorbildern, die ihn kulturpolitisch verdächtig erscheinen lassen mussten: an den späten Aquarellen von Christian Rohlfs (den er im Tessin kennengelernt hatte), insbesondere aber an den Grafiken von Käthe Kollwitz. Werke beider Künstler waren ab 1937 im Rahmen der Aktion »Entartete Kunst« aus den öffentlichen Sammlungen entfernt worden. Schmidhagen bezog sich in diesem Holzschnitt aber nicht nur auf Werke seines Vorbildes Käthe Kollwitz, die das Motiv des Trommlers selbst mehrfach dargestellt hatte (vgl. Kat.-Nrn. III 3/41, VI 3/33, VI 3/34). Vielmehr setzte er sich zugleich kritisch mit den nationalsozialistischen Masseninszenierungen auseinander.

Dargestellt ist ein Trupp behelmter Soldaten, der in mehreren Reihen hintereinander marschiert. Den Rhythmus gibt links oben ein Trommler vor. Seine flackernden Augen und sein aufgerissener Mund stehen im Kontrast zu den reglosen Gesichtern der Soldaten, deren Augen zudem von den Helmen verschattet sind. In der rechten unteren Bildecke sind die Leidtragenden des Krieges zu sehen: Alte, Frauen und Kinder, die allein zurückgeblieben sind. Sie blicken angstvoll aus dem Bild oder lassen resigniert die Köpfe hängen. Zugleich dokumentiert *Die Trommel* Schmidhagens Bestreben, neue Stilmittel, die er der Überblendtechnik des Films entnommen hatte, für die Grafik fruchtbar zu machen. Er nannte dieses Verfahren »polygraphik«. In einem Brief an Käthe Kollwitz formulierte er, dass er »das dämonisch-aufwieglerische element im trommler« darstellen wollte sowie »die unterpersönliche todesbereitschaft und den mechanischen zerstörungswillen im element der soldaten, und schließlich in der frauengruppe das element der eigentlichen opfer«.[1] CO

1 Zit. n. Bessel, Barbara: Leben und Werk Reinhard Schmidhagens, in: Ausst.-Kat. Bochum 1990, o. S.

4. Höllenfürst

VI 4/47

VI 4/47
Alexander Zerdini Kruse
(New York 1888 – 1972 Tujunga/Kalifornien)
Espanolaphone, New York 1937
Öl auf Holz, 60,3 × 70,5 cm
Miami Beach, The Wolfsonian –
Florida International University,
Gift of Mrs. Kathreen Kruse, Woodland Hills,
in memory of Martin Alexander Kruse,
1998.4.3
Lit. Kruse 1994.

Das Doppelporträt des New Yorker Malers und Grafikers Alexander Zerdini Kruse zeigt Adolf Hitler im orangebraunen Harlekinkostüm mit Hakenkreuzsymbolen sowie den italienischen Diktator Benito Mussolini im violetten Umhang. Dieser erinnert an die Romanfigur Zorro, den Rächer des Volkes, während seine Hörner das Teuflische der Gestalt akzentuieren. Die Figuren kommunizieren über ein Telefon in Stierform, sind dabei aber ganz auf sich selbst konzentriert. Ihren Charakteren entsprechend deklamieren sie in demagogischer oder heroischer Pose. Farblich sind beide Figuren eng aufeinander bezogen: Die Gesichtsfarbe des einen korrespondiert jeweils mit der Kleiderfarbe des anderen. Der grüne Stier im gelblichen Lichtschein rundet das Farbspektrum ab.

Der Stier symbolisiert Spanien und das spanische Volk. Historischer Hintergrund des Gemäldes ist der Spanische Bürgerkrieg, der im Juli 1936 begonnen hatte. Adolf Hitler und Benito Mussolini verliehen ihren gemeinsamen militärischen und politischen Interessen Ausdruck, indem deutsche und italienische Kampfverbände die von General Francisco Franco angeführten Putschisten unterstützten. Hitler und Mussolini hatten bereits seit 1933 engere Verbindungen angestrebt. Am 1. November 1936, nur wenige Wochen nach dem deutschen und italienischen Eingreifen in den Spanischen Bürgerkrieg, sprach Mussolini in Mailand zum ersten Mal von der »Achse Berlin – Rom«. Die Folgen dieses unheilvollen Bündnisses – bezogen auf den Spanischen Bürgerkrieg – zeigt der Fensterausschnitt. Er gibt den Blick auf eine menschenleere Friedhofslandschaft frei.

Angesichts der Zerstörung der baskischen Kleinstadt Guernica am 26. April 1937 und der anschließenden Kapitulation des Baskenlandes gegenüber den Truppen Francos im August desselben Jahres hatte sich auch in New York Widerstand gegen die Besetzung weiterer Teile Spaniens durch die aufständische Armee Francos geregt. Kruse kommentierte 1937 auch mit anderen Werken die deutsche Politik. In seinem großformatigen Gemälde *Two Generations* porträtierte er Kaiser Wilhelm II. als Känguru mit Adolf Hitler als Baby im Beutel.[1] Das Werk wurde unter anderem Ende 1937 in der publikumswirksamen Ausstellung *Exhibition in Defense of World Democracy* in New York gezeigt.
MA

1 Kruse 1994, S. 93 f.

VI 4/48

> »Jodeln darf man nicht mehr, nur noch Arias singen. Die ganze Sache ist ein ganz grosser hässlicher deutscher Witz. Sei froh, dasz Du soweit weg bist, dasz es schon beina nichmehr wahr is.«
>
> Erwin Blumenfeld an George Grosz, 5. Juli 1933
> Houghton Library, Harvard, MA

VI 4/48
Erwin Blumenfeld
(Berlin 1897 – 1969 Rom)
Der Minotaurus oder Der Diktator, Paris 1937
Silbergelatineabzug, 30 x 24,3 cm
München, Münchner Stadtmuseum
88/359
Lit. Blumenfeld 1979; Adkins 2008.

Die Höhepunkte seines fotografischen Werkes präsentierte Erwin Blumenfeld in einem erst posthum veröffentlichten Album, das er *Meine 100 besten Fotos* nannte. In diesem Buch stellte er dem menschenfressenden Minotaurus der griechischen Mythologie das Foto einer Frau gegenüber, die vollständig in ein Tuch gewickelt, also hilflos ausgeliefert ist: eine Allegorie von Allmacht und Ohnmacht.

In seinen Fotografien nutzte Blumenfeld wiederholt Requisiten, die er wie Elemente einer Montage im Raum arrangierte. 1936/37 experimentierte er in Paris mit dem Nachguss eines antiken Venus-Torsos. Als er dazu noch einen Kalbskopf kombinierte, ergänzt durch eine edel schimmernde Stoffbahn, hatte er die nötigen Elemente für das Foto *Der Minotaurus* beisammen. Im Jahr 1937 benötigte Blumenfeld kein Porträtfoto von Hitler mehr, um seiner Kritik am NS-Regime Ausdruck zu verleihen und darin verstanden zu werden: Im dramatisch inszenierten Rampenlicht präsentiert sich der römisch anmutende Imperator in selbstherrlicher Pose.

Aber der göttliche Minotaurus, halb Stier und halb Mensch, wird von Blumenfeld zu einem Zwitterwesen anderer Art degradiert, das nach Verwesung riecht. 1937 war das Jahr, in dem die deutschen Luftwaffenverbände der Legion Condor an der Seite der Putschisten unter General Francisco Franco die baskische Stadt Guernica bombardierten. Noch im selben Jahr stellte Picasso sein Gemälde *Guernica* auf der Pariser Weltausstellung aus. Die amerikanische Zeitschrift *Pageant* berichtete 1947, dass auch Blumenfeld das Foto *Der Minotaurus* 1937 in einer Pariser Ausstellung gezeigt habe. Auf den Protest der deutschen Botschaft hin soll die Arbeit aus der Ausstellung entfernt worden sein.[1] HA

[1] Great American Photographers: Erwin Blumenfeld, in: Pageant, Bd. 3, Nr. 8, Okt./Nov. 1947, S. 106–121.

> »Etwas Licht, und es treten Menschen in Erscheinung als Verursacher der Katastrophen! Denn wir leben in einer Zeit, wo des Menschen Schicksal der Mensch ist.«
>
> Bertolt Brecht, 1934
> Brecht 1960 [1934], S. 92

VI 4/49
Magnus Zeller
(Biesenrode im Harz 1888 – 1972 Ost-Berlin)
Einzug in den Hades, Caputh bei Potsdam 1938
Aquarell, 51 x 36,3 cm
Halle, Stiftung Moritzburg,
Kunstmuseum des Landes Sachsen-Anhalt
H 1305
Lit. Ausst.-Kat. Halle 1988, Nr. 54; Ludwig 1992, S. 89 ff., Werkverzeichnis [unpubliziert] Nr. A 375; Ausst.-Kat. Berlin 2002/03, Nr. 126.

Wie zahlreiche Intellektuelle nahm Magnus Zeller das Ende der zunehmend unregierbaren Weimarer Republik im Jahr 1933 zunächst ohne Bedauern zur Kenntnis. Aber schon im Folgejahr setzte ein Umdenken bei ihm ein. Den Ausschlag scheint eine Einmischung des nationalsozialistischen Chefideologen Alfred Rosenberg in Belange der Berliner Sezession gegeben zu haben, deren Vorstand Zeller angehörte. 1935 wurde Zeller im *Völkischen Beobachter* eine »der Gegenwart fremde, seelisch krankhafte Grundhaltung« vorgeworfen. Die ihm angetragene Mitgliedschaft in der NSDAP wies der Künstler zurück. 1938, im Jahr des Münchner Abkommens über die Abtretung des Sudetengebietes an das Deutsche Reich, als Adolf Hitler bei der deutschen Bevölkerung nach der abgewendeten Sudetenkrise einen Popularitätsschub zu verzeichnen hatte, rechnete Zeller mit dessen Heilsbotschaft gnadenlos ab.

Die grimassierende, hohlwangige bis totenschädelgesichtige Führungsriege des NS-Staates – Hermann Göring, Reinhard Heydrich (?), Adolf Hitler, Heinrich Himmler, Joseph Goebbels – platzierte er vor zerbombten Häusern und prophezeite so den Untergang des NS-Staates. Der Ort des Geschehens kann durch die Form der Architektur, die an gründerzeitliche Blockrandbebauung erinnert, mit der Reichshauptstadt Berlin assoziiert werden, die zu einem von der Statue des Gottes der Unterwelt, Hades, beherrschten Schattenreich mutiert. Der griechischen Mythologie zufolge war das Reich des Hades allen Sterblichen bestimmt und blieb nur einigen ausgewählten Menschen erspart; für besondere Übeltäter wie Sisyphos, Tantalos oder die Danaiden waren ewige Strafen vorgesehen. Für Zeller erfüllten der Führer und sein engster Führungszirkel dieses Kriterium. DB

> »Ich glaube, daß die l'art pour l'art-Zeit vorbei ist, d.h. daß man mit gemalten Bananen, kalten Blumenvasen, Kakteen, und wenn alles noch so schön gemalt ist, nicht mehr das Leben fassen kann. Das Böse, bisher im Zaum gehalten, ist heute losgelassen, die Welt treibt höllenwärts.«
>
> Otto Pankok, 1934
> Zimmermann 1964, S. 46

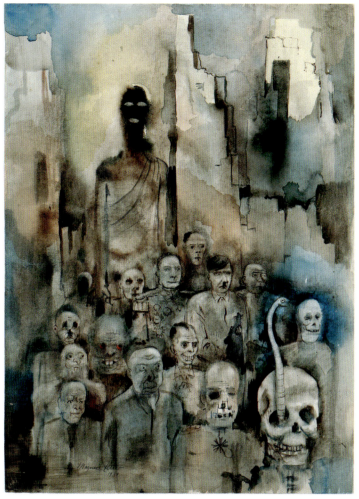

VI 4/49

VI 4/50

VI 4/50

Otto Pankok

(Saarn bei Mülheim an der Ruhr 1893–1966 Wesel)

Das Ende des Unholds (Hitler), 1939

Kohle, 99 × 119 cm

Hünxe-Drevenack, Eva Pankok/
Otto Pankok Museum, Z 2291

Lit. Zimmermann 1964; Otto Pankok 1982; Ausst.-Kat. Berlin 1989; Zimmermann 1994 (2).

1939 zeichnete Otto Pankok ein großformatiges Kohlebild: *Das Ende des Unholds (Hitler)*. Im selben Jahr also, in dem Adolf Hitler den lange angekündigten Krieg begann, inszenierte Pankok den Tyrannensturz als Totentanz. Schon unmittelbar nach der Ernennung Hitlers zum Reichskanzler am 30. Januar 1933 hatten viele oppositionelle Künstler ihre Anklagen in moderne Totentanzdarstellungen gekleidet. Skelette und Sensenmänner prophezeiten, dass er das Volk unweigerlich in den nächsten Krieg führen werde.

Otto Pankok kehrt die Verhältnisse um und zeigt, wie der Tod über Hitler triumphiert. Gleich drei Knochenmänner machen dem Diktator den Garaus. Die bizarre Umarmung durch eines der Skelette lässt ihn vor Schreck erstarren, die beiden anderen zerren ihn derweil an seinem Umhang zu Boden. Der Säbel ist dem Kriegstreiber schon aus der Hand geglitten. Mit der überdimensionierten Krone erscheint der »Führer« als Witzfigur, auf seine Terrorherrschaft deutet in dieser Darstellung nichts hin.

Pankok war ein weitsichtiger und couragierter Kommentator seiner Zeit. »Handeln, auf die Wahrheit losgehn«, lautete sein künstlerisches Credo.[1] Noch bevor er selbst Repressalien erfuhr, hatte Pankok erlebt, wie oppositionelle Künstlerfreunde verhaftet und gefoltert worden waren. 1933/34 machte er sich in seinem Zyklus *Passion* öffentlich zum Fürsprecher der Ausgegrenzten und Verfolgten, indem er Szenen aus dem Leben Jesu unter anderem mit Porträts von Sinti illustrierte.[2] Als der Chefideologe der Nationalsozialisten, Reichsleiter Alfred Rosenberg, 1933 einige Blätter der *Passion* aus einer Ausstellung entfernen ließ, schrieb Pankok ihm, dass Kunst nicht »abseits vom Leben und den geschichtlichen Vorgängen« stehen dürfe, sondern vielmehr »der Extrakt der Zeit« sein müsse.³

Wenige Jahre später wurde Otto Pankok mit Arbeitsverbot belegt und als »entartet« diffamiert. 1939 misslang sein Versuch, in die Schweiz zu emigrieren. Als er Hitlers Ende als Groteske imaginierte, malte er längst im Verborgenen.

Der Tod erscheint hier gemäß klassischer Ikonografie wie die unausweichliche Schicksalsmacht, die vor keinem Stand Halt macht. Dennoch handelt es sich bei diesem Bild weniger um eine moralisierende Allegorie als um eine private Vision des Künstlers. Gekleidet in eine vermeintlich harmlose Form drückte Pankok das Unsagbare aus, schuf Distanz, indem er verzerrte. Das Bild ist weder Mahnung noch Appell. Vielmehr ist *Das Ende des Unholds* das persönliche Zeitzeugnis eines Malers, der die Hoffnung auf humanere Zeiten nicht aufgegeben hatte. BV

1 Zit. n. Zimmermann 1994 (2), S. 16. Otto Pankok hatte die Farbe aus seinem Werk verbannt, um sich auf das für ihn Wesentliche konzentrieren zu können.
2 Die Buchausgabe der *Passion* brachte der Berliner Gustav Kiepenheuer Verlag 1936 heraus. Im Jahr darauf wurden die Bände beschlagnahmt und vernichtet. 1970 erschien die erste Neuausgabe.
3 Otto Pankok an Alfred Rosenberg, Brief vom 15. Dezember 1933, zit. n. Ausst.-Kat. Berlin 1989, S. 17.

VI 4/51
George Grosz
(Berlin 1893–1959 West-Berlin)
The Mighty One on a Little Outing Surprised by Two Poets
(Der Mächtige wird auf einem Spaziergang von zwei Dichtern angesprochen),
Douglaston auf Long Island 1942
Öl auf Leinwand über Spanplatte,
71 x 50,8 cm
Hempstead, Hofstra University Museum Collection, HU 93.9
Lit. Knust (Hg.) 1979; Ausst.-Kat. Berlin/Düsseldorf/Stuttgart 1994/95.

»Dieses Problem eines Übermenschen, der die Erde erfrieren macht, die Sonne mit Eiszapfen behängt und in dessen Spuren durch Eis und Schmerz, Feuer, Explosionen, Hinrichtung und Blut tonnenweise entstehen, beschäftigt mich immer wieder.«¹ Mit seiner Beschreibung des »Übermenschen« begründete George Grosz implizit seinen Einsatz blauer Farbtöne, die in seinem Œuvre bis zu diesem Zeitpunkt nicht vorkamen. Vielmehr dominierte bis dahin die Farbe Rot Gewaltdarstellungen – die Farbe für Feuer, Explosionen und Blut.

Die ockerbraun bekleideten Figuren stehen in eisigem Schlamm. Die Farbe ihrer Kleidung erinnert nicht zufällig an das Senfbraun der Uniformen der SA. »Europa mit seinem Scheißpatriotismus und den diversen Hilfsplänen… Igitt… no… Mostrich mein Lieber… alles wird dort langsam aber sicher von einer grossen Mostrichwelle überflutet.«² Himmel und Erde gehen ineinander über. Ein von Zorn erfüllter Adolf Hitler schwingt seine blutige Peitsche, die zugleich den Schwanz dieser teuflischen Kreatur bildet. Die ausgepeitschten und erniedrigten Hofnarren hat er als greisenhafte Zwerge dargestellt. Ihre Kleidung hängt in Fetzen, sie himmeln den »Mächtigen« an und besingen ihn. Sie »haben sich selbst die Ohren verschlossen mit Holzbrett und Schrauben, denn ihre Köpfe sind teilweise versteinert und zu Zement geworden«.³ Aber selbst diese Untertanen müssen befürchten, von den blutigen Stiefeln des Diktators zertreten zu werden.

Das Gemälde trägt auf der Rückseite eine Widmung an den Philosophen Friedrich Nietzsche – ein Versuch, den von Nietzsche entwickelten Typus des »Übermenschen« gegen die Instrumentalisierung durch die NS-Ideologen in Schutz zu nehmen. Bei Nietzsche bezeichnet der »Übermensch« die Überlegenheit des Geistes und nicht der Rasse; er steht für den Versuch, den verlorenen Gott im Menschen selbst neu zu erschaffen. HA

1 George Grosz an Elisabeth Lindner, Brief vom 16. August 1946, in: Knust (Hg.) 1979, S. 375.
2 Zit. n. George Grosz and Erwin Blumenfeld, 5. Februar 1934, bMS Ger 206 (529), Houghton Library, Harvard, MA.
3 George Grosz an Elisabeth Lindner, Brief vom 16. August 1946, in: Knust (Hg.) 1979, S. 375.

»Früher sah ich noch einen Sinn in meiner Kunst, heute nicht mehr – oder doch nur den, daß ich sie hin und wieder (sehr oft sogar) ausübe (für mich ist's gemacht) man wird Visionen los – das ist alles. [...] Auch Hitlermann habe ich als Alptraum gemalt, unten brennende Dörfer, in der Luft Bombenflugzeuge – goyasch, als Vision – nichts für Proleten jeden Bekenntnisses. [...] Nun, ich bin ja kein wissenschaftlicher ›klarer‹ Marxist – kann mir also kein ›klares‹ Bild machen – mein Bild ist düster, trübe, und der Himmel ist schwarz.«

George Grosz an Wieland Herzfelde, 30. Juni 1934
Knust (Hg.) 1979, S. 199

4. Höllenfürst

VI 4/51

VI 4/52
Magnus Zeller
(Biesenrode im Harz 1888 – 1972 Ost-Berlin)
**Böser Traum (Hitlerkopf und Guillotine),
Caputh bei Potsdam, um 1943**
Bleistift, 25 x 32,5 cm
Halle, Stiftung Moritzburg, Kunstmuseum
des Landes Sachsen-Anhalt, H 3445
Lit. Ausst.-Kat. Halle 1988, Nr. 87; Ludwig
1992, S. 89 ff., Werkverzeichnis [unpubliziert]
Nr. H 3445; Ausst.-Kat. Berlin 2002/03,
Nr. 131.

»Böse« scheint der hier skizzierte Traum in dem Sinne zu sein, dass schreckliche, schwer erklärbare Dinge passieren: Um ein aus dem Erdreich ragendes Haupt mit den Zügen Adolf Hitlers kreisen merkwürdige Kopffüßler, eine mondsichtige Lokomotive und ein Reptil, dessen Panzer aus Geschützen besteht. Der Kopf einer Gestalt lugt grinsend aus dem ersten Stock eines Hauses, während ihr in einem Schaftstiefel steckendes Bein aus dem Eingang herausragt.

Der Schlüssel zur Deutung der surrealen Szene ist die Guillotine im Hintergrund. Magnus Zeller hatte bereits in einem Porträt von 1913 seinen Freund Klaus Richter in das revolutionäre Paris versetzt und dabei vor einem Schafott platziert. Damals gerierten sich die beiden als Bürgerschreck. In seinen autobiografischen Erzählungen erinnert sich Zeller an seinen Ausruf: »Ich male einen Erhängten! […] die Träume des Spießers will ich vergiften!«[1]

Mit der Anspielung auf Suizid und Hinrichtung intendierte der jugendliche Künstler eine Provokation des Betrachters um ihrer selbst willen. In der Zeit des Nationalsozialismus jedoch wandte Zeller sich gegen die Protagonisten des Regimes und offenbarte mit der Anspielung geheime Wünsche.

»Böse« bedeutet im Zusammenhang mit der vorliegenden Zeichnung nicht »schlecht«, sondern eher »hämisch«. 1937 begann Zeller ein Skizzenbuch zu führen, das er wegen seines Einbandes das »Schweinslederne« nannte, das von seiner Familie wegen seines Inhaltes aber nur als das »Böse Buch« bezeichnet wurde. Auf

VI 4/52

VI 4/53

die erste Seite klebte Zeller eine auf das Jahr 1933 datierte Karikatur eines Joseph Goebbels mit satanischem Bocks-, statt des tatsächlichen Klumpfußes: Diese Darstellung, die gerade durch ihre prominente Platzierung als politisches Credo gelesen werden kann, hätte Zeller bei ihrer Entdeckung in größte Schwierigkeiten gebracht. Sodann findet sich in dem Skizzenbuch eine Zeichnung vom April 1937 mit Goebbels, wie er als Faust unter dem Trommelwirbel des Todes mit einem gasmaskenbewehrten Mephisto paktiert. Und an anderer Stelle erhebt eine äsopische Versammlung tiergesichtiger Männer, darunter Esel, Schweine und Hunde, den rechten Arm zum »Deutschen Gruß«.

Auch wenn die vorliegende Zeichnung nicht aus dem »Bösen Buch« stammt, steht sie doch in engem Zusammenhang mit diesem *liber veritatis*, dem »Buch der Wahrheit« über Zellers Gedanken und Visionen. Der Diktator wird auf ewig in die Vorhölle verdammt, während sich fremde Usurpatoren in der Heimat breitmachen. DB

1   Zeller, Magnus: Autobiographische Erzählungen, zit. n.: Ausst.-Kat. 2002/03, S. 40.

VI 4/53
Willi Müller-Hufschmid
(Karlsruhe 1890–1966 Karlsruhe)
Sie beten ihren Vernichter an, Konstanz, um 1943/45
Feder in Schwarz, Pinsel in Schwarz und Grau, geschabt, gekratzt, über Bleistift, 29,6 × 20,9 cm
Karlsruhe, Städtische Galerie Karlsruhe 2007/124 (NL 86)
Lit. Riedel 1995, S. 45.

Sie beten ihren Vernichter an lautet der Titel einer um 1943/45 entstandenen Zeichnung von Willi Müller-Hufschmid. Ein riesenhaftes Ungeheuer mit menschlichem Körper und gehörntem Tierkopf ragt inmitten einer Menschenansammlung auf. Obwohl sein Maul weit aufgerissen ist und seine krallenbesetzten Pranken drohend erhoben sind, scheint niemand die offensichtliche Gefahr zu bemerken, die von dem Scheusal ausgeht. Im Gegenteil, dichtgedrängt suchen die Menschen seine Nähe, blicken zu ihm auf, jubeln ihm zu, strecken ihm die Hände voll Ehrerbietung entgegen. Die Schutzlosigkeit der Menschen wird durch ihre Nacktheit unterstrichen, zugleich sind sie blind für das unheilbringende Wesen ihres Idols.

Vordergründig ins Reich der Mythologie versetzt, ist der zeitkritische Impetus dieses Blattes nicht zu übersehen. »Die Szene mutet an wie der Tanz um das goldene Kalb, das hier allerdings [...] an den menschenverschlingenden Minotaurus erinnert.«[1] Zugleich nimmt Müller-Hufschmid mit dem Motiv Bezug auf die propagandistischen Masseninszenierungen des NS-Regimes, die in vergleichbarer Weise auf Unterwerfung und Ekstase berechnet waren. SB

1   Riedel 1995, S. 45.

VI 4/54
George Grosz
(Berlin 1893–1959 West-Berlin)
Cain or Hitler in Hell (Kain oder Hitler in der Hölle), Douglaston auf Long Island 1944
Öl auf Leinwand, 99 × 124,5 cm
Courtesy Nolan Judin Berlin. George Grosz Estate, Courtesy Ralph Jentsch, Rom
Nachlass-Nr.: 1-11-2, (Abb. 6, S. 121)
Lit. Grosz 1955; Hess 1982 [1974]; Ausst.-Kat. Berlin/Düsseldorf/Stuttgart 1994/95.

George Grosz arbeitete an diesem großen Ölbild von Oktober 1942 bis vermutlich Januar 1945, die eigenhändige Datierung des Bildes auf der Rückseite jedoch lautet »1944«. Die idyllische Dünenlandschaft von Douglaston auf Long Island hat sich in dem Gemälde in ein glühendes blutiges Inferno verwandelt. Um die auf einer Trommel sitzende Figur Adolf Hitlers oder Kains drängen sich kleine Menschenskelette. Sie steigen wie ein Schwarm von Insekten empor aus der Hölle, um ihren Peiniger zu vernichten. Zu einigen seiner Hauptwerke, so auch zu *Cain or Hitler in Hell (Kain oder Hitler in der Hölle)*, hat der Künstler ausführliche Beschreibungen geliefert. Grosz war auf das Werk besonders stolz, er sah es in der Nachfolge von Werken von Matthias Grünewald, Pieter Brueghel und Hieronymus Bosch. Auch verstand er es als Historienmalerei und nannte Werke von Francisco de Goya und Eugène Delacroix als Vorbilder.[1]

»Ein apokalyptisches Ungeheuer habe auch ich gemalt: diese riesige Erscheinung, sitzend auf einer halb in Blut und Schlamm begrabenen Trommel. Man kann das mit Goyas Riesen vergleichen, der seine eigenen Kinder frißt [...] es ist vielleicht aus demselben alptraumhaften Angstgefühl entstanden, doch bedeutet es genau das Gegenteil; hier sind es die Kinder – nun schon längst in lausartige Skelette verwandelt, junge wie alte – die Kinder und Opfer des Faschismus, die langsam doch rasend hochkriechen, um ihren Schöpfer, das gigantische Hitler-ähnliche Ungeheuer zu verzehren – diese ›apokalyptische Bestie‹ in menschlicher Gestalt, die da in der von ihm selbst entworfenen höllischen Landschaft sitzt. [...] [E]s ist so, als ob all jene kleinen toten Menschenfiguren wie hasserfüllte Gedanken rundherum aus dem Schlamm aufsteigen [...]. Die größere, halb-begrabene Figur stellt symbolisch seinen Bruder dar (das Ganze trägt den Titel *Cain*). Diese absichtlich in kleinerem Maßstab ausgeführte Figur bedeutet: die hinterrücks durch das Ungetüm ›Faschismus‹ ermordete ›Menschlichkeit‹. Im Hintergrund die Spuren des Ungeheuers: zerbombte, brennende Städte, die seine ausgefallenen, Nietzschehaften Weltvorstellungen dekorieren und seinen ehrgeizigen, überheblichen Rassenwahn unter ihrem Schutt begraben. Dies ist kein ›realistisches‹ Bild, und doch ist es historisch. Es ist eine Dokumentation unserer Zeit für künftige Generationen – vielleicht ein Alptraum, und trotzdem: wie wahr.«[2] HA

1   Vgl. die Briefe von George Grosz an Erich Cohen vom 19. Februar 1942 sowie an Max Horkheimer vom 15. Februar 1945, in: Knust (Hg.) 1979, S. 297 ff., 344.
2   George Grosz an Estelle Mandel, Brief vom 15. März 1945, Knust (Hg.) 1979, S. 345 f.

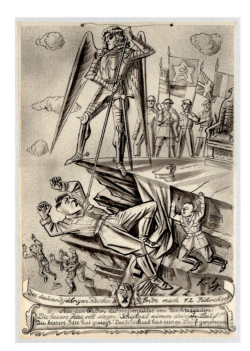

VI 4/55

VI 4/55
Karl Hubbuch
(Karlsruhe 1891–1979 Karlsruhe)
Des tausendjährigen Reiches Ende nach 12 Jährchen, Rastatt 1945/46
Feder in Schwarz, gespritzt und laviert,
53,3 x 38 cm
Stuttgart, Haus der Geschichte
Baden-Württemberg, 1990/755
Lit. Hofmann, Karl-Ludwig/Präger, Christmut: »Aufräumungsarbeiten!« Karl Hubbuch und die Antifa, in: Ausst.-Kat. Karlsruhe/Berlin/Hamburg 1981/82, S. 65–69, hier: S. 67; Bee, Andreas/Hofmann, Karl-Ludwig/Präger, Christmut: Motive aus der Apokalypse 1933–1945, in: Ausst.-Kat. Ludwigshafen 1985, Nr. 91, S. 196; Ausst.-Kat.Hamburg/München/Moskau/Leningrad 1987/88, Nr. 126, S. 192; Hofmann, Karl-Ludwig/Präger, Christmut: »Vergessen? – Niemals!« – Karl Hubbuch in den Jahren 1945–1950, in: Ausst.-Kat. Karlsruhe 1993/94 (2), S. 117–154, hier: S. 130; Geißler, Nicole: Karl Hubbuch. »Vergessen? – Niemals!« Zeichnungen aus den Jahren 1945/46, Magisterarbeit, Sommersemester 2001, Universität Karlsruhe [unveröffentlichtes Manuskript], S. 89/90.

Der Sieg der Alliierten über das Deutsche Reich besiegelte zugleich das Ende des von Adolf Hitler propagierten »Tausendjährigen Reiches«. Dieses Ende ist Gegenstand der um 1945/46 entstandenen Zeichnung Karl Hubbuchs, in welcher der Künstler ein Motiv der christlichen Bildtradition aufgreift. Der auf einem Felsvorsprung stehende Erzengel Michael hat den seiner Macht beraubten Diktator in den Abgrund gestürzt und ist im Begriff, ihn mit der Lanze zu durchbohren. Mit Joseph Goebbels, Hermann Göring und Heinrich Himmler hat sich die Führungsriege des NS-Staates auf der Flucht vor den anrückenden sowjetischen, amerikanischen, britischen und französischen Soldaten selbst in die Tiefe gestürzt. Der Adlerthron steht verwaist im Hintergrund. Karl Hubbuch erhebt in der Zeichnung den Erzengel Michael zum Vollstrecker des Schicksals. Als Anführer der »Gottesarmee gegen den Antichrist [wurde er] historisch besonders in Russland« verehrt.[1] Hubbuch verweist hier auf die maßgebliche Rolle der Sowjetunion bei der Befreiung Europas von der NS-Herrschaft.

In der Bildlegende, die der Künstler auf zwei Banderolen am unteren Rand der Zeichnung eingefügt hat, kommt neben Spott und Hohn die große Erleichterung über das Ende der NS-Herrschaft zum Ausdruck: »Des tausendjährigen Reiches Ende nach 12 Jährchen / Aus den Reden des Großmaules von Berchtesgaden: / ›Die bessere Idee soll siegen! Schicksal nimm deinen Lauf!‹ / Die bessere Idee hat gesiegt! Das Schicksal hat seinen Lauf genommen.« In diesen Zeilen spiegelt sich zudem deutlich ein moralisch-didaktischer Anspruch, der vielen grafischen Arbeiten des Künstlers aus der unmittelbaren Nachkriegszeit zu eigen ist.

Hubbuch, der seit Juli 1944 in Rastatt lebte, begann sogleich nach Kriegsende, sich mit politischen Zeichnungen und Plakaten für die dortige Antifaschistische Gesellschaft zu engagieren. Etwa sechzig dieser Tusche-Zeichnungen, von Hubbuch unter dem Titel *Vergessen? – Niemals!* zusammengefasst, haben sich bis heute erhalten. Im Format nahezu identisch, sind sie meist auf Karton aufgezogen, die Ränder und Rückseiten kaschiert und am oberen Rand mit Ösen und Schnur versehen. In aufklärerischer Absicht waren sie im Schaufenster des Rastatter »Antifa«-Büros als Schautafeln ausgehängt. Die inhaltlichen Aspekte waren Hubbuch bei diesen Zeichnungen wichtiger als die künstlerische Form.

Diese Blätter, die sich kritisch mit der gesellschaftlichen und politischen Realität unter der NS-Herrschaft auseinandersetzen, hat Wolfgang Hartmann als »erschütternde, noch heute gültige Bilanz« des NS-Terrors und des Krieges und zugleich als »moralische[n] Appell für einen Neubeginn und für eine radikale Abrechnung mit den nationalistischen und reaktionären Kräften« gewertet.[2] SB

1 Mewes, Claus: Des tausendjährigen Reiches Ende nach 12 Jährchen, in: Ausst.-Kat. Hamburg/München/Moskau/Leningrad 1987/88, Nr. 126, S. 192.
2 Hartmann, Wolfgang: Karl Hubbuch. Leben und Werk, in: Ausst.-Kat. Karlsruhe/Berlin/Hamburg 1981/82, S. 31.

VI 4/56
Karl Hubbuch
(Karlsruhe 1891–1979 Karlsruhe)
Der Wolf im Schafspelz, Rastatt um 1945/46
Feder in Schwarz, mit Deckweiß retuschiert,
42,2 x 29 cm
Monogr. u. Mitte: K. H.
Bez. verso: III/Der Wolf im Schafspelz
Berlin, Deutsches Historisches Museum
1988/88.22
Lit. Geißler, Nicole: Karl Hubbuch. »Vergessen? – Niemals!« Zeichnungen aus den Jahren 1945/46, Magisterarbeit, Sommersemester 2001, Universität Karlsruhe [unveröffentlichtes Manuskript], S. 78.

Karl Hubbuch stellt in einer vermutlich nach Kriegsende entstandenen Rohrfederzeichnung Adolf Hitler als sprichwörtlichen *Wolf im Schafspelz* dar. Der »Führer und Reichskanzler« des deutschen Volkes hat sich unter einem weiten, bodenlangen Umhang aus Schaffell verborgen. Sein Kopf verschwindet fast im Schafskopf, den er sich aufgesetzt hat, sowie im lockigen Fell

VI 4/56

des Tieres. Der Gegensatz zwischen dem martialisch wirkenden Hitler und dem friedlichen Schaf könnte größer nicht sein. Hitler ist in Uniform dargestellt, eine Hand in der oft eingenommenen Pose am Koppel, in der anderen den gezückten Dolch. Seine überzeichnete Physiognomie signalisiert Bösartigkeit und Verschlagenheit wie auch grimmige Entschlossenheit. Das Schaf hingegen wirkt sanftmütig und friedfertig. Durch die Osterfahne und das Kruzifix weist Hubbuch es als Agnus Dei, Lamm Gottes, aus, das im Christentum zusammen mit der Fahne den auferstandenen Christus symbolisiert.

Der Wolf im Schafspelz ist eine Redewendung, die auf das Neue Testament zurückgeht. Dort wird vor falschen Propheten gewarnt, »die in Schafskleidung zu euch kommen, inwendig aber sind sie reißende Wölfe« (Matthäus 7, 15). Hubbuchs Hitler-Darstellung zeigt einen Diktator, der mit dem Versprechen, das Volk zu retten, an die Macht gekommen war. Von ihm erhofften sich viele Deutsche eine Stabilisierung der politischen und gesellschaftlichen Lage sowie wirtschaftlichen Aufschwung. Mit seiner Politik stürzte er jedoch Millionen von Menschen in Tod und Verderben.

Möglicherweise hat Hubbuch das Blatt vom *Wolf im Schafspelz* 1946 in Karlsruhe im Rahmen der Ausstellung *Unsere Zeit – gezeichnet* präsentiert, in der allein von Hubbuch 66 politische Zeichnungen und Karikaturen zu sehen waren.[1] In einer zeitgenössischen Besprechung zu der erfolgreichen Schau heißt es: »[S]ie kennzeichnet durch das Medium der Karikatur die Unduldsamkeit, Gewalt und Gemeinheit, wie sie nicht zum ersten Male in der Welt, aber am schrecklichsten in den Jahren des Nazismus wütete. Sie weist darauf hin, eine lange Zeit missbrauchte wirkungsvolle Waffe wieder im Dienste der Wahrheit einzusetzen.«[2] SB

---

1 Neben Karl Hubbuch waren noch die beiden Karlsruher Künstler Adolf Rentschler und Erwin Spuler mit zahlreichen Arbeiten vertreten. Den erhaltenen Unterlagen ist leider keine vollständige Auflistung der ausgestellten Arbeiten zu entnehmen.
2 W. S.: Politische Karikaturen. Ausstellung im Karlsruher Kunstverein, in: Badische Neueste Nachrichten (Karlsruhe) vom 25. Mai 1946. Zit. n. Hofmann, Karl-Ludwig: Reaktionen auf das Werk Karl Hubbuchs 1922 bis 1970, in: Ausst. Kat. Karlsruhe 1993/94, S. 195.

VII.
Schatten über Europa
Deutsche Künstler im Exil und europäische Avantgarde

Zahlreiche Künstler waren ab 1933 von der repressiven Kulturpolitik des NS-Regimes betroffen. Eine halbe Million Deutsche, darunter auch viele Künstler, verließen Deutschland. Vor allem politische Gegner der NSDAP entschlossen sich früh, außer Landes zu gehen, zum Beispiel die Künstler George Grosz, John Heartfield oder Gert Heinrich Wollheim. Andere, wie etwa Alfred Frank oder Hans und Lea Grundig, wählten den Widerstand im eigenen Land. Unter den jüdischen Künstlern gab es viele, die Deutschland erst spät verließen oder im Land blieben. Viele von ihnen wurden später umgebracht. Anderen gelang zunächst die Flucht, sie wurden dann aber von der deutschen Besatzungsmacht in den Exilländern verhaftet, deportiert und nicht selten ermordet.

Nicht nur aus politischen Gründen oder aufgrund ihrer Abstammung waren Künstler Repressionen ausgesetzt. Viele Künstler, deren Arbeiten nicht den ideologischen Kriterien der Kunstpolitik des NS-Regimes entsprachen, verloren ihre öffentlichen Ämter, erhielten Ausstellungs- und Berufsverbot. Paul Klee und Wassily Kandinsky beispielsweise emigrierten früh. Andere, unter ihnen Max Beckmann, Josef Scharl oder Ludwig Meidner, verließen Deutschland erst, als 1937 die kulturpolitische Radikalisierung mit der diffamierenden Ausstellung *Entartete Kunst* in München ihren Höhepunkt erreichte. Als Exilorte kamen vorwiegend demokratische Länder in Frage.

Die meisten Künstler bevorzugten Großstädte wie Paris, New York, Prag oder später London, wo sie sich Ausstellungs- und Verkaufsmöglichkeiten erhofften. Nach dem Kriegsbeginn im Jahr 1939 galten Exilanten in einigen Ländern wegen ihrer deutschen Herkunft als *enemy aliens*, feindliche Ausländer, und wurden zeitweilig in Lagern interniert.

Ab Anfang der 1930er Jahre bis zur Besetzung durch die Wehrmacht 1940 flüchteten viele Künstler nach Paris. Dort trafen sie auf eine aktive internationale Kunstszene. Zusammen bildeten sie die neue Avantgarde, mit dem Surrealismus als einflussreichster Bewegung. Trotz der Politisierung des Surrealismus in den 1930er Jahren vermieden Surrealisten wie Exilkünstler, eindeutig politisch Position zu beziehen. Sie wählten nicht selten die surrealistische Bildsprache oder die politische Allegorie, um sich verschlüsselt mit dem Terror, ihrer Situation im Exil oder der Furcht vor einem Krieg auseinanderzusetzen. Den Werken der Künstler vergleichbar, die sich in Deutschland aus dem öffentlichen Leben zurückgezogen hatten, entstanden zahlreiche Visionen des Untergangs.

Die Auswahl der Objekte in diesem Kapitel bietet keinen repräsentativen Querschnitt. Sie gibt einen Einblick in das Schaffen deutscher Künstler im Exil und in die gleichzeitige Avantgardebewegung in Europa mit dem Schwerpunkt auf der surrealistischen Kunst. SH

VII/1

Yves Tanguy

(Paris 1900–1955 Woodbury in Connecticut)

Mort guettant sa famille (Toter, seine Familie belauernd), wohl Paris 1927

Öl auf Leinwand, 100 × 73 cm

Madrid, Museo Thyssen-Bornemisza
769 (1975.26), (Abb. 3, S. 104)

Lit. Ausst.-Kat. New York/Los Angeles/Chicago 1968, S. 101–105; Ausst.-Kat. Berkeley 1990, S. 88; Ausst.-Kat. Stuttgart 2000/01; Le Bihan/Mabin/Sawin 2001; Ausst.-Kat. Paris 2002.

Das Bild wurde in Yves Tanguys erster Einzelausstellung in der Pariser Galerie Surréaliste vom 27. Mai bis 15. Juni 1927 ausgestellt und im dazugehörigen Katalog unter der Nr. 7 aufgeführt. Hinter einer tiefhängenden Wolkenbank im Vordergrund erstreckt sich eine flache gespenstische Landschaft, die von geheimnisvollen organischen Formengebilden und fremdartigen Naturgeistern bevölkert ist. Angeführt von einem feenhaften Wesen in weißem Schleppengewand tummeln sich vor einem hoch aufragenden weißen Turm oder Kegelstumpf verschiedene Mischwesen, die an Kaulquappen, Würmer oder Fische erinnern. Wie viele von Tanguys Bildgestalten zeigen auch diese Wesen die Tendenz, sich aufzulösen. Sie dekonstruieren die Vorstellung einer körperlichen Ganzheit und Unversehrtheit, was in der Literatur vielfach als Zivilisationskritik gedeutet wurde.

Der Titel *Mort guettant sa famille (Toter, seine Familie belauernd)* ist Charles Richets grundlegendem Werk aus den 1920er Jahren zur Parapsychologie, dem *Traité de métapsychique (Grundriss der Parapsychologie und Parapsychophysik*, 1923) entnommen. Tanguy teilte mit vielen seiner Zeitgenossen das Interesse am Mystischen, Spiritistischen und Okkulten. Seine Titel hat er oft nach dem Zufallsprinzip und erst im Nachhinein vergeben. Welches der amorphen Wesen im Bild der Tote sein könnte, lässt sich daher nicht ohne weiteres bestimmen. Diese – von Tanguys Mentor André Breton empfohlene – gezielte Desorientierung des Betrachters ist ebenso charakteristisch für das Werk des Künstlers wie für die surrealistische Bewegung der Zeit.

Tanguy erkannte früh, dass in Europa die Kriegsgefahr stetig zunahm. In den 1930er Jahren verdüstert sich das Kolorit seiner Bilder, und die Anzeichen von Unruhe und Bedrohung, die sich in den frühen Landschaften bereits ankündigen, nehmen zu. Seine späteren Darstellungen erstorbener Wüstenlandschaften haben apokalyptische Dimension und wurden zum Beispiel von Karin von Maur als Vorahnung kommender Katastrophen gedeutet: »Zehn Jahre vor Hiroshima beschwört der Künstler den Endzeitalptraum einer ausgebrannten und gleichsam ausgebeinten Landschaft nach einer atomaren Katastrophe.«[1] GDG

[1] Maur, Karin von: Yves Tanguy oder »Die Gewissheit des Niegesehenen«, in: Ausst.-Kat. Stuttgart 2000/01, S. 83.

> »Massons Welt der Kräfte wird von rasenden Leidenschaften erschüttert. Es ist eine Welt, in der Menschen geboren werden und sterben, Hunger und Durst leiden, lieben und töten [...]. Diese tragische Kunst, der nichts Menschliches fremd ist, ist wahrlich die Kunst einer Generation, die [...] in übermächtiger Weltangst erbebt.«
>
> Daniel-Henry Kahnweiler, 1942
> Kahnweiler 2002 [1942], S. 37

VII/2

André Masson

(Balagny-sur-Thérain 1896–1987 Paris)

Massacre (Massaker), Frankreich 1931

Feder in Schwarz, 35 × 32 cm

Paris, Collection Natalie et Léon Seroussi

Lit. Ausst.-Kat. Bern 1996; Ausst.-Kat. Metz 1998; Ausst.-Kat. St Petersburg, Florida 1999; Ausst.-Kat. Péronne 2001; Monahan, Laurie: Violence in Paradise. André Masson and the Massacres, in: Art History, 24, Nr. 5, November 2001, S. 707–724; Held 2005, S. 41–44; Cox, Neil: The Origin of Masson's »Massacres«, in: Umění, 55, Nr. 5, 2007, S. 387–399; Monahan 2008 [1997].

Masson begann 1930 über einen Zeitraum von vier Jahren an einer Werkreihe mit dem Titel *Massacre (Massaker)* zu arbeiten. Es entstanden zahlreiche Varianten in Öl oder auf Papier, die unter Verzicht auf eine narrative Rahmenhandlung am Beispiel des Lustmordes den Konflikt zwischen Überlegenheit und Unterwerfung thematisieren. Es handelt sich vorwiegend um stilisierte Messerkampfszenen zwischen Männern und Frauen, aber auch zwischen Männern und Männern. Die Bilder geben keinen Aufschluss über die Ursache des dargestellten Gemetzels oder Ort und Zeit des Geschehens. In dem hier gezeigten Werk spiegelt die lineare Komposition in konzentrisch anmutenden Kreisformen die Aggression der Männer wider. Sie agieren als Unterwerfer und dominieren die Darstellung auch optisch.

Masson verarbeitete in den *Massaker*-Bildern seine Eindrücke und traumatischen Erlebnisse aus dem Ersten Weltkrieg. Anfang der 1930er Jahre stärkten die Erfolge der NSDAP in Deutschland die totalitären Strömungen in Europa. Angesichts der chronischen Instabilität der französischen Regierung bezog sich Massons Kunst aus dieser Zeit auch auf die vergeblichen politischen Aktivitäten der kommunistischen Partei Frankreichs, mit der die Surrealisten sympathisierten. Masson verlieh mit den *Massakern* seiner Enttäuschung über den Mangel an politischen Möglichkeiten Ausdruck und kritisierte die zunehmende Unwirksamkeit parlamentarischer Politik. Obwohl er zum Zeitpunkt der Entstehung des Blattes aus der surrealistischen Gruppe um André Breton ausgeschlossen war, teilte er die Überzeugung der Surrealisten, dass es Aufgabe der surrealistischen Kunst sei, sich am gesellschaftlichen Kampf zu beteiligen. Permanente Rebellion galt ihm als einziges Mittel gegen die herrschenden politischen und gesellschaftlichen Verhältnisse.

Sein Freund Georges Bataille charakterisierte Massons Abwendung vom Automatismus und seine Hinwendung zu figurativen Kampfszenen und Szenen sexueller Gewalt als eine »Gewalt der Hoffnungslosigkeit«. Jutta Held sieht darin den unlösbaren Konflikt zwischen

Deutsche Künstler im Exil und europäische Avantgarde

VII/2

VII/3

der rationalen und symbolischen Ordnung einerseits und der animalischen, triebhaften Lebenskraft andererseits.[1] Masson selbst schrieb dazu: »Es ist sicherlich keine Welt der Harmonie, das Goldene Zeitalter. Ganz im Gegenteil.«[2] Einer breiten Öffentlichkeit bekannt wurden die *Massaker* 1933 über die erste Ausgabe der Zeitschrift *Minotaure*, die neun Zeichnungen der Bildserie abdruckte.[3] GDG

1 Held 2005, S. 42.
2 Zit. n. Clébert, Jean-Paul: Mythologie d'André Masson (= Les grandes Monographies 14; Collection Peintres et sculpteurs d'hier et d'aujourd'hui 99), Genf 1971, S. 44.
3 Minotaure, Nr. 1, 1933, S. 57–61.

VII/3
André Masson
(Balagny-sur-Thérain 1896–1987 Paris)
**Le pays des métamorphoses
(Das Land der Metamorphosen), 1941**
Feder in Schwarz, 50 × 65 cm
Hamburg, Sammlung Hegewisch in
der Hamburger Kunsthalle
Lit. Ausst.-Kat. Paris 1977; Leiris 1982;
Ausst.-Kat. Berlin/Rom 1985;
Ausst.-Kat. Künzelsau 2004/05.

André Masson hat im Laufe seines Schaffens mit vielen Stilen und Techniken experimentiert. Der Duktus dieser Zeichnung wirkt im Vergleich zu seinen sonstigen »expressiven Paroxysmen« (Masson) ungewöhnlich kontrolliert. Die Zeichnung entstand 1941. Masson stand noch unter dem Eindruck der Schrecken des Spanischen Bürgerkrieges der Jahre 1936 bis 1939, als ihn bereits der nächste Schock ereilte: die Okkupation Frankreichs durch die deutsche Armee. Sie zwang ihn zusammen mit vielen anderen Künstlern, die sich in Paris aufhielten, zur Flucht in die Vereinigten Staaten.

Dargestellt ist eine flache weite Landschaft mit mehreren fragmenthaft wirkenden Mischwesen, die sich aus Mineralien, Bäumen, Pflanzen und menschlichen Körpern zusammensetzen. Die Darstellung menschlicher Triebe, wie Masson sie zum Beispiel noch in der *Massacre*-Serie (Kat.-Nr. VII/2) angestrebt hat, wird abgelöst durch Visionen eines vorsozialen Naturkreislaufes, der über die zivilisatorischen Anstrengungen des Menschen triumphiert. Die anthropozentrische und logozentrische Sicht auf Mensch und Natur hat Masson aufgegeben. Hinter den embryohaften Wesen oder ihren ruinenartigen Überbleibseln steht eine Vorstellung vom fragmentierten, deformierten Körper, der instabil ist und nur noch in wechselnden Zuständen vorkommt. Natur erscheint nicht mehr fruchtbar und gesegnet, sondern öde, feindlich und von destruktiven Kräften geformt. Symbol des ewigen Kreislaufes der Natur ist die Spirale, die – einem kosmischen Spiralnebel gleich – den oberen linken Bildrand einnimmt. Sidra Stich verweist darauf, dass die endzeitlich anmutenden Landschaften Massons vermutlich geprägt seien durch die zerstörten Landschaften nach dem Ersten Weltkrieg.[1] Das einzige Zeichen von Hoffnung liegt in dem Stern am rechten oberen Bildrand, der vielleicht Licht am Horizont verheißt. GDG

1 Stich, Sidra: Axious Visions, in: Ausst.-Kat. Berkeley 1990, S. 12.

»Was die anfängliche Weltanschauung der Surrealisten mit der Grundeinstellung Lautréamonts und Rimbauds gemeinsam hatte und für alle Zeiten unser Schicksal an das ihre band, war der Abscheu vor dem Krieg, der Defätismus.«

André Breton, 1934
Breton 2002 [1934], S. 20

VII/4 – VII/7
Max Ernst
(Brühl bei Köln 1891–1976 Paris)
Zyklus *Une semaine de bonté ou Les sept éléments captaux,* Paris: Bucher, 1934
Erstausgabe, fünf Hefte
Druck auf der Basis einer Collage,
22,8 × 22,5 cm
Bonn, Privatsammlung

VII/4
Oedipe 25 (Kapitel 4, 131)

VII/5
Oedipe 26 (Kapitel 4, 132)

VII/6
Le rire du coq 11 (Kapitel 5, 145)

VII/7
Le rire du coq 12 (Kapitel 5, 146)

Lit. Russell 1966; Spies (Hg.)/Leppien 1975, Nr. 15; Spies (Hg.)/Metken/Metken 1976ff., Werke 1929–1938, Köln 1979 (SM 2034–2035, 2048–2049); Ausst.-Kat. Tübingen/Bern/Düsseldorf/Hamburg 1988/89; Ubl 2004; Ausst.-Kat. Wien/Brühl/Hamburg 2008/09.

Im Sommer 1933, während eines Aufenthaltes im oberitalienischen Castello di Vigoleno, zerschnitt Max Ernst alles, was ihm unter die Finger kam. Die zahlreichen Papierschnipsel – meist Ausschnitte aus illustrierten Groschenromanen des 19. Jahrhunderts – fügte er mit beeindruckender Präzision zu insgesamt 184 hochformatigen Collagen neu zusammen. Auslöser für die wütende Aktion waren die politischen Ereignisse des Jahres 1933. Die Ernennung Adolf Hitlers zum Reichskanzler war für Ernst das Zeichen, dass es mit Deutschland bergab ging. Seine Kontakte dorthin waren eng genug, um ihm eine genaue Vorstellung von den Ereignissen zu geben: Ihre denkbaren apokalyptischen Folgen imaginierte er in *Une semaine de bonté*. Die deutsche Fassung des Romans erschien unter dem Titel *Die weiße Woche*.

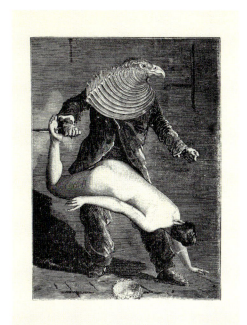

VII/4

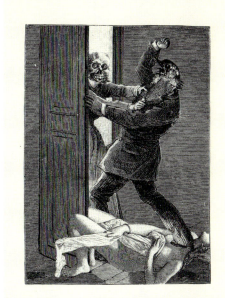

VII/5

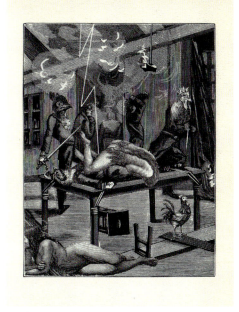

VII/6

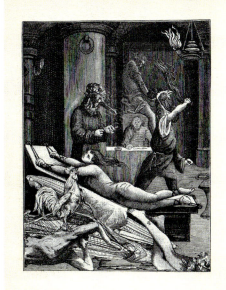

VII/7

Ein Bilderbuch von Güte, Liebe und Menschlichkeit. Der Titel täuscht den Leser, denn Gewalt, Folter und Schrecken erzeugen in diesem Bilder-Roman eine Stimmung des Untergangs.

Bei den Collagen, die dem Roman als Druckvorlagen dienten, handelt es sich hauptsächlich um sogenannte analytische Collagen. Sie gehen von einer übergeordneten, rahmenbildenden Darstellung aus, indem zumeist ein szenisches Ausgangsbild verändert wird.[1] Max Ernst fasste 182 der so entstandenen Collagen zu einem Roman zusammen, der in sieben Wochentage unterteilt ist. Der Aufbau dieses Buches, das 1934 bei Jeanne Bucher in einem Schuber mit fünf verschiedenfarbigen Mappen erschien, gliedert sich folgendermaßen: Jedem Tag sind eine Farbe, ein Element sowie ein Beispiel zugeordnet. Ausgangspunkt für die Woche ist der Sonntag. Hier abgebildet ist eine Doppelseite zum Mittwoch und zum Donnerstag. Dem Mittwoch sind die Farbe Blau, das Element des Blutes und Ödipus, der Vatermörder, zugeordnet. Die Collagen zeigen sowohl Vogel-Menschen als auch Szenen, in denen die Gewalt zunimmt. Die brutalen Ereignisse kulminieren in den Collagen des Donnerstags. Ihm sind die Farbe Schwarz, das »Lachen des Hahns« sowie die Osterinseln zugeordnet. Den Höhepunkt der Gewalt bilden die hahnenköpfigen Gestalten, die morden, rauben und foltern.

Es scheint, als schildere Max Ernst in seiner *Semaine de bonté* den Anfang vom Ende. Das Besondere an diesen Collagen ist die Präzision, mit der Max Ernst die Vorlagen bearbeitete. Mit dem bloßen Auge sind insbesondere bei den Holzschnitten aus den Groschenromanen die Übergänge kaum erkennbar. Hintergrundlinien fügte er so genau ineinander, dass sie in den gedruckten Versionen als Einheit erscheinen und Werner Spies somit zu Recht vom »perfekten Verbrechen«[2] spricht. TW

1 Ausst.-Kat. Wien/Brühl/Hamburg 2008/09, S. 63.
2 Ausst.-Kat. Wien/Brühl/Hamburg 2008/09, S. 22.

VII/8

VII/8
Max Ernst
(Brühl bei Köln 1891–1976 Paris)
Jardin peuplé de chimères (Garten, von Chimären bewohnt), Paris 1936
Öl auf Leinwand, 42 x 56,4 cm
Bonn, Privatsammlung

Lit. Russell 1966; Spies (Hg.)/Metken/Metken 1976 ff., Werke 1929–1938, Köln 1979 (SM 2264); Metken, Günter: Zwischen Europa und Amerika, in: Ausst.-Kat. München/Berlin 1979; Lindau 1997; Derenthal, Ludger: Max Ernst and Politics, in: Ausst.-Kat. New York 2005, S. 21–35.

Max Ernst war zu Beginn der 1920er Jahre aus freien Stücken nach Paris gegangen, das er stets als seine Wahlheimat angesehen hatte. In den 1930er Jahren begann er sich jedoch zunehmend als Exilkünstler zu fühlen. In Deutschland wurde seine Kunst vom NS-Regime diffamiert, und mit der Machtübernahme der Nationalsozialisten 1933 verschärfte sich die politische Situation. 1935 trat er der kleinen Künstlergruppe Kollektiv Deutscher Künstler bei. Sie bestand aus einigen in Frankreich lebenden deutschen Exilkünstlern: Heinz Lohmar, Otto Freundlich, Horst Strempel, Hans Kralik, Robert Liebknecht, Erwin Oehl und Gert Wollheim. Die Gruppe veröffentlichte 1936 gemeinsam eine lose Bildsammlung, *Die Mappe*, in deren Vorwort die Künstler politisch Position bezogen: Sie forderten eine freie deutsche Kunst trotz und gegen Adolf Hitler.[1] Vor diesem Hintergrund sind auch Max Ernsts Arbeiten aus dieser Zeit zu betrachten. Mitte der 1930er Jahre finden sich in seinen Bildern zunehmend gefräßige Pflanzen, die Fallen für Flugzeuge darstellen oder versteinerte Städte überwuchern.

Einen Höhepunkt erreichte diese Entwicklung in den *Urwaldbildern*, die ab 1936 entstanden. Sie tragen harmlose Titel wie *La joie de vivre (Lebensfreude)*, *La nymphe Echo (Die Nym-*

phe Echo) oder *Jardin peuplé de chimères* (*Garten, von Chimären bewohnt*). Max Ernsts Interesse richtet sich dabei scheinbar auf Gräser, Halme und Blätter. Bei längerer Betrachtung lassen sich jedoch zahlreiche perfekt getarnte kleine Lebewesen erkennen. Es wimmelt von Vögeln, Gottesanbeterinnen sowie Fantasiewesen; Wein rankt empor und trägt reiche Früchte. Doch die Harmonie trügt, wie auch die Titel einen ironischen Unterton haben. Max Ernst artikuliert in Form dieser scheinbaren Idyllen seine Ablehnung gesellschaftlicher Konventionen. Indiz dafür sind die zahlreich vorkommenden Gottesanbeterinnen, die dafür bekannt sind, dass sie ihren Partner nach dem Liebesspiel verzehren. Darüber hinaus kann für einige dieser Werke ein direkter Bezug zu Friedrich Schlegels Roman *Lucinde* vermutet werden. Dort erlebt der männliche Protagonist einen Wachtraum in einem »kunstreichen Garten«, eine spielerische »Allegorie von der Frechheit«, in der ihm »einige Jünglinge am Scheideweg« die Augen öffnen.[2] »So meint ›Frechheit‹ in der *Lucinde*, nicht nur gegen die allgemeine Konvention zu denken, zu fühlen, zu leben, sondern dies auch in der Kunst zu bezeugen.«[3] Vor dem Hintergrund der Zeitgeschehnisse können diese Werke somit auch als eine Vision der sich steigernden Bedrohung gelesen werden sowie als deutliche Ablehnung einer Gesellschaft, die den Nationalsozialismus unterstützt. Diese »vergifteten Paradiese« sind Bilder, die das »Leben und Überleben« ebenso thematisieren wie »das Fluktuieren der Zu- und Abwendung, des sich Unterwerfens oder Beherrschens«.[4] »Als Symbol für die All-Einheit irdischen Lebens kann man sie als eine unter freudigem Lächeln versteckte Todesdrohung ansehen. Die dünnbeinigen Insekten im Vordergrund spielen ein grausames Spiel.«[5] TW

1   Derenthal, Ludger: Max Ernst and Politics, in: Ausst.-Kat. New York 2005, S. 24 f.
2   Schlegel, Friedrich: Kritische Friedrich-Schlegel-Ausgabe, hg. von Ernst Behler, Paderborn 1961, 1. Abt. Bd. 5, S. 16 ff.
3   Lindau 1997, S. 54.
4   Metken, Günter: Zwischen Europa und Amerika, in: Ausst.-Kat. München/Berlin 1979, S. 82.
5   Russel 1966, S. 110.

VII / 9
Max Ernst
(Brühl bei Köln 1891 – 1976 Paris)
L'ange du foyer (Der Hausengel), (erste Fassung), Frankreich 1937
Öl auf Leinwand, 53 x 73 cm
München, Bayerische Staatsgemäldesammlungen – Pinakothek der Moderne, Theo Wormland Stiftung,
L 1944 (Frontispiz)
Lit. Reinhardt 1967, S. 6; Spies (Hg.)/Metken/Metken 1976 ff., Werke 1929–1938, Köln 1979 (SM 2282); Derenthal, Ludger: Max Ernst and Politics, in: Ausst.-Kat. New York 2005, S. 21–35; Ausst.-Kat. Paris/Berlin 2005/06, S. 61.

Der Beginn des Spanischen Bürgerkrieges 1936 gab den Surrealisten, die tendenziell dem Kommunismus zugeneigt waren, die Möglichkeit, trotz der sich zuspitzenden politischen Situation in Frankreich, rechtsnationale Tendenzen und den Nationalsozialismus offener zu kritisieren als zuvor, da sich ihre Kritik nicht direkt gegen Sympathisanten rechtsnationaler Bewegungen im eigenen Land richtete. Paul Éluard, André Breton und Max Ernst meldeten sich freiwillig zur Internationalen Brigade, um für die Zweite Spanische Republik zu kämpfen, wurden aber abgelehnt. So blieb Max Ernst nichts weiter übrig, als seinen Kampf mit den Mitteln der Kunst fortzusetzen.

Nach dem auch für die Surrealisten enttäuschenden Scheitern der Republikaner, dem Rückzug der Regierung von Madrid nach Valencia und der Anerkennung des Francoregimes durch die Achsenmächte 1936, schuf er die hier gezeigte erste Fassung von *L'ange du foyer (Der Hausengel)*. Es folgte eine größere Version, die mit leichten Veränderungen die erste Komposition übernimmt. Sie wurde im Frühjahr 1937 auf der Pariser Weltausstellung ausgestellt (vgl. Abb. 7, S. 109). Beide Versionen zeigen ein riesiges Fabelwesen, das zum Sprung auf die Welt ansetzt und mit seinen großen Tatzen verheerenden Schaden anzurichten droht. Werner Spies interpretierte die Gestalt und Gestik des Ungeheuers als Anspielung auf den Nationalsozialismus: »Die Klauen, die abstehenden Gliedmaßen spielen mit der Vorstellung vom Hakenkreuz.«[1]

In der ersten Fassung ist am linken Bildrand ein fantastisch anmutendes, kleines grünes Wesen zu sehen, das dem Hausengel hinterherspringt. In der zweiten Fassung scheint die kleine Figur am Hausengel festzukleben und gleichzeitig im Versuch begriffen zu sein, ihn in seiner Zerstörungslust zu bremsen. Die kleine Fantasiegestalt erinnert formal an die vogelartigen »Loplop-Wesen«, die das Alter Ego des Künstlers sind. Max Ernst selbst äußerte sich später folgendermaßen zu diesem Werk: »Ein Bild, das ich nach der Niederlage der Republikaner in Spanien gemalt habe, ist der *Hausengel*. Das ist natürlich ein ironischer Titel für eine Art Trampeltier, das alles, was ihm in den Weg kommt, zerstört und vernichtet. Das war mein damaliger Eindruck von dem, was in der Welt wohl vor sich gehen würde, und ich habe damit recht gehabt.«[2]

Das Bild reflektiert somit die aussichtslose Situation von Max Ernst und allen anderen Künstlern, die hilflos zusehen mussten, wie rechtsnationale Strömungen und der Nationalsozialismus an Zerstörungskraft zunahmen. Die Ausstellung *Entartete Kunst* im Herbst 1937, die auch drei Werke von Ernst zeigte, hatte die Befürchtungen des Künstlers bestätigt, dass das NS-Regime auch für ihn immer stärker zu einer Bedrohung werden würden. Tiefbetroffen schrieb er an Oskar Kokoschka, dass ihm jedoch letztendlich die Ablehnung seiner Kunst immer noch lieber sei, als sich seine *La belle jardinière (Schöne Gärtnerin)* in Adolf Hitlers oder Joseph Goebbels' Schlafzimmer vorstellen zu müssen.[3] TW

1   Spies, Werner: Max Ernst: L'ange du foyer, in: Ausst.-Kat. Paris/Berlin 2005/06, S. 61.
2   Reinhardt 1967, S. 6.
3   Brief von Max Ernst an Oskar Kokoschka, undatiert, in: Dokumentation 1988, S. 106.

VII / 10
Heinz Lohmar
(Troisdorf im Vogtland 1900 – 1976 Dresden)
Das Übertier, Paris 1936
Öl auf Leinwand auf Holz, 59 × 54,5 cm
Dresden, Galerie Neue Meister,
Staatliche Kunstsammlungen,
Gal.Nr 3437, (Abb. S. 310)

VII / 11
Heinz Lohmar
(Troisdorf im Vogtland 1900 – 1976 Dresden)
Studie zu *Das Übertier*, Paris 1936
Aquarell, 14,2 × 19,2 cm
Lutherstadt Wittenberg,
Sammlung Gerd Gruber, 2968

Lit. Ausst.-Kat. Dresden 1970; Altner 1981; Ausst.-Kat. Amsterdam/Berlin 1996; Ausst.-Kat. Bielefeld 2007/08.

Wer Heinz Lohmars *Das Übertier* mit der zugehörigen Studie, dem Aquarell eines Stierschädels vergleicht, kann den Abstand ermessen, der zwischen dem zartkonturierten Vanitas-Stillleben und dessen anthropomorpher Verlebendigung im Ölgemälde besteht. Aus dem knochigen Relikt, das bloß durch die Nahansichtigkeit erschreckt, ist ein expressiver Reigen so grotesker wie vitaler Mensch- und Tierwesen entstanden. In seinem Zentrum tritt der Stierschädel wie eine Maske des Todes hervor.

Es ist ein Bild des Aufbruches im doppelten Sinn: So drohen die unheilschwangeren Bäuche und Brüste der Fabelwesen aufzuplatzen, scheint sich das Untier mit menschlichen Gliedmaßen just erheben zu wollen. Die wie zum Gruß erhobene Hand und das aufgestellte Bein mit Huf deuten darauf hin.

Ein Vorbild für *Das Übertier* lässt sich in der Gestalt des Minotaurus im Werk Pablo Picassos ab 1928 erkennen. Insbesondere die 1934 entstandene *Minotauromachie* zeigt sowohl einen Mann mit Stierkopf als auch den erhobenen Arm mit geöffneter Hand, hier allerdings mit abwehrender Geste.[1] Der Verweis auf den mythologischen Gott in Mensch-Tier-Gestalt verbindet sich mit dem titelgebenden Begriff des *Übertiers*, den Friedrich Nietzsche prägte »für [den] mensch[en], insofern er sich über die thierheit erhebt«.[2] Bei Lohmar lässt diese Hybris den Menschen nicht als Gott erscheinen, sondern nur als ein monströses *Übertier*, das sich als programmatische antifaschistische Bilderfindung deuten lässt – darin vergleichbar Max Ernsts Fabelwesen in *L'ange du foyer (Der Hausengel)* (Kat.-Nr. VII/9, Frontispiz; Abb. 7, S. 109) und Rudolf Schlichters Krieger in *Blinde Macht* (Kat.-Nr. V/31; Titelabbildung) von 1937. Gemeinsam ist den drei Schreckensgestalten ihr hybrider Charakter. Er lässt sie bedrohlich erscheinen, und zugleich sind sie selbst vom Tod bedroht: Die Selbstaufgabe im Veitstanz, das Verharren am Abgrund und die Symbolik des Totenschädels verweisen je unterschiedlich auf die Schwellensituation zwischen Leben und Vergehen. MA

1 Abgebildet in: Ausst.-Kat. Berlin 2006, Abb. 91, S. 174; vgl. auch *Minotaure et jument morte devant une grotte face à une jeune fille au voile (Minotaurus und tote Stute vor einer Höhle, gegenüber einem jungen Mädchen mit Schleier)*, Abb. 92, S. 175.
2 Vgl. »Überthier« in: Deutsches Wörterbuch von Jacob Grimm und Wilhelm Grimm, 16 Bde. in 32 Teilbänden, Leipzig 1854–1960, hier: Bd. 23, Spalte 595; sowie Nietzsches Aphorismus in: Nietzsche, Friedrich Wilhelm: Menschliches, Allzumenschliches. Ein Buch für freie Geister, 1878, I.2, 40.

> »Das Werk der Surrealisten hatte etwas Prophetisches. Denn der Schrecken, den sie auslösten und der Schock, in den sie die Leute versetzten, waren nicht einfach nur die Träume verrückter Leute; ihre Bilder waren prophetisch in dem Sinne, dass sie zeigten, was die Welt in Wirklichkeit zu sehen bekommen sollte. Sie zeigten uns den Schrecken des Krieges; und hätte man die Surrealisten nicht ausgelacht und sie wirklich verstanden, dann hätte es überhaupt keinen Krieg gegeben.«
>
> Barnett Newman, 1945
> Newman 1996 [1945], S. 103 f.

VII/11

VII / 12
Richard Oelze
(Magdeburg 1900 –
1980 Posteholz bei Hameln)
Studie zu *Erwartung*, Paris 1935
Bleistift, 37,5 × 45,5 cm
Hamburg, Sammlung Hegewisch in der Hamburger Kunsthalle

Lit. Ausst.-Kat. Hannover 1964, WV-Nr. 214; Ausst.-Kat. Berlin/Düsseldorf/Bremen/Hamburg/München 1987/88, WV-Nr. Z 32, S. 240 f.; Damsch-Wiehager 1989, WV-Nr. Z 32, S. 86–91, 119; Damsch-Wiehager 1993; Ausst.-Kat. Hamburg 1999/2000, S. 109 f.; Ausst.-Kat. Bremen/Leipzig 2001, Nr. 21, S. 108.

Richard Oelzes Gesamtwerk ist einer breiten Öffentlichkeit bis heute relativ unbekannt geblieben. Im Gegensatz dazu steht das große Interesse, das sein 1935/36 entstandenes Gemälde *Erwartung* im Anschluss an die erste Retrospektive des Künstlers 1964 in der Kestner-Gesellschaft, Hannover, auch außerhalb des Kunstkontextes auf sich zog. Bei dem hier ausgestellten Blatt handelt es sich um die bildmäßig ausgearbeitete, unmittelbare Vorzeichnung zu dem gleichnamigen Gemälde (vgl. Abb. 7, S. 29). Sie weicht nur in wenigen Details von der gemalten Fassung ab. *Erwartung* ist ein gutes Beispiel dafür, wie einem Bild auf der Basis geschichtlicher Erfahrung prophetische Qualitäten zugeschrieben wurden. Das Gemälde wurde allgemein auf Weltuntergang und Apokalypse bezogen. Konkreter hat man darin Vorahnungen auf den Nationalsozialismus, den Zweiten Welt-

VII / 12

krieg, den Luft- und Bombenkrieg gesehen und das Gemälde nicht zuletzt mit Pablo Picassos *Guernica* verglichen.¹

Oelzes Werke der Pariser Phase sind in engem Austausch mit der Gedankenwelt des Surrealismus entstanden. Der Künstler war Ende März 1933 von Deutschland nach Paris gegangen, wo er bis 1936 blieb. Ob er aus persönlichen oder politischen Gründen Deutschland verließ, muss offenbleiben. Er war vom Nationalsozialismus nur indirekt betroffen, da er weder ein öffentliches Amt innehatte, noch sich Werke von ihm im Besitz deutscher Museen befanden. Seine freiwillige Rückkehr nach Deutschland 1938 ist ein Indiz dafür, dass es für seine Emigration keine primär politischen Gründe gab. In Paris stieß sein Werk bei den Surrealisten auf großes Interesse. Im surrealistischen Kontext fand sein Werk auch international Anerkennung. So wurde sein Gemälde *Erwartung* bereits 1940 von Alfred H. Barr Jr. für das Museum of Modern Art, New York, angekauft.

Oelze teilte das Interesse der Surrealisten am Unbewussten, Triebhaften und Unerklärlichen. In *Erwartung* ist im Vordergrund eine anonyme, städtische, in Hüte und Mäntel gekleidete Menschenmenge überwiegend in Rückenansicht dargestellt. Das, was die Menge beobachtet oder erwartet, bleibt den Blicken entzogen. Solche Menschenansammlungen fanden sich damals auf vielen Reportagefotos städtischer Großereignisse. Oelze jedoch versetzt die Menge in eine unwegsame Landschaft. Zivilisation und Natur werden als unvereinbare Gegensätze vorgeführt. Die Natur wirkt feindlich und bedrohlich, die Menschen darin fremd. Die auf den ersten Blick fotografisch präzise Landschaftskonzeption weist bei genauerer Betrachtung Brüche auf. Auffällig ist die dunkel lastende Himmelsfläche, die etwa zwei Drittel der Bildfläche einnimmt. Sie fungiert als Projektionsfläche für die Assoziationen von Figuren und Betrachter.

Renate Wiehager hat zu Recht darauf hingewiesen, dass bereits der Titel des Bildes einen deutlichen Hinweis für die Interpretation gibt. Er lautet *Erwartung* und nicht *Die Erwartung*. Es geht Oelze in der Darstellung nicht, wie es die spätere Rezeption hineingelegt hat, um die Vorahnung kommender Ereignisse, sondern viel allgemeiner um die inhaltlich ambivalente, überzeitlich gültige Darstellung aktueller psychischer Zustände von Bedrohung, Zweifel und Geheimnis.[2] Werner Rohde hat darauf hingewiesen, dass Oelze »kein Polit-Seismograf im fremden oder im eigenen Land, kein Vorausahner finsterer Zeiten« war.[3] Dennoch können die Ängste, Traumata und Verhängnisse, die Oelze in seine Bilder projiziert, nicht völlig losgelöst von der aktuellen Zeitsituation betrachtet werden. Konkret nachweisen lassen sich Zeitbezüge allerdings nicht. SH

1 Einen Überblick geben Wiehager 1989, S. 90 f.; Wiehager 1993, S. 64 ff.
2 Wiehager: Paris 1933–1936, in: Ausst.-Kat. Bremen/Leipzig 2001, S. 107.
3 Zit. n. Wiehager 1989, S. 91.

> »Es gibt Leute, die behaupten, im Krieg etwas gelernt zu haben, sie sind auf jeden Fall nicht so weit vorgedrungen wie ich, der weiß, was mich im Jahr 1939 erwartet.«
>
> André Breton, 1925
> Breton 2002 [1925], S. 37, Anm. 57

VII / 13

Richard Oelze
(Magdeburg 1900 –
1980 Posteholz bei Hameln)
Baumlandschaft, Paris, um 1935
Bleistift auf Karton, 42,3 × 56 cm
Hamburg, Galerie Brockstedt

Lit. Ausst.-Kat. Berlin/Düsseldorf/Bremen/Hamburg/München 1987/88, WV-Nr. Z 36, S. 99, 241; Damsch-Wiehager 1989, WV-Nr. Z 36, S. 120; Damsch-Wiehager 1993; Ausst.-Kat. Bremen/Leipzig 2001, Nr. 22, S. 116.

In den 1930er Jahren sind die beiden großen Themenbereiche in Richard Oelzes Werk, Figur und Landschaft, vielfach kaum voneinander zu trennen. Die vorliegende bildmäßig ausgearbeitete Bleistiftzeichnung ist eine von vier Darstellungen, die eher in Richtung Landschaft tendieren. Sie stammt aus dem Jahr 1935. Oelze hielt sich seit 1933 in Paris auf und stand mit den Surrealisten, die sich politisch engagierten und die Zeitereignisse intensiv verfolgten, in engem Austausch. Landschaften, die sich im Prozess der Metamorphose befinden und von erfundenen organisch oder biomorph anmutenden Wesen bevölkert werden, waren Mitte der 1930er Jahre ein zentrales Thema surrealistischer Malerei; so etwa bei Yves Tanguy, Max Ernst oder Salvador Dalí, mit denen Oelze in der Pariser Zeit ausstellte.

Diese Landschaften sind immer wieder als Reaktion auf die näherrückende Bedrohung eines Krieges in Europa interpretiert worden. Für die Surrealisten wie auch für viele andere Künstler war der Erste Weltkrieg das prägende Ereignis gewesen. Sie schlossen den Krieg, wie sie ihn real erfahren hatten, als Möglichkeit entgrenzender Erfahrung aus und betrachteten ihn als Folge einer übersteigerten Zivilisation, die sich ausschließlich dem Rationalismus verschrieben habe. Durch die eigene Kriegserfahrung sensibilisiert, lassen sich in den Schriften der Surrealisten bereits früh Ahnungen der Gefahr eines neuen Krieges nachweisen.

Oelze beschwört in seiner Zeichnung den Alptraum einer ausgebrannten Landschaft mit toten Baumstümpfen, die an die Schlachtfelder des Ersten Weltkrieges erinnert. Seine *Baumlandschaft* lässt sich, obwohl sie in ihrer Bildsprache ganz eigen ist, mit den sich verdüsternden Landschaften Tanguys aus der zweiten Hälfte der 1930er Jahre vergleichen, in denen sich die Anzeichen von Unruhe und Bedrohung mehren. Der Bildraum, den Oelze ähnlich wie Tanguy in dieser Zeit ohne Horizontlinie anlegt, wirkt fahl, verhangen und lastend. Oelze erfindet in seinen Landschaften Formationen analog zur Natur, die eine hohe, fast fotografische Plausibilität und Eindringlichkeit der Erscheinung aufweisen, sich aber letztlich der Kraft der Imagination verdanken. Sie ziehen den Betrachter auf zwingende Weise in die halluzinatorischen Bildwelten hinein, die Oelze als Urbilder und unbewusste Bilder verstand. Wie in *Erwartung* wollte Oelze mit seinen Landschaften nicht auf die konkrete Gefahr eines Krieges aufmerksam machen, sondern allgemeingültige Bilder für Bedrohung und Lebensangst finden, die er aus seinem Unbewussten zu schöpfen glaubte. Ob Oelze Mitte der 1930er Jahre die Sorge der Surrealisten vor einem Krieg teilte, ist hingegen nicht bekannt. SH

VII / 14

Richard Oelze
(Magdeburg 1900 –
1980 Posteholz bei Hameln)
Der Schwager (Paar mit Hund), Paris 1935
Öl auf Karton auf Holz, 24 × 30,8 cm
München, Bayerische Staatsgemäldesammlungen – Pinakothek der Moderne
15640

Lit. Ausst.-Kat. Hannover 1964, WV-Nr. 10; Ausst.-Kat. Berlin/Düsseldorf/Bremen/Hamburg/München 1987/88, WV-Nr. G 11, S. 206; Damsch-Wiehager 1989, WV-Nr. G 11, S. 53; Damsch-Wiehager 1993, S. 19; Ausst.-Kat. Bremen/Leipzig 2001, S. 44.

Deutsche Künstler im Exil und europäische Avantgarde

VII/13

VII/14

Das Fragment des Gemäldes *Der Schwager (Paar mit Hund)* gehört zu den rund dreißig erhaltenen Gemälden und Zeichnungen aus der Pariser Zeit 1933 bis 1936, als Richard Oelze erfolgreich mit den Surrealisten ausstellte. Oelzes Figuren- und Landschaftskonzeptionen aus diesen Jahren lassen eine romantische oder, modern gesprochen, psychologische Konzeption erkennen. Sie sind auf ein unauflösbares Geheimnis hin komponiert, das sich weniger einer intellektuellen Erforschung als vielmehr einer gefühlsmäßigen, instinkthaften und unbewussten Suche offenbaren soll. In einer surreal anmutenden und in dunklen Farben gehaltenen friesartigen Traumlandschaft sind Mann, Frau und Hund gestaffelt hintereinander angeordnet. Der Mann ist in Überzieher und Hut eher städtisch gekleidet und farblich auf den kargen, in Brauntönen gehaltenen Vordergrundstreifen bezogen. Er scheint – der Menschenmenge in *Erwartung* (Kat.-Nrn. VII/12; Abb. 7, S. 29) vergleichbar – als Repräsentant der Zivilisation in eine menschenfeindliche, versteinerte, geisterhafte Landschaft versetzt. Die Frau ist in einen zeitlos wirkenden dunklen Überwurf gehüllt. Sie und der auf den ersten Blick schwer auszumachende Hund verschmelzen mit den schwarzgrünen, teils vegetabilen, teils wesenhaften Formen im Hintergrund, die der Landschaft ihr irreales, traumartiges Aussehen verleihen. Die Zugehörigkeit der Frau zu dem Bereich der unheimlichen, chthonisch aufgefassten Natur und ihre antikische Gewandung lassen an eine mythische Figur denken.

Ikonografisch erinnert die Frau durch das Attribut des Umhanges an Prophetinnen-, Sibyllen- oder Seherinnen-Darstellungen. Bereits ein Jahr zuvor hatte Oelze die Kassandra gezeichnet (Abb. 3, S. 22). Seine Interpretation der Unheilsprophetin zeigt die trojanische Seherin in einem fortgeschrittenen Prozess der Metamorphose in ein naturhaftes Wesen. Körper und Gesicht der Figur sind von pflanzenhaften Wucherungen umschlossen, die an ein vegetabiles Pendant zum Überwurf der Sibylle oder Seherin erinnern. Das Gesicht mit den großen Augen, die den Betrachter fixieren, scheint

VII. Schatten über Europa

VII/15

starr vor Schrecken. Die breiten Lippen sind fest geschlossen. In beiden Bildern scheint eine Zukunft, von der die Seherinnen künden könnten, als Möglichkeits- oder Handlungsraum verstellt. Einzig vorstellbar ist die Erstarrung und der im Bild bereits angedeutete Übergang der Figuren in die unheimliche und erstickend-bedrohlich aufgefasste Natur. Diese Warnung muss durch die Seherinnen nicht mehr eigens verkündet werden. Sie ist in den Chiffren der Natur, die auch Chiffren für innere Welten sind, bereits gegenwärtig. SH

VII / 15
Édouard Goerg
(Sydney 1893 – 1969 Callian bei Cannes)
Guerre aérienne (Luftkrieg),
Frankreich 1936
Öl auf Leinwand, 81 x 100 cm
Paris, Musée d'Art moderne de la Ville de Paris, AMVP787
Lit. Édouard Goerg 1958; Ausst.-Kat. Düsseldorf 1987; Ausst.-Kat. Paris 1998; Klein (Hg.) 2001.

Édouard Goerg beschrieb die 1920er Jahre als eine Zeit der Wut und Abscheu über die allzu rasche Wiederherstellung der sozialen Ordnung nach dem Ersten Weltkrieg. Allerdings seien seine Gefühle der Empörung allmählich einem ironisch-relativierenden Blick auf die Unabänderlichkeit der menschlichen Tragödie gewichen. Doch ab 1934 verwandelte sich diese Haltung in Angst vor dem Kommenden. Seine Bilder aus dieser Zeit begriff er rückblickend als Vorahnungen von Krieg und Unglück: »Jeder musste in diesen Jahren das Schlimmste befürchten: einen erneuten Krieg, die wiederholte Erniedrigung des Menschen und die Entfesselung von Kräften, derer er nicht mehr würde Herr werden können.«[1]

Auf seiner Reise durch die Niederlande und Belgien 1934 erkannte er vor diesem Hintergrund die Aktualität der Werke von Pieter Breughel und Hieronymus Bosch.[2] Das Gemälde *Guerre aérienne (Luftkrieg)* bezieht sich in seinen tumultartigen Verdichtungen der Komposition, den Tier-Mensch-Gestalten und grimassierenden Gesichtern unmittelbar auf Hieronymus Boschs Höllendarstellungen.[3] Das abstürzende Flugzeug, die Flammen und Waffen vergegenwärtigen die Angst vor einem Krieg in Zusammenhang mit dem Beginn des Spanischen Bürgerkrieges. In die dramatische Szene mischt sich zugleich eine karnevaleske Überzeichnung des Chaos, die bei aller Gewalttätigkeit den Satiriker und Maler karikaturistischer Gesellschaftsszenen der 1920er Jahre durchscheinen lässt.[4]

In seinem Beitrag zum sogenannten Realismusstreit an der Maison de la Culture 1936 in Paris betonte Goerg die Widersprüchlichkeit und Offenheit künstlerischer Verfahrensweisen.[5] Seine Charakterisierung der Ambivalenz »harmonischer, symmetrischer Ausgewogenheit oder im Gegenteil [...] unterbrochener, zerhackter, von Aufwallungen, Verwerfungen, Brüchen, Kontrasten durchschnittener«[6] Prozesse der Imagination mutet wie eine Beschreibung von *Guerre aérienne (Luftkrieg)* an und ist ein anschauliches Beispiel dafür, wie sehr die sozialen und politischen Bedingungen die Auffassung des Künstlers von seinen Werken und ihrer Herstellung prägen. Seine Vorstellung von künstlerischer Inspiration, die er als einen assoziativen und ungeordneten Vorgang versteht, zeugt vom Erbe des Surrealismus und gibt zugleich einen Eindruck davon, wie weit Goerg seinen Realismus-Begriff fasst. MA

1 Zit. n. Goerg, Édouard: Notes sur l'Art, in: Édouard Goerg 1958, S. 2.
2 Bettex-Cailler, Nane: Biographie d'Édouard Goerg, in: Édouard Goerg 1958, S. 6.
3 Huhn, Rosi: Édouard Goerg: *Luftkrieg*, in: Ausst.-Kat. Düsseldorf 1987, S. 166.
4 Vgl. Lefèvre, Sophie: Édouard Goerg, in: Ausst.-Kat. Paris 1998, S. 67.
5 Goerg, Édouard: [Beitrag zur ersten Debatte des Realismusstreits], in: Klein 2001, S. 62 f.
6 Goerg, Édouard: [Beitrag zur ersten Debatte des Realismusstreits], in: Klein 2001, S. 62 f.

»Soweit es mich betrifft, werde ich dabei bleiben, ästhetisch zu verfahren oder – falls du das vorziehst – rein geistig. Ich werde fortfahren, Kunst zu machen, ohne mich mit der Frage zu belasten, welcher Einfluß von ihr ausgeht oder ob sie unser Leben ›menschlicher‹ macht, wie du es ausdrückst. Wenn mein Werk eine Wahrheit enthält, dann wird es nützlich sein, ohne meine ausdrückliche Absicht. Wenn es keine Wahrheit enthält, um so schlimmer. Dann habe ich meine Zeit vertan. Aber ich werde niemals etwas machen mit der vorgefassten Absicht, den Interessen der politischen, religiösen oder militärischen Kunst eines Landes zu dienen.«

Pablo Picasso, 1932(?)
Ullmann 1990, S. 7

VII / 16
Pablo Picasso
(Málaga 1881 – 1973 Mougins)
Sueño y Mentira de Franco, Planche I
(Traum und Lüge Francos, Platte I),
Paris 1937
Radierung und Aquatinta, 31,5 x 42 cm (Platte), 39 x 57 cm (Blatt)
Bez. u. l.: 591/850
Bez. u. r. Signaturstempel: Picasso
Berlin, Deutsches Historisches Museum
Gr 94/52.1

VII / 17
Pablo Picasso
(Málaga 1881 – 1973 Mougins)
Sueño y Mentira de Franco, Planche II
(Traum und Lüge Francos, Platte II),
Paris 1937
Radierung und Aquatinta, 32 x 42 cm (Platte), 39 x 57 cm (Blatt)
Bez. u. l.: 591/850
Bez. u. r. Signaturstempel: Picasso
Berlin, Deutsches Historisches Museum
Gr 94/52.2

VII. Schatten über Europa

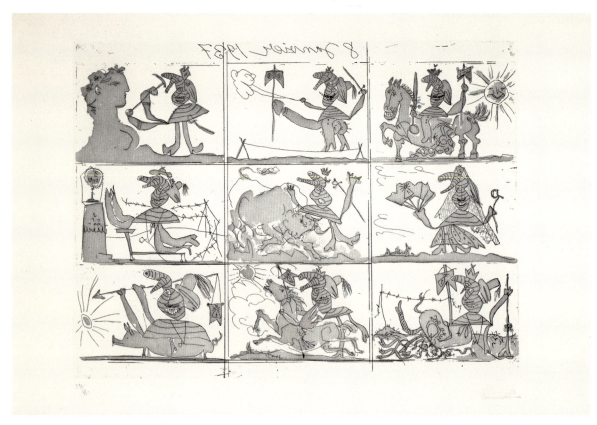

VII / 16

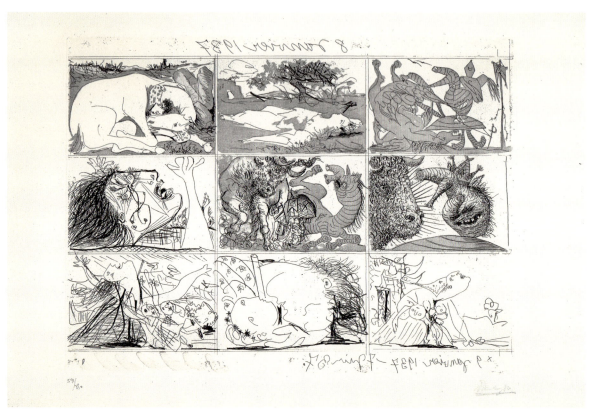

VII / 17

Lit. Imdahl 1985; Ausst.-Kat. Köln 1988; Klein, Peter K.: Von der Bildagitation zum autonomen Kunstwerk. Picassos »Traum und Lüge Francos«, in: Held (Hg.) 1989, S. 120–151; Ausst.-Kat. Berlin/München/Hamburg 1992/93; Warncke 1993 II, S. 387–401.

Picassos Auftrag für den spanischen Pavillon zur Weltausstellung 1937 in Paris bot ihm den Anlass, sich künstlerisch gegen den von dem rechtsnationalistischen General Francisco Franco provozierten Bürgerkrieg in Spanien zu engagieren. Die Grafikfolge *Sueño y Mentira de Franco (Traum und Lüge Francos),* in der Picasso seine avantgardistische Bildsprache mit der Bildsprache politischer Agitation verbindet, war ursprünglich als satirische Bilderserie vom Typus der traditionellen spanischen Bilderbogen intendiert.[1] Die Serie sollte in einzelne Postkarten geschnitten und zugunsten der notleidenden Bevölkerung der Republik verkauft werden. Die Bildfolge umfasst insgesamt 18 aufeinanderfolgende Darstellungen, je neun auf einem Bogen. Durch die Umkehrung im Druck erscheinen die Szenen seitenverkehrt und sind von rechts oben nach links unten zu lesen.

Die Umrisslinien der ersten 14 Szenen des Zyklus radierte Picasso im Januar 1937. Sie zeigen den antirepublikanischen General Franco als Ritter mit Krone, Fahne und Schwert, als phallischen Kentaur auf einem Seil, als Verwüster der Kunst, als Stierkämpfer, als Mammon-Anbeter, als Pegasus-Reiter, als Monstrum aus Mensch und Schwein, das die Sonne angreift, als Sieger über Pegasus und als Ungeheuer, das von einem Stier, der das republikanische Spanien repräsentiert, tödlich verwundet wird. Der putschende General sollte unmissverständlich verhöhnt und seine Aktionen als menschenverachtend, grausam und vor allem aussichtslos dargestellt werden. Satirische Bildfolgen dieser Art waren während des Bürgerkrieges auf republikanischer Seite ein beliebtes Mittel der künstlerischen Agitation. Vermutlich wurden Idee und Konzeption der Darstellungen von Picassos republikanischen Kontaktleuten in Paris angeregt.

Picasso unterbrach die Ausführungen im Januar 1937 und überarbeitete die ersten in Umrissen angelegten Radierungen im Mai desselben Jahres in Aquatintatechnik. Die letzten vier Darstellungen auf Platte II führte er zusammen mit dem Abschluss der Leinwandversion von *Guernica* erst im Juni 1937 aus. Die zuletzt entstandenen Szenen 15 bis 18 haben keinen satirischen Inhalt. Sie thematisieren das Leiden der republikanischen Opfer des Bürgerkrieges und stehen formal und inhaltlich *Guernica* nahe. Zu diesem Zeitpunkt hatte Picasso bereits die Absicht verworfen, die Radierungen in hoher Auflage als Postkarten zu vertreiben und verlegte die beiden Bilderbögen nur in einer kleinen Auflage. Beide Radierungen waren im spanischen Pavillon der Pariser Weltausstellung ausgestellt. Jedoch entsprachen Form und Inhalt der Grafiken – der offene Angriff auf den politischen Gegner und die karikierenden Elemente – nicht Picassos sonstiger Herangehensweise. Wie seine Arbeit an *Guernica* belegt, wollte er zugunsten einer eigenständigen, symbolischen Bildsprache die Darstellung identifizierbarer historischer Ereignisse ebenso vermeiden wie allzu deutliche politische Aussagen. GDG

1 Klein, Peter: Picassos »Traum und Lüge Francos«, in: Held (Hg.) 1989, S. 126.

VII/18
Julio González
(Barcelona 1876–1942 Arcueil bei Paris)
**Masque Montserrat criant
(Maske der schreienden Montserrat),
Arcueil bei Paris 1938/39**
Bronze, 22 x 15,5 x 12 cm
Berlin, Staatliche Museen zu Berlin,
Nationalgalerie, B 433
Lit. Ausst.-Kat. Recklinghausen/Bad Homburg/Heilbronn 2001; Koidl 2003.

Im Anschluss an seine Zusammenarbeit mit Pablo Picasso Ende der 1920er Jahre gestaltete Julio González eine Werkreihe linearer Eisenskulpturen, die erkennbar an die Tradition des Kubismus anknüpft. Ab Mitte der 1930er Jahre

VII/18

änderte sich seine Bildsprache jedoch unter dem Eindruck der zunehmenden Krise der jungen spanischen Republik und ihrer Bedrohung durch den Bürgerkrieg ab 1936. Es entstand der Werkkomplex zur Madonna Montserrat, benannt nach dem durch Erosion zerfressenen Gebirgsmassiv Montserrat (katalanisch für »gesägter Berg«) nordwestlich von Barcelona, auf dem sich ein Nationalheiligtum Kataloniens, das Benediktinerkloster Mare de Déu de Montserrat befindet.[1]

Im Gegensatz zu der statuarisch-geschlossenen, an sozialistisch-propagandistischer Bildsprache orientierten Mutter-Kind-Darstellung *La Montserrat* (1936/37),[2] die González vor dem spanischen Pavillon der Pariser Weltausstellung 1937 zeigte, geht die zerfurchte und durchlöcherte *Masque Montserrat criant (Maske der schreienden Montserrat)* ganz in der Darstellung physiognomischer Expressivität des Schmerzes auf. Die im Bereich der Stirn tief eingeschnittene Kontur, die schrundige Oberfläche und Durchlöcherung der Maske lassen sich nicht nur als Verweis auf die Verwitterungsstrukturen der titelgebenden Gebirgslandschaft beziehen. Sie verweisen auch auf González' Konzept von Skulptur als Raum- und Leerform anstelle einer Vollplastik. Diesem Konzept entsprechen die Maske in ihrer Eigenschaft als Hohlform sowie die Öffnungen von Mund und Augen, welche die plastische Form des Gesichts, so González, »durch den Raum (Himmel) ergänze[n]«.[3]

Die christlich begründete Überzeugung des Künstlers, die Durchlöcherung der Skulptur beziehe jenseits ihrer evidenten Symbolik der Sprachlosigkeit und des Todes auch die Sichtbarkeit des Himmels ein, weist González als »missionarische[n] Visionär« aus, wie Nina Koidl schreibt: »Der Halt, den die spirituelle Kunst ermöglicht, ›erhebt die Seelen‹ und dient der ethischen Orientierung, die in bedrängten Zeiten so viele Künstler bewegte.«[4] MA

1 Koidl 2003, S. 204.
2 Koidl 2003, S. 206 ff.
3 Julio González, transkribiert und übersetzt von Nina Koidl, in: Koidl 2003, S. 272.
4 Koidl 2003, S. 241.

VII/19

VII/20

VII/21

VII/19 – VII/27
Hans Hartung
(Leipzig 1904 – 1989 Antibes)
Antibes, Fondation Hans Hartung et Anna-Eva Bergmann

VII/19
Ohne Titel, Paris 1938
Tinte, 24,1 x 17 cm, 5295

VII/20
Ohne Titel, Paris 1938
Tinte, 18 x 13,5 cm, 4871

VII/21
Ohne Titel, Paris 1938
Tinte, 16,3 x 22,8 cm, 4869

VII/22
Ohne Titel, Paris 1938
Tinte, 14 x 11 cm, 4866

VII/23
Ohne Titel, Paris 1938
Tinte, 13 x 10 cm, 4867

VII/24
Ohne Titel, Paris 1938
Tinte, 13,5 x 10 cm, 4868

VII/25
Ohne Titel, Paris 1938
Tinte, 13 x 10 cm, 4864

VII/26
Ohne Titel, Paris 1938
Tinte, 13 x 10 cm, 4863

VII/27
Ohne Titel, Paris 1938
Tinte, 18 x 14 cm, 2352

Lit. Hartung 1981;
Ausst.-Kat. Berlin 1999;
Ausst.-Kat. Köln 2004.

Deutsche Künstler im Exil und europäische Avantgarde

VII/22

VII/23

VII/24

Nachdem Hans Hartung 1935 Deutschland aufgrund von Repressionen seitens der Nationalsozialisten verlassen hatte, entwickelte er in Paris eine künstlerische Sprache aus weitgehend abstrakten grafischen Zeichen, die auf die Anfänge seines Œuvres in den Jahren 1922 bis 1929 zurückverweisen.[1] Linien, Schlieren und Flecken betonen die Dynamik des Herstellungsaktes und das gestische Moment des Farbauftrages.[2] Die nach 1945 als Tachismus bezeichnete Darstellungsform diente Hartung als Medium für die Materialisierung jener »Nervosität«, als die er seine mentale wie auch körperliche Grundstimmung in der Vorkriegszeit bezeichnete: »Je näher der Krieg rückte – an den viele aus meiner Umgebung nicht glauben wollten, aber den ich für unvermeidlich und grausam hielt – um so verzerrter wurden meine Zeichnungen und meine Malerei. Sie ließen eine große Nervosität erkennen und wurden [...] wieder informell.«[3]

Dass die so gestalteten unbetitelten Blätter von 1938 das Ergebnis spontan und schnell ausgeführter Farbsetzungen sind, bezeugt nicht nur der Duktus der Tuschzeichnungen, sondern auch die Umstände ihrer Entstehung: Hartung arbeitete in diesem Jahr, um einem kalten Atelier oder der Notunterkunft bei Freunden zu entfliehen, regelmäßig im Café du Dôme am Boulevard Montparnasse, wo er »kostenlos Papier und Schreibgerät« erhielt.[4] »So wächst«, resümierte Jörn Merkert, »ein eigentümlich kostbarer Schatz an vollgeschmierten Blättern heran, von dem er nur eine knappe, zufällige Auswahl über die Wirren und die Odyssee der kommenden Jahre wird retten können.«[5]

Die Befreiung vom Gegenständlichen barg für den Künstler die Möglichkeit, ganz unmittelbar auf psychische, politische und gesellschaftliche Spannungen und Konflikte zu reagieren. Seine seismografischen Aufzeichnungen lassen sich retrospektiv als Notate einer bedrohlich verdüsterten Zeit auffassen. Zugleich wies Hartungs Betonung des Gestus und mit ihr das Ethos einer ungefiltert subjektiven Wirklichkeitserfassung in der Zwischenkriegszeit voraus auf abstrakte Maltechniken, wie sie sich

VII/25

VII/26

VII/27

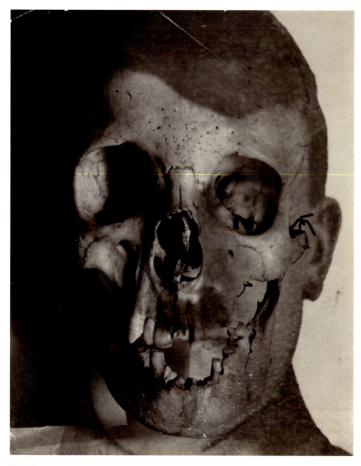

VII/28

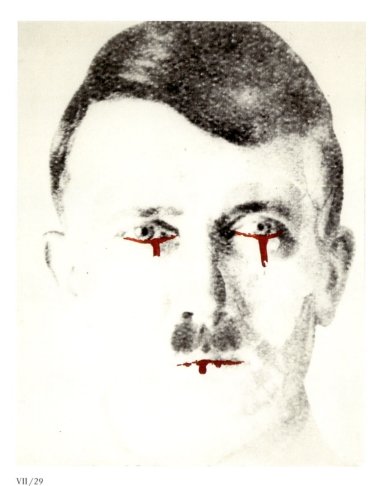

VII/29

in der Nachkriegszeit in Europa und den USA entwickelten. Sein Frühwerk gilt heute als Wegbereiter des nordamerikanischen Action-Paintings. MA

1 Eschenfelder, Chantal: Hans Hartung in Deutschland, in: Ausst.-Kat. Köln 2004, S. 127.
2 Vgl. Hartung 1981, S. 140.
3 Hartung 1981, S. 154.
4 Vgl. Hartung 1981, S. 90.
5 Ausst.-Kat. Berlin 1999, S. 33.

VII/28
Erwin Blumenfeld
(Berlin 1897–1969 Rom)
Hitler (Studie), Amsterdam 1933
Vintage Silbergelatineabzug, 30,5 × 23,9 cm
Cambridge, Yorick und Helaine Blumenfeld
Lit. Blumenfeld 1979; Blumenfeld 1998; Adkins 2008.

Erwin Blumenfelds Ruhm als Modefotograf hat die Aufmerksamkeit, die seine politischen Arbeiten erregen konnten, immer überstrahlt. In seiner Autobiografie *Einbildungsroman* ist hingegen wenig von der Modewelt, aber viel von seiner tiefen Abneigung gegen den deutschen Geist die Rede. Ab Dezember 1918 lebte der deutsch-jüdische Emigrant in Amsterdam, ab 1936 in Paris und ab 1941 in New York. In Texten und Montagen verarbeitete er zunächst seine traumatischen Erfahrungen aus der Zeit des Ersten Weltkrieges an der französischen Westfront sowie seine Verachtung für Kaiser Wilhelm II. Blumenfelds Ablehnung der politischen Entwicklung in Deutschland 1933 belegt eine Serie von Hitlerporträts: »[Ich habe] in der Nacht der Machtergreifung seine [Hitlers] Grauenfresse mit einem Totenschädel photomontiert und bin danach durch die Nacht fünfundzwanzig Kilometer betrunken von Amsterdam nach Aerdenhout gerannt.«[1] Blumenfeld legte über einen verstümmelten Totenschädel in Doppelbelichtung ein Propagandabild Hitlers, wie um dessen wahre Natur zu zeigen. Von der »Grauenfresse«, die Blumenfeld in seiner Autobiografie abbildete, wird kolportiert, dass das Foto 1942 von den Amerikanern als antinationalsozialistisches Flugblatt millionenfach über Deutschland abgeworfen worden sei.[2] HA

1 Blumenfeld 1998, S. 265.
2 Blumenfeld 1998, S. 265.

VII/29

Erwin Blumenfeld
(Berlin 1897–1969 Rom)
Hitler with Bleeding Eyes and Mouth
(Hitler mit blutenden Augen und blutendem Mund), Amsterdam 1933
Vintage Silbergelatineabzug mit roter Tinte, 32 x 24 cm
Cambridge, Yorick und Helaine Blumenfeld
Lit. Ausst.-Kat. Den Haag 2006; Adkins 2008.

Erst 1932 bekannte sich Erwin Blumenfeld, der bis dahin nur für private Zwecke fotografiert hatte und seit 1919 mit dadaistischer Montagetechnik experimentierte, zur Fotografie als Beruf. Eine für ihn typische fotografische Technik ist die Doppelbelichtung, die hier dazu dient, den Diktator geisterhaft erscheinen zu lassen. Durch sie werden auf subtile Weise die Gesichtszüge Hitlers als die eines Totenschädels deformiert (vgl. Kat.-Nr. VII/28). Eine nachträgliche Bearbeitung mit Tinte erzeugte dämonische Effekte: Blut tropft aus Augen und Mund. 1953, acht Jahre nach Kriegsende, arbeitete Blumenfeld in Amerika erneut an einer Variante seiner »caligarischen« Hitlerporträts, in der er gleichfalls rote Tinte als Blut einsetzte.

Die Inspiration für Blumenfelds Hitler-Montagen könnte von einer Arbeit John Heartfields aus dem Jahr 1928 herrühren: Das Titelblatt der Publikation *Italien in Ketten*, einer antifaschistischen Publikation der KPD, zeigt die Überblendung eines Mussolini-Porträts mit einem Totenschädel (vgl. Kat.-Nr. III 2/25). Während Heartfield auf eine propagandistisch-plakative Wirkung zielte, handelte es sich bei Blumenfeld eher darum, seinem persönlichen Hass gegen Hitler Ausdruck zu verleihen, indem er ihn als todbringendes Monster darstellte. HA

»Gorsch, Du weisst doch, ich bin sonbisken olle Jodenpropheet, un ich hab soon Geschmack in Urin, alsob wir nochma zusamm aufm Brodwee Lulleby trinken oder n andern sappichen Kockteel. Passmaauff!«

Erwin Blumenfeld an George Grosz, 5. Juli 1933
Houghton Library, Harvard, MA

VII/30

Max Beckmann
(Leipzig 1884–1950 New York)
Krieger und Vogelfrau, 1939
Öl auf Leinwand, 81 x 60 cm
Frankfurt am Main, Sammlung Deutsche Bank
K 19860735
Lit. Göpel 1976, Nr. 522; Ausst.-Kat. München/Berlin/Saint Louis 1984/85, S. 274 ff.; Ausst.-Kat. Leipzig/Frankfurt am Main 1990/91, S. 174 f.; Schulz-Hoffmann 1991; Peters 2005, S. 298–301.

Im Jahr 1939, als sich Max Beckmann in Amsterdam und Paris aufhielt, entstand eine eindringliche Folge kleiner, formatgleicher Gemälde, in der er offensichtlich die Gefahr eines bevorstehenden Krieges artikulierte: *Kinder des Zwielichts (Orkus), Mars und Venus* sowie *Krieger und Vogelfrau*. Das erste Bild zeigt einen querliegenden, das Bild versperrenden Kahn, in dem bewaffnete dämonische Wesen sitzen, die Fische angeln. Hier ist es der unheimliche, düstere Charakter des Bildes, der an einen Krieg gemahnt. Die beiden anderen Gemälde verbildlichen direkt Krieger oder den Kriegsgott Mars, der sich im zeitgleichen Triptychon *Akrobaten* (1939) mit blutigen Armen und Raubtiergebiss auf der rechten Seitentafel bereits Zutritt zum Zirkus verschafft hat.

Krieger und Vogelfrau hat der Maler wohl versehentlich in das Jahr 1937 zurückdatiert, das Jahr, in dem er Deutschland verließ und ins Exil ging. Die Komposition ist dichtgedrängt und zeigt einen grimmigen Krieger, dessen vorgeschobener Unterkiefer an Beckmann selbst denken lässt. Er trägt ein blaues Kettenhemd oder Trikot sowie einen Helm und ist mit Schwert und Lanze bewaffnet. Lässig, wenn auch mit unnatürlich verdrehtem linkem Arm, tritt er in einer üppig bewachsenen Landschaft unter einem blauen Himmel einer schönen Vogelfrau entgegen. Ihr Gefieder leuchtet orange-braun-weiß, und sie scheint ihn lächelnd zu erwarten. Umgeben ist sie von finsteren, kaum zu benennenden Figuren. Der Krieger, der alle Figuren überragt, könnte einen Befehl aus dem Munde der Frau erwarten, anstatt die Figurengruppe direkt zu bedrohen. Vielleicht hält er die sich fügende Gruppe aber auch in Schach. Es sieht aus, als versperre er ihr den Weg mit seiner Lanze, die den Bildraum diagonal zum Betrachter hin abschließt.

»Es ist traurig so langsam vom Schicksal zertreten zu werden, aber enfin, habe ich nicht seit Jahren mich um die Sichtbarmachung des Scheins und der Unwirklichkeit bemüht, als daß ich Angst vor dem Erwachen haben sollte?«

Max Beckmann, 1940
Göpel 1955, S. 21 f.

Inhaltlich könnte das Gemälde auf ein mythologisches Thema zurückweisen, etwa auf Odysseus und den Gesang der Sirenen, ein Thema, das Beckmann bereits 1933 auf einem bildmäßig angelegten Aquarell dargestellt hatte. In diesem Fall würde es sich um eine freie Interpretation des Stoffes handeln, wenn Odysseus hier den verführerischen Gesang der Sirenen zum Anlass nimmt, sie zu bedrohen oder gar zu vernichten. Die Vogelfrau weist gleichzeitig auf das Schlüsselbild *Die Hölle der Vögel* zurück, das Beckmann bereits 1937 mit dem Zusatz »Land der Wahnsinnigen« vage skizziert hatte. Er hatte es erst Ende 1938 in Paris scheinbar als Reaktion auf die zunehmende Diffamierung, Entrechtung und Verfolgung jüdischer Menschen durch das nationalsozialistische Regime beendet. Auf ihm foltert eine grellbunte Vogelbrut ein wehrloses Opfer, während weitere Fa-

330 VII. Schatten über Europa

VII/30

belwesen im Hintergrund den Arm zum Hitlergruß recken. Freilich bietet Beckmanns komplexe Bildwelt kaum jemals eindeutig lesbare Werke. Doch lässt sich feststellen, dass in der Zeit des Amsterdamer Exils zwischen 1937 und 1940 mehr konkrete zeitgeschichtliche Verweise in die Bilder eingeflossen sind als zur Zeit der deutschen Okkupation von 1940 bis 1945. Aber selbst in den Werken aus dieser Zeit lassen sich noch vielfältige Anspielungen auf die Zeitgeschichte herausarbeiten. Sie zeigen Beckmann als politischen Künstler, auch wenn er sich – wie viele Künstler seiner Zeit – von den Niederungen der Politik ausdrücklich zu distanzieren versucht hatte, wofür seine Londoner Rede aus dem Jahre 1938 das bedeutendste Beispiel gibt. OP

VII/31

VII/31
Albert Carel Willink
(Amsterdam 1900 – 1983 Amsterdam)
Château en Espagne (Das Schloss in Spanien), Amsterdam 1939
Öl auf Leinwand, 74 x 99 cm
Arnheim, Museum voor Moderne Kunst
Arnhem, GMQ 00027
Lit. Ausst.-Kat. Paris/Berlin 1980/81; Ausst.-Kat. Amsterdam 1992; Willink/Vlasblom 2000.

In *Château en Espagne (Das Schloss in Spanien)* verbindet Albert Carel Willink eine von den Alten Meistern inspirierte Maltechnik mit der Modernität collagehaften Kombinierens vorgefundener Darstellungselemente. Nach José Vovelle ist das ausgebrannte Schloss »nach einem Pressephoto der Schlacht um Madrid [1936] gemalt« worden.[1] Thematisch könnte Willink damit auf den Spanischen Bürgerkrieg in den Jahren 1936 bis 1939 angespielt haben, der für viele Zeitgenossen die Gefahr eines Weltkrieges näherrücken ließ. Rechts im Bild die Statue des *Apollon du Belvédère (Apoll von Belvedere)* in einer späteren Kopie aus dem Park von Versailles ist ihrerseits in minutiöser Wiedergabe nach einer fotografischen Vorlage entstanden.[2] Diese Korrespondenz von Architektur und Skulptur geht darüber hinaus auf ein Gemälde des französischen Klassizisten Hubert Robert zurück, der die Skulptur des Apoll in dem Gemälde *Vue imaginaire de la Grande Galerie du Louvre en ruines* (*Imaginäre Ansicht der großen Galerie des Louvre als Ruine,* 1796) dargestellt hatte.[3] Willinks fantastische Adaption der Gegenüberstellung architektonischer Vanitas-Symbolik mit dem steinernen Apoll als Schutzgott der Künste ist im Kontext einer Zeit zu sehen, in der Versatzstücke der Antike und des Klassizismus in der Malerei ebenso wie in Fotografie und Film häufig eingesetzt wurden.

Apoll, Gott der Weisheit und der Weissagungen, vermochte diese Gabe auch an Sterbliche wie Kassandra, die Tochter des Priamos, weiterzugeben. Gestus und Blick des Apoll scheinen in Willinks Inszenierung jedoch ins Leere aus dem Bild heraus zu weisen. So verlassen und sprachlos das Menschenwerk dasteht, so beredt ist die dramatische Himmelslandschaft, die kommende Zerstörung ankündigt. Oder sollte die diagonal herabfahrende Windhose nicht das Sprachrohr erzürnter Götter sein, sondern bloß ein dunkler Dekorstreifen, der die gemessene Haltung des Apoll dramatisiert? Die spannungsvolle Ambivalenz der Bildaussage – sie wird noch betont durch den doppeldeutigen Bildtitel »Château en Espagne«, so der französische Begriff für »Luftschloss« – lässt sich nicht auflösen. Vielmehr ist sie das Symptom einer Malerei, die sich klassizistischer Maltechnik und Bildsymbolik in einer Zeit bedient, in der in der Kunst technisch ebenso wie konzeptuell Geschwindigkeit und Reproduzierbarkeit gefragt waren. Doch haben die historischen Ereignisse den Künstler eingeholt: Als Willink *Château en Espagne (Das Schloss in Spanien)* 1939 in seiner ersten Retrospektive im Rotterdamer Museum Boymans van Beuningen zeigte,[4] musste die Ausstellung mit Beginn des Zweiten Weltkrieges vorzeitig geschlossen werden.[5] MA

1 Vovelle, José: Die Neue Sachlichkeit in Holland, in: Ausst.-Kat. Paris/Berlin 1980/81, S. 176, 178 (ohne Beleg).
2 Willink/Vlasblom 2000, Abb. S. 108.
3 Weicherding 2001, Abb. 67, S. 248.
4 Vgl. den Artikel von P. Kooman (Name bedingt leserlich): A. C. Willink in het Museum Boymans, 20.10.1939, reproduziert in: Willink/Vlasblom 2000, S. 109.
5 Ausst.-Kat. Amsterdam 1992, S. 19.

VII/32

VII / 32
Hannah Ryggen
(Malmö 1894 – 1970 Trondheim)
Spania (Spanien), Ørlandet/Norwegen 1938
Tapisserie, Wolle und Leinen, 193 x 226 cm
Oslo, The National Museum of Art,
Architecture and Design, OK-11005
Lit. Gjelsvik 1999.

Die schwedische Tapisserie-Künstlerin Hannah Ryggen, die ab 1924 im norwegischen Ørlandet lebte und arbeitete, hat ein umfangreiches Corpus an Wandteppichen zu politischen Themen geschaffen.[1] Für ihre Kompositionen orientierte sie sich an Text- und Bildvorlagen aus Zeitungen, ab 1944 auch an Radio-Nachrichten.[2] Ryggens Teppiche sind moderne Historienbilder, die die politischen Verhältnisse in Europa kommentieren.[3] Sie lassen sich zudem auf die Traditionen kunsthandwerklicher Teppichproduktion in Skandinavien beziehen sowie auf Tapisseriekunst, die der repräsentativen Ausstattung von Kirchen und Herrscherhäusern diente. Zu ihren Vorbildern gehörte der norwegische *Baldishol*-Teppich aus dem ausgehenden 12. Jahrhundert.[4] Er wurde 1879 in einer Kirche in Baldishol entdeckt und befindet sich seit 1887 im Osloer Nationalmuseum.

Ryggens Bildteppich *Spania (Spanien)* lebt vom Gegensatz kalter Blau- und glühender Rottöne. Die Zeichen der Gewalt, Blutflecken, Gewehrkugeln und Munitionsbänder, erscheinen als leuchtende Flecken, die sich zu ornamentalen Mustern zusammenschließen. Dem rot eingefärbten unbekleideten Mann im rechten Bilddrittel, der das schutzlose spanische Volk repräsentiert, ist im linken Bilddrittel der in der Gestalt eines maskierten Henkers auftretende General Francisco Franco gegenübergestellt. Unnahbar verbarrikadiert er sich hinter einer mit Kreuzen versehenen Kanzel. Zwischen den beiden Figuren sind zwei Reihen vertikal angeordneter Halbfiguren erkennbar. Einige bedienen entschlossen Maschinengewehre, andere haben die Hände erhoben oder verzweifelt vor das Gesicht geschlagen. Die Handlung könnte als unspezifische moderne Kriegsszene aufgefasst werden, hatte Ryggen nicht ein helles »F« für »Franco« am Halsansatz der schwarzmaskierten Figur appliziert. Dem Buchstaben antwortet auf der Seite der Gegner das etwas kleinere »f« von »fyr« in der rechten Hand des obersten Gewehrführers. Es ist dies der norwegische Begriff für »Flamme« oder »Feuer«.

Die Bildsprache Hannah Ryggens in *Spania (Spanien)* weist über die Ereignisse des Spanischen Bürgerkrieges hinaus. Die Inschrift am oberen Bildrand, »La hora se aproxima« (»Die Stunde naht«), verkündet die dringliche Botschaft von Bedrohung und zugefügtem Unrecht, aber auch vom Widerstand mit Waffen und dem Herzblut der Unterdrückten. MA

1 Gjelsvik 1999.
2 Gjelsvik 1999, S. 34, 37, 40, 65. Elektrizität stand in ihrem Haus erst ab 1944 zur Verfügung.
3 Gjelsvik 1999, S. 19.
4 Altnorwegische Teppich-Muster, hg. v. der Direction des Kunstindustrie-Museums zu Christiania, Berlin 1889, Abb. 1.

VII / 33
Felix Nussbaum
(Osnabrück 1904 – 1944 Auschwitz)
Die Perlen (Trauernde) (2), Brüssel 1938
Öl auf Leinwand, 61 x 50 cm
Osnabrück, Felix-Nussbaum-Haus Osnabrück mit der Sammlung der Niedersächsischen Sparkassenstiftung
Lit. Jaari-Nussbaum 2003; Nussbaum 2003; Ausst.-Kat. Osnabrück 2004/05; Felix Nussbaum, Werkverzeichnis, URL: http://www.felix-nussbaum.de/Werkverzeichnis/, WV-Nr. 217.

Das 1938 von Felix Nussbaum vollendete Gemälde zeigt das Brustbild einer weinenden, in Trauer gekleideten Frau. Über ihre linke Wange laufen Tränen, die zu Perlen gerinnen. Das Ausmaß ihres Leids bezeugt ihre Perlenkette, die aus solchen Tränen zu bestehen scheint. An ihrer Seite lehnt ein Junge mit großen, dunklen Augen und trauriger Miene. Im Hintergrund ist schemenhaft ein Kriegsszenario angedeutet: Es zeigt vorwärtsstürmende Soldaten, Flugzeuge, ein Schlachtfeld und ein aus weißen Kreuzen bestehendes Gräberfeld.

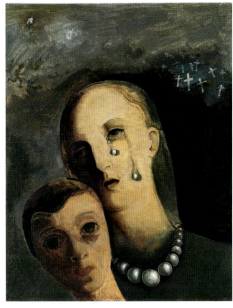

VII / 33

Der ab 1935 im belgischen Exil lebende Nussbaum hatte das Bild anlässlich der vom Freien Künstlerbund in Paris organisierten Ausstellung *Freie deutsche Kunst* gemalt, die vom 4. bis 18. November 1938 als Gegenausstellung zur nationalsozialistischen Femeschau *Entartete Kunst* in München zu sehen war. Es ist Nussbaums Kommentar zur politischen Situation im nationalsozialistischen Deutschland und zu der Kriegsgefahr, die nach dem Münchner Abkommen von 1938 immer offensichtlicher wurde. Mit der Weinenden greift Nussbaum ein Motiv auf, mit dem auch Pablo Picasso mehrfach den Schrecken des Spanischen Bürgerkrieges Ausdruck verlieh. Bei Picasso tragen die Figuren mit von Schmerz deformierten Gesichtszügen ihr Leid kraftvoll und laut nach außen. Im Gegensatz dazu handelt es sich bei Nussbaum um eine stille, fast resignative Klage, die die Unausweichlichkeit der geschichtlichen Ereignisse schon akzeptiert zu haben scheint.

Nussbaum beschrieb das Gemälde in einem Brief an die in den Vereinigten Staaten lebende Familie Klein vom 23. Juli 1938 folgendermaßen: »Obgleich mir das Bild gelungen scheint, so könnte ich dasselbe noch nicht einmal dauernd um mich herum haben. Was ich aber weiß ist: daß es der Ausdruck, oder besser: ein Ausdruck

VII/34

> »Die Russen, die Deutschen, die Spanier, sie alle, sie alle wissen nicht mehr, wieviel an Freiheit und Freude der herzlos gefräßige Popanz des ›Staates‹ ihnen aus dem Mark der innersten Seele gesogen. Alle Völker fühlen nur, dass ein fremder Schatten breit und schwer über ihrem Leben hängt. Wir aber, die wir noch die Welt der individuellen Freiheit gekannt, wir wissen und können es bezeugen, dass Europa sich einstmals sorglos freute seines kaleidoskopischen Farbenspiels. Und wir erschauern, wie verschattet, verdunkelt, versklavt und verkerkert unsere Welt dank ihrer selbstmörderischen Wut geworden ist.«
>
> Stefan Zweig, 1942
> Zweig 1942, S. 154 f.

unserer Zeit ist.«[1] Das Bild ist jedoch nicht nur ein allgemeingültiger Kommentar zum Zeitgeschehen, vielmehr spiegeln sich in ihm auch Nussbaums ganz persönliche Ängste vor Krieg, Verfolgung und einer ungewissen Zukunft. MS

1 Nussbaum 2003.

VII/34
Paul Klee
(Münchenbuchsee bei Bern 1879 – 1940 Muralto bei Locarno)
Schwarze Zeichen, 1938, 114 (H 14)
Ölfarbe auf Baumwolle auf Karton auf Holzleisten genagelt, 15 x 24 cm
Schweiz, Privatsammlung,
Depositum im Zentrum Paul Klee in Bern
Lit. Ausst.-Kat. Bern 1940; San Lazzaro 1957; Ausst.-Kat. Baden-Baden/Amsterdam 1962/1963; Ausst.-Kat. Hannover 1980; Ausst.-Kat. Ludwigshafen 1981/82; Kagan 1983, S. 129 f.; Ausst.-Kat. Nîmes 1984; Ausst.-Kat. Salzburg 1986; Ausst.-Kat. Saint-Étienne 1988/89; Ausst.-Kat. Mendrisio 1990; Kang 1995, S. 283, 294, 309, 340; Rümelin, Christian: Klees Umgang mit seinem eigenen Œuvre, in: Ausst.-Kat. Balingen 2001, S. 220; Catalogue raisonné Paul Klee 1998–2004, Bd. 7: 1934–1938, WV-Nr. 7315; Baumgartner, Michael: Paul Klee – acht Werkphasen, in: Zentrum Paul Klee, Bern, Zürich/Genf 2006, S. 30–109; Osterwold: Tilman, Melodie und Rhythmus. Der Klang der Bilder, in: Ausst.-Kat. Bern 2006, S. 8–31; Suter 2006.

Paul Klees Gemälde *Schwarze Zeichen* besteht aus bewegt wirkenden schwarzen Balken, Punkten und Bogenformen. Die einzelnen Elemente sind von einer weißen porösen Farbschicht umgeben und scheinen sich in unterschiedliche Richtungen über die Bildgrenzen hinaus auszudehnen. Eine Syntax, welche die formalen Beziehungen zwischen den Zeichen regelt, ist nicht erkennbar. Hatte Klee in seinen früheren Werken mit Buchstaben aus dem deutschen Alphabet gearbeitet, experimentierte er ab 1937 bis zu seinem Tod 1940 mit einer Zeichenschrift, die an Runen oder Hieroglyphen erinnert. Die *Schwarzen Zeichen* scheinen aufgrund ihrer Vereinzelung, ihrer fragmentarischen Gestalt, der Brüchigkeit der Farbmaterie sowie der die Bildränder überschreitenden Struktur ihrer Anordnung nur noch von Bedrohung und Chaos zu künden.[1] Die einzelnen Partikel breiten sich unverbunden über den Bildgrund aus und lassen kaum mehr Hoffnung auf neue sinnstiftende Verbindungen zu. MA/AB

1 Zu Klees Lebenssituation vgl. den Text zu den Kat.-Nrn. VII/35, VII/36.

VII/35
Paul Klee
(Münchenbuchsee bei Bern 1879 – 1940 Muralto bei Locarno)
Verzweiflung II, 1939, 66 (J 6)
Kreide auf Papier auf Karton,
48 x 33,5 cm (Karton)
Bern, Zentrum Paul Klee, PKS Z 1435
Lit. Glaesemer 1979, S. 27 f.; Catalogue raisonné Paul Klee 1998–2004, Bd. 8: 1939, WV-Nr. 7770.

Deutsche Künstler im Exil und europäische Avantgarde

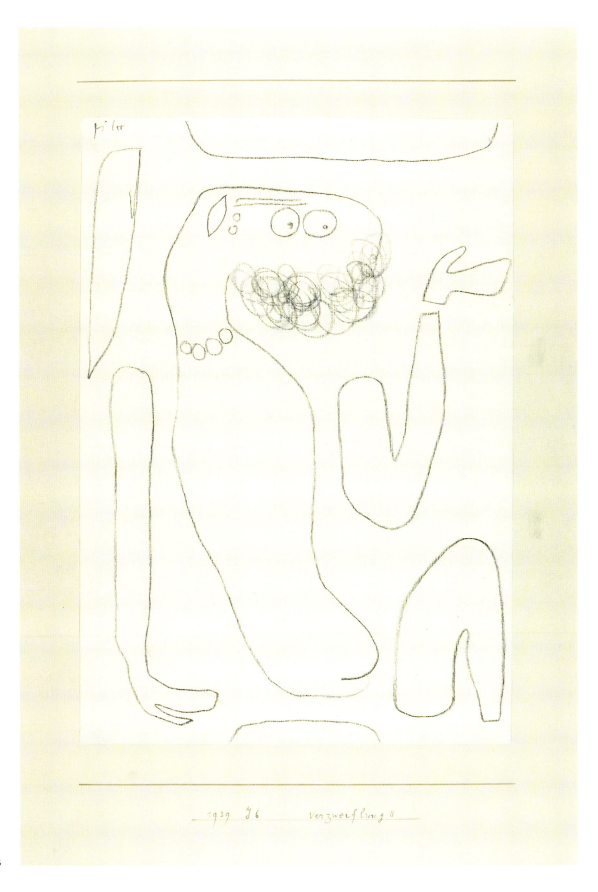

VII/35

VII/36

VII/36
Paul Klee
(Münchenbuchsee bei Bern 1879 –
1940 Muralto bei Locarno)
und dann?, 1939, 919 (XX 19)
Aquarell über Bleistift auf Papier auf Karton,
29,4 × 19,8 cm (Blatt)
Schweiz, Privatsammlung,
Depositum im Zentrum Paul Klee in Bern
Lit. Bärmann, Matthias: »als ob es mich selber anginge«. Emigration, Krankheit und Schaffensprozess im letzten Lebensabschnitt von Paul Klee, in: Ausst.-Kat. Riehen/Hannover 2003/04, S. 16; Catalogue raisonné Paul Klee 1998–2004, Bd. 8: 1939, WV-Nr. 8625.

Paul Klees Kreidezeichnung *Verzweiflung II* erinnert stilistisch an Werke Pablo Picassos aus den 1930er Jahren. Die nur in Umrissen skizzierte weibliche Figur ist wie eine Puppe in Einzelteile zerlegt. Diese sind auf dem Blatt so angeordnet, dass sie sich einerseits an den nahezu rechtwinkligen Bildgrenzen orientieren und andererseits dem anatomischen Zusammenhang der Figur entsprechen. Nur Kopf und Rumpf bilden noch eine zusammenhängende Form, doch eine Perlenkette trennt auch diese optisch voneinander. Der aquarellierte Kopf mit dem Titel *Und dann?* erinnert gestalterisch an Hinterglasmalerei. Eine kräftige Zeichnung aus dunklen Linien teilt die Figur und den umgebenden Raum kompositorisch in leuchtende, diaphane Farbfelder. In der Darstellung des Kopfes verbindet Klee Frontal- und Seitenansicht und spielt mit Figur und Grund. Die Mundwinkel des Gesichtes weisen nach unten.

Die formalen Deformationen des menschlichen Körpers in Klees Spätwerk spiegeln in Verbindung mit den Titeln Klees Verzweiflung und Ratlosigkeit angesichts des Zerfalls der gesellschaftlichen und persönlichen Ordnung. Sie verweisen zum einen auf die beklemmende zeitgeschichtliche Situation 1939, zum anderen auf Klees persönliche Leidenserfahrungen. 1935 hatten sich erste Symptome von Sklerodermie, einer seltenen, nicht heilbaren Krankheit, die zu Verhärtungen von Haut- und Bindegewebe führt, bei ihm gezeigt. 1939 war die Krankheit, die 1940 zu seinem Tod führen sollte, bereits weit fortgeschritten. Hinzu kam die unsichere Lebenssituation im Schweizer Exil. Dort hing das bereits jahrelang andauernde Verfahren der Wiedereinbürgerung des Künstlers noch immer in der Schwebe.[1] MA/AB

1 Vgl. Frey, Stefan: Chronologische Biographie (1933 – 1941), in: Ausst.-Kat. Bern 1990, S. 126.

VII/37
John Heartfield
(Schmargendorf bei Berlin 1891 –
1968 Ost-Berlin)
Mahnung, 1937
Aus der Zeitschrift *VI. Die Volks-Illustrierte*,
Nr. 41, 13. 10. 1937, Prag, ohne Verlagsangabe
Kupfertiefdruck, 38 × 27 cm
Berlin, Akademie der Künste, 192
Lit. Herzfelde 1971 [1962], S. 111; Siepmann 1977, S. 269.

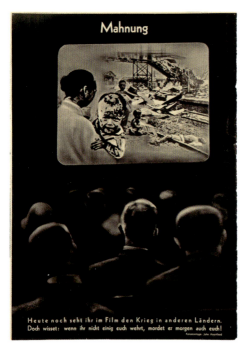

VII/37

Auf der Kinoleinwand ist ein zerstörter Bahnhof in der fernöstlichen Mandschurei zu sehen. Das Bild entstammt einem *Wochenschau*-Bericht über den Zweiten Japanisch-Chinesischen Krieg. Dieser begann mit dem »Zwischenfall« auf der Marco-Polo-Brücke südlich von Peking am 7. Juli 1937, bei dem sich japanische und chinesische Soldaten ein Feuergefecht lieferten. Es ist umstritten, ob die japanische Armee diesen »Zwischenfall« provozierte. Dem Krieg waren bereits zahlreiche Konflikte vorausgegangen, seitdem Japan Ende 1931 die Mandschurei besetzt hatte und im Sommer 1935 in Nordchina einmarschiert war.

Für seine *Mahnung* in *VI. Die Volks-Illustrierte*[1] hat Heartfield das *Wochenschau*-Bild ergänzt durch die im Vordergrund stehende Frau mit Kind sowie durch die über den Gleisen liegende Leiche und zwei weitere Figuren. Im Originalbild der *Wochenschau* war nur ein Baby im Zentrum des Bildes zu sehen. Heartfield verstand sich als Publizist mit künstlerischen Mitteln, das heißt als »operierenden Künstler«, dessen Aufgabe es sei, »so gut, so stark und so intensiv wie möglich auf die Massen einzuwirken«.[2] Seine aus Versatzstücken der Realität

VII/38

VII/38
John Heartfield
(Schmargendorf bei Berlin 1891 –
1968 Ost-Berlin)
Das ist das Heil, das sie bringen!, 1938
Aus der Zeitschrift *VI. Volks-Illustrierte*,
Nr. 26, 29.6.1938, Prag, ohne Verlagsangabe
Kupfertiefdruck, 38 × 27 cm
Berlin, Akademie der Künste, 203
Lit. Herzfelde 1971 [1962].

Im Zentrum der Montage wächst hinter Häuserruinen und Kinderleichen eine skelettierte Hand in den Himmel empor, deren Finger aus den Kondensstreifen von Kampfflugzeugen bestehen. Heartfield wandelte auf diese Weise die unter dem Begriff »Vierfingerschwarm« bekannte Gefechtsformation ab. Sie war erstmals bei Angriffen der deutschen Legion Condor im Spanischen Bürgerkrieg zum Einsatz gekommen. An ihrer Entwicklung soll Werner Mölders mitbeteiligt gewesen sein, der an der Seite der Truppen unter General Francisco Franco eine Jagdstaffel befehligte.[1] Die Hand ist eine Anspielung auf den »Deutschen Gruß«, bei dem der rechte Arm mit flacher Hand schräg nach oben gereckt wurde. Zur Zeit des Nationalsozialismus war er im öffentlichen Leben die verbindliche Grußform. Begleitet von der Formel »Sieg Heil« oder »Heil Hitler« demonstrierte sie die Ausrichtung der gesamten Bevölkerung auf den »Führer«. »Heil« als positive Verheißung oder religiöses Versprechen wird bei Heartfield umgemünzt auf die Expansionsbestrebungen des NS-Regimes, das die Beteiligung am Spanischen Bürgerkrieg als Test von Luftkriegsmitteln für die gewaltsame »Neuordnung« Europas nutzte.[2]

In die Montage ist links eine Meldung aus der Prager Abendzeitung eingerückt. Sie zitiert einen Artikel der Zeitschrift *Archiv für Biologie und Rassenforschung,* Berlin. In ihm wird von dem »Nutzen« gesprochen, den Luftbombardements stark bewohnter Stadtteile vom »Standpunkt der rassischen Selektion und der Sozialhygiene« bringen würden. Mehr als ein Jahr bevor das Deutsche Reich mit dem Überfall auf

VII/39

zusammengefügte Montage mahnt die Leser der Zeitschrift, respektive das Volk, sich einem drohenden Krieg einig entgegenzustellen. Heartfield sucht dies nicht nur durch die Bildunterschrift, sondern auch durch die Bild-im-Bild-Konstruktion zu erreichen, die auf eine starke Identifikation mit den Opfern der Kriegshandlung zielt. Der Betrachter der Montage wird zum Teil des Kinopublikums. Die Grenze zwischen Zuschauerraum und Zeitgeschehen auf der Leinwand wird durch die Frau links überbrückt. Denn wie das Publikum ist auch sie in der Rückenansicht zu sehen. Das Baby auf ihrem Arm jedoch wendet sich dem Betrachter zu. Es gibt dem Leid der Opfer ein Antlitz und sucht zugleich Schutz – bei der Mutter, an deren Arm es sich klammert, wie auch beim Betrachter, der sich als Teil der angesprochenen Masse begreifen muss. Die Mahnung mit den Mitteln des Bildes lautet: Es ist dringend geboten, sich zu erheben und zu handeln. NB

1 Vgl. Kat.-Nr. IV 2/31, Fußnote 1.
2 John Heartfield, Moskau 1931, laut: Sergei Tretjakow, zit. n. März 1981, S. 274.

Polen am 1. September 1939 den Zweiten Weltkrieg begann, malt Heartfield an den Horizont ein Menetekel. Andernorts war die Bedrohung bereits tödliche Realität geworden: Unter der zitierten Zeitschriftenpassage findet sich eine Pressemeldung der *United Press* mit der Aussage des Sprechers der japanischen Marine, Vizeadmiral Noda. Die Marine sei mit dem Erfolg der bisherigen Bombardierungen der chinesischen Stadt Kanton (Guangzhou) »sehr zufrieden« und werde sie fortführen. Seit dem 7. Juli 1937 standen sich Japan und China im Zweiten Japanisch-Chinesischen Krieg gegenüber, infolgedessen wurde Kanton von Oktober 1938 bis 1945 von Japan besetzt. NB

1 Vgl. hierzu das Gutachten des Militärgeschichtlichen Forschungsamtes zur Person von Oberst Werner Mölders: URL: http://www.mgfa.de/html/put_file.php?table=artikel&col=datei&ident=4367397887577&dummy=file.pdf&PHPSESSID=3cbd076d6f1acec34b2d51f0ecd02694 [Stand: 7. Juli 2008].
2 URL wie Anm. 1.

VII/39
John Heartfield
(Schmargendorf bei Berlin 1891 –
1968 Ost-Berlin)
Sudetendeutsche, euch trifft es zuerst!, 1938
Aus der Zeitschrift *VI. Die Volks-Illustrierte*,
Nr. 37, 14. 9. 1938, Prag, ohne Verlagsangabe
Kupfertiefdruck, 38 × 27 cm
Berlin, Akademie der Künste, 206
Lit. Koschmal/Nekula/Rogall (Hg.) 2001.

John Heartfields im Prager Exil entstandene Montage bezieht Stellung zu dem sich im September 1938 zuspitzenden Sudetenkonflikt. Zwei anonyme, durch die Hakenkreuze auf ihren Helmen als Soldaten der Deutschen Wehrmacht identifizierbare Gestalten sowie eine Figur, bei der es sich um Konrad Henlein, den Führer der Sudetendeutschen Partei in der Tschechoslowakei handeln dürfte, sind im Begriff, einen gigantischen Felsblock auf einen pflügenden Bauern hinabstürzen zu lassen. Die überspitzten Größenverhältnisse spiegeln die unmittelbar drohende Kriegsgefahr.

Der Begriff »Sudetendeutsche« (besonders seit Ende des Ersten Weltkrieges und Gründung der Tschechoslowakei im Jahr 1918 verwendet) bezeichnete den deutschsprachigen Bevölkerungsanteil der zum heutigen Gebiet der Tschechischen Republik gehörigen Länder Böhmen, Mähren und Österreich-Schlesien. Adolf Hitler schürte ab März 1938 den Konflikt zwischen den Sudetendeutschen und der Tschechoslowakei. Er drängte Konrad Henlein, den Führer der Sudetendeutschen Partei, der Regierung gegenüber unerfüllbare Autonomieforderungen zu stellen. Der tschechoslowakische Staatspräsident Eduard Beneš gab diesen Forderungen weitgehend nach, da auch die britische Regierung auf Konzessionen drängte. Nachdem Hitler am 13. September 1938 seine Unterstützung für die Sudetendeutschen angekündigt hatte, brach Henlein die Verhandlungen mit der tschechoslowakischen Regierung ab. Dieser Abbruch der Verhandlungen ging Heartfields Montage, die am 14. September in der *VI. Die Volks-Illustrierte* publiziert wurde, unmittelbar voraus. Die

VII/40

Montage entstand noch vor dem Münchner Abkommen vom 29. September 1938, das die Tschechoslowakei zur Räumung der Sudetengebiete verpflichtete. Insbesondere Großbritannien hatte geglaubt, durch das Abkommen den Frieden in Europa gesichert zu haben, während Hitler unvermindert seine Kriegsvorbereitungen fortsetzte.

Heartfield erweist sich in der Montage als genauer Beobachter des Zeitgeschehens. Der Text unter der Montage »Sudetendeutsche, euch trifft es zuerst!« scheint ein letzter Versuch, die Bevölkerung des »Sudetenlandes« aufzurütteln, ihre Autonomiebestrebungen zu überdenken. Vor dem Hintergrund, dass das wenig später geschlossene Münchner Abkommen für Hitler nur ein weiterer Schritt zum geplanten Krieg um »Lebensraum im Osten« war, wirkt Heartfields Montage wie eine Prophezeiung. NB

VII/40
František Janoušek
(Jesenný in Böhmen 1890 – 1943 Prag)
Květen večera (Abend im Mai), Prag 1935
Kohle und farbige Kreide, 58 × 73,5 cm
Paris, Centre Pompidou,
Musée national d'art moderne
AM 1981-170
Lit. Ausst.-Kat. Berkeley 1990, S. 151;
Chalupecký 1991.

František Janoušek war ein Außenseiter der tschechischen Künstlerszene, obwohl er regelmäßig im Prager Kunstverein *Mánes* verkehrte, ausstellte und später auch lehrte. Er hatte erst im Alter von etwa dreißig Jahren begonnen, Kunst zu studieren. Wie viele Künstler seiner Umgebung war er zunächst stark von den neoklassizistischen und kubistischen Gemälden Pablo Picassos beeinflusst. Doch die Begegnung mit surrealer Kunst auf einer Italienreise 1929 veränderte seinen Stil. Von da an prägen surreal-biomorphe Formen seine Bilder, in denen sich Traum und Wirklichkeit vermischen. Anfänglich noch in mediterraner Farbigkeit und heiterer Stimmung, werden diese Bilder ab etwa 1935 zunehmend düster: Sie zeigen gequälte, verwundete und gefesselte Leiber in öden Landschaften oder engen Räumen.

Beispielhaft für Janoušeks Œuvre dieser Zeit ist die Zeichnung *Květen večera (Abend im Mai)*: In einer Raumecke sind zwei Figuren zu sehen, die von Pfählen und schleimartigen Fäden gehalten oder gebunden werden. Sie scheinen aus einzelnen, vage organisch wirkenden Elementen zusammengesetzt zu sein und erinnern dennoch an menschliche Körper. Im Kontrast zu diesen Mischwesen steht eine realistisch dargestellte Schwalbe, die das Gemälde anscheinend »frei wie ein Vogel« verlassen könnte. Auch der poetische Titel, der Assoziationen an den Frühling, an Offenheit und Weite weckt, steht im Gegensatz zu der bedrückenden Enge des fensterlosen Raumes und der offensichtlichen Hoffnungslosigkeit der Figuren. Das im folgenden Jahr fertiggestellte gleichnamige Gemälde zeigt eine noch weiter verschärfte Situation: Hier erscheint nun die rechte Figur nicht mehr als Opfer, sondern als eine zusätzliche monströse Bedrohung.

Janoušek hatte im Ersten Weltkrieg am eigenen Leib erfahren, wie stark der Mensch der Gewalt und dem Willen anderer ausgesetzt ist. Er war kurz nach Kriegsbeginn an der Front verwundet worden, und schon wenige Wochen nach seiner Genesung fügte er sich selbst Verletzungen zu, um dem Kriegsdienst zu entkommen. Angesichts der wachsenden politischen Bedrohung in Europa wurden diese Erlebnisse für ihn offensichtlich wieder virulent. So kreisen Janoušeks Bilder ab Mitte der 1930er Jahre um das Thema des menschlichen Körpers, der trotz Kampf und Leiden weiterlebt, wenn auch versehrt – eine zugleich teilnahmsvolle und fatalistische Sichtweise, die sein Interpret Jindřich Chalupecký als Faszination für »die Dualität von Liebe und Schrecken, Grausamkeit und Glück, Zeugung und Töten«[1] beschrieben hat. Mit der Zerschlagung der »Rest-Tschechei« durch die deutsche Wehrmacht und der Gründung des »Reichsprotektorates Böhmen und Mähren« im März 1939 geriet auch dieses Territorium in Europa unter die Kontrolle des NS-Regimes. Janoušek fand keine Ausstellungsmöglichkeiten mehr und starb wenige Jahre später an Krebs. JP

1 Chalupecký 1991, S. 148.

VII / 41
Amos Nattini
(Genua 1892 – 1985 Parma)
Imagini zu Dante Alighieris *Divina Commedia*, Bd. 1, *Inferno*, 1931
34 Illustrationen, Mailand:
Instituto Nazionale Dantesco
Lithografien, 82 × 67 cm (Buch)
Genua, Wolfsoniana Genua
GL 1993.1 406.1

Lit. Hardt 1989; Barricelli 1992; Bossaglia/Bonatti Bacchini/Terraroli (Hg.) 1994; Ausst.-Kat. Torre de' Passeri 1998; Scholz, Dieter: Das 20. Jahrhundert und die »Inferno«-Illustration, in: Ausst.-Kat. Berlin/München 2000, S. 277 – 312; La Salvia, Adrian: Dante-Welten. Die »Göttliche Komödie« in der Buchkunst des 20. Jahrhunderts, in: Ausst.-Kat. Erlangen 2004, S. 13 – 63; Ausst.-Kat. Berceto 2007.

VII / 41

Die *Divina Commedia (Göttliche Kommödie)* ist das Hauptwerk des italienischen Dichters Dante Alighieri (1265 – 1321). Er vollendete das dreiteilige Werk mit *Inferno (Hölle)*, *Purgatorio (Fegefeuer)* und *Paradiso (Paradies)* kurz vor seinem Tod. Kaum ein anderer Text wurde durch die Jahrhunderte so häufig illustriert. In den 1920er Jahren dienten Dantes Gesänge zur *Hölle* Künstlern in ganz Europa als literarische Vorlage, um ihre Erinnerungen an den Ersten Weltkrieg zu artikulieren.[1] Im Italien der faschistischen Bewegung um Benito Mussolini war der Übergang von Höllen- zu Paradiesszenen auch deshalb interessant, weil sich hier eine Analogie zur angestrebten geistigen und politischen »Erneuerung« Italiens herstellen ließ.

Ermutigt durch den italienischen Schriftsteller Gabriele D'Annunzio begann Nattini 1915, Dantes Werk zu illustrieren. Es entstand zunächst je ein großformatiges Aquarell zu den drei Teilen. 1919 setzte Nattini seine Arbeit an den textgetreuen Illustrationen *(Imagini)* in der Reihenfolge der Strophen fort. 1927 wurden die bereits vollendeten Illustrationen für eine Wanderausstellung zusammengestellt, die unter der Schirmherrschaft Benito Mussolinis stand. Bei der Eröffnung in der Casa di Dante in Rom war auch König Vittorio Emanuele III. anwesend. Beide erhielten eine Ausgabe mit den Lithografien der bis dahin abgeschlossenen Aquarelle als Geschenk. Auch Papst Pius IX. würdigte das Werk. Fortan wurden die Ausgaben mit den amtlichen Siegeln des Papstes, des Königs und Mussolinis versehen. 1930 setzte Nattini die letzten Illustrationen zur *Hölle* um. 1931 wurden die 34 *Imagini* in Mailand und in Paris, hier im Musée du Jeu de Paume, mit großem Erfolg ausgestellt. Zudem erschien eine monumentale Prachtausgabe des ersten Bandes. 1937 ließ Mussolini durch den italienischen Botschafter Bernardo Attolico einen Prachtband an Adolf Hitler überreichen. Die Arbeit an den insgesamt hundert Illustrationen schloss Nattini 1939 ab.

Abgebildet sind die Darstellungen zu *Canto III (III. Gesang)* und zu *Canto IX (IX. Gesang)*. Die erste zeigt das Ufer des Flusses Acheron in der Vorhölle. Eine große Anzahl an Seelen

VII/41

drängt in die Barke des Fährmanns Charon, die vor Leibern kaum zu sehen ist. Am rechten Bildrand stützt Vergil den bewusstlos in sich zusammensinkenden Dante. Die Illustration zu *Canto IX* stellt die Stadt Dis dar. Die ganze Szene ist in ein unwirkliches rötliches Licht getaucht. Einem Schornstein auf einer Mauer entsteigen von Flammen umlodert drei Furien.

Während die frühen Illustrationen Nattinis noch Einflüsse des Symbolismus zeigen, lassen sich die späteren stilistisch eher einem »poetischen Realismus«[2] zuordnen. Nattini legte in der *Hölle* den Akzent auf die sich windenden Leiber, die er aus unterschiedlichen Perspektiven darstellte. Die Sünder tragen keinen individuellen Ausdruck des Leidens und sind Teil einer anonymen Masse.

Nach dem Zweiten Weltkrieg erlangte Dantes Text für viele Künstler noch einmal große Bedeutung. Insbesondere der erste Teil zur *Hölle* erfuhr eine aktualisierende Aneignung. Die Massenszenen und der Höllenbrand wurden zu Chiffren für den Holocaust. PB

1 Bereits während des Ersten Weltkrieges entstanden Werke, die Szenen zur *Hölle* in moderne Kriegsschauplätze umdeuteten. Vgl. zum Beispiel Franz Roubaud: *Dante und Vergil im Inferno des Ersten Weltkrieges*, 1915, Öl auf Leinwand, Ingolstadt, Bayerisches Armeemuseum, Inv.-Nr. 0419-1999.
2 Barricelli 1992, S. 49.

»Die Zeichnung – als Frage –, als Abenteuer, als ›Spion‹ von mir, = Seismograph für gewagte Stimmungen. Wenn ich versuchen müsste, die verschiedenen Gebiete der grafischen Einführung zu erfassen..., [...] so müsste ich sagen, dass ich beim Zeichnen denke [...] Der Mensch im Raum, als Wesen, kosmische Apokalypse der Energie, der Ausdauer, im verzweifelten, letzten, überwältigten Sinn? (›zeitgenössische Kreuzigung‹...?)«

Emilio Vedova, 1980
Ausst.-Kat. Frankfurt am Main/Kassel/Wien 1985/86, S. 420

VII/42
Emilio Vedova
(Venedig 1919 – 2006 Venedig)
Massacro I (Massaker I), Italien 1937
Feder in Schwarz, 21,1 x 29 cm
Venedig, Fondazione Emilio e Annabianca Vedova

Lit. Vedova 1960; Ausst.-Kat. Verona 1961; Ausst.-Kat. Freiburg 1962; Ausst.-Kat. Baden-Baden 1964/65; Ausst.-Kat. Ferrara 1968; Ausst.-Kat. Innsbruck/Bregenz/Wien 1979/80; Ausst.-Kat. Leverkusen 1981; Celant (Hg.) 1984; Ausst.-Kat. München/Leverkusen/Darmstadt 1986; Ausst.-Kat. Wien/Frankfurt am Main/Ludwigsburg/Berlin 1989/90; Ausst.-Kat. Rivoli 1998/99; Masi 2007; Ausst.-Kat. Rom/Berlin 2007/08.

VII/42

Im Vergleich zu Emilio Vedovas vier Studien des *Ciclo della paura (Zyklus der Angst)* (Kat.-Nrn. VI 1/6 – VI 1/9) scheinen die Figuren in der Feder-Zeichnung *Massacro I (Massaker I)* ganz aufgelöst zu sein. Doch der erste Eindruck täuscht. Überlässt sich der Betrachter den skizzenhaften, schwungvollen Linien, tauchen Köpfe und Gliedmaßen auf und versinken wieder im Fluss der Striche. Der Betrachter partizipiert an der Dynamik des Herstellungsprozesses.

Alessandro Masi hat auf Jacobo Tintorettos *Il miracolo di San Marco (Sklavenwunder, 1548)* als Inspirationsquelle für Vedova hingewiesen.[1] Eine Retrospektive der Werke Tintorettos in Venedig 1937 könnte den jungen Künstler auf seine Werke aufmerksam gemacht haben. Es zeigt eine bewegte Menschenmenge, über der in radikaler Verkürzung die Gestalt des heiligen Markus kopfüber zur Erde niederschwebt. Vedova antwortet auf diese Figur mit dem diagonal gestellten Kreuz am oberen Bildrand. Besonders Tintorettos flüchtig erscheinende Malweise sowie seine Übernahme von Charakteristika barocker Deckengemälde in die Tafelmalerei werden Vedova angeregt haben. Vedova überträgt seinerseits die gedrängt ineinandergreifenden Leiber des *Il miracolo di San Marco (Sklavenwunder)* in ein komplexes Liniengefüge räumlich empfundener Energien: Linien steigen auf und fallen ab, treten vor und zurück und verschlingen sich untrennbar ineinander.

Vedova orientierte sich in seinen künstlerischen Anfängen an den Alten Meistern der venezianischen Architektur und Malerei. Doch sein Blick zurück ließ ihn im doppelten Sinn vorausschauen. Einerseits aktualisierten seine Bewegungsstudien die Kunst barocker Bildkomposition und nahmen wesentliche Aspekte seiner späteren abstrakten Malerei vorweg. Andererseits bezeugt seine Themenwahl auch eine Sensibilität für die sich ankündigenden politischen und kulturellen Konvulsionen. Werner Haftmann sah in Vedovas Selbstbild vom rebellischen Künstler und in seinem Begriff vom Kunstwerk ein Mittel zur Gesellschaftskritik: »Die menschliche Haltung ist Widerstand und Protest und sucht gern eine Erfüllung in der Prophetie.«[2] MA

1 Masi 2007, S. 45.
2 Vedova 1960.

VII/43
Christopher Richard Wynne Nevinson
(London 1889 – 1946 London)
Twentieth Century (Das zwanzigste Jahrhundert), England 1932 – 1935
Öl auf Leinwand, 183,7 x 122,5 cm
Newcastle, Laing Art Gallery,
Tyne & Wear Museums, TWCMS:C6954

Rothenstein II 1956, S. 84 – 117; Harrison 1981; Spalding 1986; Ausst.-Kat. Amsterdam/Berlin 1996; Corbett 1997; Ausst.-Kat. Wolfsburg/Toulouse 2002/03.

Christopher Nevinsons moderne Interpretation von Auguste Rodins Skulptur *Le Penseur (Der Denker)* offenbart eine zutiefst pessimistische Sicht auf das 20. Jahrhundert. In das Gemälde flossen Erfahrungen ein, die Nevinson im Ersten Weltkrieg zunächst als Mitarbeiter des Roten Kreuzes, ab 1917 als offizieller Kriegskünstler gesammelt hatte. Seine Gemälde und Zeichnungen von den Kriegsschauplätzen aus dieser Zeit geben seine Überzeugung wieder, dass »der Krieg mittlerweile von Maschinen ausgetragen wird, während die Menschen lediglich Zahnräder im Getriebe der Kriegsmaschinerie« seien.[1] Obwohl Nevinson in den Jahren zwischen den Kriegen von einem kubistisch-futuristischen zu einem postimpressionistischen Malstil wechselte, knüpfte er vor dem Hintergrund einer neuen Kriegsgefahr im Gemälde *Twentieth Century (Das zwanzigste Jahrhundert)* wieder an seine frühere Malweise an.

Das Zentrum des Gemäldes bildet eine unbekleidete überlebensgroße männliche Figur, die in der Pose von Rodins *Denker* das Bildgeschehen dominiert. Versunken und stumm sitzt der Denker inmitten einer rahmenden Konstruktion aus roten Eisenträgern vor einer Hochhauskulisse. Er wird von Soldatenformationen, aufragenden Bajonetten und Flugzeugen bedrängt. Nevinson evoziert mit dieser Szene das Bild eines industrialisierten Krieges. Dieser Darstellung eines anonymisierten Tötens entspricht die Darstellung der im Vergleich winzigen, schematisiert dargestellten Soldaten, die selbst wie Teile einer seelenlosen Maschine wirken.

Begonnen noch vor der Machtergreifung der Nationalsozialisten, kann das Gemälde sowohl als Vorahnung des Krieges wie auch als Warnung vor dem Krieg angesehen werden. Nevinson selbst beschrieb das Thema im Katalog der 52. Ausstellung des Royal Institute of Oil Painters in London, in der das Bild 1935 zum ersten Mal gezeigt wurde, als »Konfrontation zwischen menschlicher Vernunft, industrieller Erfindung, Wettrüsten, Verführung und Bevormundung der Jugend«.[2] Auch auf der berühmten antifaschistischen Amsterdamer Ausstellung *Die Olympiade unter der Diktatur* von 1936 war Nevinson mit diesem Werk vertreten.[3] GDG

1 Zit. n. Spalding 1986, S. 56.
2 Zit. n. Corbett 1997, S. 177.
3 Ausst.-Kat. Amsterdam/Berlin 1996, S. 109, 115, Nr. 92.

VII/44
Roland Penrose
(London 1900–1984 Chiddingly in East Sussex)
Octavia (Aurelia), London 1939
Öl auf Leinwand, 77,5 × 63,5 cm
Kingston upon Hull, Ferens Art Gallery:
Hull Museums, KINCM: 2005.5260
Lit. Remy 1999; Ausst.-Kat. Edinburgh 2001;
Ausst.-Kat. Edinburgh 2001 (2).

Der surrealistische Maler Roland Penrose war ein wichtiger Mittler zwischen Frankreich und England in der Zeit zwischen den Weltkriegen. Zwischen 1922 und 1939 hielt er sich regelmäßig in Frankreich auf. Ab 1929 stand er in direktem Kontakt mit den Surrealisten der ersten Stunde in Paris. Penrose initiierte unter anderem in den 1930er Jahren die *International Surrealist Exhibition*, die bis dato größte Ausstellung surrealistischer Kunst in England, an deren Organisation auch André Breton, Paul Eluard, E.L.T. Mesens, Herbert Read, Paul Nash und andere beteiligt waren. Die Ausstellung wurde am 11. Juni 1936 in London in den Räumen der New Burlington Galleries eröffnet. Sie stellte sechzig Künstler aus 14 Nationen vor und bezog auch Kunst aus Ozeanien, Afrika und Amerika mit ein. In Großbritannien gab es zu diesem Zeitpunkt noch keine gemeinsam agierende Künstlervereinigung des Surrealismus.

Mit Beginn des Spanischen Bürgerkrieges im Juli 1936 politisierte sich die Künstlerszene auch in London. Penrose gehörte im November desselben Jahres zu den Unterzeichnern der *Declaration on Spain*, einer Solidaritätserklärung der britischen Surrealisten mit den Republikanern in Spanien gegen Francisco Franco, der sich am 29. September zum Generalissimus und Führer erklärt hatte, und seine Truppen. 1938 setzte sich Penrose für die Organisation der Wanderausstellung mit Werken Pablo Picassos in England ein, in deren Zentrum das Gemälde *Guernica* stand.[1] Obwohl die britischen Surrealisten sich politisch engagierten, finden sich in ihren Darstellungen kaum konkrete Anspielungen auf den Bürgerkrieg in Spanien, die zunehmenden politischen Konflikte oder die

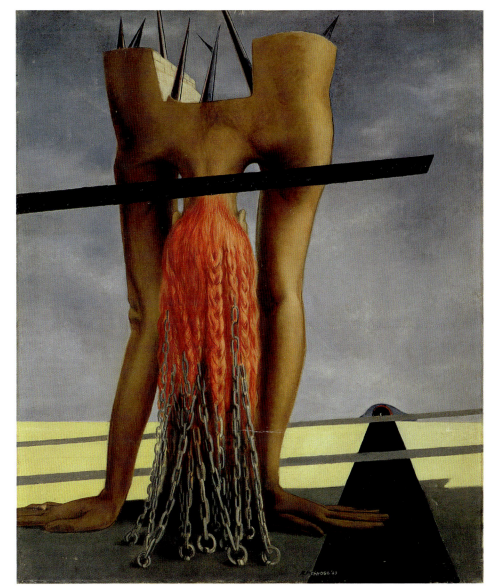

VII/44

wachsende Bedrohung durch einen Krieg, wie dies bei den zeitgleichen Darstellungen der Surrealisten auf dem Kontinent der Fall war.

Auch in Penroses Gemälde *Octavia* von 1939 rückt zunächst das private, nicht das öffentliche Leben des Künstlers in den Blick. Die Szenerie der Gewalt lässt sich in ihrer Symbolik mit seiner neuen Beziehung zu der Fotografin Lee Miller, mit der er im Juli 1938 eine Reise nach Ägypten unternahm, und der endgültigen Trennung von seiner ersten Frau Valentine Penrose 1939 in Verbindung bringen. Die Metallstacheln, die in eine abgeschnittene weibliche Rückenfigur eingelassen sind, können als Reminiszenz an die stacheligen Rosenranken aufgefasst werden, die er in seinem Abschiedsbild von Valentine, *Winged Domino*,[2] einer Frauenbüste um den Hals legte. Der schwarze Streifen, der den unteren Bildrand mit dem abstrahierten Landschaftshorizont verbindet, lässt sich im direkten formalen Zusammenhang mit einer Fotografie Millers, *From the Top of the Great Pyramid* (Gizeh, Ägypten 1938),[3] sehen. Auch andere Symbole wie das fallende Haar,[4] das in Ketten

VII/45

übergeht, mit denen die Figur am Boden fixiert ist,[5] können eher als Anspielungen auf Erotik, Gewalt und Begierde gedeutet werden, als dass sie konkrete Bezüge auf die politische Situation in Europa vor dem Zweiten Weltkrieg nahelegen würden. In ihrer Brutalität sind die Zurichtung der weiblichen Figur und ihr Ausgeliefertsein jedoch deutliche Hinweise auf die zunehmende Sensibilisierung für die öffentliche Präsenz von Gewalt kurz vor Ausbruch des Zweiten Weltkrieges. MA

1 Für ausführliche Angaben zum Lebenslauf von Roland Penrose vgl. Ausst.-Kat. Edinburgh 2001, S. 71–80.
2 Ausst.-Kat. Edinburgh 2001, Abb. 17.
3 Ausst.-Kat. Edinburgh 2001, Abb. 77.
4 *Seeing is Believing (L'Île Invisible)* (1937) und *The Dew Machine* (1937) in: Ausst.-Kat. Edinburgh 2001 (2), Abb. S. 48, 51.
5 Ausst.-Kat. Edinburgh 2001 (2), S. 93.

VII/45
Graham Sutherland
(London 1903–1980 London)
Black Landscape (Schwarze Landschaft), 1939/40
Öl und Sand auf Leinwand, 81 x 132,1 cm
London, Tate Britain, T03085
Lit. Ausst.-Kat. Wolfsburg/Toulouse 2002/03; Ausst.-Kat. London/Nottingham 2005; Hammer 2005.

Dem Gemälde *Black Landscape (Schwarze Landschaft)* des englischen Malers Graham Sutherland gehen zahlreiche Landschaftsdarstellungen voraus. Seine Druckgrafik der 1920er Jahre lässt die Vorbilder William Blake und Samuel Palmer erkennen.[1] Die Arbeiten der frühen und mittleren 1930er Jahre setzen einerseits das Studium der Werke Paul Cézannes, Wassily Kandinskys und der Kubisten[2] voraus und führen andererseits die traditionelle englische Landschaftsmalerei[3] in abstrahierter Form weiter.

Das 1939/40 entstandene Gemälde *Black Landscape (Schwarze Landschaft)* markiert den Positionswechsel des Künstlers vom Landschaftsmaler zum Darsteller kriegszerstörter Stadtlandschaften. Spätestens mit der Kriegserklärung Großbritanniens an Deutschland am 3. September 1939 überschattete der Krieg auch das Leben der Bevölkerung im Vereinigten Königreich. Bereits kurz nach Kriegsbeginn, von 1940 bis 1945, wurde Sutherland vom WAAC (War Artists Advisory Committee) neben Stanley Spencer, Henry Moore, Paul Nash und anderen zum offiziellen »Kriegskünstler« ernannt.

»Krieg, Finsternis, Verzweiflung – der Künstler ist bereit, ihnen zu trotzen, er ist bereit, zwischen dem Grauen und der verängstigten menschlichen Seele zu vermitteln. Ein Großteil des Unglücks der Menschen, vielleicht sogar sein grundsätzliches Scheitern, gründet auf seiner Unfähigkeit, eine Brücke zu bauen über den Abgrund, der den Traum von der Realität trennt.

Wir haben uns so lange bemüht, unser Bewußtsein nur von der Vernunft leiten zu lassen, wir haben die instinktiven Kräfte verdrängt und geleugnet, daß sich jetzt ein Monstrum von fantastischen Dimensionen vor uns aufrichtet und die zerbrechlichen Fundamente unserer Kultur bedroht. Es gibt nur zwei Wege, dem drohenden Schicksal zu entgehen: die Religion und die Kunst.«

Herbert Read, 2. Februar 1939
Read 1987 [1939], S. 20

Sutherland zeigt in *Black Landscape (Schwarze Landschaft)* eine körperhafte Landschaft. Die hügelartige Formation scheint von innen heraus zu glühen, schwarze Flecken setzen sich wie verbrannte Hautfetzen ab. Das Pulsieren der Glut erinnert aber auch an Blut, der Körper ist teils fein geädert, teils scheint ihm die Haut abgezogen worden zu sein. Mit den Worten Jeremy Lewisons trat an die Stelle von Sutherlands »arkadischer Sicht des Lebens [...] eine verstörende Vision [...] in einer verdunkelten Landschaft, die die drohende Katastrophe unheilvoll zum Ausdruck brachte«.[4]

Graham Sutherland ist seiner Vorliebe für die Landschaft auch später treu geblieben. Er hat die realen Kriegszerstörungen, deren künstlerischer Dokumentarist er ab 1940 war, in Bilder von Naturkatastrophen gefasst und sich eine biblisch anmutende Sicht auf Krieg und Schoah bewahrt. Nur vor diesem Hintergrund lässt sich begreifen, wie der Künstler retrospektiv die Fotografien aus Konzentrationslagern mit den Worten kommentieren konnte: »Jedenfalls liegt in der fortdauernden Verrohung und Grausamkeit der Menschheit, die sich von Zeit zu Zeit in den Wahnsinn steigert, etwas Überzeitliches und Klassisches.«[5] MA

1   Sutherland, Graham: A Trend in English Draughtsmanship (aus: Signature, Juli 1936, S. 7–13), in: Ausst.-Kat. London/Nottingham 2005, S. 48–50.
2   Vgl. Hammer 2005, S. 68, 185f., 188.
3   Vgl. besonders Sutherlands Ausführungen zur Serie der Pembrokeshire-Landschaften: Sutherland, Graham: Welsh Sketch Book (aus: Horizon, April 1942, S. 225–235), in: Ausst.-Kat. London/Nottingham 2005, S. 68ff.
4   Lewison, Jeremy: Modern werden und britisch bleiben. Die Herausforderung der dreißiger Jahre, in: Ausst.-Kat. Wolfsburg/Toulouse 2002/03, S. 108.
5   Zit. n. Sutherland, Graham: Images Wrought From Destruction (aus: The Sunday Telegraph Magazine, 10.9.1971, S. 27f.), in: Ausst.-Kat. London/Nottingham 2005, S. 104.

VII/46
George Grosz
(Berlin 1893–1959 West-Berlin)
The Muckraker,
Douglaston auf Long Island, 1937
Öl auf Leinwand, 99 x 81,3 cm
Courtesy Nolan Judin Berlin. George Grosz Estate, Courtesy Ralph Jentsch, Rom
Lit. Ausst.-Kat. Berlin/Düsseldorf/Stuttgart 1994/95; Möckel 1997; Ausst.-Kat. Rom 2007.

Das Motiv eines Mannes mit einem Mistschieber im Sumpf hatte George Grosz bereits 1936 unter dem Titel *The Muckraker* als farbige Lithografie für das Frontispiz der Mappe *Interregnum* gestaltet. Auch das im folgenden Jahr entstandene Gemälde zeigt eine männliche Figur in Stiefeln, die bis zu den Knien im Sumpf steht und sich vergeblich müht, diesen mit einem Mistschieber (engl. *muckrake*) trockenzulegen. *The Muckraker* ist eine Allegorie auf die Vergeblichkeit menschlicher Anstrengungen im Kampf gegen den Sumpf korrupter politischer Verhältnisse.

Der titelgebende Begriff geht auf John Bunyans Werk *The Pilgrim's Progress From This World to That Which Is to Come (Pilgerreise zur seligen Ewigkeit)* aus dem Jahr 1678 zurück. Zu Beginn des 20. Jahrhunderts war *muckraker* zu einem stehenden Begriff in Amerika geworden. Er wurde für Reporter und Schriftsteller verwendet, die sich der Aufdeckung politischer Korruption und sozialer Ungerechtigkeit verschrieben hatten.

Grosz bezog sich mit dieser Darstellung vermutlich auf die aktuelle politische Situation in Europa, die er von den USA aus genau beobachtete: 1936 hatten in Spanien Teile des Militärs unter Führung des rechtsnationalistischen Generals Francisco Franco gegen die neugewählte linke »Volksfront«-Regierung geputscht. Nach einem Hilfeersuchen Francos unterstützten deutsche und italienische Verbände die Putschisten. Grosz empfand die Politik des internationalen Nichteinmischungskomitees gegenüber der legitimen Regierung der Spanischen Republik als verhängnisvoll.

In *The Muckraker* könnte der Schlamm eine Metapher für die drohende Gefahr eines Weltkrieges sein, die Grosz unter dem Eindruck der Vorgänge in Spanien als sehr hoch einschätzte und vor der zu warnen er nicht müde wurde. Bereits in seinen Gemälden der frühen 1930er Jahre hatte Grosz mehrfach die Metapher des Schlamms im Bezug auf die NS-Bewegung verwendet; er assoziierte sie mit einer »braune[n] Masse«, die durch niemanden aufgehalten werden könne. HA

VII/47
George Grosz
(Berlin 1893–1959 West-Berlin)
Remembering (Erinnerung),
Douglaston auf Long Island, April 1937
Öl auf Leinwand, 73 x 93 cm
Courtesy Nolan Judin Berlin. George Grosz Estate, Courtesy Ralph Jentsch, Rom
Nachlass Nr. 1-11-5
Lit. Knust (Hg.) 1979; Hess 1982 [1974]; Ausst.-Kat. Berlin/Düsseldorf/Stuttgart 1994/95; Möckel 1997; Ausst.-Kat. Rom 2007.

Die Hauptfigur in dem Ölbild *Remembering (Erinnerung)* könnte man als Pendant zur Figur des Kain in dem *So Cain killed Abel (Und Kain tötete Abel)* betitelten Blatt 50 (Kat.-Nr. VII/51) aus der ein Jahr zuvor erschienenen Mappe *Interregnum* sehen. Als Zeichnung und Ölbild ent-

VII/46

VII/47

standen, hielt sich Grosz bereits seit drei beziehungsweise vier Jahren in den Vereinigten Staaten auf und litt zunehmend unter Depressionen. Beide Darstellungen zeigen eine Hauptfigur, die in sich zusammengesunken dasitzt und mit leerem Blick vor sich hinstarrt. In *Remembering (Erinnerung)* ist es der Künstler selbst, der angesichts der vorausgeahnten Zerstörungen in sich selbst versunken ist. Bei *So Cain killed Abel (Und Kain tötete Abel)* ging der dargestellten Szene der Brudermord voraus. Kain sitzt mit der Anmutung eines Wahnsinnigen auf einer Trommel, der ermordete Bruder liegt hinter ihm.

Das Bild *Remembering (Erinnerung)* könnte von einem Alptraum handeln, der sich auf Grosz' Erinnerungen an den Ersten Weltkrieg als eines Zivilisationsbruches bezieht. Im Hintergrund der Szene stellt Grosz simultan die unmittelbar vorausgegangene Situation dar: Ein Mann und sein Sohn stehen inmitten eines brennenden Hauses und sehen der Zerstörung machtlos zu. In dem gleichnamigen und kompositorisch ähnlichen Aquarell von 1936 (Galerie Saint Etienne, New York) verteidigen drei müde und verletzte Figuren wie bei der Revolution von 1918/19 die letzte Bastion mit Gewehren. 1937 sind die Figuren nicht nur entwaffnet, sondern entstammen zugleich dem engsten privaten Umfeld. Es scheint, als ob Grosz mit dem Bild zu sagen versucht, nichts könne den Untergang mehr aufhalten. »Ja, das ist meine bittere Weltanschauung«, schrieb Grosz 1942 an seinen Freund und Mäzen Erich Cohen.[1] HA

1 George Grosz an Erich Cohen, Brief vom 19. Februar 1942, Knust (Hg.) 1979, S. 298.

> »Wenn ich zeitweise unter tiefen Depressionen litt, so hatte das mit Amerika nichts zu tun. Es war wie ein zuckender und bedrohender Wetterschein, wie ferne Feuersbrünste und Blutgeruch. Ich malte diese Gesichte von Ruinen, in denen der Brand noch wühlte. Das war lange vor dem Krieg.«
>
> George Grosz, 1955
> Grosz 1955, S. 276

VII/48

George Grosz
(Berlin 1893 – 1959 West-Berlin)
**Polarity – Apocalyptic Landscape
(Polarität – Apokalyptische Landschaft),
Douglaston auf Long Island und Chicago
1936/38**
Öl auf Leinwand auf Karton, 50,5 × 61 cm
Courtesy Nolan Judin Berlin. George Grosz
Estate, Courtesy Ralph Jentsch, Rom
Lit. Hess 1982 [1974]; Ausst.-Kat. Berlin/
Düsseldorf/Stuttgart 1994/95; Ausst.-Kat.
Rom 2007.

Ab 1936 lösten apokalyptische Visionen in Malerei und Zeichnung die satirischen Kommentare zum Zeitgeschehen im Werk von George Grosz ab. Die linke Bildhälfte der *Apokalyptischen Landschaft* wird von Feuersbrunst, Glut, Rauch und Explosionen beherrscht, während die Welt auf der gegenüberliegenden Seite in Sturmfluten untergeht. Eine Sonnenfinsternis betont die endzeitliche Atmosphäre. Auch wenn konkrete Hinweise auf das Ende menschlicher Zivilisation zu finden sind, so thematisiert Grosz in seinem Gemälde doch vor allem das Wirken universeller Urgewalten.

Die altmeisterliche Manier des Farbauftrages sowie die ineinander übergehende Darstellung von Flammen, Wasserstrudeln und Wolkenfetzen verweisen auf die romantische Tradition, Landschaft als Spiegel der Seele zu verstehen. Vulkanausbruch und Sintflut erscheinen in der Darstellung schrecklich und erhaben zugleich. Ob der Mensch diese Zerstörung zu verantworten hat, liegt im Ermessen des Betrachters. Grosz stellt keine apokalyptischen Reiter oder sonstigen Figuren dar, die das Unheil personifizieren. In dieser Landschaft hat die Natur die Macht über den Menschen übernommen. Als eines von achtzig Werken wurde *Polarity* 1938/39 in der Einzelausstellung *George Grosz: A Survey of His Art from 1918–1938* im Art Institute of Chicago gezeigt.[1] HA

1 So ist es einer Beschriftung auf der Rückseite des Gemäldes zu entnehmen, vgl. Jentsch 2007, S. 209.

VII/48

VII/49

VII/49
George Grosz
(Berlin 1893–1959 West-Berlin)
**God of War (Gott des Krieges),
Douglaston auf Long Island 1940**
Öl auf Leinwand, 119,5 × 90 cm
Courtesy Nolan Judin Berlin. George Grosz
Estate, Courtesy Ralph Jentsch, Rom
Nachlass Nr. 1-11-3

Lit. Ausst.-Kat. Berlin/Düsseldorf/Stuttgart 1994/95; Möckel 1997; Ausst.-Kat. Rom 2007.

Georg Grosz bereitete das Sujet des 1940 entstandenen Gemäldes *God of War (Gott des Krieges)* bereits 1936, drei Jahre vor Beginn des Krieges, in einer Zeichnung und einem Aquarell vor. Das Gemälde zeigt eine abstoßende Figur, eine Art fantastischen Zwitter zwischen einem nationalsozialistischen Krieger und dem römischen Kriegsgott Mars. Das Monster des Krieges ist mit Peitsche und Dolch ausgestattet. Einem Raubtier vergleichbar, hat es sein Maul weit aufgerissen. Aus ihm quillt eine ekelerregende Substanz, während es mit der linken Hand dieselbe undefinierbare Masse zerdrückt, um sie sich gleichfalls einzuverleiben. Sein rechter Arm ist zum Hitlergruß gereckt. Dahinter erhebt sich wie von Geisterhand ein zweiter Arm. Auch der umgewandelte »Lorbeerkranz« am Helm setzt sich, wie als Echo, aus einer Vielzahl erhobener Arme zusammen. Der Körper ist ein in Fell gekleidetes Gerippe, in dem man einen Mann mit Zylinder zu erkennen meint, der ein Beil schwingt. Auf dem Knie des Monsters sitzt eine weitere kleine Figur, die an einen Zinnsoldaten in preußischer Uniform erinnert. Eine Art mythologischer Greifvogel hat als Todesbote Platz auf seiner Schulter genommen. Die gigantische Figur wendet sich mit ihrem Gruß einer Giftspinne zu, welche die Stelle der Sonne am Himmel besetzt hält und deren Netz mit einem Hakenkreuz verbunden ist. Links unter der Spinne betet ein toter Untertan mit abgehackten Händen seinen Peiniger an. Seine Ohren sind mit Holzbrettern zugeschraubt, der Mund ist mit einem Vorhängeschloss zum Schweigen verurteilt, sein Kopf ist von einem Folterkragen eingefasst. Dieser dient zugleich als Grabplatte für ein darunter modernes Soldatenskelett aus dem Ersten Weltkrieg. Im Vordergrund hantiert konzentriert und fleißig schon die nächste Generation der Kämpfer in Gestalt eines harmlos aussehenden Kindes mit Maschinengewehr und Spielzeugpanzer. HA

VII/50 – VII/52
George Grosz
(Berlin 1893–1959 West-Berlin)
**Zyklus *Interregnum*, New York:
The Black Sun Press, Oktober 1936**
65 Lithografien
(Titelblatt und 64 lose Blätter)
Berlin, Universitätsbibliothek der Freien Universität
Sign. 42/73/21467 (6)

VII/50
**1. Blatt: Manifest Destiny
(Apokalyptischer Reiter), Long Island 1936**
28,3 × 21,4 cm (Darstellung),
40,5 × 29,0 cm (Blatt)

VII/51
**50. Blatt: So Cain killed Abel
(Und Kain tötete Abel), Long Island 1936**
21,5 × 28,2 cm (Darstellung),
29 × 40,5 cm (Blatt)

VII/52
**63. Blatt: No Let-up
(Kein Ende in Sicht), Long Island 1936**
28,8 × 21,7 cm (Darstellung),
40,5 × 29 cm (Blatt)

Lit. Grosz 1955; Herzfelde 1976; Dückers 1979; Hess 1982 [1974]; Ausst.-Kat. Berlin/Düsseldorf/Stuttgart 1994/95; Möckel 1997.

»Für Caresse Crosby und ihre berühmte Black Sun Press zeichnete ich ›Interregnum‹, eine 60-Blatt-Mappe politischer und teilweise prophetischer Karikaturen aus einer Zeit, in der man Hitler noch für ein ziemlich lokales, ungefährliches und vorübergehendes Problem hielt.«[1] Den Vertrag über eine Publikation zur Geschichte der Ereignisse in Deutschland von 1924 bis 1936 schloss George Grosz im Januar 1936.[2] Ein Drittel der Zeichnungen entstand noch in Deutschland.

Der Titel der Mappe, *Interregnum* (lat. Zwischenregierung), bezieht sich auf die Zeit zwischen dem Ersten und Zweiten Weltkrieg. Grosz griff für den Zyklus auf ältere Motive zurück, die er bereits in den 1920er Jahren veröffentlicht hatte. John Dos Passos, Autor des erfolgreichen Großstadtromans *Manhattan Transfer* (1925), schrieb auf Wunsch des Künstlers die Einleitung. Dos Passos sympathisierte wie Grosz zu Anfang der 1920er Jahre mit dem Kommunismus der jungen Sowjetunion; beide verurteilten den Stalinismus ab Mitte der 1930er Jahre allerdings explizit. Diese Abwendung beruhte unter anderem auf der spätestens mit der »Großen Säuberung« ab 1935 sichtbaren Entwicklung der Sowjetunion hin zu einer Diktatur.

Die Darstellungen von *Interregnum*, der letzten Grafikmappe von Grosz, sind emotional aufgeladen. Es häufen sich Metaphern des Todes, der Zerstörung, der Machtlosigkeit. Bilder von Gewalt und Erniedrigung wechseln ab mit Ansichten eines trüben Alltags. 1935 verglich Grosz sich in einem Brief an seinen Schwager Otto Schmalhausen mit einem Raben, der sich im deutschen Wald verirrt habe und beschrieb auf diese Weise, wie verloren er sich in Deutschland fühlte.[3] Wieland Herzfelde charakterisierte die Arbeiten von Grosz im Rückblick als prophetisch: »Die Katastrophe Europas hat inzwischen erwiesen, daß Grosz nicht ein Übertreibender war, sondern ein Durchschauender, daß er nicht ›cartoons‹ zeichnete, sondern Menetekels.«[4] HA

1 Grosz 1955, S. 242.
2 Hess 1982 [1974], S. 201.
3 Hess 1982 [1974], S. 197.
4 Herzfelde 1976, S. 482.

Deutsche Künstler im Exil und europäische Avantgarde

VII/50

VII/52

VII/51

»… Es ist da eigenartig mit mir … ich fühle wohl ziemlich stark diese allgemeinen Erschütterungen, die heute durch die Welt gehen – habe so einen ›dramatischen‹ Instinkt, und jetzt in meinen letzten Arbeiten versuche ich immer wieder, diesen auszudrücken … ja, da gibt es brennende Häuser, kämpfende, verklumpte Menschen, und auch platzende Granaten […].
Ich fühle einfach, wie es überall bröckelt, wie es explodiert, sich zusammenballt, und von solcherart Visionen getragen mache ich jetzt meine Blätter.«

George Grosz an Hubertus und
Amrei Fiedler, Brief vom 8. März 1934
Knust (Hg.) 1979, S. 191 f.

VII/53

VII/53
Alfonso Iannelli
(Andretta/Italien 1888–1965 Chicago)
Entwurf *The Threatening Shadow (Der bedrohliche Schatten)*,
Chicago, um 1938
Gips, monochrom eingefärbt,
28,6 × 43,2 × 40,6 cm
Entworfen für die Weltausstellung in
New York 1939 (nicht umgesetzt)
Miami Beach; Florida, The Wolfsonian –
Florida International University, The Mitchell
Wolfson, Jr. Collection
83.6.2

Der Bildhauer, Industriedesigner und Architekt Alfonso Iannelli hatte schon im Rahmen seines ersten größeren Auftrages für die von Frank Lloyd Wright entworfene Vergnügungsstätte Midway Gardens in Chicago 1914 an der Integration von figurativen Skulpturen in einen größeren architektonischen Komplex gearbeitet. In den 1920er und 1930er Jahren erhielt er weitere repräsentative Aufträge, darunter 1933 den für die Gestaltung des Eingangsbereiches von Raymond Hoods Electrical Building auf der Weltausstellung in Chicago. 1938 reichte Iannelli seinen Entwurf für die Weltausstellung 1939 in New York ein: eine zwölf Meter hohe Skulptur mit dem Titel *The Threatening Shadow (Der bedrohliche Schatten)*. Die Arbeit wurde von den Organisatoren der Weltausstellung abgelehnt; als Monumentalskulptur fand sie keine Realisierung.

Die Skulptur besteht aus einem Feld von vier mal sechs behelmten Köpfen, überragt von einer abstrahierten Flagge und hinterfangen von einer Serie von Armen, die zum faschistischen Gruß ausgestreckt sind. Die Arme wirken wie ein Schild oder Segel, das in seinem Zentrum eine Schattenzone erzeugt. Die behelmten Köpfe der Soldaten, welche die Basis der Skulptur bilden, sind auf Höhe der Nasen abgeschnitten. Der Helm entspricht dem Typus, den die Armee des faschistischen Italien 1933 eingeführt hatte. Die schräggestellte Fahnenstange und die fächerförmigen Arme erzeugen innerhalb der kompakten Gesamtform eine aggres-

VII/54

sive Dynamik. Verschattete Augenpaare unter den Helmen sowie die angedeuteten Spitzen aufgepflanzter Bajonette unterstreichen die kriegerische Haltung der Soldaten.

Der Entwurf erinnert an Darstellungen futuristischer Künstler zur Verherrlichung des Krieges. Zugleich ist auch eine kritische Lesart der Skulptur als Metapher für die »Gleichschaltung« des Menschen im Faschismus ebenso wie im Nationalsozialismus naheliegend. Aus heutiger Sicht ist kaum mehr zu unterscheiden, ob die Skulptur Begeisterung für Nationalismus, Militarisierung und Krieg zum Ausdruck bringt oder aber ein abschreckendes Beispiel gibt.

Iannelli war indes von der Eindeutigkeit der Aussage seines Werkes überzeugt. In einem Brief an US-Präsident Theodore Roosevelt, mit dem er die Realisierung seines Entwurfes befördern wollte, schrieb der Künstler: »Ich bin sehr betroffen von den Vorgängen in Europa – so sehr, dass ich das Konzept für eine Skulptur entwickelt habe, die den Titel *Der bedrohliche Schatten* trägt. Ich wollte der Idee einer feindlichen Macht Ausdruck verleihen, die das Streben des Menschen nach Freiheit und Glück bedroht.«[1] MA

1 Übers. u. zit. n. URL: http://www.wolfsonian.org/collections/c6/expos13.html [Stand: 31. Juli 2008].

VII/54

Kyra Markham

(Chicago 1891 – 1967 Haiti)

Oncoming Storm (Aufziehendes Unwetter), USA, um 1940

Tempera auf Leinwand,
69,4 × 88,9 cm (Rahmen)
Miami Beach; Florida, The Wolfsonian-Florida International University, The Mitchell Wolfson, Jr. Collection, XX1989.180

Die Grafikerin und Malerin Kyra Markham lebte von 1914 bis 1946 in New York und entwickelte dort eine Variante des amerikanischen Realismus der 1930er Jahre. In ihrem Gemälde *Oncoming Storm (Aufziehendes Unwetter)* kontrastiert sie den Ausblick in eine sonnenbeschienene Hügellandschaft mit dem Schatten einer Swastika, deren Kreuzform sich klar konturiert auf den Feldern, Wegen und Häusern abzeichnet. Eine Blumenwiese mit gemauerter Umgrenzung im Vordergrund dient kompositorisch und inhaltlich als *Repoussoir*. Auf ihr sind Vater, Mutter und Kind zum Familienidyll vereint.

Der Ausblick in eine Märchenlandschaft mit Spielzeugdimensionen entsprach kaum der Lebensrealität in den Vereinigten Staaten gegen Ende der Großen Depression. Umso deutlicher wird die Funktion der Landschaft als Folie für Markhams politische Botschaft. Der Schatten des Hakenkreuzes, der die lichten nordamerikanischen Gefilde verdüstert, wird zum Symbol der weltweiten Bedrohung durch den Nationalsozialismus. Das Hakenkreuz diente ab 1920 als offizielles Zeichen der NSDAP. Unmittelbar nach dem Beginn der nationalsozialistischen Diktatur, ab März 1933, wurde die Hakenkreuzflagge neben der schwarz-weiß-roten der Kaiserzeit zur deutschen Nationalflagge erklärt.[1]

Die bedrohliche Hakenkreuzform lässt das alltägliche Phänomen vorüberziehender Wolken, deren Schatten sich auf der Landschaft abzeichnen, unheimlich werden, da sie die Ursache des Schattenwurfes nicht zu erkennen gibt. In der Konsequenz wirkt das Ideal einer friedlichen Existenz in der patriotisch konnotierten nordamerikanischen Landschaft ebenso unwirklich wie die Vision einer Bedrohung durch den Nationalsozialismus, der seinen Schatten vorauswirft. Die verniedlichende Figuration von Familie und dörflich intakter Lebenswelt ist so abstrakt wie es das Unheimliche des nationalsozialistischen Symbols ist. Die Darstellung entstand ein Jahr bevor der japanische Angriff auf Pearl Harbor den Eintritt der Vereinigten Staaten in den Zweiten Weltkrieg veranlasste. So vermochte die Künstlerin die Bedrohung aus der Ferne zu verbildlichen, ohne ihren Realismus naiver Prägung aufgeben zu müssen. Möglicherweise erfasste sie aber gerade mit dieser Darstellung die kollektive Zustimmung, die viele US-Amerikaner nach Beginn des Zweiten Weltkrieges der Wahrung politischer Neutralität gegenüber den kriegführenden Staaten entgegenbrachten. MA

[1] Jäger, Lorenz: Das Hakenkreuz, Zeichen einer Weltbürgerbewegung. Eine Kulturgeschichte, Wien/Leipzig 2006, S. 141–152; Weeber, Elisabeth: Das Hakenkreuz. Geschichte und Bedeutungswandel eines Symbols, Frankfurt am Main u.a. 2007, S. 69–78.

VII/55
Santos Balmori
(Mexiko-Stadt 1898 o. 1899–
1992 Mexiko-Stadt)
Die neuen apokalyptischen Reiter, Mexiko-Stadt 1938
Entwurf für Titelblatt der Zeitschrift *Futuro*, Mexiko-Stadt, November 1938
Weißer Kreidegrund auf Karton,
darüber schwarze Farbschicht,
Darstellung ausgekratzt, 38 x 34,5 cm
Lutherstadt Wittenberg,
Sammlung Gerd Gruber, 3016

VII/56
Die neuen apokalyptischen Reiter, 1938
Titelblatt der Zeitschrift *Futuro*, Mexiko-Stadt, November 1938
Druck, 31 x 23 cm
Lutherstadt Wittenberg,
Sammlung Gerd Gruber, 3122

Lit. Frommhold (Hg.) 1968; Holsten 1976, S. 99; Hillgruber 1989; Ausst.-Kat. Halle 1990, S. 54; Roberts (Hg.) 1998; Hanffstengel/Tercero Vasconcelos/Nungesser/Boulloza 1999; Ausst.-Kat. Dessau 2002, Nr. 5; Ittmann (Hg.) 2006.

Die Druckvorlage gestaltete der mexikanische Künstler Santos Balmori 1938 für die Titelseite der Novemberausgabe der Zeitschrift *Futuro*. Herausgegeben wurde die monatlich erscheinende Zeitschrift in Mexiko-Stadt unter der Leitung des marxistischen Intellektuellen und Führers der Arbeiterbewegung Vicente Lombardo Toledano. In Anknüpfung an die Ziele der Mexikanischen Revolution (1910–1920) setzte sie sich für soziale Gerechtigkeit und den Kampf gegen den »Faschismus« ein. Den Anlass für die Veröffentlichung der Darstellung bildete das am 29./30. September 1938 unterzeichnete Münchner Abkommen, das die Tschechoslowakei zur Abtretung der Sudetengebiete verpflichtete. Im Leitartikel der *Futuro* wird das Abkommen als »Verrat von München« (»La Traición de Munich«) verurteilt.

Auch bei den beiden Versionen von *Die neuen apokalyptischen Reiter* steht die politische Aussage im Vordergrund. Ausgehend vom Neuen Testament und in Anlehnung an den Holzschnitt Albrecht Dürers, *Die apokalyptischen Reiter* (1498), zeigen sie die vier Gestalten auf ihren Pferden, die Krieg und Tod in die Welt tragen. Auf dem hintersten Pferd mit Hakenkreuzsymbol reitet Adolf Hitler mit dem Dreizack des Teufels, rechts neben ihm der französische Premierminister Édouard Daladier mit Pfeil und Bogen. Das dritte Pferd mit dem italienischen Diktator Benito Mussolini ist durch ein Liktorenbündel, Symbol des italienischen Faschismus, gekennzeichnet. Auf dem vierten Pferd sitzt der britische Premierminister Arthur Neville Chamberlain, der eine Waage hält.[1]

Einer Phalanx gleich überrennen die Reiter die am Boden liegenden Personifikationen jener Länder, die den Expansionsbestrebungen Hitlers und Mussolinis bereits zum Opfer gefallen waren. In der sterbenden Tschechoslowakei am linken Rand nimmt Balmori Bezug auf das Münchner Abkommen, das von den vier dargestellten Regierungschefs unterzeichnet wurde. Im Hintergrund kann man das leblose Abessinien (Äthiopien) ausmachen, das 1935/36 von Italien annektiert wurde. Am äußersten rechten Rand, nur noch durch den Schriftzug »Austria« zu erkennen, liegt Österreich, dessen »Anschluss« an das Deutsche Reich am 10. April 1938 erfolgte. Im Original ist das Blatt an dieser Stelle ausgerissen. Im Vordergrund ist die Verkörperung Spaniens abgebildet. Sie steht für den am 17. Juli 1936 begonnenen Spanischen Bürgerkrieg, in dem die Truppen des rechtsnationalistischen spanischen Generals Francisco Franco, unterstützt von Mussolini und Hitler,

VII/55

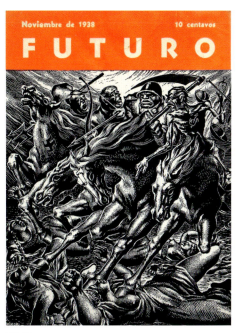

VII/56

gegen die linksgerichtete republikanische Volksfrontregierung kämpften. Die Figur hinter der Personifikation Spaniens steht für China. Der Einmarsch Japans in die Mandschurei und nach Nordchina ab Herbst 1931 führte am 7. Juli 1937 zum Ausbruch des Japanisch-Chinesischen Krieges.

Balmori stellt Chamberlain und Daladier in einer Reihe mit Hitler und Mussolini dar und beschuldigt sie demnach, mit ihrer Appeasement-Politik die Expansionsbestrebungen der beiden »Führer« unterstützt zu haben. Die Aussage der Darstellung entsprach der zeitgenössischen Interpretation der weltpolitischen Lage aus einer linken politischen Perspektive. Sie deutete die Zurückhaltung der europäischen Westmächte als Zeichen für die Bildung einer »faschistischen Koalition«[2] mit dem Deutschen Reich und Italien gegen die Sowjetunion. So ist das Blatt in erster Linie vor dem Hintergrund des ideologischen Gegensatzes zwischen »Faschismus« und »Antifaschismus« zu erklären. Zugleich entlarvt die Darstellung die Kriegsabsichten Hitlers aber bereits zu einem frühen Zeitpunkt, als Chamberlain noch mit der Botschaft des »Friedens für unsere Zeit«[3] nach Großbritannien zurückkehrte. Nur wenige Monate später, am 1. September 1939, begann der Zweite Weltkrieg mit dem Einmarsch der deutschen Wehrmacht in Polen. KJ

1 Siegmar Holsten erkennt in den Reitern fälschlicherweise »Hitler, Stalin, Mussolini und Franco«. Holsten 1976, S. 99.
2 La Traición de Munich, in: Futuro 33 (1938), S. 8 f., hier: S. 9.
3 Frommhold (Hg.) 1968, o. S.

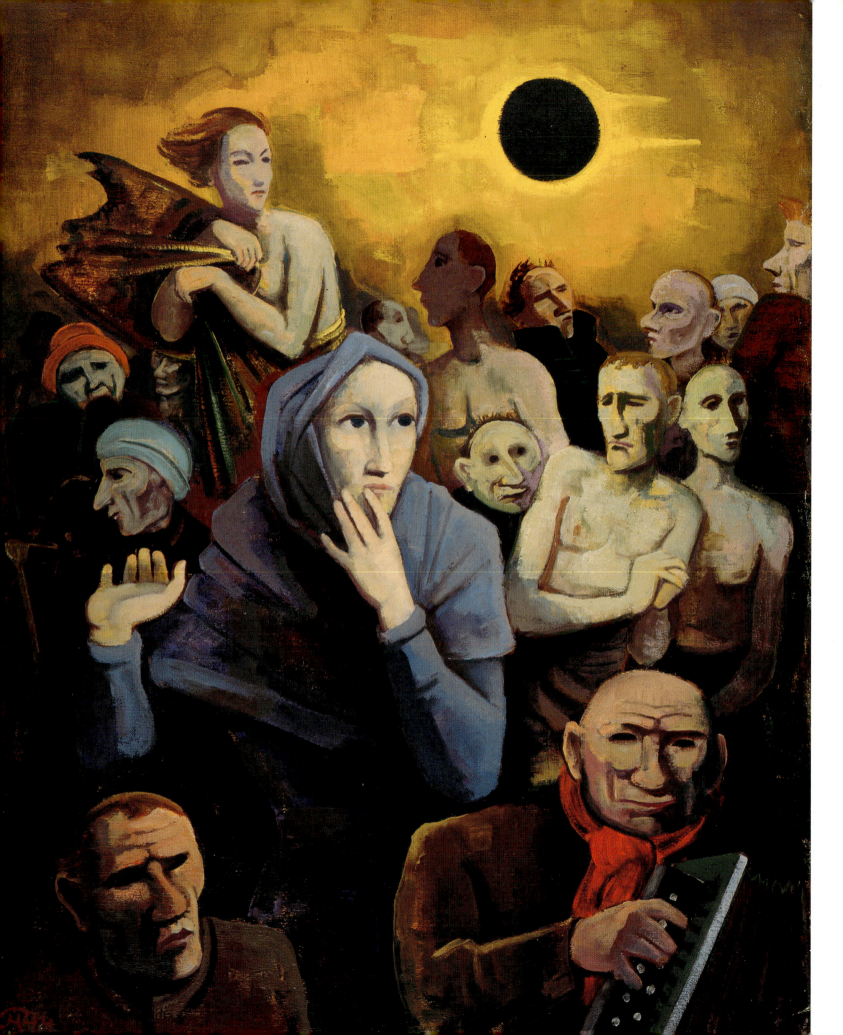

VIII.
Epilog

Das Ende des Zweiten Weltkrieges

Der Epilog umfasst Werke, die gegen Ende des Zweiten Weltkrieges entstanden. Viele Künstler knüpften in ihrer Mystifikation des Krieges als Schicksalsmacht an frühere Visionen an, von denen sich ihre Bilder kaum unterschieden. Dies belegt, wie wirkmächtig die tradierte Ikonografie des Untergangs war. Der Rückgriff auf etablierte Bildfindungen und die eingeübte allegorische Bildsprache schien vielen Künstlern die einzige Möglichkeit zu sein, das erfahrene, aber kaum mehr fassbare Grauen darzustellen. Eine kritische Auseinandersetzung mit den konkreten politischen und gesellschaftlichen Ursachen des Krieges und des Völkermordes an den europäischen Juden oder eine dokumentierende Verbildlichung der Erfahrungen etwa in Form von Bildfolgen, wie dies nach dem Ersten Weltkrieg zu beobachten war, findet sich in der Kunst dieser Zeit kaum.

Es lassen sich zwei Tendenzen in der Kunst um 1945 ausmachen, die sich mit den Schrecken des Krieges befasst: Da ist zum einen die mythische oder religiöse Überhöhung menschlichen Leids am Beispiel von Einzelschicksalen. Dieser Tendenz entsprach das Selbstverständnis vieler Deutscher, sich selbst als Opfer des Krieges zu sehen und die eigene Schuld oder Mitschuld nicht zu reflektieren. Die Figur des »Hiob« ist für diese Haltung ein Beispiel. Dieser steht für den Inbegriff des unschuldig Leidenden, der mit Gott hadert, aber in seinem Glauben standhaft bleibt.

Zum anderen entstanden zahlreiche Ruinenbilder, die das Ausmaß der Zerstörungen im eigenen Land thematisieren. Sie beziehen sich motivisch und formal auf die Unheilsvisionen zerstörter Städte, die bereits in der Zeit zwischen den Kriegen oft verwendete Chiffren des Untergangs waren. In den meisten Ruinenbildern sind keine Menschen dargestellt. Die Zerstörungen des Krieges erhalten dadurch apokalyptische Dimensionen oder erscheinen wie die Folge einer Naturkatastrophe, der der Mensch ausgeliefert ist, für die er aber nicht die Verantwortung trägt. »Es ist ein Irrtum«, hat der nach Großbritannien emigrierte deutsche Kunsthistoriker Hans Hess kritisiert, »Faschismus und Krieg als Apokalypse zu betrachten, denn sie sind historische, keine übernatürlichen Ereignisse. Der Völkermord ist das Ergebnis von politischer Entscheidung, Verwaltungsarbeit, Eisenbahnfahrplänen und einer zugrundeliegenden Ideologie.« Das Missverständnis der Geschichte habe viele Künstler dazu gebracht, »etwas zu symbolisieren, was nicht Symbolisierung, sondern Analyse benötigt« (Hess 1982 [1974], S. 223). Bereits ab 1947 fand diese »Ruinenkunst« mit dem Wiederaufbau in Deutschland und der damit verbreiteten Aufbruchstimmung kein Publikum mehr.

Hinzu kam, dass die nach 1945 rehabilitierte abstrakte Kunst im Westen Deutschlands zur neuen »Weltsprache« erklärt wurde und die gegenständliche Kunst – und damit auch die surrealistische oder symbolische Bildsprache – verdrängte. In der sowjetischen Besatzungszone wurde visionäre Kunst wie etwa die von Magnus Zeller bald nach dem Krieg als »gefährlich« eingestuft und abgelehnt. Auch dort gab es bald nach 1945 kein Interesse mehr an einer Aufarbeitung des Krieges, schon gar nicht in Form der allegorischen Malerei.
SH

VIII / 1

VIII / 2

VIII / 1
A. Paul Weber
(Arnstadt in Thüringen 1893 –
1980 Großschretstaken bei Mölln)
Das Leichentuch, 1941/42
Aus der Folge *Russische Bilder – Leviathan*
(circa 14 Blätter)
Feder, koloriert, 34 × 50,2 cm
Ratzeburg, A. Paul Weber-Museum
HZ 661

VIII / 2
A. Paul Weber
(Arnstadt in Thüringen 1893 –
1980 Großschretstaken bei Mölln)
Die Grube, 1941/42
Aus der Folge *Russische Bilder – Leviathan*
(circa 14 Blätter)
Feder, koloriert, 34,9 × 49,9 cm
Ratzeburg, A. Paul Weber-Museum
HZ 660

Lit. Spengler, Wilhelm: Volksdeutsche Schicksale, in: Das Reich, 9. 8. 1942 *(Das Leichentuch)*; Illustrierter Beobachter (Bildbeilage des *Völkischen Beobachters*), Folge 37, 16. 9. 1943 (Bildreihe *Leviathan, V, Die Grube*), Folge 39, 30. 9. 1943 (Bildreihe *Leviathan, VII, Das Leichentuch*); Wiedemann, Melitta: Die Sünde wider das Leben. Die Kunst entlarvt den Bolschewismus, in: Die Aktion. Kampfblatt für das neue Europa, 5. Jg., Februar 1944, S. 97 – 105; Noll 1993, Bd. 1, S. 391–404, Bd. 2, Nr. R 5, S. 653ff. *(Die Grube)*, Nr. R 7, S. 658f. *(Das Leichentuch)*; Ausst.-Kat. Hannover 1993/94, S. 202 f. *(Die Grube)*, S. 203 *(Das Leichentuch)*; Dörr 2000, S. 35 – 38 *(Das Leichentuch)*; Schumacher/Dorsch 2003, S. 188 – 192.

Die wohl ab 1941 oder 1942 entstandene Folge der *Russischen Bilder – Leviathan* wurde nie zusammenhängend veröffentlicht oder in einer Mappe zusammengestellt.[1] Vier Zeichnungen erschienen erstmals begleitend zu einem Artikel von Carl Weiss, *Leviathan. Begegnung mit dem Sowjetdasein*, am 22. März 1942 in der nationalsozialistischen Wochenzeitschrift *Das Reich*.[2] Das war vermutlich der Anlass, die gesamte Bildfolge später unter dem Titel *Leviathan* zu führen. Weber verwies erstmals in einem Brief vom 15. Februar 1942 auf die *Russischen Bilder:* »Ich sitze im Augenblick an Zersetzungspropaganda gegen unsere lieben Sowjets! Eine schwere Arbeit – wenn man unbedingt auch auf Wirkung aus ist.«[3] In einem weiteren Brief vom selben Tag schrieb er, dass seine »Russlandreise Früchte zeigt«: »Ich hatte Lust – zersetzende Propaganda für die Russen zu verbrechen.«[4] Ein konkreter Auftrag des Propagandaministeriums für die *Russischen Bilder* ist nicht nachweisbar, wenn auch die weitere Vollendung der Reihe von diesem unterstützt wurde.[5]

Einzelne Motive wurden in den folgenden Jahren immer wieder im Rahmen nationalsozialistischer Propaganda gegen die Sowjetunion veröffentlicht. *Die Grube* und *Das Leichentuch* beispielsweise kamen 1944 neben fünf weiteren Blättern aus dieser Folge zu dem Artikel *Die Sünde wider das Leben. Die Kunst entlarvt den Bolschewismus* von Melitta Wiedemann in *Die Aktion* zum Abdruck. Wiedemann kommentierte dort: »Die Zeichnungen Webers zeigen den Bolschewismus in seiner wahren, in seiner furchtbaren Gestalt als Sünde wider das Leben.«[6]

Auf dem Blatt *Die Grube* ist ein Pferdekarren dargestellt, der mit Leichen beladen ist. Ein vom oberen Bildrand angeschnittener anonymer Totengräber schaufelt mit ausholender Bewegung die Toten wie Unrat von der Ladefläche in eine Grube. Der Panjewagen mit dem hohen, runden Joch verweist auf Russland. Die Zeichnung *Das Leichentuch* zeigt eine Frau, die mit gebeugter Haltung ein Tuch über einen Leichenberg zieht. Als Hintergrund könnte die durch den Partei- und Staatschef Josef Stalin initiierte »Große Säuberung« gedient haben, bei der zwischen 1936, dem Beginn der »Schauprozesse«, und 1939 mehrere hunderttausend Menschen in der Sowjetunion ermordet wurden. Der Kommentar zum *Leichentuch* im *Illustrierten Beobachter*, der Bildbeilage des nationalsozialistischen Parteiorgans *Völkischer Beobachter*, lautete: »Wie das alttestamentarische Ungeheuer Leviathan sucht der jüdische Bolschewismus alle Welt zu verschlingen. Der Meister des Zeichenstiftes A. Paul Weber entrollt in grandioser Vision Bilder dieses Chaos, das durch die geballte Kraft Europas abgewandt werden kann.«[8]

Weber war bis 1934 neben Ernst Niekisch Mitherausgeber der Zeitschrift *Widerstand* und pflegte bis 1936 eine freundschaftliche Beziehung zu ihm. Niekisch verfolgte als Nationalbolschewist eine deutlich pro-sowjetisch ausgerichtete nationale Ideologie. So mutet es befremdlich an, dass Weber nun »antibolschewistische« Propaganda für das NS-Regime produzierte. Vielleicht war es ein gewisses Maß an Opportunismus, das Weber – wie viele andere auch – auf der Suche nach Aufträgen zur Zusammenarbeit mit dem Propagandaministerium und den »gleichgeschalteten« Printmedien bewegte. Im Kontext ihrer Veröffentlichung gesehen, sind die Bilder jedoch gewiss keine Visionen der Massenmorde in den deutschen Konzentrations- und Vernichtungslagern, wie man zunächst vermuten könnte. BB

1 Ausführlich zu dieser Folge vgl. Noll 1993, passim. Thomas Noll weist in seiner Arbeit 14 Motive nach, die zu dieser Folge gehören. Vgl. Noll 1993, Bd. 2, S. 639. Die Zeichnungen sind nicht im Auftrag und auch nicht zu bestimmten Texten entstanden. Vgl. Noll 1993, Bd. 1, S. 395.
2 Dort waren *Götze Traktor, Kanal der Tränen, Die Fassade* und *Der Hunger* abgebildet, vgl. Noll 1993, Bd. 1, S. 394.
3 Noll 1993, Bd. 1, S. 393 f.
4 Noll 1993, Bd. 1, S. 393 f.
5 Im Dezember 1941 hatte Weber vom Propagandaministerium einen Auftrag erhalten, eine Volksausgabe seiner *Britischen Bilder* und eine Reihe über *Amerika* zu erstellen. Zu den Kontakten von Weber zum Propagandaministerium vgl. auch Schumacher/Dorsch 2003, S. 188 ff.
6 Zit. n. Noll 1993, Bd. 1, S. 402. Melitta Wiedemann war Chefredakteurin der Zeitschrift *Die Aktion, Kampfblatt für das Neue Europa*, die vom Nibelungenverlag, Berlin, herausgegeben wurde. Vgl. Dörr 2000, S. 38.
7 Im April 1943 berichtete der deutsche Rundfunk hierüber.
8 Illustrierter Beobachter (Bildbeilage des *Völkischen Beobachters*), Folge 39, 30. 9. 1943 (o. S.), zit. n. Noll 1993, Bd. 1, S. 399.

> »Auch heute lehnt sich meine Klage auf; seine Hand drückt schwer, daß ich seufzen muß. Ach daß ich wüßte, wie ich ihn finden und zu seinem Thron kommen könnte! [...] Aber gehe ich nun vorwärts, so ist er nicht da; gehe ich zurück, so spüre ich ihn nicht. Ist er zur Linken, so schaue ich ihn nicht; verbirgt er sich zur Rechten, so sehe ich ihn nicht. [...] Gott ist's, der mein Herz mutlos gemacht, und der Allmächtige, der mich erschreckt hat; denn nicht der Finsternis wegen muß ich schweigen, und nicht, weil Dunkel mein Angesicht deckt.«
>
> Hiob 23, 2–17

VIII/3
Francis Gruber
(Nancy 1912–1948 Paris)
Job (Hiob), Paris 1944
Öl auf Leinwand, 161,9 x 129,9 cm
London, Tate Britain
T001800 (Erworben 1958)
Lit. Ausst.-Kat. London 1959; Ausst.-Kat. Paris/Berlin 2005/06, S. 490.

Francis Gruber stammte aus einer elsässischen Familie und lebte in Paris, wo er seit 1930 regelmäßig an großen Ausstellungen teilnahm. Er stand in regem Austausch mit seinen Nachbarn Georges Braque und Roger Bissière und war mit den Brüdern Alberto und Diego Giacometti befreundet. Gruber nahm an den Debatten um den Sozialistischen Realismus teil, viele seiner Werke zeigen aber auch aktuelle Einflüsse der surrealistischen und fantastischen Kunst. Als 1940, nach dem deutschen Sieg über Frankreich, die Nordhälfte des Landes einer in Paris residierenden deutschen Militärverwaltung unterstellt wurde, nahm Gruber in seinen Werken eine kritische Haltung gegen das NS-Regime ein. Monica Bohm-Duchen spricht von einer »Botschaft des Widerstands und des Protests«.[1]

Ein eindrückliches Beispiel ist das Gemälde *Job (Hiob)* aus dem Jahr 1944. Es wurde noch im Jahr seiner Entstehung im Herbstsalon gezeigt. Dargestellt ist ein unbekleideter älterer Mann in Seitenansicht, der auf einem Hocker zwischen Häuserwänden und einem beschädigten Bretterzaun sitzt. Die hagere Gestalt hat ein Bein über das andere geschlagen und den nach unten geneigten Kopf in die Hand gestützt. Erschöpfung und Traurigkeit werden durch die trostlose Stadtlandschaft noch gesteigert.

Der Titel stellt den Bezug zur biblischen Figur des Hiob her, dem großen Dulder des Alten Testamentes. In seiner signifikanten Körperhaltung, die ikonografisch auf den Gemütszustand der Melancholie verweist, korrespondiert dieser Hiob mit vielen bekannten Werken der Kunstgeschichte. Zu nennen sind etwa Auguste Rodins *Le Penseur (Der Denker)*, Albrecht Dürers *Melencolia I*, der Bildtypus *Christus im Elend*, zu dem es zahlreiche Beispiele volkstümlicher Schnitzerei gibt. Nach einer Interpretation von Jean Clair gemahnt »die bedrückte Gestalt des Hiob [...] an die Leiden und Entbehrungen von vier Jahren Krieg und Zerstörung«.[2] Auf dem beschriebenen Bogen Papier, den Gruber in das Bild gemalt hat, ist Vers 23,2 aus dem Buch Hiob zu lesen: »Auch heute lehnt sich meine Klage auf; seine Hand drückt schwer, dass ich seufzen muss.« CO

1 Bohm-Duchen, Monica: Francis Gruber, in: The Dictionary of Art, hg. von Jane Turner, Oxford 1996, Vol. 13, S. 713f., hier: S. 714.
2 Clair, Jean: Francis Gruber, in: Ausst.-Kat. Paris/Berlin 2005/06, S. 490.

> »Da haben wir die Jahre über gesessen und haben in die Zeit hineingelauscht. Wir saßen und lauschten und wurden vollgespritzt von dem Unrat und wurden taub von den Todesschreien. Aber immer wieder spähten wir hinein in die Zeit und warteten auf die Zeichen der Zukunft. Ach, die Nacht blieb, und keine Sonne erhob sich über die Schwärze der Welt.«
>
> Otto Pankok, 1947
> Pankok 1958 [1947], S. 8

VIII/4
Felix Nussbaum
(Osnabrück 1904–1944 Auschwitz)
Triumph des Todes (Die Gerippe spielen zum Tanz), Brüssel 1944
Öl auf Leinwand, 100 x 150 cm
Osnabrück, Felix-Nussbaum-Haus Osnabrück mit der Sammlung der Niedersächsischen Sparkassenstiftung
Lit. Ausst.-Kat. Osnabrück 1995; Wunderlich 2001; Ausst.-Kat. Osnabrück 2004/05; Felix Nussbaum, Werkverzeichnis, URL: http://www.felix-nussbaum.de/werkverzeichnis/, WV-Nr. 456.

Es ist kein fröhliches Konzert, zu dem die von Felix Nussbaum im April 1944 gemalten Gerippe aufspielen. Vielmehr scheint das Gemälde eine prophetische Vorschau auf den von Nussbaum schon lange erwarteten Tod zu sein, der sich durch den Krieg und die nationalsozialistische Judenverfolgung abzuzeichnen schien. *Triumph des Todes* ist das letzte Bild, das der jüdische Maler vor seinem Abtransport nach Auschwitz am 31. Juli 1944 malte, wo bis zur Befreiung des Lagers durch die sowjetische Armee am 27. Januar 1945 mehr als eine Million Juden ermordet wurden.

Die Szenerie auf dem Gemälde gleicht einem Schlacht- und Trümmerfeld: Die Ruine eines Hauses, Reste einer Mauer, Säulenfragmente und ein zerbeultes Autowrack zeugen neben weiteren Gegenständen von Zerstörung und Untergang. Im Vordergrund türmen sich Relikte aus Wissenschaft und Technik. Aber auch Überreste der Künste, wie die Noten eines populären englischen Schlagers, eine Mappe mit Zeichnungen sowie Gemälde und Skulpturenfragmente liegen am Boden. Vieles ist zerbrochen oder seines ideellen Wertes beraubt. In ihrem Zustand stehen die Relikte für die Vergänglichkeit des Lebens und die von Nussbaum empfundene Verwüstung der Kultur allgemein. Auch Justitia ist außer Kraft gesetzt. Ihr Kopf mit den verbundenen Augen ist halb abgeschlagen, und die Waagschale ist ihr aus der Hand gefallen.

VIII/3

VIII/4

Inmitten dieses Trümmerfeldes spielen die Toten zum Tanz. Auch ein Drehorgelspieler ist unter ihnen. Er weist als Einziger noch menschliche Züge auf, doch auch sein Antlitz zeigt schon Spuren des Verfalls. Der Physiognomie nach ist es der Künstler, der sich hier porträtiert. Anders als bei den fröhlich musizierenden Skeletten bleibt sein Instrument stumm. Die Kurbel der Orgel fehlt und die Räder, die schief auf dem unebenen Grund stehen, sind zerbrochen. Schon auf früheren Gemälden hat Nussbaum mit dem Motiv des Leierkastenmannes auf die schwierige Situation des Exils und die Unbeständigkeit des Künstlerdaseins verwiesen. Nun ist sein Spiel verstummt. Als zusätzliches Indiz des nahenden Endes steht hinter der Selbstdarstellung ein schwarzgewandetes Skelett mit weißen Flügeln – es ist der Todesengel.

Mit seinem Bildthema stellt sich Nussbaum in die Tradition christlicher Weltgerichtsdarstellungen und Totentänze, die vor allem in den großen abendländischen Krisenzeiten, so im Spätmittelalter während der Pest oder in der Zeit des Dreißigjährigen Krieges, Konjunktur hatten. Es ist ein apokalyptisches Gemälde, in dem nicht mehr Gott, sondern der Mensch die Macht über Leben und Tod übernommen hat. Eindrücklich führt Nussbaum dem Betrachter die Totalität und Brutalität des Krieges und des nationalsozialistischen Völkermordes vor Augen. Diesen zeigt er nicht als entindividualisiertes Massensterben, vielmehr eröffnet er dem Betrachter einen persönlichen Blick auf die Barbarei des NS-Regimes und die Ausweglosigkeit seiner Situation als exilierter Jude. Mit Hilfe seiner analytischen und gleichsam allegorischen Bildsprache verknüpft der Künstler private Empfindungen und traumatische Erfahrungen mit den ungeheuerlichen Geschehnissen der Weltpolitik. Der *Triumph des Todes* wird dadurch zu einem Spiegel der Erfahrungen und Ängste der jüdischen Bevölkerung und zu einem allgemeingültigen Dokument dieser Zeit. Nussbaums bildnerische Prophezeiung sollte sich bewahrheiten: Am 20. Juni 1944 wurden er und seine Frau Felka denunziert und verhaftet. Nur wenige Wochen später, am 31. Juli, wurden sie mit dem letzten Transport, der Belgien vor dem Einmarsch der Alliierten am 6. September 1944 in Brüssel verließ, nach Auschwitz deportiert und dort ermordet. MS

VIII/5
Karl Hofer
(Karlsruhe 1878–1955 West-Berlin)
Schwarzmondnacht, Potsdam 1944
Öl auf Leinwand, 114 × 90 cm
Berlin, Berlinische Galerie – Landesmuseum für Moderne Kunst, Fotografie und Architektur
BG-M 1339/78, (Abb. S. 354)
Lit. Köhrmann, Gerd: Schwarzmondnacht, in: Furler 1978, S. 117, 116; Ausst.-Kat. Hamburg/München/Moskau/Leningrad 1987/88, Nr. 122, S. 186f.; Ausst. Kat. Osnabrück 1990, S. 352; Ausst.-Kat. Bonn u.a. 1998/99, S. 162, Nr. 101; Merkert, Jörn: Kunst die in Berlin entstand, Meisterwerke der Berlinischen Galerie, München u.a. 2004, S. 80f.; Wohlert 2008, Nr. 1831.

Der Mond steht schwarz vor der Sonne und verdunkelt die Welt. Das unheimliche orange-gelbe Leuchten des Himmels wird wohl durch den Widerschein zahlreicher Feuer wie nach einem Bombenangriff erzeugt. Auf den Betrachter bewegt sich eine Menschengruppe zu, ein Akkordeonspieler führt sie an. Die Gruppe setzt sich aus verschiedenen Figurentypen zusammen, die alle in unterschiedliche Richtungen blicken: Halbakte, Gestalten in Alltagskleidung mit Jacke, Schal, Mütze und Hut, einer auf Krücken. Manche muten allegorisch an, wie der schwarz Gewandete mit hohem Kragen und einer Art stilisiertem Lorbeerkranz, den Karl Hofer direkt unter das schwarze Gestirn gesetzt hat. Aus der Gruppe ragt groß die auch farblich betonte Frau heraus, die mit ihrer Gebärde und ihrem blauen Gewand an Hofers *Kassandra* von 1936 erinnert (Abb. 1, S. 15; Kat.-Nr. II 1/10). Dort hatte er sie als Einzelfigur dargestellt. Sie schien mit blicklosen Augen in sich selbst versunken fernes Unheil zu ahnen. In *Schwarzmondnacht* wirkt es, als wäre die Seherin zusammen mit den anderen auf der Flucht vor einem Unheil, das bereits eingetreten ist.[1] Ihr Blick ist starr auf den feuerfarbenen Himmel gerichtet, dessen Flammenschein sich schon im Bild der früheren *Kassandra* anzukündigen schien. Was sie am Himmel erblickt, bleibt den Blicken des Betrachters entzogen.

Hofers Betonung des entflammten Himmels legt die Erinnerung an den Bombenkrieg der Alliierten nahe, den er in Berlin am eigenen Leib erfahren hat. Er hatte im März 1943 sein Atelier mit all seinen Werken, im November 1943 auch seine Wohnung verloren und Zuflucht in einem Nervensanatorium in Babelsberg gefunden. Ende 1944 schrieb er an den Apotheker, Sammler und Mäzen Bruno Leiner: »Wieder ist ein Jahr des Elends um, und ein elenderes beginnt, das uns vielleicht in die Tiefe der Kloake stößt. Ich glaube, ich schrieb Ihnen nach dem letzten Neujahr, wie am Neujahrsmorgen der östliche Himmel flammendrot war, wie von einer gewaltigen Feuersbrunst, wie ich es nie gesehen habe. Es war mir eine Vorahnung – und es war symbolisch für das, was kam.«[2] KN/SH

1 Brodersen, Waltraud, in: Ausst.-Kat. Hamburg/München 1987, S. 186.
2 Karl Hofer, Brief vom 28. Dezember 1944, in: Hofer 1991, S. 244.

»Wieder ist ein Jahr des Elends um, und ein elenderes beginnt, das uns vielleicht in die Tiefe der Kloake stößt. Ich glaube, ich schrieb Ihnen nach dem letzten Neujahr, wie am Neujahrsmorgen der östliche Himmel flammendrot war, wie von einer gewaltigen Feuersbrunst, wie ich es nie gesehen habe. Es war mir eine Vorahnung – und es war symbolisch für das, was kam.«

Karl Hofer, 28. Dezember 1944
Hofer 1991, S. 244

»Ein typisches Beispiel für die von uns wiederholt kritisierte Flucht aus der Wirklichkeit ist der Maler Magnus Zeller, der in der Kunsthandlung Hermann Meyer in Zehlendorf (Teltower Damm 20) ausstellt. Waren seine früheren Bilder noch durchaus realistisch aufgefaßt, so verflüchtigt sich später das Gegenständliche immer mehr, nicht ins Abstrakte, sondern in eine träumerische Illusion – sogar in den beiden politischen Darstellungen aus der Hitlerzeit. Mit ›Visionen‹ hat das nichts gemein. Wir halten diese Kunst für gefährlich.«

Erich Voigt, in: Neues Deutschland, 1947
Ausst.-Kat. Halle 1988, S. 17

VIII/6
Magnus Zeller
(Biesenrode im Harz 1888–1972 Ost-Berlin)
Das Staatsbegräbnis, Caputh bei Potsdam 1944/45
Öl auf Leinwand, 80,5 × 100 cm
Berlin, Stiftung Stadtmuseum Berlin
VII 60/15 x
Lit. Lang 1960, S. 13; Ausst.-Kat. Berlin 1964, S. 106; Ausst.-Kat. Bologna/Turin 1965, Nr. 2; Frommhold (Hg.) 1968; Ausst.-Kat. Karlsruhe/Frankfurt am Main/München 1980, S. 62; Ausst.-Kat. Halle 1988, Nr. 18; Ludwig 1992, S. 89ff., Werkverzeichnis [unpubliziert] Nr. G 268; Ausst.-Kat. Genua 1995/96, Nr. 270; Ausst.-Kat. Berlin 2002/03, Nr. 129; Gemälde II 2004, S. 241f., Nr. 602.

Die Darstellung ist eine Parabel auf den erzwungenen Selbstmord des Generalfeldmarschalls Erwin Rommel im Zusammenhang mit dem Attentat auf Adolf Hitler am 20. Juli 1944. 1939 Leiter des Führerhauptquartiers, errang Rommel 1941 zunächst als Befehlshaber, 1942 und 1943 als Oberbefehlshaber des deutschen Afrikakorps legendären Ruhm. Nach weiteren Stationen erhielt er im November 1943 den Auftrag, die Verteidigungsmaßnahmen an der französischen Atlantikküste zu kontrollieren.

Angesichts der Landung der Alliierten in der Normandie versuchte er im Sommer 1944 Hitler zur Kapitulation zu bewegen.

Nach dem gescheiterten Attentatsversuch vom 20. Juli 1944 auf Hitler wurde Rommel als Mitglied des Widerstandes belastet (nach heutigem Erkenntnisstand gehörte er nur zu einem weiteren Kreis von Eingeweihten) und von zwei Generälen des Oberkommandos der Wehrmacht, über das nach dem Erlass von 1934 Hitler persönlich die Befehlsgewalt ausübte, vor die Alternative gestellt, sich vor dem Volksgerichtshof zu verantworten oder Gift zu nehmen, um seine Familie vor der Sippenhaft zu bewahren. Rommel beging daraufhin Selbstmord. Nach seinem Tod, der als Folge einer Verwundung dargestellt wurde, richtete man ihm zur Täuschung der Öffentlichkeit ein pompöses Staatsbegräbnis aus und stilisierte sein Ende zum Heldentod.

Im Vordergrund von Magnus Zellers Gemälde *Das Staatsbegräbnis* tut sich die Erde auf, Tote erheben sich und klagen die Verantwortlichen an. Die »Trauernden« Hermann Göring, Adolf Hitler, Joseph Goebbels, Heinrich Himmler, Robert Ley (?), August von Mackensen, Martin Bormann (?) und Wilhelm Keitel (?) hat Zeller erst nach Kriegsende hinzugefügt.

Das Bild lässt sich ohne Berücksichtigung seiner Pendants *Der Hitlerstaat* von 1938 (Kat.-Nr. V/33) sowie *Christus in der Welt* von 1942/43 nicht erschöpfend interpretieren. Bei dem nur durch eine Fotografie sowie eine (in der Aussage abweichende) Vorstudie[1] überlieferten *Christus in der Welt* lässt das detailliert ausgebreitete Schreckensszenario der Stürzenden, Gehängten und Niedergemetzelten an die perversen Qualen aus dem *Jüngsten Gericht* des Hieronymus Bosch denken. Ein Bezug von *Christus in der Welt* zum zeitgenössischen Geschehen wird durch rauchende Schlote, einen Flugzeugverband, Panzer auf einer gesprengten Brücke und nicht zuletzt durch in der Menge mitgeführte Hakenkreuzflaggen hergestellt. An der Spitze des Menschenknäuels, wie von einem Termitenhaufen herab, schreit und gestikuliert der »Führer«. Verderbtheit manifestiert sich nicht nur in brutaler Gewalt, sondern auch

VIII/6

Magnus Zeller, Christus in der Welt
(Mein Reich ist nicht von dieser Welt) · 1942/43
Öl auf Leinwand, ca. 80 x 100 cm
Berlin, Stadt Berlin – verschollen

in fleischlicher Lust. Wenigen ist es vorbehalten, sich aus der Hölle in die Obhut des auferstandenen Heilands zu retten, dessen lichte Gestalt mit dem aggressiven Götzen in *Der Hitlerstaat* und der angsteinflößenden Henkersfigur des *Staatsbegräbnisses* kontrastiert. Erst durch die Kritik an der NS-Ideologie aus einer religiösen Haltung heraus und mithilfe der christlichen Ikonografie, wie dies für das Gemälde *Christus in der Welt* charakteristisch ist, gewinnt die Bildaussage von *Der Hitlerstaat* und *Das Staatsbegräbnis* an Profil. So wird aus Hitler auch hier der Antichrist, den es zu überwinden gilt.[2] DB

1 Privatbesitz, Abb. in: Ausst.-Kat. Berlin 2002/03, S. 259.
2 Siehe Ludwig 1992, S. 88 ff.

»Kein Gemälde kann den Surrealismus der Photographien von deutschen Greueltaten überbieten. Die Schädelhügel sind Wirklichkeit gewordene Visionen Tschelitschews. Die Masse der aufgehäuften Gebeine sind Wirklichkeit gewordene Knochenkompositionen Picassos, bzw. seiner Skulpturen. Die entstellten Leichen sind Ernsts Dämonen. Die zerstörte Architektur, der Schutt, die grauenvollen Leichen sind surrealistische Realität. [...] Wer die surrealistischen Werke als esoterisches Spielzeug dekadenter, weltfremder Besserwisser abgetan hat, kann jetzt nicht leugnen, dass uns diese Dinge den ›hyperrealen‹ Spiegel einer kommenden und nunmehr zeitgenössischen Welt vorhielten.«

Barnett Newman, 1945
Newman 1996 [1945], S. 103 f.

VIII/7

VIII/7
Hannah Höch
(Gotha 1889 – 1978 West-Berlin)
1945 (Das Ende), Berlin 1945
Öl auf Leinwand, 92,8 x 81,4 cm
Berlin, Landesbank Berlin AG
LBB 094616
Lit. Maurer 1995, S. 269.

Das Ende war Befreiung. Hannah Höch, von den Nationalsozialisten als »Kulturbolschewistin« stigmatisiert, hatte vereinsamt und zurückgezogen in ihrem (heute noch existierenden) Haus am nördlichen Stadtrand von Berlin den Krieg und das sogenannte Dritte Reich überlebt. Im Mai 1945 notierte sie in ihrem Tagebuch: »Unsagbar dankbares Gefühl in der Brust. Eine 12jährige Leidenszeit, die von einer wahnsinnigen u. unmenschlichen ja viehischen Klicke uns aufgezwungen war, mit allen Mitteln der gemeinen Kraft, mit allen Mitteln des Geistes, mit allen Mitteln des vor keinem Verbrechen zurückschreckenden Barbarentums – *ist zu Ende*. In meiner Seele ist eine Ruhe wie ich sie seit vielen Jahren nicht gefühlt habe.«[1]

Höch griff zur Palette und formulierte eine bildnerische Antwort auf ihr Gemälde *Wilder Aufbruch* (Kat.-Nr. IV 1/20), in dem sie 1933 die von männlich-nationalistischer Hybris ausgehende Bedrohung thematisiert hatte. Formal entsprechen sich die beiden Bilder, auch der gespachtelte Farbauftrag kam in dem Gemälde *1945* wieder zum Einsatz. Die Physiognomie der beiden Figuren und das sich darin ausdrückende Temperament allerdings haben sich gänzlich verändert. Der stählerne Blick des männlichen Wesens ist erloschen, die Augen sind geschlossen, der Kopf kippt haltlos zur Seite. Reißt sich diese Figur in *Wilder Aufbruch* dynamisch von der weiblich-mütterlichen Gestalt los, ist sie nun, leichenblass, ihr zugewendet. Gram hat diesem weiblichen Wesen tiefe Furchen ins Antlitz geschnitten, die Blume, die es hielt, ist verlorengegangen. RB

1 Ausst.-Kat. Berlin/Basel 2007/08, S. 179.

VIII/8
Rudolf Schlichter
(Calw 1890 – 1955 München)
Der Würger, München, um 1945
Öl auf Leinwand, 63 x 43 cm
Wiesbaden, Sammlung Frank Brabant
Lit. Ausst.-Kat. Berlin/Stuttgart 1984, Nr. 20 (dort auf 1938 datiert); Ausst.-Kat. Tübingen/Wuppertal/München 1997/98, S. 284.

Schlichters Gemälde liefert eine surreale Vision eines massenhaften Tötens. Auf einem abschüssigen, kargen Hochplateau, von dem aus man eisige Gipfel erkennen kann, liegt ein achtarmiges Zwitterwesen. Es versucht mit weitausgreifender Geste die Sonne zu verdunkeln, während es mit einem weiteren überlängten Arm nach zerstückelten Kadavern in einer Felsenschlucht greift. Die blasse, augenlose Figur liegt auf dem Rücken. Sie weist zum einen lemurenhaft menschliche Züge auf, zum anderen ist sie spinnenartig mit behaarten Beinen und Klauen angelegt. Über ihr erkennt man kaum funktionstüchtige Gewinde, die an einen Flaschenzug oder eine Seilbahn erinnern. Sie verleihen dem dargestellten Tötungsvorgang etwas Primitives, aber gleichwohl Mechanisches. Aus einem verborgenen Tal könnten die Unglücklichen herantransportiert worden sein, um der Tötung anheimzufallen.

Die Datierung des Gemäldes ist schwierig, bislang geht man überwiegend von einem Entstehungszeitraum zwischen 1939 und 1941 aus. Angesichts der Anspielungen auf eine massenhafte Tötung und die Anwendung technisierter Verfahren könnte man spekulieren, dass der Zeitpunkt der Bildentstehung später liegen muss und das Bild auf die Massenmorde deutscher Einsatzgruppen und Wehrmachtseinheiten im Zweiten Weltkrieg anspielt. Aktuelle Anlässe für das Bild könnten die Erschießungen in der Schlucht von Babi Jar bei Kiew gewesen sein, bei denen im September 1941 in drei Tagen mehr als 30 000 Juden von einem Sonderkommando der Wehrmacht ermordet wurden, oder die beginnende systematische Ermordung der europäischen Juden ab 1941/42. Allerdings hatte sich Schlichter mit dem Thema bereits zum Ende der Weimarer Republik in dem großformatigen Aquarell *Massenmord an der Chinesischen Mauer* von 1932 beschäftigt. Das Blatt zeigt einen zusammengeschossenen, blutigen Menschenhaufen. Die Brutalität des Straßenkampfes in der Spätphase der Weimarer Republik wird hier exotisiert und in einer Fantasieszene exponiert.

Das Gemälde *Der Würger* besitzt dagegen eine völlig neue Qualität, die das Bild von den bereits früher dargestellten Gewaltexzessen im Werk Schlichters grundlegend unterscheidet. Sein surrealer Charakter, der sich in dieser Deutlichkeit vor dem Ende des Zweiten Weltkrieges im Werk des Künstlers nicht nachweisen lässt, macht sogar einen noch späteren Entstehungskontext um oder unmittelbar nach 1945 wahrscheinlich. Zu diesem Zeitpunkt war Schlichter einer der ganz wenigen Künstler, die den Holocaust und die Massentötungen als Signatur eines von ihm als gottlos interpretierten modernen Massenzeitalters überhaupt bildnerisch umsetzten. Zu diesem Werkkomplex, der eine thematische Nähe zum *Würger* aufweist, gehören *Pflanzen und Gerippe* von 1946, das Gemälde *Gestade der Verlassenheit* von 1946 und das Aquarell *Das Ohr* von 1946, das ebenfalls eine karge Felsenlandschaft verbildlicht und dessen Motiv sich auf die auffälligen Ohren des

VIII/8

Würgers beziehen könnte. *Der Würger* stellt eine zwingende und schockierende Bilderfindung des Malers dar. In ihr scheint eine krisenhaft wahrgenommene Moderne auf, deren Fehlentwicklung in Massenverbrechen kulminierte, die in dem Gemälde durch symbolhafte Archaik gebrochen wird. OP

VIII/9
Rudolf Schlichter
(Calw 1890–1955 München)
Sie starb daran, München 1945
Aquarell, 64,5 × 50 cm
Wiesbaden, Sammlung Frank Brabant
(Abb. 6, S. 97)

Lit. Ausst.-Kat. Tübingen/Wuppertal/München 1997/98, S. 286f.

Das streng komponierte Aquarell zeigt einen betrauerten Frauenleichnam auf einem Rasenstück, dahinter eine schweigende Wand monströser Henkersknechte. Vor der Gruppe steht mittig eine Figur, die Priester und Henker zugleich ist und alle anderen überragt. Sie stützt sich auf ein großes Opferschwert. Für die weibliche Hauptfigur des Aquarells hat Schlichter sich an seiner Frau und Muse »Speedy« (1902–1975) orientiert, die hier als schöne Tote dargestellt ist und wohl vom Künstler selbst betrauert wird.

Immer wieder griff Schlichter seit den frühen 1930er Jahren auf das Mittel der Kontrastierung von Gut und Böse, Schön und Hässlich zurück. Die Frau wird dabei zur Allegorie der Schönheit, die entschwindet. Bereits in dem frühen Aquarell *Ertrinkender sieht Schönheit* (um 1930/31, Privatbesitz) erscheint einem Ertrinkenden eine im Sinn antiker Vorbilder idealisierte Frauenfigur als unerreichbare Vision, während er selbst im Morast untergeht. Zudem hat Schlichter 1935 seine eigene Frau in Anlehnung an klassische Venusdarstellungen als lebensgroßen Akt in einer Juralandschaft als Huldigung *An die Schönheit* verklärt. Das Gemälde erinnert stilistisch in seiner Mischung aus Realismus und Idealismus an die vom NS-Regime geförderte Malerei, ohne dass das Bild allerdings offiziell Anerkennung gefunden hätte. Über diese Phase seiner Entwicklung schrieb Schlichter 1943 in seinem Tagebuch: »Wenn ich mir so gewisse Bilder der Zeit zwischen 33 u. 39 ansehe, so faßt mich der Ekel. Wie schwach war ich doch! Wie bin ich doch diesen[!] scheußlichen Spießergeist der Teufel entgegenkommen, u. wie habe ich meine wahre Natur verleugnet. [...] Ich wurde, leider durch eigene Schuld, ein Opfer der deutschen Dummheit [...].«[1]

Die Komposition reflektiert die schmerzhafte Isolation des Künstlers, der im Bild den doppelten Verlust eines geliebten Menschen wie auch einer humanen, am Ideal der Schönheit orientierten Ästhetik und Ethik erleidet. Verantwortlich für den Tod sind die larvenhaften Existenzen im Hintergrund, unter denen man verbrecherische Ärzte und Generäle ausmachen kann. Der strenge, hierarchische Bildaufbau ist auf das Vorbild des Schweizers Ferdinand Hodler zurückzuführen, der im Kontext der Reformbewegungen um 1900 einem idealistisch-natürlichen Schönheitskult huldigte. OP

1 Zit. n. Schlichter, Rudolf: Tagebuch. Landsberg 4. Oktober 1943, in: Ausst.-Kat. Tübingen/Wuppertal/München 1997/98, S. 25.

VIII/10

VIII/10
A. Paul Weber
(Arnstadt in Thüringen 1893–1980 Großschretstaken bei Mölln)

Die Verstockten »Deutschland erwache!«, 1945/46

Feder mit Farbwalzungen, koloriert, 37,8 × 50,2 cm

Ratzeburg, A. Paul Weber-Museum, HZ 573

Lit. Dorsch 1991, WV-Nr. 2578–2580; Ausst.-Kat. Hannover 1993/94, S. 203; Schumacher/Dorsch 2003, S. 203.

A. Paul Webers Zeichnung *Die Verstockten »Deutschland erwache!«*[1] entstand gegen Ende des Zweiten Weltkrieges. In einer durch Bombenangriffe zerstörten Stadtlandschaft stecken die Menschen im buchstäblichen Sinne »den Kopf in den Sand«. Verstreuter Hausrat, Knochen und Totenköpfe sind Zeichen der durch den Krieg erfolgten Zerstörungen. Die mit ihren Köpfen im Boden steckenden Figuren bieten einen skurrilen Anblick. Der Eindruck wird durch grotesk-komische Details zusätzlich gesteigert. So ist der Frau im Vordergrund der Rock über den Oberkörper gerutscht und ihre zerschlissene altmodische Unterwäsche wird sichtbar. Rechts hinter ihr legt ein uniformierter Ordensträger selbst in dieser Situation noch soldatisch die Hände an die Hosennaht. Seine Uniform mit Gamaschen und Sporen an den Stiefeln wirkt ebenfalls antiquiert. Das Altmodische steht hier für das Ewiggestrige und die fehlende Einsicht in das aktuelle Zeitgeschehen. Gegen Ende des Zweiten Weltkrieges scheint Weber diejenigen darzustellen, die immer noch nicht an den Untergang des »Dritten Reiches« glauben wollen.

Allerdings ist dieses Blatt so gestaltet, dass es auch eine konträre Interpretation zulässt. Die Nationalsozialisten konnten darin ebenso gut die »Verstockten« erkennen, die sich nicht für den Kampf um den »Endsieg« engagierten. Diese Interpretationsoffenheit als ein künstlerisches Mittel erlaubte es Weber überhaupt erst, solche Themen zu zeichnen. Vor dem Hintergrund, dass Malmaterial in dieser Zeit schwer zu beschaffen war, zeigen allein schon die Größe des Blattes und die sorgfältige Ausarbeitung, wie wichtig ihm das Thema war.[2] Das Motiv beschäftigte Weber über längere Zeit. 1945 entstand *Das Erwachen!* Hier heben einige Figuren bereits ihren Kopf aus dem Sand. Für seine 1974 entstandene Lithografie *Der Verstockte* hat Weber eine einzelne Figur aus *Die Verstockten* als Bildmotiv gewählt. BB

1 Der Titel gibt die auf dem Blatt vorhandene Bezeichnung wieder, die lautet: »Die Verstockten ›Deutschland erwache!‹«. Vgl. Ausst.-Kat. Hannover 1993/94, S. 203.
2 Darüber hinaus entstanden in diesem Schaffensabschnitt nur wenige und meist kleinformatige Zeichnungen.

VIII/11
Franz Radziwill
(Strohausen bei Rodenkirchen 1895–1983 Wilhelmshaven)

Der Riß im Hof, Dangast an der Nordsee 1945

Öl auf Holz, 101 × 115 cm

Wolfsburg, Städtische Galerie Wolfsburg 1400/68

Lit. Ausst.-Kat. Berlin/Oldenburg/Hannover 1982, S. 234, Nr. 126; Ausst.-Kat. Varel-Dangast 1987, Nr. 40; Ausst.-Kat. Emden/Halle 1995, WV-Nr. 547.

Auf den ersten Blick lässt sich *Der Riß im Hof* als surreale Vision auffassen.[1] Dargestellt ist eine menschenleere Szenerie mit einer unbebauten Wiesenfläche im Vordergrund, die von einem Backsteingebäudekomplex im Hintergrund begrenzt wird. Wiese und Mauer werden von einem tiefen Riss gespalten, der sich im Himmel fortzusetzen scheint. Er hat dem Bild den Titel verliehen. Links und rechts von dem Riss auf der Wiese liegen ein umgestürzter Baum und ein Büstenfragment. Am Himmel über dem Riss in der Mauer ist eine augenförmige Erscheinung zu sehen. Angesichts des Entstehungsjahres des Gemäldes – es ist das Jahr, in dem der Zweite Weltkrieg endete – liegt es nahe, in dem Bild eine Reaktion auf die Kriegszerstörungen zu sehen. Franz Radziwill distanzierte sich von fantastischen Visionen, wie sie etwa Hieronymus Bosch hervorgebracht hat, mit den

VIII/11

Worten: »Ich bin ein Mensch des 20. Jahrhunderts. Eine Hölle brauchte ich nicht zu erfinden, wie Bosch es tat; ich erlebe sie ja rings um mich her... Es ist Wirklichkeit, was ich male.«[2]

Inmitten der Zerstörungen wirkt die kosmische, augenartige Erscheinung am Himmel strahlend und unberührt. Sie lässt mit ihrem Licht die Wolkenränder aufleuchten und scheint selbst die feinen Risse im Mauerwerk zu durchdringen. Radziwill überhöht durch diese Erscheinung den verlassenen Ort und thematisiert in erster Linie das Leiden, die Trauer und die Ohnmacht der Überlebenden im eigenen Land. Eine kritische Auseinandersetzung mit dem Krieg und seinen Ursachen findet nicht statt. Vielmehr trägt die Überhöhung der Zerstörungen durch eine Himmelserscheinung zur Mystifikation des Krieges als Schicksalsmacht bei. CO

[1] Ein Riss ist auch das Motiv von Radziwills zweiter Fassung des apokalyptischen Gemäldes *Wohin in dieser Welt* von 1945. Die ins Fantastische gesteigerte Bearbeitung der ersten Fassung aus dem Jahr 1940 zeigt über den irdischen Verwüstungen zwischen Flugzeugformationen einen Himmelskörper, dessen Augenform einem Mandala ähnelt. Vgl. Ausst.-Kat. Berlin/Oldenburg/Hannover 1982, S. 184; Ausst.-Kat. Varel-Dangast 1987, Nr. 37.
[2] Zit. n. Ausst.-Kat. Berlin/Oldenburg/Hannover 1982, S. 164.

VIII/12
Franz Radziwill
(Strohausen bei Rodenkirchen 1895 – 1983 Wilhelmshaven)
Die Klage Bremens, Dangast an der Nordsee 1946
Öl auf Leinwand auf Holz, 118 x 169 cm
Bremen, Freie Hansestadt Bremen, Senatskanzlei
Lit. Ausst.-Kat. Berlin/Oldenburg/Hannover 1982; Ausst.-Kat. Varel-Dangast 1987, Nr. 43; Ausst.-Kat. Emden/Halle 1995, WV-Nr. 563; Ausst.-Kat. Wilhelmshaven 2000, S. 56, 202.

Franz Radziwill hat gegen Ende des Krieges mehrfach Ruinenlandschaften dargestellt (vgl. Kat.-Nr. VIII/11). *Die Klage Bremens* zeigt eine menschenleere, verwüstete Stadtlandschaft. Von den Gebäuden stehen nur noch Mauerreste, im Boden klaffen tiefe Spalten. Nur ein bunkerartiges Gebäude am rechten Bildrand und – im denkbar größten Kontrast dazu – ein kleines Sofa mit blau-weiß gestreiftem Überzug haben den Krieg unversehrt überstanden. Ein grünlich leuchtender Himmel mit zum Teil surreal anmutenden Erscheinungen nimmt drei Viertel der Bildfläche ein. Oben in der Bildmitte breiten sich um eine weiße Kugel Farbschlieren aus, die an eine Fahne erinnern. Ein blutendes Kreuz ist rechts davon dargestellt. In der linken Bildhälfte über dem hellerleuchteten Horizont erscheint ein lächelnder Kopf mit einer Kugel darunter; über beidem schwebt ein Engel mit einem Spruchband. Zudem bestimmen Flugzeuge und dramatische Wolkenformationen das Geschehen am Himmel. Der den Engel verfolgende Flugzeugtyp ist fiktiv, die beiden anderen Flugzeuge lassen sich als eine einmotorige britische Spitfire und eine amerikanische Lockheed P-38 identifizieren.[1] Nur die kleinen Zwillingstürme des St.-Petri-Doms am Horizont zwischen den Streben des Telegrafenmastes sowie der Schriftzug *Die Klage Bremens* auf einem Stein im Vordergrund verweisen auf die Stadt Bremen.

Radziwill hatte das Gemälde kurz nach seiner Entstehung 1946 in Hamburg unter dem Titel *Triumph der Technik* ausgestellt.[2] Zu einer Ausstellung im Oldenburger Kunstverein im selben Jahr wurde es vom Vorstand des Kunstvereines nicht zugelassen. Man befürchtete, dass es zu Tumulten kommen könnte oder die britische Militärregierung sich in dem Bild für die Zerstörungen der deutschen Städte verantwortlich gemacht sehen würde.[3] Diese frühe Fassung zeigte vermutlich nur das Flugzeug, das den Engel mit dem Spruchband verfolgte. Die beiden anderen Flugzeuge sowie den Kopf und einige der Himmelsphänomene hat Radziwill um 1955 und nach 1965 hinzugefügt.[4]

Radziwill, der 1933 in die NSDAP eingetreten war, wurde 1933 nach der Entlassung von

VIII / 12

Paul Klee und anderen an die Düsseldorfer Kunstakademie berufen. Bereits kurze Zeit später geriet er in die Kritik. Studenten, die gegen ihn agierten, hatten sein expressionistisches Frühwerk entdeckt. 1935 wurde er aufgrund der ideologischen Konflikte entlassen und suchte sich mit der Unterstützung der regionalen NSDAP zu rehabilitieren. 1938 erhielt er Ausstellungsverbot und wurde aus der NSDAP ausgeschlossen.[5] Er begann sich nach 1942/43 vom Nationalsozialismus loszusagen.[6]

Seine Distanzierung von der NSDAP sieht Ulrich Gerster in Verbindung mit der Niederlage der deutschen Wehrmacht in Stalingrad 1942/43 sowie der Ausweitung der alliierten Luftangriffe auf deutsche Städte ab 1942, auf die auch das Gemälde *Die Klage Bremens* anspielt. Gerster weist darauf hin, dass erst ab diesem Zeitpunkt in Radziwills Bildern »etwas wie Trauerarbeit – Trauer um Europa, vor allem aber um Deutschland« wahrzunehmen sei.[7] Zugleich neigte Radziwill nun religiösem Denken in pietistischer Ausprägung zu.[8] Es findet motivisch in der Darstellung des Kreuzes und des Engels seinen Niederschlag. Die Tatsache, dass Radziwill das Bild Jahre später um eindeutig identifizierbare alliierte Flugzeuge ergänzte, ist ein Hinweis darauf, dass ihm auch noch zu diesem Zeitpunkt daran gelegen war, die Verantwortlichkeit der Alliierten für die Zerstörung deutscher Städte zu betonen. Wie seine anderen Bilder aus dieser Zeit steht die *Die Klage Bremens* für eine Haltung, die die deutsche Bevölkerung in erster Linie als Opfer sah. SH/MA

1 Soiné 2005.
2 Soiné 2005.
3 Wietek (Hg.) 1990, S. 168.
4 Ausst.-Kat. Emden/Halle 1995, S. 407, WV-Nr. 563.
5 Vgl. zur Rolle Radziwills unter der NS-Herrschaft Peters 1998, S. 265.
6 Vgl. hierzu Gerster, Ulrich: Zwischen Avantgarde und Rückwendung. Die Malerei Franz Radziwills von 1933 bis 1945, in: Ausst.-Kat. Emden/Halle 1995, S. 35 f.
7 Gerster, Ulrich: Zwischen Avantgarde und Rückwendung. Die Malerei Franz Radziwills von 1933 bis 1945, in: Ausst.-Kat. Emden/Halle 1995, S. 35 f.
8 Vgl. die Biografie zu Radziwill in: Ausst.-Kat. Emden/Halle 1995, S. 60.

»Der Anblick, den die zerstörten Städte in Deutschland bieten, und die Tatsache, daß man über die deutschen Konzentrations- und Vernichtungslager Bescheid weiß, haben bewirkt, daß über Europa ein Schatten tiefer Trauer liegt. [...] Doch nirgends wird dieser Alptraum von Zerstörung und Schrecken weniger verspürt und nirgendwo wird weniger darüber gesprochen als in Deutschland.«

Hannah Arendt, 1950
Arendt 1986, S. 43 f.

VIII/13
George Grosz
(Berlin 1893 – 1959 West-Berlin)
Retreat (Rückzug), Douglaston auf Long Island 1946
Öl auf Leinwand, 92,5 × 72,5 cm
Courtesy Nolan Judin Berlin. George Grosz Estate, Courtesy Ralph Jentsch, Rom
Lit. Hess 1982 [1974]; Ausst.-Kat. Hamburg 2002/03.

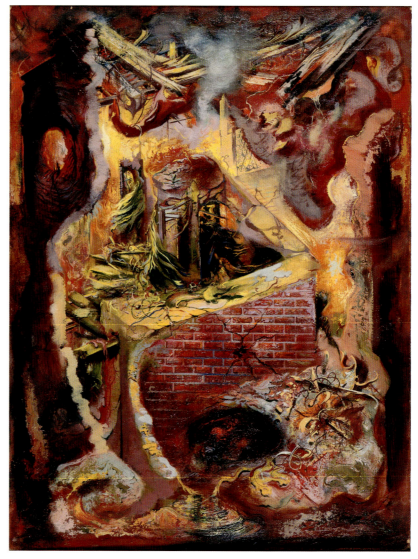

VIII/13

Der mehrdeutige englische Titel *Retreat* bedeutet »Rückzug«, aber auch »Zufluchtsort«. Dargestellt ist eine verwüstete, menschenleere Trümmerlandschaft, die den Eindruck erweckt, es hätte eine atomare Katastrophe stattgefunden. Die wenigen noch erkennbaren Bildelemente wie die hölzerne Dachkonstruktion oder der gemauerte Wohnzimmerkamin scheinen im Begriff sich aufzulösen. Während die Backsteine des Kamins Risse von einem sichtbaren Einschussloch aufweisen, lassen sich andere Auflösungserscheinungen materiell nicht mehr nachvollziehen. Blut, Farbe, Wasser, Feuer, Rauch, Draht und Steine scheinen sich zu vermischen. Feste Materie wirkt wie von ätzender Säure durchdrungen. Was zum einen Sinnbild der Zerstörung ist, ist zum anderen das Ergebnis eines Malaktes, der sich vom eigentlichen Bildgegenstand löst und zunehmend freier in Richtung Abstraktion mit Farben und Duktus agiert.

George Grosz blickte von Nordamerika aus auf die verlassenen Schlachtfelder Europas. Die Zeit nationalsozialistischer Herrschaft hatte zwar ein Ende gefunden. Zugleich aber boten die Städte in Europa ein Bild der Zerstörung. Die gespenstischen Visionen, die Grosz vor dem Krieg in Form von Trümmerfeldern und Ruinenlandschaften immer wieder dargestellt hatte, waren Wirklichkeit geworden. Zugleich litt Grosz unter seinem inneren, emotionalen »Kriegsschauplatz«. Seine Depressionen nahmen zu, obgleich er in den Vereinigten Staaten als Künstler Anerkennung fand. Ende 1947 wurde er unter die sechs wichtigsten lebenden amerikanischen Künstler gezählt. Aber der Verkauf seiner Bilder vollzog sich schleppend, so dass er zunehmend in Geldnot geriet. Das Gemälde *Retreat* könnte daher ein Versuch sein, beide Realitäten, die Zeitgeschichte und seine »innere Welt«, die er zunehmend als innere Leere empfand, zu einem Bild zu verbinden. 1948 spitzte Grosz diese Empfindung noch zu, indem er sich als *Maler des Lochs* darstellte. Auf dem Atelierbild haben alle Leinwände in ihrer Mitte ein Loch und thematisieren die innere Leere, das Nichts. HA

VIII/14 – VIII/19
Karl Rössing
(Gmunden/Österreich-Ungarn 1897–1987
Wels/Österreich)
Zyklus *Passion unserer Tage*,
Dietz a.d. Lahn: Aldus Verlag, 1947
24 Holzstiche
Albstadt, Galerie Albstadt,
Städtische Kunstsammlungen

VIII/14
1. Blatt: Die traurigen Augen der Welt,
Blankenburg im Harz 1946
13,1 x 17,1 cm (Platte), 17,7 x 22,3 cm (Blatt)
GS 81/289

VIII/15
8. Blatt: Hier stand mein Haus,
Blankenburg im Harz 1946
11,9 x 17,1 cm (Platte), 17,4 x 20,8 cm (Blatt)
GS 81/296

VIII/16
12. Blatt: Tiergarten II,
Blankenburg im Harz 1946
11,8 x 17,2 cm (Platte), 17 x 23,1 cm (Blatt)
GS 81/300

VIII/17
14. Blatt: Zerstörte Kunst,
Blankenburg im Harz 1946
11,5 x 17,1 cm (Platte), 16,9 x 23,7 cm (Blatt)
GS 81/302

VIII/18
16. Blatt: Christophorus – Sokrates,
Blankenburg im Harz 1946
11,2 x 17 cm (Platte), 15,3 x 21,5 cm (Blatt)
GS 81/304

VIII/19
23. Blatt: Hoffnung und Trauer,
Blankenburg im Harz 1946
12 x 17,2 cm (Platte), 17,0 x 17,2 cm (Blatt)
GS 81/311

Lit. Eichhorn/Mair 1991; Mair 1994; Ausst.-
Kat. Wien 1997/98.

VIII/14

VIII/15

VIII/16

Mit dem Holzstich *Die traurigen Augen der Welt* leitete Karl Rössing 1946 seinen Zyklus *Passion unserer Tage* ein: Ein tränendes Augenpaar blickt uns aus einem Wolkenhimmel an.[1] Am unteren Rand zieht ein endloser Flüchtlingstreck durch das Bild, und darüber erscheint am Horizont die Silhouette einer Trümmerstadt. Existenzielles persönliches Leid als Marginalie allgegenwärtigen Schreckens – so umriss der Künstler nicht nur die kollektive Erschütterung einer Generation, sondern die Tragik der Menschheit.[2] In teils surrealen und allegorischen, teils veristischen Darstellungen schilderte er Eindrücke des Krieges und der unmittelbaren Nachkriegszeit, erzählte von erdrückender Not und einem zarten Schimmer der Hoffnung. Mit Zitaten verwies er dabei immer wieder, quasi als Selbstvergewisserung, auf die christlich-abendländische Kultur.

In *Hier stand mein Haus* schwebt ein Luftgeist, der an die mythischen Wesen William Blakes erinnert, durch entvölkerte Ruinen. Mit *Tiergarten II* lieferte Rössing hingegen eine realistische Darstellung. Die ausgedehnte Parkanlage in der Mitte Berlins war zerbombt und beschossen worden, Bäume und Sträucher hatten die Bürger in der Not des ersten Nachkriegswinters für Brennmaterial abgeholzt. Zurück blieb ödes Gelände, aus dem grotesk einzelne Denkmäler aufragten. Die Löwengruppe von Wilhelm Wolff muss Rössing als Mahnmal besonders passend erschienen sein: Das Monument stellt eine von einem Pfeil getroffene, sterbende Löwin sowie einen männlichen Löwen und zwei Löwenjungen dar.[3] Auch die Parkbank bezeugt als trostloser Torso das Ende jeglicher Idylle.

In dem Blatt *Zerstörte Kunst* reihte Rössing beschädigte Kunstwerke vor der Ruine eines historischen Gebäudes auf: das Fragment einer Pietà und eines Gemäldes sowie einen abgebrochenen Flügel. Links präsentiert eine Figur im Renaissance-Habit ihr Porträt. In dem Rahmen, den sie dem Betrachter wie einen Spiegel vorhält, erscheint das Gesicht als Totenkopf und gerät so zum Memento mori.

VIII/17

VIII/18

VIII/19

Aus anderen Holzstichen spricht Zuversicht: Etwa wenn *Christophorus – Sokrates* das Jesuskind aus dem Inferno rettet. Die Stadt steht in Flammen, am Himmel scheinen die Lichter von Flakscheinwerfern und Leuchtgranaten auf. Rössing hat den Nothelfer Christophorus hier in der Darstellung wie auch im Titel mit dem Prediger der Selbsterkenntnis und der Symbolfigur des Dialoges gleichgesetzt. Auch in dem allegorischen, mit traditionellen Symbolen angereicherten Blatt *Hoffnung und Trauer* erscheinen der Engel, der Freude verkündet, und die Personifikation der Melancholie gleichberechtigt nebeneinander. Die beiden Figuren umschreiben die Polarität der gesamten *Passion unserer Tage* und lassen auf einen zutiefst verunsicherten Künstler schließen, der zwischen Resignation und Erleichterung schwankt.

Der zynische Biss und die sarkastische Schärfe, die so charakteristisch für die 1932 veröffentlichte Folge *Mein Vorurteil gegen diese Zeit* (Kat.-Nrn. IV 2/25 – IV 2/30, VI 2/17) waren, sind bei der *Passion* einem elegischen Grundton gewichen. Auch im Duktus wirken die Blätter des Jahres 1946 sehr viel konventioneller. Rössing hat die technischen Möglichkeiten des Holzstiches hier stärker ausgereizt: Die Grafiken sind feiner in der Zeichnung und erscheinen weniger plakativ als die politisch motivierten Werke aus der Weimarer Zeit.

Mit der *Passion unserer Tage* verfremdete der Künstler nicht mehr um des Appells willen. Er arrangierte allgegenwärtige Impressionen zu metaphysischen Szenarien, um so seine eigene Verlorenheit auszudrücken. 1946 hatten sich die schlimmsten Voraussagen erfüllt, und so flüchtete der Mahner Rössing sich erneut in die Rolle des Illustrators, der eine Geschichte mit Bildern lebendig hält.[4] BV

1 Das Motiv der weinenden Augen hatte Rössing bereits 1933 als abschließende Illustration des Buches *Der Deutsche Bauernkrieg* von Wilhelm Zimmermann verwendet. Vgl. Eichhorn/Mair 1991, S. 27.
2 »Ich habe die Augen, die das Folgende betrachten sollen, dem Ganzen vorangestellt und zwei Parallelen danebengestellt: die zerstörte Stadtsilhouette, die Kultur, die der Zerstörung nicht entrinnen konnte und der Menschenstrom, der trotz des Entweichens, dem Leiden nicht entkommt. Die zwei großen Quellen unserer Passion.« Karl Rössing an Heinrich Scheffler, 19. Dezember 1946, zit. n. Eichhorn/Mair 1991, S. 27.
3 Die von Wilhelm Wolff in den Jahren 1872 bis 1874 geschaffene Bronzegruppe im östlichen Tiergarten erscheint in diesem Holzstich seitenverkehrt.
4 Die *Passion* erwies sich als unverkäuflich, Ruinen-Bilder waren in jenen Jahren nicht gefragt. Vgl. Eichhorn/Mair 1991, S. 28.

»Ich habe die Augen, die das Folgende betrachten sollen, dem Ganzen vorangestellt und zwei Parallelen danebengestellt: die zerstörte Stadtsilhouette, die Kultur, die der Zerstörung nicht entrinnen konnte, und der Menschenstrom, der trotz des Entweichens, dem Leiden nicht entkommt. Die zwei großen Quellen unserer Passion.«

Karl Rössing an Heinrich Scheffler,
19. Dezember 1946
Eichhorn/Mair 1991, S. 27

VIII/20
Magnus Zeller
(Biesenrode im Harz 1888 – 1972 Ost-Berlin)
Ruinen (Gespenster), Caputh bei Potsdam, um 1946
Öl auf Leinwand, 79 x 61 cm
Halle, Stiftung Moritzburg, Kunstmuseum des Landes Sachsen-Anhalt, I/1635
Lit. Ausst.-Kat. Halle 1988, Nr. 19; Ludwig 1992, S. 89 ff., Werkverzeichnis [unpubliziert] Nr. G 271; Ausst.-Kat. Berlin 2002/03, Nr. 134.

In fahlem Licht huscht eine Gestalt mit Bündel auf dem Rücken – vielleicht ein Flüchtling – den Bürgersteig einer unbestimmten Straße entlang. Ihr korrespondiert ein kahler Baum mit abgebrochenem Ast. Die eigentlichen Haupt- »Personen« des Bildes aber sind die dahinter aufragenden Hausruinen, aus deren Höhlen in surrealer Übergröße menschliche Köpfe und Leiber vorragen. Sie blicken traurig, teils mit gebrochenen Augen oder klagend geöffnetem Mund drein. Ihr graugrünes Fleisch erinnert an das von Leichen.

Zeller gedenkt der Bombenopfer, deren Seelen gleichsam zu ewiger Mahnung anheben. Anders als in seinem Aquarell *Einzug in den Hades* (Kat.-Nr. VI 4/49) von 1938 war die Schilderung der zerstörten Heimat in dem Gemälde *Ruinen* aus der Zeit um 1946 keine Prophezeiung mehr, sie entsprach vielmehr der bitteren Realität. In der »Stunde Null« überwogen Bildthemen, die sich mit dem Erlebnis von Verfolgung, Not, Tod und Zerstörung auf metaphorische oder realistische Weise auseinandersetzen. Stadtbildmalerei war vornehmlich Ruinenmalerei.

In einem Brief an Karl Vollpracht vom 22. Februar 1945 berichtete Zeller von schweren Angriffen der amerikanischen Luftwaffe auf Berlin; »die Alarme die tags und nachts sind, zehren am Gemüt«.[1] Zeller war zu dieser Zeit im »vierten Aufgebot« der nicht kriegsdienstverwendungsfähigen Männer im Alter von 16 bis sechzig Jahren zum Volkssturm eingezogen.

Am 2. Mai 1945 kapitulierte der Stadtkommandant von Berlin General Helmuth Weidling, sechs Tage später die gesamte deutsche Wehrmacht. Siebzig Prozent der Stadt waren in Schutt und Asche gelegt. In der Trümmerwüste lebten aber noch 2,8 Millionen Menschen. Zwei Monate lang war die sowjetische Armee alleinige Besatzungsmacht, bis amerikanische, britische und schließlich französische Truppen in ihre jeweiligen Sektoren einrückten. Das öffentliche Leben kam relativ schnell wieder in Gang. DB

1 Brief in Privatbesitz.

372 VIII. Epilog

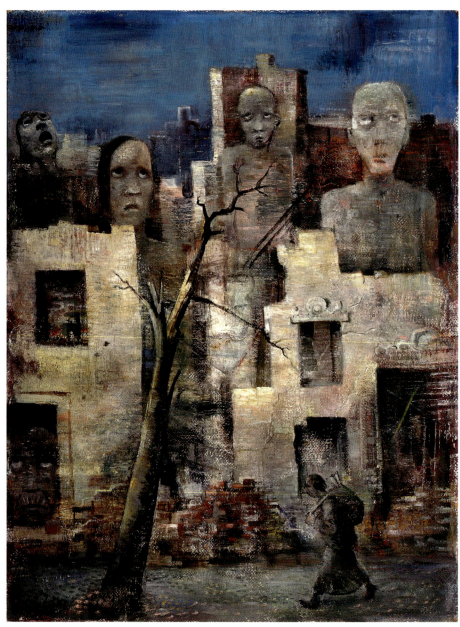

VIII/20

»Nach der europäischen Katastrophe sind die surrealistischen Schocks kraftlos geworden.«

Theodor W. Adorno, 1956
Adorno 1958, S. 155 f.

VIII/21–VIII/23
Wilhelm Rudolph
(Chemnitz 1889–1982 Dresden)
Dresden 13. 2. 1945, Dresden, um 1949
Schmuckkassette mit einer Auswahl von sechs Holzschnitten
Berlin, Deutsches Historisches Museum

VIII/21
1. Blatt
44 x 63 cm (Platte), 49,6 x 72,8 cm (Blatt)
Bez. u. l.: Handdruck
Sign. u. r.: Wilhelm Rudolph
Gr 95/72.1

VIII/22
5. Blatt
36,5 x 49,5 cm (Platte), 45 x 54 cm (Blatt)
Bez. u. l.: Handdruck
Bez. u. l. (von anderer Hand): Schnorrstr. in Dresden
Sign. u. r.: Wilhelm Rudolph
Gr 95/72.5

VIII/23
6. Blatt
41,5 x 54,5 cm (Platte), 46,5 x 61,1 cm (Blatt)
Bez. u. l.: Handdruck
Sign. u. r.: Wilhelm Rudolph
Gr 95/72.6

Lit. Uhlitzsch 1968; Ausst.-Kat. Hamburg/München 1973/74; Ausst.-Kat. Düsseldorf 1975/76; Ausst.-Kat. Berlin 1977 (4); Ausst.-Kat. Dresden 1979; Rudolph 1988; Ausst.-Kat. Albstadt 1992; Lehmann, Hans-Ulrich: Wilhelm Rudolph. »Das zerstörte Dresden«, in: Ausst.-Kat. Berlin 1997, S. 111 f.

Rudolphs Holzschnittfolge zeigt die Dresdner Innenstadt nach dem verheerenden Angriff alliierter Fliegerverbände am 13. Februar 1945, wie dem Titel zu entnehmen ist. Bei den vier Luftangriffen vom 13. bis 15. Februar wurden schätzungsweise bis zu 30 000 Menschen getötet und zahlreiche Gebäude zerstört, darunter berühmte Renaissance- und Barockbauten.

VIII/21

VIII/22

Fast unmittelbar nach dem Bombardement begann Rudolph, dessen eigenes künstlerisches Werk in jener Nacht fast vollständig zerstört worden war, die Folgen zeichnerisch festzuhalten: »Instinktiv flohen und mieden die Menschen die tote Stadt. Gesindel machte sie unsicher. Mich aber zwang es, hineinzugehen und die toten Wohnstraßen aufzusuchen und sie zu zeichnen, die Unabsehbarkeit der zerstörten Flächen festzuhalten.«[1] Die Zeichnungsserie *Das zerstörte Dresden* bildete zusammen mit einer Folge von 250 Zeichnungen und Aquarellen, die Rudolph 1947 bis 1949 unter dem Titel *Dresden als Landschaft* schuf, die Grundlage für zahlreiche Holzschnitte, die er bis 1972 in mehreren Editionen verlegte. Die im Besitz des Deutschen Historischen Museums befindliche Schmuckkassette wurde vermutlich vom Künstler selbst aus bereits vorhandenen Blättern zusammengestellt, wie die unterschiedlichen Signaturen, Blattmaße und -qualitäten nahelegen. Möglicherweise war sie ein Geschenk des Bezirks Dresden an das Zentralkomitee der SED anlässlich eines Jahrestages der Zerstörung.

Rudolph, der ab 1920 als freischaffender Maler und Grafiker tätig war, gehörte – wie auch George Grosz, Otto Dix, Rudolf Schlichter und andere linksgerichtete sozialkritische Künstler – der Künstlervereinigung Rote Gruppe an. 1932 wurde er als Professor an die Dresdner Akademie berufen, 1938 entließ man ihn unter dem Vorwand einer Hochschulreform wieder aus dem Lehramt. Verglichen mit vielen anderen Künstlern durchlebte er das »Dritte Reich« jedoch relativ unbehelligt.

Rudolph hatte sich bereits in den 1920er und 1930er Jahren vornehmlich der realistischen Darstellung von Landschaften, Dörfern und Städten in seiner Umgebung gewidmet. In ähnlich dokumentarischer Weise näherte er sich dem kriegszerstörten Dresden. Angesichts der Katastrophe blieb sein Blick erstaunlich sachlich. Aus seinen Ansichten ausgebombter, menschenleerer Wohn- und Geschäftsviertel sprechen weder Anklage noch Kummer oder Schmerz, eher schon eine stille Faszination für die Ruinen, denn, so Rudolph, »immer noch, auch im Tode, bewahrten sie den großartigen Formwillen ihrer Schöpfer. Als Zeugen einer großen früheren Epoche waren sie rührend schön und einsam in tiefer Trauer«.[2]

Rudolphs Holzschnitte stehen jeder spätromantischen Ruinenästhetik fern: Schwarze und weiße Flächen klaffen weit auseinander, Strukturen entwickeln ein surreales Eigenleben, Zusammenhänge lösen sich auf und Leerstellen entstehen. Die Motive sind also für unterschiedliche Deutungen offen, sie beinhalten keine eindeutige politische Aussage. Folglich passten sie schon bald nicht mehr ins Schema der DDR-Kulturpolitik, sondern wurden als »formalistisch« verurteilt, wie Christoph Bauer beschreibt: »Wilhelm Rudolph traf der Vorwurf, sich mit seinen pessimistischen Inhalten und dekadenten, weil ›gesellschaftlich nicht relevanten‹, aus Im- und Expressionismus entwickelten Gestaltungsmitteln nicht am Aufbau eines neuen, sozialistischen Deutschlands zu beteiligen und der dienenden, erziehenden Aufgabe der Kunst nicht gerecht zu werden.«[3] Die Anfeindungen gipfelten in Rudolphs Entlassung 1949 als Professor der Dresdner Hochschule der Bildenden Künste. JP

1 Ausst.-Kat. Albstadt 1992, S. 20.
2 Ausst.-Kat. Düsseldorf 1975/76, S. 19.
3 Bauer, Christoph: Das zerstörte Dresden. Zur deutschdeutschen kunsthistorischen Rezeption der »Trümmerblätter« Wilhelm Rudolphs von 1945/49 – 1990, in: Ausst.-Kat. Albstadt 1992, S. 22 f.

VIII/23

VIII/24 – VIII/35
Leo Haas
(Troppau/Österreich-Ungarn 1901 – 1983 Ost-Berlin)
Zyklus *Aus deutschen Konzentrationslagern*, Prag 1947
Zwölf Lithografien, 35,2 x 50 cm (Blatt)
Berlin, Deutsches Historisches Museum

VIII/24
1. Blatt: Appell/Zählappell in Sachsenhausen
Bez. u. l. (Bleistift): Appell
Sign. u. r. (Darstellung): Leo Haas
Gr 62/387

VIII/25
2. Blatt: Transport nach Auschwitz vom Ghetto Theresienstadt
Sign. u. l. (Darstellung): Leo Haas
Gr 62/388

VIII/26
3. Blatt: Arbeit macht frei/Arbeit auf der Kleinen Festung Teresienstadt
Bez. u. l. (Bleistift): Arbeit macht – frei.
Sign. u. l. (Darstellung): Leo Haas
Gr 62/389

VIII/27
4. Blatt: Hunger in Auschwitz (Küchenabfälle)
Sign. o. r. (Darstellung): Leo Haas 47
Gr 62/390

VIII/28
5. Blatt: Ausmarsch zur Arbeit in Auschwitz
Sign. u. l. (Darstellung): Leo Haas
Gr 62/391

VIII/29
6. Blatt: Kapo/In der Schlafstube
Bez. u. l. (Bleistift): 6 Kapo
Sign. u. r. (Bleistift): Leo Haas
Gr 62/392

VIII/30
**7. Blatt: Vor dem Frauenblock
in Mauthausen**
Sign. u. l. (Darstellung): Leo Haas
Gr 62/393

VIII/31
8. Blatt: Bunker
Bez. u. l.: 8. Bunker
Sign. u. r. (Darstellung): Leo Haas 47
Sign. u. r. (Bleistift): Leo Haas
Gr 62/394

VIII/32
**9. Blatt: Konzentrationslager im Wald
(Ebensee)**
Bez. u. l.: 9 Koncentra(?) v lese (Ebensee)
Sign. u. r. (Darstellung): Leo Haas
Sign. u. r. (Bleistift): Leo Haas
Gr 62/395

VIII/33
**10. Blatt: Warten/Warten, auch eine Form,
Häftlinge mürbe zu machen**
Bez. u. l.: 10 Čekati ... čekati ... Warten
Sign. u. r. (Darstellung): Leo Haas
Sign. u. r. (Bleistift): Leo Haas
Gr 62/396

VIII/34
**11. Blatt: Krematorium/
Vor dem Krematorium Mauthausen**
Bez. u. l.: 11 Krematorium
Sign. u. l. (Darstellung): Leo Haas
Sign. u. r. (Bleistift): Leo Haas
Gr 62/397

VIII/35
Todesmarsch
Sign. u. r. (Darstellung): Leo Haas
Gr 62/398

Lit. Wagner 1987; Ausst.-Kat. Olpe/Solingen-Gräfrath 1999/2000.

Während viele Künstler die nationalsozialistische Diktatur aus dem Exil oder der »inneren Emigration« heraus beobachteten, wurde der in Mähren lebende Maler und Grafiker Leo Haas 1938 von der deutschen Okkupation überrascht und als Jude interniert. Zwar konnte er aus dem Internierungslager flüchten, 1942 wurde er jedoch erneut verhaftet und in das Konzentrationslager Theresienstadt transportiert, wo er im Technischen Büro arbeiten musste. Im Juli 1944 entdeckte die Gestapo, dass einige Künstler heimlich den KZ-Alltag gezeichnet hatten. Sie wurden der »Greuelpropaganda« angeklagt und zunächst für mehr als drei Monate in der Kleinen Festung, dem Gestapo-Gefängnis von Theresienstadt, eingekerkert sowie zur Zwangsarbeit eingesetzt. Haas wurde Ende Oktober 1944 auf einen Todesmarsch in das Vernichtungslager Auschwitz geschickt. Er entging der Ermordung, weil er von Auschwitz schon nach wenigen Wochen in das KZ Sachsenhausen überstellt wurde, um in der dortigen »Fälscherwerkstatt« ausländische Devisen herzustellen. Beim Heranrücken sowjetischer Truppen gegen Kriegsende wurde die Fälschergruppe im Februar 1945 in das österreichische KZ Mauthausen evakuiert, dann in dessen Nebenlager Ebensee, das am 6. Mai 1945 befreit wurde.

Die Konzentrationslager waren von Beginn der NS-Herrschaft an das wichtigste Instrument staatlichen Terrors. In ihnen wurden ab 1933 politische Gegner sowie Angehörige unerwünschter Bevölkerungsgruppen wie Juden, Sinti und Roma, Mitglieder religiöser Gruppierungen und Orden, Homosexuelle oder »Asoziale« inhaftiert und misshandelt. Hunger, Erschöpfung, Krankheiten und willkürliche Gewalt forderten unzählige Todesopfer. Ab 1942 begann der NS-Staat, den Völkermord an den Juden europaweit zu koordinieren und in Vernichtungslagern systematisch durchzuführen. Zum Inbegriff der fabrikmäßig durchgeführten Ermordung der europäischen Juden wurde Auschwitz. Hier und in anderen Lagern wurden die Gefangenen als Zwangsarbeiter ökonomisch ausgebeutet, wobei ihre »Vernichtung durch Arbeit« bewusst in Kauf genommen wurde.

Das Zeichnen muss für Haas eine Möglichkeit gewesen sein, sich in dieser verzweifelten Lage die eigene Ausdrucksfreiheit und Identität zu bewahren. Darüber hinaus hatte er das konkrete Ziel, Zeichnungen ins Ausland zu schmuggeln, um politische Aufmerksamkeit zu wecken. Die weltweite Öffentlichkeit reagierte jedoch kaum auf Berichte und Zeugnisse von den Schrecken der Konzentrationslager. Dennoch empfand Haas seine Tätigkeit nicht als nutzlos. Sein Ziel, so sagte er rückblickend, sei über den Moment hinausgegangen: »Ich sah vieles mit den Augen eines Dokumentaristen, eines Menschen, der aufzeichnen konnte, was er sah, um es für die Nachwelt zu erhalten.«[1] Tatsächlich konnte er Zeichnungen aus dieser Zeit retten und nach der Befreiung in den Grafikzyklen *Theresienstadt* (1946) und *Aus deutschen Konzentrationslagern* (1947) öffentlich machen. Haas ist es zugleich zu danken, dass die ebenfalls in Theresienstadt versteckten Arbeiten der Künstler Bedřich Fritta, Otto Ungar und Karl Fleischmann gerettet wurden. Sie waren im Konzentrationslager ermordet worden oder später an den Folgen der Haft gestorben.

Der Zyklus *Aus deutschen Konzentrationslagern* verschlüsselt den Tod nicht in allegorischer, mythologischer oder religiöser Form, sondern zeigt ganz konkrete Situationen: Appelle und Todesmärsche, Brutalität, Zwangsarbeit, Stacheldraht und Kerkerhaft, verzweifelte Nahrungssuche, schließlich auch die ausgemergelten Leichen, die vom Lastwagen gekippt werden. Seine Bilder zeugen davon, wie Entwürdigungen und Misshandlungen die Menschen geradezu grotesk verändern, sie ihrer Individualität und Würde berauben und schließlich töten. Nach dem Krieg lebte Haas zunächst in der Tschechoslowakei, ab 1955 in der DDR. Er hoffte, im Sozialismus eine bessere Gesellschaft aufbauen zu können. Bis zu seinem Tod verfolgte Leo Haas unermüdlich das Ziel, die Zeitgenossen und vor allem die jüngere Generation über die Schoah aufzuklären. JP

1 Wagner 1987, S. 59.

VIII. Epilog

VIII/24

VIII/25

VIII/26

VIII/27

VIII/28

VIII/29

Das Ende des Zweiten Weltkrieges 377

VIII/30

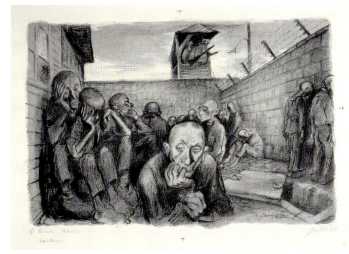

VIII/33

VIII/31

VIII/34

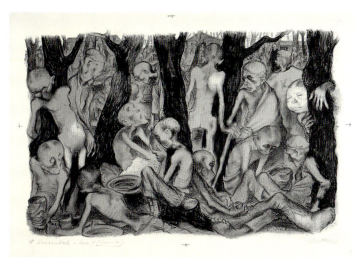

VIII/32

VIII/35

VIII / 36

Rudolf Schlichter

(Calw 1890 – 1955 München)

Untergang (Atlantis), München 1947

Gouache, 70 x 50 cm

München, Galerie Michael Hasenclever

(Abb. 6, S. 51)

Lit. Ausst.-Kat. Tübingen/Wuppertal/München 1997/98, S. 291.

Das Bild zeigt eine surreale Untergangsvision von Atlantis als moderner und zugleich mythischer Stadt in einem unwirklichen blauen Farbraum. In ihn wurde das Lineament der Wasserstrudel und die Auftriebsbewegungen des Wassers durch die versinkende Architektur als bloße weiße und farbige Umrisslinien eingezeichnet. In der oberen linken Bildhälfte und auf einem bereits abgesprengten Stück Land, das in der Bildmitte versinkt, konkretisiert Rudolf Schlichter die Architektur: Es lassen sich dichtgedrängte Hochhausansiedlungen, surreal anmutende Türme und Kuppelbauten unterscheiden, denen Schlichter materielle Schwere verleiht. Diese wird von den bunten Farbkugeln und -blasen konterkariert, die schwebende Leichtigkeit suggerieren und sich zugleich formal verselbständigen. Hier hat sich Schlichter scheinbar einen ironischen Hinweis auf die von ihm verachtete abstrakte Malerei der Zeit erlaubt – eine Tendenz, die sich zeitgleich auch bei dem magischen Realisten Franz Radziwill beobachten lässt, der unheimliche Himmelserscheinungen als abstrakte Ornamente ins Bild setzt (vgl. Kat.-Nr. VIII/12).

Der zeitgeschichtliche Hintergrund der Bildfindung sind der Zweite Weltkrieg und die Atombombenabwürfe auf Japan 1945. Schlichters Aquarell lässt sich gerade deshalb als Untergangsvision der menschlichen Zivilisation überhaupt lesen und spielt nicht mehr – wie noch die früheren Atlantis-Interpretationen (vgl. Kat.-Nr. IV 1/7) – auf den Zusammenbruch der Weimarer Moderne oder das Ende einer zeitlich fernliegenden, entrückten mythischen Zivilisation an. OP

VIII/37

VIII / 37

Rudolf Schlichter

(Calw 1890 – 1955 München)

Das Gemetzel, München 1947/48

Feder, 50 x 70 cm

München, Galerie Alvensleben

Lit. Ausst.-Kat. Tübingen/Wuppertal/München 1997/98, S. 290.

Die großformatige Federzeichnung, zu der eine detailliertere Version existiert, variiert Schlichters malerisches Hauptwerk *Blinde Macht* (Titelabbildung) der 1930er Jahre. Sie zeigt einen Trupp römischer Krieger mit heruntergelassenem Visier, die mit machetenartigen Kurzschwertern wehrlose Menschen niederstrecken und in Stücke hauen. Die zentrale Figur hat bereits einen Schädel an der Rüstung befestigt und trägt diese grauenerregende Trophäe mit sich zu weiteren Untaten. Rudolf Schlichter inszeniert hier einen hemmungslosen Blutrausch. Seit den 1910er Jahren tauchte das Motiv im zeichnerischen Werk Schlichters immer wieder auf, entweder als Wildwestkolportage oder mit zeitgeschichtlichem Verweis als *Armeniergreuel* (1920/21). In der Federzeichnung nun dynamisiert er die frühen, mitunter etwas theaterartig dargestellten Szenen durch den diagonalen Zug, der die zentralen Figuren von links kommend durch das Blatt stürmen lässt.

In der Endphase der Weimarer Republik hatte Schlichter Massenmorde in exotischer Manier verbildlicht, etwa als an Alfred Kubins zeichnerisches Werk um 1900 erinnernde Pfählungen in der *Zerstörung des Fleisches* (1930) oder im *Mord an der Chinesischen Mauer* (1932). Die vorliegende Zeichnung verdeutlicht, wie drängend für Schlichter die Frage der Verarbeitung des historischen Geschehens – des Krieges und des Völkermordes – war, wenn er auf sein eigenes politisches Hauptwerk zurückgriff. Eine Parallele zu *Blinde Macht* findet sich auch in dem beängstigend monströsen Aquarell *Terror* aus dem Jahre 1947, auf dem eine mit Pocken übersäte gigantische Figur in der Schrittstellung des römischen Kriegers eine fliehende Menschenhorde mit dem Schwert niedermacht.

Auf der detaillierteren Version von *Das Gemetzel* erkennt man auf dem Brustpanzer des linken Kriegers deutlich einen Totenkopf, der unwillkürlich an das Emblem der SS denken lässt. Auch diese Strategie der zeitgeschichtlichen Aktualisierung findet ein Vergleichsbeispiel in Schlichters eigenem Werk. Der Künstler sah sich wohl nicht ganz zu Unrecht dem Vorwurf ausgesetzt, er habe seinen 1934 veröffentlichten *Goliath verhöhnt das Volk Israel* mit dem Herrschaftszeichen der NSDAP versehen und auf diese Weise die antisemitische Politik des Regimes als Hybris interpretiert. 1945 ging Schlichter deutlicher vor. So steht das Bild denn auch in direkter Nähe zu dem heute nicht mehr nachweisbaren, um 1945 entstandenen und publizierten Aquarell *Sturmangriff auf die deutsche Kultur*, auf dem der römische Krieger mit deutlich gekennzeichneten NS-Schergen Kulturgüter niedertrampelt und zerstört: eine Entwicklung, die Schlichter mit seinem antidemokratischen Engagement ab 1930 selbst provoziert hatte. OP

VIII/38
Gerhard Marcks
(Berlin 1889–1981 Burgbrohl in der Eifel)
Kassandra, Hamburg 1948
Terrakotta, 197 x 44 x 37 cm
Bremen, Gerhard Marcks-Haus
WV 512

Lit. Busch (Hg.) 1977; Rudloff 1978; Frenzel (Hg.) 1988; Ausst.-Kat. Bremen/Güstrow/Berlin 2001/02.

Kassandra gehört zu den sechs überlebensgroßen Terrakotten, die Gerhard Marcks 1947/48 für die zum Museum umgewidmete gotische Katharinenkirche in Lübeck geschaffen hat.[1] Er führte damit die von Ernst Barlach 1929 begonnene Arbeit fort, die Blendnischen der Westfassade mit dem Figurenzyklus *Gemeinschaft der Heiligen* zu bestücken. Initiiert hatte dieses ehrgeizige Projekt der Direktor des Lübecker Museums für Kunst und Kulturgeschichte, Carl Georg Heise. Er stellte sich allerdings keine Reihe von Kirchenheiligen vor, sondern »die Gottsucher der leidenden Menschheit: vom stillbeglückten Pilger bis zum Gefangenen, der seine Seligkeit sucht im aufrührerischen Trotz gegen die Ketten«.[2]

1933 entließen die Nationalsozialisten den Museumsdirektor aus dem Amt und brachten das Vorhaben zum Erliegen. Barlach hatte bis dahin nur drei Plastiken verwirklichen können (*Bettler*, *Sänger* und *Frau im Wind*). Heise verfolgte seinen Plan jedoch privat weiter und trug, als er an der Schaffenskraft von Barlach zu zweifeln begann, dem jüngeren Gerhard Marcks die mögliche Vollendung an.

Dieser fertigte wohl schon 1934 erste Skizzen.[3] 1946, Barlach war inzwischen gestorben, lieferte Marcks neue Entwürfe, die er vor der endgültigen Ausführung in Komposition und Darstellung nochmals veränderte.[4] Schließlich stellte er der *Kassandra* die Skulpturen *Prophet*, *Brandstifter*, *Jungfrau*, *Mutter mit Kind* sowie den *Schmerzensmann*[5] zur Seite. Letzteren postierte Marcks in der mittleren Nische, die Barlach hatte freihalten wollen: Christus fungiert somit nicht nur als optische, sondern auch als

VIII/38

inhaltliche Klammer zwischen den beiden Figurenreihen. Während Barlach die Überwindung des Leidens zum übergeordneten Thema gemacht hatte, betonte Marcks das Leiden selbst – unmittelbar nach dem Krieg eine naheliegende Gewichtung. Auch sein gefesselter Christus bleibt den Verweis auf die christliche Heilsgeschichte schuldig.

Die *Kassandra* nahm Marcks erst in den zweiten Gesamtentwurf von 1946 auf, dort noch unter der Bezeichnung *Seherin*. Mit den hochgezogenen Schultern, dem schräggehaltenen Kopf und den schreckgeweiteten Augen ist sie die ausdrucksstärkste Figur innerhalb des Ensembles. Ihren Umhang presst *Kassandra* mit der vom Stoff verhüllten linken Hand vor die Brust. Diese Haltung[6] wird hier zu einer Gebärde, die Trauer und Scham darüber ausdrückt, vorausgeahntes Unheil nicht abwenden zu können. Zum Zeitpunkt ihrer Entstehung war der Darstellung der schmerzerfüllten Seherin zwangsläufig ein retrospektives Moment zu eigen. All die an der Katharinenkirche versammelten Gestalten waren längst zu Zeugen von Krieg und Völkermord geworden. So verkörpert *Kassandra* im Figurenprogramm dieses öffentlichen Kunstwerkes eine allgemeingültige Mahnung. BV

1 Busch (Hg.) 1977, Nr. 502–514.
2 Rudloff 1978, S. 41.
3 Arie Hartog geht davon aus, dass die Datierung der Zeichnungen auf 1932 im Nachhinein erfolgte. Vgl. Ausst.-Kat. Bremen/Güstrow/Berlin 2001/02, S. 75 ff., 160 f.
4 Nach dem Krieg übernahm die Stadt Lübeck die Finanzierung. Diese sollte, wie von Heise von vornherein angedacht, durch den Verkauf von Zweitexemplaren erleichtert werden. 1947 wurden die drei Barlach'schen Figuren aufgestellt, 1949 die sechs Terrakotten von Marcks.
5 Den *Schmerzensmann* hat Marcks seiner Gruppe *Ecce Homo* von 1940 entlehnt. 1946 wollte er die Figur auch für ein Denkmal im Konzentrationslager Bergen-Belsen aufgreifen, der Entwurf wurde jedoch abgelehnt. Vgl. Ausst.-Kat. Bremen/Güstrow/Berlin 2001/02, S. 81 ff.
6 Die Haltung ist vorgeprägt in der Skulptur *Kleine Frau mit Schal* von 1945. Vgl. Busch (Hg.) 1977, Nr. 477.

Anhang

Chronologie 1914 – 1945

28. Juni 1914	Das tödliche Attentat auf den österreichischen Thronfolger Erzherzog Franz Ferdinand und seine Gemahlin in Sarajevo durch serbische Nationalisten führt zu starken internationalen Spannungen
1.–4. August 1914	Beginn des Ersten Weltkrieges: Kriegshandlungen Deutschlands gegen Russland, Luxemburg, Frankreich und Belgien
7. November 1917	Nach dem Sturz des zaristischen Regimes im März: Beginn der »Oktoberrevolution« in Russland, Machtübernahme der Bolschewiki unter Wladimir I. Lenin, Bürgerkrieg
Oktober/November 1918	Matrosenaufstände in Wilhelmshaven und Kiel, Ausbreitung der Aufstandsbewegung in ganz Deutschland, Bildung revolutionärer Arbeiter- und Soldatenräte
9. November 1918	Entmachtung von Kaiser Wilhelm II., Ernennung von Friedrich Ebert (SPD) zum Reichskanzler, Ausrufung der Republik durch Philipp Scheidemann (SPD) und wenig später der freien sozialistischen Räterepublik durch Karl Liebknecht
11. November 1918	Unterzeichnung des Waffenstillstandsabkommens
5.–11. Januar 1919	Linker »Januaraufstand«, auch genannt »Spartakusaufstand«, in Berlin, niedergeschlagen durch Regierungstruppen und Freikorpssoldaten
28. Juni 1919	Unterzeichnung des Versailler Vertrages zwischen Deutschland und den siegreichen Entente-Staaten
31. Juli 1919	Verabschiedung der Reichsverfassung in Weimar: Gründung einer parlamentarischen Demokratie (»Weimarer Republik«)
März 1920	Militärputsch unter General Walther von Lüttwitz und DNVP-Politiker Wolfgang Kapp; revolutionärer Aufstand von Anhängern der KPD und USPD im Ruhrgebiet (»Märzaufstand«)
Oktober 1922	»Marsch auf Rom«: Beginn der faschistischen Herrschaft in Italien unter Ministerpräsident Benito Mussolini
11. Januar 1923	Besetzung des Ruhrgebietes durch französische und belgische Truppen
November 1923	Höhepunkt der Hyperinflation und der wirtschaftlichen Krise, Währungsreform
8./9. November 1923	Putschversuch durch Adolf Hitler und Erich Ludendorff in München, zuvor Umsturzversuch der KPD (»Deutscher Oktober«), zeitweiliges Verbot von NSDAP und KPD
28. Februar 1925	Tod des Reichspräsidenten Friedrich Ebert, im April Wahl Paul von Hindenburgs zum neuen Reichspräsidenten
16. Oktober 1925	Unterzeichnung der Verträge von Locarno: westeuropäisches Friedens- und Sicherheitssystem
ab 1929	Radikalisierung der NSDAP und KPD
1. Mai 1929	»Blutmai«: Versuch, Demonstrationen zum 1. Mai polizeilich aufzulösen, 33 Demonstranten werden erschossen
25. Oktober 1929	Börsenkrach in New York (»Schwarzer Freitag«), Beginn der Weltwirtschaftskrise

30. März 1930	Beginn von »Präsidialkabinett«-Regierungen ohne Reichstagsmehrheit auf Grundlage des Notverordnungsrechts des Reichspräsidenten
14. September 1930	Reichstagswahl, spektakuläre Erfolge für die extremen Parteien: NSDAP 18,3 Prozent (zweitstärkste Partei nach der SPD), KPD 13,1 Prozent
Februar 1932	Höchststand der Arbeitslosenzahl (über 6 Millionen)
31. Juli 1932	Reichstagswahl, NSDAP mit 37,4 Prozent stärkste Partei vor SPD
30. Januar 1933	Ernennung Adolf Hitlers zum Reichskanzler durch Reichspräsident Paul von Hindenburg, Beginn der nationalsozialistischen Diktatur sowie in der Folge Beginn der ersten Emigrationswelle
27./28. Februar 1933	Reichstagsbrand, permanenter Ausnahmezustand durch die »Verordnung zum Schutz von Volk und Staat«: Außerkraftsetzung der Grundrechte
13. März 1933	Einrichtung des Reichsministeriums für Volksaufklärung und Propaganda unter Joseph Goebbels
22. März 1933	Errichtung des Konzentrationslagers Dachau, dessen Konstruktionsplan das Modell für alle folgenden Konzentrationslager wurde
23. März 1933	»Ermächtigungsgesetz«: Verabschiedung von Gesetzen ist nicht mehr an die Zustimmung von Reichstag und Reichspräsident gebunden
April/Mai 1933	Verfolgung von politischen Gegnern und von Juden: Boykott von jüdischen Geschäften, Ärzten und Anwälten; Berufsverbote; Zerschlagung der Gewerkschaften; »Bücherverbrennung«
19. Oktober 1933	Austritt Deutschlands aus dem Völkerbund, dem es seit 1926 angehörte, Ende weiterer Abrüstungsgespräche
2. August 1934	Tod Paul von Hindenburgs, Vereinigung der Ämter des Reichspräsidenten und des Reichskanzlers, Vereidigung der Reichswehr auf den »Führer und Reichskanzler« Adolf Hitler
März 1935	Wiedereinführung der allgemeinen Wehrpflicht in Deutschland, forcierte Rüstungsanstrengungen
15. September 1935	Erlass der »Nürnberger Gesetze«: massive Entrechtung und Ausgrenzung der jüdischen Bevölkerung in Deutschland
7. März 1936	Einmarsch der Wehrmacht in das Rheinland (damit Verletzung der Verträge von Versailles und Locarno)
1.–16. August 1936	Olympische Sommerspiele in Berlin, die NS-Diktatur ist auf dem Höhepunkt ihrer internationalen Popularität
25. Oktober 1936	Freundschaftspakt zwischen Deutschland und Italien (»Achse Berlin–Rom«)
25./26. November 1936	Antikommunistischer Antikominternpakt Deutschlands mit Japan, später Beitritte anderer Staaten (Italien 1937, Spanien 1939)
26. April 1937	Luftangriff der deutschen »Legion Condor« auf die nordspanische Stadt Guernica zur Unterstützung des rechtsgerichteten Generals Francisco Franco im Spanischen Bürgerkrieg

13. März 1938	Gesetz zum »Anschluss« Österreichs an Deutschland
29. September 1938	Münchner Abkommen: Annexion des Sudetenlandes durch Deutschland, im März 1939 Einmarsch deutscher Truppen in die »Rest-Tschechei«
9. November 1938	Organisiertes Pogrom von NSDAP, SA und SS gegen die jüdische Bevölkerung (»Reichskristallnacht«), weitere Verschärfung antijüdischer Repressionen
23. August 1939	Nichtangriffspakt zwischen Deutschland und der Sowjetunion (»Hitler-Stalin-Pakt«) stellt die Zeichen auf Krieg
1. September 1939	Beginn des Zweiten Weltkrieges mit dem deutschen Überfall auf Polen
April/Juni 1940	Besetzung Dänemarks, Norwegens sowie Frankreichs, der Niederlande, Belgiens und Luxemburgs durch die deutsche Wehrmacht
6. April 1941	Beginn des Balkanfeldzuges mit dem Überfall der deutschen Wehrmacht auf Griechenland und Jugoslawien
22. Juni 1941	Deutscher Überfall auf die Sowjetunion; Beginn des NS-Völkermordes, dem sechs Millionen Juden zum Opfer fallen
7. Dezember 1941	Angriff Japans auf den US-Militärstützpunkt Pearl Harbor, am nächsten Tag folgt die gegenseitige Kriegserklärung
20. Januar 1942	»Wannsee-Konferenz« in Berlin: Beratung über organisatorische Fragen der systematischen Ermordung der europäischen Juden; 1941/42 Einrichtung von insgesamt sechs großen Vernichtungslagern
18. Februar 1943	Proklamation des »Totalen Krieges« durch Joseph Goebbels im Berliner Sportpalast nach der Kapitulation der deutschen 6. Armee in Stalingrad
19. April 1943	Beginn des Aufstandes im Warschauer Ghetto, der von deutschen Truppen niedergeschlagen wird
13. Oktober 1943	Kriegserklärung Italiens an Deutschland
Oktober 1944	Beginn der Flucht vor der Roten Armee von ca. 4,5 Millionen Deutschen aus Ostpreußen, Schlesien und Pommern nach Westen
27. Januar 1945	Befreiung des Konzentrations- und Vernichtungslagers Auschwitz durch sowjetische Truppen
4.–11. Februar 1945	Konferenz von Jalta: Verständigung der Sowjetunion, Großbritanniens und der Vereinigten Staaten über das militärisch-politische Vorgehen in der Schlussphase des Zweiten Weltkrieges
13./14. Februar 1945	Zerstörung Dresdens durch britische und amerikanische Flächenbombardements
28./29. April 1945	Kapitulation der deutschen Streitkräfte in Italien, Gefangennahme und Erschießung Benito Mussolinis
30. April 1945	Selbstmord Adolf Hitlers
7./8. Mai 1945	Bedingungslose Gesamtkapitulation aller deutschen Streitkräfte, Ende des Zweiten Weltkrieges in Europa
2. September 1945	Kapitulation Japans, offizielles Ende des Zweiten Weltkrieges, bei dem insgesamt über 50 Millionen Menschen den Tod fanden

KJ/JP

Künstlerbiografien

Jankel Adler
Tuszyn bei Łódź 1895–1949 Aldbourne bei London
1895 · Adler wird als achtes von zwölf Kindern eines jüdischen Kaufmannes in Tuszyn bei Łódź geboren und wächst in der Welt des chassidischen Judentums auf. **1913** · Nach einer Lehre als Graveur Übersiedelung nach Deutschland. **1914–1918** · Während des Ersten Weltkrieges studiert er an der Kunstgewerbeschule in Barmen. Kontakt zur Künstlergruppe Das Junge Rheinland. Interessiert sich für christliche und jüdische Mystik. **1922** · Nach einem Aufenthalt in Polen – dort Mitbegründer der Künstlergruppe Jung Jiddisch – lässt er sich in Düsseldorf nieder. Mitglied der Künstlergruppe Das Junge Rheinland, der auch Otto Dix, Max Ernst und Otto Pankok angehören. Mitglied der Rheinischen Sezession und der Gruppe Progressiver Künstler in Köln. **1928** · Goldene Medaille auf der Ausstellung *Deutsche Kunst Düsseldorf 1928*. **1931** · Eigenes Atelier an der Düsseldorfer Akademie, Kontakt zu Paul Klee. **1933–1937** · Nach der Machtübernahme der Nationalsozialisten als »entarteter Künstler« verfemt. Emigration zunächst nach Frankreich, unter anderem nach Paris; 1935 reist er nach Polen, wo er sich bis 1937 aufhält, bevor er nach Frankreich zurückkehrt. **1937** · Seine Gemälde in öffentlichem Besitz werden bei der Aktion »Entartete Kunst« aus den Museen entfernt. Werke von ihm sind in den diffamierenden Ausstellungen *Entartete Kunst* und *Der ewige Jude* zu sehen. **1940–1949** · Bis 1941 Angehöriger der im Exil in Frankreich aufgestellten Polnischen Streitkräfte im Westen, die später nach Glasgow verlegt werden, Entlassung aus Gesundheitsgründen. 1942 entsteht das Gemälde *Der Seher (The Seer)*. Adler stirbt 1949 in Aldbourne bei London.
Lit. Ausst.-Kat. Düsseldorf/Tel Aviv/Łódź 1985/86; Saur Allgemeines Künstlerlexikon, Bd. 1, 1992, S. 390 f.

Heinrich Altherr
Basel 1878–1947 Zürich
1878 · Wird als Sohn eines protestantischen Pfarrers und Predigers in Basel geboren. **1899–1901** · Nach dem Besuch der Mal- und Modellierschule in Basel studiert er an der Malschule von Heinrich Knirr in München. **1902–1906** · Auf einer Reise nach Rom lernt er Paul Klee kennen. Lebt danach in Basel und ist dort als Landschafts- und Bildnismaler tätig. Reise nach Paris. Befasst sich mit der Kunst von Paul Cézanne, Puvis de Chavannes und Ferdinand Hodler. **1906–1913** · Freier Maler in Karlsruhe, Hinwendung zur Monumentalmalerei. Er erhält zahlreiche öffentliche Aufträge, unter anderem in Basel (Mosaik), Elberfeld (Gemälde) und Darmstadt (Glasfenster). Seine großformatigen Figurenkompositionen zeigen den Einfluss des Werkes von Hans von Marées. Freundschaft mit Hans Thoma und Wilhelm Trübner. **1913–1926** · Ab 1913 Professor für Kompositionslehre an der Akademie der bildenden Künste in Stuttgart. 1919–1921 Direktor der Stuttgarter Akademie. Von 1920 bis 1944 entstehen mehrere Fassungen des Gemäldes *Chronist (Geschichtsschreiber) unserer Tage*. 1923 gründen Altherr, Bernhard Pankok und Arnold Waldschmidt die Stuttgarter Sezession. Altherr nimmt 1925 an der Biennale in Venedig teil. **1928–1930** · Er trifft Käthe Kollwitz in Berlin. Im selben Jahr beginnt er mit dem Gemälde *Alarm*, das er bis 1943 mehrfach überarbeitet. 1929 zweite Fassung des Gemäldes *Schiffbrüchige*. 1930 umfangreiche Ausstellung seiner Bilder in der Kunsthalle Basel. **1933** · Auflösung der Stuttgarter Sezession und Neuen Sezession im Zuge der nationalsozialistischen »Gleichschaltung«. Altherr erhält kein Berufsverbot. **1937–1947** · Altherrs Kunst wird für »entartet« erklärt und sein Gemälde *Fluch* aus dem Jahr 1928 in der Stuttgarter Staatsgalerie im Rahmen der Aktion »Entartete Kunst« beschlagnahmt. 1939 gibt er sein Lehramt an der Akademie der bildenden Künste in Stuttgart auf und geht noch vor dem Beginn des Zweiten Weltkrieges in die Schweiz. 1942 entstehen die *Kriegsfurien*, 1943 schließt er die Arbeit an dem Gemälde *Alarm* ab. Altherr stirbt im April 1947 in Zürich.

Lit. Ausst.-Kat. Cannstatt 1947; Ausst.-Kat. Grafenau 1984; Wirth 1987, S. 287; Saur Allgemeines Künstlerlexikon, Bd. 2, 1992, S. 696; Ausst.-Kat. Stuttgart 1998, S. 30 f.

Santos Balmori
Mexiko-Stadt 1898 o. 1899–1992 Mexiko-Stadt
1898 o. 1899 · Santos Balmori Picazo wird in Mexiko-Stadt als Sohn eines Spaniers und einer Mexikanerin geboren. **1915–1919** · Er beginnt ein Studium an der Escuela de Bellas Artes in Santiago de Chile und setzt es ab 1917/18 in Spanien an der Real Academia de San Fernando in Madrid fort. **1920–1934** · Balmori studiert abschließend an der Académie de la Grand Chaumière in Paris, wo er bis 1934 überwiegend lebt. Hier trifft er auf Alberto Giacometti, Juan Gris, Maurice de Vlaminck und Aristide Maillol, die ihm neue Wege für seine Kunst aufzeigen. Illustrationen für die Zeitschrift *Clarté*. Reisen unter anderem nach Berlin, Nord-Afrika und Stockholm. Die Einreise nach Italien wird ihm verweigert, er steht dort auf der »Schwarzen Liste« der italienischen Faschisten. **1930–1934** · Arbeit mit dem Dichter und Pazifisten Henri Barbusse für dessen illustrierte Wochenzeitschrift *Monde* und mit Romain Rolland für die Zeitschrift *Clarté*. Ausstellungen in Palma de Mallorca und in Madrid. **1934–1938** · Er kehrt nach Mexiko zurück

und schließt sich der Liga de Escritores y Artistas Revolucionarios (LEAR, Liga der revolutionären Schriftsteller und Künstler) an, zu der auch Diego Rivera und Frida Kahlo gehören. Gemeinsam mit anderen LEAR-Mitgliedern entstehen Wandbilder für revolutionäre Organisationen in Mexiko-Stadt. Gestaltet 1938 das Titelblatt der Zeitschrift *Futuro: Die neuen apokalyptischen Reiter*. **1962–1992** · Ernennung zum Professor an der Escuela Nacional de Artes Plásticas der U.N.A.M. (Universidad Nacional Autónoma de México). Balmori stirbt 1992 in Mexiko-Stadt.

Lit. Saur Allgemeines Künstlerlexikon 1992, Bd. 6; Jordán de Balmori 1997; Ausst.-Kat. Paris 1998 (2), dort irrtümlich 1889 als Geburtsjahr angegeben; Saur Allgemeines Künstlerlexikon. Biobibliographischer Index A–Z, Bd. 2, 2. erw. u. aktual. Aufl., 2007, S. 763 f.; Ausst.-Kat. Dessau 2002, dort abweichende Lebensdaten; Jordán de Balmori 2003.

Guido Balsamo Stella
Turin 1882 – 1941 Asolo in Venetien

1882 · Guido Maria Balsamo Stella wird in Turin als Sohn eines Kaufmannes geboren. **1896** · Balsamo Stella lebt ab 1896 in Venedig und besucht die Scuola libera del Nudo der Accademia di Belle Arti. **1905– 1914** · Unterricht bei dem Schweizer Maler Albert Welti in München. Ab Oktober 1909 bis 1910 Studium an der Akademie der Bildenden Künste München bei Hugo von Habermann. Balsamo Stella lebt für einige Zeit in Herrsching am Ammersee, er stellt in der Münchner Sezession und im Glaspalast aus. 1914 wird er auf der Biennale in Venedig für seine ausgestellte Radierung ausgezeichnet. Gemäldeauftrag für eine Villa in Feldafing am Starnberger See. **1914–1919** · Die Radierung *Kriegsjahr 1914* entsteht. Während des Ersten Weltkrieges reist er durch Europa und lebt die meiste Zeit in Schweden bei seiner Frau, der Malerin Anna Åkerdahl. Er befasst sich intensiv mit Glasgravuren. Rückkehr nach Italien; ab 1918 liefert er Glasentwürfe für Artisti Barovier. 1919 werden seine Grafiken in Dresden im Sächsischen Kunstverein ausgestellt. **1925–1932** · Balsamo Stella gründet 1925 mit dem tschechischen Graveur Franz Pelzel eine Glaswerkstatt in Venedig (Laboratorio Balsamo di Venezia), die 1929 in die S.A.L.I.R. (Studio Ars Labor Industrie Riunite) übergeht. 1926 wird er künstlerischer Direktor bei S.A.L.I.R., für das er bis 1931 tätig ist. Von 1929 bis 1932/33 ist er Rektor des Istituto Superiore di Industrie Artistiche in Monza. **1933–1941** · Beginnt 1936 seine Lehrtätigkeit am Istituto Statale d'Arte – Carmini in Venedig, die er bis zu seinem Tod fortführt. Balsamo Stella stirbt im August 1941 in Asolo.

Lit. Thieme-Becker 1907–1950, Bd. XXXI, S. 583; Baldacci/Daverio 1977, S. 15–19; Ausst.-Kat. Bassano del Grappa/Rom 1987/88; Heiremans, Marc: 20th century Murano Glass. From craft to design, Stuttgart 1996, S. 216; Heiremans, Marc: Murano Glass. Themes and Variations. (1910–1970), Stuttgart 2002, S. 206, 212, 214; Bénézit 2006, Bd. 13, S. 308; Matrikelbücher der Akademie der Bildenden Künste München, Eintrag Nr. 03751: Guido Stella, Matrikelbuch 1884–1920, URL: http://matrikel.adbk.de/05ordner/mb_1884-1920/jahr_1909/matrikel-03751 [Stand: 28. 6. 2008].

Ernst Barlach
Wedel bei Hamburg 1870 – 1938 Rostock

1870 · Ernst Heinrich Barlach wird als Sohn eines Landarztes in Wedel bei Hamburg geboren. Der Vater stirbt bereits 1884. **1888–1891** · Besuch der Allgemeinen Gewerbeschule in Hamburg. **1891–1896** · Studium an der Königlich Sächsischen Akademie der Bildenden Künste in Dresden, dort Meisterschüler bei dem Bildhauer Robert Diez. Geht nach Paris, dort unter anderem Studium an der Académie Julian. **1901–1905** · Barlach arbeitet für die Keramikwerkstatt Mutz in Altona. Erste literarische Arbeiten. Ab 1904 bis 1905 Lehramt an der Fachschule für Keramik in Höhr im Westerwald. **1906** · Reist nach Russland. Diese Reise bewirkt einen grundlegenden Umbruch in Barlachs künstlerischem Schaffen. In der Folgezeit entwickelt er einen eigenständigen Stil innerhalb der expressionistischen Kunst. Er schreibt das *Russische Tagebuch* (der Erstdruck erscheint erst 1912 unter dem Titel *Eine Steppenfahrt* in der Zeitschrift *Kunst und Künstler*). **1907/08** · Mitglied der Berliner Sezession und Beteiligung an deren Ausstellungen. **1909** · Florenzstipendium. Lernt in Italien Theodor Däubler kennen. Barlach wird Jury-Mitglied der Berliner Sezession. **1911** · Richtet sich ein Atelier in Güstrow ein, das er bis zu seinem Lebensende behält. **1913–1914** · Wahl in den Vorstand der Berliner Sezession 1913. Ist dem Krieg gegenüber zunächst positiv eingestellt und liefert Illustrationen zu der von Paul Cassirer gegründeten patriotischen Kunstzeitschrift *Kriegszeit*. Das Gipsmodell für *Der Rächer* (anfangs unter dem Titel *Der Berserker*) entsteht. Eine Frontalansicht dieser Plastik erscheint als Lithografie unter dem Titel *Der heilige Krieg* im Dezember 1914 in der Zeitschrift *Kriegszeit*. **1915–1916** · Meldet sich freiwillig zum Kriegsdienst, wird Soldat beim Landsturm. Barlachs Einstellung zum Krieg wandelt sich. Elend und Kriegstod werden nun zentrale Themen seiner Arbeiten. **1919** · Ordentliches Mitglied der Preußischen Akademie der Künste, Berlin. Zwei seiner Dramen werden in Leipzig und Hamburg uraufgeführt. Bis 1929 gibt Paul Cassirer in Berlin fünf weitere Dramen von Barlach heraus. **1922** · Barlachs erstes Ehrenmal, *Die Schmerzensmutter*, wird in Kiel eingeweiht. Bis 1931 entstehen für die Gefallenen des Ersten Weltkrieges weitere Ehrenmale, die vor allem das Leid und den sinnlosen Kriegstod thematisieren. **1925** · Ehrenmitglied der Akademie der bildenden Künste in München. **1929** · Nach der Einweihung des *Magdeburger Ehrenmals* beginnen Angriffe von völkischer und nationalsozialistischer Seite gegen den Künstler. **1930** · Große Werkschau zu seinem sechzigsten Geburtstag in Berlin. Vertrag mit dem Kunsthändler Alfred Flechtheim über Bronzegüsse früherer Gipsmodelle, so auch des *Rächers* von 1914. **1933** · Beschluss des Domgemeinderates, das *Magdeburger Ehrenmal* aus dem Dom zu entfernen. Barlach protestiert gegen den Zwangsausschluss von Käthe Kollwitz und Heinrich Mann aus der Preußischen Akademie der Künste. Verleihung der Friedensklasse des Ordens Pour le Mérite. **1933–**

1937 · Nach der Machtübernahme der Nationalsozialisten nehmen die Repressionen gegen Barlach zu: Bühnenstücke werden abgesetzt, Bücher verboten, weitere öffentliche Denkmale abgebaut und neue Aufträge nicht genehmigt. Einen Höhepunkt erreichen die Diffamierungen im Jahr 1937 durch die Aktion »Entartete Kunst« und die gleichnamige Ausstellung. **1938** · Entfernung des *Hamburger Ehrenmals*. Erzwungener Austritt aus der Preußischen Akademie der Künste, Berlin. Barlach stirbt in Rostock. Seine Werke werden in Ausstellungen in New York und London gezeigt.

Lit. Barlach 1953; Barlach 1997 [1928]; Ausst.-Kat. Brüssel/Güstrow 1999; Ausst.-Kat. Kyoto/Tokyo/Yamanashi 2006; Laur 2006.

Max Beckmann
Leipzig 1884 – 1950 New York

1884 · Max Beckmann wird als Sohn eines Getreidehändlers in Leipzig geboren. **1900–1903/04** · Studiert an der Großherzoglich Sächsischen Kunsthochschule in Weimar unter anderem bei dem norwegischen Maler Carl Frithjof Smith. **1904** · Parisaufenthalt und Studium an der privaten Académie Colarossi. Nimmt Einflüsse des Impressionismus auf. Ihn beeindrucken Werke der Mitglieder der Société des Artistes Indépendants, darunter Pierre Bonnard, Henri Matisse, Edvard Munch und Robert Delaunay. Besuch bei Ferdinand Hodler in Genf. Umzug nach Berlin, wo er bis 1914 lebt. **1906** · Ab 1906 Beteiligung an Ausstellungen der Berliner Sezession und Florenz-Stipendium als Ehrenpreis des Deutschen Künstlerbundes. Förderung durch Harry Graf Kessler. **1908** · Mitglied der Berliner Sezession, ab 1910 im Vorstand. Bekanntschaft mit den Künstlern Waldemar Rösler, Hans Meid und Georg Kolbe. Lernt 1909 Julius Meier-Graefe kennen. Walther Rathenau, Rainer Maria Rilke und Ludwig Justi gehören zu Beckmanns Bekanntenkreis. **1913** · Mitbegründer der Freien Sezession, ab 1914 im Vorstand. Erste Einzelausstellung bei Paul Cassirer und erste Monografie. **1914–1918** · Den Krieg zum großen Ereignis verklärend, meldet er sich zu Beginn des Ersten Weltkrieges freiwillig als Sanitätshelfer. 1915 als Sanitätssoldat in Flandern. Nach einem körperlichen und seelischen Zusammenbruch aufgrund seiner Kriegserlebnisse wird er im September 1915 aus dem Frontdienst und 1917 endgültig aus dem Kriegsdienst entlassen. Abkehr vom Impressionismus hin zu einer kantigeren, expressiveren Malweise. Umzug nach Frankfurt am Main. **1920er Jahre** · Nach dem Krieg kann Beckmann große künstlerische Erfolge verzeichnen. Stilistische Annäherung an die Neue Sachlichkeit. Teilnahme an der namengebenden Mannheimer Ausstellung 1925. Er wird Leiter eines Meisterateliers an der Städelschule in Frankfurt am Main, 1929 Ernennung zum Professor. **1929–1932** ·

Beckmann besitzt ein zweites Atelier in Paris, das er jedes Jahr für mehrere Monate nutzt. 1932 richtet Ludwig Justi einen Beckmann-Saal in der Berliner National-Galerie ein. Beckmann beginnt mit *Abfahrt*, dem ersten von neun vollendeten Triptychen. **1933–1937** · Um den zunehmenden Attacken durch die Nationalsozialisten zu entgehen, zieht Beckmann Anfang 1933 nach Berlin. Nach der Machtübernahme muss er seine Professur in Frankfurt aufgeben. Justi wird als Direktor der Berliner National-Galerie entlassen, und der Beckmann-Saal wird erst geschlossen, dann aufgelöst. 1934 entsteht Beckmanns erste Skulptur *Mann im Dunkeln*, 1936 das Gemälde *Selbstbildnis mit Glaskugel*. **1937** · Im Rahmen der Aktion »Entartete Kunst« werden 590 Arbeiten von Beckmann aus deutschen Museen beschlagnahmt. In der Wanderausstellung *Entartete Kunst* werden mehrere Gemälde und Grafiken Beckmanns angeprangert. Am 19. Juni emigriert er nach Amsterdam. **1937–1947** · Beckmann lebt in Paris und Amsterdam im Exil. In diesen Jahren erfährt er Unterstützung durch seine Sammler und Kunsthändler in den Vereinigten Staaten, in Frankreich, Deutschland und den Niederlanden. Seit Beginn des Zweiten Weltkrieges lebt er ausschließlich in Amsterdam. **1940** · Als die deutschen Truppen in die Niederlande einmarschieren, vernichten er und seine Frau Tagebücher und Briefe aus den Jahren ab 1925. **1946** · Beckmann lehnt Lehrangebote der Akademien in München und Darmstadt, später auch in Berlin, Hamburg und Frankfurt am Main ab. **1947–1950** · Emigration in die USA, Lehrauftrag an der School of Art in Washington. 1949 Professur an der Brooklyn Art School in New York. 1950 ist Beckmann mit 14 Gemälden im Deutschen Pavillon auf der Biennale in Venedig vertreten. Beckmann stirbt 1950 in New York.

Lit. Göpel 1976; Spieler 2002 [1994]; Ausst.-Kat. Paris/London/New York 2002/03; Reimertz 2003; Peters 2005; Ausst.-Kat. München/Amsterdam 2007/2008.

Albert Birkle
Berlin 1900 – 1986 Salzburg

1900 · Albert Birkle wird als Sohn eines Dekorationsmalers in Berlin geboren. Sein Großvater war Hofmaler des rumänischen Königs. **1918** · Kriegsteilnahme. **1920–1925** · Beginn des Studiums an der Berliner Akademie nach einer Lehre als Dekorationsmaler in der väterlichen Werkstatt. Ab 1921 Meisterschüler von Arthur Kampf. 1923 Mitglied der Berliner Sezession. Karikaturen für die sozialdemokratische Zeitschrift *Lachen links*. **1926** · Birkle lehnt eine Professur in Königsberg ab, damit er Aufträge für Wandgemälde ausführen kann. Sein realistischer Malstil bezieht sozialkritische, religiöse, aber auch magische und surreale Motive mit ein. **1929** · Das Gemälde *Verspottung des Gekreuzigten* entsteht. **1932** · Umzug nach Salzburg. In den 1930er Jahren gibt er die sozialkritischen und magischen Tendenzen zugunsten von Landschaftsbildern und monumentalen Industriemotiven auf. **1937** · Bilder, die ein Jahr zuvor als deutscher Beitrag auf der Biennale in Venedig zu sehen waren, werden noch vor der Eröffnung aus der *Großen Deutschen Kunstausstellung* im Haus der Deutschen Kunst entfernt. Drei Gemälde werden als »entartet« aus öffentlichen Sammlungen beschlagnahmt. Birkles Studienfreund Josef Thorak verhindert ein Berufsverbot. **1938** · Der in diesem Jahr begonnene Zeichnungszyklus *De profundis* (nach dem Krieg fortgeführt) gilt in der Forschung als kritischer Kommentar zum Zeitgeschehen. **1939–1945** · Birkle mel-

det sich freiwillig als Künstler und Kriegsberichterstatter zum Reichsarbeitsdienst. Bis 1944 als Kasernen- und Kriegsmaler und Berichterstatter in Frankreich tätig, wird danach als Soldat einberufen. **1946** · Österreichische Staatsbürgerschaft. Nach dem Krieg ist Birkle vor allem als Maler religiöser Themen und Gestalter von Kirchenfenstern tätig. **1958–1986** · Verleihung des Professorentitels 1958. In sein Spätwerk finden neben den religiösen Motiven auch wieder zeitkritische Themen Eingang. Birkle stirbt 1986 in Salzburg.

Lit. Ausst.-Kat. Salzburg 1980; Ausst.-Kat. Schweinfurt/München/Schramberg/Salzburg 1990; Kraker 1992; Saur Allgemeines Künstlerlexikon, Bd. 11, 1995, S. 158 ff.

Erwin Blumenfeld
Berlin 1897–1969 Rom

1897 · Als Sohn jüdischer Eltern in Berlin geboren. Sein Vater ist Teilhaber der Konfektionsfirma Jordan & Blumenfeld in Berlin. **1903** · Freundschaft mit dem späteren Maler und Fotografen Paul Citroen. **1907** · Bekommt eine Kamera geschenkt, erste Fotografieversuche. **1914–1916** · Lehre in einem Bekleidungsgeschäft. Kontakt zur Berliner Künstler- und Literatenszene. Bekanntschaft mit Else Lasker-Schüler, Mynona (Salomo Friedlaender) und dem Kreis um die Sturm-Galerie. **1917–1918** · Wird im März zum Militär eingezogen und kommt als Sanitätsfahrer an die Westfront. Nach einem Desertionsversuch 1918 wird er wieder an die Front versetzt. Im Winter 1918 beginnt eine enge Freundschaft mit George Grosz. **1918–1936** · Geht nach dem Kriegsende in die Niederlande. Gründet mit Paul Citroen die fiktive »Kommission für dadaistische Kultur in Holland«, und verwendet zeitweise das Pseudonym Bloomfield. 1921 Heirat mit Lena Citroen, der Kusine von Paul Citroen. Ab 1923 betreibt er ein Lederwarengeschäft; zeitgleich entstehen künstlerische fotografische Arbeiten, aber auch Collagen und Zeichnungen. 1932 entscheidet er sich darüber hinaus, als Fotograf zu arbeiten. Erste Ausstellung in Amsterdam. **1933** · Die Fotomontage von Adolf Hitler mit Hakenkreuz entsteht. Sie zeigt eine Überblendung von Hitlers Kopf mit einem Totenschädel und einem Hakenkreuz auf der Stirn. Blumenfeld berichtet, das Foto sei millionenfach gedruckt und 1943 als Flugblatt von der US-Luftwaffe über Deutschland abgeworfen worden. **1936–1941** · Lebt als Berufsfotograf in Paris. Erhält Aufträge für die französische *Vogue*, für *Harper's Bazaar* und *Life*. Mit dem Foto *Der Minotaurus* oder *Der Diktator* entsteht 1937 ein weiteres Werk, mit dem er seiner Kritik am NS-Regime Ausdruck verleiht. Nach dem Beginn des Zweiten Weltkrieges wird er als Deutscher in Frankreich mehrfach interniert. **1941–1955** · Emigration nach New York, wo Blumenfeld einer der bedeutendsten und innovativsten Mode- und Werbefotografen wird. Er gestaltet mehr als hundert Titelseiten für Mode- und Fotozeitschriften. 1946 erlangt er die amerikanische Staatsbürgerschaft. **1955–1969** · Arbeitet als unabhängiger Fotograf und schreibt an seiner Autobiografie. Blumenfeld stirbt 1969 bei einem Romaufenthalt. Seine Autobiografie erscheint 1975 zuerst in französischer Übersetzung unter dem Titel *Jadis et Daguerre*, in den folgenden Jahren kommt sie auch auf Deutsch, Niederländisch und Englisch heraus. Eine ungekürzte und vollständig bebilderte deutsche Fassung erscheint erst 1998 unter dem Titel *Einbildungsroman*.

Lit. Ausst.-Kat. Essen/Ludwigsburg/Frankfurt am Main 1987; Ewing/Schinz 1996; Adkins 2008.

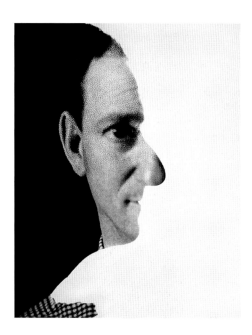

Arnold Böcklin
Basel 1827–1901 San Domenico bei Fiesole

1827 · Arnold Böcklin wird als drittes von acht Kindern des Prokuristen und späteren Unternehmers Johann Jakob Böcklin in Basel geboren. **1845–1857** · Zeichenunterricht bei Ludwig Adam Kelterborn an der städtischen Zeichenschule in Basel. Studium an der Kunstakademie Düsseldorf bei Johann Wilhelm Schirmer und Rudolf Wiegmann bis 1847. Es folgen Aufenthalte in Belgien und Paris, wo er 1848 während der im Juni blutig niedergeschlagenen Arbeiterrevolution Zeuge von Exekutionen wird. Rückkehr nach Basel und Militärdienst 1849–1850. Anschließend geht er auf Empfehlung von Jacob Burckhardt nach Italien, dort heiratet er 1853 Angela Pascucci. **1857–1871** · Erneute Rückkehr nach Basel. 1858 zieht Böcklin mit seiner Familie erst nach Hannover und dann nach München, wo er bis zu seiner Berufung an die Kunstschule in Weimar 1860 lebt. 1862 geht er zurück nach Rom. Dort Freundschaft mit An-

selm Feuerbach, Hans von Marées und seinem Schüler Rudolf Schick. Zwischen 1866 und 1871 ist er wieder in Basel, Porträtaufträge von Baseler Bürgern und Fresken für das heutige Naturhistorische Museum Basel. **1871–1885** · Zweiter Aufenthalt in München, dort Kontakt zu dem Sammler Adolf Friedrich von Schack. Bekanntschaft mit Franz von Lenbach, Reinhold Begas, Hans Thoma und den Künstlern des Leibl-Kreises. 1873 werden zwei Bilder von Böcklin auf der Weltausstellung in Wien gezeigt. Ehrenmitglied der Akademie der Bildenden Künste München. Ende 1874 geht er nach Florenz. Etwa ab 1880 Vertrag Böcklins mit dem Berliner Kunsthändler Fritz Gurlitt. Bekanntschaft mit dem Kunsthistoriker Hugo von Tschudi. Begegnung mit Richard Wagner in Neapel. **1885–1891** · Bau eines Ateliers in Zürich und Umzug in die Schweiz. Bekanntschaft mit dem Dichter Gottfried Keller. 1889 wird Böcklin zum Ehrendoktor der Philosophischen Fakultät der Universität Zürich ernannt und 1890 wird ihm das Ehrenbürgerrecht der Stadt verliehen. **1892–1901** · Nach einem Schlaganfall reist Böcklin zur Erholung nach Italien und zieht 1893 zunächst nach Florenz, schließlich 1895 nach San Domenico bei Fiesole, wo er die Villa Bellagio kauft. 1896 entsteht das Gemälde *Der Krieg* (erste Fassung). Die Vorarbeiten für dessen Umgestaltung fallen noch in dasselbe Jahr. Das Thema der apokalyptischen Reiter und des Krieges beschäftigt Böcklin in seinen letzten Lebensjahren mehrfach. Er ist auf dem Höhepunkt der Anerkennung und Bewunderung angelangt. Für seine Zeitgenossen ist er ein Genie und die »Inkarnation des Künstlers schlechthin«. Böcklin stirbt im Januar 1901 in San Domenico.

Lit. Ausst.-Kat. Darmstadt 1977; Saur Allgemeines Künstlerlexikon, Bd. 12, 1996, S. 112–115; Andree 1998; Holenweg (Hg.)/Zelger 1998; Ausst.-Kat. Basel/Paris/München 2001/02.

Lovis Corinth

Tapiau in der Provinz Preußen (heute: Gwardejsk/Russland) 1858 – 1925 Zandvoort/Niederlande

1858 · Franz Heinrich Louis Corinth wird als Sohn des Lohgerbers, Landwirtes und späteren Ratsherren Franz Heinrich Corinth in Tapiau geboren. **1876 – 1880** · Studium an der Kunstakademie in Königsberg bei dem Genremaler Otto Günther. **1880 – 1884** · Studium bei Franz von Defregger und an der Königlichen Akademie der Bildenden Künste in München. Seine Vorbilder sind unter anderem Wilhelm Trübner und Wilhelm Leibl. Das Studium wird durch den Militärdienst 1882/83 unterbrochen. **1887 – 1888** · Nach Studienaufenthalten in Antwerpen und Paris lebt er in Berlin. Nimmt den Künstlernamen Lovis Corinth an. Begegnung mit Max Klinger und Walter Leistikow. **1891 – 1901** · Lebt in München. Mitglied der Münchner Sezession. Grafische Arbeiten; ab 1892 malt er Schlachthausszenen. 1896 Gründungsmitglied der Freimaurerloge »In Treue fest«, der er bis zu seinem Tod angehört. **1899 – 1902** · Teilnahme an der ersten Ausstellung der Berliner Sezession. Corinth bezieht ein Atelier in Berlin und pendelt zwischen Berlin und München. 1902 endgültiger Umzug nach Berlin. Corinth wird Mitglied der Berliner Sezession, deren Vorsitzender er 1911/12 ist. **1911 – 1913** · Schlaganfall mit linksseitiger Lähmung im Dezember 1911. Nach der Abspaltung der Freien Sezession verbleibt Corinth als einziger namhafter Künstler in der Berliner Sezession. **1914 – 1918** · Wendet sich in einer Rede vor Studenten 1914 gegen die internationale Avantgarde und tritt für die deutsche Kunst ein. Er gehört zu jenen deutschen Künstlern, die den Ersten Weltkrieg zunächst mit patriotischem Eifer begrüßen, und fühlt sich auch nach dem Krieg als »Preuße und kaiserlicher Deutscher« (vgl. *Selbstbiographie*). Mitarbeit an der Mappenfolge *Krieg und Kunst*, die ab 1914 im Berliner Verlag Julius Bard erscheint. Ab 1915 erneut Vorsitzender der Berliner Sezession. **1918** · Ernennung zum Professor. Große Jubiläumsausstellung in der Berliner Sezession zu seinem sechzigsten Geburtstag. **1919** · Umzug in sein Haus im bayerischen Urfeld am Walchensee, wo er sich zunehmend aufhält. **1924** · Ehrendoktorwürde der Universität Königsberg. Seine Ausstellung im Kunsthaus Zürich wird anschließend in den Kunsthallen in Bern und Hamburg gezeigt. **1925** · Ehrenmitglied der Bayerischen Akademie, München. Corinth stirbt auf einer Reise nach Amsterdam in Zandvoort. **1937** · Bei der Aktion »Entartete Kunst« werden fast dreihundert Werke Corinths aus öffentlichen Sammlungen beschlagnahmt. Dabei handelt es sich zumeist um Arbeiten aus der späten Schaffensphase.

Lit. Schwarz 1985 [1917, 1922]; Corinth 1993 [1926]; Ausst.-Kat. München/Berlin/Saint Louis 1996; Ausst.-Kat. Bremen 2004.

Otto Dix

Untermhaus bei Gera 1891 – 1969 Singen am Bodensee

1891 · Wilhelm Heinrich Otto Dix wird in Untermhaus geboren. Sein Vater ist Former in einer Eisengießerei. **1905 – 1909** · Lehre als Dekorationsmaler in Gera. **1910 – 1914** · Studium an der Kunstgewerbeschule in Dresden. Freundet sich mit dem Maler Otto Griebel an. Dix liest Werke von Friedrich Nietzsche und studiert die Gemälde des 15. und 16. Jahrhunderts in der Dresdner Gemäldegalerie. Interessiert verfolgt er in der Galerie Arnold Ausstellungen der Avantgarde zum Expressionismus; 1912 sieht er dort eine Ausstellung von Vincent van Gogh. Ab 1913 setzt er sich mit dem Futurismus auseinander. **1914 – 1918** · Meldet sich zu Beginn des Ersten Weltkrieges freiwillig. Wie viele Künstler sieht Dix im Krieg zunächst ein Ereignis, das im positiven Sinn Umwälzung und Erneuerung bedeutet. »Auch den Krieg muss man als Naturereignis betrachten«, notiert er in seinem Kriegstagebuch. Ab 1915 Fronteinsatz in Frankreich, Russland und Flandern. Zahlreiche Zeichnungen und Gouachen entstehen vor Ort zum Thema Krieg. **1919 – 1922** · Studium an der Akademie der Bildenden Künste Dresden. Gehört mit Conrad Felixmüller zu den Gründungsmitgliedern der Dresdner Sezession – Gruppe 1919. Beteiligt sich an der *Ersten Internationalen Dadamesse* in Berlin. Nach 1920 malt Dix sozialkritische Themen und erste Kriegsmotive in einem drastischen realistisch-veristischen Stil. **1922 – 1925** · Studium an der Düsseldorfer Kunstakademie. Meisterschüler bei Heinrich Nauen. Intensive künstlerische Auseinandersetzung mit dem Grauen des Krieges. Das heute verschollene Gemälde *Der Schützengraben* (1920 – 1923) und der Radierzyklus *Der Krieg* (1923 – 1924) finden großes öffentliches Interesse. Beteiligung an der Ausstellung *Neue Sachlichkeit* in Mannheim. **1927 – 1933** · Professur an der Akademie der Bildenden Künste Dresden. Ab 1931 Mitglied der Preußischen Akademie der Künste, Berlin. Mit seinem Triptychon *Der Krieg* (1929 – 1932) will er einer späteren Aussage zufolge das »Wissen um die Furchtbarkeit des Krieges vermitteln« und damit der erneuten Propagierung von Heldentum entgegentreten. **1933** · Im April Entlassung aus dem Lehramt durch die Nationalsozialisten mit der Begründung, dass seine Bilder den »Wehrwillen beeinträchtigen«. Bereits in diesem Jahr wird in Dresden die diffamierende Ausstellung *Entartete Kunst* – ein Vorläufer der gleichnamigen Münchener Ausstellung – veranstaltet, auf der die Gemälde *Der Schützengraben* und *Kriegskrüppel* von Dix gezeigt werden. Wie viele andere Künstler muss auch Dix aus der Preußischen Akademie der Künste austreten. Er malt in diesem Jahr die politische Allegorie *Die sieben Todsünden*. **1933 – 1945** · Dix lebt am Bodensee – ab 1936 in Hemmenhofen – und malt hauptsächlich Landschaften in altmeisterlicher Lasurtechnik. 1934 bis 1936 entstehen die Hauptwerke *Triumph des Todes* (1934) und *Schlachtfeld in Flandern* (1934 – 1936). Die Galerie Nierendorf organisiert die Ausstellung *Zwei Deutsche Maler* mit Landschaftsbildern von Dix und seinem Freund Franz Lenk. **1937** · Mehr als zwölf seiner Bilder werden in der diffamierenden Ausstellung *Entartete Kunst* gezeigt. Gleichzeitig werden seine Arbeiten aus deutschen Museen beschlagnahmt, dann verkauft oder gar verbrannt. **1938 – 1939** · Dix stellt in Zürich in einer Kollektivausstellung aus. Nach dem Attentat auf Adolf Hitler 14-tägige Inhaftierung durch die Gestapo in Dresden. **1945** · Dix wird zum Volkssturm eingezogen und gerät in französische Kriegsgefan-

genschaft. **1946–1969** · Dix lebt weiterhin am Bodensee, hält sich aber immer wieder für längere Zeit in Dresden auf. 1949 lehnt er die ihm angebotenen Professuren an den Kunstakademien in Dresden und Berlin ab. In seinem Spätwerk kehrt er wieder zur Alla-prima-Malerei zurück. Hinwendung zu religiösen Themen. 1959 wird ihm das Bundesverdienstkreuz verliehen. Dix stirbt am 25. Juli 1969 in Singen.

Lit. Schubert 1980; Löffler 1981; Ausst.-Kat. Berlin 1989 (3); Ausst.-Kat. Stuttgart/Berlin 1991/92; Jürgens-Kirchhoff 1993, S. 243–261; Strobl 1996.

Edgar Ende
Altona bei Hamburg 1901 –
1965 Netterndorf in Oberbayern

1901 · Edgar Alfons Ende wird als Sohn eines Wachsziehers in Altona geboren. **1915–1920** · Lehre als Dekorationsmaler bis 1919. Seit 1916 besucht er gleichzeitig die Handwerker- und die Kunstgewerbeschule in Altona; Studium ebenda von 1917 bis 1920. **1921** · Gasthörer an der Staatlichen Kunstgewerbeschule Hamburg. Eigenes Atelier in Altona. **1924–1931** · Endes Malerei orientiert sich stilistisch am Magischen Realismus und Surrealismus. Erste Ausstellungsbeteiligungen in Hamburg (1924) und Berlin (1928). Ankäufe *Der Zirkus* (1925) und *Das Zelt* (1931) durch die Hamburger Kunsthalle. Ende lebt 1928 bis 1931 in Garmisch-Partenkirchen. Heirat und Geburt des Sohnes Michael. 1931 Umzug nach München und Beitritt zur Münchner Neuen Sezession. **1931–1936** · Mit den Gemälden *Die Gefahr (Die Posaunen)* (1931), *Der gekreuzigte Adler* (1932) und *Fragmente* (1936) entstehen Werke, die symbolisch verschlüsselt Bedrohung und Gefahr thematisieren. Ankauf von zwei Gemälden für die Städtische Galerie im Lenbachhaus, München. **1934–1938** · Regelmäßige Beteiligung an der *International Exhibition of Paintings* in Pittsburgh. In Deutschland ist Ende zunehmend den Repressalien der nationalsozialistischen Kulturpolitik ausgesetzt. Faktisches Malverbot ab 1936, da ihm die Bezugsscheine für Malmaterialien verweigert werden. Bei der Aktion »Entartete Kunst« werden seine Gemälde aus der Hamburger

Kunsthalle und der Galerie im Lenbachhaus, München, beschlagnahmt. 1938 Einzelausstellung in Chicago. **1940–1945** · Ende wird 1940 zur Wehrmacht eingezogen. 1944 Zerstörung seines Münchener Ateliers durch einen Bombenangriff, ein Großteil seiner Werke wird zerstört. 1945 Entlassung aus amerikanischer Kriegsgefangenschaft. **1946–1965** · Wiederaufnahme der künstlerischen Tätigkeit in München. Ende knüpft inhaltlich und stilistisch an seine düsteren apokalyptischen Darstellungen der Vorkriegszeit an. Mitbegründer der Neuen Gruppe (1946) und der Internationalen Surrealistenvereinigung (1951). Teilnahme an den Biennalen in Venedig 1948 und 1954 sowie den *Jahresausstellungen des Deutschen Künstlerbundes* und den *Großen Kunstausstellungen* in München. Ende stirbt 1965 in Netterndorf.

Lit. Roh 1933; Hartlaub, Gustav Friedrich: Romantischer Surrealismus. Edgar Ende, in: Die Kunst und das schöne Heim, 54, 1952, Heft 8, S. 292–295; Ende/Krichbaum 1985; Ausst.-Kat. München/Hamburg/Mannheim/Wuppertal 1987/88; Ausst.-Kat. Paderborn 1998; Murken 2001.

Max Ernst
Brühl bei Köln 1891 – 1976 Paris

1891 · Maximilian Ernst wird als eines von neun Kindern des Taubstummenlehrers Phillip Ernst in Brühl geboren. **1910–1914** · Studium der Philosophie, Psychologie und Kunstgeschichte an der Universität Bonn, parallel dazu beginnt er zu malen. Kontakt zu August Macke und dem Kreis der Rheinischen Expressionisten, Ausstellungsbeteiligungen. **1914–1918** · Kriegsteilnahme an der West- und Ostfront. Wird 1918 gegen seinen Willen zum Leutnant der Reserve befördert. Parallel dazu künstlerische Arbeiten auf der Suche nach seinem eigenen Stil. Stellt 1916 in der Berliner Sturm-Galerie aus. **1918–1921** · Nach dem Ende des Ersten Weltkrieges Hinwendung zum Dadaismus. Kontakt zu Hans Arp und Johannes Theodor Baargeld. Ab 1919 bis 1922 führendes Mitglied der Kölner Dada-Gruppe. 1920 lernt er den Dichter Paul Éluard kennen. 1921 werden Collagen von Ernst in Paris gezeigt. **1922–1925** · Übersiedelung nach Paris, wo er bis 1941 lebt. Mit dem Schriftsteller André Breton und dem Dichter Paul Éluard gehört Ernst zu den Mitbegründern der künstlerischen Bewegung des Surrealismus. 1924 erscheint das erste *Surrealistische Manifest* von André Breton. Als Pendant zur *écriture automatique* entwickelt Ernst die Technik der Frottage für Zeichnungen und der Grattage für Gemälde. Er zählt zu den bedeutendsten Vertretern des Surrealismus. **1932–1939** · Ernst nimmt 1932 an der Gründungsveranstaltung der Association des Écrivains et Artistes Révolutionnaires teil und engagiert sich im Kreis der deutschen Exilkünstler. Sein politisches Engagement spiegelt sich in den künstlerischen Arbeiten, die oft verschlüsselt

Gewalt oder Bedrohung thematisieren: 1933 *L'Europe après la pluie I (Europa nach dem Regen I)*, um 1935 *Barbares (Barbaren)* oder 1937 *La Horde (Die Horde)* sowie beide Fassungen des Gemäldes *L'ange du foyer (Der Hausengel)*. **1937** · In Deutschland werden bei der Aktion »Entartete Kunst« seine Bilder aus den öffentlichen Sammlungen beschlagnahmt und teilweise in der diffamierenden Ausstellung *Entartete Kunst* gezeigt, darunter in der Abteilung »Verhöhnung der deutschen Frau« das Gemälde *Die schöne Gärtnerin (La belle jardinière*, 1923), das seitdem verschollen ist. **1941–1953** · Flucht in die USA, nachdem Ernst in Frankreich zweimal, 1939 und 1940, interniert worden war. 1948 erhält er die amerikanische Staatsbürgerschaft. 1952 hält Ernst Vorlesungen an der Universität von Hawaii. **1953–1976** · Rückkehr nach Paris und Beginn seines internationalen Erfolges als Künstler. 1958 französische Staatsbürgerschaft. 1967 *Retour de la belle jardinière (Die Rückkehr der schönen Gärtnerin)*, eine Replik des seit 1923 verschollenen Gemäldes. Zahlreiche Auszeichnungen und Ehrungen. Ernst erleidet einen Schlaganfall und stirbt im April 1976 in seiner Wohnung in Paris.

Lit. Spies (Hg.)/Metken/Metken 1976 ff.; Spies, Werner (Hg.): Max Ernst. Leben und Werk. Dokumentarband zu Spies (Hg.)/Metken/Metken 1976 ff.; Ausst.-Kat. Brühl 1991; Saur Allgemeines Künstlerlexikon, Bd. 34, 2002, S. 457–462; Ubl 2004; Ausst.-Kat. New York 2005.

Hans Feibusch
Frankfurt am Main 1898 – 1998 London

1898 · Hans Nathan Feibusch wird als Sohn jüdischer Eltern in Frankfurt am Main geboren. **1920–1924** · Nach einem Medizinstudium in München Beginn des

Kunststudiums an den Vereinigten Staatsschulen für freie und angewandte Kunst in Berlin-Charlottenburg. Meisterschüler von Karl Hofer. Zwischen 1921 und 1924 Studienreisen nach Italien, Fortsetzung seiner Studien in Italien und in Paris. **1925–1933** · Feibusch kehrt nach Frankfurt am Main zurück und wird Mitglied des dortigen Künstlerbundes bis zu seinem Ausschluss 1933. Ausstellungsbeteiligungen bei der Berliner Sezession und der Preußischen Akademie der Künste, Berlin. 1930 Großer Staatspreis der Preußischen Akademie der Künste. **1933–1937** · Emigration nach London, wo er bis zu seinem Tod lebt. Er schließt sich der London Group um Stanley Spencer und Graham Sutherland an. 1934 entsteht das Gemälde *Der Trommler*. Seine Arbeiten werden in Deutschland verfemt und in der Ausstellung *Entartete Kunst* angeprangert. **1938–1970** · Teilnahme an der Ausstellung *Twentieth Century German Art* in London 1938. Abwendung vom jüdischen Glauben; erste Aufträge als Kirchenmaler. 1938 britische Staatsbürgerschaft. Bis 1970 entstehen mehr als vierzig Wandgemälde in Kirchen und Kathedralen. **1985–1998** · Verleihung der Ehrendoktorwürde für Literatur 1985 durch den Erzbischof von Canterbury. 1989 Großes Bundesverdienstkreuz. 1992 Austritt aus der anglikanischen Kirche (Mitglied seit 1965) und Rückkehr zum jüdischen Glauben. Feibusch stirbt 1998 in London.

Lit. Ausst.-Kat. Frankfurt am Main 1986; Ausst.-Kat. Wien/Berlin 1986, S. 124f.; Haftmann 1986, S. 91, 393f.; Ausst.-Kat. Chichester u. a. 1995/96; Henzel 1996; Ausst.-Kat. Olpe/Solingen-Gräfrath 1999/2000, S. 431; Saur Allgemeines Künstlerlexikon, Bd. 37, 2003, S. 511f.

Conrad Felixmüller
Dresden 1897 – 1977 West-Berlin

1897 · Conrad Felix Müller wird in Dresden als Sohn eines Schmiedes geboren. **1912–1914** · Besuch einer privaten Malschule und Studium an der Königlichen Kunstakademie in Dresden, bis 1915 Meisterschüler von Carl Bantzer. **1915** · Aufenthalte in Berlin bei Ludwig Meidner und Kontakte zu zahlreichen Künstlern und Literaten des Expressionismus. Freundschaft mit dem sozialrevolutionären Schriftsteller und Publizisten Franz Pfemfert. **1916–1918** · Mitarbeit an den Zeitschriften *Der Sturm*, *Die Aktion* und Mitbegründer der Zeitschrift *Menschen*. Verweigert den Kriegsdienst und wird als Militärkrankenwärter eingesetzt. 1917 Mitbegründer der Expressionistischen Arbeitsgemeinschaft Dresden. 1918 Mitglied der KPD (bis 1924). **1919–1920** · Initiator und Vorsitzender der Dresdner Sezession – Gruppe 1919. Mitglied in der Novembergruppe, Berlin. 1920 Großer Staatspreis für Malerei, Sächsischer Rom-Preis, Felixmüller reist stattdessen ins Rheinland, um das Leben der Bergarbeiter zu studieren. **1924–1925** · Namensänderung in Felixmüller. Auslandsreisen. 1925 Vorsitzender des Verbandes bildender Künstler in Sachsen. Allmähliche Aufgabe des expressionistischen Stils und Gestaltung in neusachlicher Formensprache. **1931** · Sächsischer Staatspreis für Malerei. Dürerpreis-Stipendium der Stadt Nürnberg. **1933** · Beginnende Diffamierung durch die Nationalsozialisten. In der Dresdner Ausstellung *Entartete Kunst*, Vorbild der gleichnamigen Ausstellung in München, werden vierzig Arbeiten von Felixmüller gezeigt. **1934–1937** · Umzug nach Berlin. 1937 Ausschluss aus dem Verein Berliner Künstler. Bei der Aktion »Entartete Kunst« werden bis 1938 über 150 Arbeiten des Künstlers aus öffentlichen Sammlungen entfernt und vernichtet. **1944–1945** · Einberufung zum Volkssturm und Kriegsgefangenschaft. **1949–1962** · Professur an der Martin-Luther-Universität in Halle. **1967–1977** · 1967 Umzug von Ost- nach West-Berlin, da seine Söhne in der Bundesrepublik leben. Zahlreiche, auch internationale Ausstellungen. Felixmüller stirbt 1977 in Berlin.

Lit. Ausst.-Kat. Nürnberg 1981/82; Gleisberg 1982; Ausst.-Kat. Schleswig/Düsseldorf/Braunschweig/Halle 1990/91; Ausst.-Kat. Dresden/Hannover 1997; Saur Allgemeines Künstlerlexikon, Bd. 38, 2003, S. 85–88.

Ernesto de Fiori
Rom 1884 – 1945 São Paulo

1884 · Wird in Rom als Sohn eines österreichischen Journalisten geboren, dessen Vorfahren aus dem Piemont stammen. **1903–1908** · Kurzes Studium der Malerei an der Akademie der Bildenden Künste in München. Ende 1904 Fortsetzung des Studiums in Rom bei Otto Greiner. Freundschaft mit dem Bildhauer Hermann Haller. **1909–1911** · Nach Aufenthalten in London und München beginnt er in Paris ab 1911 mit der Bildhauerei. Aristide Maillol, Auguste Renoir, Edgar Degas und Wilhelm Lehmbruck sind seine Vorbilder. Er verkehrt im Kreis des Café du Dôme. **1914–1917** · Geht im Dezember 1914 von Paris nach Berlin, nimmt 1915 die deutsche Staatsbürgerschaft an und ist im Ersten Weltkrieg von 1916 bis 1917 Soldat. **1917–1920** · Fiori lebt und arbeitet in Zürich. Kontakt zu dem Kollegen Hermann Haller und Disput mit den Züricher Dadaisten. Bekanntschaft mit Paul Cassirer und Tilla Durieux. Gemeinsame Ausstellungen mit

Hermann Haller, Karl Hofer, Wilhelm Lehmbruck und Ferdinand Hodler. **1921–1931** · Zurück in Berlin entwickelt er sich in den 1920er Jahren zu einem der bekanntesten Bildhauer der Stadt. Mitglied der Freien Sezession. Er schreibt Feuilletonbeiträge in verschiedenen Tageszeitungen und pflegt Kontakte zur Künstlergruppe Novecento in Italien. 1926 Beteiligung an der von Benito Mussolini eröffneten Ausstellung *Prima Mostra d'Arte del Novecento Italiano* in Mailand. Es entstehen unter anderem Porträts von Max Schmeling, Paul von Hindenburg und Marlene Dietrich. **1934** · Die Bronze *Der Verzweifelte*, auch *Fliehender* betitelt, entsteht 1934. **1936–1937** · Fiori reist im Sommer 1936 nach Brasilien, wo seine Mutter und sein Bruder leben. In São Paulo schreibt er Reiseberichte für italienische und deutsche Emigranten-Zeitschriften. 1937 werden seine Werke in Deutschland aus öffentlichen Sammlungen beschlagnahmt. Von einer Rückkehr nach Berlin raten ihm Freunde ab. **1939–1945** · Er lässt 1939 seine Wohnung in Berlin auflösen. Fiori stirbt im April 1945 in São Paulo an einer Leberzirrhose.

Lit. Haftmann 1986, S. 394; Ausst.-Kat. Berlin 1992 (2); Saur Allgemeines Künstlerlexikon, Bd. 25, 2000, S. 185 f.

Alfred Frank
Lahr in Baden 1884 – 1945 Dresden

1884 · Als sechzehntes Kind einer Gärtnerfamilie in Lahr geboren. **1898–1905** · Lehre als Chromolithograf und Studium an der Kunstgewerbeschule Lahr. Ab 1902 als Lithograf in Lahr, Offenbach und Nancy tätig. Studienreise nach Italien. **1906–1914** · Wird in Leipzig Mitglied der SPD. Neben seiner Tätigkeit als Lithograf studiert er mit Unterbrechungen an der Akademie für graphische Künste und Buchgewerbe. **1915–1918** · Als Soldat in Flandern und Nordfrankreich. Annäherung an den kommunistischen Spartakusbund. **1918–1923** · Fortsetzung und Abschluss des Studiums in Leipzig. Intensive politische Aktivitäten im November 1918. Eintritt in die USPD. 1919 Mitglied der KPD. Teilnahme an bewaffneten Kämpfen gegen den Lüttwitz-Kapp-Putsch 1920. **1923–1933** · Mitarbeit als Pressezeichner der *Sächsischen Arbeiter-Zeitung*. Lehrer und Dozent unter anderem an einer Arbeiterschule. 1924 Mitglied der Roten Gruppe. 1929 Mitbegründer und Vorsitzender der Assoziation Revolutionärer Bildender Künstler Deutschlands (kurz ASSO oder ARBKD) in Leipzig. **1933–1945** · Nach der Machtübernahme durch die Nationalsozialisten ist Frank im Widerstand aktiv. Bei einer Hausdurchsuchung wird der Atelierbestand beschlagnahmt und zum größten Teil vernichtet. Nach mehrfachen Gefängnisaufenthalten 1944 Verurteilung zum Tode und Hinrichtung im Januar 1945.

Lit. Ausst.-Kat. Leipzig 1974; Ausst.-Kat. Leipzig 1984; Zimmermann 1994 (2); Saur Allgemeines Künstlerlexikon, Bd. 44, 2005, S. 25 f.

Franz Frank
Kirchheim unter Teck 1897 – 1986 Marburg an der Lahn

1897 · Als zweites von sechs Kindern des Arztes Karl Frank geboren. **1917–1918** · Kriegsfreiwilliger in der Ukraine und in Russland. **1919–1921** · Studium der Philosophie, Philologie und Kunstgeschichte in Erlangen und Tübingen. Promotion in Tübingen. Unterricht bei dem Universitätszeichenlehrer Heinrich Seufferheld im Radieren. **1921–1925** · Studium an der Akademie der bildenden Künste in Stuttgart bei Arnold Waldschmidt und Robert Breyer. Es entstehen erste Radierfolgen und Illustrationen. **1926–1931** · Freier Maler in Dresden. Er malt in dieser Zeit Landschaften und Bilder mit sozialer Thematik. Anregungen durch Gemälde Emil Noldes und des späten Lovis Corinth. **1931–1933** · Berufung an die Pädagogische Akademie in Kassel. Entlassung nach Auflösung der Akademie 1932. Frank weigert sich 1933, in die NSDAP einzutreten und erhält deshalb keine neue Anstellung mehr. **1933–1939** · Übersiedelung nach Goßfelden bei Marburg. Ausstellungen in Hamburg, Dresden, Stuttgart und Berlin. 1935 entsteht das Gemälde *Geißelung* als Protest gegen das NS-Regime. **1939–1945** · Kriegsdienst und schwere Verwundung. **1948–1949** · *Träume und Wirklichkeiten*, Mappe mit zehn Lithografien. Frank bezeichnet diese erste grafische Folge nach dem Krieg als »Totentanz«. **1954–1986** · Umzug nach Marburg, wo er bis zu seinem Lebensende wohnt und als freier Maler tätig ist. In den folgenden Jahrzehnten zahlreiche Ausstellungsbeteiligungen und Auslandsreisen zu Studienzwecken. Frank stirbt 1986 in Marburg.

Lit. Zimmermann 1985; Wirth 1987; Saur Allgemeines Künstlerlexikon, Bd. 44, 1993, S. 35 f.; Zimmermann 1994; Ausst.-Kat. Marburg 1997.

Renate Geisberg-Wichmann
Berlin 1898 – 1972 West-Berlin

1898 · Renate Geisberg wird 1898 in Berlin geboren und wächst in gutbürgerlichen Verhältnissen auf. **1924** · Ist nach dem Sprachenstudium ab 1924 als Lehrerin an der Fremdsprachenschule in Berlin tätig.

1927–1928 · Studienaufenthalt in Paris. Heiratet den expressionistischen Maler Julius Wichmann, den sie in Paris kennengelernt hat. 1930–1932 · Das Ehepaar lebt zusammen in Paris. Ende des Jahres 1932 Rückkehr nach Berlin. 1933–1937 · Renate Geisberg-Wichmann beginnt, sich auf Anregung ihres Mannes mit der Holzschnitttechnik zu beschäftigen. 1935/36 entsteht ein Totentanzzyklus mit 16 Holzschnitten, der 1937 in der Berliner Galerie Ferdinand Möller gezeigt wird. 1938–1945 · In einem zweiten Holzschnitt-Zyklus, den *Wiedertäufern von Münster,* stellt sie erneut eine Parallele zur Erfahrung des Nationalsozialismus her. Die Künstlerin und ihr Mann finden ab 1938 keine Möglichkeit mehr auszustellen. Die Familie zieht von Berlin nach Westfalen. 1946–1972 · In den ersten Nachkriegsjahren Ausstellungen in Osnabrück und Iburg. Nach einem Unfall 1951 arbeitet sie nicht mehr künstlerisch. Renate Geisberg-Wichmann stirbt im April 1972 in Berlin.

Lit. Saur Allgemeines Künstlerlexikon. Bio-bibliographischer Index A–Z, Bd. 5, 2., erw. u. aktual. Aufl., 2007, S. 651; URL: http://www.dresdner-totentanz.de/index.html, 2007.

Édouard Goerg

Sydney 1893–1969 Callian bei Cannes

1893 · Édouard-Joseph Goerg wird als Sohn französischer Eltern in Australien geboren; noch als Kind zieht er mit seinen Eltern nach Paris. 1913–1914 · Goerg studiert bei Maurice Denis an der Académie Ranson in Paris. 1914–1919 · Im Ersten Weltkrieg als französischer Soldat in Frankreich und Afrika. 1922 · Stellt im Salon des Indépendants und im Salon d'Automne aus. In den folgenden Jahren widmet er sich sozialkritischen Themen. In expressiver Manier mit zum Teil karikaturhaften Zügen, der Kunst von George Grosz vergleichbar, prangert er den moralischen Verfall der bürgerlichen Gesellschaft an. 1934–1936 · Vorwiegende Sujets sind Massaker-, Höllenszenen und Kriegsvisionen. In die Darstellungen fließen Eindrücke aus dem Ersten Weltkrieg ein. In der Forschung werden diese Werke immer wieder als Antizipation des Spanischen Bürgerkrieges und des Zweiten Weltkrieges gedeutet. Auf einer Reise in die Niederlande beeindrucken ihn die Werke von Hieronymus Bosch und Pieter Brueghel. Das 1936 entstandene Gemälde *Guerre aérienne (Luftkrieg)* zeugt von diesem Einfluss. 1937 · In der Ausstellung *Maîtres de l'art indépendant,* die 1937 im Petit Palais parallel zur Weltausstellung gezeigt wird, ist Goerg mit zwei Gemälden vertreten. 1939–1945 · Beteiligung an der Mappe *Vaincre,* die die Front National de Peintres 1944 illegal herausgibt. 1950–1969 · In Paris Professor für Grafik an der École Nationale des Beaux-Arts und für Malerei an der Académie de la Grande Chaumière. Ab 1965 Mitglied der Académie des Beaux-Arts. Goerg stirbt 1969 in Callian bei Cannes.

Lit. Allgemeines Lexikon der bildenden Künstler des XX. Jahrhunderts, hg. v. Hans Vollmer, Leipzig 1953–1962, hier: Bd. 2, 1955, S. 264; Bénézit, E.: Dictionnaire critique et documentaire des Peintres, Sculpteurs, Dessinateurs et Graveurs, Nouvelle Édition, Paris 1976, Bd. 5, S. 82 f.; Ausst.-Kat. Düsseldorf 1987, S. 166; Ausst.-Kat. Amsterdam/Berlin 1996, S. 88; Saur Allgemeines Künstlerlexikon. Bio-bibliographischer Index A–Z, Bd. 5, 2., erw. u. aktual. Aufl., 2007, S. 861.

Julio González

Barcelona 1876–1942 Arcueil bei Paris

1876 · Julio Luis Jesús González-Pellicer wird in Barcelona als Sohn eines Goldschmiedes geboren. Sein Großvater ist Kunstschlosser. 1891–1893 · Beginnt mit seinem Bruder Juan eine Lehre als Goldschmied im väterlichen Betrieb, arbeitet auch in der Kunstschmiede der Familie. Besucht parallel dazu ab 1892 Abendkurse an der Escuela des Bellas Artes in Barcelona. 1892 Goldmedaille auf der *Internationalen Ausstellung für angewandte Kunst in Barcelona*. 1900–1914 · Zieht nach dem Tod des Vaters und dem Verkauf der Goldschmiede nach Paris. Im *Salon des Indépendants* präsentiert er sich ab 1913 als Maler, Bildhauer und Goldschmied. 1915–1918 · Kontakt zu Amedeo Modigliani und Freundschaft mit Pablo Picasso und Constantin Brancusi. 1918 arbeitet er bei La soudure autogène française, den späteren Renault-Werken, und erlernt dort die Technik des Schweißens. 1928 · Erste geschweißte Eisenskulpturen entstehen; González ist ein Pionier auf diesem Gebiet. Beginn der bis 1931 währenden Zusammenarbeit mit

Picasso, dem González bei der technischen Umsetzung seiner Eisenskulpturen hilft. 1934 · Im Kunsthaus Zürich werden González' Skulpturen zusammen mit Werken von Hans Arp, Alberto Giacometti, Max Ernst und Joan Miró gezeigt. 1937–1942 · Auf der Pariser Weltausstellung wird seine Skulptur *La Montserrat* (1936/37) ausgestellt, die symbolhaft das spanische Volk während des Bürgerkrieges darstellt. Zu diesem Werkkreis gehört auch die *Masque Montserrat criant (Maske der schreienden Montserrat).* Umzug nach Arcueil. Bekanntschaft mit Hans Hartung, der 1938 sein Schwiegersohn wird. González stirbt im März 1942 in Arcueil bei Paris.

Lit. Merkert 1987; Ausst.-Kat. Bern 1997; Ausst.-Kat. Recklinghausen/Bad Homburg/Heilbronn 2001; Llorens Serra 2007.

Otto Griebel

Meerane 1885–1972 Dresden

1895 · Otto Griebel wird als viertes von acht Kindern eines Handwerksmeisters im sächsischen Meerane geboren. 1909–1915 · Beginn einer Lehre als Dekorationsmaler. Besuch der Königlichen Zeichenschule in Dresden und Bekanntschaft mit Otto Dix. Ab 1911 Studium an der Kunstgewerbeschule in Dresden. 1915–1918 · Seine anfänglich patriotische Einstellung zum Krieg schlägt bald in Ablehnung um. Im August 1915 eingezogen, kämpft Griebel an der Ostfront, später in Frankreich. 1918 wird er verwundet. 1918–1919 · Engagement in einem revolutionären Solda-

tenrat. 1919 Eintritt in die KPD, für die er in den folgenden Jahren zahlreiche Plakate, Flugblätter und Pressezeichnungen entwirft. Mitglied der Novembergruppe. Kontakt zu George Grosz und John Heartfield. **1919–1923** · Meisterschüler bei Robert Sterl an der Dresdner Akademie bis 1922 und Einrichtung eines eigenen Ateliers. 1920 politisch aktiv im Kampf gegen den Lüttwitz-Kapp-Putsch. 1922 aktiv in der Künstlergruppe Junges Rheinland, zu der auch Otto Dix, Jankel Adler und Otto Pankok gehören. Mit *Marzipan-Kriegsgedenkblatt* (1922), *Der Tod von Clery* (1923) und *Drei Frontsoldaten* (1923) entstehen Arbeiten, die sich kritisch mit dem Krieg auseinandersetzen. **1924–1933** · Mitbegründer der Roten Gruppe in Dresden. Bis 1933 als Mitglied der Neuen Dresdner Sezession – Gruppe 1919 zahlreiche Ausstellungsbeteiligungen in ganz Deutschland. Bis 1927 Beiträge für die satirische Arbeiterzeitung *Der Knüppel*. 1929 Mitbegründer der Dresdner Sektion der Assoziation Revolutionärer Bildender Künstler Deutschlands (kurz ASSO oder ARBKD). **1933** · Nach der Machtübernahme der Nationalsozialisten wird Griebel nach einer Hausdurchsuchung und Beschlagnahmung seiner Werke zunächst verhaftet. Auf der diffamierenden Dresdner Ausstellung *Entartete Kunst*, einem Vorläufer der gleichnamigen Münchener Ausstellung, werden schon 1933 Arbeiten von Griebel gezeigt. **1934–1938** · Griebel wird bis 1938 künstlerischer Mitarbeiter im Deutschen Hygiene-Museum. Bei der Aktion »Entartete Kunst« werden weitere Werke von Griebel beschlagnahmt und zerstört.

1939–1945 · Griebel wird zunächst zur Wehrmacht eingezogen, aber bereits 1940 vom Wehrdienst befreit. Er arbeitet anschließend als Ausstellungsgestalter in Krakau. Bei dem Bombenangriff auf Dresden werden sein Atelier und die meisten seiner Arbeiten zerstört. **1948–1972** · Nach dem Krieg Arbeit als Kunsterzieher in Dresden. 1953 Mitbegründer und bis 1960 Dozent der Arbeiter- und Bauernfakultät der Hochschule für Bildende Künste Dresden. Griebel stirbt 1972 in Dresden.

Lit. Ausst.-Kat. Leipzig 1972; Schmidt 1973; Griebel 1986; Ausst.-Kat. Montreal 1991; Ausst.-Kat. Berlin/Moskau 1995/96.

George Grosz
Berlin 1893 – 1959 West-Berlin

1893 · George Grosz wird als Georg Ehrenfried Gross geboren. Sein Vater betreibt eine Gastwirtschaft im Zentrum Berlins. **1909–1911** · Studium an der Königlichen Kunstakademie in Dresden. **1912–1917** · Übersiedlung der Familie nach Berlin. Schüler von Emil Orlik an der Berliner Kunstgewerbeschule. Mehrmonatiger Aufenthalt in Paris. **1914–1915** · Er meldet sich freiwillig zum Dienst im Ersten Weltkrieg. Nach Verwundung als dienstuntauglich entlassen. Veröffentlichungen in der politischen Wochenschrift *Die Aktion*. Im Sommer 1915 lernt er Wieland Herzfelde im Atelier von Ludwig Meidner kennen. **1916** · Aus Protest gegen den Gruß »Gott strafe England« anglisieren Georg Gross und Helmut Herzfeld ihre Namen in George Grosz und John Heartfield. Freundschaft mit Theodor Däubler, der einen vielbeachteten Arti-

kel über Grosz verfasst. Gründung des Malik-Verlages durch Wieland Herzfelde mit der Absicht, das gesamte Werk von Grosz zu veröffentlichen. **1917** · Nach dem Einzug zum Kriegsdienst erleidet Grosz einen Nervenzusammenbruch. Endgültige Entlassung aus dem Kriegsdienst im Februar 1917. **1919** · Zusammen mit Herzfelde, Heartfield und Erwin Piscator Eintritt in die KPD. Bis 1927 liefert er Beiträge für die kommunistische Arbeiterzeitung *Der Knüppel*. Zwischen 1919 und 1924 entstehen weitere Beiträge für politisch-radikale und satirische Zeitschriften. **1920** · Mit John Heartfield und Raoul Hausmann organisiert Grosz die *Erste Internationale Dada-Messe* in Berlin. Verbot der Mappe *Gott mit uns* wegen Beleidigung der Reichswehr und Verurteilung zu einer Geldstrafe von 300 Reichsmark. **1922–1923** · Sechsmonatige Russlandreise. Austritt aus der KPD. **1924–1925** · Parisaufenthalte und Frankreichreisen. Mitbegründer der Roten Gruppe. **1927** · Die Preußische Akademie der Künste zu Berlin widmet Grosz eine Sonderschau. **1928** · Anklage und Prozess wegen Gotteslästerung. Anlass sind drei Blätter aus der *Hintergrund*-Mappe des Malik-Verlages, die im Zusammenhang mit dem Bühnenbild für die *Abenteuer des braven Soldaten Schwejk* entstanden. Der Prozess endet erst 1931 mit einem Freispruch. Goldmedaille für das Gemälde *Der Boxer Max Schmeling* in Amsterdam und Verleihung der Goldmedaille *Deutsche Kunst* in Düsseldorf. Mitbegründer der Assoziation Revolutionärer Bildender Künstler Deutschlands (kurz ASSO oder ARBKD) in Berlin. **1932** · Mai bis Oktober Lehrauftrag der Art Students League in New York. Mitarbeiter, später Mitherausgeber der satirischen Zeitschrift *Americana*. **1933** · Im Januar erfolgt die Übersiedlung nach New York; Ankunft wenige Tage vor der Machtübernahme der Nationalsozialisten. Kurz darauf werden seine Wohnung und das Atelier in Berlin durchsucht. Grosz ist der erste Regimegegner, dem am 8. März die deutsche Staatsbürgerschaft aberkannt wird. Tätigkeit für die Art Students League mit Unterbrechungen bis 1959. **1937–1938** · Beschlagnahmung und zum großen Teil auch Vernichtung von zahlreichen Werken aus dem Besitz deutscher Museen im Rahmen der Aktion »Entartete Kunst«. Vier Gemälde und eine Anzahl von Zeichnungen werden in der diffamierenden Ausstellung *Entartete Kunst* gezeigt. Im November 1938 erhält Grosz die bereits 1935 beantragte amerikanische Staatsbürgerschaft. **1944** · Vollendung des Hitler-Bildes *Cain or Hitler in Hell (Kain oder Hitler in der Hölle)*. Grosz leidet zunehmend unter Depressionen, Alkoholproblemen und finanziellen Schwierigkeiten. **1951** · Erste Europareise mit Deutschlandbesuch nach dem Krieg. **1955** · Die deutsche Ausgabe seiner Lebenserinnerungen *Ein kleines Ja und ein großes Nein* erscheint (engl. Erstausgabe 1946). **1959** · Im Mai zieht Grosz nach Berlin zurück und stirbt dort am 6. Juli.

Lit. Grosz 1955; Hess 1982 [1974]; Ausst.-Kat. Berlin/Düsseldorf/Stuttgart 1994/95; Ausst.-Kat. München 2007; Ausst.-Kat. Rom 2007.

Francis Gruber
Nancy 1912–1948 Paris
1912 · Francis Gruber wird als Sohn des elsässischen Glasmalers für dekorative Kunst Jacques Gruber in Nancy geboren. **1916–1928** · Zieht mit seinen Eltern nach Paris. Dort erhält er ab 1920 seine erste künstlerische Ausbildung durch seinen Vater. Georges Braque und Roger Bissière sind die Ateliernachbarn seines Vaters, Gruber besucht häufig ihre Ateliers. **1929–1932** · Studium an der Académie Scandinave bei Charles Dufresne und anderen. Er befasst sich mit den Werken von Albrecht Dürer, Hieronymus Bosch und Matthias Grünewald. Seine realistisch-expressive Kunst zeigt auch surrealistische Tendenzen. Ab 1930 beteiligt sich Gruber regelmäßig am Salon d'Automne und am Salon des Tuileries. Er übernimmt das Glasmaleratelier seines Vaters. **1935** · Einzelausstellung in der Académie Ranson. **1937** · Er stellt in den Gruppenausstellungen *Premier Salon des jeunes artistes* in der Galerie des Beaux-Arts und *L'Art cruel* in der Galerie Billiet-Vorms in Paris aus. **1938** · Eine intensive Freundschaft verbindet ihn mit Alberto und Diego Giacometti, die er bereits 1933 kennengelernt hat. Ihre künstlerischen Werke inspirieren Gruber. **1942–1943** · Professur an der Académie Ranson. **1944** · In seinen Werken aus den 1940er Jahren finden sich oft Anspielungen auf das politische Zeitgeschehen, so auch in dem Gemälde *Job (Hiob)* von 1944. **1946–1948** · Gruber beteiligt sich 1946 an der Ausstellung *Art et Résistance* im Musée Nationale d'Art Moderne in Paris. 1947 erhält er den Prix National de la Peinture. Francis Gruber leidet seit seiner Jugend an einer schweren Asthma-Erkrankung, er stirbt 1948 in Paris im Boucicaut-Spital.
Lit. Allgemeines Lexikon der bildenden Künstler des XX. Jahrhunderts, hg. v. Hans Vollmer, Leipzig 1953–1962, hier: Bd. 2, 1955, S. 322; Frommhold (Hg.) 1968, S. 541; Ausst.-Kat. Bern/Paris 1976; Bernad-Gruber 1989, Abb. S. 115, zu *Job* S. 116; Dictionary of Art, London 1996, S. 713 f.; Ausst.-Kat. Amsterdam/Berlin 1996, S. 89; Walter, Ingo F. (Hg.): Kunst des 20. Jahrhunderts, 2 Bde., Köln 1998, Bd. II, S. 731; Bénézit 2006, Bd. 6.

Hans Grundig
Dresden 1901–1958 Dresden
1901 · Hans Grundig wird als eines von vier Kindern des Dekorationsmalers Bernhard Grundig in Dresden geboren. **1915–1920** · Lehre als Dekorationsmaler beim Vater, die während des Ersten Weltkrieges durch dessen Einberufung von 1916 bis 1918 unterbrochen wird. 1920 Beginn des Studiums an der Dresdner Kunstgewerbeschule. **1922–1927** · Mit Un-

terbrechungen Studium an der Dresdner Akademie der bildenden Künste bei Otto Hettner und Otto Gussmann. Bekanntschaft mit Otto Dix, Otto Griebel und Lea Langer, seiner späteren Frau. 1926 Eintritt in die KPD und Teilnahme an der *Großen Internationalen Kunstausstellung* in Dresden. Hinwendung zu sozialkritischen Themen und zur politisch motivierten Kunst. **1929** · Hans und Lea Grundig gehören zu den Gründungsmitgliedern der Dresdner Sektion der Assoziation Revolutionärer Bildender Künstler Deutschlands (kurz ASSO oder ARBKD). Teilnahme an der Ausstellung *Deutsche Neue Sachlichkeit* in Amsterdam. Bis 1931 entstehen Holz- und Linolschnitte für die KPD. **1933–1935** · Diffamierung durch die Nationalsozialisten. In der Dresdner Feme-Ausstellung *Entartete Kunst*, Vorbild der späteren gleichnamigen Ausstellung in München, werden mehrere Bilder von ihm gezeigt. Er beginnt 1934 mit der umfangreichen Radierfolge *Tiere und Menschen* und arbeitet ab 1935 an dem Triptychon *Das tausendjährige Reich* (1938 vollendet). **1936–1938** · Ausschluss aus der Reichskulturkammer und damit Arbeits- und Ausstellungsverbot und erste Verhaftung durch die Gestapo. 1937 werden Bilder von Hans Grundig auf der diffamierenden Münchener Ausstellung *Entartete Kunst* gezeigt. 1938 zweite Verhaftung, das Gemälde *Kampf der Bären und Wölfe* entsteht. **1940–1945** · Die erzwungene Scheidung von seiner jüdischen Ehefrau Lea Grundig erfolgt 1940 vor dem Landgericht Dresden. Hans Grundig wird zum dritten Mal verhaftet und diesmal im Konzentrationslager Sachsenhausen bei Berlin interniert, später nach Berlin-Lichterfelde überführt. 1944 wird er als politischer Häftling in eine Strafdivision bei Budapest verlegt, wo er zur Roten Armee überläuft. Nach Kriegsende besucht er in Schodnja/Nagornoje bei Moskau Lehrgänge an der Parteischule der KPD, die ihn auf eine führende Rolle im kulturellen Leben Nachkriegsdeutschlands vorbereiten sollen. **1947–1948** · Grundig erhält eine Professur für Malerei und wird zum Rektor der neugegründeten Dresdner Akademie der Bildenden Künste ernannt. 1948 muss er diese Position aus Krankheitsgründen aufgeben. **1955–1958** · Nach seiner Emeritierung 1955 beginnt er mit seiner Autobiografie *Zwischen Karneval und Aschermittwoch*, die 1957 veröffentlicht wird. Grundig stirbt 1958 in Dresden an den Folgen seiner Tbc-Erkrankung.
Lit. Grundig 1960 [1957]; Feist 1984 [1979]; Hirche, Gerhard/Seifert, Christa: Hans Grundig – Stationen seines Lebens, in: Hans Grundig 1988, S. 52–57; Gärtner 1989; Ausst.-Kat. Berlin/Moskau 1995/96, S. 569 f.; Ausst.-Kat. Berlin 1997, S. 617; Ausst.-Kat. Dresden 2001; Weber/Frommhold 2001.

Lea Grundig
Dresden 1906–1977 auf einer Mittelmeerreise
1906 · Lea Langer wird als jüngste von drei Schwestern eines orthodox-jüdischen Elternhauses in Dresden geboren. **Um 1920** · Mitglied im zionistischen Jugendbund Blau-weiß. **1922–1926** · Sie distanziert sich vom strengen jüdischen Glauben ihres Elternhauses und studiert gegen den Willen ihres Vaters bis 1924 an der Kunstgewerbeschule in Dresden und an der Kunstschule Der Weg, danach an der Akademie der bildenden Künste in Dresden, wo sie ihren späteren Mann Hans Grundig kennenlernt. **1926–1928** · Gemeinsam mit dem Maler und Grafiker Hans Grundig tritt sie in die KPD ein. 1928 Heirat mit Hans Grundig. **1929–1930** · Mit Hans Grundig gehört sie zu den Gründungsmitgliedern der Dresdner Sektion der Assoziation Revolutionärer Bildender Künstler Deutschlands (kurz ASSO oder ARBKD). Ab 1930

etwa nutzen Hans und Lea Grundig ihre Kunst für die politische Agitation im Sinne der KPD. **1935–1939** · In den 1930er Jahren entstehen mehrere grafische Folgen, die das Zeitgeschehen kommentieren, darunter auch die zwölf Radierungen *Krieg droht!* (1936/37). 1935 erhält Lea Grundig Ausstellungs- und Arbeitsverbot. Zwischen 1936 und 1939 wird sie wegen ihrer illegalen politischen Tätigkeit mehrfach verhaftet, inhaftiert und 1939 in die Slowakei deportiert. **1940–1948** · Lea Grundig emigriert im November 1940 über Rumänien ohne ihren Mann nach Palästina. Eine Lösegeldzahlung, die von jüdischen Freunden und der bereits in Palästina lebenden Familie aufgebracht wurde, erwirkt die Genehmigung des Reichssicherheitshauptamtes der SS zur Auswanderung. Sie überlebt die Bombardierung des Schiffes *Patria* vor der Küste Palästinas. Als illegale Immigrantin lebt sie bis Ende 1941 im britischen Internierungslager Athlit bei Haifa, danach bis 1948 überwiegend in Tel Aviv. **1948–1949** · Lea Grundig kehrt über Prag zurück nach Dresden zu ihrem Mann Hans Grundig. **1949–1958** · Sie wird Dozentin und ab 1951 Professorin für Grafik an der Hochschule für Bildende Künste in Dresden. Ab 1950 im Zentralvorstand des Verbandes der Bildenden Künstler Deutschlands. Anfang der 1950er Jahre gerät Lea Grundig im Zuge der Formalismus-Debatte innerhalb und außerhalb der Hochschule in die Kritik. **1952–1957** · Bezirkstagsabgeordnete in Dresden. 1958 erscheint ihre Autobiografie *Gesichte und Geschichte*. **1961–1977** · Sie wird Mitglied der Deutschen Akademie der Künste, Ost-Berlin, und ist von 1964 bis zu ihrem Rücktritt 1970 Präsidentin des Verbandes Bildender Künstler; ab 1967 ist sie Mitglied im Zentralkomitee der SED und gehört zum »Reisekader«. 1972 erhält sie die Ehrendoktorwürde der Universität Greifswald. Lea Grundig stirbt am 10. Oktober 1977 auf einer Mittelmeerreise, die sie in Erinnerung an die rettende Fahrt von 1940 unternommen hat. Ihr Leichnam wird im Hafen von Constanta/Rumänien vom Schiff getragen und nach Dresden überführt.

Lit. Hütt 1969; Slg.-Kat. Berlin 1973; Grundig 1984 [1958]; Brüne 1996, S. 16–55; Ausst.-Kat. Berlin/ New York 1996/97; Neugebauer 2004, S. 69–89.

Leo Haas
Troppau/Österreich-Ungarn (heute: Opava/ Tschechische Republik) 1901–1983 Ost-Berlin

1901 · Leopold Haas wird in Troppau, im damals österreichischen Teil Schlesiens, als Sohn jüdischer Eltern geboren. Sein Großvater restauriert religiöse Wandgemälde, sein Vater ist Vertreter eines Textilbetriebes. **1919–1923** · Haas studiert an der Badischen Kunstschule in Karlsruhe. Freundschaft mit Karl Hubbuch. Ab 1921 Studium bei Emil Orlik und ab 1922 bei Willy Jaeckel in Berlin. **1924–1926** · Nach einem längeren Aufenthalt in Paris arbeitet er bis

1926 als Pressezeichner für die *Arbeiter-Zeitung* in Wien. Danach lässt er sich als freischaffender Maler in Troppau nieder, das seit 1918 zur Tschechoslowakei gehört und nun Opava heißt. **1929–1934** · Haas ist Vorstandsmitglied im tschechischen und im deutschen Künstlerverband. Ab 1933 gibt es auch in der Tschechoslowakei Diffamierungen und Anfeindungen von Seiten der nationalsozialistischen Sudetendeutschen Heimatfront (später Sudetendeutsche Partei). 1934 wird Haas künstlerischer Leiter einer lithografischen Druckerei. **1938–1942** · Nach der 1938 im Münchner Abkommen vereinbarten Abtretung des Sudetengebietes an das Deutsche Reich setzt auch in Opava die organisierte Verfolgung der jüdischen Bevölkerung ein. Leo Haas erhält Arbeitsverbot und wird 1939 in das Lager Nisko bei Lublin deportiert, das 1940 aufgelöst wird. Nach seiner Entlassung hat er Kontakt zum tschechischen Widerstand und Mitgliedern der kommunistischen Partei. 1942 Verhaftung durch die Gestapo und Transport nach Theresienstadt. **1942–1945** · Wie zuvor in Nisko entstehen auch im KZ Theresienstadt zahlreiche Zeichnungen, die den Lageralltag dokumentieren. An Zeichenmaterial gelangt er durch seine Tätigkeit im Zeichenbüro des Konzentrationslagers. Haas deponiert seine Arbeiten in einem Versteck (nach dem Ende des Krieges kann er sie wieder an sich nehmen). 1944 wird Haas in das Vernichtungslager Auschwitz deportiert, kurz darauf in das KZ Sachsenhausen, wo er in der Geldfälscherwerkstatt arbeiten muss. Im Februar 1945 wird die Werkstatt nach Mauthausen verlegt, dann nach Ebensee; dort Befreiung durch amerikanische Truppen. **1945–1955** · Haas lebt in Prag und arbeitet als Karikaturist und Pressezeichner unter anderem für die kommunistische Zeitung *Rudé Právo* (Rotes Recht). **1947–1948** · Herausgabe von zwei Grafikmappen nach seinen in den Konzentrationslagern entstandenen Zeichnungen. **1955–1983** · Haas geht nach Ost-Berlin, zeichnet für das SED-Parteiorgan *Neues Deutschland* und den *Eulenspiegel*, ist für die DEFA und das Fernsehen der DDR tätig. 1964 Kunstpreis der DDR. 1966 Ernennung zum Professor. Er stirbt 1983 in Berlin.

Lit. Wagner 1987; Ausst.-Kat. Halle 1990, S. 73; Ausst.-Kat. Olpe/Solingen-Gräfrath 1999/2000, S. 440; Bénézit 2006, Bd. 6, S. 976.

Hans Hartung
Leipzig 1904–1989 Antibes

1904 · Hans Heinrich Ernst Hartung wird als Sohn eines Arztes in Leipzig geboren. **1924–1926** · Hartung studiert Philosophie und Kunstgeschichte an der Universität Leipzig sowie bildende Kunst an der dortigen Akademie. 1925 geht er für drei Semester an die Kunstakademie nach Dresden. Im Sommer Reise nach Italien und Frankreich. **1926–1929** · Er lässt sich in Paris nieder und schreibt sich im Oktober 1926 an der Sorbonne ein. 1927 Besuch der privaten Malschulen von Fernand Léger und André Lhote. Das Sommersemester 1928 verbringt Hartung an der Münchner Akademie bei Professor Max Doerner. 1929 heiratet er die norwegische Malerin Anna-Eva Bergman. **1931–1932** · Erste Ausstellungen mit seiner Frau in der Galerie Heinrich Kühl in Dresden und in Oslo. 1932 Teilnahme an der Ausstellung *Junge Malerei* der Galerie Flechtheim in Berlin. **1932–1934** · Hartung lebt auf Menorca, nachdem er Deutschland wegen des zunehmenden Einflusses der

Nationalsozialisten verlassen hat. Erste Bilder in der »Tintenflecktechnik« entstehen, inspiriert von seinen frühen Tuschezeichnungen von 1923/24. **1935–1939** · Finanzielle Gründe erzwingen die Aufgabe des Hauses auf Menorca. Nach Aufenthalten in Paris, Stockholm und Berlin verlässt Hartung Deutschland im Oktober 1935 endgültig und geht nach Paris. In diesen Jahren stellt er regelmäßig im *Salon des Surindépendants* aus. Kontakt zu Wassily Kandinsky, Joan Miró, Alexander Calder, Piet Mondrian. Ab 1937 Freundschaft mit Julio González. **1938** · Teilnahme an der Londoner Ausstellung *Twentieth Century German Art*, in der Werke zu sehen sind, die im nationalsozialistischen Deutschland als »entartet« diffamiert wurden. Unter dem Eindruck der finanziellen Not, persönlicher Krisen – der Trennung von seiner ersten Frau und dem Einzug seines Passes durch die deutsche Botschaft – sowie des drohenden Krieges entstehen in Paris vorwiegend im Café du Dôme zahlreiche gestische Zeichnungen mit Tinte. **1939–1940** · Ausstellung in der Galerie Henriette in Paris mit Roberta González, der Tochter von Julio González, die Hartung im Juli 1939 heiratet. Meldet sich 1939 für den Kriegsfall als Freiwilliger für den Kampf gegen das Hitlerregime. Nach Kriegsbeginn zunächst Internierung, dann in der Fremdenlegion. **1941–1944** · Aufenthalt im unbesetzten Frankreich. 1942 Flucht nach Spanien, dort Verhaftung, Gefängnisaufenthalt und zuletzt Internierung im Konzentrationslager Miranda del Ebro. Schlägt ein Visum für die USA aus. 1943 wieder in der Fremdenlegion. 1944 schwere Verwundung und Beinamputation. **1945–1964** · Rückkehr nach Paris, militärische Ehrungen und 1946 Verleihung der französischen Staatsbürgerschaft. Erste Einzelausstellung 1947 in Paris. 1948 erste Teilnahme an der Biennale in Venedig. Internationale Anerkennung und Ausstellungsbeteiligungen. Trifft 1952 seine frühere Frau Anna-Eva Bergman wieder. Trennung von Roberta González und erneute Ehe mit Anna-Eva. Ab 1955 Teilnahmen an der *documenta* in Kassel. 1960 in Venedig Großer Internationaler Preis für Malerei auf der Biennale. **1977–1989** · Aufnahme in die Académie des Beaux-Arts, Paris, und Verleihung des Ordens Pour le Mérite für Wissenschaft und Künste, Bonn. Hartung stirbt im Dezember 1989 in Antibes.

Lit. Hartung 1981, S. 200–206; Ausst.-Kat. Düsseldorf/München 1981/82, S. 247–260; The Dictionary of Art, London 1996, S. 205f.; Ausst.-Kat. Berlin 1997, S. 618; Ausst.-Kat. Berlin 1999; URL: http://www.hans-hartung.de [Stand: 2.9.2008].

John Heartfield
Schmargendorf bei Berlin 1891 – 1968 Ost-Berlin
1891 · Helmut Herzfeld wird in Berlin als Sohn des sozialistischen Schriftstellers Franz Herzfeld (Pseudonym: Franz Held) geboren. **Um 1895** · Der Vater

flieht nach einer Verurteilung wegen Gotteslästerung mit seiner Familie in die Schweiz, dann nach Österreich, wo sie mehrere Jahre völlig mittellos in einer Waldhütte leben. **1899–1907** · Helmut wächst mit seinen drei Geschwistern ab 1899 bei verschiedenen Pflegeeltern auf. Ab 1905 Beginn einer Lehre als Buchhändler bei seinem Onkel in Wiesbaden und kurz darauf Unterricht bei dem Maler Hermann Bouffier. **1908–1914** · Studium an der Kunstgewerbeschule in München. 1912 arbeitet er ein Jahr als Werbegrafiker in Mannheim und führt bis Kriegsbeginn sein Studium an der Kunst- und Handwerkerschule in Berlin-Charlottenburg fort. **1914–1917** · Im September 1914 wird er eingezogen, entzieht sich aber durch eine simulierte Nervenkrankheit dem Kriegseinsatz. Entlassung aus dem Militärdienst. 1915 lernt er George Grosz (damals noch Georg Gross) kennen, eine inspirierende Begegnung, die zur langjährigen Zusammenarbeit führt. Beide anglisieren 1916 aus Protest gegen die antibritische Kriegspropaganda ihre Namen in George Grosz und John Heartfield. 1917 gründet Heartfield mit seinem Bruder Wieland Herzfelde in Berlin den Malik-Verlag. Heartfield entwickelt eine neuartige Montagetechnik aus Schrift, Klischeematerial und Fotografien. **1918–1932** · Heartfield tritt am 31.12.1918, dem Gründungstag der KPD, in die Partei ein. Als Herausgeber und Typograf arbeitet er in den folgenden Jahren für den Malik-Verlag sowie für die kommunistischen Publikationen *Die Pleite*, *Der Knüppel* und *Die Rote Fahne*. Zeitgleich entwickelt er die Fotomontage weiter zu einem Instrument linker Propaganda. **1920** · Mit Raoul Hausmann und George Grosz inszeniert Heartfield die Berliner Ausstellung *Erste Internationale Dada-Messe*. **1928** · Mitglied der Assoziation Revolutionärer Bildender Künstler Deutschlands (kurz ASSO oder ARBKD) in Berlin. **1930–1932** · Ab 1930 regelmäßige Mitarbeit an der *Arbeiter Illustrierte Zeitung (A-I-Z)*, für die in den nächsten acht Jahren mehr als 230 Fotomontagen entstehen. 1931 große Einzelausstellung in Moskau; ab Sommer des Jahres bis Frühjahr 1932 Fotoreise durch die UdSSR auf Einladung des Internationalen Büros revolutionärer Künstler. **1933–1934** · Durch Flucht aus seiner Wohnung kann Heartfield 1933 der Verhaftung durch die Gestapo nur knapp entgehen. Er emigriert nach Prag, wo er zusammen mit seinem Bruder die *AIZ* (später unter dem Titel *Volks-Illustrierte-Zeitung* resp. *VI. Die Volks-Illustrierte*) fortführt. 1934 wird ihm vom NS-Regime die Staatsbürgerschaft aberkannt. **1938–1950** · Im Dezember 1938 Flucht aus Prag nach London, wo er bis 1950 lebt. 1939 erhält er in der Londoner Arcade Gallery eine Einzelausstellung *One Man's War against Hitler*. **1950–1968** · Er geht nach Leipzig und später nach Ost-Berlin, wo seine Kunst unter Formalismusverdacht gerät. Eine Parteimitgliedschaft in der SED lehnt er zunächst ab. 1956 Aufnahme in die Deutsche Akademie der Künste, Ost-Berlin. 1957 umfangreiche Ausstellung ebendort. Heartfield stirbt 1968 in Ost-Berlin. Die Deutsche Akademie der Künste erhält testamentarisch seinen Nachlass.

Lit. Herzfelde 1971 [1962]; Siepmann 1977; Ausst.-Kat. Berlin/Bonn/Tübingen/Hannover 1991/92; März 1993; Ausst.-Kat. Berlin/Moskau 1995/96, S. 318–320; Ausst.-Kat. Berlin 1997, S. 619.

Josef Hegenbarth
Böhmisch-Kamnitz/Österreich-Ungarn (heute: Česká Kamenice/Tschechische Republik) 1884 – 1962 Dresden
1884 · Hegenbarth wird als Sohn eines Glasfabrikanten und Glasraffineurs in Böhmisch-Kamnitz geboren. **1905–1915** · Nach erster Anleitung durch seinen Vetter Emanuel Hegenbarth ab 1908 Studium an der Kunstakademie Dresden bei Carl Bantzer und Oskar Zwintscher. Meisterschüler von Gotthardt Kühl. 1914 erste Einzelausstellung bei Emil Richter in Dresden. Ab 1915 Mitglied der Dresdner Künstlervereinigung. **1915** · In den Jahren 1915 bis 1920 entsteht die Kaltnadelradierung *Der Krieg*. **1917–1919** · Hegenbarth wird in seiner böhmischen Heimat wegen Dienstuntauglichkeit nicht zum Militär eingezogen und lebt bis 1919 in Prag. Er hat Kontakt zu den Schülern von Professor August Brömse, aus dessen Kreis 1925 die Prager Sezession hervorgeht. **1919–1936** · Rückkehr nach Dresden. Ab 1920 regelmäßige Teilnahme an den Ausstellungen des Deutschen Künstlerbundes. Ab 1924 Mitarbeit an der Zeitschrift *Jugend*, ab 1925 an der satirischen Zeitschrift *Simplicissimus*. 1926 Mitglied der Wiener Sezession, 1929 Mitglied der Prager Sezession. Veröffentlichung von grafischen

Zyklen, Mappenwerken und Buchillustrationen. **1943–1945** · Er lebt in Böhmisch-Kamnitz und muss nach dem Ende des Krieges die Tschechoslowakei verlassen, wobei er den wesentlichen Teil seines Werkes zurücklassen muss. **1945–1962** · Arbeitet ab 1946 an der Dresdner Hochschule für Werkkunst. 1947 erhält er eine Professur an der Hochschule für Bildende Künste, gibt das Amt aber 1949 wieder auf. Ab 1950 entstehen Buchillustrationen. 1956 außerordentliches Mitglied der Deutschen Akademie der Künste, Ost-Berlin. 1957 Rückgabe des größten Teiles seines 1945 zurückgelassenen Werkes durch die Tschechoslowakei. 1959 Ausstellungen in Berlin und München. 1960 Mitglied der Bayerischen Akademie der Künste. Hegenbarth stirbt 1962 in Dresden.

Lit. Ausst.-Kat. Weimar 1980; Löffler 1980 [1959]; Lexikon der Kunst, Leipzig 1994, Bd. 3, S. 173 f.; Ausst.-Kat. Halle 1996/97; Ausst.-Kat. Olpe/Solingen-Gräfrath 1999/2000, S. 442; URL: http://www.josef-hegenbarth.de [Stand: 2.9.2008].

Hannah Höch
Gotha 1889 – 1978 West-Berlin

1889 · Anna Therese Johanne Höch wird in Gotha als älteste Tochter von fünf Kindern eines Versicherungsinspektors geboren. **1912–1919** · Studienbeginn an der Städtischen Kunstgewerbeschule in Berlin-Charlottenburg. 1914 Besuch der ersten Werkbundausstellung in Köln. Ab 1915 ist sie Schülerin von Emil Orlik an der Unterrichtsanstalt des Kunstgewerbemuseums Berlin. Sie lernt Raoul Hausmann kennen, mit dem sie sieben Jahre verbunden bleibt. Durch Hausmann intensiver Kontakt zur 1918 gegründeten Berliner Dada-Gruppe, mit Ausstellungsbeteiligung. Von 1916 bis 1926 Tätigkeit als Entwurfszeichnerin in der Redaktion für Handarbeiten des Ullstein-Verlages. **1920–1925** · Mitglied der Novembergruppe. Als einzige Frau nimmt sie 1920 an der *1. Internationalen Dada-Messe* in Berlin teil. 1922 Trennung von Raoul Hausmann. In den 1920er Jahren Freundschaft mit Hans Arp und Kurt Schwitters. 1924 trifft Höch in Paris auf Nelly und Theo van Doesburg und Piet Mondrian. **1926–1929** · Reise in die Niederlande. Dort lernt sie 1926 die Schriftstellerin Til Brugman kennen und lieben, mit der sie bis 1929 in Den Haag und dann bis 1935 in Berlin zusammenlebt. Sie beteiligt sich regelmäßig an den Ausstellungen der Künstlergruppe De Onafhankelijken (Die Unabhängigen). Durch Piet Mondrian erhält sie Kontakt zur Gruppe De Stijl. **1929–1933** · Rückkehr nach Deutschland. Ihre im Bauhaus Dessau vorbereitete Einzelausstellung wird 1932 durch die NSDAP verhindert. Bis 1933 entstehen Landschaftsbilder mit surrealem Charakter wie die *Symbolische Landschaft III* von 1930, in den folgenden Jahren Gemälde und Zeichnungen mit düsteren Inhalten und Themen wie *Requiem* und *Wilder Aufbruch*. **1934–1938** · Einzelausstellung mit Fotomontagen von Höch 1934. Ihre Kunst wird 1937 vom nationalsozialistischen Regime als »entartet« und sie als »Kulturbolschewistin« diffamiert, was einem Berufsverbot gleichkommt. Sie wird in Wolfgang Willrichs 1937 veröffentlichtem Pamphlet *Säuberung des deutschen Kunsttempels – Eine kunstpolitische Kampfschrift zur Gesundung deutscher Kunst im Geiste nordischer Art* aufgeführt. Ihre Eindrücke und Ahnungen verarbeitet sie in Werken wie *Der Sturm* oder *Angst*. 1938 heiratet sie den Volkswirt und Pianisten Kurt Heinz Matthies (Scheidung 1944). **1939–1945** · Sie zieht nach Berlin-Heiligensee, wo sie während des Krieges ihre Kunstwerke und die ihrer Freunde im Haus versteckt. Sie lebt dort zurückgezogen und vergräbt zuletzt aus Angst vor den russischen Truppen einige Werke im Garten. **1945–1950** · Nach dem Ende des Krieges beteiligt sie sich aktiv an der Neugestaltung des künstlerischen Lebens in Berlin. Die Gemälde *Ende des Krieges* und *1945 (Das Ende)* entstehen. Erneute Ausstellungsbeteiligungen. 1948 Teilnahme an der *DADA-Retrospektive* in New York im Museum of Modern Art. 1949 erste Einzelausstellung nach dem Krieg. **1958–1978** · Höchs Werke werden 1958 in der Ausstellung *Dada – Dokumente einer Bewegung* in Düsseldorf gezeigt. 1961 ist sie Ehrengast in der Villa Massimo in Rom. Sie wird 1965 Mitglied der Akademie der Künste, West-Berlin. Zahlreiche Ausstellungen im In- und Ausland. 1977 Verleihung einer Ehrenprofessur durch die Stadt Berlin. Hannah Höch stirbt 1978 in ihrem Haus in Berlin-Heiligensee.

Lit. Ausst.-Kat. Tübingen 1980; Ausst.-Kat. Berlin 1989 (2); Ausst.-Kat. Montreal 1991; Höch 1995; Maurer 1995; Ausst.-Kat. Berlin/Basel 2007/08.

Karl Hofer
Karlsruhe 1878 – 1955 West-Berlin

1878 · Karl Hofer wird als Sohn eines Militärmusikers in Karlsruhe geboren. Nach dem frühen Tod des Vaters lebt er zunächst bei Verwandten, ab 1888 im Waisenhaus. **1896–1908** · Nach einer Buchhändlerlehre Beginn des Studiums an der Akademie der Bildenden Künste in Karlsruhe bei Leopold von Kalckreuth und Hans Thoma. Beginn der lebenslangen Freundschaft mit dem späteren Philosophen Leopold Ziegler. 1899 und 1901 ist Hofer in Paris, dort erster Kontakt zu dem Kunstschriftsteller Julius Meier-Graefe. 1903 heiratet er Mathilde Scheinberger. Bis 1903 setzt er sein Studium in Stuttgart an der Königlichen Akademie der bildenden Künste fort, anschließend lebt er in Rom. **1908–1912** · Hofer geht von Rom nach Paris. Mitglied der Berliner Sezession und der Neuen Künstlervereinigung München. Auseinandersetzung mit der Kunst von Hans von Marées, Jean Auguste Dominique Ingres, Paul Cézanne und Eugène Delacroix. Bekanntschaft mit Pablo Picasso und August Macke. 1912 Teilnahme an der internationalen Sonderbund-Ausstellung in Köln und Umzug nach Berlin, wo er bis zu seinem Lebensende lebt. **1913–1922** · Er reist im Sommer 1914 nach Frankreich; dort dreijährige Internierung nach dem Beginn des Ersten Weltkrieges. Erst Ende 1917 wird er in die Schweiz entlassen, nachdem sich Julius Meier-Graefe, Harry Graf Kessler und sein Schweizer Mäzen Theodor Reinhart für ihn eingesetzt haben. 1919 Rückkehr nach Berlin. 1921 Ernennung zum Professor an den Vereinigten Staatsschulen für freie und angewandte Kunst in Berlin-Charlottenburg. 1922 malt er *Selbstbildnis mit Dämonen*. **1923–1933** · Mitglied der Preußischen Akademie der Künste ab 1923. Er ist 1927 Mitbegründer der Badischen Se-

zession in Freiburg im Breisgau und ab 1928 im Vorstand der Berliner Sezession. Internationale Anerkennung seiner Kunst. Zahlreiche Ausstellungen und Publikationen über Hofer in diesen Jahren. Gleichzeitig wendet sich Hofer, wie in den Artikeln *Blutsprobe* oder *Faschismus, die dunkle Reaktion!* (beides 1931), auch öffentlich gegen Diffamierungen der nationalsozialistischen Presse. **1934–1937** · Er wird im Juni als Hochschullehrer entlassen. Das Gemälde *Böse Masken* entsteht, in den nächsten Jahren folgen *Der Rufer* (1935), *Kassandra* (1936) und *Mann in Ruinen* (1937). Die Ausstellung *Entartete Kunst* in München zeigt acht Werke Hofers. Bei der Aktion »Entartete Kunst« werden über 300 Arbeiten des Künstlers aus öffentlichen Sammlungen beschlagnahmt. **1938–1939** · Ausschluss aus der Preußischen Akademie der Künste und Berufsverbot. 1938 erfolgt die Scheidung von seiner jüdischen Frau Mathilde, sie wird 1942 im Vernichtungslager Auschwitz ermordet. Hofer heiratet 1939 in zweiter Ehe sein Modell Liesel Schmidt. Er missachtet sein Berufsverbot. Galerien in Düsseldorf, Berlin und München verkaufen heimlich seine Werke. Im Kunstmuseum Winterthur werden vierzig seiner Bilder ausgestellt, die nicht nach Berlin zurückgeschickt werden und damit ihrer Zerstörung entgehen. **1943–1944** · Im März 1943 wird Hofers Atelier bei einem Bombenangriff getroffen; 150 Gemälde und über 1000 Zeichnungen werden zerstört. Nach erhaltenen Fotos malt Hofer Repliken einiger der vernichteten Bilder. 1943 entsteht die zweite Fassung von *Die Schwarzen Zimmer* (erste Fassung 1928), 1944 *Schwarzmondnacht*. **1945–1949** · Hofer wird zum Leiter der Hochschule für die bildenden Künste in Berlin berufen und wirkt an deren Wiederaufbau mit. 1946 ist er Mitherausgeber der Zeitschrift *Bildende Kunst*. 1948 Ehrendoktor der Berliner Humboldt-Universität und Ehrenmitglied der Akademie der Bildenden Künste in Karlsruhe. **1950–1955** · Hofer wird erster Präsident des neugegründeten Deutschen Künstlerbundes. Ihm wird 1952 der Orden Pour le Mérite der Friedensklasse der Wissenschaft und Künste verliehen, 1953 das Große Verdienstkreuz der Bundesrepublik Deutschland. Seine Autobiografie *Erinnerungen eines Malers* erscheint. Will Grohmann provoziert einen öffentlich ausgetragenen Richtungsstreit mit ihm über Fragen gegenständlicher und ungegenständlicher Kunst. Hofer stirbt 1955 in Berlin.

Lit. Hofer 1952; Hofer, Karl: Erinnerungen eines Malers, 2. Aufl. München 1963 [1. Aufl. 1953], hier zum Dritten Reich und seiner Entlassung: S. 221–228; Hofer 1978; Ausst.-Kat. Berlin/Karlsruhe 1978; Ausst.-Kat. Ettlingen 1983; Haftmann 1986, S. 251–255, 398; Hofer 1991; Ausst.-Kat. Grafenau/Bonndorf 1992; Ausst.-Kat. München/Schwerin/Kassel 1998–2000; URL: http://www.karl-hofer.de/webjava/biografie.htm. [Stand: 2.9.2008].

Karl Hubbuch

Karlsruhe 1891 – 1979 Karlsruhe

1891 · Karl Hubbuch wird als Sohn eines badischen Offiziers und späteren Telegrafenbeamten in Karlsruhe geboren. **1908–1914** · Studium bis 1912 an der Großherzoglich-Badischen Akademie der Bildenden Künste in Karlsruhe, dann mit George Grosz und Oskar Nerlinger bis 1914 an der Lehranstalt des Kunstgewerbemuseums in Berlin bei Emil Orlik. **1914–1919** · Er meldet sich vermutlich freiwillig als Soldat und ist als Artillerist in Frankreich, später in Tirol, Galizien und den Karpaten. Eine in Galizien erworbene Malariaerkrankung kuriert er bis Ende 1919 in seinem Elternhaus bei Bruchsal. **1920–1929** · Hub-

buch setzt sein Studium mit Beginn des Wintersemesters 1919/20 an der Badischen Landeskunstschule in Karlsruhe fort, Meisterschüler bei Walter Conz und Ernst Würtenberger. 1922 geht er für ein Jahr nach Berlin, dort Kontakt zur Roten Gruppe, der neben George Grosz und Rudolf Schlichter auch John Heartfield angehört. Ab 1924 ist er Assistent von Ernst Würtenberger in Karlsruhe, 1925 wird Hubbuch Leiter der Zeichenklasse, 1928 zum Professor ernannt. Er heiratet die spätere Fotografin Hilde Isay. 1925 Teilnahme an der Ausstellung *Neue Sachlichkeit* in Mannheim **1930–1944** · Nach 1932 entstehen Zeichnungen, die nach 1945 unter dem Titel *Deutsche Belange* zusammengefasst werden, wozu auch *Aufmarsch* von 1932/33 gehört. Nicht nur hier übt Hubbuch eine deutliche Kritik an den Nationalsozialisten. 1933 entsteht die erste Fassung eines Gemäldes, das ebenfalls den Titel *Aufmarsch* trägt. Hubbuch ist 1933 mit mehreren Bildern auf der Karlsruher Ausstellung *Regierungskunst 1919–1933* vertreten und wird als »entartet« diffamiert. Im gleichen Jahr erfolgen seine Entlassung aus dem Lehramt und das Berufsverbot. Scheidung von seiner jüdischen Frau; sie emigrierte nach Wien, 1938 dann nach London und geht 1939 nach New York. In den Jahren bis 1945 arbeitet Hubbuch in der Majolika-Manufaktur in Karlsruhe und zeitweise als Uhrenschildmaler im Schwarzwald. **1945–1957** · Hubbuch wird nach dem Kriegsende Mitglied in der Rastatter Antifaschistischen Gesellschaft, für die er den Zeichenzyklus *Vergessen? – Niemals!* (1945/46) schafft. Dazu gehören wohl auch die Federzeichnungen *Der Wolf im Schafspelz* und *Des tausendjährigen Reiches Ende nach 12 Jährchen*, die zwischen 1945 und 1947 entstanden sind. Nach einem Lehrauftrag an der Technischen Hochschule Karlsruhe 1947, ist Hubbuch ab dem Wintersemester 1947/48 Professor an der Karlsruher Akademie der Bildenden Künste bis 1957. **1959–1979** · Er erhält 1959 die Silbermedaille im Internationalen Wettbewerb für den Frieden in Leipzig, 1961 den Hans-Thoma-Preis, Staatspreis des Landes Baden-Württemberg, und ist 1965 Ehrengast der Villa Massimo in Rom. Wegen seiner fortschreitenden Erblindung entstehen nach 1970 kaum noch künstlerische Arbeiten. Hubbuch stirbt im Dezember 1979 in Karlsruhe.

Lit. Ausst.-Kat. Karlsruhe/Berlin/Hamburg 1981/82, S. 8–34; Ausst.-Kat. Karlsruhe 1993/94; Ausst.-Kat. Olpe/Solingen-Gräfrath 1999/2000; Ausst.-Kat. Karlsruhe 2000/01; URL: http://www.karl-hubbuch.de [Stand: 2.9.2008].

Alfonso Iannelli

Andretta/Italien 1888 – 1965 Chicago

1888 · Alfonso Iannelli wird im italienischen Andretta als Sohn eines Schuhmachers geboren, der nach Amerika auswandert und 1898 seine Familie

nachfolgen lässt. **1900–1920** · Nach einer Ausbildung zum Juwelier lernt er bei dem Bildhauer Gutzon Borglum. Iannelli erhält ein Stipendium für die New York Art Student League. Um 1906 lebt er in Cincinnati und arbeitet in einem lithografischen Betrieb. Für den von Frank Lloyd Wright entworfenen Architekturkomplex Midway Gardens in Chicago entwirft er 1914 Skulpturen. Anschließend arbeitet Iannelli für verschiedene Architekten in Illinois, zuletzt mit Barry Byrne. **1920–1930** · In Park Ridge gründet er sein eigenes Designbüro und lehrt industrielles Design am Hull House und am Art Institute of Chicago. 1925 erste Einzelausstellung. Für Barry Byrne entwirft er moderne Glasfenster und Skulpturen für Kirchenräume. **1930–1945** · Als erfolgreicher Industriedesigner erhält er unter anderem einen Auftrag für die Weltausstellung in Chicago 1933. 1938 entwirft er für die New Yorker Weltausstellung die Monumentalskulptur *The Threatening Shadow (Der bedrohliche Schatten)*, die nicht realisiert wird. Während des Krieges entstehen weitere Entwürfe für Skulpturen im öffentlichen Raum mit Antikriegsthematik, sie werden ebenfalls nicht ausgeführt. **1955–1965** · Einer seiner letzten großen Aufträge ist ein 1955 geschaffenes monumentales Relief am Prudential Building in Chicago. Iannelli stirbt 1965 in Chicago.

Lit. Falk, Peter Hastings: Who was Who in American Art, 1889–1947, Madison 1985; Artner, Alan G.: Work of Alfonso Iannelli gets a long overdue look, in: Chicago Tribune, 27. 9. 2001 (Art Review); Saur Allgemeines Künstlerlexikon. Bio-bibliographischer Index A–Z, Bd. 6, 2., erw. u. aktual. Auflage, München/Leipzig 2008, S. 792; URL: http://www.architechgallery.com/arch_info/artists_pages/ iannelli_bio.html [Stand: 12. 9. 2008].

František Janoušek
Jesenný in Böhmen (heute: Tschechische Republik) 1890–1943 Prag

1890 · František Janoušek wird in Jesenný im Bezirk Semil als Sohn eines Lehrers geboren. **1905–1914** · Lehrerausbildung in Prag bis 1910, danach bis zum Beginn des Ersten Weltkrieges als Lehrer tätig. 1913 veröffentlicht die Zeitschrift *Dobrá Kopa* (Guter Kerl, oder: Kumpan, Kumpel) erste Karikaturen von ihm. **1914–1918** · Zu Beginn des Ersten Weltkrieges als Soldat an der serbischen Front. Verwundung und ab April 1915 erneuter Fronteinsatz. Janoušek verletzt sich selbst am Bein, woraufhin er bis zum Kriegsende im Büro eines Militärkrankenhauses arbeitet. **1919–1925** · Studium an der Akademie der Künste in Prag bis 1922, ab 1921 Schüler von Professor Vojtěch Hynais. Inspiration durch die neoklassizistischen und kubistischen Werke Pablo Picassos. Danach ist Janoušek zunächst wieder als Lehrer tätig. 1924 wird er Mitglied des Prager Künstlervereins Mánes und beteiligt sich in den folgenden Jahren an den Ausstellungen des Vereins. **1926–1931** · Janoušek lässt sich in Prag nieder. Zwischen 1928 und 1931 veröffentlicht er Artikel in den Zeitschriften *Český Svět* (Tschechische Welt) und *Národn osvobozen* (Nationale Befreiung). 1929 Verleihung des Jan-Stursa-Preises an Janoušek; längerer Italienaufenthalt, danach Hinwendung zur surrealistischen Kunst. **1932–1938** · Teilnahme an der Prager Surrealisten-Ausstellung *Poézie 1932*. 1935 entsteht die Kohlezeichnung *Květen večera (Abend im Mai)*, die Janoušek 1936 in ein Ölgemälde gleichen Titels umsetzte; erste Einzelausstellung im Künstlerverein Mánes. **1939–1943** · Zusammen mit Vladimir Sychra und Vojtěch Tittelbach übernimmt er 1939 die Leitung der Kunstschule des Künstlervereins Mánes. Nach dem Einmarsch der deutschen Truppen in die Tschechoslowakei erhält Janoušek Ausstellungsverbot. Er erkrankt 1942 an Krebs und stirbt im Januar 1943 in Prag.

Lit. Ausst.-Kat. Berkeley 1990, S. 242f.; Chalupecký 1991; Saur Allgemeines Künstlerlexikon. Bio-bibliographischer Index A–Z, Bd. 5, Leipzig 2000.

Alexander Kanoldt
Karlsruhe 1881–1939 Berlin

1881 · Alexander Kanoldt wird 1881 in Karlsruhe als Sohn des Landschaftsmalers Edmund Friedrich Kanoldt geboren. **1899–1913** · Ausbildung zum Dekorationsmaler in Karlsruhe, ab 1901 Besuch der Großherzoglich-Badischen Akademie der Bildenden Künste. Freundschaft mit Adolf Erbslöh. Von 1906 bis 1909 Meisterschüler bei Friedrich Fehr. 1909 geht Kanoldt nach München und wird Gründungsmitglied der Neuen Künstlervereinigung München. 1910 Teilnahme an der Sonderbund-Ausstellung. 1913 Gründungsmitglied der Münchner Neuen Sezession. Orientierung am französischen Kubismus. **1914–1922** · Während des Ersten Weltkrieges ist Kanoldt als Offizier in Frankreich, Italien und der Ukraine stationiert. Ihm werden das Eiserne Kreuz 2. Kl. und der Bayerische Militär-Verdienst-Orden 4. Kl. verliehen. 1920 Teilnahme an der Ausstellung *Deutscher Expressionismus* in München. Er verlässt die Münchner Neue Sezession und wendet sich der neusachlichen Malerei zu. **1923–1930** · Er lehnt 1924 die Berufung an die Kasseler Akademie ab. 1925 Professur an der Staatlichen Akademie für Kunst und Kunstgewerbe in Breslau. Teilnahme an der Mannheimer Ausstellung *Neue Sachlichkeit*. 1927 Mitbegründer der Badischen Sezession in Freiburg im Breisgau, 1928 Vorsitzender des Schlesischen Künstlerbundes. 1930 kündigt er seine Professur wegen künstlerischer Differenzen mit dem Direktor Oskar Moll. **1931–1936** · Kanoldt eröffnet 1931 eine private Malschule in Garmisch-Partenkirchen. 1932 Mitglied der Münchner Künstlergruppe *Die Sieben*. Am 1. Mai 1932 Eintritt in die NSDAP. 1933 Vorsitzender der Badischen Sezession. Auf der Karlsruher Ausstellung *Regierungskunst 1918–1933* in der Badischen Kunsthalle in Karlsruhe ist Kanoldt vertreten und wird als »entartet« diffamiert. Im selben Jahr wird er zum Direktor der Hochschule für bildende Künste in Berlin-Schöneberg berufen, scheidet im Oktober 1936 aus gesundheitlichen Gründen aus. Im Mai 1936 zwangsweise Auflösung der Badischen Sezession. Kanoldt übernimmt ein Meisteratelier an der Preußischen Akademie der Künste, Berlin. **1937–1939** · Bei der Aktion »Entartete Kunst« 1937 werden 17 Bilder von Kanoldt aus öffentlichen Sammlungen beschlagnahmt, darunter auch sein *Stilleben IV (Masken)* von 1920. 1938 durchsucht die Gestapo seine Wohnung, vermutlich wegen der Kontakte seiner Töchter zu dem am Kirchenkampf gegen das NS-Regime betei-

ligten Pastor Martin Niemöller. Alexander Kanoldt stirbt im Januar 1939 in Berlin.

Lit. Ausst.-Kat. Freiburg/Wuppertal 1987; Koch, Michael: Der »entartete« Parteigenosse. Alexander Kanoldt im Dritten Reich, in: Ausst.-Kat. Freiburg/Wuppertal 1987, S. 47–72; Ausst.-Kat. Karlsruhe 2000/01 (2).

Paul Klee
Münchenbuchsee bei Bern 1879 –
1940 Muralto bei Locarno

1879 · Paul Klee wird in Münchenbuchsee als zweites Kind des Musiklehrers Hans Klee geboren. 1892–1898 · Schon während seiner Schulzeit in Bern entstehen zahlreiche Zeichnungen. Es sind neun Skizzenbücher erhalten. 1898–1902 · Klee studiert in München an der privaten Zeichenschule von Heinrich Knirr und bei Franz von Stuck an der Akademie der Bildenden Künste. Ab Oktober 1901 reist er mit dem Bildhauer Hermann Haller für mehrere Monate nach Italien. 1902–1906 · Er geht im Mai 1902 nach Bern zurück, wo er die nächsten vier Jahre lebt und arbeitet. An der Universität Bern besucht er die Vorlesung *Plastische Anatomie für Künstler*. In dieser Zeit entstehen erste Radierfolgen. 1906–1908 · Im Herbst 1906 heiratet Klee die Pianistin Lily Stumpf. Teilnahme an der internationalen Ausstellung der Münchner Sezession und Umzug nach München. 1907 Geburt des Sohnes Felix. 1908 werden Zeichnungen in der Berliner Sezession gezeigt. Illustrationsaufträge. 1910–1913 · Erste Einzelausstellung im Kunstmuseum Bern, später in Zürich, Basel und Winterthur. 1911/12 entstehen Zeichnungen zu Voltaires *Candide*, die aber erst 1920 veröffentlicht werden. 1911 lernt er August Macke, Wassily Kandinsky, Franz Marc und die anderen Künstler des Blauen Reiters kennen. 1912 Teilnahme an der zweiten Ausstellung des Blauen Reiters. In Paris sieht Klee die Werke von Pablo Picasso, Henri Matisse und Georges Braque. 1914 · Tunisreise mit August Macke und Louis Moilliet. Klee ist Mitbegründer der Neuen Münchner Sezession. 1916–1919 · Garnisonsdienst in der Nähe von München 1916 bis 1918. 1917 Ausstellung in der Berliner Sturm-Galerie von Herwarth Walden. 1918 Illustrationen zu Texten von Theodor Däubler in *Neue Blätter für Kunst und Dichtung*. Oskar Schlemmers Bemühungen, Klee als Lehrer an die Königliche Akademie der bildenden Künste Stuttgart zu berufen, scheitern. 1920–1926 · Berufung an das Bauhaus in Weimar 1920. Klees *Schöpferische Konfession* erscheint in der gleichnamigen Anthologie Kasimir Edschmids. 1923 wird Klees Text *Wege des Naturstudiums* veröffentlicht. 1924 Ausstellung in New York. Gründet mit Alexej von Jawlensky, Wassily Kandinsky und Lyonel Feininger die Künstlergruppe Die Blauen Vier. 1925 Übersiedlung des Bauhauses nach Dessau. Klees Schrift *Pädagogisches Skizzenbuch* erscheint in der Reihe der Bauhausbücher. 1926 zieht Klee von Weimar nach Dessau. Beteiligung an der Ausstellung *La peinture surréaliste* in Paris. 1928–1931 · Studienreise nach Ägypten 1928/1929. 1930 Ausstellung im Museum of Modern Art in New York. Im Juli 1931 nimmt Klee eine Professur an der Düsseldorfer Kunstakademie an und pendelt zunächst zwischen Dessau und Düsseldorf. 1933 · Hausdurchsuchung in Dessau. Fristlose Beurlaubung Klees am 21. April 1933. Noch im selben Monat Umzug von Dessau nach Düsseldorf. Im Frühjahr/Sommer entstehen die circa 250 Zeichnungen zur »nationalsozialistischen Revolution«, in denen er seine persönlichen Erlebnisse und Empfindungen nach Hitlers Machtübernahme verarbeitet. Am 24. Dezember emigriert er nach Bern. 1934–1935 · Erste Einzelausstellung in London. Das Buch von Will Grohmann, *Paul Klee. Handzeichnungen 1921–1930*, erscheint 1934 in Deutschland und wird im April 1935 von den Nationalsozialisten beschlagnahmt. 1935 erste Symptome von Sklerodermie, einer seltenen, nicht heilbaren Krankheit, die zu Verhärtungen von Haut- und Bindegewebe führt. 1936–1937 · Mit nur 25 Werken im Jahr 1936 hat Klees Schaffen seinen Tiefpunkt erreicht. In der diffamierenden Ausstellung *Entartete Kunst* werden 1937 mehrere Werke von Klee gezeigt. Insgesamt werden 102 Arbeiten Klees während der Aktion »Entartete Kunst« aus öffentlichen Sammlungen beschlagnahmt. 1938–1940 · Bilder von Klee sind in der Bauhaus-Ausstellung im Museum of Modern Art in New York zu sehen. Mit 1 253 Arbeiten erreicht Klee 1939 seine höchste künstlerische Jahresproduktion. Klee stirbt am 29. Juni 1940 in einer Klinik in Muralto bei Locarno.

Lit. Giedion-Welcker 1961; Werckmeister 1981; Ausst.-Kat. Bern/New York 1987/88; Ausst.-Kat. Bern 1990; Ausst.-Kat. Mannheim 1990; Ausst.-Kat. Berlin 1997 (2); Ausst.-Kat. München/Bern/Frankfurt am Main/Hamburg 2003/04; Ausst.-Kat. Bern/Köln 2005/06.

Max Klinger
Leipzig 1857 – 1920 Großjena bei Naumburg

1857 · Max Klinger wird als zweiter Sohn eines Seifenfabrikanten in Leipzig geboren. 1874–1877 · Studium unter anderem bei dem Genremaler Karl Gussow an der Großherzoglich-Badischen Kunstschule in Karlsruhe. Seine Mitschüler sind Ferdinand Hodler, Max Slevogt und Wilhelm Volz. 1875 · Er folgt seinem Lehrer Karl Gussow nach Berlin an die Akademie, wo er sein Studium 1877 mit Prädikat abschließt. 1879 · Mit *Cäsars Tod* (1919 vollendet), Klingers erstem Monumentalgemälde, entsteht ein Hauptwerk des deutschen historischen Symbolismus. 1883–1886 · Klinger lebt und arbeitet überwiegend in Paris. Intensive Auseinandersetzung mit den Werken von Francisco de Goya, Gustav Doré, den Präraffaeliten und der zeitgenössischen französischen Literatur. 1888–1891 · Klinger lebt mit Unterbrechungen in Rom. In der Auseinandersetzung mit Literatur, Musik und bildender Kunst strebt er das Ideal des Gesamtkunstwerkes an. 1891 · Erste retrospektive Einzelausstellung in München. Goldene Medaille für den ersten Teil der Radierfolge *Vom Tode*. Mitglied der Königlichen Akademie der Bildenden Künste in München. Publikation seiner Schrift *Malerei und Zeichnung*. 1893–1894 · Mitglied der Münchner Sezession. Mitglied der Preußischen Akademie der Künste, Berlin. 1897 · Ernennung zum Professor an der Akademie der bildenden Künste in Leipzig. Korrespondierendes Mitglied der Wiener Sezession. 1903 · Vizepräsident des Deutschen Künstlerbundes. 1909/1910 · Vollendung des zweiten Teiles des Zyklus *Vom Tode* (1898–1909/10). 1911 · Gründung des Vereins Leipziger Jahresausstellung unter dem Vorsitz

von Klinger. **1920** · Klinger stirbt in Großjena bei Naumburg. Käthe Kollwitz hält eine der Grabreden.
Lit. Ausst.-Kat. Frankfurt am Main 1992; Slg.-Kat. Leipzig 1995; Ausst.-Kat. Karlsruhe 2007.

Käthe Kollwitz
Königsberg (heute: Kaliningrad/Russland) 1867– 1945 Moritzburg bei Dresden
1867 · Käthe Kollwitz wird als fünftes Kind des Maurermeisters Karl Schmidt in Königsberg geboren. **1886–1890** · Ausbildung an der Berliner und Münchner Künstlerinnenschule sowie in Königsberg. **1891–1893** · Heirat mit dem Arzt Karl Kollwitz und Umzug von Königsberg nach Berlin. 1892 Geburt ihres Sohnes Hans. **1893** · Sozialkritische Themen stehen im Mittelpunkt ihrer Arbeiten. Besuch der Berliner Uraufführung des Dramas *Die Weber* von Gerhard Hauptmann. Der Zyklus *Ein Weberaufstand* entsteht und bringt ihr den künstlerischen Durchbruch. **1896–1903** · Ihr Sohn Peter wird 1896 geboren. Kollwitz unterrichtet ab 1898 für fünf Jahre an der Berliner Künstlerinnenschule. 1899 nimmt sie an der ersten Ausstellung der Berliner Sezession teil. **1901–1913** · Mitglied der Berliner Sezession. Nach der Spaltung der Sezession wird sie Mitglied der Freien Sezession, deren Vorstand sie 1914–1916 angehört. Ab 1909 beginnt sie plastisch zu arbeiten **1914** · Ihr Sohn Peter meldet sich als Kriegsfreiwilliger und fällt im Oktober in Flandern. **1918** · In einem offenen Brief im *Vorwärts* (30. 10. 1918) wendet sich Kollwitz gegen Richard Dehmels *Aufruf zum letzten Kriegsaufgebot* mit den Worten »Es ist genug gestorben!« und dem Goethe-Zitat »Saatfrüchte sollen nicht vermahlen werden«. **1919–1924** · Am 24. Januar 1919 wird sie als erste Frau Mitglied der Preußischen Akademie der Künste, Berlin, und zur Professorin ernannt. Ab 1921 entstehen zahlreiche Arbeiten, die die Nachkriegsnot thematisieren und vor einem neuen Krieg warnen, darunter 1922/23 die Holzschnittfolge *Krieg* und das Plakat *Nie wieder Krieg* im Jahr 1924. **1928–1932** · Kollwitz leitet ein Meisteratelier für Grafik an der Preußischen Akademie der Künste bis zu ihrer Amtsenthebung nach der Machtübernahme der Nationalsozialisten. 1929 wird ihr der Orden Pour le Mérite der Friedensklasse der Wissenschaft und Künste verliehen. 1931 vollendet sie nach langjähriger Arbeit die Skulptur *Die Eltern*, die 1932 auf dem Soldatenfriedhof in Flandern aufgestellt wird, auf dem ihr 1914 gefallener Sohn Peter beigesetzt ist. **1932–1933** · Sie unterschreibt zusammen mit ihrem Mann den *Dringenden Appell* zum Zusammenschluss der SPD und KPD, der eine nationalsozialistische Mehrheit bei den Wahlen am 31. Juli verhindern soll. Gemeinsam mit Heinrich Mann erneuern sie diesen Appell anlässlich der Wahlen am 5. März 1933, die die letzten freien Wahlen sein werden. Kollwitz und Mann werden von den Nationalsozialisten gezwungen, aus der Akademie auszutreten. **1936–1940** · Die Exponate der Künstlerin werden aus der Berliner Akademieausstellung entfernt; dies entspricht einem inoffiziellen Ausstellungsverbot. Ab 1937 werden ihre Werke im Rahmen der Aktion »Entartete Kunst« aus den öffentlichen Sammlungen entfernt. 1938 vollendet sie die Plastiken *Pietà* und *Turm der Mütter*. Am 19. Juli 1940 stirbt ihr Mann Karl. **1941–1945** · Die Lithografie *Saatfrüchte sollen nicht vermahlen werden* entsteht als Vermächtnis der Künstlerin. Am 22. September 1942 fällt ihr Enkel Peter in Russland. Evakuierung nach Nordhausen. Zerstörung ihres Ateliers und der Wohnung in Berlin durch einen Bombenangriff 1943. Umzug nach Moritzburg bei Dresden. Hier stirbt Käthe Kollwitz am 22. April kurz vor Kriegsende.
Lit. Ausst.-Kat. Berlin 1989 (3); Knesebeck 1998; Fritsch (Hg.) 1999; Knesebeck 2002.

Alexander Zerdini Kruse
New York 1888 – 1972 Tujunga/Kalifornien
1888 · Alexander Zerdini Kruse wird in New York geboren. **1900** · Sein erstes Gemälde verkauft er mit zwölf Jahren. Er studiert in New York bei John Sloan, Robert Henri und George Luks. Später unterrichtet er an der Brooklyn Museum Art School, wo er eine Klasse für »Sonntagsmaler« gründet. **1936** · In dem Gemälde *Espanolaphone* karikiert Kruse die Beteiligung Adolf Hitlers und Benito Mussolinis am Spanischen Bürgerkrieg. **1937** · Während des Zweiten Amerikanischen Künstlerkongresses beteiligt er sich an der Ausstellung *Exhibition in Defense of the World Democracy*, die dem Kampf für die Demokratie in der

Welt gewidmet ist. Auf dem Kongress spricht unter anderem Erika Mann. **1938–1946** · Kruse ist als Kunstkritiker für den *Brooklyn Eagle* und für *Art Digest* tätig; außerdem schreibt er die regelmäßige Kolumne *Art with a Small 'a'* für die *New York Post*. **1972** · Alexander Zerdini Kruse stirbt in Tujunga, Kalifornien.
Lit. Kruse 1994.

Alfred Kubin
Leitmeritz in Nordböhmen
(heute: Litoměřice/Tschechische Republik) 1877 – 1959 Zwickledt bei Wernstein am Inn
1877 · Alfred Leopold Isidor Kubin wird als Sohn eines Landvermessers in Leitmeritz geboren. **1891–1896** · Nach einjährigem Besuch der Kunstgewerbeschule in Salzburg ab 1892 Fotografenlehre in Klagenfurt. Selbstmordversuch 1896. **1897** · Die Ausbildung beim Militär endet mit einem Nervenzusammenbruch. **1898–1899** · Private Malschule Schmidt-Reutte in München. Kurzer Besuch der Münchner Kunstakademie. Klingers Radierzyklus *Paraphrase über den Fund eines Handschuhs* inspiriert Kubin zu seinem alptraumhaft-fantastischen Frühwerk. **1903** · In München erscheint eine Mappe mit Faksimiledrucken nach seinen Federzeichnungen: *Alfred Kubin. Faksimiledrucke nach Kunstblättern*, herausgegeben und verlegt von Hans von Weber, darunter auch das Blatt *Der Krieg*. Der große Erfolg des Blattes regt Kubin zu einer Reihe gering modifizierter Varianten an, die er bis 1930 ausführt. **1906** · Kubin zieht nach Zwickledt in Österreich, wo er bis zu seinem Tod lebt. **1909** · Nach einer Phase der künstlerischen Orientierungssuche veröffentlicht er seinen fantastischen, von Endzeitstimmung geprägten Roman *Die andere*

Seite. Er wird Mitglied der Neuen Künstlervereinigung München neben Wassily Kandinsky, Alexej von Jawlensky und anderen. **1911–1913** · Beitritt zu der Künstlergruppe Der Blaue Reiter. Mit ihren Mitgliedern stellt Kubin im *Ersten Deutschen Herbstsalon* in der Sturm-Galerie von Herwarth Walden in Berlin aus. **1914–1918** · Der Kriegsausbruch löst eine Schaffenskrise aus. Mehrfach wird Kubin für das Militär gemustert, jedoch immer wieder zurückgestellt. **1921–1929** · Zahlreiche Ausstellungen und Veröffentlichungen eigener Texte, Mappenwerke und Illustrationen. **1929** · Ernst Jünger rezensiert Kubins Roman *Die andere Seite*; Beginn eines zwanzig Jahre andauernden Briefwechsels. **1930** · Ordentliches Mitglied der Preußischen Akademie der Künste, Berlin. **1933–1945** · Aquarellzeichnung *Braune Kolonnen* (1933). Eine kritische Auseinandersetzung mit dem Nationalsozialismus und dem Zweiten Weltkrieg findet sich in Kubins Werk nur vereinzelt in verschlüsselter Form. **1936** · Seine 1924 bei Piper erschienene Schrift *20 Bilder zur Bibel* wird von der Berliner Reichsschrifttumskammer als »schädliches und unerwünschtes Schrifttum« verboten. **1937–1940** · Zahlreiche Ehrungen 1937 zu seinem sechzigsten Geburtstag sowie Ernennung zum Professor. Ausstellungen in Wien, Prag und Hamburg. **1951–1959** · Österreichischer Staatspreis für Literatur, Musik und Bildende Kunst der Wiener Akademie der bildenden Künste. Österreichisches Verdienstkreuz für Wissenschaft und Kunst. Zahlreiche Ausstellungen zu seinem achtzigsten Geburtstag. Kubin stirbt im August 1959 in Zwickledt bei Wernstein am Inn.

Lit. Ausst.-Kat. München/Hamburg 1990/91; Ausst.-Kat. Linz 1995; Ausst.-Kat. Linz 1995 (2); Ausst.-Kat. Linz/München 1999.

Heinz Lohmar
Troisdorf im Vogtland 1900–1976 Dresden

1900 · Heinz Lohmar wird in Troisdorf als Sohn eines Bauunternehmers geboren. **1914–1920** · Ausbildung als Dekorationsmaler in Köln 1914 bis 1917, ab 1918 Studium der Wandmalerei an der Kunstgewerbe- und Handwerkerschule in Köln bei Robert Seufert. **1921–1930** · Freundschaft mit Max Ernst, den er 1921 kennenlernt. Unter seinem Einfluss setzt sich Lohmar mit der Kunst des Surrealismus auseinander. 1929 wird er Mitglied der Kölner Gruppe der Assoziation Revolutionärer Bildender Künstler Deutschlands (kurz ASSO oder ARBKD). **1931–1933** · Lohmar tritt 1931 der KPD bei. Zwischen 1931 und 1932 lebt er zeitweise in der Fontana Martina, einer Künstlerkommune nach sozialistischem Vorbild, die 1923 von Fritz Jordi am Lago Maggiore gegründet wurde. 1933 wird er nach der Machtübernahme der Nationalsozialisten in »Schutzhaft« genommen und emigriert nach seiner Freilassung in die Schweiz. Dort erneute Verhaftung und Ausweisung aus der Schweiz nach Italien. Noch im selben Jahr Emigration nach Paris. **1934–1939** · In Paris entsteht 1936 das Gemälde *Das Übertier*. 1937 arbeitet Lohmar mit Bertolt Brecht zusammen, außerdem ist er Mitbegründer und Sekretär der Union des Artistes Libres. 1938 Beteiligung an der Pariser Ausstellung *Fünf Jahre Hitlerdiktatur*. **1940–1945** · Sein Pariser Atelier und seine Bilder werden nach dem Einmarsch der deutschen Truppen zerstört. Lohmar flieht in das unbesetzte Südfrankreich. Er wird Mitglied in der Résistance und dem Nationalkomitee Freies Deutschland für den Westen (CALPO, Comité Allemagne Libre Pour l'Ouest).

1946–1976 · Lohmar kehrt nach Deutschland zurück. 1949 Berufung an die Akademie der bildenden Künste Dresden. Ernennung zum Professor für Wandmalerei 1951. Zahlreiche Auszeichnungen der DDR. Ausstellungen unter anderem in der UdSSR, Polen, Ungarn, Frankreich und Italien. Lohmar stirbt 1976 in Dresden.

Lit. Ausst.-Kat. Dresden 1970; Altner 1981; Ausst.-Kat. Halle/Apeldoorn 1990/91, S. 86; Ausst.-Kat. Amsterdam/Berlin 1996, S 108.

Gerhard Marcks
Berlin 1889–1981 Burgbrohl in der Eifel

1889 · Gerhard Marcks wird in Berlin als jüngster Sohn eines Kaufmanns geboren. **1907–1913** · Nach dem Abitur erste Anleitung zur Plastik durch August Gaul und Georg Kolbe. Bekanntschaft mit Walter Gropius und Richard Scheibe. Ab 1908 Werkstattgemeinschaft mit Scheibe. 1911 Ausstellungsbeteiligung bei der Berliner Sezession. 1912 bis 1913 Militärdienst in Lübeck. **1914–1918** · Beteiligung an der Deutschen Werkbund-Ausstellung 1914 in Köln. Zu Beginn des Ersten Weltkrieges Einsatz als Frontsoldat in Flandern, erhält das Eiserne Kreuz 2. Kl. Sanatoriumsaufenthalt 1915 wegen einer schweren Erkrankung, anschließend als dienstuntauglich vom Militärdienst entlassen. 1916 Beteiligung an der Wanderausstellung *Kriegerdenkmal und Kriegergrabmal*. 1918 künstlerischer Berater der Kriegsgräberfürsorge in Danzig. Er arbeitet für die Steingutfabrik Velten-Vordamm und die Porzellan-Manufaktur Meissen. **1919–1924** · Marcks unterrichtet an der Kunstgewerbeschule in Berlin und wird von Walter Gropius an das Staatliche Bauhaus in Weimar berufen. 1920 übernimmt er die Bauhaus-Töpferei in Dornburg an der Saale. Neben plastischen Werken entstehen umfangreiche grafische Arbeiten. **1925–1932** · Nach der Auflösung des Bauhauses in Weimar 1925 Berufung zum Professor an die Kunstgewerbeschule Burg Giebichenstein in Halle. Die folgenden Jahre sind für Marcks sehr erfolgreich und produktiv. 1928 Griechenlandreise, Villa-Romana-Preis des Deutschen Künstlerbundes und Grafikpreis des Wettbewerbes *Die Schaffenden* in Berlin. Ab 1930 vertritt er den Direktorenposten der Kunstgewerbeschule Burg Giebichenstein. **1932–1936** · Seine Entwürfe für ein Reichsehrenmal in Thüringen werden 1932 wegen ihrer »pazifistischen« Erscheinung abgelehnt. Im Juli 1933 wird ihm das Lehramt an der Kunstgewerbeschule Burg Giebichenstein gekündigt, nachdem er gegen die Entlassung einer jüdischen Kollegin protestiert hatte. Seine Berufung zum Direktor der Düsseldorfer Kunstakademie wird abgelehnt. 1934 Rompreis und 1935 Stipendiat der Villa Massimo in Rom. **1937–1945** · Rückkehr nach Berlin 1937. Auf der diffamierenden Ausstellung *Entartete Kunst* in München sind zwei Plastiken von Marcks

tärdienst als Dolmetscher in einem Kriegsgefangenlager in Cottbus. Durch die Kriegserfahrungen Hinwendung zur Religion und zur Literatur. Expressionistische Prosa entsteht: *Septemberschrei* und *Im Nacken das Sternemeer*. **1918** · Kurzzeitig Mitglied der Novembergruppe und des revolutionären Arbeitsrates für Kunst. **1924–1929** · Er unterrichtet am Studienatelier für Malerei und Plastik in Berlin-Charlottenburg. Zunehmender Rückzug in die jüdische Religion, die neben dem Porträt zum zentralen Thema seiner Kunst wird. 1927 heiratet Meidner seine ehemalige Schülerin Else Mayer. Der Sohn David wird 1929 geboren. Die Sammlung autobiografischer Kurzprosa *Gang in die Stille* erscheint. **1933–1935** · Meidner erhält 1933 Arbeits- und Ausstellungsverbot. 1934 Teilnahme an Gruppenausstellungen im Jüdischen Museum in Berlin und in London. 1935 zieht Meidner wegen zunehmender Repressionen durch das nationalsozialistische Regime nach Köln. Er arbeitet als Zeichenlehrer an einer jüdischen Schule. **1937** · In den deutschen Museen werden seine Werke im Zuge der Aktion »Entartete Kunst« beschlagnahmt; einige davon werden in der Münchener Feme-Ausstellung *Entartete Kunst* gezeigt. **1939–1941** · Flucht mit der Familie nach Großbritannien. Nach einem Aufenthalt in London folgt die Internierung als *enemy alien*, als »feindlicher Ausländer«. Lernt im Internierungslager Kurt Schwitters kennen. Lebt nach seiner Entlassung in London. **1953** · Rückkehr nach Deutschland. Else Meidner bleibt in London. **1964–1966** · Mitglied der Akademie der Künste, West-Berlin. Ihm wird das Große Verdienstkreuz der Bundesrepublik Deutschland verliehen. Meidner stirbt 1966 in Darmstadt.

Lit. Brieger 1919; Meidner 1923 [1919]; Ausst.-Kat. Wiesbaden 1959; Ausst.-Kat. Recklinghausen/Berlin/Darmstadt 1963/64; Grochowiak 1966; Hodin 1973; Leistner 1986; Ausst.-Kat. Los Angeles/Berlin 1989/90; Ausst.-Kat. Darmstadt 1991; Expressionismus und Moderne 1993; Berankova/Riedel 1996; Ausst.-Kat. Wien 2001/02; Ausst.-Kat. Frankfurt am Main/London 2002.

Willi Müller-Hufschmid
Karlsruhe 1890 – 1966 Karlsruhe
1890 · Willi Müller wird als Sohn eines Gastwirtes in Karlsruhe geboren. **1908–1921** · Studium an der Großherzoglich-Badischen Akademie der Bildenden Künste in Karlsruhe bei Walter Georgi und Caspar Ritter bis 1913. Freundschaft mit Rudolf Schlichter, Kontakt zu den Studienkollegen Karl Hubbuch und Georg Scholz. 1912 Studienreise nach Paris. Soldat im Ersten Weltkrieg und ab 1915 sechsjährige Gefangenschaft in Sibirien. **1921–1932** · Kehrt nach Karlsruhe zurück. Er heiratet 1922 Verena Hufschmid und nennt sich nun Müller-Hufschmid. 1923–1928 an der Karlsruher Akademie Meisterschüler von Hermann Goebel. Ab Ende der 1920er Jahre mehrere Ausstellungsbeteiligungen, 1929 Einzelausstellung im Badischen Kunstverein Karlsruhe. Neben Scholz, Hubbuch und Wilhelm Schnarrenberger gehört Müller-Hufschmid bald zu den wichtigsten Vertretern der Neuen Sachlichkeit in Karlsruhe. 1. Preis im Wettbewerb *Selbstbildnisse badischer Künstler* 1930, aber negative Beurteilungen in der Presse. **1933–1940** · Ab 1933 kaum noch Arbeits-, Ausstellungs- und Verkaufsmöglichkeiten. Zudem löst er sich in seinen Arbeiten der 1930er Jahre vom neusachlichen Stil. Seine Bilder werden nicht öffentlich in den Feme-Ausstellungen diffamiert, jedoch vermerkt der Künstler eine »restlose Zurückweisung der Arbeiten in allen Ausstellungen, da sie als nazifeindliche Propaganda aufgefasst werden«. **1941–1947** · Er arbeitet als Bühnenbildner und Theatermaler in Konstanz, wo er bis 1947 lebt. 1942 stirbt Verena Hufschmid, sie hatte bis 1941 den gemeinsamen Lebensunterhalt bestritten. 1944 wird er als Schrankenwärter bei der Reichsbahn dienstverpflichtet. Die meisten seiner frühen Arbeiten werden 1944 in seinem Karlsruher Atelier bei einem Bombenangriff zerstört. In den Jahren 1943 bis 1945 entstehen expressive Zeichnungen mit apokalyptischen Bildinhalten, in denen er seine persönliche Situation verarbeitet und seine Ablehnung des Hitler-Regimes zum Teil verschlüsselt darstellt. Dazu gehören etwa *Der Rufer, Ein Blinder, Panik* oder *Sie beten ihren Vernichter an*. **1947–1966** · Er geht nach Karlsruhe zurück und ist dort erneut als freischaffender Künstler tätig. Konsequente Hinwendung zur Abstraktion. 1953 erhält er den Kunstpreis der Stadt Karlsruhe. 1958 große Einzelausstellung bei der Gesellschaft der Freunde Junger Kunst in

Baden-Baden. 1959 mit zwei Gemälden auf der documenta II in Kassel vertreten. 1964 Hans-Thoma-Preis, Staatspreis des Landes Baden-Württemberg. Willi Müller-Hufschmid stirbt im April 1966 in Karlsruhe.

Lit. Ausst.-Kat. Karlsruhe 1965; Ausst.-Kat. Karlsruhe 1981; Ausst.-Kat. Konstanz 1991; Ausst.-Kat. Karlsruhe/Schwäbisch Hall 1999/2000; Angermeyer-Deubner, Marlene: Willi Müller-Hufschmid. Außenseiter zwischen Verismus und Neuer Sachlichkeit, in: Büttner, Katharina (Hg.): Kunst und Architektur in Karlsruhe. Festschrift für Norbert Schneider, Karlsruhe 2006, S. 91–101.

Amos Nattini
Genua 1892 – 1985 Parma
1892–1910 · Amos Nattini wird in Genua geboren. Besucht an der Kunstakademie Kurse für Aktzeichnen und an der Universität Anatomievorlesungen. **1911–1919** · Nattini illustriert Werke von Gabriele D'Annunzio, der ihn auch fördert. 1913 geht Nattini nach Paris, wo ihn D'Annunzio in literarische und künstlerische Kreise einführt. 1915 Ausstellung der ersten drei Bilder zur Dante-Thematik *(Imagini dantesche)* in Mailand. Ab 1919 konzentriert sich Nattini ausschließlich auf die Illustration der *Divina Commedia (Göttlichen Komödie)*. **1920–1922** · Nattini gründet 1920 mit Rino Valdameri in Genua einen Verlag, die Casa Editrice di Dante. 1921 stellt Nattini anlässlich des 600. Todestages von Dante seine *Imagini dantesche* in Florenz, Genua und Mailand aus und erwirbt internationale Anerkennung. Er nimmt 1923 an der ersten Ausstellung der konservativen Künstlergruppe Novecento (ital. für das 20. Jahrhundert) in Mailand teil, die Beziehungen zu faschisti-

Seite. Er wird Mitglied der Neuen Künstlervereinigung München neben Wassily Kandinsky, Alexej von Jawlensky und anderen **1911–1913** · Beitritt zu der Künstlergruppe Der Blaue Reiter. Mit ihren Mitgliedern stellt Kubin im *Ersten Deutschen Herbstsalon* in der Sturm-Galerie von Herwarth Walden in Berlin aus. **1914–1918** · Der Kriegsausbruch löst eine Schaffenskrise aus. Mehrfach wird Kubin für das Militär gemustert, jedoch immer wieder zurückgestellt. **1921–1929** · Zahlreiche Ausstellungen und Veröffentlichungen eigener Texte, Mappenwerke und Illustrationen. **1929** · Ernst Jünger rezensiert Kubins Roman *Die andere Seite*; Beginn eines zwanzig Jahre andauernden Briefwechsels. **1930** · Ordentliches Mitglied der Preußischen Akademie der Künste, Berlin. **1933–1945** · Aquarellzeichnung *Braune Kolonnen* (1933). Eine kritische Auseinandersetzung mit dem Nationalsozialismus und dem Zweiten Weltkrieg findet sich in Kubins Werk nur vereinzelt in verschlüsselter Form. **1936** · Seine 1924 bei Piper erschienene Schrift *20 Bilder zur Bibel* wird von der Berliner Reichsschrifttumskammer als »schädliches und unerwünschtes Schrifttum« verboten. **1937–1940** · Zahlreiche Ehrungen 1937 zu seinem sechzigsten Geburtstag sowie Ernennung zum Professor. Ausstellungen in Wien, Prag und Hamburg **1951–1959** · Österreichischer Staatspreis für Literatur, Musik und Bildende Kunst der Wiener Akademie der bildenden Künste. Österreichisches Verdienstkreuz für Wissenschaft und Kunst. Zahlreiche Ausstellungen zu seinem achtzigsten Geburtstag. Kubin stirbt im August 1959 in Zwickledt bei Wernstein am Inn.

Lit. Ausst.-Kat. München/Hamburg 1990/91; Ausst.-Kat. Linz 1995; Ausst.-Kat. Linz 1995 (2); Ausst.-Kat. Linz/München 1999.

Heinz Lohmar
Troisdorf im Vogtland 1900 – 1976 Dresden
1900 · Heinz Lohmar wird in Troisdorf als Sohn eines Bauunternehmers geboren. **1914–1920** · Ausbildung als Dekorationsmaler in Köln 1914 bis 1917, ab 1918 Studium der Wandmalerei an der Kunstgewerbe- und Handwerkerschule in Köln bei Robert Seufert. **1921–1930** · Freundschaft mit Max Ernst, den er 1921 kennenlernt. Unter seinem Einfluss setzt sich Lohmar mit der Kunst des Surrealismus auseinander. 1929 wird er Mitglied der Kölner Gruppe der Assoziation Revolutionärer Bildender Künstler Deutschlands (kurz ASSO oder ARBKD). **1931–1933** · Lohmar tritt 1931 der KPD bei. Zwischen 1931 und 1932 lebt er zeitweise in der Fontana Martina, einer Künstlerkommune nach sozialistischem Vorbild, die 1923 von Fritz Jordi am Lago Maggiore gegründet wurde. 1933 wird er nach der Machtübernahme der Nationalsozialisten in »Schutzhaft« genommen und emigriert nach seiner Freilassung in die Schweiz. Dort erneute Verhaftung und Ausweisung aus der Schweiz nach Italien. Noch im selben Jahr Emigration nach Paris. **1934–1939** · In Paris entsteht 1936 das Gemälde *Das Übertier*. 1937 arbeitet Lohmar mit Bertolt Brecht zusammen, außerdem ist er Mitbegründer und Sekretär der Union des Artistes Libres. 1938 Beteiligung an der Pariser Ausstellung *Fünf Jahre Hitlerdiktatur*. **1940–1945** · Sein Pariser Atelier und seine Bilder werden nach dem Einmarsch der deutschen Truppen zerstört. Lohmar flieht in das unbesetzte Südfrankreich. Er wird Mitglied in der Résistance und dem Nationalkomitee Freies Deutschland für den Westen (CALPO, Comité Allemagne Libre Pour l'Ouest).

1946–1976 · Lohmar kehrt nach Deutschland zurück. 1949 Berufung an die Akademie der bildenden Künste Dresden. Ernennung zum Professor für Wandmalerei 1951. Zahlreiche Auszeichnungen der DDR. Ausstellungen unter anderem in der UdSSR, Polen, Ungarn, Frankreich und Italien. Lohmar stirbt 1976 in Dresden.

Lit. Ausst.-Kat. Dresden 1970; Altner 1981; Ausst.-Kat. Halle/Apeldoorn 1990/91, S. 86; Ausst.-Kat. Amsterdam/Berlin 1996, S 108.

Gerhard Marcks
Berlin 1889 – 1981 Burgbrohl in der Eifel
1889 · Gerhard Marcks wird in Berlin als jüngster Sohn eines Kaufmanns geboren. **1907–1913** · Nach dem Abitur erste Anleitung zur Plastik durch August Gaul und Georg Kolbe. Bekanntschaft mit Walter Gropius und Richard Scheibe. Ab 1908 Werkstattgemeinschaft mit Scheibe. 1911 Ausstellungsbeteiligung bei der Berliner Sezession. 1912 bis 1913 Militärdienst in Lübeck. **1914–1918** · Beteiligung an der Deutschen Werkbund-Ausstellung 1914 in Köln. Zu Beginn des Ersten Weltkrieges Einsatz als Frontsoldat in Flandern, erhält das Eiserne Kreuz 2. Kl. Sanatoriumsaufenthalt 1915 wegen einer schweren Erkrankung, anschließend als diensttauglich vom Militärdienst entlassen. 1916 Beteiligung an der Wanderausstellung *Kriegerdenkmal und Kriegergrabmal*. 1918 künstlerischer Berater der Kriegsgräberfürsorge in Danzig. Er arbeitet für die Steingutfabrik Velten-Vordamm und die Porzellan-Manufaktur Meissen. **1919–1924** · Marcks unterrichtet an der Kunstgewerbeschule in Berlin und wird von Walter Gropius an das Staatliche Bauhaus in Weimar berufen. 1920 übernimmt er die Bauhaus-Töpferei in Dornburg an der Saale. Neben plastischen Werken entstehen umfangreiche grafische Arbeiten. **1925–1932** · Nach der Auflösung des Bauhauses in Weimar 1925 Berufung zum Professor an die Kunstgewerbeschule Burg Giebichenstein in Halle. Die folgenden Jahre sind für Marcks sehr erfolgreich und produktiv. 1928 Griechenlandreise, Villa-Romana-Preis des Deutschen Künstlerbundes und Grafikpreis des Wettbewerbes *Die Schaffenden* in Berlin. Ab 1930 vertritt er den Direktorenposten der Kunstgewerbeschule Burg Giebichenstein. **1932–1936** · Seine Entwürfe für ein Reichsehrenmal in Thüringen werden 1932 wegen ihrer »pazifistischen« Erscheinung abgelehnt. Im Juli 1933 wird ihm das Lehramt an der Kunstgewerbeschule Burg Giebichenstein gekündigt, nachdem er gegen die Entlassung einer jüdischen Kollegin protestiert hatte. Seine Berufung zum Direktor der Düsseldorfer Kunstakademie wird abgelehnt. 1934 Rompreis und 1935 Stipendiat der Villa Massimo in Rom. **1937–1945** · Rückkehr nach Berlin 1937. Auf der diffamierenden Ausstellung *Entartete Kunst* in München sind zwei Plastiken von Marcks

vertreten; weitere Werke werden im Rahmen der Aktion »Entartete Kunst« beschlagnahmt, Bronzen aus öffentlichem Besitz eingeschmolzen. Er erhält Ausstellungsverbot, ein Arbeitsverbot wird angedroht. In Berlin werden 1943 durch den Bombenkrieg mehrere Werke und sein Atelier zerstört. Marcks zieht sich 1944 in sein Sommerhaus in Mecklenburg zurück. Seine vor dem Krieg bei der New Yorker Galerie Curt Valentin in Kommission gegebenen Werke werden dort als Feindgut beschlagnahmt und verkauft. 1945 Zerstörung und Plünderung von 17 Kisten früherer Arbeiten, die in Halle versteckt waren. **1946–1959** · Professor an der Landeskunstschule in Hamburg bis 1950. 1947 entstehen die Modelle des von Ernst Barlach begonnenen Figurenfrieses für die Katharinenkirche in Lübeck, darunter *Kassandra* und der *Prophet*. 1948 vollendet Marcks ihre überlebensgroßen Ausführungen in Terrakotta. 1950 zieht er als freischaffender Künstler nach Köln. 1952 Verleihung des Ordens Pour le Mérite. 1953 Mitglied der Akademie der Künste, West-Berlin. 1959 Großes Verdienstkreuz der Bundesrepublik Deutschland. **1960–1981** · In den folgenden Jahren erhält Marcks zahlreiche Auszeichnungen und Ehrungen sowie Ausstellungen im In- und Ausland. Viele Reisen innerhalb Europas, in die Vereinigten Staaten, nach Südafrika und nach Mexiko. Gerhard Marcks stirbt 1981 in Burgbrohl bei Köln.

Lit. Busch (Hg.) 1977; Haftmann 1986, S. 261, 265f., 401; Frenzel (Hg.) 1988, S. 6–13; Ausst.-Kat. Nijmeeg/Haarlem/Bremen 1991/92, S. 229–231; Bushart 1993, S. 103–112; Ausst.-Kat. Selm 2007, S. 7–11; URL: http://www.marcks.de/Lebenslauf/Marcks.htm [Stand: 12.9.2008].

Kyra Markham
Chicago 1891 – 1967 Haiti

1891 · Kyra (Gaither) Markham wird als Elaine Hyman in Chicago als ältestes Kind eines Juweliers geboren. **1907–1913** · Sie geht von der High School ab, um am Art Institute von Chicago Kunst zu studieren, und schreibt Stücke, die sie *poetic dramas* nennt. 1909 wird sie von Maurice Browne, dem Gründer des Little Theater in Chicago, für das Theater entdeckt. Dort tritt sie bis 1913 als Schauspielerin auf. **1914–1927** · Bis 1916 lebt sie mit dem Schriftsteller Theodore Dreiser zusammen und arbeitet als Schauspielerin vor allem in New York. 1927 heiratet sie den Bühnenbildner David Stoner Gaither. Sie beginnt wieder zu malen. **1930–1939** · Markham studiert an der Art Students League in New York. Ab 1934 Studium der druckgrafischen Techniken, speziell der Lithografie. Sie nimmt an Ausstellungen der National Association of Woman Painters and Sculptors teil, deren Mitglied sie wird. 1935 erhält sie den Mary S. Collins-Preis des Philadelphia Print Club. Zwischen 1935 und 1937 nimmt sie am Federal Art Project (FAP) teil, das von der Works Progress Administration (WPA – eine Behörde der amerikanischen Regierung, die Künstlern Arbeit beschaffte) während der Großen Depression finanziert wird. **1940** · Markham malt die Hintergründe für über vierzig Dioramen für die New Yorker Weltausstellung. Um 1940 entsteht auch das Gemälde *Oncoming Storm (Aufziehendes Unwetter)*, das den Schatten eines Hakenkreuzes über einer Landschaft zeigt. **1946–1957** · Ab 1946 lebt sie mit ihrem Mann bis zu dessen Tod 1957 auf einer Farm in Halifax, Vermont. Sie zeigt ihre Werke in Einzelausstellungen und ist Mitglied in der Association of Southern Vermont Artists. **1960–1967** · In ihren letzten Lebensjahren lebt und arbeitet sie auf Haiti, wo sie 1967 stirbt.

Lit. Ausst.-Kat. New York 1981.

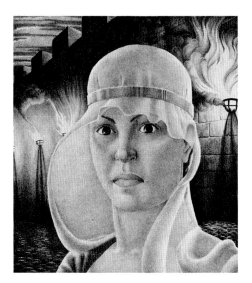

Frans Masereel
Blankenberghe/Belgien 1889 – 1972 Avignon

1889 · Frans Masereel wird als Sohn wohlhabender flämischer Eltern in Blankenberghe in Belgien geboren. Die Familie geht 1896 nach Gent. **1907–1913** · Masereel beginnt 1907 für eineinhalb Jahre ein Studium an der Académie des Beaux-Arts in Gent. Freundschaft mit dem Holzschneider Jozef Cantré und dem Kupferstecher Jules de Bruycker. 1911 mehrmonatiger Tunesienaufenthalt, anschließend zieht er nach Paris. 1913 entstehen erste Radierungen und Holzschnitte. **1914–1916** · Mit Beginn des Ersten Weltkrieges geht Masereel zurück nach Belgien und flieht nach Paris, als Belgien von deutschen Truppen besetzt wird. Er folgt seiner Einberufung in die belgische Armee nicht. 1916 geht er in die Schweiz nach Genf. Durch seine Bekanntschaft mit Henri Guilbeaux erhält Masereel Kontakt zu den literarisch und politisch engagierten Kreisen der Kriegsgegner. Mitarbeit bei der Zeitschrift *Demain* von Henri Guilbeaux und Gründung der Zeitschrift *Les Tablettes* mit dem französischen Anarchisten Claude Salives (Pseudonym: Claude le Maguet). **1917–1921** · Masereel lernt Stefan Zweig und Romain Rolland kennen. Zwischen 1917 und 1920 erscheinen fast täglich Antikriegszeichnungen von Masereel in der Zeitung *La Feuille*. Der Zyklus *Debout les Morts! – Résurrection infernale (Steht auf ihr Toten! – Höllische Auferstehung)* entsteht 1917. Bis 1918 weiterhin intensive Auseinandersetzung mit dem Thema Krieg. Begegnung mit Theodor Däubler und Carl Sternheim. 1918 erscheint sein erster Bilderroman *25 Images de la passion d'un homme (Die Passion eines Menschen. 25 Holzschnitte von Frans Masereel)*. 1919 Gründung des Verlages Editions du Sablier, der Werke pazifistischer Autoren veröffentlichen wird. **1922–1929** · Rückkehr nach Paris, wo nun auch der Sitz seines Verlages ist. Erste Ausstellung in Deutschland in der Galerie Flechtheim in Berlin und Düsseldorf. Mitarbeit an den Zeitschriften *Clarté* und *Monde* von Henri Barbusse. Freundschaft mit George Grosz und Kurt Tucholsky. 1923 erste Monografie über Masereel, verfasst von Stefan Zweig und Arthur Holitscher. Zwischen 1925 und 1927 entstehen weit über 600 illustrierende Holzschnitte für Romain Rollands Roman *Jean Christophe (Johann Christof. Die Geschichte einer Generation)*. 1929 Retrospektive in der Kunsthalle Mannheim. **1930–1939** · Im Jahr 1930 Ausstellungen in Moskau, Amsterdam, München, Hamburg und Berlin. In Ulm und Bremen finden 1932 seine letzten Ausstellungen in Deutschland statt. 1932 Teilnahme am Weltkongress gegen Krieg und Faschismus in Amsterdam. Mehrere Bücher Masereels werden 1933 in Deutschland verboten, beschlagnahmt und fallen der »Bücherverbrennung« zum Opfer. 1939 Entwurf der Bühnenbilder für Bertolt Brechts geplante Aufführung von *Furcht und Elend des Dritten Reiches* in

Paris. Nach Kriegsbeginn zeichnet er Flugblätter für den Deutschlanddienst des französischen Informationsministeriums. **1940–1945** · Flucht vor den deutschen Truppen aus Paris nach Avignon. 1943 lässt er sich in einem kleinen Dorf im Département Lot-et-Garonne nieder. Wegen Materialmangels entstehen während des Krieges keine weiteren Holzschnitte mehr. **1946–1960** · 1947 Beginn der Lehrtätigkeit an der Schule für Kunst und Handwerk in Saarbrücken. Ab 1949 lebt er in Nizza und erhält 1950 den Großen Preis für Grafik auf der Biennale in Venedig. 1951 Mitglied der Académie Royale des Sciences, des Lettres et Beaux-Arts de Belgique. 1953 Gründungsmitglied und erster Präsident der internationalen Vereinigung der Holzschneider XYLON (gr., Holz). 1957 korrespondierendes Mitglied der Deutschen Akademie der Künste, Ost-Berlin. **1968–1972** · Ernennung zum Ehrensenator der Hochschule für Bildende Künste Dresden 1968. Masereel stirbt im Januar 1972 in Avignon.

Lit. Frans Masereel 1959, S. 251 *(Debout les morts)*; Vorms 1967; Frommhold (Hg.) 1968, S. 557; Ritter 1983; Ausst.-Kat. Heidelberg 1986; Ausst.-Kat. Berlin 1989 (3); Ausst.-Kat. Saarbrücken/Homburg 1989; Masereel 1989; Ritter (Hg.) 1992; The Dictionary of Art, London 1996, Bd. 20, S. 547; URL: http://www.frans-masereel.de/ [Stand: 11.9.2008].

André Masson
Balagny-sur-Thérain 1896 – 1987 Paris

1896 · André Masson wird als Sohn eines Handlungsreisenden für die Société Française des Papiers Peints, die französische Tapetenindustrie, in Balagny-sur-Thérain geboren. **1905–1913** · Die Familie zieht 1905 nach Brüssel. Masson wird in diesem Jahr bereits als Schüler an der Académie Royale des Beaux-Arts de Bruxelles angenommen. 1907 beginnt er sein Studium bei dem Symbolisten Constant Montald und dem Schriftsteller Georges Eekhoud. 1912 geht die Familie nach Paris. Masson ist freier Student an der École Nationale Supérieure des Beaux-Arts. **1914–1918** · Er meldet sich freiwillig und kämpft nach einjährigem Militärdienst 1916 an der Somme sowie 1917 an der Aisne-Front; schwere Verletzung. 1917 wird er wegen »antimilitaristischer« Umtriebe interniert, was damals in Frankreich zu einer Einweisung in eine geschlossene Anstalt führte. Ende 1918 als dienstuntauglich entlassen. **1919–1929** · Bis 1921 lebt er in Südfrankreich, danach in Paris, wo er Joan Miró kennenlernt. Erste Versuche im automatischen Zeichnen. Kontakt zu literarischen Kreisen in Paris. Begegnung mit Jean Dubuffet. Kontakt zu Daniel-Henry Kahnweiler, der sein Kunsthändler wird und über den er André Malraux kennenlernt. 1924 erste Einzelausstellung in Paris. Bekanntschaft mit André Breton und Teilnahme an den Aktivitäten der Surrealisten. 1927 entsteht das Gemälde *Chevaux attaqués par des poissons (Von Fischen angegriffene Pferde)*. Im gleichen Jahr lernt er Alberto Giacometti im Café du Dôme kennen, erste Skulpturen entstehen. 1929 kommt es zum Bruch zwischen Breton und Masson. **1930–1939** · Durch Pablo Picassos Vermittlung wird Masson 1931 von Paul Rosenberg bis 1933 unter Vertrag genommen. Bis 1932 entstehen mehrere Werke zum Thema »Massaker«. Begegnung mit Henri Matisse. Ab 1934 immer wieder Aufenthalte in Spanien. 1936 Beginn des Spanischen Bürgerkrieges. Masson tritt im September dem Zentralkomitee der antifaschistischen Milizen bei. Es entstehen Zeichnungen zum Spanischen Bürgerkrieg. 1938 Teilnahme an der Internationalen Surrealistenausstellung in Paris. **1940–1945** · Vor den näher rückenden deutschen Truppen flüchtet Masson aus Paris nach

Marseille. 1941 entsteht die Zeichnung *Le pays des métamorphoses (Das Land der Metamorphosen)*. Im März emigriert Masson in die Vereinigten Staaten. Im November Werkschau und Vortrag von Masson im Museum von Baltimore. Vortragsreisen und Veröffentlichungen. Er wird in New York durch Curt Valentin (Galerie Buchholz) vertreten. 1945 kehrt er nach Frankreich zurück. **1946–1970** · Masson lässt sich 1947 in der Nähe von Aix-en-Provence nieder, ab 1957 wohnt er den größten Teil des Jahres in Paris. Neben seinen Gemälden, Veröffentlichungen, Vorträgen, Buchillustrationen und Bühnenbildern entsteht auch ein umfangreiches grafisches Werk. 1954 Verleihung des Grand Prix National des Arts. **1971–1987** · In Paris erscheint 1976 eine Anthologie seiner Schriften *Le rebelle du surréalisme (Der Rebell des Surrealismus)*. Retrospektive im Museum of Modern Art, New York. Zahlreiche internationale Ausstellungen in den folgenden Jahren. Masson stirbt 1987 in Paris.

Lit. Ausst.-Kat. Berkeley 1990, S. 246; Masson 1990, hier: Biografie, S. 317–331; Ausst.-Kat. Metz 1998; Ausst.-Kat. Darmstadt 2003; Ausst.-Kat. Künzelsau 2004/05; Masson 2005.

Ludwig Meidner
Bernstadt in Schlesien (heute: Bierutów/Polen) 1884 – 1966 Darmstadt

1884 · Ludwig Baruch Meidner wird als Sohn jüdischer Eltern geboren. Sie betreiben in Bernstadt ein Textilgeschäft. **1901–1902** · Maurerlehre als Vorbereitung zum später verworfenen Architekturstudium. **1903–1906** · Studium der Malerei an der Königlichen Kunst- und Kunstgewerbeschule in Breslau. Arbeitet ab 1905 als Modezeichner in Berlin. Radierunterricht bei Hermann Struck. **1906–1907** · Kurzes Studium in Paris an der Académie Julian und der Académie Cormon. Freundschaft mit Amedeo Modigliani. Setzt sich intensiv mit der Kunst von Édouard Manet, Paul Cézanne und Vincent van Gogh auseinander. Kehrt im Juni 1907 nach Berlin zurück. **1911** · Meidner wendet sich dem Expressionismus zu. Mitarbeit an der von dem sozialrevolutionären Schriftsteller und Publizisten Franz Pfemfert herausgegebenen Wochenzeitschrift *Die Aktion*, für die er bis 1916 zahlreiche Illustrationen gegen den Krieg liefert. **1912–1916** · Stellt mit Richard Janthur und Jakob Steinhardt unter dem Gruppennamen Die Pathetiker 1912 in der Sturm-Galerie aus. Seine Werke spiegeln unter dem Einfluss von ekstatischen Erlebnissen und Friedrich Nietzsches Zivilisationskritik die Endzeitstimmung der Vorkriegsjahre. Daneben porträtiert er in zahllosen Zeichnungen und Radierungen die Berliner Intellektuellen und Literaten. **1914** · In seiner Schrift *Anleitung zum Malen von Großstadtbildern* distanziert er sich von der Kriegsverherrlichung der Futuristen, deren Formensprache ihn jedoch inspiriert. Er veröffentlicht die grafische Folge *Krieg*. **1916–1918** · Mili-

tärdienst als Dolmetscher in einem Kriegsgefangenenlager in Cottbus. Durch die Kriegserfahrungen Hinwendung zur Religion und zur Literatur. Expressionistische Prosa entsteht: *Septemberschrei* und *Im Nacken das Sternemeer*. **1918** · Kurzzeitig Mitglied der Novembergruppe und des revolutionären Arbeitsrates für Kunst. **1924–1929** · Er unterrichtet am Studienatelier für Malerei und Plastik in Berlin-Charlottenburg. Zunehmender Rückzug in die jüdische Religion, die neben dem Porträt zum zentralen Thema seiner Kunst wird. 1927 heiratet Meidner seine ehemalige Schülerin Else Mayer. Der Sohn David wird 1929 geboren. Die Sammlung autobiografischer Kurzprosa *Gang in die Stille* erscheint. **1933–1935** · Meidner erhält 1933 Arbeits- und Ausstellungsverbot. 1934 Teilnahme an Gruppenausstellungen im Jüdischen Museum in Berlin und in London. 1935 zieht Meidner wegen zunehmender Repressionen durch das nationalsozialistische Regime nach Köln. Er arbeitet als Zeichenlehrer an einer jüdischen Schule. **1937** · In den deutschen Museen werden seine Werke im Zuge der Aktion »Entartete Kunst« beschlagnahmt; einige davon werden in der Münchener Feme-Ausstellung *Entartete Kunst* gezeigt. **1939–1941** · Flucht mit der Familie nach Großbritannien. Nach einem Aufenthalt in London folgt die Internierung als *enemy alien*, als »feindlicher Ausländer«. Lernt im Internierungslager Kurt Schwitters kennen. Lebt nach seiner Entlassung in London. **1953** · Rückkehr nach Deutschland. Else Meidner bleibt in London. **1964–1966** · Mitglied der Akademie der Künste, West-Berlin. Ihm wird das Große Verdienstkreuz der Bundesrepublik Deutschland verliehen. Meidner stirbt 1966 in Darmstadt.

Lit. Brieger 1919; Meidner 1923 [1919]; Ausst.-Kat. Wiesbaden 1959; Ausst.-Kat. Recklinghausen/Berlin/Darmstadt 1963/64; Grochowiak 1966; Hodin 1973; Leistner 1986; Ausst.-Kat. Los Angeles/Berlin 1989/90; Ausst.-Kat. Darmstadt 1991; Expressionismus und Moderne 1993; Berankova/Riedel 1996; Ausst.-Kat. Wien 2001/02; Ausst.-Kat. Frankfurt am Main/London 2002.

Willi Müller-Hufschmid
Karlsruhe 1890 – 1966 Karlsruhe

1890 · Willi Müller wird als Sohn eines Gastwirtes in Karlsruhe geboren. **1908–1921** · Studium an der Großherzoglich-Badischen Akademie der Bildenden Künste in Karlsruhe bei Walter Georgi und Caspar Ritter bis 1913. Freundschaft mit Rudolf Schlichter, Kontakt zu den Studienkollegen Karl Hubbuch und Georg Scholz. 1912 Studienreise nach Paris. Soldat im Ersten Weltkrieg und ab 1915 sechsjährige Gefangenschaft in Sibirien. **1921–1932** · Kehrt nach Karlsruhe zurück. Er heiratet 1922 Verena Hufschmid und nennt sich nun Müller-Hufschmid. 1923–1928 an der Karlsruher Akademie Meisterschüler von Hermann Goebel. Ab Ende der 1920er Jahre mehrere Ausstellungsbeteiligungen, 1929 Einzelausstellung im Badischen Kunstverein Karlsruhe. Neben Scholz, Hubbuch und Wilhelm Schnarrenberger gehört Müller-Hufschmid bald zu den wichtigsten Vertretern der Neuen Sachlichkeit in Karlsruhe. 1. Preis im Wettbewerb *Selbstbildnisse badischer Künstler* 1930, aber negative Beurteilungen in der Presse. **1933–1940** · Ab 1933 kaum noch Arbeits-, Ausstellungs- und Verkaufsmöglichkeiten. Zudem löst er sich in seinen Arbeiten der 1930er Jahre vom neusachlichen Stil. Seine Bilder werden nicht öffentlich in den Feme-Ausstellungen diffamiert, jedoch vermerkt der Künstler eine »restlose Zurückweisung der Arbeiten in allen Ausstellungen, da sie als nazifeindliche Propaganda aufgefasst werden«. **1941–1947** · Er arbeitet als Bühnenbildner und Theatermaler in Konstanz, wo er bis 1947 lebt. 1942 stirbt Verena Hufschmid, sie hatte bis 1941 den gemeinsamen Lebensunterhalt bestritten. 1944 wird er als Schrankenwärter bei der Reichsbahn dienstverpflichtet. Die meisten seiner frühen Arbeiten werden 1944 in seinem Karlsruher Atelier bei einem Bombenangriff zerstört. In den Jahren 1943 bis 1945 entstehen expressive Zeichnungen mit apokalyptischen Bildinhalten, in denen er seine persönliche Situation verarbeitet und seine Ablehnung des Hitler-Regimes zum Teil verschlüsselt darstellt. Dazu gehören etwa *Der Rufer*, *Ein Blinder*, *Panik* oder *Sie beten ihren Vernichter an*. **1947–1966** · Er geht nach Karlsruhe zurück und ist dort erneut als freischaffender Künstler tätig. Konsequente Hinwendung zur Abstraktion. 1953 erhält er den Kunstpreis der Stadt Karlsruhe. 1958 große Einzelausstellung bei der Gesellschaft der Freunde Junger Kunst in

Baden-Baden. 1959 mit zwei Gemälden auf der documenta II in Kassel vertreten. 1964 Hans-Thoma-Preis, Staatspreis des Landes Baden-Württemberg. Willi Müller-Hufschmid stirbt im April 1966 in Karlsruhe.

Lit. Ausst.-Kat. Karlsruhe 1965; Ausst.-Kat. Karlsruhe 1981; Ausst.-Kat. Konstanz 1991; Ausst.-Kat. Karlsruhe/Schwäbisch Hall 1999/2000; Angermeyer-Deubner, Marlene: Willi Müller-Hufschmid. Außenseiter zwischen Verismus und Neuer Sachlichkeit, in: Büttner, Katharina (Hg.): Kunst und Architektur in Karlsruhe. Festschrift für Norbert Schneider, Karlsruhe 2006, S. 91–101.

Amos Nattini
Genua 1892 – 1985 Parma

1892–1910 · Amos Nattini wird in Genua geboren. Besucht an der Kunstakademie Kurse für Aktzeichnen und an der Universität Anatomievorlesungen. **1911–1919** · Nattini illustriert Werke von Gabriele D'Annunzio, der ihn auch fördert. 1913 geht Nattini nach Paris, wo ihn D'Annunzio in literarische und künstlerische Kreise einführt. 1915 Ausstellung der ersten drei Bilder zur Dante-Thematik *(Imagini dantesche)* in Mailand. Ab 1919 konzentriert sich Nattini ausschließlich auf die Illustration der *Divina Commedia (Göttlichen Komödie)*. **1920–1922** · Nattini gründet 1920 mit Rino Valdameri in Genua einen Verlag, die Casa Editrice di Dante. 1921 stellt Nattini anlässlich des 600. Todestages von Dante seine *Imagini dantesche* in Florenz, Genua und Mailand aus und erwirbt internationale Anerkennung. Er nimmt 1923 an der ersten Ausstellung der konservativen Künstlergruppe Novecento (ital. für das 20. Jahrhundert) in Mailand teil, die Beziehungen zu faschistischen Kreisen unterhielt und von Benito Mussolini gefördert wurde. **1924–1927** · Im Jahr 1924 Übersiedlung nach Mailand. 1927 Wanderausstellung der Aquarelle zur *Göttlichen Komödie*. Sie steht unter der Schirmherrschaft Mussolinis; bei der Eröffnung in Rom ist auch König Vittorio Emanuele III. anwesend. Beide erhalten eine gedruckte Ausgabe der bis dahin vollendeten *Imagini* als Schenkung. Co-Verleger Valdameri legt die Illustrationen Papst Pius IX. vor. Die folgenden Ausgaben werden mit den amtlichen Siegeln von Vittorio Emanuele III., Mussolini und des Papstes versehen. **1930–1931** · Nattini schließt 1930 die letzten Illustrationen des ersten Bandes zur *Hölle* ab. 1931 stellt er die 34 *Imagini* zur *Hölle* zuerst in Mailand, dann in Paris aus. Der erste Band der Monumentalausgabe der *Göttlichen Komödie* mit den *Imagini* Nattinis wird veröffentlicht. Nattini wird 1931 gemeinsam mit Mario Sironi für einen von Mussolini verliehenen Kunstpreis vorgeschlagen. **1936–1941** · Nattini beendet 1936 die Illustrationen zum *Fegefeuer*. Der zweite Prachtband wird herausgegeben. 1937 wird Nattini Mitglied der Accademia delle Belle Arti in Parma, 1938 Mitglied der Accademia in Genua. 1939 beendet er die Illustrationen zur *Göttlichen Komödie*. 1941 wird der dritte Band der Monumentalausgabe zum *Paradies* publiziert. **1941–1945** · Nattini zieht in die Nähe von Parma, wo er ein zurückgezogenes Leben führt. Zwischen 1943 und 1945 soll er Kontakte zur Resistenza gehabt haben. **1945–1985** · Nattini gibt die Aquarellmalerei auf und beginnt in Öl zu malen. In den folgenden Jahren verschiedene Ausstellungen in Mailand, Parma und Verona. 1967 Ausstellung der hundert *Imagini* und der drei monumentalen Ausgaben in Ravenna ohne große Resonanz. Arbeit an Bilderserien zu den Themen Landwirtschaft, Industrie sowie an historischen Schlachtenszenen. Nattini stirbt am 3. Oktober 1985 in Parma. DHM

Lit. Hardt 1989; Barricelli 1992; Bossaglia/Bonatti Bacchini/Terraroli (Hg.) 1994; Ausst.-Kat. Torre de' Passeri 1998; Scholz, Dieter: Das 20. Jahrhundert und die »Inferno«-Illustration, in: Ausst.-Kat. Berlin/München 2000, S. 277–312; La Salvia, Adrian: Dante-Welten. Die »Göttliche Komödie« in der Buchkunst des 20. Jahrhunderts, in: Ausst.-Kat. Erlangen 2004, S. 13–63; Ausst.-Kat. Berceto 2007. Besonderer Dank an Matteo Fochessati, Wolfsoniana, Genua.

Christopher Richard Wynne Nevinson
London 1889 – 1946 London

1889 · Christopher Richard Wynne Nevinson wird als Sohn des Schriftstellers und Kriegsberichterstatters H. W. Nevinson in London geboren. **1908–1913** · Er erhält seine erste künstlerische Ausbildung in London an der St. John's Wood School of Art und von 1909 bis 1912 an der Slade School of Art bei Henry Tonks. Ab 1911 Ausstellungen mit der Allied Artists Association. 1912 sieht Nevinson die Ausstellung der Futuristen in der Sackville Gallery in London. Bekanntschaft mit Gino Severini, mit dem er nach Paris geht. Dort studiert er bis 1913 an der Académie Julian und beim Cercle Russe. Er teilt sich mit Amedeo Modigliani ein Atelier. Am 25. Oktober 1913 Gründungsmitglied der London Group. **1913–1914** · Im November 1913 organisiert Nevinson ein Abendessen zu Ehren von Filippo Tommaso Marinetti; weitere »futuristische« Veranstaltungen folgen. 1914 publiziert er mit Marinetti das futuristische Manifest *Vital English Art*, woraufhin die Künstler des Rebel Art Centre als Gegenreaktion den Vortizismus begründen. **1914–1918** · Als Mitarbeiter beim Roten Kreuz in Frankreich sieht er 1914 die Verwüstungen des Krieges. Beteiligung an der ersten und einzigen Ausstellung der Vortizisten 1915 in London. 1916 erste Einzelausstellung mit Kriegsbildern in der Leicester Gallery. Ab 1917 ist er als offizieller Kriegsmaler an der Westfront. **1919–1930** · Im Jahr 1919 erklärt Nevinson aufgrund seiner Kriegserfahrungen seine Abkehr vom Futurismus und dessen bedingungsloser Technikverherrlichung. 1919 in Paris und 1920 in New York entstehen Großstadtszenen. 1922 werden Grafiken von ihm auf der Biennale in Venedig gezeigt. Sein realistischer Stil orientiert sich an der Camden Town Group und am New English Art Club, dessen Mitglied er 1929 wird. **1930–1946** · Mitglied der National Society 1930. Mitglied der Royal Society of British Artists 1932. In den 1930er Jahren werden seine Bildthemen zunehmend pessimistisch. Krieg und Kriegsgefahr sind auch Inhalt des Gemäldes *The Twentieth Century (Das zwanzigste Jahrhundert)* von 1932–1935, das er bei der Amsterdamer Ausstellung

Die Olympiade unter der Diktatur 1936 ausstellt. 1937 veröffentlicht er das autobiografische Buch *Paint and Prejudice*. 1938 Chevalier de Légion d'Honneur. 1939 Mitglied der Royal Academy. Nevinson stirbt im Oktober 1946 in London.

Lit. Nevinson/Konody 1917; Nevinson 1937; Chamot, Mary/Farr, Dennis/Bultin, Martin: The modern British paintings, drawings and sculpture, Bd. II, London 1965, S. 479–482; Futurismo & Futurismi, hg. v. Pontus Hulten, Ausst.-Kat. Palazzo Grassi, Venedig 1986, Milano 1986, S. 529 f.; Ausst.-Kat. Montreal 1991, S. 581; Ausst.-Kat. Amsterdam/Berlin 1996, S. 115.

Felix Nussbaum
Osnabrück 1904 – 1944 Auschwitz

1904 · Felix Nussbaum wird in Osnabrück als Sohn einer assimilierten gutbürgerlich-jüdischen Kaufmannsfamilie geboren. **1922–1928** · Nach dem Schulabschluss besucht Felix Nussbaum bis 1923 die Staatliche Kunstgewerbeschule in Hamburg. 1924 ist er Schüler von Willy Jaeckel an der privaten Lewin-Funcke-Schule in Berlin. Zum Wintersemester 1924/25 wechselt er zu den Vereinigten Staatsschulen für freie und angewandte Kunst, wo er bei Cesar Klein und Paul Plontke studiert. Nussbaum ist beeindruckt von der Kunst van Goghs. 1927 erste Ausstellung in der Galerie Casper in Berlin. **1928–1931** · Studienreise nach Belgien und Südfrankreich im Sommer 1928. Danach ist er Meisterschüler von Hans Meid. Karl Hofers Arbeiten üben einen großen Einfluss auf Nussbaums Schaffen aus. Teilnahme an verschiedenen Ausstellungen unter anderem der Berliner Sezession (bis 1933). Um 1930 entsteht das *Galgenbild (Begräbnis)*. **1932–1934** · Felix Nussbaum erhält das Romstipendium der Preußischen Akademie der Künste, Berlin, und ist Studiengast in der Villa Massimo bis 1933. Um die Jahreswende 1932/33 brennt sein Berliner Atelier aus, wobei circa 150 Bilder vernichtet werden. Es handelt sich um eine Brandstiftung durch nationalsozialistische Studenten. Das Gemälde *Zerstörung* entsteht 1933. Im selben Jahr beginnt seine Mitarbeit an der Zeitschrift *Querschnitt*. Letzte Beteiligung an einer Ausstellung der Berliner Sezession im Januar 1933. Im März erhält Nussbaum eine Verlängerung seines Rom-Stipendiums, die ihm nach einer Auseinandersetzung mit einem Studienkollegen wieder entzogen wird.

Bis 1934 hält er sich weiterhin in Italien auf. **1935–1940** · Nussbaum lebt in Belgien im Exil und wechselt häufig seine Wohnorte. Kontakt zu James Ensor. 1937 wird sein Antrag auf eine belgische Identitätskarte verweigert. Nach der Besetzung von Teilen der Niederlande, Frankreichs, Luxemburgs und Belgiens durch deutsche Truppen im Mai 1940 wird Nussbaum zusammen mit anderen Emigranten in das Internierungslager Saint-Cyprien nach Südfrankreich gebracht. **1940–1944** · Ihm gelingt die Flucht aus dem Internierungslager und er geht zurück nach Brüssel, wo er im Untergrund lebt. 1942 entsteht das *Selbstbildnis im Totenhemd (Gruppenbildnis)*. 1944 malt er *Triumph des Todes (Die Gerippe spielen zum Tanz)*. Im Sommer 1944 wird Nussbaum in seinem Versteck zusammen mit anderen, darunter auch seine Frau, verhaftet und nach Auschwitz transportiert. Felix Nussbaum wird im Vernichtungslager Auschwitz ermordet. Sein genaues Todesdatum ist nicht zu ermitteln und wird von den belgischen Behörden auf den 9. August 1944 festgelegt, auch der 2. August ist ein mögliches Todesdatum.

Lit. Junk/Zimmer 1982; Ausst.-Kat Osnabrück 1990; Berger/Frankmöller/Kaster u.a. 1995; Ausst.-Kat. Osnabrück 2004/05.

Richard Oelze
Magdeburg 1900 – 1980 Posteholz bei Hameln

1900 · Richard Oelze wird in Magdeburg als jüngster von drei Brüdern geboren, sein Vater ist Eichbeamter. **1914–1920** · Er absolviert eine Ausbildung als Lithograf bis 1918, danach eine kurze Militärzeit. 1919 Beginn des Studiums bei Richard Winckel und Kurt Tuch an der Magdeburger Kunstgewerbe- und Handwerkerschule. **1921–1929** · Studium am Bauhaus in Weimar bis 1925, unter anderem nimmt er am Vorkurs von Johannes Itten teil. Interessiert sich für Fotografie. Nach der Schließung des Bauhauses in Weimar 1925 besucht Oelze Kurse an der Akademie der bildenden Künste Dresden, vermutlich ohne offiziell eingeschrieben zu sein. Von Dresden aus studiert er für einige Monate am Bauhaus in Dessau und assistiert häufiger an der von Johannes Itten gegründeten Modernen Kunstschule Berlin. Porträts und Stillleben im Stil der Neuen Sachlichkeit entstehen. 1929 verlässt er Dresden für einen fast zweijährigen Aufenthalt auf dem Monte Verità bei Ascona. **1930–1937** · Rückkehr nach Berlin und Hinwendung zum Surrealismus. Am 31. März 1933 geht er nach Frankreich. In Paris trifft er auf Max Ernst, René Crevel, Tristan Tzara, Salvador Dalí und André Breton. Er stellt zusammen mit den Surrealisten aus, die seine Werke schätzen. 1935 entstehen die Studie zu dem Gemälde *Erwartung* (1935/36) und die Zeichnungen der bedrohlichen *Baumlandschaft* sowie das Gemälde *Der Schwager (Paar mit Hund)*. Er ist unter anderem auf der Londoner *International Surrealist Exhibition*

in den New Burlington Galleries in London und auf der New Yorker Ausstellung *Fantastic Art, Dada, Surrealism* im Museum of Modern Art vertreten. 1936 verlässt er Paris. Reise nach Ascona und 1937 zur Künstlerkolonie in Positano. **1938–1945** · Rückkehr nach Deutschland. Oelze lebt nach mehreren Stationen schließlich in Berlin und ab 1939 in der Künstlerkolonie Worpswede. 1940 erwirbt Alfred H. Barr jr. das Gemälde *Erwartung* für das Museum of Modern Art, New York. Oelze wird 1940 zur Wehrmacht eingezogen und kommt später in amerikanische Gefangenschaft. Im Jahr 1942 ist sein Werk auf der New Yorker Ausstellung *First Papers of Surrealism* vertreten, die die französischen Surrealisten im New Yorker Exil veranstalteten. **1945–1962** · Nach dem Ende des Zweiten Weltkrieges zieht Oelze wieder nach Worpswede. Er stellt 1959 auf der documenta II in Kassel aus. 1962 Umzug auf das Rittergut Posteholz bei Hameln. Zahlreiche Ausstellungen im In- und Ausland. **1963–1980** · Eine Retrospektive seines Gesamtwerkes findet 1964 in der Kestner-Gesellschaft Hannover statt. Teilnahme an der documenta III. 1965 Berufung zum Ordentlichen Mitglied der Akademie der Künste, West-Berlin. 1968 Teilnahme an der Biennale in Venedig. 1966 Großer Kunstpreis des Landes Nordrhein-Westfalen, weitere Auszeichnungen in den folgenden Jahren. Richard Oelze stirbt im Mai 1980 in Posteholz.

Lit. Ausst.-Kat. Hannover 1964; Ausst.-Kat. Berlin 1977 (2), S. B/49; Haftmann 1986, S. 404; Ausst.-Kat. Berlin/Düsseldorf/Bremen/Hamburg/München 1987/88; Damsch-Wiehager 1989 (*Erwartung*, S. 86–91); Damsch-Wiehager 1992; Damsch-Wiehager 1993; Ausst.-Kat. Berlin 1997, S. 636; Ausst.-Kat. Bremen/Leipzig 2001.

Otto Pankok
Saarn bei Mülheim an der Ruhr 1893 – 1966 Wesel

1893 · Otto Pankok wird in Saarn bei Mülheim als Sohn eines Arztes geboren. **1912–1914** · Nach dem Abitur 1912 besucht Pankok für einige Monate zunächst die Kunstakademie Düsseldorf, dann die Akademie in Weimar. 1914 Aufenthalt in Paris, dort Besuch der Académie Russe und der Académie de la Grande Chaumière. **1914–1918** · Während des Ersten Weltkrieges als Soldat in Nordfrankreich. 1915 Verwundung, nach Lazarettaufenthalten Entlassung aus dem Militärdienst 1917. Berlin, Vechta und Remels in Ostfriesland sind seine nächsten Stationen. **1919–1930** · Er geht mit Gert Wollheim nach Düsseldorf, wo er bis 1958 lebt. Er gehört dort zu dem Künstlerkreis um »Mutter Ey« (Galeristin Johanna Ey). Zwischen 1926 und 1928 entstehen während eines Aufenthaltes am Niederrhein expressive Kohlzeichnungen. **1931–1935** · In Frankreich lernt er das Leben der Sinti kennen; bis 1933 malt er Motive aus dem Leben der Düsseldorfer Sinti. 1933 besucht er Else Lasker-Schüler in der Schweiz. 1935 wird eine Ausstellung der *Passions*-Bilder geschlossen. **1936–1945** · Die Repressionen des NS-Regimes gegen den Künstler nehmen zu: Hausdurchsuchungen, Arbeits- und Ausstellungsverbot. Das 1936 erschienene Buch der *Passions*-Bilder wird 1937 beschlagnahmt. Seine »Zigeuner«-Bilder werden auf der Ausstellung *Entartete Kunst* diffamiert. 1937 werden bei der Aktion »Entartete Kunst« über fünfzig seiner Werke aus deutschen Museen beschlagnahmt, später vernichtet. 1939 scheitert ein Emigrationsversuch in die Schweiz. Die Zeichnung *Das Ende des Unholds (Hitler)* entsteht. 1942 bei einem Bombenangriff Zerstörung des Düsseldorfer Wohnhauses. Pankok zieht mit seiner Familie in die Eifel, wo er zwei Monate einen Freund mit seiner jüdischen Frau versteckt. **1947–1958** · Professur an der Düsseldorfer Kunstakademie bis 1958. 1957 korrespondierendes Mitglied der Deutschen Akademie der Künste, Ost-Berlin. **1958–1966** · Pankok zieht in das Haus Esselt nach Hünxe (heute Otto-Pankok-Museum) am Niederrhein, wo er bis zu seinem Lebensende lebt und arbeitet. Er stirbt im Oktober 1966 in Wesel.

Lit. Pankok 1930; Zimmermann 1964; Hofmann (Hg.) 1982; Ausst.-Kat. Göttingen 1986; Ausst.-Kat. Berlin 1989; Ausst.-Kat. Mülheim/Oberhausen 1993, S. 288–305; The Dictionary of Art, London 1996, Bd. 24, S. 13 f.

Roland Penrose
London 1900 – 1984 Chiddingly in East Sussex

1900 · Roland Penrose wird in London als Sohn des Porträtmalers und strenggläubigen Quäkers James Doyle Penrose sowie der Bankierstocher Elizabeth Josephine Peckover geboren. **1922–1936** · Nach einem abgeschlossenen Architekturstudium in Cambridge geht er 1922 nach Frankreich, um Maler zu werden. Ausbildung an den Kunstschulen von Othon Friesz und André Lhote. Beschäftigung mit dem Kubismus Pablo Picassos, Bekanntschaft mit Georges Braque. 1924 lebt er in Südfrankreich und lernt durch seine erste Frau, die Dichterin Valentine Boué, André Breton und Paul Éluard kennen. Bekanntschaft mit Max Ernst und Joan Miró. Penrose schließt sich unter dem Einfluss von Max Ernst den Surrealisten an und zieht 1928 nach Paris. 1932 Indienreise. 1936 Rückkehr nach England. **1936–1938** · Beginn der lebenslangen Freundschaft mit Pablo Picasso. Penrose begründet die Gruppe der englischen Surrealisten und organisiert 1936 die erste *International Surrealist Exhibition* in den New Burlington Galleries in London. Seine künstlerischen Arbeiten sind durch die von Max Ernst übernommenen Techniken der Frottage und Grattage geprägt. 1938 eröffnet er die London Gallery, ein Forum für die britische Avantgarde-Kunst. Penrose organisiert eine Wanderausstellung mit Picassos Gemälde *Guernica* zur Unterstützung des National Joint Committee for Spanish Relief. 1938 kauft er Paul Éluards umfangreiche Kunstsammlung. **1939–1945** · Er schließt 1940 die London Gallery und gibt in der folgenden Zeit mit Edouard Léon Théodore Mesens das *London Bulletin* heraus. Penrose arbeitet freiwillig als Helfer beim Luftschutz und unterrichtet Camouflagemalerei bei der British Home Guard; außerdem engagiert er sich bei dem Artists Refugee Committee. 1939 entsteht das Gemälde *Octavia (Aurelia)*. Auf einer Reise nach Paris übergibt ihm Éluard Texte von Mitgliedern der Résistance, die Penrose nach London schmuggelt und dort 1944 unter dem Titel *In the Service of the People* veröffentlicht. **1946–1984** · Penrose ist 1947 Gründungsmitglied des Institute of Contemporary Arts in London, dessen Vorsitzender und Präsident (1969–1976) er wird. 1949 kauft er die Farley Farm in East Sussex. Er gibt seine eigene künstlerische Arbeit zeitweise auf und konzentriert sich ganz auf die Förderung der modernen Kunst in England. Als Kurator organisiert er bedeutende Ausstellungen von Pablo Picasso, Joan Miró, Man Ray und Antoni Tàpies. Nach der erfolgreichen Picasso-Ausstellung in der Tate Gallery 1958 wird er zum Commander of the British Empire ernannt und 1966 zum Ritter geschlagen. 1981 erscheint seine Autobiografie *Scrap-Book, 1900–1981*. Zu seinem 80. Geburtstag erhält er den Ehrendoktor für Literatur der University of Sussex. Roland Penrose stirbt 1984 auf der Farley Farm in Chiddingly, East Sussex.

Lit. Penrose 1981; Ausst.-Kat. Berkeley 1990, S. 249; The Dictionary of Art, London 1996, Bd. 24, S. 368 f.; Ausst.-Kat. Edinburgh 2001 (2); Penrose 2002; Penrose 2003 [1939]; Cowling 2006; Slusher 2007; URL: http://www.rolandpenrose.co.uk/main.aspx [Stand: 12.9.08].

Pablo Picasso · Málaga 1881 – 1973 Mougins

1881 · Pablo Picasso (geboren als: Pablo Ruiz y Picasso) wird als erstes von drei Kindern des Malers und späteren Professors José Ruiz Blasco und Maria Picasso Lopez in Málaga geboren. **1891–1904** · Umzug der Familie 1891 nach La Coruña in Galizien. Erste Unterweisungen in Malerei durch seinen Vater, Besuch der Zeichenklasse an der örtlichen Kunstschule. Ab 1895 Studium an der Kunstschule in Barcelona und der Real Academia de San Fernando in Madrid. Ab 1899 ist er in Barcelona als Maler und Illustrator tätig, er signiert mit »Pablo Ruiz«. 1900 erste Einzelausstellung in Barcelona und erste Reise nach Paris. 1901 in Madrid künstlerischer Leiter und Illustrator der von ihm und Francisco de Asis Soler gegründeten Zeitschrift *Arte Joven*. Er signiert nun mit »Pablo Picasso«. Ausstellung bei Ambroise Vollard in Paris. Er lernt den Dichter Max Jacob kennen. Sein Schaffen aus den Jahren 1901–1904 wird als die Blaue Periode im Werk Picassos bekannt. 1904 über-

siedelt Picasso endgültig nach Paris. **1905–1914** · Beginn der Rosa Periode; Bekanntschaft mit Guillaume Apollinaire, Leo und Gertrude Stein. Er lernt 1906 André Derain, Henri Matisse und den Kunsthändler Daniel-Henry Kahnweiler kennen. Die bis 1911 andauernde Freundschaft mit Fernande Olivier beginnt. 1907 Beginn der Schwarzen Periode. Ab 1909 enge Freundschaft mit Georges Braque. Gemeinsam mit ihm entwickelt er den kubistischen Stil, der ab 1911/12 in den analytischen und synthetischen Kubismus mündet. Bis 1914 entstehen auch Collagen mit unterschiedlichen Materialien. Ausstellungen in New York, Moskau und Deutschland. **1914–1919** · Bekanntschaft mit Jean Cocteau, Sergej Diaghilew und Erik Satie 1916. 1917 Entwürfe für Diaghilews »Russisches Ballett«. 1918 Heirat mit der Tänzerin Olga Khokhlowa. Ausstellungen in Amsterdam und London. **1920–1930** · Ab 1920 Klassizistische Periode. Bis 1924 mehrere Ausstattungen für Ballettaufführungen. 1922 Freundschaft mit André Breton und Tristan Tzara. 1925 Beteiligung an der ersten Surrealisten-Ausstellung in Paris. 1927 lernt er Marie-Thérèse Walter kennen. 1928 beginnt die bis 1931 andauernde Zusammenarbeit mit Julio González. **1931–1937** · Picasso richtet sich in der Normandie ein Bildhaueratelier ein. Zwischen 1931 und 1937 entsteht die *Suite Vollard*. 1932 Retrospektiven in Zürich und Paris. 1935 Trennung von Olga. 1936 Freundschaft mit Paul Éluard. Er lernt die Fotografin Dora Maar kennen. 1937 entstehen die beiden Radierungen *Sueño y Mentira de Franco (Traum und Lüge Francos)* sowie das großformatige Gemälde *Guernica*, das der Künstler für den Pavillon der Spanischen Republik auf der Pariser Weltausstellung 1937 gestaltet. **1938–1945** · Während der deutschen Besatzungszeit 1940–1944 steht Picasso in Paris unter Beobachtung, kann seine Arbeit jedoch fortführen. 1941 schreibt er die dadaistische Komödie *Le désir attrapé par la queue (Wie man Wünsche am Schwanz packt: ein Drama;* 1954 übertragen von Paul Celan). 1943 Begegnung mit Françoise Gilot. Nach der Befreiung von Paris 1944 wird Picasso Mitglied der Kommunistischen Partei Frankreichs. **1945–1958** · Seine ersten Lithografien entstehen, ab 1946/ 1947 auch keramische Arbeiten. 1946 Beziehung mit Françoise Gilot. 1948 reist Picasso mit Paul Éluard zum Friedenskongress nach Breslau. *La Colombe (Die Taube)* als Plakatmotiv für den Weltfriedenskongress in Paris wird 1949 vollendet. 1953 Begegnung mit Jacqueline Roque, Françoise Gilot trennt sich von ihm. 1954 lebt Picasso mit Jacqueline in Cannes. 1956 Protest gegen den Einmarsch sowjetischer Truppen in Ungarn. Zwischen 1954 und 1959 entstehen Variationen zu Bildthemen von Eugène Delacroix, Diego Velázquez, Édouard Manet und Lucas Cranach d.J. **1959–1973** · Kauf des Schlosses Vauvenargues bei Aix-en-Provence. Nachdem Olga 1954 gestorben ist, heiratet er 1961 Jacqueline. 1963 Eröffnung des Museu Picasso in Barcelona. 1968 und 1970–1972 entstehen umfangreiche Radierfolgen zu den Themen »Maler und Modell«, »Liebende« sowie Zirkus- und Stierkampfszenen. Picasso stirbt 1973 in Mougins.

Lit. Shikes 1969; Bloch 1975 [1968], S. 91 WV-Nr. 297, 298 (*Sueño y Mentira de Franco I* und *II*); Ausst.-Kat. Stuttgart 1981; Leiris 1982; Imdahl 1985; Ausst.-Kat. Köln 1988; Ausst.-Kat. Berkeley 1990, S. 249f.; Richardson 1991–2007; Ausst.-Kat. Berlin/München/Hamburg 1992/93; Warncke 1993 II, S. 410, S. 683–726; Slg.-Kat. Hannover 2004, S. 317ff.

Franz Radziwill
Strohausen bei Rodenkirchen 1895 –
1983 Wilhelmshaven

1895–1896 · Franz Radziwill wird als erstes von sieben Kindern eines Töpfers in Strohausen in der Wesermarsch geboren. 1896 zieht die Familie nach Bremen. **1913–1915** · Nach der Schule und einer abgeschlossenen Maurerlehre Zulassung zur Höheren Technischen Staatslehranstalt für Architektur in Bremen. Besuch von Abendkursen an der Bremer Kunstgewerbeschule. Kontakte zu Künstlern der Worpsweder Kolonie. **1915–1919** · Während des Ersten Weltkrieges ist Radziwill als Soldat in Russland, Flandern und Nordfrankreich. Mehrere hundert Zeichnungen und Aquarelle entstehen. 1917 erste Ausstellung in Hamburg. 1918–1919 englische Kriegsgefangenschaft. Danach Wiederaufnahme des Studiums an der Bremer Kunstgewerbeschule. Mitglied der Künstlergruppe Der grüne Regenbogen bis 1922. **1920–1927** · Er stellt gemeinsam mit der Freien Sezession in Berlin aus. Bekanntschaft mit Otto Dix, George Grosz, Karl Schmidt-Rottluff, Erich Heckel, Max Pechstein und Rudolf Schlichter. Beginn der Freundschaft mit dem Kunsthistoriker und Schriftsteller Wilhelm Niemeyer. Bis 1922 entsteht sein grafisches Werk. 1922 Umzug nach Dangast, 1925 Reise in die Niederlande. 1927 Studienaufenthalt in Dresden; Dix stellt ihm ein Atelier in der Kunstakademie zur Verfügung. **1928–1932** · Die Gemälde *Dorfeingang/Ende eines Arbeitstages* und *Die Straße* entstehen 1928. Für *Die Straße* erhält er in Düsseldorf die Goldene Medaille. 1931 Mitglied der Berliner Novembergruppe und intensive Bekanntschaft mit dem Bildhauer und NSDAP-Mitglied Günther Martin. 1932 Gründung und Beginn einer Wanderausstellung der Gruppe Die Sieben; zu ihr gehören neben Radziwill auch Alexander Kanoldt (ebenfalls NSDAP-Mitglied), Theo Champion, Adolf Dietrich, Hasso von Hugo, Franz Lenk und Georg Schrimpf. **1933–1936** · Radziwill tritt am 1. Mai 1933 der NSDAP bei. Im Juni, nach der Entlassung von Paul Klee und Heinrich Campendonk, Berufung an die Düsseldorfer Akademie. Abbruch seiner Kontakte nach Berlin, hier wurde er bisher von den Galerien Cassirer, Nierendorf sowie Heller und Neumann vertreten. 1934 Besuch des Reichsparteitages, Teilnahme an der Biennale in Venedig und Eröffnung der von ihm konzipierten *Gemeinschaftsausstellung deutscher Künstler*. 1935 wird Radziwill in der Studentenzeitung *Die Bewegung* wegen seiner frühen expressionistischen Arbeiten als »Kulturbolschewist« beschimpft, in Jena wird eine Ausstellung seiner Werke geschlossen und ein Bild im Berliner Auktionshaus Max Perl beschlagnahmt, sein Düsseldorfer Lehramt wird ihm entzogen. Er geht zurück nach Dangast, wird 1936 durch das Reichsministerium für Volksaufklärung und Propaganda »rehabilitiert«. **1937–1945** · Das Bild *Die Straße* von 1928 wird beschlagnahmt, eine Ausstellung in Königsberg verboten. Große Einzelausstellungen in Köln und Wuppertal. Auf der Berliner Ausstellung *Entartete Kunst* werden 1938 drei frühe Werke von Radziwill diffamiert, die er inzwischen selbst als »wertlose Malerei« charakterisiert. Über fünfzig Werke in öffentlichen Sammlungen werden beschlagnahmt. 1938 Ausschluss aus der NSDAP und Verbot von Einzelausstellungen. 1939 bis 1941 als Soldat an der Westfront; er wird aus Altersgründen entlassen. 1945 entsteht das Gemälde *Riß im Hof*. Einzug zum Volkssturm, englische Kriegsgefangenschaft, Flucht und Rückkehr nach Dangast. **1946–1969** · Das Gemälde *Die Klage Bremens* entsteht 1946. Im Entnazifizierungsverfahren wird Radziwill 1949 als »entlastet« eingestuft. 1956 Retrospektive in der Ost-Berliner Nationalgalerie. 1959 Mitglied der Brüssler Künstlergemeinschaft CIAFMA (Centre International de l'Actualité Fantastique et Magique), die als Gegenposition zur abstrakten Kunst den fan-

tastischen Realismus vertritt. 1964 viermonatiges Rom-Stipendium als Ehrengast der Villa Massimo. **1970–1983** · Großes Verdienstkreuz zum Verdienstorden der Bundesrepublik Deutschland 1971. 1981–1982 wird eine umfassende Retrospektive seines Werkes in Berlin, Oldenburg und Hannover gezeigt. Franz Radziwill stirbt im August 1983 in Wilhelmshaven.

Lit. Ausst.-Kat. Berlin 1977 (2), S. B/53; Ausst.-Kat. Emden/Halle 1995; März 1995; Ausst.-Kat. Berlin 1998/99; Ausst.-Kat. Wilhelmshaven 2000; Seeba 2006; Ausst.-Kat. Paderborn/Bonn/Bayreuth 2006/2007; Dohmeier 2007.

Karl Reisenbichler
Attersee/Österreich-Ungarn 1885–1962 Salzburg

1885–1901 · Karl Reisenbichler wird in Attersee in Oberösterreich geboren. Übersiedelung der Familie nach Wien. **1902–1913** · An der Wiener Akademie der bildenden Künste studiert Reisenbichler bei Christian Griepenkerl, William Unger und Alois Delug bis 1908. Er ist ab 1907 auch als Illustrator tätig und wird 1913 Mitglied im Salzburger Kunstverein. **1914–1918** · Während des Ersten Weltkrieges ist Reisenbichler als Kriegsfreiwilliger in Russland und ab 1916 Kriegsmaler beim k.u.k. Infanterieregiment Nr. 59 »Erzherzog Rainer«. Neben mehreren Darstellungen der Verwüstungen des Krieges entsteht um 1917 der neunteilige *Totentanz-Zyklus Der Krieg*. **1918–1927** · Er gehört 1918 zu der Salzburger Künstlervereinigung Wassermann. In der Nachkriegszeit verdient Reisenbichler mit Künstlerpostkarten, Exlibris und Notgeld-Entwürfen seinen Lebensunterhalt. In den darauffolgenden Jahren wendet er sich dem Sgraffito zu und entwickelt mehrfarbige Wandbilder in der Technik des sogenannten Neosgraffito. Hinwendung zur Neuen Sachlichkeit. Ab 1927 bis Ende der 1930er Jahre entstehen in Salzburg zahlreiche Baugestaltungen in Neosgraffito. **1930–1945** · Seine völkischen Bildmotive werden von seinem monumentalen Figurenstil geprägt. Er wird in den 1930er Jahren Präsident des Wirtschaftsverbandes bildender Künstler Österreichs. 1935 scheidet er aus dem Vorstand des Salzburger Kunstvereins aus. 1938, nach dem »Anschluss« Österreichs an das nationalsozialistische Deutschland, wird Reisenbichler Mitglied der NSDAP und »Fachschaftswalter« für bildende Kunst im NSDAP-Gaukulturamt Salzburg. Es entstehen Bilder wie *Mann mit Sturmhelm*, *BdM-Mädchen* und *Trommler der HJ*, die im Künstlerhaus des inzwischen gleichgeschalteten Kunstvereins auf den nun von Reisenbichler organisierten Ausstellungen gezeigt werden. Er erhält Aufträge für zahlreiche Wandmalereien und monumentale Wandgestaltungen in Salzburg, Innsbruck, Wien und im Ruhrgebiet. **1945–1962** · Nach dem Zweiten Weltkrieg lebt der Künstler verarmt in Großgmain. Ein Sgraffito für die Volkshochschule in Großgmain ist sein letzter Auftrag. Reisenbichler stirbt im Dezember 1962 in Salzburg.

Lit. Schoßleitner, Karl: Karl Reisenbichler – 70 Jahre, in: Linzer Volksblatt 1955, Nr. 74; Vollmer, Hans: Allgemeines Lexikon der bildenden Künstler des 20. Jahrhunderts, Bd. 4, Leipzig 1958, S. 43; Frommhold (Hg.) 1968; Fuchs, Heinrich: Die österreichischen Maler der Geburtsjahrgänge 1881–1900, 2 Bde., Wien 1976/77, Bd. 2, S. K 62; Haller 1991; Ries, Hans: Illustrationen und Illustratoren des Kinder- und Jugendbuches im deutschsprachigen Raum 1871–1914, Osnabrück 1992; Eiblmayr, Silvia (Hg.): 150 Jahre Salzburger Kunstverein. Kunst und Öffentlichkeit, Salzburg 1994, S. 143, 151, 155 f., 165; Saur Allgemeines Künstlerlexikon. Bio-bibliographischer Index A–Z, Bd. 8, München 2000, S. 313; Salzburger Kulturlexikon, hg. v. Adolf Haslinger/Peter Mittermayr, Salzburg 2001, S. 419; Sungler, Adele: Bürgerstuben, Bürgerhäuser, Bürgerstolz. Karl Reisenbichler, ein Salzburger Maler, in: Bastei, F 1/2006, S. 26–30.

Hermann Rombach
Böckingen bei Heilbronn 1890–
1970 Bietigheim bei Ludwigsburg

1890 · Hermann Rombach wird in Böckingen bei Heilbronn als ältester Sohn des Dekorationsmalers August Rombach geboren. **1904–1907** · Lehre als Zeichner bei den Deutschen Linoleum Werken in Bietigheim. **1909–1915** · Er erhält ein Stipendium der Königlichen Akademie der bildenden Künste Stuttgart und erhält zum Studienabschluss eine silberne Preismedaille. **1915–1919** · Während des Ersten Weltkrieges wird Rombach zunächst als Füsilier, später auch als Kartograf in Polen, ab 1918 dann als Zeichner und Kartograf in Frankreich eingesetzt. 1919 kehrt er für kurze Zeit an die Stuttgarter Akademie zurück. Er arbeitet als freier Künstler und Illustrator für Buchverlage und Zeitschriften. **1922–1933** · Er zieht 1922 nach Bietigheim, wo er bis zu seinem Tod lebt. Von 1923 bis 1929 regelmäßige Teilnahme an den Ausstellungen der Stuttgarter Sezession. 1928–1933 leitet Rombach eine Zeichenklasse an der Fachschule für Graphische Gestaltung in Stuttgart. 1931 entsteht die Zeichnung *Totentanz*. **1935–1945** · Nach 1935 Illustrationen für regionale Zeitungen. Öffentliche Aufträge für Wand- und Deckengemälde, unter anderem für die Wehrmacht. Während des Zweiten Weltkrieges vertritt er Stellen als Zeichenlehrer an den Oberschulen in Bietigheim, Bissingen und Marbach. **1946–1970** · Nach dem Krieg Teilnahme an den Ausstellungen des Künstlerbundes Heilbronn. 1965 erhält er die Erwin-von-Bälz-Plakette der Stadt Bietigheim. Hermann Rombach stirbt im August 1970.

Lit. 600 Jahre Stadt Bietigheim 1364–1964, Bietigheim 1964, S. 135 ff.; Ein bedeutender Maler der »Neuen Sachlichkeit«. Zum Tod des im Alter von neunundsiebzig Jahren gestorbenen Künstlers Hermann Rombach. In: Monatszeitschrift für Baden-Württemberg, Heft 9, September 1970; Ausst.-Kat. Heilbronn 1978; Wirth 1987, S. 186, 324; Ausst.-Kat. Bietigheim-Bissingen 1990.

Karl Rössing
Gmunden/Österreich-Ungarn 1897–
1987 Wels/Österreich

1897 · Karl Rössing wird als Sohn niedersächsischer Eltern im österreichischen Gmunden geboren. Sein Vater ist Schlossverwalter beim Herzog von Cumberland (ehem. König Georg V. von Hannover), der seit 1866 in Österreich lebt. **1913–1922** · Bis 1917 Studium an der Königlichen Kunstgewerbeschule München bei dem Buchkünstler und Grafiker Fritz Hellmut Ehmcke. Ab 1917 als Soldat im Ersten Weltkrieg, Lazarettaufenthalt. Erster Illustrationsauftrag 1917. Ab 1918 lebt Rössing wieder in Gmunden; in dieser Zeit Illustrationen zu Gottfried August Bürger, Honoré de Balzac und Nicolai Gogol. 1919 Ausstellung in der Münchner Neuen Sezession. 1920 erhält er in Salzburg die Silberne Staatsmedaille Österreichs. **1922–1931** · Seit 1922 als Hilfslehrer an der Folkwangschule für Gestaltung in Essen, 1926–1931 Professor und Leiter der Holzschnittklasse. 1929 Ausstellung mit Alfred Kubin in der Wiener Sezession. Begegnung mit dem von ihm sehr geschätzten Schriftsteller Karl Kraus in Essen. Zwischen 1927 und 1931 entsteht der zeitkritische Zyklus *Mein Vorurteil gegen diese Zeit*, der Rössing berühmt macht. Hundert Holzstiche erscheinen 1932 in Buchform bei der Büchergilde Gutenberg in Berlin. 1931 zieht er

nach Linz, wo er der NSDAP beitritt. Nach wenigen Monaten Ausschluss aus der NSDAP, da er keine Beiträge bezahlt. **1932–1936** · Fünf Monate lang ist Rössing Stipendiat der Preußischen Akademie der Künste in der Villa Massimo in Rom. Dort lernt er Werner Gilles, Ernst Wilhelm Nay und Hermann Blumenthal kennen. Seine italienischen Gemälde und Aquarelle werden 1932 in Berlin in der Galerie Gurlitt ausgestellt. Ab 1934 (bis 1944) Professor an der Staatlichen Hochschule für Kunsterziehung in Berlin-Schöneberg. 1936 Gemälde-Auftrag für das Reichsluftfahrtministerium, für das er 1941 auch eine Reise nach Kreta zur Kunstbeschaffung unternimmt. **1937–1944** · Bei der Aktion »Entartete Kunst« 1937 werden Rössings Illustrationen zu Gottfried August Bürgers *Münchhausen*, die 1919 entstanden, und einige Blätter aus *Mein Vorurteil gegen diese Zeit* beschlagnahmt, ebenso zwölf Arbeiten aus dem Besitz des Angermuseums in Erfurt. 1944 wird seine Wohnung in Berlin durch einen Bombenangriff zerstört; Gemälde, Holzstöcke und Bibliothek gehen verloren. Rössing wird zur Wehrmacht eingezogen und gerät in Kriegsgefangenschaft. **1945–1949** · Entlassung in die sowjetische Besatzungszone, wo er bei seinem Bruder in Blankenburg im Harz lebt. Der Bruder, der zuvor in einem KZ interniert war, stirbt 1946 in Torgau. Die Holzstichfolge *Passion unserer Tage* entsteht im selben Jahr. 1947 Berufung an die Staatliche Akademie der bildenden Künste Stuttgart. Ab 1949 beginnt Rössing, in der Technik des farbigen Linolschnittes zu arbeiten. **1950–1962** · Zwischen 1953 und 1955 ist er Rektor der Stuttgarter Akademie. 1960 Beendigung der Lehrtätigkeit und Umzug nach Gauting bei München. 1961 Ehrengast der Villa Massimo in Rom und Ordentliches Mitglied der Bayerischen Akademie der Schönen Künste. 1962 Ehrenmitglied der Staatlichen Akademie der bildenden Künste Stuttgart. **1963–1987** · Ausstellungen in München, Linz, Nürnberg, Wien (in der Albertina), Ost-Berlin, Stuttgart und an anderen Orten. 1977 Umzug nach Marchtrenk bei Wels in Österreich. 1985 Kulturpreis der Stadt Linz. 1987 Goldenes Ehrenzeichen des Landes Salzburg. Karl Rössing stirbt im August 1987 in Wels.

Lit. Frommhold (Hg.) 1968, S. 567; Zimmermann 1980, S. 383; Wirth 1987, S. 323f.; Eichhorn/Mair 1991; Mair 1994; Ausst.-Kat. Albstadt 1997/98; Ausst.-Kat. Nürnberg 1997/98; Ausst.-Kat. Wien 1997/98.

Wilhelm Rudolph
Chemnitz 1889–1982 Dresden

1889 · Wilhelm Rudolph wird in Chemnitz als Sohn eines Webers resp. Webstuhlmonteurs geboren. **1908–1918** · Nach dem Abschluss einer Lithografenlehre beginnt er das Studium an der Königlichen Kunstakademie Dresden bei Robert Sterl, später als Meisterschüler bei Carl Bantzer bis 1914. Soldat im Ersten Weltkrieg. Nach 1918 Fortsetzung des Studiums an der Akademie der bildenden Künste Dresden. Ab 1917 Mitglied der Künstlervereinigung Dresden (Austritt 1926). **1919–1933** · Als freier Maler und Grafiker bis 1932 in Dresden tätig. 1920 Mitglied der Roten Gruppe. 1923–1925 Mitglied der KPD. 1924 erste Einzelausstellung in der Galerie Emil Richter in Dresden, gefolgt von weiteren Ausstellungen in Berlin. 1926 Teilnahme an der *Internationalen Kunstausstellung* in Dresden. Dezember 1931 bis November 1932 Mitglied in der NSDAP. Austritt, nachdem der parteiinterne Widersacher Adolf Hitlers, Gregor Strasser, die Partei verlassen hatte. 1932 Ausstellung von Holzschnitten in Dresden und Berufung an die Akademie der bildenden Künste. Sein erneuter Eintritt in die NSDAP zum 1. Mai 1933 wird kurze Zeit später für ungültig erklärt. 1933 wird auf der Dresdener Ausstellung *Entartete Kunst* – einem Vorläufer der Münchener Ausstellung – Rudolphs Arbeit diffamiert. **1935–1949** · Ernennung zum Professor und Leiter einer Malklasse 1935. 1937 werden während der Aktion »Entartete Kunst« Werke von ihm aus öffentlichen Sammlungen entfernt. 1938 folgt seine Entlassung aus der Dresdner Akademie wegen »politischer Unzuverlässigkeit«. Bis 1945 als freischaffender Künstler tätig. Bei dem Bombenangriff am 13. Februar 1945 verliert Rudolph fast sein gesamtes Werk. Bis 1949 entstehen 150 Zeichnungen, 200 Aquarelle und druckgrafische Zyklen, die das kriegszerstörte Dresden darstellen, so auch der Holzschnitt-Zyklus *Dresden 13. 2. 1945*. **1947–1949** · Erneut Dozent und Professor an der Dresdner Akademie. **1950–1982** · Einzelausstellung in der Staatlichen Kunstsammlung Dresden 1955. Zahlreiche Kunstpreise. 1961 und 1980 Nationalpreis der DDR. 1965 Ausstellung im Stuttgarter Gewerkschaftshaus. Auf der Hamburger Ausstellung *Kunst in Deutschland 1898–1973* repräsentiert die Zeichnung *Dresden, Breite Straße* das Jahr 1945. 1979 Ehrenbürger der Stadt Dresden. 1975 Retrospektive in Düsseldorf und 1977 in der Ostberliner Nationalgalerie. Wilhelm Rudolph stirbt 1982 in Dresden.

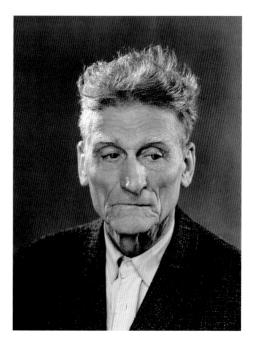

Lit. Roh 1962, S. 223; Frommhold (Hg.) 1968, S. 567f.; Uhlitzsch 1968; Ausst.-Kat. Hamburg/München 1973/74; Ausst.-Kat. Düsseldorf 1975/76; Ausst.-Kat. Berlin 1977 (4); Ausst.-Kat. Dresden 1979; Ausst.-Kat. Ludwigshafen 1983, S. 292–307 (Zyklus *Dresden 1945*); Rudolph 1988; Ausst.-Kat. Albstadt 1992; Ausst.-Kat. Berlin 1997, S. 640; Ausst.-Kat. Olpe/Solingen-Gräfrath 1999/2000, S. 469; Schmidt 2002, S. 107, Abb. 112: *Brückenkopf Carolabrücke*, S. 109, Abb. 114f.: *Mathildenstraße*, S. 111f., Abb. 116f.: *Ammonstraße*.

Hannah Ryggen
Malmö/Schweden 1894–
1970 Trondheim/Norwegen

1894 · Hannah Jönsson wird in Malmö in Südschweden als Tochter eines ehemaligen Seemannes geboren. **Um 1913–1923** · Nach einer Lehrerausbildung arbeitet sie bis 1924 als Lehrerin in Lund und Malmö; parallel dazu nimmt sie in Lund bei dem dänischen Maler Frederik Krebs Unterricht. Im Sommer 1922 reist sie mit einem Stipendium nach Dresden, wo sie den norwegischen Maler Hans Ryggen kennenlernt, den sie 1923 heiratet. **1924** · Sie zieht 1924 mit Hans Ryggen nach Ørlandet im Norden Norwegens, wo sie auf dem Land leben. Hannah Ryggen erlernt das Weben. Sie fertigt figurative Tapisserien aus handgewebten und mit Pflanzenfarben selbstgefärbten Materialien (Wolle und Leinen). **1935–1945** · Vor dem Hintergrund der Etablierung totalitärer Regime in Europa bezieht die Künstlerin ab 1935 vermehrt Antikriegsmotive in ihre Tapisserien ein. 1938 entsteht im Anschluss an die Berichterstattungen über den Spanischen Bürgerkrieg die Tapisserie *Spania (Spanien)*. Ørlandet ist während des Zweiten Weltkrieges ab 1940 von deutschen Truppen besetzt, die einen militärischen Flughafen bauen sowie mehrere Lager einrichten, in denen russische und serbische Kriegsgefangene interniert sind. Im Gegensatz zu den meisten anderen Dorfbewohnern verlässt die Familie Ryggen Ørlandet in dieser Zeit nicht. Hans Ryggen ist im norwegischen Widerstand aktiv, er schmuggelt Waffen, wird am 27. Mai 1944 verhaftet und in einem Lager bei Oslo interniert. **1946–1970** · Siebenmonatiger Paris-Aufenthalt der Familie im Jahr 1946. Rückkehr nach Ørlandet. Nach dem Tod ihres Mannes im Dezember 1956 zieht Hannah Ryggen nach Trondheim. Sie erhält Monumentalaufträge und bezieht ab 1962 den staatlichen Künstlerlohn. Im selben Jahr ist ihr eine Ausstellung im Stockholmer Museum für moderne Kunst gewidmet. Ryggen wird Mitglied der Königlichen Akademie der freien Künste. 1964 stellt sie auf der Biennale in Venedig aus. 1965 Verleihung des Ritterordens 1. Klasse des Königlich Norwegischen Sankt-Olav-Ordens. Hannah Ryggen stirbt im Februar 1970.

Lit. Revold, R.: Visjonær i vev, in: Form, Stockholm 1953, no. 5; Ausst.-Kat. Stockholm 1962, Nr. 6 *(Spania)*; Norsk Kunstner Leksikon. Bildende Kunstnere – Arkitekter – Kunsthåndverkere, Bd. 3, Oslo 1986, S. 401–404; Gjelsvik 1999; Saur Allgemeines Künstlerlexikon. Bio-bibliographischer Index A–Z, Bd. 8, München 2000, S. 614; URL: http://www.kildenett. no/site_search?query:ustring:utf8= hannah%20ryggen [Stand: 12.9.2008].

Josef Scharl
München 1896–1954 New York

1896 · Josef Scharl wird in München als zweites von 14 Kindern geboren. Sein Vater arbeitet unter anderem als Gärtner im Park von Schloss Nymphenburg; die Familie lebt im Kavaliershaus in der Nähe des Schlosses. **1910–1922** · Bis 1915 Ausbildung zum Dekorationsmaler in München, wobei er auch eine restauratorische Ausbildung erhält. Im Ersten Weltkrieg ab 1915 Soldat in Frankreich, 1916 Verwundung (zeitweise Lähmung des rechten Armes) und Aufenthalt in verschiedenen Lazaretten bis 1918. Ab dem Wintersemester 1918/19 Studium an der Münchner Akademie bis 1921 bei Angelo Jank und Heinrich von Zügel. Danach freischaffend tätig. **1923–1933** · Romaufenthalt 1923, ab 1925 Beteiligung an den Ausstellungen der Münchner Neuen Sezession bis 1928. Folgt 1927 einer Einladung der Studienkollegin und Fotografin Lotte Jacobi zu einem längeren Aufenthalt nach Berlin. Durch Lotte Jacobi knüpft er wichtige Kontakte, lernt unter anderem Albert Einstein kennen, dessen Bildnis er malt. 1929 Ausstellungen in München, Berlin und Wien. Auf einer Ausstellung werden zwei Bilder durch SA-Mitglieder zerstört, Angriffe in der reaktionären Münchner Presse. 1930 Dürer-Preis der Stadt Nürnberg, erster Parisaufenthalt, ein längerer folgt 1932. Oktober 1931 bis Juni 1932 Stipendiat der Villa Massimo in Rom. 1931 entsteht das Gemälde *Masken*, 1932 der *Triumphzug*. **1933–1938** · Einzelausstellung in der Galerie Nierendorf, Berlin. 1933 wird in der Nürnberger »Schreckenskammer«-Ausstellung das Einstein-Porträt von 1927 angeprangert. 1935 Einzelausstellung in Amsterdam. Er weigert sich, in die NSDAP einzutreten und erhält Malverbot. Seine Frau verliert ihre Arbeitsstelle; er erhält durch den privaten Freundeskreis Josef Scharl finanzielle Unterstützung. Seine Werke werden als »entartet« diffamiert, aber 1937 aus der Münchener Feme-Ausstellung *Entartete Kunst* entfernt. Im Dezember 1938 verlässt er mit seinem Freund Wolfgang Sauerländer München und emigriert in die Vereinigten Staaten. Seine Frau und seinen Sohn lässt er in München zurück. **1939–1949** · Scharl lebt bis zu seinem Tod 1954 in New York. 1941 umfangreiche Einzelausstellung in der Nierendorf Gallery, New York. 1941 Antrag auf Einbürgerung in die Vereinigten Staaten und Beginn des Briefwech-

sels mit Albert Einstein. Zahlreiche Ausstellungen und Illustrationsaufträge in den folgenden Jahren. **1950–1954** · Scharl lehnt 1950 eine Professur an der Münchner Akademie ab. Er wird 1951/52 zum korrespondierenden Mitglied der Bayerischen Akademie der Künste ernannt. 1952 Einbürgerung in die Vereinigten Staaten. 1952/53 Reise in die Schweiz. Scharl stirbt 1954 in New York; die Grabrede von Albert Einstein, der selbst schon schwer erkrankt ist, wird verlesen.

Lit. Zimmermann 1980, S. 384; Biographisches Handbuch der deutschsprachigen Emigration nach 1933, hg. v. Institut für Zeitgeschichte München und der Research Foundation for Jewish Immigration New York. 2 Bde. u. 1 Reg.-Bd., München u.a. 1980 u. 1983, hier: Bd. II, 2, S. 1023f.; Ausst.-Kat. München 1982/83; Ausst.-Kat. Berlin 1983/84; Ausst.-Kat. Emden/Bad Homburg/Düren 1999, WV-Nr. 210, 237, S. 8–27 (Biographie); URL: http://www.josef-scharl. de/ [Stand: 12.9.2008].

Rudolf Schlichter
Calw 1890–1955 München

1890 · Rudolf Schlichter wird in Calw als sechstes Kind eines Lohngärtners geboren. **1906–1916** · Abschluss der Ausbildung zum Emailmaler 1906 in Pforzheim, Besuch der Kunstgewerbeschule in Stuttgart bis 1909. In Karlsruhe bis 1911 Unterricht an der Malschule von Wilhelm Plock, anschließend Studium an der Großherzoglich-Badischen Akademie der Bildenden Künste in Karlsruhe bis 1916. Meisterschüler von Wilhelm Trübner. Durch den Studienkollegen Julius Kasper Kontakt zur Welt der Prostituierten.

1916–1919 · Schlichter wird zum Militär eingezogen und kommt 1917 als Munitionsfahrer an die französische Front. Durch einen Hungerstreik entzieht er sich dem weiteren Kriegsdienst; Lazarettaufenthalt, Rückkehr nach Karlsruhe. Ende 1918 gründet Schlichter zusammen mit sechs Künstlerkollegen die Gruppe Rih (»Wind«, nach dem Pferd bei Karl May). 1919 Umzug nach Berlin; Mitglied der Novembergruppe sowie der Berliner Sezession, Mitarbeit in verschiedenen revolutionären Gruppen. Schlichter wird nach eigener Aussage »aktiver Kommunist«. Kontakt unter anderem zu George Grosz, Bertolt Brecht, Alfred Döblin, Erich Kästner und Egon Erwin Kisch. **1920–1927** · Teilnahme an der *Ersten Internationalen Dada-Messe* in Berlin. 1920 erste Einzelausstellung in der Galerie Otto Burchard, Berlin. 1924 Gründungsmitglied der Roten Gruppe. Beteiligung an der ersten deutschen Kunstausstellung in der UdSSR. Als Zeichner und Illustrator liefert er bis 1931 Arbeiten unter anderem für den *Simplicissimus*, *Die Rote Fahne*, die satirische Arbeiterzeitung *Der Knüppel* und den *Eulenspiegel*. 1925 Teilnahme an der Mannheimer Ausstellung *Neue Sachlichkeit*. 1927 lernt er seine spätere Frau Elfriede Elisabeth Koehler, genannt »Speedy«, sowie Ernst Jünger kennen. Beginn einer langjährigen Freundschaft mit Jünger. Abkehr von seinem bisherigen Lebenswandel und dem politischen Engagement. Hinwendung zum Katholizismus. **1928–1932** · Schlichter wird Mitglied in der Assoziation Revolutionärer Bildender Künstler Deutschlands (ASSO oder ARBKD). 1929 heiratet er Elfriede Elisabeth Koehler (Speedy). Kontakt zu den »neuen Nationalisten« um Ernst Jünger, unter deren Einfluss er gerät. 1930 Umschlagillustration zu Jüngers Buch *Krieg und Krieger*. 1931 entsteht das Aquarell *Untergang von Atlantis*. 1932/33 erscheint seine zweibändige Autobiografie im Rowohlt Verlag. 1932 Umzug nach Rottenburg am Neckar. **1933–1938** · Im Jahr 1933 setzen die Repressionen des NS-Regimes gegen Schlichter ein. 1934 temporärer Ausschluss aus der Reichskammer der Bildenden Künste wegen einer kritischen Titelzeichnung in der katholischen Jugendzeitschrift *Junge Front*. 1935 wegen der erotischen Details seiner Autobiografie Ausschluss aus dem Reichsverband Deutscher Schriftsteller und der Reichsschrifttumskammer. 1936 Umzug nach Stuttgart. Während der Aktion »Entartete Kunst« werden seine Werke aus öffentlichen Sammlungen beschlagnahmt, einige auch auf der Ausstellung *Entartete Kunst* 1937 in München diffamiert. 1938 dreimonatige Inhaftierung, Vorwurf der »unnationalsozialistischen« Lebensführung, Ausschluss aus der Reichskammer der Bildenden Künste für ein Jahr. **1939–1945** · Umzug nach München. Schlichter ist 1939 mit einer Zeichnung auf der *Großen Deutschen Kunstausstellung* im Münchner Haus der Deutschen Kunst vertreten. Bis 1945 entstehen das Gemälde *Der Würger* und das Aquarell *Sie starb daran*. **1945–1955** · Bald nach Kriegsende setzt seine intensive publizistische Tätigkeit gegen die Vorherrschaft der abstrakten Kunst ein. Auf der 1946 in Dresden gezeigten *1. Deutschen Kunstausstellung* ist Schlichter mit seinem surrealistischen Spätwerk vertreten. 1947 entsteht die Gouache *Untergang (Atlantis)* und 1947/48 die Federzeichnung *Das Gemetzel*. Schlichter stirbt 1955 in München.

Lit. Ausst.-Kat. Berlin/Stuttgart 1984; Wirth 1987, S. 327; The Dictionary of Art, London 1996, Bd. 28, S. 113; Ausst.-Kat. Tübingen/Wuppertal/München 1997/98; Ausst.-Kat. Berlin 1998/99.

Reinhard Schmidhagen
Schalksmühle bei Hagen 1914 – 1945 Marburg an der Lahn

1914 · Reinhard Schmid wird im Sauerland in Schalksmühle bei Hagen als eines von drei Kindern einer Kaufmannsfamilie geboren. Bereits während der Schulzeit hat er mit einer schweren Lungenerkrankung zu kämpfen, die ihn sein Leben lang begleiten wird. **1934–1936** · Nach dem Abitur in Arnstadt (Thüringen) beginnt er ein Studium an der Münchner Kunstakademie. Kurz nach Studienbeginn fügt er seinem Geburtsnamen den Ortsnamen »Hagen« an und nennt sich ab 1934 nur noch Schmidhagen. Beeindruckt von der Kunst Käthe Kollwitz' und kommunistischen Ideen nahestehend, belastet ihn das nationalsozialistische Klima an der Kunstakademie, die er aus Protest verlässt. **1936–1938** · Ab Frühling 1936 hält er sich in Porza im Tessin auf, wo er Kontakt zu den aus Deutschland und Italien emigrierten Künstlern und Schriftstellern bekommt, darunter Hans und Lea Grundig, Bertolt Brecht sowie Ludwig Renn, mit dem er sich anfreundet. Als Ausländer darf er in der Schweiz keine künstlerischen

Arbeiten verkaufen oder ausstellen. Um diese Einschränkung zu umgehen und seine Auslieferung nach Deutschland zu verhindern, signiert er mit dem Pseudonym Ferdinand Laaren. Unter dem Eindruck der Ereignisse des Spanischen Bürgerkrieges entstehen bis 1938 die beiden Holzschnittfolgen *Guernica* und *Die andere Front*. Krank und finanziell von seinen Eltern abhängig, muss er im Frühjahr 1938 die Schweiz verlassen. **1938–1945** · In Hagen ist sein Aufenthalt bis Herbst 1939 von seiner Krankheit geprägt. Anfang 1940 beginnt er ein Studium der Kunstgeschichte in Marburg. Freundschaft mit dem Kunsthistoriker Richard Hamann. Er beginnt mit dem dreiteiligen Zyklus *Genius*, der als Totentanz konzipiert ist und an dem er zwischen 1941 und 1944, unterbrochen durch seine Krankheit arbeitet. Der Zyklus bleibt zuletzt unvollendet. 1941 kann Schmidhagen Käthe Kollwitz in Berlin besuchen und ihr seine ersten Holzschnitte zu *Genius* vorlegen. 1944 wendet sich Schmidhagen erneut der Malerei zu. Eine Ausstellung, die ein amerikanischer Offizier nach Kriegsende für Schmidhagen organisiert, erlebt er nicht mehr. Schmidhagen stirbt im Juli 1945 an den Folgen seiner Krankheit in Marburg.

Lit. Ausst.-Kat. Marburg 1945; Förster, Ruth: Reinhard Schmidhagen: …meine Gedanken sind viel bei der Kollwitz, in: Bildende Kunst, 1968, S. 440–443; Frommhold (Hg.) 1968, S. 569; Ausst.-Kat. Rostock 1979; Bessel, Barbara: Bemerkungen zu zwei Holzschnittfolgen von Reinhard Schmidhagen, in: Ausst.-Kat. Karlsruhe/Frankfurt am Main/München 1980, S. 173–179; Ausst.-Kat. Karlsruhe/Frankfurt am Main/München 1980, S. 275; Ausst.-Kat. Hagen 1985; Ausst.-Kat. Bochum 1990; Lexikon der Kunst, hg. von Harald Olbrich, neubearb. Aufl. Leipzig 1994, Bd. 6, S. 498.

Jakob Steinhardt

Zerkow bei Posen (heute: Żerków/Polen) 1887 – 1968 Nahariya/Israel

1887 · Steinhardt wird in Zerkow als Sohn jüdischer Eltern geboren, die ein Geschäft für Kurzwaren betreiben. **1906–1908** · Studiert mit Hilfe eines Stipendiums an der Unterrichtsanstalt des Berliner Kunstgewerbemuseums. Ab 1907 wird Steinhardt Schüler bei Lovis Corinth. Parallel dazu erlernt er die Technik der Radierung bei Hermann Struck, der ihn auch zur Beschäftigung mit dem Zionismus anregt. Beginn der Freundschaft mit Ludwig Meidner, den er bei Struck im Atelier kennenlernt. **1908–1911** · Studiert in Paris für kurze Zeit an der Académie Julian, anschließend an der Académie de la Grande Chaumière bei Théophile Alexandre Steinlen und wechselt bald an die Kunstschule von Henri Matisse. Bekanntschaft mit Pablo Picasso, Henri Rousseau, Paul Durand-Ruel und Pierre Auguste Renoir. 1910 werden Bilder Steinhardts erstmals in der Ausstellung der Neuen Sezession gezeigt. 1911 Italienaufenthalt. **1912–1913** · Gründet in Berlin mit Ludwig Meidner und Richard Janthur die expressionistische Gruppe Die Pathetiker. Sie stellen 1912 in der Sturm-Galerie aus. Die Gemälde *Kain* und *Apokalyptische Landschaft* entstehen, 1913 dann sein Hauptwerk – das Gemälde *Der Prophet*, das die Jüdische Gemeinde zu Berlin erwirbt – und die Radierung *Höllensturz*. **1914–1918** · Einzelausstellung in der Sturm-Galerie in Berlin. Im Ersten Weltkrieg Einsatz in einer Garnison in Litauen. Steinhardt sucht Kontakt zum jüdischen Dorfleben, das er vielfach darstellt, beginnt Hebräisch zu studieren und denkt über ein späteres Leben in Palästina nach. 1917 wird er an die mazedonische Front verlegt. Teilnahme an der Ausstellung der Berliner Sezession, deren Mitglied Steinhardt wird. Steinhardt erkrankt nach dem Rückzug aus Mazedonien schwer an Malaria und erleidet einen Nervenzusammenbruch. Er erholt sich in Zerkow von der Krankheit. **1919–1929** · Rückkehr nach Berlin. In den nächsten Jahren Einzelausstellungen. Er setzt seine im Ersten Weltkrieg entstandenen Studien über die litauischen Juden in Gemälde um und reist 1925 für drei Monate nach Palästina. Steinhardt hat großen Anteil an der Wiederbelebung jüdischer Kultur und Kunst im Berlin der 1920er Jahre. 1927 Tuschezeichnungen *Jona unter dem verdorrten Rizinus* und *Job (Hiob)*. 1929 ist er im Vorstand der Berliner Sezession. **1933** · Steinhardt wird von den Nationalsozialisten verhaftet, kommt aber überraschend frei. Er emigriert umgehend mit seiner Familie nach Palästina, wo er in Jerusalem eine private Kunstschule gründet. **1937–1945** · In Deutschland werden seine Werke bei der Aktion »Entartete Kunst« aus öffentlichen Sammlungen entfernt und zum größten Teil zerstört. Steinhardt beteiligt sich in den 1930er Jahren an Ausstellungen in Jerusalem, New York, Paris und London. **1949–1957** · Er schließt 1949 seine Kunstschule und übernimmt die Leitung der Grafischen Abteilung der Bezalel-Schule (heute: Bezalel Academy) in Jerusalem, deren Institutsdirektor er von 1953 bis 1957 ist. Seine Arbeiten werden in Israel und auf internationalen Ausstellungen in den Vereinigten Staaten, in Brasilien, den Niederlanden, Griechenland und Deutschland gezeigt. **1964–1968** · Das von den Nationalsozialisten beschlagnahmte und verloren geglaubte Gemälde *Der Prophet* aus dem Besitz der Jüdischen Gemeinde taucht wieder auf, wird 1965 von Steinhardt restauriert und kehrt nach Berlin zurück. Steinhardt stirbt 1968 in Nahariya in Israel.

Lit. Kolb (Hg.) 1959; Pfefferkorn 1967; Ausst.-Kat. Frankfurt am Main/Emden 1991, S. 235f.; Ausst.-Kat. Berlin 1995 (3); Ausst.-Kat. Berlin/Regensburg 2000/01; Neugebauer 2004, S. 69–89.

Horst Strempel

Beuthen in Schlesien (heute: Bytom/Polen) 1904 – 1975 West-Berlin

1904 · Horst Strempel wird im oberschlesischen Beuthen geboren, wo sein Vater eine Drogerie besitzt. **1922–1929** · Nach einer Ausbildung zum Dekorationsmaler bis 1927 Studium an der Staatlichen Akademie für Kunst und Kunstgewerbe Breslau bei Oskar Moll und Otto Mueller. Fortsetzung des Studiums bei Karl Hofer an den Vereinigten Staatsschulen für freie und angewandte Kunst in Berlin-Charlottenburg bis 1929. In Berlin erster Kontakt zur Assoziation Revolutionärer Bildender Künstler Deutschlands (ASSO oder ARBKD) und Eintritt in die KPD. **1930–1933** · Ausstellungsbeteiligungen und 1932 erste Einzelausstellung in Berlin-Wedding. Er widmet sich in seinen Bildern sozialkritischen Themen wie Fürsorge, Arbeitslosigkeit und Armut. Mit Beginn der NS-Diktatur flieht Strempel im Juli 1933

über Amsterdam nach Paris ins Exil. Seine Werke muss er in Deutschland zurücklassen. **1933–1941** · In Paris arbeitet er als Theatermaler, Karikaturist, Pressezeichner und Tapetendesigner. Gemeinsam mit Max Ernst, Gert Wollheim, Heinz Lohmar, Otto Freundlich und anderen gehört Strempel zum 1935 im Exil nach dem Vorbild der ASSO gegründeten Kollektiv deutscher Künstler. Während seiner Zeit im Exil entfernt sich Strempel von den politischen Zielen der KPD und bricht 1936 schließlich mit der Partei. Nach Kriegsbeginn 1939 Internierung in verschiedenen französischen Lagern bis 1941. Rückkehr nach Deutschland. **1941–1953** · Nach kurzer Gestapohaft in Berlin wird Strempel als Soldat in Jugoslawien und Griechenland eingesetzt. 1945 Rückkehr aus der Kriegsgefangenschaft in den von der Roten Armee besetzten Teil Berlins; erneuter Eintritt in die KPD. Um 1946 entsteht die Federzeichnung *Die Masken*. 1947 wird er Dozent an der Hochschule für angewandte Kunst in Berlin-Weißensee, 1949 Ernennung zum Professor. Als sich Strempel dem zunehmenden Dogmatismus der offiziellen Kunst in der DDR nicht anschließt, trifft ihn schließlich der Vorwurf des »Formalismus«. 1953 flieht er in den Westteil Berlins. **1953–1975** · In der Bundesrepublik kämpft Strempel bis nach 1970 um seine Anerkennung als politischer Flüchtling. Seinen Lebensunterhalt verdient er mit Tapeten- und Stoffentwürfen. Er stirbt 1975 in West-Berlin.

Lit. Saure 1992; Ausst.-Kat. Berlin 1993/94; Ausst.-Kat. Berlin 1997, S. 643; Ausst.-Kat. Olpe/Solingen-Gräfrath 1999/2000, S. 478.

Franz von Stuck

Tettenweis in Niederbayern 1863–1928 München

1863 · Franz Stuck wird als Sohn einer Bauern- und Müllerfamilie im niederbayerischen Tettenweis geboren. **1875–1881** · Besuch der Kreisgewerbeschule in Passau. Ab 1878 Besuch der Königlichen Kunstgewerbeschule in München. **1881–1892** · Studium an der Königlichen Akademie der Bildenden Künste München bei Wilhelm Lindenschmidt und Ferdinand Löfftz 1881–1885. Ab 1882 Buchillustrationen, 1887–1892 Karikaturen für die *Fliegenden Blätter*. 1886 wird Stuck für den Militärdienst »dauernd untauglich« geschrieben. 1889 Goldmedaille bei der Jahresausstellung im Münchner Glaspalast. 1890 erste Bronzestatuette. 1892 Mitbegründer der Münchner Sezession. **1893–1899** · Goldmedaille auf der Weltausstellung 1893 in Chicago. Ernennung zum Professor. Ab 1895 Professor für Malerei an der Königlichen Akademie der Bildenden Künste in München. 1895 Mitarbeit an den Zeitschriften *Jugend* (bis 1901) und *PAN*. 1897 Heirat mit der Amerikanerin Mary Lindpainter. 1897/98 Bau der Villa Stuck in München, deren Architektur, Innendekoration und Einrichtung von Stuck entworfen werden. Mit diesem Haus setzt er sich sein eigenes Denkmal. **1900–1910** · Goldmedaille der Weltausstellung 1900 in Paris für die Möbelentwürfe für seine Villa. Wassily Kandinsky und Paul Klee sind seine Schüler an der Akademie. 1905 Ernennung zum Mitglied der Königlich Sächsischen Akademie der Künste in Dresden. 1906 Verleihung des Ritterkreuzes des Verdienstordens der Bayerischen Krone sowie des Adelstitels. 1909 eigener Ausstellungssaal auf der Internationalen Kunstausstellung in Venedig. **1911–1917** · Externes Mitglied der Preußischen Akademie der Künste, Berlin. Externes Mitglied der Académie des Beaux-Arts in Antwerpen. 1913 Fackelzug von Münchner Künstlern und Kunstfreunden zu seinem fünfzigsten Geburtstag. 1914 malt Stuck sein einziges Bild mit politischem Inhalt, *Feinde ringsum*, dessen zentrale Figur er auch als Bronzestatuette umsetzt. 1917 wird Stuck zum Mitglied der Wiener Akademie der Künste anlässlich ihres 225-jährigen Bestehens ernannt. **1918–1928** · Kurzzeitige Geiselnahme Stucks durch die Rotgardisten während der Münchener Räterepublik. Stucks künstlerisches Schaffen hat nach dem Ende des Ersten Weltkrieges keinen Anteil mehr an der aktuellen Entwicklung der Kunst. 1924 Ernennung zum Geheimen Rat und 1928 zum Ehrendoktor der Technischen Hochschule München. Stuck stirbt im August 1928 in seiner Villa in München.

Lit. Kunst für Alle, hg. v. Friedrich Pecht, München, 30, 1914/15, S. 419f. *(Feinde ringsum)*; Voss 1973, S. 303, WV-Nr. 454/93 *(Feinde ringsum)*; Ausst.-Kat. München 1968 [1977]; Ausst.-Kat. München 1982 (2), S. 107–114, S. 187.

Graham Sutherland

London 1903–1980 London

1903 · Graham Vivian Sutherland wird in London als Sohn eines Rechtsanwaltes geboren. **1920–1926** · Nach der schulischen Vorbereitung auf die Ingenieurslaufbahn bis 1921 Mechanikerlehre in Derby. Von 1921 bis 1926 Studium an der Kunstschule des Goldsmiths College an der University of London. 1925 erste Einzelausstellung von Grafiken und Zeichnungen in London. 1925 Wahl zum außerordentlichen Mitglied der Royal Society of Painter-Etchers and Engravers. 1926 Übertritt zum römisch-katholischen Glauben. **1927–1939** · Sutherland hat 1927–1939 einen Lehrauftrag für die Technik der Radierung an der Chelsea School of Art in London. Anfang der 1930er Jahre beginnt er zu malen, da sich seine Grafiken immer schlechter verkaufen. 1936 Teilnahme an der ersten *International Surrealist Exhibition* in den New Burlington Galleries in London. 1937 zieht er in das White House bei Trottiscliffe in Kent. 1938 erste Einzelausstellung seiner Gemälde in London. **1939–1945** · Zu Beginn des Zweiten Weltkrieges lebt er zwölf Monate als Gast des englischen Kunsthistorikers Kenneth Clark in Tetbury. In dieser Zeit entsteht eine Reihe von Bildern in dunklen Farben, darunter auch die *Schwarze Landschaft (Black Landscape)* nach einem Aquarell von 1937. 1940–1945 ist Sutherland als Official War Artist aktiv und malt kriegszerstörte Landschaften, Häuser und Fabrikanlagen. 1941 stellt er zusammen mit Henry Moore und John Piper in Leeds aus. 1944 reist er in offiziellem Auftrag als War Artist nach Frankreich. 1945 Beginn der Freundschaft mit Francis Bacon. **1947–1959** · Erster Aufenthalt in Südfrankreich, Bekanntschaft mit Picasso und Henri Matisse. Sutherland wird 1948 zum »Trustee« der Tate Gallery ernannt. Er wendet sich der Porträtmalerei zu: *Somerset Maugham* (1949), *Winston Churchill* (1954, zerstört), *Konrad Adenauer* (1965). 1952 stellt er auf der Biennale in Venedig aus. Erste Experimente mit der Bildhauerei. 1953 Einzelausstellung in New York. Bis 1955 mehrere Retrospektiven in Österreich und Deutschland. Er ist auf der documenta I–III (1955, 1959, 1964) in Kassel vertreten. 1955 erwirbt er ein Haus in Menton, Südfrankreich. **1960–1980** · Erhalt des Verdienstordens Order of Merit. 1962 Ehrendoktor der Literatur an der Oxford University. Zahlreiche internationale Ausstellungen in den Vereinigten Staaten, in Italien, Deutschland, den Niederlanden und der Schweiz. 1972 Ehrenmitglied des National Institute of Arts and Letters und der American Academy of Arts and Letters in New York. Sutherland erhält 1973 in Frankreich den Titel Commandeur des Arts et des Lettres und wird in Rom zum Ehrenmitglied der Academia di S. Luca ernannt. Er stirbt im Februar 1980 in London.

Lit. Frommhold (Hg.) 1968; Ausst.-Kat. Darmstadt/London 1982, Nr. 72, S. 92 *(Schwarze Landschaft)*; Ausst.-Kat Berlin 1990 (2), S. 334; The Dictionary of Art, Bd. 30, London 1996, S. 37ff.; Hammer 2005, S. 71; Ausst.-Kat. London/Nottingham 2005.

Yves Tanguy

Paris 1900–1955 Woodbury in Connecticut

1900 · Raymond Georges Yves Tanguy wird in Paris als jüngstes von vier Kindern eines ehemaligen Kapitäns geboren. Sein Vater ist Aufsichtsbeamter im Marineministerium. Tanguy wächst seit dem Tod sei-

nes Vaters 1908 bei Verwandten auf. **1912–1921** · Er lernt Pierre, den Sohn von Henri Matisse, kennen. Bereits als 14-Jähriger Alkohol- und Drogenkonsum. Tanguy fährt ab 1918 mit der Handelsmarine zur See und wird 1920 zum Militär einberufen. Er meldet sich freiwillig zum afrikanischen Jägerkorps und verbringt seine Militärzeit in Südtunesien. **1922–1928** · Tanguy kehrt aus Tunesien nach Paris zurück. Durch Werke von Giorgio de Chirico angeregt, beginnt er zu zeichnen. Mit Marcel Duhamel und Jacques Prévert bezieht er ein Gartenhaus in Montparnasse. 1925 werden drei Zeichnungen von ihm im Salon de l'Araignée gezeigt, erste Ölgemälde entstehen. Bekanntschaft mit André Breton. 1926 nimmt Tanguy erstmals an einer Veranstaltung der Surrealisten teil. Das Gemälde *Mort guettant sa famille (Toter, seine Familie belauernd)* entsteht 1927 und wird im selben Jahr auf seiner ersten Einzelausstellung in der Pariser Galerie Surréaliste gezeigt. **1929–1939** · In den folgenden Jahren gemeinsame Ausstellungen mit Joan Miró, Pablo Picasso, Salvador Dalí, René Magritte, Max Ernst, André Masson und anderen. Tanguy bleibt nach 1929/30 dem engen Kreis der Surrealisten um André Breton treu und bricht mit Jacques Prévert. 1935 erste Einzelausstellung in den Vereinigten Staaten, Los Angeles. 1936 Teilnahme an der von Roland Penrose organisierten *International Surrealist Exhibition* in den New Burlington Galleries in London. 1938 Beteiligung an der *Exposition internationale du surréalisme* in der Galerie des Beaux-Arts in Paris. Im selben Jahr lernt er die amerikanische Malerin Kay Sage kennen. 1939 Vertrag mit Pierre Matisse, der in New York eine Galerie betreibt. Nach Ausbruch des Zweiten Weltkrieges geht Tanguy nach New York.

1940–1955 · Tanguy heiratet Kay Sage. Beide ziehen 1941 nach Woodbury in Connecticut, wo sie 1946 ein Haus, die Town Farm, kaufen. In New York pflegt Tanguy weiterhin freundschaftliche Kontakte zu André Masson, Max Ernst, Marcel Duchamp und André Breton. 1947 geht Breton nach Paris zurück und organisiert die *Exposition internationale du surréalisme*, an der auch Tanguy teilnimmt. 1948 amerikanische Staatbürgerschaft. 1953 Europareise. Yves Tanguy stirbt im Januar 1955 in Woodbury. Im selben Jahr Retrospektive seiner Werke im Museum of Modern Art, New York.

Lit. Matisse/Sage Tanguy 1963, S. 21–24 (Biografie), 55, WV.-Nr. 35; Sage 1963; Ausst.-Kat. Berlin 1977 (2), S. B/65; Ausst.-Kat. Baden-Baden 1982/83; Ausst.-Kat. Düsseldorf 1987/88, S. 171; The Dictionary of Art, London 1996, Bd. 30, S. 291 f.; Ausst.-Kat. Stuttgart 2000/01, Nr. 13; Le Bihan/Mabin/Sawin 2001.

Emilio Vedova
Venedig 1919–2006 Venedig
1919 · Emilio Vedova wird in Venedig geboren. **1930** · Mit elf Jahren arbeitet er als Gehilfe in einer Fabrik, dann bei einem Fotografen und übt diverse andere Tätigkeiten aus, um Geld zu verdienen. **1934–1937** · Vedova beginnt intensiv zu zeichnen, es entstehen Figur- und Architekturstudien. Bis 1935 nimmt er einige Wochen lang an den Abendkursen der Carmini-Schule in Venedig teil. 1936 zieht er zu einem Onkel nach Rom. Unter dem Eindruck der faschistischen Diktatur in Italien entstehen 1937 die Kohlezeichnungen des *Ciclo della Paura (Zyklus der Angst)* und die Federzeichnung *Massacro I (Massaker I)*. **1938–1940** · Vedova lebt in Venedig und Florenz, wo er eine freie Kunstschule besucht. Erste Kontakte zu antifaschistischen Kreisen. Nach einem Aufenthalt in Südtirol kehrt er nach Venedig zurück. Bei dem faschistischen Künstlerwettbewerb *Prelittorali* provoziert er mit Zeichnungen zum Thema ärztlicher Musterungsuntersuchungen. Er wird für untauglich erklärt und ausgemustert. **1941–1945** · Er beteiligt sich an Veranstaltungen von Avantgarde-Künstlern und steht in engem Kontakt mit einem antifaschistischen Kreis von Künstlern und Intellektuellen. 1942 geht Vedova nach Mailand und schließt sich der antifaschistischen Bewegung Corrente an. Seine Ausstellung in der Galerie La Spiga e Corrente wird 1943 durch die politische Polizei OVRA geschlossen. Nach dem Sturz Benito Mussolinis am 25. Juli 1943 schließt sich Vedova im Norden Italiens der Widerstandsbewegung an. Er wird verletzt und erlebt das Kriegsende im Krankenhaus. **1945–1947** · Noch 1945 bezieht er ein Atelier in Venedig und knüpft erste internationale Kontakte. 1946 unterzeichnet er zusammen mit anderen Künstlern das Manifest *Oltre Guernica (Über Guernica hinaus)*. Gründungsmitglied der Nuova Se-

cessione Italiana und der Fronte Nuovo delle Arti. Es folgen erste internationale Ausstellungen. **1948–1955** · Ab der XXIV. Biennale 1948 nimmt Vedova regelmäßig an den Biennale-Ausstellungen in Venedig teil. Nach einer Phase geometrischer Abstraktion entwickelt er in den 1950er Jahren einen expressiven Malstil. 1955 Teilnahme an der documenta I in Kassel. Er wird zu einem der wichtigsten Vertreter der informellen Malerei in Italien. **1963–1965** · Vedova wird von Ende 1963 bis Mitte 1965 als Stipendiat nach Berlin eingeladen. Das *Absurde Berliner Tagebuch '64* entsteht, diese Installation wird auf der documenta III in Kassel ausgestellt. **1965–1975** · Er unterrichtet von 1965 bis 1969 an der von Kokoschka gegründeten Internationalen Sommerakademie für Bildende Kunst in Salzburg. Ab 1975 Professor für Malerei an der Accademia di Belle Arti in Venedig bis 1986. **1980–2006** · In den 1980er Jahren entstehen die *Dischi*, *Tondi* und *Oltre*, frei im Raum installierte beidseitig bemalte Holzscheiben, raumgreifende, zum Objekt gewordene Malerei. 1988 wird er von Wieland Schmied erneut an die Internationale Sommerakademie in Salzburg eingeladen. 1993 wird Vedova in Berlin zum Mitglied der Akademie der

Künste ernannt. 1997 erhält er auf der Biennale in Venedig den Goldenen Löwen für sein Gesamtwerk. Vedova stirbt im Oktober 2006 in Venedig.

Lit. Celant (Hg.) 1984; Ausst.-Kat. München 1986; Ausst.-Kat. Berlin 1990 (2), S. 304; Masi 2007; Ausst.-Kat.Rom/Berlin 2007/08.

Karl Völker
Giebichenstein bei Halle an der Saale 1889 – 1962 Weimar

1889 · Karl Völker wird in Giebichenstein bei Halle als Sohn eines Dekorationsmalers geboren. **1910–1920** · Nach der Ausbildung zum Dekorationsmaler im väterlichen Betrieb und in der Halleschen Handwerkerschule ist er in Leipzig tätig und studiert bis 1913 Wandmalerei bei Richard Guhr an der Königlich Sächsischen Kunstgewerbeschule in Dresden. 1918 Eintritt in die KPD und Mitglied der Novembergruppe. 1919 ist er Mitbegründer der Halleschen Künstlergruppe. In dieser Zeit entstehen Pinselzeichnungen, die sich mit dem Thema Krieg auseinandersetzen, etwa *Der Rufer* und *Der Krieg* (1918/19). **1921–1932** · Nach dem Tod des Vaters übernimmt er die Malerwerkstatt und erhält zahlreiche öffentliche Aufträge. Er ist für Bruno Taut in Magdeburg tätig. Ab 1922 Zusammenarbeit mit Otto Haesler, für dessen Architekturbüro er 1928–1932 in Celle arbeitet. Zwischen 1923 und 1925 liefert Völker Holzschnitte für die Zeitschriften *Klassenkampf* und *Das Wort*, darunter 1924 *Der Urlauber aus dem Massengrab* und 1925 *Der Bombenflieger*. 1924 Teilnahme an der *1. Allgemeinen Deutschen Kunstausstellung* in der UdSSR. 1928 Beteiligung an der Ausstellung *Kunst und Technik* im Museum Folkwang in Essen. Das Gemälde *Maskenstilleben mit Zunge* entsteht. 1932 Freundschaft mit dem Schriftsteller Walter Bauer. **1933–1945** · Wandmalereien, Restaurierungen und Raumgestaltungen in Dorfkirchen im Auftrag der Denkmalpflege. 1937 wird Völker in der Schmähschrift *Säuberung des deutschen Kunsttempels – Eine kunstpolitische Kampfschrift zur Gesundung deutscher Kunst im Geiste nordischer Art* von Wolfgang Willrich aufgeführt. Diffamierung in der Ausstellung *Entartete Kunst* mit einem Industriebild aus der Zeit um 1924. 1944 Einberufung zum Volkssturm, 1945 Kriegsgefangenschaft im Lager Bad Kreuznach. **1946–1949** · Eintritt in die SPD. Völker ist als freier Maler und Grafiker bis 1962 tätig. Er gewinnt mit seinem Sohn Horst sowie Otto Haesler den Wettbewerb zum Wiederaufbau der Altstadt von Rathenow. 1949 erste »Formalismus«-Vorwürfe, Retrospektive in der Galerie Moritzburg bei Halle, Entwürfe für den Magdeburger Dom. **1950–1962** · Bis 1951 Beteiligung am Wiederaufbau des Berliner Zeughauses. Glasmalereien und Mosaiken für öffentliche Gebäude. 1961 Kunstpreis der Stadt Halle. Karl Völker stirbt im Dezember 1962 in Weimar.

Lit. Schulze 1974; Ullmann, Helga: Karl Völker, in: Wegbereiter. 25 Künstler der DDR, Dresden 1976; Ausst.-Kat. Olpe/Solingen-Gräfrath 1999/2000, S. 483; Ausst.-Kat. Halle 2007.

Rudolf Wacker
Bregenz 1893 – 1939 Bregenz

1893 · Rudolf Wacker wird als jüngstes von vier Kindern in Bregenz geboren. Sein Vater ist ein wohlhabender Baumeister und Stadtrat. **1909–1914** · Nach dem Besuch der k.u.k. Zeichenschule in Bregenz und ab 1911 der Akademie der bildenden Künste Wien geht er noch im selben Jahr nach Weimar. Wacker ist an der Großherzoglich Sächsischen Hochschule für bildende Kunst 1912 Meisterschüler von Albin Egger-Lienz und ab 1913 Schüler von Walter Klemm, mit dem er Freundschaft schließt. **1914–1920** · Einzug zum Militär 1914. Wacker kommt nach seiner Ausbildung zum Offiziersanwärter im Mai 1915 an die Front nach Galizien und »Kongresspolen«. Bereits im Oktober 1915 gerät er für fünf Jahre in russische Kriegsgefangenschaft. Im sibirischen Kriegsgefangenenlager bei Tomsk erlebt er ab 1916 die Zarenherrschaft, die März- und Oktoberrevolution von 1917 und die anschließenden Machtwechsel bis zum endgültigen Sieg der Roten Armee. Sein politisches Weltbild und seine Kunstauffassung werden in diesen Jahren entscheidend geprägt. Ab 1920 arbeitet er in einer Werkstatt für dekorative Malerei in Tomsk. Nach einem Aufenthalt in Moskau kehrt er im September 1920 nach Österreich zurück. **1921–1925** · Er geht von Bregenz nach Berlin und erhält Unterstützung von seinem ehemaligen Lehrer Walter

Klemm in Weimar. In Berlin Kontakt zu seinem Freund Otto Herbig und zu Erich Heckel. Ausstellungen in Weimar und Berlin. Er lernt Julius Meier-Graefe kennen sowie Paul Westheim, in dessen Kunstblatt er Ausstellungsberichte veröffentlicht. Im Völkerkundemuseum malt er Masken, Mumien und Puppen. Bis 1923 verbringt Wacker jeweils die Hälfte des Jahres in Berlin und Bregenz. 1924 lässt Wacker sich in Bregenz nieder und widmet sich intensiv der Stillleben- und Porträtmalerei. 1925 Gründungsmitglied der Künstlervereinigung Der Kreis und Mitglied der Vorarlberger Kunstgemeinde. **1926–1933** · Hinwendung zur Neuen Sachlichkeit. 1929 Vertrag mit der Galerie Nierendorf in Berlin. Wacker registriert den zunehmenden Einfluss der konservativ-nationalen Kräfte und beginnt erneut eine intensive Auseinandersetzung mit der Politik. Er will selbst aktiv werden, nimmt in Berlin 1932 an einer Friedenskundgebung teil. Aus Furcht vor Repressionen tritt er im Juni 1933 in Bregenz der autoritär-ständestaatlichen Vaterländischen Front bei, die in keiner Weise seiner politischen Auffassung entspricht. Das Gemälde *Stillleben mit Larve (und verwelktem Aronstab)* entsteht. **1934–1939** · Er erwägt 1934 kurzzeitig, in die Sowjetunion auszuwandern. 1935 scheitert seine Bewerbung um eine Professur an der Wiener Akademie. Ab 1936 leitet er einen Abendkurs an der Bregenzer Gewerbeschule. 1937 besucht er in München die Feme-Ausstellung *Entartete Kunst*. In einem Brief an die Ständige Delegation in Wien (die Vertretung von Sezession und anderen Künstlerorganisationen) fordert er eine offizielle Stellungnahme der Österreichischen Künstlerschaft gegen Oskar Kokoschkas Diffamierung auf der Münchner Ausstellung. 1938, nach dem Einmarsch der deutschen Truppen, wird Wacker verdächtigt, Kommunist zu sein. Hausdurchsuchung und ein Verhör durch die Gestapo folgen. Er erleidet in der Folge mehrere Herzanfälle, von denen er sich nicht mehr erholt. Sein Lehrauftrag in der Gewerbeschule wird ihm gekündigt. Rudolf Wacker stirbt im April 1939 an den Folgen seiner Herzerkrankung.

Lit. Reichel, Anton: Rudolf Wacker, der Maler des Bodensees, in: Die Kunst, Monatshefte für freie und angewandte Kunst, München, Jg. 71, 1935, S. 22 f.; Ausst.-Kat. Berlin 1977 (2), B/69; Sagmeister 1983; Wacker 1990; Sagmeister 1993.

A. Paul Weber
Arnstadt in Thüringen 1893 –
1980 Großschretstaken bei Mölln

1893 · Paul Heinrich Andreas Weber wird als Sohn eines Eisenbahnassistenten in Arnstadt geboren. **1908–1914** · Mitglied im Wandervogel. **1912–1913** · Bereits vor 1912 entstehen Zeichnungen und Ölgemälde. Besuch der Handwerker- und Kunstgewerbeschule in Erfurt, wo Weber die Techniken des Lithografierens und Radierens erlernt. Im Anschluss als Illustrator und Gebrauchsgrafiker tätig. **1914–1918** · Als Kriegsfreiwilliger zunächst bei den Eisenbahntruppen an der Ostfront, 1918 an der Westfront. Ab 1916 zeichnet Weber für eine Armeezeitung. 1917 erste Buchillustration: Paul Lingens *Requiem*. **1919** · Tätigkeit als Gebrauchsgrafiker und Buchillustrator. Er illustriert unter anderem die *Fastnachtsspiele* von Hans Sachs, J. W. von Goethes *Reineke Fuchs*, Friedrich Albert Meyers *Till Eulenspiegel* und Willibald Alexis' *Fridericus Rex*. **1920–33** · Hunderte von Illustrationen entstehen für die Zeitschriften des Deutschnationalen Handlungsgehilfenverbandes (DHV). **1922–1924** · Weber lebt in Berlin. Sein Schwager, von 1924–1933 Abgeordneter der KPD, ermöglicht ihm den Besuch von Reichstagssitzungen. **1925** · Gründung der Ellena-Presse (ab 1928 Clan-Presse) bei Eisenach. **1927** · Verstärkte Hinwendung zur bündischen Jugend und zu nationalkonservativen Kreisen. **1928** · Kontakt zum Widerstandskreis um Ernst Niekisch, zu dem auch Ernst Jünger, dessen Bruder Friedrich Georg Jünger, Joseph Drexel und Wilhelm Stapel gehören. Dieser Kreis wendet sich zunächst gegen den Versailler Vertrag und die Weimarer »Erfüllungspolitik«, später gegen den Nationalsozialismus und Adolf Hitler. Es entstehen Arbeiten für den Widerstands-Verlag und die Zeitschrift *Widerstand*, deren Mitherausgeber Weber 1931 wird. **1932** · Es erscheint die Broschüre *Hitler – ein deutsches Verhängnis* von Ernst Niekisch mit sechs Illustrationen von Weber. Weber liefert 75 Zeichnungen für die 23 Ausgaben der *Entscheidung*, der Wochenzeitschrift für national-revolutionäre Politik des Widerstands-Verlages; die Zeitschrift wird ab dem 28. 3. 1933 verboten. **1937** · Neben Niekisch werden über siebzig Mitglieder des Widerstandskreises inhaftiert, so auch Weber am 1. Juni. Er kommt zunächst in das KZ Hamburg-Fuhlsbüttel, dann in Gefängnisse in Berlin und Nürnberg. Entlassung im Dezember. Weber erhält kein Berufsverbot. **1939** · Reise in die Vereinigten Staaten. Weber fährt allein, da die Gestapo den übrigen Familienmitgliedern die Reise untersagt. Beginn einer langjährigen Tätigkeit für die Griffelkunst-Vereinigung Hamburg. **1941** · Die ohne Auftrag bereits in den 1930er Jahren begonnenen *Britischen Bilder* erscheinen im Nibelungen-Verlag. Sie ziehen Aufträge unter anderem für das Reichsministerium für Volksaufklärung und Propaganda nach sich. Im Oktober 1941 reist Weber als Kriegsmaler im Auftrag des Reichsarbeitsdienstes in die Ukraine. **1942** · Ab 1942 entsteht die Folge der *Russischen Bilder – Leviathan*. Vier Zeichnungen aus der Folge erscheinen erstmals begleitend zu einem Artikel von Carl Weiss, *Leviathan. Begegnung mit dem Sowjetdasein*, in der nationalsozialistischen Wochenzeitschrift *Das Reich*. **1944–1945** · Weber wird zum Landsturm eingezogen. **1947** · Der ersten Retrospektive seiner Werke in Hamburg folgen zahlreiche Ausstellungen in den nächsten Jahrzehnten. **1963** · Die Zeichnungen aus dem Widerstandskreis werden als Lithografien aufgelegt. **1971–1980** · Ernennung zum Professor und Verleihung des Großen Bundesverdienstkreuzes 1971. Am 9. November 1980 stirbt Weber in seinem Haus in Großschretstaken.

Lit. Reinhardt (Hg.) 1980; Noll 1993; Ausst.-Kat. Hannover 1993/94; Schumacher/Dorsch 2003.

Albert Carel Willink
Amsterdam 1900 – 1983 Amsterdam

1900 · Albert Carel Willink wird in Amsterdam als Sohn eines Autohändlers geboren. **1918–1924** · Nach dem begonnenen Architekturstudium in Delft bis 1920 geht er nach Berlin, um Maler zu werden. 1920–1923 besucht er dort die internationale Malschule von Hans Baluschek. 1922 Mitglied der Novembergruppe und Kontakte zu den Künstlern der Sturm-Galerie. 1923 Beteiligung an der *Großen Berliner Kunstausstellung* mit abstrakten Arbeiten. 1924 Rückkehr nach Amsterdam und erste Einzelausstellung. Illustrationen zu Werken seines Freundes Edgar (Eddy) du Perron. Hinwendung zur realistischen Malweise. Jährliche Ausstellungsbeteiligung bei De Onafhankelijken (Die Unabhängigen) in Amsterdam bis 1928. **1926–1939** · Parisaufenthalt und Unterricht im Atelier von Henri Le Fauconnier; Willink beschäftigt sich mit der Kunst Pablo Picassos und der Surrealisten. 1926 lässt er sich dauerhaft in Amsterdam nieder. Er wendet sich dem Magischen Realismus zu. Seine Bilder lassen den Einfluss der Werke Giorgio de Chiricos erkennen. In den späten 1930er Jahren zeigen seine Bilder einen düsteren, bedrohlichen Charakter. Brennende Städte und Ruinen wie in dem 1939 entstandenen Gemälde *Château en Espagne (Das Schloss in Spanien)* vermitteln einen Zeitbezug. Das Bild wird 1939 in der Retrospektive seiner Werke im Museum in Rotterdam gezeigt. **1939–1945** · Während des Zweiten Weltkrieges und der deutschen Besatzungszeit hat er keine Ausstellungsmöglichkeiten. Willink widmet sich ab 1941 intensiv Porträtaufträgen. **1950–1983** · Er veröffent-

licht 1950 sein Buch *De schilderkunst in een kritiek stadium* und wendet sich darin gegen die Dominanz der abstrakten Kunst, der er den Fantastischen Realismus entgegensetzt. Ausstellungen in Brüssel, Amsterdam und Rotterdam. Albert Carel Willink stirbt 1983 in Amsterdam.

Lit. Ausst.-Kat. Berlin 1977 (2), S. 4/269, Nr. 4/192, B/71; Jaffé 1979 (mit Werkverzeichnis); Ausst.-Kat. Amsterdam 1980; Graaf-Slijper, Yvonne van de: Carel Willink. Images of Doom, in: Dutch Art 1993, S. 133–152, 134–140 (Biografie); The Dictionary of Art, London 1996, Bd. 33, S. 210; Loeven 1998; Ausst.-Kat. Rotterdam 2000; Poot 2000.

Gert Heinrich Wollheim

Loschwitz bei Dresden 1894 – 1974 New York

1894 · Gert Heinrich Wollheim wird in Loschwitz bei Dresden als zweiter von drei Söhnen eines jüdischen Automatenfabrikanten geboren. 1900 Übersiedelung der Familie nach Berlin. **1911–1913** · Wollheim beginnt nach einem Aufenthalt in Torbole am Gardasee, wo er die Freilicht-Aktschule von Hans Lietzmann besucht, ein Studium an der Großherzoglich Sächsischen Hochschule für bildende Kunst in Weimar. Ab 1912 besucht er die Malklasse von Albin Egger-Lienz. Otto Pankok ist sein Studienkollege. Anfang 1914 wechselt er in Egger-Lienz' private Malschule in Tirol. **1914–1918** · Im Ersten Weltkrieg ist Wollheim zunächst in Ostpreußen und ab Sommer 1917 in Frankreich an der Front. In Gedichten und Zeichnungen hält er seine Kriegserlebnisse fest. 1917 wird er schwer verwundet. Lazarettaufenthalt in Berlin. 1918 Kontakt zum Berliner Arbeiterrat und zur Novembergruppe. Erste Einzelausstellung in Berlin. **1919–1925** · Wollheim gründet mit Otto Pankok und anderen Freunden eine Künstlerkommune im ostfriesischen Remels. Hier entsteht ein Triptychon mit der Mitteltafel *Der Verwundete*; von den Seitentafeln haben sich nur Rekonstruktionsskizzen erhalten. Beteiligung an der ersten Ausstellung der Gruppe Das Junge Rheinland. 1920 geht Wollheim mit Pankok nach Düsseldorf. Dort gehören beide zu dem Künstlerkreis um die »Mutter Ey« (die Galeristin Johanna Ey). Wollheim ist Herausgeber und Mitarbeiter von *Der Aktivistenbund, Das Ey, Das junge Rheinland* und ab 1924 der kommunistischen Satirezeitschrift *Die Peitsche*. Er initiiert 1922 die *1. Internationale Kunstausstellung* und den zeitgleichen *1. Kongress der Union fortschrittlicher internationaler Künstler*. Er schreibt Theaterstücke und ist an den Vorbereitungen zu der Düsseldorfer *GeSoLei*-Ausstellung (Ausstellung für Gesundheitspflege, soziale Fürsorge und Leibesübungen, 1926) beteiligt. 1925 Umzug nach Berlin. **1925–1933** · In Berlin wendet sich Wollheim stilistisch der Neuen Sachlichkeit zu. Seine Themen entstammen der Welt des Films, des Sportes, des Theaters, der Mode und des Zirkus. Ab 1931 Korres-

pondenz mit Else Lasker-Schüler (*Indianerbriefe*). Nach der Machtübernahme der Nationalsozialisten flieht Wollheim 1933 nach Paris. **1936–1947** · Wollheim gehört 1936 zu den Gründern des Freien Deutschen Künstlerbundes in Paris und ist 1938 im Comité Juif d'Études Politiques aktiv. Seine Kunst wird auf der Feme-Ausstellung *Entartete Kunst* in München diffamiert und seine Bilder in deutschen Museen werden bei der Aktion »Entartete Kunst« beschlagnahmt. 1938 Beteiligung an der in Paris veranstalteten Ausstellung *Fünf Jahre Hitler-Diktatur*. Nach Kriegsbeginn ist er 1940–1943 in mehreren französischen Lagern interniert. Er flieht und versteckt sich bis 1945 in Nay, einem Pyrenäen-Dorf. Seine Lebensgefährtin Tatjana Barbakoff wird nach Auschwitz deportiert und dort ermordet. Nach Kriegsende bleibt er bis 1947 in Paris. **1947–1974** · Auswanderung nach New York. Reisen nach Südamerika und Europa. Er stirbt im April 1974 in New York.

Lit. Roh 1962, S. 144, 152, 155, 157 f.; Wollheim 1977; Ausst.-Kat. Düsseldorf 1984; Ausst.-Kat. Düsseldorf 1984 (2); Ausst.-Kat. Düsseldorf 1993; Ausst.-Kat. Olpe/Solingen-Gräfrath 1999/2000, S. 486; Ausst.-Kat. Bonn 2000.

Magnus Zeller

Biesenrode im Harz 1888 – 1972 Ost-Berlin

1888 · Magnus Zeller wird in Biesenrode im Harz als eines von vier Kindern des Pfarrers Friedrich Samuel Zeller geboren. **1908–1913** · Bis 1911 studiert er an den Studien-Ateliers für Malerei in Berlin-Charlottenburg bei Lovis Corinth. Gemeinsames Atelier mit Klaus Richter. Arthur Kampf vermittelt Zeller ein Stipendium an der Staatlichen Hochschule für die bildenden Künste in Berlin-Charlottenburg. Ab 1912 regelmäßige Teilnahme an den Ausstellungen der Berliner Sezession; 1913 wird er hier Mitglied. September 1912 bis Sommer 1913 Parisaufenthalt; er zeigt Werke bei Paul Cassirer in Berlin. **1914–1919** · Mitgliedschaft in der Freien Sezession. Das Gemälde *Apokalyptische Reiter* entsteht. 1915 Einberufung zum Militär, zunächst als Armierungssoldat, ab 1916 bei der Presseabteilung des Oberbefehlshabers Ost in Kowno (heute: Kaunas/Litauen). Kontakt zu dem Kreis um Richard Dehmel, Karl Schmidt-Rottluff, Arnold Zweig und anderen. Zeller fertigt heimlich antimilitaristische Lithografien. Er ist auch Zeichner für die deutsche Zeitung in Kowno. 1918 wird er nach Berlin versetzt. Nach Kriegsende Mitglied im Arbeiter- und Soldatenrat der Obersten Heeresleitung. 1919 richtet er sich ein weiteres Atelier im westfälischen Blomberg ein. **1920–1932** · Lehrtätigkeit an der Kunstschule Pallas in Dorpat/Estland 1923 bis 1924; wechselnde Aufenthalte zwischen Dorpat, Berlin und Blomberg. 1925 entsteht das Aquarell *Angst*. 1926 Parisaufenthalt und Mitglied der Freien Vereinigung der Graphiker zu Berlin. In den folgenden Jahren Ausstellungen in Hamburg, Bielefeld, Berlin, Chicago und Wien. **1933–1937** · Zeller wird in den Vorstand der Berliner Sezession gewählt und kooperiert anfangs mit der nationalsozialistischen Kulturpolitik; Mitglied im Kampfbund für deutsche Kultur. Während einer Hausdurchsuchung bei Arnold Zweig werden vermutlich auch Arbeiten von Zeller beschlagnahmt. 1935 Rom-Preis der Preußischen Akademie der Künste, Berlin, und bis Juli 1936 Aufenthalt in der Villa Massimo. Im *Völkischen Beobachter* wird Zeller im Oktober 1935 diffamiert. Zeller lehnt die angetragene Mitgliedschaft in der NSDAP ab. 1937 zieht er von Berlin nach Caputh bei Potsdam. **1938–1945** · In Caputh entstehen im Verborgenen Werke, die sich kritisch mit dem nationalsozialistischen Regime auseinandersetzen, wie die Aquarelle *Fünfzig Jahre später* (1937) und *Einzug in den Hades* (1938) sowie das Gemälde *Der Hitlerstaat (Der totale Staat,* 1938). Von der Abteilung Kurmark der Kunstkammer in der Reichskulturkammer wird Zeller 1942 vorübergehend als »entartet« geführt. Um 1944/45 entsteht das Gemälde *Das Staatsbegräbnis*.

1944 Einberufung zum Volkssturm. Gleich nach Kriegsende tritt Zeller in die SPD ein. Beginn der Mitarbeit im Kulturbund zur demokratischen Erneuerung Deutschlands. **1946–1951** · Das Gemälde *Ruinen (Gespenster)* entsteht in der Zeit um 1946. Zwangsweise Vereinigung der SPD mit der KPD zur SED, Zeller bleibt Mitglied. 1947 wird seine Kunst in der Zeitung *Neues Deutschland* als »politisch gefährlich« bezeichnet. 1948 kauft der Magistrat der Stadt Berlin das Gemälde *Der Hitlerstaat (Der totale Staat*, 1938) an. Wiedersehen mit Arnold Zweig in Berlin. 1949 Förderpreis der brandenburgischen Regierung für seine literarische Arbeit. 1951 verliert er den Vorsitz im Verband Bildender Künstler der DDR. **1952–1972** · Ausstellungsbeteiligungen in Hamburg, in West- und Ost-Berlin, Budapest und Bologna. Öffentliche Aufträge in der DDR und Radierungen für die Griffelkunst-Vereinigung Hamburg. 1962 bis 1971 leitet er einen Malzirkel, der vom Kulturbund finanziert wird. 1968 Ehrenmitglied des Verbandes Bildender Künstler der DDR. Magnus Zeller stirbt im Februar 1972 in Ost-Berlin.

Lit. Lang 1960; Frommhold (Hg.) 1968, S. 581; Ausst.-Kat. Halle 1988; Ludwig 1992; Ausst.-Kat. Olpe/Solingen-Gräfrath 1999/2000, S. 486; Ausst.-Kat. Berlin 2002/03.

Karl Zerbe
Berlin 1903 – 1972 Tallahassee in Florida
1903–1914 · Karl Zerbe wird in Berlin geboren. Seine Familie zieht 1904 nach Paris, wo sein Vater als Geschäftsführer eines Energieunternehmens tätig ist. Ab 1914 lässt sich die Familie in Frankfurt am Main nieder. **1920–1927** · Nach einem begonnenen Chemiestudium an der Technischen Hochschule in Friedberg studiert Zerbe ab 1921 bei Josef Eberz und Karl Caspar an der Debschitz-Malschule in München. 1922 erste Einzelausstellung in der Galerie Gurlitt, Berlin. 1923 Reisestipendium der Stadt München und Italienaufenthalt bis 1926 in Positano. In dieser Zeit entsteht das Gemälde *Ohne Titel* (*Mondlandschaft*, 1924). Bis 1934 lebt Zerbe erneut in München. Werke von Otto Dix inspirieren ihn ebenso wie japanische Druckgrafik; Beschäftigung mit der Neuen Sachlichkeit. **1928–1934** · Zerbe schließt sich mit sechs weiteren Malern zu der Ausstellungsgemeinschaft Sieben Münchner Maler zusammen, der er bis 1934 angehört. 1929 stellt er mit den Juryfreien in der Münchner Galerie Caspari aus. Die Beschäftigung mit dem Werk von Oskar Kokoschka und George Grosz geben seinen Arbeiten einen expressiveren Ausdruck. Er ist Mitglied in der Assoziation Revolutionärer Bildender Künstler Deutschlands (ASSO oder ARBKD). 1934 emigriert er nach Amerika. **1935–1940** · Mitglied der Fine Arts Guild in Cambridge bis 1937. 1935–1938 Lehrtätigkeit an der School of the Museum of Fine Arts in Boston. 1937 werden bei der Aktion »Entartete Kunst« seine Werke aus den öffentlichen Sammlungen in Berlin, Hannover und München beschlagnahmt und zum Teil vernichtet. 1939 befasst er sich mit der Wiederentdeckung der Enkaustik-Maltechnik. **1954–1972** · Professor für Kunst an der Florida State University in Tallahassee bis 1972. Karl Zerbe stirbt nach seiner Emeritierung in Tallahassee.

Lit. Thieme-Becker 1907–1950, Bd. XXXVI, S. 463; Vollmer, Hans: Allgemeines Lexikon der bildenden Künstler des 20. Jahrhunderts, Leipzig 1958–1961, Bd. 5, S. 203; Janson 1961; Roh 1962, S. 144, 200, 237; Biographisches Handbuch der deutschsprachigen Emigration nach 1933, hg. v. Institut für Zeitgeschichte München und der Research Foundation for Jewish Immigration New York. 2 Bde. u. 1 Reg.-Bd., München, New York, London, Paris 1980–1983, Bd. II.2, S. 1277; Falk, Peter Hastings: Who was Who in American Art, 1889–1947, Madison 1985; Ausst.-Kat. Tallahassee 1989; Lauterbach 1999; Saur Allgemeines Künstlerlexikon. Bio-bibliographischer Index A–Z, Leipzig 2000, Bd. 10, S. 727.

Die Künstlerbiografien wurden erarbeitet von Birgit Biedermann.

Autorinnen und Autoren

Autorinnen und Autoren der Essays

Jean Clair
Kunsthistoriker, Paris

Dr. Julia Drost
Stellvertretende Direktorin
des Deutschen Forums für Kunstgeschichte, Paris;
Leiterin der Forschungsstelle Max Ernst

Prof. Dr. Peter Ulrich Hein
Professor für Kunstpädagogik
am Institut für Kunst- und Designwissenschaften
an der Universität Duisburg-Essen

Prof. Dr. Annegret Jürgens-Kirchhoff
Berlin

Univ. Prof. Dr. Konrad Paul Liessmann
Professor für Philosophie und Vizedekan
an der Fakultät für Philosophie und Bildungs-
wissenschaft der Universität Wien

Prof. Dr. Olaf Peters
Professor für Neueste Kunstgeschichte
und Kunsttheorie an der
Martin-Luther-Universität Halle-Wittenberg

Dr. Maike Steinkamp
Wissenschaftliche Mitarbeiterin
am Kunstgeschichtlichen Seminar der Universität
Hamburg, unter anderem tätig für die Forschungsstelle »Entartete Kunst« (Berlin/Hamburg)

Autorinnen und Autoren der Katalogtexte

AB	**Annette Baumann**
AHM	**Axel Hinrich Murken**
AJK	**Annegret Jürgens-Kirchhoff**
AS	**Angelika Schmid**
BB	**Birgit Biedermann**
BV	**Bettina Vaupel**
CO	**Christoph Otterbeck**
DB	**Dominik Bartmann**
ER	**Erik Riedel**
FCS	**F. Carlo Schmid**
GDG	**Gabriele D. Grawe**
HA	**Helen Adkins**
HS	**Harry Schlichtenmaier**
JP	**Judith Prokasky**
KJ	**Katrin Jordan**
KM	**Karoline Müller**
KN	**Karlheinz Nowald**
MA	**Marvin Altner**
MS	**Maike Steinkamp**
NB	**Nike Bätzner**
OP	**Olaf Peters**
PB	**Pia Bockius**
RB	**Ralf Burmeister**
SB	**Sylvia Bieber**
SH	**Stefanie Heckmann**
TW	**Tanja Wessolowski**

Literaturverzeichnis

Adam 1992
Adam, Peter: Die Kunst im Dritten Reich, aus dem Amerikan. übers. v. Renate Winner, Hamburg 1992

Adkins 1995
Adkins, Helen: »Schafft neue Ausdrucksformen! Deutsche politische Kunst der 20er Jahre – Vorbild für die UdSSR« in: Berlin – Moskau 1900–1950, hg. v. Irina Antonowa/Jörn Merkert, Ausst.-Kat. Martin-Gropius-Bau, Berlin/Staatliches Puschkin-Museum für Bildende Künste, Moskau 1995/96, München 1995, S. 233–237

Adkins 2008
Adkins, Helen: Erwin Blumenfeld. »In Wahrheit war ich nur Berliner«. Dada-Montagen 1916–1933, Ostfildern 2008

Adorno 1958
Adorno, Theodor: Noten zur Literatur, Bd. 1, Frankfurt am Main 1958

Adorno 1976
Adorno, Theodor W.: Prismen. Kulturkritik und Gesellschaft, Frankfurt am Main 1976

Althaus/Cancik-Lindemaier/Hoffmann-Curtius u. a. (Hg.) 1988
Althaus, Hans-Joachim/Cancik-Lindemaier, Hildegard/Hoffmann-Curtius, Kathrin u. a. (Hg.): Der Krieg in den Köpfen. Beiträge zum Tübinger Friedenskongress »Krieg – Kultur – Wissenschaft«, Tübingen 1988

Altner 1981
Altner, Manfred: Heinz Lohmar, Dresden 1981

Altshuler 1994
Altshuler, Bruce: The Avant-Garde in Exhibition. New Art in the 20th Century, New York 1994

Amishai-Maisels 1981
Amishai-Maisels, Ziva: Jakob Steinhardt Etchings and Lithographs, Jerusalem 1981

Amishai-Maisels 1993
Amishai-Maisels, Ziva: Depiction and Interpretation. The Influence of the Holocaust on the Visual Arts, Oxford u. a. 1993

Andersch 1983
Andersch, Alfred: Ekel vor dem langen Frieden, in: Keckeis, Peter (Hg.): Wacht auf! Eure Träume sind schlecht! Wo Friede beginnt, Stuttgart 1983, S. 67–73

Andree 1998
Andree, Rolf: Arnold Böcklin. Die Gemälde, mit Beitr. v. Alfred Berner, 2., erg. u. überarb. Aufl., Basel 1998

Anz/Stark (Hg.) 1982
Anz, Thomas/Stark Michael (Hg.): Expressionismus, (Manifeste und Dokumente zur deutschen Literatur 1910–1920) Stuttgart 1982

Arendt 1986
Arendt, Hannah: Zur Zeit. Politische Essays, Berlin 1986

Asholt/Fähnders (Hg.) 2000
Asholt, Wolfgang/Fähnders, Walter (Hg.): Der Blick vom Wolkenkratzer. Avantgarde – Avantgardekritik – Avantgardeforschung, Amsterdam 2000

Ausst.-Kat. Ahlen/Koblenz/Ratingen 2002
Meister der Moderne: Malerei und Graphik des 20. Jahrhunderts in der Sammlung Brabant, hg. v. Burkhard Leismann, Ausst.-Kat. Kunst-Museum Ahlen/Mittelrhein-Museum Koblenz/Museum der Stadt Ratingen 2002, Bönen 2002

Ausst.-Kat. Albstadt 1992
Wilhelm Rudolph 1889–1982. Zeichnungen und Holzschnitte, Ausst.-Kat. Städtische Galerie Albstadt 1992, Albstadt 1992

Ausst.-Kat. Albstadt 1995/96
Otto Dix (1891–1969). Bilder der Bibel und andere christliche Themen, Ausst.-Kat. Städtische Galerie Albstadt 1995/96, Albstadt 1995

Ausst.-Kat. Albstadt 1997/98
Karl Rössing (1897–1987) zum 100. Geburtstag. Die Angst des Charlie Chaplin und andere Bilder, Ausst.-Kat. Städtische Galerie Albstadt 1997/98, Albstadt 1997

Ausst.-Kat. Amsterdam 1963
Paul Klee. Tentoonstelling, aquarellen, Ausst.-Kat. Stedelijk Museum, Amsterdam 1963, Amsterdam 1963

Ausst.-Kat. Amsterdam 1980
Carel Willink, Ausst.-Kat. Stedelijk Museum, Amsterdam 1980, Amsterdam 1980

Ausst.-Kat. Amsterdam 1992
Carel Willink. Drawings and Watercolors, Ausst.-Kat. Stedelijk Museum, Amsterdam 1992, Amsterdam 1992

Ausst.-Kat. Amsterdam/Berlin 1996
Die Olympiade unter der Diktatur: Kunst im Widerstand. Rekonstruktion der Amsterdamer Kunstolympiade 1936, aus dem Holländ. übers. v. Marlene Müller-Haas, Ausst.-Kat. Gemeentearchief Amsterdam/Stadtmuseum Berlin – Sportmuseum Berlin 1996, Berlin 1996

Ausst.-Kat. Augsburg 1946
Meister des Impressionismus aus dem bayerischen Staats-Besitz und Maler der Gegenwart II. Dritte Augsburger Kunstausstellung, Ausst.-Kat. Schaezler-Palais, Augsburg 1946, Augsburg 1946

Ausst.-Kat. Baden-Baden 1964/65
Vedova. Absurdes Berliner Tagebuch, Staatliche Kunsthalle Baden-Baden 1964/65, Baden-Baden 1964

Ausst.-Kat. Baden-Baden 1982/83
Yves Tanguy. Retrospektive 1925–1955, hg. v. Katharina Schmidt, mit Beitr. v. Reinhold Hohl, Ausst.-Kat. Staatliche Kunsthalle Baden-Baden 1982/83, München 1982

Ausst.-Kat. Baden-Baden/Amsterdam 1962/63
Schrift und Bild, Ausst.-Kat. Staatliche Kunsthalle, Baden-Baden/Stedelijk Museum, Amsterdam 1962/63, Baden-Baden 1962

Ausst.-Kat. Baden-Baden/München/Wien 1977
Alfred Kubin: Das zeichnerische Frühwerk bis 1904, hg. v. Hans Albert Peters, Staatliche Kunsthalle Baden-Baden/Bayerische Akademie der Schönen Künste, München/Graphische Sammlung Albertina, Wien 1977, Stuttgart 1977

Ausst.-Kat. Balingen 2001
Paul Klee. Jahre der Meisterschaft 1917–1933, hg. v. Roland Doschka, Ausst.-Kat. Stadthalle Balingen 2001, München u. a. 2001

Ausst.-Kat. Barmen 2004
Lovis Corinth (1858–1925). Aus der Graphischen Sammlung des Von-der-Heydt-Museums, hg. v. Sabine Fehlemann, Ausst.-Kat. Kunsthalle Barmen 2004, Wuppertal 2004

Ausst.-Kat. Basel 1930
Heinrich Altherr, Ausst.-Kat. Kunsthalle Basel 1930, Basel 1930

Ausst.-Kat. Basel 1996
Canto d'Amore. Klassizistische Moderne in Musik und bildender Kunst 1914–1935, hg. v. Gottfried Boehm/Ulrich Mosch/Katharina Schmidt, Ausst.-Kat. Kunstmuseum Basel 1996, Basel 1996

Ausst.-Kat. Basel/Paris/München 2001/02
Arnold Böcklin, hg. v. Bernd Wolfgang Lindemann/Katharina Schmidt, Ausst.-Kat. Öffentliche Kunstsammlung Basel, Kunstmuseum/Musée d'Orsay, Paris/Bayerische Staatsgemäldesammlungen, Neue Pinakothek, München 2001/02, Heidelberg 2001

Ausst.-Kat. Bassano del Grappa/Rom 1987/88
Guido Balsamo Stella. Opera incisoria e vetraria, hg. v. d. Città di Bassano del Grappa, Ausst.-Kat. Palazzo Agostinelli, Bassano del Grappa/Gabinetto dei disegni e delle stampe, Rom 1987/88, Bassano del Grappa 1987

Ausst.-Kat Bayreuth/Friedrichshafen/Cheb 2006/07
Auf Papier – na papíře. Beckmann – Dix – Hubbuch, Ausst.-Kat. Kunstmuseum Bayreuth/Zeppelin Museum, Friedrichshafen/Galerie der bildenden Kunst, Cheb/Eger 2006/07, Bayreuth 2006

Ausst.-Kat. Berceto 2007
Amos Nattini. La collezione Pietro Cagnin, Ausst.-Kat. Centro di documentazione della Via Francigena, Berceto 2007, Cinisello Balsamo 2007

Ausst.-Kat. Berkeley 1990
Anxious Visions. Surrealist Art, hg. v. Sidra Stich, Ausst.-Kat. University Art Museum, University of California, Berkeley 1990, New York 1990

Ausst.-Kat. Berlin 1926
Gert Wollheim, Ausst.-Kat. Galerie Wiltschek, Berlin 1926 (frühestens), Berlin (frühestens) 1926

Ausst.-Kat. Berlin 1960/61
Paul Klee. Werke aus der Nachlass-Sammlung Felix Klee, Ausst.-Kat. Akademie der Künste, West-Berlin 1960/61, West-Berlin 1960

Ausst.-Kat. Berlin 1963
Kunstdiktatur – gestern und heute, Ausst.-Kat. Galerie »S« Ben Wargin, West-Berlin 1963, West-Berlin 1963

Ausst.-Kat. Berlin 1964
Anklage und Aufruf. Deutsche Kunst zwischen den Kriegen. Malerei, Graphik, Plastik, Ausst.-Kat. Nationalgalerie, Ost-Berlin 1964, Ost-Berlin 1964

Ausst.-Kat. Berlin 1964 (2)
Karl Hubbuch. Handzeichnungen und Druckgraphik 1913–1963, Ausst.-Kat. Deutsche Akademie der Künste, Ost-Berlin 1964, Ost-Berlin 1964

Ausst.-Kat. Berlin 1969
Lea Grundig. Dresden, in Zusammenarbeit mit dem Verband Bildender Künstler Deutschlands, Ausst.-Kat. Ladengalerie, West-Berlin 1969, West-Berlin 1969

Ausst.-Kat. Berlin 1971
Gert H. Wollheim. Malerei, Graphik, Plastik, Ausst.-Kat. Galerieräume der Jebensstr. 2, West-Berlin 1971, West-Berlin 1971

Ausst.-Kat. Berlin 1974
Realismus und Sachlichkeit. Aspekte deutscher Kunst 1919–1933, Ausst.-Kat. Staatliche Museen zu Berlin, Nationalgalerie, Kupferstichkabinett, Ost-Berlin 1974, Berlin 1974

Ausst.-Kat. Berlin 1977
Wem gehört die Welt. Kunst und Gesellschaft in der Weimarer Republik, Ausst.-Kat. Neue Gesellschaft für Bildende Kunst, West-Berlin 1977, West-Berlin 1977

Ausst.-Kat. Berlin 1977 (2)
Tendenzen der zwanziger Jahre. 15. Europäische Kunstausstellung unter den Auspizien des Europarates, Ausst.-Kat. Berlin 1977, Berlin 1977

Ausst.-Kat. Berlin 1977 (3)
Die Kunst den Massen. Verbreitung von Kunst 1919–1933, hg. v. Dirk Rose, Ausst.-Kat. Ladengalerie West-Berlin 1977, West-Berlin 1977

Ausst.-Kat. Berlin 1977 (4)
Wilhelm Rudolph. Gemälde, Zeichnungen, Holzschnitte, Ausst.-Kat. Staatliche Museen zu Berlin, Nationalgalerie, Ost-Berlin 1977, Ost-Berlin 1977

Ausst.-Kat. Berlin 1978
Zwischen Widerstand und Anpassung. Kunst in Deutschland 1933–1945, Ausst.-Kat. Akademie der Künste, West-Berlin 1978, West-Berlin 1978

Ausst.-Kat. Berlin 1978 (2)
Karl Hofer 1878–1955, Ausst.-Kat. Staatliche Kunsthalle, West-Berlin 1978, West-Berlin 1978

Ausst.-Kat. Berlin 1979/80
Hans Feibusch, Ausst.-Kat. Galerie Michael Haas, West-Berlin 1979/80, West-Berlin 1979

Ausst.-Kat. Berlin 1983/84
Josef Scharl. Gemälde, Temperas, Zeichnungen. Werke aus drei Jahrzehnten. Ausst.-Kat. Galerie Nierendorf, West-Berlin 1983/84, West-Berlin 1983

Ausst.-Kat. Berlin 1987
Stadtbilder. Berlin in der Malerei vom 17. Jahrhundert bis zur Gegenwart, Ausst.-Kat. Berlin-Museum 1987, West-Berlin 1987

Ausst.-Kat. Berlin 1987 (2)
Kunst in Berlin 1648–1987, Ausst.-Kat. Altes Museum, Ost-Berlin 1987, Ost-Berlin 1987

Ausst.-Kat. Berlin 1987 (3)
Jakob Steinhardt. Das graphische Werk, hg. u. bearb. v. Stefan Behrens, Ausst.-Kat. Kunstamt Wedding, Schinkelsaal, Alte Nazarethkirche auf dem Leopoldplatz, West-Berlin 1987, West-Berlin 1987

Ausst.-Kat. Berlin 1987 (4)
George Grosz. Die Berliner Jahre, hg. v. Serge Sabarsky, Ausst.-Kat. Staatliche Kunsthalle Berlin 1987, Berlin 1987

Ausst.-Kat. Berlin 1988/89
Stationen der Moderne. Die bedeutenden Kunstausstellungen des 20. Jahrhunderts in Deutschland, Ausst.-Kat. Berlinische Galerie 1988/89, 2. Aufl., Berlin 1988

Ausst.-Kat. Berlin 1989
Otto Pankok. Die Passion, mit einer Einführung v. Rainer Zimmermann, Vorwort v. Otto Pankok, Ausst.-Kat. Kunstamt Wedding, Berlin 1989, Berlin 1989

Ausst.-Kat. Berlin 1989 (2)
Hannah Höch 1889–1978. Ihr Werk – Ihr Leben – Ihre Freunde, Ausst.-Kat. Berlinische Galerie 1989/90, West-Berlin 1989

Ausst.-Kat. Berlin 1989 (3)
Zwischen den Kriegen. Druckgraphische Zyklen von Kollwitz, Dix, Pechstein, Masereel u. a., Ausst.-Kat. Käthe-Kollwitz Museum, West-Berlin 1989, West-Berlin 1989

Ausst.-Kat. Berlin 1990
Kunst & Krieg. 1939–1989, Ausst.-Kat. Neue Gesellschaft für Bildende Kunst im Haus der Kulturen der Welt, Berlin 1990, Berlin 1990

Ausst.-Kat Berlin 1990 (2)
Gegenwart Ewigkeit. Spuren des Transzendenten in der Kunst unserer Zeit, hg. v. Wieland Schmid, Ausst.-Kat. Martin-Gropius-Bau, Berlin 1990, Stuttgart 1990

Ausst.-Kat Berlin 1992
Profession ohne Tradition. 125 Jahre Verein der Berliner Künstlerinnen – ein Forschungs- und Ausstellungsprojekt, Ausst.-Kat. Berlinische Galerie 1992, Berlin 1992

Ausst.-Kat. Berlin 1992 (2)
Ernesto de Fiori. Das plastische Werk 1911–1936, Ausst.-Kat. Georg-Kolbe-Museum, Berlin 1992, Berlin 1992

Ausst.-Kat. Berlin 1993/94
Horst Strempel. Im Labyrinth des Kalten Krieges. Gemälde, Zeichnungen, Druckgrafik in den Jahren 1945 bis 1953, bearb. v. Gabriele Saure, Ausst.-Kat. Märkisches Museum, Berlin 1993/94, Berlin 1993

Ausst.-Kat. Berlin 1994
Die letzten Tage der Menschheit. Bilder des Ersten Weltkrieges, hg. v. Rainer Rother, Ausst.-Kat. Deutsches Historisches Museum, Berlin 1994, Berlin 1994

Ausst.-Kat. Berlin 1995
Auftrag: Kunst 1949–1990. Bildende Künstler in der DDR zwischen Ästhetik und Politik, hg. v. Monika Flacke, Ausst.-Kat. Deutsches Historisches Museum, Berlin 1995, Berlin 1995

Ausst.-Kat. Berlin 1995 (2)
Figürliche Bildhauerei im Georg-Kolbe-Museum Berlin vom Ende des 19. bis zur Mitte des 20. Jahrhunderts, hg. v. Ursel Berger, Ausst.-Kat. Georg-Kolbe-Museum, Berlin 1995, Köln 1994

Ausst.-Kat. Berlin 1995 (3)
Jakob Steinhardt. Der Prophet, Ausstellungs- und Bestandskatalog Jüdisches Museum im Berlin-Museum, hg. v. Dominik Bartmann, Ausst.-Kat./Slg.-Kat. Jüdisches Museum im Berlin-Museum 1995, Berlin 1995

Ausst.-Kat. Berlin 1995 (4)
Achenbach, Sigrid: Käthe Kollwitz (1867–1945). Zeichnungen und seltene Graphik im Berliner Kupferstichkabinett, Ausst.-Kat. Berliner Kupferstichkabinett, Berlin 1995, Berlin 1995

Ausst.-Kat. Berlin 1995 (5)
Käthe Kollwitz. Schmerz und Schuld. Eine motivgeschichtliche Betrachtung. Ausstellung aus Anlaß des 50. Todestages von Käthe Kollwitz und zum Gedenken der 50. Wiederkehr des Endes des Zweiten Weltkrieges, Ausst.-Kat. Käthe-Kollwitz-Museum, Berlin 1995, Berlin 1995

Ausst.-Kat. Berlin 1996 (2)
Picasso und seine Zeit. Die Sammlung Berggruen, hg. v. Roland März/Klaus-Peter Schuster, Ausst.-Kat. Staatliche Museen Preußischer Kulturbesitz, Berlin 1996, Berlin 1996

Ausst.-Kat. Berlin 1997
Deutschlandbilder. Kunst aus einem geteilten Land, hg. v. Eckhart Gillen, Ausst.-Kat. Martin-Gropius-Bau, Berlin 1997, Berlin 1997

Ausst.-Kat. Berlin 1997 (2)
Paul Klee. Späte Werkfolgen, aus der Paul-Klee-Stiftung im Kunstmuseum Bern, hg. v. Alexander Dückers, Ausst.-Kat. Kupferstichkabinett, Sammlung der Zeichnungen und Druckgraphik, Staatliche Museen zu Berlin, Preußischer Kulturbesitz 1997, Berlin 1997

Ausst.-Kat. Berlin 1997/98
Exil. Flucht und Emigration europäischer Künstler 1933–1945, hg. v. Stephanie Barron/Sabine Eckemann, Ausst.-Kat. Staatliche Museen zu Berlin, Neue Nationalgalerie 1997, München u.a. 1997

Ausst.-Kat. Berlin 1997/98 (2)
Georg Kolbe 1877–1947, hg. v. Ursel Berger, Ausst.-Kat. Georg-Kolbe-Museum, Berlin 1997/98, München 1997

Ausst.-Kat Berlin 1998/99
Berlin der 20er Jahre. Realismus und Neue Sachlichkeit. Beckmann, Belling, Corinth, Dix, Grosz, Lenk, Radziwill, Schlichter, hg. v. Maria Wegener u. Wolfgang Werner, Ausst.-Kat. Kunsthandel Wolfgang Werner KG, Berlin 1998/99, Berlin/Bremen 1998

Ausst. Kat. Berlin 1999
Hans Hartung. Gesten, Flecken, Lineaturen oder »Ach Augenblick, verweile doch …«. Hans Hartungs Erforschung der lyrischen Abstraktion in seinen Arbeiten auf Papier 1922–1985 und in sechs letzten Bildern, erarb. v. Jörn Merkert, Ausst.-Kat. Kunstforum der Grundkreditbank eG, Köpenicker Bank, Berlin 1999, Berlin 1999

Ausst.-Kat. Berlin 2002
Holocaust. Der nationalsozialistische Völkermord und die Motive seiner Erinnerung, hg. v. Burkhard Asmuss, Ausst.-Kat. Deutsches Historisches Museum, Berlin 2002, Berlin 2002

Ausst.-Kat. Berlin 2002/03
Magnus Zeller. Entrückung und Aufruhr, hg. v. Dominik Bartmann, Ausst.-Kat. Stiftung Stadtmuseum, Berlin 2002/03, Berlin 2002

Ausst.-Kat. Berlin 2004
Der Weltkrieg 1914–1918. Ereignis und Erinnerung, hg. v. Rainer Rother, Ausst.-Kat. Deutsches Historisches Museum, Berlin 2004, Berlin/Wolfratshausen 2004

Ausst.-Kat. Berlin 2006
Pablo. Der private Picasso, Le Musée Picasso à Berlin, hg. v. Angela Schneider/Anke Daemgen, Ausst.-Kat. Nationalgalerie, Berlin 2006, Berlin 2006

Ausst.-Kat. Berlin 2007
Kunst und Propaganda im Streit der Nationen 1930–1945, hg. v. Hans-Jörg Czech/Nikola Doll, Ausst.-Kat. Deutsches Historisches Museum, Berlin 2007, Dresden 2007

Ausst.-Kat. Berlin/Basel 2007/08
Hannah Höch. Aller Anfang ist DADA!, hg. v. Ralf Burmeister, Ausst.-Kat. Berlinische Galerie/Museum Tinguely, Basel 2007/08, Ostfildern 2007

Ausst.-Kat. Berlin/Bonn/Leipzig 2006/08
Heimat und Exil. Emigration der deutschen Juden nach 1933, Ausst.-Kat. Jüdisches Museum Berlin/Stiftung Haus der Geschichte der Bundesrepublik Deutschland, Bonn/Zeitgeschichtliches Forum Leipzig 2006/08, Frankfurt am Main 2006

Ausst.-Kat. Berlin/Bonn/Tübingen/Hannover 1991/92
John Heartfield, Idee u. Konzeption v. Peter Pachnicke/Klaus Honnef, mit Textbeitr. v. Helen Adkins, Ausst.-Kat. Akademie der Künste zu Berlin/Rheinisches Landesmuseum, Bonn/Kunsthalle Tübingen/Sprengel Museum, Hannover 1991/92, Köln 1991

Ausst.-Kat. Berlin/Düsseldorf/Bremen/Hamburg/München 1987/88
Richard Oelze 1900 – 1980. Gemälde und Zeichnungen, hg. v. Wieland Schmied, Ausst.-Kat. Akademie der Künste, Berlin/Kunstsammlung Nordrhein-Westfalen, Düsseldorf/Kunsthalle Bremen/Kunstverein in Hamburg/Museum Villa Stuck, München 1987/88, Berlin 1987

Ausst.-Kat. Berlin/Düsseldorf/Stuttgart 1994/95
George Grosz. Berlin – New York, hg. v. Peter-Klaus Schuster in Zusammenarb. mit Helen Adkins, Ausst.-Kat. Neue Nationalgalerie, Berlin/Kunstsammlung Nordrhein-Westfalen, Düsseldorf/Staatsgalerie Stuttgart 1994/95, Berlin 1995

Ausst.-Kat. Berlin/Karlsruhe 1978
Karl Hofer 1878 – 1955, Ausst.-Kat. Staatliche Kunsthalle Berlin/Badischer Kunstverein, Karlsruhe 1978, Berlin 1978

Ausst.-Kat. Berlin/Leipzig/Dresden 1975/76
Lea Grundig. Zeichnungen, Graphik, bearb. v. Hans-Jörg Ludwig, hg. v. d. Akademie der Künste der Deutschen Demokratischen Republik, Ausst.-Kat. Ausstellungszentrum am Fernsehturm, Berlin/Museum der bildenden Künste zu Leipzig/Staatliche Kunstsammlungen Dresden, Albertinum, 1975/76, Wittenberg 1975

Ausst.-Kat. Berlin/Moskau 1995/96
Berlin – Moskau 1900 – 1950, hg. v. Irina Antonowa/Jörn Merkert, Ausst.-Kat. Martin-Gropius-Bau, Berlin/Staatliches Puschkin-Museum für Bildende Künste, Moskau 1995/96, München 1995

Ausst.-Kat. Berlin/München 2000
Dantes Göttliche Komödie. Drucke und Illustrationen aus sechs Jahrhunderten, hg. v. Lutz S. Malke, Ausst.-Kat. Kunstbibliothek, Staatliche Museen zu Berlin/Schack-Galerie, Bayerische Staatsgemäldesammlungen, München 2000, Berlin/Leipzig 2000

Ausst.-Kat. Berlin/München/Hamburg 1992/93
Picasso. Die Zeit nach Guernica 1937–1973, hg. v. Werner Spies, Ausst.-Kat. Staatliche Museen zu Berlin – Preußischer Kulturbesitz, Nationalgalerie/Kunsthalle der Hypo-Kulturstiftung, München/Hamburger Kunsthalle 1992/93, Stuttgart 1993

Ausst.-Kat. Berlin/New York 1996/97
Lea Grundig. Jüdin, Kommunistin, Graphikerin, unter Mitarb. v. Martin Beier/Gernd Brüne u. a., Ausst.-Kat. Ladengalerie, Berlin/Galerie St. Etienne, New York 1996/97, Berlin 1996

Ausst.-Kat. Berlin/Oldenburg/Hannover 1982
Franz Radziwill, Ausst.-Kat. Staatliche Kunsthalle, Berlin/Landesmuseum Oldenburg/Kunstverein Hannover 1982, West-Berlin 1982

Ausst.-Kat. Berlin/Regensburg 2000/01
Jakob Steinhardt. Zeichnungen, Schenkung Josefa Bar-On Steinhardt, hg. v. Dominik Bartmann, Ausst.-Kat. Stiftung Stadtmuseum Berlin/Museum Ostdeutsche Galerie, Regensburg 2000/01, Berlin 2000

Ausst.-Kat. Berlin/Rom 1985
André Masson und die Métamorphose. Blätter und Bilder 1923 bis 1945, hg. v. Dieter Brusberg/Paolo Sprovieri, Ausst.-Kat. Galerie Brusberg, Berlin/Paolo Sprovieri, Rom 1985, Hannover 1985

Ausst.-Kat. Berlin/Stuttgart 1984
Rudolf Schlichter, Ausst.-Kat. Staatliche Kunsthalle Berlin/Württembergischer Kunstverein, Stuttgart 1984, Berlin 1984

Ausst.-Kat. Berlin/Wien 2005/06
Goya. Prophet der Moderne, hg. v. Peter-Klaus Schuster/Wilfried Seipel/Manuela B. Mena Marqués, Ausst.-Kat. Nationalgalerie, Staatliche Museen zu Berlin/ Kunsthistorisches Museum Wien 2005/06, Köln 2005

Ausst.-Kat. Berlin/Winterthur 1965/66
Karl Hofer 1878 – 1955, Akademie der Künste, West-Berlin/Kunstmuseum Winterthur 1965/66, West-Berlin 1966

Ausst.-Kat. Bern 1940
Gedächtnisausstellung Paul Klee, Vorw. v. Hans Meyer-Benteli, Ausst.-Kat. Kunsthalle Bern 1940, Bern-Bümplitz 1940

Ausst.-Kat. Bern 1975
Les Machines Célibataires, hg. v. Jean Clair/Harald Szeeman, Ausst.-Kat. Kunsthalle Bern 1975, Bern 1975

Ausst.-Kat. Bern 1976
Francis Gruber. 1912 – 1948, Ausst.-Kat. Kunsthalle Bern, 1976, Bern 1976

Ausst.-Kat. Bern 1990
Paul Klee. Das Schaffen im Todesjahr, hg. v. Josef Helfenstein/Stefan Frey, Ausst.-Kat. Kunstmuseum Bern 1990, Stuttgart 1990

Ausst.-Kat. Bern 1996
Masson: Massacres, Métamorphoses, Mythologies, Ausst.-Kat. Kunstmuseum Bern 1996, Bern 1996

Ausst.-Kat. Bern 1997
Julio González. Zeichnen im Raum. Dessiner dans l'espace, hg. v. Toni Stooss/Therese Bhattacharya-Settler, Ausst.-Kat. Kunstmuseum Bern 1997, Mailand 1997

Ausst.-Kat. Bern 2006
Paul Klee. Melodie und Rhythmus, Ausst.-Kat. Zentrum Paul Klee, Bern 2006, Ostfildern 2006

Ausst.-Kat. Bern/Köln 2005/06
Paul Klee. Kein Tag ohne Linie, hg. v. Zentrum Paul Klee mit Tilman Osterwold, Ausst.-Kat. Zentrum Paul Klee, Bern/Museum Ludwig, Köln 2005/06, Ostfildern-Ruit 2005

Ausst.-Kat. Bern/New York 1987/88
Paul Klee. Leben und Werk, hg. v. d. Paul-Klee-Stiftung, Ausst.-Kat. Kunstmuseum Bern/Museum of Modern Art, New York 1987/88, Stuttgart 1987

Ausst.-Kat. Bern/Paris 1976/77
Francis Gruber 1912 – 1948, bearb. v. Marianne Schmidt, Ausst.-Kat. Kunsthalle Bern/Musée d'Art Moderne de la Ville de Paris 1976/77, Bern 1976

Ausst.-Kat. Bielefeld 1992/93
O Mensch! Das Bildnis des Expressionismus, hg. v. Jutta Hülsewig-Johnen, Ausst.-Kat. Kunsthalle Bielefeld 1992/93, Bielefeld 1992

Ausst.-Kat. Bielefeld 2007/08
1937. Perfektion und Zerstörung, hg. v. Thomas Kellein, wissenschaftl. Mitarb. v. Roman Grabner, Ausst.-Kat. Kunsthalle Bielefeld 2007/08, Tübingen 2007

Ausst.-Kat. Bielefeld/Bedburg-Hau 1999
Käthe Kollwitz. Das Bild der Frau, hg. v. Jutta Hülsewig-Johnen, Ausst.-Kat. Kunsthalle Bielefeld/Stiftg. Museum Schloss Moyland, Bedburg-Hau 1999, Bielefeld 1999

Ausst.-Kat. Bietigheim-Bissingen 1990
Hermann Rombach 1890 – 1970. Retrospektive, Ausst.-Kat. Städtische Galerie Bietigheim-Bissingen 1990, Bietigheim-Bissingen 1990

Ausst.-Kat. Böblingen 1994
Heinrich Altherr. 1878 – 1947, Ausst.-Kat. Städtische Galerie Böblingen 1994, Böblingen 1994

Ausst.-Kat. Böblingen/Grafenau 1987
Stuttgarter Sezession 1923 – 1932, 1947, 2 Bde., hg. v. Hans-Dieter Mück, Ausst.-Kat. Städtische Galerie Böblingen/Galerie Schlichtenmaier, Grafenau 1987, Böblingen u. a. 1987

Ausst.-Kat. Bochum 1990
Reinhard Schmidhagen 1914 – 1945. Gemälde und Grafiken, Ausst.-Kat. Museum Bochum 1990, Bochum 1990

Ausst.-Kat. Bologna/Turin 1965
Arte e resistenza in Europa. 20. Anniversario della resistenza, Ausst.-Kat. Museo Civico, Bologna/Galleria Civica d'Arte Moderna, Turin 1965, Turin 1965

Ausst.-Kat. Bonn u. a. 1998/99
100 Jahre Kunst im Aufbruch. Die Sammlung der Berlinischen Galerie, Ausst.-Kat. Kunst- und Ausstellungshalle der Bundesrepublik Deutschland in Bonn u. a., Bonn/Berlin 1998

Ausst.-Kat. Bonn 1999
Otto Dix. Der Krieg – Radierwerk 1924, Ausst.-Kat. August-Macke-Haus, Bonn 1999, Bonn 1999

Ausst.-Kat. Bonn 2000
Gert H. Wollheim. Phantast und Rebell, hg. v. Verein August Macke Haus e. V., Ausstellung im August-Macke-Haus, Bonn 2000, Bonn 2000

Ausst.-Kat. Bregenz 1993
Rudolf Wacker und Zeitgenossen. Expressionismus und Neue Sachlichkeit, Ausst.-Kat. Kunsthaus Bregenz, Vorarlberger Landesgalerie 1993, Bregenz 1993

Ausst.-Kat. Bremen 2004
Lovis Corinth (1858 – 1925). Aus der Graphischen Sammlung des Von der Heydt-Museums, hg. v. Sabine Fehlemann, Ausst.-Kat. Kunsthalle Bremen 2004, Wuppertal 2004

Ausst.-Kat. Bremen/Güstrow/Berlin 2001/02
Die Gemeinschaft der Heiligen. Der Figurenzyklus an der Katharinenkirche zu Lübeck und das monumentale Werk Ernst Barlachs, hg. v. Jürgen Fitschen/Volker Probst, Ausst.-Kat. Gerhard-Marcks-Haus, Bremen/Ernst Barlach Stiftung, Güstrow/Georg-Kolbe-Museum, Berlin 2001/02, Bremen/Güstrow 2001

Ausst.-Kat. Bremen/Leipzig 2001
Die Söhne des Junggesellen. Richard Oelze. Einzelgänger des Surrealismus, hg. v. Christine Hopfengart, Ausst.-Kat. Kunsthalle Bremen/Museum der bildenden Künste, Leipzig 2001, Ostfildern-Ruit 2001

Ausst.-Kat. Brühl 1991
Max Ernst. Fotografische Porträts und Dokumente, hg. v. d. Stadt Brühl, Ausst.-Kat. Kreuzgang des historischen Franziskanerklosters, Rathaus Brühl 1991, Brühl 1991

Ausst.-Kat. Brüssel/Güstrow 1999
Schmid, F. Carlo: »Also auch Herzenssache …«. Ernst Barlach als Druckgraphiker, hg. v. Volker Probst, Ausst.-Kat. Musée Charlier, Brüssel/Ernst Barlach Stiftung, Güstrow 1999, Güstrow 1999

Ausst.-Kat. Cannstatt 1947
Heinrich Altherr. 1878–1947. Gedächtnis-Ausstellung, Ausst.-Kat. 1947, Cannstatt 1947

Ausst.-Kat. Chichester u. a. 1995/96
Hans Feibusch. The Heat of the Vision, hg. v. David Coke, Ausst.-Kat. Pallant House Gallery, Chichester u. a. 1995/96, London 1995

Ausst.-Kat. Darmstadt 1977
Arnold Böcklin 1827–1901. Ausstellung zum 150. Geburtstag, 2 Bde., hg. v. Magistrat der Stadt Darmstadt, Ausst.-Kat. Mathildenhöhe, Darmstadt 1977, Darmstadt 1977

Ausst.-Kat. Darmstadt 1991
Ludwig Meidner. Zeichner, Maler, Literat 1884–1966, Ausst.-Kat. Mathildenhöhe Darmstadt 1991, 2 Bde., Stuttgart 1991

Ausst.-Kat. Darmstadt 2003
André Masson. Bilder aus dem Labyrinth der Seele. Vues du labyrinthe de l'âme, hg. v. Kai Buchholz/Klaus Wolbert, Ausst.-Kat. Institut Mathildenhöhe, Darmstadt 2003, Frankfurt am Main 2003

Ausst.-Kat. Darmstadt/London 1982
Graham Sutherland, Ausst.-Kat. Institut Mathildenhöhe, Darmstadt/Tate Gallery, London/Imperial War Museum, London 1982, Darmstadt 1982

Ausst.-Kat. Den Haag 2006
Erwin Blumenfeld. His Dutch Years 1918–1936, hg. v. Wim van Sinderen, Ausst.-Kat. The Hague Museum of Photography 2006, Den Haag 2006

Ausst.-Kat. Dessau 2002
Verfemt, verfolgt – nicht vergessen. Kunst und Widerstand gegen den Faschismus aus der Sammlung Dr. Gerd Gruber, Wittenberg, Ausst.-Kat. Anhaltischer Kunstverein, Dessau 2002, Dessau 2002

Ausst.-Kat. Dresden 1970
Heinz Lohmar, hg. v. Helga Fuhrmann, Ausst.-Kat. Staatliche Kunstsammlungen Dresden, Gemäldegalerie Neue Meister 1970, Dresden 1970

Ausst.-Kat. Dresden 1979
Wilhelm Rudolph. Frühe Holzschnitte 1920–1945, Ausst.-Kat. Hochschule für Bildende Künste, Dresden 1979, Dresden 1979

Ausst.-Kat. Dresden 2001
Zwischen Karneval und Aschermittwoch. Hommage für Hans Grundig, Text: Gabriele Werner, Ausst.-Kat. Staatliche Kunstsammlungen Dresden, Gemäldegalerie Neue Meister 2001, Dresden 2001

Ausst.-Kat. Dresden/Berlin 1966
Lea Grundig, Ausst.-Kat. Albertinum, Dresden/Nationalgalerie, Ost-Berlin 1966, Ost-Berlin 1966

Ausst.-Kat. Dresden/Hannover 1997
Conrad Felixmüller. Die Dresdner Jahre 1910–1934, hg. v. Ulrich Krempel, Ausst.-Kat. Gemäldegalerie Neue Meister, Dresden/Sprengel Museum, Hannover 1997, Köln 1997

Ausst.-Kat. Düsseldorf 1948
Späte Werke von Paul Klee (1879–1940). Leihgaben der Paul-Klee-Gesellschaft, Bern, Ausst.-Kat. Hetjens-Museum, Düsseldorf 1948, Düsseldorf 1948

Ausst.-Kat. Düsseldorf 1961
Gert H. Wollheim, Ausst.-Kat. Kunstmuseum Düsseldorf 1961, Düsseldorf 1961

Ausst.-Kat. Düsseldorf 1975/76
Wilhelm Rudolph. Gemälde, Aquarelle, Zeichnungen, Holzschnitte, Ausst.-Kat. Städtische Kunsthalle Düsseldorf 1975/76, Düsseldorf 1975

Ausst.-Kat. Düsseldorf 1984
Gert Heinrich Wollheim 1894–1974. Gemälde, Graphik, Dokumente, zum 90. Geburtstag des Künstlers, hg. v. Stadtmuseum Düsseldorf, Text v. Michael Euler-Schmidt, Ausst.-Kat. Stadtmuseum Düsseldorf 1984, Düsseldorf 1984

Ausst.-Kat. Düsseldorf 1984 (2)
Gert Heinrich Wollheim. Die wilden Jahre 1915–1925, mit Werkverz. der Druckgraphik, Ausst.-Kat. Galerie Remmert und Barth, Düsseldorf 1984, Düsseldorf 1984

Ausst.-Kat. Düsseldorf 1987
»Die Axt hat geblüht«. Europäische Konflikte der 30er Jahre in Erinnerung an die frühe Avantgarde, Ausst.-Kat. Städtische Kunsthalle Düsseldorf 1987, Düsseldorf 1987

Ausst.-Kat. Düsseldorf 1987/88
»… und nicht die leiseste Spur einer Vorschrift«. Positionen unabhängiger Kunst in Europa um 1937, Ausst.-Kat. Kunstsammlung Nordrhein-Westfalen, Düsseldorf 1987, Düsseldorf 1987

Ausst.-Kat. Düsseldorf 1989
Dix – Pankok – Wollheim. Freunde in Düsseldorf 1920–1925, Ausst.-Kat. Galerie Remmert und Barth, Düsseldorf 1989, Düsseldorf 1989

Ausst.-Kat. Düsseldorf 1993
Gert H. Wollheim 1894–1974. Eine Retrospektive, hg. v. Stephan von Wiese, Ausst.-Kat. Kunstmuseum Düsseldorf 1993, Köln 1993.

Ausst.-Kat. Düsseldorf 1997
Max Beckmann. Die Nacht, hg. v. Anette Kruszynski, Ausst.-Kat. Kunstsammlung Nordrhein-Westfalen, Düsseldorf 1997, Ostfildern-Ruit 1997

Ausst.-Kat. Düsseldorf 2002
Surrealismus 1919–1944. Die surrealistische Revolution, Dalí, Max Ernst, Magritte, Miró, Picasso…, hg. v. Werner Spies, Ausst.-Kat. Kunstsammlung Nordrhein-Westfalen, Düsseldorf 2002, Ostfildern-Ruit 2002

Ausst.-Kat. Düsseldorf/Berlin 1993
Gert H. Wollheim 1894–1974. Monographie und Werkverzeichnis, hg. v. Stephan von Wiese, Ausst.-Kat. Kunstmuseum Düsseldorf/GrundkreditBank, Berlin 1993, Köln 1993

Ausst.-Kat. Düsseldorf/München 1981/82
Hans Hartung. Malerei, Zeichnung, Photographie, Ausst.-Kat. Städtische Kunsthalle Düsseldorf/Staatsgalerie Moderner Kunst, München 1981/82, in Zusammenarb. mit d. Akademie der Künste Berlin, Berlin 1981

Ausst.-Kat. Düsseldorf/München 2001/02
Die andere Moderne – De Chirico, Savinio, hg. v. Paolo Baldacci/Wieland Schmied, Ausst.-Kat. Kunstsammlung Nordrhein-Westfalen, Düsseldorf/Städtische Galerie im Lenbachhaus, München 2001/02, Ostfildern-Ruit 2001

Ausst.-Kat. Düsseldorf/Tel Aviv/Łódź 1985/86
Jankel Adler 1895–1949, Ausst.-Kat. Städtische Kunsthalle Düsseldorf/Tel Aviv Museum/Museum Sztuki Łódź 1985/86, Köln 1985

Ausst.-Kat. Edinburgh 2001
Roland Penrose. Lee Miller. The Surrealist and the Photographer, hg. v. National Galleries of Scotland, Ausst.-Kat. Scottish National Gallery of Modern Art, Edinburgh/Dean Gallery, Edinburgh, Edinburgh 2001

Ausst.-Kat. Edinburgh 2001 (2)
Roland Penrose. The Friendly Surrealist, A Memoir by Antony Penrose, Ausst.-Kat. Dean Gallery, Edinburgh/Scottish National Gallery of Modern Art, Edinburgh 2001, Munich/London/New York 2001

Ausst.-Kat. Emden/Bad Homburg/Düren 1999
Josef Scharl. Monographie und Werkverzeichnis, hg. v. Andrea Firmenich, Ausst.-Kat. Kunsthalle Emden/Sinclair-Haus, Kulturforum der Altana AG in Bad Homburg von der Höhe/Leopold-Hoesch-Museum der Stadt Düren 1999, Köln 1999

Ausst.-Kat. Emden/Halle 1995
Franz Radziwill 1895 bis 1983. »Das größte Wunder ist die Wirklichkeit«, Monographie u. Werkverzeichnis, hg. v. Andrea Firmenich/Rainer W. Schulze, Ausst.-Kat. Kunsthalle Emden/Staatliche Galerie Moritzburg, Halle 1995, Köln 1995

Ausst.-Kat. Erlangen 2004
Himmel und Hölle. Dantes »Göttliche Komödie« in der modernen Kunst, hg. v. Thomas Engelhardt, Ausst.-Kat. Stadtmuseum Erlangen in Zusammenarb. mit dem Institut für Romanistik der Universität Erlangen-Nürnberg 2004, Erlangen 2004

Ausst.-Kat. Essen/Ludwigsburg/Frankfurt am Main 1987
Erwin Blumenfeld, hg. v. F. C. Gundlach/Peter Weiermair, Ausst.-Kat. Folkwang Museum, Essen/Kunstverein Ludwigsburg/Steinernes Haus am Römerberg, Frankfurt am Main 1987, Frankfurt am Main 1987

Ausst.-Kat. Ettlingen 1983
Karl Hofer. Bilder im Schlossmuseum Ettlingen, bearb. v. Ursula und Günter Feist, Ausst.-Kat. Schlossmuseum Ettlingen 1983, Berlin 1983

Ausst.-Kat. Ferrara 1968
Vedova. Presenze 1935–1968, mit einem Text von Guido Montana, Ausst.-Kat. Galleria civica d'arte moderna, Palazzo dei Diamanti, Ferrara 1968, Ferrara 1968

Ausst.-Kat. Frankfurt am Main 1986
Hans Feibusch. Ein Frankfurter Maler, Ausst.-Kat. Historisches Museum, Frankfurt a. M. 1986, Kelkheim 1986

Ausst.-Kat. Frankfurt am Main 1992
Max Klinger 1857–1920, hg. v. Dieter Gleisberg, Ausst.-Kat. Städtische Galerie im Städelschen Kunstinstitut, Frankfurt am Main 1992, Leipzig 1992

Ausst.-Kat. Frankfurt am Main 2006
Max Beckmann. Die Aquarelle und Pastelle. Werkverzeichnis der farbigen Arbeiten auf Papier, hg. v. Mayen Beckmann/Siegfried Gohr/Max Hollein, Ausst.-Kat. Schirn Kunsthalle, Frankfurt am Main 2006, Köln 2006

Ausst.-Kat. Frankfurt am Main/Emden 1991
Vom Expressionismus zum Widerstand. Kunst in Deutschland 1909–1936. Die Sammlung Marvin und Janet Fishman, hg. v. Reinhold Heller, Ausst.-Kat. Schirn Kunsthalle, Frankfurt am Main/Kunsthalle in Emden 1991, München 1991

Literaturverzeichnis

Ausst.-Kat. Frankfurt am Main/Kassel/Wien 1985/86
Vom Zeichnen. Aspekte der Zeichnung 1960–1985, Ausst.-Kat. Frankfurter Kunstverein/Kasseler Kunstverein/Museum Moderner Kunst, Wien 1985/86, Frankfurt am Main 1986

Ausst.-Kat. Frankfurt am Main/London 2002
Ludwig und Else Meidner, Ausst.-Kat. Jüdisches Museum, Frankfurt am Main 2002/Ben Uri Gallery – The London Jewish Museum of Art, London 2002, Frankfurt am Main 2002

Ausst.-Kat. Freiburg 1962
Emilio Vedova, Kunstverein Freiburg 1962, Freiburg 1962

Ausst.-Kat. Freiburg/Wuppertal 1987
Alexander Kanoldt 1881–1939. Gemälde, Zeichnungen, Lithographien, Ausst.-Kat. Museum für Neue Kunst, Freiburg/Von der Heydt-Museum, Wuppertal 1987, Waldkirch 1987

Ausst.-Kat. Genua 1995/96
Arte della libertà. Antifascismo, guerra e liberazione in Europa 1925–1945, Ausst.-Kat. Palazzo Ducale, Genua 1995/96, Mailand 1995

Ausst.-Kat. Göttingen 1986
Otto Pankok 1893–1966, hg. v. Kunstverein Göttingen und Kulturamt Stadt Göttingen in Verbindung mit Otto-Pankok-Museum, Ausst.-Kat. Altes Rathaus, Göttingen 1986, Göttingen 1986

Ausst.-Kat. Göttingen/Wolfsburg/Hamm 1980
Alfred Kubin. Mappenwerke, Bücher, Einzelblätter aus der Sammlung Hedwig und Helmut Goedeckemeyer, Kunstsammlung der Universität Göttingen/Kunstverein Wolfsburg/Städtisches Gustav-Lübcke-Museum, Hamm 1980, Göttingen 1980

Ausst.-Kat. Grafenau 1984
Heinrich Altherr. 1878–1947. Gemälde, Zeichnungen, Ausst.-Kat. Galerie Schlichtenmaier, Grafenau 1984, Grafenau 1984

Ausst.-Kat. Grafenau 1990
Heinrich Altherr und Karl Hofer, Ausst.-Kat. Galerie Schlichtenmaier, Grafenau 1990, Grafenau 1990

Ausst.-Kat. Grafenau/Bonndorf 1992
Karl Hofer 1878–1955. Gemälde, Zeichnungen, Druckgraphik, Ausst.-Kat. Galerie Schlichtenmaier, Schloss Dätzingen und Museum des Landkreises Waldshut, Schloss Bonndorf, Grafenau 1992, Grafenau 1992

Ausst.-Kat. Greiz 1970
März 1920. Ein Künstler ergreift Partei. Katalog einer Ausstellung von Graphiken Erich Drechslers anläßlich der 50jährigen Wiederkehr der revolutionären Märzkämpfe in Ostthüringen, Ausst.-Kat. Staatliche Bücher- und Kupferstichsammlung Greiz 1970, Greiz 1970.

Ausst.-Kat. Grenoble 1960
Paul Klee. 1879–1940, Ausst.-Kat. Musée de Peinture et de Sculpture, Grenoble 1960, Lyon 1960

Ausst.-Kat. Hagen 1985
Reinhard Schmidhagen. Graphik und Gemälde 1933–1945, Ausst.-Kat. Karl Ernst Osthaus Museum, Hagen 1985, Hagen 1985

Ausst.-Kat. Halle 1988
Magnus Zeller. Gemälde, Aquarelle, Zeichnungen, Druckgrafiken, Ausst.-Kat. Staatliche Galerie Moritzburg, Halle 1988, Halle 1988

Ausst.-Kat. Halle 1996/97
Josef Hegenbarth. Zuschauer des Lebens, Werke von 1915 bis 1962 im Grafischen Kabinett der Staatlichen Galerie Moritzburg, Halle, Landeskunstmuseum Sachsen-Anhalt, hg. v. Bärbel Zausch, Ausst.-Kat. Staatliche Galerie Moritzburg, Halle 1996/97, Halle 1996

Ausst.-Kat. Halle 2007
Karl Völker. Utopie und Sachlichkeit. Maler, Grafiker, Architekt, hg. v. Klaus Völker/Bärbel Zausch, Ausst.-Kat. Stiftung Moritzburg, Halle, Kunstmuseum des Landes Sachsen-Anhalt, Halle 2007, Halle 2007

Ausst.-Kat. Halle/Apeldoorn 1990/91
Die Sammlung Gerd Gruber. Eine Dokumentation, Ausst.-Kat. Staatliche Galerie Moritzburg, Halle 1990/Gemeentelijk Van-Reekum-Museum, Apeldoorn 1990/91, Halle 1990

Ausst.-Kat. Hamburg 1992/93
Goya. Los Desastres de la Guerra, Ausst.-Kat. Kunsthalle Hamburg 1992/93, Hamburg 1992

Ausst.-Kat. Hamburg 1993
Max Beckmann. Selbstbildnisse, Ausst.-Kat. Hamburger Kunsthalle, Stuttgart 1993

Ausst.-Kat. Hamburg 1999/2000
Aus der Werkstatt des Künstlers. Druckgrafik und vorbereitende Zeichnungen der Sammlung Hegewisch, Ausst.-Kat. Hamburger Kunsthalle 1999/2000, Hamburg 1999

Ausst.-Kat. Hamburg 2002/03
Tragik Groteske. George Grosz. Berlin 1912–1933 – New York 1933–1959, Ausst.-Kat. Galerie Brockstedt, Hamburg 2002/03, Hamburg o. J.

Ausst.-Kat. Hamburg 2006/07
Max Beckmann. Zeichnungen und Druckgraphik aus der Sammlung Hegewisch in der Hamburger Kunsthalle, Ausst.-Kat. Hamburger Kunsthalle, Hamburg 2006/07, Bremen 2005

Ausst.-Kat. Hamburg/München 1973/74
Kunst in Deutschland 1898–1973, Ausst.-Kat. Hamburger Kunsthalle, Hamburg/Städtische Galerie im Lenbachhaus, München 1973/74, Hamburg 1973

Ausst.-Kat. Hamburg/München/Moskau/Leningrad 1987/88
Schrecken und Hoffnung. Künstler sehen Frieden und Krieg, hg. v. Werner Hofmann, Ausst.-Kat. Hamburger Kunsthalle/Münchner Stadtmuseum/Staatliche Gemäldegalerie Moskau/Staatliche Eremitage, Leningrad 1987/88

Ausst.-Kat. Hamburg/Wuppertal/Tübingen/Berlin 2000/01
Surreale Welten. Meisterwerke aus einer Privatsammlung, Stiftung Sammlung Dieter Scharf zur Erinnerung an Otto Gerstenberg, Ausst.-Kat. Hamburger Kunsthalle/Von der Heydt-Museum, Wuppertal/Kunsthalle Tübingen/Kupferstichkabinett und Nationalgalerie Staatliche Museen zu Berlin – Preußischer Kulturbesitz 2000/01, Mailand 2000

Ausst.-Kat. Hannover 1964
Oelze [mit einem Œuvre-Katalog Oelze 1925–1964, Red. Wieland Schmied], Ausst.-Kat. Kestner-Gesellschaft, Hannover 1964, Hannover 1964

Ausst.-Kat. Hannover 1980
Paul Klee. Sammlung Felix Klee, hg. v. Carl-Albrecht Haenlein, Ausst.-Kat. Kestner-Gesellschaft, Hannover 1980, Hannover 1980

Ausst.-Kat. Hannover 1993/94
A. Paul Weber 1893–1980. Handzeichnung und Lithographien, hg. v. der Wilhelm-Busch-Gesellschaft e.V., Hannover, Ausst.-Kat. Wilhelm-Busch-Museum Hannover 1993/94, Stuttgart 1993

Ausst.-Kat. Hannover 2001/2002
»Der stärkste Ausdruck unserer Tage«. Neue Sachlichkeit in Hannover, hg. v. Christian Fuhrmann, Ausst.-Kat. Sprengel Museum, Hannover 2001/02, Hildesheim 2001

Ausst.-Kat. Heidelberg 1986
Frans Masereel. Von Paris nach Avignon. Gezeichnetes Tagebuch einer Flucht, Juni 1940, Ausst.-Kat. Kurpfälzisches Museum der Stadt Heidelberg 1986, Heidelberg 1986

Ausst.-Kat. Heilbronn 1978
Hermann Rombach der Zeichner, Ausst.-Kat. Historisches Museum der Stadt Heilbronn 1978, Heilbronn 1978

Ausst.-Kat. Innsbruck/Bregenz/Wien 1979/80
Emilio Vedova, Zeichnungen 1935–1950, Grafik 1962–1979, Fotodokumentationen 1960–1979, Galerie im Taxispalais, Innsbruck/Künstlerhaus Palais Thurn und Taxis, Bregenz/Museum für Moderne Kunst Palais Lichtenstein, Wien 1979/80

Ausst.-Kat. Karlsruhe 1965
Willi Müller-Hufschmid. Bilder und Zeichnungen, Ausst.-Kat. Stadt Karlsruhe 1965, Karlsruhe 1965

Ausst.-Kat. Karlsruhe 1981
Willi Müller-Hufschmid. 1890–1966. Vom Realismus zur Abstraktion, Ausst.-Kat. Städtische Galerie im Prinz-Max-Palais Karlsruhe 1981, Karlsruhe 1981

Ausst.-Kat. Karlsruhe 1993/94
Karl Hubbuch. Retrospektive, Ausst.-Kat. Städtische Galerie im Prinz-Max-Palais, Karlsruhe 1993/94, Stuttgart 1993

Ausst.-Kat. Karlsruhe 1993/94 (2)
Nachkriegskunst in Karlsruhe 1945–1955, Ausst.-Kat. Badischer Kunstverein in Zusammenarb. mit dem Bezirksverband Bildender Künstler, Karlsruhe 1993/94, Karlsruhe 1993

Ausst.-Kat. Karlsruhe 2000/01
Karl Hubbuch. Stadtbilder – Menschenbilder, hg. v. d. Stadt Karlsruhe – Städtische Galerie, Ausst. Kat. Städtische Galerie, Karlsruhe 2000/01, Karlsruhe 2000

Ausst.-Kat. Karlsruhe 2000/01 (2)
Alexander Kanoldt – Ein Klassiker der Neuen Sachlichkeit. Graphik und Malerei aus dem Besitz der Staatlichen Kunsthalle Karlsruhe, hg. v. Holger Jacob-Friesen, Ausst.-Kat. Staatliche Kunsthalle Karlsruhe 2000/01, Karlsruhe 2000

Ausst.-Kat. Karlsruhe 2007
Max Klinger. Die druckgraphischen Folgen, Ausst.-Kat. Staatliche Kunsthalle Karlsruhe 2007, Heidelberg 2007

Ausst.-Kat. Karlsruhe/Berlin/Hamburg 1981/82
Karl Hubbuch 1891–1979, Ausst.-Kat. Badischer Kunstverein Karlsruhe/Neue Gesellschaft für Bildende Kunst e.V., Berlin/Kunstverein Hamburg 1981/82, München 1981

Ausst.-Kat. Karlsruhe/Frankfurt am Main/München 1980
Widerstand statt Anpassung. Deutsche Kunst im Widerstand gegen den Faschismus 1933–1945, Ausst.-Kat. Badischer Kunstverein, Karlsruhe/Frankfurter Kunstverein, Frankfurt am Main/Kunstverein München 1980, Berlin 1980

Ausst.-Kat. Karlsruhe/Schwäbisch Hall 1999/2000
Willi Müller-Hufschmid. Hinter die Dinge sehen wollen ... Gemälde und Zeichnungen, Ausst.-Kat. Städtische Galerie Karlsruhe, Kunstforum der Bausparkasse Schwäbisch Hall 1999/2000, Karlsruhe 1999

Ausst.-Kat. Köln 1984
Max Beckmann, hg. v. Siegfried Gohr, Ausst.-Kat. Josef-Haubrich-Kunsthalle, Köln 1984, Köln 1984

Ausst.-Kat. Köln 1988
Picasso im Zweiten Weltkrieg 1939 bis 1945, hg. v. Siegfried Gohr, Ausst.-Kat. Museum Ludwig, Köln 1988, Köln 1988

Ausst.-Kat. Köln 1996
Die Expressionisten vom Aufbruch bis zur Verfemung, hg. v. Gerhard Kolberg, Ausst.-Kat. Museum Ludwig, Köln 1996, Ostfildern-Ruit 1996

Ausst.-Kat. Köln 2004
Hans Hartung. So beschwor ich den Blitz. Arbeiten auf Papier 1922–1938, großformatige Bilder 1980–1989, Werkschau im kleinen Format 1922–1989, hg. v. Stephan Diederich, Ausst.-Kat. Museum Ludwig, Köln 2004, Köln 2004

Ausst.-Kat. Köln/Zürich 1962/63
Max Ernst, Ausst.-Kat. Wallraf-Richartz-Museum, Köln/Kunsthaus Zürich 1962/93, Köln 1963

Ausst.-Kat. Konstanz 1991
Willi Müller-Hufschmid. Die Zeichnungen der Konstanzer Jahre 1941–1947, hg. v. Kulturamt der Stadt Konstanz, Ausst.-Kat. Städtische Wessenberg-Galerie, Konstanz 1991, Konstanz 1991

Ausst.-Kat. Künzelsau 2004/05
André Masson. Eine Mythologie der Natur, Ausst.-Kat. Museum Würth, Künzelsau 2004/05, Künzelsau 2004

Ausst.-Kat. Kyoto/Tokyo/Yamanashi 2006
Ernst Barlach. Retrospektive, hg. v. National Museum of Modern Art, Ausst.-Kat. The National Museum of Modern Art, Kyoto/The University Art Museum, Tokyo National University of Fine Arts and Music/Yamanashi Prefectural Museum of Art 2006, Tokyo 2006

Ausst.-Kat. Lausanne 1987
René Magritte, Ausst.-Kat. Fondation de l'Hermitage, Lausanne 1987

Ausst.-Kat. Leipzig 1972
Otto Griebel. Malerei, Zeichnung, Graphik, Ausst.-Kat. Museum der Bildenden Künste zu Leipzig 1972, Leipzig 1972

Ausst.-Kat. Leipzig 1974
Alfred Frank. Œuvrekatalog der Druckgraphik, Ausst.-Kat. Museum der bildenden Künste, Leipzig 1974, Leipzig 1974.

Ausst.-Kat. Leipzig 1984
Alfred Frank. Ausstellung zum 100. Geburtstag des Künstlers, Ausst.-Kat. Georgi-Dimitroff-Museum der bildenden Künste, Leipzig 1984, Leipzig 1984

Ausst.-Kat. Leipzig 2004/05
Willi Baumeister – Karl Hofer. Begegnung der Bilder, hg. v. Hans-Werner Schmidt, Ausst.-Kat. Museum der bildenden Künste, Leipzig 2004/2005, Bielefeld 2004

Ausst.-Kat. Leipzig/Frankfurt am Main 1990/91
Max Beckmann. Gemälde 1905–1950, hg. v. Klaus Gallwitz, Museum der bildenden Künste, Leipzig/Städelsches Kunstinstitut, Frankfurt am Main 1990/91, Stuttgart 1990

Ausst.-Kat. Leipzig/Hamburg 2007/08
Eine Liebe. Max Klinger und die Folgen, hg. v. Hans-Werner Schmidt/Hubertus Gaßner, Ausst.-Kat. Museum der bildenden Künste, Leipzig/Hamburger Kunsthalle 2007/08, Bielefeld/Leipzig 2007

Ausst.-Kat. Leverkusen 1981
Emilio Vedova. Das zeichnerische Frühwerk 1935–1950, Ausst.-Kat. Städtisches Museum Leverkusen, Schloss Morsbroich 1981, Leverkusen 1981

Ausst.-Kat. Linz 1995
Alfred Kubin (1878–1959). Mit einem Werkverzeichnis des Bestandes im Oberösterreichischen Landesmuseum, hg. v. Peter Assmann, Ausst.-Kat. Oberösterreichisches Landesmuseum, Linz 1995, Salzburg 1995

Ausst.-Kat. Linz 1995 (2)
Phantasma und Phantome. Gestalten des Unheimlichen in Kunst und Psychoanalyse, hg. v. Martin Sturm/Georg Christoph Tholen, Ausst.-Kat. Offenes Kulturhaus des Landes Oberösterreich, Linz 1995, Salzburg/Wien 1995

Ausst.-Kat. Linz/München 1999
Alfred Kubin. Das lithographische Werk, Ausst.-Kat. Landesgalerie Oberösterreich am Oberösterreichischen Landesmuseum Linz/Städtische Galerie im Lenbachhaus, München 1999, München 1999

Ausst.-Kat. London 1959
Francis Gruber 1912–1948, hg. v. The Arts Council of Great Britain, Ausst.-Kat. London 1959

Ausst.-Kat. London 1992
Otto Dix 1891–1969, Ausst.-Kat. Tate Gallery, London 1992, London 1992

Ausst.-Kat. London/Barcelona/Berlin 1996
Kunst und Macht im Europa der Diktatoren 1930 bis 1945, Ausst.-Kat. Hayward Gallery, London/Centre de Cultura Contemporania de Barcelona/Deutsches Historisches Museum, Berlin 1996, Stuttgart 1996

Ausst.-Kat. London/Nottingham 2005
Graham Sutherland. Landscapes, War Scenes, Portraits 1924–1950, hg. v. Martin Hammer, Ausst.-Kat. Dulwich Picture Gallery, London/Djanogly Art Gallery, Nottingham 2005, London 2005

Ausst.-Kat. Los Angeles/Berlin 1989/90
Ludwig Meidner. Apokalyptische Landschaften, hg. v. Carol S. Eliel, Ausst.-Kat. Los Angeles County Museum of Art/Berlinische Galerie/Martin-Gropius-Bau, Berlin 1989/90, München 1990

Ausst.-Kat. Los Angeles/Chicago/Washington D. C./Berlin 1992
»Entartete Kunst«: Das Schicksal der Avantgarde im Nazi-Deutschland, hg. v. Stephanie Barron, Ausst.-Kat. Los Angeles County Museum of Art, übernommen u. a. vom Deutschen Historischen Museum Berlin 1991/92, München 1992

Ausst.-Kat. Los Angeles/Fort Worth/Düsseldorf/Halle 1988/89
Expressionismus. Die Zweite Generation 1915–1925, hg. v. Stephanie Barron, Ausst.-Kat. Los Angeles County Museum of Art/Modern Art Museum of Fort Worth/Kunstmuseum Düsseldorf/Staatliche Galerie Moritzburg, Halle 1988/89, München 1989

Ausst.-Kat. Ludwigshafen 1981/82
Paul Klee (1879–1940). Innere Wege, Ausst.-Kat. Wilhelm-Hack-Museum, Ludwigshafen 1981/82, Ludwigshafen 1981

Ausst.-Kat. Ludwigshafen 1983
Schrecknisse des Krieges. Druckgraphische Bildfolgen des Krieges aus fünf Jahrhunderten, Ausst.-Kat. Wilhelm-Hack-Museum, Ludwigshafen am Rhein 1983, Ludwigshafen am Rhein 1983

Ausst.-Kat. Ludwigshafen 1985
Apokalypse. Ein Prinzip Hoffnung? Ernst Bloch zum 100. Geburtstag, hg. v. Richard W. Gassen/Bernhard Holeczek, Ausst.-Kat. Wilhelm-Hack-Museum, Ludwigshafen am Rhein 1985, Heidelberg 1985

Ausst.-Kat. Mainz 2002
Von der Apokalypse zur Alpenblume. Der Holzschneider Josef Weisz 1894–1969, hg. v. Eva-Maria Hanebutt-Benz, Ausst.-Kat. Gutenberg-Museum, Mainz 2002, Mainz 2002

Ausst.-Kat. Mannheim 1925
Neue Sachlichkeit. Deutsche Malerei seit dem Expressionismus, mit einem Geleitwort v. Gustav F. Hartlaub, Ausst.-Kat. Städtische Kunsthalle Mannheim 1925, Mannheim 1925

Ausst.-Kat. Mannheim 1986
Thema Totentanz. Kontinuität und Wandel einer Bildidee vom Mittelalter bis heute, Ausst.-Kat. Mannheimer Kunstverein 1986, Darmstadt 1986

Ausst.-Kat. Mannheim 1990
Paul Klee. Konstruktion, Intuition, Ausst.-Kat. Städtische Kunsthalle, Mannheim 1990, Stuttgart 1990

Ausst.-Kat. Mannheim 1994/95
Neue Sachlichkeit. Bilder auf der Suche nach der Wirklichkeit. Figurative Malerei der zwanziger Jahre, hg. v. Hans-Jürgen Buderer, Ausst.-Kat. Städtische Kunsthalle Mannheim 1994/95, München 1994

Ausst.-Kat. Mannheim/Freiburg 1949
Späte Werke von Paul Klee. Leihgaben der Paul-Klee-Gesellschaft Bern, Ausst.-Kat. Kunsthalle Mannheim/Kunstverein Freiburg i. B. 1949, Freiburg 1949

Ausst.-Kat. Marburg 1945
Reinhard Schmidhagen 1914–1945. Gemälde, Holzschnitte, Zeichnungen, hg. v. P. H. von Blanckenhagen, Ausst.-Kat. Jubiläumsbau Marburg 1945, Marburg an der Lahn 1945

Ausst.-Kat. Marburg 1997
Franz Frank 1897–1986. Das malerische Werk, Ausst.-Kat. Marburger Universitätsmuseum für Kunst und Kulturgeschichte 1997, Marburg 1997

Ausst.-Kat. Mendrisio 1990
Paul Klee. Ultimo decennio/Letztes Jahrzehnt 1930–1940, Ausst.-Kat. Museo d'arte, Mendrisio 1990, Mendrisio 1990

Ausst.-Kat. Metz 1998
André Masson, un combat: peintures, dessins, sculptures, hg. v. Monique Sary, Ausst.-Kat. Musées de la Cour d'Or Metz, Metz 1998

Ausst.-Kat. Montreal 1991
The 1920s: Age of the Metropolis, Ausst.-Kat. The Montreal Museum of Fine Arts 1991, Montreal 1991.

Ausst.-Kat. Mülheim/Oberhausen 1993
Otto Pankok 1893–1966. Retrospektive zum 100. Geburtstag, hg. v. Otto-Pankok-Gesellschaft, Bernhard Mensch/Karin Stempel, Ausst.-Kat. Städtisches Museum an der Alten Post, Mülheim an der Ruhr/Städtische Galerie Schloss Oberhausen 1993, Oberhausen 1993

Ausst.-Kat. München 1972
Edgar Ende. Katalog der nachgelassenen Gemälde. Ausst.-Kat. Galerie Wolfgang Ketterer, München 1972, München 1972

Ausst.-Kat. München 1975
Lovis Corinth 1858–1925. Gemälde und Druckgraphik, hg. v. Armin Zweite, Ausst.-Kat. Städtische Galerie im Lenbachhaus, München 1975, München 1975

Ausst.-Kat. München 1977 [1968]
Franz von Stuck. Persönlichkeit und Werk, hg. v. J. A. Schmoll gen. Eisenwerth, Ausst.-Kat. Villa Stuck, München 1968, 2., veränderte Aufl., München 1977

Ausst.-Kat. München 1980
Franz Marc 1880–1916, Ausst.-Kat. Städtische Galerie im Lenbachhaus, München 1980, München 1980

Ausst.-Kat. München 1982
Der 1. Weltkrieg. Vision und Wirklichkeit, eine Auswahl von 157 Bildern, Aquarellen, Zeichnungen, Druckgrafiken, Dokumenten, Plakaten, Büchern, Mappen, Fotos und Objekten zum Thema 1. Weltkrieg, Ausst.-Kat. Galerie Michael Pabst, München 1982, München 1982

Ausst.-Kat. München 1982 (2)
Franz von Stuck 1863–1928. Maler – Graphiker – Bildhauer – Architekt, hg. v. Jochen Poetter, Ausst.-Kat. Museum Villa Stuck, München 1982, München 1982

Ausst.-Kat. München 1982/83
Josef Scharl 1856–1954, hg. v. Aloys Greither/Armin Zweite, Ausst.-Kat. Städtische Galerie im Lenbachhaus, München 1982/83, München 1982

Ausst.-Kat. München 1985
Otto Dix 1891–1969, Ausst.-Kat. Museum Villa Stuck, München 1985, München 1985

Ausst.-Kat. München 1986
Emilio Vedova, hg. v. Carla Schulz-Hoffmann, mit Beitr. v. Germano Celant, Ausst.-Kat. Staatsgalerie moderner Kunst, Bayerische Staatsgemäldesammlungen, München 1986, München 1985

Ausst.-Kat. München 1987/88
Nationalsozialismus und »Entartete Kunst«: Die »Kunststadt« München 1937, hg. v. Peter-Klaus Schuster, Ausst.-Kat. Staatsgalerie moderner Kunst, Bayerische Staatsgemäldesammlungen, München 1987/88, München 1988

Ausst.-Kat. München 1993
Max Beckmann. Welt-Theater. Das graphische Werk 1901–1946, hg. v. Jo-Anne Birnie Danzker/Amélie Ziersch, Ausst.-Kat. Villa Stuck, München 1993, Stuttgart 1993

Ausst.-Kat. München 2007
George Grosz. Neue Sachlichkeit und Realismus 1921–1945, mit einem Essay v. Siegfried Gohr, Ausst.-Kat. Galerie Fred Jahn, München 2007, München 2007

Ausst.-Kat. München/Amsterdam 2007/08
Max Beckmann – Exil in Amsterdam, Ausst.-Kat. Pinakothek der Moderne, München/Van Gogh Museum, Amsterdam 2007/08, Ostfildern 2007

Ausst.-Kat. München/Berlin 1979
Max Ernst. Retrospektive, hg. v. Werner Spies, Ausst.-Kat. Haus der Kunst, München/Nationalgalerie, West-Berlin 1979, München 1979

Ausst.-Kat. München/Berlin/Saint Louis 1984/85
Max Beckmann – Retrospektive, hg. v. Carla Schulz-Hoffmann/Judith C. Weiss, Ausst.-Kat. Haus der Kunst, München/Nationalgalerie, Berlin/The Saint Louis Art Museum 1984/85, München 1984

Ausst.-Kat. München/Berlin/Saint Louis 1996
Lovis Corinth. Retrospektive, hg. v. Peter-Klaus Schuster, Ausst.-Kat. Haus der Kunst, München/Nationalgalerie im Alten Museum, Staatliche Museen zu Berlin/Saint Louis Art Museum 1996, München 1996

Ausst.-Kat. München/Bern/Frankfurt am Main/Hamburg 2003/04
Paul Klee 1933, hg. v. Pamela Kort, Ausst.-Kat. Städtische Galerie im Lenbachhaus, München/Kunstmuseum Bern/Schirn Kunsthalle, Frankfurt am Main/Hamburger Kunsthalle 2003/04, Köln 2003

Ausst.-Kat. München/Braunschweig 2000/01
Max Beckmann. Selbstbildnisse, Zeichnung und Druckgraphik, Ausst.-Kat. Bayerische Staatsgemäldesammlungen Neue Pinakothek, München/Herzog Anton Ulrich-Museum, Braunschweig, 2000/01, Heidelberg 2000

Ausst.-Kat. München/Essen/Zürich 1977
Die dreißiger Jahre – Schauplatz Deutschland, Ausst.-Kat. Haus der Kunst, München/Museum Folkwang, Essen/Kunsthaus Zürich 1977, München 1977

Ausst.-Kat. München/Hamburg 1990/91
Kubin 1877–1959, hg. v. Annegret Hoberg, mit Beitr. v. Peter Baum, Ausst.-Kat. Städtische Galerie im Lenbachhaus, München/Hamburger Kunsthalle 1990/91, München 1990

Ausst.-Kat. München/Hamburg/Mannheim/Wuppertal 1987/88
Edgar Ende 1901–1965. Gemälde, Gouachen und Zeichnungen, hg. v. Jörg Krichbaum, Ausst.-Kat. Städtische Galerie im Lenbachhaus, München/Hamburger Kunsthalle/Städtische Kunsthalle Mannheim/Von der Heydt-Museum, Wuppertal 1987/88, Stuttgart/Wien 1987

Ausst.-Kat. München/Leverkusen/Darmstadt 1986
Emilio Vedova, hg. v. Carla Schulz-Hoffmann, Ausst.-Kat. Staatsgalerie Moderner Kunst, München/Städtisches Museum Leverkusen, Schloss Morsbroich/Kunsthalle Darmstadt 1986, München 1986

Ausst.-Kat. München/Schwerin/Kassel 1998–2000
Karl Hofer (1878–1955). Exemplarische Werke. Sammlung Hartwig Garnerus, Ausst.-Kat. Staatsgalerie moderner Kunst, Bayerische Staatsgemäldesammlungen, München/Staatliches Museum Schwerin/Staatliche Museen Kassel, Neue Galerie 1998–2000, Heidelberg 1998

Ausst.-Kat. New York 1981
Kyra Markham. American Fantasist (1891–1967), Ausst.-Kat. Witkin Gallery, New York 1981, New York 1981

Ausst.-Kat. New York 2001/02
Neue Welten. Deutsche und österreichische Kunst 1890–1940, hg. v. Renée Price, Ausst.-Kat. Neue Galerie, New York 2001/02, Köln 2001

Ausst.-Kat. New York 2005
Max Ernst. A Retrospective, hg. v. Werner Spies/Sabine Rewald, Ausst.-Kat. Metropolitan Museum of Art, New York 2005, New York 2005

Ausst.-Kat. New York 2006/07
Glitter and Doom: German Portraits from the 1920s, Ausst.-Kat. The Metropolitan Museum of Art New York 2006/07, New Haven 2006

Ausst.-Kat. New York/Cambridge/Stuttgart 1986
German Realist Drawings of the 1920s. Deutsche realistische Zeichnungen der zwanziger Jahre, Ausst.-Kat. Solomon R. Guggenheim Museum, New York/Harvard University Art Museums, Cambridge/Staatsgalerie Stuttgart 1986, Cambridge, Massachusetts 1986

Ausst.-Kat. New York/Los Angeles/Chicago 1968
Rubin, William S.: Dada, Surrealism and Their Heritage, Ausst.-Kat. The Museum of Modern Art, New York/Los Angeles County Museum of Art/Art Institute of Chicago 1968, New York u.a. 1968

Ausst.-Kat. Nijmeeg/Haarlem/Bremen 1991/92
Deutsche Bildhauer 1900–1945. Entartet, hg. v. Christian Tümpel u. a., Ausst.-Kat. Nijmeegs Museum Commanderie van Sint-Jan, Nijmeeg/Frans Hals Museum, Haarlem/Gerhard-Marcks-Haus, Bremen 1991/92, Königstein im Taunus 1992

Ausst.-Kat. Nîmes 1984
Paul Klee. Œuvres de 1933 à 1940, Ausst.-Kat. Musée des Beaux-Arts, Nîmes 1984, Nîmes 1984

Ausst.-Kat. Nürnberg 1981/82
Conrad Felixmüller. Werke und Dokumente, hg. v. Archiv für Bildende Kunst am Germanischen Nationalmuseum Nürnberg, Ausst.-Kat. Germanisches Nationalmuseum, Nürnberg 1981/82, Nürnberg 1981

Ausst.-Kat. Nürnberg 1997/98
Karl Rössing. Mein Vorurteil gegen diese Zeit, Ausst.-Kat. Germanisches Nationalmuseum Nürnberg 1997/98, Nürnberg 1997

Ausst.-Kat. Oldenburg/Göttingen/Emmen 1990/91
Francisco de Goya. Radierungen nach Velazquez, Los Caprichos, Los Desastres de la Guerra, La Tauromaquia, Los Disparates, Ausst.-Kat. Stadtmuseum Oldenburg/Städtisches Museum Göttingen/Bruggebouw, Emmen 1990/91, Oldenburg 1990

Ausst.-Kat. Olpe/Solingen-Gräfrath 1999/2000
Verfemt – Vergessen – Wiederentdeckt. Kunst expressiver Gegenständlichkeit aus der Sammlung Gerhard Schneider, hg. v. Rolf Jessewitsch/Gerhard Schneider, Ausst.-Kat. Kunstverein Südsauerland Olpe/Museum Baden, Solingen-Gräfrath 1999/2000, Köln 1999

Ausst.-Kat. Osnabrück 1990
Felix Nussbaum: Verfemte Kunst – Exilkunst – Widerstandskunst. Die 100 wichtigsten Werke, Ausst.-Kat. Kulturgeschichtliches Museum Osnabrück 1990, Bramsche 1990

Ausst.-Kat. Osnabrück 1995
Felix Nussbaum: Verfemte Kunst – Exilkunst – Widerstandskunst, 3., völlig neu bearb. u. erw. Aufl. des Katalogbuchs zur gleichnamigen Ausstellung im Kulturgeschichtlichen Museum Osnabrück 1990, Bramsche 1995

Ausst.-Kat. Osnabrück 1995/96
Edgar Ende. Gemälde und Zeichnungen, hg. v. Volker Kinnius, Ausst.-Kat. Museum und Museums- und Kunstverein Osnabrück 1995/1996, Osnabrück 1995

Ausst.-Kat. Osnabrück 2001
Lea Grundig. Radierzyklen, Ausst.-Kat. Felix-Nussbaum-Haus, Kulturgeschichtliches Museum Osnabrück 2001, Osnabrück 2001

Ausst.-Kat. Osnabrück 2004/05
Zeit im Blick. Felix Nussbaum und die Moderne, hg. v. Rosamunde Neugebauer im Auftrag des Felix-Nussbaum-Hauses Osnabrück, Ausst.-Kat. Felix-Nussbaum-Haus, Osnabrück 2004/05, Bramsche 2004

Ausst.-Kat. Paderborn 1998
Edgar Ende. Visionen aus dem Dunkel. Die Gemälde der 20er und 30er Jahre, hg. v. Volker Kinnius, Ausst.-Kat. Städtische Galerie in der Reithalle, Schloss Neuhaus, Paderborn 1998, Bielefeld 1998

Ausst.-Kat. Paderborn/Bonn/Bayreuth 2006/07
Franz Radziwill – drohend vertraute Welten, hg. v. Andrea Wandschneider, Ausst.-Kat. Städtische Galerie Paderborn – Schloss Neuhaus/Rheinisches Landesmuseum, Bonn/Kunstmuseum Bayreuth 2006/2007, Paderborn 2006

Ausst.-Kat. Paderborn/Selm 1997/98
Dialog der Kreaturen. Tier und Mensch in der europäischen Malerei. Ausst.-Kat. Städtische Galerie in der Reithalle, Schloss Neuhaus, Paderborn/Schloss Cappenberg, Selm 1997/98, Paderborn 1997

Ausst.-Kat. Paris 1977
André Masson. Ausst.-Kat. Galeries nationales du Grand Palais, Paris 1977, Paris 1977

Ausst.-Kat. Paris 1981
Paris, Paris 1937–1957. Malerei, Graphik, Skulptur, Film, Theater, Literatur, Architektur, Design, Photographie, aus dem Franz. übers. v. Elisabeth Auffinger, Ausst.-Kat. Centre Georges Pompidou, Paris 1981, München 1981

Ausst.-Kat. Paris 1998
Réalistes des années vingt. Peintures de Yves Alix, Alfred Courmes, Jean Fautrier, Édouard Goerg, Marcel Gromaire, Jean Lurçat, Jacques Mauny, Ausst.-Kat. Musées-Galerie de la Seita, Paris 1998, Paris 1998

Ausst.-Kat. Paris 1998 (2)
Hommage à Santos Balmori. Rétrospective, Ausst.-Kat. Centre Culturel de l'Ambassade du Mexique, Paris 1998, Paris 1998

Ausst.-Kat. Paris 2002
La révolution surréaliste, Ausst.-Kat. Centre Pompidou, Paris 2002, Paris 2002

Ausst.-Kat. Paris 2002 (2)
Yves Tanguy, Ausst.-Kat. Galerie Daniel Malingue, Paris 2002, Paris 2002

Ausst.-Kat. Paris/Berlin 1980/81
Realismus. Zwischen Revolution und Reaktion 1919–1939, Ausst.-Kat. Centre George Pompidou, Paris/Staatliche Kunsthalle Berlin 1980/81, München 1981

Ausst.-Kat. Paris/Berlin 2005/06
Melancholie. Genie und Wahnsinn in der Kunst, hg. v. Jean Clair, Galerie nationales du Grand Palais/Neue Nationalgalerie, Berlin 2005/06, Ostfildern-Ruit 2005

Ausst.-Kat. Paris/London/New York 2002/03
Max Beckmann, hg. v. Sean Rainbird, Ausst.-Kat. Musée National d'Art Moderne, Centre Georges Pompidou, Paris/Tate Modern, London/Museum of Modern Art, Queens, New York 2002/03, New York 2002

Ausst.-Kat. Péronne 2001
Masson/Massacres, Ausst.-Kat. Historial de la Grande Guerre, Péronne 2001, Mailand u. a. 2001

Ausst.-Kat. Ravensburg 1995
Paul Klee. Aquarelle aus der Berner Zeit 1933–1940, hg. v. Tilman Osterwold/Thomas Knubben, Ausst.-Kat. Städtische Galerie Altes Theater, Ravensburg 1995, Ravensburg 1995

Ausst.-Kat. Recklinghausen/Bad Homburg/Heilbronn 2001
Julio González. Plastik und Zeichnung, hg. v. Ferdinand Ullrich/Hans-Jürgen Schwalm, Ausst.-Kat. Kunsthalle Recklinghausen/Sinclair-Haus, Bad Homburg/Städtische Museen Heilbronn 2001, Recklinghausen 2001

Ausst.-Kat. Recklinghausen/Berlin/Darmstadt 1963/64
Ludwig Meidner, Ausst.-Kat. Kunsthalle Recklinghausen/Haus am Waldsee, Berlin/Kunsthalle Darmstadt 1963/64, Recklinghausen 1963

Ausst.-Kat. Regensburg 1983/84
A. Paul Weber. Zeichnungen und Lithographien, Beitr. v. Werner Timm, Ausst.-Kat. Ostdeutsche Galerie Regensburg 1983/84, Regensburg 1983

Ausst.-Kat. Riehen/Hannover 2003/04
Paul Klee. Tod und Feuer. Die Erfüllung im Spätwerk, Ausst.-Kat. Fondation Beyeler, Riehen bei Basel/Sprengel Museum, Hannover 2003/04, Hannover 2003

Ausst.-Kat. Rivoli 1998/99
Emilio Vedova, Castello di Rivoli, Museo d'Arte Contemporanea 1998/99, Mailand 1999

Ausst.-Kat. Rom 2007
George Grosz. Berlino – New York, hg. v. Ralph Jentsch, Ausst.-Kat. Villa Medici – Accademia di Francia, Rom 2007, Mailand 2007

Ausst.-Kat. Rom/Berlin 2007/08
Emilio Vedova 1919–2006, hg. v. Angelandreina Rorro/Alessandra Barbuto, Ausst.-Kat. Galleria d'arte nazionale d'arte moderna, Rom/Berlinische Galerie, Landesmuseum für moderne Kunst 2007/08, Mailand 2007

Ausst.-Kat. Rostock 1979
Reinhard Schmidhagen: 1914–1945. Holzschnitte, Ausst.-Kat. Kunsthalle Rostock 1979, Rostock 1979

Ausst.-Kat. Rotterdam 2000
Carel Willink. Zelfportret en architectuur, hg. v. Karel Schampers, Ausst.-Kat. Museum Boijmans van Beuningen, Rotterdam 2000, Rotterdam 2000

Ausst.-Kat. Saarbrücken/Homburg 1989
Frans Masereel. Zur Verwirklichung des Traums von einer freien Gesellschaft, hg. v. Karl-Ludwig Hofmann/Peter Riede, Ausst.-Kat. Saarland-Museum, Saarbrücken/Städtische Galerie Homburg an der Saar 1989, Saarbrücken 1989

Ausst.-Kat. Salzburg 1980
Albert Birkle. Ölmalerei und Pastell, Ausst.-Kat. Salzburger Museum Carolino Augusteum 1980, Salzburg 1980

Ausst.-Kat. Salzburg 1986
Paul Klee. Vorbild – Urbild, Frühwerk – Spätwerk. Bilder, Aquarelle und Zeichnungen aus der Sammlung Felix Klee, Ausst.-Kat. Salzburger Landessammlungen Rupertinum 1986, Salzburg 1986

Ausst.-Kat. Schaffhausen 1978
Heinrich Altherr, Ausst.-Kat. Museum zu Allerheiligen, Schaffhausen 1978, Schaffhausen 1978

Ausst.-Kat. Schleswig/Düsseldorf/Braunschweig/Halle 1990/91
Conrad Felixmüller. Gemälde, Aquarelle, Zeichnungen, Druckgraphik, Skulpturen, hg. v. Christian Rathke, Schleswig-Holsteinisches Landesmuseum Schloss Gottorf, Schleswig/Kunstmuseum Düsseldorf/Kunstverein Braunschweig/Staatliche Galerie Moritzburg, Halle 1990/91, Schleswig 1990

Ausst.-Kat. Schweinfurt/München/Schramberg/Salzburg 1990
Albert Birkle (1900–1986). De profundis – Aus der Tiefe. Gemälde, Zeichnungen, Glasfensterentwürfe, Ausst.-Kat. Städtische Sammlungen, Schweinfurt/Galerie der Bayer. Landesbank München/Kulturzentrum im Schloss Schramberg/Museum Carolino Augusteum, Salzburg 1990, Schweinfurt 1990

Ausst.-Kat. Saint-Étienne 1988/89
Paul Klee 1879–1940, Ausst.-Kat. Musée d'Art Moderne, Saint-Étienne 1988/89, Saint-Étienne 1988

Ausst.-Kat. Selm 2007
Gerhard Marcks. Die Einheit der Gegensätze. Skulpturen, Zeichnungen, Grafiken 1919–1959, hg. v. Gerhard-Marcks-Stiftung, Ausst.-Kat. Westfälisches Landesmuseum für Kunst und Kulturgeschichte, Außenstelle Schloss Cappenberg in Selm 2007, Bremen 2007

Ausst.-Kat. Stockholm 1962
Hannah Ryggen. Bildvävnader 1933–1961, Ausst.-Kat. Moderna Museets, Stockholm 1962, Stockholm 1962

Ausst.-Kat. St Petersburg, Florida 1999
Andre Masson: The 1930s, hg. v. William Jeffett, Ausst.-Kat. Salvador Dalí Museum, St Petersburg, Florida, St Petersburg, Florida 1999

Ausst.-Kat. Stuttgart 1949
Heinrich Altherr. 1878–1947. Gedächtnis-Ausstellung, Württembergischer Kunstverein, Stuttgart 1949, Stuttgart 1949

Ausst.-Kat. Stuttgart 1969
John Heartfield und George Grosz, mit Texten v. Uwe M. Schneede/Marina Schneede-Sczesny, Ausst.-Kat. Württembergischer Kunstverein, Stuttgart 1969, Stuttgart 1969.

Ausst.-Kat. Stuttgart 1970
Max Ernst. Gemälde, Plastiken, Collagen, Frottagen, Bücher, Ausst.-Kat. Württembergischer Kunstverein, Stuttgart 1970, Stuttgart 1970

Ausst.-Kat. Stuttgart 1981
Pablo Picasso in der Staatsgalerie Stuttgart. Ausstellung zum 100. Geburtstag des Künstlers mit Leihgaben aus Sammlungen in Baden-Württemberg, Ausst.-Kat. Staatsgalerie Stuttgart 1981, Stuttgart 1981

Ausst.-Kat. Stuttgart 1998
Stunde Null. Deutsche Kunst der späten vierziger Jahre, hg. v. Stuttgarter Galerieverein, Ausst.-Kat. Staatsgalerie Stuttgart 1998, Stuttgart 1998

Ausst.-Kat. Stuttgart 2000/01
Yves Tanguy und der Surrealismus, Ausst.-Kat. Staatsgalerie Stuttgart 2000/01, Ostfildern-Ruit 2000

Ausst.-Kat. Stuttgart/Berlin 1991/92
Dix, hg. v. Wulf Herzogenrath, Ausst.-Kat. Galerie der Stadt Stuttgart/Nationalgalerie Staatliche Museen Preußischer Kulturbesitz, Berlin 1991/92, Stuttgart 1991

Ausst.-Kat. Stuttgart/Emden 1990/91
Paul Klee. Spätwerk. Arbeiten auf Papier 1937–1939, Württembergischer Kunstverein, Stuttgart/Kunsthalle Emden 1990/91, Stuttgart 1990

Ausst.-Kat. Tallahassee 1989
Karl Zerbe, Expressions of life, a Zerbe festival, Ausst.-Kat. LeMoyne Art Foundation, Tallahassee, Florida 1989, Tallahassee 1989

Ausst.-Kat. Torre de' Passeri 1998
Amos Nattini e Dante, Ausst.-Kat. Casa di Dante in Abruzzo, Castello Gizzi, Torre de' Passeri 1998, Mailand 1998

Ausst.-Kat. Tübingen 1980
Hannah Höch. Fotomontagen, Gemälde, Aquarelle, hg. v. Götz Adriani, mit Beitr. v. Jula Dech, Ausst.-Kat. Kunsthalle Tübingen 1980, Köln 1980

Ausst.-Kat. Tübingen 2001
Henri Rousseau. Der Zöllner – Grenzgänger zur Moderne, hg. v. Götz Adriani, Ausst.-Kat. Kunsthalle Tübingen 2001, Köln 2001

Ausst.-Kat. Tübingen/Bern/Düsseldorf/Hamburg 1988/89
Max Ernst. Collagen, Inventar und Widerspruch, hg. v. Werner Spies, Ausst.-Kat. Kunsthalle Tübingen/Kunstmuseum Bern/Kunstsammlung Nordrhein-Westfalen, Düsseldorf/Hamburger Kunsthalle 1988/89, 4. Aufl., Köln 2003 [1. Auflage: Köln 1988]

Ausst.-Kat. Tübingen/Wuppertal/München 1997/98
Rudolf Schlichter, Gemälde, Aquarelle, Zeichnungen, hg. v. Götz Adriani, mit Beitr. v. Dirk Heißerer, Ausst.-Kat. Kunsthalle Tübingen/Von der Heydt-Museum, Wuppertal/Städtische Galerie im Lenbachhaus, München 1997/98, Tübingen 1997

Ausst.-Kat. Unna 2006
Mensch und Menschenwerk im Blick der verschollenen Generation. Ausgewählte Werke der Sammlung Brabant, hg. v. Thomas Hengstenberg, Ausst.-Kat. Kreis Unna 2006, Unna 2006

Ausst.-Kat. Varel-Dangast 1987
Franz Radziwill. Raum und Haus, hg. v. Konstanze Radziwill/Hans Heinrich Maaß-Radziwill, Ausst.-Kat. Franz-Radziwill-Haus und -Archiv, Varel-Dangast 1987, München u. a. 1987

Ausst.-Kat. Verona 1961
Disegni di Vedova. 1935–1950, Galleria Civica d'Arte Moderna di Verona 1961, Mailand 1961

Ausst.-Kat. Weimar 1980
Josef Hegenbarth. Werke aus dem Nachlaß, Ausst.-Kat. Kunstsammlungen zu Weimar, Kunsthalle am Theaterplatz 1980, Weimar 1980

Ausst.-Kat. Weimar 1999
Aufstieg und Fall der Moderne, hg. v. Rolf Bothe/Thomas Föhl, Ausst.-Kat. Kunstsammlungen zu Weimar 1999, Ostfildern-Ruit 1999

Ausst.-Kat. Wien 1994
Kunst und Diktatur. Architektur, Bildhauerei und Malerei in Österreich, Deutschland, Italien und der Sowjetunion 1922–1956, eine Ausstellung des Österreichischen Bundesministeriums für Wissenschaft und Forschung, hg. v. Jan Tabor, Ausst.-Kat. Künstlerhaus Wien 1994, Baden 1994

Ausst.-Kat. Wien 1997/98
Lichter und Schatten. Karl Rössing (1897–1987). Eine Retrospektive zum 100. Geburtstag des Künstlers, hg. v. Wilfried Seipel, Ausst.-Kat. Kunsthistorisches Museum Wien in Zusammenarb. mit den Salzburger Landessammlungen Rupertinum, Palais Harrach, Wien 1997/98, Wien 1997

Ausst.-Kat. Wien 2001/02
Im Nacken das Sternemeer. Ludwig Meidner, ein deutscher Expressionist, im Auftr. d. Jüdischen Museums Wien, hg. v. Tobias G. Natter, Ausst.-Kat. Jüdisches Museum Wien 2001/02, Wien 2001

Ausst.-Kat. Wien 2004
Francisco de Goya. Aufklärer ohne Hoffnung. Die grafischen Zyklen, Ausst.-Kat. Leopold Museum, Wien 2004, Wien 2004, S. 118

Ausst.-Kat. Wien/Berlin 1986
Kunst im Exil in Großbritannien 1933–1945, bearb. v. Brigitte Sonnenschein, Ausst.-Kat. Historisches Museum der Stadt Wien/Neue Gesellschaft für Bildende Kunst in den Räumen der Orangerie des Schlosses Charlottenburg, Berlin 1986, Wien 1986

Ausst.-Kat. Wien/Brühl/Hamburg 2008/09
Max Ernst. Une semaine de bonté – Die weiße Woche. Die Originalcollagen, hg. v. Werner Spies, Ausst.-Kat. Museum Albertina, Wien/Max Ernst Museum, Brühl/Hamburger Kunsthalle 2008/09, Köln 2008

Ausst.-Kat. Wien/Frankfurt am Main/Ludwigsburg/Berlin 1989/90
Vedovas »Engel« und die visionäre Figurenwelt seiner frühen Zeichnungen, Graphische Sammlung Albertina, Wien/Frankfurter Kunstverein/Neuer Berliner Kunstverein 1989/90, Wien 1990

Ausst.-Kat. Wiesbaden 1959
Ludwig Meidner, hg. v. Nassauischen Kunstverein Wiesbaden, Ausst.-Kat. Städtisches Museum Wiesbaden 1959, Wiesbaden 1959

Ausst.-Kat. Wiesbaden/Baden-Baden 1962
Klee. Farbige Blätter aus dem Spätwerk. Städtisches Museum Wiesbaden/Staatliche Kunsthalle Baden-Baden 1962, Wiesbaden 1962

Ausst.-Kat. Wilhelmshaven 2000
Franz Radziwill. Mythos Technik, hg. v. Landesmuseum Oldenburg in Zusammenarb. mit der Franz Radziwill-Gesellschaft Varel-Dangast, Ausst.-Kat. Kunsthalle Wilhelmshaven 2000, Oldenburg 2000

Ausst.-Kat. Wolfsburg 1985
Ludwig Meidner 1884–1966, Ausst.-Kat. Kunstverein Wolfsburg 1985, Wolfsburg 1985

Ausst.-Kat. Wolfsburg/Toulouse 2002/03
Blast to freeze. Britische Kunst im 20. Jahrhundert, Ausst.-Kat. Kunstmuseum Wolfsburg/Les Abbatoirs, Toulouse 2002/03, Ostfildern-Ruit 2002

Ausst.-Kat. Wuppertal 2003
Nacht über Deutschland. Berliner und Dresdener Kunst zwischen 1930 und 1960 aus der Nationalgalerie Berlin, hg. v. Fritz Jacobi, Ausst.-Kat. Von der Heydt-Museum, Wuppertal 2003, Wuppertal 2003

Ausst.-Kat. Zürich 1948
Heinrich Altherr. Gedächtnis-Ausstellung, Ausst.-Kat. Kunsthaus Zürich 1948, Zürich 1948

Ausst.-Kat. Zürich 1969
René Magritte 1898–1967, Ausst.-Kat. Kunsthaus Zürich 1969, Zürich 1969

Ausst.-Kat. Zürich 1999
Der Weltuntergang, mit einem Lesebuch, hg. v. Ernst Halter/Martin Müller, Ausst.-Kat. Kunsthaus Zürich 1999, Zürich 1999

Bächtold-Stäubli (Hg.) 2000 [1927–1942]
Bächtold-Stäubli, Hanns (Hg.): Handwörterbuch des deutschen Aberglaubens, unter Mitw. v. Eduard Hoffmann-Krayer, unveränderter fotomechanischer Nachdruck der Ausgabe von 1927–42, Berlin 2000

Baberowski 2007
Baberowski, Jörg: Was war die Oktoberrevolution?, in: Oktoberrevolution. Aus Politik und Zeitgeschichte 44–45 (2007)

Baer 1985
Baer, Brigitte (Hg.): Picasso. Peintre-Graveur, tome III. Catalogue raisonné de l'œuvre gravé et des monotypes, 1935–1945, Bern 1985

Bajohr/Johe/Lohalm (Hg.) 1991
Bajohr, Frank/Johe, Werner/Lohalm, Uwe (Hg.): Zivilisation und Barbarei. Die widersprüchlichen Potentale der Moderne. Detlev Peukert zum Gedächtnis, Hamburg 1991

Baldacci/Daverio 1977
Baldacci, Paolo/Daverio, Philippo: Guido Balsamo Stella – opera grafica e vetraia, Mailand 1977

Barck (Hg.) 1990
Barck, Karl-Heinz (Hg.): Surrealismus in Paris. 1919–1939. Ein Lesebuch, Leipzig 1990

Barlach 1953
Barlach, Ernst: »Kunst im Krieg«, Jahresgabe der Barlach-Gesellschaft, Hamburg 1953

Barlach 1959
Barlach, Ernst: Das dichterische Werk in drei Bänden, hg. v. Friedrich Droß, München 1959

Barlach 1997 [1928]
Barlach, Ernst: Ein selbsterzähltes Leben, kritische Textausgabe, hg. v. Ulrich Bubrowski, Leipzig 1997 [1. Aufl. Berlin 1928]

Barlach 2007
Barlach, Ernst: Güstrower Tagebuch 1914–1917. In der Fassung der Handschrift, kritische Leseausgabe, hg. v. Ulrich Bubrowski, Hamburg 2007

Barr 1946
Barr, Alfred: Picasso. Fifty Years of His Art, New York 1946

Barricelli 1992
Barricelli, Jean-Pierre: Dante's Vision and the Artist. Four Modern Illustrators of the »Commedia«, New York/Berlin 1992

Bartetzko 1985
Bartetzko, Dieter: Zwischen Zucht und Ekstase. Zur Theatralik von NS-Architektur, Berlin 1985

Bavaj 2005
Bavaj, Riccardo: Von Links gegen Weimar. Linkes antiparlamentarisches Denken in der Weimarer Republik, Bonn 2005

Bechstein 1831
Bechstein, Ludwig: Der Todtentanz. Ein Gedicht, mit 46 Kupfern in Conturen nach H. Holbein, Leipzig 1831

Becker/Lagler 1995
Becker, Christoph/Lagler, Annette: Biennale Venedig. Der Deutsche Beitrag 1895–1995, Ostfildern 1995

Beckmann 1966
Beckmann, Max: Leben in Berlin. Tagebuch 1908/09, hg. v. Hans Kinkel, München 1966

Beckmann 1990
Beckmann, Max: Die Realität der Träume in den Bildern. Schriften und Gespräche 1911 bis 1950, hg. v. Rudolf Pillep, München/Zürich 1990

Beckmann 1993
Beckmann, Max: Briefe, Bd. 1: 1899–1925, hg. v. Klaus Gallwitz u. a., bearb. v. Uwe M. Schneede, München 1993

Beckmann 1994
Beckmann, Max: Briefe, Bd. 2: 1925–1937, hg. v. Klaus Gallwitz u. a., bearb. v. Stephan von Wiese, München 1994

Beckmann 1996
Beckmann, Max: Briefe, Bd. 3: 1937–1950, hg. v. Klaus Gallwitz u. a., bearb. v. Klaus Gallwitz, unter Mitarb. v. Ursula Harter, München 1996

Bénézit 2006
Bénézit, Emmanuel: Dictionary of Artists, 14 Bde., erste englischsprachige Aufl., Paris 2006

Benjamin 1977
Benjamin, Walter: Gesammelte Schriften, Bd. II/1: Aufsätze, Essays, Vorträge, hg. v. Rolf Tiedemann/Hermann Schweppenhäuser, unter Mitw. v. Theodor W. Adorno/Gershom Sholem, Frankfurt am Main 1977

Benjamin 1977 [1933]
Benjamin, Walter: Erfahrung und Armut (1933), in: ders.: Gesammelte Schriften, hg. v. Rolf Tiedemann/Hermann Schweppenhäuser, unter Mitw. v. Theodor W. Adorno/Gershom Sholem, Bd. II/1, Frankfurt am Main 1977, S. 213–219

Benz 1969
Benz, Ernst: Die Vision. Erfahrungsformen und Bilderwelt, Stuttgart 1969

Benz 2000
Benz, Wolfgang: Geschichte des Dritten Reiches, München 2000

Benz/Distel (Hg.) 2005
Benz, Wolfgang/Distel, Barbara (Hg.): Der Ort des Terrors. Geschichte der nationalsozialistischen Konzentrationslager, Bd. 1: Die Organisation des Terrors, München 2005

Berankova/Riedel 1996
Berankova, Ljuba/Riedel, Erik: Apokalypse und Offenbarung. Religiöse Themen im Werk von Ludwig Meidner, (Schriftenreihe des Jüdischen Museums Frankfurt am Main, 5) Sigmaringen 1996

Berger/Frankmöller/Kaster u.a. 1995
Berger, Eva/Frankmöller, Inge/Kaster, Karl Georg u. a.: Felix Nussbaum. Verfemte Kunst – Exilkunst – Widerstandskunst, Bramsche 1995

Bergius 1989
Bergius, Hanne: Das Lachen DaDas. Die Berliner Dadaisten und ihre Aktionen, Berlin 1989

Bernad-Gruber 1989
Bernad-Gruber, Catherine: Francis Gruber, Neuchâtel 1989

Bernhardt 1966
Bernhardt, Günter: Verzeichnis der Gemälde, der bemalten Möbel und Geräte sowie der Druckgraphik von Hans Grundig, Beilage zu: Wissenschaftliche Zeitschrift der Ernst-Moritz-Arndt-Universität Greifswald. Gesellschafts- und sprachwissenschaftliche Reihe, Jahrgang XV, 1966, Nr. 4, S. 471–476

Blatter 1981
Blatter, Janet: Art of the Holocaust, New York 1981

Bloch 1975 [1968]
Bloch, Georges: Pablo Picasso. Bd. 1: Katalog des graphischen Werkes 1904–1967, 3. Aufl. Bern 1975 [1. Aufl. 1968]

Blume/Scholz (Hg.) 1999
Blume, Eugen/Scholz, Dieter (Hg.): Überbrückt. Ästhetische Moderne und Nationalsozialismus. Kunsthistoriker und Künstler 1925–1937, Köln 1999

Blumenfeld 1979
Blumenfeld, Erwin: Meine 100 besten Fotos, Bern 1979

Blumenfeld 1998
Blumenfeld, Erwin: Einbildungsroman, mit einem Nachw. v. Rudolf Trefzer, Frankfurt am Main 1998

Böhne/Motzkau-Valeton (Hg.) 1992
Böhne, Edith/Motzkau-Valeton, Wolfgang (Hg.): Die Künste und die Wissenschaften im Exil, 1933–1945, Gerlingen 1992

Bohrer 1983
Bohrer, Karl Heinz: Die Ästhetik des Schreckens. Die pessimistische Romantik und Ernst Jüngers Frühwerk, Frankfurt am Main/Berlin/Wien 1983

Böhringer/Söntgen (Hg.) 2002
Böhringer, Hannes/Söntgen, Beate (Hg.): Wilhelm Worringers Kunstgeschichte, München 2002

Boll 1972
Boll, Walter: Die wilde Rast. Alfred Kubin in Waldhäuser, München 1972

Bollenbeck 2000
Bollenbeck, Georg: Der negative Resonanzboden: Avantgarde und Antiavantgardismus in Deutschland, in: Asholt, Wolfgang (Hg.): Der Blick vom Wolkenkratzer. Avantgarde – Avantgardekritik – Avantgardeforschung, Amsterdam/Atlanta 2000, S. 467–504

Bossaglia/Bonatti Bacchini/Terraroli (Hg.) 1994
Bossaglia, Rossana/Bonatti Bacchini, Maurizia/Terraroli, Valerio (Hg.): Amos Nattini. Imagini della Divina Commedia 1919–1939, Parma 1994

Brague 1999
Brague, Rémi: La Sagesse du monde. Histoire de l'expérience humaine de l'univers, Paris 1999

Brecht 1960
Brecht, Bertolt: Mutter Courage und ihre Kinder. Eine Chronik aus dem Dreißigjährigen Krieg. Enth. noch: Fünf Schwierigkeiten beim Schreiben der Wahrheit, Berlin/DDR 1960

Brecht 1960 [1934]
Brecht, Bertolt: Fünf Schwierigkeiten beim Schreiben der Wahrheit (1934), in: Versuche 20/21, 9. Auflage, Berlin 1960, S. 87–101

Bredekamp 2006
Bredekamp, Horst: Thomas Hobbes. Der Leviathan. Das Urbild des modernen Staates und seine Gegenbilder 1651–2001, 3., korr. Aufl., Berlin 2006 [1. Aufl. 1999 unter dem Titel »Thomas Hobbes visuelle Strategien«]

Bredt 1922
Bredt, Ernst Willy: Alfred Kubin, München 1922

Brenner 1963
Brenner, Hildegard: Die Kunstpolitik des Nationalsozialismus, Reinbek bei Hamburg 1963

Breton 1970
Breton, André: Essais recueillis par Marc Eigeldinger. Avec quatre portraits, Neuchâtel 1970

Breton 1996
Breton, André: Entretiens – Gespräche. Dada, Surrealismus, Politik, aus dem Franz. übers. u. hg. von Unda Hörner/Wolfram Kiepe, Dresden 1996

Breton 2002 [1925]
Breton, André: Lettre aux Voyantes (Brief an die Seherinnen), 1925, zit. n. Spies, Werner: Einführung, in: Surrealismus 1919–1944. Die surrealistische Revolution, Dalí, Max Ernst, Magritte, Miró, Picasso …, hg. v. Werner Spies, Kunstsammlung Nordrhein-Westfalen, Düsseldorf 2002, Ostfildern-Ruit 2002, S. 15–40

Breton 2002 [1934]
Breton, André: Qu'est-ce que le Surréalisme?, 1934, in: André Breton. Œuvres complètes, Bd. 2, Paris 1988, S. 227, zit. n. Spies, Werner: Einführung, in: Surrealismus 1919–1944. Die surrealistische Revolution, Dalí, Max Ernst, Magritte, Miró, Picasso…, hg. v. Werner Spies, Kunstsammlung Nordrhein-Westfalen, Düsseldorf, Ostfildern-Ruit 2002, S. 15–40

Breton 2008 [1928]
Breton, André: Nadja (1928), Frankfurt am Main 2008

Breuer 1993
Breuer, Stefan: Anatomie der Konservativen Revolution, Darmstadt 1993

Brieger 1919
Brieger, Lothar: Ludwig Meidner, mit einer Selbstbiographie des Künstlers, Leipzig 1919

Brokoff 2001
Brokoff, Jürgen: Die Apokalypse in der Weimarer Republik, München 2001

Brüne 1996
Brüne, Gerd: Von Dresden nach Tel Aviv, in: Lea Grundig. Jüdin, Kommunistin, Graphikerin, unter Mitarb. v. Martin Beier, Gernd Brüne u.a., Ausst.-Kat. Ladengalerie, Berlin/Galerie St. Etienne, New York 1996/97, Berlin 1996

Brunotte 1990
Brunotte, Ulrike: Das Innere als Exil und Abgrund. Bilder zur Geschichte der Abgeschiedenheit, in: Daidalos, 15. Juni 1990, S. 62–63

Busch (Hg.) 1977
Busch, Günter (Hg.): Gerhard Marcks. Das plastische Werk, mit einem Werkverzeichnis v. Marianne Rudloff, Frankfurt am Main/Berlin/Wien 1977

Bushart 1993
Bushart, Magdalena: Ein Bildhauer zwischen den Stühlen. Gerhard Marcks in den dreißiger Jahren, in: Nerdinger, Winfried zus. mit dem Bauhaus-Archiv, Berlin (Hg.): Bauhaus-Moderne im Nationalsozialismus. Zwischen Anbiederung und Verfolgung, München 1993, S. 103–112

Bussmann 1957
Bussmann, Aline: Erinnerungen an Wolfgang Borchert. Zur zehnten Wiederkehr seines Todestages am 20. November 1957, Hamburg 1957

Catalogue raisonné Paul Klee 1998–2004
Catalogue raisonné Paul Klee, hg. v. d. Paul-Klee-Stiftung, Kunstmuseum Bern, Projektleitung Josef Helfenstein, 9 Bde., Bern 1998–2004

Celant (Hg.) 1984
Celant, Cermano (Hg.): Vedova 1935–1984, Mailand 1984

Cepl-Kaufmann/Krumeich/Sommers (Hg.) 2006
Cepl-Kaufmann, Gertrude/Krumeich, Gerd/Sommers, Ulla (Hg.): Krieg und Utopie. Kunst, Literatur und Politik im Rheinland nach dem Ersten Weltkrieg. Begleitband zur Ausstellung in der Bunkerkirche Düsseldorf, Siebengebirgsmuseum der Stadt Königswinter, Essen 2006

Chalupecký 1991
Chalupecký, Jindřich: František Janoušek, Prag 1991

Christoffel 1940
Christoffel, Ulrich: Deutsche Innerlichkeit, München 1940

Clair 1996
Clair, Jean: Malinconia. Motifs saturniens dans l'art de l'entre-deux-guerres, Paris 1996

Conte 2004
Conte, Domenico: Oswald Spengler, Leipzig 2004

Conzelmann 1983
Conzelmann, Otto: Der andere Dix. Sein Bild vom Menschen und vom Krieg, Stuttgart 1983

Corbett 1997
Corbett, David Peters: The Modernity of English Art. 1914–1930, Manchester 1997

Corinth 1979
Corinth, Thomas (Hg.): Lovis Corinth. Eine Dokumentation, Tübingen 1979

Corinth 1993 [1926]
Corinth, Lovis: Selbstbiographie, hg. v. Renate Hartleb, Leipzig 1993 [1. Aufl. Leipzig 1926]

Cowling 2006
Cowling, Elizabeth: Visiting Picasso. The notebooks and letters of Roland Penrose, London 2006

Damsch-Wiehager 1989
Damsch-Wiehager, Renate: Richard Oelze. Ein alter Meister der Moderne, München/Luzern 1989

Damsch-Wiehager 1992
Damsch-Wiehager, Renate: Richard Oelze. Physiognomischer Surrealismus, in: Künstler. Kritisches Lexikon der Gegenwartskunst, Ausg. 19, München 1992

Damsch-Wiehager 1993
Damsch-Wiehager, Renate: Richard Oelze. Erwartung. Die ungewisse Gegenwart des Kommenden (Fischer Kunststück), Frankfurt am Main 1993

Damus 1981
Damus, Martin: Sozialistischer Realismus und Kunst im Nationalsozialismus, Frankfurt am Main 1981

Danzker (Hg.) 1997
Danzker, Jo-Anne Birnie (Hg.): Franz von Stuck. Die Sammlung des Museums Villa Stuck, Eurasburg 1997

Die Pleite 1986 [1919–1924]
Die Pleite. Illustrierte Halbmonatsschrift einschließlich der nur in einer Nummer erschienenen Zeitschrift »Jedermann sein eigner Fussball«, hg. v. Wieland Herzfelde/John Heartfield/Georg Grosz, fotomechanischer Neudruck der Originalausgaben 1919–1924 mit einer Einleitung von Wieland Herzfelde von 1977, Frankfurt am Main 1986

Dech 1989
Dech, Jula: Hannah Höch. Schnitt mit dem Küchenmesser. DADA – Spiegel einer Bierbauchkultur, Franfurt am Main 1989

Dehn 1929
Dehn, Günther: Proletarische Jugend. Lebensgestaltung und Gedankenwelt der großstaedtischen Proletarierjugend, Berlin 1929

Descharnes 1984
Descharnes, Robert: »Die Eroberung des Irrationalen«. Dalí. Sein Werk – sein Leben, Köln 1984

Diderot 1923 [1769]
Diderot, Denis: Der Traum d'Alemberts, übers. v. Curt Sigmar Gutkind, Stuttgart 1923 [Orig.: Le rêve de d'Alembert (1769/1830)]

Dinse (Hg.) 1932
Dinse, Robert (Hg.): Das Freizeitleben der Großstadtjugend. 5000 Jungen und Mädchen berichten, Eberswalde u.a. 1932

Dinzelbacher 1981
Dinzelbacher, Peter: Vision und Visionsliteratur im Mittelalter (Monographien zur Geschichte des Mittelalters; Bd. 23), Stuttgart 1981

Dohmeier 2007
Dohmeier, Eduard: Verstörende Bilder. Das Werk von Franz Radziwill im »Dritten Reich«, Oldenburg 2007

Dokumentation 1988
Dokumentation zum nationalsozialistischen Bildersturm am Bestand der Staatsgalerie Moderner Kunst in München, hg. v. Peter-Klaus Schuster, München 1988

Domarus 1973
Domarus, Max (Hg.): Hitler. Reden und Proklamationen 1932–1945, Bd. 1: Triumph, Halbbd. 1: 1932–1934, Wiesbaden 1973

Doppelstein 1997
Doppelstein, Jürgen: Barlach und Goethe, Leipzig 1997

Dörr 2000
Dörr, Thomas: »Mühsam und so weiter, was waren das für Namen...«. Zeitgeist und Zynismus im nationalistisch-antisemitischen Werk des Grafikers A. Paul Weber, (Schriften der Erich-Mühsam-Gesellschaft, H. 18) Lübeck 2000

Dorsch 1991
Dorsch, Klaus J.: A. Paul Weber. Werkverzeichnis der Lithographien, Lübeck 1991

Droste 1993
Droste, Magdalena: Bauhaus-Maler im Nationalsozialismus. Anpassung, Selbstentfremdung, Verweigerung, in: Winfried Nerdinger, zus. mit dem Bauhaus-Archiv, Berlin (Hg.): Bauhaus-Moderne im Nationalsozialismus. Zwischen Anbiederung und Verfolgung, München 1993, S. 85–102

Dückers 1979
Dückers, Alexander: George Grosz. Das druckgraphische Werk, Frankfurt am Main/Berlin/Wien 1979

Dülffer/Krumeich (Hg.) 2002
Dülffer, Jost/Krumeich, Gerd (Hg.): Der verlorene Frieden. Politik und Kriegskultur nach 1918, Essen 2002

Dutch Art 1993
Dutch Art and Character. Bosch, Bruegel, Rembrandt, van Gogh, Mondrian, Willink, Queen Wilhelmina, hg. v. Joost Baneke, Han Groen-Prakken u.a., Amsterdam 1993

Eberle 1984
Eberle, Matthias: Max Beckmann. Die Nacht. Passion ohne Erlösung, Frankfurt am Main 1984

Eberle 1989
Eberle, Matthias: Der Weltkrieg und die Künstler in der Weimarer Republik. Dix, Grosz, Beckmann, Schlemmer, Stuttgart/Zürich 1989

Édouard Goerg 1958
Édouard Goerg, Les Cahiers d'Art, Documents, Nr. 94, Genf 1958

Ehrke-Rotermund 1994
Ehrke-Rotermund, Heidrun: Camoufliertes Malen im »Dritten Reich«. Otto Dix zwischen Widerstand und Innerer Emigration, in: Exilforschung, Bd. 12, 1994, S. 126–155

Ehrlicher 2001
Ehrlicher, Hanno: Die Kunst der Zerstörung. Gewaltphantasien und Manifestationspraktiken europäischer Avantgarden, Berlin 2001

Eichhorn/Mair 1991
Eichhorn, Uli/Mair, Roswitha: Karl Rössing. Eine Bibliografie des druckgrafischen Werkes bis 1950 für Bücher, Zeitschriften und Kataloge, mit einer Einführung von Roswitha Mair, Rudolstadt 1991

Ekstein 1990
Ekstein, Modris: Tanz über Gräben. Die Geburt der Moderne und der Erste Weltkrieg, Reinbek bei Hamburg 1990

Ende/Krichbaum 1985
Ende, Michael/Krichbaum, Jörg: Die Archäologie der Dunkelheit. Gespräche über Kunst und das Werk des Malers Edgar Ende, Stuttgart 1985

Erffa/Göpel (Hg.) 1962
Erffa, Hans Martin Freiherr von/Göpel, Erhard (Hg.): Blick auf Beckmann. Dokumente und Vorträge. Für die Max-Beckmann Gesellschaft, München 1962

Erpel 1985
Erpel, Fritz: Max Beckmann. Leben im Werk. Die Selbstbildnisse, Ost-Berlin 1985

Eßwein 1911
Eßwein, Hermann: Alfred Kubin. Der Künstler und sein Werk, München 1911

Ewing/Schinz 1996
Ewing, William A./Schinz, Marina: Blumenfeld. Photographs. A Fetish for Beauty, London 1996

Expressionismus und Moderne 1993
Expressionismus und Moderne. Beiträge zur Retrospektive »Ludwig Meidner, Maler, Zeichner, Literat (1884–1966)«, hg. v. Institut Mathildenhöhe, Darmstadt, Darmstadt 1993

Fabry 1969
Fabry, Philipp Walter: Mutmaßungen über Hitler. Urteil von Zeitgenossen, Düsseldorf 1969

Fähnders 1998
Fähnders, Walter: Avantgarde und Moderne. 1890–1933, Stuttgart/Weimar 1998

Falke (Hg.) 1998
Falke, Matthias (Hg.): Mythos Kassandra. Texte von Aischylos bis Christa Wolf, Leipzig 1998

Falkenhausen 1979
Falkenhausen, Susanne von: Der Zweite Futurismus und die Kunstpolitik des Faschismus in Italien von 1922–1943, Frankfurt am Main 1979

Faure 1992
Faure, Ulrich: Im Knotenpunkt des Weltverkehrs: Herzfelde, Heartfield, Grosz und der Malik-Verlag 1916–1947, Berlin 1992

Feist 1977
Feist, Ursula: Karl Hofer, Berlin 1977

Feist 1984 [1979]
Feist, Günter: Hans Grundig, 2. Aufl., Dresden 1984 [1979]

Feist/Feist 1989
Feist, Ursula/Feist, Günter: Karl Hofer – Theodor Reinhart. Maler und Mäzen. Ein Briefwechsel in Auswahl, Berlin 1989

Felixmüller 1975
Felixmüller, Conrad: Das Graphische Werk 1912–1977, hg. v. Gerhart Söhn, Düsseldorf 1975

Ferguson 2006
Ferguson, Niall: Krieg der Welt. Was ging schief im 20. Jahrhundert?, aus dem Engl. übers. v. Klaus-Dieter Schmidt/Klaus Binder, Berlin 2006

Fest 1963
Fest, Joachim C.: Das Gesicht des Dritten Reiches. Profile einer totalitären Herrschaft, München 1963

Fest 1995 [1973]
Fest, Joachim C.: Hitler. Eine Biographie, 5. Aufl., Frankfurt am Main/Berlin 1995 [1973]

Fischer 1936
Fischer, Hugo: A. Paul Weber. Zeichnungen, Holzschnitte und Gemälde, Berlin 1936

Fischer 1972
Fischer, Friedhelm Wilhelm: Max Beckmann. Symbol und Weltbild. Grundriss zu einer Deutung des Gesamtwerkes, München 1972

Fischer 1991
Fischer, Conan: The German Communists and the Rise of Nazism, London 1991

Fischer 1993 [1976]
Fischer, Lothar: George Grosz, vollst. überarb. Neuausg., unter Mitarb. v. Helen Adkins, (Rowohlts Monographien 241) Reinbek bei Hamburg 1993 [1976]

Fischer-Defoy 1988
Fischer-Defoy, Christine/Hochschule der Künste, Berlin: Kunst, Macht, Politik. Die Nazifizierung der Kunst- und Musikhochschulen in Berlin, Berlin 1988

Fischer-Defoy (Hg.) 1995
Fischer-Defoy, Christine (Hg.): Ich habe das Meine gesagt! Reden und Stellungnahmen von Karl Hofer zur Kunst, Kultur und Politik in Deutschland 1945–1955, Berlin 1995

Flacke (Hg.) 2007
Flacke, Monika (Hg.): Künstler zwischen Klassenkampf, Widerstand und Anpassung. Von der Weimarer Republik zur DDR. Die Sammlung, Deutsches Historisches Museum, Berlin 2007 [Elektronische Ressource]

Fleckner 2006
Fleckner, Uwe: Carl Einstein und sein Jahrhundert. Fragmente einer intellektuellen Biografie, Berlin 2006

Fleckner (Hg.) 2007
Fleckner, Uwe (Hg.): Angriff auf die Avantgarde. Kunst und Kunstpolitik im Nationalsozialismus, (Schriften der Forschungsstelle »Entartete Kunst«) Bd. 1, Berlin 2007

Föllmer/Graf 2005
Föllmer, Moritz/Graf, Rüdiger: Die »Krise« der Weimarer Republik. Zur Kritik eines Deutungsmusters, Frankfurt am Main 2005

Foster 1996
Foster, Hal: Obscene, Abject, Traumatic, in: October 78 (1996), S. 106–124

Fox 2006
Fox, Paul: Confronting Postwar Shame in Weimar Germany. Trauma, Heroism and the War Art of Otto Dix, in: The Oxford Art Journal, Vol. 29, 2006, No. 2, S. 247–267

Franciscono 1991
Franciscono, Marcel: Paul Klee. His Work and Thought, Chicago/London 1991

Frans Masereel 1959
Frans Masereel. Mit Beiträgen von Stefan Zweig, Pierre Vorms, Gerhard Pommeranz-Liedtke, mit einer Bibliographie (Werkverzeichnis) v. Hanns-Conon von der Gabelenz, Dresden 1959

Franzke 1987
Franzke, Andreas: Max Beckmann. Skulpturen, München/Zürich 1987

Frenzel (Hg.) 1988
Frenzel, Ursula (Hg.): Gerhard Marcks. Briefe und Werk, München 1988

Freud 1966
Freud, Sigmund: Werke aus den Jahren 1917–1920, Gesammelte Werke, Frankfurt am Main 1966

Freud 2000 [1919]
Freud, Sigmund: Das Unheimliche (1919), in: ders.: Psychologische Schriften, Studienausgabe Bd. IV, limitierte Sonderausgabe, Frankfurt am Main 2000

Fricke (Hg.) 1977
Fricke, Dieter (Hg.): Dokumente zur Deutschen Geschichte, 1910–1914, Ost-Berlin 1977

Friedrich 1924
Friedrich, Ernst: Krieg dem Kriege! Guerre à la guerre! War against war! Oorlog aan den oorlog!, Berlin 1924

Fritsch (Hg.) 1999
Fritsch, Martin (Hg.): Käthe Kollwitz. Zeichnung, Grafik, Plastik. Bestandskatalog des Käthe-Kollwitz-Museums Berlin, bearb. v. Annette Seeler, Leipzig 1999

Frommhold (Hg.) 1968
Frommhold, Erhard (Hg.): Kunst im Widerstand. Malerei, Graphik, Plastik 1922 bis 1945, Dresden 1968

Furler 1978
Furler, Elisabeth: Karl Hofer. Leben und Werk in Daten und Bildern, Frankfurt am Main 1978

Gärtner 1989
Gärtner, Hannelore: »Das tausendjährige Reich« von Hans Grundig, in: Held, Jutta (Hg.): Der Spanische Bürgerkrieg und die bildenden Künste, Hamburg 1989, S. 165–177

Gassier/Wilson/Lachenal 1971
Gassier, Pierre/Wilson, Juliet/Lachenal, François: Goya. Leben und Werk, Fribourg 1971

Gay 1970
Gay, Peter: Die Republik der Außenseiter. Geist und Kultur in der Weimarer Zeit 1918–1933, aus dem Amerikan. übers. v. Helmut Lindemann, Frankfurt am Main 1970, Neuausg. 2004

Geelhaar (Hg.) 1976
Geelhaar, Christian (Hg.): Paul Klee. Schriften, Rezensionen und Aufsätze, Köln 1976

Geerken/Hauff 1986
Geerken, Hartmut/Hauff, Sigrid: Salomon Friedlaender/Mynona – Alfred Kubin. Briefwechsel, München 1986

Gemälde II 2004
Gemälde. Verzeichnis des Bestandes vom Ende des 19. Jahrhunderts bis 1945, Bd. 2, Stiftung Stadtmuseum Berlin, Berlin 2004

Gemäldegalerie Dresden. Neue Meister 1987
Gemäldegalerie Dresden. Neue Meister. 19. und 20. Jahrhundert, Bestandskatalog und Verzeichnis der beschlagnahmten, vernichteten und vermissten Gemälde der Gemäldegalerie Dresden, Neue Meister, Dresden 1987

Giedion-Welcker 1952
Giedion-Welcker, Carola: Paul Klee, London 1952

Giedion-Welcker 1961
Giedion-Welcker, Carola: Paul Klee in Selbstzeugnissen und Bilddokumenten, Reinbek bei Hamburg 1961

Gjelsvik 1999
Gjelsvik, Tore/Gjelsvik, Magni Moksnes: The Tapestries of Hannah Ryggen, Trondheim 1999

Glaesemer 1976
Glaesemer, Jürgen: Paul Klee. Die farbigen Werke im Kunstmuseum Bern. Gemälde, farbige Blätter, Hinterglasbilder und Plastiken, Bern 1976

Glaesemer 1984
Glaesemer, Jürgen: Paul Klee. Handzeichnungen II. 1921–1936, Bern 1984

Glaser/Meier-Graefe/Fraenger/Hausenstein 1924
Glaser, Curt/Meier-Graefe, Julius/Fraenger, Wilhelm/Hausenstein, Wilhelm: Max Beckmann, München 1924

Gleisberg 1982
Gleisberg, Dieter: Conrad Felixmüller. Leben und Werk, Dresden 1982

Goethe 1825 [1780]
Goethe, Wolfgang von: Grenzen der Menschheit (1780), Stuttgart/Tübingen 1825

Göpel 1955
Göpel, Erhard: Max Beckmann, Tagebücher 1940–1950, München 1955

Göpel 1976
Göpel, Barbara und Erhard: Max Beckmann. Katalog der Gemälde, 2 Bde., (Schriften der Max Beckmann Gesellschaft 3) Bern 1976

Gould 1977
Gould, Stephen Jay: Darwin et les grandes énigmes de la vie, Paris 1977

Graf 2007
Graf, Rüdiger: Optimismus und Pessimismus in der Krise – der politisch-kulturelle Diskurs in der Weimarer Republik, in: Hardtwig, Wolfgang (Hg.): Ordnungen in der Krise. Zur politischen Kulturgeschichte Deutschlands 1900–1933, München 2007, S. 115–140

Granof 1995
Granof, Corinne: Obstinate Flesh. The Early Career of Rudolf Schlichter, [Diss. The University of Chicago 1995] unveröffentlichtes Typoskript

Griebel 1986
Griebel, Otto: Ich war ein Mann der Straße. Lebenserinnerungen eines Dresdner Malers. Aus dem Nachlaß hg. v. Matthias Griebel/Hans-Peter Lühr, Frankfurt am Main 1986

Grimm/Faulstich/Kuon (Hg.) 1986
Grimm, Gunter E./Faulstich, Werner/Kuon, Peter (Hg.): Apokalypse. Weltuntergangsvisionen in der Literatur des 20. Jahrhunderts, Frankfurt am Main 1986

Grochowiak 1966
Grochowiak, Thomas: Ludwig Meidner, Recklinghausen 1966

Grohmann 1954
Grohmann, Will: Paul Klee, Genf/Stuttgart 1954

Grohmann 1966
Grohmann, Will: Der Maler Paul Klee, Köln 1966

Grosser (Hg.) 1963
Grosser, Johannes F. G. (Hg.): Die große Kontroverse. Ein Briefwechsel um Deutschland, Hamburg/Genf/Paris 1963

Grosz 1930
Grosz, George: Das neue Gesicht der herrschenden Klasse. 60 neue Zeichnungen, Malik Verlag, Berlin 1930

Grosz 1955
Grosz, George: Ein kleines Ja und ein großes Nein. Sein Leben von ihm selbst erzählt, Hamburg 1955

Grosz 1992
Grosz, George: Teurer Makkaroni! Briefe an Mark Neven DuMont 1922–1959, hg. v. Karl Riha, Berlin 1992

Grundig 1959 [1958], Grundig 1978 [1958], Grundig 1984 [1958]
Grundig, Lea: Gesichte und Geschichte, div. Aufl., erstmals erschienen in Berlin 1958

Grundig 1960 [1957]
Grundig, Hans: Zwischen Karneval und Aschermittwoch. Erinnerungen eines Malers, 6. Aufl., Berlin 1960 [1. Aufl. 1957]

Grundig 1966
Grundig, Hans: Künstlerbriefe aus den Jahren 1926 bis 1957, hg. v. Bernhard Wächter, Rudolstadt 1966

Grundig 1973
Grundig, Lea: Jeder muß seine Wahrheit malen. Lea Grundig über Hans Grundig (Ausführungen zum Werk Hans Grundigs anläßlich der Ausstellungseröffnung im Museum der bildenden Künste in Leipzig am 10. November 1973), hg. v. Rat der Stadt Leipzig, Abt. Kultur, Leipzig 1973

Grundig 1978
Grundig, Lea: Über Hans Grundig und die Kunst des Bildermachens, Ost-Berlin 1978

Grundig 1978 [1958] siehe Grundig 1959 [1958]
Grundig 1984 [1958] siehe Grundig 1959 [1958]

Güse 1999
Güse, Ernst Gerhard: Meisterwerke des 20. Jahrhunderts, Saarland Museum Saarbrücken, Ostfildern 1999

Haarmann (Hg.) 1995
Haarmann, Hermann (Hg.): Innen-Leben. Ein Berliner Symposium, Berlin 1995

Haffner 2000
Haffner, Sebastian: Geschichte eines Deutschen. Die Erinnerungen 1914–1933, (geschrieben um 1939, aus dem Nachlass veröffentlicht), Stuttgart/München 2000

Haftmann 1950
Haftmann, Werner: Paul Klee. Wege bildnerischen Denkens, München 1950

Haftmann 1965 [1954]
Haftmann, Werner: Malerei im 20. Jahrhundert. Eine Entwicklungsgeschichte, 4., veränd. u. erw. Aufl., München 1965 [1. Aufl. 1954]

Haftmann 1986
Haftmann, Werner: Verfemte Kunst. Bildende Künstler der inneren und äußeren Emigration in der Zeit des Nationalsozialismus, Köln 1986

Hagelstein Marquardt (Hg.) 1997
Hagelstein Marquardt, Virginia (Hg.): Art and Journals on the Political Front, 1910–1940, Gainesville u.a. 1997

Hahl-Koch 1980
Hahl-Koch, Jelena: Arnold Schönberg – Wassily Kandinsky. Briefe, Bilder und Dokumente einer außergewöhnlichen Begegnung. Mit einem Essay v. Hartmut Zelinsky, Salzburg/Wien 1980

Haldane 1928
Haldane, John Burdon Sanderson: On Being the right size, in: dies.: Possible Worlds and Other Essays, London 1928

Haller 1991
Haller, Christian: Das Neosgraffito von Karl Reisenbichler unter dem Aspekt seiner Erd- und Volksverbundenheit, [Diss. Salzburg Univ., maschinenschr.] Salzburg 1991

Hammer 2005
Hammer, Martin: Bacon and Sutherland: Patterns of Affinity in British Culture of the 1940s, New Haven/London 2005

Hanffstengel/Tercero Vasconcelos/Nungesser/Boullosa 1999
Hanffstengel, Renata von/Tercero Vasconcelos, Cecilia/Nungesser, Michael/Boullosa, Carmen: Encuentros gráficos 1938–1948. Artistas europeos en el Taller de Gráfica Popular/Begegnungen in der Grafik 1938–1948. Europäische Künstler in der Grafikerwerkstatt TGP in Mexiko, Mexiko-Stadt 1999

Hannah Höch 2001
Hannah Höch. Eine Lebenscollage (1946–1978), Bd. 2, hg. v. den Künstler-Archiven der Berlinischen Galerie, Landesmuseum für Moderne Kunst, Photographie und Architektur, Berlin 2001

Hans Grundig 1988
Hans Grundig. Opfer des Faschismus, hg. v. Museum der bildenden Künste Leipzig, (Meisterwerke aus dem Museum der bildenden Künste Leipzig, 3, Dokumentation & Interpretation) Leipzig o.J. (1988)

Hardt 1989
Hardt, Manfred: Einführung in die Göttliche Komödie, in: Dante Alighieri. Die Göttliche Komödie italienisch und deutsch, übers. v. August Vezin, Basel 1989, S. IX–LXXIX

Hardtwig (Hg.) 2007
Hardtwig, Wolfgang (Hg.): Ordnungen in der Krise. Zur politischen Kulturgeschichte Deutschlands 1900–1933, München 2007

Hardtwig/Schütz (Hg.) 2005
Hardtwig, Wolfgang/Schütz, Eberhard (Hg.): Geschichte für Leser. Populäre Geschichtsschreibung in Deutschland im 20. Jahrhundert, Stuttgart 2005

Harris 1964
Harris, Tomás: Goya. Engravings and Lithographs, 2 Bde., Oxford 1964

Harris 2004
Harris, Steven: Surrealist art and thought in the 1930s. Art, politics, and the psyche, Cambridge 2004

Harrison 1981
Harrison, Charles: English Art and Modernism, 1900–1939, London 1981

Harrison/Wood (Hg.) 1998
Harrison, Charles/Wood, Paul (Hg.): Kunsttheorie im 20. Jahrhundert. Künstlerschriften, Kunstkritik, Kunstphilosophie, Manifeste, Statements, Interviews, für die dt. Ausg. erg. v. Sebastian Zeidler, Bd. 1 1895–1941, Ostfildern-Ruit 1998

Hartung 1981
Hartung, Hans: Selbstportrait, zusammengestellt u. bearb. v. Monique Lefebvre, aus dem Franz. übers. v. Regine Tiltsch, überarb. v. Wolfgang Wegener, (Schriftenreihe der Akademie der Künste, Bd. 14) Berlin 1981

Hausenstein 1914
Hausenstein, Wilhelm: Vom Künstler und seiner Seele. Vier Vorträge gehalten in der Akademie für Jedermann in Mannheim, Heidelberg 1914

Haushofer 2005
Haushofer, Albrecht: Moabiter Sonette, nach der Originalhandschrift hg. v. Amelie von Graevenitz, Ebenhausen bei München 2005

Heiber (Hg.) 1972
Heiber, Helmut (Hg.): Goebbels Reden, 1939–1945, Düsseldorf 1972

Heilmann 1985
Heilmann, Angela: Die Plastik Franz von Stucks. Studien zur Monographie und Formentwicklung, [Diss. München TU 1985] München 1985

Hein 1992
Hein, Peter Ulrich: Die Brücke ins Geisterreich. Künstlerische Avantgarde zwischen Kulturkritik und Faschismus, Reinbek bei Hamburg 1992

Heinrich 1983
Heinrich, Klaus: Vernunft und Mythos. Ausgewählte Texte, Frankfurt am Main 1983

Heinzelmann 1998
Heinzelmann, Markus: Die Landschaftsmalerei der Neuen Sachlichkeit und ihre Rezeption zur Zeit des Nationalsozialismus, [Diss. Münster Univ. 1997] Frankfurt am Main 1998

Held 1985
Held, Jutta: Widerstand der bildenden Künstler gegen den Faschismus, in: Exil 5 (1985) 2, S. 46–59

Held 1989
Held, Jutta: Faschismus und Krieg. Positionen der Avantgarde in den dreißiger Jahren, in: dies. (Hg): Der Spanische Bürgerkrieg und die bildenden Künste, Hamburg 1989, S. 53–75

Held 1998
Held, Jutta: Literarisches und künstlerisches Exil. Bildende Kunst, in: Krohn, Claus-Dieter u.a. (Hg.): Handbuch der deutschsprachigen Emigration 1933 bis 1945, Darmstadt 1998, S. 931–941

Held 2005
Held, Jutta: Avantgarde und Politik in Frankreich. Revolution, Krieg und Faschismus im Blickfeld der Künste, Berlin 2005

Held (Hg.) 1989
Held, Jutta (Hg.): Der Spanische Bürgerkrieg und die bildenden Künste, (Schriften der Guernica-Gesellschaft 1) Hamburg 1989

Henzel 1996
Henzel, Rita: Hans Feibusch. Biografie und Werk, [Diss. Mainz Univ. 1993] Stuttgart 1996

Heraeus 1998
Heraeus, Stefanie: Traumvorstellung und Bildidee. Surreale Strategien in der französischen Grafik des 19. Jahrhunderts, [Diss. Frankfurt am Main Univ. 1996] Berlin 1998

Herbert 1996
Herbert, Ulrich: Best. Biographische Studien über Radikalismus, Weltanschauung und Vernunft 1903–1989, Bonn 1996

Herder 1877–1887 [1784–1791]
Herder, Gottfried: Ideen zur Philosophie der Geschichte der Menschheit (1784–1791), in: ders.: Werke, Bd. XIII, hg. v. Bernhard Suphan, Berlin 1877–1887

Hermand/Trommler 1988
Hermand, Jost/Trommler, Frank: Die Kultur der Weimarer Republik, (Fischer-Taschenbücher 4397) Frankfurt am Main 1988

Hermann 1988
Hermann, Christian: Franz Frank, (Besucher-Information Marburger Universitätsmuseum für Kunst und Kulturgeschichte) Marburg 1988

Herzfelde 1971 [1962]
Herzfelde, Wieland: John Heartfield. Leben und Werk, 2., überarbeitete Aufl. Dresden 1971 [1. Aufl. 1962]

Herzfelde 1976
Herzfelde, Wieland: Zur Sache. Geschrieben und gesprochen zwischen 18 und 80, Berlin/Weimar 1976

Hess 1982 [1974]
Hess, Hans: George Grosz, aus dem Engl. übers. v. Peter Zacher, Dresden 1982 [1974]

Heym 1962 [1912]
Heym, Georg: Umbra vitae. Nachgelassene Gedichte, mit 46 Holzschnitten v. Ernst Ludwig Kirchner, Frankfurt am Main 1962 [1912]

Heym 1971
Heym, Georg: Texte, ausgewählt von Karl Ludwig Schneider und Gunter Martens, München 1971

Heym 1993 [1910–12]
Heym, Georg: Gedichte 1910–1912, historisch-kritische Ausgabe aller Texte in genetischer Darstellung, Bd. 1, hg. v. Günther Dammann, Tübingen 1993

Hilke 2002
Hilke, Manfred: L'écriture automatique. Das Verhältnis von Surrealismus und Parapsychologie in der Lyrik von André Breton, [Diss. Freiburg im Breisgau Univ. 2001] Frankfurt am Main 2002

Hille 1994
Hille, Karoline: Spuren der Moderne, Die Mannheimer Kunsthalle von 1918–1933, [Diss. Berlin Freie Univ. 1993] Berlin 1994

Hillgruber 1989
Hillgruber, Andreas: Der 2. Weltkrieg. Kriegsziele und Strategie der großen Mächte, hg. v. Bernd Martin, 6. verbesserte u. erw. Aufl. 1989

Hintz 2007
Hintz, Hans: Liebe, Leid und Größenwahn. Eine integrative Untersuchung zu Richard Wagner, Karl May und Friedrich Nietzsche, Würzburg 2007

Hinz 1974
Hinz, Berthold: Die Malerei im deutschen Faschismus. Kunst und Konterrevolution, München 1974

Höch 1995
Hannah Höch. Eine Lebenscollage. Archiv-Edition, hg. v. Künstlerarchiv der Berlinischen Galerie Landesmuseum für Moderne Kunst, Photographie und Architektur, Bd. 2: 1921–1945, Abt. 1, Ostfildern-Ruit 1995

Hochhuth 1984
Hochhuth, Rolf: Oswald Spengler. Der Untergang des Abendlandes, hg. v. Fritz J. Raddatz, Zeit-Bibliothek der 100 Sachbücher, Frankfurt am Main 1984

Hodin 1973
Hodin, Joseph Paul: Ludwig Meidner. Seine Kunst, seine Persönlichkeit, seine Zeit, Darmstadt 1973

Hofer 1952
Hofer, Karl: Aus Leben und Kunst, Berlin 1952

Hofer 1953
Hofer, Karl: Erinnerungen eines Malers, Berlin 1953

Hofer 1956
Hofer, Karl: Über das Gesetzliche in der Bildenden Kunst, nach einem nachgelassenen Manuskript, hg. v. Kurt Martin, Berlin 1956

Hofer 1978
Karl Hofer. Leben und Werk in Daten und Bildern, hg. v. Elisabeth Furler, Einleitung v. Ursula Feist, Frankfurt am Main 1978

Hofer 1991
Hofer, Karl: Malerei hat eine Zukunft. Briefe, Aufsätze, Reden, hg. v. Andreas Hüneke, Leipzig/Weimar 1991

Hofer 1995
Hofer, Karl: Schriften, hg. v. Daniel Kupper, Berlin 1995

Hofmaier 1990
Hofmaier, James: Catalogue Raisonné of his Prints, 2 Bde., Bern 1990

Hofmann (Hg.) 1982
Hofmann, Karl Ludwig (Hg.): Otto Pankok. Zeichnungen, Grafik, Plastik, Berlin 1982

Hölderlin 1946–1985
Hölderlin, Friedrich: Brod und Wein, in: ders., Sämtliche Werke, hg. v. Friedrich Beißner, 8 Bde., Stuttgart 1946–1985, Bd. 2

Holenweg (Hg.)/Zelger 1998
Holenweg, Hans (Hg.)/Zelger, Franz: Arnold Böcklin. Die Zeichnungen, Basel/München 1998

Holl/Wette (Hg.) 1981
Holl, Karl/Wette, Wolfram (Hg.): Pazifismus in der Weimarer Republik: Beiträge zur historischen Friedensforschung, Paderborn 1981

Holsten 1976
Holsten, Siegmar: Allegorische Darstellungen des Krieges 1870–1918. Ikonologische und ideologiekritische Studien, München 1976

Holthusen 1951 [1947]
Holthusen, Hans E.: Der unbehauste Mensch. Motive und Probleme der modernen Literatur, München 1951 [1947]

Huggler 1969
Huggler, Max: Paul Klee. Die Malerei als Blick in den Kosmos, Frauenfeld/Stuttgart 1969

Hüppauf (Hg.) 1984
Hüppauf, Bernd-Rüdiger (Hg.): Ansichten vom Krieg – vergleichende Studien zum Ersten Weltkrieg in Literatur und Gesellschaft, (Hochschulschriften Literaturwissenschaft 61) Königstein 1984

Hütt 1969
Hütt, Wolfgang: Lea Grundig, Dresden 1969

Hütt 1986
Hütt, Wolfgang: Deutsche Malerei und Graphik 1750–1945, Ost-Berlin 1986

Hütt (Hg.) 1990
Hütt, Wolfgang (Hg.): Hintergund. Mit den Unzüchtigkeits- und Gotteslästerungspragraphen des Strafgesetzbuches gegen Kunst und Künstler. 1900–1933, Berlin 1990

Imdahl 1985
Imdahl, Max: Picassos Guernica. Eine Kunst-Monographie, (Insel-Taschenbuch 806) Frankfurt am Main 1985

Ittmann (Hg.) 2006
Ittmann, John (Hg.): Mexico and Modern Printmaking: A Revolution in the Graphic Arts, 1920 to 1950, New Haven 2006

Ivan 1984
Ivan, Gabriela: Krieg dem Kriege! Zu den Editionen der Künstlerhilfe der IAH im Internat. Antikriegsjahr 1924, in: Bildende Kunst, 1984, Heft 7, S. 292–294

Jaari-Nussbaum 2003
Jaari-Nussbaum, Shulamith/Jaehner, Inge: Felix Nussbaum: Weinende Frau mit Stacheldrahtkette, 1941, hg. v. der Kulturstiftung der Länder in Verbindung mit dem Felix-Nussbaum-Haus Osnabrück, Berlin 2003

Jäckel 1980
Jäckel, Eberhard/Kuhn, Axel (Hg.): Hitler. Sämtliche Aufzeichnungen. 1905–1924, (Quellen und Darstellungen zur Zeitgeschichte, Bd. 21) Stuttgart 1980

Jacob 1961
Jacob, Heinrich Eduard: Berlin – Vorkriegsdichtung und Lebensgefühl (1961), in: Raabe, Paul (Hg.): Expressionismus. Aufzeichnungen und Erinnerungen der Zeitgenossen, Olten 1965, S. 15–19

Jacob-Friesen 2007
Jacob-Friesen, Holger: Der Sensenmann und die Wollust. Zum tanzenden Paar im Gemälde »Die sieben Todsünden« von Otto Dix, in: L'art macabre, Bd. 8, 2007, S. 72–88

Jaffé 1979
Jaffé, Hans Ludwig C.: [Albert Carel] Willink, Amsterdam 1979

Janensch 2006
Janensch, Uwe: Goethe und Nietzsche bei Spengler. Eine Untersuchung der strukturellen und konzeptionellen Grundlagen des Spenglerschen Systems, [Diss. Berlin FU 2006] Berlin 2006

Jansen 1981
Jansen, Franz M.: Von damals bis heute. Lebenserinnerungen, bearb. v. Magdalena Moeller, Köln 1981

Janson 1961
Janson, Karl: Karl Zerbe, hg. v. d. American Federation of Art, New York 1961

Jasper 1986
Jasper, Gotthard: Die gescheiterte Zähmung. Wege zur Machtergreifung Hitlers 1930–1934, Frankfurt am Main 1986

Jordán de Balmori 1997
Jordán de Balmori, Helena (Hg.): Reflejo del Ritmo. Antología de Santos Balmori, México 1997

Jordán de Balmori 2003
Jordán de Balmori, Helena: Remembranzas, Silencios y Charlas con Santos Balmori, México 2003

Jung 1982
Jung, Carl G. u.a.: Der Mensch und seine Symbole, Freiburg im Breisgau 1982

Junge-Gent (Hg.) 1992
Junge-Gent, Henrike (Hg.): Avantgarde und Publikum. Zur Rezeption avantgardistischer Kunst in Deutschland, Köln 1992

Jünger 1932
Jünger, Ernst: Der Arbeiter. Herrschaft und Gestalt, 2. Aufl., Hamburg 1932

Jünger 1934
Jünger, Ernst: Blätter und Steine, Hamburg 1934

Jünger 1938
Jünger, Ernst: Das abenteuerliche Herz (2. Fassung), Hamburg 1938

Jünger (Hg.) 1930
Jünger, Ernst (Hg.): Krieg und Krieger, Berlin 1930

Jünger/Kubin 1975
Jünger, Ernst/Kubin, Alfred: Eine Begegnung. Acht Abbildungen nach Zeichnungen und Briefen von Ernst Jünger und Alfred Kubin, Frankfurt am Main 1975

Jünger/Schlichter 1997
Jünger, Ernst/Schlichter, Rudolf: Briefe 1935–1955, hg., kommentiert u. mit einem Nachw. v. Dirk Heißerer, Stuttgart 1997

Junk/Zimmer 1982
Junk, Peter/Zimmer, Wendelin: Felix Nussbaum. Leben und Werk, Köln/Bramsche 1982

Jürgens-Kirchhoff 1993
Jürgens-Kirchhoff, Annegret: Schreckensbilder. Krieg und Kunst im 20. Jahrhundert, Berlin 1993

Jurkat 1993
Jurkat, Angela: Apokalypse. Endzeitstimmung in der Kunst und Literatur des Expressionismus, [Diss. Bonn Univ. 1993] Weimar 1993

Justi 1931
Justi, Ludwig: Von Corinth bis Klee, Berlin 1931

Kaes (Hg.) 1983
Kaes, Anton (Hg.): Weimarer Republik. Manifeste und Dokumente zur deutschen Literatur 1918–1933, Stuttgart 1983

Kagan 1983
Kagan, Andrew: Paul Klee. Art & Music, Ithaca/London 1983

Kahnweiler 2002 [1942]
Kahnweiler, Daniel H.: Vorwort zu Ausst.-Kat. André Masson, AK Buchholz Gallery, New York 1942, zit. n.: Spies, Werner: Einführung, in: Surrealismus 1919–1944. Die surrealistische Revolution, Dalí, Max Ernst, Magritte, Miró, Picasso..., hg. v. Werner Spies, Kunstsammlung Nordrhein-Westfalen, Düsseldorf 2002, Ostfildern-Ruit 2002, S. 15–40

Kandinsky 1952 [1912]
Kandinsky, Wassily: Über das Geistige in der Kunst, 10. Aufl., Bern 1952 [erstmalig erschienen im Dez. 1911, dat. 1912]

Kang 1995
Kang, Young-Jou: La problématique du signe dans les œuvres de Paul Klee, [Diss. Université de Paris I 1995] Paris 1995 [= Mikroficheausg.]

Kapfer/Exner (Hg.) 1996
Kapfer, Herbert/Exner, Lisbeth (Hg.): Weltdada Huelsenbeck. Eine Biographie in Briefen und Bildern, Innsbruck 1996

Karcher 1992
Karcher, Eva: Otto Dix 1891–1969. »Entweder ich werde berühmt – oder berüchtigt«, Köln u.a. 1992

Kaulbach 1991
Kaulbach, Hans-Martin: Krieg und Kriegsvorbereitung in der Kunst, in: Jahresbibliographie, Bibliothek für Zeitgeschichte (1993) 61, S. 655–676

Kayser 1960
Kayser, Wolfgang: Das Groteske in Malerei und Dichtung, Oldenburg 1960

Keazor (Hg.) 2002
Keazor, Henry (Hg.): Psychische Energien bildender Kunst, Festschrift für Klaus Herding, Köln 2002

Keckeis (Hg.) 1983
Keckeis, Peter (Hg.): Wacht auf! Eure Träume sind schlecht! Wo Friede beginnt, Stuttgart 1983

Kershaw 2000
Kershaw, Ian: Hitler 1936–1945, Stuttgart 2000

Kessler 1971
Kessler, Harry Graf: Tagebücher 1918–1937, Frankfurt am Main 1971

Klee 1979
Klee, Paul: Briefe an die Familie 1893–1940, hg. v. Felix Klee, 2 Bde., Köln 1979

Klee 1988
Klee, Paul: Tagebücher 1898–1918, hg. v. d. Paul-Klee-Stiftung, Kunstmuseum Bern, bearb. v. Wolfgang Kersten, Stuttgart 1988

Klein (Hg.) 2001
Klein, Wolfgang: Der Realismusstreit. Eine Debatte um Kunst und Gesellschaft – Paris 1936, Weimar 2001

Klemperer 1993 [1957]
Klemperer, Victor: LTI. Notizbuch eines Philologen, 12. Aufl., Leipzig 1993 [1957]

Klüser/Hegewisch (Hg.) 1991
Klüser, Bernd/Hegewisch, Katharina (Hg.): Die Kunst der Ausstellung. Eine Dokumentation dreißig exemplarischer Kunstausstellungen dieses Jahrhunderts, Frankfurt am Main/Leipzig 1991

Knesebeck 1998
Knesebeck, Alexandra von dem: Käthe Kollwitz. Die prägenden Jahre, [Diss. Göttingen Univ. 1996] Petersberg 1998

Knesebeck 2002
Knesebeck, Alexandra von dem: Käthe Kollwitz. Werkverzeichnis der Grafik. Neubearbeitung des Verzeichnisses von August Klipstein, publiziert 1955, Bd. 2, Bern 2002

Knust (Hg.) 1979
Knust, Herbert (Hg.): George Grosz. Briefe 1913–1959, Reinbek bei Hamburg 1979

Koeppen 1986 [1935]
Koeppen, Wolfgang: Die Mauer schwankt, Frankfurt/Main 1986 [1935]

Koidl 2003
Koidl, Nina: Julio González und Pablo Picasso. Die Entwicklung der linearen Eisenskulptur, Berlin 2003

Kolb (Hg.) 1959
Kolb, Leon (Hg.): The Woodcuts of Jakob Steinhardt. Chronologically arranged and fully reproduced, San Francisco 1959

Kolb/Roters/Schmied 1985
Kolb, Eberhard/Roters, Eberhard/Schmied, Wieland (Hg.): Kritische Grafik in der Weimarer Zeit, Stuttgart 1985

Kollwitz 1986
Kollwitz, Käthe: Ich will wirken in dieser Zeit. Auswahl aus den Tagebüchern und Briefen, aus Graphik, Zeichnungen und Plastik, hg. v. Hans Kollwitz, Frankfurt am Main/Berlin 1986

Kollwitz 2007
Kollwitz, Käthe: Die Tagebücher 1908–1943, hg. u. mit einem Nachwort vers. v. Jutta Bohnke-Kollwitz, München 2007 (Originalausgabe Berlin 1989)

Kort 2003
Kort, Pamela: Paul Klee und die Zeichnungen zur »nationalsozialistischen Revolution«, in: Paul Klee 1933, hg. v. Pamela Kort, Ausst.-Kat. Städtische Galerie im Lenbachhaus, München/Kunstmuseum Bern/Kunsthalle Schirn, Frankfurt am Main/Hamburger Kunsthalle 2003/04, Köln 2003

Koschmal/Nekula/Rogall (Hg.) 2001
Koschmal, Walter/Nekula, Marek/Rogall, Joachim (Hg.): Deutsche und Tschechen. Geschichte – Kultur – Politik. Mit einem Vorwort von Václav Havel, München 2001

Krabbe (Hg.) 1993
Krabbe, Wolfgang R. (Hg.): Politische Jugend in der Weimarer Republik, Bochum 1993

Kracauer 1984 [1947]
Kracauer, Siegfried: Von Caligari zu Hitler – Eine psychologische Geschichte des deutschen Films, Frankfurt am Main 1984 [1947]

Kraker 1992
Kraker, Sylvia: Albert Birkle 1900–1986, [Diss. Innsbruck Univ., Institut für Kunstgeschichte 1992]

Kranzfelder 1993
Kranzfelder, Ivo: Georg Grosz 1893–1959, Köln 1993

Krichbaum (Hg.) 1987
Krichbaum, Jörg (Hg.): Edgar Ende. Der Maler geistiger Welten. Eine Monographie. Stuttgart 1987

Kriegsende 1918 1999
Kriegsende 1918. Ereignis, Wirkung, Nachwirkung, im Auftrag des Militärgeschichtlichen Forschungsamtes hg. v. Jörg Duppler/Gerhard P. Groß, München 1999

Krohn u. a. (Hg.) 1998
Krohn, Claus-Dieter u. a. (Hg.): Handbuch der deutschsprachigen Emigration 1933–1945, Darmstadt 1998

Krüger 1972
Krüger, Walther: Das Gorgonenhaupt: Zukunftsvisionen der modernen bildenden Kunst, Musik, Literatur, Berlin 1972

Kruse 1994
Kruse, Benedict: Taking Art to Heart. The Life and Times of A. Z. Kruse, hg. v. Bettijune Kruse, Salt Lake City, Utah, 1994

Kubin 1974
Kubin, Alfred: Aus meinem Leben, hg. v. Ulrich Riemerschmidt, München 1974

Kunz (Hg.) 1973
Kunz, Ludwig (Hg): Ludwig Meidner. Dichter, Maler und Cafés, Zürich 1973

Kupper (Hg.) 1995
Kupper, Daniel (Hg.): Karl Hofer. Schriften, Berlin 1995

Kutschera (Hg.) 1964
Kutschera, Hans (Hg.): Ringen mit dem Engel, Künstlerbriefe 1933 bis 1955, Alfred Kubin, Anton Kolig und Carl Moll an Anton Steinhart, Salzburg/Stuttgart 1964

Lang 1960
Lang, Lothar: Magnus Zeller, (Künstler der Gegenwart 16) Dresden 1960

Lang (Hg.) 1966
Lang, Lothar (Hg.): George Grosz, Ost-Berlin 1966

Laur 2001
Laur, Elisabeth: Ernst Barlach. Die Druckgraphik (Ernst Barlach. Das bildnerische Werk. Plastik. Zeichnung. Druckgraphik. Werkverzeichnis Bd. I), hg. v. Volker Probst, Leipzig 2001

Laur 2006
Laur, Elisabeth: Ernst Barlach. Das plastische Werk (Ernst Barlach. Das bildnerische Werk. Plastik. Zeichnung. Druckgraphik. Werkverzeichnis Bd. II), hg. v. Volker Probst, Güstrow 2006

Lauterbach 1999
Lauterbach, Elke: »7 Münchner Maler«. Eine Ausstellungsgemeinschaft in der Zeit von 1931 bis 1937, München 1999

Lavin 1993
Lavin, Maud: Cut with the kitchen knife. The Weimar photomontages of Hannah Höch, New Haven/London 1993

Le Bihan/Mabin/Sawin 2001
Le Bihan, René/Mabin, Renée/Sawin, Martica: Yves Tanguy, Quimper 2001

Leiris 1982
Leiris, Michel: Bacon, Picasso, Masson, hg. v. Hans-Jürgen Heinrichs, (Portrait 8) Frankfurt am Main 1982

Leistner 1986
Leistner, Gerhard: Idee und Wirklichkeit: Gehalt und Bedeutung des urbanen Expressionismus in Deutschland, dargestellt am Werk Ludwig Meidners, [Würzburg Univ. Diss. 1985] Frankfurt am Main/Bern/New York 1986

Lepsius 1993
Lepsius, Rainer M.: Kultur und Wissenschaft in Deutschland unter dem Nationalsozialismus, in: ders.: Demokratie in Deutschland. Soziologisch-historische Konstellationsanalyse. Ausgewählte Aufsätze, Göttingen 1993, S. 119–132

Lewis 1971
Lewis, Beth Irwin: George Grosz. Art and Politics in the Weimar Republic, Princeton/New Jersey 1971

Lichtenstein 1962
Lichtenstein, Alfred: Gesammelte Gedichte, aufgrund der handschriftl. Gedichthefte kritisch hg. v. Klaus Kanzog, Zürich 1962

Lindau 1997
Lindau, Ursula: Max Ernst und die Romantik. Unendliches Spiel mit Witz und Ironie, Köln 1997

Llorens Serra 2007
Llorens Serra, Tomás: Julio González. Catálogo general razonado de las pinturas, esculturas y dibujos, Valencia 2007

Löffler 1980 [1959]
Löffler, Fritz: Josef Hegenbarth, Dresden 1980 [Neubearb. d. 1. Aufl. v. 1959]

Löffler 1981
Löffler, Fritz: Otto Dix 1891–1969. Œuvre der Gemälde, Recklinghausen 1981

Löffler 1987
Löffler, Fritz: Otto Dix. Bilder zur Bibel und zu Legenden, zu Vergänglichkeit und Tod, Stuttgart/Zürich 1987

Loeven 1998
Loeven, Alexandra: Der Magische Realismus im Werk von Carel Willink, [Diss. Bochum Univ. 1998, Mikrofiche-Ausg.]

Lovejoy 1985 [1936]
Lovejoy, Arthur O.: Die große Kette der Wesen: Geschichte eines Gedankens, Frankfurt am Main 1985 [Orig.: The Great Chain of Being: A Study of the History of an Idea (1936)]

Ludendorff 1969 [1933]
Ludendorff, Erich: Brief an Hindenburg (1933), in: Fabry, Philipp Walter: Mutmaßungen über Hitler. Urteil von Zeitgenossen, Düsseldorf 1969, S. 91

Ludwig 1992
Ludwig, Horst-Jörg: Magnus Zeller (1888–1972). Intention und Werkstruktur, [Diss. Leipzig Univ. 1992] Leipzig 1992

Maas 1976 ff.
Maas, Lieselotte: Handbuch der deutschen Exilpresse 1933–1945, Bd. 1–4, München/Wien 1976 ff.

Maass 1965
Maass, Max Peter: Das Apokalyptische in der modernen Kunst. Endzeit oder Neuzeit. Versuch einer Deutung, München 1965

Mair 1994
Mair, Roswitha: Eine Dokumentation zu Karl Rössing (1897–1987), [Diss. Innsbruck Univ. 1992] Frankfurt am Main 1994

Mallmann 1996
Mallmann, Klaus-Michael: Kommunisten in der Weimarer Republik. Sozialgeschichte einer revolutionären Bewegung, Darmstadt 1996

Mann 1915
Mann, Thomas: Friedrich und die große Koalition, (Sammlung von Schriften zur Zeitgeschichte, 5) Berlin 1915

Mann 1970
Mann, Thomas: Schriften zur Politik, Frankfurt am Main 1970

Mann 2004 [1914–1923]
Mann, Thomas: Große kommentierte Frankfurter Ausgabe. Werke, Briefe, Tagebücher, hg. v. Heinrich Detering, Bd. 22: Briefe II 1914–1923, ausgew. u. hg. v. Thomas Sprecher, Frankfurt am Main 2004

Marc 1982
Marc, Franz: Briefe aus dem Feld, hg. v. Klaus Lankheit/Uwe Steffen, München 1982

Marx 1968 [1844]
Marx, Karl: Ökonomisch-philosophische Manuskripte aus dem Jahre 1844, 3. Manuskript, Kritik der Hegelschen Dialektik, XXVI, in: Marx, Karl/Engels, Friedrich: Werke, Ergänzungsband, 1. Teil, Ost-Berlin 1968, S. 465–588

Marx/Engels 1972 [1963]
Marx, Karl/Engels, Friedrich: Werke, Bd. 22, 3. Aufl., unveränd. Nachdr. d. 1. Aufl. 1963, Ost-Berlin 1972

Marx/Engels 1975 [1962]
Marx, Karl/Engels, Friedrich: Werke, Bd. 21, 5. Aufl., unveränd. Nachdr. d. 1. Aufl. 1962, Ost-Berlin 1975

März 1981
März, Roland: John Heartfield. Der Sinn von Genf: Wo das Kapital lebt, kann der Friede nicht leben! 1932, Fotomontage, Essay, Werkmonographien der Nationalgalerie, hg. v. Staatliche Museen zu Berlin, Hauptstadt der DDR, Ost-Berlin 1981

März 1993
März, Roland: John Heartfield. Heartfield montiert 1930–1938, Leipzig 1993

März 1995
März, Roland: Franz Radziwill – ein visionärer Realist. Ahnung und Gegenwart in der Weimarer Republik, in: Franz Radziwill 1895 bis 1983. »Das größte Wunder ist die Wirklichkeit«. Monographie u. Werkverzeichnis, hg. v. Andrea Firmenich/Rainer W. Schulze, Ausst.-Kat. Kunsthalle Emden/Staatliche Galerie Moritzburg, Halle 1995, Köln 1995, S. 145–178

März (Hg.) 1981
März, Roland (Hg.): John Heartfield. Der Schnitt entlang der Zeit. Selbstzeugnisse, Erinnerungen, Interpretationen. Eine Dokumentation hg. u. kommentiert v. Roland März, Dresden 1981

Masereel 1989
Masereel, Frans: Holzschnitte gegen den Krieg. 32 Bildtafeln, mit einem Nachw. v. Gudrun Schmidt, Leipzig 1989

Masi 2007
Masi, Alessandro: Emilio Vedova 1935–1950. Gli anni giovanili, Città di Castello 2007

Masson 1950
Masson, André: Le plaisir de peindre, Nizza 1950

Masson 1990
Masson, André: Gesammelte Schriften, Bd. 1, hg. v. Axel Matthes/Helmut Klewan, dt. v. Reinhard Tiffert u.a., München 1990

Masson 2005
Masson, André: Gesammelte Schriften, Bd. 2, hg. v. Barbara Sietz, dt. v. Reinhart Tiffert u.a., Berlin 2005

Matisse/Sage Tanguy 1963
Matisse, Pierre/Sage Tanguy, Kay: Yves Tanguy. Table des matières – Table of Contents, New York 1963

Maur/Inboden 1982
Maur, Karin von/Inboden, Gudrun: Malerei und Plastik des 20. Jahrhunderts, Staatsgalerie Stuttgart, Stuttgart 1982

Maurer 1995
Maurer, Ellen: Hannah Höch. Jenseits fester Grenzen. Das malerische Werk bis 1945, Berlin 1995

Mayer 1929
Mayer, Alfred: Carl Zerbe, in: Die Kunst. Monatshefte für Freie und Angewandte Kunst, Bd. 59, München 1929

McGreevy 2001
McGreevy, Linda F.: Bitter Witness. Otto Dix and the Great War, New York u. a. 2001

Meidner 1920
Meidner, Ludwig: Septemberschrei. Hymnen, Gebete, Lästerungen, mit vierzehn Steindrucken, Berlin 1920

Meidner 1923 [1919]
Meidner, Ludwig: Eine autobiographische Plauderei, Leipzig 1923 [1919]

Mehring 1959
Mehring, Walter: Berlin Dada, Zürich 1959

Merkert 1987
Merkert, Jörn: Julio González. Catalogue raisonné des sculptures, Mailand 1987

Merz 1999
Merz, Jörg Martin: Otto Dix' Kriegsbilder. Motivationen, Intentionen, Rezeptionen, in: Marburger Jahrbuch für Kunstwissenschaft, Bd. 26, 1999, S. 189–226

Metken 1990
Metken, Günter: Rudolf Schlichter. Blinde Macht. Eine Allegorie der Zerstörung, Frankfurt am Main 1990

Metken (Hg.) 1976
Metken, Günter (Hg.): Als die Surrealisten noch recht hatten. Texte und Dokumente, Stuttgart 1976

Meyer 1999
Meyer, Theo: Nietzsche und die Kunst, Tübingen 1999

Mittig 1988
Mittig, Hans-Ernst: München 50 Jahre nach der Ausstellung »Entartete Kunst«, in: Kritische Berichte, 16 (1988) 2, S. 76–87

Mittig 1990
Mittig, Hans-Ernst: Kunst und Propaganda im NS-System, in: Wagner, Monika (Hg.): Moderne Kunst. Das Funkkolleg zum Verständnis der Gegenwartskunst, 2 Bde., Reinbek bei Hamburg 1991

Mittig 1997
Mittig, Hans-Ernst: Man handelt nur vollkommen, sofern man instinktiv handelt?, in: Grünewald, Dietrich u. a. (Hg.): Ästhetische Erfahrung. Perspektiven ästhetischer Rationalität. Eine Festschrift für Gunther Otto zum 70. Geburtstag, Velber 1997, S. 44–48

Möckel 1997
Möckel, Birgit: George Grosz in Amerika 1932–1959, [Diss. Karlsruhe Univ. 1996] Frankfurt am Main 1997

Mommsen (Hg.) 1996
Mommsen, Wolfgang J. (Hg.): Kultur und Krieg: Die Rolle der Intellektuellen, Künstler und Schriftsteller im Ersten Weltkrieg, München 1996

Monahan 2008 [1997]
Monahan, Laurie: Knife Into Dreams. André Masson, Massacres, and Surrealism of the 1930s, Cambridge, Massachusetts u. a. O. 2008

Muhle 2000
Muhle, Kirsten: Karl Hofer (1878–1955). Untersuchungen zur Werkstruktur, [Diss. Gießen Univ. 1999] Lohmar/Köln 2000

Mülhaupt 1977
Mülhaupt, Freya: Verelendung, Revolution und Kunst. Aspekte zur Entwicklung und Problematik proletarisch-revolutionärer Kunst in der Weimarer Republik, in: Wem gehört die Welt. Kunst und Gesellschaft in der Weimarer Republik, Ausst.-Kat. Neue Gesellschaft für Bildende Kunst, West-Berlin 1977, West-Berlin 1977, S. 160–173

Müller 1978
Müller, Carola: Das Zeichen in Bild und Theorie bei Paul Klee, [Diss. München TU 1979], München 1978

Münkler 1990
Münkler, Herfried: Odysseus und Kassandra, in: Odysseus und Kassandra. Politik im Mythos, Frankfurt am Main 1990, S. 78–89

Murken 2001
Murken, Axel Hinrich: Edgar Ende. Sein Leben, sein Werk (1901–1965). Seine kunsthistorische Stellung in der Malerei des 20. Jahrhunderts, mit einem Werkverzeichnis der Gemälde, [Diss. Bonn Univ. 2001] Herzogenrath 2001

Murken 2002
Murken, Axel Hinrich: Gemalte Urängste und Weltuntergänge. Der Maler Edgar Ende (1901–1965), ein zu Unrecht vergessener Maler, in: Notabene medici, Nr. 32 (2002), S. 76, 226–231

Musil 1978
Musil, Robert: Gesammelte Werke, Reinbek bei Hamburg 1978

Nadeau 1965
Nadeau, Maurice: Geschichte des Surrealismus. Aragon, Artaud, Breton, Dalí, Éluard, Ernst, Péret, Queneau, Reverdy, Soupault, Tzara, Hamburg 1965

Nerdinger 1993
Nerdinger, Winfried: Modernisierung, Bauhaus, Nationalsozialismus, in: ders. zus. mit dem Bauhaus-Archiv, Berlin (Hg.): Bauhaus-Moderne im Nationalsozialismus. Zwischen Anbiederung und Verfolgung, München 1993, S. 9–23

Neuerburg 1976
Neuerburg, Waltraud: Der graphische Zyklus im deutschen Expressionismus und seine Typen 1905–1925, [Diss. Bonn Univ. 1976] Bonn 1976

Neugebauer 2003
Neugebauer, Rosamunde (Gräfin von der Schulenburg): Zeichen im Exil – Zeichen des Exils. Handzeichnung und Druckgraphik deutschsprachiger Emigranten ab 1933, [Habil.-Schr. Frankfurt am Main Univ.] Weimar 2003

Neugebauer 2004
Neugebauer, Rosamunde (Gräfin von der Schulenburg): Kunst im Exil oder im »Land der Väter«? Anmerkungen zum Werk von Jakob Steinhardt und Lea Grundig in Palästina und Israel, in: DEG Jahrbuch 2004. Exlibriskunst und Graphik, hg. v. der Deutschen Exlibris-Gesellschaft e.V., Frankfurt am Main 2004

Neugebauer von der Schulenburg 1993
Neugebauer von der Schulenburg, Rosamunde: George Grosz. Macht und Ohnmacht satirischer Kunst. Die Graphikfolgen »Gott mit uns« und »Ecce homo« und »Hintergrund«, [Diss. Heidelberg Univ. 1990] Berlin 1993

Nevinson 1937
Nevinson, Christopher Richard Wynne: Paint and Prejudice, London 1937

Nevinson/Konody 1917
Modern War. Paintings by C. P. W. Nevinson, Essay by P. G. Konody, London 1917

Newman 1996 [1945]
Newman, Barnett: Surrealismus und der Krieg (1945), in: Barnett Newman. Schriften und Interviews, hg. v. John O'Neill/Metropolitan Museum of Art, New York, aus dem Amerikan. übers. v. Tarcisius Schelbert, Bern/Berlin 1996, S. 101–104

Niekisch 1932
Niekisch, Ernst: Hitler – ein deutsches Verhängnis, Berlin 1932

Niekisch 1932 (2)
Niekisch, Ernst: Der großen Worte nackter Sinn, in: Widerstand, 2. Heft, 1932, S. 42–53

Niekisch 1974 [1958]
Niekisch, Ernst: Gewagtes Leben. Begegnungen und Begebnisse, Köln 1974 (1. Aufl. Köln/Berlin 1958)

Nietzsche 1980 [1906]
Friedrich Nietzsche: Der Wille zur Macht. Versuch einer Umwertung aller Werte (1906), hg. v. Peter Gast (Heinrich Köselitz)/Elisabeth Förster-Nietzsche, Stuttgart 1980

Nietzsche 1999 [1887–1889]
Nietzsche, Friedrich: Sämtliche Werke. Kritische Studienausgabe in 15 Bdn., hg. v. Giorgio Colli/Mazzino Montinari, Bd. 13: Nachgelassene Fragmente 1887–1889, München 1980, Neuausg. 1999

Nietzsche KSA 1980
Friedrich Nietzsche, Sämtliche Werke. Kritische Gesamtausgabe, hg. v. Giorgio Colli/Mazzino Montinari, 15 Bde., München/New York 1980

Nigg 1961
Nigg, Walter: Maler des Ewigen, Bd. 2: Moderne Ikonen, Zürich/Stuttgart 1961

Noll 1993
Noll, Thomas: »Zwischen den Stühlen«. A. Paul Weber. Britische Bilder und »Leviathan«-Reihe. Studien zum Werk des Künstlers im Dritten Reich, 2 Bde. [Diss. Göttingen Univ. 1991] Münster/Hamburg 1993

Noll 2002
Noll, Thomas: Max Beckmann – Mann im Dunkeln, in: Max Beckmann. Aufsätze, (Hefte des Max Beckmann Archivs 6) München 2002, S. 26–59

Nussbaum 2003
Nussbaum, Felix: Fragezeichen an jeder Straßenecke. Zwölf Briefe von Felix Nussbaum, Bramsche 2003.

O'Brien Twohig 1984
O'Brien Twohig, Sarah: Beckmann. Carnival, London 1984

Oellers 1983
Oellers, Adam C.: Ikonographische Untersuchungen zur Bildnismalerei der Neuen Sachlichkeit, [Diss. Bonn Univ. 1978] Mayen 1983

Ohff 1968
Ohff, Heinz: Hannah Höch, Berlin 1968

Olbrich 1986
Olbrich, Harald: Proletarische Kunst im Werden, Berlin 1986

Olschanski 2001
Olschanski, Reinhard: Maske und Person. Zur Wirklichkeit des Darstellens und Verhüllens, Göttingen 2001

Osborn 1932
Osborn, Max: Magnus Zeller, in: Velhagen & Klasings Monatshefte, 47. Jg., November 1932, S. 217–224

Osmančević 2007
Osmančević, Samir: Oswald Spengler und das Ende der Geschichte, Wien 2007

Ossietzky 1930
Ossietzky, Carl von: Remarque-Film, in: Weltbühne, 26. Jg., 16. Dez. 1930, Nr. 51, S. 889 ff.

Otto Pankok 1982
Otto Pankok. Zeichnungen, Grafik, Plastik, hg. v. Karl Ludwig Hofmann/Christmut Präger/Barbara Bessel, Berlin 1982

Pankok 1930
Pankok, Otto: Stern und Blume, Düsseldorf 1930

Pankok 1958 [1947]
Otto Pankok: Zigeuner, 2. Aufl., Düsseldorf 1958 [1. Aufl. 1947]

Panofsky 1992 [1956]
Panofsky, Dora und Erwin: Die Büchse der Pandora. Bedeutungswandel eines mythischen Symbols (1956), aus dem Engl. übers. v. Peter D. Krumme, Frankfurt am Main/New York 1992

Pauen 1994
Pauen, Michael: Dithyrambiker des Untergangs. Gnostizismus in Ästhetik und Philosophie der Moderne, Berlin 1994

Pauen 1997
Pauen, Michael: Pessimismus. Geschichtsphilosophie, Metaphysik und Moderne von Nietzsche bis Spengler, Berlin 1997

Pechel 1947
Pechel, Rudolf: Deutscher Widerstand, Erlenbach/Zürich 1947

Penrose 1981
Penrose, Roland: Scrap-Book 1900–1981, London 1981

Penrose 2001
Penrose, Antony: The home of the surrealists. Lee Miller, Roland Penrose and their circle at Farley Farm, London 2001

Penrose 2002
Penrose, Antony: Das Haus der Surrealisten. Der Freundeskreis um Lee Miller und Roland Penrose, Berlin 2002

Penrose 2003 [1939]
Penrose, Roland: The road is wider than long. An image diary from the Balkans July–August 1938, London Gallery Editions, Los Angeles 2003 [Nachdr. d. Ausg. London 1939]

Peters 1998
Peters, Olaf: Neue Sachlichkeit und Nationalsozialismus. Affirmation und Kritik 1931–1947, [Diss. Bochum Univ. 1996] Berlin 1998

Peters 2001
Peters, Olaf: Die Malerei der Neuen Sachlichkeit und das Dritte Reich. Bruch – Kontinuität – Transformation, in: »Der stärkste Ausdruck unserer Tage«. Neue Sachlichkeit in Hannover, hg. v. Christian Fuhrmann, Ausst.-Kat. Sprengel Museum Hannover 2001/02, Hildesheim 2001, S. 23–31

Peters 2005
Peters, Olaf: Vom schwarzen Seiltänzer. Max Beckmann zwischen Weimarer Republik und Exil, [Habil.-Schr. Bonn Univ. 2004] Berlin 2005

Petersen 1995
Petersen, Klaus: Zensur in der Weimarer Republik, Stuttgart/Weimar 1995

Petzina (Hg.) 1986
Petzina, Dietmar (Hg.): Fahnen, Fäuste, Körper. Symbolik und Kultur der Arbeiterbewegung. Essen 1986

Peukert 1987
Peukert, Detlev J. K.: Die Weimarer Republik. Krisenjahre der Moderne, Frankfurt am Main 1987

Pfäfflin 1982
Pfäfflin, Friedrich: Die Fotomontagen John Heartfields in der »Arbeiter-Illustrierte-Zeitung« [1930–1936] und in der »Volks-Illustrierte« [1936–1938], in: Heartfield, John: Krieg im Frieden. Fotomontagen zur Zeit 1930–1938, durchgesehene u. erg. Ausg., Frankfurt am Main 1982, S. 107–111

Pfefferkorn 1967
Pfefferkorn, Rudolf: Jakob Steinhardt, Berlin 1967

Pfisterer/von Rosen (Hg.) 2005
Pfisterer, Ulrich/von Rosen, Valeska (Hg.): Der Künstler als Kunstwerk. Selbstporträts vom Mittelalter bis zur Gegenwart, Stuttgart 2005

Pinkus 1981
Pinkus, Theo (Hg.): Frans Masereel. Bilder gegen den Krieg, Frankfurt am Main 1981

Pinthus 1922 [1919]
Pinthus, Kurt (Hg.): Menschheitsdämmerung. Symphonie jüngster Dichtung, Berlin 1922 [1. Aufl. 1919]

Piscator 1979
Piscator, Erwin: Das politische Theater, Reinbek 1979

Pittwald 2002
Pittwald, Michael: Ernst Niekisch. Völkischer Sozialismus, nationale Revolution, deutsches Endimperium, [Diss. Osnabrück Univ. 2001] Köln 2002

Ponente 1960
Ponente, Nello: Klee. Biographisch-kritische Studie, Genf 1960

Poot 2000
Poot, Jurrie: Een eeuw Willink, Redaktion Silvia Willink, Benningbroek 2000

Raabe 1957
Raabe, Paul: Alfred Kubin. Leben, Werk, Wirkung, Hamburg 1957

Raabe (Hg.) 1965
Raabe, Paul (Hg.): Expressionismus. Aufzeichnungen und Erinnerungen der Zeitgenossen, Olten 1965

Rabe 1987
Rabe, Michael K.: Linien, die ihre Opfer wie auf Mokassins umschleichen. Zur ästhetischen und politischen Funktion des Tagtraums im Werk Rudolf Schlichters, [Diss. Hamburg Univ. 1985] Hamburg 1987

Rätsch-Langejürgen 1997
Rätsch-Langejürgen, Birgit: Das Prinzip Widerstand. Leben und Wirken von Ernst Niekisch, [Diss. München Univ. 1994/95] Bonn 1997

Read 1987 [1939]
Read, Herbert: L'artiste dans le monde moderne, in: Clé. Bulletin mensuel de la F.I.A.R.I., Nr. 2, Februar 1939, S. 7, zit. n.: »...und nicht die leiseste Spur einer Vorschrift«. Positionen unabhängiger Kunst in Europa um 1937, Ausst.-Kat. Kunstsammlung Nordrhein-Westfalen, Düsseldorf 1987, S. 11–21

Reese 1998
Reese, Beate: Melancholie in der Malerei der Neuen Sachlichkeit, [Diss. Bochum Univ. 1996] Frankfurt am Main/Berlin/Bern/New York/Paris/Wien 1998

Reichel 1992
Reichel, Peter: Der schöne Schein des Dritten Reiches. Faszination und Gewalt des Faschismus, 2. Aufl., München/Wien 1992

Reimertz 2003
Reimertz, Stephan: Max Beckmann. Biographie, München 2003

Reinhardt 1967
Reinhardt, Hannes: Das Selbstporträt. Große Künstler und Denker unserer Zeit erzählen von ihrem Leben und Werk, Hamburg 1967

Reinhardt (Hg.) 1980
Reinhardt, Georg (Hg.): A. Paul Weber. Das graphische Werk 1930–1978. Handzeichnungen und Lithographien, München 1980

Remarque 1989 [1929]
Remarque, Erich Maria: Im Westen nichts Neues, 1. Aufl., Berlin 1989 [1929]

Remy 1999
Remy, Michel: Surrealism in Britain, Hants/Brookfield 1999

Reynaud Paligot 1995
Reynaud Paligot, Carole: Parcours politique des surréalistes, 1919–1969, Paris 1995

Richardson 1991–2007
Richardson, John: A Life of Picasso, Vol. I–III, New York 1991–2007

Richet 1923
Richet, Charles: Traité de métapsychique, 2., überarb. Aufl. Paris 1923 [1. Aufl. 1922]

Richet 1924
Richet, Charles: Grundriss der Parapsychologie und Parapsychophysik, mit einem Geleitwort v. Albert Freiherr von Schrenck-Notzing, ins Dt. übers. v. Rudolf Lambert, 2. Aufl., Stuttgart/Berlin/Leipzig 1924

Riedel 1995
Riedel, Christiane: Willi Müller-Hufschmid. Zwischen Realismus und Abstraktion. Die Zeichnungen der Konstanzer Jahre 1941–1947, Magisterarbeit 1995, Universität Karlsruhe [unveröffentlichtes Manuskript]

Riedl 1983
Riedl, Peter Anselm: Wassily Kandinsky mit Selbstzeugnissen und Bilddokumenten, Reinbek bei Hamburg 1983

Rimbaud 1975 [1871]
Rimbaud, Arthur: Lettres du voyant (13 et 15 mai 1871), hg. u. kommentiert v. Gérald Schaeffer. La voyance avant Rimbaud, v. Marc Eigeldinger, Genf/Paris 1975

Ringbom 1970
Ringbom, Sixten: The sounding cosmos. A study in the spiritualism of Kandinsky and the genesis of abstract painting, Åbo 1970

Ritter 1983
Ritter, Paul: Die frühen Holzschnittfolgen Frans Masereels. Eine Studie, Darmstadt 1983

Ritter (Hg.) 1992
Ritter, Paul (Hg.): Frans Masereel. Eine annotierte Bibliographie des druckgraphischen Werkes, München/London/New York/Paris 1992

Roberts (Hg.) 1998
Roberts, Helene R. (Hg.): Encyclopedia of Comparative Iconography. Themes depicted in works of art, Bd. 1: A–L, Chicago/London 1998

Roh 1925
Roh, Franz: Nach-Expressionismus. Magischer Realismus, Probleme der neuesten europäischen Malerei, Leipzig 1925

Roh 1933
Roh, Franz: Edgar Ende. Ein surrealistischer Maler in München?, in: Die Kunst 67, 1933, S. 12–126

Roh 1962
Roh, Franz: »Entartete« Kunst. Kunstbarbarei im Dritten Reich, Hannover 1962

Rosenberg 1942 [1930]
Rosenberg, Alfred: Der Mythus des 20. Jahrhunderts (1930), München 1942

Rössing 1932
Rössing, Karl: Vorwort zu »Mein Vorurteil gegen diese Zeit«, Berlin 1932, zit. n. Schmidt, Diether (Hg.): Schriften deutscher Künstler des zwanzigsten Jahrhunderts, Bd. 1: Manifeste, Manifeste, 1905–1933, Dresden 1965, S. 412

Roters 1990
Roters, Eberhard: Fabricatio nihili oder Die Herstellung von Nichts. Dada Meditationen, Berlin 1990

Rothenstein II 1956
Rothenstein, John: Modern English Painters, Vol. 2: Innes to Moore, London 1956

Rudloff 1978
Rudloff, Martina: Ernst Barlach, Gerhard Marcks. Der Lübecker Figurenfries. Eine Dokumentation, Bremen 1978

Rudolph 1988
Rudolph, Wilhelm: Das zerstörte Dresden. 65 Zeichnungen. Mit einem Essay von Horst Drescher, hg. v. Heinfried Henniger, Leipzig 1988

Russell 1966
Russell, John: Max Ernst. Leben und Werk, Köln 1966

Sabarsky 1985
Sabarsky, Serge: George Grosz. The Berlin Years, New York 1985

Safranski 2000
Safranski, Rüdiger: Nietzsche. Biographie seines Denkens, München 2000

Safranski 2007
Safranski, Rüdiger: Romantik. Eine deutsche Affäre, München 2007

Sage 1963
Sage, Kay: Yves Tanguy. Un recueil de ses œuvres/ A summary of his works, New York 1963

Sagmeister 1983
Sagmeister, Rudolf: Rudolf Wacker. Bekenntnisse. Eine »Autobiographie« aus Tagebüchern, Bildern, Zeichnungen und Photographien, Lustenau 1983

Sagmeister 1993
Sagmeister, Rudolf: Rudolf Wacker und Zeitgenossen. Expressionismus und Neue Sachlichkeit, hg. v. Bregenzer Kunstverein Amt der Vorarlberger Landesregierung, Kunsthaus Bregenz Vorarlberger Landesgalerie, Bregenz 1993

San Lazzaro 1957
San Lazzaro, Gualtieri di: Klee. La vie et l'œuvre, Paris 1957 (engl. Ausg.: London 1957; dt. Ausg.: München/ Zürich 1958)

Sauerlandt 1957
Sauerlandt, Max: Im Kampf um die moderne Kunst. Briefe 1902–1933, hg. v. Kurt Dingelstedt, München 1957

Sauermann 1984
Sauermann, Uwe: Die Zeitschrift »Widerstand« und ihr Kreis. Die publizistische Entwicklung eines Organs des extremen Nationalismus und sein Wirkungsbereich in der politischen Kultur Deutschlands 1926–1934, [Diss. Augsburg Univ. 1984] 2. Aufl. München 1985 [1. Aufl. 1984]

Saur Allgemeines Künstlerlexikon
Saur Allgemeines Künstlerlexikon. Die bildenden Künstler aller Zeiten und Völker, begründet und mitherausgegeben von Günter Meißner, München u. a. 1992 passim

Saure 1992
Saure, Gabriele: Nacht über Deutschland. Horst Strempel – Leben und Werk 1904–1975, Hamburg 1992

Saure/Schirmer 1999
Saure, Gabriele/Schirmer, Gisela: Kunst gegen Krieg und Faschismus. 37 Werkmonografien, (Schriften der Guernica-Gesellschaft, 11) Weimar 1999

Schäfer 1983 [1981]
Schäfer, Hans Dieter: Das gespaltene Bewusstsein. Deutsche Kultur und Lebenswirklichkeit, 1933–1945, 3. Aufl., München/Wien 1983 [1981]

Schartel (Hg.) 1981
Schartel, Werner (Hg.): Kunst und Widerstand. A. Paul Weber. Politische Zeichnungen seit 1929, 8., überarb. Neuaufl., Berlin 1981

Schätzke 1999
Andreas Schätzke: Die Rückkehr aus dem Exil. Bildende Künstler und Architekten in der SBZ und frühen DDR, Berlin 1999

Schifner (Hg.) 1963
Schifner, Kurt (Hg.): Otto Pankok, Dresden 1963

Schlaffer 2008
Schlaffer, Heinz: Das entfesselte Wort. Nietzsches Stil und seine Folgen, München 2008

Schlemmer (Hg.) 1958
Schlemmer, Tut (Hg.): Oskar Schlemmer. Briefe und Tagebücher, München 1958

Schlichter 1993
Schlichter, Rudolf: Tausendundeine Nacht. Federzeichnungen aus den Jahren 1940–1945, mit einer Einführung von Günter Metken, Berlin 1993

Schlichter 1994 [1931]
Schlichter, Rudolf: Zwischenwelt. Ein Intermezzo (1931), hg. u. mit einem Nachw. versehen v. Dirk Heißerer, Berlin 1994

Schlichter 1995
Schlichter, Rudolf: Die Verteidigung des Panoptikums. Autobiographische, zeit- und kunstkritische Schriften sowie Briefe 1930–1955, hg. v. Dirk Heißerer, Berlin 1995

Schmalenbach 1973
Schmalenbach, Fritz: Die Malerei der »Neuen Sachlichkeit«, Berlin 1973

Schmidt 1968
Schmidt, Diether: »Ich war – ich bin – ich werde sein«. Selbstbildnisse deutscher Künstler des 20. Jahrhunderts, Berlin 1968

Schmidt 1973
Schmidt, Diether: Otto Griebel, Ost-Berlin 1973

Schmidt 1985
Schmidt, Jürgen: Die Geschichte des Genie-Gedankens in der deutschen Literatur, Philosophie und Politik 1750–1945, 2 Bde., Darmstadt 1985

Schmidt 2002
Schmidt, Martin: Wilhelm Rudolph. In Licht und Dunkelheit des Lebens und der Natur. Leben und Werk, [Diss. Marburg Univ. 2001] Dresden 2002

Schmidt (Hg.) 1964
Schmidt, Diether (Hg.): Schriften deutscher Künstler des 20. Jahrhunderts, Bd. 2: In letzter Stunde 1933–1945, Dresden 1964

Schmidt (Hg.) 1965
Schmidt, Diether (Hg.): Schriften deutscher Künstler des 20. Jahrhunderts, Bd. 1: Manifeste, Manifeste, 1905–1933, Dresden 1965

Schmied (Hg.) 1999
Harenberg Museum der Malerei. 525 Meisterwerke aus sieben Jahrhunderten, hg. v. Wieland Schmied in Zusammenarb. mit Tilmann Buddensieg/Andreas Franzke/Walter Grasskamp, Dortmund 1999

Schneditz 1956
Schneditz, Wolfgang: Alfred Kubin, Wien 1956

Schneede 1975
Schneede, Uwe M.: George Grosz. Leben und Werk, Stuttgart 1975

Schneede 2006
Schneede, Uwe M.: Die Kunst des Surrealismus, Malerei, Skulptur, Dichtung, Fotografie, Film, München 2006

Schneede (Hg.) 1979
Schneede, Uwe M. (Hg.): Die zwanziger Jahre. Manifeste und Dokumente deutscher Künstler, Köln 1979

Schneede (Hg.) 1986
Schneede, Uwe M. (Hg.): Künstlerschriften der 20er Jahre. Dokumente und Manifeste aus der Weimarer Republik. 3., erw. Aufl. Köln 1986 [zuerst 1979, 1. und 2. Aufl. unter dem Titel »Die zwanziger Jahre«].

Schopenhauer 1986 [1844]
Arthur Schopenhauer: Die Welt als Wille und Vorstellung II (1844). Sämtliche Werke, Bd. 2, hg. v. Wolfgang Freiherr von Löhnysen, Frankfurt am Main 1986

Schröter 1949
Schröter, Manfred: Metaphysik des Untergangs. Eine kulturkritische Studie über Oswald Spengler, München 1949

Schubert 1980
Schubert, Dietrich: Otto Dix in Selbstzeugnissen und Bilddokumenten, (rowohlts monographien) Reinbek bei Hamburg 1980

Schubert 1985
Schubert, Dietrich: Max Beckmann. Auferstehung und Erscheinung der Toten, Worms 1985

Schubert 2004
Schubert, Dietrich: Otto Dix – das Triptychon »Der Krieg« 1929–1932, in: Heidelberger Jahrbücher, Bd. 48, 2004, S. 311–331

Schult 1971
Schult, Friedrich: Ernst Barlach. Werkkatalog der Zeichnungen, Hamburg 1971

Schulz-Hoffmann 1991
Schulz-Hoffmann, Carla: Max Beckmann. Der Maler, München 1991

Schulze 1974
Schulze, Ingrid: Karl Völker, Ost-Berlin 1974

Schulze 1991
Schulze, Ingrid: Die Erschütterung der Moderne. Grünewald im 20. Jahrhundert, Leipzig 1991

Schumacher 1984
Schumacher, Helmut: A. Paul Weber. Das illustrierte Werk, Lübeck 1984

Schumacher/Dorsch 2003
Schumacher, Helmut/Dorsch, Klaus J.: A. Paul Weber – Leben und Werk in Texten und Bildern, Hamburg 2003

Schuster (Hg.) 1998
Schuster, Peter-Klaus (Hg.): Nationalsozialismus und »Entartete Kunst«: Die Kunststadt München 1937, 5., vollst. überarb. u. erg. Aufl., München 1998

Schwarz 1985 [1917, 1922]
Schwarz, Karl: Das graphische Werk von Lovis Corinth/ The Graphic Work of Lovis Corinth, 3., erw. Aufl., San Francisco 1985

Schwarz 1986
Schwarz, Birgit: Werke von Otto Dix (Bildhefte der Staatlichen Kunsthalle Karlsruhe, Nr. 11), Karlsruhe 1986

Sebbag (Hg.) 2004
Sommeils & rêves surréalistes, textes réunis et présentés par Georges Sebbag, Paris 2004

Seeba 2006
Seeba, Wilfried: Franz Radziwill, Werkverzeichnis der Aquarelle, Zeichnungen und bemalten Postkarten, Oldenburg 2006

Seipel 1988
Seipel, Wilfried, Alfred Kubin, der Zeichner 1877–1959, Wien/München 1988

Shikes 1969
Shikes, Ralph E.: The Indignant Eye. The Artist as Social Critic in Prints and Drawings from the Fifteenth Century to Picasso, Boston 1969

Siepmann 1977
Siepmann, Eckhard: Montage: John Heartfield. Vom Club Dada zur Arbeiter-Illustrierte-Zeitung, West-Berlin 1977

Simson 1986
Simson, Otto: Der Blick nach Innen. Vier Beiträge zur deutschen Malerei des 19. Jahrhunderts. Friedrich, Spitzweg, Richter, Leibl, Berlin 1986

Singer 1991 [1909]
Singer, Hans Wolfgang: Max Klinger. Radierungen, Stiche und Steindrucke 1878–1903, Wissenschaftliches Verzeichnis, San Francisco 1991 [1909]

Slg.-Kat. Altenburg 2000
»…ruhelos und ohne des Schlafes Geschenk«. Katalog der zwischen 1903/04 und 1932 edierten deutschen druckgraphischen Mappenwerke, illustrierten Bücher sowie Zeitschriften mit Originalgraphik im Lindenau-Museum Altenburg, der ursprüngliche Bestand des Lindenau-Museums, die 1994/95 erworbene Sammlung Hoh und die Erwerbungen seit 1994, Slg.-Kat. Lindenau-Museum, Altenburg, Leipzig 2000

Slg.-Kat. Berlin 1973
Lea Grundig. Werkverzeichnis der Radierungen, Slg.-Kat. Ladengalerie West-Berlin, Berlin 1973

Slg.-Kat. Berlin 1997
Bilder und Zeugnisse der deutschen Geschichte. Aus den Sammlungen des Deutschen Historischen Museums, Slg.-Kat. Deutsches Historisches Museum, hg. v. Heidemarie Anderlik, Bd. 1 u. Bd. 2, Berlin 1997

Slg.-Kat. Berlin 1999
Käthe Kollwitz. Zeichnung, Graphik, Plastik, Slg.-Kat. Käthe-Kollwitz-Museum Berlin, hg. v. Martin Fritsch, Slg.-Kat. Käthe-Kollwitz-Museum Berlin, 1. Aufl., Leipzig 1999

Slg.-Kat. Berlin 2004
Käthe Kollwitz. Zeichnung, Grafik, Plastik, hg. v. Martin Fritsch, Slg.-Kat. Käthe-Kollwitz-Museum Berlin, 2., erw. u. aktual. Aufl., Leipzig 2004

Slg.-Kat. Gera 1997
Otto Dix. Gemälde, Zeichnungen, Druckgrafik, hg. v. Ulrike Rüdiger, Bestandskatalog der Otto Dix-Sammlung in der Kunstsammlung Gera, München/Berlin 1997

Slg.-Kat. Hannover 2004
Sprengels Picasso. Verzeichnis der Bestände des Sprengel Museums, mit Beitr. v. Ulrich Krempel/Norbert Nobis/Mirka Zatloukal, Hannover 2004

Slg.-Kat. Leipzig 1995
Max Klinger. Bestandskatalog der Bildwerke, Gemälde und Zeichnungen im Museum der bildenden Künste Leipzig, hg. v. Herwig Guratzsch, Leipzig 1995

Slg.-Kat. Schwerin 1997
Käthe Kollwitz 1867–1945. Radierungen, Lithographien und Holzschnitte. Die Sammlung im Staatlichen Museum Schwerin, hg. v. Kornelia von Berswordt-Wallrabe, Slg.-Kat. Staatliches Museum Schwerin, Schwerin 1997

Slg.-Kat. Stuttgart 1989
Otto Dix. Bestandskatalog Galerie der Stadt Stuttgart. Gemälde, Aquarelle, Pastelle, Zeichnungen, Holzschnitte, Radierungen, Lithographien, hg. v. Johann-Karl Schmidt, Stuttgart 1989

Slusher 2007
Slusher, Katherine: Lee Miller and Roland Penrose. The Green Memories of Desire, München u. a. 2007

Soergel/Hohoff 1963
Soergel, Albert/Hohoff, Curt: Dichtung und Dichter der Zeit. Bd. 2: Vom Expressionismus bis zur Gegenwart, Düsseldorf 1963

Soiné 2002
Soiné, Knut: Christus Beckmann? Zu Max Beckmanns »Selbstbildnis mit rotem Schal«, 1917, in: Jahrbuch der Kunstsammlungen in Baden-Württemberg, Bd. 39, 2002, S. 95–116

Soiné 2005
Soiné, Knut: »Die Klage Bremens«. Franz Radziwills Bild im Bremer Rathaus, in: Oldenburgische Landschaft, Heft 125, III. Quartal 2005, [URL: http://www.oldenburgische-landschaft.de/index.php?nv=790&a_id=251]

Soupault 1963
Soupault, Philippe: Profils perdus, Paris 1963

Spalding 1986
Spalding, Frances: British Art Since 1900. London 1986

Spengler 1981 [1918/1922]
Spengler, Oswald: Der Untergang des Abendlandes. Umrisse einer Morphologie der Weltgeschichte. München 1981

Spieler 2002 [1994]
Spieler, Reinhard. Max Beckmann. 1884–1950. Der Weg zum Mythos, Köln/London/Madrid 2002 [1. Aufl. 1994]

Spies (Hg.)/Leppien 1975
Spies, Werner (Hg.)/Leppien, Helmut R.: Max Ernst. Das graphische Werk, Köln 1975

Spies (Hg.)/Metken/Metken 1976 ff.
Spies, Werner (Hg.): Max Ernst. Œuvre-Katalog, unter Mitarb. v. Günter u. Sigrid Metken, Köln 1976 ff.

Spiteri/LaCoss 2003
Spiteri, Raymond/LaCoss, Donald: Surrealism, Politics and Culture, Hants/Burlington 2003

Starobinski 1982
Starobinski, Jean: Freud, Breton, Myers, 1970/73, in: Bürger, Peter (Hg.): Surrealismus, Darmstadt 1982, S. 139–155

Starobinski 2007
Starobinski, Jean: Die Zauberinnen, aus dem Franz. übers. v. Horst Günther, München 2007

Steingräber/Billeter (Hg.) 1979
Steingräber, Erich/Billeter Erika (Hg.): Deutsche Kunst der 20er und 30er Jahre, München 1979

Steinkamp (in Vorbereitung)
Steinkamp, Maike: Felix Nussbaum: Triumph des Todes, 1944, in: Fleckner, Uwe (Hg.): Bilder machen Geschichte. Historische Ereignisse im Gedächtnis der Kunst (in Vorbereitung)

Stenbock-Fermor 1931
Stenbock-Fermor, Alexander Graf: Deutschland von unten. Reise durch die proletarische Provinz, Stuttgart 1931

Sternberg 1963
Sternberg, Fritz: Der Dichter und die Ratio. Erinnerungen an Bertolt Brecht, Göttingen 1963

Strobl 1996
Strobl, Andreas: Otto Dix. Eine Malerkarriere der zwanziger Jahre, Berlin 1996

Stucki-Volz 1993
Stucki-Volz, Germaine: Der Malik-Verlag und der Buchmarkt der Weimarer Republik, Bern/Berlin/Frankfurt am Main u.a. 1993

Surmann 1983
Surmann, Rolf: Die Münzenberg-Legende. Zur Publizistik der revolutionären deutschen Arbeiterbewegung. 1921–1933, Köln 1983

Suter 2006
Suter, Hans: Paul Klee und seine Krankheit. Vom Schicksal geschlagen, vom Leiden gezeichnet, und dennoch!, Bern 2006

Swift 2006 [1726]
Swift, Jonathan: Gullivers Reisen (1726), Zürich 2006

Thieme-Becker 1907–1950
Thieme-Becker, Allgemeines Künstlerlexikon der bildenden Künstler von der Antike bis zur Gegenwart, hg. v. Ulrich Thieme/Felix Becker, später Hans Vollmer, Leipzig 1907–1950

Thieß 1963 [1945]
Thieß, Frank: Die innere Emigration, in: Münchener Zeitung, 18. August 1945, wiederabgedruckt in: Grosser, Johannes F. G. (Hg.): Die große Kontroverse. Ein Briefwechsel um Deutschland, Hamburg/Genf/Paris 1963, S. 22–26

Trapp 1987
Trapp, Frank Anderson: Peter Blume, New York 1987

Ueberwasser/Braun (Hg.) 1938
Ueberwasser, Walter/Braun, Wilhelm: Der Maler Heinrich Altherr. Sein Weg und sein Werk, Zürich/Leipzig 1938

Ubl 2004
Ubl, Ralph: Prähistorische Zukunft. Max Ernst und die Ungleichzeitigkeit des Bildes, München 2004

Uhlitzsch 1968
Uhlitzsch, Joachim: Wilhelm Rudolph, Leipzig 1968

Uhr 1990
Uhr, Horst: Lovis Corinth, Berkeley/Oxford 1990

Ullmann 1990
Ullmann, Ludwig: Der Krieg im Werk Picassos, in: Kunst & Krieg. 1939–1989, Neue Gesellschaft für Bildende Kunst im Haus der Kulturen der Welt, Berlin 1990, S. 7

Utzinger 1932
Utzinger, Rudolf: Masken, (Orbis Pictus 13) Berlin 1932

Vedova 1960
Vedova, Emilio: Blätter aus dem Tagebuch, übers. u. hg. v. Werner Haftmann, München 1960

Vietta/Kemper 1985
Vietta, Silvio/Kemper, Georg: Expressionismus, 3., unveränd. Aufl., München 1985

Vogt 1977
Vogt, Paul: Nachexpressionismus, in: Die dreißiger Jahre – Schauplatz Deutschland, Ausst.-Kat. Haus der Kunst, München/Museum Folkwang, Essen/Kunsthaus, Zürich 1977, München 1977, S. 11–64

Vondung 1988
Vondung, Klaus: Die Apokalypse in Deutschland, München 1988

Vondung 1994
Vondung, Klaus: Durch Untergang zur Erneuerung – Geschichtsphilosophische und existentielle Dimensionen der Apokalypse, in: Experimenta: Wandel oder Untergang: Fantasien und Historie kultureller Veränderungen, hg. v. DPG-Arbeitskreis Psychoanalyse & Kultur, Heft 1/1994, S. 39–53

Vorms 1967
Vorms, Pierre: Gespräche mit Frans Masereel, Dresden 1967

Voss 1973
Voss, Heinrich: Franz von Stuck 1863–1928. Werkkatalog der Gemälde mit einer Einführung in seinen Symbolismus, München 1973

Wacker 1990
Wacker, Rudolf: Tagebücher 1913–1939, 2 Bde., hg. v. Rudolf Sagmeister, Vaduz 1990

Wagner 1983 [1911]
Wagner, Richard: Mein Leben (1911), München 1983

Wagner 1987
Wagner, Wolf H.: Der Hölle entronnen. Stationen eines Lebens. Eine Biographie des Maler und Graphikers Leo Haas, Berlin 1987

Wahmhoff-Rasche 1994
Wahmhoff-Rasche, Sibylle: Katastrophenlüstern oder erkenntnismutig? Wahrheitsgehalt und Funktion apokalyptischer Phantasien, in: DPG-Arbeitskreis Psychoanalyse & Kultur (Hg.): Werkstattberichte zum Thema: »Wandel oder Untergang: Fantasien und Historie kultureller Veränderungen«, Experimenta 1 (1994), S. 5–13

Warncke 1993 II
Warncke, Carsten-Peter: Pablo Picasso 1881–1973, Bd. 2: Werke 1937–1973, hg. v. Ingo F. Walther, Köln 1993

Warnke 1992
Warnke, Martin: Politische Landschaft. Zur Kunstgeschichte der Natur, München/Wien 1992

Weber 1964
Weber, Max: Soziologie. Weltgeschichtliche Analysen. Politik, hg. v. Johannes Winckelmann, Stuttgart 1964

Weber 1988 [1947]
Weber, Max: Gesammelte Aufsätze zur Religionssoziologie, Bd. 3, 8. Aufl., Tübingen 1988 [1947]

Weber/Frommhold 2001
Weber, Stephan/Frommhold, Erhard: Hans Grundig. Schaffen im Verborgenen, (Schriftenreihe für Kunst und Philosophie der Hochschule für Bildende Künste Dresden) Dresden 2001

Wehler 1983 [1973]
Wehler, Hans Ulrich: Das deutsche Kaiserreich 1871–1918, 5. Aufl., Göttingen 1983 [1. Aufl. 1973]

Weicherding 2001
Weicherding, Sabine: Bilder der Zerstörung. Hubert Roberts (1733–1808) künstlerische Auseinandersetzung mit der Stadt Paris, Bochum 2001, URL: http://webdoc.sub.gwdg.de/ebook/dissts/Bochum/Weicherding2001.pdf

Weiskopf 1929
Weiskopf, F. C.: Benütze Foto als Waffe! Zur Ausstellung der Arbeiten von John Heartfield auf der Großen Berliner Kunstausstellung, 1929, in: A-I-Z, Nr. 37, 1929, wiederabgedruckt in: März 1981, S. 174.

Werckmeister 1981
Werckmeister, Otto Karl: Versuche über Paul Klee, Frankfurt am Main, 1981.

Werckmeister 1988
Werckmeister, Otto Karl: Amerikanische Vorkriegskunst der Gegenwart, in: Althaus, Hans-Joachim/Cancik-Lindemaier, Hildegard/Hoffmann-Curtius, Kathrin u.a. (Hg.): Der Krieg in den Köpfen. Beiträge zum Tübinger Friedenskongress »Krieg-Kultur-Wissenschaft«, Tübingen 1988, S. 81–96

Wiese 1978
Wiese, Stephan von: Max Beckmanns zeichnerisches Werk 1903–1925, Düsseldorf 1978

Wietek (Hg.) 1990
Wietek, Gerhard (Hg.): Franz Radziwill, Wilhelm Niemeyer. Dokumente einer Freundschaft, Oldenburg 1990

Willet 1981
Willet, John: Explosion der Mitte. Kunst und Politik 1917–1933, aus dem Engl. übers. v. Benjamin Schwarz, München 1981

Willink/Vlasblom 2000
Willink, Sylvia/Vlasblom, Vincent: Een Eeuw Willink (1900–1983), Benningbroek 2000

Wilson 1981
Wilson, Sarah: Probleme der Malerei am Rande der Weltausstellung, in: Paris – Paris 1937–1957. Malerei, Graphik, Skulptur, Film, Theater, Literatur, Architektur, Design, Photographie, aus dem Franz. übers. v. Elisabeth Auffinger, Ausst.-Kat. Centre Georges Pompidou, Paris 1981, München 1981, S. 41–53

Winkler 1984
Winkler, Heinrich August: Von der Revolution zur Stabilisierung. Arbeiter und Arbeiterbewegung in der Weimarer Republik 1918 bis 1924, Bonn 1984

Winkler 1988
Winkler, Heinrich August: Der Schein der Normalität. Arbeiter und Arbeiterbewegung in der Weimarer Republik 1924 bis 1930, Berlin/Bonn 1988

Wirth 1987
Wirth, Günther: Verbotene Kunst 1933–1945. Verfolgte Künstler im Deutschen Südwesten, Stuttgart 1987

Wohlert 2008
Wohlert, Karl Bernhard: Karl Hofer. Werkverzeichnis der Gemälde, 3 Bde., Köln 2008.

Wolbert 1982
Wolbert, Klaus: Die Nackten und die Toten des Dritten Reiches. Folgen einer politischen Geschichte des Körpers in der Plastik des deutschen Faschismus, (Kunstwissenschaftliche Untersuchungen des Ulmer Vereins, Verband für Kunst- und Kulturwissenschaften, 12) Gießen 1982

Wollheim 1977
Wollheim, Gert H.: Gedanken und Werk, unter Mitarb. v. Mona Wollheim, München 1977

Wunderlich 2001
Wunderlich, Uli: Der Tanz in den Tod. Totentänze vom Mittelalter bis zur Gegenwart, Freiburg 2001

Zeller 2002 [1960]
Zeller, Magnus: Rede zur Eröffnung der Ausstellung Magnus Zeller im Klubhaus der Walzwerker, Hettstett 1960, zit. n. Magnus Zeller. Entrückung und Aufruhr, hg. v. Dominik Bartmann, Ausst.-Kat. Stiftung Stadtmuseum Berlin, Berlin 2002, S. 51 f.

Zimmermann 1964
Zimmermann, Rainer: Otto Pankok. Das Werk des Malers, Holzschneiders und Bildhauers, Berlin 1964

Zimmermann 1980
Zimmermann, Rainer: Die Kunst der verschollenen Generation. Deutsche Malerei des Expressiven Realismus von 1925–1975, Düsseldorf/Wien 1980

Zimmermann 1985
Zimmermann, Rainer: Franz Frank. Leben und Werk des Malers, München 1985

Zimmermann 1994
Zimmermann, Rainer: Franz Frank. Druckgraphik; Werkverzeichnis der Radierungen und Lithographien, hg. v. Freundeskreis Bildende Kunst, München 1994

Zimmermann 1994 (2)
Zimmermann, Rainer: Expressiver Realismus. Malerei der verschollenen Generation, überarb. Neuausg., München 1994

Zuschlag 1995
Zuschlag, Christoph: Entartete Kunst. Ausstellungsstrategien im Nazi-Deutschland, [Diss. Heidelberg Univ. 1991] Worms 1995

Zweig 1942
Zweig, Stefan: Die Welt von gestern. Erinnerungen eines Europäers, Stockholm 1942

Personenregister

Adler, Jankel *144*, 157f., 385, 394
Adorno, Theodor W. 52, 372
Aischylos 152f.
Åkerdahl, Anna 386
Alembert, Jean le Rond de 116
Alexander, Gertrud 66
Alighieri, Dante 339f.
Altdorfer, Albrecht 94, 205
Altherr, Heinrich 148f., *148*, 156f., *157*, *167*, 174f., *175*, 385
Anders, Günther 53
Annunzio, Gabriele de 339, 406
Apollinaire, Guillaume 410
Aragon, Louis 101ff., 106
Arendt, Hannah 368
Aristoteles 30, 113
Arnim, Achim von 103
Arntz, Gerd 66, 157
Arp, Hans 390, 393, 398
Attolico, Bernardo 339
Baargeld, Johannes Theodor 390
Bacon, Francis 416
Ball, Hugo 114, 179, 410
Balmori, Santos 352f., *353*, 385f.
Balsamo Stella, Guido 135, *136*, 386
Bantzer, Karl 391, 397, 412
Barbusse, Henri 385, 404
Barlach, Ernst 36, *37*, 38, 77f., 135f., *150*, 379, 386f., 404
Barr Jr., Alfred H. 319, 408
Bataille, Georges 312
Bauer, Walter 418
Baumeister, Willi 77, 252
Becher, Johannes R. 55
Bechstein, Ludwig 288
Beckmann, Max 17, 22f., *23*, 26, 28, 36f., 49, 65, 77, 85, *86*, *88*, 89–99, *90*, *98*, *150*, 151f., 170f. *170*, *171*, 184, *185*, *186*, 233, 270f., *271*, 280, 311, 329, *330*, 331, 387
Beckmann-Tube, Minna 22
Begas, Reinhold 388
Behne, Adolf 65f.
Beneš, Eduard 338
Benjamin, Walter 106, 183, 188
Bernhard von Chartres 113
Bertrand, Louis 103
Best, Werner 92f.
Beye, Bruno 218
Birkle, Albert 75, *202*, 203, 387f.
Bismarck, Otto von 289
Bissière, Roger 358, 395
Blake, William 344, 370
Blum, Robert 46
Blumenfeld, Erwin *301*, 302, *328*, 329, 388
Blumenthal, Hermann 412
Böcklin, Arnold 14, 26, *32*, 33ff., 37, *46*, 63, 110, 128, *129*, 130, *134*, 388

Bonnard, Pierre 387
Borel, Pétrus 103
Borglum, Gutzon 400
Bormann, Martin 362
Bosch, Hieronymus 83, 252, 307, 323, 362, 365f., 393, 395
Bosse, Abraham 119, *119*
Boué, Valentine 409
Braque, Georges 358, 395, 401, 409f.
Brecht, Bertolt 93, 273, 302, 403, 414
Breker, Arno 114
Breton, André 101ff., 106, 120, 123, 312, 314, 317, 320, 343, 390, 405, 408, 410, 417
Briand, Aristide 224
Brömse, August 397
Bronnen, Arnolt 93, 212
Brueghel d.Ä., Pieter 83, 283, 307, 393
Brüning, Heinrich 72f., 224
Brugman, Til 242, 398
Bruycker, Jules de 404
Bucher, Jeanne 315
Buffalmacco, Buonamico 123
Bühler, Hans Adolf 164f.
Bunyan, John 345
Burckhardt, Jacob 388
Bürger, Gottfried August 411f.
Byrne, Barry 400
Calder, Alexander 397
Cambiaso, Luca 282
Campendonk, Heinrich 410
Cantré, Jozef 404
Caspar, Karl 421
Cassirer, Ernst 58
Cassirer, Paul 135, 146, 386f., 391, 420
Cézanne, Paul 344, 385, 398, 405
Chamberlain, Arthur Neville 352f.
Chamberlain, Houston Stewart 56
Chavannes, Puvis de 385
Chirico, Giorgio de 171f., *219*, 417, 419
Citroen, Lena 388
Citroen, Paul 388
Cocteau, Jean 410
Cohen, Erich 346
Conz, Walter 399
Corinth, Lovis 93, 138, *139*, 140, 164, 389, 392, 415, 420
Cranach d.J., Lucas 410
Crevel, René 103, 408
Crosby, Caresse 348
Daladier, Édouard 352f.
Dalí, Salvador 17, *100*, 101, 110, 320, 408, 417
Däubler, Theodor 133, 163, 386, 394, 401, 404
Defregger, Franz von 389
Degas, Edgar 391
Dehmel, Richard 402, 420
Delacroix, Eugène 307, 398, 410
Delaunay, Robert 133, 387
Delug, Alois 411, 447

Derain, André 61, 410
Descartes, René 115
Desnos, Robert 101, 103, 110
Diaghilew, Sergej 410
Diderot, Denis 116
Diederichs, Eugen 56
Dietrich, Adolf 410
Diez, Robert 386
Dix, Otto *18*, 23, 28, 36, *42*, 47, 49, 66f., 70, *76*, 77, 83f., *84*, 85, *91*, 92, 138, 188, *195*–*197*, 197f., 203ff., *203*, 216, *217*, 218, *222*, 223f., 233, 239f., *241*, 242, 274, *284*, 285, 287, 373, 385, 389, 390, 393ff., 410, 421
Döblin, Alfred 93, 414
Doerner, Max 396
Doesburg, Theo van 398
Dollfuß, Engelbert 274
Doré, Gustav 401
Dos Passos, John 348
Dreiser, Theodore 404
Drexel, Joseph 419
Dubuffet, Jean 405
Duchamp, Marcel 115, 417
Dufresne, Charles 395
Duhamel, Marcel 417
Durand-Ruel, Paul 415
Dürer, Albrecht 14, 94, 128, 134, 140, 205, 228, 352, 358, 395
Durieux, Tilla 391
Ebert, Friedrich 93, 382
Eberz, Josef 421
Egger-Lienz, Albin 418, 420
Ehmcke, Fritz Hellmut 411
Eichinger, Bernd 52
Einstein, Albert 413
Einstein, Carl 91, 107, 176
Ék, Sándor (Alexander Keil) 66
El Lissitzky 120
Éluard, Paul 101f., 317, 390, 409f.
Ende, Edgar 78, 79, 149, *214*, 215, *251*, *252*, 390
Engels, Friedrich 128
Ensor, James 272, 408
Ernst, Max *2/3*, 103, 106, *108*, *109*, 109f., 205, 314f., *315*, *316*, 317f., 320, 385, 390, 393, 403, 408f., 415, 417
Ey, Johanna 409, 420
Fehr, Friedrich 400
Feibusch, Hans 87, *258*, 277, 292, 390f.
Feininger, Lyonel 401
Felixmüller, Conrad 67f., *176*, 177, 389, 391
Feuerbach, Anselm 62
Feuerbach, Ludwig 46
Fiedler, Amrei 349
Fiedler, Hubertus 349
Fiori, Ernesto de 239, *240*, 391f.
Fischer, Hugo 236f., 239, 262
Flaubert, Gustave 116
Flechtheim, Alfred 188, 386, 396, 404

Fleischmann, Karl 375
Förster, Elisabeth 47, 53
Fraenger, Wilhelm 171
Franco, Francisco 21, 110f., 192, 233, 247, 264, 294, 300, 302, 325, 333, 337, 343, 345, 352f., 383
Frank, Alfred 24, 74, 136, *137*, 311, 392
Frank, Franz 160, *161, 216*, 392
Freud, Sigmund 26, 103
Freundlich, Otto 316, 415
Frick, Wilhelm 77, 201
Friedrich, Ernst 75, 273
Friesz, Othon 409
Fritta, Bedřich 375
Gaither, David Stoner 404
Gaul, August 238, 403
Geisberg-Wichmann, Renate 292, *293*, 392f.
George, Stefan 47, 56, 63
Georgi, Walter 406
Géricault, Théodore 149
Giacometti, Alberto 358, 385, 393, 395, 405
Giacometti, Diego 358, 395
Giedion-Welcker, Carola 109
Gilles, Werner 412
Gilot, Françoise 410
Giotto (Giotto di Bondone) 123
Goebbels, Joseph 78, 120, 259, 291, 294, 302, 307f., 317, 362, 383f.
Goebel, Hermann 406
Goerg, Édouard *322*, 323, 393
Goethe, Johann Wolfgang von 44, 96, 114, 150, 192, 402, 419
Gogh, Vincent van 389, 405, 408
Gogol, Nicolai 411
Gold, Alfred 41
González, Julio *325*, 326, 393, 397, 410
Göring, Hermann 291f., 302, 308, 362
Gould, Jay 114, 123
Goya, Francisco de 14, 82, 85, 87, 110, *112*, 113, 116, *117*, 119f., 123, 128, 131, 137, 197f., 238f., 250, 256, 259, 262, 265ff., 269, 307, 401
Grandville 115
Gräser, Gusto 57
Greiner, Otto 391
Griebel, Otto 67, *71*, 72, 194f., 389, 393ff.
Griepenkerl, Christian 411
Gris, Juan 385
Grochowiak, Thomas 40
Grohmann, Will 219, 399, 401
Gropius, Walter 65, 403
Grosz, George 23f., *25*, 26, 31, *64*, 66f., *68*, 72, 74f., 79, 85, 87, 91ff., 99, 113, *121*, 164, 176f., *178, 179*, 180, *181, 182*, 183, 216, *224, 271*, 302, 304, *305*, 307, 311, 329, 345, *346, 347*, 348f., *368*, 373, 388, 393f., 397, 399, 404, 410, 414, 421
Gruber, Francis 358, *359*, 395
Grundig, Hans 17, 24, *27*, 28f., 31, *80*, 81ff., 173, *174, 232*, 243, *244*, 245, 247, 249, 250, 264, 267f., *278, 279*, 293, *294*, 311, 395f., 414
Grundig, Lea 24, 28f., 82, *85*, 87, 173, 243, 245, *246-248*, 247, 249f., *264*, 265, *267*, 268, *277, 278*, 279, 311, 395f., 414
Grünewald, Matthias 83f., 94, 96, 214, 307, 395

Guhr, Richard 418
Guilbeaux, Henri 188, 404
Guillot, Laure Albin 120
Günther, Otto 389
Gurlitt, Fritz 138, 140, 388
Gussmann, Otto 395
Gussow, Karl 401
Haas, Leo 24, 374f., *376, 377*, 396
Habermann, Hugo von 386
Haeckel, Ernst 120
Haesler, Otto 418
Haeusser, Ludwig Christian 57
Haldane, John Burdon Sanderson 115
Haller, Hermann 391f., 401
Hamann, Richard 414
Hartlaub, Gustav Friedrich 89
Hartung, Hans 21, *326, 327*, 393, 396f.
Hašek, Jaroslav 180
Hauptmann, Gerhard 402
Hausenstein, Wilhelm 19, 151
Haushofer, Albrecht 14, *16*
Hausmann, Raoul 172, 394, 397f.
Heartfield, John S. 24, 66ff., *69, 70*, 72, 74f., 79, 87, 91f., 179f., *183, 200*, 227, *228, 229*, 291, *292*, 311, 329, *336, 337*, 338, 394, 397, 399
Heckel, Erich 410, 418
Hegel, Georg Wilhelm Friedrich 28, 31, 60
Hegenbarth, Josef *137*, 138, *286*, 287, 397f.
Heise, Carl Georg 379
Henlein, Konrad 338
Henri, Robert 402
Herbig, Otto 418
Herder, Johann Gottfried 114
Hermlin, Stefan 277
Herwegh, Georg 46
Herzfelde, Wieland 24, 67, 176f., 179, 304, 348, 394, 397
Hettner, Otto 395
Heydrich, Reinhard 302
Heym, Georg 57, 130
Himmler, Heinrich 96, 302, 308, 362
Hindenburg, Paul von 154f., 382f., 392
Hirschbiegel, Oliver 52
Hitler, Adolf 21, 28, 49, 52, 62, 72-75, 77f., 82, 109f., 113, 121, 160, 173, 178f., 201, 207-212, 214, 218, 228, 230, 233, 235, 237, 239, 247, 250, 259, 262, 276, 289, 290ff., 294, 296, 298, 300, 302ff., 306-309, 314, 316, 317, 328f., 338f., 348, 352f., 361ff., 382ff., 388ff., 394, 397, 401ff., 406, 409, 412, 419
Hobbes, Thomas 44, 87, 116, 119
Höch, Hannah 74, 91f., 172, *204*, 205, 219, *220, 221, 242*, 243, *263*, 264, 298, *363*, 398
Hochhuth, Rolf 53
Hodler, Ferdinand 167, 364, 385, 387, 392, 401
Hoerle, Heinrich 66
Hofer, Karl *15*, 19, *20*, 26, 28, 30, 77ff., *82*, 87, 152, *153*, 154, *158*, 159, 163f., *165*, 205, 233, *276*, 277, 280, 283, 296, *297*, 298, *354*, 361, 391f., *398*f., 408, 415
Hoffmann, Heinrich 250
Hölderlin, Friedrich 122
Holitscher, Arthur 404
Holtz, Karl 73, 75
Hood, Raymond 350

Höppner, Hugo, gen. Fidus *60*
Horn, Richard 142, 198, 272
Houdon, Jean-Antoine 114
Hubbuch, Karl 74, 92, *223*, 229, *230, 231, 308, 309*, 396, 399, 406
Hugo, Hasso von 410
Hugo, Victor 31
Iannelli, Alfonso *350*, 351, 399f.
Iofan, Boris 120
Isay, Hilde 399
Isidor von Sevilla 114
Itten, Johannes 408
Jacob, Max 409
Jacobi, Lotte 413
Jaeckel, Willy 396, 408
Janet, Pierre 103
Jank, Angelo 413
Janoušek, František *338*, 339, 400
Jansen, Franz M. 23, 190
Janthur, Richard 131, 405, 415
Jawlensky, Alexej von 401, 403
Joachim von Fiore 43
Juli, Asensio 87, 113, 123, 239
Jung, Carl Gustav 26
Jünger, Ernst 92, 96, 99, 119, 122, 130, 198, 207, 208, 212, 238, 250, 253, 403, 414, 419
Jünger, Friedrich Georg 238, 419
Junghanns, Kurt 245, 249
Justi, Ludwig 387
Kaesbach, Walter 151
Kahlo, Frida 386
Kahnweiler, Daniel-Henry 312, 405, 410
Kampf, Arthur 387, 420
Kandinsky, Wassily 20, 26, 31, 41, 56, *59*, 60ff., 142, 311, 344, 397, 401, 403, 416
Kanehl, Oskar 179
Kanoldt, Alexander *270*, 400f., 410
Kant, Immanuel 44
Kasper, Julius 413
Kästner, Erich 75, 414
Keitel, Wilhelm 362
Kelterborn, Ludwig Adam 388
Kershaw, Ian 52
Kessler, Harry Graf 176, 387, 398
Kirchner, Ernst Ludwig 20, *54*, 55
Kisch, Egon Erwin 414
Klee, Paul 62, 65, 77, 98, 150, *151*, 158, 260, *261*, 262, 274, *275*, 276, 280, 290, *291*, 294, *295*, 296, 311, *334-336*, 367, 385, 401, 410, 416
Klein, Cesar 65, 408
Klemm, Walter 418
Klemperer, Victor 213, 293
Klimt, Gustav 62
Klinger, Max 26, *45*, 113, 117, 128, 130, 135, 389, 401f.
Klinsch, Boris 120
Knirr, Heinrich 385, 401
Koeppen, Wolfgang 240
Kokoschka, Oskar 66, 77, 317, 417, 421
Kolbe, Georg 387, 403
Kollwitz, Käthe 24, 70, 73, 77, 190, *191-193*, 194, 249f., 259, 279, *287*, 288, 292, 299, 385f., 402, 414
Kopernikus, Nikolaus 49
Kracauer, Siegfried 56

Krain, Willibald 75
Kralik, Hans 316
Kraus, Karl 49, 226, 411
Krebs, Frederik 412
Kruse, Alexander Zerdini *300*, 402
Kubin, Alfred 23f., *36*, 37f., 47, 93, 110, 113, 117, *118*, 119, 128, 130, 135, 208, *213*, 214, *234*, 235, *250*, 256, *257*, *268*, 269, 378, 402f., 411
Kühl, Gotthardt 397
Kühl, Heinrich 396
Kuppfers, Elisàr von 62
Kustodijew, Boris 119
Lagarde, Paul Anton de 55f.
La Mettrie, Julien Offray de 115
Lang, Fritz 207
Langbehn, August Julius 55f., 58
Lange, Konrad 60
Lasker-Schüler, Else 388, 420
Lautréamont, Comte de (Isidore Lucien Ducasse) 103
Laval, Pierre 224
Le Fauconnier, Henri 419
Léger, Fernand 396
Lehmbruck, Wilhelm 391f.
Leibl, Wilhelm 388f.
Leibniz, Gottfried Wilhelm 44
Leiner, Bruno 165, 361
Leistikow, Walter 389
Lenbach, Franz 388, 390
Lenin, Wladimir Iljitsch Uljanow 120, 382
Lenk, Franz 240, 389, 410
Lenya, Lotte 109
Lewis, Matthew 103
Ley, Robert 362
Lhote, André 396, 409
Liebermann, Max 77, 164
Liebknecht, Robert 316
Lietzmann, Hans 420
Lindenschmidt, Wilhelm 416
Lipps, Theodor 60
Löfftz, Ferdinand 416
Lohmar, Heinz *310*, 316, *318*, 403, 415
Lombardo Toledano, Vicente 352
Lombroso, Cesare 62
Lovejoy, Arthur O. 116, 123
Ludendorff, Erich 73, 235, 382
Luks, George 402
Luther, Martin 289
Lyssenko, Trofim Denissowitsch 120
Maar, Dora 410
Macke, August 23, 390, 398, 401
Mackensen, August von 362
Maeterlinck, Maurice 26
Magritte, René 101, *102*, 103, 417
Mahler, Gustav 47
Maillol, Aristide 385, 391
Malewitsch, Kasimir 62
Malraux, André 116, 405
Man Ray 115, 409
Manet, Édouard 405, 410
Mann, Erika 402
Mann, Heinrich 386, 402
Mann, Thomas 22, 28, 56, 135, 159

Marc, Franz 23, 36, *40*, 41, 401
Marcks, Gerhard *379*, 403f.
Marinetti, Filippo Tommaso 407
Markham, Kyra *351*, 352, 404
Marquis de Sade 104, 110
Martin, Günther 410
Marx, Karl 114, 128
Marées, Hans von 165, 385, 388, 398
Masereel, Frans 186, *187*, 188, 404f.
Masson, André *105*, 106, *107*, 108, 110, 312, *313*, 314, 405, 417
Matisse, Henri 61, 387, 401, 405, 410, 415ff.
Matisse, Pierre 417
Maturin, Charles Robert 103
Meid, Hans 387, 408
Meidner, Ludwig 23f., *38*, *39*, 40f., *48*, 131, 133, 146, 154, *155*, *162*, 163, 184, *282*, 283, 311, 391, 394, 405f., 415
Meier-Graefe, Julius 387, 398
Mengele, Josef 120
Mesens, Édouard Léon Théodore 101, 343, 409
Michelangelo Buonarotti 114
Miller, Lee 343
Miró, Joan 393, 397, 405, 409, 417
Modigliani, Amedeo 393, 405, 407
Moilliet, Louis 401
Mölders, Werner 337
Moll, Oskar 400, 415
Möller, Ferdinand 293, 393
Mondrian, Piet 62, 397f.
Montald, Constant 405
Moore, Henry 344, 416
Moreau, Gustave 31
Mueller, Otto 283, 415
Müller-Hufschmid, Willi *159*, 160, *268*, 269, *298*, *306*, 307, 406
Munch, Edvard 164, 387
Münzenberg, Willi 67, 227
Musil, Robert 52f.
Mussolini, Benito 113, 120, 179, 183, 215, 233, 239, 254, 300, 329, 339, 352f., 382, 384, 392, 402, 407, 417
Nadeau, Maurice 103, 111
Nagel, Otto 74
Napoléon Bonaparte 31, 171
Nash, Paul 343f.
Nattini, Amos *339*, *340*, 406f.
Nauen, Heinrich 389
Nay, Ernst Wilhelm 412
Nerlinger, Oskar 399
Nerval, Gérard de 103
Nevinson, Christopher Richard Wynne *341*, *342*, 407
Newman, Barnett 318, 363
Niekisch, Ernst 99, 122, *208*, 209–213, 236–239, 289f., 357, 419
Niemeyer, Wilhelm 41
Niemöller, Martin 401
Nierendorf, Karl 195, 197, 240
Nietzsche, Friedrich 26, 47–50, 52, 55f., 58, 128, 130, 132f., 198, 218, 223, 256, 304, 318, 389, 405
Nolde, Emil 20, 78, 164, 293, 392
Nordau, Max 56, 62
Noske, Gustav 68, 176f.
Novalis 106, 116

Nussbaum, Felix 86, *166*, 167, 205, *206*, 218, *219*, 277f., *280*, *281*, 282, *333*, 358, *360*, 408
Oehl, Erwin 316
Oelze, Richard 22, 28, *29*, 318, *319*, 320, *321*, 408
Orlik, Emil 394, 396, 398f.
Osborn, Max 215
Ossietzky, Carl von 224
Palmer, Samuel 344
Pankok, Bernhard 385
Pankok, Otto 302, *303*, 304, 358, 385, 394, 409, 420
Panofsky, Dora 98
Panofsky, Erwin 98
Papen, Franz von 224
Pechstein, Max 77, 410
Pelzel, Franz 386
Penrose, Roland *343*, 409, 417
Péret, Benjamin 101ff., 106
Perron, Edgar (Eddy) du 419
Pfemfert, Franz 131, 391, 405
Picabia, Francis 115
Picasso, Pablo 17, 61, 79, 110f., 158, 280, 296, 302, 318f., 323, *324*, 325, 333, 336, 338, 343, 393, 398, 400f., 405, 409f., 415ff., 419
Pinthus, Kurt 58, 60ff.
Piper, John 99, 184
Piscator, Erwin 24, 180, 394
Pius IX. 339, 407
Platon 60
Plautus, Titus Maccius 44
Plock, Wilhelm 413
Plontke, Paul 408
Polyklet 114
Prévert, Jacques 417
Rabelais, François 113
Radcliffe, Ann 103
Radziwill, Franz 20, 94, 99, *168*, 173, 365, *366*, *367*, 378, 410f.
Ramsay MacDonald, James 224
Rathenau, Walther 92, 387
Rauhut, Franz 252
Read, Herbert 343, 345
Redon, Odilon 31
Reisenbichler, Karl 140ff., *141*, 411
Renn, Ludwig 414
Renoir, Auguste 391, 415
Rethel, Alfred 14
Richet, Charles 31, 104, 111, 312
Richter, Emil 190, 192, 397, 412
Richter, Klaus 306, 420
Rilke, Rainer Maria 47, 387
Ritter, Caspar 406
Rivera, Diego 386
Robert, Hubert 331
Röckel, August 46
Rodin, Auguste 106, 341f., 358
Rohan, Karl Anton Prinz von 93
Rohlfs, Christian 299
Rolland, Romain 188, 190, 385, 404
Rombach, Hermann *206*, 207, 411
Rommel, Erwin 361f.
Roosevelt, Franklin Delano 214
Roosevelt, Theodore 351
Rosenberg, Alfred 49, 78, 302

Rosenberg, Paul 405
Rösler, Waldemar 387
Rössing, Karl 73, 74, 224, *225, 226*, 272f., 369ff., 411f.
Rousseau, Henri 33ff., 37, 41, 415
Rousseau, Jean-Jacques 116
Rubens, Peter Paul 74, 250
Rudolph, Wilhelm 372, *373, 374*, 412
Ryggen, Hannah *332*, 333, 412f.
Sachs, Hans 419
Salives, Claude 404
Salomon, Ernst von 92f.
Sander, August 75
Sarfatti, Margherita 239
Satie, Erik 410
Sauerländer, Wolfgang 413
Schack, Adolf Friedrich von 388
Scharl, Josef *215*, 216, *273*, 274, 311, 413
Scheibe, Richard 403
Schick, Rudolf 388
Schiele, Egon 62
Schirmer, Johann Wilhelm 388
Schlegel, Friedrich 317
Schleiermacher, Friedrich 116
Schlemmer, Oskar 77, 293, 401
Schlichter, Rudolf *Titel*, 10, 20, 24, 26, 30, *50, 51*, 66, 68, 72, 82, 87, 89–99, *92, 95, 97*, 119, 123, 164, 177, *178*, 207f., 253f., 318, 363, *364*, 373, *378*, 399, 406, 410, 413f.
Schlüter, Andreas 252
Schmidhagen, Reinhard 155, *156*, 298, *299*, 414
Schmidt, Liesel 399
Schmidt-Rottluff, Karl 78, 410, 420
Schmied, Wieland 41, 149, 172, 417
Schmitt, Carl 212
Schnarrenberger, Wilhelm 406
Schnitzler, Lilly von 93f., 99
Scholz, Georg 72, 91, 406
Schopenhauer, Arthur 44, 46, 47, 49, 52f., 128
Schrimpf, Georg 274, 410
Schröter, Manfred 52f.
Schulte, Robert Werner 56
Schweitzer, Hans Herbert 218
Schwimmer, Max *72*
Schwitters, Kurt 219, 398, 406
Seiwert, Franz W. 66, 74
Seufert, Robert 403
Severini, Gino 407
Simmel, Georg 56, 63
Sironi, Mario 113, 119, 407
Slevogt, Max 164, 401
Sloan, John 402
Smith, Carl Frithjof 387
Soler, Francisco de Asis 409
Soupault, Philippe 102f., 111
Speedy (Elfriede Elisabeth Schlichter) 208, 364, 414
Speer, Albert 121
Spencer, Herbert 115
Spencer, Stanley 344, 391
Spengler, Oswald 26, 31, 43, 46, 49, 50, 52f., 57, 63, 215, 296
Stalin, Josef 21, 75, 113, 119f., 224, 357
Stapel, Wilhelm 238, 419
Stein, Gertrude 410

Steinert, Willi 75
Steinhardt, Jakob 131, *132*, 133, *147, 148*, 405, 415
Steinhart, Anton 214
Steinlen, Théophile Alexandre 415
Stenbock-Fermor, Alexander Graf 73, 75
Sterl, Robert 394, 412
Sternheim, Carl 404
Strasser, Gregor 412
Strauss, Richard 47
Streicher, Julius 277
Strempel, Horst *283*, 285, 316, 415
Struck, Hermann 131, 140, 405, 415
Strüwe, Carl 120
Stuck, Franz von 34, *35*, 37, *61*, 62, 130, 228, 401, 416
Sutherland, Graham *344*, 345, 391, 416
Swift, Jonathan 114ff., 123
Taine, Hippolyte 60
Tanguy, Yves *104*, 106, 110f., 312, 320, 416f.
Taut, Bruno 418
Thieß, Frank 28, 31, 250
Thoma, Hans 385, 388, 398
Thorak, Josef 387
Thyssen, Fritz 291, 312
Tichauer, Heinz 66
Tintoretto, Jacobo 341
Tonks, Henry 407
Trakl, Georg 57, 269
Trotzki, Leo 120
Trübner, Wilhelm 385, 389, 413
Tschinkel, Augustin 66, 74
Tschudi, Hugo von 388
Tuch, Kurt 408
Tucholsky, Kurt 404
Tzara, Tristan 104, 111, 408, 410
Ungar, Otto 375
Unger, William 411
Utzinger, Rudolf 274
Valentin, Curt 405
Vedova, Emilio *265, 266*, 267, 340, *341*, 417f.
Velázquez, Diego 410
Verworn, Max 56
Vitruv (Marcus Vitruvius Pollio) 114
Vittorio Emanuele III. 339, 407
Vlaminck, Maurice de 385
Voigt, Erich 361
Völker, Karl 142, *143, 198, 199, 272*, 418
Vollard, Ambroise 409
Vollpracht, Karl 254, 371
Voltaire 116, 401
Volz, Wilhelm 401
Wacker, Rudolf 23, *274*, 418f.
Wagner, Cosima 47
Wagner, Richard 46f., 52f., 60, 62, 115, 388
Walden, Herwarth 131, 401, 403
Waldschmidt, Arnold 385, 392
Walpole, Horace 103
Weber, A. Paul *122*, 208, *209*, 210, *211*, 212, *213*, 235, *236–239, 262, 288, 289, 290, 356*, 357, *365*, 419
Weber, Hans von 402
Weber, Max 145, 149, 163
Wedepohl, Edgar 165
Weidling, Helmuth 371
Weininger, Otto 62, 152

Weiskopf, Franz Carl 226f.
Welti, Albert 386
Wenger, Wilhelm 94
Westheim, Paul 92, 418
Wichmann, Julius 292f., 393
Wiegmann, Rudolf 388
Willink, Albert Carel *331*, 419f.
Willrich, Wolfgang 398, 418
Winckel, Richard 408
Wolff, Wilhelm 370
Wollheim, Gert Heinrich 188, *189*, 190, 311, 316, 409, 415, 420
Worringer, Wilhelm 56, 60f., 63, 99
Wright, Frank Lloyd 350, 400
Würtenberger, Ernst 399
Zedlitz, Joseph Christian Freiherr von 286
Zeller, Magnus 20, 82, 87, 122, *134, 254, 255*, 256, *260*, 302, *303, 306*, 307, 355, 361, *362*, 371, *372*, 420f.
Zerbe, Karl *171*, 172, 421
Ziegler, Leopold 163, 165, 276f., 398
Zola, Émile 56
Zschokke, Alexander 151
Zügel, Heinrich von 413
Zweig, Arnold 420f.
Zweig, Stefan 14, 155, 334, 404

Bildnachweis

Albstadt, Galerie Albstadt,
  Städtische Kunstsammlungen
  IV 2/22 (© VG Bild-Kunst, Bonn 2008); IV 2/25;
  IV 2/26; IV 2/27; IV 2/28; IV 2/29; IV 2/30; VI 2/17;
  VIII/14; VIII/15; VIII/16; VIII/17; VIII/18; VIII/19
Amsterdam, Sylvia Willink-Quiël
  S. 419/2 (© Sylvia Willink-Quiël)
Antibes, Fondation Hans Hartung
  et Anna-Eva Bergmann
  VII/19; VII/20; VII/21; VII/22; VII/23; VII/24; VII/25;
  VII/26; VII/27 (© VG Bild-Kunst, Bonn 2008); S. 396/2
Arnheim, Museum voor Moderne Kunst Arnhem
  VII/31 (© work Willink by Sylvia Willink-Quiël)
Basel, Kunstmuseum
  S. 40 (Foto: Martin Bühler)
Berlin, Akademie der Künste
  III 2/9 (Foto: Roman März, © Viola Roehr von Alvens-
  leben, München); III 2/10 (Foto: Roman März, © VG Bild-
  Kunst, Bonn 2008); III 2/11, IV 2/31; VI 3/39; VII/38
  (Foto: Roman März, © The Heartfield Community of
  Heirs/VG Bild-Kunst, Bonn 2008); IV 2/32, (Foto: Bernd
  Kuhnert, © The Heartfield Community of Heirs/
  VG Bild-Kunst, Bonn 2008); IV 2/34; VII/37; VII/39
  (© The Heartfield Community of Heirs/VG Bild-Kunst,
  Bonn 2008); S. 397 (John-Heartfield-Archiv)
Berlin, Berlinische Galerie – Landesmuseum
  für Moderne Kunst, Fotografie und Architektur
  S. 398/2; II 2/24; II 2/26; IV 1/4; VIII/5 (© VG Bild-
  Kunst, Bonn 2008); IV 1/21; V/12; VI 1/4 (© VG Bild-
  Kunst, Bonn 2008); V/31 (© Viola Roehr von Alvens-
  leben, München)
Berlin, bpk/Abteilung Historische Drucke, Staats-
  bibliothek zu Berlin – Preußischer Kulturbesitz
  S. 115
Berlin, bpk/Sammlung Scharf-Gerstenberg in der
  Nationalgalerie
  S. 22 (Foto: Roman März; © Till Schargorodsky und
  Göntje Davis)
Berlin, bpk/Staatliche Museen zu Berlin,
  Kupferstichkabinett
  V/32, VI 2/14 (© VG Bild-Kunst, Bonn 2008)
Berlin, bpk/Staatliche Museen zu Berlin,
  Nationalgalerie
  S. 64; II 1/12, III 1/3; V/18; VI 3/44; VII/18 (© VG Bild-
  Kunst, Bonn 2008); VI 2/16 (© Klaus Völker); V/10
Berlin, Deutsches Historisches Museum
  S. 387/1 (Foto: Helga Fietz, München); S. 416/1 (Foto:
  Heinrich Hoffmann; © Bayerische Staatsbibliothek);
  III/49 (© Matthias Griebel, Dresden); IV 1/6 (© Viola
  Roehr von Alvensleben, München); IV 2/36; VI 4/56
  (© Karl Hubbuch Stiftung); S. 60; I/12; III 2/7; III 2/8;
  III 2/12; III 2/13; III 2/14; III 2/15; III 2/16; III 2/17;
  III 2/18; III 2/19; III 2/20; III 2/21; III 2/22; III 2/23;
  III 2/24; III 2/47; III 2/48; IV 1/8; V/13; V/14; V/15;
  V/16; V/19; V/20; V/24; V/26; V/27; VI 1/5; VI 2/23;
  VI 2/30; VI 3/32; VI 3/42; VIII/24; VIII/25; VIII/26;
  VIII/27; VIII/28; VIII/29; VIII/30; VIII/31; VIII/32;
  VIII/33; VIII/34; VIII/35 (© VG Bild-Kunst, Bonn 2008);
  III 2/25; IV 2/33 (© The Heartfield Community of
  Heirs/VG Bild-Kunst, Bonn 2008);V/29 (© Michael
  Ende Erben/Bild-Kunst, Bonn 2008); VII/16; VII/17
  (© Succession Picasso/VG Bild-Kunst, Bonn 2008);
  S. 16; S. 72; S. 386/2; S. 389/2; S. 392/1; S. 394/2;
  S. 395/2; S. 398/1; S. 402/1; S. 404/1; S. 410; I/9; I/10;
  I/11; I/13; I/16; I/17; I/18; I/19; I/20; I/21; I/22; I/23;
  I/24; II/7; VI 3/41; VIII/21; VIII/22; VIII/23
Berlin, Dr. Fidelis Wichmann und Gerda Wichmann
  S. 392/3
Berlin, Georg Kolbe Museum
  S. 391/3
Berlin, Jüdisches Museum Berlin
  I/6 (Foto: Jens Ziehe, Berlin)
Berlin, Käthe-Kollwitz-Museum Berlin
  III 3/40; III 3/41; III 3/42; III 3/43; III 3/44; III 3/45;
  III 3/46; VI 3/33; VI 3/34 (© VG Bild-Kunst, Bonn 2008)
Berlin, Ladengalerie Berlin
  V/17; V/21; V/22; V/23; V/25; VI 1/10; VI 2/24;
  VI 2/25; VI 2/26 (© VG Bild-Kunst, Bonn 2008); S. 606
Berlin, Landesbank Berlin AG
  IV 1/20; VIII/7 (© VG Bild-Kunst, Bonn 2008)
Berlin, Sammlung Karsch/Nierendorf
  VI 2/18, (Foto: Ergün Özdemir-Karsch, © Susanne Fiegel)
Berlin, Stiftung Stadtmuseum Berlin
  S. 54 (Foto: Hans-Joachim Bartsch, Berlin, © Ingeborg
  und Dr. Wolfgang Henze-Ketterer, Wichtrach/Bern);
  S. 362 (© VG Bild-Kunst, Bonn 2008); V/33 (Foto:
  Hans-Joachim Bartsch, © VG Bild-Kunst, Bonn 2008);
  II 1/3; II 1/4 (Foto: Michael Setzpfandt, Berlin); VIII/6
  (Foto: Christel Lehmann, © VG Bild-Kunst, Bonn 2008);
  S. 414/1; S. 420/2
Berlin, Universitätsbibliothek der Freien Universität
  Berlin
  VII/50; VII/51; VII/52 (Foto: Ursula Eckertz-Popp,
  UB der FU Berlin, © VG Bild-Kunst, Bonn 2008)
Bern, Zentrum Paul Klee
  II 1/8; VI 2/20; VI 2/21; VI 3/43; VII/34; VII/35; VII/36
  (© VG Bild-Kunst, Bonn 2008); VI 3/38 (Foto: Peter
  Lauri, Bern, © VG Bild-Kunst, Bonn 2008); S. 401/1
  (Foto: Fee Meisel)
Böblingen, Städtische Galerie Böblingen
  II 1/16 (© VG Bild-Kunst, Bonn 2008)
Bochum, Kunstmuseum Bochum
  II 1/14; II 1/15; VI 3/46 (Foto: Presseamt der Stadt
  Bochum); 640
Bregenz, Kunsthaus Bregenz
  S. 418/2
Bremen, Freie Hansestadt Bremen, Senatskanzlei
  VIII/12 (Foto: Karen Blindow, Bremen, © VG Bild-Kunst,
  Bonn 2008)
Bremen, Gerhard-Marcks-Haus
  VIII/38 (Foto: Rüdiger Lubricht, Worpswede)
Bremen, Kunsthalle Bremen – Der Kunstverein
  in Bremen
  II 1/9 (Foto: Lars Lohrisch, © VG Bild-Kunst, Bonn
  2008); S. 408/2
Brühl, Max Ernst Museum
  S. 390/2 (Foto: Man Ray, © Man Ray Trust, Paris/VG
  Bild-Kunst, Bonn 2008)
Cambridge, Yorick and Helaine Blumenfeld
  VII/28; VII/29 (Foto: CI Photography, © VG Bild-Kunst,
  Bonn 2008); S. 388/1 (© Yorick Blumenfeld, Cambridge)
Caputh, Helga Helm
  VI 1/1 (© VG Bild-Kunst, Bonn 2008)
Chicago, Architech Gallery
  S. 400/1
Chicago, The David and Alfred Smart Museum of Art,
  The University of Chicago
  VI 2/28 (© VG Bild-Kunst, Bonn 2008)
Chichester, Pallant House Gallery
  S. 391/1 (© Pallant House Gallery, Chichester UK)
Chiddingly, Lee Miller Archives
  S. 409/2 (Foto: Lee Miller, © 2008)
Dangast, Franz Radziwill Gesellschaft
  S. 411
Dresden, Galerie Neue Meister,
  Staatliche Kunstsammlungen
  S. 81/82; S. 84; III 1/5 (Foto: Elke Estel/Hans-Peter
  Klut, © VG Bild-Kunst, Bonn 2008); VII/10 (Foto: Elke
  Estel/Hans-Peter Klut, SKD Dresden, © Andre Lohmar,
  Berlin); 9
Dresden, Hochschule für Bildende Künste
  S. 403/2
Dresden, Kupferstich-Kabinett,
  Staatliche Kunstsammlungen
  S. 415/2 (Foto: Pan Walther/Herbert Boswank, © VG
  Bild-Kunst, Bonn 2008)
Dresden, SLUB Dresden/Deutsche Fotothek
  S. 412/2 (Foto: Margot Heckmann/Christian Borchert)
Dresden, Städtische Galerie Dresden
  III 3/50 (Foto: Franz Zadnicek, © Matthias Griebel,
  Dresden)
Düren, Leopold-Hoesch-Museum
  III 1/2 (Foto: Anne Gold, Aachen)
Durham, The Lotte Jacobi Collection
  S. 413/2
Düsseldorf, Kunstsammlung Nordrhein-Westfalen
  S. 90 (Foto: Walter Klein, Düsseldorf, © VG Bild-Kunst,
  Bonn 2008)
Edinburgh, The Scottish National Gallery of Modern Art
  S. 102 (© VG Bild-Kunst, Bonn 2008)
Frankfurt, Ludwig Meidner-Archiv,
  Jüdisches Museum der Stadt Frankfurt am Main
  II 1/1, II 1/2, II 1/13, VI 2/29 (© Ludwig Meidner-Archiv,
  Jüdisches Museum der Stadt Frankfurt am Main); S. 591
Frankfurt, Sammlung Deutsche Bank
  VII/30 (© VG Bild-Kunst, Bonn 2008)
Freiburg, Karl Hubbuch Stiftung
  S. 399/2
Freiburg, Städtische Museen Freiburg/Museum
  für Neue Kunst
  VI 2/13 (© VG Bild-Kunst, Bonn 2008)
Freital, Städtische Sammlungen
  S. 42 (© VG Bild-Kunst, Bonn 2008)

Bildnachweis

Fulda, Vonderau Museum
IV 1/15 (Foto: Z. Jez, © Michael Ende Erben/VG Bild-Kunst, Bonn 2008)

Garmisch-Partenkirchen, Marktarchiv Garmisch-Partenkirchen
S. 390/1 (© Nachlass Edgar Ende über AVA international GmbH)

Genua, Wolfsoniana
VII/41; S. 407/1

Gera, Kunstsammlungen Gera
VI 2/31 (Foto: Förster & Borries GmbH, © VG Bild-Kunst, Bonn 2008)

Getty Images
S. 393/1; S. 407/2; S. 416/2

Grafenau, Galerie Schlichtenmaier
S. 385/2 (© VG Bild-Kunst, Bonn 2008)

Halle, Stiftung Moritzburg, Kunstmuseum des Landes Sachsen-Anhalt
II 1/10 (© VG Bild-Kunst, Bonn 2008); I/25; I/26; III 3/60; III 3/61 (Foto: Reinhard Hentze, Halle/Saale, © Klaus Völker); VI 4/49; VI 4/52; VIII/20 (Foto: Reinhard Hentze, Halle/Saale, © VG Bild-Kunst, Bonn 2008); S. 418/1

Hamburg, Galerie Brockstedt
VII/13 (© Till Schargorodsky und Göntje Davis)

Hamburg, Hamburger Kunsthalle/bpk
III 2/26; III 3/27; III 3/28; III 3/51; III 3/52; III 3/53; III 3/54; III 3/55; III 3/56; III 3/57; III 3/58; III 3/59; VI 2/15; VII/3 (Foto: Christoph Irrgang, © VG Bild-Kunst, Bonn 2008); IV 2/23 (Foto: Christoph Irrgang, © Karl Hubbuch Stiftung); VII/12 (Foto: Christoph Irrgang, © Till Schargorodsky und Göntje Davis)

Heilbronn, Städtische Museen Heilbronn
IV 1/5

Hempstead, Hofstra University Museum Collection
VI 4/51 (© VG Bild-Kunst, Bonn 2008)

Herzogenrath, Sammlung Axel Hinrich Murken
V/30 (Foto: DHM, © Michael Ende Erben/VG Bild-Kunst, Bonn 2008)

Hilchenbach, Privatsammlung Karl Vollpracht
I/8 (© VG Bild-Kunst, Bonn 2008)

Hünxe-Drevenack, Eva Pankok/Otto Pankok Museum
VI 4/50; S. 409/1

Jerusalem, The Israel Museum
I/5

Karlsruhe, Stadtarchiv Karlsruhe
S. 399/1

Karlsruhe, Städtische Galerie Karlsruhe
II 1/20 (Foto: Atelier Altenkirch, Karlsruhe); IV/35 (Foto: Atelier Altenkirch, Karlsruhe, © Karl Hubbuch Stiftung), II 1/19; VI 1/12; VI 3/45; VI 4/53 (Foto: ghr-visuell GmbH, Rheinstetten); S. 406/2

Kassel, mhk, Neue Galerie
II 2/25 (© VG Bild-Kunst, Bonn 2008)

Kingston upon Hull, Ferens Art Gallery: Hull Museum/The Bridgeman Art Library
VII/44 (© Roland Penrose Estate, England 2008)

Köln, Die Photographische Sammlung/SK Stiftung Kultur – August Sander Archiv
S. 385/1 (Foto: August Sander, © Photograph. Samml./SK Stiftung Kultur-A. Sander Archiv, Köln/ VG Bild-Kunst, Bonn 2008)

Köln, Rheinisches Bildarchiv
S. 18 (© VG Bild-Kunst, Bonn 2008)

Leipzig, Museum der Bildenden Künste
S. 401/2 (Foto: Lehmann); I/1

Linz, Oberösterreichische Landesmuseen
I/3; IV 1/14; V/28; VI 1/11; S. 118 (© Eberhard Spangenberg/VG Bild-Kunst, Bonn 2008); S. 403/1

London, Tate Britain
VII/45 (© The Estate of Graham Sutherland, Bär & Karrer Rechtsanwälte, Zürich); VIII/3 (© VG Bild-Kunst, Bonn 2008)

London, The British Library
S. 119 (DEUHIS01)

Lutherstadt Wittenberg, Sammlung Gerd Gruber
VII/11 (© Andre Lohmar, Berlin); VII/055; VII/056

Madrid, Museo Thyssen-Bornemisza
VII/1 (© VG Bild-Kunst, Bonn 2008)

Madrid, Photographic Archive, Museo Nacional del Prado
S. 112; S. 117

Marbach, Deutsches Literaturarchiv Marbach
S. 405/1 (Foto: Thea Sternheim, © Heinrich Enrique Beck Stiftung); S. 414/1 (Foto: Hugo Erfurth, © VG Bild-Kunst, Bonn 2008)

Marburg, Bildarchiv Foto Marburg
II 1/21; IV 1/17 (© VG Bild-Kunst, Bonn 2008)

Marburg, Universitätsmuseum für Kunst und Kulturgeschichte
S. 393/2

Marl, Skulpturenmuseum Glaskasten Marl
I/4 (© Ludwig-Meidner-Archiv, Jüdisches Museum Frankfurt)

Miami Beach, The Wolfsonian – Florida International University, The Mitchell Wolfson, Jr. Collection
S. 402/2; S. 404/2 (Foto: Silvia Ros); VI 4/47; VII/53; VII/54

München, Bayerische Staatsgemäldesammlungen/ ARTOTHEK
S. 35 (Foto: Blauel/Gnamm – ARTOTHEK); II 1/18 (© VG Bild-Kunst, Bonn 2008); II 2/22 (© Ludwig-Meidner-Archiv, Jüdisches Museum Frankfurt); IV 1/16 (Foto: Blauel/Gnamm – ARTOTHEK, © Susanne Fiegel); VII/9 (Foto: Blauel/Gnamm – ARTOTHEK, © VG Bild-Kunst, Bonn 2008); VII/14 (© Till Schargorodsky und Göntje Davis)

München, Gabriele Münter- und Johannes Eichner-Stiftung
S. 59 (© VG Bild-Kunst, Bonn 2008)

München, Galerie Alvensleben
VIII/37 (Foto: Richard Beer, München, © Viola Roehr von Alvensleben, München)

München, Galerie Michael Hasenclever
IV 1/7; VIII/36 (© Viola Roehr von Alvensleben, München)

München, Münchner Stadtmuseum
VI 4/48 (© VG Bild-Kunst, Bonn 2008)

München, Niederreuther Stiftung
II 1/6 (© Michael Ende Erben/VG Bild-Kunst, Bonn 2008)

München, Staatliche Graphische Sammlung
III 1/1 (© Staatl. Graphische Sammlung, München/ VG Bild-Kunst, Bonn 2008)

Münster, LWL – Landesmuseum für Kunst und Kulturgeschichte
S. 48 (Foto: Sabine Ahlbrand-Dornseif und Rudolf Wakonigg, © Ludwig-Meidner-Archiv, Jüdisches Museum Frankfurt)

Newcastle, Laing Art Gallery, Tyne & Wear Museums
VII/43 (© Estate of the artist/The Bridgeman Art Library)

New York, The Museum of Modern Art/Scala, Florence
S. 29 (© Till Schargorodsky und Göntje Davis)

Nürnberg, Deutsches Kunstarchiv im Germanischen Nationalmuseum
S. 389/1 (Foto: Phot. Binder), 598

Offenbach am Main, Klingspor-Museum
III 3/29; III 3/30; III 3/31; III 3/32; III 3/33; III 3/34; III 3/35; III 3/36; III 3/37; III 3/38 (Foto: Günzel Rademacher, Offenbach, © VG Bild-Kunst, Bonn 2008)

Oslo, The National Museum of Art, Architecture and Design
VII/32 (© VG Bild-Kunst, Bonn 2008)

Osnabrück, Felix-Nussbaum-Haus
IV 1/19; VI 2/27; VII/33; VIII/4 (© VG Bild-Kunst, Bonn 2008); S. 408/1

Ottawa, National Gallery of Canada
VI 1/2 (© VG Bild-Kunst, Bonn 2008)

Paris, Centre Pompidou, Musée national d'art moderne/RMN/bpk
S. 107 (© VG Bild-Kunst, Bonn 2008); S. 393/2 (Foto: Rogi André); VII/040

Paris, Comité André Masson
S. 405/2 (Foto: PIX Incorporated)

Paris, Galerie Natalie et Léon Seroussi
VII/2 (© VG Bild-Kunst, Bonn 2008)

Paris, Musée d'Art moderne de la Ville de Paris
VII/15 (Foto: Parisienne de Photographie)

Paris, Musée d'Orsay/RMN
S. 34

Paris, Telimage/Man Ray Trust
S. 417/1 (Foto: May Ray, © Man Ray Trust, Paris/ VG Bild-Kunst, Bonn 2008 2008)

Philadelphia, Philadelphia Museum of Art
S. 100 (Foto: Graydon Wood, © Salvador Dalí, Fundació Gala-Salvador Dalí/VG Bild-Kunst, Bonn 2008)

Ratzeburg, A. Paul Weber-Museum
IV 1/9; IV 1/10; IV 1/11; IV 1/12; IV 1/13; V/2; V/3; V/4; V/5; V/6; V/7; V/8; V/9; VI 1/3; VI 3/35; VI 3/36; VI3/37; VIII/1; VIII/2; VIII/10 (© VG Bild-Kunst, Bonn 2008); S. 419/1

Regensburg, Kunstforum Ostdeutsche Galerie
III 1/4 (Foto: Wolfram Schmidt Fotografie, Regensburg, © VG Bild-Kunst, Bonn 2008)

Rom, George Grosz Estate, Courtesy Ralph Jentsch
IV 2/24; VII/46; VII/47; VII/48; VII/49; VIII/13 (© VG Bild-Kunst, Bonn 2008); VI 4/54 (Foto: Klaus Kindermann, München, © VG Bild-Kunst, Bonn 2008)

Rottweil, Kunstsammlung der Oberschwäbischen Elektrizitätswerke/Galerie Schloss Glatt
III 1/6 (© VG Bild-Kunst, Bonn 2008)

Saarbrücken, Stiftung Saarländischer Kulturbesitz, Saarlandmuseum Saarbrücken
I/7 (Foto: Carsten Clüsserath, Saarbrücken, © Ludwig Meidner-Archiv, Jüdisches Museum der Stadt Frankfurt am Main)

Salzburg, Museum der Moderne
S. 387/2 (© VG Bild-Kunst, Bonn 2008)

Sigmaringen, Kunstsammlung des Landkreises Sigmaringen
IV 1/1 (© VG Bild-Kunst, Bonn 2008)

St. Louis, Saint Louis Art Museum
S. 170 (© VG Bild-Kunst, Bonn 2008)

Stuttgart, Haus der Geschichte Baden-Württemberg
VI 4/55 (© Karl Hubbuch Stiftung)

Stuttgart, Kunstmuseum Stuttgart
S. 95 (© Viola Roehr von Alvensleben, München);
S. 76; IV 1/2 (© VG Bild-Kunst, Bonn 2008);
IV 1/18; V/11 (© VG Bild-Kunst, Bonn 2008)

Stuttgart, Staatsgalerie Stuttgart
II 1/5, VI 2/22 (© VG Bild-Kunst, Bonn 2008)

Tel Aviv, Adam Eyal
II 1/17 (© VG Bild-Kunst, Bonn 2008)

Trondheim, National Museum of Decorative Arts
S. 413/1

Venedig, Fondazione Emilio e Annabianca Vedova
S. 417/2; VI 1/6; VI 1/7; VI 1/8; VI 1/9; VII/42

Washington, National Gallery of Art
S. 88 (© VG Bild-Kunst, Bonn 2008)

Wien, Albertina
V/1; V/34 (© VG Eberhard Spangenberg/Bild-Kunst, Bonn 2008)

Wien, Kunsthistorisches Museum Wien
S. 412/1

Wiesbaden, Sammlung Frank Brabant
VIII/8; VIII/9 (© Viola Roehr von Alvensleben, München)

Wolfsburg, Städtische Galerie Wolfsburg
VIII/11 (© VG Bild-Kunst, Bonn 2008)

Wuppertal, Von der Heydt-Museum
II 1/11 (© VG Bild-Kunst, Bonn 2008); I/014; I/015

Zürich, Galerie Pels-Leusden AG
II 2/23 (© VG BILD KUNST)

Zürich, Kunsthaus Zürich
S. 32; I/2

Privatbesitz
S. 2/3; S. 91; S. 98; S. 105; S. 108; S. 109; (© VG Bild-Kunst, Bonn 2008); S. 420/1 (Foto: J. Osterhof); II 2/27 (© VG Bild-Kunst, Bonn 2008); III 3/39 (Foto: Jörg Anders); VI 3/40; IV 1/3 (Foto: Galerie Remmert und Barth; Düsseldorf; © VG Bild-Kunst, Bonn 2008); VII/4; VII/5; VII/6; VII/7 (© VG Bild-Kunst, Bonn 2008); VII/8, (Foto: Lichtbildatelier Schafgans, © VG Bild-Kunst, Bonn 2008); VI 2/19; S. 286/1; S. 294/1; S. 388/2; S. 396/1; S. 400/2

Wir haben uns bemüht, alle Rechtinhaber zu ermitteln und um Abbildungsgenehmigungen zu bitten. Sollte uns das in einzelnen Fällen nicht gelungen sein, wenden sich Rechteinhaber bitte an das Deutsche Historische Museum, Unter den Linden 2, D-10117 Berlin, oder an den Sandstein-Verlag, Goetheallee 6, 01309 Dresden.